D0715981

GRANDE UNIVERSALE MURSIA

HARRAP'S

MINI

Italian

DICTIONARY

HARRAP'S

MINI

Italian

DICTIONARY

HARRAP
London

Hanno collaborato alla redazione del presente dizionario
Annamaria Fattore Maiocchi e Ada de Bichiacchi

First published in 1968 *as*
Harrap's Compact Italian & English Dictionary

First published in this edition in Great Britain 1988
by HARRAP Ltd
19-23 Ludgate Hill, London EC4M 7PD

ISBN 0 245–54585–9

Printed and bound in Great Britain by
Anchor Brendon Ltd
Tiptree, Essex

NORME, REGOLE E INFORMAZIONI

NORME PER L'USO DEL DIZIONARIO

1. La parte iniziale del presente **Piccolo dizionario** comprende una serie di informazioni che valgono a completare l'opera, a facilitarne la consultazione o ad arricchire le conoscenze del lettore; tali si debbono considerare le **regole di pronuncia**, l'elenco dei **verbi irregolari inglesi**, la **tabella di raffronto fra le unità inglesi o americane e il sistema metrico**, le indicazioni relative al **sistema monetario inglese e americano**, l'elenco dei **numeri ordinali e cardinali** e, infine, l'**elenco delle abbreviazioni** usate nel dizionario stesso.

Inoltre comprende una serie di informazioni in inglese a facilitarne la consultazione per il lettore inglese.

2. La seconda parte comprende il **Compact English-Italian Dictionary** e reca in appendice un ampio elenco di **nomi propri, storici e geografici** (con la relativa traduzione in italiano), nonché l'elenco delle **sigle e abbreviazioni usate nei Paesi di lingua inglese** con l'indicazione dell'equivalente italiano.

3. La terza parte comprende il **Piccolo dizionario italiano-inglese** e reca in appendice un ampio elenco di **nomi propri, storici e geografici** (con la relativa traduzione in inglese), nonché l'elenco delle **sigle e abbreviazioni usate in Italia** con l'indicazione dell'equivalente inglese.

4. Nella parte **italiano-inglese**, i lemmi italiani non recano accento se si tratta di parole piane (es.: *violino, rosa, determinazione*); recano l'accento se si tratta di parole tronche (es.: *così, però, lassù*) o sdrucciole (es.: *richiùdere, rimpròvero, nàutico*) o bisdrucciole o terminanti in *ia, io* con l'accento sulla *i* (es.: *filosofìa, mormorìo*). Tali accenti sono tutti gravi, salvo nelle parole con accento su una *e*, nel qual caso ci si è attenuti a un criterio strettamente ortoepico (es.: *règola, desèrtico, maneggévole, pregévole*): si è, cioè, distinto fra accento grave (pronuncia aperta) e accento acuto (pronuncia chiusa).

5. Nel corpo delle singole voci sono stati ampiamente adottati, secondo la consuetudine generale dei grandi dizionari, i seguenti **segni grafici**:

a) la **doppia barra** (||) che sta a segnalare la peculiarità della fraseologia o una certa differenza di significato nell'ambito del lemma o il passaggio da un senso proprio a uno figurato o il passaggio dal significato corrente a uno più specialistico o, infine, l'inizio dell'elencazione di parole composte e di analoghe associazioni semantiche;

b) i **numeri arabi in neretto** (**1.**, **2.**, **3.** ecc.) che valgono ad attirare l'attenzione sui diversi significati in cui è stato possibile articolare una determinata voce del dizionario;

c) la **losanga nera** (♦) che sta a indicare il cambiamento di natura grammaticale che sopravviene internamente a due omonimi appartenenti a un medesimo gruppo etimologico (es.: passaggio da sostantivo maschile a sostantivo femminile; da sostantivo ad aggettivo; da aggettivo ad avverbio; da verbo transitivo a verbo riflessivo ecc.);

d) gli **esponenti in numeri arabi** ([1], [2], [3] ecc.) che servono a distinguere parole omonime appartenenti però a gruppi etimologici diversi.

6. In entrambe le parti, nel caso di sostantivi che abbiano **numero diverso** nelle due lingue, si è data l'indicazione del numero stesso sùbito dopo il lemma. Es.: **fare** *sm.* manners (*pl.*) - **postage** *s.* spese postali (*pl.*) - **embers** *s. pl.* brace (*sing.*).

7. Per i **plurali irregolari inglesi** si sono usati i seguenti criteri:

a) nella parte **inglese-italiano** si è fatta seguire al lemma, fra parentesi, la forma plurale irregolare, per esteso - es.: **child** *s.* (*pl.* children) - nei casi generali o abbreviata - es.: **diagnosis** *s.* (*pl.* -ses) - nei casi di parole derivanti da altre lingue antiche o moderne. Nel primo caso i plurali sono stati elencati anche come voce a sé e con rimando: es.: **children** V. *child*;

b) nella parte **italiano-inglese** si è fatta seguire alla traduzione, fra parentesi, la forma plurale irregolare, per esteso - es.: **bambino** *sm.* child (*pl.* children) - nei casi generali o abbreviata - es.: **diàgnosi** *sf.* diagnosis (*pl.* -ses) - nei casi di parole derivanti da altre lingue antiche o moderne.

8. Per i **verbi irregolari inglesi** si sono usati i seguenti criteri:

a) nella parte **inglese-italiano** si è fatto seguire al lemma, fra parentesi, il paradigma: es.: to **bring (brought, brought)**. Le due forme del passato remoto e del participio passato sono state elencate anche come voce a sé e con rimando: es.: **brought** V. *to bring*;

b) nella parte **italiano-inglese** si è fatta seguire alla traduzione, fra parentesi, l'indicazione dell'irregolarità - es.: **costare** *vi.* to cost (*v. irr.*) - a meno che lo stesso verbo inglese ricorra più volte nell'ambito della stessa voce ed escludendo inoltre i due verbi ausiliari *to be* e *to have* (per i quali ultimi si suppone una costante attenzione del lettore circa l'irregolarità).

9. Per i **comparativi** e i **superlativi irregolari inglesi** sono stati seguiti analoghi criteri.

REGOLE DI PRONUNCIA

Alfabeto

L'alfabeto inglese è composto di 26 lettere, 5 in più dell'alfabeto italiano e precisamente: *j*, *k*, *w*, *x*, *y*. L'elenco completo delle lettere è il seguente:

a (pron. *ei*)	**n** (pron. *en*)
b (pron. *bi*, con la *i* allungata)	**o** (pron. *ou*)
c (pron. *si*, con la *i* allungata e la *s* aspra, come in *sordo*)	**p** (pron. *pi*, con la *i* allungata)
d (pron. *di*, con la *i* allungata)	**q** (pron. *chiù*)
e (pron. *i*, con la *i* allungata)	**r** (pron. *ar*, con la *a* allungata)
f (pron. *ef*)	**s** (pron. *es*, con la *s* aspra)
g (pron. *gi*, con la *i* allungata)	**t** (pron. *ti*, con la *i* allungata)
h (pron. *eic*, con la *c* dolce)	**u** (pron. *iù*)
i (pron. *ai*)	**v** (pron. *vi*, con la *i* allungata)
j (pron. *gei*)	**w** (pron. *dabliu*)
k (pron. *kei*)	**x** (pron. *ecs*)
l (pron. *el*)	**y** (pron. *uai*)
m (pron. *em*)	**z** (pron. *sed*, con la *s* dolce, come in *rosa*).

La pronuncia inglese è particolarmente difficile da apprendere ed è altresì difficile dare norme precise per l'apprendimento della stessa. Diamo comunque, qui di seguito, un elenco delle vocali, dei gruppi vocalici, delle consonanti e di alcuni gruppi consonantici con indicazioni approssimative sulla pronuncia.

Vocali

La vocale A ha vari suoni:

1. **ei** in sillaba tonica aperta come nella parola *tale* (racconto); nei gruppi **ange** e **aste** come nelle parole *danger* (pericolo) e *haste* (fretta);

2. **e** aperta in sillaba tonica chiusa come nella parola *cat* (gatto);

3. ha un suono incerto tra **e** aperta e **a** in sillabe atone iniziali o mediane come nelle parole *about* (circa) e *final* (finale);

4. **a** allungata quando è seguita da **r** finale (**r** muta) come nelle parole *car* (automobile) e *far* (lontano);

5. **ea** se è seguita da **re** finale (**e** aperta e **a** appena accennata) come nelle parole *care* (cura) e *dare* (sfida);

6. **o** breve in molti vocaboli che cominciano con il gruppo **qua** come in *quality* (qualità) e in *quantity* (quantità);

7. **o** aperta e prolungata se seguita da **l** o **ll** come in *all* (tutto), *tall* (alto);

nel gruppo **alk** (**l** muta) come in *talk* (chiacchiera); preceduta da **w** (ma non seguita da **k** o **g**) come in *war* (guerra);

8. **a** allungata nei gruppi **ance, and, ant, ask, alf** (**l** muta), **ast, alm** (**l** muta), **aff, aft, asp** e **ath** quando la **a** è tonica;

9. **i** breve e velata nelle desinenze **age** e **ate** non accentate.

La vocale E ha vari suoni:

1. **i** allungata in sillaba tonica aperta come in *these* (questi) e nei monosillabi, come in *me* (me);

2. **e** aperta come nella parola italiana *bello*, in sillaba tonica chiusa, come in *let* (lasciare);

3. **i** come nella parola italiana *vita*, in sillaba atona, come in *repeat* (ripetere);

4. **i** brevissima quando è preceduta da **s, z, c, ch, sh, g** e seguita da **s** come in *roses* (rose) e quando è tra due dentali come in *rested* (riposato);

5. è muta in fine di parola come in *love* (amore) e nelle desinenze **es, ed**, come in *loves* (amori) e *loved* (amato);

6. **eu** francese quando è seguita da **r** in sillaba tonica, come in *term* (termine);

7. **a** gutturale quando è nel gruppo **er** in fine di parola, come in *letter* (lettera);

8. **ia** con la **a** appena accennata quando è seguita da **re** in fine di parola come in *severe* (severo) e in *mere* (semplice).

La vocale I ha vari suoni:

1. **ai** in sillaba tonica aperta, come in *fine* (bello) e in sillaba chiusa quando è seguita dai gruppi **gh** (muto), come in *high* (alto); **ght** (**gh** muto) come in *night* (notte); **gn** (**g** muta), come in *sign* (segno); **ld**, come in *child* (bambino) e **nd**, come in *mind* (mente);

2. **i** breve in sillaba tonica chiusa, come in *tin* (stagno);

3. **eu** francese, se seguita da **r** come in *fir* (abete);

4. **aia**, se seguita da **re** come in *fire* (fuoco).

La vocale O ha vari suoni:

1. **ou** (con la **o** chiusa) in sillaba tonica aperta, come in *home* (casa) e se seguita da **ld** come in *cold* (freddo);

2. **o** aperta e breve in sillaba tonica chiusa come in *not* (non);

3. **ó** aperta e lunga se seguita da **r** come in *morning* (mattino);

4. **oa** se seguita da **re** in fine di parola come in *more* (più);

5. **eu** francese se preceduta da **w** e seguita da **r** come in *work* (lavoro);

6. **u** allungata nei seguenti vocaboli: *to do* (fare); *to move* (muovere); *to prove* (provare); *to lose* (perdere); *who* (chi); *two* (due); *tomb* (tomba); *womb* (grembo); *shoe* (scarpa); *wolf* (lupo); *woman* (donna);

7. **a** se preceduta da **w** e seguita da **n** come in *won* (vinto);
8. **ua** in *one* (uno).

La vocale U ha vari suoni:

1. **iù** in sillaba tonica aperta, come in *tune* (tono);
2. **a** in sillaba tonica chiusa, come in *but* (ma);
3. **u** allungata se preceduta da **l** o **r**, come in *Lucy* (Lucia) e *rule* (regola);
4. **u** breve, se preceduta da **b, f, p** e seguita da **l, ll, sh**, come in *bush* (cespuglio); *to push* (spingere); *bull* (toro); *full* (pieno); *to pull* (tirare);
5. **eu** francese se seguita da **r** in sillaba aperta, come in *fur* (pelliccia);
6. **iua** se seguita da **re** in fine di parola, come in *pure* (puro).

Gruppi vocalici

AI si pronuncia **ea** se seguito da **r**, come in *air* (aria).

AU, AW si pronunciano **o** allungata, come in *fraud* (frode) e *law* (legge).

EA si pronuncia **e** in circa 40 parole e loro composti; *bread* (pane); *dead* (morto); *death* (morte); *head* (testa); *heavy* (pesante) ecc.;
i lunga in moltissime sillabe toniche: *beat* (calore); *meat* (carne);
ei nelle seguenti parole: *great* (grande); *break* (rompere); *steak* (bistecca);
eu francese se all'inizio di parola e seguito da **r** come in *earth* (terra);
ea se in fine di parola seguito da **r**, come in *bear* (sopportare); in molte parole suona però **ia**, come in *tear* (lacrima), o **a** allungata, come in *heart* (cuore).

EE si pronuncia **i** allungata, come in *feeling* (sentimento).

EI si pronuncia **ei** in genere, come in *rein* (briglia);
i se preceduto da sibilante, come in *ceiling* (soffitto).

EY si pronuncia **ei** in sillaba tonica, come in *prey* (preda);
i in sillaba atona, come in *money* (denaro). L'eccezione più comune è *key* (chiave) che si pronuncia **ki.**

EU, EW si pronunciano **iù** come in *Europe* (Europa) e in *new* (nuovo).

IE si pronuncia **i** allungata come in *piece* (pezzo).

OI, OY si pronunciano **oi** come in *soil* (suolo) e *royal* (reale).

OA si pronuncia **ou** come in *boat* (barca).

OO si pronuncia **u** allungata come in *moon* (luna);
u breve se seguita da **k** come in *book* (libro).
Vi sono alcune eccezioni come *door* (porta) e *floor* (pavimento) dove il gruppo **oo** viene pronunciato **oa** e *blood* (sangue) e *flood* (alluvione) dove il gruppo **oo** viene pronunciato **a.**

OU, OW si pronunciano **au** come in *mouth* (bocca) e *now* (ora).

Consonanti

B è in generale pronunciata come in italiano; è però muta nei gruppi **bt** e **mb** in fine di parola, come in *debt* (debito) e *comb* (pettine).

C suona **s** aspra come nell'italiano *sordo* davanti a **e, i, y,** come in *cellar* (cantina), *city* (città) e *cyder* (sidro); suona **k** in fine di parola, come in *logic* (logico);
cce, cci, suonano **kse** e **ksi**;
ch suona **c** palatale come nell'italiano *città*, se seguito da vocale o in fine di parola; suona **k** in parole di origine greca o orientale. Suona **sc** come in italiano *sciare*, in parole di origine francese, come *machine* (macchina);
ck suona **k**;
tch suona **c** dolce.

G in fine di parola suona **g** gutturale come nell'italiano *gomma;*
ge, gi hanno suono palatale come nell'italiano *gesto, gita* in parole di origine latina; hanno suono gutturale in parole di origine germanica;
gh seguito da **t** o in fine di parola è muto;
gn ha la **g** muta quando le due lettere fanno parte della stessa sillaba, come in *sign* (segno); si pronunciano separate e la **g** ha suono gutturale quando le due lettere appartengono a due sillabe diverse, come in *signal* (segnale);
dge suona **g** palatale.

H è sempre aspirata tranne in *heir* (erede); *honest* (onesto); *honour* (onore) e *hour* (ora) e loro derivati.

J suona **g** palatale.

K è muta davanti a **n** come in *knee* (ginocchio).

L come in italiano.

M come in italiano.

N è nasale nei gruppi **ng** come in *ring* (anello) (la **g** è muta).

P suona **f** nei gruppi **ph**; è muta nel gruppo iniziale **psy.**

Q come in italiano.

R in genere, se mediana, non si pronuncia, ma allunga il suono della vocale che precede, come in *farm* (fattoria). Se è finale non si pronuncia.

S è in genere aspra all'inizio di parola o sillaba; è dolce se è posta tra due vocali;
sc suona **s** aspra se è seguita da **e, i, y;**
sh suona **sc** come nell'italiano *sciare.*
La **s** è muta in *aisle* (navata); *isle* e *island* (isola); *viscount* (visconte).

T ha due pronunce caratteristiche nel gruppo **th**:
a) un suono duro pronunciato con la lingua tra i denti, come in *thin* (sottile);
b) un suono dolce pronunciato con la lingua tra i denti, come in *this* (questo).

V come in italiano.

W in principio di parola suona **u** come in *west*; seguita da **r** è muta, come in *wrong* (sbagliato).

X finale ha il suono sordo **ks**; mediana può avere il suono sordo **ks** o il suono dolce **gs**; in principio di parola suona come la **s** dolce di *rosa.*

Y è semivocale; all'inizio di parola ha il suono consonantico **i**, come in *yes* (sì); ha tale suono anche in fine di polisillabi, come in *dignity* (dignità), e nel corpo della parola, come in *graveyard* (cimitero); in fine di monosillabi, invece, si pronuncia **ai**, come in *fly* (mosca) e in *cry* (grido).

Z **s** dolce di *rosa.*

Osservazioni

1. I gruppi finali **ble, cle, kle, gle** hanno la **l** appena accennata e le due consonanti vengono pronunciate staccate.
2. Nei gruppi **gua, gue, gui, build** e **cuit** finale la **u** è muta, come in *building* (fabbricato).
3. **ough** seguito da **t** si pronuncia **o** allungato, come in *thought* (pensiero); **ough** suona **of** in: *cough* (tosse) e *trough* (trogolo); suona **af** in: *enough* (abbastanza), *rough* (ruvido) e *tough* (duro); suona **au** in: *plough* (arare) e *bough* (ramo); suona **ou** in *though* (sebbene) e *dough* (pasta); suona **u** allungato in *through* (attraverso).
4. I gruppi **ci, sci, si, ti, xi** seguiti da vocale suonano **sc** come in *scelto*.
5. I gruppi finali **sten** e **stle** suonano rispettivamente **sn** e **sl**.
6. Il gruppo finale **sure** suona **ja** (**j** francese).
7. Il gruppo finale **ture** suona **cia** con la **a** allungata.

I SEGNI D'INTERPUNZIONE (PUNCTUATION MARKS)

,	*comma*	virgola
;	*semicolon*	punto e virgola
:	*colon*	due punti
.	*full stop*	punto
?	*question mark*	punto di domanda
!	*exclamation mark*	punto esclamativo
'	*apostrophe*	apostrofo
—	*dash*	lineetta
-	*hyphen*	trattino d'unione
« »	*quotation marks*	virgolette basse o quadre
' '	*inverted commas*	virgolette alte o inglesi
( )	*brackets*	parentesi rotonde
[ ]	*square brackets*	parentesi quadre
*	*asterisk*	asterisco
...	*dots*	puntini
	new paragraph	a capo
	full stop and new paragraph	punto e a capo
	capital letter	lettera maiuscola
	small letter	lettera minuscola

VERBI IRREGOLARI INGLESI [1]

Infinito	*Passato*	*Participio passato*	
to **abide**	**abode**	**abode**	dimorare
to **arise**	**arose**	**arisen**	sorgere
to **awake***	**awoke**	**awoke, awaked**	svegliare, svegliarsi
to **be**	**was**	**been**	essere
to **bear**	**bore**	**born, borne**	sopportare, generare
to **beat**	**beat**	**beaten, beat**	battere
to **become**	**became**	**become**	diventare
to **befall**	**befell**	**befallen**	accadere
to **beget**	**begot**	**begot, begotten**	generare
to **begin**	**began**	**begun**	cominciare
to **behold**	**beheld**	**beheld**	mirare
to **bend**	**bent**	**bent**	piegare
to **bereave***	**bereft**	**bereft**	orbare
to **bet**	**bet**	**bet**	scommettere
to **bid**	**bade, bid**	**bidden, bid**	ordinare
to **bind**	**bound**	**bound**	(ri)legare
to **bite**	**bit**	**bitten, bit**	mordere
to **bleed**	**bled**	**bled**	sanguinare
to **blow**	**blew**	**blown**	soffiare
to **break**	**broke**	**broken**	rompere
to **breed**	**bred**	**bred**	allevare
to **bring**	**brought**	**brought**	portare
to **build**	**built**	**built**	costruire
to **burn***	**burnt**	**burnt**	bruciare
to **burst**	**burst**	**burst**	scoppiare
to **buy**	**bought**	**bought**	comperare
to **cast**	**cast**	**cast**	gettare, fondere
to **catch**	**caught**	**caught**	prendere, acchiappare
to **chide***	**chid**	**chid**	sgridare
to **choose**	**chose**	**chosen**	scegliere
to **cleave**	**cleft**	**cleft**	fendere
to **cling**	**clung**	**clung**	attaccarsi
to **come**	**came**	**come**	venire
to **cost**	**cost**	**cost**	costare
to **creep**	**crept**	**crept**	strisciare
to **cut**	**cut**	**cut**	tagliare
to **deal**	**dealt**	**dealt**	trattare, commerciare
to **dig***	**dug**	**dug**	scavare
to **do**	**did**	**done**	fare
to **draw**	**drew**	**drawn**	tirare, disegnare
to **dream***	**dreamt**	**dreamt**	sognare
to **drink**	**drank**	**drunk**	bere
to **drive**	**drove**	**driven**	guidare
to **dwell***	**dwelt**	**dwelt**	dimorare

[1] L'elenco, compilato per comodità del lettore, comprende i verbi di uso più comune. L'asterisco apposto accanto a un verbo indica l'esistenza, per il verbo stesso, di forme anche regolari.

to **eat**	**ate, eat**	**eaten**	mangiare
to **fall**	**fell**	**fallen**	cadere
to **feed**	**fed**	**fed**	nutrire
to **feel**	**felt**	**felt**	sentire, tastare
to **fight**	**fought**	**fought**	combattere
to **find**	**found**	**found**	trovare
to **flee**	**fled**	**fled**	fuggire
to **fling**	**flung**	**flung**	scagliare
to **fly**	**flew**	**flown**	volare
to **forbid**	**forbade**	**forbidden**	proibire
to **forecast**	**forecast**	**forecast**	predire
to **forget**	**forgot**	**forgotten**	dimenticare
to **forgive**	**forgave**	**forgiven**	perdonare
to **forsake**	**forsook**	**forsaken**	abbandonare
to **freeze**	**froze**	**frozen**	gelare
to **get**	**got**	**got, gotten**	ottenere, diventare
to **gird**	**girt**	**girt**	cingere
to **give**	**gave**	**given**	dare
to **go**	**went**	**gone**	andare
to **grind**	**ground**	**ground**	macinare
to **grow**	**grew**	**grown**	crescere, coltivare
to **hang**	**hung**	**hung, hanged**	appendere
to **have**	**had**	**had**	avere
to **hear**	**heard**	**heard**	udire
to **hew***	**hewed**	**hewn**	recidere
to **hide**	**hid**	**hidden, hid**	nascondere
to **hit**	**hit**	**hit**	colpire
to **hold**	**held**	**held**	tenere, trattenere
to **hurt**	**hurt**	**hurt**	far male, ferire
to **keep**	**kept**	**kept**	tenere, conservare
to **kneel***	**knelt**	**knelt**	inginocchiarsi
to **knit***	**knit**	**knit**	lavorare a maglia
to **know**	**knew**	**known**	conoscere, sapere
to **lay**	**laid**	**laid**	deporre, posare
to **lead**	**led**	**led**	condurre, guidare
to **lean**	**leant**	**leant**	appoggiarsi, inclinarsi
to **leap**	**leapt**	**leapt**	saltare
to **learn***	**learnt**	**learnt**	imparare
to **leave**	**left**	**left**	lasciare, partire
to **lend**	**lent**	**lent**	prestare
to **let**	**let**	**let**	lasciare
to **lie**	**lay**	**lain**	giacere, trovarsi
to **light***	**lit**	**lit**	accendere
to **lose**	**lost**	**lost**	perdere
to **make**	**made**	**made**	fare
to **mean**	**meant**	**meant**	intendere, significare
to **meet**	**met**	**met**	incontrare
to **mislay**	**mislaid**	**mislaid**	smarrire
to **mislead**	**misled**	**misled**	sviare
to **mistake**	**mistook**	**mistaken**	sbagliare
to **mow***	**mowed**	**mown**	falciare
to **pay**	**paid**	**paid**	pagare
to **put**	**put**	**put**	mettere

to **read**	**read**	**read**	leggere
to **rend**	**rent**	**rent**	strappare
to **ride**	**rode**	**ridden**	cavalcare
to **ring**	**rang**	**rung**	suonare
to **rise**	**rose**	**risen**	alzarsi, sorgere
to **run**	**ran**	**run**	correre
to **saw**	**sawed**	**sawn**	segare
to **say**	**said**	**said**	dire
to **see**	**saw**	**seen**	vedere
to **seek**	**sought**	**sought**	cercare
to **sell**	**sold**	**sold**	vendere
to **send**	**sent**	**sent**	mandare
to **set**	**set**	**set**	porre
to **sew**	**sewed**	**sewn**	cucire
to **shake**	**shook**	**shaken**	scuotere, tremare
to **shear***	**sheared**	**shorn**	tosare
to **shed**	**shed**	**shed**	spargere
to **shine**	**shone**	**shone**	brillare, splendere
to **shoe**	**shod**	**shod**	calzare
to **shoot**	**shot**	**shot**	sparare
to **show**	**showed**	**shown**	mostrare
to **shred**	**shred**	**shred**	tagliuzzare
to **shrink**	**shrank, shrunk**	**shrunk, shrunken**	restringersi
to **shut**	**shut**	**shut**	chiudere
to **sing**	**sang**	**sung**	cantare
to **sink**	**sank, sunk**	**sunk**	affondare
to **sit**	**sat**	**sat**	sedere
to **slay**	**slew**	**slain**	trucidare
to **sleep**	**slept**	**slept**	dormire
to **slink**	**slunk**	**slunk**	svignarsela
to **smell***	**smelt**	**smelt**	fiutare, odorare
to **sow***	**sowed**	**sown**	seminare
to **speak**	**spoke**	**spoken**	parlare
to **spell**	**spelt**	**spelt**	compitare
to **spend**	**spent**	**spent**	spendere
to **spill***	**spilt**	**spilt**	spandere, versare
to **spin**	**spun, span**	**spun**	filare
to **spit**	**spat, spit**	**spat, spit**	sputare
to **split**	**split**	**split**	spaccare
to **spoil**	**spoilt**	**spoilt**	guastare, viziare
to **spread**	**spread**	**spread**	diffondere, stendere
to **spring**	**sprang**	**sprung**	saltare
to **stand**	**stood**	**stood**	stare (in piedi)
to **steal**	**stole**	**stolen**	rubare
to **stick**	**stuck**	**stuck**	appiccicare
to **sting**	**stung**	**stung**	pungere
to **stink**	**stank, stunk**	**stunk**	puzzare
to **strike**	**struck**	**struck**	battere, colpire
to **strive**	**strove**	**striven**	sforzarsi
to **swear**	**swore**	**sworn**	giurare
to **sweat***	**sweat**	**sweat**	sudare
to **sweep**	**swept**	**swept**	spazzare
to **swell***	**swelled**	**swollen**	gonfiare
to **swim**	**swam**	**swum**	nuotare
to **swing**	**swung**	**swung**	dondolare
to **take**	**took**	**taken**	prendere

to **teach**	**taught**	**taught**	insegnare
to **tear**	**tore**	**torn**	lacerare
to **tell**	**told**	**told**	dire, raccontare
to **think**	**thought**	**thought**	pensare
to **thrive**	**throve**	**thriven**	prosperare
to **throw**	**threw**	**thrown**	gettare
to **thrust**	**thrust**	**thrust**	spingere, gettare
to **tread**	**trode**	**trod, trodden**	calpestare
to **understand**	**understood**	**understood**	capire
to **upset**	**upset**	**upset**	capovolgere
to **wake**	**woke**	**woke, woken**	svegliare, svegliarsi
to **wear**	**wore**	**worn**	indossare, logorare
to **weave**	**wove**	**woven**	intrecciare, tessere
to **weep**	**wept**	**wept**	piangere
to **win**	**won**	**won**	vincere
to **wind**	**wound**	**wound**	serpeggiare
to **withdraw**	**withdrew**	**withdrawn**	ritirare, ritirarsi
to **wring**	**wrung**	**wrung**	torcere
to **write**	**wrote**	**written**	scrivere

TABELLA DI RAFFRONTO FRA LE UNITÀ INGLESI O AMERICANE E IL SISTEMA METRICO

	denominazione delle unità inglesi o americane	valore	equivalenza col sistema metrico *	equivalenza del sistema metrico con le unità inglesi **
misure lineari	**pollice** (inch - in)	—	2,54 cm	0,3937 (cm)
	piede (foot - ft)	12 in	0,304 m	3,28 (m)
	yarda (yard - yd)	3 ft	0,914 m	1,09 (m)
	fathom	6 ft	1,828 m	0,546 (m)
	miglio terrestre (statute mile)	5280 ft	1,609 km	0,621 (km)
	miglio inglese	5000 ft	1,523 km	0,656 (km)
	nodo (nautical mile)	6080 ft	1,853 km	0,539 (km)
superfici	**pollice quadr.** (square inch - sq.in)	—	6,45 cm²	0,155 (cm²)
	piede quadr. (square foot - sq.ft)	144 sq.in	829 cm²	10,76 (m²)
	yarda quadr..(square yard - sq.yd)	1296 sq.in	0,836 m²	1,196 (m²)
	miglio quadr. (square mile)	—	2,59 km²	0,386 (km²)
volumi e capacità	**pollice cubo** (cubic inch - cu.in)	—	16,38 cm³	0,061 (cm³)
	piede cubo (cubic foot - cu.ft)	1728 cu.in	28,32 dm³	0,0353 (dm³)
	yarda cubica (cubic yard - cu.yd)	27 cu.ft	0,764 m³	1,308 (m³)
	register ton	100 cu.ft	2,832 m³	0,353 (m³)
	oncia fluida americana (U.S. fl.oz)	1,8 cu.in	29,57 cm³	0,0338 (cm³)
	oncia fluida inglese (imp. fl.oz)	1,73 cu.in	28,4 cm³	0,0353 (cm³)
	bushel	8 gals	28,3 l	0,035 (l)
	gallone americano (U.S. gal)	231 cu.in	3,78 l	0,26 (l)
	gallone inglese (imp. gal)	277 cu.in	4,54 l	0,22 (l)
	pinta (pint)	1/8 gal	0,47 l	2,11 (l)
pesi	**oncia avoirdupois** (ounce - oz)	—	28,35 g	0,0352 (g)
	oncia troy (ounce troy - oz)	—	31,1 g	0,0321 (g)
	libbra avoirdupois (pound - lb)	16 oz.a.d.p.	453 g	2,204 kg)
	libbra troy (pound - lb)	12 oz.t.	373 g	2,679 (kg)
	tonnellata americana (short ton - ton)	2000 lbs	907 kg	0,102 (t)
	tonnellata ingl. (long ton - ton)	2240 lbs	1016 kg	0,984 (t)

Con la graduale introduzione del sistema metrico, le unità di misura inglesi e americane diventeranno progressivamente meno diffuse.

* Coefficiente per il quale si deve moltiplicare il valore della grandezza per ottenere la misura nel sistema metrico.

** Coefficiente per il quale si deve moltiplicare il valore espresso nell'unità metrica segnato tra parentesi per ottenere la misura nel sistema inglese.

SISTEMA MONETARIO INGLESE

(Denaro circolante)

Unità base = **pound,** sterlina.

Monete *(coins)*

½p piece (half-penny), duecentesima parte della sterlina;
1p piece (one penny), centesima parte sterlina;
2p piece (two pence), cinquantesima parte della sterlina;
5p piece (five pence), ventesima parte della sterlina;
10p piece (ten pence), decima parte della sterlina;
50p piece (fifty pence), metà della sterlina.

Banconote *(banknotes)*

pound note (£1), sterlina carta;
five-pound note (£5), cinque sterline;
ten-pound note (£10), dieci sterline;
twenty-pound note (£20), venti sterline.

Monete nominali (*nominal coins* – usate nelle parcelle dei professionisti, prezzi par articoli di lusso, per libri, ecc.)

guinea (£1.05, 105p), ghinea, centocinque pence;
half (a) guinea (52 ½p), mezza ghinea, cinquantadue pence e mezzo.

SISTEMA MONETARIO AMERICANO

(Denaro circolante)

Unità base = **dollar,** dollaro.

Rame (*copper*):
cent o *penny* (*1 c.*), un centesimo di dollaro.

Lega di rame e nichel (*copper and nickel alloy*):
nickel o *five cents* (*5 c.*), cinque centesimi di dollaro.

Argento (*silver*):
dime (*10 c.*), dieci centesimi di dollaro;
quarter (*25 c.*), un quarto di dollaro;
half-dollar (*50 c.*), mezzo dollaro, cinquanta centesimi;
dollar (*$ 1*), dollaro (generalmente in banconota).

Banconote (*bills*):
si hanno tagli da *$ 1, 2, 5, 10, 20, 50, 100, 500.*
Esistono inoltre, sebbene non in circolazione normale, banconote da *$ 1,000, 5,000* e *10,000.*

I NUMERI

CARDINALI		ORDINALI	
1	one	**1°** -	**1st** - the first
2	two	**2°** -	**2nd** - the second
3	three	**3°** -	**3rd** - the third
4	four	**4°** -	**4th** - the fourth
5	five	**5°** -	**5th** - the fifth
6	six	**6°** -	**6th** - the sixth
7	seven	**7°** -	**7th** - the seventh
8	eight	**8°** -	**8th** - the eighth
9	nine	**9°** -	**9th** - the ninth
10	ten	**10°** -	**10th** - the tenth
11	eleven	**11°** -	**11th** - the eleventh
12	twelve	**12°** -	**12th** - the twelfth
13	thirteen	**13°** -	**13th** - the thirteenth
14	fourteen	**14°** -	**14th** - the fourteenth
15	fifteen	**15°** -	**15th** - the fifteenth
16	sixteen	**16°** -	**16th** - the sixteenth
17	seventeen	**17°** -	**17th** - the seventeenth
18	eighteen	**18°** -	**18th** - the eighteenth
19	nineteen	**19°** -	**19th** - the nineteenth
20	twenty	**20°** -	**20th** - the twentieth
21	twenty-one	**21°** -	**21st** - the twenty-first
22	twenty-two	**22°** -	**22nd** - the twenty-second
30	thirty	**30°** -	**30th** - the thirtieth
40	forty	**40°** -	**40th** - the fortieth
50	fifty	**50°** -	**50th** - the fiftieth
60	sixty	**60°** -	**60th** - the sixtieth
70	seventy	**70°** -	**70th** - the seventieth
80	eighty	**80°** -	**80th** - the eightieth
90	ninety	**90°** -	**90th** - the ninetieth
100	one hundred	**100°** -	**100th** - the (one) hundredth
101	one hundred and one	**101°** -	**101st** - the one hundred and first
200	two hundred	**200°** -	**200th** - the two hundredth
1.000	one thousand	**1.000°** -	**$1,000^{th}$** - the (one) thousandth
1.001	one thousand and one	**1.001°** -	**$1,001^{st}$** - the one thousand and first
1.010	one thousand and ten	**1.010°** -	**$1,010^{th}$** - the one thousand and tenth
10.000	ten thousand	**10.000°** -	**10,000** the ten thousandth
100.000	one hundred thousand	**100.000°** -	**100,000** the one hundred thousandth
200.000	two hundred thousand	**200.000°** -	**200,000** the two hundred thousandth
1.000.000	one million	**1.000.000°** -	**1,000,000** the one millionth

ELENCO DELLE ABBREVIAZIONI

abbr.	abbreviazione
(*aer.*)	aeronautica
agg.	aggettivo
(*agr.*)	agricoltura
(*amer.*)	americano, americanismo
amm.	amministrativo, amministrazione
(*anat.*)	anatomia
(*ant.*)	anticamente, antiquato
(*arch.*)	architettura
art.	articolo
(*arte*)	arte, artistico
assol.	assoluto
(*astr.*)	astronomia
attr.	attributo, attributivo
aus.	ausiliare
(*auto*)	automobilismo
avv.	avverbio
(*bot.*)	botanica
(*biol.*)	biologia
(*chim.*)	chimica
(*chir.*)	chirurgia
(*cine*)	cinematografia
coll.	collettivo
(*comm.*)	commercio, commerciale
comp.	comparativo
compl.	complemento
condiz.	condizionale
cong.	congiunzione
(*costr.*)	costruzioni
(*cuc.*)	cucina
(*dial.*)	dialettale
dif.	difettivo
dim.	diminutivo
dimostr.	dimostrativo
ecc., etc.	eccetera
(*eccl.*)	ecclesiastico
(*econ.*)	economia
(*edil.*)	edilizia
(*elettr.*)	elettricità, elettrotecnica
escl.	esclamativo, in esclamazione
f.	femminile
(*fam.*)	familiare
(*farm.*)	farmacia, farmaceutico
(*ferr.*)	ferrovia
(*fig.*)	figurato
(*fil.*)	filosofia
(*fis.*)	fisica
(*foto*)	fotografia
fut.	futuro
gen.	genitivo
general.	generalmente
(*geogr.*)	geografia
(*geol.*)	geologia
(*geom.*)	geometria
ger.	gerundio
(*gergo*)	gergo, gergale
(*giorn.*)	giornalismo, giornalistico
(*giur.*)	giuridico
(*gramm.*)	grammatica
i.	intransitivo
id.	idem
imp.	impersonale
imperat.	imperativo
ind.	indicativo
indef.	indefinito
inf.	infinito
int.	interrogativo
inter.	interiezione, interiettivo
(*iron.*)	ironico
irr.	irregolare
(*itt.*)	ittiologia
(*lat.*)	latino, latinismo
loc. avv.	locuzione avverbiale
loc. cong.	locuzione congiuntiva
loc. prep.	locuzione prepositiva
(*lett.*)	letteratura, letterario
m.	maschile
(*mar.*)	marina, marittimo, marinaresco
(*mat.*)	matematica
(*mecc.*)	meccanica
(*med.*)	medicina
(*metal.*)	metallurgia
(*mil.*)	militare
(*min.*)	mineralogia, minerario
(*mit.*)	mitologia
(*mus.*)	musica
neg.	negazione, negativo
(*neol.*)	neologismo
ogg.	oggetto
(*ott.*)	ottica
p.	participio
pass.	passato
pers.	persona, personale
(*pitt.*)	pittura
pl.	plurale
(*poet.*)	poetico
(*pol.*)	politica
(*pop.*)	popolare
poss.	possessivo

pp.	participio passato
prep.	preposizione
pred.	predicato, predicativo
pres.	presente
pron.	pronome, pronominale
prov.	proverbio, proverbiale
(*psicol.*)	psicologia
qc.	qualcosa
qu.	qualcuno
r.	riflessivo
(*radio*)	radiofonia
rec.	reciproco
reg.	regolare
rel.	relativo
(*relig.*)	religione
s.	(dall'inglese) sostantivo
s.	(dall'italiano) sostantivo maschile e femminile
semidif.	semidifettivo
sf.	sostantivo femminile
sm.	sostantivo maschile
(*scherz.*)	scherzoso
(*scol.*)	scolastico
(*scult.*)	scultura
sing.	singolare
so.	someone
sogg.	soggetto
sost.	sostantivato
spec.	specialmente
(*sport*)	sport, sportivo
(*spreg.*)	spregiativo
sthg.	something
(*stor.*)	storia
superl.	superlativo
t.	transitivo
(*teat.*)	teatro
(*tec.*)	tecnica
(*tel.*)	telefonia, telefono
(*teol.*)	teologia
(*tip.*)	tipografia
(*tv.*)	televisione
(*us.*)	uso, usato
v.	verbo
V.	vedi
(*vezz.*)	vezzeggiativo
v. dif.	verbo difettivo
vi.	verbo intransitivo
(*v. irr.*)	verbo irregolare
(*volg.*)	volgare
vr.	verbo riflessivo
v. semidif.	verbo semidifettivo
vt.	verbo transitivo
(*zool.*)	zoologia

A

a *art.* **1.** un, uno, una **2.** un certo || *once a week*, una volta alla settimana.
A *s.* (*mus.*) la.
aback *avv.* alla sprovvista.
abacus *s.* **1.** abaco **2.** pallottoliere.
abandon *s.* abbandono.
to **abandon** *vt.* abbandonare.
to **abase** *vt.* abbassare, umiliare.
abasement *s.* umiliazione.
to **abash** *vt.* confondere.
abashment *s.* confusione.
to **abate** *vt.* diminuire. ♦ to **abate** *vi.* placarsi (*di tempo atmosferico*).
abatement *s.* diminuzione.
abbess *s.* badessa.
abbey *s.* abbazia.
abbot *s.* abate.
abbreviation *s.* abbreviazione.
to **abdicate** *vt.* e *vi.* **1.** abdicare a **2.** dimettersi.
abdication *s.* abdicazione.
abdomen *s.* addome.
abdominal *agg.* addominale.
to **abduct** *vt.* rapire.
abduction *s.* rapimento.
abductor *s.* **1.** rapitore **2.** (*anat.*) abduttore.
aberration *s.* aberrazione.
abetter *s.* fautore.
abeyance *s.* sospensione.
to **abhor** *vt.* aborrire.
abhorrence *s.* aborrimento.
to **abide (abode, abode)** *vi.* abitare || *to — by*, conformarsi a.
ability *s.* abilità, capacità.
abject *agg.* abietto.
abjection *s.* abiezione.
abjuration *s.* abiura.
to **abjure** *vt.* abiurare.
ablation *s.* ablazione.
ablative *agg.* e *s.* ablativo.
able *agg.* capace || *to be — to*, essere in grado di, potere.
ablution *s.* abluzione.
abnegation *s.* **1.** abnegazione **2.** rinuncia.
abnormal *agg.* anormale.
aboard *avv.* e *prep.* a bordo.
abode V. *to abide.* ♦ **abode** *s.* dimora.
to **abolish** *vt.* abolire.
abolishment, abolition *s.* abolizione.
abolitionism *s.* abolizionismo.
abolitionist *agg.* e *s.* abolizionista.
abominable *agg.* abominevole.
to **abominate** *vt.* detestare.
abomination *s.* abominazione.
aboriginal *agg.* e *s.* aborigeno.
to **abort** *vi.* abortire.
abortion *s.* aborto.
abortive *agg.* abortivo.
to **abound** *vi.* abbondare.
about *avv.* **1.** circa **2.** intorno || *to be —*, stare per. ♦ **about** *prep.* **1.** intorno a **2.** presso di **3.** riguardo a.
above *prep.* **1.** al di sopra di **2.** più di || *— mentioned*, suddetto. ♦ **above** *avv.* in alto, sopra.
abrasion *s.* abrasione.
to **abridge** *vt.* **1.** abbreviare **2.** privare di.
abridg(e)ment *s.* **1.** abbreviazione, sommario **2.** privazione.
abroad *avv.* **1.** all'estero **2.** fuori.
to **abrogate** *vt.* abrogare.
abrogation *s.* abrogazione.
abrupt *agg.* **1.** scosceso **2.** brusco **3.** inaspettato.
abruptness *s.* **1.** ripidezza **2.** rudezza **3.** precipitazione.
abscess *s.* ascesso.
abscissa *s.* ascissa.
absence *s.* assenza.
absent *agg.* assente || *— -minded*, distratto; *— -mindedness*, distrazione.
to **absent** *vt.* *to — oneself*, assentarsi.
absenteeism *s.* assenteismo.
absinth(e) *s.* assenzio.
absolute *agg.* e *s.* assoluto.
absolution *s.* assoluzione.
absolutism *s.* assolutismo.
absolutist *agg.* e *s.* assolutista.
to **absolve** *vt.* assolvere.
to **absorb** *vt.* assorbire.
absorbent *agg.* e *s.* assorbente.
absorption *s.* assorbimento.
to **abstain** *vi.* astenersi.
abstemious *agg.* sobrio.
abstention *s.* astensione.
abstentionist *s.* astensionista.
abstinence *s.* astinenza.
abstract *agg.* astratto. ♦ **abstract** *s.* **1.** astrazione **2.** estratto.
to **abstract** *vt.* **1.** astrarre **2.** estrarre **3.** sottrarre **4.** riassumere.
abstraction *s.* **1.** astrazione **2.** distrazione **3.** furto.
abstractly *avv.* astrattamente.
abstruse *agg.* astruso.
abstruseness *s.* astrusità.

absurd *agg.* assurdo.
absurdity *s.* assurdità.
absurdly *avv.* assurdamente.
abundance *s.* abbondanza.
abundant *agg.* abbondante.
abuse *s.* **1.** abuso **2.** ingiuria.
to **abuse** *vt.* **1.** abusare **2.** ingiuriare.
abusive *agg.* **1.** abusivo **2.** ingiurioso.
abysm, abyss *s.* abisso.
abysmal, abyssal *agg.* abissale.
academic *agg.* e *s.* accademico.
academician *s.* accademico.
academy *s.* accademia: — *of music,* conservatorio.
acanthus *s.* acanto.
acarus *s.* (*pl.* -ri) acaro.
to **accelerate** *vt.* accelerare.
acceleration *s.* accelerazione.
accelerative *agg.* accelerativo.
accelerator *s.* acceleratore.
accent *s.* accento.
to **accent** *vt.* **1.** accentare **2.** accentuare.
to **accentuate** V. *to accent.*
accentuation *s.* accentuazione.
to **accept** *vt.* accettare, approvare.
acceptable *agg.* accettabile.
acceptance *s.* **1.** accettazione **2.** consenso.
acceptation *s.* accezione, significato.
access *s.* accesso.
accessible *agg.* accessibile.
accession *s.* **1.** assunzione (*al trono*) **2.** adesione **3.** aggiunta.
accessory *agg.* e *s.* **1.** accessorio **2.** complice.
accident *s.* **1.** caso: *by* —, per caso **2.** incidente **3.** irregolarità.
accidental *agg.* accidentale.
to **acclaim** *vt.* acclamare.
acclamation *s.* acclamazione.
acclimation, acclimatization *s.* acclimazione, acclimatazione.
to **acclimate,** to **acclimatize** *vt.* acclimatare. ♦ to **acclimate,** to **acclimatize** *vi.* acclimatarsi.
to **accommodate** *vt.* **1.** adattare **2.** ospitare **3.** fornire.
accommodating *agg.* accomodante.
accommodation *s.* **1.** accomodamento **2.** comodità **3.** alloggio **4.** (*comm.*) facilitazione.
accompaniment *s.* accompagnamento.
accompanist *s.* (*mus.*) accompagnatore.
to **accompany** *vt.* accompagnare (*anche mus.*).
accomplice *s.* complice.
to **accomplish** *vt.* compiere, realizzare.
accomplishment *s.* **1.** compimento **2.** compitezza **3.** dote.
accord *s.* accordo.
to **accord** *vt.* accordare. ♦ to **accord** *vi.* accordarsi.
accordance *s.* accordo.
accordant *agg.* concorde, conforme.
according *agg.* **1.** concordante, conforme **2.** armonioso. ♦ **according** *avv.* — *as,* secondo che; — *to,* secondo.
accordingly *avv.* **1.** in conseguenza **2.** conformemente.
accordion *s.* fisarmonica.
accordionist *s.* fisarmonicista.
account *s.* **1.** (*comm.*) conto **2.** (*comm.*) acconto **3.** valore **4.** resoconto || *to take into* —, prendere in considerazione; *on — of,* a causa di.
to **account** *vt.* considerare || *to — for,* essere responsabile di.
accountable *agg.* responsabile.
accountancy *s.* ragioneria.
accountant *s.* contabile || *chartered* —, ragioniere.
to **accredit** *vt.* accreditare.
to **accrue** *vi.* **1.** derivare **2.** accumularsi.
to **accumulate** *vt.* accumulare. ♦ to **accumulate** *vi.* accumularsi.
accumulation *s.* accumulazione.
accumulative *agg.* accumulativo.
accumulator *s.* accumulatore.
accuracy *s.* esattezza.
accurate *agg.* esatto.
accusation *s.* accusa.
accusative *agg.* e *s.* accusativo.
to **accuse** *vt.* accusare.
accused *s.* accusato.
accuser *s.* accusatore.
to **accustom** *vt.* abituare.
accustomed *agg.* **1.** abituale **2.** abituato.
ace *s.* asso.
acetone *s.* acetone.
acetylene *s.* acetilene.
ache *s.* dolore.
to **ache** *vi.* far male: *my head aches,* mi fa male la testa.
to **achieve** *vt.* **1.** compiere **2.** ottenere.
achievement *s.* **1.** compimento **2.** conseguimento **3.** gesta.
aching *agg.* **1.** doloroso **2.** afflitto.

♦ **aching** *s.* dolore.
acid *agg.* e *s.* acido.
acidity *s.* acidità.
acidulous *agg.* acidulo.
to **acknowledge** *vt.* riconoscere || *to — receipt of*, accusare ricevuta di.
acknowledg(e)ment *s.* riconoscimento.
acolyte *s.* accolito.
acorn *s.* ghianda.
acoustic(al) *agg.* acustico.
acoustics *s.* acustica.
to **acquaint** *vt.* informare || *to become acquainted with*, fare la conoscenza di.
acquaintance *s.* conoscenza.
acquiescence *s.* acquiescenza.
to **acquire** *vt.* acquisire, acquistare.
acquisition *s.* acquisto.
to **acquit** *vt.* **1.** pagare **2.** liberare **3.** assolvere.
acquittal *s.* (*giur.*) assoluzione.
acquittance *s.* **1.** saldo **2.** quietanza.
acrid *agg.* acre.
acridity *s.* asprezza.
acrimony *s.* acrimonia.
acrobat *s.* acrobata.
acrobatic(al) *agg.* acrobatico.
acrobatics *s. pl.* acrobazia (*sing.*).
acropolis *s.* acropoli.
across *avv.* per traverso. ♦ **across** *prep.* attraverso || *to come —.* incontrare.
act *s.* atto, legge.
to **act** *vt.* e *vi.* **1.** agire, fare **2.** (*teat.*) recitare.
acting *agg.* facente funzione di. ♦ **acting** *s.* **1.** azione **2.** (*teat.*) rappresentazione.
action *s.* **1.** azione **2.** (*giur.*) processo **3.** (*mecc.*) funzionamento.
active *agg.* attivo.
activism *s.* attivismo.
activist *s.* attivista.
activity *s.* attività.
actor *s.* attore.
actress *s.* attrice.
actual *agg.* reale.
actuality *s.* realtà.
actually *avv.* realmente.
to **actuate** *vt.* mettere in moto.
acuminate *agg.* acuminato.
acute *agg.* acuto.
ad *s.* V. *advertisement.*
adamantine *agg.* adamantino.
to **adapt** *vt.* adattare.
adaptable *agg.* adattabile.
adaptation *s.* adattamento.
to **add** *vt.* aggiungere || *to — up*. fare una somma.
addendum *s.* (*pl.* -da) aggiunta.
adder *s.* vipera.
addict *s.* tossicomane.
addition *s.* **1.** (*mat.*) addizione **2.** aggiunta.
additional *agg.* supplementare.
address *s.* **1.** indirizzo **2.** abilità. ♦ **addresses** *s. pl.* omaggi.
to **address** *vt.* e *vi.* indirizzare, arringare. ♦ to **address** *vi.* rivolgersi.
addressee *s.* destinatario.
addresser *s.* mittente.
to **adduce** *vt.* addurre.
adenoids *s. pl.* adenoidi.
adept *agg.* e *s.* perito, esperto.
adequate *agg.* adeguato.
to **adhere** *vi.* aderire.
adherence *s.* aderenza, adesione.
adherent *agg.* e *s.* aderente.
adhesion *s.* V. *adherence.*
adhesive *agg.* e *s.* adesivo.
adipose *agg.* adiposo.
adjacent *agg.* adiacente.
adjective *agg.* **1.** aggettivale **2.** addizionale. ♦ **adjective** *s.* aggettivo.
to **adjoin** *vt.* **1.** aggiungere **2.** essere contiguo.
adjoining *agg.* adiacente.
to **adjourn** *vt.* aggiornare.
adjournment *s.* aggiornamento.
adjunct *s.* **1.** aggiunta **2.** aggiunto **3.** (*gramm.*) complemento.
adjuration *s.* implorazione.
to **adjust** *vt.* **1.** aggiustare **2.** adattare **3.** regolare.
adjustment *s.* **1.** adattamento, compromesso **2.** (*comm.*) liquidazione.
adjutant *s.* aiutante.
to **administer** *vt.* **1.** amministrare **2.** fornire. ♦ to **administer** *vi.* contribuire.
administration *s.* **1.** amministrazione **2.** somministrazione.
administrative *agg.* amministrativo.
administrator *s.* amministratore.
admirable *agg.* ammirabile.
admiral *s.* ammiraglio.
admiralty *s.* ammiragliato.
admiration *s.* ammirazione.
to **admire** *vt.* ammirare.
admirer *s.* ammiratore.
admiringly *avv.* con ammirazione.
admissible *agg.* ammissibile.
admission *s.* **1.** ammissione **2.** con-

fessione.
to **admit** *vt.* **1.** ammettere **2.** contenere.
admittance *s.* ammissione, ingresso.
to **admonish** *vt.* ammonire.
admonition *s.* ammonimento.
ado *s.* **1.** fatica **2.** confusione.
adolescence *s.* adolescenza.
adolescent *agg.* e *s.* adolescente.
to **adopt** *vt.* adottare.
adoption *s.* adozione.
adoptive *agg.* adottivo.
adorable *agg.* adorabile.
adoration *s.* adorazione.
to **adore** *vt.* adorare.
to **adorn** *vt.* adornare.
adornment *s.* ornamento.
adrenalin *s.* adrenalina.
adrift *avv.* alla deriva.
to **adulate** *vt.* adulare.
adulation *s.* adulazione.
adulator *s.* adulatore.
adult *agg.* e *s.* adulto.
to **adulterate** *vt.* adulterare.
adulteration *s.* adulterazione.
adulterer *s.* adultero.
adulteress *s.* adultera.
adulterine *agg.* adulterino.
adultery *s.* adulterio.
advance *s.* **1.** avanzamento **2.** anticipo **3.** approccio.
to **advance** *vt.* **1.** portar avanti **2.** anticipare (*denaro*) **3.** (*comm.*) aumentare. ♦ to **advance** *vi.* avanzare.
advancement *s.* **1.** avanzamento **2.** (*comm.*) rialzo.
advantage *s.* vantaggio || *to take — of,* approfittare di.
to **advantage** *vt.* avvantaggiare.
advantageous *agg.* vantaggioso.
advent *s.* avvento.
adventure *s.* avventura.
to **adventure** *vt.* rischiare. ♦ to **adventure** *vi.* avventurarsi.
adventurer *s.* avventuriero.
adventurous *agg.* avventuroso.
adverb *s.* avverbio.
adverbial *agg.* avverbiale.
adversary *s.* avversario.
adverse *agg.* avverso.
adversity *s.* avversità.
to **advert** *vi.* alludere, riferirsi.
to **advertise** *vt.* e *vi.* fare pubblicità a, divulgare.
advertisement *s.* **1.** avviso **2.** cartellone pubblicitario **3.** inserzione.
advertiser *s.* inserzionista.
advertising *agg.* pubblicitario. ♦ **advertising** *s.* pubblicità.
advice *s.* **1.** consiglio **2.** notizia.
advisability *s.* opportunità.
advisable *agg.* consigliabile.
to **advise** *vt.* **1.** consigliare **2.** avvisare || *to — with so.,* consultarsi con qu.
advised *agg.* giudizioso.
adviser *s.* consigliere.
advocacy *s.* avvocatura.
advocate *s.* difensore.
aegis *s.* egida.
Aeolian *agg.* eolio.
to **aerate** *vt.* **1.** aerare **2.** gassare.
aeration *s.* **1.** aerazione **2.** (*chim.*) aggiunta di acido carbonico.
aerial *agg.* aereo. ♦ **aerial** *s.* (*radio*) antenna.
aerodrome *s.* aerodromo.
aerodynamics *s.* aerodinamica.
aeronaut *s.* aeronauta.
aeronautics *s.* aeronautica.
aeroplane *s.* aeroplano.
aerostat *s.* aerostato.
aerostatics *s.* aerostatica.
aesthete *s.* esteta.
aesthetic(al) *agg.* estetico.
aestheticism *s.* estetismo.
aesthetics *s.* estetica.
aestivation *s.* letargo estivo.
aether *s.* etere.
afar *avv.* lontano.
affability *s.* affabilità.
affable *agg.* affabile.
affair *s.* **1.** affare **2.** tresca.
to **affect**[1] *vt.* **1.** ostentare **2.** simulare.
to **affect**[2] *vt.* **1.** concernere **2.** commuovere **3.** (*med.*) intaccare.
affectation *s.* affettazione.
affected *agg.* **1.** affettato **2.** affetto **3.** commosso **4.** disposto.
affection *s.* **1.** affetto **2.** (*med.*) affezione.
affectionate *agg.* affezionato, affettuoso.
affective *agg.* affettivo.
to **affiliate** *vt.* affiliare. ♦ to **affiliate** *vi.* affiliarsi.
affiliation *s.* affiliazione.
affinity *s.* affinità, parentela.
to **affirm** *vt.* **1.** affermare **2.** ratificare.
affirmation *s.* **1.** affermazione **2.** ratificazione.
affirmative *agg.* affermativo || *in the —,* affermativamente.
to **affix** *vt.* aggiungere, apporre.

to **afflict** *vt.* affliggere.
affliction *s.* afflizione.
affluence *s.* **1.** affluenza **2.** abbondanza.
affluent *agg.* ricco. ♦ **affluent** *s.* (*geogr.*) affluente.
afflux *s.* afflusso.
to **afford** *vt.* offrire || *can* —, potersi permettere.
to **afforest** *vt.* imboschire.
afforestation *s.* imboschimento.
affront *s.* affronto || *to take — at,* offendersi per.
to **affront** *vt.* **1.** affrontare **2.** insultare.
afloat *avv.* a galla. ♦ **afloat** *agg.* **1.** galleggiante **2.** in circolazione.
afore *avv.* precedentemente. ♦ **afore** *prep.* prima di.
aforementioned, aforesaid *agg.* predetto.
afraid *agg.* spaventato || *to be* —, temere.
African *agg.* e *s.* africano.
after *agg.* seguente. ♦ **after** *prep.* **1.** dopo, dietro **2.** secondo **3.** alla maniera di. ♦ **after** *avv.* dopo. ♦ **after** *cong.* dopo che.
afternoon *s.* pomeriggio.
afterthought *s.* riflessione.
afterward(s) *avv.* poi.
again *avv.* ancora, di nuovo.
against *prep.* **1.** contro **2.** in previsione di.
agape *agg.* e *avv.* a bocca aperta.
age *s.* **1.** età **2.** secolo || *old* —, vecchiaia; *to be of* —, essere maggiorenne; *to be under* —, essere minorenne; *Middle Ages,* Medioevo.
to **age** *vt.* e *vi.* invecchiare.
aged *agg.* **1.** vecchio **2.** dell'età di.
agency *s.* **1.** causa, azione **2.** (*comm.*) agenzia, rappresentanza.
agent *s.* agente.
agglomerate *agg.* e *s.* agglomerato.
to **agglomerate** *vt.* agglomerare. ♦ to **agglomerate** *vi.* agglomerarsi.
agglomeration *s.* agglomerazione.
to **agglutinate** *vt.* agglutinare. ♦ to **agglutinate** *vi.* agglutinarsi.
to **aggravate** *vt.* **1.** aggravare **2.** irritare.
aggravation *s.* **1.** aggravamento **2.** esasperazione.
aggregate *agg.* e *s.* aggregato.
to aggregate *vt.* **1.** aggregare **2.** ammontare a. ♦ to **aggregate** *vi.* aggregarsi.
aggregation *s.* aggregazione.
aggression *s.* aggressione.
aggressive *agg.* aggressivo.
aggressiveness *s.* aggressività.
aggressor *s.* aggressore.
aghast *agg.* **1.** atterrito **2.** stupefatto.
agile *agg.* agile.
agility *s.* agilità.
to **agitate** *vt.* agitare.
agitation *s.* agitazione.
agitator *s.* agitatore.
agnostic *agg.* e *s.* agnostico.
ago *agg.* e *avv.* fa.
agonistic(al) *agg.* agonistico.
to **agonize** *vt.* tormentare. ♦ to **agonize** *vi.* **1.** tormentarsi **2.** agonizzare.
agony *s.* **1.** agonia **2.** dolore.
agrarian *agg.* e *s.* agrario.
to **agree** *vt.* e *vi.* **1.** accordarsi **2.** accettare **3.** essere adatto.
agreeable *agg.* **1.** gradevole **2.** conforme.
agreement *s.* **1.** accordo **2.** conformità **3.** consenso.
agricultural *agg.* agricolo.
agriculture *s.* agricoltura.
agronomist *s.* agronomo.
agronomy *s.* agronomia.
ague *s.* febbre malarica.
ahead *avv.* avanti.
aid *s.* aiuto.
to **aid** *vt.* aiutare, soccorrere.
to **ail** *vt.* affliggere. ♦ to **ail** *vi.* sentirsi male.
aileron *s.* alettone.
aim *s.* **1.** mira **2.** scopo.
to **aim** *vt.* e *vi.* **1.** mirare **2.** aspirare a.
aimless *agg.* senza scopo.
air *s.* aria || — *conditioning,* condizionamento d'aria; — *lift,* ponte aereo; —*line,* aviolinea; —*raid,* incursione aerea; — *-mail,* posta aerea.
to **air** *vt.* aerare.
aircraft *s.* aereo, aerei || — *-carrier,* portaerei.
airfield *s.* campo d'aviazione.
airiness *s.* leggerezza, disinvoltura.
airing *s.* **1.** ventilazione **2.** passeggiata.
to **air-mail** *vt.* trasportare per via aerea.
airman *s.* aviatore.
airport *s.* aeroporto.
airship *s.* aeronave.
airsickness *s.* mal d'aria.

airstrip *s.* pista (*d'areoporto*).
airtight *agg.* a tenuta d'aria.
airway *s.* via aerea.
airy *agg.* **1.** arioso **2.** aereo **3.** gaio.
aisle *s.* navata (*laterale*).
ajar *avv.* socchiuso.
akin *agg.* **1.** consanguineo **2.** simile.
alacrity *s.* alacrità.
alarm *s.* allarme || — *-clock,* sveglia; *to take* —, allarmarsi.
to **alarm** *vt.* allarmare.
alas *inter.* ahimè.
Albanian *agg.* e *s.* albanese.
albatross *s.* albatro.
albumen *s.* albume.
albumin *s.* albumina.
alchemist *s.* alchimista.
alchemy *s.* alchimia.
alcohol *s.* alcool: *wood* —, alcool metilico.
alcoholic *agg.* alcolico. ♦ **alcoholic** *sm.* alcolizzato.
alcoholism *s.* alcoolismo.
alcove *s.* alcova.
alder *s.* ontano.
alderman *s.* assessore.
ale *s.* birra || *—house,* birreria.
aleatory *agg.* aleatorio.
alembic *s.* alambicco.
alert *agg.* **1.** all'erta **2.** svelto. ♦ **alert** *s.* allarme.
algebraic(al) *agg.* algebrico.
alien *agg.* e *s.* **1.** estraneo **2.** straniero.
to **alienate** *vt.* alienare.
alienation *s.* alienazione.
alienist *s.* alienista.
alight *agg.* illuminato.
to **alight** *vi.* **1.** scendere **2.** posarsi, atterrare.
to **align** *vt.* allineare. ♦ to **align** *vi.* allinearsi.
alignment *s.* allineamento.
alike *agg.* simile. ♦ **alike** *avv.* similmente.
aliment *s.* alimento.
alimentary *agg.* alimentare.
alimentation *s.* alimentazione.
aliquot *agg.* e *s.* aliquota.
alive *agg.* **1.** vivo **2.** vivace **3.** sensibile.
alkaline *agg.* alcalino.
all *agg.* tutto, tutti, ogni || — *the way,* lungo tutto il cammino. ♦ **all** *pron.* tutto, tutti || *not at* —, niente affatto; — *the better,* tanto meglio || — *of us,* noi tutti; *it is* — *up,* tutto è finito. ♦ **all** *avv.* completamente, interamente || — *right,* va bene; — *but,* quasi. ♦ **all** *s.* tutto, totalità.
to **allege** *vt.* addurre.
allegiance *s.* fedeltà.
allegoric(al) *agg.* allegorico.
allegory *s.* allegoria.
allergic *agg.* allergico.
allergy *s.* allergia.
to **alleviate** *vt.* alleviare.
alleviation *s.* alleviamento.
alley *s.* vialetto, vicolo.
alliance *s.* **1.** alleanza **2.** unione.
allied *agg.* alleato.
alligator *s.* alligatore.
alliteration *s.* allitterazione.
alliterative *agg.* allitterativo.
to **allocate** *vt.* assegnare, distribuire.
allocution *s.* allocuzione.
to **allot** *vt.* assegnare.
allotment *s.* **1.** distribuzione **2.** lotto (*di terreno*).
to **allow** *vt.* **1.** permettere **2.** riconoscere **3.** concedere.
allowance *s.* **1.** permesso **2.** assegno, indennità **3.** razione **4.** riconoscimento **5.** sconto.
alloy *s.* (*metal.*) lega.
to **allude** *vi.* alludere.
to **allure** *vt.* attrarre.
allurement *s.* allettamento.
allusion *s.* allusione.
allusive *agg.* allusivo.
alluvion *s.* alluvione.
ally *s.* alleato.
to **ally** *vt.* **1.** unire **2.** alleare. ♦ to **ally** *vi.* allearsi.
almanac *s.* almanacco.
almighty *agg.* onnipotente: *the Almighty,* l'Onnipotente.
almond *s.* mandorla || — *-tree,* mandorlo.
almost *avv.* quasi.
alms *s.* elemosina || — *-house,* ospizio per i poveri; — *-man,* accattone.
alone *agg.* e *avv.* solo.
along *avv.* e *prep.* **1.** lungo **2.** avanti.
alongside *avv.* (*mar.*) accanto, accosto. ♦ **alongside** *prep.* a fianco di, lungo.
aloof *avv.* a distanza. ♦ **aloof** *agg.* riservato, scontroso.
aloofness *s.* freddezza.
aloud *avv.* ad alta voce.
alp *s.* alpe.
alpha *s.* alfa.
alphabet *s.* alfabeto.
alphabetic(al) *agg.* alfabetico.

alpine *agg.* alpino.
already *avv.* già.
also *avv.* anche, inoltre.
altar *s.* altare || — *-boy,* chierichetto; — *-piece,* pala d'altare.
to **alter** *vt.* alterare. ♦ to **alter** *vi.* alterarsi, trasformarsi.
alteration *s.* alterazione.
altercation *s.* alterco.
alternacy *s.* alternanza.
alternate *agg.* alterno, alternato.
to **alternate** *vt.* alternare. ♦ to **alternate** *vi.* alternarsi.
alternation *s.* alternazione.
alternative *agg.* alternativo. ♦ **alternative** *s.* alternativa.
alternator *s.* (*elettr.*) alternatore.
although *cong.* benché.
altimeter *s.* altimetro.
altitude *s.* **1.** altitudine **2.** (*aer.*) quota.
altogether *avv.* interamente.
altruism *s.* altruismo.
altruist *s.* altruista.
altruistic *agg.* altruistico.
aluminium *s.* alluminio.
always *avv.* sempre.
amalgam *s.* amalgama.
to **amalgamate** *vt.* amalgamare. ♦ to **amalgamate** *vi.* amalgamarsi.
amalgamation *s.* amalgamazione.
amaranth *s.* amaranto.
to **amass** *vt.* ammucchiare.
amateur *agg.* e *s.* amatore, dilettante.
amateurism *s.* dilettantismo.
to **amaze** *vt.* stupire.
amazement *s.* sorpresa.
amazing *agg.* sorprendente.
Amazon *s.* amazzone.
ambages *s. pl.* ambagi.
ambassador *s.* ambasciatore.
amber *s.* ambra.
ambient *agg.* circostante. ♦ **ambient** *s.* ambiente.
ambiguity *s.* ambiguità.
ambiguous *agg.* ambiguo.
ambit *s.* ambito.
ambition *s.* ambizione.
ambitious *agg.* ambizioso.
ambivalence *s.* ambivalenza.
ambivalent *agg.* ambivalente.
amble *s.* ambio.
ambo *s.* ambone.
ambulance *s.* ambulanza.
ambush *s.* imboscata.
to **ambush** *vt.* e *vi.* tendere una imboscata (a).
to **ameliorate** *vt.* e *vi.* migliorare.
to **amend** *vt.* emendare. ♦ to **amend** *vi.* emendarsi.
amendment *s.* emendamento.
amends *s.* ammenda.
amenity *s.* amenità.
American *agg.* e *s.* americano.
Americanism *s.* americanismo.
amethyst *s.* ametista.
amiability *s.* amabilità.
amiable *agg.* amabile.
amiably *avv.* amabilmente.
amianthus *s.* amianto.
amicable *agg.* amichevole.
amid *prep.* in mezzo a, tra, fra.
amiss *avv.* a male; *to take sthg.* —, aversene a male. ♦ **amiss** *agg.* inopportuno, errato.
amity *s.* amicizia.
ammonia *s.* ammoniaca.
ammunition *s.* munizioni.
amnesty *s.* amnistia.
to **amnesty** *vt.* amnistiare.
amoeba *s.* ameba.
among(st) *prep.* tra, fra (*più di due*); in mezzo a.
amoral *agg.* amorale.
amorality *s.* amoralità.
amorous *agg.* amoroso.
amorphous *agg.* amorfo.
to **amortize** *vt.* (*comm.*) ammortizzare.
amount *s.* **1.** somma **2.** totale **3.** valore **4.** quantità.
to **amount** *vi.* **1.** ammontare **2.** equivalere.
amperometer *s.* amperometro.
amphibian *agg.* e *s.* anfibio.
amphibious *agg.* anfibio.
amphitheatre *s.* anfiteatro.
amphitryon *s.* anfitrione.
amphora *s.* anfora.
ample *agg.* ampio.
amplification *s.* amplificazione.
amplifier *s.* amplificatore.
to **amplify** *vt.* amplificare. ♦ to **amplify** *vi.* dilungarsi.
to **amputate** *vt.* amputare.
amputation *s.* amputazione.
amulet *s.* amuleto.
to **amuse** *vt.* divertire.
amusement *s.* divertimento.
an *art.* V. *a.*
anachronic *agg.* anacronistico.
anachronism *s.* anacronismo.
anachronistic(al) *agg.* anacronistico.
anaemia *s.* anemia.
anaemic *agg.* anemico.
anaesthesia *s.* anestesia.

anaesthetic *agg.* e *s.* anestetico.
anaesthetist *s.* anestesista.
to **anaesthetize** *vt.* anestetizzare.
anagram *s.* anagramma.
anal *agg.* anale.
analgesic *agg.* e *s.* analgesico.
analogic(al) *agg.* analogico.
analogous *agg.* analogo.
analogy *s.* analogia.
to **analyse** *vt.* analizzare.
analysis *s.* (*pl.* -ses) analisi.
analyst *s.* analista.
analytic(al) *agg.* analitico.
anarchic(al) *agg.* anarchico.
anarchism *s.* anarchia.
anarchist *s.* anarchico.
anarchy *s.* anarchia.
anathema *s.* anatema.
anatomic(al) *agg.* anatomico.
anatomist *s.* anatomista.
to **anatomize** *vt.* anatomizzare.
anatomy *s.* anatomia.
ancestor *s.* antenato.
ancestral *agg.* ancestrale.
ancestry *s.* stirpe.
anchor *s.* (*mar.*) ancora.
to **anchor** *vt.* ancorare. ♦ to **anchor** *vi.* ancorarsi.
anchorage *s.* ancoraggio.
anchoret *s.* anacoreta.
anchovy *s.* acciuga.
ancient *agg.* e *s.* antico.
and *cong.* e.
androgynous *agg.* androgino.
anecdote *s.* aneddoto.
anecdotic(al) *agg.* aneddotico.
anew *avv.* di nuovo.
anfractuosity *s.* anfrattuosità.
anfractuous *agg.* anfrattuoso.
angel *s.* angelo: *guardian* —, angelo custode.
angelic(al) *agg.* angelico.
anger *s.* collera.
to **anger** *vt.* irritare.
angle *s.* (*geom.*) angolo || *at right angles,* perpendicolarmente.
to **angle** *vi.* **1.** pescare (*con l'amo*) **2.** *to — for,* andare in cerca di.
angler *s.* pescatore (*con l'amo*).
Anglican *agg.* e *s.* anglicano.
Anglo-Saxon *agg.* e *s.* anglosassone.
angrily *avv.* irosamente.
angry *agg.* irato, arrabbiato || *to get* —, adirarsi.
anguish *s.* angoscia.
to **anguish** *vt.* angosciare. ♦ to **anguish** *vi.* angosciarsi.
angular *agg.* angolare.
anhydride *s.* anidride.
aniline *s.* anilina.
animadversion *s.* biasimo.
to **animadvert** *vi.* criticare: *to — on so., sthg.,* criticare qu., qc.
animal *agg.* e *s.* animale.
to **animate** *vt.* animare.
animatedly *avv.* animatamente.
animation *s.* animazione.
animator *s.* animatore.
animism *s.* animismo.
animosity *s.* animosità.
anise *s.* anice.
ankle *s.* caviglia.
ankylosis *s.* anchilosi.
annals *s.* *pl.* annali.
Annelida *s.* *pl.* anellidi.
to **annex** *vt.* annettere.
annexation *s.* annessione.
to **annihilate** *vt.* annichilire.
annihilation *s.* annichilimento.
anniversary *s.* anniversario.
to **annotate** *vt.* e *vi.* annotare.
annotation *s.* annotazione.
to **announce** *vt.* annunciare.
announcement *s.* annuncio.
announcer *s.* annunciatore.
to **annoy** *vt.* infastidire.
annoyance *s.* fastidio.
annoying *agg.* fastidioso.
annual *agg.* annuale. ♦ **annual** *s.* annuario.
annuity *s.* rendita annuale.
to **annul** *vt.* annullare.
annulment *s.* annullamento.
to **annunciate** *vt.* annunciare.
annunciation *s.* annuncio, annunciazione.
anode *s.* anodo.
anodyne *agg.* e *s.* anodino.
to **anoint** *vt.* ungere, consacrare.
anomalous *agg.* anomalo.
anomaly *s.* anomalia.
anonym *s.* anonimo.
anonymous *agg.* anonimo.
another *agg.* e *pron.* un altro || *one* —, l'un l'altro.
answer *s.* risposta.
to **answer** *vt.* e *vi.* rispondere.
ant *s.* formica || *— -bear,* formichiere.
antagonism *s.* antagonismo.
antagonist *s.* antagonista.
Antarctic *agg.* antartico.
antecedent *agg.* e *s.* antecedente. ♦ **antecedents** *s.* *pl.* antenati.
to **antedate** *vt.* **1.** antidatare **2.** anticipare.
antediluvian *agg.* e *s.* antidiluviano.

antelope *s.* antilope.
anteroom *s.* anticamera.
anthem *s.* inno.
anthological *agg.* antologico.
anthology *s.* antologia.
anthracite *s.* antracite.
anthropocentric *agg.* antropocentrico.
anthropologist *s.* antropologo.
anthropology *s.* antropologia.
anthropomorphic *agg.* antropomorfo.
anthropomorphism *s.* antropomorfismo.
anthropomorphous *agg.* antropomorfo.
anthropophagous *agg.* e *s.* (*pl.* -gi) antropofago.
anthropophagy *s.* antropofagia.
antiaesthetic *agg.* antiestetico.
anti-aircraft *agg.* antiaereo.
antibiotic *agg.* e *s.* antibiotico.
antibody *s.* anticorpo.
to **anticipate** *vt.* **1.** anticipare **2.** prevedere **3.** pregustare.
anticipation *s.* **1.** anticipo **2.** previsione **3.** pregustazione.
anticlerical *agg.* anticlericale.
anticlericalism *s.* anticlericalismo.
anticonceptive *s.* antifecondativo.
anticonstitutional *agg.* anticostituzionale.
anticyclone *s.* anticiclone.
anti-dazzle *agg.* antiabbagliante.
antidote *s.* antidoto.
anti-freeze *s.* anticongelante.
anti-gas *agg.* antigas.
antimilitarism *s.* antimilitarismo.
antimilitarist *s.* antimilitarista.
antimony *s.* antimonio.
antinomy *s.* antinomia.
antiparticle *s.* antiparticella.
antipathetic(al) *agg.* avverso.
antipathy *s.* antipatia.
antiphon(y) *s.* antifona.
antipodal *agg.* degli, agli antipodi.
antipode *s.* antipodo.
antiquarian *agg.* e *s.* antiquario.
antiquary *s.* antiquario.
antiquated *agg.* antiquato.
antique *agg.* antico. ♦ **antique** *s.* antichità || — *dealer*, antiquario.
antiquity *s.* antichità.
antirheumatic *agg.* antireumatico.
anti-rust *agg.* e *s.* antiruggine.
anti-Semite *s.* antisemita.
anti-Semitism *s.* antisemitismo.
antiseptic *agg.* e *s.* antisettico.
antisocial *agg.* antisociale.
antispasmodic *agg.* e *s.* antispasmodico.
anti-tank *agg.* anticarro.
antitetanic *agg.* antitetanico.
anti-theft *agg.* e *s.* antifurto.
antithesis *s.* (*pl.* -ses) antitesi.
antithetic(al) *agg.* antitetico.
antitoxic *agg.* antitossico.
anus *s.* ano.
anvil *s.* incudine.
anxiety *s.* ansietà.
anxious *agg.* ansioso.
any *agg.* **1.** qualunque **2.** (*in frasi neg.; int.; dubitative*) qualche, nessuno, del || *at — rate*, in ogni modo. ♦ **any** *pron.* **1.** alcuno, nessuno **2.** ne || *have you — bread?*, hai del pane?; *I haven't —*, non ne ho.
anybody *pron.* **1.** chiunque **2.** (*in frasi neg.; int.; dubitative*) qualcuno, nessuno.
anyhow *avv.* e *cong.* comunque.
anyone *pron.* V. *anybody*.
anything *pron.* **1.** qualunque cosa **2.** (*in frasi neg.; int.; dubitative*) qualche cosa, niente.
anyway *avv.* in ogni modo, comunque.
anywhere *avv.* dovunque.
apace *avv.* presto.
apanage *s.* appannaggio.
apart *avv.* **1.** a parte **2.** lontano.
apartheid *s.* discriminazione razziale.
apartment *s.* alloggio (*in affitto*).
apathy *s.* apatia.
ape *s.* scimmia.
to **ape** *vt.* scimmiottare.
aperitif *s.* aperitivo.
apex *s.* apice.
aphaeresis *s.* aferesi.
aphonia *s.* afonia.
aphorism *s.* aforisma.
aphrodisiac *agg.* e *s.* afrodisiaco.
aphtha *s.* afta.
apiece *avv.* a testa.
apish *agg.* scimmiesco.
apocalypse *s.* apocalisse.
apocalyptic(al) *agg.* apocalittico.
apocrypha *s. pl.* libri apocrifi.
apocryphal *agg.* apocrifo.
apogee *s.* apogeo.
apologetic(al) *agg.* apologetico.
apologist *s.* apologista.
to **apologize** *vi.* scusarsi.
apologue *s.* apologo.
apology *s.* scusa.
apoplexy *s.* apoplessia.

apostasy *s.* apostasia.
apostate *agg.* e *s.* apostata.
apostle *s.* apostolo.
apostolate *s.* apostolato.
apostolic(al) *agg.* apostolico.
apostrophe *s.* apostrofo.
to **apostrophize** *vt.* apostrofare.
apothecary *s.* farmacista.
apotheosis *s.* (*pl.* -ses) apoteosi.
to **appal** *vt.* spaventare.
appalling *agg.* spaventoso.
apparatus *s.* apparato.
apparent *agg.* **1.** visibile, evidente **2.** (*giur.*) legittimo.
apparition *s.* apparizione.
appeal *s.* **1.** appello **2.** attrattiva.
to **appeal** *vi.* **1.** appellarsi **2.** attrarre.
appealing *agg.* **1.** supplichevole **2.** attraente.
to **appear** *vi.* **1.** apparire **2.** sembrare.
appearance *s.* **1.** apparenza, aspetto **2.** apparizione.
to **appease** *vt.* placare.
appeasement *s.* pacificazione, tregua.
appellative *agg.* e *s.* appellativo.
appendicitis *s.* appendicite.
appendix *s.* appendice.
appetite *s.* appetito.
appetizer *s.* aperitivo.
appetizing *agg.* appetitoso.
to **applaud** *vt.* e *vi.* applaudire.
applauding *agg.* plaudente.
applause *s.* applauso.
apple *s.* mela || — *-tree*, melo.
appliance *s.* **1.** applicazione **2.** apparecchio.
applicant *s.* richiedente.
application *s.* **1.** applicazione **2.** domanda.
to **apply** *vt.* applicare. ♦ to **apply** *vi.* **1.** applicarsi **2.** rivolgersi.
to **appoint** *vt.* **1.** fissare **2.** nominare, assegnare.
appointee *s.* persona designata.
appointment *s.* **1.** appuntamento **2.** nomina **3.** impiego.
apposition *s.* apposizione.
appraisal *s.* stima.
to **appraise** *vt.* stimare.
appreciable *agg.* apprezzabile.
to **appreciate** *vt.* **1.** apprezzare **2.** rendersi conto di. ♦ to **appreciate** *vi.* aumentare di valore.
appreciation *s.* **1.** apprezzamento **2.** aumento di valore.
to **apprehend** *vt.* assodare.
apprehension *s.* **1.** apprensione **2.** percezione **3.** arresto.
apprehensive *agg.* **1.** apprensivo **2.** perspicace.
apprentice *s.* apprendista.
apprenticeship *s.* apprendistato.
approach *s.* **1.** avvicinamento **2.** approccio **3.** impostazione (*di una pratica ecc.*).
to **approach** *vt.* avvicinare. ♦ to **approach** *vi.* avvicinarsi.
approachable *agg.* accessibile.
appropriate *agg.* appropriato.
to **appropriate** *vt.* **1.** appropriarsi di **2.** stanziare.
appropriation *s.* **1.** appropriazione **2.** stanziamento.
approval *s.* **1.** approvazione **2.** (*comm.*) prova: *on* —, in prova.
to **approve** *vt.* **1.** approvare **2.** mostrare.
approximate *agg.* approssimativo.
to **approximate** *vt.* approssimare. ♦ to **approximate** *vi.* approssimarsi.
approximation *s.* approssimazione.
approximative *agg.* approssimativo.
apricot *s.* albicocca || — *-tree*, albicocco.
April *s.* aprile.
apron *s.* **1.** grembiale **2.** riparo **3.** (*teat.*) proscenio.
apse *s.* abside.
apt *agg.* **1.** atto **2.** intelligente **3.** proclive.
aptitude, aptness *s.* **1.** idoneità **2.** intelligenza **3.** proprietà (*di vocabolo*).
aqualung *s.* autorespiratore.
aquamarine *s.* acquamarina.
aquarium *s.* acquario.
aquatic(al) *agg.* acquatico.
aqueduct *s.* acquedotto.
aqueous *agg.* acqueo, acquoso.
Arab *agg.* e *s.* arabo.
arabesque *s.* arabesco.
Arabian *agg.* e *s.* arabo.
Arabic *agg.* arabico.
arable *agg.* arabile.
arbiter *s.* arbitro.
arbitrage *s.* arbitraggio.
arbitrary *agg.* arbitrario.
to **arbitrate** *vt.* e *vi.* arbitrare.
arbitrator *s.* (*giur.*) arbitro.
arboreal, arboreous *agg.* arboreo.
arboriculture *s.* arboricoltura.
arbour *s.* pergolato.
arc *s.* arco.
arcade *s.* galleria.

Arcadian *agg.* e *s.* arcadico.
arch *s.* arco.
to **arch** *vt.* **1.** fabbricare ad arco **2.** inarcare. ♦ to **arch** *vi.* inarcarsi.
archaeologic(al) *agg.* archeologico.
archaeologist *s.* archeologo.
archaeology *s.* archeologia
archaic(al) *agg.* arcaico.
archaism *s.* arcaismo.
archangel *s.* arcangelo.
archbishop *s.* arcivescovo
archduke *s.* arciduca.
archer *s.* arciere.
archetype *s.* archetipo.
archipelago *s.* arcipelago.
architect *s.* architetto.
architectonic, architectural *agg* architettonico.
architecture *s.* architettura.
archive *s.* archivio.
archivist *s.* archivista.
Arctic *agg.* e *s.* artico.
ardent *agg.* ardente.
ardour *s.* ardore.
arduous *agg.* arduo.
area *s.* area.
arena *s.* (*arch.*) arena.
Areopagus *s.* areopago.
argent *s.* argenteo.
Argentine *agg.* e *s.* argentino.
argil *s.* argilla.
to **argue** *vi.* **1.** discutere **2.** ragionare. ♦ to **argue** *vt.* dimostrare.
argument *s.* **1.** discussione **2.** argomentazione.
arid *agg.* arido.
aridity *s.* aridità.
to **arise (arose, arisen)** *vi.* **1.** alzarsi **2.** (*fig.*) nascere.
aristocracy *s.* aristocrazia.
aristocrat *s.* aristocratico.
aristocratic(al) *agg.* aristocratico.
Aristotelian *agg.* e *s.* aristotelico.
arithmetic *s.* aritmetica.
arithmetic(al) *agg.* aritmetico.
arm[1] *s.* braccio || — *-in-* —, a braccetto.
arm[2] *s.* arma || *coat of arms,* stemma.
to **arm** *vt.* armare. ♦ to **arm** *vi.* armarsi.
armament *s.* armamento.
armchair *s.* poltrona.
armful *s.* bracciata.
armistice *s.* armistizio.
armless *agg.* inerme.
armlet *s.* braccialetto.
armour *s.* corazza.
to **armour** *vt.* corazzare || *armoured-car,* autoblinda.
armoury *s.* **1.** arsenale **2.** armeria.
armpit *s.* ascella.
army *s.* esercito.
aromatic(al) *agg.* aromatico.
arose V. *to arise.*
around *avv.* intorno. ♦ **around** *prep.* **1.** intorno a **2.** circa.
to **arouse** *vt.* **1.** destare **2.** eccitare.
to **arrange** *vt.* **1.** accomodare **2.** predisporre **3.** (*mus.*) arrangiare.
arrangement *s.* **1.** accomodamento **2.** (*mus.*) arrangiamento **3.** dispositivo. ♦ **arrangements** *s. pl.* preparativi.
arras *s.* arazzo.
array *s.* **1.** apparato **2.** (*mil.*) spiegamento.
to **array** *vt.* **1.** ornare **2.** (*mil.*) schierare.
arrest *s.* arresto.
to **arrest** *vt.* arrestare.
arrival *s.* arrivo.
to arrive *vi.* arrivare.
arrogance *s.* arroganza.
arrogant *agg.* arrogante.
to **arrogate** *vt.* arrogarsi.
arrow *s.* freccia.
arsenal *s.* arsenale.
arsenic *s.* arsenico.
art *s.* arte.
arteriosclerosis *s.* arteriosclerosi.
artery *s.* arteria.
artesian *agg.* artesiano.
artful *agg.* **1.** abile **2.** artificioso **3.** astuto.
arthritic(al) *agg.* artritico.
arthritis *s.* artrite.
artichoke *s.* carciofo.
article *s.* articolo.
articulate *agg.* **1.** articolato **2.** chiaro.
to **articulate** *vt.* articolare. ♦ to **articulate** *vi.* articolarsi.
articulation *s.* articolazione.
artifice *s.* **1.** artificio **2.** abilità.
artificial *agg.* artificiale.
artificiality *s.* artificiosità.
artillery *s.* artiglieria.
artilleryman *s.* artigliere.
artist *s.* artista.
artistic(al) *agg.* artistico.
artistry *s.* abilità artistica.
artless *agg.* ingenuo.
Aryan *agg.* e *s.* ariano.
as *avv.* come || — ... —, tanto ... quanto; *so* — (*con infinito*), in modo da; — *for,* quanto a; — *far* —, sin dove, fino a; — *much,* al-

trettanto; — *well*, come pure. ♦ **as** *cong.* **1.** poiché **2.** mentre.
asbestos *s.* asbesto.
to **ascend** *vi.* ascendere. ♦ to **ascend** *vt.* risalire, scalare.
ascendancy *s.* ascendente.
ascendant *agg.* e *s.* ascendente.
ascension *s.* ascensione.
ascent *s.* ascesa.
to **ascertain** *vt.* accertarsi di.
ascertainment *s.* accertamento.
ascetic *s.* asceta.
ascetic(al) *agg.* ascetico.
asceticism *s.* ascetismo.
to **ascribe** *vt.* ascrivere.
asepsis *s.* asepsi.
aseptic *agg.* e *s.* asettico.
asexual *agg.* asessuale.
ash *s.* cenere || — *-tray*, portacenere.
ash(-tree) *s.* frassino.
ashamed *agg.* vergognoso || *to be* —, aver vergogna.
ashore *avv.* a terra.
ashy *agg.* cinereo.
Asiatic *agg.* e *s.* asiatico.
aside *avv.* a parte, da parte.
asininity *s.* asinità.
to **ask** *vt.* e *vi.* **1.** chiedere **2.** invitare || *to — so. for sthg.*, chiedere a qu. qc.; *to — for trouble*, cercar fastidi.
askance *avv.* di traverso.
asker *s.* interrogante.
asleep *agg.* addormentato.
asocial *agg.* asociale.
asp *s.* aspide.
asparagus *s. coll.* asparago, asparagi.
aspect *s.* aspetto.
aspen *s.* pioppo tremulo.
aspergillum *s.* aspersorio.
asperity *s.* **1.** asperità **2.** (*fig.*) asprezza.
aspersion *s.* **1.** aspersione **2.** calunnia.
asphalt *s.* asfalto.
asphyxia *s.* asfissia.
to **asphyxiate** *vt.* asfissiare.
aspirant *agg.* e *s.* aspirante.
to **aspirate** *vt.* aspirare.
aspiration *s.* aspirazione.
aspirator *s.* aspiratore.
to **aspire** *vi.* aspirare.
aspirin *s.* aspirina.
aspiring *agg.* ambizioso.
asquint *avv.* di traverso.
ass *s.* asino || *to make an — of oneself*, rendersi ridicolo.
to **assail** *vt.* assalire.
assailant, assailer *s.* assalitore.
assassin *s.* assassino.
to **assassinate** *vt.* assassinare.
assassination *s.* assassinio.
assault *s.* assalto, aggressione.
to **assault** *vt.* assalire.
assaulter *s.* assalitore.
to **assay** *vt.* saggiare.
assayer *s.* (as)saggiatore.
to **assemble** *vt.* riunire. ♦ to **assemble** *vi.* riunirsi.
assembly *s.* **1.** assemblea **2.** (*mil.*) adunata **3.** (*mecc.*) montaggio: — *line*, catena di montaggio.
assent *s.* consenso.
to **assent** *vt.* approvare.
to **assert** *vt.* asserire || *to — oneself*, farsi valere.
assertion *s.* asserzione.
assertor *s.* assertore.
to **assess** *vt.* **1.** tassare **2.** (*comm.*) ripartire.
assessment *s.* **1.** valutazione **2.** tassazione.
assessor *s.* agente delle tasse.
asset *s.* **1.** bene, vantaggio. ♦ **assets** *s. pl.* patrimonio, attività (*sing.*).
assiduity *s.* assiduità.
assiduous *agg.* assiduo.
to **assign** *vt.* **1.** assegnare **2.** trasferire **3.** designare.
assignation *s.* **1.** assegnazione **2.** (*giur.*) cessione **3.** appuntamento.
assignment *s.* **1.** assegnazione **2.** (*giur.*) cessione.
assimilable *agg.* assimilabile.
to **assimilate** *vt.* **1.** assimilare **2.** confrontare. ♦ to **assimilate** *vi.* assimilarsi.
assimilation *s.* **1.** assimilazione **2.** confronto.
to **assist** *vt.* e *vi.* assistere.
assistance *s.* assistenza.
assistant *agg.* e *s.* assistente || *shop* —, commesso.
assize *s.* **1.** (*giur.*) seduta. ♦ **Assizes** *s. pl.* Assise.
associate *agg.* e *s.* associato.
to **associate** *vt.* associare. ♦ to **associate** *vi.* associarsi.
association *s.* associazione.
assonance *s.* assonanza.
to **assort** *vt.* **1.** assortire **2.** classificare. ♦ to **assort** *vi.* **1.** armonizzarsi **2.** frequentare: *to — with so.*, frequentare qu.
to **assume** *vt.* **1.** assumere **2.** fingere **3.** presumere.

assuming *agg.* presuntuoso.
assumption *s.* **1.** assunzione **2.** finzione **3.** supposizione **4.** presunzione.
assurance *s.* **1.** assicurazione **2.** sicurezza **3.** fiducia.
to **assure** *vt.* **1.** assicurare **2.** rassicurare.
assurer *s.* assicuratore.
asterisk *s.* asterisco.
astern *avv.* a poppa.
asteroid *s.* asteroide.
asthenia *s.* astenia.
asthma *s.* asma.
asthmatic *agg.* e *s.* asmatico.
astigmatic *agg.* astigmatico.
astigmatism *s.* astigmatismo.
astir *agg.* e *avv.* in moto.
to **astonish** *vt.* stupire.
astonishing *agg.* sorprendente
astonishment *s.* sorpresa.
to **astound** *vt.* sbalordire.
astragal(us) *s.* astragalo.
astrakhan *s.* astracan.
astral *agg.* astrale.
astray *agg.* e *avv.* fuori strada.
astride *agg.* e *avv.* a cavalcioni. ♦ **astride** *prep.* a cavalcioni di.
astringent *agg.* e *s.* astringente
astrolabe *s.* astrolabio.
astrologer *s.* astrologo.
astrology *s.* astrologia.
astronaut *s.* astronauta.
astronautics *s.* astronautica.
astronomer *s.* astronomo.
astronomic(al) *agg.* astronomico.
astronomy *s.* astronomia.
astute *agg.* astuto.
asunder *avv.* **1.** separatamente **2.** in pezzi.
asylum *s.* **1.** asilo, ricovero **2.** manicomio.
asymmetric(al) *agg.* asimmetrico.
asymmetry *s.* asimmetria.
at *prep.* (*stato, tempo, modo*) a, da, in: *to arrive — a place*, arrivare in un luogo; — *that time*, in quel momento; — *will*, a volontà.
atavistic *agg.* atavico.
atavism *s.* atavismo.
ataxy *s.* atassia.
ate V. *to eat.*
atheism *s.* ateismo.
atheist *s.* ateo.
atheistic(al) *agg.* ateistico.
athlete *s.* atleta.
athletic *agg.* atletico.
athletics *s.* atletica.
atlas *s.* atlante.
atmosphere *s.* atmosfera.
atmospheric(al) *agg.* atmosferico.
atoll *s.* atollo.
atom *s.* atomo.
atomic(al) *agg.* atomico.
atomism *s.* atomismo.
to **atomize** *vt.* nebulizzare.
atomizer *s.* atomizzatore, nebulizzatore.
atomy *s.* atomo.
to **atone** *vt.* espiare.
atonement *s.* espiazione.
atonic *agg.* **1.** atono **2.** atonico.
atrocious *agg.* atroce.
atrocity *s.* atrocità.
atrophic *agg.* atrofico.
atrophy *s.* atrofia.
to **atrophy** *vt.* atrofizzare. ♦ to **atrophy** *vi.* atrofizzarsi.
atropin(e) *s.* atropina.
to **attach** *vt.* **1.** attaccare, unire **2.** attribuire **3.** attrarre. ♦ to **attach** *vi.* attaccarsi.
attaché *s.* addetto.
attachment *s.* **1.** attaccamento **2.** (*mecc.*) accessorio.
attack *s.* attacco.
to **attack** *vt.* attaccare.
attacker *s.* assalitore.
to **attain** *vt.* raggiungere. ♦ to **attain** *vi.* giungere.
attainable *agg.* raggiungibile.
attainment *s.* **1.** raggiungimento **2.** cultura.
attempt *s.* **1.** tentativo **2.** attentato.
to **attempt** *vt.* **1.** tentare **2.** attentare a.
to **attend** *vi.* **1.** badare a **2.** obbedire || *to — on*, essere al servizio di. ♦ to **attend** *vt.* **1.** assistere **2.** accompagnare **3.** frequentare.
attendance *s.* **1.** servizio **2.** assistenza **3.** frequenza.
attendant *s.* **1.** servitore **2.** assistente **3.** assiduo frequentatore.
attention *s.* attenzione: *to pay —*, fare attenzione.
attentive *agg.* **1.** attento **2.** sollecito.
to **attenuate** *vt.* **1.** assottigliare **2.** attenuare. ♦ to **attenuate** *vi.* **1.** assottigliarsi **2.** attenuarsi.
attenuation *s.* **1.** assottigliamento **2.** attenuazione.
to **attest** *vt.* attestare.
attic *agg.* e *s.* attico.
to **attire** *vt.* vestire, agghindare. ♦ to **attire** *vi.* vestirsi.
attitude *s.* atteggiamento.

attorney *s.* **1.** procura **2.** procuratore || — *(-at-law)*, procuratore legale.
to **attract** *vt.* attrarre.
attraction *s.* **1.** attrazione **2.** attrattiva.
attractive *agg.* attraente.
attribute *s.* attributo.
to **attribute** *vt.* attribuire.
attribution *s.* attribuzione.
attributive *agg.* attributivo. ♦ **attributive** *s.* attributo.
aubergine *s.* melanzana.
auction *s.* asta: — *sale*, vendita all'asta.
to **auction** *vt.* vendere all'asta.
auctioneer *s.* banditore.
audible *agg.* udibile.
audience *s.* **1.** udienza **2.** uditorio.
audiovisual *agg.* audiovisivo.
audit *s.* verifica, revisione.
audition *s.* audizione.
auditory *agg.* e *s.* uditorio.
auger *s.* trivella, succhiello.
to **augment** *vt.* aumentare. ♦ to **augment** *vi.* crescere.
augmentative *agg.* e *s.* accrescitivo.
to **augur** *vt.* e *vi.* predire.
august *agg.* augusto.
August *s.* agosto.
aunt *s.* zia || *great-* —, prozia.
auricle *s.* **1.** padiglione auricolare **2.** (*med.*) orecchietta.
auricular *agg.* auricolare.
auriferous *agg.* aurifero.
to **auscultate** *vt.* auscultare.
auscultation *s.* auscultazione.
auscultator *s.* stetoscopio.
auspice *s.* auspicio.
auspicious *agg.* propizio.
austere *agg.* austero.
austerity *s.* austerità.
austral *agg.* australe.
Australian *agg.* e *s.* australiano.
Austrian *agg.* e *s.* austriaco.
autarky *s.* autarchia.
authentic(al) *agg.* autentico.
to **authenticate** *vt.* autenticare.
authentication *s.* autenticazione.
authenticity *s.* autenticità.
author *s.* autore.
authoress *s.* autrice.
authoritative *agg.* **1.** autoritario **2.** autorevole.
authoritativeness *s.* autorevolezza.
authority *s.* autorità.
authorization *s.* autorizzazione.
to **authorize** *vt.* autorizzare.
authorless *agg.* anonimo.
authorship *s.* paternità (*di un libro*).
autobiographic(al) *agg.* autobiografico.
autobiography *s.* autobiografia.
autochthon *s.* autoctono.
autochthonous *agg.* autoctono.
autocracy *s.* autocrazia.
autocrat *s.* autocrate.
autocriticism *s.* autocritica.
autoeducation *s.* autoeducazione.
autofinancing *s.* autofinanziamento.
autograph *s.* autografo.
autography *s.* autografia.
autolesion *s.* autolesione.
automatic *agg.* automatico. ♦ **automatic** *s.* arma automatica.
automation *s.* automazione.
automatism *s.* automatismo.
automaton *s.* automa.
autonomist *s.* autonomista.
autonomous *agg.* autonomo.
autonomy *s.* autonomia.
autopsy *s.* autopsia.
auto-suggestion *s.* autosuggestione.
autumn *s.* autunno.
autumnal *agg.* autunnale.
auxiliary *agg.* e *s.* ausiliare.
avail *s.* utilità.
to **avail** *vt.* e *vi.* servire a || *to — oneself of*, approfittare di.
availability *s.* **1.** disponibilità **2.** validità.
available *agg.* **1.** disponibile **2.** valevole.
avalanche *s.* valanga.
avarice *s.* **1.** avarizia **2.** cupidigia.
avaricious *agg.* **1.** avaro **2.** cupido.
to **avenge** *vt.* vendicare.
avenger *s.* vendicatore.
avenue *s.* viale.
to **aver** *vt.* asserire, dichiarare.
average *agg.* medio. ♦ **average** *s.* **1.** media **2.** (*comm.*) avaria.
averse *agg.* avverso.
aversion *s.* avversione.
to **avert** *vt.* sviare.
aviary *s.* uccelliera.
aviation *s.* aviazione.
aviator *s.* aviatore.
avid *agg.* avido.
avidity *s.* avidità.
to **avoid** *vt.* **1.** evitare **2.** (*giur.*) annullare.
avoidable *agg.* **1.** evitabile **2.** (*giur.*) annullabile.
to **avow** *vt.* dichiarare, ammettere.
avowal *s.* dichiarazione, ammissione.

to **await** *vt.* attendere.
awake *agg.* **1.** sveglio **2.** conscio.
to **awake (awoke, awoke)** *vt.* svegliare. ♦ to **awake (awoke, awoke)** *vi.* svegliarsi.
to **awaken** *vt.* risvegliare, far aprire gli occhi. ♦ to **awaken** *vi.* risvegliarsi, aprire gli occhi.
awakening *s.* risveglio.
award *s.* **1.** sentenza **2.** ricompensa.
to **award** *vt.* aggiudicare.
aware *agg.* conscio.
away *avv.* via, lontano || *right* —, subito, seduta stante.
awe *s.* timore reverenziale.
awful *agg.* **1.** terribile **2.** imponente.
awkward *agg.* **1.** goffo, imbarazzato **2.** scomodo **3.** inopportuno **4.** delicato.
awkwardness *s.* **1.** goffaggine **2.** imbarazzo.
awl *s.* lesina.
awning *s.* tenda.
awoke V. *to awake.*
awry *agg.* **1.** storto **2.** bieco. ♦ **awry** *avv.* **1.** per traverso **2.** perversamente.
ax(e) *s.* scure.
axiom *s.* assioma.
axiomatic(al) *agg.* assiomatico.
axis *s.* (*pl.* axes) asse.
axle *s.* (*mecc.*) asse.
azimuth *s.* azimut.
azote *s.* azoto.
to **azotize** *vt.* azotare.
Aztec *agg.* e *s.* azteco.
azure *agg.* e *s.* azzurro.

B

b *s.* (*mus.*) si.
babble *s.* balbettio.
to **babble** *vi.* e *vt.* **1.** balbettare **2.** mormorare (*di acque*).
babe *s.* bambino.
babel *s.* babele.
baboon *s.* babbuino.
baby *s.* bimbo, neonato || — *-sitter,* chi accudisce i bambini.
babyhood *s.* infanzia.
babyish *agg.* infantile.
baccarat *s.* baccarà.
Bacchanal *s.* **1.** baccante **2.** baccanale (*anche fig.*).
Bacchante *s.* baccante.
bacchic(al) *agg.* bacchico.
bachelor *s.* scapolo || *Bachelor of Arts,* titolo universitario in lettere.
bachelorhood *s.* celibato.
bacillus *s.* (*pl.* -li) bacillo.
back[1] *agg.* posteriore. ♦ **back** *avv.* dietro, indietro || *to be* —, essere di ritorno; *to go, to come* —, ritornare.
back[2] *s.* **1.** dorso, schiena **2.** spalle **3.** rovescio **4.** schienale **5.** fondo.
to **back** *vt.* **1.** sostenere **2.** fare indietreggiare || *to* — *a bill,* avallare una cambiale. ♦ to **back** *vi.* indietreggiare || — *down,* abbandonare la contesa.
to **backbite** *vt.* denigrare.
backbiter *s.* calunniatore.
backbiting *agg.* maldicente. ♦ **backbiting** *s.* maldicenza.
backbone *s.* **1.** spina dorsale **2.** (*fig.*) fermezza.
backer *s.* **1.** scommettitore **2.** sostenitore.
backfire *s.* ritorno di fiamma.
background *s.* **1.** sfondo **2.** curriculum **3.** ambiente.
backing *s.* **1.** sostegno **2.** marcia indietro.
backlash *s.* rimbalzo.
backslider *s.* apostata.
backward *agg.* **1.** lento **2.** tardo.
backward(s) *avv.* indietro.
backwash *s.* risacca.
bacon *s.* lardo affumicato, pancetta.
bacterial *agg.* batterico.
bacteriology *s.* batteriologia.
bacterium *s.* (*pl.* -ia) batterio.
bad (worse, worst) *agg.* **1.** cattivo **2.** brutto. ♦ **bad** *s.* **1.** male **2.** rovina.
bade V. *to bid.*
badge *s.* insegna.
badger *s.* tasso.
badly *avv.* male, malamente.
badness *s.* **1.** cattiveria **2.** cattiva qualità.
baffle *s.* (*-plate*) deflettore, diaframma.
to **baffle** *vt.* **1.** eludere **2.** confondere.
bag *s.* **1.** sacco **2.** borsa || *sleeping-*—, sacco a pelo.
to **bag** *vt.* **1.** gonfiare **2.** rubare **3.** insaccare.
baggage *s.* bagaglio.
bagpipe *s.* cornamusa.
bail *s.* **1.** cauzione **2.** garante.
to **bail**[1] *vt.* **1.** dar garanzia per **2.**

affidare (*dietro cauzione*).
to **bail**[2] *vt.* e *vi.* (*mar.*) aggottare || *to — out*, lanciarsi col paracadute.
bailiff *s.* **1.** magistrato inquirente **2.** ufficiale fiscale.
bain-marie *s.* bagnomaria.
bait *s.* **1.** esca **2.** sosta (*per ristoro*).
to **bait** *vt.* **1.** adescare **2.** tormentare. ♦ to **bait** *vi.* fermarsi (*per prendere ristoro*).
to **bake** *vt.* e *vi.* cuocere al forno.
baker *s.* fornaio.
bakery *s.* forno.
baking *s.* cottura al forno.
balance *s.* **1.** bilancia **2.** bilanciere **3.** equilibrio **4.** bilancio.
to **balance** *vt.* **1.** pesare **2.** pareggiare. ♦ to **balance** *vi.* **1.** bilanciarsi **2.** oscillare.
balanced *agg.* equilibrato.
balancer *s.* acrobata.
balcony *s.* **1.** balcone **2.** (*teat.*).balconata.
bald *agg.* **1.** calvo, pelato **2.** povero, nudo.
baldness *s.* **1.** calvizie **2.** (*fig.*) nudità.
baldric *s.* bandoliera.
bale *s.* (*comm.*) balla.
Balkan *agg.* balcanico.
ball *s.* **1.** palla **2.** ballo || *—-bearing,* cuscinetto a sfere.
to **ball** *vt.* appallottolare. ♦ to **ball** *vi.* appallottolarsi.
ballad *s.* ballata.
ballast *s.* zavorra.
to **ballast** *vt.* zavorrare.
ballet *s.* balletto || *— -dancer,* ballerino classico.
ballistics *s.* balistica.
balloon *s.* **1.** pallone **2.** lambicco **3.** fumetto.
ballot *s.* **1.** pallina, scheda (*per votazione*) **2.** voto **3.** scrutinio || *— -box,* urna.
to **ballot** *vt.* mettere in ballottaggio.
balm *s.* balsamo.
balm-cricket *s.* (*zool.*) cicala.
balmy *agg.* balsamico.
Baltic *agg.* baltico.
balustrade *s.* balaustrata.
bamboo *s.* bambù.
ban *s.* bando.
to **ban** *vt.* proibire.
banal *agg.* banale.
banality *s.* banalità.
banana *s.* **1.** banana **2.** banano.
band *s.* **1.** legame **2.** benda **3.** nastro **4.** banda.
to **band** *vt.* **1.** legare **2.** bendare.
bandage *s.* bendaggio.
to **bandage** *vt.* bendare.
banderole *s.* banderuola.
bandit *s.* bandito.
bandmaster *s.* capobanda.
bandog *s.* cane da guardia.
bandsman *s.* bandista.
bane *s.* **1.** calamità **2.** veleno.
baneful *agg.* velenoso.
bang *s.* **1.** botta **2.** detonazione.
to **bang** *vt.* e *vi.* sbattere violentemente.
banging *s.* **1.** colpi violenti **2.** detonazioni.
to **banish** *vt.* bandire, esiliare.
banishment *s.* bando, esilio.
banister *s.* ringhiera (*di scala*).
bank *s.* **1.** banca **2.** banco **3.** argine **4.** terrapieno.
to **bank** *vt.* **1.** arginare **2.** depositare in banca || *to — upon,* contare su. ♦ to **bank** *vi.* gestire una banca.
bankbook *s.* libretto bancario.
banker *s.* banchiere.
banking *agg.* bancario. ♦ **banking** *s.* tecnica, professione bancaria.
bank note *s.* banconota.
bankrupt *agg.* e *s.* fallito || *to go —*, fallire.
bankruptcy *s.* fallimento.
banner *s.* vessillo.
banns *s. pl.* pubblicazioni matrimoniali.
banquet *s.* banchetto.
to **banquet** *vi.* banchettare.
banter *s.* scherzo, beffa.
to **banter** *vt.* canzonare.
baptism *s.* battesimo.
baptist(e)ry *s.* battistero.
to **baptize** *vt.* battezzare.
bar *s.* **1.** sbarra **2.** diga **3.** striscia **4.** ostacolo **5.** (*fig.*) tribunale **6.** bar **7.** (*mus.*) battuta.
to **bar** *vt.* **1.** sbarrare **2.** ostacolare **3.** proibire.
barbarian *agg.* e *s.* barbaro.
barbaric *agg.* barbarico.
barbarism *s.* **1.** barbarie **2.** (*gramm.*) barbarismo.
barbarous *agg.* barbaro.
barbarousness *s.* barbarie.
barbecue *s.* **1.** animale arrostito intero **2.** festa campestre.
to **barbecue** *vt.* arrostire un animale intero.
barbed *agg.* dentato.
barber *s.* barbiere.

barbiturate *s.* barbiturico.
bard *s.* bardo, trovatore.
bare *agg.* **1.** nudo **2.** logoro.
to **bare** *vt.* **1.** denudare **2.** snudare **3.** smascherare.
barefoot *agg.* scalzo.
barehanded *agg.* e *avv.* **1.** a mano nuda **2.** senz'armi.
bareheaded *agg.* a capo scoperto.
barely *avv.* **1.** apertamente **2.** appena.
bargain *s.* affare.
to **bargain** *vt.* e *vi.* contrattare.
bargaining *s.* contrattazione.
barge *s.* chiatta.
baritone *s.* baritono.
bark[1] *s.* corteccia.
bark[2] *s.* latrato.
to **bark**[1] *vt.* scortecciare.
to **bark**[2] *vi.* latrare, abbaiare.
barking[1] *s.* scortecciamento.
barking[2] *s.* abbaiamento.
barley *s.* orzo.
barmaid *s.* barista (*donna*).
barman *s.* barista.
barn *s.* granaio.
barometer *s.* barometro.
barometric(al) *agg.* barometrico.
baron *s.* barone.
baroness *s.* baronessa.
baroque *agg.* e *s.* barocco.
barracks *s. pl.* caserma (*sing.*).
barrage *s.* sbarramento.
barrel *s.* **1.** barile **2.** cilindro **3.** canna (*di arma da fuoco*) || — *-organ*, organetto.
to **barrel** *vt.* mettere in barili.
barrelled *agg. double-* — *gun*, fucile a due canne.
barren *agg.* sterile.
barrenness *s.* sterilità.
barricade *s.* barricata.
to **barricade** *vt.* barricare.
barrier *s.* barriera || *transonic* —, muro del suono.
barrister *s.* avvocato (*che può discutere cause nelle corti superiori*).
barrow *s.* **1.** barella **2.** carriola.
bartender *s.* barista.
barter *s.* baratto.
to **barter** *vt.* e *vi.* barattare.
basal *agg.* basilare.
basalt *s.* basalto.
base[1] *agg.* basso, vile.
base[2] *s.* base.
to **base** *vt.* basare.
baseless *agg.* senza base.
basement *s.* **1.** fondamento **2.** seminterrato.
baseness *s.* bassezza.
to **bash** *vt.* colpire.
bashful *agg.* timido.
bashfulness *s.* timidezza.
basic *agg.* **1.** fondamentale **2.** (*chim.*) basico.
basil *s.* basilico.
basilar *agg.* basilare.
basilisk *s.* basilisco.
basin *s.* **1.** bacino **2.** catino, lavabo || *sugar* —, zuccheriera.
basis *s.* (*pl.* -ses) base.
to **bask** *vi.* crogiolarsi (*al sole, al fuoco*).
basket *s.* cesto || *—ball*, pallacanestro; — *-chair*, poltroncina di vimini.
Basque *agg.* e *s.* basco.
bas-relief *s.* bassorilievo.
bass *agg.* e *s.* (*mus.*) basso.
bass *s.* pesce persico.
bassoon *s.* (*mus.*) fagotto.
bastard *agg.* e *s.* bastardo.
to **baste** *vt.* imbastire.
basting *s.* imbastitura.
bastion *s.* bastione.
bat[1] *s.* pipistrello.
bat[2] *s.* (*sport*) mazza.
batch *s.* **1.** infornata **2.** gruppo.
to **bate** *vt.* ridurre.
bath *s.* bagno || — *-robe*, accappatoio; — *-tub*, vasca da bagno.
to **bath** *vt.* bagnare. ♦ to **bath** *vi.* bagnarsi, fare il bagno.
bathe *s.* bagno (*in mare, lago ecc.*).
to **bathe** *vt.* bagnare. ♦ to **bathe** *vi.* bagnarsi, fare il bagno (*in mare, lago ecc.*).
bather *s.* bagnante.
bathing *s.* il bagnarsi || — *-suit*, costume da bagno.
bathroom *s.* stanza da bagno.
bathysphere *s.* batisfera.
batiste *s.* batista.
batman *s.* attendente.
baton *s.* **1.** bastone **2.** bacchetta (*di direttore d'orchestra*).
batrachian *s.* batrace.
batsman *s.* (*sport*) battitore.
battalion *s.* battaglione.
to **batten** *vt.* (*mar.*) chiudere (*i boccaporti*).
batter *s.* (*cuc.*) pastella.
to **batter** *vt.* battere || *to* — *down*, abbattere; *to* — *in*, sfondare.
battering *s.* cannoneggiamento.
battery *s.* batteria || *storage* —, accumulatore.
battle *s.* battaglia.

to **battle** *vt.* e *vi.* combattere.

battledore *s.* racchetta di legno || — *and shuttlecock,* volano.

battlement *s.* (*arch.*) merlo.

battleship *s.* nave da guerra.

bauxite *s.* bauxite.

bawdiness *s.* oscenità.

bawdy *agg.* osceno || — *house,* bordello.

bawl *s.* grido.

to **bawl** *vt.* e *vi.* gridare, vociare.

bay[1] *s.* **1.** baia **2.** insenatura, recesso (*nelle montagne*).

bay[2] *s.* alloro || — *-tree,* lauro.

bay[3] *s.* **1.** rientranza **2.** campata || — *-window,* bovindo.

bay[4] *s.* latrato || *at* —, senza scampo.

bay[5] *agg.* e *s.* baio.

to **bay**[1] *vt.* arginare.

to **bay**[2] *vi.* latrare.

bayonet *s.* baionetta.

baza(a)r *s.* **1.** bazar **2.** vendita di beneficienza.

to **be (was, been)** *vi.* **1.** essere **2.** stare **3.** andare **4.** costare: *how much is it?,* quanto costa? **5.** dovere || *to — in,* essere in casa; *to — about,* stare per; *so be it,* così sia.

beach *s.* spiaggia.

beacon *s.* faro.

to **beacon** *vt.* guidare con segnalazioni luminose.

bead *s.* **1.** goccia **2.** perlina. ♦ **beads** *s. pl.* rosario (*sing.*).

to **bead** *vt.* imperlare. ♦ to **bead** *vi.* imperlarsi.

beak *s.* **1.** becco, rostro **2.** beccuccio.

to **beak** *vt.* beccare.

beaker *s.* boccale.

beam *s.* **1.** trave **2.** raggio **3.** asta (*di bilancia*) **4.** fiancata (*di nave*).

to **beam** *vi.* brillare. ♦ to **beam** *vt.* irradiare.

beaming *agg.* raggiante.

bean *s.* fagiolo || *French* —, fagiolino; *coffee* —, grano di caffè.

bear *s.* orso.

to **bear**[1] *vt.* e *vi.* speculare al ribasso (*in Borsa*).

to **bear**[2] **(bore, born(e))** *vt.* **1.** portare **2.** sopportare **3.** generare. ♦ to **bear (bore, borne)** *vi.* **1.** resistere **2.** appoggiarsi **3.** pazientare || *to — with,* aver pazienza con.

bearable *agg.* sopportabile.

beard *s.* **1.** barba **2.** chioma (*di cometa*).

to **beard** *vt.* affrontare, sfidare.

bearded *agg.* barbuto.

beardless *agg.* senza barba.

bearer *s.* portatore.

bearing *s.* **1.** sopportazione **2.** portamento **3.** condotta **4.** relazione **5.** sostegno **6.** raccolto || *to lose one's bearings,* perdere l'orientamento; *to take the bearings of a coast* (*mar.*), rilevare una costa.

beast *s.* bestia.

beastliness *s.* bestialità.

beastly *agg.* bestiale. ♦ **beastly** *avv.* bestialmente.

beat *s.* **1.** battito **2.** (*mus.*) battuta.

to **beat (beat, beat(en))** *vt.* e *vi.* battere || *to — down,* abbattere; *to — back,* respingere.

beaten *agg.* abbattuto, vinto.

beater *s.* battitore.

beatification *s.* beatificazione.

beating *s.* **1.** battito **2.** bastonatura **3.** sconfitta.

beatitude *s.* beatitudine.

beautiful *agg.* bello.

beautifully *avv.* magnificamente.

to **beautify** *vt.* abbellire. ♦ to **beautify** *vi.* abbellirsi.

beauty *s.* bellezza.

beaver *s.* castoro.

became V. *to become.*

because *cong.* perché || — *of,* a causa di.

beck[1] *s.* ruscello.

beck[2] *s.* cenno, gesto.

to **become (became, become)** *vi.* **1.** divenire **2.** avvenire. ♦ to **become (became, become)** *vt.* addirsi a.

becoming *agg.* adatto.

bed *s.* **1.** letto **2.** fondo **3.** (*geol.*) strato || *double* —, letto matrimoniale || *flower-* —, aiuola; — *-cover,* copriletto.

bedclothes *s. pl.* lenzuola.

bedlam *s.* manicomio.

bedouin *agg.* e *s.* beduino.

bedroom *s.* camera da letto.

bedside *s.* capezzale.

bedstead *s.* telaio del letto.

bedtime *s.* ora di andare a letto.

bee *s.* ape.

beech *s.* faggio || — *-marten,* faina.

beef *s.* manzo.

beefsteak *s.* bistecca.

beehive *s.* alveare.

beeline *s.* linea diretta, linea d'a-

been V. *to be.*

ria.

beer *s.* birra.

beet *s.* barbabietola.
beetle *s.* coleottero, scarafaggio.
beetroot *s.* V. *beet.*
to **befall (befell, befallen)** *vt.* e *vi.* accadere.
before *avv.* prima, già || — *-mentioned,* già citato. ♦ **before** *prep.* **1.** prima (di) **2.** davanti a. ♦ **before** *cong.* **1.** prima che **2.** piuttosto che.
beforehand *avv.* anticipatamente.
to **beg** *vt.* e *vi.* **1.** chiedere, pregare **2.** elemosinare.
began V. *to begin.*
to **beget (begot, begot(ten))** *vt.* generare.
beggar *s.* mendicante.
beggarly *agg.* misero. ♦ **beggarly** *avv.* miseramente.
beggary *s.* mendicità.
begging *agg.* mendicante. ♦ **begging** *s.* accattonaggio.
to **begin (began, begun)** *vt.* e *vi.* cominciare || *to — with,* in primo luogo, per cominciare.
beginner *s.* **1.** iniziatore **2.** principiante.
beginning *s.* inizio.
begot V. *to beget.*
begotten V. *to beget.*
to **begrime** *vt.* insudiciare.
begun V. *to begin.*
behalf *s.* profitto, favore: *on — of,* da parte di, a nome di.
to **behave** *vi.* comportarsi: *to — oneself,* comportarsi bene || *ill -behaved,* maleducato.
behaviour *s.* comportamento, condotta.
to **behead** *vt.* decapitare.
beheld V. *to behold.*
behind *avv.* dietro, indietro. ♦ **behind** *prep.* dietro (a). ♦ **behind** *s.* parte posteriore.
to **behold (beheld, beheld)** *vt.* guardare.
beholder *s.* spettatore.
to **behove** *vt. imp.* convenire, essere doveroso.
being *agg.* presente. ♦ **being** *s.* **1.** esistenza **2.** essere vivente.
belch *s.* **1.** rutto **2.** eruzione.
to **belch** *vi.* ruttare. ♦ to **belch** *vt.* eruttare.
belfry *s.* campanile.
Belgian *agg.* e *s.* belga.
to **belie** *vt.* **1.** smentire **2.** deludere.
belief *s.* credenza, fede.
to **believe** *vt.* e *vi.* credere, aver fede.
believer *s.* credente.
to **belittle** *vt.* sminuire.
bell *s.* **1.** campana **2.** campanello || — *-boy,* fattorino d'albergo; — *-ringer,* campanaro; — *-tower,* campanile.
belligerency *s.* belligeranza.
belligerent *agg.* e *s.* belligerante.
bellow *s.* muggito.
to **bellow** *vi.* muggire.
bellows *s. pl.* mantice, soffietto (*sing.*).
belly *s.* ventre.
to **belong** *vi.* **1.** appartenere **2.** concernere.
belongings *s. pl.* proprietà (*sing.*).
beloved *agg.* e *s.* amato.
below *avv.* giù, al di sotto. ♦ **below** *prep.* sotto: — *zero,* sotto zero.
belt *s.* **1.** cintura **2.** zona.
to **belt** *vt.* **1.** cingere **2.** staffilare.
to **bemire** *vt.* infangare. ♦ to **bemire** *vi.* impantanarsi.
bench *s.* **1.** panca **2.** banco **3.** seggio **4.** corte giudiziaria.
bend *s.* **1.** curva **2.** curvatura **3.** (*mar.*) nodo.
to **bend (bent, bent)** *vt.* **1.** piegare **2.** tendere. ♦ to **bend (bent, bent)** *vi.* piegarsi.
bending *s.* V. *bend.*
beneath *avv.* e *prep.* V. *below.*
benediction *s.* benedizione.
benefactor *s.* benefattore.
benefactress *s.* benefattrice.
benefice *s.* beneficio.
beneficence *s.* beneficenza.
beneficent *agg.* benefico.
beneficiary *agg.* e *s.* beneficiario.
benefit *s.* **1.** vantaggio **2.** indennità **3.** (*giur.*) beneficio.
to **benefit** *vt.* giovare, beneficare. ♦ to **benefit** *vi.* approfittare.
benevolence *s.* benevolenza.
benevolent *agg.* benevolo.
Bengal-light *s.* bengala.
benign *agg.* benigno.
benignity *s.* benignità.
bent *V. to bend.* ♦ **bent** *agg.* risoluto. ♦ **bent** *s.* inclinazione.
to **benumb** *vt.* intorpidire.
benumbing *s.* intorpidimento.
benzol *s.* benzolo.
to **bequeath** *vt.* lasciare per testamento.
bequest *s.* lascito.
Berber *agg.* e *s.* berbero.

to bereave (bereaved, bereft) *vt.* privare.
bergamot *s.* bergamotto.
berlin(e) *s.* berlina.
berry *s.* bacca.
berth *s.* **1.** cuccetta **2.** (*mar.*) ancoraggio **3.** (*fig.*) posto.
to berth *vt.* ancorare.
beryllium *s.* berillio.
to beseech (besought, besought) *vt.* supplicare.
beseeching *s.* supplica.
to **beseem** *vt.* addirsi a.
beseeming *agg.* adatto.
beside *prep.* **1.** vicino a **2.** fuori di.
besides *avv.* inoltre. ♦ **besides** *prep.* oltre a.
to **besiege** *vt.* assediare.
besieger *s.* assediante.
besought V. *to beseech.*
to **besprinkle** *vt.* spruzzare.
best *agg.* (*superl. di* good) il migliore || — *-seller,* libro molto venduto. ♦ **best** *s.* il meglio. ♦ **best** *avv.* **1.** nel modo migliore **2.** maggiormente.
bestial *agg.* bestiale.
bestiality *s.* bestialità.
to **bestialize** *vt.* abbrutire.
to **bestir** *vt.* agitare.
to **bestow** *vt.* concedere.
bestowal *s.* conferimento.
to **bestrew (bestrewed, bestrewn)** *vt.* cospargere, disseminare.
bet *s.* scommessa.
to **bet (bet, bet)** *vt.* e *vi.* scommettere.
to **betake (betook, betaken)** *vr.* — *oneself*: dirigersi, recarsi.
to **betray** *vt.* tradire.
betrayal *s.* tradimento.
betrayer *s.* traditore.
betrothal *s.* fidanzamento.
betrothed *agg.* e *s.* fidanzato.
better[1] *s.* scommettitore.
better[2] *agg.* (*comp. di* good) migliore. ♦ **better** *avv.* meglio || *had* —, sarebbe meglio che; *all the* —, *so much the* —, tanto meglio. ♦ **better** *s.* **1.** il meglio **2.** superiore.
to **better** *vt.* e *vi.* migliorare.
between *avv.* in mezzo. ♦ **between** *prep.* tra, fra (*due cose, due persone*).
beverage *s.* bevanda.
bevy *s.* stormo, frotta.
to **beware** *vi.* guardarsi, diffidare.
to **bewilder** *vt.* sconcertare.
bewildering *agg.* sbalorditivo.
bewilderment *s.* confusione.
to **bewitch** *vt.* incantare.
bewitcher *s.* incantatore.
bewitching *agg.* affascinante.
beyond *avv.* più in là. ♦ **beyond** *prep.* al di là di. ♦ **beyond** *s.* l'al di là.
bias *s.* **1.** pregiudizio **2.** predisposizione.
to **bias** *vt.* influenzare.
bib *s.* bavaglino.
Bible *s.* Bibbia.
biblical *agg.* biblico.
bibliographic(al) *agg.* bibliografico.
bibliography *s.* bibliografia.
bicameral *agg.* bicamerale.
bicarbonate *s.* bicarbonato.
bicentennial *agg.* e *s.* bicentenario.
bicephalous *agg.* bicipite.
biceps *s.* bicipite.
to **bicker** *vi.* litigare.
bicoloured *agg.* bicolore.
biconcave *agg.* biconcavo.
bicycle *s.* bicicletta.
bid *s.* **1.** offerta (*a un'asta*) **2.** appalto.
to **bid**[1] **(bid, bid)** *vt.* offrire (*a un'asta*). ♦ to **bid (bid, bid)** *vi.* fare offerta di appalto.
to **bid**[2] **(bade, bidden)** *vt.* e *vi.* **1.** comandare **2.** dire || *to — goodbye,* accomiatarsi.
biennial *agg.* biennale.
biennium *s.* (*pl.* -biennia) biennio.
bier *s.* bara.
big *agg.* **1.** grosso **2.** gravido **3.** importante.
bigamous *agg.* bigamo.
bigamy *s.* bigamia.
bigness *s.* grossezza.
bigot *s.* bigotto.
bigoted *agg.* bigotto, fanatico.
bilateral *agg.* bilaterale.
bilberry *s.* mirtillo.
bile *s.* bile.
bilingual *agg.* bilingue.
bilious *agg.* **1.** biliare **2.** collerico.
bill[1] *s.* becco.
bill[2] *s.* **1.** progetto di legge **2.** certi- **5.** lista **6.** affisso || — *of lading,* polizza di carico; — *of rights,* dichiarazione dei diritti.
to **bill** *vt.* **1.** fatturare **2.** affiggere **3.** (*teat.*) mettere in programma.
billhook *s.* falcetto.
billiard *agg.* di, da bigliardo: —

-*cue*, stecca da bigliardo.
billiards *s. pl.* bigliardo (*sing.*).
billion *s.* **1.** bilione **2.** (*amer.*) miliardo.
billow *s.* onda.
bimestrial *agg.* bimestrale.
bimonthly *agg.* e *s.* bimestrale. ♦ **bimonthly** *avv.* bimestralmente.
bin *s.* recipiente || *dust-* —, bidone della spazzatura.
bind *s.* **1.** legame **2.** fascia.
to **bind (bound, bound)** *vt.* **1.** legare **2.** fasciare **3.** rilegare **4.** obbligare.
binder *s.* **1.** rilegatore **2.** (*mecc.*) legatrice.
binding *agg.* impegnativo. ♦ **binding** *s.* **1.** legame **2.** fasciatura **3.** rilegatura.
binocular *s.* binocolo.
binomial *s.* binomio.
biochemistry *s.* biochimica.
biographer *s.* biografo.
biographic(al) *agg.* biografico.
biography *s.* biografia.
biological *agg.* biologico.
biologist *s.* biologo.
biology *s.* biologia.
biophysics *s.* biofisica.
biosphere *s.* biosfera.
bipartite *agg.* bipartito.
bipartition *s.* bipartizione.
biped *agg.* e *s.* bipede.
biplane *s.* biplano.
bipolar *agg.* bipolare.
birch *s.* **1.** betulla **2.** verga.
bird *s.* uccello.
birdcage *s.* gabbia (*per uccelli*).
birdseed *s.* miglio.
birth *s.* **1.** nascita **2.** stirpe.
birthday *s.* compleanno.
birthmark *s.* voglia, segno caratteristico (*di persona*).
birthplace *s.* luogo di nascita.
biscuit *s.* biscotto.
bisection *s.* bisezione.
bisector *s.* bisettrice.
bisexual *agg.* ermafrodito.
bishop *s.* vescovo.
bishopric *s.* vescovato.
bismuth *s.* bismuto.
bison *s.* bisonte.
bistoury *s.* bisturi.
bistre *s.* bistro.
bit *s.* **1.** pezzettino **2.** un poco **3.** (*mecc.*) parte tagliente di un utensile **4.** morso (*del cavallo*).
bit V. *to bite.*
bitch *s.* cagna.
bite *s.* **1.** morso **2.** presa.
to **bite (bit, bit(ten))** *vt.* mordere. ♦ to **bite (bit, bit(ten))** *vi.* abboccare || *to — in*, corrodere.
biting *agg.* **1.** mordente **2.** mordace.
bitten V. *to bite.*
bitter *agg.* **1.** amaro **2.** aspro **3.** (*di clima*) rigido || — *-sweet*, agrodolce. ♦ **bitter** *s.* amaro.
bitterish *agg.* amarognolo.
bitterness *s.* **1.** amarezza **2.** rancore **3.** rigidità (*di clima*).
bitumen *s.* bitume.
bivalent *agg.* bivalente.
bivouac *s.* bivacco.
bi-weekly *agg.* e *s.* bisettimanale. ♦ **bi-weekly** *avv.* due volte alla settimana.
to **blab** *vt.* e *vi.* **1.** chiacchierare **2.** spifferare.
black *agg.* **1.** nero **2.** negro **3.** (*fig.*) malvagio, minaccioso. ♦ **black** *s.* **1.** colore nero **2.** negro.
to **black** *vt.* annerire. ♦ to **black** *vi.* annerirsi.
to **blackball** *vt.* votare contro, bocciare.
blackberry *s.* mora selvatica.
blackbird *s.* merlo.
blackboard *s.* lavagna.
to **blacken** *vt.* **1.** annerire **2.** (*fig.*) diffamare. ♦ to **blacken** *vi.* diventare nero.
blackguard *s.* mascalzone.
blackish *agg.* nerastro.
blackleg *s.* **1.** truffatore **2.** crumiro.
blackmail *s.* ricatto.
to **blackmail** *vt.* ricattare.
blackmailer *s.* ricattatore.
blackness *s.* **1.** nerezza **2.** oscurità.
blackout *s.* oscuramento.
blacksmith *s.* fabbro ferraio.
bladder *s.* vescica.
blade *s.* **1.** stelo **2.** lama.
blamable *agg.* biasimevole.
blame *s.* **1.** biasimo **2.** colpa.
to **blame** *vt.* **1.** biasimare **2.** incolpare.
blameful *agg.* biasimevole.
blameless *agg.* irreprensibile.
bland *agg.* blando.
blandishment *s.* blandizie (*pl.*).
blandly *avv.* blandamente.
blank *agg.* **1.** vuoto **2.** in bianco || — *verse*, verso sciolto.. ♦ **blank** *s.* **1.** vuoto **2.** spazio in bianco **3.** mira || *point-* —, di punto in bianco.
blanket *s.* coperta.

blankly *avv.* **1.** senza espressione **2.** decisamente.
blare *s.* squillo (*di tromba*).
to **blaspheme** *vt.* e *vi.* bestemmiare.
blasphemous *agg.* blasfemo.
blasphemously *avv.* empiamente.
blasphemy *s.* bestemmia, empietà.
blast *s.* **1.** raffica **2.** squillo **3.** scoppio **4.** flagello || — *-furnace,* altoforno.
to **blast** *vt.* **1.** far esplodere **2.** rovinare.
blaze *s.* **1.** fiamma **2.** scoppio.
to **blaze** *vi.* ardere. ♦ to **blaze** *vt.* **1.** bruciare **2.** divulgare.
blazer *s.* giacca sportiva.
blazing *s.* **1.** fiamma **2.** splendore **3.** vanteria.
blazon *s.* **1.** blasone **2.** ostentazione.
bleach *s.* imbianchimento, candeggio.
to **bleach** *vt.* imbiancare, candeggiare. ♦ to **bleach** *vi.* imbiancarsi.
bleacher *s.* recipiente per candeggio.
bleaching *s.* V. *bleach.*
bleak *agg.* **1.** brullo **2.** desolato **3.** incolore.
bleakness *s.* **1.** freddezza **2.** squallore.
blear *agg.* **1.** cisposo **2.** ottuso.
bleat *s.* belato.
to **bleat** *vi.* belare.
to **bleed (bled, bled)** *vi.* sanguinare. ♦ to **bleed (bled, bled)** *vt.* salassare.
bleeding *s.* **1.** emorragia **2.** salasso **3.** fuga.
blemish *s.* difetto.
blend *s.* miscela.
to **blend** *vt.* mescolare. ♦ to **blend** *vi.* mescolarsi.
to **bless** *vt.* benedire.
blessed *agg.* beato, santo.
blessing *s.* benedizione.
blew V. *to blow.*
blind *agg.* cieco. ♦ **blind** *s.* **1.** tenda **2.** persiana **3.** paraocchi **4.** finzione.
to **blind** *vt.* **1.** accecare **2.** oscurare **3.** nascondere.
blindness *s.* cecità.
to **blink** *vi.* **1.** battere le palpebre **2.** lampeggiare **3.** (*fig.*) chiudere gli occhi.
blinker *s.* **1.** lampeggiatore **2.** paraocchi.
blinking *agg.* **1.** ammiccante **2.** scintillante. ♦ **blinking** *s.* ammicco.
bliss *s.* beatitudine.
blissful *agg.* **1.** beato **2.** delizioso.
blister *s.* bolla.
blithe *agg.* gaio.
blizzard *s.* tormenta (*di neve*).
block *s.* **1.** ceppo **2.** masso **3.** isolato (*di case*) **4.** ostacolo **5.** persona stupida || — *letters,* stampatello.
to **block** *vt.* bloccare.
blockade *s.* blocco.
blockhead *s.* stupido.
blonde *s.* donna bionda.
blood *s.* sangue.
bloodhound *s.* segugio.
bloodless *agg.* **1.** esangue **2.** incruento **3.** (*fig.*) insensibile.
bloodshed *s.* spargimento di sangue.
bloodshot *agg.* iniettato di sangue.
bloody *agg.* **1.** sanguinante **2.** sanguinoso **3.** sanguinario **4.** maledetto.
bloom *s.* **1.** fiore **2.** rossore.
to **bloom** *vi.* **1.** fiorire **2.** arrossire.
blossom *s.* fiore.
to **blossom** *vi.* **1.** fiorire **2.** diventare.
blot *s.* macchia.
to **blot** *vt.* **1.** macchiare **2.** assorbire.
blotch *s.* **1.** macchia **2.** pustola.
blotting *s.* **1.** il macchiare **2.** l'asciugare || — *-paper,* carta assorbente; — *-pad,* tampone di carta assorbente.
blouse *s.* camicetta.
blow *s.* **1.** soffio **2.** colpo **3.** fioritura || *to come to blows,* venire alle mani.
to **blow (blew, blown)** *vt.* **1.** soffiare **2.** suonare (*strumenti a fiato*) || *to — up,* (far) saltare in aria. ♦ to **blow (blew, blown)** *vi.* sbocciare.
blower *s.* **1.** soffiatore **2.** sfiatatoio.
blown V. *to blow.*
blowpipe *s.* **1.** cannello per soffiare **2.** cerbottana.
blue *agg.* **1.** azzurro, blu **2.** livido **3.** triste.
bluebell *s.* campanula.
bluebottle[1] *s.* fiordaliso.
bluebottle[2] *s.* tafano.
blueprint *s.* cianografia.
bluff *s.* ripida scogliera.
bluish *agg.* bluastro.
blunder *s.* errore.
blunt *agg.* **1.** smussato **2.** ottuso **3.** schietto.
blush *s.* rossore.

to **blush** *vi.* arrossire.
board *s.* **1.** asse, tavola **2.** vitto **3.** pensione **4.** consiglio, ministero **5.** (*mar.*) bordo || *on* —, a bordo; *full* —, pensione completa. ♦ **boards** *s. pl.* palcoscenico (*sing.*).
to **board** *vt.* **1.** fornire di assi **2.** prendere a pensione **3.** (*mar.*) abbordare. ♦ to **board** *vi.* **1.** essere a pensione **2.** imbarcarsi.
boarder *s.* pensionante.
boarding *s.* assito || — *-house,* pensione; — *-school,* collegio.
boast *s.* vanto.
to **boast** *vt.* vantare. ♦ to **boast** *vi.* vantarsi.
boaster *s.* spaccone.
boastful *agg.* vanaglorioso.
boastfulness *s.* millanteria.
boasting *s.* vanteria.
boat *s.* barca, battello || *flying-* —, idrovolante; *sauce-* —, salsiera; *ferry-* —, traghetto.
boating *s.* canottaggio.
boatman *s.* barcaiolo.
boatswain *s.* nostromo.
to **bob** *vi.* dondolarsi, oscillare || *to* — *up,* venire a galla.
bobbin *s.* bobina.
bobsled *s.* guidoslitta.
bodice *s.* busto.
bodkin *s.* punteruolo, stiletto.
body *s.* **1.** corpo **2.** corporazione, ente **3.** massa || — *belt,* panciera.
bodymaker *s.* carrozziere.
Boeotian *agg.* e *s.* beota.
bog *s.*
boggy *agg.* paludoso.
bogy *s.* spauracchio.
boil *s.* bollitura.
to **boil** *vt.* e *vi.* bollire, ribollire || *to* — *away,* consumarsi; *to* — *over,* traboccare bollendo.
boiler *s.* bollitore, caldaia.
boiling *agg.* bollente. ♦ **boiling** *s.* ebollizione.
boisterous *agg.* **1.** rumoroso **2.** violento.
boisterousness *s.* fracasso.
bold *agg.* **1.** audace **2.** sfacciato **3.** vigoroso || — *-face,* neretto.
boldness *s.* **1.** audacia **2.** sfacciataggine.
bolide *s.* bolide.
Bolshevism *s.* bolscevismo.
Bolshevist *agg.* e *s.* bolscevico.
bolster *s.* **1.** cuscino **2.** supporto.
bolt *s.* **1.** catenaccio **2.** bullone **3.** otturatore **4.** freccia **5.** fulmine.
to **bolt**[1] *vt.* **1.** sprangare **2.** imbullonare.
to **bolt**[2] *vt.* setacciare, vagliare.
bolter *s.* setaccio.
bomb *s.* bomba.
to **bomb** *vt.* bombardare.
to **bombard** *vt.* bombardare.
bombardier *s.* bombardiere.
bombardment *s.* bombardamento.
bombastic *agg.* ampolloso.
bomber *s.* bombardiere.
bond *s.* **1.** vincolo **2.** patto **3.** (*comm.*) titolo **4.** cauzione || — *-holder,* portatore di obbligazioni; *goods in* —, merci in attesa di sdoganamento.
bondage *s.* schiavitù.
bone *s.* **1.** osso **2.** lisca.
to **bone** *vt.* **1.** disossare **2.** spinare.
bonfire *s.* falò.
bonnet *s.* **1.** cuffia **2.** (*auto*) cofano.
bonus *s.* gratifica || *cost of living* —, carovita.
bony *agg.* **1.** osseo **2.** ossuto.
bonze *s.* bonzo.
booby *s.* sciocco.
book *s.* **1.** libro **2.** registro || *note-* —, taccuino; *copy-* —, quaderno.
to **book** *vt.* **1.** registrare **2.** prenotare.
bookbinding *s.* rilegatura.
bookcase *s.* libreria.
booking *s.* **1.** registrazione **2.** prenotazione || — *-office,* biglietteria.
bookish *agg.* **1.** studioso **2.** libresco.
bookkeeper *s.* contabile.
bookkeeping *s.* contabilità.
booklet *s.* libretto.
bookmaker *s.* allibratore.
bookseller *s.* libraio.
bookshelf *s.* (*pl.* -lves) scaffale.
bookshop *s.* libreria.
bookstall *s.* edicola, bancarella (*di libri*).
boom *s.* **1.** rombo **2.** periodo di prosperità.
to **boom** *vi.* **1.** rimbombare **2.** essere in periodo di prosperità.
boor *s.* persona zotica.
boorish *agg.* rustico.
boorishness *s.* rozzezza.
boot *s.* **1.** stivale, scarpa **2.** (*auto*) portabagagli.
bootblack *s.* lustrascarpe.
booth *s.* baracca || *telephone* —, cabina telefonica.
booty *s.* bottino.

border *s.* **1.** orlo **2.** frontiera.
to **border** *vt.* orlare || *to — on,* confinare con.
borderer *s.* abitante di confine.
bordering *s.* **1.** il bordare **2.** il confinare.
bore V. *to bear.*
bore[1] *s.* **1.** buco **2.** calibro (*di arma*).
bore[2] *s.* **1.** seccatura **2.** seccatore.
to **bore**[1] *vt.* forare.
to **bore**[2] *vt.* annoiare.
boreal *agg.* boreale.
boredom *s.* noia.
boric *agg.* borico.
boring[1] *agg.* noioso.
boring[2] *s.* perforazione || *— test,* sondaggio.
born V. *to bear.* ♦ **born** *agg.* nato, generato || *to be —,* nascere.
borne V. *to bear.*
borough *s.* **1.** municipio **2.** circoscrizione elettorale.
to **borrow** *vt.* prendere a prestito.
borrower *s.* chi prende a prestito.
bosom *s.* seno || *— friend,* amico intimo.
boss[1] *s.* **1.** protuberanza **2.** (*arch.*) bugna.
boss[2] *s.* capo, padrone.
bossy[1] *agg.* a bugnato.
bossy[2] *agg.* (*gergo*) prepotente.
botanist *s.* botanico.
botany *s.* botanica.
botch *s.* pasticcio.
to **botch** *vt.* **1.** rattoppare **2.** arruffare.
botcher *s.* pasticcione.
both *agg.* e *pron.* entrambi, tutti e due. ♦ **both** *avv.* nel medesimo tempo || *— ... and,* sia... sia, tanto... quanto.
bother *s.* seccatura.
to **bother** *vt.* infastidire. ♦ to **bother** *vi.* preoccuparsi.
bothersome *agg.* fastidioso.
bottle *s.* bottiglia || *feeding- —,* poppatoio; *— -feeding,* allattamento artificiale.
to **bottle** *vt.* imbottigliare.
bottling *s.* imbottigliamento.
bottom *agg.* **1.** inferiore **2.** basilare. ♦ **bottom** *s.* **1.** fondo **2.** fondamento **3.** deretano **4.** (*mar.*) chiglia.
to **bottom** *vt.* **1.** mettere il fondo (a) **2.** impagliare **3.** capire. ♦ to **bottom** *vi.* posare, essere posato.
bottomless *agg.* **1.** senza fondo **2.** senza fine.
bough *s.* ramo (*d'albero*).
bought V. *to buy.*
boulder *s.* macigno.
boulevard *s.* viale.
bounce *s.* **1.** balzo **2.** vanteria.
to **bounce** *vt.* far rimbalzare. ♦ to **bounce** *vi.* **1.** rimbalzare **2.** gloriarsi.
bouncer *s.* fanfarone.
bound[1] *s.* limite, confine.
bound[2] *s.* salto.
bound[3] V. *to bind.*
bound[4] *agg.* **1.** destinato **2.** diretto a **3.** certo.
to **bound**[1] *vt.* confinare, limitare.
to **bound**[2] *vi.* balzare.
boundary *s.* limite, frontiera.
boundless *agg.* illimitato.
bounteous *agg.* generoso.
bounty *s.* generosità.
bourgeois *agg.* e *s.* borghese.
bourgeoisie *s.* borghesia.
bow[1] *s.* **1.** arco **2.** archetto **3.** fiocco || *— -window,* bovindo.
bow[2] *s.* inchino.
bow[3] *s.* prua.
to **bow** *vt.* piegare. ♦ to **bow** *vi.* **1.** piegarsi **2.** inclinarsi.
bowels *s. pl.* viscere.
bower *s.* **1.** pergolato **2.** dimora.
bowl[1] *s.* ciotola.
bowl[2] *s.* boccia.
to **bowl** *vt.* far rotolare. ♦ to **bowl** *vi.* **1.** rotolare **2.** giocare a bocce.
bowler *s.* giocatore di bocce || *— hat,* bombetta.
bowling *s.* gioco delle bocce.
bowman *s.* arciere.
bowshot *s.* tiro d'arco.
box[1] *s.* **1.** scatola **2.** stanzetta **3.** stalla **4.** (*teat.*) palco **5.** (*giur.*) banco || *letter- —,* buca per le lettere; *money- —,* salvadanaio; *strong- —,* cassaforte.
box[2] *s.* pugno, ceffone.
to **box**[1] *vt.* mettere in scatola.
to **box**[2] *vt.* schiaffeggiare. ♦ to **box** *vi.* fare del pugilato.
boxer *s.* pugile.
boxing *s.* pugilato.
boy *s.* ragazzo.
to **boycott** *vt.* boicottare.
boyhood *s.* fanciullezza.
boyish *agg.* fanciullesco.
bra *s.* reggipetto.
brace *s.* **1.** sostegno **2.** coppia, paio **3.** (*mar.*) braccio. ♦ **braces** *s. pl.* bretelle.

to **brace** *vt.* **1.** legare **2.** fortificare.
bracelet *s.* braccialetto.
brachycardia *s.* brachicardia.
bracket *s.* **1.** mensola, sostegno **2.** parentesi.
brackish *agg.* salato, salso.
brag *s.* **1.** millanteria **2.** millantatore.
to **brag** *vt.* vantare. ♦ to **brag** *vi.* vantarsi.
braggart *agg.* e *s.* spaccone.
bragging *s.* millanteria.
braid *s.* **1.** treccia **2.** gallone.
to **braid** *vt.* **1.** intrecciare **2.** guarnire.
brain *s.* cervello.
brainless *agg.* scervellato.
brake[1] *s.* **1.** felce **2.** boschetto.
brake[2] *s.* freno.
to **brake** *vt.* frenare.
brakesman *s.* frenatore.
bramble *s.* rovo.
bran *s.* crusca.
branch *s.* **1.** ramo **2.** filiale.
to **branch** *vt.* ramificare. ♦ to **branch** *vi.* ramificarsi || *to — out,* estendersi (*di attività commerciale, affari*).
branching *s.* ramificazione.
brand *s.* **1.** tizzone **2.** marchio (*a fuoco*) **3.** marca || *— -new,* nuovo fiammante.
to **brand** *vt.* **1.** marchiare **2.** stigmatizzare.
to **brandish** *vt.* brandire.
brass *agg.* **1.** di ottone **2.** (*fig.*) sfacciato. ♦ **brass** *s.* **1.** ottone **2.** (*mecc.*) bronzina **3.** (*fig.*) sfacciataggine || *— band,* fanfara
brassy *agg.* V. *brass.*
bravado *s.* bravata.
brave *agg.* e *s.* prode, coraggioso.
bravely *avv.* coraggiosamente.
bravery *s.* **1.** coraggio **2.** splendore.
brawl *s.* rissa.
to **brawl** *vi.* rissare.
brawn *s.* muscolo, forza muscolare.
brawny *agg.* muscoloso.
bray *s.* raglio.
to **bray**[1] *vi.* **1.** ragliare **2.** (*fig.*) stonare.
to **bray**[2] *vt.* frantumare, sminuzzare.
brazen *agg.* V. *brass.*
brazier[1] *s.* calderaio.
brazier[2] *s.* braciere.
Brazilian *agg.* e *s.* brasiliano.
breach *s.* **1.** rottura **2.** breccia **3.** infrazione || *— of promise,* rottura di fidanzamento.
bread *s.* pane.
to **bread** *vt.* rimpanare.
breadth *s.* **1.** larghezza **2.** altezza (*di stoffe*).
breadthwise *avv.* in larghezza (*di stoffe*).
break *s.* **1.** rottura **2.** interruzione, intervallo **3.** infrazione || *— -up,* collasso, smembramento, fine.
to **break (broke, broken)** *vt.* **1.** rompere **2.** interrompere **3.** domare **4.** rovinare. ♦ to **break (broke, broken)** *vi.* **1.** rompersi **2.** irrompere || *to — down,* demolire, (*auto*) restare in panne, esaurirsi; *to — off,* mandare a monte; *to — up,* fare a pezzi.
breakdown *s.* **1.** collasso **2.** rottura **3.** dissesto || *nervous —,* esaurimento nervoso.
breaker *s.* **1.** rompitore **2.** violatore **3.** domatore **4.** (*mecc.*) macchina rompitrice **5.** (*mar.*) frangente **6.** (*elett.*) interruttore.
breakfast *s.* prima colazione.
to **breakfast** *vi.* fare la prima colazione.
breaking *s.* **1.** rottura **2.** (*comm.*) fallimento.
breakneck *agg.* a rotta di collo.
breakwater *s.* frangiflutti.
breast *s.* petto || *— -bone,* sterno.
breasted *agg.* dal petto || *double-—,* a doppio petto.
breath *s.* **1.** soffio **2.** respiro.
breathable *agg.* respirabile.
to **breathe** *vi.* **1.** respirare **2.** spirare. ♦ to **breathe** *vt.* **1.** infondere **2.** sussurrare.
breathing *s.* V. *breath.*
breathless *agg.* **1.** ansante **2.** esanime.
breathlessness *s.* affanno.
bred V. *to breed.* ♦ **bred** *agg.* *ill-—,* maleducato.
breech *s.* **1.** parte posteriore **2.** culatta (*di arma*).
breeches *s. pl.* calzoni.
breed *s.* razza.
to **breed (bred, bred)** *vt.* **1.** generare **2.** allevare. ♦ to **breed (bred, bred)** *vi.* nascere.
breeder *s.* **1.** chi genera **2.** allevatore.
breeding *s.* **1.** generazione **2.** allevamento **3.** educazione.
breeze *s.* brezza.
breezy *agg.* **1.** ventilato **2.** cordiale.
brethren *s. pl.* confratelli.

breviary *s.* breviario.
brevity *s.* brevità.
brew *s.* **1.** mistura **2.** fermentazione (*di birra*).
to **brew** *vt.* **1.** mescolare **2.** (*fig.*) macchinare. ♦ to **brew** *vi.* fare la birra.
brewer *s.* birraio.
brewery *s.* fabbrica di birra.
bribe *s.* dono (*a scopo di corruzione*), allettamento.
to **bribe** *vt.* corrompere.
briber *s.* corruttore.
bribery *s.* corruzione.
brick *s.* mattone.
bricklayer *s.* muratore.
brickwork *s.* muratura in mattoni.
brickyard *s.* mattonaia.
bride *s.* sposa.
bridegroom *s.* sposo.
bridge *s.* ponte || *swing-* —, ponte girevole; *toll-* —, ponte a pedaggio; — *-head,* testa di ponte.
bridle *s.* briglia, freno.
to **bridle** *vt.* imbrigliare.
bridling *s.* imbrigliamento.
brief *agg.* breve. ♦ **brief** *s.* riassunto.
to **brief** *vt.* **1.** riassumere **2.** (*giur.*) nominare (il proprio avvocato) **3.** dare istruzioni.
briefness *s.* brevità, concisione.
brier *s.* **1.** rovo **2.** rosa selvatica.
brig *s.* brigantino.
brigade *s.* brigata.
bright *agg.* **1.** chiaro, splendente **2.** vivace.
to **brighten** *vt.* **1.** far brillare **2.** animare. ♦ to **brighten** *vi.* **1.** brillare **2.** animarsi.
brightness *s.* **1.** splendore **2.** gaiezza.
brill *s.* (*itt.*) rombo.
brilliance, brilliancy *s.* brillantezza.
brilliant *agg.* e *s.* brillante.
brilliantine *s.* brillantina.
brim *s.* **1.** orlo **2.** ala (*di cappello*).
brimful *agg.* colmo.
brindled *agg.* pezzato.
brine *s.* acqua salata.
to **bring (brought, brought)** *vt.* **1.** portare **2.** indurre || *to — about,* causare; *to — back,* richiamare alla memoria; *to — forth,* dare alla luce; *to — up,* educare, allevare.
brink *s.* orlo.
brisk *agg.* **1.** vivace **2.** frizzante.
briskness *s.* vivacità.
bristle *s.* setola.
to **bristle** *vi.* essere irto di.
bristly *agg.* **1.** setoloso **2.** ruvido.
British *agg.* britannico.
Briton *agg.* e *s.* britanno.
broad *agg.* **1.** ampio **2.** chiaro **3.** marcato **4.** volgare || — *daylight,* pieno giorno. ♦ **broad** *s.* larghezza. ♦ **broad** *avv.* ampiamente.
broadcast *s.* **1.** radiodiffusione **2.** radiocomunicazione.
to **broadcast (broadcast, broadcast)** (*anche reg.*) *vt.* e *vi.* radiotrasmettere.
broadcaster *s.* trasmettitore.
broadcasting *s.* radiodiffusione.
to **broaden** *vt.* allargare. ♦ to **broaden** *vi.* allargarsi, estendersi.
broadness *s.* **1.** larghezza **2.** grossolanità.
broadside *s.* (*mar.*) **1.** bordo, fiancata **2.** bordata.
brocade *s.* broccato.
bro(c)coli *s.* broccolo.
broil *s.* rissa.
to **broil** *vt.* cuocere alla griglia. ♦ to **broil** *vi.* abbrustolirsi (*al sole*).
broke V. *to break.*
broken V. *to break.* ♦ **broken** *agg.* **1.** variabile (*di tempo*) **2.** accidentato (*di terreno*) **3.** indebolito **4.** avvilito **5.** scorretto.
broker *s.* **1.** (*comm.*) agente **2.** mediatore.
bromide *s.* bromuro.
bromine *s.* bromo.
bronchial *agg.* bronchiale.
bronchia *s. pl.* bronchi.
bronchitis *s.* bronchite.
broncho-pneumonia *s.* broncopolmonite.
bronze *s.* bronzo.
to **bronze** *vt.* abbronzare. ♦ to **bronze** *vi.* abbronzarsi.
brooch *s.* spilla.
brood *s.* covata.
to **brood** *vt.* **1.** covare **2.** (*fig.*) rimuginare, meditare.
brooding *s.* **1.** cova **2.** meditazione.
brook *s.* ruscello.
to **brook** *vt.* sopportare, tollerare.
brooklet *s.* ruscelletto.
broom *s.* **1.** ginestra **2.** scopa.
broth *s.* brodo.
brothel *s.* bordello.
brother *s.* **1.** fratello **2.** collega || — *-in-law,* cognato; *half-* —, fratellastro.

brotherhood *s.* **1.** fratellanza **2.** confraternita.
brotherlike *agg.* fraterno.
brotherly *agg.* fraterno. ♦ **brotherly** *avv.* fraternamente.
brought V. *to bring.*
brow *s.* fronte. ♦ **brows** *s. pl.* sopracciglia.
brown *agg.* **1.** bruno **2.** marrone. ♦ **brown** *s.* marrone.
to **brown** *vt.* **1.** rendere bruno **2.** rosolare. ♦ to **brown** *vi.* **1.** diventare bruno **2.** abbronzarsi
to **browse** *vt.* e *vi.* brucare.
bruise *s.* contusione.
to **bruise** *vt.* ammaccare. ♦ to **bruise** *vi.* ammaccarsi.
bruiser *s.* **1.** pugilatore **2.** (*fig.*) gradasso.
brush *s.* **1.** spazzola, spazzolino **2.** spazzolata **3.** pennello **4.** rissa || — *-up*, ripasso.
to **brush** *vt.* **1.** spazzolare **2.** sfiorare || *to — aside* (*fig.*), ignorare; *to — up*, ripassare.
brushwood *s.* sottobosco.
brushy *agg.* **1.** ispido **2.** folto (*di bosco*).
brusque *agg.* brusco.
brutal *agg.* brutale.
brutality *s.* brutalità.
to **brutalize** *vt.* **1.** abbrutire **2.** maltrattare. ♦ to **brutalize** *vi.* abbrutirsi.
brute *agg.* brutale. ♦ **brute** *s.* bruto.
brutish *agg.* brutale, rozzo.
bubble *s.* **1.** bolla **2.** gorgoglio.
to **bubble** *vi.* gorgogliare || *to — over*, traboccare.
bubo *s.* bubbone.
bubonic *agg.* bubbonico.
buccaneer *s.* bucaniere.
buck *s.* **1.** daino **2.** maschio (*di molti animali*).
to **buck** *vi.* sgroppare.
bucket *s.* secchio.
buckle *s.* fibbia.
to **buckle** *vt.* **1.** affibbiare **2.** piegare. ♦ to **buckle** *vi.* piegarsi.
bucolic *agg.* bucolico.
bud *s.* **1.** gemma **2.** germe.
to **bud** *vi.* germogliare.
Buddhism *s.* buddismo.
Buddhist *agg.* e *s.* buddista.
budget *s.* **1.** raccolta (*di documenti*) **2.** bilancio.
buffalo *s.* bufalo.
buffer *s.* respingente.
buffet[1] *s.* schiaffo.
buffet[2] *s.* credenza.
to **buffet** *vt.* schiaffeggiare.
buffoon *s.* buffone.
bug *s.* **1.** coleottero **2.** cimice || *big —*, (*gergo*) pezzo grosso.
bugbear *s.* spauracchio.
bugger *s.* sodomita.
build *s.* costruzione, struttura.
to **build (built, built)** *vt.* costruire || *to — up*, murare.
builder *s.* costruttore.
building *agg.* edilizio. ♦ **building** *s.* edificio.
built V. *to build.*
bulb *s.* **1.** bulbo **2.** lampadina || *— socket*, portalampada.
Bulgarian *agg.* e *s.* bulgaro.
bulge *s.* gonfiore.
to **bulge** *vi.* gonfiarsi. ♦ to **bulge** *vt.* **1.** sporgere **2.** gonfiare.
bulgy *agg.* rigonfio.
bulk *s.* **1.** massa **2.** carico.
bulkhead *s.* paratia.
bulky *agg.* massiccio.
bull *s.* **1.** toro **2.** maschio (*di alcuni mammiferi*) || *—'s eye*, oblò.
bulldog *s.* mastino.
bullet *s.* pallottola.
bulletin *s.* bollettino || *news —*, giornale radio.
bullfight *s.* corrida.
bullfighter *s.* torero.
bullock *s.* torello.
bully *agg.* borioso.
to **bully** *vt.* e *vi.* fare il prepotente (*verso*).
bulwark *s.* **1.** bastione **2.** (*mar.*) parapetto.
bumble-bee *s.* calabrone.
bump *s.* **1.** urto **2.** bernoccolo.
to **bump** *vt.* e *vi.* urtare, andare a sbattere contro.
bumper *s.* **1.** paraurti **2.** respingente.
bun *s.* **1.** focaccia **2.** crocchia.
bunch *s.* **1.** mazzo **2.** grappolo.
bundle *s.* **1.** fagotto **2.** fascio.
to **bundle** *vt.* riunire in fascio, fare un involto.
bung *s.* tappo.
bungler *agg.* e *s.* confusionario.
bunny *s.* coniglietto.
buoy *s.* boa.
buoyancy *s.* **1.** galleggiabilità **2.** ottimismo.
buoyant *agg.* **1.** galleggiante **2.** ottimista.
burden *s.* **1.** peso **2.** tonnellaggio.

to **burden** *vt.* caricare.
burdensome *agg.* gravoso.
bureau *s.* (*pl.* bureaux) ufficio.
bureaucracy *s.* burocrazia.
bureaucrat *s.* burocrate.
bureaucratic *agg.* burocratico.
burglar *s.* scassinatore (*notturno*).
burglary *s.* furto (*notturno*) con scasso.
to **burgle** *vt.* e *vi.* svaligiare con scasso.
burgomaster *s.* borgomastro.
burial *s.* sepoltura || — *-ground*, cimitero; — *-service*, ufficio funebre.
burin *s.* bulino.
burly *agg.* corpulento.
burn *s.* ustione.
to **burn (burnt, burnt)** (*anche reg.*) *vt.* e *vi.* bruciare, ardere.
burner *s.* bruciatore.
burning *s.* **1.** incendio **2.** (*metal.*) fusione.
to **burnish** *vt.* lustrare.
burnt V. *to burn.*
burrow *s.* tana, buca.
bursar *s.* economo.
bursary *s.* **1.** ufficio dell'economato **2.** borsa di studio.
burst *s.* **1.** scoppio **2.** squarcio.
to **burst (burst, burst)** *vt.* **1.** far esplodere **2.** sfondare. ♦ to **burst (burst, burst)** *vi.* **1.** scoppiare **2.** irrompere.
bursting *s.* scoppio.
to **bury** *vt.* seppellire.
bus *s.* autobus.
busby *s.* colbac.
bush *s.* cespuglio.
bushel *s.* staio.
bushy *agg.* folto.
busily *avv.* attivamente.
business *s.* **1.** affare **2.** mestiere **3.** ditta **4.** scopo || — *-man*, uomo d'affari; — *-like*, metodico, sistematico.
bust *s.* busto.
bustle *s.* trambusto.
to **bustle** *vi.* agitarsi.
busy *agg.* occupato.
to **busy** *vt.* occupare.
busybody *s.* ficcanaso.
but *cong.* ma. ♦ **but** *avv.* solo. ♦ **but** *prep.* tranne || — *for*, se non fosse per; — *that*, se non; *cannot* —, non poter far a meno di; *all* —, pressoché.
butane *s.* butano.
butcher *s.* macellaio.
butchery *s.* macello.
butler *s.* maggiordomo.
butt[1] *s.* **1.** calcio (*di arma*) **2.** impugnatura (*di utensile*) **3.** mozzicone.
butt[2] *s.* urto.
to **butt** *vt.* e *vi.* cozzare.
butter *s.* burro.
to **butter** *vt.* imburrare.
buttercup *s.* ranuncolo.
butterfly *s.* farfalla.
buttery *agg.* burroso.
buttock *s.* natica.
button *s.* bottone.
to **button** *vt.* abbottonare.
button-hole *s.* occhiello.
to **button-hole** *vt.* **1.** fare asole a **2.** (*fig.*) attaccar bottone.
button-holer *s.* attaccabottoni.
buttress *s.* contrafforte.
buxom *agg.* formoso, avvenente (*di donna*).
to **buy (bought, bought)** *vt.* comprare || *to* — *off*, riscattare; *to* — *up*, accaparrare.
buyable *agg.* acquistabile.
buyer *s.* acquirente.
buzz *s.* ronzio.
buzzard *s.* poiana.
to **buzz** *vi.* e *vt.* ronzare, bisbigliare.
buzzer *s.* **1.** insetto che ronza **2.** cicala, segnale acustico.
by *avv.* **1.** vicino **2.** da parte, in disparte || — *and* —, fra poco; — *and large*, complessivamente. ♦ **by** *prep.* **1.** (*agente, causa, mezzo*) per, da, con, di || *a book (written)* — *Shakespeare*, un libro di Shakespeare; *to travel* — *train*, viaggiare col treno **2.** (*tempo*) entro, per, durante || *day* — *day*, di giorno in giorno; — *night*, di notte **3.** (*luogo*) vicino a, a fianco di, attraverso || *a house* — *the sea*, una casa sul mare. ♦ **by** *agg.* secondario.
bye-bye *inter.* arrivederci.
bygone *agg.* e *s.* passato.
by-line *s.* (*giorn.*) firma.
byname *s.* soprannome.
by-pass *s.* **1.** circonvallazione **2.** deviazione.
by-product *s.* sottoprodotto.
byroad *s.* strada secondaria.
byssus *s.* bisso.
bystander *s.* spettatore.
bystreet *s.* viuzza.
byway *s.* via traversa.
byword *s.* proverbio, epiteto.
bywork *s.* lavoro supplementare (*a tempo perso*).
Byzantine *agg.* e *s.* bizantino.

C

C (*mus.*) do.
cab *s.* vettura di piazza.
cabal *s.* intrigo, cospirazione.
cabbage *s.* cavolo.
cab(b)ala *s.* cabala.
cab(b)alistic *agg.* cabalistico.
cabin *s.* **1.** capanna **2.** (*aer.; fer.; mar.*) cabina.
cabinet *s.* **1.** stanzino **2.** stipo, armadietto **3.** (*pol.*) gabinetto, consiglio dei ministri || — *-maker*, ebanista; — *-minister*, membro del gabinetto.
cable *s.* **1.** cavo **2.** cablogramma || — *-way*, teleferica.
to **cable** *vt.* e *vi.* **1.** fornire di cavo **2.** trasmettere un cablogramma.
cablegram *s.* cablogramma.
cabman *s.* tassista.
caboose (*mar.*) cambusa.
cabotage *s.* cabotaggio.
cacao *s.* cacao.
cacophony *s.* cacofonia.
cactus *s.* cactus.
cadaverous *agg.* **1.** cadaverico **2.** esangue.
cadence *s.* cadenza, ritmo.
cadet *s.* cadetto.
caducity *s.* caducità.
Caesarean *agg.* cesareo, imperiale || — *operation*, parto cesareo.
caesura *s.* cesura.
café *s.* caffè (*locale pubblico*).
caffeine *s.* caffeina.
cage *s.* **1.** gabbia **2.** impalcatura.
to **cage** *vt.* mettere in gabbia.
cake *s.* torta, focaccia.
calamary *s.* calamaro.
calamitous *agg.* calamitoso.
calamity *s.* calamità.
calcareous *agg.* calcareo.
calcification *s.* calcificazione.
to **calcify** *vt.* calcificare. ♦ to **calcify** *vi.* calcificarsi.
calcination *s.* calcinazione.
to **calcine** V. *to calcify*.
calcite *s.* calcite.
calcium *s.* calcio.
to **calculate** *vt.* **1.** calcolare **2.** contare. ♦ to **calculate** *vi.* fare affidamento.
calculated *agg.* **1.** calcolato **2.** premeditato **3.** (*fig.*) idoneo.
calculating *agg.* calcolatore || — *machine*, macchina calcolatrice.
calculation *s.* calcolo.
calculator *s.* calcolatore, calcolatrice.
calendar *s.* calendario, almanacco.
calf[1] *s.* (*pl.* calves) vitello.
calf[2] *s.* polpaccio.
to **calibrate** *vt.* **1.** calibrare **2.** (*mecc.*) tarare.
calibration *s.* calibratura, taratura.
calibre *s.* calibro.
calico *s.* calicò.
call *s.* **1.** richiamo, chiamata **2.** breve visita: *to pay* (*v. irr.*) *so. a* —, fare una breve visita a qu. **3.** (*giur.*) appello **4.** (*mil.*) adunata **5.** (*mar.*) scalo || — *bird*, uccello da richiamo; — *box*, cabina telefonica; — *up*, chiamata alle armi; *trunk* —, chiamata intercontinentale.
to **call** *vt.* e *vi.* **1.** chiamare, richiamare: *to — aside*, chiamare in disparte; *to — to arms*, chiamare alle armi; *to — to mind*, richiamare alla mente **2.** esortare, ordinare || *to — into being*, creare; *to — out*, chiamare ad alta voce, esclamare; *to — up*, telefonare; *to — at*, fare scalo a; *to — for*, passare a prendere; *to — on*, fare una breve visita a; *to — upon*, implorare, invocare.
caller *s.* visitatore, visitatrice.
calligrapher *s.* calligrafo.
calligraphic *agg.* calligrafico.
calling *s.* **1.** appello **2.** mestiere, professione **3.** vocazione.
callosity *s.* **1.** callosità **2.** (*fig.*) insensibilità.
callous *agg.* **1.** calloso **2.** (*fig.*) insensibile.
calm *agg.* calmo. ♦ **calm** *s.* calma.
to **calm** *vt.* calmare. ♦ to **calm** *vi.* *to — down*, calmarsi (*di tempesta ecc.*).
calming *agg.* calmante.
calmly *avv.* con calma.
calmness *s.* calma, tranquillità.
calorific *agg.* calorifico.
calorimeter *s.* calorimetro.
calory *s.* caloria.
to **calumniate** *vt.* calunniare.
Calvary *s.* Calvario.
calves V. *calf*.
Calvinism *s.* calvinismo.
Calvinist *agg.* e *s.* calvinista.
came V. *to come*.
camel *s.* cammello.
camellia *s.* camelia.
cameo *s.* cammeo.
camera *s.* **1.** (*foto*) macchina foto-

grafica **2.** (*giur.*) Camera di Consiglio.
camisole *s.* corpetto, farsetto.
camouflage *s.* **1.** mascheramento **2.** (*mil.*) mimetizzazione.
to **camouflage** *vt.* **1.** mascherare **2.** (*mil.*) mimetizzare.
camp *s.* **1.** (*mil.*) campo **2.** campeggio || — *-bed*, brandina.
to **camp** *vt.* (*mil.*) accampare. ♦ to **camp** *vi.* **1.** accamparsi **2.** attendarsi.
campaign *s.* (*mil.*) campagna.
camper *s.* campeggiatore.
camphor *s.* canfora.
camping *s.* **1.** (*mil.*) accampamento **2.** campeggio.
can[1] *s.* recipiente di latta, bidone.
can[2] *v. dif.* (*ind. cong. pres.*) **could** (*ind. cong. pass. e condiz.*) potere, essere in grado di.
Canadian *agg.* e *s.* canadese.
canal *s.* canale.
canalization *s.* canalizzazione.
to **canalize** *vt.* canalizzare.
canary *agg.* giallo canarino. ♦ **canary** *s.* canarino.
to **cancel** *vt.* annullare, cancellare.
cancellation *s.* annullamento, cancellatura.
cancer *s.* cancro.
candid *agg.* sincero, candido.
candidate *s.* candidato.
candidature *s.* candidatura.
candidly *avv.* sinceramente, candidamente.
candied *agg.* candito.
candle *s.* candela || — *-end*, moccolo; — *-holder*, candelabro; *by — -light*, a lume di candela.
candlestick *s.* candeliere.
candour *s.* candore, ingenuità.
candy *s.* candito.
to **candy** *vt.* candire. ♦ to **candy** *vi.* cristallizzarsi (*di zucchero*).
cane *s.* **1.** giunco, canna **2.** bastone da passeggio.
to **cane** *vt.* bastonare (*con una canna*).
canine *s.* dente canino.
caning *s.* bastonatura.
canned *agg.* conservato in scatola.
cannibal *s.* cannibale.
cannibalism *s.* cannibalismo.
cannon *s.* **1.** cannone **2.** carambola (*al biliardo*).
to **cannon** *vi.* **1.** cannoneggiare **2.** far carambola.
canoe *s.* canoa.
canon *s.* **1.** canone **2.** (*eccl.*) canonico: — *law*, diritto canonico.
canonical *agg.* canonico.
to **canonize** *vt.* canonizzare.
canopy *s.* **1.** baldacchino **2.** volta (*del cielo*).
cant *s.* **1.** (*arch.*) angolo esterno **2.** inclinazione **3.** gergo.
canteen *s.* **1.** (*mil.*) dispensa **2.** mensa aziendale.
canvas *s.* **1.** canovaccio **2.** (*mar.*) velatura **3.** tela **4.** tendone.
canyon *s.* burrone.
cap *s.* **1.** berretto **2.** (*arch.*) capitello **3.** (*mecc.; elettr.*) cappuccio, capsula.
capability *s.* capacità, abilità.
capable *agg.* abile, capace.
capacitor *s.* condensatore.
capacity *s.* **1.** capacità **2.** (*elettr.*) potenza (*di motore*).
cape[1] *s.* capo, promontorio.
cape[2] *s.* cappa.
caper[1] *s.* cappero.
caper[2] *s.* piroetta, capriola.
to **caper** *vi.* far capriole.
capercaillie *s.* gallo cedrone.
capillarity *s.* capillarità.
capillary *agg.* capillare. ♦ **capillary** *s.* (*anat.*) vaso capillare.
capital[1] *agg.* e *s.* capitale.
capital[2] *s.* (*arch.*) capitello.
capitalism *s.* capitalismo.
capitalist *s.* capitalista.
capitalistic *agg.* capitalistico.
to **capitalize** *vt.* capitalizzare.
capitular *agg.* capitolare.
capitulary *s.* capitolare.
to **capitulate** *vi.* capitolare.
capitulation *s.* capitolazione.
capon *s.* cappone.
caprice *s.* capriccio.
to **capsize** *vt.* capovolgere. ♦ to **capsize** *vi.* capovolgersi.
capstan *s.* argano.
capsule *s.* capsula.
to **capsule** *vt.* incapsulare.
captain *s.* **1.** capitano **2.** (*comm.*) magnate.
captious *agg.* capzioso.
to **captivate** *vt.* cattivare, ammaliare.
captivating *agg.* cattivante, ammaliante.
captive *s.* prigioniero: *to take —*, far prigioniero.
captivity *s.* prigionia, cattività.
capture *s.* cattura.
to **capture** *vt.* far prigioniero, pren-

dere (*di città ecc.*).
Capuchin *s.* **1.** (*eccl.*) Cappuccino **2.** scimmia cappuccina.
car *s.* **1.** carro **2.** automobile **3.** (*ferr.*) vagone || — *-licence*, permesso di circolazione; *dining-* —, vagone ristorante; *sleeping-* —, vagone letto.
carabin *s.* carabina.
carabineer *s.* carabiniere.
to **caracole** *vi.* caracollare.
carafe *s.* caraffa.
caramel *s.* caramello.
carat *s.* carato.
caravan *s.* **1.** carovana **2.** carro (*di zingari ecc.*).
caravel *s.* caravella.
carbon *s.* carbonio || — *paper*, carta carbone.
carbonate *s.* carbonato.
carboniferous *agg.* carbonifero
to **carbonize** *vt.* carbonizzare.
carbuncle *s.* carbonchio.
carburation *s.* carburazione.
carburetter, carburettor *s.* carburatore.
carcase *s.* carcassa.
carcinogen *s.* sostanza cancerogena.
card *s.* **1.** cartoncino, biglietto **2.** carta da giuoco.
to **card** *vt.* schedare.
cardan *s.* cardano || — *joint*, giunto cardanico.
cardboard *s.* cartone.
cardiac *agg.* cardiaco.
cardigan *s.* giacca di lana.
cardinal *agg.* e *s.* cardinale.
cardiogram *s.* cardiogramma
cardiologist *s.* cardiologo.
cardiopathy *s.* cardiopatia.
care *s.* **1.** cura, attenzione, protezione: *take* —*!*, attenzione!; *to take* — *of*, aver cura **2.** preoccupazione || — *-free*, senza pensieri; — *-worn*, pieno di pensieri.
to **care** *vi.* curarsi, interessarsi.
career *s.* **1.** carriera **2.** andatura veloce.
careful *agg.* **1.** accurato **2.** prudente.
carefully *avv.* **1.** accuratamente **2.** attentamente.
careless *agg.* noncurante.
carelessly *avv.* negligentemente.
carelessness *s.* trascuratezza.
caress *s.* carezza.
to **caress** *vt.* accarezzare.
caressing *agg.* carezzevole.
caretaker *s.* guardiano, custode.
caricature *s.* caricatura.
Carmelite *s.* carmelitano.
carmine *agg.* e *s.* carminio.
carnage *s.* carneficina, strage.
carnal *agg.* carnale, sensuale.
carnation *agg.* carnicino. ♦ **carnation** *s.* garofano.
carnival *s.* carnevale.
carnivore *s.* carnivoro.
carnivorous *agg.* carnivoro.
carol *s.* canto, inno.
carotid *s.* carotide.
carousel *s.* carosello.
carp *s.* carpa.
carpenter *s.* carpentiere, falegname.
carpet *s.* tappeto || *bedside* —, scendiletto.
carriage *s.* **1.** carrozza, vettura **2.** (*comm.*) trasporto.
carrier *s.* **1.** portatore, spedizioniere **2.** (*mecc.*) trasportatore **3.** supporto.
carrion *s.* carogna.
carrot *s.* carota.
carry *s.* portata (*di arma da fuoco ecc.*).
to **carry** *vt.* e *vi.* **1.** portare (*un peso*), trasportare **2.** trasmettere (*suoni*) || *to* — *about*, portare addosso; *to* — *on*, continuare; *to* — *out*, eseguire, realizzare, compiere; *to* — *through*, portare a buon fine.
carrying *s.* trasporto.
cart *s.* carro.
cartel *s.* (*econ.; pol.*) cartello.
cartilage *s.* cartilagine.
cartography *s.* cartografia.
cartomancy *s.* cartomanzia.
carton *s.* scatola di cartone.
cartoon *s.* **1.** vignetta **2.** (*cine*) disegno animato.
cartridge *s.* **1.** cartuccia **2.** (*foto*) rotolo.
to **carve** *vt.* e *vi.* scolpire, incidere, cesellare.
carver *s.* intagliatore, scultore (*in legno e avorio*).
carving *s.* scultura, intaglio (*in legno e avorio*).
caryatid *s.* cariatide.
cascade *s.* piccola cascata (*d'acqua*).
case[1] *s.* **1.** caso, avvenimento **2.** (*giur.*) causa.
case[2] *s.* **1.** astuccio **2.** cassa, cassetta.
to **case** *vt.* imballare.
casement *s.* telaio di finestra (*a due battenti*), finestra.

cash *s.* cassa, contanti || — *on delivery*, pagamento alla consegna; *by ready* —, in contanti.
to **cash** *vt.* incassare, riscuotere.
cashier *s.* cassiere.
to **cashier** *vt.* destituire.
casing *s.* involucro, copertura.
cask *s.* barile, botte.
casket *s.* scrigno.
cassation *s.* cassazione.
cassock *s.* tunica (*del clero anglicano*).
cast *s.* **1.** getto, lancio **2.** (*metal.*) gettata, stampo **3.** complesso (*di attori*) || — *-iron*, ghisa.
to **cast (cast, cast)** *vt.* e *vi.* **1.** gettare, lanciare **2.** (*metal.*) fondere (*in stampo*) || *to — aside*, gettare da parte; *to — down*, abbassare (*gli occhi*).
castanets *s. pl.* nacchere.
castaway *agg.* arenato, respinto. ♦ **castaway** *s.* naufrago, reprobo.
caste *s.* casta.
caster *s.* V. *castor.*
to **castigate** *vt.* castigare, punire.
casting *s.* **1.** il gettare **2.** (*metal.*) getto, colata **3.** distribuzione (*delle parti agli attori*).
castle *s.* castello.
castor *s.* **1.** pepaiuola, saliera **2.** rotella da mobili.
castor-oil *s.* olio di ricino.
to **castrate** *vt.* castrare.
casual *agg.* casuale, fortuito.
casually *avv.* per caso.
casualness *s.* irregolarità, noncuranza.
casualty *s.* **1.** infortunio **2.** infortunato.
casuistry *s.* casistica.
cat *s.* gatto.
cataclysm *s.* cataclisma.
catacomb *s.* catacomba.
catalepsy *s.* catalessi.
cataleptic *agg.* e *s.* catalettico.
catalogue *s.* catalogo.
to **catalogue** *vt.* e *vi.* catalogare.
catalyst *s.* catalizzatore.
cataplasm *s.* cataplasma.
catapult *s.* catapulta.
cataract *s.* cateratta.
catarrh *s.* catarro.
catastrophe *s.* catastrofe, calamità.
catastrophic(al) *agg.* catastrofico.
catch *s.* **1.** presa, cattura **2.** trappola || — *-as-* — *-can*, lotta libera.
to **catch (caught, caught)** *vt.* **1.** afferrare, acchiappare, prendere: *to — the train*, prendere il treno **2.** pescare, sorprendere.
catching *agg.* **1.** attraente **2.** orecchiabile (*di melodia*) **3.** (*med.*) contagioso.
catchy *agg.* **1.** attraente **2.** orecchiabile (*di melodia*) **3.** insidioso.
catechism *s.* catechismo.
to **catechize** *vt.* catechizzare.
catechumen *s.* catecumeno.
categoric(al) *agg.* categorico.
category *s.* categoria.
to **cater** *vi.* **1.** provvedere cibo **2.** procurare svaghi.
caterpillar *s.* **1.** bruco **2.** (*mecc.*) cingolo **3.** trattore a cingoli.
catharsis *s.* catarsi.
cathartic *agg.* catartico.
cathedral *s.* cattedrale.
Catherine-wheel *s.* girandola.
cathode *s.* catodo.
cathodic *agg.* catodico.
catholic *agg.* e *s.* cattolico.
Catholicism *s.* cattolicesimo.
cation *s.* catione.
cattish *agg.* felino.
cattle *s.* bestiame, armenti || — *-dealer*, negoziante di bestiame; — *-lifter*, ladro di bestiame.
caught V. *to catch.*
cauldron *s.* caldaia.
cauliflower *s.* cavolfiore.
causal *agg.* causale.
causality *s.* causalità.
causative *agg.* causativo.
cause *s.* **1.** causa, ragione, motivo **2.** (*giur.*) processo, causa.
to **cause** *vt.* causare, cagionare.
causeway *s.* strada rialzata.
caustic *agg.* caustico (*anche fig.*).
caustically *avv.* causticamente (*anche fig.*).
causticity *s.* causticità (*anche fig.*).
cauterization *s.* cauterizzazione.
to **cauterize** *vt.* cauterizzare.
caution *s.* **1.** prudenza, cautela **2.** cauzione, garanzia || — *-money*, cauzione, pegno.
to **caution** *vt.* mettere in guardia.
cautious *agg.* cauto, prudente.
cautiously *avv.* cautamente.
cavalier *s.* cavaliere.
cavalry *s.* cavalleria.
cave *s.* caverna, spelonca.
to **cave** *vt.* e *vi.* scavare || *to — in*, sprofondare.
cavernous *agg.* cavernoso (*anche fig.*).
caviar(e) *s.* caviale.

cavil *s.* cavillo.
to **cavil** *vi.* cavillare.
cavity *s.* cavità.
cavy *s.* cavia.
cayman *s.* caimano.
to **cease** *vt.* e *vi.* cessare, finire.
cedar *s.* cedro.
cedilla *s.* cediglia.
ceiling *s.* soffitto.
to **celebrate** *vt.* e *vi.* celebrare, solennizzare.
celebrated *agg.* famoso.
celebration *s.* celebrazione.
celebrity *s.* celebrità, persona famosa.
celerity *s.* celerità.
celery *s.* sedano.
celestial *agg.* celestiale, paradisiaco.
celibacy *s.* celibato.
cell *s.* **1.** cella **2.** cellula.
cellar *s.* cantina.
cellarman *s.* cantiniere.
cellular *agg.* cellulare, alveolare.
cellulitis *s.* cellulite.
celluloid *agg.* e *s.* celluloide.
cellulose *s.* cellulosa.
Celt *s.* celta.
Celtic *agg.* celtico.
cement *s.* **1.** cemento **2.** stucco, mastice.
to **cement** *vt.* cementare (*anche fig.*).
cemetery *s.* cimitero.
to **cense** *vt.* incensare.
censer *s.* turibolo.
censor *s.* censore.
to **censor** *vt.* censurare.
censorial *agg.* censorio.
censorship *s.* censura, censorato.
censure *s.* censura.
to **censure** *vt.* censurare.
census *s.* censo.
cent *s.* centesimo (*di dollaro*).
centaur *s.* centauro.
centenarian *agg.* e *s.* centenario.
centenary *agg.* e *s.* centenario.
centennial *agg.* centennale.
centesimal *agg.* centesimale.
centigrade *agg.* centigrado.
centigramme *s.* centigrammo.
centilitre *s.* centilitro.
centimetre *s.* centimetro.
central *agg.* **1.** centrale **2.** fondamentale.
centralism *s.* accentramento.
centralization *s.* concentrazione (*di poteri*).
to **centralize** *vt.* e *vi.* accentrare.
centre *s.* centro, parte centrale, interno.
centrifugal *agg.* centrifugo.
centripetal *agg.* centripeto.
centrism *s.* centrismo.
to **centuplicate** *vt.* centuplicare.
centurion *s.* centurione.
century *s.* **1.** secolo **2.** (*stor.*) centuria.
cephalalgia *s.* cefalea.
ceramics *s.* (*arte della*) ceramica.
cereal *agg.* e *s.* cereale.
cerebral *agg.* cerebrale.
cerebro-spinal *agg.* cerebro-spinale.
cerebrum *s.* cervello.
ceremonial *agg.* da cerimonia. ♦ **ceremonial** *s.* cerimoniale.
ceremonious *agg.* cerimonioso.
ceremony *s.* cerimonia || *to stand on* —, far complimenti.
certain *agg.* **1.** certo, sicuro **2.** indeterminato, certo.
certainly *avv.* certamente.
certainty *s.* certezza.
certificate *s.* certificato.
to **certify** *vt.* certificare, attestare.
certitude *s.* certezza.
cervical *agg.* cervicale. ♦ **cervical** *s.* vertebra cervicale. ♦ **cervicals** *s. pl.* nervi cervicali.
cessation *s.* cessazione.
cession *s.* cessione.
cess-pit, cess-pool *s.* pozzo nero.
cetacean *agg.* di cetaceo. ♦ **cetacean** *s.* cetaceo.
to **chafe** *vt.* **1.** riscaldare **2.** irritare.
to **chafe** *vi.* **1.** strofinarsi **2.** irritarsi.
chaff *s.* **1.** pula, paglia trinciata **2.** (*fig.*) oggetto di nessun valore.
chaffer *s.* contrattazione, baratto.
chain *s.* **1.** catena **2.** serie, concatenamento.
to **chain** *vt.* **1.** incatenare **2.** (*fig.*) mettere in ceppi.
chain-stores *s. pl.* catene (*di negozi o grandi magazzini*).
chair *s.* **1.** sedia: *deck-* —, sedia a sdraio; *easy-* —, poltrona **2.** cattedra (*universitaria*).
chairman *s.* presidente (*di consiglio, assemblea ecc.*).
chalice *s.* calice.
chalk *s.* **1.** gesso **2.** (*min.*) calcare || — *-drawing*, disegno a pastello; — *-stone* (*pat.*), calcolo.
chalky *agg.* gessoso.
challenge *s.* **1.** sfida **2.** (*mil.*) intimazione.
to **challenge** *vt.* **1.** sfidare **2.** (*mil.*) intimare.

challenger *s.* sfidatore, sfidante.
chamber *s.* **1.** sala, aula **2.** (*pol.; comm.*) camera || — *-music*, musica da camera; *—maid*, cameriera (*specialmente d'albergo*).
chamberlain *s.* **1.** ciambellano **2.** tesoriere.
chameleon *s.* camaleonte.
chamois *s.* camoscio.
champion *s.* **1.** campione **2.** difensore.
championship *s.* campionato.
chance *s.* **1.** avvenimento fortuito, caso **2.** occasione.
to **chance** *vi.* accadere.
chancellery *s.* cancelleria.
chancellor *s.* cancelliere.
chancery *s.* cancelleria.
chandelier *s.* candeliere, lampadario.
change *s.* **1.** cambio, mutamento || — *for a* —, tanto per cambiare **2.** moneta spicciola.
to **change** *vt.* e *vi.* cambiare.
changeability *s.* mutabilità.
changeable *agg.* **1.** mutabile **2.** incostante (*di tempo*).
changing *agg.* cangiante, mutevole. ♦ **changing** *s.* cambio.
channel *s.* **1.** canale, stretto. ♦ **channels** *s. pl.* vie di comunicazione.
chant *s.* canto, cantilena.
to **channel** *vt.* **1.** fare canali **2.** incanalare.
chaos *s.* caos.
chap[1] *s.* (*fam.*) individuo, ragazzo.
chap[2] *s.* screpolatura.
chapel *s.* cappella.
chaplain *s.* cappellano.
chaplet *s.* ghirlanda, corona (*di fiori*).
chapter *s.* capitolo.
to **char** *vt.* carbonizzare. ♦ to **char** *vi.* carbonizzarsi.
character *s.* **1.** carattere, indole **2.** scrittura **3.** (*lett.*) personaggio.
characteristic *agg.* caratteristico. ♦ **characteristic** *s.* caratteristica.
characterization *s.* caratterizzazione.
to **characterize** *vt.* caratterizzare.
charade *s.* sciarada.
charcoal *s.* carbone di legna.
charge *s.* **1.** prezzo richiesto, spesa **2.** incarico, sorveglianza **3.** (*giur.*) accusa.
to **charge** *vt.* **1.** far pagare, addebitare **2.** incaricare **3.** accusare: *to — so. with a crime*, accusare qu. di un delitto.
chargeable *agg.* **1.** a carico di, da addebitarsi a **2.** accusabile.
chariot *s.* cocchio.
charitable *agg.* caritatevole.
charitably *avv.* caritatevolmente.
charity *s.* **1.** carità, benevolenza **2.** istituzione benefica.
charlatan *s.* ciarlatano.
charm *s.* **1.** fascino **2.** incantesimo, malia.
to **charm** *vt.* **1.** affascinare **2.** sottoporre a magia.
charming *agg.* affascinante.
charmingly *avv.* in modo affascinante.
charnel(-house) *s.* ossario.
chart *s.* **1.** grafico **2.** carta marina.
charter *s.* **1.** licenza, brevetto **2.** carta costituzionale.
chartography *s.* cartografia.
charwoman *s.* domestica ad ore.
charwork *s.* lavoro di domestica ad ore.
chase *s.* **1.** inseguimento, caccia **2.** riserva di caccia, cacciagione.
to **chase**[1] *vt.* inseguire, cacciare.
to **chase**[2] *vt.* cesellare.
chaser[1] *s.* cacciatore, inseguitore.
chaser[2] *s.* cesellatore.
chasing *s.* **1.** cesellatura **2.** filettatura (*di una vite*).
chasm *s.* baratro, abisso.
chaste *agg.* casto, puro.
chastely *avv.* castamente, virtuosamente.
chastity *s.* castità.
chat *s.* chiacchiera.
to **chat** *vi.* chiacchierare.
chatter *s.* **1.** chiacchiera, chiacchierio **2.** il battere dei denti.
to **chatter** *vi.* **1.** chiacchierare **2.** battere i denti.
chatterbox *s.* chiacchierone, chiacchierona.
chattering *s.* **1.** chiacchierio **2.** il battere dei denti.
chauvinism *s.* sciovinismo.
chauvinist *s.* sciovinista.
cheap *agg.* e *avv.* a buon mercato.
cheaply *avv.* economicamente, in modo poco costoso.
cheat *s.* **1.** frode **2.** imbroglione.
to **cheat** *vt.* e *vi.* imbrogliare.
cheater *s.* truffatore, baro.
cheating *s.* inganno.
check[1] *s.* **1.** scacco **2.** controllo, verifica **3.** scontrino, contromarca.

check[2] *s.* disegno a scacchi.
to **check** *vi.* dare scacco. ♦ to **check** *vt.* controllare, verificare.
checked *agg.* quadrettato.
checkmate *s.* scacco matto.
to **checkmate** *vt.* dare scacco matto.
cheek *s.* guancia.
cheekily *avv.* sfacciatamente.
cheeky *agg.* sfacciato.
to **cheer** *vt.* rallegrare, incoraggiare. ♦ to **cheer** *vi.* essere di buon umore, rallegrarsi.
cheerful *agg.* di buon umore.
cheerfully *avv.* allegramente.
cheerfulness *s.* buon umore.
cheering *agg.* incoraggiante. ♦ **cheering** *s.* acclamazioni (*pl.*).
cheese *s.* formaggio.
cheetah *s.* ghepardo.
chemical *agg.* chimico.
chemically *avv.* chimicamente.
chemicals *s. pl.* prodotti chimici.
chemisette *s.* camicetta.
chemist *s.* **1.** chimico **2.** farmacista.
chemistry *s.* chimica.
cheque *s.* assegno: *to cash a —*, cambiare un assegno; *— -book*, libretto d'assegni; *blank —*, assegno in bianco; *crossed —*, assegno sbarrato.
to **cherish** *vt.* **1.** (*fig.*) nutrire **2.** curare teneramente, coccolare.
cherry *s.* ciliegia.
cherub *s.* cherubino.
chess *s.* giuoco degli scacchi || *— -board*, scacchiera; *— -men*, pezzi degli scacchi.
chest *s.* **1.** cassetta, cassone **2.** torace.
chestnut *agg.* castano. ♦ **chestnut** *s.* **1.** castagno **2.** castagna.
to **chew** *vt.* e *vi.* masticare.
chicanery *s.* cavillo (*legale*).
chick *s.* **1.** pulcino **2.** (*fig.*) bambino.
chicken *s.* gallinella, pollo.
chicory *s.* cicoria.
to **chide (chid, chid)** (*anche reg.*) *vt.* e *vi.* redarguire, sgridare.
chief *agg.* principale. ♦ **chief** *s.* capo, comandante.
chiefly *avv.* principalmente.
chieftain *s.* capo (*di tribù, clan ecc.*).
chilblain *s.* gelone.
child *s.* (*pl.* children) **1.** bambino, bambina **2.** figlio, figlia.
childhood *s.* infanzia.
childish *agg.* infantile.
childishness *s.* fanciullaggine, puerilità.
childless *agg.* senza figli.
childlike *agg.* infantile.
children V. *child.*
Chilean *agg.* e *s.* cileno.
chill *s.* **1.** colpo di freddo **2.** (*metal.*) conchiglia.
to **chill** *vt.* **1.** raffreddare, agghiacciare (*anche fig.*) **2.** (*metal.*) fondere in conchiglia. ♦ to **chill** *vi.* raffreddarsi.
chilled *agg.* **1.** congelato **2.** (*metal.*) fuso in conchiglia.
chilliness *s.* **1.** freddo **2.** (*fig.*) freddezza.
chilly *agg.* **1.** freddoloso (*di persona*) **2.** fresco (*di tempo*).
chime *s.* scampanio.
to **chime** *vt.* e *vi.* scampanare, suonare a festa.
chiming *s.* lo scampanare.
chimney *s.* camino, comignolo || *— -sweeper*, spazzacamino.
chimpanzee *s.* scimpanzè.
chin *s.* mento || *— -strap*, sottogola.
china *s.* **1.** porcellana fine **2.** (*fam.*) stoviglie di porcellana.
chinchilla *s.* cincillà.
chine *s.* spina dorsale.
Chinese *agg.* e *s.* cinese.
chink *s.* fessura, crepa.
chip *s.* **1.** scheggia **2.** (*cuc.*) patatina fritta.
to **chip** *vt.* **1.** scheggiare **2.** rompere. ♦ to **chip** *vi.* scheggiarsi, frantumarsi.
chiromancer *s.* chiromante.
chiromancy *s.* chiromanzia.
chiropodist *s.* pedicure.
chirp *s.* **1.** cinguettio, pigolio **2.** stridio, il frinire (*di cicale ecc.*).
to **chirp** *vi.* **1.** cinguettare, pigolare **2.** frinire, stridere (*di cicale ecc.*).
chisel *s.* cesello.
to **chisel** *vt.* cesellare.
chiseller *s.* cesellatore.
chitterlings *s. pl.* trippa.
chivalrous *agg.* cavalleresco.
chivalry *s.* **1.** cavalleria **2.** condotta cavalleresca.
chloride *s.* cloruro.
chlorine *s.* cloro.
chlorite *s.* clorito.
chloroform *s.* cloroformio.
chlorophyl(l) *s.* clorofilla.
chock *s.* **1.** cuneo, bietta **2.** (*mar.*) passacavi.
chocolate *agg.* **1.** di cioccolato **2.**

color cioccolata. ♦ **chocolate** *s.* cioccolato: *cake of* —, tavoletta di cioccolato.
choice *agg.* di prima qualità, scelto. ♦ **choice** *s.* **1.** scelta **2.** la cosa scelta **3.** assortimento.
choir *s.* coro.
choke *s.* **1.** soffocamento **2.** strozzatura (*di tubo*).
to **choke** *vt.* **1.** soffocare (*anche fig.*) **2.** ingorgare. ♦ to **choke** *vi.* ostruirsi.
choker *s.* soffocatore.
cholera *s.* colera.
cholesterol *s.* colesterolo.
to **choose (chose, chosen)** *vt.* scegliere.
chooser *s.* chi sceglie.
chop *s.* **1.** (*cuc.*) braciola **2.** colpo (*di scure ecc.*).
to **chop** *vt.* e *vi.* **1.** fendere, tagliare **2.** (*cuc.*) tritare || *to — down*, abbattere (*alberi*); *to — off*, tagliar via.
chopper *s.* **1.** ascia **2.** chi taglia con l'ascia **3.** tagliatrice.
choppy *agg.* **1.** screpolato **2.** increspato (*del mare*).
choral *agg.* corale.
chord *s.* **1.** (*mus.; anat.; geom.*) corda **2.** (*mus.*) accordo.
choreographer *s.* coreografo.
choreographic *agg.* coreografico.
choreography *s.* coreografia.
chorus *s.* coro || *— -singer*, corista.
chose V. *to choose.*
chosen V. *to choose.*
chrism *s.* crisma.
to **christen** *vt.* battezzare.
Christendom *s.* cristianità.
christening *s.* battesimo.
Christian *agg.* e *s.* cristiano || *— name*, nome di battesimo.
Christianity *s.* cristianesimo.
to **christianize** *vt.* convertire al cristianesimo.
Christmas *s.* Natale.
chromatic *agg.* cromatico.
chromatically *avv.* cromaticamente.
chromatism *s.* cromatismo.
chromatography *s.* cromatografia.
chrome *s.* cromo.
to **chrome** *vt.* cromare.
chromium *s.* cromo || *— -plated*, cromato; *— -plating*, cromatura.
chromolithograph *s.* cromolitografia.
chromosome *s.* cromosoma.
chromosphere *s.* cromosfera.
chronic *agg.* cronico (*anche fig.*).
chronicle *s.* cronaca.
chronicler *s.* cronista.
chronologic(al) *agg.* cronologico.
chronologically *avv.* cronologicamente.
chronology *s.* cronologia.
chronometer *s.* cronometro.
chrysalid *s.* crisalide.
chrysanthemum *s.* crisantemo.
chubby *agg.* paffuto.
church *s.* **1.** chiesa **2.** comunità religiosa || *— -going*, assiduità ai servizi religiosi; *— -living*, beneficio ecclesiastico; *— -service*, funzione religiosa.
churchman *s.* **1.** ecclesiastico **2.** membro della chiesa anglicana.
churchy *agg.* bigotto.
churchyard *s.* cimitero.
chyle *s.* (*fisiol.*) chilo.
ciborium *s.* ciborio.
cicada *s.* cicala.
to **cicatrize** *vt.* cicatrizzare. ♦ to **cicatrize** *vi.* cicatrizzarsi.
cider *s.* sidro.
cigar *s.* sigaro || *— -case*, portasigari, *— -end*, mozzicone; *— -holder*, bocchino per sigari.
cigarette *s.* sigaretta || *— -case*, portasigarette, *— -end*, mozzicone, *— -holder*, bocchino; *— paper*, cartina per sigaretta.
cilice *s.* cilicio.
cinder *s.* **1.** brace **2.** scoria.
cine-camera *s.* macchina da presa.
cinema *s.* cinematografo.
cinematograph *s.* **1.** proiettore cinematografico **2.** macchina da presa.
cinematographer *s.* **1.** operatore cinematografico **2.** cineasta.
cinematographic *agg.* cinematografico.
cinematography *s.* cinematografia.
cine-projector *s.* proiettore cinematografico.
cinerary *agg.* cinerario.
cinnabar *s.* cinabro.
cinnamon *s.* cannella.
cipher *s.* **1.** cifrario **2.** monogramma **3.** (*mat.; anche fig.*) zero, nullità.
to **cipher** *vt.* e *vi.* cifrare.
circle *s.* **1.** cerchio, circolo (*anche fig.*) **2.** orbita (*dei pianeti*) **3.** galleria (*di teatro*).
circlet *s.* cerchietto.

circuit *s.* **1.** cinta, circonvallazione **2.** rivoluzione, rotazione (*di astri*) **3.** (*elettr.; sport*) circuito.
circular *agg.* circolare. ♦ **circular** *s.* lettera circolare.
to **circulate** *vt.* mettere in circolazione, diffondere. ♦ to **circulate** *vi.* circolare.
circulating *agg.* circolante.
circulation *s.* **1.** circolazione **2.** diffusione **3.** (*giorn.*) tiratura.
circulatory *agg.* circolatorio.
to **circumcise** *vt.* circoncidere.
circumcision *s.* circoncisione.
circumference *s.* circonferenza.
circumflex *agg.* circonflesso.
circumlocution *s.* circonlocuzione.
to **circumnavigate** *vt.* circumnavigare.
circumnavigation *s.* circumnavigazione.
circumnavigator *s.* circumnavigatore.
to **circumscribe** *vt.* circoscrivere.
circumscription *s.* circoscrizione.
circumspect *agg.* circospetto.
circumspection *s.* circospezione.
circumstance *s.* circostanza.
circumstantial *agg.* **1.** circostanziale **2.** circostanziato.
circumstantiality *s.* abbondanza di particolari.
circumstantially *avv.* circostanziatamente.
to **circumvent** *vt.* circuire.
circumvention *s.* raggiro.
circumvolution *s.* circonvoluzione.
circus *s.* **1.** circo, arena **2.** piazza rotonda.
cirrhosis *s.* cirrosi.
cisalpine *agg.* cisalpino.
cistern *s.* cisterna.
citadel *s.* cittadella.
to **cite** *vt.* citare.
citizen *s.* cittadino.
citizenhood *s.* cittadinanza.
citizenship *s.* diritto di cittadinanza.
citrate *s.* citrato.
citric *agg.* citrico.
citron *s.* cedro.
city *s.* **1.** città (*grande*) **2.** centro di grande traffico di una città.
civic *agg.* civico.
civil *agg.* civile, cortese.
civilian *agg.* e *s.* civile, borghese.
civility *s.* civiltà, cortesia.
civilization *s.* civilizzazione, civiltà.
to **civilize** *vt.* civilizzare.
civilly *avv.* civilmente.
civism *s.* civismo.
claim *s.* **1.** richiesta **2.** (*giur.*) rivendicazione **3.** (*comm.*) reclamo.
to **claim** *vt.* **1.** esigere, chiedere **2.** (*giur.*) rivendicare **3.** (*comm.*) reclamare.
claimant *s.* **1.** rivendicatore **2.** richiedente.
clairvoyance *s.* chiaroveggenza.
clairvoyant *agg.* e *s.* chiaroveggente.
to **clamber** *vi.* arrampicarsi.
clammy *agg.* vischioso.
clamour *s.* clamore, vocio.
to **clamour** *vt.* e *vi.* vociferare.
clan *s.* gruppo familiare, tribù.
clandestine *agg.* clandestino.
to **clang** *vi.* emettere un suono, un grido. ♦ to **clang** *vt.* far risonare.
clangour *s.* fragore.
to **clank** *vi.* tintinnare. ♦ to **clank** *vt.* far tintinnare.
clap *s.* **1.** applauso **2.** rumore improvviso **3.** piccolo colpo (*con la mano*).
to **clap** *vt.* e *vi.* **1.** applaudire **2.** dare un colpo (*con la mano*) **3.** battere (*le ali*).
clapper *s.* **1.** battente (*di porta*) **2.** (*teat.*) membro della « claque ».
claret *s.* **1.** color rosso-violetto **2.** vino chiaretto.
clarification *s.* chiarificazione.
to **clarify** *vt.* chiarificare. ♦ to **clarify** *vi.* chiarificarsi.
clarinet *s.* clarinetto.
clarity *s.* chiarità.
clash *s.* **1.** cozzo, urto **2.** scontro (*d'opinioni*).
to **clash** *vt.* e *vi.* **1.** cozzare, far strepito **2.** scontrarsi (*d'opinioni*).
clasp *s.* fermaglio, fibbia.
to **clasp** *vt.* afferrare.
class *s.* **1.** classe, categoria **2.** (*scol.*) classe **3.** (*fig.*) distinzione.
classic *agg.* e *s.* classico.
classical *agg.* classico.
classically *avv.* classicamente.
classicism *s.* classicismo.
classification *s.* classificazione.
to **classify** *vt.* classificare.
classmate *s.* compagno di classe.
classroom *s.* aula.
classy *agg.* (*fam.*) di classe.
clatter *s.* fracasso.
to **clatter** *vi.* far fracasso.
clause *s.* clausola.
claustrophobia *s.* claustrofobia.

claw *s.* **1.** artiglio, zampa con artigli **2.** uncino **3.** chela.
to **claw** *vt.* artigliare.
clawed *agg.* munito di artigli.
clay *s.* argilla: *fire-* —, argilla refrattaria || — *pigeon*, piattello.
clayey *agg.* argilloso.
clean *agg.* **1.** pulito **2.** netto, nitido **3.** (*fig.*) puro, schietto.
to **clean** *vt.* pulire.
cleaner *s.* pulitore, pulitrice || *dry-* —, smacchiatore a secco.
cleaning *s.* pulitura.
cleanliness *s.* pulizia.
cleanly *agg.* pulito. ♦ **cleanly** *avv.* in modo pulito.
cleanness *s.* **1.** pulizia (*anche fig.*) **2.** nitidezza.
to **cleanse** *vt.* **1.** pulire **2.** purificare.
cleanser *s.* **1.** pulitore **2.** detersivo.
cleansing *agg.* purificante. ♦ **cleansing** *s.* **1.** purificazione **2.** depurazione.
clear *agg.* **1.** chiaro, limpido **2.** distinto, evidente || — *-cut*, nettamente stagliato; — *-sighted*, dalla vista buona.
to **clear** *vt.* **1.** chiarire, schiarire **2.** discolpare **3.** (*comm.*) svincolare || *to* — *away*, sparecchiare, dissiparsi (*di nebbia*); *to* — *up*, rassettare (*una stanza*), chiarire (*un malinteso*). ♦ to **clear** *vi.* schiarirsi.
clearance *s.* **1.** chiarificazione **2.** sgombero **3.** (*comm.*) sdoganamento.
clearing *s.* **1.** chiarimento **2.** rimozione.
clearly *avv.* chiaramente.
clearness *s.* **1.** chiarezza **2.** (*fig.*) limpidezza.
cleavage *s.* **1.** spaccatura **2.** (*min.*) clivaggio.
to **cleave (cleft, cleft)** *vt.* e *vi.* fendere, spaccare.
cleft *s.* fenditura.
clemency *s.* clemenza.
clement *agg.* **1.** clemente **2.** dolce, gentile (*di carattere*) **3.** mite (*di tempo*).
to **clench** *vt.* **1.** stringere (*mani, denti ecc.*) **2.** ribadire.
clergy *s.* clero.
clergyman *s.* ecclesiastico.
clerical *agg.* **1.** clericale **2.** impiegatizio.
clericalism *s.* clericalismo.
clerk *s.* impiegato || *chief* —, capoufficio.
to **clerk** *vi.* lavorare come impiegato.
clever *agg.* intelligente, abile, ingegnoso.
cleverly *avv.* intelligentemente.
cleverness *s.* intelligenza, abilità, ingegnosità.
clew *s.* gomitolo (*di filo*).
click *s.* scatto, rumore secco.
client *s.* cliente.
cliff *s.* scogliera.
climate *s.* clima.
climatic *agg.* climatico.
climax *s.* apice, culmine.
climb *s.* **1.** rampa **2.** ascesa.
to **climb** *vt.* e *vi.* **1.** arrampicarsi **2.** scalare (*anche fig.*).
climber *s.* **1.** scalatore **2.** (*fig.*) arrivista **3.** pianta rampicante.
climbing *s.* **1.** scalata **2.** (*fig.*) arrivismo. ♦ **climbing** *agg.* rampicante.
to **cling (clung, clung)** *vi.* attaccarsi, aggrapparsi (*anche fig.*): *to* — *to a hope*, aggrapparsi ad una speranza.
clinical *agg.* clinico.
clinician *s.* clinico.
clinking *s.* tintinnio.
clip *s.* **1.** fermaglio, molletta || *hair* —, forcina per capelli **2.** graffa (*per ferite*) **3.** tosatura (*di pecore*).
to **clip** *vt.* **1.** tenere insieme (*con un fermaglio*) **2.** tosare (*pecore ecc.*).
clipper *s.* **1.** tosatore **2.** (*mar.*) "clipper". ♦ **clippers** *s. pl.* **1.** forbici **2.** macchinetta per tosare (*sing.*).
cloak *s.* **1.** mantello **2.** (*fig.*) manto, velo.
clock *s.* orologio (*da muro, da tavolo*) || *alarm-* —, sveglia.
clockwise *agg.* in senso orario || *counter-* —, in senso antiorario.
clockwork *s.* meccanismo a orologeria.
clod *s.* zolla.
clog *s.* **1.** impedimento, intoppo **2.** zoccolo.
to **clog** *vt.* ostruire, impedire (*anche fig.*). ♦ to **clog** *vi.* incepparsi.
cloister *s.* chiostro.
close *agg.* **1.** chiuso **2.** serrato: — *combat*, combattimento corpo a corpo **3.** afoso, viziato (*di aria*) **4.** intimo: — *friend*, amico intimo **5.** accurato, attento || — *-fitting*, aderente (*di vestiti*); —

-mouthed, riservato; — *-shaven*, rasato con cura.
close *s.* **1.** spazio cintato **2.** fine, termine **3.** corpo a corpo.
close *avv.* vicino, presso.
to **close** *vt.* chiudere || *to — up*, turare, sbarrare (*di strada*). ♦ to **close** *vi.* chiudersi || *to — in*, avvicinarsi, accorciarsi (*di giorni*); *to — with*, venire a un accordo.
closed *agg.* chiuso.
closely *avv.* **1.** da vicino **2.** attentamente.
closeness *s.* **1.** afa, mancanza d'aria **2.** compattezza **3.** intimità **4.** vicinanza **5.** accuratezza.
closet *s.* **1.** studio, salotto privato **2.** armadio a muro **3.** gabinetto.
close-up *s.* (*cine*) primo piano.
closing *s.* chiusura (*di negozi, teatri ecc.*).
clot *s.* grumo.
to **clot** *vt.* raggrumare, coagulare. ♦ to **clot** *vi.* raggrumarsi, coagularsi.
cloth *s.* tessuto, stoffa, tela || (*table-*) —, tovaglia.
to **clothe** *vt.* vestire.
clothes *s. pl.* abiti, indumenti || — *-hook*, attaccapanni; — *-line*, corda (*per stendere il bucato*); — *-peg*, molletta (*fermabucato*).
clothing *s.* **1.** vestiario **2.** copertura.
cloud *s.* **1.** nuvola, nube **2.** nugolo (*di insetti*).
to **cloud** *vt.* e *vi.* annuvolare, oscurare || *to —* (*up, over*), annuvolarsi.
clouded *agg.* **1.** coperto (*di nubi*) **2.** torbido (*di liquidi*).
cloudily *avv.* nebulosamente.
cloudy *agg.* **1.** nuvoloso **2.** torbido.
clover *s.* trifoglio.
clown *s.* pagliaccio.
clownish *agg.* pagliaccesco.
club *s.* **1.** mazza, randello **2.** circolo, associazione **3.** (*carte*) fiori.
clue *s.* **1.** indizio, traccia **2.** filo di un racconto.
clumsily *avv.* goffamente.
clumsiness *s.* goffaggine.
clumsy *agg.* goffo, senza grazia.
clung V. *to cling.*
cluster *s.* **1.** grappolo (*d'uva*), mazzo (*di fiori*), gruppo **2.** folla, capannello (*di gente*) **3.** sciame.
clutch *s.* **1.** stretta, grinfia **2.** (*auto*) frizione.
to **clutch** *vt.* e *vi.* afferrare, afferrarsi, agguantare.
coach *s.* **1.** carrozza, cocchio **2.** pullman **3.** carrozza ferroviaria **4.** (*sport*) allenatore, istruttore || — *-house*, rimessa; *mourning-* —, carro funebre; *stage-* —, diligenza.
coachman *s.* cocchiere.
coachwork *s.* carrozzeria.
coadjutor *s.* coadiutore.
coagulant *s.* sostanza coagulante.
to **coagulate** *vt.* coagulare. ♦ to **coagulate** *vi.* coagularsi.
coagulation *s.* coagulazione.
coagulator *s.* coagulante.
coal *s.* carbone: — *-bed*, bacino carbonifero; — *-black*, nero come il carbone; — *-fed*, alimentato a carbone; — *-mine*, miniera di carbone.
to **coalesce** *vi.* **1.** coalizzarsi, unirsi **2.** fondersi.
coalition *s.* coalizione.
coarse *agg.* **1.** grossolano, rozzo **2.** ruvido, grosso (*di materiale*).
coarsely *avv.* grossolanamente.
coarseness *s.* **1.** grossolanità **2.** ruvidezza (*di stoffe ecc.*).
coast *s.* costa || — *-guard*, polizia costiera.
coastal *agg.* costiero.
coaster *s.* **1.** nave cabotiera **2.** sottobicchiere.
coat *s.* **1.** giacca, soprabito **2.** manto (*anche fig.*), pelliccia (*di animale*) **3.** rivestimento, intonaco || — *of arms*, stemma.
to **coat** *vt.* rivestire, coprire.
coating *s.* rivestimento, mano di vernice.
to **coax** *vt.* blandire, circuire. ♦ to **coax** *vi.* far moine.
coaxial *agg.* coassiale.
cobalt *s.* cobalto.
cobble *s.* ciottolo.
to **cobble** *vt.* **1.** pavimentare (*con ciottoli*) **2.** rappezzare (*scarpe*).
cobbler *s.* ciabattino.
cobra *s.* cobra.
cobweb *s.* ragnatela.
cocaine *s.* cocaina.
coccyx *s.* (*pl.* -cyges) coccige.
cock *s.* **1.** gallo **2.** cane di fucile.
cockade *s.* coccarda.
cockatoo *s.* cacatoa.
cockboat *s.* (*mar.*) lancia.
cockerel *s.* galletto.
cock-eyed *agg.* strabico.
cockish *agg.* sfrontato.

cockney *agg.* e *s.* dialetto londinese.
cockpit *s.* **1.** arena (*per combattimento di galli*) **2.** (*mar.*) castello di poppa.
cockroach *s.* scarafaggio.
cockscomb *s.* **1.** cresta (*di gallo*) **2.** (*fig.*) zerbinotto.
cocktail *s.* **1.** cavallo con coda mozzata **2.** cocktail.
cocoa *s.* cacao.
coconut *s.* noce di cocco.
cocoon *s.* bozzolo.
cod *s.* merluzzo.
code *s.* codice.
to **code** *vt.* **1.** codificare **2.** cifrare (*un dispaccio*).
codeine *s.* codeina.
codex *s.* codice, manoscritto antico.
codfish *s.* merluzzo.
codicil *s.* codicillo.
codification *s.* codificazione.
to **codify** *vt.* codificare.
co-director *s.* condirettore.
co-education *s.* istruzione nella scuola mista.
co-educational *agg.* (*scol.*) misto.
coefficient *agg.* e *s.* coefficiente.
coenobium *s.* cenobio.
coercible *agg.* coercibile.
coercion *s.* coercizione.
coercive *agg.* coercitivo.
coeval *agg.* e *s.* coevo.
to **coexist** *vi.* coesistere.
coexistence *s.* coesistenza.
coffee *s.* caffè: — *-bean*, chicco di caffè; — *-grounds*, fondi di caffè || — *-house*, caffè, bar; — *-mill*, macinino; — *-pot*, caffettiera.
coffer *s.* cassa, cofano.
coffin *s.* bara.
cog *s.* dente (*di ruota*).
cognate *agg.* e *s.* consanguineo, congiunto.
cognition *s.* cognizione.
cognitive *agg.* avente conoscenza.
cognizable *agg.* **1.** conoscibile **2.** (*giur.*) entro la giurisdizione di una corte.
to **cohabit** *vi.* coabitare.
cohabitation *s.* coabitazione.
coheir *s.* coerede.
coheiress *s.* (*donna*) coerede.
coherence *s.* **1.** coerenza **2.** aderenza.
coherent *agg.* **1.** coerente **2.** aderente.
coherently *avv.* coerentemente.
cohesion *s.* coesione.
cohesive *agg.* coesivo.
cohort *s.* coorte.
coil *s.* **1.** rotolo, spira **2.** (*elettr.; mecc.*) bobina.
coin *s.* moneta (*di metallo*).
to **coin** *vt.* coniare (*anche fig.*).
coinage *s.* conio.
to **coincide** *vi.* coincidere.
coincidence *s.* coincidenza.
coiner *s.* falsario.
colander *s.* colino.
cold *agg.* **1.** freddo: *to be* —, aver freddo **2.** freddo (*di carattere*), apatico: *in* — *blood*, a sangue freddo. ♦ **cold** *s.* **1.** freddo **2.** raffreddore: *to catch a* —, prendere il raffreddore.
coldness *s.* freddezza (*anche fig.*).
Coleoptera *s. pl.* coleotteri.
colic *s.* colica.
colitis *s.* colite.
to **collaborate** *vi.* collaborare.
collaboration *s.* collaborazione.
collaborationist *s.* collaborazionista.
collaborator *s.* collaboratore.
collapse *s.* **1.** crollo (*anche fig.*) **2.** collasso.
to **collapse** *vi.* crollare (*anche fig.*).
collar *s.* **1.** colletto **2.** collare.
to **collate** *vt.* **1.** collezionare, confrontare **2.** riordinare (*pagine di un'opera*).
collateral *agg.* collaterale.
colleague *s.* collega.
to **collect** *vt.* **1.** riunire **2.** incassare, riscuotere **3.** fare una raccolta. ♦ to **collect** *vi.* **1.** riunirsi **2.** riscuotere.
collecting *s.* il raccogliere: *stamp* —, il raccogliere francobolli.
collection *s.* **1.** raccolta, collezione **2.** riunione di persone **3.** questua, colletta.
collective *agg.* collettivo || — *title* (*tip.*), titolo generale.
collectivism *s.* collettivismo.
collectivity *s.* collettività.
collectivization *s.* collettivizzazione.
to **collectivize** *vt.* collettivizzare.
collector *s.* **1.** collezionista **2.** esattore.
college *s.* **1.** collegio **2.** scuola secondaria (*con internato*).
collegial *agg.* collegiale.
collier *s.* minatore.
colliery *s.* miniera di carbone.
collimator *s.* collimatore.

collision *s.* **1.** collisione **2.** urto, conflitto (*d'interessi*).
collocation *s.* collocazione.
colloidal *agg.* colloidale.
colloquial *agg.* d'uso corrente, familiare.
colloquialism *s.* espressione familiare.
colloquially *avv.* nella lingua parlata.
colloquy *s.* colloquio.
collusion *s.* collusione.
colon *s.* (*gramm.*) due punti.
colonel *s.* colonnello.
colonial *agg.* coloniale.
colonialism *s.* sistema coloniale.
colonialist *s.* colonialista.
colonist *s.* **1.** colono **2.** colonizzatore.
colonization *s.* colonizzazione.
to **colonize** *vt.* colonizzare. ♦ to **colonize** *vi.* stabilirsi in colonia.
colonizer *s.* colonizzatore.
colonnade *s.* colonnato.
colony *s.* colonia.
colossal *agg.* colossale.
colossus *s.* colosso.
colour *s.* **1.** colore **2.** colorito || — *-bearer*, portabandiera; — *-blind*, daltonico; — *-print*, stampa a colori. ♦ **colours** *s. pl.* bandiera (*sing.*) || *with the* —, sotto le armi.
to **colour** *vt.* colorare, tingere. ♦ to **colour** *vi.* colorirsi, prender colore.
colourable *agg.* verosimile.
colouration *s.* colorazione.
coloured *agg.* colorato, colorito (*anche fig.*).
colourful *agg.* colorito, pittoresco.
colouring *s.* **1.** colorante **2.** coloramento.
colourless *agg.* incolore.
colt *s.* **1.** puledro **2.** (*fig.*) novellino.
columbarium *s.* (*pl.* -ria) colombario.
column *s.* colonna (*anche fig.*).
columnist *s.* giornalista (*che cura una rubrica*).
coma *s.* coma.
comatose *agg.* comatoso.
comb *s.* **1.** pettine **2.** cresta (*gallo, onde ecc.*).
to **comb** *vt.* pettinare. ♦ to **comb** *vi.* frangersi (*di onde*) || *to — one's hair,* pettinarsi.
combat *s.* combattimento, lotta.
combination *s.* **1.** combinazione **2.** associazione.
to **combine** *vt.* **1.** unire **2.** (*chim.*) combinare **3.** contribuire. ♦ to **combine** *vi.* **1.** unirsi **2.** combinarsi.
combing *s.* pettinata.
comb-out *s.* rastrellamento.
combustible *agg.* e *s.* combustibile.
combustion *s.* combustione.
to **come (came, come)** *vi.* venire, arrivare, giungere, provenire || *to — about*, accadere; *to — across*, incontrare per caso; *to — along* (*fam.*), capitare; *to — back*, ritornare; *to — down*, scendere; *to — in*, entrare, salire (*di marea*); *to — on*, avanzare, sopraggiungere (*di malattie, stagioni ecc.*), entrare in scena (*di attori*); *to — through*, superare; *to — under*, essere soggetti, essere catalogati; *to — upon*, trovare per caso.
comedian *s.* autore, attore di commedie.
comedy *s.* commedia.
comeliness *s.* avvenenza.
comely *agg.* avvenente.
comer *s.* chi viene.
comet *s.* cometa.
comfit *s.* confetto.
comfort *s.* **1.** conforto **2.** comodità.
to **comfort** *vt.* **1.** confortare **2.** ristorare.
comfortable *agg.* comodo, confortevole || *to be* —, sentirsi a proprio agio.
comfortably *avv.* comodamente.
comforting *agg.* confortante.
comic *agg.* comico, buffo. ♦ **comic** *s.* **1.** attore comico **2.** il ridicolo, il comico. ♦ **comics** *s. pl.* (*fam.*) fumetti.
comical *agg.* comico, buffo.
comicality *s.* comicità.
coming *agg.* prossimo, futuro. ♦ **coming** *s.* **1.** venuta, arrivo || — *away*, partenza; — *back*, ritorno; — *down*, discesa, calo (*dei prezzi*).
comity *s.* cortesia, gentilezza.
comma *s.* virgola || *inverted commas*, virgolette.
command *s.* **1.** comando, ordine **2.** padronanza.
to **command** *vt.* e *vi.* **1.** comandare **2.** dominare (*anche fig.*).
commandant *s.* comandante.
commander *s.* comandante.
commandership *s.* funzioni di comandante.

commandment *s.* comandamento.
to **commemorate** *vt.* commemorare.
commemoration *s.* commemorazione.
commemorative *agg.* commemorativo.
to **commend** *vt.* lodare, encomiare.
commendable *agg.* lodevole.
commendably *avv.* lodevolmente.
commendation *s.* elogio, lode.
commendatory *agg.* laudativo.
commensal *s.* commensale.
commensurability *s.* commensurabilità.
commensurable *agg.* commensurabile.
commensurate *agg.* proporzionato.
comment *s.* **1.** commento **2.** critica.
to **comment** *vt.* e *vi.* commentare: *to — up (on) a test*, commentare un testo.
commentary *s.* commentario.
commentation *s.* annotazione, commento.
commentator *s.* **1.** commentatore **2.** radiocronista.
commerce *s.* commercio.
commercial *agg.* commerciale.
commercialism *s.* mercantilismo.
commercialist *s.* commercialista.
to **commercialize** *vt.* rendere commerciabile.
commercially *avv.* commercialmente.
commination *s.* comminazione.
to **commiserate** *vt.* e *vi.* commiserare.
commissary *s.* commissario, delegato.
commissaryship *s.* commissariato.
commission *s.* **1.** commissione, comitato **2.** commissione, incarico || *— agent* (*o merchant*), commissionario.
to **commission** *vt.* **1.** commissionare **2.** delegare.
commissioned *agg.* munito di autorità || *non- — officer*, sottufficiale.
commissioner *s.* (*pol.*) delegato.
to **commit** *vt.* **1.** affidare, rimettere: *to — one's soul to God*, rimettere la propria anima a Dio **2.** commettere.
commitment, committal *s.* **1.** consegna **2.** incarico.
committed *agg.* (*neol.*) impegnato.
committee *s.* comitato.
commodity *s.* merce, oggetto di prima necessità || *free commodities*, merci esenti da dogana.
common *agg.* **1.** comune **2.** solito, abituale || *— law*, legge consacrata dalla consuetudine.
commoner *s.* **1.** cittadino (*non nobile*) **2.** membro della Camera dei Comuni.
commonness *s.* **1.** banalità **2.** frequenza (*di un avvenimento*).
commonplace *s.* luogo comune.
commons *s. pl.* il popolo (*sing.*) || *the House of —*, la Camera dei Comuni.
commonwealth *s.* **1.** confederazione **2.** repubblica (*anche fig.*).
commotion *s.* **1.** agitazione, confusione **2.** insurrezione, tumulto.
communal *agg.* della comunità.
commune *s.* comune.
communicability *s.* comunicabilità.
communicable *agg.* comunicabile.
to **communicate** *vt.* comunicare, trasmettere (*malattie, calore ecc.*). ♦ to **communicate** *vi.* mettersi in comunicazione.
communication *s.* **1.** comunicazione, informazione **2.** relazione, rapporto.
communicative *agg.* comunicativo.
communicativeness *s.* comunicativa.
communion *s.* comunione, comunanza || *Holy Communion*, Eucarestia.
communism *s.* comunismo.
communist *s.* comunista.
communistic *agg.* comunista.
community *s.* **1.** comunanza (*di beni ecc.*) **2.** collettività, società **3.** (*eccl.*) comunità.
commutability *s.* permutabilità, commutabilità.
commutable *agg.* permutabile, commutabile.
commutative *agg.* commutativo.
commutator *s.* commutatore.
to **commute** *vt.* commutare.
compact[1] *s.* patto, contratto.
compact[2] *agg.* **1.** compatto **2.** ridotto.
compactness *s.* **1.** compattezza **2.** concisione (*di stile*).
companion[1] *s.* compagno.
companion[2] *s.* (*mar.*) boccaporto: *— -way*, scaletta (*di boccaporto*), scalandrone.
companionable *agg.* socievole.

companionship *s.* amicizia, cameratismo.
company *s.* **1.** compagnia **2.** comitiva **3.** (*comm.*) società.
comparable *agg.* paragonabile.
comparative *agg.* **1.** comparativo **2.** comparato. ♦ **comparative** *s.* (*gramm.*) comparativo.
comparatively *avv.* **1.** comparativamente **2.** relativamente.
to **compare** *vt.* paragonare, verificare. ♦ to **compare** *vi.* competere, rivaleggiare, reggere al confronto.
comparison *s.* **1.** paragone, confronto **2.** (*gramm.*) comparazione.
compartment *s.* compartimento, scompartimento.
compass *s.* **1.** circonferenza, spazio, estensione **2.** bussola. ♦ **compasses** *s. pl.* (*a pair of* —) compasso (*sing.*).
to **compass** *vt.* circondare.
compassion *s.* compassione: *out of* —, per compassione.
compassionate *agg.* compassionevole.
to **compassionate** *vt.* compassionare.
compassionately *avv.* con compassione.
compatibility *s.* compatibilità.
compatible *agg.* compatibile.
compatibly *avv.* compatibilmente.
to **compel** *vt.* costringere, obbligare.
compelling *agg.* irresistibile.
compendious *agg.* compendioso.
to **compensate** *vt.* ricompensare, risarcire. ♦ to **compensate** *vi.* supplire.
compensation *s.* **1.** compenso **2.** (*mecc.*) compensazione **3.** indennità, risarcimento.
compensator *s.* compensatore.
compensatory *agg.* compensativo.
to **compete** *vi.* competere, gareggiare.
competence *s.* **1.** competenza **2.** mezzi sufficienti per vivere (*pl.*).
competent *agg.* competente, abile.
competently *avv.* con competenza.
competition *s.* **1.** competizione, gara **2.** rivalità.
competitive *agg.* **1.** di competizione **2.** (*comm.*) di concorrenza.
competitively *avv.* per mezzo di concorso.
competitor *s.* concorrente, rivale.
compilation *s.* compilazione.
to **compile** *vt.* compilare.
compiler *s.* compilatore.
complacency *s.* **1.** soddisfazione **2.** compiacenza di sé.
complacent *agg.* **1.** compiacente **2.** soddisfatto di sé.
to **complain** *vi.* lagnarsi, dolersi.
complaint *s.* **1.** lamento **2.** reclamo.
complaisant *agg.* compiacente.
complement *s.* complemento.
complemental *agg.* complementare.
complementary *agg.* complementare.
complete *agg.* completo.
to **complete** *vt.* **1.** completare **2.** riempire (*moduli ecc.*).
completely *avv.* completamente.
completeness *s.* completezza.
completion *s.* compimento.
complex *agg.* **1.** complicato **2.** (*gramm.*) composto. ♦ **complex** *s.* complesso.
complexion *s.* carnagione, colorito.
complexity *s.* complessità.
compliance *s.* **1.** condiscendenza **2.** servilismo.
compliant *agg.* **1.** compiacente **2.** servile.
to **complicate** *vt.* complicare.
complicated *agg.* complicato.
complication *s.* complicazione.
complicity *s.* complicità.
compliment *s.* complimento: *to pay so. a* —, far un complimento a qu.
to **compliment** *vt.* complimentare, congratularsi con.
complimentary *agg.* **1.** complimentoso **2.** di favore: — *tickets*, biglietti di favore.
to **comply** *vi.* accondiscendere, conformarsi.
component *agg.* e *s.* componente.
to **comport** *vi.* comportarsi.
to **compose** *vt.* **1.** comporre, costituire **2.** (*mus.*) comporre || *to* — *a quarrel*, comporre una vertenza.
composed *agg.* **1.** composto **2.** calmo.
composer *s.* compositore.
composing *agg.* calmante. ♦ **composing** *s.* **1.** il comporre **2.** (*tip.*) composizione.
composite *agg.* composto.
composition *s.* **1.** composizione **2.** compromesso **3.** concordato, intesa.
compositor *s.* (*tip.*) compositore.
composure *s.* posatezza, sangue freddo.

compote *s.* conserva di frutta.
compound 1. miscela **2.** (*chim.*) composto **3.** (*gramm.*) parola composta.
to **compound** *vt.* e *vi.* **1.** comporre, mescolare **2.** combinare (*ingredienti, elementi ecc.*).
to **comprehend** *vt.* **1.** contenere **2.** capire.
comprehensibility *s.* comprensibilità.
comprehensible *agg.* **1.** comprensibile **2.** delimitato.
comprehension *s.* **1.** comprensione **2.** portata.
comprehensive *agg.* **1.** di vasta portata **2.** comprensivo.
comprehensively *avv.* comprensivamente.
compress *s.* compressa (*di garza*).
to **compress** *vt.* **1.** comprimere **2.** (*fig.*) condensare (*idee ecc.*).
compressibility *s.* compressibilità.
compression *s.* **1.** compressione **2.** (*fig.*) concentrazione.
to **comprise** *vt.* contenere, includere.
compromise *s.* compromesso.
to **compromise** *vt.* compromettere. ♦ to **compromise** *vi.* venire a un compromesso.
compromising *agg.* compromettente.
compulsion *s.* costrizione: *under* —, per costrizione.
compulsive *agg.* coercitivo.
compulsory *agg.* obbligatorio.
compunction *s.* compunzione.
computable *agg.* calcolabile.
computation *s.* calcolo.
to **compute** *vt.* computare, calcolare.
computer *s.* calcolatore.
comrade *s.* camerata, compagno.
comradeship *s.* cameratismo.
to **concatenate** *vt.* concatenare.
concatenation *s.* concatenazione.
concave *agg.* concavo.
to **conceal** *vt.* nascondere.
concealment *s.* **1.** occultamento **2.** nascondiglio.
conceit *s.* vanità, presunzione.
conceited *agg.* presuntuoso, vanitoso.
conceivability *s.* concepibilità.
conceivable *agg.* concepibile.
to **conceive** *vt.* **1.** concepire, generare **2.** immaginare, ideare.
to **concentrate** *vt.* **1.** concentrare **2.** convergere. ♦ to **concentrate** *vi.* concentrarsi.
concentration *s.* **1.** concentrazione **2.** concentramento.
concentric *agg.* concentrico.
concept *s.* concetto.
conception *s.* **1.** concezione, concepimento **2.** concetto.
conceptional *agg.* concezionale.
conceptual *agg.* concettuale.
conceptualism *s.* concettualismo.
concern *s.* **1.** interesse, rapporto **2.** affare **3.** sollecitudine **4.** (*comm.*) ditta, azienda.
to **concern** *vt.* concernere, riguardare.
concerned *agg.* **1.** interessato **2.** ansioso, preoccupato || *as far as I am* —, per quanto mi riguarda.
concerning *prep.* riguardo a, circa.
concert *s.* **1.** concerto **2.** accordo.
concerted *agg.* **1.** (*mus.*) concertato **2.** convenuto.
concession *s.* concessione.
concessionary *agg.* e *s.* concessionario.
concettism *s.* concettismo.
conch *s.* conchiglia, mollusco.
conchoid *s.* concoide.
conchoidal *agg.* concoidale.
conciliar *agg.* conciliare.
to **conciliate** *vt.* conciliare.
conciliation *s.* conciliazione.
conciliator *s.* conciliatore, conciliatrice.
conciliatory *agg.* conciliante.
concise *agg.* conciso, succinto.
concision *s.* concisione.
conclave *s.* conclave.
to **conclude** *vt.* terminare, concludere. ♦ to **conclude** *vi.* terminare, concludersi.
conclusion *s.* conclusione.
conclusive *agg.* conclusivo.
to **concoct** *vt.* **1.** mescolare (*di ingredienti*) **2.** preparare, tramare.
concomitance *s.* concomitanza.
concomitant *agg.* concomitante.
concomitantly *avv.* simultaneamente.
concord *s.* **1.** concordia **2.** (*mus.*) accordo **3.** (*gramm.*) concordanza.
concordant *agg.* **1.** concorde **2.** (*mus.*) armonioso.
concordat *s.* concordato.
concourse *s.* concorso, affluenza (*di persone ecc.*).
concrete *agg.* concreto. ♦ **concrete** *s.* calcestruzzo.

concreteness *s.* concretezza.
concretion *s.* concrezione.
concubinage *s.* concubinato.
concubine *s.* concubina.
concupiscence *s.* concupiscenza.
to **concur** *vi.* concorrere, contribuire (*di cause, avvenimenti*).
concurrence *s.* **1.** concorso (*di circostanze*) **2.** cooperazione (*di persone*) **3.** (*geom.*) convergenza.
concurrent *agg.* concorrente, simultaneo.
to **concuss** *vt.* **1.** urtare **2.** (*med.*) provocare un trauma **3.** intimidire.
concussion *s.* **1.** urto **2.** (*med.*) commozione cerebrale, trauma.
to **condemn** *vt.* **1.** condannare **2.** biasimare, censurare.
condemnable *agg.* **1.** condannabile **2.** censurabile.
condemnation *s.* **1.** condanna **2.** biasimo, censura.
condensability *s.* condensabilità.
condensable *agg.* condensabile.
condensate *s.* (*fis.; chim.*) condensamento.
condensation *s.* condensazione.
to **condense** *vt.* condensare, abbreviare. ♦ to **condense** *vi.* condensarsi, concentrarsi.
condenser *s.* condensatore.
to **condescend** *vi.* accondiscendere.
condescending *agg.* condiscendente.
condescendingly *avv.* con condiscendenza.
condescension *s.* **1.** condiscendenza **2.** affabilità.
condition *s.* condizione, clausola: *on — that*, a condizione che.
to **condition** *vt.* condizionare.
conditional *agg.* e *s.* condizionale.
conditionally *avv.* condizionatamente.
conditioned *agg.* condizionato: *— air*, aria condizionata.
conditioning *s.* **1.** condizionatura (*di tessili*) **2.** condizionamento.
condolence *s.* condoglianza.
conduct *s.* **1.** condotta, comportamento **2.** metodo.
to **conduct** *vi.* **1.** condurre, guidare, dirigere **2.** (*fis.*) condurre, trasmettere. ♦ to **conduct** *vi.* **1.** comportarsi **2.** indicare la via.
conductibility *s.* conducibilità.
conductivity *s.* conducibilità.
conductor *s.* **1.** guida (*di persone*) **2.** (*mus.*) direttore **3.** bigliettario.
conduit *s.* **1.** conduttura **2.** passaggio segreto.
cone *s.* **1.** cono **2.** pigna.
to **confabulate** *vi.* confabulare.
confectionary *agg.* di pasticceria.
confectioner *s.* pasticciere.
confectionery *s.* pasticceria.
confederate *agg.* confederato. ♦ **confederate** *s.* **1.** confederato **2.** complice.
to **confederate** *vt.* confederare. ♦ to **confederate** *vi.* confederarsi.
confederation *s.* confederazione.
to **confer** *vt.* conferire, dare. ♦ to **confer** *vi.* conferire, consultarsi.
conference *s.* **1.** conferenza **2.** congresso.
to **confess** *vt.* e *vi.* confessare, professare.
confessedly *avv.* apertamente, dichiaratamente.
confession *s.* confessione, professione: *— of faith*, professione di fede.
confessional *agg.* e *s.* confessionale.
confessionary *agg.* confessionale.
confessor *s.* **1.** confessore **2.** chi si confessa.
confetti *s. pl.* coriandoli.
confidant *s.* confidente.
to **confide** *vt.* confidare. ♦ to **confide** *vi.* confidarsi: *to — in so.*, confidarsi con qu.
confidence *s.* **1.** fiducia **2.** confidenza **3.** sicurezza in se stessi.
confident *agg.* fiducioso.
confidential *agg.* confidenziale, riservato.
confidently *avv.* con sicurezza, con fiducia.
confiding *agg.* senza sospetti.
configuration *s.* configurazione.
to **configure** *vt.* configurare.
to **confine** *vt.* relegare, limitare. ♦ to **confine** *vi.* confinare, essere contiguo.
confinement *s.* **1.** reclusione **2.** limitazione **3.** puerperio.
to **confirm** *vt.* **1.** confermare **2.** cresimare.
confirmation *s.* **1.** conferma **2.** cresima **3.** (*pol.; giur.*) ratifica.
confirmatory *agg.* confermativo.
confiscable *agg.* confiscabile.
to **confiscate** *vt.* confiscare.
confiscation *s.* confisca.
conflagration *s.* conflagrazione.
conflict *s.* conflitto, contrasto.

confluence *s.* **1.** confluenza **2.** incrocio (*di strade ecc.*).
confluent *agg.* confluente.
to **conform** *vt.* conformare. ♦ to **conform** *vi.* conformarsi, ottemperare.
conformation *s.* **1.** conformazione **2.** adattamento.
conformist *s.* conformista.
conformity *s.* **1.** conformità **2.** conformismo.
to **confound** *vt.* **1.** confondere, disorientare **2.** sconvolgere.
confounded *agg.* attonito, confuso.
confraternity *s.* confraternita.
to **confront** *vt.* **1.** affrontare **2.** trovarsi di fronte a.
confrontation *s.* confronto.
Confucianism *s.* confucianesimo.
to **confuse** *vt.* **1.** disorientare, sconcertare **2.** confondere.
confusedly *avv.* confusamente.
confusion *s.* **1.** disordine, confusione **2.** turbamento.
confutation *s.* confutazione.
to **confute** *vt.* confutare.
to **congeal** *vt.* ghiacciare. ♦ to **congeal** *vi.* gelarsi.
congenial *agg.* **1.** congeniale, affine **2.** amabile, simpatico.
congeniality *s.* **1.** affinità **2.** carattere simpatico.
congenially *avv.* amabilmente.
congenital *agg.* congenito.
conger *s.* anguilla marina.
congeries *s.* congerie.
to **congest** *vt.* congestionare. ♦ to **congest** *vi.* congestionarsi.
congested *agg.* congestionato.
congestion *s.* congestione.
to **conglobate** *vt.* conglobare. ♦ to **conglobate** *vi.* conglobarsi.
conglobation *s.* conglobazione.
conglomerate *agg.* e *s.* conglomerato.
to **conglomerate** *vt.* conglomerare. ♦ to **conglomerate** *vi.* conglomerarsi.
conglomeration *s.* conglomerazione.
to **congratulate** *vt.* congratulare, congratularsi con.
congratulation *s.* congratulazione.
congratulatory *agg.* congratulatorio.
to **congregate** *vt.* adunare. ♦ to **congregate** *vi.* adunarsi.
congregation *s.* **1.** unione, adunata, assemblea **2.** (*relig.*) congregazione.
congregational *agg.* della congregazione.
congress *s.* congresso, riunione.
congressional *agg.* di congresso.
congruence *s.* congruenza.
congruent *agg.* congruente, conforme.
congruity *s.* conformità.
congruous *agg.* congruente, conforme.
conic(al) *agg.* conico.
conifer *s.* conifera.
coniferous *agg.* conifero.
conjecture *s.* congettura.
to **conjecture** *vt.* o *vi.* congetturare, ipotizzare.
conjointly *avv.* congiuntamente.
conjugal *agg.* coniugale.
conjugate *agg.* congiunto. ♦ **conjugate** *s.* **1.** (*mat.*) coniugato **2.** (*biol.*) fusione.
to **conjugate** *vt.* coniugare. ♦ to **conjugate** *vi.* coniugarsi.
conjugation *s.* coniugazione.
conjunction *s.* congiunzione.
conjunctiva *s.* (*anat.*) congiuntiva.
conjunctive *agg.* **1.** (*biol.*) connettivo **2.** (*gramm.*) congiuntivo. ♦ **conjunctive** *s.* congiuntivo.
conjunctivitis *s.* congiuntivite.
conjuncture *s.* congiuntura, circostanza.
conjuration *s.* **1.** incantesimo **2.** evocazione solenne.
to **conjure** *vt.* **1.** scongiurare **2.** evocare. ♦ to **conjure** *vi.* fare giochi di prestigio.
conjurer *s.* prestigiatore.
conjuring *s.* prestidigitazione.
connatural *agg.* connaturale.
to **connect** *vt.* **1.** connettere, collegare, unire **2.** associare (*mentalmente*). ♦ to **connect** *vi.* **1.** avere relazioni, collegarsi **2.** (*ferr.*) far coincidenza.
connecting *agg.* che connette. ♦ **connecting** *s.* (*elettr.*) collegamento.
connection *s.* **1.** collegamento, connessione **2.** relazione, parentela **3.** coincidenza **4.** (*comm.*) clientela.
connective *agg.* connettivo.
conning-tower *s.* (*mar.*) torretta di comando.
connivance *s.* connivenza.
to **connive** *vi.* essere connivente.
connotation *s.* significato implicito.
to **connote** *vt.* implicare, significare.

to **conquer** *vt.* conquistare.
conqueror *s.* conquistatore.
conquest *s.* conquista.
consanguine *agg.* consanguineo.
consanguinity *s.* consanguineità.
conscience *s.* coscienza: *for —' sake,* per scrupolo di coscienza; *to be — -stricken,* sentirsi rimordere la coscienza.
conscienceless *agg.* senza scrupoli.
conscientious *agg.* scrupoloso || *— objector,* obiettore di coscienza.
conscientiously *avv.* coscienziosamente.
conscious *agg.* consapevole, conscio.
consciousness *s.* coscienza, consapevolezza.
conscript *agg.* e *s.* coscritto.
conscription *s.* coscrizione.
to **consecrate** *vt.* consacrare, dedicare.
consecration *s.* consacrazione, dedizione.
consecutive *agg.* consecutivo.
consecutively *avv.* consecutivamente.
consensual *agg.* consensuale.
consensus *s.* consenso, accordo || *— of opinion,* unanimità.
consent *s.* consenso, accordo || *by mutual —,* amichevolmente.
to **consent** *vi.* acconsentire.
consequence *s.* **1.** conseguenza, effetto **2.** importanza.
consequent *agg.* conseguente, risultante.
consequential *agg.* consequenziale.
consequently *avv.* di conseguenza.
conservatism *s.* conservatorismo.
conservative *agg.* conservativo. ♦ **Conservative** *s.* conservatore.
conservator *s.* **1.** conservatore **2.** sovrintendente (*di museo ecc.*).
conserve *s.* conserva di frutta.
to **consider** *vt.* considerare, riflettere, stimare.
considerable *agg.* considerevole, importante.
considerate *agg.* rispettoso, pieno di riguardi.
consideration *s.* **1.** considerazione **2.** rimunerazione **3.** (*comm.*) provvigione.
considering *prep.* tenuto conto di, considerando.
to **consign** *vt.* **1.** (*comm.*) inviare, consegnare **2.** depositare (*soldi in banca*).
consignation *s.* **1.** (*comm.*) pagamento **2.** consegna (*di merce*).
consignee *s.* consegnatario.
consigner *s.* mittente.
consignment *s.* **1.** invio, spedizione **2.** consegna, deposito.
to **consist** *vi.* consistere, essere composto.
consistence, consistency *s.* **1.** consistenza, compattezza **2.** costanza.
consistent *agg.* coerente, logico.
consistently *avv.* coerentemente.
consistory *s.* concistoro.
consolation *s.* consolazione.
consolatory *agg.* consolante.
to **console** *vt.* consolare.
to **consolidate** *vt.* consolidare. ♦ to **consolidate** *vi.* consolidarsi.
consolidation *s.* consolidazione.
consoling *agg.* consolante.
consonance *s.* consonanza, accordo.
consonant *agg.* consono. ♦ **consonant** *s.* consonante.
consort *s.* **1.** consorte **2.** compagno, collega.
to **consort** *vi.* associarsi, unirsi. ♦ to **consort** *vt.* associare, unire.
conspicuous *agg.* cospicuo, notevole.
conspicuousness *s.* cospicuità.
conspiracy *s.* congiura.
conspirator *s.* cospiratore.
to **conspire** *vt.* e *vi.* cospirare.
constable *s.* **1.** agente di polizia **2.** conestabile.
constabulary *s.* corpo della polizia.
constancy *s.* costanza.
constant *agg.* costante, fedele. ♦ **constant** *s.* (*mat.*) costante.
constantly *agg.* costantemente.
constellation *s.* costellazione.
consternation *s.* costernazione.
constipation *s.* stitichezza.
constituency *s.* **1.** gli elettori (*pl.*) **2.** circoscrizione elettorale.
constituent *agg.* costituente. ♦ **constituent** *s.* **1.** elemento costitutivo **2.** (*pol.*) elettore.
to **constitute** *vt.* **1.** costituire **2.** eleggere.
constitution *s.* **1.** costituzione, statuto **2.** costituzione, composizione (*del corpo, dell'aria ecc.*).
constitutional *agg.* costituzionale.
constitutionalism *s.* costituzionalismo.
constitutionality *s.* costituzionalità.

constitutive *agg.* costitutivo.
to **constrain** *vt.* costringere.
constrained *agg.* costretto, forzato.
constraint *s.* **1.** costrizione **2.** imbarazzo.
to **constrict** *vt.* costringere.
constriction *s.* costrizione.
to **construct** *vt.* costruire (*anche fig.*).
construction *s.* **1.** costruzione **2.** (*giur.*) interpretazione.
constructive *agg.* costruttivo.
to **construe** *vt.* **1.** costruire grammaticalmente **2.** interpretare. ♦ to **construe** *vi.* fare l'analisi grammaticale.
consuetudinary *agg.* consuetudinario: — *law*, diritto consuetudinario.
consul *s.* console.
consular *agg.* consolare.
consulate *s.* consolato.
to **consult** *vt.* consultare. ♦ to **consult** *vi.* consultarsi.
consultation *s.* **1.** consultazione **2.** consulto.
consultative *agg.* consultativo.
consulting *agg.* consulente || — *-room*, ambulatorio.
to **consume** *vt.* consumare. ♦ to **consume** *vi.* consumarsi.
consumer *s.* consumatore, utente.
consummate *agg.* consumato, perfetto.
consumption *s.* **1.** consumo **2.** sciupio **3.** distruzione **4.** tubercolosi.
consumptive *s.* tisico, tubercolotico.
contact *s.* contatto, relazione.
to **contact** *vt.* e *vi.* mettere, mettersi in contatto con, prender contatto.
contagion *s.* contagio.
contagious *agg.* contagioso.
to **contain** *vt.* **1.** contenere, comprendere **2.** reprimere, frenare (*i sentimenti*).
contained *agg.* frenato, contenuto (*di comportamento*).
container *s.* recipiente.
contamination *s.* contaminazione.
to **contemplate** *vt.* e *vi.* contemplare, meditare.
contemplation *s.* contemplazione.
contemplative *agg.* contemplativo.
contemplator *s.* contemplatore.
contemporaneousness *s.* contemporaneità.
contemporary *agg.* e *s.* contemporaneo.
contempt *s.* disprezzo || — *of Court* (*giur.*), vilipendio della Corte.
contemptibility *s.* spregevolezza.
contemptible *agg.* spregevole.
contemptuous *agg.* sprezzante.
contemptuously *avv.* sprezzantemente.
to **contend** *vi.* **1.** contendere. ♦ to **contend** *vt.* sostenere, affermare.
contending *agg.* contendente, rivale.
content *s.* **1.** volume, capacità **2.** contenuto. ♦ **contents** *s. pl.* indice (*di libro*) (*sing.*). ♦ **content** *agg.* contento, soddisfatto.
to **content** *vt.* contentare, soddisfare.
contented *agg.* contento, pago.
contention *s.* **1.** contesa **2.** emulazione **3.** controversia.
contentious *agg.* litigioso.
contest *s.* contestazione, contesa.
to **contest** *vt.* contestare, contendere. ♦ to **contest** *vi.* competere, rivaleggiare.
context *s.* contesto.
contiguity *s.* contiguità.
continence *s.* continenza.
continent *agg.* continente. ♦ **continent** *s.* (*geogr.*) continente.
continental *agg.* e *s.* continentale.
contingency *s.* contingenza, caso.
contingent *agg.* eventuale, imprevisto.
continual *agg.* continuo.
continuation *s.* continuazione, seguito.
to **continue** *vt.* e *vi.* continuare, far continuare.
continuity *s.* **1.** continuità **2.** (*cine*) sceneggiatura.
continuous *agg.* continuo.
to **contort** *vt.* contorcere.
contortion *s.* contorsione.
contortionist *s.* contorsionista.
contour *s.* contorno, profilo.
contraband *s.* contrabbando.
contraceptive *s.* anticoncezionale.
contract *s.* contratto, patto.
to **contract** *vt.* **1.** contrarre (*matrimonio, amicizia ecc.*) **2.** (*comm.*) contrattare **3.** contrarre, restringere. ♦ to **contract** *vi.* contrarsi, restringersi.
contractile *agg.* contrattile.
contraction *s.* accorciamento.
contractor *s.* **1.** contraente **2.** appaltatore **3.** imprenditore.

contractual *agg.* contrattuale.
to **contradict** *vt.* contraddire.
contradiction *s.* contraddizione.
contradictory *agg.* contraddittorio.
to **contraindicate** *vt.* controindicare.
contraindication *s.* controindicazione.
contraposition *s.* opposizione, antitesi.
contrarily *avv.* contrariamente.
contrary *agg.* contrario, opposto. ♦ **contrary** *s.* il contrario: *on the —*, al contrario. ♦ **contrary** *avv.* contrariamente, all'opposto.
contrast *s.* contrasto, opposizione.
to **contrast** *vt.* e *vi.* far contrasto, mettere in contrasto.
to **contravene** *vt.* contravvenire.
to **contribute** *vt.* contribuire. ♦ to **contribute** *vi.* collaborare (*a un giornale*).
contribution *s.* **1.** contributo **2.** (*comm.*) apporto di capitale **3.** collaborazione (*a un giornale*).
contributor *s.* **1.** contributore **2.** collaboratore (*di giornale ecc.*).
contrite *agg.* contrito.
contrition *s.* contrizione.
contrivance *s.* **1.** espediente **2.** apparato, congegno **3.** invenzione.
to **contrive** *vt.* escogitare. ♦ to **contrive** *vi.* adoperarsi, riuscire.
control *s.* autorità, influenza, dominio, controllo || *— device* (*mecc.*), dispositivo di controllo; *— room*, camera di manovra; *birth- —*, limitazione delle nascite; *self- —*, autocontrollo. ♦ **controls** *s. pl.* (*mecc.*) comandi.
to **control** *vt.* controllare, dirigere.
controller *s.* controllore, sovrintendente.
controversial *agg.* controverso.
controversy *s.* controversia, polemica.
controvertible *agg.* controvertibile.
contumacious *agg.* **1.** insubordinato **2.** contumace.
contumacy *s.* **1.** ribellione **2.** contumacia.
contumely *s.* onta, contumelia.
contusion *s.* contusione.
contusive *agg.* contundente.
convalescence *s.* convalescenza.
convalescent *agg.* e *s.* convalescente.
to **convene** *vt.* **1.** convocare, riunire **2.** (*giur.*) citare. ♦ *to* **convene** *vi.* riunirsi, incontrarsi.
convenience *s.* **1.** comodo, vantaggio. ♦ **conveniences** *s. pl.* comodità.
convenient *agg.* conveniente, comodo, adatto.
convent *s.* convento.
conventicle *s.* conventicola.
convention *s.* **1.** patto, convenzione **2.** assemblea **3.** regola (*di gioco*). ♦ **conventions** *s. pl.* convenzioni (*sociali*).
conventional *agg.* convenzionale, comune.
conventionality *s.* convenzionalità.
conventual *agg.* e *s.* conventuale.
to **converge** *vi.* convergere. ♦ to **converge** *vt.* far convergere.
convergence *s.* convergenza.
convergent *agg.* convergente.
conversation *s.* conversazione.
converse *agg.* e *s.* inverso, contrario.
conversely *avv.* viceversa.
conversion *s.* conversione, trasformazione.
convert *s.* convertito.
to **convert** *vt.* **1.** convertire **2.** trasformare.
converter *s.* **1.** convertitore **2.** (*elettr.; mecc.*) convertitore, trasformatore.
convertible *agg.* convertibile || *— car*, automobile decappottabile.
convex *agg.* convesso.
convexity *s.* convessità.
to **convey** *vt.* **1.** trasportare, convogliare **2.** trasmettere (*suoni, odori ecc.*) **3.** dare l'idea, suggerire.
conveyable *agg.* trasportabile, trasmissibile.
conveyance *s.* **1.** trasporto **2.** trasmissione **3.** convogliamento.
conveyancer *s.* notaio.
conveyer *s.* **1.** trasportatore **2.** trasmettitore **3.** convogliatore.
convict *s.* condannato, forzato.
to **convict** *vt.* condannare, dichiarare colpevole.
conviction *s.* **1.** (*giur.*) verdetto di colpevolezza, condanna **2.** convinzione.
to **convince** *vt.* convincere.
convincing *agg.* convincente.
convincingly *avv.* in modo convincente.
convivial *agg.* allegro, conviviale, gioviale.
conviviality *s.* giovialità.

convivially *avv.* convivialmente.
to **convocate** *vt.* convocare.
convocation *s.* convocazione.
convolution *s.* circonvoluzione.
convoy *s.* **1.** (*mar.; mil.*) convoglio **2.** scorta.
to **convoy** *vt.* **1.** (*mar.; mil.*) convogliare **2.** scortare.
convulsion *s.* **1.** convulsione **2.** rivolgimento.
convulsive *agg.* convulso.
to **coo** *vi.* tubare.
cook *s.* cuoco, cuoca: *head* —, capocuoco.
to **cook** *vt.* e *vi.* cucinare, cuocere.
cookery *s.* arte culinaria, cucina.
cooking *s.* **1.** cottura **2.** arte culinaria, cucina.
cool *agg.* **1.** fresco **2.** leggero (*di abito*) **3.** calmo **4.** freddo, senza entusiasmo **5.** sfacciato.
to **cool** *vt.* **1.** rinfrescare **2.** calmare. ♦ to **cool** *vi.* **1.** rinfrescarsi **2.** calmarsi.
cooling *agg.* rinfrescante. ♦ **cooling** *s.* abbassamento di temperatura.
coolness *s.* **1.** frescura **2.** freddezza, calma, sangue freddo.
coop *s.* stia.
to **coop** *vt.* mettere nella stia.
cooper *s.* bottaio.
to **co-operate** *vi.* cooperare.
co-operation *s.* cooperazione.
co-operative *agg.* cooperativo.
co-operator *s.* cooperatore.
to **co-opt** *vt.* eleggere membro (*di comitato*).
co-ordinate *agg.* **1.** dello stesso rango **2.** coordinato. ♦ **co-ordinate** *s.* (*mat.*) coordinata.
to **co-ordinate** *vt.* coordinare.
co-ordination *s.* coordinazione.
co-ordinative *agg.* coordinativo.
co-owner *s.* comproprietario.
co-ownership *s.* comproprietà.
cop[1] *s.* cima (*di collina ecc.*).
cop[2] *s.* (*gergo*) poliziotto.
copartnership *s.* società, associazione.
to **cope** *vi.* fronteggiare, tener testa.
co-pilot *s.* (*aer.*) secondo pilota.
copper *s.* **1.** rame **2.** moneta di rame.
to **copper** *vt.* rivestire di rame.
copperplate *s.* **1.** lastra di rame (*per incisione*) **2.** incisione in rame.
Coptic *agg.* copto.
copulation *s.* copulazione.
copulative *agg.* copulativo.
copy *s.* **1.** copia, trascrizione **2.** riproduzione **3.** esemplare || —*-book*, quaderno; — *-reader*, revisore di stampa; *fair* —, bella copia; *rough* —, brutta copia.
to **copy** *vt.* **1.** copiare **2.** imitare.
copyist *s.* copista.
copyright *s.* diritto d'autore, proprietà letteraria.
coquetry *s.* civetteria.
coral *s.* corallo.
cord *s.* corda, spago || *spinal* —, midollo spinale.
cordage *s.* cordame.
cordial *agg.* cordiale. ♦ **cordial** *s.* (*bevanda*) cordiale.
cordiality *s.* cordialità.
cordially *avv.* cordialmente.
cordon *s.* cordone.
core *s.* **1.** torsolo **2.** centro, cuore.
co-respondent *s.* (*giur.*) correo (*in adulterio*).
coriaceous *agg.* coriaceo.
cork *s.* **1.** sughero **2.** tappo, turacciolo || — *jacket*, cintura di salvataggio.
corkscrew *s.* cavaturaccioli.
cormorant *s.* cormorano.
corn[1] *s.* **1.** grano **2.** cereale || *ear of* —, spiga di grano; — *-cob*, pannocchia.
corn[2] *s.* callo, durone.
cornea *s.* cornea.
corner *s.* **1.** angolo **2.** (*comm.*) accaparramento (*di merci*).
to **corner** *vt.* **1.** mettere, spingere in un angolo **2.** (*fig.*) mettere con le spalle al muro. ♦ to **corner** *vi.* formare un angolo.
cornet *s.* cornetta.
cornice *s.* cornicione.
corolla *s.* corolla.
corollary *s.* corollario.
coronary *agg.* coronario.
coronation *s.* incoronazione.
coroner *s.* magistrato inquirente.
corporal[1] *agg.* corporale.
corporal[2] *s.* caporale.
corporation *s.* **1.** corporazione **2.** azienda municipale.
corporative *agg.* corporativo: — *system*, sistema corporativo.
corporeal *agg.* corporeo.
corpse *s.* cadavere.
corpulent *agg.* corpulento.
corpuscle *s.* corpuscolo.
corral *s.* recinto (*per bestiame*).

correct *agg.* corretto.
to **correct** *vt.* correggere.
correction *s.* correzione, rettifica.
corrective *agg.* e *s.* correttivo.
correctness *s.* correttezza.
corrector *s.* correttore: — *of the press* (*tip.*), correttore di bozze.
to **correlate** *vt.* essere, mettere in correlazione. ♦ to **correlate** *vi.* essere in correlazione.
correlation *s.* correlazione.
correlative *agg.* correlativo.
to **correspond** *vi.* **1.** corrispondere, essere in rapporti epistolari **2.** rispondere a (*esigenze ecc.*) **3.** equivalere.
correspondence 1. corrispondenza **2.** accordo, rispondenza.
correspondent *s.* corrispondente.
corridor *s.* corridoio.
corroborant *agg.* corroborante.
corroboration *s.* conferma, convalida.
to **corrode** *vt.* corrodere. ♦ to **corrode** *vi.* corrodersi.
corrosion *s.* corrosione.
corrosive *agg.* e *s.* corrosivo.
to **corrugate** *vt.* corrugare.
corrugation *s.* corrugamento.
corrupt *agg.* corrotto, guasto, depravato.
to **corrupt** *vt.* corrompere, alterare. ♦ to **corrupt** *vi.* corrompersi, alterarsi.
corruption *s.* corruzione.
corsair *s.* corsaro.
corset *s.* corsetto.
cortisone *s.* cortisone.
corvette *s.* corvetta.
corvine *agg.* corvino.
coryphaeus *s.* (*pl.* -aei) corifeo.
cosecant *s.* cosecante.
cosily *avv.* comodamente.
cosine *s.* coseno.
cosmetic *agg.* e *s.* cosmetico.
cosmic(al) *agg.* cosmico.
cosmogony *s.* cosmogonia.
cosmographer *s.* cosmografo.
cosmography *s.* cosmografia.
cosmology *s.* cosmologia.
cosmopolitan *agg.* e *s.* cosmopolita.
cosmopolitanism *s.* cosmopolitismo.
cosmopolite *agg.* e *s.* cosmopolita.
cosmopolitism *s.* cosmopolitismo.
cosmos *s.* cosmo.
Cossack *s.* cosacco.
cost *s.* costo, prezzo || — *of living,* carovita; *at all costs,* ad ogni costo; *extra* —, spesa supplementare.
to **cost (cost, cost)** *vt.* e *vi.* costare.
costal *agg.* costale.
coster, costermonger *s.* venditore ambulante (*di frutta, verdura ecc.*).
costly *agg.* costoso.
costume *s.* **1.** costume **2.** abito.
cosy *agg.* comodo, intimo.
cot[1] *s.* capanna.
cot[2] **1.** (*mar.*) cuccetta **2.** culla.
cotangent *s.* cotangente.
cotenant *s.* coaffittuario.
cothurnus *s.* (*pl.*-ni) coturno.
cottage *s.* villino.
cotton *s.* cotone || — *-mill,* cotonificio; — *-spinner,* operaio di filatura; — *-wool,* ovatta; — *-waste,* cascame.
couch *s.* divano.
cough *s.* tosse.
to **cough** *vt.* e *vi.* tossire.
could v. *can.*
council *s.* **1.** consiglio (*adunanza di persone*) **2.** (*eccl.*) concilio.
councillor *s.* consigliere.
counsel *s.* **1.** consultazione **2.** consiglio **3.** legale.
to **counsel** *vt.* e *vi.* consigliare.
counsellor *s.* **1.** consigliere **2.** legale.
count[1] *s.* **1.** conto, calcolo **2.** (*pol.*) scrutinio **3.** (*giur.*) capo d'accusa.
count[2] *s.* conte.
to **count** *vt.* e *vi.* **1.** contare, calcolare **2.** considerare, avere importanza.
countable *agg.* numerabile.
countenance *s.* espressione del volto, aria.
counter[1] *s.* calcolatore, contatore || *revolution* —, contagiri.
counter[2] *s.* volta di poppa.
counter[3] *s.* **1.** banco, cassa (*di negozio*) **2.** sportello **3.** gettone (*da gioco*).
counter[4] *agg.* contrario, opposto || — *clockwise,* in senso antiorario; — *poison,* antidoto. ♦ **counter** *avv.* in senso ontrario.
to **counteract** *vt.* agir contro, contrapporsi a.
counter-attack *s.* contrattacco.
to **counter-attack** *vt.* e *vi.* contrattaccare.
counterbalance *s.* contrappeso.
to **counterbalance** *vt.* controbilanciare.
counterblow *s.* contraccolpo.

countercharge *s.* controaccusa.
counterfeit *agg.* contraffatto, simulato. ♦ **counterfeit** *s.* contraffazione, simulazione.
counterfeiter *s.* **1.** falsario **2.** simulatore.
counterfoil *s.* matrice.
countermand *s.* revoca, contrordine.
counterpane *s.* copriletto.
counterpart *s.* **1.** sostituto **2.** duplicato, sosia **3.** complemento.
counterpoint *s.* contrappunto.
countershaft *s.* contralbero.
countersign *s.* contrassegno.
counterweight *s.* contrappeso.
countess *s.* contessa.
countless *agg.* innumerevole.
countrified *agg.* campagnolo, rurale.
country *s.* **1.** paese, regione **2.** campagna **3.** patria **4.** nazione.
countryman *s.* **1.** compaesano, compatriota **2.** contadino.
countryside *s.* campagna.
countrywoman *s.* **1.** compaesana, compatriota **2.** contadina.
county *s.* contea, provincia.
coup *s.* **1.** colpo **2.** (*fig.*) impressione.
couple *s.* coppia, paio.
to **couple** *vt.* accoppiare. ♦ to **couple** *vi.* accoppiarsi.
coupling *s.* accoppiamento.
coupon *s.* cedola, tagliando.
courage *s.* coraggio, ardire.
courageous *agg.* coraggioso.
course *s.* **1.** corso (*del tempo*), corso (*di lezioni, conferenze*) **2.** serie **3.** portata (*dei pasti*) **4.** (*sport*) circuito || *of* —, naturalmente; *in due* — a tempo debito.
court *s.* **1.** corte, cortile **2.** (*giur.*) corte || — *of justice,* tribunale.
to **court** *vt.* corteggiare.
courtier *s.* cortigiano.
courting *s.* corteggiamento.
courtyard *s.* cortile.
courtship *s.* corteggiamento.
cousin *s.* cugino, cugina.
cove *s.* **1.** insenatura **2.** grotta.
covenant *s.* convenzione, patto.
cover *s.* **1.** coperta, copertura **2.** calotta **3.** copertina (*di libro*) **4.** riparo, ricovero **5.** coperto (*a tavola*).
to **cover** *vt.* **1.** coprire, ricoprire **2.** proteggere **3.** percorrere **4.** nascondere **5.** comprendere, includere.
covering *s.* copertura, rivestimento.
coverlet *s.* copriletto.
covert *s.* ricovero, rifugio.
covertly *avv.* nascostamente.
to **covet** *vt.* agognare.
covetousness *s.* cupidigia.
cow *s.* mucca, vacca || — *bell,* campanaccio; — *-grass,* trifoglio di campo; — *-shed,* stalla.
coward *s.* codardo, vile.
cowardice *s.* codardia, viltà.
cowardly *agg.* codardo. ♦ **cowardly** *avv.* vilmente.
cowboy *s.* bovaro.
cowherd *s.* vaccaro.
cowl *s.* **1.** cappuccio, tonaca (*di frate*) **2.** (*auto; aer.*) cofano del motore.
coxswain *s.* timoniere.
coy *agg.* timido, riservato.
crab *s.* granchio.
crabbed *agg.* sgarbato, bisbetico.
crack *s.* **1.** schianto, detonazione, schiocco **2.** incrinatura, rottura.
to **crack** **1.** *vt.* schiantare, rompere, incrinare **2.** schioccare. ♦ to **crack** *vi.* **1.** screpolarsi, spezzarsi **2.** scricchiolare.
cracked *agg.* **1.** incrinato **2.** fesso (*di voce*).
cracker *s.* petardo || *nut-crackers,* schiaccianoci; — *of jokes,* burlone.
crackle *s.* **1.** crepitio **2.** screpolatura, incrinatura.
to **crackle** *vi.* scoppiettare, scricchiolare. ♦ to **crackle** *vt.* screpolare.
crackling *s.* scoppiettio.
cradle *s.* culla (*anche fig.*).
craft *s.* **1.** abilità, mestiere, professione **2.** astuzia, inganno.
craftsman *s.* artigiano.
craftsmanship *s.* artigianato.
crafty *agg.* astuto, abile.
crag *s.* rupe, cresta.
to **cram** *vt.* riempire, stipare, rimpinzare. ♦ to **cram** *vi.* rimpinzarsi.
cramp *s.* crampo.
to **cramp** *vt.* (*fig.*) bloccare, paralizzare.
crane *s.* gru (*anche mecc.*).
to **crane** *vt.* e *vi.* **1.** sollevare o abbassare (*mediante una gru*) **2.** allungare (*il collo*).
cranium *s.* cranio.
crank[1] *s.* manovella, manubrio.
crank[2] *agg.* **1.** piegato **2.** disinnestato.

to **crank** *vt.* e *vi.* **1.** piegare a gomito **2.** mettere in moto (*con manovella*).
cranking *s.* avviamento (*di motore*).
crash *s.* **1.** strepito, fracasso **2.** caduta **3.** scontro, collisione **4.** rovina (*anche morale*).
to **crash** *vt.* e *vi.* **1.** abbattere, precipitare, crollare con grande rumore **2.** scontrare, scontrarsi.
crate *s.* cassa da imballaggio.
crater *s.* cratere.
to **crawl** *vi.* **1.** strisciare, andar carponi **2.** brulicare **3.** avere la pelle d'oca.
crawl *s.* **1.** strisciamento **2.** (*nuoto*) « crawl ».
crayfish *s.* gambero (*d'acqua dolce*).
craze *s.* mania, smania.
craziness *s.* pazzia, follia.
crazy *agg.* **1.** folle **2.** maniaco, entusiasta.
to **creak** *vi.* cigolare, stridere.
cream *s.* **1.** panna, crema **2.** ogni sostanza densa e untuosa.
creamery *s.* caseificio.
creamy *agg.* cremoso.
crease *s.* piega, grinza.
to **crease** *vt.* fare pieghe, sgualcire. ♦ to **crease** *vi.* sgualcirsi.
to **create** *vt.* **1.** creare, produrre, suscitare **2.** nominare.
creation *s.* **1.** creazione **2.** universo, natura, il creato.
creative *agg.* creativo.
creator *s.* creatore.
creature *s.* **1.** essere vivente **2.** creatura (*anche fig.*), favorito.
credence *s.* credenza, fede.
credentials *s. pl.* credenziali.
credibility *s.* credibilità.
credible *agg.* credibile.
credit *s.* **1.** fiducia **2.** credito, reputazione, autorità **3.** (*comm.*) fido, credito.
to **credit** *vt.* **1.** prestar fede **2.** attribuire **3.** (*comm.*) accreditare
creditor *s.* creditore.
credulity *s.* credulità.
credulous *agg.* credulo.
creed *s.* credo, credenza religiosa.
creek *s.* **1.** insenatura **2.** (*amer.*) torrente.
to **creep (crept, crept)** *vi.* **1.** strisciare, avanzare lentamente **2.** arrampicarsi (*di piante*) || *to — along*, avanzare strisciando; *to — away*, allontanarsi strisciando.
creeper *s.* **1.** rettile, verme **2.** persona strisciante **3.** pianta rampicante.
creepy *agg.* **1.** strisciante **2.** che dà i brividi.
to **cremate** *vt.* cremare.
cremation *s.* cremazione.
crematory *s.* crematoio.
creole *agg.* e *s.* creolo.
crept V. *to creep.*
crepuscular *agg.* crepuscolare.
crescent *agg.* **1.** crescente **2.** a mezzaluna. ♦ **crescent** *s.* **1.** luna crescente **2.** mezzaluna (*emblema turco*) **3.** strada a semicerchio.
cress *s.* crescione.
crest *s.* **1.** cresta **2.** ciuffo, pennacchio **3.** criniera.
to **crest** *vt.* ornare di pennacchio. ♦ to **crest** *vi.* incresparsi (*di onde*).
crevasse *s.* crepaccio.
crevice *s.* fessura.
crew[1] *s.* equipaggio, ciurma.
crew[2] V. *to crow.*
crib *s.* **1.** greppia **2.** presepio **3.** stalla, capanna.
crick *s.* crampo || *a — in the neck,* torcicollo.
cricket *s.* grillo.
crime *s.* delitto, crimine.
criminal *agg.* e *s.* criminale.
criminalist *s.* penalista.
criminality *s.* criminalità.
criminology *s.* criminologia.
crimson *s.* cremisi.
to **cringe** *vi.* (*fig.*) farsi piccolo, umiliarsi.
cripple *agg.* e *s.* storpio, zoppo.
to **cripple** *vt.* storpiare. ♦ to **cripple** *vi.* essere zoppo.
crisis *s.* crisi.
crisp *agg.* **1.** croccante **2.** crespo **3.** tonificante. ♦ **crisp** *s.* patatina fritta, croccante.
criss-cross *agg.* incrociato.
critic *s.* critico.
critical *agg.* critico.
criticism *s.* critica.
to **criticize** *vt.* criticare.
critique *s.* critica, recensione.
croak *s.* gracidamento.
to **croak** *vt.* e *vi.* **1.** gracidare **2.** (*fig.*) brontolare.
Croatian *agg.* e *s.* croato.
crochet *s.* lavoro all'uncinetto || *—-book* (*o —-pin*), uncinetto.
crock[1] *s.* coccio, vaso di terracotta.
crock[2] *s.* **1.** ronzino **2.** persona vecchia e malandata.

crock[3] *s.* fuliggine, sudiciume.
crockery *s.* terraglia.
crocodile *s.* coccodrillo.
croft *s.* piccolo podere, campicello.
crook *s.* **1.** gancio, uncino **2.** curva, flessione **3.** (*gergo*) truffatore.
crookback *s.* gobba.
crooked *agg.* **1.** curvo, storto, deforme **2.** (*fig.*) perverso.
crookedly *avv.* **1.** tortuosamente **2.** indirettamente **3.** perversamente.
crop *s.* **1.** raccolto, messe **2.** gozzo (*di uccello*) **3.** (*fig.*) gruppo **4.** rapata (*di capelli*).
to **crop** *vt.* **1.** mietere **2.** tosare.
cropper[1] *s.* mietitore.
cropper[2] *s.* (*fam.*) capitombolo.
cross *agg.* **1.** obliquo, trasversale **2.** adirato || — *-bar,* traversa; — *-road,* incrocio. ♦ **cross** *s.* **1.** croce **2.** tribolazione, pena.
to **cross** *vt.* e *vi.* **1.** fare il segno della croce **2.** attraversare **3.** incrociare **4.** cancellare || *to — one's legs,* accavallare le gambe.
crossbeam *s.* trave maestra.
crossbelt *s.* cartucciera a tracolla.
crossbow *s.* balestra.
crossbreed *s.* ibrido, incrocio.
cross-country *agg.* campestre.
cross-examination *s.* controinterrogatorio.
to **cross-examine** *vt.* controinterrogare.
cross-hatch *s.* tratteggio.
crossing *s.* **1.** passaggio, traversata **2.** incrocio || *level —,* passaggio a livello.
crossly *avv.* di malumore.
crosswise *avv.* **1.** di traverso **2.** a forma di croce.
crossword *s.* parole incrociate (*pl.*) || — *puzzle,* cruciverba.
crouch *s.* l'accovacciarsi.
to **crouch** *vi.* accovacciarsi, rannicchiarsi.
crow[1] *s.* corvo, cornacchia || *a white —,* una mosca bianca; *to eat* (*v. irr.*) *a —,* inghiottire un rospo.
crow[2] *s.* canto del gallo.
to **crow (crew, crowed)** *vi.* cantare (*del gallo*).
crowd *s.* folla, massa, moltitudine.
to **crowd** *vt.* affollare. ♦ to **crowd** *vi.* affollarsi, accalcarsi || *to — together,* stringere insieme.
crown *s.* **1.** corona **2.** cocuzzolo **3.** coronamento, successo **4.** (*moneta*) corona: *half a —,* mezza corona.
to **crown** *vt.* **1.** incoronare **2.** coronare, ricompensare.
crowning *s.* **1.** incoronazione **2.** coronamento.
crucial *agg.* cruciale.
crucible *s.* **1.** crogiuolo **2.** (*fig.*) dura prova.
crucifix *s.* crocifisso.
crucifixion *s.* crocifissione.
to **crucify** *vt.* crocifiggere.
crude *agg.* grezzo, rozzo, primitivo.
crudity *s.* asprezza.
cruel *agg.* crudele.
cruelty *s.* crudeltà.
cruet *s.* ampolla.
cruise *s.* crociera: *to go on a —,* fare una crociera.
cruiser *s.* incrociatore.
cruising *s.* crociera.
crumb *s.* **1.** briciola **2.** mollica.
to **crumb** *vt.* **1.** sbriciolare **2.** impanare.
to **crumble** *vt.* sbriciolare. ♦ to **crumble** *vi.* sbriciolarsi.
crumbly *agg.* friabile.
to **crumple** *vt.* spiegazzare. ♦ to **crumple** *vi.* spiegazzarsi.
to **crunch** *vt.* e *vi.* sgranocchiare rumorosamente.
crusade *s.* crociata.
crusader *s.* crociato.
crush *s.* **1.** folla, calca **2.** frantumazione **3.** (*gergo*) cotta.
to **crush** *vt.* **1.** frantumare, torchiare **2.** (*fig.*) annientare, sconfiggere. ♦ to **crush** *vi.* accalcarsi, affollarsi.
crushing *agg.* schiacciante (*anche fig.*).
crust *s.* **1.** crosta **2.** incrostazione.
Crustacea *s. pl.* crostacei.
crutch *s.* **1.** gruccia, stampella **2.** forcella (*di ramo*).
cry *s.* grido, lamento, pianto || *within —,* a portata di voce.
to **cry** *vt.* e *vi.* **1.** gridare **2.** piangere || *to — out,* alzare la voce, protestare.
crypt *s.* cripta.
cryptogam *s.* crittogama.
cryptogram *s.* crittogramma.
cryptography *s.* crittografia.
crystal *agg.* cristallino. ♦ **crystal** *s.* cristallo || — *work,* cristalleria.
crystalline *agg.* cristallino (*anche fig.*).
crystallization *s.* cristallizzazione.
to **crystallize** *vt.* cristallizzare. ♦ to **crystallize** *vi.* cristallizzarsi.

crystallography *s.* cristallografia.
cub *s.* **1.** volpacchiotto **2.** (*fam.*) ragazzaccio.
cubage *s.* cubatura.
Cuban *agg.* e *s.* cubano.
cubature *s.* cubatura.
cube *s.* cubo || — *root,* radice cubica.
cubic *agg.* cubico.
cubism *s.* cubismo.
cubit *s.* cubito.
cuckold *s.* becco, cornuto.
to **cuckold** *vt.* tradire (*il marito*).
cuckoo *s.* cuculo.
cucumber *s.* cetriolo.
cudgel *s.* randello.
to **cudgel** *vt.* randellare.
cuff *s.* polsino (*di camicia*).
cuirass *s.* corazza.
cuirassier *s.* corazziere.
culinary *agg.* culinario.
to **cull** *vt.* scegliere.
culminant *agg.* culminante.
to **culminate** *vi.* culminare, giungere al culmine.
culottes *s. pl.* gonna pantaloni.
culprit *s.* **1.** colpevole **2.** imputato.
cult *s.* culto.
cultivable *agg.* coltivabile.
to **cultivate** *vt.* coltivare (*anche fig.*).
cultivation *s.* coltivazione.
cultural *agg.* culturale.
culture *s.* **1.** coltura, coltivazione **2.** cultura.
cultured *agg.* colto, educato.
cumbersome *agg.* ingombrante.
cumulative *agg.* cumulativo.
cumulus *s.* (*pl.* -li) cumulo.
cuneiform *agg.* cuneiforme.
cunette *s.* cunetta (*di trincea*).
cunning *agg.* astuto, furbo. ♦ **cunning** *s.* astuzia.
cup *s.* **1.** tazza **2.** (*sport*) coppa, trofeo || — *-bearer,* coppiere; *tea-* —, tazza da tè.
cupboard *s.* credenza, armadio.
cupel *s.* coppella.
cupidity *s.* cupidigia.
cupreous *agg.* cupreo.
cupric *agg.* ramico.
cur *s.* **1.** cane bastardo **2.** mascalzone.
curable *agg.* curabile.
curacy *s.* vicariato, cura.
curare *s.* curaro.
curate *s.* curato, vicario.
curative *agg.* curativo.
curator *s.* direttore (*di museo, istituto ecc.*).
curb *s.* **1.** cordone del marciapiede **2.** freno (*fig.*) || — *-bit,* morso della briglia.
curd *s.* giuncata.
to **curdle** *vt.* cagliare, coagulare. ♦ to **curdle** *vi.* cagliarsi, coagularsi.
curdy *agg.* cagliato, coagulato.
cure *s.* **1.** cura, rimedio: *to take a* —, fare una cura **2.** (*eccl.*) cura **3.** vulcanizzazione (*di gomma*).
to **cure** *vt.* **1.** curare, rimediare **2.** salare, affumicare (*di cibi*) **3.** vulcanizzare (*una gomma*). ♦ to **cure** *vi.* curarsi.
cureless *agg.* incurabile.
curette *s.* (*chir.*) raschiatoio.
curfew *s.* coprifuoco.
curio *s.* oggetto raro.
curiosity *s.* curiosità: *out of* —, per curiosità.
curious *agg.* **1.** curioso **2.** strano, singolare.
curl *s.* **1.** ricciolo **2.** curva, spirale.
to **curl** *vt.* **1.** arricciare **2.** torcere. ♦ to **curl** *vi.* **1.** arricciarsi **2.** torcersi **3.** sollevarsi in spire.
curler *s.* ferro per arricciare i capelli, bigodino.
curly *agg.* **1.** ricciuto **2.** a spirale.
currency *s.* **1.** (*comm.*) circolazione monetaria **2.** corso, credito, voga.
current *agg.* corrente. ♦ **current** *s.* corrente (*anche fig.*) || *alternating* —, corrente alternata; *direct* —, corrente continua.
currently *avv.* comunemente.
curriculum *s.* curriculum.
to **curry** *vt.* **1.** strigliare **2.** conciare (*di cuoio*).
curry-comb *s.* striglia.
curse *s.* maledizione, anatema: *a* — *upon him!,* sia maledetto!
to **curse** *vt.* **1.** maledire **2.** scomunicare. ♦ to **curse** *vi.* imprecare, pronunciare bestemmie.
cursed *agg.* maledetto.
cursive *agg.* e *s.* corsivo.
to **curtail** *vt.* accorciare, abbreviare.
curtain *s.* **1.** tenda, tendina **2.** cortina **3.** sipario || — *-call,* chiamata alla ribalta.
curtain-raiser *s.* avanspettacolo.
curtly *avv.* brevemente, bruscamente.
curtsey *s.* riverenza, inchino (*di donna*).
curve *s.* curva, svolta.
to **curve** *vt.* curvare. ♦ to **curve** *vi.*

curvarsi.
curvet *s.* falcata.
curvilinear *agg.* curvilineo.
cushion *s.* cuscino.
cusp *s.* **1.** cuspide **2.** (*geom.*) vertice.
custard *s.* crema (*di uova e latte*).
custody *s.* **1.** custodia, vigilanza **2.** arresto, detenzione.
custom *s.* costume, consuetudine. ♦ **customs** *s. pl.* dogana (*sing.*) || — *-house officer,* doganiere.
customary *agg.* **1.** abituale, d'uso comune **2.** (*giur.*) consuetudinario.
customer *s.* cliente, avventore.
cut *s.* **1.** taglio **2.** decurtazione **3.** (*sport*) colpo secco.
to **cut (cut, cut)** *vt.* e *vi.* **1.** tagliare, tagliarsi || *to — a poor figure,* fare una brutta figura **2.** (*comm.*) ridurre **3.** praticare un'apertura || *to — down,* abbattere; *to — out,* ritagliare; *to — up,* trinciare (*il pollo*), sradicare (*alberi*).
cutlet *s.* costoletta.
cut-off *s.* **1.** scorciatoia **2.** ritaglio di giornale.
cutter[1] *s.* **1.** tagliatore **2.** (*mecc.*) fresa.
cutter[2] *s.* (*mar.*) "cutter".
cut-throat *agg.* spietato. ♦ **cut-throat** *s.* tagliagole.
cutting *agg.* tagliente, sferzante. ♦ **cutting** *s.* **1.** taglio, incisione **2.** ritaglio, truciolo **3.** (*comm.*) riduzione.
cuttlefish *s.* seppia.
cyanide *s.* cianuro.
cybernetics *s.* cibernetica.
cycle *s.* ciclo.
cycling *s.* ciclismo.
cyclostyle *s.* ciclostile.
cyclotron *s.* ciclotrone.
cyclist *s.* ciclista.
cyclometer *s.* contachilometri.
cylinder *s.* **1.** cilindro **2.** rullo.
cylindrical *agg.* cilindrico.
cynic *agg.* e *s.* cinico.
cynicism *s.* cinismo.
cypress *s.* cipresso.
Cyprian *agg.* e *s.* cipriota.
Cyrillic *agg.* cirillico.
cyst *s.* cisti.
cystitis *s.* cistite.
cytology *s.* citologia.
Czar *s.* zar.
Czech *agg.* e *s.* ceco.
Czecho-Slovak *agg.* e *s.* cecoslovacco.

D

D *s.* (*mus.*) re.
dab *s.* **1.** colpo **2.** macchia.
to **dab** *vt.* **1.** sfiorare **2.** applicare.
to **dabble** *vt.* inumidire. ♦ to **dabble** *vi.* **1.** inumidirsi **2.** sguazzare || *to — in* (*at*), dilettarsi di.
dachshund *s.* cane bassotto.
dad(dy) *s.* (*fam.*) papà, babbo.
daffodil *s.* narciso selvatico.
daft *agg.* sciocco, pazzoide.
dagger *s.* **1.** pugnale **2.** (*tip.*) croce || *at daggers drawn,* ai ferri corti.
daguerreotype *s.* dagherrotipo.
daguerreotypy *s.* dagherrotipia.
dahlia *s.* dalia.
daily *agg.* quotidiano, giornaliero. ♦ **daily** *s.* (*giornale*) quotidiano. ♦ **daily** *avv.* ogni giorno.
daintily *avv.* delicatamente.
daintiness *s.* squisitezza.
dainty *agg.* **1.** squisito **2.** esigente **3.** raffinato (*di gusti*). ♦ **dainty** *s.* leccornia.
dairy *s.* latteria.
dairymaid *s.* lattaia.
dairyman *s.* lattaio.
dais *s.* piattaforma.
daisy *s.* margherita.
dalliance *s.* amoreggiamento.
to **dally** *vi.* gingillarsi, oziare.
Dalmatian *agg.* e *s.* dalmata.
daltonism *s.* daltonismo.
dam[1] *s.* diga, sbarramento.
dam[2] *s.* madre (*di animali*).
to **dam** *vt.* arginare.
damage *s.* danno. ♦ **damages** *s. pl.* (*giur.*) indennizzo, risarcimento (*sing.*).
to **damage** *vt.* danneggiare.
damaging *agg.* dannoso.
damask *s.* damasco.
to **damask** *vt.* damascare.
dame *s.* dama, gentildonna.
damn *s.* maledizione.
to **damn** *vt.* **1.** dannare **2.** (*spesso scritto* d-) maledire, mandare all'inferno.
damnation *s.* dannazione.
damnatory *agg.* compromettente (*di prove*).
damp *agg.* umido. ♦ **damp** *s.* **1.** umidità **2.** (*fig.*) depressione || *fire-* —, grisù.
to **damp** *vt.* **1.** inumidire **2.** (*fig.*) deprimere, smorzare.

damper *s.* **1.** regolatore (*di stufa, fornace ecc.*) **2.** (*mus.*) sordina.
dampness *s.* umidità.
dance *s.* danza.
to **dance** *vt.* e *vi.* danzare || *to — attendance on,* essere a disposizione di.
dancer *s.* ballerino.
dancing *s.* danza.
dandelion *s.* (*bot.*) soffione.
dandruff *s.* forfora.
dandy *agg.* elegante, raffinato. ♦ **dandy** *s.* zerbinotto.
Dane *s.* danese.
danger *s.* pericolo.
dangerous *agg.* pericoloso.
to **dangle** *vi.* ciondolare, penzolare ♦ to **dangle** *vt.* far penzolare.
dangling *agg.* penzolante.
Danish *agg.* danese.
dank *agg.* umido.
Dantean, Dantesque *agg.* dantesco.
dapple *s.* macchia || *— -grey,* leardo pomellato.
to **dapple** *vt.* chiazzare.
dare (**dared, durst**) *v. dif.* osare.
to **dare** *vt.* **1.** affrontare **2.** sfidare.
daredevil *s.* scavezzacollo.
daring *agg.* audace. ♦ **daring** *s.* audacia.
dark *agg.* **1.** scuro **2.** triste **3.** segreto. ♦ **dark** *s.* **1.** oscurità **2.** (*fig.*) ignoranza.
to **darken** *vt.* oscurare. ♦ to **darken** *vi.* oscurarsi.
darkling *agg.* oscuro. ♦ **darkling** *avv.* nell'oscurità.
darkness *s.* oscurità.
darling *agg.* e *s.* caro.
darn *s.* rammendo.
to **darn** *vt.* rammendare.
darnel *s.* loglio.
darner *s.* rammendatrice.
darning *s.* rammendo.
dart *s.* **1.** dardo **2.** slancio.
to **dart** *vt.* lanciare. ♦ to **dart** *vi.* lanciarsi (*in avanti*).
darting *agg.* dardeggiante.
Darwinism *s.* darwinismo.
dash *s.* **1.** slancio **2.** attacco **3.** tonfo **4.** spruzzo **5.** lineetta || *— -board,* cruscotto (*di automobili*).
to **dash** *vt.* **1.** frantumare **2.** macchiare. ♦ to **dash** *vi.* **1.** precipitarsi **2.** infrangersi.
dashing *agg.* impetuoso.
dastard *s.* vigliacco, furfante.
date[1] *s.* **1.** data **2.** appuntamento || *up to —,* aggiornato; *out of —,* antiquato.
date[2] *s.* dattero.
to **date** *vt.* e *vi.* datare || *to — a girl,* dare un appuntamento a una ragazza.
dating *s.* datazione.
dative *agg.* e *s.* dativo.
datum *s.* (*pl.* data) dato, elemento.
to **daub** *vt.* **1.** intonacare **2.** impiastrare.
dauber *s.* imbrattatore.
daughter *s.* figlia || *— -in-law,* nuora; *grand- —* (*di nonni*), nipotina.
to **daunt** *vt.* spaventare, intimidire.
dauntless *agg.* intrepido.
to **dawdle** *vi.* oziare, bighellonare.
dawn *s.* alba.
to **dawn** *vi.* **1.** albeggiare **2.** apparire, balenare (*nella mente*).
day *s.* giorno || *— labourer,* lavoratore a giornata; *the — after tomorrow,* dopodomani; *the — before yesterday,* l'altro ieri; *this — week,* oggi a otto; *— off,* giorno di riposo; *— out,* giorno di libera uscita.
daybook *s.* (*comm.*) brogliaccio.
daybreak *s.* alba.
daydream *s.* fantasticheria.
to **daydream** *vi.* fantasticare.
daydreamer *s.* sognatore.
daylight *s.* luce del giorno.
daylong *agg.* che dura tutto il giorno. ♦ **daylong** *avv.* per tutto il giorno.
daytime *s.* giornata.
daze *s.* sbalordimento.
to **daze** *vt.* sbalordire.
dazzle *s.* abbagliamento || *— lamps* (*auto*), fari abbaglianti.
to **dazzle** *vt.* abbagliare.
deacon *s.* diacono.
dead *agg.* **1.** morto **2.** assoluto || *— drunk,* ubriaco fradicio. ♦ **dead** *avv.* assolutamente || *— sure,* arcisicuro.
to **deaden** *vt.* **1.** attutire **2.** isolare (*acusticamente*). ♦ to **deaden** *vi.* attutirsi.
deadening *s.* isolamento acustico.
deadline *s.* **1.** linea non superabile **2.** scadenza, termine massimo.
deadly *agg.* mortale. ♦ **deadly** *avv.* mortalmente.
deadness *s.* torpore.
deaf *agg.* sordo.
to **deafen** *vt.* assordare.
deaf-mute *s.* sordomuto.

deafness *s.* sordità.
deal *s.* **1.** quantità **2.** accordo **3.** affare **4.** mano (*del gioco delle carte*) || *a great* —, moltissimo.
to **deal (dealt, dealt)** *vt.* distribuire, dare. ♦ to **deal (dealt, dealt)** *vi.* trattare, comportarsi || *to — in,* commerciare in.
dealer *s.* **1.** commerciante **2.** mazziere (*delle carte*).
dealing *s.* **1.** commercio **2.** distribuzione **3.** relazione || *double-* —, slealtà.
dealt V. *to deal.*
deambulatory *agg.* deambulatorio.
dean *s.* **1.** decano **2.** preside (*di facoltà universitaria*).
dear *agg.* caro || *— me!,* povero me!
dearly *avv.* **1.** caramente **2.** a caro prezzo.
dearness *s.* amorevolezza.
dearth *s.* penuria.
death *s.* morte || *— -rattles,* rantoli dell'agonia; *— -warrant,* ordine di esecuzione capitale.
deathly *agg.* e *avv.* V. *deadly.*
to **debase** *vt.* **1.** avvilire **2.** svalutare.
to **debar** *vt.* escludere, privare.
to **debark** *vt.* e *vi.* sbarcare.
debate *s.* dibattito.
to **debate** *vt.* e *vi.* **1.** discutere **2.** ponderare.
debauch *s.* intemperanza, corruzione.
debauched *agg.* corrotto.
debauchery *s.* **1.** corruzione **2.** dissolutezza.
debenture *s.* (*comm.*) obbligazione.
debit *s.* debito.
to **debit** *vt.* addebitare.
to **debouch** *vi.* sfociare.
debris *s.* detriti (*pl.*).
debt *s.* debito.
debtor *s.* debitore.
début *s.* debutto.
decadence *s.* decadenza.
decadent *agg.* e *s.* decadente.
decagram(m)e *s.* decagrammo.
decahedron *s.* decaedro.
to **decalcify** *vt.* decalcificare.
decalitre *s.* decalitro.
decalogue *s.* decalogo.
decametre *s.* decametro.
to **decamp** *vi.* levare le tende.
to **decant** *vt.* travasare.
decantation *s.* decantazione.
decanter *s.* caraffa.
to **decapitate** *vt.* decapitare.
decasyllabic *agg.* decasillabico.
decay *s.* **1.** decadimento **2.** rovina **3.** carie (*dei denti*).
to **decay** *vt.* **1.** far decadere **2.** mandare in rovina. ♦ to **decay** *vi.* **1.** decadere **2.** andare in rovina **3.** cariarsi.
decayable *agg.* deperibile.
decease *s.* decesso.
to **decease** *vi.* morire.
deceit *s.* **1.** inganno **2.** falsità.
deceitful *agg.* **1.** ingannevole **2.** falso.
to **deceive** *vt.* ingannare.
deceiving *agg.* ingannatore.
to **decelerate** *vt.* e *vi.* rallentare.
deceleration *s.* rallentamento.
decelerator *s.* rallentatore.
December *s.* dicembre.
decency *s.* decenza. ♦ **decencies** *s. pl.* convenienze.
decennary *agg.* decennale. ♦ **decennary** *s.* decennio.
decennial *agg.* e *s.* decennale.
decent *agg.* decente || *a — fellow,* un buon diavolo.
decentralization *s.* decentramento.
to **decentralize** *vt.* decentrare.
deception *s.* inganno.
deceptive *agg.* ingannevole.
to **decide** *vt.* decidere. ♦ to **decide** *vi.* decidersi, pronunciarsi.
decigram(me) *s.* decigrammo.
decimal *agg.* e *s.* decimale.
to **decimate** *vt.* decimare.
decimation *s.* decimazione.
decimetre *s.* decimetro.
to **decipher** *vt.* decifrare.
deciphering *s.* decifrazione.
decision *s.* decisione.
decisive *agg.* **1.** decisivo **2.** deciso.
deck *s.* (*mar.*) ponte, coperta || *— -chair,* sedia a sdraio; *quarter-* —, cassero.
to **deck** *vt.* ornare.
decker *s.* *double-* —, autobus a due piani.
to **declaim** *vt.* e *vi.* declamare.
declaimer *s.* declamatore.
declamation *s.* declamazione.
declamatory *agg.* declamatorio.
declaration *s.* dichiarazione.
to **declare** *vt.* e *vi.* dichiarare.
declension *s.* **1.** declino **2.** (*gramm.*) declinazione.
declinable *agg.* declinabile.
declination *s.* **1.** inclinazione **2.** declino.
decline *s.* declino, deperimento.

to **decline** *vt.* e *vi.* declinare.
declining *s.* **1.** declinazione **2.** deperimento **3.** rifiuto.
declivity *s.* declivio.
to **decode** *vt.* decifrare, tradurre (*testi in codice*).
decolorization *s.* decolorazione.
decoloration *s.* decolorazione.
to **decolour(ize)** *vt.* decolorare.
decomposable *agg.* scomponibile.
to **decompose** *vt.* **1.** decomporre **2.** scomporre. ♦ to **decompose** *vi.* **1.** decomporsi **2.** scomporsi.
decomposition *s.* decomposizione.
to **deconsecrate** *vt.* sconsacrare.
to **decorate** *vt.* decorare.
decoration *s.* decorazione.
decorative *agg.* decorativo.
decorator *s.* decoratore.
decorous *agg.* decoroso.
decoy *s.* esca, richiamo.
decrease *s.* diminuzione.
to **decrease** *vt.* e *vi.* diminuire.
decree *s.* decreto.
to **decree** *vt.* decretare.
decrepit *agg.* decrepito.
decrepitude *s.* decrepitezza.
to **decry** *vt.* stigmatizzare, denigrare.
to **decuple** *vt.* decuplicare.
to **dedicate** *vt.* dedicare.
dedicatee *s.* persona a cui è dedicato qc.
dedication *s.* **1.** dedica **2.** consacrazione.
dedicative, dedicatory *agg.* dedicatorio.
to **deduce** *vt.* **1.** dedurre **2.** derivare.
to **deduct** *vt.* detrarre.
deduction *s.* **1.** deduzione **2.** detrazione.
deductive *agg.* deduttivo.
deed *s.* atto, azione.
to **deem** *vt.* giudicare.
deep *agg.* **1.** profondo **2.** cupo || *—-freeze,* surgelamento; *— mourning,* lutto stretto. ♦ **deep** *s.* abisso, profondità. ♦ **deep** *avv.* profondamente || *— into the night,* fino a notte tarda.
to **deepen** *vt.* **1.** approfondire **2.** incupire. ♦ to **deepen** *vi.* **1.** approfondirsi **2.** incupirsi.
deeply *avv.* profondamente.
deepness *s.* profondità.
deep-rooted *agg.* radicato.
deer *s.* cervo || (*fallow*) —, daino.
to **deface** *vt.* sfregiare.
defacement *s.* sfregio.
defamation *s.* diffamazione.
defamatory *agg.* diffamatorio.
to **defame** *vt.* diffamare.
defamer *s.* diffamatore.
default *s.* **1.** mancanza **2.** inadempienza **3.** (*giur.*) contumacia: *judgement by —,* giudizio in contumacia.
defaulting *agg.* (*comm.*) insolvente.
defeat *s.* **1.** sconfitta **2.** fallimento.
to **defeat** *vt.* **1.** sconfiggere **2.** frustrare.
defeatism *s.* disfattismo.
defeatist *agg.* e *s.* disfattista.
to **defecate** *vt.* purificare. ♦ to **defecate** *vi.* defecare.
defect *s.* difetto.
defection *s.* defezione.
defective *agg.* **1.** difettoso **2.** (*gramm.*) difettivo. ♦ **defective** *s.* anormale.
defence *s.* difesa.
defenceless *agg.* indifeso.
to **defend** *vt.* difendere.
defendant *s.* imputato.
defender *s.* difensore.
defenestration *s.* defenestrazione.
defensible *agg.* difensibile.
defensive *agg.* difensivo. ♦ **defensive** *s.* difensiva.
to **defer**[1] *vt.* e *vi.* differire || *deferred payment,* pagamento a rate.
to **defer**[2] *vt.* rimettere. ♦ to **defer** *vi.* rimettersi.
deference *s.* deferenza.
deferential *agg.* deferente.
deferment *s.* differimento.
defiance *s.* sfida.
defiant *agg.* ardito.
deficiency *s.* **1.** deficienza **2.** disavanzo.
deficient *agg.* e *s.* deficiente.
deficit *s.* (*comm.*) disavanzo.
to **defile** *vi.* marciare in fila. ♦ to **defile** *vt.* **1.** insozzare **2.** profanare.
defilement *s.* **1.** contaminazione **2.** profanazione.
definable *agg.* definibile.
to **define** *vt.* definire.
definite *agg.* definito.
definitely *avv.* in modo preciso.
definiteness *s.* precisione.
definition *s.* **1.** definizione **2.** nitidezza.
definitive *agg.* definitivo.
to **deflagrate** *vt.* far deflagrare. ♦ to **deflagrate** *vi.* deflagrare.

deflagration *s.* deflagrazione.
to **deflate** *vt.* sgonfiare. ♦ to **deflate** *vi.* sgonfiarsi.
deflation *s.* **1.** sgonfiamento **2.** deflazione.
to **deflect** *vt.* e *vi.* deviare.
deflection *s.* deviazione.
defloration *s.* deflorazione.
to **deflower** *vt.* **1.** deflorare **2.** devastare **3.** spogliare (*dei fiori*).
to **deforest** *vt.* diboscare.
deforestation *s.* diboscamento.
to **deform** *vt.* deformare. ♦ to **deform** *vi.* deformarsi.
deformation *s.* deformazione.
deformed *agg.* deforme.
deformity *s.* deformità.
to **defraud** *vt.* defraudare.
defrauder *s.* frodatore.
to **defray** *vt.* pagare, risarcire.
defrayal *s.* pagamento, risarcimento.
to **defrost** *vt.* sgelare.
defroster *s.* riscaldatore.
deft *agg.* abile, destro.
to **defy** *vt.* sfidare.
degenerate *agg.* e *s.* degenerato.
to **degenerate** *vt.* e *vi.* degenerare.
degeneration *s.* degenerazione.
degradation *s.* degradazione.
to **degrade** *vt.* degradare.
degree *s.* **1.** grado **2.** rango **3.** laurea, diploma || *by degrees,* gradatamente.
to **dehydrate** *vt.* disidratare.
dehydration *s.* disidratazione.
to **deify** *vt.* deificare.
deism *s.* deismo.
deity *s.* divinità.
to **deject** *vt.* abbattere, scoraggiare.
dejected *agg.* triste, abbattuto.
dejectedly *avv.* con aria abbattuta.
dejection *s.* abbattimento.
delation *s.* delazione.
delator *s.* delatore.
delay *s.* **1.** ritardo **2.** proroga.
to **delay** *vt.* e *vi.* ritardare.
delegacy *s.* delegazione.
delegate *s.* delegato.
to **delegate** *vt.* delegare.
delegation *s.* delegazione.
to **delete** *vt.* cancellare (*anche fig.*).
deliberate *agg.* **1.** deliberato **2.** cauto.
to **deliberate** *vt.* e *vi.* deliberare.
deliberately *avv.* deliberatamente.
deliberation *s.* **1.** deliberazione **2.** ponderatezza.
delicacy *s.* **1.** delicatezza **2.** ghiottoneria.
delicate *agg.* **1.** delicato **2.** esigente.
delicatessen *s. pl.* **1.** ghiottonerie **2.** salumeria (*sing.*).
delicious *agg.* delizioso.
delict *s.* (*giur.*) delitto.
delight *s.* delizia, gioia.
to **delight** *vt.* deliziare. ♦ to **delight** *vi.* dilettarsi.
delighted *agg.* lietissimo, entusiasta.
delightful *agg.* delizioso.
to **delimit(ate)** *vt.* delimitare.
delimitation *s.* delimitazione.
to **delineate** *vt.* delineare.
delineation *s.* delineazione.
delinquency *s.* **1.** delinquenza **2.** colpevolezza.
delinquent *agg.* colpevole. ♦ **delinquent** *s.* delinquente.
delirious *agg.* delirante.
deliriously *avv.* in modo delirante.
delirium *s.* delirio, frenesia.
to **deliver** *vt.* **1.** liberare **2.** consegnare **3.** partorire **4.** pronunciare (*un discorso*).
deliverance *s.* liberazione.
delivery *s.* **1.** liberazione **2.** consegna **3.** parto **4.** resa **5.** dizione, pronuncia || — *-man,* fattorino.
deltoid *agg.* triangolare.
to **delude** *vt.* ingannare.
deluge *s.* diluvio.
delusion *s.* illusione.
delusive *agg.* illusorio.
to **delve** *vt.* scavare, esumare. ♦ to **delve** *vi.* compiere ricerche, frugare.
demagnetization *s.* demagnetizzazione.
to **demagnetize** *vt.* demagnetizzare.
demagogic(al) *agg.* demagogico.
demagogue *s.* demagogo.
demagogy *s.* demagogia.
demand *s.* **1.** domanda **2.** esigenza || *on* —, a richiesta.
to **demand** *vt.* **1.** domandare **2.** esigere.
demarcation *s.* demarcazione.
demeanour *s.* contegno.
demerit *s.* demerito.
demesne *s.* dominio, proprietà terriera.
demigod *s.* semidio.
demijohn *s.* damigiana.
demilitarization *s.* smilitarizzazione.
to **demilitarize** *vt.* smilitarizzare.
demise *s.* **1.** trapasso (*di proprietà*)

2. decesso.
demiurge *s.* demiurgo.
demobilization *s.* smobilitazione.
to **demobilize** *vt.* smobilitare.
democracy *s.* democrazia.
democrat *s.* democratico.
democratic(al) *agg.* democratico.
democratization *s.* democratizzazione.
to **democratize** *vt.* democratizzare.
demographic(al) *agg.* demografico.
demography *s.* demografia.
to **demolish** *vt.* demolire.
demolisher *s.* demolitore.
demolition *s.* demolizione.
demon *s.* demonio.
demoniac(al) *agg.* demoniaco.
demonology *s.* demonologia.
demonstrability *s.* dimostrabilità.
demonstrable *agg.* dimostrabile.
demonstrant *s.* dimostrante.
to **demonstrate** *vt.* e *vi.* dimostrare.
demonstration *s.* dimostrazione.
demonstrative *agg.* **1.** dimostrativo **2.** espansivo.
demonstrativeness *s.* **1.** dimostrazione **2.** espansività.
demonstrator *s.* **1.** dimostratore **2.** dimostrante.
demoralization *s.* **1.** depravazione **2.** demoralizzazione.
to **demoralize** *vt.* **1.** depravare **2.** demoralizzare.
to **demur** *vi.* titubare, esitare.
demure *agg.* riservato, pudico.
demureness *s.* riservatezza, pudore.
den *s.* tana.
to **denationalize** *vt.* snazionalizzare.
to **denature** *vt.* denaturare.
deniable *agg.* negabile.
denial *s.* rifiuto || *self-* —, abnegazione.
to **denigrate** *vt.* denigrare.
denigration *s.* denigrazione.
denigrator *s.* denigratore.
to **denominate** *vt.* denominare.
denomination *s.* **1.** denominazione **2.** setta **3.** valore (*di monete*).
denominational *agg.* confessionale.
denominative *agg.* denominativo.
denominator *s.* denominatore.
denotation *s.* **1.** indicazione **2.** significato.
to **denote** *vt.* denotare, indicare.
to **denounce** *vt.* denunciare.
dense *agg.* **1.** denso **2.** opaco **3.** stupido.
density *s.* **1.** densità **2.** opacità **3.** stupidità.
dent *s.* incavo, tacca.
dental *agg.* e *s.* dentale.
dentary *agg.* dentario.
dentine *s.* dentina.
dentist *s.* dentista.
dentistry *s.* odontoiatria.
dentition *s.* dentizione.
denture *s.* dentiera.
denudation *s.* denudazione.
to **denude** *vt.* denudare.
denunciation *s.* denunzia.
to **deny** *vt.* negare, rifiutare.
deodorant *agg.* e *s.* deodorante.
to **deodorize** *vt.* deodorare.
deontology *s.* deontologia.
deoxidization *s.* disossidazione.
to **deoxidize** *vt.* disossidare.
to **depart** *vi.* partire, allontanarsi.
department *s.* **1.** reparto **2.** (*amer.*) ministero || — *store*, grande magazzino.
departure *s.* **1.** partenza **2.** allontanamento.
to **depend** *vi.* **1.** dipendere: *it all depends on circumstances*, tutto dipende dalle circostanze **2.** contare: — *on so.*, contare su qu.
dependable *agg.* fidato.
dependant *agg.* e *s.* dipendente.
dependence *s.* **1.** dipendenza **2.** fiducia.
dependency *s.* territorio dipendente.
dependent *agg.* dipendente.
to **depict** *vt.* dipingere.
to **depilate** *vt.* depilare.
depilatory *agg.* e *s.* depilatorio.
to **deplete** *vt.* **1.** vuotare **2.** esaurire.
depletion *s.* esaurimento.
deplorable *agg.* deplorevole.
to **deplore** *vt.* deplorare.
to **deploy** *vt.* schierare, spiegare. ♦ to **deploy** *vi.* schierarsi (*di truppe ecc.*).
to **depone** *vt.* deporre (*in un processo*).
deponent *s.* testimone.
to **depopulate** *vt.* spopolare.
to **deport** *vt.* deportare || *to — oneself,* comportarsi.
deportation *s.* deportazione.
deportment *s.* atteggiamento.
deposal *s.* deposizione.
to **depose** *vt.* e *vi.* deporre.
deposit *s.* deposito.
to **deposit** *vt.* depositare.
deposition *s.* **1.** deposizione **2.** de-

posito.
depositor *s.* depositante.
depot *s.* deposito.
to **deprave** *vt.* depravare.
depravity *s.* depravazione.
deprecable *agg.* deprecabile.
to **deprecate** *vt.* disapprovare.
deprecation *s.* disapprovazione.
deprecative, deprecatory *agg.* disapprovante.
to **depreciate** *vt.* svalutare. ♦ to **depreciate** *vi.* svalutarsi.
depreciation *s.* **1.** svalutazione **2.** ammortamento: — *charge,* quota d'ammortamento.
depreciative, depreciatory *agg.* spregiativo.
depredation *s.* saccheggio.
depredatory *agg.* predatorio.
to **depress** *vt.* **1.** deprimere **2.** abbassare.
depression *s.* **1.** depressione **2.** (*econ.*) crisi.
depressor *s.* depressore.
deprivation *s.* privazione.
to **deprive** *vt.* privare.
depth *s.* **1.** profondità **2.** (*mar.*) fondale.
to **depurate** *vt.* depurare. ♦ to **depurate** *vi.* depurarsi.
depuration *s.* depurazione.
depurative *agg.* e *s.* depurativo.
depurator *s.* depuratore.
deputation *s.* delega.
to **depute** *vt.* deputare.
deputy *s.* **1.** deputato **2.** sostituto.
derailment *s.* deragliamento.
to **derange** *vt.* sconvolgere.
derangement *s.* sconvolgimento.
deratization *s.* derattizzazione.
to **deride** *vt.* deridere.
derision *s.* **1.** derisione **2.** zimbello.
derisive, derisory *agg.* derisorio.
derivable *agg.* derivabile.
derivation *s.* derivazione.
derivative *agg.* e *s.* derivato.
derivatively *avv.* per derivazione.
to **derive** *vt.* e *vi.* derivare.
derm *s.* derma.
dermatologist *s.* dermatologo.
dermatology *s.* dermatologia.
to **derogate** *vi.* derogare.
derogation *s.* deroga.
derogatory *agg.* derogatorio.
derrick *s.* **1.** argano **2.** torre di trivellazione.
descant *s.* **1.** melodia **2.** dissertazione.
to **descend** *vt.* e *vi.* (di)scendere || *to — upon so.*, aggredire qu.
descendance *s.* discendenza.
descendant *s.* discendente.
descent *s.* **1.** discesa **2.** incursione **3.** lignaggio **4.** caduta.
describable *agg.* descrivibile.
to **describe** *vt.* descrivere.
description *s.* descrizione.
descriptive *agg.* descrittivo.
to **descry** *vt.* scoprire.
to **desecrate** *vt.* profanare.
desert[1] *agg.* deserto. ♦ **desert** *s.* deserto.
desert[2] *s.* **1.** merito **2.** compenso.
to **desert** *vt.* abbandonare. ♦ to **desert** *vi.* disertare.
deserted *agg.* deserto.
deserter *s.* disertore.
desertion *s.* **1.** abbandono **2.** diserzione.
to **deserve** *vt.* meritare.
deservedly *avv.* meritatamente.
deserving *agg.* meritevole.
design *s.* disegno.
to **design** *vt.* **1.** destinare **2.** progettare **3.** disegnare.
designate *agg.* designato.
to **designate** *vt.* **1.** designare **2.** indicare.
designation *s.* designazione.
designer *s.* disegnatore.
designing *agg.* astuto. ♦ **designing** *s.* **1.** disegno **2.** complotto.
desirable *agg.* desiderabile.
desire *s.* desiderio.
to **desire** *vt.* **1.** desiderare **2.** domandare.
desirous *agg.* desideroso.
to **desist** *vi.* desistere.
desk *s.* **1.** scrivania **2.** cassa || *school- master's —*, cattedra (*di insegnante*).
desolate *agg.* desolato.
to **desolate** *vt.* **1.** affliggere **2.** devastare.
desolation *s.* desolazione.
despair *s.* disperazione.
to **despair** *vi.* disperare.
despairing *agg.* disperato.
desperate *agg.* disperato.
despicable *agg.* spregevole.
despicableness *s.* spregevolezza.
despisable *agg.* spregevole.
to **despise** *vt.* disprezzare.
despite *prep.* malgrado.
despiteful *agg.* maligno, dispettoso.
despondency *s.* scoraggiamento.
despondent *agg.* scoraggiato.
despot *s.* despota.

despotic(al) *agg.* dispotico.
despotism *s.* dispotismo.
destination *s.* destinazione.
to **destine** *vt.* destinare.
destiny *s.* destino.
destitute *agg.* **1.** povero **2.** privo.
destitution *s.* **1.** povertà **2.** privazione.
to **destroy** *vt.* distruggere.
destroyable *agg.* distruggibile.
destroyer *s.* **1.** distruttore **2.** cacciatorpediniere.
destroying *agg.* distruttore.
destruction *s.* distruzione, rovina.
destructive *agg.* distruttivo.
destructor *s.* distruttore.
desuetude *s.* disuso.
desultory *agg.* saltuario.
to **detach** *vt.* distaccare.
detachable *agg.* staccabile.
detached *agg.* **1.** distaccato **2.** isolato.
detachment *s.* **1.** distacco **2.** (*mil.*) distaccamento.
detail *s.* **1.** dettaglio, particolare **2.** pattuglia.
to **detail** *vt.* **1.** dettagliare **2.** (*mil.*) distaccare (*una pattuglia*).
to **detain** *vt.* **1.** detenere **2.** trattenere.
to **detect** *vt.* scoprire.
detectable *agg.* scopribile.
detection *s.* scoperta.
detective *s.* investigatore || — *novel,* romanzo poliziesco.
detector *s.* (*radio*) rivelatore.
detent *s.* (*mecc.*) arpione.
detention *s.* **1.** detenzione **2.** ritardo forzato.
to **deter** *vt.* trattenere.
to **deterge** *vt.* detergere.
detergent *agg.* e *s.* detergente, detersivo.
to **deteriorate** *vt.* deteriorare. ♦ to **deteriorate** *vi.* deteriorarsi.
deterioration *s.* deterioramento.
determinable *agg.* determinabile.
determinant *s.* causa determinante.
determinate *agg.* determinato.
determination *s.* determinazione.
determinative *agg.* determinativo.
to **determine** *vt.* determinare, decidere. ♦ to **determine** *vi.* risolversi || *to — on,* fissarsi su.
determined *agg.* deciso.
determinism *s.* determinismo.
determinist *agg.* e *s.* determinista.
deterrent *agg.* e *s.* (*neol.*) deterrente.
detersive *agg.* e *s.* detersivo.
to **detest** *vt.* detestare.
detestable *agg.* detestabile.
detestation *s.* **1.** odio **2.** esecrazione.
dethronement *s.* deposizione (*dal trono*).
to **detonate** *vt.* e *vi.* esplodere.
detonator *s.* detonatore.
detour *s.* deviazione, giravolta.
to **detract** *vt.* e *vi.* diminuire.
detraction *s.* detrazione.
detractor *s.* detrattore.
detriment *s.* detrimento.
detrimental *agg.* dannoso.
to **devaluate** *vt.* svalutare.
devaluation *s.* svalutazione.
to **devastate** *vt.* devastare.
devastation *s.* devastazione.
to **develop** *vt.* sviluppare. ♦ to **develop** *vi.* svilupparsi.
developer *s.* sviluppatore.
development *s.* sviluppo.
to **deviate** *vt.* e *vi.* deviare.
deviation *s.* deviazione.
deviationism *s.* deviazionismo.
device *s.* **1.** trovata **2.** dispositivo. ♦ **devices** *s. pl.* capriccio, inclinazione (*sing.*).
devil *s.* diavolo.
devilish *agg.* diabolico.
devious *agg.* **1.** remoto **2.** errante.
to **devise** *vt.* **1.** escogitare **2.** lasciare in eredità.
deviser *s.* inventore.
devising *s.* invenzione.
devoid *agg.* privo.
devolution *s.* **1.** trasmissione (*di beni*) **2.** degenerazione.
to **devolve** *vt.* trasmettere. ♦ to **devolve** *vi.* trasferirsi.
to **devote** *vt.* dedicare.
devoted *agg.* **1.** devoto **2.** votato.
devotion *s.* devozione.
devotional *agg.* devoto.
to **devour** *vt.* divorare.
devourer *s.* divoratore.
devout *agg.* devoto, pio, religioso.
dew *s.* rugiada.
dewy *agg.* rugiadoso.
dexterity *s.* destrezza.
dexterous *agg.* destro.
dextrin(e) *s.* destrina.
diabetes *s.* diabete.
diabetic *agg.* e *s.* diabetico.
diabolic(al) *agg.* diabolico.
diadem *s.* diadema.
to **diagnose** *vt.* diagnosticare.
diagnosis *s.* (*pl.* -**ses**) diagnosi.

diagnostic *agg.* diagnostico.
diagonal *agg.* e *s.* diagonale.
diagram *s.* diagramma.
dial *s.* quadrante.
to **dial** *vt.* comporre (*un numero telefonico*) || *to — so.*, telefonare a qu.
dialect *s.* dialetto.
dialectal *agg.* dialettale.
dialectic(al) *agg.* dialettico.
dialectics *s.* dialettica.
dialogue *s.* dialogo.
to **dialogue** *vt.* e *vi.* dialogare.
diameter *s.* diametro.
diametrically *avv.* diametralmente.
diamond *s.* **1.** diamante **2.** losanga.
diaper *s.* **1.** arabesco **2.** pannolino.
diaphanous *agg.* diafano.
diaphragm *s.* diaframma.
diapositive *s.* diapositiva.
diarchy *s.* diarchia.
diarist *s.* diarista.
diarrhoea *s.* diarrea.
diary *s.* diario.
diatribe *s.* diatriba.
dice V. *die.*
to **dice** *vt.* **1.** giocare ai dadi **2.** tagliare a dadi **3.** quadrettare.
dictaphone *s.* dittafono.
dictate *s.* dettame.
to **dictate** *vt.* e *vi.* dettare.
dictation *s.* **1.** dettato **2.** dettame.
dictator *s.* dittatore.
dictatorial *agg.* dittatoriale.
dictatorship *s.* dittatura.
diction *s.* **1.** stile **2.** dizione.
dictionary *s.* dizionario.
dictograph *s.* dittografo.
did V. *to do.*
didactic *agg.* didattico.
didactics *s.* didattica.
die *s.* (*pl.* dice) dado.
to **die** *vi.* morire || *to — away*, svanire; *to — out*, estinguersi.
dielectric *agg.* e *s.* dielettrico.
diet *s.* dieta.
to **diet** *vt.* mettere a dieta. ♦ to **diet** *vi.* essere a dieta.
dietarian *s.* chi sta a dieta.
dietary *agg.* dietetico. ♦ **dietary** *s.* dieta.
dietetic(al) *agg.* dietetico.
to **differ** *vi.* differire.
difference *s.* **1.** differenza **2.** divergenza.
different *agg.* differente.
differential *agg.* e *s.* differenziale.
to **differentiate** *vt.* differenziare. ♦ to **differentiate** *vi.* differenziarsi.
differentiation *s.* differenziazione.
differently *avv.* differentemente.
differing *agg.* **1.** differente, discordante.
difficult *agg.* difficile.
difficulty *s.* difficoltà.
diffidence *s.* timidezza.
diffident *agg.* esitante.
diffraction *s.* diffrazione.
diffuse *agg.* diffuso.
to **diffuse** *vt.* diffondere. ♦ to **diffuse** *vi.* diffondersi.
diffusedly, diffusely *avv.* **1.** diffusamente **2.** ovunque.
diffuser *s.* (*foto*) diffusore.
diffusion *s.* **1.** diffusione **2.** prolissità.
diffusive *agg.* **1.** diffusivo **2.** prolisso.
diffusor *s.* diffusore.
to **dig** (**dug, dug**) *vt.* vangare, scavare || *to — in*, affondare; *to — out*, estrarre.
digest *s.* **1.** sommario **2.** condensato.
to **digest** *vt.* classificare, condensare, redigere. ♦ to **digest** *vt.* e *vi.* digerire.
digestibility *s.* digeribilità.
digestible *agg.* digeribile.
digestion *s.* digestione.
digestive *agg.* e *s.* digestivo.
digger *s.* **1.** zappatore **2.** scavatrice.
digging *s.* **1.** scavo **2.** miniera. ♦ **diggings** *s. pl.* (*gergo*) alloggio (*sing.*).
digital *agg.* digitale.
dignified *agg.* dignitoso.
to **dignify** *vt.* elevare, nobilitare.
dignitary *s.* dignitario.
dignity *s.* **1.** dignità **2.** dignitario.
digression *s.* digressione.
digressive *agg.* digressivo.
dike *s.* diga.
to **dike** *vt.* arginare.
to **dilapidate** *vt.* dilapidare. ♦ to **dilapidate** *vi.* andare in rovina.
dilatability *s.* dilatabilità.
dilatable *agg.* dilatabile.
dilatation *s.* dilatazione.
to **dilate** *vt.* dilatare. ♦ to **dilate** *vi.* dilatarsi.
dilatory *agg.* **1.** dilatorio **2.** lento.
diligence *s.* diligenza.
diligent *agg.* diligente.
diluent *agg.* e *s.* diluente.
to **dilute** *vt.* diluire.
dilution *s.* **1.** diluzione **2.** sostanza

diluita.
diluvial *agg.* diluviale.
dim *agg.* **1.** debole **2.** appannato **3.** oscuro.
to **dim** *vt.* **1.** indebolire **2.** oscurare. ♦ to **dim** *vi.* **1.** indebolirsi **2.** oscurarsi.
dime *s.* quarto di dollaro.
dimension *s.* dimensione.
dimeter *s.* dimetro.
to **diminish** *vt.* e *vi.* diminuire.
diminishable *agg.* diminuibile.
diminution *s.* diminuzione.
diminutive *agg.* minuscolo. ♦ **diminutive** *s.* diminutivo.
dimissory *agg.* dimissorio.
dimly *avv.* **1.** debolmente **2.** oscuramente.
dimness *s.* **1.** debolezza **2.** offuscamento (*di vista*).
dimple *s.* fossetta.
din *s.* baccano.
to **din** *vt.* e *vi.* rintronare.
to **dine** *vi.* pranzare.
diner *s.* commensale.
to **ding** *vt.* e *vi.* suonare, scampanellare.
dingy *agg.* scuro, sporco.
dining *s.* il pranzare || — *-room,* sala da pranzo.
dinner *s.* pranzo || — *-wagon,* carrello (*per i pasti*); — *-car,* vagone ristorante.
dinosaur *s.* dinosauro.
dint *s.* tacca || *by — of,* a forza di.
diocesan *agg.* e *s.* diocesano.
diocese *s.* diocesi.
diode *s.* diodo.
Dionysiac, Dionysian *agg.* dionisiaco.
diopter *s.* diottria.
dioptric *agg.* diottrico.
dioxid(e) *s.* biossido.
dip *s.* **1.** bagno **2.** inclinazione **3.** (*aer.*) picchiata **4.** tuffo.
to **dip** *vt.* **1.** immergere **2.** abbassare. ♦ to **dip** *vi.* **1.** immergersi **2.** abbassarsi **3.** tuffarsi.
diphtheria *s.* difterite.
diphtheric *agg.* difterico.
diphthong *s.* dittongo.
diplomacy *s.* diplomazia.
diplomat *s.* diplomatico.
diplomatic *agg.* diplomatico.
diplomatically *avv.* diplomaticamente.
diplomatics *s.* diplomazia.
diplomatist *s.* diplomatico.
dipody *s.* dipodia.
dipper *s.* **1.** tuffatore **2.** mestolo || *the Big —,* l'Orsa Maggiore.
dipsomaniac *s.* dipsomane.
dipteral *agg.* dittero.
diptych *s.* dittico.
dire *agg.* terribile, orrendo.
direct *agg.* diretto.
to **direct** *vt.* **1.** dirigere **2.** ordinare.
direction *s.* **1.** direzione **2.** indicazione.
directional *agg.* direzionale.
directive *agg.* direttivo. ♦ **directive** *s.* direttiva.
directly *avv.* **1.** direttamente **2.** subito.
director *s.* **1.** direttore **2.** regista.
directorial *agg.* direttivo.
directory *agg.* direttivo. ♦ **directory** *s.* **1.** (*tel.*) guida **2.** (*amer.*) consiglio di amministrazione.
direful *agg.* orrendo.
dirge *s.* canto funebre.
diriment *agg.* dirimento.
dirt *s.* sporcizia.
dirtiness *s.* sozzura.
dirty *agg.* **1.** sporco **2.** brutto **3.** sboccato.
to **dirty** *vt.* sporcare. ♦ to **dirty** *vi.* sporcarsi.
disability *s.* **1.** incapacità **2.** invalidità.
to **disable** *vt.* rendere incapace, inabile.
to **disabuse** *vt.* disingannare.
to **disaccustom** *vt.* disabituare.
disadvantage *s.* svantaggio.
disadvantageous *agg.* svantaggioso.
to **disagree** *vi.* dissentire.
disagreeable *agg.* sgradevole.
disagreeableness *s.* sgradevolezza.
disagreement *s.* dissenso.
to **disappear** *vi.* scomparire.
disappearance *s.* sparizione.
to **disappoint** *vt.* deludere.
disappointingly *avv.* in modo deludente.
disappointment *s.* delusione.
disapprobation, disapproval *s.* disapprovazione.
to **disapprove** *vt.* e *vi.* disapprovare.
disapprovingly *avv.* con disapprovazione.
to **disarm** *vt.* e *vi.* disarmare.
disarmament *s.* disarmo.
to **disarrange** *vt.* scompigliare.
disarrangement *s.* scompiglio.
disarray *s.* scompiglio, confusione.

to **disassemble** *vt.* smontare.
disassembling *s.* smontaggio.
disaster *s.* disastro.
disastrous *agg.* disastroso.
to **disavow** *vt.* ripudiare.
to **disband** *vt.* sciogliere. ♦ to **disband** *vi.* sbandarsi.
disbelief *s.* incredulità.
to **disbelieve** *vt.* e *vi.* non credere.
disbeliever *s.* incredulo.
disbursement *s.* pagamento.
to **discard** *vt.* scartare.
to **discern** *vt.* discernere.
discernible *agg.* visibile.
discernment *s.* discernimento.
discharge *s.* **1.** scarico **2.** scarica **3.** congedo **4.** assoluzione **5.** liberazione **6.** pagamento.
to **discharge** *vt.* **1.** scaricare **2.** congedare **3.** assolvere **4.** liberare. ♦ to **discharge** *vi.* scaricarsi.
disciple *s.* discepolo.
disciplinable *agg.* disciplinabile.
disciplinary *agg.* disciplinare.
discipline *s.* disciplina.
to **disclaim** *vt.* rifiutare, declinare (*responsabilità*).
disclaimer *s.* rinuncia, rifiuto.
to **disclose** *vt.* svelare.
disclosure *s.* rivelazione.
discoid *agg.* e *s.* discoide.
to **discolour** *vt.* scolorire. ♦ to **discolour** *vi.* scolorirsi.
discolouration *s.* scoloramento.
to **discomfit** *vt.* **1.** sconfiggere **2.** disorientare.
to **discomfort** *vt.* mettere a disagio.
to **discompose** *vt.* agitare.
to **disconcert** *vt.* turbare.
to **disconnect** *vt.* separare, disunire.
disconnected *agg.* **1.** sconnesso **2.** disinnestato.
disconnectedness *s.* sconnessione.
disconsolate *agg.* sconsolato.
discontent *s.* scontento.
to **discontinue** *vt.* e *vi.* cessare.
discontinuity *s.* discontinuità.
discontinuous *agg.* discontinuo.
discord *s.* **1.** discordia, dissenso **2.** (*mus.*) dissonanza.
discordance *s.* **1.** disaccordo **2.** discordanza (*di suoni*).
discordant *agg.* discorde.
discordantly *avv.* in disaccordo.
discount *s.* sconto || *at a —*, sottocosto.
to **discount** *vt.* **1.** scontare **2.** tenere in poco conto.
discountable *agg.* **1.** scontabile **2.** poco attendibile.
to **discourage** *vt.* scoraggiare.
discouragement *s.* scoraggiamento.
to **discover** *vt.* scoprire.
discoverer *s.* scopritore.
discovery *s.* scoperta.
discredit *s.* **1.** discredito **2.** dubbio.
to **discredit** *vt.* **1.** screditare **2.** mettere in dubbio.
discreditable *agg.* vergognoso, infamante.
discreet *agg.* prudente, discreto.
discrepancy *s.* disaccordo.
discrete *agg.* separato, distinto.
discretion *s.* **1.** discrezione **2.** saggezza.
discretionary *agg.* discrezionale.
discriminate *agg.* discriminato.
to **discriminate** *vt.* e *vi.* discriminare.
discriminating *agg.* **1.** sagace **2.** discriminante.
discrimination *s.* **1.** discriminazione **2.** discernimento.
discursive *agg.* divagante.
discus *s.* disco || *— -thrower*, discobolo.
to **discuss** *vt.* discutere.
discussion *s.* discussione.
disdain *s.* sdegno.
to **disdain** *vt.* disdegnare.
disdainful *agg.* sdegnoso.
disease *s.* malattia.
to **disembark** *vt.* e *vi.* sbarcare.
to **disembarrass** *vt.* sbarazzare.
to **disembody** *vt.* **1.** disincarnare **2.** congedare.
to **disembowel** *vt.* sventrare.
disembowelment *s.* sventramento.
to **disenchant** *vt.* disincantare.
disenchantment *s.* disincanto.
to **disengage** *vt.* **1.** disimpegnare **2.** disinnestare. ♦ to **disengage** *vi.* liberarsi.
disengagement *s.* **1.** liberazione **2.** disinnesto.
to **disentangle** *vt.* districare. ♦ to **disentangle** *vi.* districarsi.
disentanglement *s.* districamento.
disesteem *s.* disistima.
to **disesteem** *vt.* disprezzare.
disfavour *s.* **1.** disgrazia **2.** disapprovazione.
to **disfigure** *vt.* sfigurare.
disfigurement *s.* deturpamento.
to **disfranchise** *vt.* privare dei diritti (*civili o di voto*).
to **disgorge** *vt.* **1.** emettere **2.** vomi-

tare (*anche fig.*).
disgrace *s.* **1.** vergogna **2.** disgrazia.
to **disgrace** *vt.* disonorare.
disgraceful *agg.* vergognoso.
disgregation *s.* disgregazione.
disguise *s.* travestimento || *in* —, travestito, camuffato.
to **disguise** *vt.* mascherare.
disgust *s.* disgusto.
to **disgust** *vt.* disgustare.
disgustedly *avv.* con disgusto.
disgustful, disgusting *agg.* disgustoso.
dish *s.* **1.** piatto **2.** vivanda || —*-washer,* lavapiatti.
to **dish** *vt.* servire || *to — up,* servire in tavola.
to **disharmonize** *vt.* disarmonizzare.
to **dishearten** *vt.* scoraggiare.
disheartenment *s.* scoraggiamento.
to **dishevel** *vt.* arruffare.
dishonest *agg.* disonesto.
dishonesty *s.* disonestà.
dishonour *s.* **1.** disonore **2.** mancato pagamento.
to **dishonour** *vt.* **1.** disonorare **2.** rifiutare di pagare.
dishonourable *agg.* disonorevole.
dishonourableness *s.* disonorabilità.
disillusion(ment) *s.* disillusione.
to **disinfect** *vt.* disinfettare.
disinfectant *s.* disinfettante.
disinfection *s.* disinfezione.
to **disinfest** *vt.* disinfestare.
disinfestation *s.* disinfestazione.
to **disinherit** *vt.* diseredare.
to **disintegrate** *vt.* disintegrare. ♦ to **disintegrate** *vi.* disintegrarsi.
disintegration *s.* disintegrazione.
disintegrator *s.* disintegratore.
to **disinter** *vt.* dissotterrare.
disinterested *agg.* disinteressato.
disinterment *s.* dissotterramento.
to **disjoin** *vt.* disgiungere. ♦ to **disjoin** *vi.* disgiungersi.
to **disjoint** *vt.* **1.** disgregare **2.** disarticolare. ♦ to **disjoint** *vi.* disgregarsi.
disjunction *s.* separazione.
disjunctive *agg.* disgiuntivo.
disjunctively *avv.* disgiuntamente.
disk *s.* disco.
dislike *s.* avversione.
to **dislike** *vt.* detestare, provar avversione per.
to **dislocate** *vt.* **1.** spostare **2.** slogare **3.** disorganizzare.
dislocation *s.* **1.** dislocazione **2.** slogatura **3.** disorganizzazione.
to **dislodge** *vt.* sloggiare.
disloyal *agg.* sleale.
disloyalty *s.* slealtà.
dismal *agg.* tetro.
to **dismantle** *vt.* smantellare.
dismantlement *s.* smantellamento.
to **dismast** *vt.* (*mar.*) disalberare.
dismay *s.* costernazione.
to **dismay** *vt.* costernare.
to **dismember** *vt.* smembrare.
dismemberment *s.* smembramento.
to **dismiss** *vt.* **1.** congedare **2.** licenziare **3.** bandire.
dismissal *s.* **1.** congedo **2.** licenziamento **3.** destituzione **4.** rigetto.
to **dismount** *vt.* e *vi.* smontare.
disobedience *s.* disubbidienza.
disobedient *agg.* disubbidiente.
to **disobey** *vt.* disubbidire.
to **disoblige** *vt.* essere scortese con.
disobliging *agg.* scortese.
disorder *s.* **1.** disordine **2.** disturbo.
to **disorder** *vt.* **1.** scompigliare **2.** disturbare.
disorderly *agg.* **1.** disordinato **2.** turbolento.
disorganization *s.* disorganizzazione.
to **disorganize** *vt.* disorganizzare.
to **disorient(ate)** *vt.* disorientare.
disorientation *s.* disorientamento.
to **disown** *vt.* rinnegare.
disowning *s.* rinnegamento.
to **disparage** *vt.* **1.** deprezzare **2.** screditare.
disparagement *s.* **1.** deprezzamento **2.** denigrazione.
disparaging *agg.* **1.** sprezzante **2.** denigratorio.
disparate *agg.* disparato.
disparity *s.* disparità.
dispassionate *agg.* spassionato.
dispatch *s.* **1.** spedizione **2.** dispaccio **3.** disbrigo **4.** celerità.
to **dispatch** *vt.* **1.** spedire **2.** sbrigare.
to **dispel** *vt.* dissipare.
dispensary *s.* dispensario.
dispensation *s.* **1.** (*eccl.*) dispensa **2.** distribuzione **3.** beneficio.
to **dispense** *vt.* dispensare. ♦ to **dispense** *vi.* fare a meno di: *to — with so.,* fare a meno di qu.
dispersal *s.* dispersione.
to **disperse** *vt.* disperdere. ♦ to **disperse** *vi.* disperdersi.
dispersion *s.* dispersione.

dispersive *agg.* dispersivo.
dispirited *agg.* depresso.
to **displace** *vt.* **1.** spostare **2.** destituire.
displacement *s.* **1.** spostamento **2.** sostituzione **3.** (*mar.*) dislocamento.
display *s.* mostra, esibizione.
to **display** *vt.* mostrare, esporre.
to **displease** *vt.* dispiacere.
displeasing *agg.* spiacevole.
displeasure *s.* dispiacere.
disposal *s.* **1.** disposizione **2.** cessione.
to **dispose** *vt.* e *vi.* disporre || *to — of*, disfarsi di, smerciare.
disposition *s.* **1.** disposizione **2.** indole.
to **dispossess** *vt.* spogliare.
dispossession *s.* **1.** spoliazione **2.** (*giur.*) esproprio.
disproportion *s.* sproporzione.
disproportionate, **disproportioned** *agg.* sproporzionato.
to **disprove** *vt.* **1.** confutare **2.** dimostrare la falsità di.
disputable *agg.* discutibile.
dispute *s.* controversia, disputa.
to **dispute** *vt.* **1.** disputare **2.** contestare.
disqualification *s.* **1.** incapacità **2.** (*giur.*) interdizione **3.** squalifica.
to **disqualify** *vt.* **1.** rendere incapace **2.** (*giur.*) interdire **3.** squalificare.
disquieting *agg.* inquietante.
disquisition *s.* **1.** disquisizione **2.** inchiesta.
disregard *s.* noncuranza.
to **disregard** *vt.* ignorare.
disreputable *agg.* **1.** sconveniente **2.** screditato.
disreputably *avv.* disonorevolmente.
disrepute *s.* discredito.
disrespectful *agg.* irrispettoso.
to **disrobe** *vt.* svestire. ♦ to **disrobe** *vi.* svestirsi.
disruption *s.* rottura.
disruptive *agg.* **1.** che smembra **2.** dirompente.
dissatisfaction *s.* insoddisfazione.
dissatisfactory *agg.* insoddisfacente.
dissatisfied *agg.* scontento.
to **dissatisfy** *vt.* scontentare.
to **dissect** *vt.* sezionare.
dissection *s.* **1.** sezionamento **2.** parte sezionata.
to **dissemble** *vt.* e *vi.* dissimulare, ignorare.
dissembling *s.* dissimulazione. ♦ **dissembling** *agg.* ipocrita.
dissemblingly *avv.* ingannevolmente.
to **disseminate** *vt.* (dis)seminare.
dissemination *s.* disseminazione.
disseminator *s.* propagatore.
dissension *s.* divergenza.
dissent *s.* **1.** dissenso **2.** (*relig.*) separazione, scisma.
to **dissent** *vi.* dissentire.
dissenter *s.* dissidente.
dissenting *agg.* dissenziente.
to **dissertate** *vi.* dissertare.
dissertation *s.* dissertazione.
dissertator *s.* dissertatore.
disservice *s.* cattivo servizio.
to **dissever** *vt.* scindere. ♦ to **dissever** *vi.* scindersi.
dissidence *s.* dissidio.
dissident *agg.* e *s.* dissidente.
dissimilar *agg.* dissimile.
dissimilarity *s.* dissomiglianza.
dissimilation *s.* dissimilazione.
to **dissimulate** *vt.* e *vi.* dissimulare.
dissimulation *s.* dissimulazione.
dissimulator *s.* dissimulatore.
to **dissipate** *vt.* dissipare. ♦ to **dissipate** *vi.* dissiparsi.
dissipation *s.* dissipazione.
dissociable *agg.* **1.** dissociabile **2.** riservato.
to **dissociate** *vt.* dissociare. ♦ to **dissociate** *vi.* dissociarsi.
dissociation *s.* **1.** dissociazione **2.** sdoppiamento (*della personalità*).
dissolubility *s.* dissolubilità.
dissoluble *agg.* dissolubile.
dissolute *agg.* dissoluto.
dissoluteness *s.* dissolutezza.
dissolution *s.* dissoluzione.
to **dissolve** *vt.* dissolvere. ♦ to **dissolve** *vi.* dissolversi.
dissolvent *agg.* e *s.* dissolvente.
dissonance *s.* dissonanza.
dissonant *agg.* dissonante.
to **dissuade** *vt.* dissuadere.
dissuasion *s.* dissuasione.
dissyllabic *agg.* bisillabico.
dissyllable *s.* bisillabo.
dissymmetry *s.* asimmetria.
distaff *s.* conocchia.
distance *s.* distanza || *long- — call*, telefonata interurbana; *at a —*, da lontano.
distant *agg.* **1.** lontano **2.** riservato.
distantly *avv.* (da) lontano.
distaste *s.* ripugnanza.

distasteful *agg.* repellente.
distemper[1] *s.* **1.** turbamento fisico **2.** cimurro **3.** tumulto.
distemper[2] *s.* tempera.
to **distend** *vt.* distendere. ♦ to **distend** *vi.* distendersi.
to **distil(l)** *vt.* e *vi.* (di)stillare.
distillate *s.* distillato.
distillation *s.* distillazione.
distiller *s.* distillatore.
distillery *s.* distilleria.
distinct *agg.* distinto.
distinction *s.* distinzione.
distinctive *agg.* distintivo.
to **distinguish** *vt.* e *vi.* distinguere.
distinguished *agg.* **1.** distinto **2.** illustre.
to **distort** *vt.* distorcere.
distortion *s.* distorsione.
to **distract** *vt.* **1.** distrarre **2.** turbare, far impazzire.
distraction *s.* **1.** distrazione **2.** follia: *to love to* —, amare alla follia.
to **distrain** *vi.* sequestrare.
distrait *agg.* distratto, smarrito.
distraught *agg.* **1.** folle **2.** sconvolto.
distress *s.* **1.** angoscia **2.** pericolo **3.** sequestro.
to **distress** *vt.* **1.** affliggere **2.** sequestrare.
distressful *agg.* penoso.
distributable *agg.* distribuibile.
to **distribute** *vt.* distribuire.
distribution *s.* distribuzione.
distributive *agg.* distributivo.
distributor *s.* distributore.
district *s.* distretto.
distrust *s.* diffidenza.
to **distrust** *vt.* diffidare di.
distrustful *agg.* diffidente.
to **disturb** *vt.* **1.** disturbare **2.** turbare.
disturbance *s.* agitazione.
disturber *s.* disturbatore.
disunion *s.* separazione.
to **disunite** *vt.* disunire. ♦ to **disunite** *vi.* separarsi.
disunited *agg.* disunito.
disuse *s.* disuso.
disused *agg.* disusato.
ditch *s.* fosso || *to die in the last* —, resistere ad oltranza.
to **ditch** *vi.* scavare fossi.
dithyramb *s.* ditirambo.
dithyrambic *agg.* ditirambico.
ditty *s.* **1.** canzone **2.** poemetto.
diuretic *agg.* e *s.* diuretico.
diurnal *agg.* **1.** diurno **2.** quotidiano.
diuturnal *agg.* diuturno.
diuturnity *s.* diuturnità.
divan *s.* divano.
dive *s.* **1.** tuffo **2.** (*aer.*) picchiata.
to **dive** *vi.* **1.** tuffarsi **2.** (*aer.*) lanciarsi in picchiata.
diver *s.* **1.** tuffatore **2.** palombaro.
to **diverge** *vi.* divergere.
divergence *s.* divergenza.
divergent *agg.* divergente.
diverse *agg.* **1.** diverso **2.** mutevole.
to **diversify** *vt.* rendere diverso.
diversion *s.* **1.** diversione **2.** passatempo.
diversity *s.* diversità.
to **divert** *vt.* **1.** deviare **2.** divertire.
to **divest** *vt.* spogliare.
to **divide** *vt.* dividere. ♦ to **divide** *vi.* dividersi.
dividend *s.* dividendo.
dividing *s.* divisione.
divination *s.* divinazione.
divinatory *agg.* divinatorio.
divine *agg.* divino. ♦ **divine** *s.* (*eccl.*) teologo.
to **divine** *vt.* e *vi.* predire.
diviner *s.* indovino || *water* —, rabdomante.
diving *s.* tuffo || — *-bell,* campana subacquea; — *-board,* trampolino.
divining *s.* divinazione.
divinity *s.* **1.** divinità **2.** teologia.
divisibility *s.* divisibilità.
divisible *agg.* divisibile.
division *s.* divisione.
divisional *agg.* di divisione.
divisor *s.* divisore.
divorce *s.* divorzio.
to **divorce** *vt.* divorziare.
divulgation *s.* divulgazione.
to **divulge** *vt.* divulgare.
divulger *s.* divulgatore.
dizzily *avv.* vertiginosamente.
dizziness *s.* vertigine.
dizzy *agg.* **1.** vertiginoso **2.** preso da vertigine **3.** stordito.
to **do (did, done)** *vt.* e *vi.* **1.** (*v. aus. in frasi int., neg., int.-neg.*) — *you understand English?*, capisci l'inglese?; *I do not* (*I don't*), non capisco; *he does not* (*he doesn't*) *speak English,* non parla l'inglese **2.** (*uso enfatico*) *I do study!*, studio veramente! **3.** (*sostitutivo*) *he said he would come and he did,* disse che sarebbe venuto e venne **4.** fare (*in senso generale, astratto*) *what are you doing?*, che cosa stai facendo?; *to*

— *one's duty,* fare il proprio dovere **5.** bastare: *that will do,* ciò basta **6.** addirsi, convenire: *this house will do me,* questa casa mi va bene || *to — without,* fare a meno.
docile *agg.* docile.
docility *s.* docilità.
dock[1] *s.* bacino: *dry- —,* bacino di carenaggio || — *-master,* capitano di porto; *wet- —,* darsena.
dock[2] *s.* banco degli imputati (*in tribunale*).
docker *s.* scaricatore.
docket *s.* **1.** (*giur.*) estratto verbale **2.** etichetta.
dockyard *s.* cantiere.
doctor *s.* dottore.
doctoral *agg.* dottorale.
doctorate *s.* dottorato.
doctrinaire *agg.* e *s.* dottrinario.
doctrinal *agg.* dottrinale.
doctrine *s.* dottrina.
document *s.* documento.
to **document** *vt.* documentare.
documentary *agg.* e *s.* documentario.
documentation *s.* documentazione.
to **dodder** *vi.* tremare, vacillare.
dodecagon *s.* dodecagono.
dodecahedron *s.* dodecaedro.
dodge *s.* **1.** schivata **2.** balzo.
to **dodge** *vt.* schivare. ♦ to **dodge** *vi.* scansarsi.
doe *s.* femmina (*di daino, cervo ecc.*).
doer *s.* chi agisce, chi fa.
dog *s.* **1.** cane **2.** (*mecc.*) gancio || — *-cart,* calesse; — *catcher,* accalappiacani; — *-days,* giorni di canicola; — *-ear,* orecchia (*a una pagina*); — *-tired,* stanco morto.
to **dog** *vt.* inseguire.
dogged *agg.* ostinato.
doggerel *s.* filastrocca.
dogmatic(al) *agg.* dogmatico.
dogmatism *s.* dogmatismo.
doily *s.* tovagliolino.
doings *s. pl.* azioni, imprese.
dole *s.* **1.** ripartizione **2.** sussidio.
doleful *agg.* triste.
dolichocephalic *agg.* dolicocefalo.
doll *s.* bambola.
dollar *s.* dollaro.
dolly *s.* **1.** bambola **2.** (*cine*) carrello.
dolomitic *agg.* dolomitico.
dolphin *s.* **1.** delfino **2.** boa.
dolt *s.* stupido.
domain *s.* dominio.
dome *s.* cupola.
domestic *agg.* **1.** domestico **2.** nazionale. ♦ **domestic** *s.* domestico.
domicile *s.* domicilio.
domiciliary *agg.* domiciliare.
dominant *agg.* dominante.
to **dominate** *vt.* e *vi.* dominare.
domination *s.* dominazione.
domineering *agg.* dispotico.
Dominican *agg.* e *s.* domenicano.
dominion *s.* dominio, possedimento (*di territori*).
donation *s.* donazione.
donative *s.* dono.
done V. *to do* || *over- —,* troppo cotto; *under- —,* poco cotto.
donjon *s.* torrione.
donkey *s.* asino.
donor *s.* donatore.
doodle *s.* ghirigoro.
doom *s.* **1.** destino **2.** giudizio.
to **doom** *vt.* condannare.
doomsday *s.* giudizio universale.
door *s.* porta, portiera || — *-keeper,* portinaio; — *-post,* stipite; — *-way,* soglia.
dope *s.* **1.** vernice **2.** stupefacente.
to **dope** *vt.* **1.** verniciare **2.** drogare.
doping *s.* drogaggio.
Doric *agg.* dorico.
dormer (window) *s.* abbaino.
dormitory *s.* dormitorio.
dormouse *s.* (*pl.* dormice) ghiro.
dorsal *agg.* dorsale.
dosage *s.* dosaggio.
to **dose** *vt.* **1.** dosare **2.** adulterare.
dosimeter *s.* dosatore.
dossal *s.* dossale.
dossier *s.* incartamento.
dot *s.* punto, puntino.
to **dot** *vt.* punteggiare.
dotage *s.* **1.** rimbambimento **2.** infatuazione.
dotal *agg.* dotale.
doting *agg.* **1.** senile **2.** infatuato. ♦ **doting** *s.* senilità.
double *agg.* doppio. ♦ **double** *s.* **1.** doppio **2.** (*cine*) controfigura. ♦ **double** *avv.* **1.** doppiamente **2.** in due.
to **double** *vt.* **1.** raddoppiare **2.** doppiare **3.** piegare. ♦ to **double** *vi.* **1.** raddoppiarsi **2.** piegarsi.
double-dealing *s.* imbroglio.
doubleness *s.* doppiezza.
doubling *s.* raddoppiamento.
doubly *avv.* doppiamente.
doubt *s.* dubbio || *no —,* indubbiamente.
to **doubt** *vt.* e *vi.* dubitare.

doubtful *agg.* incerto, dubbio.
doubtfulness *s.* dubbiosità.
doubtless *agg.* indubbio. ♦ **doubtless** *avv.* indubbiamente.
dough *s.* pasta.
dove *s.* colomba || — *-cot(e)*, colombaia.
dowdy *agg.* sciatto.
dower *s.* dote.
down[1] *s.* **1.** duna **2.** collina.
down[2] *s.* **1.** piumino **2.** lanugine.
down[3] *agg.* **1.** diretto verso il basso **2.** depresso.
down[4] *avv.* (in) giù || — *with!*, abbasso: — *with the tyrant!*, abbasso il tiranno! ♦ **down** *prep.* giù per.
to **down** *vt.* abbattere, rovesciare.
downcast *agg.* abbattuto.
downfall *s.* rovescio.
downhearted *agg.* scoraggiato.
downhill *agg.* discendente, inclinato. ♦ **downhill** *avv.* in discesa.
downpour *s.* acquazzone.
downright *agg.* vero, sincero. ♦ **downright** *avv.* completamente.
downstairs *avv.* giù. ♦ **downstairs** *agg.* dabbasso. ♦ **downstairs** *s.* pianterreno.
downtrodden *agg.* calpestato, oppresso.
downward *agg.* in giù, discendente.
downward(s) *avv.* in giù.
downy[1] *agg.* ondulato.
downy[2] *agg.* **1.** lanuginoso **2.** morbido.
dowry *s.* dote.
dowser *s.* rabdomante.
doze *s.* sonnellino.
to **doze** *vi.* sonnecchiare.
dozen *s.* dozzina.
drab *s.* **1.** sciattona **2.** sgualdrina.
draff *s.* feccia.
draft *s.* **1.** tiro **2.** sorso **3.** abbozzo **4.** corrente d'aria **5.** (*comm.*) tratta **6.** (*mar.*) pescaggio.
to **draft** *vt.* **1.** tirare **2.** abbozzare.
drag *s.* **1.** erpice **2.** (*mar.*) draga **3.** ostacolo.
to **drag** *vt.* **1.** trascinare **2.** dragare. ♦ to **drag** *vi.* trascinarsi || *to — on*, tirare in lungo.
to **draggle** *vt.* inzaccherare. ♦ to **draggle** *vi.* inzaccherarsi.
dragon *s.* drago || — *-fly*, libellula.
drain *s.* **1.** canale, fogna **2.** fuga.
to **drain** *vt.* prosciugare. ♦ to **drain** *vi.* **1.** prosciugarsi **2.** defluire.
drainage *s.* **1.** fognatura **2.** drenaggio.
draining *s.* **1.** scolatura **2.** drenaggio.
dram *s.* dramma (*unità di peso*).
drama *s.* dramma.
dramatic(al) *agg.* drammatico.
dramatics *s. pl.* produzioni drammatiche (*di dilettanti*).
dramatist *s.* drammaturgo.
to **dramatize** *vt.* e *vi.* drammatizzare.
dramaturgy *s.* drammaturgia.
drank V. *to drink.*
to **drape** *vt.* drappeggiare.
draper *s.* negoziante di tessuti.
drapery *s.* **1.** tessuti **2.** drappeggi.
drastic *agg.* drastico.
draught *s.* V. *draft.* ♦ **draughts** *s. pl.* gioco della dama (*sing.*).
draught-board *s.* scacchiera.
draw *s.* **1.** tiro **2.** estrazione **3.** attrazione.
to **draw (drew, drawn)** *vt.* **1.** tirare **2.** attirare **3.** disegnare **4.** estrarre **5.** (*comm.*) emettere || *to — up*, compilare. ♦ to **draw (drew, drawn)** *vi.* tirarsi || *to — on*, avvicinarsi; *to — in*, ritirarsi; *to — up*, fermarsi.
drawback *s.* ostacolo.
drawbridge *s.* ponte levatoio.
drawer *s.* **1.** estrattore **2.** disegnatore **3.** cassetto.
drawers *s. pl.* mutande.
drawing *s.* **1.** disegno **2.** estrazione **3.** attrazione || — *-pen*, tiralinee; — *-pin*, puntina da disegno.
drawing-room *s.* salotto.
to **drawl** *vt.* strascicare la voce.
drawn V. *to draw.*
dread *s.* spavento.
dreadful *agg.* terribile.
dreadnought *s.* **1.** impavido **2.** (*mar.*) corazzata.
dream *s.* sogno.
to **dream (dreamt, dreamt)** (*anche reg.*) *vt.* e *vi.* sognare.
dreamer *s.* sognatore.
dreamt V. *to dream.*
dreamless *agg.* senza sogni.
dreamy *agg.* **1.** sognante **2.** vago.
dreariness *s.* tristezza.
dreary *agg.* tetro, squallido.
dredge *s.* draga.
to **dredge**[1] *vt.* e *vi.* dragare.
to **dredge**[2] *vt.* cospargere, spolverizzare.
dredger[1] *s.* draga.
dredger[2] *s.* spolverizzatore.
dredging *s.* dragaggio.

dregs *s. pl.* **1.** feccia (*sing.*) **2.** sedimento (*sing.*).
to **drench** *vt.* inzuppare || *to get drenched,* inzupparsi.
dress *s.* abito, abbigliamento.
to **dress** *vt.* **1.** vestire **2.** bendare **3.** condire, rifinire. ♦ to **dress** *vi.* vestirsi.
dressing *s.* **1.** abbigliamento **2.** medicazione **3.** condimento || — *-gown,* vestaglia; — *-table,* toletta.
dressmaker *s.* sarta.
dressmaking *s.* sartoria.
drew V. *to draw.*
dribble *s.* **1.** gocciolamento **2.** (*sport*) palleggio.
to **dribble** *vt.* e *vi.* **1.** stillare **2.** (*sport*) palleggiare.
dribbling *s.* V. *dribble.*
drier *s.* essiccatore.
drift *s.* **1.** spinta **2.** deriva **3.** raffica **4.** (*fig.*) significato.
to **drift** *vt.* sospingere. ♦ to **drift** *vi.* andare alla deriva, essere trascinato.
drill *s.* **1.** trapano, trivella **2.** esercitazione.
to **drill** *vt.* **1.** trapanare, trivellare **2.** esercitare.
drilling *s.* **1.** trapanazione, trivellazione **2.** esercitazione || — *machine,* trapano.
drink *s.* **1.** il bere **2.** bevanda.
to **drink (drank, drunk)** *vt.* e *vi.* bere.
drinkable *agg.* bevibile.
drinker *s.* bevitore.
drinking *s.* il bere.
drip *s.* gocciolamento.
to **drip** *vt.* e *vi.* gocciolare.
dripping *s.* gocciolio.
drive *s.* **1.** gita (*in auto*) **2.** viale (*carrozzabile*) **3.** spinta.
to **drive (drove, driven)** *vt.* **1.** condurre **2.** guidare **3.** azionare || *to — away,* scacciare; *to — in,* conficcare. ♦ to **drive (drove, driven)** *vi.* andare (*in veicolo*) || *to — off,* partire (*in veicolo*); to — *up,* arrivare (*in veicolo*).
drive-in *s.* cinema, banca ecc. in cui si entra in auto.
driver *s.* conducente.
driving *s* **1.** guida **2.** comando.
drizzle *s.* pioggerella.
to **drizzle** *vi.* piovigginare.
drizzly *agg.* piovigginoso.
droll *agg.* buffo.
drollery *s.* **1.** buffoneria **2.** scherzo.
dromedary *s.* dromedario.
drone *s.* **1.** fuco **2.** ronzio.
to **drone** *vt.* e *vi.* ronzare.
to **droop** *vt.* abbassare. ♦ to **droop** *vi.* afflosciarsi, languire.
drooping *agg.* **1.** pendente, abbassato **2.** abbattuto.
drop *s.* **1.** goccia **2.** caduta **3.** ribasso.
to **drop** *vt.* lasciar cadere. ♦ to **drop** *vi.* cadere || *to — in,* fare una visitina; *to — away,* scomparire.
dropper *s.* contagocce.
dropsical *agg.* idropico.
dropsy *s.* idropisia.
dross *s.* scoria.
drought *s.* siccità.
drove V. *to drive.*
to **drown** *vt.* **1.** annegare **2.** smorzare. ♦ to **drown** *vi.* annegare.
drowning *s.* annegamento.
to **drowse** *vi.* sonnecchiare, assopirsi.
drowsily *avv.* in modo sonnolento.
drowsiness *s.* sonnolenza.
drowsy *agg.* sonnolento.
to **drub** *vt.* percuotere, bastonare.
drudge *s.* sgobbone.
to **drudge** *vi.* sfacchinare.
drudgery *s.* lavoro faticoso.
drug *s.* **1.** medicina **2.** droga || — *-store,* farmacia (*in cui si vendono articoli vari*).
to **drug** *vt.* drogare.
druggist *s.* farmacista.
Druid *s.* druido.
drum *s.* **1.** tamburo **2.** timpano.
to **drum** *vi.* suonare il tamburo. ♦ to **drum** *vt.* (*fig.*) inculcare.
drummer *s.* tamburino.
drumming *s.* tambureggiamento.
drunk *V. to drink.* ♦ **drunk** *agg.* ubriaco.
drunkard *s.* ubriacone.
drunken *agg.* ubriaco.
drunkenness *s.* ubriachezza.
dry *agg.* asciutto, arido, secco || — *cleaning,* lavaggio a secco.
to **dry** *vt.* **1.** seccare **2.** asciugare. ♦ to **dry** *vi.* **1.** seccarsi **2.** asciugarsi || *to — up,* ammutolire.
dryad *s.* driade.
drying *agg.* essiccante. ♦ **drying** *s.* essiccamento.
dual *agg.* duplice.
dualism *s.* dualismo.
dualist *s.* dualista.
dualistic *agg.* dualistico.

duality *s.* dualità.
to **dub**[1] *vt.* creare cavaliere.
to **dub**[2] *vt.* (*cine*) doppiare.
dubbing *s.* doppiaggio.
dubious *agg.* **1.** dubbio **2.** dubbioso.
dubiousness *s.* dubbiosità.
dubitative *agg.* dubitativo.
ducal *agg.* ducale.
duchess *s.* duchessa.
duchy *s.* ducato.
duck[1] *s.* anitra.
duck[2] *s.* tela.
duck[3] *s.* tuffo.
to **duck** *vt.* **1.** tuffare **2.** piegare. ♦ to **duck** *vi.* **1.** tuffarsi **2.** piegarsi.
duckling *s.* anatroccolo.
duct *s.* condotto.
ductile *agg.* duttile.
ductility *s.* duttilità.
due *agg.* e *s.* dovuto || *to be* —, dover arrivare; *to fall* —, scadere.
duel *s.* duello.
to **duel** *vi.* duellare.
duet *s.* duetto.
dug V. *to dig.*
duke *s.* duca.
dukedom *s.* ducato.
dull *agg.* **1.** tardo, sciocco **2.** sordo **3.** triste **4.** noioso **5.** opaco.
to **dull** *vt.* **1.** istupidire **2.** intorpidire **3.** smorzare. ♦ to **dull** *vi.* **1.** istupidirsi **2.** intorpidirsi **3.** smorzarsi.
dullard *s.* imbecille.
dul(l)ness *s.* **1.** lentezza **2.** noia **3.** opacità **4.** ottusità.
dully *avv.* **1.** ottusamente **2.** lentamente **3.** in modo noioso **4.** debolmente.
duly *avv.* debitamente.
dumb *agg.* muto || — *-show,* pantomima.
to **dumbfound** *vt.* confondere.
dumbness *s.* mutismo.
dumb-waiter *s.* montavivande.
dummy *agg.* **1.** muto **2.** falso. ♦ **dummy** *s.* fantoccio.
dump *s.* **1.** colpo sordo **2.** ammasso.
dumping *s.* « dumping » (*tipo di vendita concorrenziale sui mercati esteri*).
dunce *s.* ignorante.
dune *s.* duna.
dung *s.* **1.** sterco **2.** letame.
dungarees *s. pl.* tuta (*da lavoro*) (*sing.*).
dungeon *s.* **1.** torrione **2.** prigione sotterranea.
dunghill *s.* letamaio.
to **dunk** *vt.* e *vi.* inzuppare.
duodenal *agg.* duodenale.
duodenum *s.* (*pl.* -na) duodeno.
dupe *s.* gonzo.
duplex *agg.* duplice.
duplicate *agg.* doppio. ♦ **duplicate** *s.* duplicato.
to **duplicate** *vt.* duplicare.
duplication *s.* **1.** raddoppiamento **2.** riproduzione.
duplicator *s.* copialettere.
duplicity *s.* doppiezza.
durability *s.* durata.
durable *agg.* durevole.
durallumin *s.* duralluminio.
duration *s.* durata.
duress *s.* **1.** prigionia **2.** coercizione.
during *prep.* durante.
durst V. dare.
dusk *s.* **1.** oscurità **2.** crepuscolo.
dusky *agg.* oscuro.
dust *s.* polvere || — *-bin,* pattumiera.
to **dust** *vt.* **1.** impolverare **2.** spolverare. ♦ to **dust** *vi.* impolverarsi.
duster *s.* **1.** strofinaccio (*per la polvere*) **2.** polverizzatore.
dustman *s.* spazzino.
dusty *agg.* polveroso.
Dutch *agg.* olandese.
Dutchman *s.* olandese.
dutiful *agg.* rispettoso.
duty *s.* **1.** ubbidienza **2.** dovere **3.** tassa.
duumvirate *s.* duumvirato.
dwarf *s.* nano.
dwarfish *agg.* nano.
to **dwell (dwelt, dwelt)** *vi.* **1.** abitare **2.** fermarsi.
dweller *s.* abitatore.
dwelling *s.* abitazione.
dwelt V. *to dwell.*
dye *s.* tintura.
to **dye** *vt.* tingere. ♦ to **dye** *vi.* tingersi.
dyer *s.* tintore.
dyerworks *s. pl.* tintoria (*sing.*).
dying *agg.* morente.
dynamic(al) *agg.* dinamico.
dynamics *s.* dinamica.
dynamism *s.* dinamismo.
dynamite *s.* dinamite.
dynamiter *s.* dinamitardo.
dynamo *s.* dinamo.
dynamometer *s.* dinamometro.
dynast *s.* dinasta.
dynastic(al) *agg.* dinastico.
dynasty *s.* dinastia.
dyne *s.* dina.

dysenteric *agg.* dissenterico.
dysentery *s.* dissenteria.
dyspepsia *s.* dispepsia.
dyspeptic(al) *agg.* dispeptico.

E

E (*mus.*) mi.
each *agg.* ogni, ciascuno. ♦ **each** *pron.* ognuno, ciascuno || — *other,* l'un l'altro.
eager *agg.* **1.** ardente, appassionato **2.** avido, desideroso.
eagerly *avv.* **1.** ardentemente **2.** avidamente.
eagerness *s.* **1.** ardore **2.** impazienza, premura.
eagle *s.* aquila.
ear[1] orecchio || — *-ache* mal d'orecchi — *-drum;* timpano; — *-ring,* orecchino; — *-vax,* cerume; *within* — *-shot,* a portata di voce.
ear[2] *s.* spiga (*di grano*).
earl *s.* conte.
earldom *s.* **1.** titolo di conte **2.** contea.
early *agg.* **1.** primo, il principio, la prima parte (*di qualsiasi tempo*) **2.** mattiniero **3.** prematuro **4.** remoto || — *train,* treno del primo mattino.
early *avv.* **1.** presto, di buon'ora, per tempo **2.** al principio.
earmark *s.* **1.** marchio, caratteristica **2.** (*comm.*) contrassegno.
to **earn** *vt.* guadagnare, meritare.
earnest *agg.* **1.** serio, zelante **2.** ardente. ♦ **earnest** *s.* caparra, pegno.
earnestly *avv.* **1.** seriamente **2.** con ardore.
earnestness *s.* **1.** serietà **2.** ardore.
earnings *s. pl.* **1.** guadagni **2.** (*comm.*) utili.
earth *s.* **1.** terra, mondo **2.** terreno.
earth-bound *agg.* radicato, attaccato ai beni terreni.
earthen *agg.* di terra, di terracotta.
earthenware *s.* terraglia.
earthly *agg.* terrestre.
earthquake *s.* terremoto.
earthworm *s.* lombrico.
earthy *agg.* terroso, di terra.
ease *s.* **1.** tranquillità (*di spirito*), benessere **2.** facilità, agevolezza **3.** sollievo.
to **ease** *vt.* e *vi.* **1.** alleviare, calmare **2.** liberare, alleggerire.
easeful *agg.* tranquillo.
easel *s.* cavalletto, telaio.
easily *avv.* **1.** facilmente **2.** comodamente.
easiness *s.* **1.** comodità, benessere **2.** facilità.
east *s.* est, oriente: *the Far East,* l'Estremo Oriente. ♦ **east** *avv.* ad est, verso est.
Easter *s.* Pasqua.
easterly *agg.* dell'est, dall'est, orientale.
eastern *agg.* dell'est, orientale.
eastward *agg.* verso est.
easy *agg.* **1.** facile **2.** agiato, modo **3.** piacevole.
easy *avv.* facilmente, comodamente.
easygoing *agg.* facilone, indolente.
to **eat (ate, eaten)** *vt.* e *vi.* **1.** mangiare **2.** rodere, corrodere.
eatable *agg.* mangiabile, commestibile.
eatables *s. pl.* vivande, viveri.
eaten V. *to eat.*
eater *s.* mangiatore.
eating *s.* il mangiare.
eaves *s. pl.* gronda, cornicione (*sing.*).
to **eavesdrop** *vi.* origliare.
ebb *s.* **1.** riflusso, l'abbassarsi della marea **2.** (*fig.*) decadenza || — *-tide,* bassa marea.
ebbing *agg.* **1.** defluente **2.** in declino.
ebonist *s.* ebanista.
ebonite *s.* ebanite.
ebony *s.* ebano.
ebullition *s.* ebollizione.
eccentric *agg.* e *s.* eccentrico (*anche fig.*).
eccentricity *s.* eccentricità.
ecclesiastic *agg.* e *s.* ecclesiastico.
ecclesiastical *agg.* ecclesiastico.
echelon *s.* scaglione.
echinoderm *s.* echinoderma.
echo *s.* eco.
to **echo** *vt.* e *vi.* **1.** far eco (a) **2.** echeggiare.
eclectic *agg.* e *s.* eclettico.
eclecticism *s.* eclettismo.
eclipse *s.* eclissi.
to **eclipse** *vt.* eclissare.
ecliptic *agg.* eclittico.
eclogue *s.* egloga.
ecology *s.* ecologia.

economic *agg.* economico.
economical *agg.* economico.
economics *s.* scienze economiche.
economist *s.* economista.
to **economize** *vt.* e *vi.* economizzare.
economy *s.* economia.
ecstasy *s.* estasi.
ecstatic *agg.* estatico.
ecstatically *avv.* estaticamente.
ecumenic(al) *agg.* ecumenico.
eczema *s.* eczema.
eddy *s.* **1.** turbine d'aria, vortice **2.** gorgo, risucchio.
edge *s.* **1.** orlo, margine **2.** ciglio, sponda **3.** taglio (*di lama*) **4.** spigolo.
to **edge** *vt.* e *vi.* **1.** bordare, fare un bordo **2.** affilare, arrotare, aguzzare (*anche fig.*).
edged *agg.* affilato, tagliente || *double-* —, a doppio taglio (*anche fig.*).
edgeless *agg.* **1.** senza bordo **2.** smussato, che non taglia.
edging *s.* orlatura, fettuccia.
edible *agg.* mangereccio.
edibles *s. pl.* commestibili.
edict *s.* editto.
edifice *s.* edificio (*anche fig.*).
edifying *agg.* edificante.
to **edit** *vt.* **1.** pubblicare, curare (*un libro*) **2.** redigere **3.** (*cine*) montare.
editing *s.* **1.** redazione, commento (*di un testo*) **2.** direzione (*di un giornale, ecc.*).
edition *s.* edizione.
editor *s.* **1.** commentatore, curatore (*di un testo*) **2.** direttore, redattore (*di un giornale*).
editorial *s.* editoriale, articolo di fondo. ♦ **editorial** *agg.* editoriale.
editorship *s.* direzione, redazione (*di giornali*).
to **educate** *vt.* **1.** istruire, educare **2.** affinare, esercitare.
educated *agg.* **1.** istruito, colto **2.** addestrato (*di animali*).
education *s.* **1.** cultura, educazione **2.** istruzione, insegnamento.
educational *agg.* educativo.
educative *agg.* istruttivo.
educator *s.* educatore.
to **educe** *vt.* estrarre, sviluppare.
educible *agg.* che si può estrarre.
to **edulcorate** *vt.* dolcificare.
eel *s.* anguilla.
eerie, eery *agg.* irreale, sovrannaturale.
to **efface** *vt.* cancellare, distruggere.
effect *s.* **1.** effetto, risultato **2.** impressione. ♦ **effects** *s. pl.* effetti personali.
to **effect** *vt.* effettuare, eseguire.
effective *agg.* **1.** efficace **2.** effettivo.
effectiveness *s.* efficacia.
effectual *agg.* efficace.
effectuality *s.* efficacia, validità.
effectuation *s.* effettuazione.
effeminacy *s.* effeminatezza.
effeminate *agg.* effeminato.
effervescence *s.* **1.** effervescenza **2.** (*fig.*) eccitamento.
effete *agg.* logoro, esaurito.
efficacious *agg.* efficace.
efficaciousness *s.* **1.** efficacia **2.** rendimento (*di una macchina*).
efficiency *s.* efficienza, rendimento.
efficient *agg.* **1.** efficiente, di alto rendimento **2.** abile, capace.
effigy *s.* effigie.
to **effloresce** *vi.* fiorire, germogliare.
effluent *agg.* defluente.
effort *s.* sforzo, fatica.
effortless *agg.* senza sforzo, facile.
effrontery *s.* sfrontatezza.
effulgence *s.* splendore.
effusion *s.* effusione, esuberanza.
effusive *agg.* espansivo, esuberante.
egg *s.* uovo || *boiled* —, uovo alla coque; *hard-boiled* —, uovo sodo.
to **egg** *vt.* *to* — *on so.*, istigare, incitare qu.
egocentric *agg.* egocentrico.
egocentrism *s.* egocentrismo.
egoism *s.* egoismo.
egoist *s.* egoista.
egoistic(al) *agg.* egoistico.
egotism *s.* egotismo.
egotist *s.* egotista.
egregious *agg.* insigne, eminente.
egress *s.* uscita.
Egyptian *agg.* e *s.* egiziano.
eider-down *s.* piumino (*da letto*).
eight *agg.* otto.
eighteen *agg.* diciotto.
eighteenth *agg.* diciottesimo.
eighth *agg.* ottavo.
eightieth *agg.* ottantesimo.
eighty *agg.* ottanta.
either *agg.* **1.** l'uno o l'altro **2.** ciascuno dei due, tutti e due. ♦ **either** *avv.* anche, pure. ♦ **either** *avv.* (*in frasi neg.*) neanche, neppure. ♦ **either** *cong.* (*seguito da or*) o, oppure.
to **ejaculate** *vt.* **1.** eiaculare **2.** e-

sclamare.
ejaculation *s.* **1.** eiaculazione **2.** esclamazione.
to **eject** *vt.* gettar fuori.
ejection *s.* **1.** espulsione **2.** (*fig.*) destituzione.
ejector *s.* espulsore.
elaborate *agg.* elaborato, accurato.
to **elaborate** *vt.* e *vi.* elaborare.
elaboration *s.* elaborazione.
to **elapse** *vi.* trascorrere, passare (*del tempo*).
elastic *agg.* elastico (*anche fig.*).
elasticity *s.* elasticità.
to **elate** *vt.* inebriare, esaltare.
elbow *s.* gomito.
to **elbow** *vt.* e *vi.* spingere con il gomito, andare avanti a gomitate.
elder *agg.* (*comp. di* old) maggiore, più vecchio (*tra due persone*). ♦ **elder** *s.* maggiore, più vecchio (*fra due*).
elderly *agg.* attempato.
eldest *agg.* (*superl. di* old) maggiore (*tra fratelli*), primogenito.
elect *agg.* eletto, scelto.
to **elect** *vt.* eleggere.
election *s.* **1.** elezione **2.** scelta.
elective *agg.* **1.** elettivo **2.** elettorale.
elector *s.* elettore.
electoral *agg.* elettorale.
electorate *s.* elettorato.
electric(al) *agg.* elettrico.
electrician *s.* elettricista.
electricity *s.* elettricità.
to **electrify** *vt.* **1.** elettrificare **2.** elettrizzare.
electrization *s.* elettrizzazione.
electrocardiogram *s.* elettrocardiogramma.
to **electrocute** *vt.* fulminare mediante elettricità.
electrocution *s.* elettroesecuzione.
electrode *s.* elettrodo.
electrodynamics *s.* elettrodinamica.
electrolysis *s.* elettrolisi.
electro-magnet *s.* elettromagnete.
electromagnetic *agg.* elettromagnetico.
electron *s.* elettrone.
electronic *agg.* elettronico.
electronics *s.* elettronica.
electrostatics *s.* elettrostatica.
elegance *s.* eleganza.
elegant *agg.* elegante, raffinato.
elegiac *agg.* elegiaco.
elegy *s.* elegia.
element *s.* **1.** elemento **2.** principio costitutivo.
elemental *agg.* **1.** dei quattro elementi **2.** elementare **3.** fondamentale.
elementary *agg.* elementare.
elephant *s.* elefante.
elephantiasis *s.* elefantiasi.
elephantine *agg.* elefantesco.
to **elevate** *vt.* innalzare, elevare (*anche fig.*).
elevated *agg.* **1.** elevato **2.** sopraelevato.
elevation *s.* **1.** elevazione **2.** collina, luogo alto.
elevator *s.* ascensore, montacarichi.
eleven *agg.* undici.
elevenses *s.* (*fam.*) spuntino a metà mattina.
eleventh *agg.* undicesimo.
elf *s.* (*pl.* elves) elfo, folletto.
elfish *agg.* **1.** incantato **2.** vivace.
to **elicit** *vt.* estrarre, strappare.
eligibility *s.* eleggibilità.
eligible *agg.* eleggibile.
to **eliminate** *vt.* eliminare.
elimination *s.* eliminazione.
elision *s.* elisione.
elixir *s.* elisir.
elk *s.* alce.
ellipse *s.* ellisse.
ellipsis *s.* ellissi.
elliptic(al) *agg.* ellittico.
elm *s.* olmo.
elocution *s.* **1.** elocuzione **2.** dizione.
to **elope** *vi.* fuggire (*con un amante*).
elopement *s.* fuga (*con un amante*).
eloquence *s.* eloquenza.
eloquent *agg.* eloquente (*anche fig.*).
else *avv.* (*dopo avv. e pron. int., indef.*) altro.
elsewhere *avv.* altrove.
to **elude** *vt.* eludere, schivare.
elusive *agg.* **1.** elusivo, ambiguo **2.** sfuggevole.
elytron *s.* (*pl.* elytra) elitra.
Elzevir *agg.* e *s.* elzeviro.
to **emaciate** *vt.* far deperire, far dimagrire.
emaciated *agg.* emaciato.
to **emanate** *vi.* emanare.
emanation *s.* emanazione.
to **emancipate** *vt.* emancipare.
emancipation *s.* emancipazione.
to **embalm** *vt.* **1.** imbalsamare **2.** profumare.
embalmer *s.* imbalsamatore.

embankment *s.* **1.** argine, diga **2.** alzaia.
embarcation *s.* imbarco.
embargo *s.* embargo, fermo.
to **embark** *vt.* imbarcare (*truppe, merci*). ♦ to **embark** *vi.* imbarcarsi.
embarkation *s.* imbarco.
to **embarrass** *vt.* mettere in imbarazzo.
embarrassing *agg.* imbarazzante.
embarrassment *s.* **1.** imbarazzo **2.** difficoltà.
embassy *s.* ambasciata.
to **embattle** *vt.* disporre in ordine di battaglia, fortificare.
to **embed** *vt.* incassare, conficcare.
to **embellish** *vt.* abbellire, ornare.
embellishment *s.* abbellimento, ornamento.
ember *s.* tizzone. ♦ **embers** *s. pl.* brace (*sing.*).
embezzler *s.* malversatore.
to **embitter** *vt.* **1.** rendere amaro **2.** (*fig.*) amareggiare.
embitterment *s.* amarezza, inasprimento.
to **emblazon** *vt.* **1.** decorare **2.** celebrare.
emblem *s.* emblema, simbolo (*fig.*).
emblematic(al) *agg.* emblematico.
embodiment *s.* **1.** incarnazione **2.** incorporamento.
to **embody** *vt.* **1.** incarnare **2.** personificare **3.** incorporare.
to **embolden** *vt.* incoraggiare.
embolism *s.* embolia.
embolus *s.* (*pl.* -li) embolo.
to **emboss** *vt.* **1.** scolpire **2.** stampare in rilievo.
embossed *agg.* **1.** sbalzato **2.** fatto in rilievo.
embrace *s.* abbraccio, amplesso.
to **embrace** *vt.* abbracciare (*anche fig.*). ♦ to **embrace** *vi.* abbracciarsi.
embrasure *s.* **1.** vano (*di porta, finestra*) **2.** feritoia.
to **embroider** *vt.* ricamare.
embroiderer *s.* ricamatore.
embroidery *s.* ricamo.
to **embroil** *vt.* coinvolgere in una disputa.
embryo *s.* embrione.
embryonic *agg.* embrionale (*anche fig.*).
to **emend** *vt.* emendare.
emendation *s.* emendamento.
emerald *s.* smeraldo.
to **emerge** *vi.* **1.** emergere, affiorare **2.** (*fig.*) risultare.
emergency *s.* emergenza, caso imprevisto || — *-door,* uscita di sicurezza; — *means,* mezzi di fortuna.
emersion *s.* emersione.
emery *s.* smeriglio || — *-paper,* carta smerigliata.
emetic *agg.* e *s.* emetico.
emigrant *agg.* e *s.* emigrante.
to **emigrate** *vi.* emigrare.
emigration *s.* emigrazione.
eminence *s.* **1.** luogo, parte eminente **2.** (*anat.*) protuberanza **3.** (*fig.*) eminenza, eccellenza.
eminent *agg.* eminente (*anche fig.*).
eminently *avv.* eminentemente.
emir *s.* emiro.
emissary *s.* emissario, agente segreto.
emission *s.* emissione.
to **emit** *vt.* **1.** emettere **2.** esalare.
emollient *agg.* e *s.* emolliente.
emolument *s.* remunerazione, salario.
emotion *s.* emozione, turbamento.
emotional *agg.* **1.** emotivo, impressionabile **2.** commovente.
emotionalism *s.* emotività.
emotionally *avv.* con emozione.
emotive *agg.* **1.** commovente **2.** emotivo.
emperor *s.* imperatore.
emphasis *s.* **1.** accentuazione, rilievo **2.** enfasi.
to **emphasize** *vt.* accentuare.
emphatic *agg.* **1.** accentuato **2.** enfatico.
emphysema *s.* enfisema.
emphyteusis *s.* enfiteusi.
empire *s.* impero.
empiric *s.* empirico.
empirical *agg.* empirico.
empiricism *s.* empirismo.
emplacement *s.* **1.** collocazione **2.** (*mil.*) piazzuola.
employ *s.* impiego: *out of* —, senza impiego.
to **employ** *vt.* **1.** impiegare, adoperare **2.** assumere.
employee *s.* impiegato.
employer *s.* datore di lavoro.
employment *s.* impiego, occupazione.
to **empoison** *vt.* avvelenare.
emporium *s.* **1.** centro commerciale **2.** emporio.
to **empower** *vt.* dare pieni poteri a.

emptiness *s.* **1.** vuoto **2.** vanità.
empty *agg.* **1.** vuoto **2.** vano **3.** vacante || — *-handed,* a mani vuote.
to **empty** *vt.* vuotare. ♦ to **empty** *vi.* vuotarsi.
to **emulate** *vt.* emulare.
emulation *s.* emulazione.
emulator *s.* emulatore.
emulous *agg.* emulo.
to **emulsify** *vt.* emulsionare.
emulsion *s.* emulsione.
emulsive *agg.* emulsivo.
to **enable** *vt.* mettere in grado.
to **enact** *vt.* decretare, emanare (*una legge*).
enactment *s.* **1.** promulgazione **2.** legge.
enamel *s.* smalto.
to **enamel** *vt.* smaltare.
to **encamp** *vi.* accamparsi.
encaustic *agg.* encaustico.
encephalic *agg.* encefalico.
encephalitis *s.* encefalite.
to **enchant** *vt.* incantare, affascinare.
enchanter *s.* incantatore, mago.
enchanting *agg.* incantevole.
enchantment *s.* incanto, incantesimo.
enchantress *s.* incantatrice.
to **encircle** *vt.* circondare, cingere.
enclitic *agg.* enclitico.
to **enclose** *vt.* **1.** racchiudere, cingere **2.** accludere.
enclosed *agg.* **1.** racchiuso, circondato **2.** accluso.
enclosure *s.* **1.** recinto, staccionata **2.** allegato.
encomiast *s.* encomiasta.
to **encompass** *vt.* circondare (*anche fig.*).
encore *avv.* (*teat.*) bis.
to **encore** *vt.* chiedere il bis.
encounter *s.* scontro.
to **encourage** *vt.* incoraggiare, animare.
encouragement *s.* incoraggiamento.
encouraging *agg.* incoraggiante.
to **encroach** *vt.* **1.** usurpare, invadere **2.** (*giur.*) ledere.
to **encrust** *vt.* incrostare.
to **encumber** *vt.* **1.** ingombrare, imbarazzare **2.** ostruire.
encumbrance *s.* ingombro, impedimento.
encyclic(al) *agg.* enciclico. ♦ **encyclic(al)** *s.* enciclica.
encyclop(a)edia *s.* enciclopedia.
encyclop(a)edic(al) *agg.* enciclopedico.
end *s.* **1.** estremità, fine, termine **2.** scopo, mira **3.** morte.
to **end** *vt.* e *vi.* finire, concludere.
to **endanger** *vt.* mettere in pericolo, compromettere.
to **endear** *vt.* affezionare, rendere caro.
endearing *agg.* affettuoso, tenero.
endearment *s.* tenerezza. ♦ **endearments** *s. pl.* blandizie.
to **endeavo(u)r** *vi.* sforzarsi. ♦ to **endeavo(u)r** *vt.* tentare.
endemic *agg.* endemico.
ending *agg.* finale, ultimo. ♦ **ending** *s.* fine, conclusione.
endless *agg.* senza fine, eterno, continuo.
endocarditis *s.* endocardite.
endocardium *s.* endocardio.
endocarp *s.* endocarpo.
endocrine *agg.* endocrino.
endocrinology *s.* endocrinologia.
endogeny *s.* endogenesi.
to **endorse** *vt.* (*comm.*) girare, vistare.
endorsee *s.* (*comm.*) giratario.
endorsement *s.* (*comm.*) girata.
endorser *s.* (*comm.*) girante.
to **endow** *vt.* **1.** dotare **2.** fare una donazione.
endowment *s.* **1.** costituzione di dote, donazione **2.** (*fig.*) talento.
endurance *s.* **1.** resistenza, sopportazione **2.** durata.
to **endure** *vt.* tollerare, sopportare. ♦ to **endure** *vi.* resistere, durare.
enduring *agg.* **1.** tollerante, paziente **2.** durevole.
enema *s.* clistere.
enemy *agg.* e *s.* nemico.
energetic(al) *agg.* **1.** energico **2.** energetico.
to **energize** *vt.* infondere energia.
energumen *s.* energumeno.
energy *s.* energia, forza.
to **enervate** *vt.* snervare, indebolire.
enervation *s.* indebolimento.
to **enfeeble** *vt.* indebolire.
to **enfold** *vt.* **1.** avvolgere **2.** cingere.
to **enforce** *vt.* **1.** imporre, far rispettare **2.** mettere in vigore (*una legge*).
to **enframe** *vt.* incorniciare.
to **enfranchise** *vt.* affrancare, liberare.
enfranchisement *s.* affrancamento,

liberazione.
to **engage** *vt.* **1.** impegnare **2.** ingaggiare **3.** attrarre (*l'attenzione*). ♦ to **engage** *vi.* impegnarsi || *to — in conversation,* prendere parte alla conversazione.
engaged *agg.* **1.** impegnato **2.** fidanzato **3.** occupato, riservato.
engagement *s.* **1.** impegno **2.** fidanzamento **3.** assunzione, impiego.
engaging *agg.* attraente, avvincente.
engagingly *avv.* in modo attraente.
to **engender** *vt.* produrre, causare.
engine *s.* **1.** macchina, motore **2.** (*ferr.*) locomotrice || *fire- —,* autopompa.
engineer *s.* **1.** ingegnere **2.** tecnico.
engineering *s.* **1.** ingegneria **2.** costruzione meccanica.
English *agg.* inglese. ♦ **English** *s.* lingua inglese.
Englishman *s.* (*uomo*) inglese.
Englishwoman *s.* (*donna*) inglese.
to **engrave** *vt.* **1.** intagliare, incidere **2.** (*fig.*) imprimere.
engraver *s.* incisore.
engraving *s.* arte dell'incisione || *wood- —,* xilografia.
to **engross** *vt.* **1.** copiare (*un atto legale*), redigere (*un documento*) **2.** assorbire (*l'attenzione*).
engrossment *s.* copiatura (*di documento*).
to **enhance** *vt.* accrescere.
enigma *s.* enigma.
enigmatic(al) *agg.* enigmatico.
to **enjoy** *vt.* **1.** godere, gioire **2.** gustare, provar piacere di || *to — oneself,* divertirsi.
enjoyable *agg.* piacevole, gradevole.
enjoyably *avv.* piacevolmente.
enjoyment *s.* godimento, piacere.
to **enkindle** *vt.* infiammare, eccitare. ♦ to **enkindle** *vi.* infiammarsi, eccitarsi.
to **enlarge** *vt.* **1.** allargare, ampliare **2.** (*foto*) ingrandire. ♦ to **enlarge** *vi.* allargarsi, ampliarsi.
enlargement *s.* **1.** allargamento **2.** (*foto*) ingrandimento.
enlarger *s.* (*foto*) ingranditore.
to **enlighten** *vt.* rischiarare, illuminare (*anche fig.*).
enlightenment *s.* **1.** spiegazione, schiarimento **2.** (*lett.*) l'illuminismo.
to **enlist** *vt.* arruolare. ♦ to **enlist** *vi.* arruolarsi.
enlistment *s.* arruolamento, ingaggio.
to **enliven** *vt.* rianimare, ravvivare.
to **enmesh** *vt.* impegolare, irretire.
enmity *s.* ostilità, inimicizia.
to **ennoble** *vt.* nobilitare.
enormity *s.* mostruosità.
enormous *agg.* enorme, immenso.
enough *avv.* abbastanza, sufficientemente. ♦ **enough** *agg.* sufficiente. ♦ **enough** *s.* il necessario, quanto basta.
to **enrage** *vt.* far arrabbiare, esasperare.
to **enrapture** *vt.* rapire, estasiare.
to **enrich** *vt.* **1.** arricchire (*anche fig.*) **2.** abbellire.
enrichment *s.* **1.** arricchimento **2.** abbellimento.
to **enrol** *vt.* **1.** arruolare, ingaggiare **2.** iscrivere.
enrolment *s.* **1.** arruolamento, iscrizione **2.** (*giur.*) registrazione.
ensign *s.* **1.** bandiera, stendardo **2.** portabandiera.
to **enslave** *vt.* assoggettare, far schiavo (*anche fig.*).
enslavement *s.* asservimento, schiavitù (*anche fig.*).
to **ensnare** *vt.* adescare, intrappolare (*anche fig.*).
to **ensue** *vt.* e *vi.* seguire.
to **ensure** *vt.* assicurare, garantire.
entail *s.* eredità, ordine di successione (*vincolato*).
to **entangle** *vt.* impigliare, intralciare (*anche fig.*).
entanglement *s.* groviglio, impiccio.
to **enter** *vt.* e *vi.* **1.** entrare, penetrare **2.** iscrivere **3.** (*comm.*) registrare || *to — upon,* intraprendere (*una carriera*).
enteric *agg.* enterico.
enteritis *s.* enterite.
enterocolitis *s.* enterocolite.
enterogastritis *s.* gastroenterite.
enterprise *s.* **1.** impresa **2.** iniziativa, intraprendenza.
enterprising *agg.* intraprendente.
to **entertain** *vt.* **1.** ricevere, ospitare **2.** intrattenere, divertire **3.** carezzare (*un'idea*), nutrire (*dubbi, speranze*).
entertainer *s.* **1.** anfitrione, ospite **2.** comico.
entertaining *agg.* divertente.
entertainment *s.* **1.** trattenimento, spettacolo **2.** ricevimento, festa **3.** divertimento.

to **enthral** *vt.* (*fig.*) affascinare, incantare.
enthralment *s.* incanto, malia.
to **enthrone** *vt.* mettere sul trono.
enthronement *s.* investitura, intronizzazione.
enthusiasm *s.* entusiasmo.
enthusiast *s.* entusiasta.
enthusiastic(al) *agg.* entusiastico.
enthusiastically *avv.* entusiasticamente.
to **entice** *vt.* sedurre, allettare.
enticement *s.* **1.** attrattiva **2.** adescamento, istigazione.
enticing *agg.* seducente, attraente.
entire *agg.* intero, completo.
entirely *avv.* interamente, completamente.
to **entitle** *vt.* **1.** intitolare (*un libro*) **2.** dare un titolo.
entity *s.* entità, esistenza.
entomological *agg.* entomologico.
entomologist *s.* entomologo.
entomology *s.* entomologia.
entrails *s. pl.* intestino (*sing.*), visceri.
entrance *s.* **1.** ingresso, entrata **2.** ammissione || — *hall,* vestibolo.
to **entrap** *vt.* prendere in trappola, truffare.
to **entreat** *vt.* pregare, supplicare.
entreaty *s.* supplica, istanza.
to **entrench** *vt.* e *vi.* trincerare, fortificare (*anche fig.*) || *to — upon,* usurpare.
entrepreneur *s.* **1.** (*teat.*) impresario **2.** imprenditore.
to **entrust** *vt.* affidare, commettere.
entry *s.* **1.** entrata **2.** ingresso, passaggio **3.** (*comm.*) registrazione.
to **entwine** *vt.* attorcigliare, intrecciare. ♦ to **entwine** *vi.* arrotolarsi.
to **enucleate** *vt.* spiegare, chiarire.
enucleation *s.* spiegazione, chiarimento.
to **enumerate** *vt.* enumerare.
enumeration *s.* enumerazione.
enumerator *s.* numeratore.
to **enunciate** *vt.* enunciare, proclamare.
enunciation *s.* enunciazione.
to **envelop** *vt.* avvolgere, avviluppare.
envelope *s.* busta, involucro.
envelopment *s.* avvolgimento.
enviable *agg.* invidiabile.
envious *agg.* invidioso.
to **environ** *vt.* circondare, accerchiare.
environment *s.* ambiente.
environs *s. pl.* dintorni.
envy *s.* invidia.
to **envy** *vt.* invidiare.
enzyme *s.* enzima.
epaulet(te) *s.* (*mil.*) spallina.
ephebe *s.* efebo.
ephemeral *agg.* effimero.
ephemeris *s.* (*pl.* -ides) effemeride.
epic *agg.* epico. ♦ **epic** *s.* poema epico.
epically *avv.* epicamente.
epicentre *s.* epicentro.
epicurean *agg.* e *s.* epicureo.
epidemic(al) *agg.* epidemico.
epidemically *avv.* epidemicamente.
epidermal *agg.* epidermico.
epidermis *s.* epidermide.
epigastric *agg.* epigastrico.
epigram *s.* epigramma.
epigrammatic *agg.* epigrammatico.
epigrammatist *s.* epigrammista.
epigraph *s.* epigrafe.
epigraphy *s.* epigrafia.
epilepsy *s.* epilessia.
epileptic *agg.* epilettico.
epilogue *s.* epilogo.
Epiphany *s.* Epifania.
episcopacy *s.* episcopato.
episcopal *agg.* episcopale.
episcopate *s.* episcopato.
episode *s.* episodio.
episodic(al) *agg.* episodico.
epistle *s.* epistola.
epistolary *agg.* epistolare.
epitaph *s.* epitaffio.
epithalamium *s.* epitalamio.
epithet *s.* epiteto.
epitome *s.* epitome, riassunto.
epoch *s.* epoca, età.
epopee *s.* epopea.
equability *s.* uguaglianza, uniformità.
equal *agg.* uguale, simile, stesso. ♦ **equal** *s.* pari (*di rango*).
equality *s.* uguaglianza, parità.
equalization *s.* eguagliamento.
to **equalize** *vt.* e *vi.* uguagliare.
equally *avv.* ugualmente, imparzialmente.
equanimity *s.* equanimità.
equanimous *agg.* equanime.
equation *s.* **1.** equazione **2.** pareggio.
equator *s.* equatore.
equatorial *agg.* equatoriale.
equestrian *agg.* equestre.
equidistant *agg.* equidistante.
equilateral *agg.* equilatero.

equine *agg.* equino.
equinoctial *agg.* equinoziale.
equinox *s.* equinozio.
to **equip** *vt.* **1.** equipaggiare **2.** fornire, arredare.
equipment *s.* **1.** equipaggiamento **2.** attrezzatura.
equipoise *s.* equilibrio.
equipollent *agg.* equipollente.
equitation *s.* equitazione.
equity *s.* giustizia, equità.
equivalence *s.* equivalenza.
equivalent *agg.* e *s.* equivalente.
equivocal *agg.* **1.** ambiguo, equivoco **2.** sospetto, losco.
equivocally *avv.* **1.** ambiguamente **2.** in modo losco.
to **equivocate** *vi.* equivocare, giocare sull'equivoco.
equivocation *s.* **1.** l'equivocare **2.** equivoco.
equivoke *s.* **1.** gioco di parole **2.** ambiguità (*d'espressione*).
era *s.* era, epoca.
eradicable *agg.* estirpabile.
to **eradicate** *vt.* sradicare, estirpare.
to **erase** *vt.* raschiare, cancellare.
eraser *s.* **1.** raschietto **2.** gomma per cancellare.
erasure *s.* raschiatura, cancellatura.
erect *agg.* diritto, ritto.
to **erect** *vt.* **1.** raddrizzare **2.** costruire.
erection *s.* **1.** raddrizzamento **2.** erezione.
eremite *s.* eremita.
ermine *s.* ermellino.
to **erode** *vt.* corrodere, logorare.
erosion *s.* erosione.
erosive *agg.* corrosivo.
erotic *agg.* erotico.
eroticism *s.* erotismo.
to **err** *vi.* **1.** sbagliare **2.** errare, vagabondare.
errand *s.* commissione || — *-boy,* fattorino.
errant *agg.* **1.** errante **2.** che sbaglia.
erratic *agg.* **1.** erratico **2.** irregolare.
erratically *avv.* **1.** irregolarmente **2.** eccentricamente.
erring *agg.* **1.** errante **2.** che sbaglia.
erroneous *agg.* erroneo.
error *s.* **1.** errore **2.** torto.
erudite *agg.* erudito.
erudition *s.* erudizione.
to **erupt** *vi.* eruttare.
eruption *s.* eruzione.
eruptive *agg.* eruttivo.
escalade *s.* scalata.
escalator *s.* scala mobile.
escape *s.* **1.** fuga, evasione **2.** scampo, salvezza.
to **escape** *vt.* e *vi.* **1.** fuggire, evadere **2.** scampare.
escapism *s.* evasione dalla realtà.
escapist *s.* chi cerca di evadere dalla realtà.
eschatology *s.* escatologia.
to **eschew** *vt.* evitare, astenersi da.
escort *s.* scorta.
to **escort** *vt.* scortare, accompagnare.
Eskimo *s.* esquimese.
esoteric *agg.* esoterico.
especial *agg.* speciale.
especially *avv.* specialmente.
espionage *s.* spionaggio.
esplanade *s.* spianata.
to **espy** *vt.* scorgere, avvistare.
esquire *s.* (*titolo di cortesia*) *John Smith Esq.*, egregio sig. John Smith.
essay *s.* **1.** esperimento, prova **2.** (*lett.*) saggio.
to **essay** *vt.* provare, mettere alla prova.
essayist *s.* saggista.
essence *s.* essenza.
essential *agg.* essenziale.
to **establish** *vt.* **1.** affermare (*un diritto ecc.*) **2.** instaurare **3.** (*comm.*) fondare, costituire.
established *agg.* **1.** stabilito, affermato **2.** fondato.
establishment *s.* **1.** affermazione, conferma **2.** instaurazione **3.** stabilimento, azienda.
estate *s.* **1.** terra, proprietà (*terriera*) **2.** stato, gruppo politico **3.** condizione, classe sociale || — *agent,* mediatore.
esteem *s.* stima, considerazione.
to **esteem** *vt.* **1.** stimare, tenere in gran conto **2.** considerare.
estimable *agg.* degno di stima.
estimate *s.* **1.** stima, giudizio **2.** (*comm.*) preventivo.
to **estimate** *vt.* **1.** stimare, valutare **2.** preventivare.
estimator *s.* perito, stimatore.
to **estrange** *vt.* alienare, alienarsi, allontanare.
estrangement *s.* alienazione, allontanamento.
estuary *s.* estuario.
etching *s.* acquaforte.
eternal *agg.* eterno.
eternity *s.* eternità.

ether *s.* etere.
ethereal *agg.* etereo.
ethic(al) *agg.* etico.
ethics *s.* etica.
Ethiopian *agg.* etiopico. ♦ **Ethiopian** *s.* etiope.
Ethiopic *agg.* etiopico.
ethnic(al) *agg.* etnico.
ethnography *s.* etnografia.
ethnologist *s.* etnologo.
ethnology *s.* etnologia.
ethylene *s.* etilene.
ethylic *agg.* etilico.
etiquette *s.* **1.** etichetta **2.** cerimoniale.
Etrurian, Etruscan *agg.* e *s.* etrusco.
etymologic(al) *agg.* etimologico.
etymology *s.* etimologia.
eucalyptus *s.* eucalipto.
Eucharist *s.* Eucaristia.
eucharistic(al) *agg.* eucaristico.
eugenics *s.* eugenetica.
eulogist *s.* elogiatore.
to **eulogize** *vt.* elogiare.
eulogy *s.* elogio, panegirico.
eunuch *s.* eunuco.
euphemism *s.* eufemismo.
euphonic *agg.* eufonico.
euphony *s.* eufonia.
euphoria *s.* euforia.
euphuism *s.* eufuismo.
euphuist *s.* affettato.
euphuistic *agg.* affettato, ricercato (*di stile*).
European *agg.* e *s.* europeo.
Eurovision *s.* eurovisione.
euthanasia *s.* eutanasia.
to **evacuate** *vt.* e *vi.* evacuare, sfollare.
evacuation *s.* evacuazione, sfollamento.
to **evade** *vt.* evitare, schivare, eludere.
to **evaluate** *vt.* valutare.
evaluation *s.* valutazione.
evanescent *agg.* evanescente.
evangelic(al) *agg.* evangelico.
evangelist *s.* evangelista.
evangelistic *agg.* di un evangelista, missionario.
evangelization *s.* evangelizzazione.
to **evangelize** *vt.* evangelizzare.
to **evaporate** *vi.* evaporare. ♦ to **evaporate** *vt.* far evaporare.
evaporation *s.* evaporazione.
evasion *s.* **1.** evasione, scappatoia **2.** scusa, pretesto.
evasive *agg.* evasivo.
evasively *avv.* evasivamente.
evasiveness *s.* ambiguità.
eve *s.* vigilia.
even *agg.* **1.** uguale, uniforme, costante, regolare **2.** pari, equo. ♦ **even** *avv.* **1.** ancora (*con comp.*) **2.** persino, anche || — *as*, nel momento in cui.
evening *s.* **1.** sera, serata **2.** (*fig.*) declino, fine.
evenly *avv.* in modo uguale, uniformemente.
evensong *s.* vespro.
event *s.* **1.** caso, eventualità **2.** avvenimento **3.** (*sport*) prova.
eventful *agg.* ricco di avvenimenti, movimentato.
eventual *agg.* finale, definitivo.
eventuality *s.* eventualità.
eventually *avv.* alla fine.
ever *avv.* **1.** mai **2.** sempre.
evergreen *s.* sempreverde.
everlasting *agg.* eterno.
everliving *agg.* immortale.
evermore *avv.* perpetuamente.
every *agg.* ogni, ciascuno, tutti.
everybody *pron. indef.* ognuno, tutti.
everyday *agg.* di tutti i giorni, quotidiano.
everyone *pron. indef.* V. *everybody.*
everything *pron. indef.* ogni cosa, tutto.
everywhere *avv.* ovunque.
to **evict** *vt.* sfrattare, espellere.
eviction *s.* sfratto.
evidence *s.* **1.** evidenza **2.** prova.
to **evidence** *vt.* provare, dimostrare.
evident *agg.* evidente, chiaro.
evil *agg.* cattivo, malvagio || — *-eye*, malocchio. ♦ **evil** *s.* male, peccato.
to **evirate** *vt.* evirare.
to **evocate** *vt.* evocare.
evocation *s.* evocazione.
evocative *agg.* evocatore.
to **evoke** *vt.* evocare.
evolution *s.* evoluzione.
evolutional *agg.* evolutivo.
evolutionism *s.* evoluzionismo.
to **evolve** *vt.* evolvere. ♦ to **evolve** *vi.* evolversi.
evolvement *s.* evoluzione, sviluppo.
ewe *s.* pecora (*femmina*).
to **exacerbate** *vt.* esacerbare, inasprire.
exacerbation *s.* esacerbazione, inasprimento.
exact *agg.* **1.** esatto, giusto **2.** puntuale, rigoroso.

to **exact** *vt.* **1.** esigere **2.** rendere necessario.
exacting *agg.* **1.** esigente **2.** impegnativo.
exaction *s.* esazione, estorsione.
exactitude *s.* esattezza, precisione.
exactly *avv.* esattamente.
exactness *s.* esattezza, precisione.
to **exaggerate** *vt.* esagerare, ingrandire.
exaggeration *s.* esagerazione.
to **exalt** *vt.* **1.** innalzare, elevare **2.** esaltare, lodare.
exaltation *s.* **1.** innalzamento **2.** esaltazione.
exalted *agg.* **1.** elevato (*di grado ecc.*) **2.** esaltato, eccitato.
examination *s.* **1.** esame, ispezione **2.** esame scolastico **3.** (*giur.*) interrogatorio.
to **examine** *vt.* **1.** verificare, ispezionare **2.** esaminare **3.** (*giur.*) istruire un processo.
examiner *s.* esaminatore.
example *s.* esempio.
to **exasperate** *vt.* **1.** peggiorare, aggravare **2.** esasperare.
exasperatingly *avv.* in modo esasperante.
exasperation *s.* esasperazione.
to **excavate** *vt.* scavare, fare scavi (*archeologici*).
excavation *s.* **1.** scavo **2.** fossa, buca.
excavator *s.* **1.** operaio scavatore **2.** (*mecc.*) escavatore.
to **exceed** *vt.* e *vi.* **1.** eccedere, superare (*i limiti*) **2.** essere superiore.
exceeding *agg.* esagerato.
exceedingly *avv.* eccessivamente, troppo.
to **excel** *vt.* superare. ♦ to **excel** *vi.* primeggiare.
excellence *s.* **1.** eccellenza **2.** pregio, superiorità.
Excellency *s.* (*titolo*) Eccellenza.
excellent *agg.* eccellente.
except *prep.* eccetto, tranne.
to **except** *vt.* eccettuare, escludere. ♦ to **except** *vi.* obiettare, sollevare eccezioni.
excepting *prep.* eccetto, tranne.
exception *s.* eccezione.
exceptional *agg.* eccezionale, straordinario.
excerpt *s.* brano scelto.
excess *s.* **1.** eccesso, intemperanza **2.** supplemento.
exchange *s.* **1.** scambio **2.** (*finanza*)
excessive *agg.* eccessivo, smoderato.
cambio **3.** borsa, mercato || *bill of* —, cambiale; — *-broker*, agente di cambio.
to **exchange** *vt.* cambiare, scambiare. ♦ to **exchange** *vi.* fare un cambio.
exchangeable *agg.* scambiabile.
exchanger *s.* cambiavalute.
exchequer *s.* Tesoro, Scacchiere, fisco.
excise *s.* imposta indiretta || — *duty*, dazio.
to **excise**[1] *vt.* tassare.
to **excise**[2] *vt.* estirpare, mutilare (*un testo*).
exciseman *s.* daziere, funzionario degli uffici delle imposte.
excision *s.* taglio, recisione.
excitability *s.* eccitabilità.
excitable *agg.* eccitabile.
excitant *agg.* e *s.* eccitante.
excitation *s.* eccitazione.
to **excite** *vt.* **1.** provocare, far nascere (*una rivolta, un sentimento ecc.*) **2.** eccitare, animare.
excited *agg.* eccitato.
excitement *s.* eccitazione.
to **exclaim** *vt.* e *vi.* esclamare.
exclamation *s.* esclamazione.
exclamatory *agg.* esclamativo.
to **exclude** *vt.* escludere.
exclusion *s.* esclusione.
exclusive *agg.* **1.** altezzoso **2.** chiuso, scelto (*di ambiente*) **3.** esclusivo.
exclusiveness *s.* esclusività.
to **excogitate** *vt.* escogitare.
excommunicable *agg.* scomunicabile.
excommunicate *agg.* e *s.* scomunicato.
to **excommunicate** *vt.* scomunicare.
excommunication *s.* scomunica.
excrement *s.* escremento.
excrescence *s.* escrescenza, protuberanza.
excruciating *agg.* tormentoso, straziante.
to **exculpate** *vt.* giustificare, scolpare.
excursion *s.* **1.** escursione, gita **2.** (*mil.*) sortita.
excursionist *s.* escursionista, gitante.
excusable *agg.* scusabile.
excuse *s.* **1.** scusa, giustificazione **2.**

pretesto.
to **excuse** *vt.* scusare, giustificare.
execrable *agg.* esecrabile.
to **execrate** *vt.* e *vi.* **1.** esecrare, detestare **2.** maledire.
execration *s.* **1.** esecrazione **2.** maledizione.
executant *s.* esecutore.
to **execute** *vt.* **1.** eseguire, mettere in esecuzione **2.** (*giur.*) convalidare **3.** giustiziare.
execution *s.* **1.** compimento, attuazione **2.** esecuzione.
executioner *s.* esecutore, boia.
executive *agg.* esecutivo.
executor *s.* esecutore.
exedra *s.* esedra.
exegesis *s.* (*pl.* -ses) esegesi.
exegete *s.* esegeta.
exemplary *agg.* esemplare.
exemplification *s.* esemplificazione.
to **exemplify** *vt.* esemplificare.
exempt *agg.* esente, esonerato.
to **exempt** *vt.* esentare, esonerare.
exemption *s.* esenzione, esonero.
exequies *s. pl.* esequie.
exercise *s.* esercizio, esercitazione || — *-book*, quaderno.
to **exercise** *vt.* esercitare, usare. ♦ to **exercise** *vi.* esercitarsi, allenarsi.
exercitation *s.* esercizio, uso (*di una facoltà*).
to **exert** *vt.* esercitare.
exertion *s.* **1.** esercizio (*di autorità*) **2.** sforzo.
exhalation *s.* esalazione.
to **exhale** *vt.* e *vi.* esalare, emettere.
exhaust *s.* **1.** (*mecc.*) scarico, scappamento **2.** apparato aspiratore.
to **exhaust** *vt.* e *vi.* **1.** aspirare (*aria, gas ecc.*) **2.** esaurire (*anche fig.*).
exhausted *agg.* **1.** aspirato **2.** esausto, spossato.
exhausting *agg.* che esaurisce.
exhaustion *s.* **1.** aspirazione **2.** esaurimento.
exhaustive *agg.* **1.** esauriente **2.** spossante.
exhibit *s.* **1.** insieme di oggetti in mostra **2.** (*giur.*) documento.
to **exhibit** *vt.* **1.** esibire, mostrare **2.** (*giur.*) produrre (*documenti ecc.*).
exhibition *s.* **1.** presentazione (*di documenti*) **2.** esposizione, mostra.
exhibitionism *s.* esibizionismo.
exhibitionist *s.* esibizionista.
exhibitor *s.* espositore.
to **exhilarate** *vt.* rallegrare, esilarare.
exhilarating *agg.* esilarante.
to **exhort** *vt.* esortare, ammonire.
exhortation *s.* esortazione.
exhortative *agg.* esortativo.
exhumation *s.* esumazione.
to **exhume** *vt.* esumare.
exigence *s.* **1.** esigenza, necessità **2.** situazione critica.
exigent *agg.* **1.** pressante, urgente **2.** esigente.
exigible *agg.* esigibile.
exiguity *s.* esiguità.
exiguous *agg.* esiguo.
exile *s.* **1.** esilio, bando **2.** esule.
to **exile** *vt.* esiliare.
to **exist** *vi.* esistere.
existence *s.* esistenza.
existent *agg.* esistente.
existential *agg.* esistenziale.
existentialism *s.* esistenzialismo.
existentialist *agg.* e *s.* esistenzialista.
existing *agg.* esistente, attuale.
exit *s.* uscita.
exode, exodus *s.* esodo.
exogenous *agg.* esogeno.
to **exonerate** *vt.* **1.** esonerare, dispensare **2.** giustificare.
exoneration *s.* **1.** dispensa, esonero **2.** giustificazione.
exorbitant *agg.* esorbitante.
to **exorcise** *vt.* esorcizzare.
exorciser *s.* esorcista.
exorcism *s.* esorcismo.
exorcist *s.* esorcista.
exothermic *agg.* esotermico.
exotic *agg.* esotico.
exoticism *s.* esotismo.
to **expand** *vt.* espandere, dilatare, allargare. ♦ to **expand** *vi.* espandersi, dilagare, dilatarsi, allargarsi, svilupparsi.
expanse *s.* distesa, estensione, spazio.
expansion *s.* espansione, dilatazione, allargamento.
expansionism *s.* espansionismo.
expansive *agg.* **1.** espansivo **2.** dilatabile.
to **expatiate** *vi.* **1.** errare, vagabondare **2.** parlare e scrivere diffusamente.
expatiation *s.* **1.** dissertazione **2.** prolissità.
expatriate *agg.* e *s.* espatriato.
to **expatriate** *vt.* esiliare. ♦ to

expatriate *vi.* espatriare.
expatriation *s.* espatrio.
to **expect** *vt.* **1.** aspettare, aspettarsi **2.** esigere, insistere **3.** pensare, credere || *to — somebody to come,* prevedere la venuta di qu.
expectance *s.* aspettativa, attesa.
expectant *s.* **1.** chi attende **2.** candidato.
expectation *s.* attesa, aspettativa. ♦ **expectations** *s. pl.* speranze.
expectorant *agg.* e *s.* espettorante.
expectoration *s.* espettorazione.
expediency *s.* **1.** convenienza **2.** opportunismo.
expedient *s.* espediente, ripiego.
to **expedite** *vt.* affrettare.
expedition *s.* **1.** spedizione **2.** prontezza, celerità.
expeditious *s.* svelto, sbrigativo.
to **expel** *vt.* espellere, cacciare.
expense *s.* **1.** spesa, sborso **2.** (*fig.*) sacrificio, prezzo.
expensive *agg.* costoso, caro.
experience *s.* esperienza.
to **experience** *vt.* sperimentare, provare.
experienced *agg.* pratico, esperto.
experiment *s.* esperimento, prova.
experimental *agg.* sperimentale.
experimentation *s.* sperimentasmo.
experimentalist *s.* sperimentalista.
experimentation *s.* sperimentazione.
expert *agg.* esperto. ♦ **expert** *s.* esperto, perito, competente.
expertly *avv.* abilmente.
to **expiate** *vt.* espiare.
expiation *s.* espiazione.
expiatory *agg.* espiatorio.
expiration *s.* **1.** fine, scadenza **2.** espirazione.
expiratory *agg.* espiratorio.
to **expire** *vt.* e *vi.* **1.** finire, scadere **2.** spirare, morire.
expiring *agg.* **1.** che scade **2.** spirante, morente.
expiry *s.* fine, cessazione.
to **explain** *vt.* e *vi.* spiegare, chiarire.
explanation *s.* spiegazione, delucidazione.
expletive *agg.* espletivo, pleonastico. ♦ **expletive** *s.* **1.** imprecazione **2.** pleonasmo.
explicable *agg.* spiegabile.
to **explicate** *vt.* sviluppare (*un principio, un'idea ecc.*).
explication *s.* spiegazione, sviluppo.
explicit *agg.* esplicito, chiaro.
to **explode** *vt.* esplodere, far esplodere. ♦ to **explode** *vi.* scoppiare, esplodere.
to **exploit** *vt.* **1.** utilizzare, sfruttare **2.** approfittare di.
exploitation *s.* sfruttamento, utilizzazione.
exploiter *s.* **1.** chi valorizza (*idea, invenzione ecc.*) **2.** sfruttatore.
exploration *s.* esplorazione.
to **explore** *vt.* esplorare.
explorer *s.* esploratore, esploratrice.
explosion *s.* esplosione, scoppio.
explosive *agg.* e *s.* esplosivo.
exponent *s.* **1.** divulgatore **2.** esponente.
exponential *agg.* esponenziale.
export *s.* esportazione.
to **export** *vt.* esportare.
exportation *s.* esportazione.
exporter *s.* esportatore.
to **expose** *vt.* **1.** esporre **2.** (*foto*) impressionare.
exposé *s.* esposto, resoconto.
exposition *s.* **1.** spiegazione, commento **2.** mostra, esposizione.
expositive *agg.* espositivo.
expositor *s.* commentatore.
expository *agg.* esplicativo.
exposure *s.* **1.** esposizione (*al freddo, al caldo ecc.*) **2.** mostra **3.** (*foto*) (tempo di) esposizione.
to **expound** *vt.* spiegare (*una teoria*).
express *agg.* **1.** chiaro, preciso **2.** espresso, diretto. ♦ **express** *s.* espresso, corriere || *— train,* direttissimo.
to **express** *vt.* esprimere, manifestare.
expression *s.* espressione.
expressionism *s.* espressionismo.
expressionist *s.* espressionista.
expressive *agg.* espressivo, significativo.
expressly *avv.* espressamente.
to **expropriate** *vt.* espropriare.
expropriation *s.* espropriazione.
expulsion *s.* espulsione.
expulsive *agg.* espulsivo.
expunction *s.* cancellatura.
to **expurgate** *vt.* espurgare (*uno scritto*).
expurgation *s.* espurgazione (*di uno scritto*).

exquisite *agg.* **1.** squisito **2.** fine, sensibile. ♦ **exquisite** *s.* raffinato.
exquisiteness *s.* squisitezza, finezza.
extant *agg.* ancora esistente.
extemporaneous, extemporary *agg.* estemporaneo.
extempore *agg.* improvvisato.
extemporization *s.* improvvisazione.
to **extemporize** *vt.* e *vi.* improvvisare.
to **extend** *vt.* **1.** estendere, allungare, prolungare. ♦ to **extend** *vi.* estendersi, allungarsi, prolungarsi.
extendible *agg.* estendibile.
extensible *agg.* estensibile.
extension *s.* **1.** estensione, allungamento **2.** (*comm.*) proroga.
extensive *agg.* **1.** esteso, ampio **2.** estensivo.
extent *s.* **1.** estensione **2.** volume **3.** limite, grado.
to **extenuate** *vt.* attenuare.
extenuation *s.* attenuazione.
exterior *agg.* esterno, esteriore. ♦ **exterior** *s.* **1.** l'esterno **2.** esteriorità.
exteriority *s.* esteriorità.
exteriorization *s.* esteriorizzazione.
to **exteriorize** *vt.* esternare.
to **exterminate** *vt.* sterminare.
extermination *s.* sterminio.
external *agg.* esteriore, esterno.
externality *s.* superficialità.
to **externalize** *vt.* esternare.
externally *avv.* esternamente, esteriormente.
exterritorial *agg.* estraterritoriale.
extinct *agg.* **1.** estinto **2.** spento.
extinction *s.* estinzione.
to **extinguish** *vt.* **1.** estinguere, spegnere **2.** pagare, ammortizzare.
extinguisher *s.* spegnitore, estintore.
to **extirpate** *vt.* estirpare, sradicare.
extirpation *s.* estirpazione, sradicamento.
to **extol** *vt.* lodare, magnificare
to **extort** *vt.* estorcere, strappare.
extorter *s.* chi estorce.
extortion *s.* estorsione.
extortioner *s.* ricattatore.
extra *agg.* **1.** straordinario **2.** in più, extra. ♦ **extra** *s.* **1.** supplemento **2.** (*giorn.*) edizione straordinaria **3.** (*cine*) comparsa. ♦ **extra** *avv.* extra, di più, in più, insolitamente.
extract *s.* **1.** estratto **2.** citazione.
to **extract** *vt.* estrarre, togliere.
extractable *agg.* estraibile.
extraction *s.* **1.** estrazione **2.** origine, stirpe.
extractive *agg.* estrattivo.
extractor *s.* estrattore.
to **extradite** *vt.* estradare.
extradition *s.* estradizione.
extraneous *agg.* estraneo.
extraordinary *agg.* straordinario, eccezionale.
extraterritorial *agg.* estraterritoriale.
extraterritoriality *s.* estraterritorialità.
extravagance *s.* **1.** prodigalità, sperpero **2.** stravaganza.
extravagant *agg.* **1.** prodigo **2.** stravagante.
extreme *agg.* **1.** estremo, ultimo **2.** grave. ♦ **extreme** *s.* estremo, estremità.
extremely *avv.* estremamente.
extremism *s.* estremismo.
extremist *s.* estremista.
extremity *s.* estremità.
extrinsic(al) *agg.* estrinseco.
extrovert *s.* estroverso.
to **extrude** *vt.* estromettere.
exuberance *s.* esuberanza.
exuberant *agg.* **1.** copioso, abbondante **2.** esuberante, pieno di vita.
exudation *s.* essudazione.
to **exude** *vt.* e *vi.* trasudare.
to **exult** *vi.* gioire, esultare.
exultant *agg.* esultante.
exultation *s.* esultanza.
eye *s.* occhio.
eyeball *s.* bulbo oculare.
eyebrow *s.* sopracciglio.
eyeglass *s.* lente, monocolo.
eyehole *s.* orbita, occhiaia.
eyelash *s.* ciglio.
eyelet *s.* occhiello, asola.
eyelid *s.* palpebra.
eyesight *s.* vista.
eyesore *s.* cosa brutta e spiacevole.
eyewitness *s.* testimone oculare.

F

F *s.* (*mus.*) fa.
fable *s.* favola.
fabled *agg.* **1.** mitico **2.** inventato.
fabric *s.* **1.** tessuto **2.** manufatto **3.**

struttura **4.** fabbricazione.
to **fabricate** *vt.* **1.** fabbricare **2.** inventare.
fabrication *s.* **1.** fabbricazione **2.** invenzione.
fabulist *s.* **1.** favolista **2.** bugiardo.
fabulosity *s.* favolosità.
fabulous *agg.* favoloso.
façade *s.* facciata.
face *s.* **1.** faccia **2.** aspetto **3.** sfrontatezza **4.** facciata **5.** quadrante (*di orologio*) || *to pull faces,* fare boccacce || *— -powder,* cipria; *— value,* (*comm.*) valore nominale.
to **face** *vt.* **1.** fronteggiare **2.** affrontare **3.** ricoprire || *to — about,* fare dietro-front.
facet *s.* sfaccettatura.
facetious *agg.* faceto.
facetiousness *s.* lepidezza.
facial *agg.* facciale.
facile *agg.* **1.** facile **2.** pronto **3.** accomodante.
to **facilitate** *vt.* facilitare.
facilitation *s.* facilitazione.
facility *s.* facilità. ♦ **facilities** *s. pl.* facilitazioni.
facing *agg.* che sta di fronte. ♦ **facing** *s.* rivestimento. ♦ **facings** *s. pl.* mostrine.
fact *s.* **1.** fatto **2.** realtà || *in —,* infatti, di fatto; *as a matter of —,* effettivamente.
faction *s.* **1.** fazione **2.** faziosità.
factious *agg.* fazioso.
factiousness *s.* faziosità.
factitious *agg.* fittizio.
factitiousness *s.* artificiosità.
factor *s.* **1.** fattore **2.** agente.
factory *s.* fabbrica.
factual *agg.* effettivo.
facultative *agg.* **1.** facoltativo **2.** casuale.
faculty *s.* facoltà.
fad *s.* **1.** mania **2.** capriccio.
faddist *s.* maniaco.
faddy *agg.* capriccioso.
fade *s.* (*radio*) variazione graduale.
to **fade** *vi.* **1.** appassire **2.** sbiadire **3.** svanire || *to — in* (*cine*) aprire in dissolvenza; *to — out,* (*cine*) chiudere in dissolvenza. ♦ to **fade** *vt.* **1.** far sbiadire **2.** far svanire.
fading *s.* **1.** appassimento **2.** scolorimento **3.** affievolimento **4.** dissolvenza.
to **fag** *vt.* affaticare. ♦ to **fag** *vi.* **1.** affaticarsi **2.** sfacchinare.
fag(g)ot *s.* fascina.
faience *s.* terracotta.
fail *s.* fallo.
to **fail** *vi.* **1.** fallire **2.** mancare, venir meno **3.** indebolirsi **4.** esser bocciato. ♦ to **fail** *vt.* **1.** mancare di **2.** bocciare **3.** abbandonare.
failing[1] *agg.* debole. ♦ **failing** *s.* **1.** debolezza **2.** mancanza **3.** fallimento.
failing[2] *prep.* in mancanza di.
failure *s.* **1.** fallimento **2.** incapacità **3.** mancanza **4.** indebolimento **5.** guasto || *to be a —,* essere un fallito.
fain *agg.* contento, disposto. ♦ **fain** *avv.* volentieri || *I would — stay,* preferirei restare.
faint *agg.* **1.** debole **2.** timido **3.** vago.
faint *s.* svenimento || *— -hearted,* codardo.
to **faint** *vi.* svenire.
faintness *s.* **1.** debolezza **2.** timidezza.
fair[1] *agg.* **1.** onesto **2.** biondo **3.** gentile **4.** bello **5.** sereno (*di tempo*) **6.** (*comm.*) libero || *— -play,* comportamento leale. ♦ **fair** *avv.* **1.** con onestà **2.** con precisione.
fair[2] *s.* fiera || *fun —,* Luna Park.
fairly *avv.* **1.** onestamente **2.** abbastanza.
fairness *s.* **1.** bellezza **2.** onestà **3.** color biondo **4.** bianchezza (*di carnagione*).
fairway *s.* canale navigabile.
fairy *agg.* **1.** fatato **2.** immaginario. ♦ **fairy** *s.* fata || *— -tale,* fiaba.
fairyland *s.* paese delle fate.
fairylike *agg.* simile a fata.
faith *s.* **1.** fede **2.** promessa || *— -healer,* guaritore.
faithful *agg.* **1.** fedele **2.** degno di fiducia.
faithfulness *s.* fedeltà.
faithless *agg.* **1.** senza fede **2.** sleale.
to **fake** *vt.* (*gergo*) falsificare.
fakir *s.* fachiro.
falcon *s.* falcone.
falconry *s.* falconeria.
fall *s.* **1.** caduta, cascata **2.** (*amer.*) autunno.
to **fall (fell, fallen)** *vi.* **1.** cadere **2.** abbassarsi **3.** capitare in sorte **4.** dividersi || *to — back,* ritirarsi; *to — behind,* restare indietro; *to — in with,* imbattersi; *to — short,*

essere insufficiente; *to — away*, deperire; *to — down*, far fiasco; *to — due*, scadere.
fallacious *agg.* fallace.
fallaciousness *s.* fallacia.
fallacy *s.* **1.** fallacia **2.** errore **3.** sofisma.
fallen V. *to fall.*
fallibility *s.* fallibilità.
fallible *agg.* fallibile.
falling *agg.* cadente. ♦ **falling** *s.* caduta || *— back*, ripiegamento; *— off*, diminuzione; *— short*, insufficienza.
fall-out *s.* pioggia radioattiva.
fallow *agg.* incolto.
false *agg.* **1.** falso **2.** stonato **3.** ingannevole || *— bottom*, doppio fondo.
falsehood *s.* falsità.
falsely *avv.* falsamente.
falseness *s.* falsità.
falsifiable *agg.* falsificabile.
falsification *s.* falsificazione.
falsifier *s.* falsificatore.
to **falsify** *vt.* **1.** falsificare **2.** smentire.
falsity *s.* falsità.
to **falter** *vi.* vacillare. ♦ to **falter** *vt.* balbettare.
fame *s.* fama.
famed *agg.* celebre.
familiar *agg.* familiare. ♦ **familiar** *s.* amico intimo || *to be — with*, esser pratico di.
familiarity *s.* familiarità.
familiarization *s.* familiarità.
to **familiarize** *vt.* familiarizzare.
family *s.* famiglia.
famine *s.* carestia.
to **famish** *vt.* far morire di fame. ♦ to **famish** *vi.* morire di fame.
famous *agg.* famoso.
fan[1] *s.* **1.** ventaglio **2.** ventilatore **3.** pala (*d'elica*).
fan[2] *s.* (*gergo*) tifoso, ammiratore.
to **fan** *vt.* **1.** sventolare **2.** (*agr.*) vagliare.
fanatic *agg.* e *s.* fanatico.
fanatical *agg.* fanatico.
fanaticism *s.* fanatismo.
to **fanaticize** *vt.* rendere fanatico. ♦ to **fanaticize** *vi.* agire da fanatico.
fanciful *agg.* **1.** fantasioso **2.** fantastico.
fancifulness *s.* **1.** fantasia **2.** capriccio.
fancy *agg.* **1.** immaginario **2.** stravagante **3.** decorato. ♦ **fancy** *s.* **1.** fantasia **2.** capriccio **3.** inclinazione || *— ball*, ballo in costume; *— -dress*, costume.
to **fancy** *vt.* **1.** immaginare **2.** ritenere.
fang *s.* **1.** zanna **2.** dente (*velenoso*).
fanning *s.* ventilazione.
fantastic(al) *agg.* **1.** immaginario **2.** bizzarro.
to **fantasticate** *vt.* e *vi.* fantasticare.
fantasy *s.* **1.** fantasia **2.** capriccio.
far *agg.* **(farther, farthest) (further, furthest)** lontano. ♦ **far** *avv.* **1.** lontano **2.** di gran lunga || *— away, — off*, lontano; *as — as*, fino a, per quanto; *so —*, finora; *— -gone*, a uno stadio avanzato (*di malattie*).
farce *s.* farsa.
farcical *agg.* farsesco.
farcicality *s.* qualità farsesca.
fare *s.* **1.** tariffa **2.** vitto **3.** passeggero || *bill of —*, lista delle vivande.
to **fare** *vi.* **1.** andare **2.** riuscire **3.** nutrirsi || *to — badly*, andar male.
farewell *s.* congedo. ♦ **farewell** *inter.* addio.
farfetched *agg.* remoto.
farinaceous *agg.* farinaceo.
farinose *agg.* farinoso.
farm *s.* fattoria || *— -yard*, aia.
to **farm** *vt.* coltivare. ♦ to **farm** *vi.* fare l'agricoltore.
farmer *s.* agricoltore.
farmhouse *s.* casa colonica.
farming *s.* agricoltura.
farmstead *s.* cascina.
farraginous *agg.* farraginoso.
farrier *s.* maniscalco.
farsighted *agg.* e *s.* presbite.
farther *agg.* (*comp. di* far) più lontano, ulteriore. ♦ **farther** *avv.* **1.** (*di*) più **2.** più lontano **3.** inoltre.
farthermost *agg.* il più lontano.
farthest *agg.* (*superl. di* far) il più lontano, estremo. ♦ **farthest** *avv.* (il) più lontano.
farthing *s.* "farthing" (*moneta inglese: un quarto di penny*).
fascicle *s.* fascicolo.
to **fascinate** *vt.* affascinare.
fascinating *agg.* affascinante.
fascination *s.* fascino.
fascinator *s.* affascinatore.
fascism *s.* fascismo.
fascist *agg.* e *s.* fascista.

fashion *s.* **1.** modo **2.** abitudine **3.** moda || — *-plate,* figurino; *a man of* —, un uomo di mondo.
to **fashion** *vt.* foggiare.
fashionable *agg.* **1.** alla moda **2.** elegante.
fast *agg.* **1.** fermo **2.** fedele **3.** inalterabile **4.** rapido **5.** (*fig.*) dissoluto **6.** in anticipo (*di orologio*). ♦ **fast** *avv.* **1.** fermamente **2.** fortemente **3.** velocemente **4.** in modo dissoluto.
fast *s.* digiuno.
to **fast** *vi.* digiunare.
to **fasten** *vt.* **1.** attaccare **2.** allacciare **3.** chiudere **4.** fissare. ♦ to **fasten** *vi.* **1.** allacciarsi **2.** chiudersi **3.** fissarsi.
fastener *s.* **1.** fermaglio **2.** legaccio, chiusura || *snap* —, automatico.
fastening *s.* **1.** legatura **2.** gancio, chiavistello.
faster *s.* digiunatore.
fastidious *agg.* schizzinoso.
fastidiousness *s.* schizzinosità.
fastness *s.* **1.** velocità **2.** fermezza **3.** solidità **4.** dissolutezza.
fat *agg.* **1.** grasso **2.** (*fig.*) proficuo. ♦ **fat** *s.* grasso || — *-head,* zuccone.
to **fat** V. *to fatten.*
fatal *agg.* fatale.
fatalism *s.* fatalismo.
fatalist *s.* fatalista.
fatalistic *agg.* fatalistico.
fatality *s.* **1.** fatalità **2.** fatalismo.
fatally *avv.* **1.** in modo fatale **2.** fatalmente.
fate *s.* fato.
father *s.* padre || — *-in-law,* suocero.
fatherhood *s.* paternità.
fatherland *s.* madrepatria.
fatherless *agg.* senza padre.
fatherlike *agg.* paterno. ♦ **fatherlike** *avv.* paternamente.
fatherly *agg.* e *avv.* V. *fatherlike.*
fathom *s.* (*mar.*) braccio (*misura di profondità*).
to **fathom** *vt.* scandagliare.
fathomless *agg.* **1.** incommensurabile **2.** incomprensibile.
fatidic(al) *agg.* fatidico.
fatigue *s.* fatica.
to **fatigue** *vt.* affaticare. ♦ to **fatigue** *vi.* affaticarsi.
fatness *s.* grassezza.
to **fatten** *vt.* ingrassare. ♦ to **fatten** *vi.* ingrassarsi.
fattener *s.* ingrassatore.
fattening *s.* ingrassamento.
fattiness *s.* grassezza.
fatty *agg.* grasso.
fatuity *s.* fatuità.
fatuous *agg.* fatuo.
fault *s.* **1.** fallo **2.** colpa **3.** difetto || — *-finder,* criticone.
faultiness *s.* imperfezione.
faultless *agg.* **1.** perfetto **2.** irreprensibile.
faulty *agg.* difettoso.
faun *s.* fauno.
favour *s.* favore.
to **favour** *vt.* **1.** favorire **2.** sostenere **3.** (*fam.*) assomigliare a.
favourable *agg.* favorevole.
favourite *agg.* e *s.* favorito.
favouritism *s.* favoritismo.
fawn *s.* cerbiatto.
to **fawn** *vt.* fare le feste || *to — on,* adulare.
fawner *s.* adulatore.
fawning *s.* servilismo.
fear *s.* paura, timore.
to **fear** *vt.* e *vi.* temere, aver paura.
fearful *agg.* **1.** terribile **2.** timoroso.
fearfulness *s.* **1.** aspetto terribile **2.** timore.
fearless *agg.* intrepido.
feasibility *s.* fattibilità.
feasible *agg.* fattibile.
feast *s.* **1.** festa **2.** banchetto.
to **feast** *vt.* **1.** rallegrare **2.** festeggiare. ♦ to **feast** *vi.* banchettare.
feaster *s.* convitato.
feat *s.* impresa, prodezza.
feather *s.* penna, piuma.
to **feather** *vt.* **1.** coprire di penne, piume **2.** (*mar.*) spalare.
feathered *agg.* **1.** pennuto **2.** (*fig.*) alato.
feathering *s.* piumaggio.
featherless *agg.* implume.
feature *s.* **1.** lineamento **2.** (*cine*) attrazione **3.** caratteristica || — *film,* parte principale di un film.
to **feature** *vt.* **1.** caratterizzare **2.** (*teat.*) dare una parte importante a.
featureless *agg.* senza caratteristiche.
febrifuge *s.* febbrifugo.
febrile *agg.* febbrile.
February *s.* febbraio.
fecal *agg.* fecale.
fecund *agg.* fecondo.
to **fecundate** *vt.* fecondare.
fecundation *s.* fecondazione.

fecundity *s.* fecondità.
fed V. *to feed.*
federacy *s.* federazione.
federal *agg.* federale.
federalism *s.* federalismo.
federate *agg.* confederato.
to **federate** *vt.* confederare. ♦ to **federate** *vi.* confederarsi.
federation *s.* (con)federazione.
federative *agg.* federativo.
fee *s.* **1.** onorario **2.** tassa **3.** (*giur.*) proprietà ereditaria.
feeble *agg.* debole.
feebleness *s.* debolezza.
feed *s.* **1.** alimentazione **2.** pascolo.
to **feed (fed, fed)** *vt.* **1.** nutrire **2.** pascere **3.** rifornire || *to be fed up*, essere stufo. ♦ to **feed (fed, fed)** *vi.* nutrirsi || *to — up*, ingrassare.
feeder *s.* **1.** ciò che, chi nutre **2.** cavo di alimentazione **3.** affluente **4.** serbatoio.
feeding *s.* alimentazione.
feel *s.* tatto.
to **feel (felt, felt)** *vt.* **1.** sentire (*col tatto o col sentimento*) **2.** tastare, sondare. ♦ to **feel (felt, felt)** *vi.* **1.** sentirsi **2.** andare a tastoni.
feeling *agg.* sensibile. ♦ **feeling** *s.* **1.** sentimento **2.** sensibilità **3.** sensazione.
feet V. *foot.*
to **feign** *vt.* **1.** inventare **2.** falsificare. ♦ to **feign** *vi.* fingersi.
feignedly *avv.* simulatamente.
feigner *s.* simulatore.
feint *s.* **1.** finta **2.** simulazione.
to **feint** *vi.* fare una finta.
feldspar *s.* feldspato.
to **felicitate** *vt.* felicitarsi con || *to — so. on sthg.*, felicitarsi con qu. di qc.
felicitation *s.* felicitazione.
felicitous *agg.* appropriato.
feline *agg.* e *s.* felino.
fell[1] V. *to fall.*
fell[2] *agg.* **1.** crudele **2.** funesto.
to **fell** *vt.* abbattere.
felling *s.* taglio (*di un bosco*).
fellow *s.* **1.** individuo **2.** compagno, collega || *— -citizen*, concittadino; *— -creature*, simile; *a good —*, un buon diavolo.
fellowship *s.* **1.** amicizia **2.** associazione.
felon *agg.* e *s.* criminale.
felony *s.* crimine, delitto.
felt[1] V. *to feel.*
felt[2] *s.* feltro.
to **felt** *vt.* feltrare.
felucca *s.* feluca.
female *agg.* **1.** femminile **2.** (*mecc.*) femmina. ♦ **female** *s.* femmina.
feminine *agg.* e *s.* femminile.
femininity *s.* femminilità.
feminism *s.* femminismo.
femur *s.* femore.
fen *s.* palude || *— -berry*, mirtillo; *— -fire*, fuoco fatuo.
fence *s.* **1.** recinto **2.** scherma **3.** (*fam.*) ricettatore.
to **fence** *vt.* cintare. ♦ to **fence** *vi.* tirar di scherma.
fencer *s.* schermidore.
fencing *s.* **1.** cinta **2.** scherma.
fender *s.* **1.** riparo **2.** paraurti **3.** (*mar.*) parabordo.
fennel *s.* finocchio.
feracity *s.* feracità.
feral[1] *agg.* ferale, funesto.
feral[2] *agg.* ferino.
ferial *agg.* feriale.
ferine *agg.* ferino.
ferment *s.* fermento.
to **ferment** *vi.* **1.** fermentare **2.** agitarsi. ♦ to **ferment** *vt.* **1.** far fermentare **2.** eccitare.
fermentation *s.* **1.** fermentazione **2.** fermento.
fermentative *agg.* fermentativo.
fern *s.* felce.
ferocious *agg.* feroce.
ferocity *s.* ferocia.
ferreous *agg.* **1.** ferroso **2.** ferreo.
ferret[1] *s.* furetto.
ferret[2] *s.* nastro, fettuccia.
ferro-concrete *s.* cemento armato.
ferrous *agg.* ferroso.
ferruginous *agg.* ferruginoso.
ferry *s.* traghetto.
to **ferry** *vt.* e *vi.* traghettare.
ferryman *s.* traghettatore.
fertile *agg.* fertile.
fertility *s.* fertilità.
fertilization *s.* fertilizzazione.
to **fertilize** *vt.* **1.** fertilizzare **2.** fecondare.
fertilizer *s.* fertilizzante.
fervency *s.* fervore.
fervent, fervid *agg.* ardente.
fervour *s.* ardore.
festal *agg.* festivo.
fester *s.* suppurazione, piaga.
to **fester** *vi.* suppurare (*di ferita*).
festival *s.* **1.** festa **2.** festival.
festive *agg.* **1.** festivo **2.** festoso.

festivity *s.* festività. ♦ **festivities** *s. pl.* festeggiamenti.
festoon *s.* festone.
to **fetch** *vt.* **1.** andare a prendere **2.** tirare **3.** fruttare, rendere || *to — back,* riportare.
fetid *agg.* fetido.
fetish *s.* feticcio.
fetishism *s.* feticismo.
fetishist *s.* feticista.
fetter *s.* ceppo, catena.
to **fetter** *vt.* incatenare.
fettle *s.* condizione || *in fine —,* in forma.
feud[1] *s.* ostilità.
feud[2] *s.* feudo.
feudal *agg.* feudale.
feudalism *s.* feudalesimo.
feudality *s.* **1.** feudalesimo **2.** feudo.
feudatory *agg.* e *s.* feudatario.
fever *s.* febbre || *to be in a —,* avere la febbre.
feverish *agg.* **1.** febbricitante **2.** febbrile.
few *agg.* e *pron.* pochi || *a —,* alcuni; *quite a —,* un numero considerevole; *a good —,* parecchi.
fewness *s.* scarsità, esiguità.
fiancé *s.* fidanzato.
fib *s.* fandonia.
to **fib** *vi.* dire fandonie.
fibre *s.* fibra.
fibroid, fibrous *agg.* fibroso.
fickle *agg.* incostante.
fickleness *s.* incostanza.
fictile *agg.* fittile.
fiction *s.* **1.** narrativa **2.** finzione.
fictional *agg.* immaginario.
fictitious *agg.* fittizio.
fiddle *s.* violino || *fit as a —,* in ottima salute.
to **fiddle** *vi.* **1.** suonare il violino **2.** gingillarsi.
fiddler *s.* violinista.
fiddlestick *s.* archetto. ♦ **fiddlesticks** *s. pl.* sciocchezze.
fidelity *s.* fedeltà.
to **fidget** *vt.* agitare. ♦ to **fidget** *vi.* agitarsi.
fidgety *agg.* irrequieto.
fiduciary *agg.* e *s.* fiduciario.
field *s.* campo || *— -glass,* binocolo; *— -day,* giorno di esercitazioni; *— -officer,* ufficiale superiore.
fiend *s.* demonio.
fiendish *agg.* diabolico.
fierce *agg.* **1.** fiero **2.** selvaggio **3.** ardente.
fierceness *s.* **1.** ferocia **2.** ardore.
fiery *agg.* **1.** di fuoco **2.** focoso **3.** infiammabile.
fife *s.* piffero.
fifteen *agg.* e *s.* quindici.
fifteenth *agg.* e *s.* quindicesimo.
fifth *agg.* e *s.* quinto.
fiftieth *agg.* e *s.* cinquantesimo.
fifty *agg.* e *s.* cinquanta || *— - —,* a metà.
fig[1] *s.* fico.
fig[2] *s.* tenuta, vestiario.
fight *s.* **1.** lotta **2.** spirito combattivo.
to **fight (fought, fought)** *vt.* e *vi.* combattere || *to — down,* vincere; *to — off,* respingere; *to — shy of,* tenersi alla larga da.
fighter *s.* **1.** combattente **2.** (*aer.*) caccia.
fighting *s.* combattimento, rissa.
figuration *s.* figurazione.
figurative *agg.* **1.** figurativo **2.** figurato.
figure *s.* **1.** figura, forma **2.** cifra **3.** diagramma.
to **figure** *vt.* raffigurare. ♦ to **figure** *vi.* **1.** immaginarsi **2.** passare per.
figurehead *s.* **1.** prestanome **2.** (*mar.*) polena.
filament *s.* filamento.
filamentary, filamentous *agg.* filamentoso.
filcher *s.* ladruncolo.
file[1] *s.* lima.
file[2] *s.* **1.** schedario, archivio **2.** fila **3.** raccolta.
to **file**[1] *vt.* limare.
to **file**[2] *vt.* **1.** archiviare **2.** ordinare. ♦ to **file** *vi.* marciare in fila.
filial *agg.* filiale.
filiation *s.* filiazione.
filibuster *s.* filibustiere.
filigree *s.* filigrana.
filing[1] *s.* limatura.
filing[2] *s.* **1.** archiviazione **2.** sfilata.
fill *s.* sazietà.
to **fill** *vt.* **1.** riempire **2.** occupare **3.** otturare (*di denti*) || *to — in, to — up,* riempire, compilare. ♦ to **fill** *vi.* riempirsi.
fillet *s.* **1.** nastro **2.** (*cuc.*) filetto.
filling *s.* **1.** riempitura **2.** otturazione **3.** (*cuc.*) ripieno || *— station,* stazione di rifornimento.
fillip *s.* **1.** schiocco (*delle dita*) **2.** stimolo.
film *s.* **1.** pellicola **2.** velo **3.** membrana.
to **film** *vt.* **1.** coprire con una pelli-

cola **2.** filmare. ♦ to **film** *vi.* **1.** coprirsi con una pellicola **2.** girare un film.
filmy *agg.* velato.
filter *s.* filtro.
to **filter** *vt.* e *vi.* filtrare.
filth *s.* sozzura.
filthily *avv.* in modo sudicio.
filthiness *s.* **1.** sozzura **2.** corruzione morale.
filthy *agg.* **1.** sozzo **2.** corrotto.
filtration *s.* filtrazione.
fin *s.* **1.** pinna **2.** (*mecc.*) aletta.
final *agg.* e *s.* finale.
finalist *s.* finalista.
finality *s.* **1.** finalità **2.** carattere definitivo.
finally *avv.* alla fine.
finance *s.* finanza.
to **finance** *vt.* finanziare.
financial *agg.* finanziario.
financier *s.* **1.** finanziere **2.** finanziatore.
financing *s.* finanziamento.
finch *s.* fringuello.
find *s.* scoperta, ritrovamento.
to **find (found, found)** *vt.* **1.** trovare **2.** provvedere **3.** ritenere || *to — out,* scoprire.
finding *s.* **1.** scoperta **2.** sentenza.
fine[1] *agg.* **1.** bello **2.** fine. ♦ **fine** *avv.* bene.
fine[2] *s.* multa.
to **fine**[1] *vt.* raffinare. ♦ to **fine** *vi.* raffinarsi.
to **fine**[2] *vt.* multare.
finely *avv.* **1.** bene **2.** finemente.
finger *s.* dito || — *-print,* impronta digitale; — *-tip,* punta delle dita; — *-post,* cartello segnavia.
to **finger** *vt.* **1.** toccare con le dita **2.** rubare || *to be light-fingered* (*fig.*), avere le mani lunghe.
finish *s.* **1.** fine **2.** finezza **3.** finitura.
to **finish** *vt.* e *vi.* finire.
finished *agg.* (*fig.*) perfetto.
finishing *agg.* ultimo, conclusivo. ♦ **finishing** *s.* (ri)finitura.
finite *agg.* limitato.
Finn *s.* finlandese.
Finnic, Finnish *agg.* finlandese.
fir (-tree) *s.* abete || — *-wood,* abetaia.
fire *s.* **1.** fuoco **2.** incendio || *on —,* in fiamme; — *-guard,* parafuoco; — *-plug,* bocca da incendio; — *station,* caserma dei pompieri; — *-works,* fuochi d'artificio.
to **fire** *vt.* **1.** dar fuoco **2.** far fuoco **3.** (*fig.*) infiammare. ♦ to **fire** *vi.* **1.** prender fuoco **2.** (*fig.*) infiammarsi.
firedamp *s.* grisù.
fire escape *s.* **1.** scala di sicurezza **2.** scala dei pompieri.
firefly *s.* lucciola.
fireman *s.* pompiere.
fireplace *s.* caminetto.
fireproof *agg.* incombustibile.
fireside *s.* angolo del focolare.
firewood *s.* legna da ardere.
firing *s.* **1.** accensione **2.** sparo **3.** alimentazione (*di un fuoco*) || — *squad,* plotone d'esecuzione.
firm[1] *agg.* **1.** fisso **2.** solido **3.** deciso.
firm[2] *s.* azienda, ditta.
firmament *s.* firmamento.
firmly *avv.* **1.** fermamente **2.** solidamente.
firmness *s.* **1.** fermezza **2.** stabilità.
first *agg.* primo || — *-aid,* pronto soccorso; — *-born,* primogenito; — *-class,* di prima qualità; — *-name,* nome di battesimo. ♦ **first** *avv.* **1.** prima di tutto **2.** per la prima volta || *at —,* sulle prime. ♦ **first** *s.* **1.** primo **2.** principio.
firth *s.* fiordo.
fiscal *agg.* fiscale.
fish *s.* pesce || — *-hook,* amo.
to **fish** *vi.* **1.** pescare **2.** cercare. ♦ to **fish** *vt.* pescare.
fisher *s.* pescatore.
fisherman *s.* pescatore.
fishery *s.* pesca.
fishing *s.* pesca || — *-boat,* peschereccio; — *-line,* lenza.
fishmonger *s.* pescivendolo.
fishy *agg.* **1.** di pesce **2.** pescoso **3.** (*fig.*) equivoco.
fission *s.* fissione.
fist *s.* pugno.
fit[1] *agg.* **1.** adatto **2.** pronto.
fit[2] *s.* **1.** giusta misura **2.** attacco, accesso (*di febbre, ira ecc.*).
to **fit** *vt.* **1.** adattare **2.** andar bene a **3.** provare || *to — out,* equipaggiare.
fitful *agg.* **1.** irregolare **2.** spasmodico.
fitfulness *s.* irregolarità.
fitness *s.* convenienza.
fitter *s.* **1.** aggiustatore **2.** montatore.
fitting *agg.* adatto, conveniente. ♦ **fitting** *s.* **1.** adattamento, prova **2.** equipaggiamento. ♦ **fittings**

s. pl. **1.** accessori **2.** arredamento (*sing.*).
five *agg.* e *s.* cinque.
fix *s.* **1.** difficoltà **2.** (*mar.*) punto.
to **fix** *vt.* fissare || *to — up,* sistemare, riparare. ♦ to **fix** *vi.* stabilirsi.
fixation *s.* fissazione.
fixed *agg.* **1.** fisso **2.** stabilito.
fixer *s.* **1.** montatore **2.** fissatore.
fixing *s.* **1.** collocamento **2.** messa in opera **3.** fissaggio.
fixity *s.* **1.** stabilità **2.** fissità.
fizz *s.* **1.** effervescenza **2.** bevanda effervescente.
to **fizz** *vi.* frizzare.
fjord *s.* fiordo.
flabbiness *s.* **1.** mollezza **2.** fiacchezza (*di carattere ecc.*).
flabby *agg.* **1.** floscio **2.** fiacco.
flaccid *agg.* flaccido.
flaccidness *s.* flaccidezza.
flag[1] *s.* bandiera || *— -ship,* nave ammiraglia.
flag[2] *s.* lastra di pietra (*per pavimentazione*).
to **flag**[1] *vt.* **1.** imbandierare **2.** pavesare. ♦ to **flag** *vi.* **1.** pendere **2.** avvizzire.
to **flag**[2] *vt.* lastricare.
to **flagellate** *vt.* flagellare.
flagellation *s.* flagellazione.
flagellator *s.* flagellatore.
flagrancy *s.* flagranza.
flagrant *agg.* flagrante.
flagstaff *s.* asta di bandiera.
flair *s.* fiuto, intuizione.
flake *s.* **1.** fiocco (*di neve, lana ecc.*) **2.** favilla **3.** lamina **4.** scaglia.
to **flake** *vt.* **1.** sfaldare **2.** squamare **3.** coprire di fiocchi. ♦ to **flake** *vi.* **1.** sfaldarsi **2.** squamarsi **3.** cadere in fiocchi.
flaky *agg.* **1.** a falde **2.** a lamine, a scaglie.
flame *s.* fiamma || *— -thrower,* lanciafiamme.
to **flame** *vi.* fiammeggiare.
flaming *agg.* ardente.
flange *s.* orlo, frangia.
flank *s.* fianco.
to **flank** *vt.* **1.** fiancheggiare **2.** (*mil.*) attaccare il fianco di.
flannel *s.* flanella. ♦ **flannels** *s. pl.* calzoni di flanella.
flap *s.* **1.** lembo, falda **2.** colpo, agitazione **3.** linguetta **4.** (*aer.*) alettone.
flare *s.* **1.** fiammata improvvisa **2.** chiarore.
to **flare** *vi.* **1.** brillare (*di luce incerta*) **2.** agitarsi **3.** divampare.
flash *s.* **1.** lampo **2.** chiusa || *— -back,* scena retrospettiva; *— -light,* lampo al magnesio.
to **flash** *vt.* **1.** proiettare **2.** diffondere. ♦ to **flash** *vi.* **1.** lampeggiare **2.** muoversi rapidamente.
flashing *agg.* risplendente. ♦ **flashing** *s.* splendore, scintillio.
flask *s.* fiasca.
flat[1] *agg.* **1.** piatto, piano **2.** disteso **3.** deciso **4.** sgonfio (*di pneumatico*).
flat[2] *s.* **1.** superficie piana **2.** pianura **3.** bassofondo **4.** chiatta **5.** appartamento **6.** (*mus.*) bemolle || *— -iron,* ferro da stiro.
flatly *avv.* **1.** pianamente **2.** scialbamente **3.** recisamente.
flatness *s.* **1.** piattezza **2.** decisione.
to **flatten** *vt.* **1.** appiattire **2.** smorzare. ♦ to **flatten** *vi.* **1.** appiattirsi **2.** indebolirsi.
to **flatter** *vt.* **1.** adulare **2.** illudere.
flatterer *s.* adulatore.
flattery *s.* adulazione.
flatulence, flatulency *s.* **1.** flatulenza **2.** vanità.
flatus *s.* flatulenza.
to **flaunt** *vt.* **1.** sventolare **2.** ostentare.
flavour *s.* gusto, aroma.
to **flavour** *vt.* aromatizzare, dare gusto a.
flavoured *agg.* **1.** profumato **2.** saporito.
flavouring *s.* **1.** aroma **2.** condimento.
flavourless *agg.* insipido.
flaw *s.* **1.** screpolatura **2.** falla, pecca.
flawless *agg.* perfetto.
flax *s.* lino.
flaxen *agg.* **1.** di lino **2.** biondo.
to **flay** *vt.* **1.** scorticare **2.** criticare aspramente.
flea *s.* pulce || *— -bite* (*fig.*), inezia.
fleck *s.* **1.** macchia **2.** scaglia.
to **flee (fled, fled)** *vt.* **1.** abbandonare **2.** evitare, schivare. ♦ to **flee (fled, fled)** *vi.* **1.** fuggire **2.** svanire.
fleece *s.* vello.
fleecy *agg.* lanoso.
to **fleer** *vt.* e *vi.* far beffe (a).
fleet *s.* flotta.
fleeting *agg.* fugace.

Flemish *agg.* fiammingo.
flesh *s.* carne || *to lose* —, dimagrire; *to put on* —, ingrassare.
fleshiness *s.* **1.** carnosità **2.** corpulenza.
fleshless *agg.* scarno.
fleshly *agg.* carnale, sensuale.
flew V. *to fly.*
to **flex** *vt.* flettere, piegare. ♦ to **flex** *vi.* flettersi.
flexibility *s.* **1.** flessibilità **2.** docilità.
flexible *agg.* **1.** flessibile **2.** docile.
flexion *s.* **1.** flessione **2.** curva.
flexuosity *s.* flessuosità.
flexuous *agg.* flessuoso.
flicker *s.* tremolio, bagliore.
to **flicker** *vi.* **1.** tremolare **2.** guizzare. ♦ to **flicker** *vt.* far tremolare.
flight[1] *s.* **1.** volo **2.** stormo **3.** rampa (*di scale*).
flight[2] *s.* fuga.
flimsiness *s.* leggerezza, frivolezza.
flimsy *agg.* leggero, sottile.
to **flinch** *vi.* indietreggiare, ritirarsi.
fling *s.* **1.** getto **2.** beffa **3.** tentativo.
to **fling (flung, flung)** *vt.* gettare. || *to — open*, spalancare. ♦ to **fling (flung, flung)** *vi.* gettarsi.
flint *s.* selce, pietra focaia.
to **flip** *vt.* **1.** far schioccare **2.** sbattere.
flippancy *s.* leggerezza.
flippant *agg.* leggero.
flipper *s.* pinna.
flirt *s.* **1.** movimento rapido **2.** amoreggiamento.
to **flirt** *vt.* muovere rapidamente. ♦ to **flirt** *vi.* amoreggiare.
flirtation *s.* amoreggiamento.
to **flit** *vi.* **1.** volare **2.** scorrere.
float *s.* galleggiante.
to **float** *vt.* **1.** trasportare **2.** inondare **3.** (*comm.*) varare (*un progetto ecc.*). ♦ to **float** *vi.* **1.** galleggiare **2.** spandersi.
floatage *s.* **1.** galleggiamento **2.** relitto.
floatation *s.* (*comm.*) varo.
floater *s.* galleggiante.
floating *agg.* **1.** galleggiante **2.** oscillante, fluttuante.
flock *s.* **1.** bioccolo **2.** gregge **3.** cascame.
to **flock** *vi.* affollarsi.
floe *s.* banchisa.
to **flog** *vt.* fustigare || *to — a dead horse,* fare una fatica inutile.
flogger *s.* fustigatore.
flood *s.* inondazione, diluvio.
to **flood** *vt.* inondare. ♦ to **flood** *vi.* straripare.
flooding *s.* **1.** inondazione **2.** emorragia.
floodlight *s.* illuminazione con riflettore.
flood tide *s.* flusso della marea.
floor *s.* **1.** pavimento **2.** piano || —*-lamp,* lampada a stelo.
to **floor** *vt.* pavimentare.
flooring *s.* impiantito.
flop *s.* **1.** tonfo **2.** insuccesso.
floral *agg.* floreale.
floriculture *s.* floricultura.
floriculturist *s.* floricultore.
florid *agg.* **1.** florido **2.** fiorito (*di stile*).
floridity *s.* floridezza.
florin *s.* fiorino.
florist *s.* fiorista.
flotilla *s.* flottiglia.
to **flounce** *vi.* agitarsi || *to — out,* andarsene furibondo.
flour *s.* farina || *potato-* —, fecola.
to **flour** *vt.* **1.** infarinare **2.** macinare.
flourish *s.* **1.** ornamento **2.** squillo di tromba.
to **flourish** *vi.* **1.** prosperare **2.** essere attivo.
flourishing *agg.* **1.** fiorente **2.** pomposo.
floury *agg.* **1.** farinoso **2.** infarinato.
flow *s.* corrente, flusso.
to **flow** *vi.* **1.** scorrere **2.** derivare da. ♦ to **flow** *vt.* inondare.
flower *s.* fiore || —*-bed,* aiuola; —*-bud,* bocciuolo.
to **flower** *vi.* fiorire. ♦ to **flower** *vt.* infiorare.
flowering *agg.* in fiore. ♦ **flowering** *s.* fioritura.
flowerless *agg.* senza fiori.
flowery *agg.* fiorito.
flowing *agg.* **1.** fluente **2.** fluido.
flown V. *to fly.*
flu *s.* influenza.
to **fluctuate** *vi.* **1.** fluttuare **2.** ondeggiare.
fluctuation *s.* oscillazione.
flue *s.* condotto per l'aria.
fluency *s.* **1.** fluidità **2.** scioltezza.
fluent *agg.* **1.** fluente **2.** dalla parola facile.
fluently *avv.* **1.** fluentemente **2.** speditamente.
fluff *s.* peluria.

fluffy *agg.* **1.** soffice, vaporoso **2.** coperto di peluria.
fluid *agg.* e *s.* fluido.
fluidity *s.* fluidità.
flung V. *to fling.*
fluorescence *s.* fluorescenza.
fluorescent *agg.* fluorescente.
fluoride *s.* fluoruro.
fluorine *s.* fluoro.
flurry *s.* **1.** ventata **2.** agitazione.
to **flurry** *vt.* agitare.
flush *agg.* **1.** abbondante **2.** pieno di vita **3.** a pari livello **4.** ben fornito. ♦ **flush** *s.* **1.** flusso **2.** vampata **3.** vigore.
to **flush** *vt.* **1.** lavare **2.** far scorrere **3.** rianimare. ♦ to **flush** *vi.* **1.** scorrere **2.** arrossire.
flute *s.* **1.** flauto **2.** increspatura.
fluted *agg.* **1.** flautato **2.** increspato.
flutter *s.* **1.** battito, movimento rapido **2.** eccitazione.
to **flutter** *vt.* agitare. ♦ to **flutter** *vi.* **1.** agitarsi **2.** battere le ali.
fluttering *agg.* **1.** svolazzante **2.** palpitante. ♦ **fluttering** *s.* **1.** svolazzamento **2.** palpitazione.
fluxion *s.* flusso.
fly[1] *s.* **1.** volo **2.** calesse **3.** (*mecc.*) volano.
fly[2] *s.* mosca.
to **fly (flew, flown)** *vi.* volare. ♦ to **fly (flew, flown)** *vt.* **1.** far volare **2.** sventolare || *to — about,* svolazzare; *to — away,* fuggire; *to off* (*aer.*), decollare.
flying *agg.* **1.** rapido **2.** sventolante || *—boat,* idrovolante.
flypaper *s.* carta moschicida.
foam *s.* schiuma || *— rubber* gommapiuma.
to **foam** *vi.* spumeggiare.
foamy *agg.* spumeggiante.
focal *agg.* focale.
focus *s.* **1.** fuoco **2.** focolaio.
to **focus** *vt.* mettere a fuoco.
fodder *s.* foraggio.
to **fodder** *vt.* foraggiare.
foe *s.* nemico.
foetus *s.* feto.
fog *s.* nebbia.
foggy *agg.* nebbioso (*anche fig.*).
foible *s.* debolezza.
foil[1] *s.* **1.** fioretto **2.** traccia.
foil[2] *s.* lamina.
fold[1] *s.* ovile.
fold[2] *s.* **1.** piega **2.** spira.
to **fold**[1] *vt.* **1.** piegare **2.** avvolgere **3.** abbracciare. ♦ to **fold** *vi.* piegarsi.
to **fold**[2] *vt.* chiudere nell'ovile.
folder *s.* **1.** volantino **2.** cartelletta.
folding *agg.* pieghevole. ♦ **folding** *s.* **1.** piega, piegatura **2.** avvolgimento **3.** abbraccio.
foliage *s.* fogliame.
folio *s.* (*tip.*) fo(g)lio.
folk *s.* gente, popolo.
folklore *s.* folclore.
folkloristic *agg.* folcloristico.
to **follow** *vt.* e *vi.* seguire.
follower *s.* seguace.
following *agg.* seguente. ♦ **following** *s.* seguito.
folly *s.* follia.
to **foment** *vt.* fomentare.
fomentation *s.* fomentazione.
fomenter *s.* fomentatore.
fond *agg.* **1.** amante **2.** affettuoso.
to **fondle** *vt.* vezzeggiare.
fondly *avv.* **1.** amorevolmente **2.** ingenuamente.
fondness *s.* tenerezza, amore.
font *s.* **1.** fonte battesimale **2.** acquasantiera.
food *s.* cibo.
foodstuff *s.* alimenti (*pl.*).
fool *s.* **1.** sciocco **2.** buffone || *to make a — of,* beffarsi di.
to **fool** *vt.* ingannare. ♦ to **fool** *vi.* fare lo sciocco || *to — away,* sperperare.
foolery *s.* follia.
foolhardiness *s.* folle temerarietà.
foolhardy *agg.* temerario.
foolish *agg.* sciocco.
foolishness *s.* sciocchezza.
foot *s.* (*pl.* feet) **1.** piede **2.** zampa || *on —,* a piedi.
football *s.* pallone.
footballer *s.* calciatore.
foot-bath *s.* pediluvio.
footboard *s.* predellino.
footbridge *s.* cavalcavia.
footfall *s.* passo.
footing *s.* punto d'appoggio.
footlights *s. pl.* luci della ribalta.
footman *s.* domestico.
footmark *s.* orma.
footnote *s.* poscritto.
footpath *s.* sentiero.
footprint, footstep *s.* orma.
footstool *s.* sgabello.
footway *s.* passaggio pedonale.
fop *s.* damerino.
foppery *s.* fatuità.
foppish *agg.* fatuo.
for[1] *prep.* per || *— all that,* ciò no-

nostante; *as* —, in quanto a.
for[2] *cong.* poiché.
forage *s.* foraggio.
foray *s.* incursione, saccheggio.
forbade V. *to forbid.*
to **forbear (forbore, forborne)** *vi.* **1.** astenersi **2.** essere paziente.
forbearance *s.* **1.** astensione **2.** pazienza.
forbearing *agg.* paziente.
to **forbid (forbade, forbidden)** *vt.* proibire, impedire.
forbidding *agg.* **1.** severo **2.** ripugnante.
forbore V. *to forbear.*
forborne V. *to forbear.*
force *s.* forza. ♦ **forces** *s. pl.* truppe || *the Armed Forces,* le Forze Armate.
to **force** *vt.* **1.** forzare **2.** costringere || *to — back,* respingere; *to — in,* sfondare; *to — on,* far avanzare.
forceful *agg.* forte.
forceps *s.* **1.** forcipe **2.** pinza.
forcible *agg.* **1.** violento **2.** potente.
ford *s.* guado.
to **ford** *vt.* guadare.
fordable *agg.* guadabile.
fore *agg.* anteriore. ♦ **fore** *s.* prua.
forearm *s.* avambraccio.
to **forearm** *vt.* premunire.
to **forebode** *vt.* presagire (*un male*).
foreboding *s.* presagio.
forecast *s.* previsione.
to **forecast (forecast, forecast)** *vt.* prevedere.
forecastle *s.* castello di prua.
forefather *s.* antenato.
forefinger *s.* indice.
foreground *s.* primo piano.
forehead *s.* fronte.
foreign *agg.* **1.** straniero **2.** estraneo || — *Office,* Ministero degli Esteri.
foreigner *s.* straniero.
forelock *s.* ciuffo.
foreman *s.* caposquadra, caporeparto.
foremast *s.* albero di trinchetto.
forename *s.* nome di battesimo.
forensic(al) *agg.* forense.
to **forerun (foreran, forerun)** *vt.* precorrere.
forerunner *s.* **1.** precursore **2.** messaggero.
foresail *s.* vela di trinchetto.
to **foresee (foresaw, foreseen)** *vt.* prevedere.
foreseeable *agg.* prevedibile.
foreseeing *s.* previsione.
foreseen V. *to foresee.*
to **foreshadow** *vt.* adombrare.
foreshortening *s.* scorcio.
foresight *s.* **1.** previsione **2.** previdenza.
forest *s.* foresta.
forestal *agg.* forestale.
to **forestall** *vt.* **1.** prevenire **2.** accaparrare.
forestalling *s.* **1.** anticipazione **2.** accaparramento.
forester *s.* **1.** guardia forestale **2.** abitante di foreste.
forestry *s.* **1.** foresta **2.** silvicultura.
foretaste *s.* pregustazione.
to **foretaste** *vt.* pregustare.
to **foretell (foretold, foretold)** *vt.* predire.
forethought *agg.* premeditato. ♦ **forethought** *s.* **1.** premeditazione **2.** previdenza.
foretold V. *to foretell.*
forever *avv.* per sempre.
to **forewarn** *vt.* avvertire.
foreword *s.* prefazione.
forfeit *s.* **1.** perdita **2.** ammenda **3.** penitenza.
forfeiture *s.* **1.** multa **2.** confisca.
to **forgather** *vi.* riunirsi, associarsi.
forgave V. *to forgive.*
forge *s.* fucina.
to **forge** *vt.* **1.** foggiare, fabbricare **2.** contraffare.
forger *s.* **1.** fabbro **2.** falsario.
forgery *s.* contraffazione.
to **forget (forgot, forgotten)** *vt.* e *vi.* dimenticare, dimenticarsi.
forgetful *agg.* **1.** immemore **2.** negligente.
forgetfulness *s.* **1.** oblio **2.** negligenza.
forget-me-not *s.* non-ti-scordar-di--me.
to **forgive (forgave, forgiven)** *vt.* perdonare.
forgiveness *s.* perdono.
forgot V. *to forget.*
forgotten V. *to forget.*
fork *s.* **1.** forchetta **2.** forca **3.** forcella **4.** biforcazione.
to **fork** *vi.* biforcarsi || *to — out,* (*gergo*) pagare. ♦ to **fork** *vt.* biforcare.
forked *agg.* biforcuto.
forlorn *agg.* abbandonato.
form *s.* **1.** forma **2.** modulo **3.** banco.

to **form** *vt.* formare. ♦ to **form** *vi.* formarsi.
formal *agg.* formale || — *dress*, abito da cerimonia.
formalism *s.* formalismo.
formalist *s.* formalista.
formality *s.* formalità.
to **formalize** *vt.* **1.** formare **2.** formalizzare.
format *s.* formato.
formation *s.* formazione.
formative *agg.* formativo.
forme *s.* (*tip.*) forma di stampa.
former[1] *agg.* e *pron.* precedente, il primo (*fra due*).
former[2] *s.* **1.** artefice **2.** stampo.
formerly *avv.* precedentemente.
formic *agg.* formico.
formidable *agg.* **1.** formidabile **2.** spaventoso.
formless *agg.* informe.
formulary *s.* formulario.
to **formulate** *vt.* formulare.
formulation *s.* formulazione.
to **forsake (forsook, forsaken)** *vt.* abbandonare.
forsaking *s.* abbandono.
forsook V. *to forsake.*
to **forswear (forswore, forsworn)** *vt.* **1.** abiurare **2.** spergiurare.
fort *s.* (*mil.*) fortezza.
forth *avv.* **1.** avanti **2.** fuori || *and so* —, e così via.
forthcoming *agg.* prossimo.
fortieth *agg.* e *s.* quarantesimo.
fortification *s.* fortificazione.
to **fortify** *vt.* fortificare.
fortitude *s.* forza d'animo.
fortnight *s.* due settimane.
fortnightly *agg.* quindicinale. ♦ **fortnightly** *avv.* ogni due settimane.
fortress *s.* (*mil.*) fortezza.
fortuitous *agg.* fortuito.
fortunate *agg.* **1.** fortunato **2.** propizio.
fortune *s.* **1.** sorte: *to tell fortunes*, predire la sorte **2.** fortuna.
fortune-teller *s.* indovino.
forty *agg.* e *s.* quaranta.
forward *agg.* **1.** avanzato **2.** precoce **3.** pronto.
to **forward** *vt.* **1.** promuovere **2.** spedire.
forwarder *s.* spedizioniere.
forwarding *s.* spedizione.
forward(s) *avv.* avanti, in avanti.
fossil *agg.* e *s.* fossile.
fossilization *s.* fossilizzazione.
to **fossilize** *vt.* fossilizzare. ♦ to **fossilize** *vi.* fossilizzarsi.
to **foster** *vt.* **1.** favorire **2.** allevare, nutrire.
fought V. *to fight.*
foul *agg.* **1.** sporco **2.** tempestoso.
foulmouthed *agg.* sboccato.
to **foul** *vt.* **1.** sporcare **2.** urtare. ♦ to **foul** *vi.* **1.** sporcarsi **2.** urtarsi.
found V. *to find.*
to **found**[1] *vt.* fondare.
to **found**[2] *vt.* fondere.
foundation *s.* **1.** fondazione **2.** fondamenta **3.** fondamento.
founder[1] *s.* fondatore.
founder[2] *s.* fonditore.
to **founder** *vi.* crollare. ♦ to **founder** *vt.* affondare.
foundling *s.* trovatello || — *-hospital*, brefotrofio.
foundry *s.* fonderia.
fountain *s.* **1.** fontana **2.** sorgente || — *-pen*, penna stilografica.
four *agg.* e *s.* quattro || — *-handed*, quadrumane; — *-footed*, quadrupede.
fourscore *agg.* ottanta.
fourteen *agg.* e *s.* quattordici.
fourteenth *agg.* e *s.* quattordicesimo.
fourth *agg.* e *s.* quarto.
fowl *s.* pollo, pollame.
fox *s.* volpe: — *-hunt*, caccia alla volpe.
foxglove *s.* digitale.
foxy *agg.* **1.** volpino **2.** rossiccio **3.** scolorito **4.** aspro.
foyer *s.* ridotto.
fraction *s.* frazione.
fractional *agg.* frazionario.
to **fractionize** *vt.* frazionare.
fracture *s.* frattura.
to **fracture** *vt.* fratturare. ♦ to **fracture** *vi.* fratturarsi.
fragile *agg.* fragile.
fragility *s.* fragilità.
fragment *s.* frammento.
fragmentary *agg.* frammentario.
fragrance *s.* fragranza.
fragrant *agg.* fragrante.
frail *agg.* **1.** debole **2.** caduco.
frailness, frailty *s.* debolezza.
frame *s.* **1.** cornice **2.** struttura, intelaiatura.
to **frame** *vt.* **1.** incorniciare **2.** formare.
framework *s.* struttura.
framing *s.* incorniciatura.

franc *s.* franco.
franchise *s.* franchigia.
Franciscan *agg.* e *s.* francescano.
frank *agg.* franco.
frankness *s.* franchezza.
frantic *agg.* frenetico.
fraternal *agg.* fraterno.
fraternity *s.* **1.** fraternità **2.** confraternita.
fraternization *s.* affratellamento.
to **fraternize** *vi.* fraternizzare.
fratricidal *agg.* fratricida.
fratricide *s.* **1.** fratricida **2.** fratricidio.
fraud *s.* **1.** frode **2.** impostura **3.** (*fam.*) impostore.
fraudulence *s.* frode.
fraudulent *agg.* fraudolento.
fray *s.* zuffa.
to **fray** *vt.* consumare. ♦ to **fray** *vi.* consumarsi.
freak *s.* **1.** capriccio **2.** macchiolina.
freakish, freaky *agg.* capriccioso.
freckle *s.* lentiggine.
freckled, freckly *agg.* lentigginoso.
free *agg.* **1.** libero **2.** (*comm.*) franco **3.** abbondante **4.** gratuito || — *on board*, franco porto. ♦ **free** *avv.* gratuitamente.
to **free** *vt.* liberare.
freedom *s.* libertà.
freely *avv.* **1.** liberamente **2.** gratuitamente.
freemason *s.* massone.
freemasonry *s.* massoneria.
freethinker *s.* libero pensatore.
freethinking *s.* libertà di pensiero.
freetrade *s.* libero scambio.
freetrader *s.* libero scambista.
freeze *s.* gelo, congelamento.
to **freeze (froze, frozen)** *vt.* e *vi.* **1.** gelare **2.** (*imp.*) far freddo.
freezer *s.* cella frigorifera.
freezing *agg.* glaciale, congelante. ♦ **freezing** *s.* congelamento.
freight *s.* **1.** trasporto **2.** nolo.
to **freight** *vt.* **1.** trasportare **2.** noleggiare **3.** caricare.
French *agg.* francese. ♦ **French** *s.* lingua francese.
to **frenchify** *vt.* francesizzare. ♦ to **frenchify** *vi.* francesizzarsi.
Frenchman *s.* francese (*uomo*).
Frenchwoman *s.* francese (*donna*).
frenzied *agg.* frenetico.
frenzy *s.* frenesia, delirio.
frequency *s.* frequenza.
frequent *agg.* frequente.
to **frequent** *vt.* frequentare.
fresco *s.* affresco.
fresh *agg.* fresco, nuovo, puro || — *water*, acqua dolce. ♦ **fresh** *s.* sorgente.
fresh-water *agg.* d'acqua dolce.
to **freshen** *vt.* **1.** rinfrescare **2.** desalinizzare. ♦ to **freshen** *vi.* rinfrescarsi.
freshly *avv.* **1.** in modo fresco **2.** recentemente.
freshman *s.* matricola.
freshness *s.* **1.** freschezza **2.** inesperienza.
fret[1] *s.* agitazione.
fret[2] *s.* **1.** fregio **2.** traforo.
to **fret**[1] *vt.* rodere. ♦ to **fret** *vi.* **1.** affliggersi **2.** agitarsi.
to **fret**[2] *vt.* **1.** ornare **2.** traforare.
fretful *agg.* irritabile.
fretfully *avv.* con irritazione.
fretfulness *s.* irritabilità.
fretwork *s.* intaglio ornamentale.
friability *s.* friabilità.
friable *agg.* friabile.
friar *s.* frate || *Black-* —, domenicano; *Grey-* —, francescano; *White-* —, carmelitano.
friction *s.* frizione, attrito.
Friday *s.* venerdì: *Good* —, Venerdì Santo.
fried *agg.* fritto.
friend *s.* amico || *to make friends*, fare amicizia; *the Society of Friends*, i quaccheri.
friendless *agg.* senza amici.
friendliness *s.* cordialità.
friendly *agg.* amichevole. ♦ **friendly** *avv.* amichevolmente.
friendship *s.* amicizia.
frigate *s.* fregata.
fright *s.* spavento.
to **frighten** *vt.* spaventare.
frightful *agg.* spaventevole.
frightfulness *s.* spavento.
frigid *agg.* **1.** glaciale **2.** frigido.
frigidity *s.* **1.** freddezza **2.** frigidità.
frill *s.* **1.** fronzolo **2.** gala increspata.
to **frill** *vt.* ornare di gale.
fringe *s.* **1.** frangia **2.** bordo.
to **fringe** *vt.* orlare.
frippery *s.* cianfrusaglie (*pl.*).
to **frisk** *vi.* fare capriole.
frisky *agg.* gaio.
frivolity *s.* frivolezza.
frivolous *agg.* frivolo.
frizzly, frizzy *agg.* crespo.
frock *s.* **1.** abito **2.** tonaca.
frog[1] *s.* rana.

frog[2] *s.* alamaro.
frogman *s.* sommozzatore.
frolic *s.* scherzo.
frolicsome *agg.* scherzoso.
from *prep.* da, di.
front *agg.* anteriore. ♦ **front** *s.* **1.** fronte **2.** sfrontatezza.
to **front** *vt.* fronteggiare.
frontal *agg.* frontale.
frontier *s.* frontiera.
frontispiece *s.* frontespizio.
frost *s.* **1.** gelo **2.** brina || *—bite*, congelamento; *hoar- —*, brinata.
to **frost** *vt.* **1.** gelare **2.** (*cuc.*) glassare **3.** smerigliare.
frosty *agg.* **1.** gelato **2.** gelido **3.** canuto.
froth *s.* **1.** schiuma **2.** frivolezza.
to **froth** *vi.* far schiuma.
frothy *agg.* **1.** schiumoso **2.** leggero.
frown *s.* **1.** l'aggrottare le ciglia **2.** cipiglio.
to **frown** *vi.* **1.** aggrottare le ciglia **2.** accigliarsi.
frowning *agg.* accigliato.
froze V. *to freeze.*
frozen V. *to freeze.*
fructiferous *agg.* fruttifero.
to **fructify** *vi.* fruttificare. ♦ to **fructify** *vt.* fertilizzare.
frugal *agg.* frugale.
frugalist *s.* persona frugale.
frugality *s.* frugalità.
fruit *s.* **1.** frutta **2.** frutto.
fruiterer *s.* fruttivendolo.
fruitful *agg.* **1.** fruttifero **2.** fertile **3.** redditizio.
fruitfulness *s.* **1.** fertilità **2.** vantaggio.
fruition *s.* **1.** godimento **2.** realizzazione.
fruitless *agg.* infruttuoso.
to **frustrate** *vt.* frustrare.
frustration *s.* frustrazione.
frustum *s.* (*pl.* -ta) (*geom.*) tronco.
fry *s.* fritto, frittura.
to **fry** *vt.* e *vi.* friggere.
fudge *s.* fandonia, sciocchezza.
to **fudge** *vt.* rattoppare.
fuel *s.* combustibile || *— oil*, nafta.
to **fuel** *vt.* alimentare di combustibile.
fugacity *s.* fugacità.
fugitive *agg.* **1.** fuggitivo **2.** effimero. ♦ **fugitive** *s.* **1.** fuggitivo **2.** rifugiato.
fugitiveness *s.* fuggevolezza.
fugue *s.* (*mus.*) fuga.
fulcrum *s.* (*pl.* fulcra) fulcro.
to **fulfil** *vt.* **1.** compiere **2.** adempiere, esaurire.
fulfilment *s.* **1.** compimento **2.** adempimento, esaudimento.
fulgency *s.* fulgidezza.
fulgent *agg.* fulgente.
fulgid *agg.* fulgido.
fulguration *s.* folgorazione.
full *agg.* pieno || *— up*, completo; *— -stop*, punto. ♦ **full** *avv.* interamente. ♦ **full** *s.* **1.** intero **2.** massimo.
fullness *s.* pienezza.
fully *avv.* completamente.
fulminant *agg.* fulminante.
fulmination *s.* **1.** fulminazione **2.** imprecazione.
fumarole *s.* fumarola.
to **fumble** *vi.* annaspare. ♦ to **fumble** *vt.* maneggiare goffamente.
fume *s.* **1.** fumo **2.** eccitazione.
to **fume** *vi.* **1.** fumare **2.** irritarsi.
fun *s.* **1.** divertimento **2.** facezia || *to make — of so.*, canzonare qu.; *to have good —*, divertirsi molto.
funambulism *s.* funambolismo.
funambulist *s.* funambolo.
function *s.* funzione.
to **function** *vi.* **1.** funzionare **2.** fungere da.
functional *agg.* funzionale.
functionary *s.* funzionario.
fund *s.* fondo, riserva.
to **fund** *vt.* **1.** accumulare **2.** investire in obbligazioni.
fundament *s.* base.
fundamental *agg.* fondamentale. ♦ **fundamental** *s.* fondamento.
funeral *agg.* funebre. ♦ **funeral** *s.* funerale.
funerary, funereal *agg.* funereo.
funicular *agg.* e *s.* funicolare.
funnel *s.* **1.** imbutc **2.** camino, ciminiera.
funny *agg.* **1.** comico **2.** strano.
fur *s.* **1.** pelliccia **2.** patina, rivestimento.
to **fur** *vt.* coprire con pelliccia.
furbelow *s.* falpalà.
furious *agg.* furioso.
to **furl** *vt.* **1.** piegare, chiudere **2.** ammainare (*vele ecc.*). ♦ to **furl** *vi.* piegarsi, chiudersi.
furnace *s.* fornace.
to **furnish** *vt.* **1.** fornire **2.** ammobiliare.
furnisher *s.* fornitore.
furnishings *s. pl.* arredamento (*sing.*).

furniture *s.* **1.** mobilio **2.** contenuto.
furrier *s.* pellicciaio.
furriery *s.* pellicceria.
furrow *s.* **1.** solco **2.** scia.
to **furrow** *vt.* **1.** solcare **2.** arare.
further *agg.* (*comp. di* far) **1.** più lontano **2.** ulteriore. ♦ **further** *avv.* **1.** più in là **2.** ancora.
to **further** *vt.* favorire.
furthermore *avv.* inoltre.
furthermost *agg.* il più lontano.
furthest *agg.* (*superl. di* far) estremo. ♦ **furthest** *avv.* all'estremo limite.
furtive *agg.* furtivo.
furunculosis *s.* furuncolosi.
fury *s.* furia.
fuse *s.* **1.** valvola, fusibile **2.** spoletta **3.** miccia.
to **fuse** *vt.* **1.** fondere **2.** liquefare. ♦ to **fuse** *vi.* **1.** fondersi **2.** saltare (*di valvola*).
fuselage *s.* fusoliera.
fusible *agg.* fusibile.
fusion *s.* fusione.
fuss *s.* **1.** trambusto **2.** smancerie.
to **fuss** *vi.* far confusione. ♦ to **fuss** *vt.* irritare.
fussily *avv.* **1.** con inutile scalpore **2.** con esagerata importanza.
fussy *agg.* **1.** che fa confusione **2.** meticoloso.
fusty *agg.* stantio.
futility *s.* futilità.
future *agg.* e *s.* futuro.
futurism *s.* futurismo.
fuzz *s.* lanuggine.
fuzzily *avv.* confusamente.
fuzziness *s.* **1.** increspatura (*di capelli*) **2.** (*foto*) sfocatura.
fuzzy *agg.* **1.** lanuginoso **2.** confuso **3.** (*foto*) sfocato.

G

G *s.* (*mus.*) sol.
to **gabble** *vt.* e *vi.* parlare in modo confuso.
gabbler *s.* chiacchierone.
gable *s.* frontone.
gadfly *s.* **1.** tafano **2.** (*fig.*) persona irritante.
gadget *s.* aggeggio.
Gael *s.* gaelico.
Gaelic *agg.* e *s.* gaelico.
gaff *s.* uncino, rampone.
gag *s.* **1.** bavaglio **2.** improvvisazione **3.** trovata geniale.
to **gag** *vt.* imbavagliare. ♦ to **gag** *vi.* improvvisare (*motti di spirito*).
gage *s.* garanzia.
to **gage** *vt.* dare in pegno.
gaiety *s.* gaiezza. ♦ **gaieties** *s. pl.* divertimenti.
gaily *avv.* gaiamente.
gain *s.* **1.** guadagno **2.** aumento, miglioramento.
to **gain** *vt.* e *vi.* **1.** guadagnare **2.** aumentare || *to — on,* guadagnar terreno su.
gainer *s.* chi guadagna.
gainful *agg.* lucroso.
gainings *s. pl.* guadagni.
to **gainsay** *vt.* contraddire.
gainsaying *s.* contraddizione.
gait *s.* andatura.
gaiter *s.* ghetta.
galalith *s.* galalite.
galantine *s.* galantina.
galaxy *s.* galassia.
gale *s.* tempesta.
galenic *agg.* galenico.
Galilean *agg.* e *s.* galileo.
gall[1] *s.* bile, fiele || *— -bladder,* cistifellea.
gall[2] *s.* **1.** scorticatura **2.** irritazione.
to **gall** *vt.* irritare. ♦ to **gall** *vi.* irritarsi.
gallant *agg.* **1.** prode **2.** galante. ♦ **gallant** *s.* uomo di mondo.
gallantry *s.* **1.** galanteria **2.** coraggio **3.** atto, discorso amoroso.
galleon *s.* galeone.
gallery *s.* galleria || *picture- —,* pinacoteca.
galley *s.* **1.** (*mar.*) galea **2.** (*mar.*) cambusa **3.** (*tip.*) vantaggio || *— proof* (*tip.*), bozza in colonna; *— slave,* galeotto.
Gallic *agg.* e *s.* gallico.
gallicism *s.* francesismo.
gallinacean *agg.* e *s.* gallinaceo.
gallium *s.* gallio.
gallon *s.* gallone (*misura*).
galloon *s.* gallone (*ornamento*).
gallooned *agg.* gallonato.
gallop *s.* **1.** galoppo: *at a —,* al galoppo **2.** galoppata.
to **gallop** *vt.* far galoppare. ♦ to **gallop** *vi.* galoppare.
gallows *s. pl.* patibolo (*sing.*).
galore *s.* abbondanza. ♦ **galore** *avv.* in abbondanza.
galosh(e) *s.* galoscia.

galvanic(al) *agg.* **1.** galvanico **2.** (*fig.*) galvanizzante.
galvanization *s.* galvanizzazione.
to **galvanize** *vt.* galvanizzare.
galvanometer *s.* galvanometro.
galvanoplastic *agg.* galvanoplastico.
gamble *s.* gioco d'azzardo.
to **gamble** *vt.* e *vi.* giocare (*d'azzardo*).
gambler *s.* giocatore d'azzardo.
gambling *s.* V. *gamble* || — *-house,* casa da gioco.
gambol *s.* piroetta.
game *agg.* risoluto. ♦ **game** *s.* **1.** gioco (*con regole*), mano (*in una partita*) **2.** (*fig.*) progetto **3.** selvaggina (*coll.*).
to **game** V. *to gamble.*
gamekeeper *s.* guardacaccia.
gamely *avv.* coraggiosamente.
gamesome *agg.* scherzoso.
gamester *s.* giocatore.
gammon *s.* (*mar.*) trinca di bompresso.
gang *s.* **1.** squadra **2.** banda.
to **gang** *vt.* e *vi.* formare una banda.
ganglion *s.* (*pl.* ganglia) ganglio.
gangrene *s.* cancrena.
to **gangrene** *vi.* andare in cancrena.
gangster *s.* bandito.
gangsterism *s.* banditismo.
gangway *s.* **1.** passaggio (*tra file di sedie ecc.*) **2.** (*mar.*) passerella.
gaol *s.* prigione.
to **gaol** *vt.* imprigionare.
gaoler *s.* carceriere.
gap *s.* **1.** apertura, breccia **2.** intervallo **3.** divergenza **4.** lacuna.
gape *s.* **1.** sbadiglio **2.** apertura **3.** stupore.
to **gape** *vi.* **1.** spalancare la bocca **2.** sbadigliare **3.** restare a bocca aperta.
gaping *agg.* **1.** aperto **2.** stupito.
garage *s.* autorimessa || — *keeper,* garagista.
garb *s.* costume.
garbage *s.* rifiuto.
garden *s.* giardino.
to **garden** *vi.* fare del giardinaggio.
gardener *s.* giardiniere.
gardening *s.* giardinaggio.
gargarism *s.* gargarismo.
gargle *s.* liquido per gargarismi.
to **gargle** *vt.* e *vi.* gargarizzare.
gargoyle *s.* doccione.
garish *agg.* **1.** abbagliante **2.** appariscente.
garland *s.* ghirlanda.
garlic *s.* aglio.
garment *s.* abito, indumento.
garnet[1] *s.* granato.
garnet[2] *s.* (*mar.*) paranco.
to **garnish** *vt.* guarnire.
garnish(ment) *s.* ornamento.
garret *s.* soffitta.
garrison *s.* guarnigione.
to **garrison** *vt.* presidiare.
garrulity *s.* garrulità.
garrulous *agg.* garrulo.
garter *s.* giarrettiera || *knight o, the Garter,* Cavaliere dell'Ordine della Giarrettiera.
gas *s.* gas || — *-fitter,* gassista; — *-mask,* maschera antigas; — *-meter,* contatore del gas.
to **gas** *vt.* **1.** fornire di gas **2.** asfissiare col gas.
Gascon *agg.* e *s.* guascone.
gasconade *s.* guasconata.
gaseous *agg.* gassoso.
gash *s.* sfregio.
to **gash** *vt.* sfregiare.
gas oil *s.* gasolio.
gasoline *s.* (*amer.*) benzina.
gasp *s.* respiro affannoso.
to **gasp** *vi.* **1.** ansare **2.** restare senza fiato **3.** parlare affannosamente.
gassy *agg.* gassoso.
gastric *agg.* gastrico.
gastritis *s.* gastrite.
gastroenteritis *s.* gastroenterite.
gastronome *s.* gastronomo.
gastronomic(al) *agg.* gastronomico.
gastronomy *s.* gastronomia.
gate *s.* **1.** cancello **2.** porta.
gatekeeper *s.* portiere, custode.
gateway *s.* portone, ingresso.
to **gather** *vt.* **1.** raccogliere **2.** acquistare **3.** dedurre. ♦ to **gather** *vi.* raccogliersi.
gathering *s.* **1.** raccolta **2.** (*med.*) ascesso.
gaud *s.* fronzolo.
gaudiness *s.* sfarzo.
gaudy *agg.* sfarzoso. ♦ **gaudy** *s.* festa (*universitaria*).
gauge *s.* **1.** misura **2.** calibro **3.** (*ferr.*) scartamento **4.** pescaggio || *narrow* —, scartamento ridotto.
to **gauge** *vt.* misurare.
gaunt *agg.* scarno.
gauze *s.* garza, velo, mussolina.
gauzy *agg.* trasparente.
gave V. *to give.*
gay *agg.* **1.** gaio **2.** licenzioso.
gayety *s.* gaiezza.

gaze *s.* sguardo fisso.
to **gaze** *vi.* fissare.
gazelle *s.* gazzella.
gazette *s.* gazzetta.
gazetteer *s.* **1.** giornalista **2.** dizionario geografico.
gear *s.* **1.** meccanismo **2.** (*auto*) marcia, cambio **3.** (*mecc.*) ingranaggio.
to **gear** *vt.* ingranare || *to — up, down*, aumentare, diminuire la velocità.
gearing *s.* ingranaggio, innesto.
geese V. *goose.*
gelatin(e) *s.* gelatina.
gelatinous *agg.* gelatinoso.
to **geld** *vt.* castrare.
gelid *agg.* gelido.
gem *s.* gemma.
gemmy *agg.* pieno di gemme.
gender *s.* genere.
genderless *agg.* di genere comune.
genealogical *agg.* genealogico.
genealogy *s.* genealogia.
generable *agg.* generabile.
general *agg.* e *s.* generale.
generality *s.* **1.** generalità **2.** maggioranza.
generalization *s.* generalizzazione.
to **generalize** *vt.* e *vi.* generalizzare.
generally *avv.* generalmente.
to **generate** *vt.* generare.
generation *s.* generazione.
generative *agg.* generativo.
generator *s.* generatore.
generic(al) *agg.* generico.
generosity *s.* generosità.
generous *agg.* **1.** generoso **2.** abbondante.
genesis *s.* (*pl.* -ses) genesi.
genetic(al) *agg.* genetico.
genetics *s.* genetica.
genial *agg.* **1.** gioviale **2.** geniale **3.** mite (*di clima*).
geniality *s.* **1.** giovialità **2.** mitezza (*di clima*).
genital *agg.* e *s.* genitale.
genitive *agg.* e *s.* genitivo.
genius *s.* genio.
genocide *s.* genocidio.
genre *s.* genere.
genteel *agg.* raffinato.
gentian *s.* genziana.
gentile *agg.* e *s.* pagano.
gentility *s.* signorilità.
gentle *agg.* **1.** nobile **2.** garbato **3.** moderato **4.** facile.
gentleman *s.* **1.** signore **2.** gentiluomo.
gentlemanlike, gentlemanly *agg.* da gentiluomo.
gentleness *s.* gentilezza.
gentlewoman *s.* gentildonna.
gently *avv.* **1.** gentilmente, con delicatezza **2.** gradualmente.
gentry *s.* classe gentilizia.
to **genuflect** *vi.* genuflettersi.
genuflection *s.* genuflessione.
genuine *agg.* **1.** autentico **2.** sincero **3.** puro.
genuineness *s.* **1.** autenticità **2.** sincerità.
genus *s.* (*pl.* -nera) genere.
geodesy *s.* geodesia.
geographer *s.* geografo.
geographic(al) *agg.* geografico.
geography *s.* geografia.
geologic(al) *agg.* geologico.
geologist *s.* geologo.
geology *s.* geologia.
geometer *s.* geometra.
geometric(al) *agg.* geometrico.
geometrician *s.* geometra.
geometry *s.* geometria.
geophysics *s.* geofisica.
geopolitics *s.* geopolitica.
georgic *agg.* georgico.
geranium *s.* geranio.
gerent *s.* gerente.
germ *s.* germe.
german *agg.* germano.
German *agg.* e *s.* tedesco.
Germanic *agg.* germanico.
Germanism *s.* germanesimo.
Germanist *s.* germanista.
germanium *s.* germanio.
germinal *agg.* germinale.
to **germinate** *vt.* far germinare. ♦ to **germinate** *vi.* germinare.
germination *s.* germinazione.
gerontology *s.* gerontologia.
gerund *s.* gerundio.
gerundial *agg.* gerundivo.
gerundive *agg.* e *s.* gerundivo.
gestation *s.* gestazione.
to **gesticulate** *vi.* gesticolare.
gesticulation *s.* gesticolazione.
gesture *s.* **1.** gesto **2.** il gestire.
to **gesture** *vi.* far gesti.
to **get (got, got)** *vt.* **1.** ottenere, procurare **2.** prendere **3.** portare **4.** fare. ♦ to **get (got, got)** *vi.* **1.** andare **2.** divenire || *to — off*, scendere; *to — over*, scavalcare; *to — out*, (far) uscire; *to — up*, alzarsi; *to — married*, sposarsi; *to — hold of*, impossessarsi di.
getaway *s.* **1.** fuga **2.** (*sport*) partenza.

gettable *agg.* ottenibile.
get-up *s.* **1.** equipaggiamento **2.** presentazione (*di libro, giornale ecc.*).
geyser *s.* **1.** geyser **2.** scaldabagno.
ghastliness *s.* **1.** aspetto spaventoso **2.** pallore spettrale.
ghastly *agg.* **1.** spaventoso **2.** spettrale.
gherkin *s.* cetriolo.
Ghibelline *agg.* e *s.* ghibellino.
ghost *s.* **1.** spirito **2.** spettro || *to give up the* —, spirare.
ghostliness *s.* **1.** l'essere spettrale **2.** spiritualità.
ghostly *agg.* **1.** spettrale **2.** spirituale.
giant *s.* gigante.
giantism *s.* gigantismo.
gibbet *s.* patibolo.
to **gibbet** *vt.* **1.** impiccare **2.** (*fig.*) mettere alla berlina.
gibbosity *s.* gibbosità.
gibbous *agg.* gibboso.
gibe *s.* scherno.
to **gibe** *vt.* e *vi.* schernire.
giblets *s. pl.* regaglie.
giddily *avv.* vertiginosamente.
giddiness *s.* **1.** capogiro **2.** (*fig.*) frivolezza.
giddy *agg.* **1.** stordito **2.** vertiginoso **3.** frivolo.
to **giddy** *vt.* stordire. ♦ to **giddy** *vi.* aver le vertigini.
gift *s.* **1.** dono **2.** dote.
to **gift** *vt.* dotare.
gig[1] *s.* **1.** calessino **2.** (*mar.*) iole.
gig[2] *s.* rampone, fiocina.
gigantean, gigantic *agg.* gigantesco.
giggle *s.* risatina.
to **giggle** *vi.* fare risatine.
to **gild (gilt, gilt)** (*anche reg.*) *vt.* (in)dorare.
gilder *s.* doratore.
gilding *s.* doratura.
gill *s.* **1.** branchia **2.** pappagorgia.
gilt V. *to gild.*
gilt *s.* doratura.
gimlet *s.* succhiello.
gin[1] *s.* "gin" (*liquore*).
gin[2] *s.* **1.** elevatore **2.** trappola (*per animali*).
ginger *s.* zenzero.
gingerly *agg.* cauto. ♦ **gingerly** *avv.* cautamente.
gipsy *s.* zingaro.
gipsydom *s.* gli zingari (*pl.*).
gipsyish *agg.* zingaresco.
giraffe *s.* giraffa.
to **gird (girt, girt)** (*anche reg.*) *vt.* cingere.
girder *s.* **1.** trave maestra **2.** sbarra
girdle *s.* **1.** cintura **2.** reggicalze.
to **girdle** *vt.* cingere.
girl *s.* ragazza || *flower* —, fioraia.
girlhood *s.* adolescenza (*di ragazza*).
Girondist *agg.* e *s.* girondino.
girt V. *to gird.*
girth *s.* **1.** circonferenza **2.** cinghia.
to **give (gave, given)** *vt.* dare || *to — in,* cedere; *to — out,* annunciare, venir meno; *to — up,* smettere, abbandonare; *to — birth to,* generare; *to — oneself up,* costituirsi (*alla polizia*); *to — oneself up to,* dedicarsi (a); *to — off,* emettere (*luce ecc.*).
giver *s.* datore.
glacial *agg.* glaciale.
glaciation *s.* glaciazione.
glacier *s.* ghiacciaio.
glacis *s.* spalto.
glad *agg.* lieto.
to **gladden** *vt.* rallegrare. ♦ to **gladden** *vi.* rallegrarsi.
glade *s.* radura.
gladiator *s.* gladiatore.
gladiolus *s.* (*pl.* -li) gladiolo.
gladly *avv.* con piacere.
gladness *s.* contentezza.
glair *s.* albume.
gladsome *agg.* gioioso.
glair *s.* albume.
glamorous *agg.* affascinante.
glamour *s.* **1.** fascino **2.** incantesimo
glance *s.* **1.** occhiata **2.** colpo obliquo.
to **glance** *vt.* e *vi.* **1.** gettare uno sguardo **2.** sfiorare **3.** balenare || *to — off,* sorvolare su.
gland *s.* **1.** ghiandola **2.** ghianda.
glandiferous *agg.* ghiandifero.
glandular *agg.* glandolare.
glare *s.* **1.** luce abbagliante **2.** sguardo truce **3.** abbagliamento.
to **glare** *vi.* **1.** splendere **2.** guardare torvamente.
glaring *agg.* **1.** abbagliante **2.** evidente.
glass *s.* **1.** vetro **2.** bicchiere **3.** specchio || *— -ware,* articoli in vetro; *— -work,* fabbrica di vetro; *— — -paper,* carta vetrata. ♦ **glasses** *s. pl.* occhiali, cannocchiale (*sing.*).
to **glass** *vt.* **1.** specchiare **2.** imbottigliare.
glassy *agg.* **1.** vitreo **2.** cristallino.

glaucous *agg.* glauco.
glaze *s.* superficie vetrosa.
to **glaze** *vt.* **1.** smaltare **2.** mettere vetri a. ♦ to **glaze** *vi.* diventare vitreo.
glazier *s.* vetraio.
glazy *agg.* vitreo.
gleam *s.* barlume.
to **gleam** *vi.* scintillare.
gleamy *agg.* scintillante.
to **glean** *vt.* e *vi.* spigolare.
gleaner *s.* spigolatore.
gleaning *s.* spigolatura.
glee *s.* allegria.
gleeful *agg.* allegro.
glib *agg.* **1.** liscio **2.** facondo **3.** sciolto.
glibness *s.* **1.** disinvoltura **2.** facondia.
glide *s.* scivolata.
to **glide** *vt.* **1.** far scorrere **2.** trascorrere. ♦ to **glide** *vi.* **1.** scivolare **2.** passare.
glider *s.* aliante.
gliding *agg.* scorrevole. ♦ **gliding** *s.* volo a vela.
glimmer *s.* barlume.
to **glimmer** *vi.* brillare.
glimpse *s.* **1.** visione **2.** occhiata **3.** vaga idea.
to **glimpse** *vt.* e *vi.* intravedere.
glitter *s.* scintillio.
to **glitter** *vi.* scintillare.
gloaming *s.* crepuscolo.
to **gloat** *vi.* fissare avidamente.
global *agg.* globale.
globe *s.* **1.** globo **2.** pianeta.
globous, globular *agg.* sferico.
globule *s.* globulo.
gloom *s.* **1.** oscurità **2.** tristezza.
to **gloom** *vt.* **1.** oscurare **2.** rattristare. ♦ to **gloom** *vi.* **1.** oscurarsi **2.** rattristarsi.
gloomy *agg.* cupo.
glorification *s.* glorificazione.
to **glorify** *vt.* glorificare.
glorious *agg.* **1.** glorioso **2.** splendido.
gloriousness *s.* V. *glory.*
glory *s.* **1.** gloria **2.** splendore.
to **glory** *vi.* vantarsi.
gloss *s.* **1.** glossa **2.** lucentezza **3.** apparenza.
glossarist *s.* glossatore.
glossary *s.* glossario.
glossy *agg.* lucido.
glottis *s.* glottide.
glottologist *s.* glottologo.
glottology *s.* glottologia.
glove *s.* guanto || *to be hand in — with,* essere molto intimo con.
gloved *agg.* inguantato.
glover *s.* guantaio.
glow *s.* **1.** calore **2.** splendore **3.** colorito || *—worm,* lucciola.
to **glow** *vi.* ardere.
glucose *s.* glucosio.
glue *s.* colla.
to **glue** *vt.* incollare.
glut *s.* **1.** scorpacciata **2.** saturazione.
to **glut** *vt.* **1.** saziare **2.** saturare. ♦ to **glut** *vi.* fare una scorpacciata.
gluten *s.* glutine.
gluteus *s.* (*pl.* glutei) gluteo.
glutton *s.* ghiottone.
gluttonous *agg.* ghiottone.
gluttony *s.* ghiottoneria.
glycerin(e) *s.* glicerina.
glycogen *s.* glicogeno.
gnarled *agg.* nodoso.
to **gnash** *vt.* e *vi.* digrignare.
gnat *s.* zanzara.
to **gnaw** *vt.* rodere.
gnawing *agg.* **1.** rosicante **2.** corrodente.
gnome[1] *s.* gnomo.
gnome[2] *s.* massima.
gnomic *agg.* gnomico.
gnosis *s.* gnosi.
gnostic *agg.* e *s.* gnostico.
gnosticism *s.* gnosticismo.
go *s.* **1.** movimento **2.** energia **3.** colpo || *— -between,* intermediario; *— -by,* evasione; *— -cart,* girello.
to **go (went, gone)** *vi.* **1.** andare **2.** divenire || *to — by,* passare; *to — for,* andare a cercare; *to — on,* continuare.
goad *s.* pungolo.
to **goad** *vt.* stimolare.
goal *s.* **1.** traguardo **2.** (*sport*) rete || *— -keeper,* portiere.
goat *s.* capra.
goatish *agg.* **1.** caprino **2.** lascivo.
to **gobble** *vt.* trangugiare, inghiottire.
goblin *s.* folletto.
god *s.* **1.** dio, divinità **2.** Dio.
godchild *s.* (*pl.* -children) figlioccio.
goddaughter *s.* figlioccia.
goddess *s.* dea.
godfather *s.* padrino.
godless *agg.* **1.** ateo **2.** empio.
godlike *agg.* divino.
godliness *s.* devozione.
godly *agg.* religioso.
godmother *s.* madrina.

godown *s.* deposito.
godsend *s.* dono del cielo.
godship *s.* divinità.
godson *s.* figlioccio.
goggle *agg.* **1.** stralunato **2.** sporgente (*di occhi*).
to **goggle** *vt.* stralunare. ♦ to **goggle** *vi.* essere sporgenti (*di occhi*).
goggles *s. pl.* occhiali di protezione.
going *s.* **1.** l'andare **2.** partenza.
goitre *s.* gozzo.
goitrous *agg.* gozzuto.
gold *agg.* d'oro. ♦ **gold** *s.* oro ‖ — *-field*, zona aurifera; — *-digger*, cercatore d'oro.
golden *agg.* dorato, d'oro.
goldfinch *s.* cardellino.
goldsmith *s.* orefice.
gone V. *to go.*
gonfalon *s.* gonfalone.
goniometer *s.* goniometro.
goniometry *s.* goniometria.
good (better, best) *agg.* **1.** buono **2.** bravo **3.** bello. ♦ **good** *inter.* bene!
good *s.* **1.** bene **2.** utilità ‖ *for* —, per sempre.
good-bye *inter.* e *s.* addio, arrivederci.
good-for-nothing *s.* buono a nulla.
goodly *agg.* bello.
goodness *s.* **1.** bontà **2.** il meglio ‖ *my* —!, Dio mio!
goods *s. pl.* merce (*sing.*).
goodwill *s.* **1.** buona volontà **2.** benevolenza.
goody *agg.* troppo buono. ♦ **goody** *inter.* bene!
goose *s.* (*pl.* geese) oca.
gooseberry *s.* uva spina.
goose-step *s.* passo dell'oca.
gore *s.* sangue rappreso.
gorge *s.* gola.
to **gorge** V. *to glut.*
gorgeous *agg.* magnifico.
gorgeousness *s.* magnificenza.
gospel *s.* vangelo.
gossamer *s.* ragnatela.
gossip *s.* **1.** pettegolezzo **2.** pettegolo.
to **gossip** *vi.* far pettegolezzi.
gossiper *s.* pettegolo.
gossipy *agg.* pettegolo.
got V. *to get.*
Gothic *agg.* e *s.* gotico.
gothicism *s.* **1.** stile gotico **2.** rozzezza.
gouache *s.* guazzo.
gouge *s.* sgorbia.
gourd *s.* zucca.
gourmand *s.* goloso.
gourmet *s.* buongustaio.
gout *s.* **1.** gotta **2.** goccia.
gouty *agg.* gottoso.
to **govern** *vt.* **1.** governare **2.** controllare **3.** (*gramm.*) reggere.
governable *agg.* docile.
governess *s.* istitutrice.
government *s.* governo.
governmental *agg.* governativo.
governor *s.* **1.** governatore **2.** regolatore.
gown *s.* **1.** veste **2.** toga ‖ *dressing-* —, veste da camera; *night-* —, camicia da notte.
grab *s.* presa.
to **grab** *vt.* **1.** afferrare **2.** (*mecc.*) bloccare.
grace *s.* grazia.
to **grace** *vt.* adornare.
graceful *agg.* grazioso.
gracefulness *s.* grazia.
graceless *agg.* **1.** sgraziato **2.** depravato.
gracile *agg.* gracile.
gracility *s.* gracilità.
gracious *agg.* benigno ‖ *good* —!, mio Dio!
gradation *s.* gradazione.
grade *s.* **1.** grado **2.** pendio.
to **grade** *vt.* **1.** graduare **2.** livellare.
gradient *agg.* che sale, scende gradatamente. ♦ **gradient** s. pendenza.
gradual *agg.* graduale.
graduality *s.* gradualità.
graduate *s.* laureato.
to **graduate** *vt.* **1.** graduare **2.** laureare. ♦ to **graduate** *vi.* laurearsi.
graduation *s.* **1.** graduazione **2.** laurea.
graft *s.* innesto.
to **graft** *vt.* innestare.
grain *s.* **1.** granaglie (*pl.*) **2.** chicco **3.** grano.
grainy *agg.* **1.** granuloso **2.** granoso.
gram *s.* grammo.
Gramineae *s. pl.* graminacee.
grammar *s.* grammatica.
grammarian *s.* grammatico.
grammatic(al) *agg.* grammaticale.
gramophone *s.* grammofono.
granary *s.* granaio.
grand *agg.* **1.** grande **2.** nobile ‖ — *-aunt*, prozia; — *-uncle*, prozio; — *-nephew*, pronipote (*maschio*); — *-niece*, pronipote (*femmina*).

grandchild *s.* (*pl.* -children) nipote (*di nonni*).
granddaughter *s.* nipote (*femmina*) (*di nonni*).
grandeur *s.* grandiosità.
grandfather *s.* nonno.
grandiloquence *s.* magniloquenza.
grandiloquent *agg.* magniloquente.
grandiose *agg.* grandioso.
grandiosity *s.* grandiosità.
grandmother *s.* nonna.
grandmotherly *agg.* protettivo.
grandparents *s. pl.* nonni.
grandson *s.* nipote (*maschio*) (*di nonni*).
grange *s.* fattoria, casa colonica.
granite *s.* granito.
granitic *agg.* granitico.
granivorous *agg.* granivoro.
grant *s.* concessione.
to **grant** *vt.* concedere || *to take for granted,* dare per scontato.
granular *agg.* granulare.
granularity *s.* granulosità.
to **granulate** *vt.* granulare. ♦ to **granulate** *vi.* granularsi.
granulation *s.* granulazione.
granulous *agg.* granuloso.
grape *s.* **1.** acino || — *-shot,* mitraglia. ♦ **grapes** *s. pl.* uva.
grapefruit *s.* pompelmo.
grapevine *s.* **1.** vigna **2.** (*fam.*) notizia ufficiosa.
graph *s.* grafico.
graphic(al) *agg.* **1.** grafico **2.** pittoresco.
graphite *s.* grafite.
graphologist *s.* grafologo.
graphology *s.* grafologia.
graphomania *s.* grafomania.
graphomaniac *s.* grafomane.
grapnel *s.* (*mar.*) grappino.
to **grapple** *vt.* afferrare. ♦ to **grapple** *vi.* lottare.
grappling *s.* (*mar.*) aggancio || — *irons,* grappini d'abbordaggio.
grasp *s.* **1.** stretta **2.** manico **3.** potere.
to **grasp** *vt.* e *vi.* afferrare.
grasping *agg.* avido.
grass *s.* erba.
grasshopper *s.* cavalletta.
grass-widow *s.* donna separata dal marito.
grassy *agg.* erboso.
grate *s.* **1.** grata **2.** graticola.
to **grate** *vt.* **1.** fornire di grata **2.** grattugiare. ♦ to **grate** *vi.* stridere.
grateful *agg.* grato.
gratefulness *s.* gratitudine.
grater *s.* grattugia.
to **gratify** *vt.* **1.** ricompensare **2.** appagare.
gratifying *agg.* soddisfacente.
grating[1] *agg.* **1.** irritante **2.** stridente. ♦ **grating** *s.* stridore.
grating[2] *s.* **1.** grata **2.** (*ott.*) reticolo.
gratitude *s.* gratitudine.
gratuitous *agg.* gratuito.
gratuity *s.* mancia.
grave[1] *agg.* grave.
grave[2] *s.* tomba.
gravel *s.* ghiaia.
to **gravel** *vt.* inghiaiare.
gravelly *agg.* ghiaioso.
graven *agg.* intagliato.
graver *s.* **1.** incisore **2.** bulino.
gravestone *s.* pietra tombale.
graveyard *s.* cimitero.
gravid *agg.* gravido.
to **gravitate** *vi.* gravitare.
gravitation *s.* gravitazione.
gravitational *agg.* gravitazionale.
gravity *s.* gravità.
gravy *s.* sugo.
gray *agg.* e *s.* grigio.
graze *s.* **1.** colpo di striscio **2.** escoriazione.
to **graze**[1] *vt.* e *vi.* **1.** graffiare **2.** sfiorare.
to **graze**[2] *vt.* e *vi.* pascolare, condurre al pascolo.
grazier *s.* allevatore (*di bestiame*).
grazing[1] *s.* abrasione.
grazing[2] *s.* pascolo.
grease *s.* grasso.
to **grease** *vt.* ungere, lubrificare.
greaser *s.* ingrassatore.
greasiness *s.* untuosità.
greasy *agg.* **1.** grasso **2.** unto, untuoso **3.** scivoloso.
great *agg.* grande || — *-grandchild,* pronipote (*di nonni*); — *-grandfather,* bisnonno; — *-grandmother,* bisnonna.
greatness *s.* grandezza.
Grecian *agg.* e *s.* greco.
greed(iness) *s.* avidità.
greedy *agg.* avido.
Greek *agg.* e *s.* greco.
green *agg.* **1.** verde **2.** inesperto **3.** vigoroso **4.** recente. ♦ **green** *s.* prato. ♦ **greens** *s. pl.* frasche, verdura (*sing.*).
greenery *s.* **1.** vegetazione **2.** serra.
greengrocer *s.* erbivendolo.
greenhouse *s.* serra.

greenish *agg.* verdastro.
greenness *s.* **1.** color verde **2.** acerbezza **3.** ingenuità **4.** vigore.
greenroom *s.* (*teat.*) camerino.
to **greet** *vt.* e *vi.* salutare.
greeting *s.* saluto.
Gregorian *agg.* gregoriano.
grenadier *s.* granatiere.
grenadine *s.* granatina.
grew V. *to grow.*
grey *agg.* e *s.* grigio.
greyhound *s.* levriere.
greyness *s.* grigiore.
grid *s.* griglia.
gridiron *s.* graticola.
grief *s.* **1.** dolore **2.** fallimento || *to come to* —, fare fiasco.
grievance *s.* **1.** lagnanza **2.** torto.
to **grieve** *vt.* affliggere. ♦ to **grieve** *vi.* affliggersi.
grievous *agg.* **1.** doloroso **2.** grave.
griffon *s.* grifone.
grill *s.* **1.** graticola **2.** cibo ai ferri || — *-room,* rosticceria.
to **grill** *vt.* e *vi.* arrostire (*alla graticola*).
grille *s.* inferriata.
grim *agg.* cupo.
grimace *s.* smorfia.
grime *s.* sudiciume.
to **grime** *vt.* insudiciare.
grimly *avv.* cupamente.
grimy *agg.* sudicio.
grin *s.* **1.** largo sorriso **2.** sogghigno.
to **grin** *vi.* **1.** fare un largo sorriso **2.** sogghignare.
to **grind (ground, ground)** *vt.* **1.** macinare **2.** molare **3.** digrignare **4.** (*fig.*) opprimere.
grinder *s.* **1.** mola **2.** molare **3.** arrotino || *organ-* —, suonatore di organetto.
grinding *agg.* irritante. ♦ **grinding** *s.* **1.** macinatura **2.** stridore **3.** affilatura **4.** (*fig.*) oppressione.
grindstone *s.* mola.
grip *s.* **1.** stretta **2.** manico **3.** (*fig.*) padronanza || *to lose one's grips,* perdere le staffe.
to **grip** *vt.* e *vi.* afferrare.
gripe *s.* **1.** presa **2.** freno. ♦ **gripes** *s. pl.* colica (*sing.*).
gripper *s.* pinza.
grist *s.* grano da macinare || *to bring — to one's mill,* tirar l'acqua al proprio mulino.
grit *s.* sabbia, arenaria.
grizzly *agg.* grigio. ♦ **grizzly** *s.* orso grigio.
groan *s.* gemito.
to **groan** *vi.* gemere.
groaning *s.* gemito.
grocer *s.* droghiere.
grocery *s.* drogheria. ♦ **groceries** *s. pl.* droghe e coloniali.
groggy *agg.* vacillante.
groin *s.* inguine.
groom *s.* stalliere.
to **groom** *vt.* strigliare.
groove *s.* solco.
to **grope** *vi.* brancolare.
gropingly *avv.* a tastoni.
gross *agg.* **1.** grossolano **2.** pesante **3.** lussureggiante **4.** (*comm.*) lordo.
grotesque *agg.* grottesco.
grotto *s.* grotta.
ground[1] V. *to grind.*
ground[2] *s.* **1.** suolo, terreno **2.** distanza, territorio **3.** motivi, ragioni (*general. pl.*) || — *-floor,* pianterreno.
to **ground** *vt.* fondare. ♦ to **ground** *vi.* **1.** fondarsi **2.** arenarsi.
grounded *agg.* interrato.
groundless *agg.* infondato.
groundlessness *s.* infondatezza.
grounds *s. pl.* **1.** fondi, sedimenti **2.** parco (*sing.*).
group s. gruppo.
to **group** *vt.* raggruppare. ♦ to **group** *vi.* raggrupparsi.
grouping *s.* raggruppamento.
grove *s.* boschetto || *olive* —, oliveto.
to **grovel** *vi.* **1.** strisciare a terra **2.** (*fig.*) umiliarsi.
grovelling *s.* strisciamento. ♦ **grovelling** *agg.* **1.** strisciante **2.** (*fig.*) abbietto.
to **grow (grew, grown)** *vi.* **1.** crescere **2.** diventare || *to — better,* migliorare; *to — old,* invecchiare; *to — up,* crescere, diventare maturo (*di persone*). ♦ to **grow (grew, grown)** *vt.* coltivare.
grower *s.* coltivatore.
growing *s.* coltivazione.
growl *s.* brontolio.
to **growl** *vt.* e *vi.* brontolare.
growler *s.* brontolone.
grown V. *to grow.*
grown-up *agg.* e *s.* adulto.
growth *s.* **1.** crescita **2.** produzione.
grub *s.* **1.** verme **2.** larva.
to **grub** *vt.* e *vi.* scavare.
grubby *agg.* **1.** bacato **2.** sporco.
grudge *s.* malanimo || *to bear a — against so.,* nutrire rancore verso

qu.
to **grudge** *vt.* **1.** dare a malincuore **2.** invidiare.
grudging *agg.* **1.** riluttante **2.** invidioso.
gruesome *agg.* raccapricciante.
gruff *agg.* burbero.
grumble *s.* brontolio.
to **grumble** *vt.* e *vi.* brontolare.
grumbler *s.* brontolone.
grumbling *s.* brontolio.
grumpy *agg.* burbero, tetro.
grunt *s.* grugnito.
to **grunt** *vt.* e *vi.* grugnire.
gruyère *s.* gruviera.
guarantee *s.* **1.** garanzia **2.** garante.
to **guarantee** *vt.* garantire.
guard *s.* **1.** guardia **2.** capotreno **3.** parapetto.
to **guard** *vt.* custodire.
guardian *s.* **1.** guardiano **2.** tutore.
guardianship *s.* **1.** protezione **2.** tutela.
guardless *agg.* indifeso.
guardrail *s.* **1.** spartitraffico **2.** corrimano (*di scala*).
Guelph *s.* guelfo.
guerrilla *s.* **1.** guerriglia **2.** guerrigliere.
guess *s.* supposizione.
to **guess** *vt.* e *vi.* **1.** supporre **2.** indovinare.
guess-work *s.* congettura.
guest *s.* ospite || — *-house,* pensione.
guffaw *s.* riso sguaiato.
guide *s.* guida.
to **guide** *vt.* guidare.
guild *s.* corporazione.
guile *s.* insidia.
guileful *agg.* insidioso.
guileless *agg.* sincero.
guillotine *s.* ghigliottina.
guilt *s.* colpa.
guiltiness *s.* colpevolezza.
guiltless *agg.* innocente.
guilty *agg.* colpevole.
guinea *s.* ghinea.
Guinea-pig *s.* cavia.
guise *s.* **1.** aspetto, apparenza **2.** falso aspetto.
guitar *s.* chitarra.
guitarist *s.* chitarrista.
gulf *s.* golfo.
gull[1] *s.* gabbiano.
gull[2] *s.* sciocco.
to **gull** *vt.* truffare.
gully *s.* condotto (*di scolo*) || — *-hole,* tombino.
gulp *s.* **1.** boccone **2.** sorso.
to **gulp** *vt.* inghiottire.
gum[1] *s.* gengiva.
gum[2] *s.* gomma.
to **gum** *vt.* ingommare.
gummy *agg.* gommoso.
gun *s.* **1.** cannone **2.** fucile **3.** rivoltella, pistola || — *-barrel,* canna da fucile; — *-carriage,* affusto di cannone.
gunfire *s.* sparatoria.
gunner *s.* artigliere.
gunpowder *s.* polvere da sparo.
gun-room *s.* armeria.
gunshot *s.* colpo di arma da fuoco.
gunsmith *s.* armaiolo.
gurgle *s.* gorgoglio.
to **gurgle** *vi.* gorgogliare.
gush *s.* **1.** getto **2.** effusione.
to **gush** *vi.* **1.** sgorgare **2.** essere espansivo.
gusher *s.* pozzo petrolifero.
gushing *agg.* **1.** sgorgante **2.** esuberante.
gust *s.* **1.** raffica **2.** (*fig.*) impeto.
gustative, gustatory *agg.* gustativo.
gusty *agg.* ventoso.
gut *s.* budello.
to **gut** *vt.* sventrare.
gutter *s.* **1.** grondaia **2.** rigagnolo.
to **gutter** *vt.* scanalare. ♦ to **gutter** *vi.* colare.
guttural *agg.* e *s.* gutturale.
to **guzzle** *vt.* tracannare.
gymkhana *s.* gincana.
gymnasium *s.* palestra.
gymnast *s.* ginnasta.
gymnastic(al) *agg.* ginnastico.
gymnastics *s.* ginnastica.
gynaeceum *s.* (*pl.* -cea) gineceo.
gynaecologic *agg.* ginecologico.
gynaecologist *s.* ginecologo.
gynaecology *s.* ginecologia.
gypsy *s.* V. *gipsy.*
to **gyrate** *vi.* girare.
gyroscope *s.* giroscopio.
gyves *s. pl.* ceppi, catene.

H

haberdasher *s.* merciaio.
haberdashery *s.* merceria.
habit *s.* **1.** abitudine **2.** temperamen-

to **3.** costume.
habitable *agg.* abitabile.
habitation *s.* abitazione.
habitual *agg.* abituale, consueto.
habitude *s.* abitudine.
hack[1] *s.* **1.** tacca, incisione **2.** piccone, mazza **3.** tosse secca.
hack[2] *s.* **1.** ronzino **2.** (*fig.*) scribacchino.
to **hack**[1] *vt.* sminuzzare. ♦ to **hack** *vi.* tossire a colpi secchi.
to **hack**[2] *vt.* e *vi.* **1.** adoperare cavalli da nolo **2.** adibire a un lavoro da scribacchino.
hackney *s.* **1.** cavallo da nolo **2.** vettura da nolo.
hacksaw *s.* seghetto.
had V. *to have.*
haematoma *s.* ematoma.
haemoglobin *s.* emoglobina.
haemophilia *s.* emofilia.
haemoptysis *s.* emottisi.
haemorrhage *s.* emorragia.
haemorrhoids *s. pl.* emorroidi.
haemostasia *s.* emostasi.
haemostatic *agg.* e *s.* emostatico.
haft *s.* manico, impugnatura.
hag *s.* **1.** strega, megera **2.** (*zool.*) lampreda.
haggard *agg.* sparuto, emaciato.
to **haggle** *vi.* mercanteggiare.
hagiographer *s.* agiografo.
hagiography *s.* agiografia.
hail[1] *s.* grandine || — *-stone,* chicco di grandine; — *-storm,* grandinata.
hail[2] *inter.* salve!, salute!
to **hail**[1] *vi.* grandinare.
to **hail**[2] *vt.* e *vi.* salutare, chiamare.
hair *s.* **1.** capelli, capigliatura **2.** pelo, crine, setola || — *-breadth,* spessore di un capello; — *-cut,* taglio dei capelli; — *-do,* acconciatura.
hairdresser *s.* parrucchiere.
hairiness *s.* pelosità.
hairless *agg.* senza capelli.
hairpin *s.* forcella (*per capelli*).
hairy *agg.* **1.** capelluto **2.** peloso.
halation *s.* alone.
halberd *s.* alabarda.
hale *agg.* robusto, gagliardo.
half *agg.* mezzo.
half *s.* (*pl.* halves) metà, mezzo. ♦ **half** *avv.* a mezzo, a metà || — *-brother,* fratellastro; — *-length,* di media lunghezza; — *-mast,* a mezz'asta; — *-pay,* stipendio ridotto; — *-processed,* semilavorato; — *-sister,* sorellastra; — *-year,* semestre.
halfpenny *s.* mezzo penny.
halfway *agg.* e *avv.* a mezza strada.
hall *s.* **1.** sala, salone **2.** refettorio, sala di ritrovo.
hallo! *int.* pronto (*al telefono*).
to **hallow** *vt.* santificare.
to **hallucinate** *vt.* allucinare.
hallucination *s.* allucinazione.
halo *s.* alone, aureola.
to **halt**[1] *vt.* fermare. ♦ to **halt** *vi.* fermarsi.
to **halt**[2] *vi.* zoppicare.
halter *s.* **1.** capestro **2.** cavezza.
to **halve** *vt.* dividere a metà.
halyard *s.* (*mar.*) drizza.
ham *s.* **1.** prosciutto. ♦ **hams** *s. pl.* natiche.
hamlet *s.* piccolo villaggio.
hammer *s.* martello, martelletto: — *-blow,* colpo di martello, di maglio || *to bring under the* —, mettere all'asta.
to **hammer** *vt.* e *vi.* martellare.
hammering *s.* martellamento.
hammock *s.* amaca.
hamper[1] *s.* cesta.
hamper[2] *s.* impedimento.
to **hamper** *vt.* imbarazzare, ostacolare.
to **hamstring** *vt.* azzoppare.
hand *s.* **1.** mano: *hands off!,* via le mani!; *hands up!,* mani in alto! **2.** operaio, lavoratore **3.** calligrafia || *at* —, a portata di mano; *first*-—, di prima mano.
to **hand** *vt.* porgere, dare || *to* — *in,* consegnare; *to* — *out,* distribuire; *to* — *over,* rimettere.
handbag *s.* borsetta.
handbill *s.* volantino.
handbook *s.* manuale.
handcuffs *s. pl.* manette.
to **handcuff** *vt.* mettere le manette.
handful *s.* **1.** manciata **2.** piccolo numero (*di persone*).
handgrip *s.* stretta di mano, morsa della mano.
handicap *s.* svantaggio.
to **handicap** *vt.* svantaggiare, ostacolare.
handicraft *s.* **1.** lavoro manuale **2.** abilità manuale.
handicraftsman *s.* artigiano.
handily *avv.* **1.** abilmente **2.** a portata di mano.
handiwork *s.* lavoro fatto a mano.
handkerchief *s.* fazzoletto.
handle *s.* **1.** manico, impugnatura

2. (*fig.*) pretesto || — *-bar*, manubrio (*di bicicletta*).
to **handle** *vt.* 1. maneggiare 2. comportarsi verso.
handler *s.* manipolatore.
handling *s.* 1. maneggiamento 2. maniera di trattare.
handmade *agg.* fatto a mano.
handrail *s.* corrimano.
handshake *s.* stretta di mano.
handsome *agg.* bello, di bell'aspetto.
handwriting *s.* calligrafia.
handy *agg.* 1. abile, destro 2. a portata di mano || — *-man*, factotum.
hang *s.* inclinazione, pendio.
to **hang (hung, hung)** *vt.* appendere, attaccare.
to **hang (hung, hung)** *vi.* 1. pendere 2. appoggiarsi. ♦ to **hang** (*reg.*) *vt.* impiccare.
hanger *s.* gancio, uncino || — *on*, seguace, parassita; *dress-* —, attaccapanni; *paper-* —, tappezziere.
hanging *agg.* pendente, sospeso. ♦ **hanging** *s.* impiccagione.
hangman *s.* boia, carnefice.
hank *s.* matassa.
hapless *agg.* sfortunato.
to **happen** *vi.* avvenire, accadere.
happening *s.* avvenimento.
happily *avv.* felicemente.
happiness *s.* felicità.
happy *agg.* felice, contento.
harangue *s.* arringa.
to **harangue** *vt.* e *vi.* arringare, pronunciare un discorso solenne.
to **harass** *vt.* tormentare, molestare.
harbinger *s.* precursore.
harbour *s.* 1. porto 2. (*fig.*) rifugio.
to **harbour** *vt.* 1. accogliere, dare asilo a 2. nutrire (*pensieri ecc.*). ♦ to **harbour** *vi.* entrare in porto.
hard *agg.* 1. duro 2. severo, spietato 3. difficile 4. rigido (*di tempo*). ♦ **hard** *avv.* 1. energicamente 2. con difficoltà, duramente 3. vicino, accanto || — *-boiled*, bollito fino a diventar duro; — *-headed*, ostinato; — *-set*, in bisogno.
to **harden** *vt.* indurire. ♦ to **harden** *vi.* indurirsi.
hardening *agg.* temprante. ♦ **hardening** *s.* tempra.
hardihood *s.* ardire, coraggio.
hardily *avv.* arditamente.
hardiness *s.* 1. ardire 2. robustezza.
hardly *avv.* 1. a stento, a malapena 2. quasi 3. duramente, severamente.
hardness *s.* durezza (*anche fig.*).
hardship *s.* 1. avversità 2. stento.
hardware *s.* ferramenta.
hardy *agg.* ardito.
hare *s.* lepre || — *-brained*, scervellato; — *-lip*, labbro leporino.
to **hark** *vt.* e *vi.* ascoltare || *to — back*, risalire a (*col pensiero*).
harlequin *s.* arlecchino.
harlequinade *s.* arlecchinata.
harlot *s.* prostituta.
harm *s.* danno (*morale e fisico*) || *out of — 's way*, in salvo.
to **harm** *vt.* far male, far torto.
harmful *agg.* nocivo, dannoso.
harmfulness *s.* l'essere nocivo.
harmless *agg.* innocuo.
harmonic *agg.* 1. armonico, armonioso 2. (*mat.*) in progressione.
harmonious *agg.* armonioso.
harmonium *s.* armonium.
to **harmonize** *vt.* armonizzare. ♦ to **harmonize** *vi.* armonizzarsi.
harmony *s.* armonia, accordo.
harness *s.* finimenti (*pl.*).
to **harness** *vt.* bardare, mettere i finimenti a.
harp *s.* arpa.
harpist *s.* arpista.
harpoon *s.* rampone, fiocina.
harpsichord *s.* clavicembalo.
harrow *s.* erpice.
harsh *agg.* 1. duro, ruvido 2. aspro 3. discordante (*di suono*).
harshness *s.* asprezza, durezza.
harvest *s.* raccolto, messe.
harvester *s.* 1. mietitore 2. mietitrice meccanica.
haste *s.* fretta, rapidità || *to make* —, far presto.
to **haste**, to **hasten** *vt.* affrettare. ♦ to **haste**, to **hasten** *vi.* affrettarsi.
hastily *avv.* 1. frettolosamente 2. precipitosamente.
hasty *agg.* 1. frettoloso, affrettato 2. avventato, impetuoso.
hat *s.* cappello.
hatch *s.* 1. portello, mezza porta 2. (*mar.*) boccaporto.
hatchet *s.* accetta.
hate *s.* odio.
to **hate** *vt.* odiare, avere in odio.
hateful *agg.* 1. odioso 2. pieno di odio.
hatred *s.* odio.
hatstand *s.* attaccapanni.
hatter *s.* cappellaio.
haughtily *avv.* altezzosamente.

haughtiness *s.* alterigia, boria.
haughty *agg.* altezzoso, arrogante.
haul *s.* **1.** trazione, tiro **2.** raccolta, retata.
to **haul** *vt.* tirare, trainare. ♦ to **haul** *vi.* cambiare (*di vento*).
haulage *s.* **1.** trasporto **2.** costo del trasporto.
haunt *s.* **1.** ricovero, ritiro **2.** covo, tana.
to **haunt** *vt.* **1.** frequentare assiduamente **2.** perseguitare (*di ricordi, pensieri ecc.*).
haunted *agg.* **1.** frequentato **2.** perseguitato.
haunting *agg.* che perseguita.
to **have** (**had, had**) *vt.* **1.** (*ausiliare*) avere: *I — gone,* sono andato; *I — not* (*I haven't*) *read the book,* non ho letto il libro **2.** avere, possedere || *to — breakfast,* far colazione **3.** dovere: *I — to go there,* devo andarci **4.** ricevere, ottenere || *had better,* sarebbe meglio che; *I had rather,* preferirei.
haven *s.* (*fig.*) porto, rifugio.
havoc *s.* strage, rovina.
hawk *s.* **1.** falco, sparviero **2.** (*fig.*) avvoltoio.
hawker[1] *s.* falconiere.
hawker[2] venditore ambulante.
hawser *s.* gomena.
hawthorn *s.* biancospino.
hay *s.* fieno, paglia || *— -loft,* fienile; *— -making,* falciatura.
haycock *s.* mucchio di fieno.
hayseed *s.* seme di erba.
haystack *s.* mucchio di fieno.
hazard *s.* **1.** azzardo, rischio **2.** giuoco di dadi.
to **hazard** *vt.* azzardare, arrischiare.
haze *s.* foschia, nebbia.
hazel *s.* nocciuolo || *— -nut,* nocciuola.
hazily *avv.* indistintamente.
haziness *s.* **1.** foschia **2.** (*fig.*) confusione.
hazy *agg.* **1.** nebbioso **2.** indistinto (*anche fig.*).
he *pron. sogg. m.* egli, lui, colui.
head *s.* **1.** testa **2.** capo, direttore **3.** individuo **4.** parte alta di una cosa **5.** capo, unità di bestiame || *— -first,* a capofitto; *— -master,* direttore di una scuola; *— -money,* taglia; *— -work,* lavoro mentale.
to **head** *vt.* **1.** colpire con la testa **2.** dirigere, comandare **3.** intestare. ♦ to **head** *vi.* dirigersi.
headache *s.* mal di testa.
headed *agg.* munito di testa || *hot- —,* esaltato; *pig- —,* ostinato; *swollen- —,* tronfio; *wrong- —,* caparbio.
heading *s.* **1.** intestazione, titolo (*di un capitolo*) **2.** (*aer.*) rotta.
headland *s.* promontorio.
headless *agg.* senza testa (*anche fig.*).
headlight *s.* faro anteriore.
headline *s.* intestazione di capitolo, articolo.
headlong *avv.* a çapofitto, precipitosamente.
headquarters *s. pl.* quartier generale (*sing.*).
headstone *s.* pietra tombale.
to **heal** *vt.* **1.** guarire, curare **2.** (*fig.*) sanare. ♦ to **heal** *vi.* **1.** guarire **2.** sanarsi.
healer *s.* guaritore.
healing *agg.* salutare.
health *s.* **1.** salute **2.** salvezza divina.
healthful *agg.* salubre.
healthily *avv.* salubremente.
healthiness *s.* **1.** salute **2.** salubrità.
healthy *agg.* **1.** sano, robusto **2.** salutare.
heap *s.* mucchio, cumulo.
to **heap** *vt.* ammucchiare, accumulare.
to **hear** (**heard, heard**) *vt.* e *vi.* **1.** sentire, udire **2.** sentir dire, venire a sapere.
hearing *s.* **1.** udito **2.** udienza.
hearsay *s.* diceria, voce.
hearse *s.* carro funebre.
heart *s.* **1.** cuore (*anche fig.*) **2.** affetto, coraggio **3.** centro, parte principale || *— -beat,* pulsazione; *— -break,* crepacuore; *— -breaking,* straziante; *— -failure,* collasso cardiaco; *— -felt,* sincero, di cuore.
heartache *s.* angoscia, angustia.
heartburn *s.* bruciore di stomaco.
hearted *agg.* dal cuore, di cuore || *broken- —,* desolato; *chicken- —,* pauroso; *down- —,* depresso; *lion- —,* dal cuore di leone; *whole- —,* generoso.
to **hearten** *vt.* incoraggiare. ♦ to **hearten** *vi.* prendere coraggio.
hearth *s.* **1.** focolare (*anche fig.*) **2.** (*metal.*) crogiuolo, letto di fusione.
heartily *avv.* cordialmente.
heartiness *s.* **1.** cordialità.

heartless *agg.* senza cuore.
hearty *agg.* **1.** sincero, cordiale **2.** sano, robusto.
heat *s.* **1.** calore, caldo **2.** animosità || — *-stroke,* colpo di calore; — *-wave,* ondata di calore.
to **heat** *vt.* **1.** scaldare **2.** animare. ♦ to **heat** *vi.* **1.** scaldarsi **2.** animarsi.
heater *s.* bollitore, riscaldatore.
heath *s.* brughiera.
heathen *agg.* e *s.* pagano.
heather *s.* erica.
heating *s.* riscaldamento.
heave *s.* **1.** sforzo **2.** rigonfiamento (*di onde*) **3.** sollevamento.
heaven *s.* **1.** cielo, paradiso (*anche fig.*) **2.** stato di gioia.
heavenly *agg.* divino, celeste.
heavenward *agg.* rivolto al cielo.
heavily *avv.* pesantemente, gravemente.
heaviness *s.* pesantezza.
heavy *agg.* **1.** pesante **2.** violento, forte **3.** fangoso, pesante (*di terreno*).
Hebrew *agg.* e *s.* ebreo.
hecatomb *s.* ecatombe.
hectare *s.* ettaro.
hectic *agg.* **1.** tisico, etico **2.** febbricitante.
hectogram(me) *s.* ettogrammo.
hectolitre *s.* ettolitro.
hectometre *s.* ettometro.
hedge *s.* **1.** siepe **2.** barriera.
to **hedge** *vt.* circondare con una siepe. ♦ to **hedge** *vi.* essere evasivo.
hedgehog *s.* riccio, porcospino.
hedonism *s.* edonismo.
hedonist *s.* edonista.
heed *s.* attenzione, cura.
heedful *agg.* attento, vigile.
heedless *agg.* sventato.
heedlessness *s.* sventatezza, trascuratezza.
heel *s.* **1.** calcagno, tallone **2.** sperone (*di uccelli*).
Hegelian *agg.* hegeliano.
hegemony *s.* egemonia.
heifer *s.* giovenca.
heigh *inter.* ehi!
height *s.* **1.** altezza **2.** altitudine **3.** altura, collina **4.** sommità, il più alto grado.
to **heighten** *vt.* **1.** innalzare **2.** accrescere, intensificare. ♦ to **heighten** *vi.* innalzarsi.
heinous *agg.* atroce.
heir *s.* erede.
heiress *s.* ereditiera.
held V. *to hold.*
helicoid *agg.* elicoidale.
helicopter *s.* elicottero.
heliocentric(al) *agg.* eliocentrico.
heliotherapy *s.* elioterapia.
heliport *s.* eliporto.
helium *s.* elio.
hell *s.* inferno (*anche fig.*).
Hellenic *agg.* ellenico.
Hellenism *s.* ellenismo.
Hellenist *s.* ellenista.
hellish *agg.* infernale.
hello *inter.* salve!
helm[1] *s.* elmo, casco.
helm[2] *s.* timone (*anche fig.*).
helmet *s.* elmetto, casco.
helmsman *s.* timoniere.
help *s.* aiuto, soccorso.
to **help** *vt.* **1.** aiutare, soccorrere **2.** servire (*cibo*) || *cannot* —, non poter fare a meno di; *to — oneself to,* servirsi di (*cibo*).
helper *s.* aiutante.
helpful *agg.* utile, servizievole.
helpless *agg.* senza aiuto, indifeso.
helpmate *s.* collaboratore.
Helvetic *agg.* elvetico.
hem[1] *s.* orlo, bordo.
hem[2] *inter.* ehm!.
to **hem**[1] *vt.* orlare || *to — in,* circondare, accerchiare.
to **hem**[2] *vi.* schiarirsi la gola.
hemicycle *s.* emiciclo.
hemiplegia *s.* emiplegia.
hemisphere *s.* emisfero.
hemispheric(al) *agg.* emisferico.
hemlock *s.* cicuta.
hemp *s.* canapa.
hen *s.* **1.** gallina **2.** femmina (*di uccelli*) || — *-house,* pollaio.
hence *avv.* **1.** di qui, da questo momento **2.** donde.
henceforth *avv.* d'ora innanzi.
hendecasyllabic *agg.* endecasillabico.
hendecasyllable *s.* endecasillabo.
henna *s.* alcanna.
hepatic *agg.* epatico.
hepatitis *s.* epatite.
heptagon *s.* ettagono.
heptagonal *agg.* ettagonale.
her *agg. poss. f.* suo, sua, suoi, sue. ♦ **her** *pron. compl. f.* la, lei, le, colei.
herald *s.* **1.** araldo **2.** nunzio **3.** (*fig.*) precursore.

heraldic *agg.* araldico.
herb *s.* **1.** erba **2.** pianta medicinale.
herbaceous *agg.* erbaceo.
herbal *agg.* di erba.
herbarium *s.* erbario.
herbivorous *agg.* erbivoro.
herborist *s.* erborista.
Herculean *agg.* erculeo.
herd *s.* gregge, mandria.
herdsman *s.* mandriano.
here *avv.* qui, qua || — *I am,* eccomi.
hereabouts *avv.* qui intorno.
hereafter *avv.* d'ora innanzi.
hereby *avv.* **1.** con questo mezzo **2.** qui vicino.
hereditary *agg.* ereditario.
heredity *s.* (*biol.*) ereditarietà.
herein *avv.* **1.** in questo **2.** (*comm.*) nella presente.
heresiarch *s.* eresiarca.
heresy *s.* eresia.
heretic(al) *agg.* e *s.* eretico.
herewith *avv.* qui accluso.
heritable *agg.* ereditabile.
heritage *s.* eredità.
hermaphrodite *agg.* e *s.* ermafrodito.
hermeneutics *s.* ermeneutica.
hermetic(al) *agg.* ermetico.
hermetically *avv.* ermeticamente.
hermit *s.* eremita.
hermitage *s.* eremo, eremitaggio.
hernia *s.* ernia.
hernial *agg.* erniario.
hero *s.* eroe.
heroic(al) *agg.* eroico.
heroin *s.* (*chim.*) eroina.
heroine *s.* eroina.
heroism *s.* eroismo.
heron *s.* airone.
herpes *s.* erpete.
herring *s.* aringa || — *-bone,* spina di pesce (*nei tessuti ecc.*).
hers *pron. poss. f.* il suo, la sua, i suoi, le sue.
herself *pron. r. f.* **1.** se stessa, sé, si **2.** ella stessa.
hesitant *agg.* esitante.
to **hesitate** *vi.* esitare.
hesitatingly *avv.* con esitazione.
hesitation *s.* esitazione.
heteroclite *agg.* eteroclito.
heterodox *agg.* eterodosso.
heterodoxy *s.* eterodossia.
heterogeneity *s.* eterogeneità.
heterogeneous *agg.* eterogeneo.
to **hew (hewed, hewn)** *vt.* fendere, recidere || *to — down,* abbattere.
hexagon *s.* esagono.
hexagonal *agg.* esagonale.
hexahedron *s.* esaedro.
hexameter *s.*, esametro.
hiatus *s.* iato.
to **hibernate** *vi.* (*zool.*) cadere in letargo invernale.
hibernation *s.* **1.** svernamento **2.** ibernazione.
hiccough, hiccup *s.* singhiozzo, singulto.
hid V. *to hide.*
hidden V. *to hide.*
hide[1] *s.* pelle, cuoio.
hide[2] *s.* nascondiglio || — *-and-seek,* rimpiattino.
to **hide**[1] **(hid, hidden)** *vt.* nascondere, celare. ♦ to **hide (hid, hidden)** *vi.* nascondersi, celarsi.
to **hide**[2] *vt.* **1.** spellare, scorticare **2.** frustare.
hideous *agg.* orrendo, odioso.
hideousness *s.* odiosità, aspetto orribile.
hiding *s.* il nascondere.
hierarchy *s.* gerarchia.
hieratic *agg.* ieratico.
hieroglyph *s.* geroglifico.
hieroglyphic(al) *agg.* geroglifico.
high *agg.* **1.** alto, elevato (*anche fig.*) **2.** altezzoso **3.** forte, intenso (*di luce, colori*) || — *-born,* di alto lignaggio; — *-class,* di prim'ordine; — *-coloured,* dal colore acceso; — *-hearted,* pieno di coraggio; — *-life,* vita di alta società; — *school,* scuola media; — *sea,* mare aperto; — *-speed,* ad alta velocità. ♦ **high** *avv.* **1.** alto, in alto **2.** fortemente.
highbrow *agg.* e *s.* intellettuale.
highland *s.* regione montuosa.
highlander *s.* montanaro.
highly *avv.* **1.** molto, assai **2.** altamente, nobilmente.
highness *s.* **1.** altezza, elevatezza **2.** eccellenza, valore.
highway *s.* strada maestra.
highwayman *s.* bandito, rapinatore.
hilarious *agg.* ilare.
hill *s.* collina, altura.
hillock *s.* collinetta.
hillside *s.* pendio.
hilltop *s.* sommità della collina.
hilly *agg.* collinoso.
hilt *s.* elsa.
him *pron. pers. m.* lo, lui, gli, colui, sé.
himself *pron. r. m.* **1.** si, sé, se

stesso **2.** egli stesso.
hind[1] *s.* cerva, daina.
hind[2] *s.* colono, fattore.
hind(er) *agg.* posteriore.
to **hinder** *vt.* e *vi.* **1.** impedire, ostruire **2.** imbarazzare.
hindrance *s.* ostacolo, impaccio.
Hindu *agg.* e *s.* indù.
hinge *s.* **1.** cardine **2.** (*fig.*) perno.
to **hinge** *vt.* munire di cardini. ♦ to **hinge** *vi.* **1.** girare sui cardini **2.** essere imperniato.
hint *s.* **1.** cenno, allusione **2.** consiglio.
to **hint** *vt.* e *vi.* alludere, accennare, suggerire.
hinterland *s.* retroterra.
hip *s.* anca, fianco.
hippocampus *s.* (*pl.* -pi.) ippocampo.
hippopotamus *s.* ippopotamo.
hire *s.* affitto, nolo.
to **hire** *vt.* prendere a servizio, noleggiare.
hireling *s.* mercenario.
his *agg. poss. m.* suo, sua, suoi, sue. ♦ **his** *pron. poss. m.* il suo, la sua, i suoi, le sue.
Hispanic *agg.* ispanico.
Hispanicism *s.* ispanismo.
Hispanist *s.* ispanista.
hispid *agg.* ispido.
hiss *s.* sibilo, fischio.
to **hiss** *vt.* e *vi.* **1.** sibilare **2.** fischiare.
histology *s.* istologia.
historian *s.* storico.
historic(al) *agg.* storico.
historicity *s.* storicità.
historiographer *s.* storiografo.
historiography *s.* storiografia.
history *s.* storia.
histrion *s.* istrione.
histrionic(al) *agg.* istrionico.
histrionism *s.* istrionismo.
hit *s.* **1.** colpo, botta **2.** osservazione sarcastica **3.** caso fortunato **4.** (*teat.*) successo.
to **hit (hit, hit)** *vt.* e *vi.* **1.** battere, picchiare **2.** urtare, venire a contatto **3.** (*fig.*) toccare, colpire || *to — the mark,* colpire nel segno.
hitch *s.* **1.** colpo, strattone, balzo repentino **2.** nodo.
to **hitch** *vt.* **1.** muovere a sbalzi **2.** legare, attaccare. ♦ to **hitch** *vi.* muoversi a sbalzi.
to **hitchhike** *vi.* fare l'autostop.
hitchhiker *s.* autostoppista.
hitchhiking *s.* autostop.
hive *s.* **1.** alveare, arnia **2.** sciame (*anche fig.*).
hives *s. pl.* orticaria, eruzione cutanea.
hoar *s.* candore, vecchiaia || *—-frost,* brina.
hoard *s.* gruzzolo.
to **hoard** *vt.* ammassare, ammucchiare. ♦ to **hoard** *vi.* ammucchiarsi.
hoarder *s.* incettatore.
hoarding *s.* recinto provvisorio.
hoarse *agg.* rauco, fioco.
hoarseness *s.* raucedine.
hoary *agg.* **1.** bianco, canuto **2.** venerando.
hobble *s.* **1.** zoppicamento **2.** imbarazzo.
to **hobble** *vi.* zoppicare. ♦ to **hobble** *vt.* azzoppare.
hobby *s.* svago preferito, passatempo.
hobnail *s.* chiodo (*per scarponi*).
hobnailed *agg.* chiodato.
hodman *s.* manovale.
hoe *s.* zappa.
to **hoe** *vt.* zappare, estirpare le erbacce.
hog *s.* maiale.
hogshead *s.* barilotto (*per tabacco, zucchero*).
hoist *s.* montacarichi.
to **hoist** *vt.* alzare, sollevare.
hold[1] *s.* **1.** presa **2.** (*fig.*) ascendente.
hold[2] *s.* (*mar.*) stiva.
to **hold (held, held)** *vt.* e *vi.* **1.** tenere, sostenere **2.** contenere **3.** ritenere, credere, pensare **4.** occupare una carica, possedere **5.** resistere, aggrapparsi || *to — up,* sollevare; *to — back,* esitare.
holder *s.* **1.** possessore, detentore, proprietario **2.** sostegno, supporto **3.** dente canino.
holdings *s. pl.* beni, titoli.
hold-up *s.* intoppo nel traffico, panna di automobile.
hole *s.* **1.** foro, apertura, buco **2.** antro, tana.
holiday *s.* **1.** festa, giorno festivo **2.** vacanza.
holiness *s.* santità.
hollow *agg.* **1.** concavo, infossato **2.** cupo, cavernoso **3.** (*fig.*) falso, irreale, vuoto.
to **hollow** *vt.* scavare, incavare.
hollow *avv.* (*fam.*) completamente.
hollowness *s.* **1.** cavità **2.** timbro

cavernoso (*di voce*).
holly *s.* agrifoglio.
holocaust *s.* olocausto.
holograph *agg.* e *s.* documento olografo.
holy *agg.* santo, sacro.
homage *s.* omaggio.
home[1] *s.* **1.** casa, focolare domestico **2.** patria **3.** rifugio, asilo, ospizio.
home[2] *agg.* domestico, casalingo.
home[3] *avv.* **1.** a casa, in patria **2.** direttamente, al segno || — *-born,* indigeno, locale; — *-bred,* allevato in casa; — *-made,* fatto in casa; — *-market,* mercato nazionale; — *-town,* città natia; — *-trade,* commercio interno
homeland *s.* patria.
homeless *agg.* senza casa.
homelike *agg.* domestico, familiare.
homely *agg.* **1.** semplice, modesto **2.** domestico.
homeopathic *agg.* omeopatico
homeopathy *s.* omeopatia.
Homeric *agg.* omerico.
homesick *agg.* nostalgico.
homesickness *s.* nostalgia.
homeward *agg.* e *avv.* verso casa, verso la patria.
homework *s. coll.* compiti per casa.
homicidal *agg.* omicida.
homicide *s.* omicidio.
homily *s.* omelia.
homogeneity *s.* omogeneità.
homogeneous *agg.* omogeneo.
to **homogenize** *vt.* omogeneizzare.
to **homologate** *vt.* omologare.
homologation *s.* omologazione.
homologous *agg.* omologo.
homology *s.* omologia.
homonymous *agg.* omonimo.
homonymy *s.* omonimia.
homosexual *agg.* e *s.* omosessuale.
homosexuality *s.* omosessualità.
homy *agg.* casalingo.
honest *agg.* **1.** onesto, integro **2.** leale.
honesty *s.* **1.** onestà, probità **2.** lealtà.
honey *s.* miele.
honeycomb *s.* favo.
honeyed *agg.* **1.** coperto di miele **2.** (*fig.*) sdolcinato, adulatorio.
honeymoon *s.* luna di miele.
honeysuckle *s.* caprifoglio.
honorary *agg.* onorario, onorifico.
honorific *agg.* onorifico.
honour *s.* **1.** onore, reputazione **2.** stima, reverenza **3.** Eccellenza.
to **honour** *vt.* onorare, fare onore a.
honourable *agg.* stimato, onorevole.
honourableness *s.* onorabilità.
hood *s.* cappuccio.
to **hood** *vt.* incappucciare, fornire di cappuccio.
hoof *s.* zoccolo (*di animale*).
hook *s.* **1.** uncino, gancio **2.** amo **3.** tagliola **4.** falce per grano || *by — or by crook,* di riffa o di raffa.
to **hook** *vt.* agganciare. ♦ to **hook** *vi.* agganciarsi.
hooked *agg.* **1.** fornito di uncini **2.** adunco, uncinato.
hoop *s.* collare, cerchio (*di botte, ruota ecc.*).
to **hoop** *vt.* cerchiare (*una botte*).
to **hoot** *vt.* e *vi.* **1.** urlare, gridare **2.** suonare il clacson.
hop[1] *s.* salto (*su una gamba sola*).
hop[2] *s.* luppolo.
to **hop** *vt.* e *vi.* saltare su una gamba sola.
hope *s.* speranza.
to **hope** *vt.* e *vi.* sperare, essere fiducioso.
hopeful *agg.* pieno di speranza, fiducioso.
hopefulness *s.* fiducia, buona speranza.
hopeless *agg.* senza speranza, irrimediabile.
hopelessness *s.* disperazione.
hopper *s.* persona od insetto che saltella.
horde *s.* orda.
horizon *s.* orizzonte.
horizontal *agg.* orizzontale.
horizontally *avv.* orizzontalmente.
hormone *s.* ormone.
horn *s.* **1.** corno, tentacolo, antenna **2.** (*mus.*) corno, tromba.
to **horn** *vt.* **1.** fornire di corna **2.** ferire con le corna.
hornet *s.* vespa, calabrone.
hornpipe *s.* cornamusa.
horology *s.* orologeria.
horoscope *s.* oroscopo: *to cast a —,* fare un oroscopo.
horrible *agg.* **1.** orribile, orrendo **2.** (*fam.*) eccessivo.
horribly *avv.* orribilmente.
horrid *agg.* orrido, orrendo.
horrific *agg.* orribile, orripilante.
to **horrify** *vt.* **1.** atterrire, incutere timore **2.** scandalizzare.
horror *s.* **1.** orrore, spavento **2.** cosa orribile || — *-stricken,* atterrito.

hors-d'oeuvre *s.* antipasto.
horse *s.* cavallo || — *-bean,* fava; — *-boy,* mozzo di stalla; — *-chestnut,* ippocastano; — *-doctor,* veterinario; — *-race,* corsa ippica; — *-shoe,* ferro di cavallo.
horseback *s.* dorso di cavallo || *on* —, a cavallo.
horseman *s.* cavaliere.
horticultural *agg.* attinente all'orticultura.
horticulture *s.* orticultura.
hosanna *inter.* osanna.
hose *s.* **1.** idrante **2.** calze (*pl.*).
hosier *s.* commerciante in calze.
hosiery *s.* maglieria.
hospice *s.* alloggio, ospizio.
hospitable *agg.* ospitale.
hospital *s.* ospedale.
hospitality *s.* ospitalità.
host[1] *s.* folla, moltitudine.
host[2] *s.* ospite, anfitrione.
hostage *s.* ostaggio.
hostel *s.* pensionato (*per giovani, studenti, militari ecc.*).
hostess *s.* **1.** ospite, padrona di casa **2.** assistente di volo.
hostile *agg.* ostile, nemico.
hostility *s.* inimicizia, ostilità.
hot *agg.* **1.** caldo, ardente **2.** forte, piccante **3.** violento, impetuoso || — *-headed,* scalmanato.
hotel *s.* albergo || — *-keeper,* albergatore.
hothead *s.* testa calda.
hothouse *s.* serra.
hotly *avv.* caldamente.
hotspur *s.* persona impulsiva.
hound *s.* bracco, segugio.
to **hound** *vt.* cacciare (*con bracchi*).
hour *s.* **1.** ora **2.** periodo. ♦ **hours** *s. pl.* orario (*sing.*).
hourly *agg.* **1.** continuo **2.** all'ora **3.** ad ogni ora. ♦ **hourly** *avv.* **1.** continuamente **2.** ad ogni ora **3.** d'ora in ora.
house *s.* **1.** casa, abitazione **2.** albergo, pensione **3.** clinica **4.** convento **5.** casato, dinastia **6.** teatro **7.** (*comm.*) ditta **8.** (*mar.*) tuga.
to **house** *vt.* **1.** alloggiare, ricevere in casa **2.** (*fig.*) offrire un rifugio. ♦ to **house** *vi.* **1.** prendere alloggio **2.** rifugiarsi.
housebreaker *s.* scassinatore.
housebreaking *s.* demolizione edilizia.
household *s.* famiglia: *Royal Household,* la famiglia reale.
householder *s.* capofamiglia.
housekeeper *s.* governante, domestica.
housekeeping *s.* il governo della casa.
houseless *agg.* senza casa.
housemaid *s.* domestica, cameriera.
housewife *s.* (*pl.* -wives) massaia, casalinga.
housework *s.* lavoro domestico.
housing *s.* **1.** il ricevere, l'accogliere **2.** alloggio, rifugio, riparo.
hovel *s.* **1.** tana **2.** baracca.
to **hover** *vi.* **1.** librarsi, svolazzare **2.** gironzolare.
how *avv.* come, in che modo.
however *avv.* **1.** comunque **2.** però, tuttavia.
howitzer *s.* obice.
howl *s.* urlo, grido.
to **howl** *vt.* e *vi.* urlare, ululare.
howling *agg.* urlante, ululante.
hub *s.* mozzo di ruota.
hubbub *s.* tumulto, fracasso.
huddle *s.* calca, folla.
to **huddle** *vt.* ammucchiare. ♦ to **huddle** *vi.* affollarsi, accalcarsi.
hue *s.* tinta, colore.
hug *s.* abbraccio.
to **hug** *vt.* abbracciare (*anche fig.*) || *to — oneself,* compiacersi.
huge *agg.* enorme, vasto.
hugeness *s.* grandezza, enormità.
hull *s.* scafo.
hullabaloo *s.* tumulto, fracasso.
hullo *inter.* **1.** (*fam.*) salve **2.** (*tel.*) pronto.
hum *s.* ronzio, mormorio.
to **hum** *vt.* e *vi.* **1.** ronzare, mormorare **2.** cantare a bocca chiusa.
human *agg.* **1.** umano **2.** sensibile.
humane *agg.* umano, compassionevole.
humaneness *s.* benevolenza, umanità.
humanism *s.* umanesimo.
humanist *s.* umanista.
humanistic *agg.* umanistico.
humanitarian *agg.* filantropico, umanitario.
humanity *s.* **1.** umanità, il genere umano **2.** bontà, benevolenza.
to **humanize** *vt.* **1.** rendere umano **2.** adattare alla natura umana. ♦ to **humanize** *vi.* acquisire sentimenti migliori.
humankind *s.* il genere umano.
humble *agg.* umile, modesto.
to **humble** *vt.* umiliare.

humbleness *s.* umiltà.
humbly *avv.* umilmente.
humbug *s.* frode, impostura.
humdrum *s.* monotonia, tedio. ♦ **humdrum** *agg.* monotono.
humeral *agg.* omerale.
humerus *s.* (*pl.* -ri) omero.
humid *agg.* umido.
humidity *s.* umidità.
to **humiliate** *vt.* umiliare, mortificare.
humiliation *s.* umiliazione.
humility *s.* umiltà.
humming *agg.* ronzante. ♦ **humming** *s.* ronzio.
humorist *s.* umorista.
humorous *agg.* arguto, dotato di senso dell'umorismo.
humour *s.* **1.** umorismo **2.** umore.
hump *s.* **1.** gobba, gibbosità **2.** collinetta, cresta.
humpback *s.* **1.** gobba **2.** gobbo.
hunch *s.* gobba, gibbosità.
hunchback *s.* persona gobba.
hundred *agg.* cento. ♦ **hundred** *s.* centinaio.
hundredth *agg.* centesimo.
hung V. *to hang.*
Hungarian *agg.* e *s.* ungherese.
hunger *s.* **1.** fame, appetito **2.** (*fig.*) ingordigia.
hungrily *avv.* **1.** con grande appetito **2.** avidamente.
hungry *agg.* **1.** affamato || *to be* —, aver fame **2.** (*fig.*) avido, bramoso.
hunt *s.* **1.** caccia **2.** ricerca, inseguimento.
to **hunt** *vt.* e *vi.* **1.** cacciare, andare a caccia **2.** cercare affannosamente.
hunter *s.* cacciatore (*anche fig.*).
hunting *s.* **1.** caccia **2.** ricerca.
huntsman *s.* cacciatore.
hurdle *s.* ostacolo (*anche fig.*).
hurl *s.* lancio violento.
to **hurl** *vt.* lanciare, scagliare (*anche fig.*).
hurrah *inter.* urrah!
hurricane *s.* uragano, ciclone (*anche fig.*).
hurried *agg.* affrettato, precipitoso.
hurry *s.* fretta, precipitazione: *to be in a* —, aver fretta.
to **hurry** *vt.* affrettare. ♦ to **hurry** *vi.* affrettarsi || — *up!*, fa presto!
hurt *s.* lesione, ferita (*anche fig.*).
to **hurt (hurt, hurt)** *vt.* e *vi.* **1.** dolere **2.** recar dolore, offendere.
hurtful *agg.* **1.** dannoso **2.** offensivo.
husband *s.* marito.
husbandry *s.* **1.** agricoltura **2.** amministrazione domestica.
hush *inter.* silenzio.
to **hush** *vt.* **1.** zittire, tacere **2.** (*fig.*) calmare.
husk *s.* **1.** guscio, baccello **2.** involucro **3.** (*pl.*) rifiuti.
to **husk** *vt.* sgusciare, sbucciare.
husky *agg.* rugoso, secco.
hussar *s.* ussaro.
hut *s.* **1.** capanna, casupola **2.** rifugio alpino.
hyacinth *s.* giacinto.
hybrid *agg.* e *s.* ibrido.
hybridism *s.* ibridismo.
hybridization *s.* ibridazione.
hydra *s.* idra.
hydrangea *s.* ortensia.
hydrant *s.* idrante.
hydrate *s.* idrato.
to **hydrate** *vt.* idratare.
hydraulic *agg.* idraulico.
hydraulics *s.* idraulica.
hydric *agg.* contenente idrogeno.
hydrocarbon *s.* idrocarburo.
hydrocephalus *s.* idrocefalo.
hydroelectric *agg.* idroelettrico.
hydrofluoric *agg.* fluoridrico.
hydrofoil boat *s.* aliscafo.
hydrogen *s.* idrogeno.
hydrology *s.* idrologia.
hydrolysis *s.* (*pl.* -ses) idrolisi.
hydrostatic(al) *agg.* idrostatico.
hyena *s.* iena.
hygiene *s.* igiene.
hygienics *s.* la scienza dell'igiene.
hygienist *s.* igienista.
hygrometry *s.* igrometria.
hymn *s.* inno.
hyperbole *s.* iperbole.
hyperbolic(al) *agg.* iperbolico.
hyperborean *agg.* e *s.* iperboreo.
hypercritical *agg.* ipercritico.
hypermetropy *s.* ipermetropia.
hypernutrition *s.* supernutrizione.
hypersensitive *agg.* ipersensibile.
hypersensitivity *s.* ipersensibilità.
hypertension *s.* ipertensione.
hypertrophy *s.* ipertrofia.
hyphen *s.* lineetta d'unione.
hypnosis *s.* (*pl.* -ses) ipnosi.
hypnotic *agg.* e *s.* ipnotico.
hypnotism *s.* ipnotismo.
to **hypnotize** *vt.* ipnotizzare.
hypochondria *s.* ipocondria.
hypochondriac *agg.* e *s.* ipocondriaco.
hypocrisy *s.* ipocrisia.

hypocrite *s.* ipocrita.
hypocritic(al) *agg.* ipocrita.
hypodermic *agg.* ipodermico.
hypodermoclysis *s.* ipodermoclisi.
hyposulphite *s.* iposolfito.
hypotenuse *s.* ipotenusa.
hypothecary *agg.* ipotecario.
to **hypothecate** *vt.* ipotecare.
hypothesis *s.* (*pl.* -ses) ipotesi.
to **hypothesize** *vi.* fare ipotesi.
hypothetic(al) *agg.* ipotetico.
hypothetically *avv.* ipoteticamente.
hysteria *s.* isterismo.
hysteric(al) *agg.* isterico.
hysterics *s.* attacco isterico.

I

I *pron. pers.* io.
iamb *s.* giambo.
iambic *agg.* giambico.
Iberian *agg.* e *s.* iberico.
ice *s.* ghiaccio || — *-box*, ghiacciaia; — *-breaker*, rompighiaccio; — *-cream*, gelato.
to **ice** *vt.* **1.** ghiacciare **2.** (*cuc.*) glassare.
iceboat *s.* nave rompighiaccio.
Icelander *s.* islandese.
Icelandic *agg.* islandese.
ichtyologist *s.* ittiologo.
ichthyology *s.* ittiologia.
icicle *s.* ghiacciuolo.
iciness *s.* gelo.
icing *s.* glassatura.
icon *s.* icona.
iconoclast *s.* iconoclasta.
iconoclastic *agg.* iconoclastico.
iconography *s.* iconografia.
icy *agg.* gelido, gelato.
idea *s.* idea.
ideal *agg.* e *s.* ideale.
idealism *s.* idealismo.
idealist *s.* idealista.
idealistic(al) *agg.* idealistico.
idealization *s.* idealizzazione.
to **idealize** *vt.* idealizzare.
ideally *avv.* idealmente.
to **ideate** *vt.* ideare.
ideation *s.* ideazione.
identic(al) *agg.* identico.
identifiable *agg.* identificabile.
identification *s.* identificazione.
to **identify** *vt.* identificare || *to — oneself with*, immedesimarsi con.
identity *s.* identità.
ideogram *s.* ideogramma.
ideography *s.* ideografia.
ideologic(al) *agg.* ideologico.
ideologist *s.* ideologo.
ideology *s.* ideologia.
idiocy *s.* idiozia.
idiom *s.* **1.** idioma **2.** idiotismo.
idiomatic(al) *agg.* idiomatico.
idiosyncrasy *s.* idiosincrasia.
idiot *s.* idiota.
idiotic(al) *agg.* idiota.
idle *agg.* **1.** ozioso **2.** vano.
to **idle** *vi.* oziare.
idleness *s.* **1.** ozio **2.** futilità.
idler *s.* ozioso.
idly *avv.* oziosamente.
idol *s.* idolo.
idolater *s.* idolatra.
to **idolatrize** *vt.* idolatrare.
idolatrous *agg.* idolatrico.
idolatry, idolism *s.* idolatria.
idyl(l) *s.* idillio.
idyllic *agg.* idillico.
if *cong.* se || *as* —, come se.
igneous *agg.* igneo.
to **ignite** *vt.* accendere. ♦ to **ignite** *vi.* accendersi.
ignition *s.* accensione || *battery coil* —, spinterogeno.
ignobility *s.* ignobilità.
ignoble *agg.* ignobile.
ignominious *agg.* ignominioso.
ignominy, ignomy *s.* ignominia.
ignorance *s.* ignoranza.
ignorant *agg.* ignorante.
to **ignore** *vt.* ignorare.
ilex *s.* leccio.
iliac *agg.* iliaco.
ill (worse, worst) *agg.* **1.** ammalato **2.** cattivo. ♦ **ill** *avv.* male || — *-advised*, sconsiderato; — *-disposed*, malevolo; — *-fated*, sfortunato; — *-mannered*, maleducato. ♦ **ill** *s.* male.
illation *s.* illazione.
illegal *agg.* **1.** illegale **2.** illecito.
illegality *s.* illegalità.
illegible *agg.* illeggibile.
illegitimacy *s.* illegittimità.
illegitimate *agg.* illegittimo.
illiberal *agg.* **1.** illiberale **2.** meschino.
illiberality *s.* **1.** illiberalità **2.** meschinità.
illicit *agg.* illecito.
illimitable *agg.* illimitato.
illiteracy *s.* **1.** analfabetismo **2.** ignoranza.

illiterate *agg.* e *s.* **1.** analfabeta **2.** ignorante.
illness *s.* malattia.
illogical *agg.* illogico.
illogicality *s.* illogicità.
to **ill-treat** *vt.* maltrattare.
to **illuminate** *vt.* illuminare.
illumination *s.* illuminazione.
to **illumine** *vt.* illuminare.
illuminism *s.* illuminismo.
ill-usage *s.* maltrattamento.
to **ill-use** *vt.* maltrattare.
illusion *s.* illusione.
illusionism *s.* illusionismo.
illusionist *s.* illusionista.
illusive *agg.* illusorio.
illusiveness *s.* illusorietà.
illusory *agg.* illusorio.
to **illustrate** *vt.* illustrare.
illustration *s.* illustrazione.
illustrative *agg.* illustrativo.
illustrator *s.* illustratore.
illustrious *agg.* illustre.
ill-will *s.* malevolenza.
ill-wisher *s.* malevolo.
image *s.* immagine.
to **image** *vt.* **1.** immaginare **2.** descrivere **3.** riflettere.
imagery *s.* raffigurazione.
imaginable *agg.* immaginabile.
imaginary *agg.* immaginario.
imagination *s.* immaginazione.
imaginative *agg.* immaginativo.
to **imagine** *vt.* e *vi.* immaginare.
imagining *s.* immaginazione.
imbecile *agg.* e *s.* **1.** debole **2.** imbecille.
imbecility *s.* **1.** debolezza **2.** imbecillità.
to **imbibe** *vt.* assorbire. ♦ to **imbibe** *vi.* imbeversi.
to **imbue** *vt.* impregnare.
imitable *agg.* imitabile.
to **imitate** *vt.* imitare.
imitation *s.* imitazione.
imitative *agg.* imitativo.
imitator *s.* imitatore.
immaculate *agg.* immacolato.
immanence *s.* immanenza.
immanent *agg.* immanente.
immanentism *s.* immanentismo.
immaterial *agg.* **1.** immateriale **2.** irrilevante.
immaterialism *s.* immaterialismo.
immaterialist *s.* immaterialista.
immateriality *s.* immaterialità.
immature *agg.* immaturo.
immaturity *s.* immaturità.
immeasurability *s.* incommensurabilità.
immeasurable *agg.* incommensurabile.
immediacy *s.* **1.** immediatezza **2.** rapporto diretto.
immediate *agg.* **1.** immediato **2.** diretto.
immediateness *s.* V. *immediacy.*
immemorial *agg.* immemorabile.
immense *agg.* immenso.
immenseness, immensity *s.* immensità.
immensurability *s.* immensurabilità.
immensurable *agg.* immensurabile.
to **immerge**, to **immerse** *vt.* immergere. ♦ to **immerge** *vi.* immergersi.
immersion *s.* **1.** immersione **2.** eclisse.
immigrant *agg.* e *s.* immigrante.
to **immigrate** *vi.* immigrare.
immigration *s.* immigrazione.
imminence *s.* **1.** imminenza **2.** pericolo.
imminent *agg.* **1.** imminente **2.** sovrastante.
immobile *agg.* immobile.
immobility *s.* immobilità.
immobilization *s.* immobilizzazione.
to **immobilize** *vt.* immobilizzare.
immoderate *agg.* smodato.
immoderateness *s.* smoderatezza.
immodest *agg.* **1.** immodesto **2.** indecente.
immodesty *s.* **1.** immodestia **2.** indecenza.
to **immolate** *vt.* immolare.
immolation *s.* immolazione.
immolator *s.* immolatore.
immoral *agg.* immorale.
immorality *s.* immoralità.
immortal *agg.* e *s.* immortale.
immortality *s.* immortalità.
immortalization *s.* l'immortalare.
to **immortalize** *vt.* immortalare.
immovability *s.* **1.** immobilità **2.** inamovibilità.
immovable *agg.* **1.** immobile **2.** inamovibile.
immovables *s. pl.* beni immobili.
immune *agg.* **1.** immune **2.** esente.
immunity *s.* **1.** immunità **2.** esenzione.
immunization *s.* immunizzazione.
to **immunize** *vt.* immunizzare.
to **immure** *vt.* **1.** murare **2.** impri-

gionare **3.** chiudere fra mura.
immutability *s.* immutabilità.
immutable *agg.* immutabile.
imp *s.* diavoletto.
impact *s.* urto, collisione.
to **impact** *vt.* conficcare.
to **impair** *vt.* menomare.
impairment *s.* menomazione.
to **impale** *vt.* impalare.
impalpability *s.* impalpabilità.
impalpable *agg.* impalpabile.
imparity *s.* imparità.
to **impart** *vt.* **1.** impartire **2.** rivelare.
impartial *agg.* imparziale.
impartiality *s.* imparzialità.
impassable *agg.* invalicabile, impraticabile.
impassibility *s.* impassibilità.
impassible *agg.* impassibile.
to **impassion** *vt.* appassionare.
impassionate, impassioned *agg.* eccitato, ardente.
impassive *agg.* impassibile.
impatience *s.* **1.** impazienza **2.** avversione.
impatient *agg.* **1.** impaziente **2.** intollerante.
impavid *agg.* impavido.
to **impeach** *vt.* **1.** imputare **2.** biasimare || *to — so. for high treason,* accusare qu. di alto tradimento.
impeachable *agg.* accusabile.
impeacher *s.* accusatore.
impeachment *s.* accusa.
impeccability *s.* impeccabilità.
impeccable *agg.* impeccabile.
impecunious *agg.* povero.
to **impede** *vt.* **1.** impedire **2.** ostacolare.
impediment *s.* impedimento.
to **impel** *vt.* spingere, incitare.
impellent *agg.* impellente. ♦ **impellent** *s.* incentivo.
to **impend** *vi.* incombere.
impendence *s.* imminenza.
impendent *agg.* incombente.
impenetrability *s.* impenetrabilità.
impenetrable *agg.* impenetrabile.
impenitence *s.* impenitenza.
impenitent *agg.* impenitente.
imperative *agg.* e *s.* imperativo.
imperator *s.* imperatore.
imperceptibility *s.* impercettibilità.
imperceptible *agg.* impercettibile.
imperfect *agg.* **1.** imperfetto **2.** incompiuto.
imperfection *s.* **1.** imperfezione **2.** incompiutezza.
imperial *agg.* imperiale.
imperialism *s.* imperialismo.
imperialist *s.* imperialista.
imperialistic *agg.* imperialistico.
to **imperil** *vt.* mettere in pericolo.
imperious *agg.* **1.** imperioso **2.** impellente.
imperiousness *s.* **1.** imperiosità **2.** urgenza.
imperishability *s.* indistruttibilità.
imperishable *agg.* indistruttibile, imperituro.
impermeability *s.* impermeabilità.
impermeable *agg.* impermeabile.
impersonal *agg.* impersonale.
impersonality *s.* l'essere impersonale.
to **impersonate** *vt.* impersonare.
impersonation *s.* personificazione.
impertinence *s.* **1.** impertinenza **2.** non pertinenza.
impertinent *agg.* **1.** impertinente **2.** non pertinente.
imperturbability *s.* imperturbabilità.
imperturbable *agg.* imperturbabile.
impervious *agg.* **1.** impervio **2.** impermeabile.
to **impetrate** *vt.* impetrare.
impetration *s.* impetrazione.
impetuosity *s.* impetuosità.
impetuous *agg.* impetuoso.
impetus *s.* impeto.
impiety *s.* empietà.
impious *agg.* empio.
impish *agg.* birichino.
implacability *s.* implacabilità.
implacable *agg.* implacabile.
to **implant** *vt.* **1.** impiantare **2.** inculcare.
implement *s.* utensile.
to **implement** *vt.* **1.** compiere **2.** attrezzare.
to **implicate** *vt.* implicare.
implication *s.* implicazione.
implicit, implied *agg.* implicito.
to **implore** *vt.* implorare.
imploring *agg.* supplichevole.
to **imply** *vt.* implicare.
impolite *agg.* scortese.
impoliteness *s.* scortesia.
impolitic *agg.* impolitico.
imponderability *s.* imponderabilità.
imponderable *agg.* imponderabile.
import *s.* **1.** importanza **2.** significato **3.** (*comm.*) importazione.
to **import** *vt.* **1.** importare **2.** si-

gnificare **3.** (*comm.*) importare.
importance *s.* importanza.
important *agg.* importante.
importer *s.* importatore.
importunate, importune *agg.* urgente.
to **importune** *vt.* importunare.
importunity *s.* **1.** insistenza **2.** urgenza.
to **impose** *vt.* **1.** imporre **2.** (*tip.*) impaginare. ♦ to **impose** *vi.* imporsi || *to — on,* ingannare.
imposing *agg.* imponente.
imposition *s.* **1.** imposizione **2.** imposta **3.** inganno **4.** (*tip.*) messa in macchina.
impossibility *s.* impossibilità.
impossible *agg.* impossibile.
impostor *s.* impostore.
imposture *s.* impostura.
impotence *s.* impotenza.
impotent *agg.* impotente.
to **impoverish** *vt.* impoverire.
impoverishment *s.* impoverimento.
impracticability *s.* **1.** inattuabilità **2.** impraticabilità **3.** intrattabilità.
impracticable *agg.* **1.** inattuabile **2.** impraticabile **3.** intrattabile.
imprecation *s.* imprecazione.
imprecatory *agg.* imprecatorio.
impregnable *agg.* inespugnabile.
to **impregnate** *vt.* **1.** impregnare **2.** fecondare.
impregnation *s.* fecondazione.
to **impress** *vt.* **1.** imprimere, stampare **2.** impressionare.
impression *s.* **1.** impressione **2.** ristampa.
impressionability *s.* impressionabilità.
impressionable *agg.* impressionabile.
impressionism *s.* impressionismo.
impressionist *agg.* e *s.* impressionista.
impressive *agg.* impressionante.
imprint *s.* **1.** impronta **2.** stampa.
to **imprint** *vt.* **1.** imprimere **2.** stampare.
to **imprison** *vt.* imprigionare.
imprisonment *s.* prigionia.
improbability *s.* improbabilità.
improbable *agg.* improbabile.
improbably *avv.* improbabilmente.
impromptu *agg.* improvvisato. ♦ **impromptu** *s.* improvvisazione.
improper *agg.* **1.** erroneo **2.** inadatto **3.** sconveniente, irregolare.
impropriety *s.* **1.** scorrettezza **2.** sconvenienza.
to **improve** *vt.* **1.** migliorare **2.** valorizzare. ♦ to **improve** *vi.* migliorare, perfezionarsi.
improvement *s.* miglioramento.
improvidence *s.* imprevidenza.
improvident *agg.* imprevidente.
improvisation *s.* improvvisazione.
improvisator *s.* improvvisatore.
to **improvise** *vt.* e *vi.* improvvisare.
imprudence *s.* imprudenza.
imprudent *agg.* imprudente.
impudence *s.* impudenza.
impudent *agg.* impudente.
to **impugn** *vt.* (*giur.*) impugnare.
impugnable *agg.* (*giur.*) impugnabile.
impugner *s.* oppositore.
impulse, impulsion *s.* impulso.
impulsive *agg.* impulsivo.
impulsiveness, impulsivity *s.* impulsività.
impunity *s.* impunità.
impure *agg.* impuro.
impurity *s.* impurità.
imputable *agg.* imputabile.
imputation *s.* imputazione.
to **impute** *vt.* imputare.
in *avv.* e *prep.* a, in, dentro, entro, durante || *to be — Paris,* essere a Parigi; *the best — the world,* il migliore del mondo; *— my opinion,* secondo me; *— all,* in tutto; *— that,* in quanto che.
inability *s.* incapacità.
inaccessibility *s.* inaccessibilità.
inaccessible *agg.* inaccessibile.
inaccuracy *s.* inesattezza.
inaccurate *agg.* inesatto.
inaction *s.* inattività.
inactive *agg.* inattivo.
inactivity *s.* inattività.
inadaptability *s.* inadattabilità.
inadequacy *s.* inadeguatezza.
inadequate *agg.* inadeguato.
inadmissibility *s.* inammissibilità.
inadmissible *agg.* inammissibile.
inadvertence *s.* inavvertenza.
inadvertent *agg.* **1.** disattento **2.** involontario.
inalienability *s.* inalienabilità.
inalienable *agg.* inalienabile.
inalterability *s.* inalterabilità.
inalterable *agg.* inalterabile.
inane *agg.* e *s.* vuoto.
inanimate *agg.* **1.** inanimato **2.** fiacco.
inanity *s.* inanità.

inappeasable *agg.* implacabile.
inappellable *agg.* inappellabile.
inappetence *s.* inappetenza.
inapplicable *agg.* inapplicabile.
inappropriate *agg.* inadeguato.
inapt *agg.* **1.** inadatto **2.** inetto.
inarticulate *agg.* inarticolato.
inattention *s.* **1.** disattenzione **2.** negligenza.
inattentive *agg.* **1.** disattento **2.** negligente.
inaudible *agg.* impercettibile.
inaugural *agg.* inaugurale.
to **inaugurate** *vt.* inaugurare.
inauguration *s.* inaugurazione.
inboard *agg.* interno. ♦ **inboard** *avv.* internamente.
inborn, inbred *agg.* innato.
incalculable *agg.* **1.** incalcolabile **2.** incerto.
incandescence *s.* incandescenza.
incandescent *agg.* incandescente.
incantation *s.* incantesimo.
incapability *s.* incapacità.
incapable *agg.* incapace.
incapacity *s.* incapacità.
to **incarnate** *vt.* **1.** incarnare **2.** realizzare.
incarnation *s.* incarnazione.
incatenation *s.* incatenamento.
incautious *agg.* incauto.
incendiary *agg.* e *s.* **1.** incendiario **2.** sovversivo.
incensation *s.* incensamento.
incense *s.* incenso.
to **incense**[1] *vt.* incensare.
to **incense**[2] *vt.* provocare.
incensurable *agg.* incensurabile.
incentive *agg.* stimolante. ♦ **incentive** *s.* incentivo.
incertitude *s.* incertezza.
incessant *agg.* incessante.
incest *s.* incesto.
incestuous *agg.* incestuoso.
inch *s.* pollice (*misura*).
incidence *s.* incidenza.
incident *agg.* probabile. ♦ **incident** *s.* avvenimento.
incidental *agg.* fortuito. ♦ **incidental** *s.* caso.
incipient *agg.* incipiente.
to **incise** *vt.* incidere.
incisive *agg.* incisivo.
incisiveness *s.* incisività.
incisor *s.* incisivo.
incitation *s.* incitamento.
to **incite** *vt.* incitare.
incivility *s.* villania.
inclemency *s.* inclemenza.
inclement *agg.* inclemente.
inclinable *agg.* incline.
inclination *s.* inclinazione.
to **incline** *vt.* inclinare. ♦ to **incline** *vi.* propendere.
inclined *agg.* **1.** inclinato **2.** incline.
to **include** *vt.* includere.
included *agg.* incluso, compreso.
inclusion *s.* inclusione.
inclusive *agg.* compreso.
incoherence *s.* incoerenza.
incoherent *agg.* incoerente.
incombustible *agg.* incombustibile.
income *s.* rendita, reddito || — *-tax,* imposta sul reddito.
incoming *s.* entrata. ♦ **incoming** *agg.* entrante.
incommensurability *s.* incommensurabilità.
incommensurable *agg.* incommensurabile.
incommensurate *agg.* **1.** inadeguato **2.** smisurato.
incommunicability *s.* incomunicabilità.
incommunicable *agg.* incomunicabile.
incommutable *agg.* incommutabile.
incomparable *agg.* incomparabile.
incompatibility *s.* incompatibilità.
incompatible *agg.* incompatibile.
incompetence *s.* incompetenza.
incompetent *agg.* e *s.* incompetente.
incomplete *agg.* incompleto.
incompleteness, incompletion *s.* incompletezza.
incomprehensibility *s.* incomprensibilità.
incomprehensible *agg.* incomprensibile.
incomprehension *s.* incomprensione.
inconceivability *s.* inconcepibilità.
inconceivable *agg.* inconcepibile.
inconclusive *agg.* inconcludente.
inconclusiveness *s.* inconcludenza.
incongruity *s.* incongruenza.
incongruous *agg.* incongruo.
inconsequence *s.* incongruenza.
inconsequent *agg.* incongruente.
inconsequential *agg.* **1.** incoerente **2.** irrilevante.
inconsiderate *agg.* sconsiderato.
inconsistence *s.* incoerenza.
inconsistent *agg.* incoerente.
inconsolable *agg.* inconsolabile.
inconstancy *s.* incostanza.
inconstant *agg.* incostante.

incontestability *s.* incontestabilità.
incontestable *agg.* incontestabile.
incontinence *s.* incontinenza.
incontinent *agg.* incontinente.
incontinently *avv.* smoderatamente.
incontrollable *agg.* incontrollabile.
incontrovertible *agg.* incontrovertibile.
inconvenience *s.* **1.** disturbo **2.** scomodità.
to **inconvenience** *vt.* scomodare.
inconvenient *agg.* incomodo.
inconvertible *agg.* inconvertibile.
to **incorporate** *vt.* **1.** incorporare **2.** (*comm.*) costituire. ♦ to **incorporate** *vi.* incorporarsi.
incorporated *agg.* **1.** (*comm.*) anonimo **2.** incorporato.
incorporation *s.* **1.** incorporazione **2.** (*comm.*) costituzione.
incorporeal *agg.* incorporeo.
incorrect *agg.* scorretto.
incorrectness *s.* scorrettezza.
incorrigible *agg.* incorreggibile.
incorrupt *agg.* incorrotto.
incorruptibility *s.* incorruttibilità.
incorruptible *agg.* incorruttibile.
increase *s.* aumento.
to **increase** *vt.* e *vi.* aumentare.
increasing *agg.* crescente.
increasingly *avv.* sempre più.
incredibility *s.* incredibilità.
incredible *agg.* incredibile.
incredulity *s.* incredulità.
incredulous *agg.* incredulo.
increment *s.* incremento.
to **incriminate** *vt.* incriminare.
incrimination *s.* incriminazione.
incriminatory *agg.* incriminante.
incrustation *s.* incrostazione.
incubation *s.* incubazione.
incubator *s.* incubatrice.
to **inculcate** *vt.* inculcare.
inculcation *s.* inculcazione.
inculpable *agg.* innocente.
inculpation *s.* accusa.
incumbent *agg.* incombente.
to **incur** *vt.* incorrere in.
incurability *s.* incurabilità.
incurable *agg.* incurabile.
incursion *s.* incursione.
indebted *agg.* **1.** indebitato **2.** obbligato.
indecency *s.* indecenza.
indecent *agg.* indecente.
indecipherable *agg.* indecifrabile.
indecision *s.* indecisione.
indecisive *agg* **1.** indeciso **2.** non decisivo.
indeclinable *agg.* indeclinabile.
indecomposable *agg.* indecomponibile.
indecorous *agg.* indecoroso.
indeed *avv.* in verità, davvero.
indefatigable *agg.* infaticabile.
indefeasible *agg.* irrevocabile.
indefinable *agg.* indefinibile.
indefinite *agg.* indefinito.
indefiniteness *s.* indeterminatezza.
indelible *agg.* indelebile.
indelicacy *s.* **1.** rozzezza **2.** sconvenienza.
indelicate *agg.* **1.** sgarbato **2.** sconveniente.
to **indemnify** *vt.* **1.** indennizzare **2.** assicurare.
indemnity *s.* **1.** indennità **2.** assicurazione.
indemonstrable *agg.* indimostrabile.
indent *s.* **1.** dentellatura **2.** incavo **3.** (*comm.*) ordinazione **4.** (*tip.*) capoverso.
to **indent** *vt.* **1.** dentellare, frastagliare **2.** intagliare **3.** (*comm.*) ordinare (*merci*).
indentation, indention *s.* **1.** dentellatura **2.** incisione.
indenture *s.* **1.** dentellatura **2.** contratto.
independence *s.* indipendenza.
independent *agg.* e *s.* indipendente.
indescribable *agg.* indescrivibile.
indestructibility *s.* indistruttibilità.
indestructible *agg.* indistruttibile.
indeterminable *agg.* indeterminabile.
indeterminate *agg.* indeterminato.
indetermination *s.* indeterminazione.
index *s.* indice.
Indian *agg.* e *s.* indiano.
to **indicate** *vt.* indicare.
indicating *agg.* indicatore.
indication *s.* **1.** indicazione **2.** segno.
indicative *agg.* e *s.* indicativo.
indicator *s.* indicatore.
to **indict** *vt.* accusare.
indictment *s.* (*giur.*) accusa.
indifference *s.* **1.** indifferenza **2.** imparzialità **3.** mancanza di valore.
indifferent *agg.* **1.** indifferente **2.**

imparziale **3.** mediocre.
indifferentism *s.* indifferentismo.
indifferentist *s.* indifferentista.
indigence *s.* indigenza.
indigenous *agg.* indigeno.
indigent *agg.* indigente.
indigestible *agg.* indigesto.
indigestion *s.* dispepsia.
indignant *agg.* indignato.
indignation *s.* indignazione.
indignity *s.* **1.** indegnità **2.** offesa.
indigo *s.* indaco.
indirect *agg.* **1.** indiretto **2.** tortuoso.
indiscernible *agg.* indistinguibile.
indiscipline *s.* indisciplina.
indiscreet *agg.* **1.** sconsiderato **2.** indiscreto.
indiscrete *agg.* compatto.
indiscretion *s.* **1.** sconsideratezza **2.** indiscrezione.
indiscriminate *agg.* indiscriminato.
indispensable *agg.* indispensabile.
indisposed *agg.* indisposto.
indisposition *s.* **1.** avversione **2.** indisposizione.
indisputability *s.* indiscutibilità.
indisputable *agg.* indiscutibile.
indisputed *agg.* indiscusso.
indissolubility *s.* indissolubilità.
indissoluble *agg.* indissolubile.
indistinct *agg.* indistinto.
indistinguishable *agg.* indistinguibile.
individual *agg.* individuale. ♦ **individual** *s.* individuo.
individualism *s.* individualismo.
individualist *agg.* e *s.* individualista.
individualistic *agg.* individualistico.
individuality *s.* individualità.
individualization *s.* individualizzazione.
to **individualize** *vt.* individualizzare.
indivisibility *s.* indivisibilità.
indivisible *agg.* indivisibile.
indocility *s.* indocilità.
Indo-European *agg.* e *s.* indo-europeo.
indolence *s.* indolenza.
indolent *agg.* indolente.
indomitable *agg.* indomabile.
indoor *agg.* in casa.
indoors *avv.* in casa.
indraft, indraught *s.* risucchio, vortice.
indubitable *agg.* indubitabile.
to **induce** *vt.* indurre.
inducement *s.* **1.** allettamento **2.** movente.
induction *s.* **1.** induzione **2.** insediamento.
inductive *agg.* induttivo.
inductor *s.* induttore.
to **indulge** *vt.* essere indulgente verso. ♦ to **indulge** *vi.* indulgere.
indulgence *s.* **1.** indulgenza **2.** proroga.
indulgent *agg.* indulgente.
indult *s.* indulto.
industrial *agg.* industriale. ♦ **industrial** *s.* lavoratore dell'industria.
industrialism *s.* industrialismo.
industr'alist *s.* industriale.
industr alization *s.* industrializzazione.
to **industrialize** *vt.* industrializzare.
industrious *agg.* industrioso.
industry *s.* **1.** industria **2.** operosità, diligenza.
inebriate *agg.* e *s.* ubriaco.
to **inebriate** *vt.* inebriare.
inedited *agg.* inedito.
ineffable *agg.* ineffabile.
ineffective *agg.* **1.** inefficace **2.** inefficiente.
ineffectiveness *s.* **1.** inefficacia **2.** inefficienza.
ineffectual *agg.* inutile.
inefficacy *s.* inefficacia.
inefficient *agg.* V. *ineffective.*
inelegance *s.* ineleganza.
inelegant *agg.* inelegante.
ineligibility *s.* ineleggibilità.
ineligible *agg.* ineleggibile.
ineluctable *agg.* ineluttabile.
inept *agg.* inadatto.
ineptitude, ineptness *s.* inettitudine.
inequality *s.* diseguaglianza.
inequity *s.* ingiustizia.
ineradicable *agg.* inestirpabile.
inerrability *s.* infallibilità.
inerrable *agg.* infallibile.
inert *agg.* inerte.
inertness *s.* inerzia.
inescapable *agg.* inevitabile.
inestimable *agg.* inestimabile.
inevitability *s.* inevitabilità.
inevitable *agg.* inevitabile.
inevitableness *s.* inevitabilità.
inexact *agg.* inesatto.
inexactitude *s.* inesattezza.
inexcusability *s.* inescusabilità.
inexcusable *agg.* imperdonabile.

inexecutable *agg.* ineseguibile.
inexhaustibility *s.* inesauribilità.
inexhaustible *agg.* inesauribile.
inexistence *s.* inesistenza.
inexistent *agg.* inesistente.
inexorability *s.* inesorabilità.
inexorable *agg.* inesorabile.
inexpedient *agg.* inopportuno.
inexpensive *agg.* poco costoso.
inexperience *s.* inesperienza.
inexperienced, inexpert *agg.* inesperto.
inexpiable *agg.* inespiabile.
inexplicable *agg.* inesplicabile.
inexplorable *agg.* inesplorabile.
inexpressible *agg.* inesprimibile.
inexpressive *agg.* inespressivo.
inexpressiveness *s.* inespressività.
inexpugnability *s.* inespugnabilità.
inexpugnable *agg.* inespugnabile.
inextinguishable *agg.* inestinguibile.
inextricable *agg.* inestricabile.
infallibility *s.* infallibilità.
infallible *agg.* infallibile.
infamous *agg.* infame.
infamy *s.* infamia.
infancy *s.* infanzia.
infant *agg.* infantile. ♦ **infant** *s.* **1.** neonato **2.** (*giur.*) minore.
infanticide *s.* **1.** infanticida **2.** infanticidio.
infantile *agg.* infantile.
infantilism *s.* infantilismo.
infantry *s.* fanteria || — *-man*, fante.
infarct *s.* infarto.
to **infatuate** *vt.* infatuare.
infatuation *s.* infatuazione.
to **infect** *vt.* contagiare.
infection *s.* contagio.
infectious *agg.* contagioso.
infective *agg.* infettivo.
infecund *agg.* infecondo.
infelicitous *agg.* infelice.
infelicity *s.* infelicità.
to **infer** *vt.* dedurre.
inferable *agg.* deducibile.
inference *s.* deduzione.
inferior *agg.* e *s.* inferiore.
inferiority *s.* inferiorità.
infernal *agg.* infernale.
to **infest** *vt.* infestare.
infestation *s.* infestamento.
infidel *agg.* e *s.* infedele.
infidelity *s.* **1.** miscredenza **2.** infedeltà.
to **infiltrate** *vt.* infiltrare. ♦ to **infiltrate** *vi.* infiltrarsi.
infiltration *s.* infiltrazione.
infinite *agg.* e *s.* infinito.
infinitesimal *agg.* infinitesimale.
infinitive *agg.* e *s.* infinito.
infinitude *s.* infinità.
infinity *s.* infinità, infinito.
infirm *agg.* **1.** infermo **2.** irresoluto.
infirmary *s.* infermeria.
infirmity *s.* **1.** infermità **2.** irresolutezza.
to **inflame** *vt.* infiammare. ♦ to **inflame** *vi.* infiammarsi.
inflammability *s.* infiammabilità.
inflammable *agg.* infiammabile.
inflammation *s.* **1.** l'infiammare, l'infiammarsi **2.** infiammazione.
inflammatory *agg.* infiammatorio.
to **inflate** *vt.* gonfiare.
inflation *s.* **1.** gonfiore, gonfiatura **2.** (*comm.*) inflazione.
inflationary *agg.* inflazionistico.
to **inflect** *vt.* **1.** flettere **2.** modulare.
inflection *s.* **1.** flessione **2.** inflessione.
inflexibility *s.* inflessibilità.
inflexible *agg.* inflessibile.
to **inflict** *vt.* infliggere.
infliction *s.* **1.** inflizione **2.** pena.
inflorescence *s.* infiorescenza.
influence *s.* **1.** influenza **2.** (*elettr.*) induzione.
to **influence** *vt.* influenzare.
influential *agg.* influente.
influenza *s.* (*med.*) influenza.
influx *s.* **1.** affluenza **2.** sbocco (*di fiume*).
inform *agg.* informe.
to **inform** *vt.* **1.** informare **2.** dar forma a.
informal *agg.* non ufficiale.
informality *s.* assenza di formalità.
information *s.* (*solo sing.*) **1.** informazione **2.** sapere **3.** accusa.
informative, informatory *agg.* informativo.
informed *agg.* istruito.
informer *s.* **1.** informatore **2.** accusatore.
infraction *s.* **1.** infrazione **2.** violazione.
infrangibility *s.* infrangibilità.
infrangible *agg.* **1.** infrangibile **2.** inviolabile.
infrared *agg.* infrarosso.
infrequent *agg.* raro.
to **infringe** *vt.* violare.
infringement *s.* violazione.
infringer *s.* trasgressore.
infructuous *agg.* infruttuoso.

to **infuse** *vt.* **1.** versare **2.** infondere **3.** mettere in infusione.
infusible *agg.* infusibile.
infusion *s.* **1.** infusione **2.** infuso.
ingenious *agg.* ingegnoso.
ingenuity *s.* ingegnosità.
ingenuous *agg.* **1.** ingenuo **2.** franco.
ingenuousness *s.* ingenuità.
to **ingest** *vt.* ingerire.
ingestion *s.* ingestione.
inglorious *agg.* inglorioso.
ingot *s.* lingotto.
ingratitude *s.* ingratitudine.
ingredient *s.* ingrediente.
inguen *s.* inguine.
inguinal *agg.* inguinale.
to **inhabit** *vt.* abitare.
inhabitable *agg.* abitabile.
inhabitancy *s.* domicilio.
inhabitant *s.* abitante.
inhalant *s.* **1.** inalatore **2.** sostanza da inalare.
inhalation *s.* inalazione.
to **inhale** *vt.* e *vi.* **1.** aspirare **2.** inalare.
inhaler *s.* inalatore.
inherent *agg.* inerente.
to **inherit** *vt.* e *vi.* ereditare.
inheritance *s.* eredità.
to **inhibit** *vt.* **1.** inibire **2.** interdire.
inhibition *s.* **1.** inibizione **2.** interdizione.
inhibitory *agg.* inibitorio.
inhospitable *agg.* inospitale.
inhospitality *s.* inospitalità.
inhuman *agg.* inumano.
inhumanity *s.* inumanità.
inhumation *s.* inumazione.
inimical *agg.* nemico.
inimitable *agg.* inimitabile.
iniquitous *agg.* iniquo.
iniquity *s.* iniquità.
initial *agg.* e *s.* iniziale.
to **initial** *vt.* siglare.
initiate *agg.* e *s.* iniziato.
to **initiate** *vt.* iniziare.
initiation *s.* **1.** inizio **2.** iniziazione.
initiative *agg.* introduttivo. ♦ **initiative** *s.* iniziativa.
initiator *s.* iniziatore.
to **inject** *vt.* iniettare.
injection *s.* iniezione.
injector *s.* iniettore.
injunction *s.* ingiunzione.
to **injure** *vt.* ledere, ferire.
injurer *s.* **1.** danneggiatore **2.** feritore.
injury *s.* **1.** torto, danno **2.** ferita.
injustice *s.* ingiustizia.
ink *s.* inchiostro || — *-pot,* calamaio.
inkholder *s.* calamaio.
inkling *s.* indizio.
inky *agg.* **1.** di, simile a inchiostro **2.** macchiato d'inchiostro.
inlaid V. *to inlay.*
inland *agg.* e *s.* interno. ♦ **inland** *avv.* all'interno.
inlay *s.* intarsio.
to **inlay (inlaid, inlaid)** *vt.* intarsiare.
inlet *s.* **1.** piccola insenatura **2.** apertura.
inmate *s.* **1.** inquilino **2.** ricoverato.
inmost *agg.* più interno.
inn *s.* locanda || — *-keeper,* locandiere; — *of court,* scuola di legge.
innate *agg.* innato.
innavigable *agg.* non navigabile.
inner *agg.* interno, intimo.
innermost *agg.* V. *inmost.*
innervation *s.* innervazione.
innocence *s.* innocenza.
innocent *agg.* e *s.* innocente.
innocuity *s.* innocuità.
innocuous *agg.* innocuo.
innominate *agg.* innominato.
to **innovate** *vt.* e *vi.* innovare.
innovation *s.* innovazione.
innovator *s.* innovatore.
innumerability *s.* innumerabilità.
innumerable *agg.* innumerevole.
inobservance *s.* **1.** inosservanza **2.** disattenzione.
inobservant *agg.* **1.** inosservante **2.** disattento.
to **inoculate** *vt.* **1.** inoculare **2.** inculcare.
inoculation *s.* inoculazione.
inodorous *agg.* inodoro.
inoffensive *agg.* inoffensivo.
inopportune *agg.* inopportuno.
inopportuneness *s.* inopportunità.
inordinate *agg.* smoderato.
inorganic *agg.* inorganico.
inoxidizable *agg.* inossidabile.
inpouring *agg.* affluente. ♦ **inpouring** *s.* afflusso.
input *s.* (*mecc.; elettr.*) alimentazione, entrata.
inquest *s.* **1.** inchiesta **2.** giuria.
inquietude *s.* inquietudine.
to **inquire** *vt.* e *vi.* chiedere || *to — after,* chiedere informazioni su; *to — into,* indagare su.
inquirer *s.* investigatore.
inquiring *agg.* **1.** indagatore **2.** cu-

rioso.
inquiry *s.* **1.** ricerca **2.** domanda **3.** inchiesta.
inquisition *s.* **1.** ricerca **2.** inchiesta.
inquisitive *agg.* V. *inquiring.*
inquisitiveness *s.* curiosità
inrush *s.* irruzione.
insalubrity *s.* insalubrità.
insane *agg.* insano.
insanitary *agg.* malsano.
insanity *s.* insania.
insatiability *s.* insaziabilità.
insatiable, insatiate *agg.* insaziabile.
to **inscribe** *vt.* **1.** iscrivere **2.** scolpire **3.** dedicare.
inscription *s.* **1.** iscrizione **2.** dedica.
inscrutability *s.* inscrutabilità.
inscrutable *agg.* inscrutabile.
inscrutableness *s.* inscrutabilità.
insect *s.* insetto.
insecticide *s.* insetticida.
insectivorous *agg.* insettivoro.
insecure *agg.* insicuro.
insecurity *s.* insicurezza.
insensate *agg.* **1.** insensibile **2.** insensato.
insensibility *s.* insensibilità.
insensible *agg.* **1.** insensibile **2.** inconscio.
insensitive *agg.* insensibile.
inseparable *agg.* inseparabile.
insert *s.* inserzione.
to **insert** *vt.* inserire.
insertion *s.* inserzione.
to **inset (inset, inset)** *vt.* inserire.
inside *agg.* e *s.* interno. ♦ **inside** *avv.* e *prep.* dentro.
insidious *agg.* insidioso.
insight *s.* **1.** intuito **2.** penetrazione.
insignificant *agg.* insignificante.
insincere *agg.* insincero.
insincerity *s.* falsità.
to **insinuate** *vt.* insinuare.
insinuation *s.* insinuazione.
insinuative *agg.* insinuante.
insipid *agg.* insipido.
insipidity, insipidness *s.* insipidezza.
insipience *s.* insipienza.
insipient *agg.* insipiente.
to **insist** *vi.* insistere.
insistence *s.* insistenza.
insistent *agg.* insistente.
insolation *s.* insolazione.
insolence *s.* insolenza.
insolent *agg.* e *s.* insolente.
insolubility *s.* insolubilità.
insoluble *agg.* insolubile.
insolvable *agg.* insolubile.
insolvency *s.* insolvenza.
insolvent *agg.* insolvente. ♦ **insolvent** *s.* debitore insolvente.
insomnia *s.* insonnia.
to **inspect** *vt.* ispezionare.
inspection *s.* ispezione.
inspector *s.* ispettore.
inspectoral *agg.* di ispettore, di ispezione.
inspectorate *s.* ispettorato.
inspiration *s.* **1.** inspirazione **2.** ispirazione.
to **inspire** *vt.* **1.** inspirare **2.** ispirare.
inspirer *s.* ispiratore.
inspiring *agg.* ispiratore.
instability *s.* instabilità.
to **install** *vt.* installare.
installation *s.* installazione.
instalment *s.* **1.** rata **2.** puntata.
instance *s.* **1.** esempio **2.** caso **3.** istanza.
instancy *s.* **1.** urgenza **2.** insistenza.
instant *agg.* **1.** urgente **2.** corrente. ♦ **instant** *s.* istante.
instantaneous *agg.* istantaneo.
instantly *avv.* all'istante. ♦ **instantly** *cong.* non appena che.
instead *avv.* invece.
instep *s.* **1.** collo del piede **2.** collo di scarpa.
to **instigate** *vt.* istigare.
instigation *s.* istigazione.
instigator *s.* istigatore.
to **instil(l)** *vt.* instillare.
instinct *agg.* imbevuto. ♦ **instinct** *s.* istinto.
instinctive *agg.* istintivo.
institute *s.* istituto. ♦ **institutes** *s. pl.* istituzioni.
to **institute** *vt.* istituire.
institution *s.* istituto.
institutional *agg.* istituzionale.
institutor *s.* istitutore.
to **instruct** *vt.* **1.** istruire **2.** informare **3.** ordinare.
instruction *s.* istruzione.
instructive *agg.* istruttivo.
instructor *s.* istruttore.
instrument *s.* **1.** strumento **2.** atto giuridico.
to **instrument** *vt.* **1.** strumentare **2.** redigere.
instrumental *agg.* **1.** strumentale **2.** utile.
instrumentation *s.* **1.** orchestrazio-

ne **2.** uso di strumenti.
insubordinate *agg.* insubordinato.
insubordination *s.* insubordinazione.
insubstantial *agg.* incorporeo.
insufferable *agg.* insopportabile.
insufficiency *s.* insufficienza.
insufficient *agg.* insufficiente.
insular *agg.* **1.** insulare **2.** (*fig.*) di mentalità ristretta.
to **insulate** *vt.* isolare.
insulation *s.* isolamento.
insulator *s.* isolatore.
insulin *s.* insulina.
insult *s.* insulto.
to **insult** *vt.* insultare.
insuperable *agg.* insuperabile.
insuppressible *agg.* insopprimibile.
insurance *s.* assicurazione.
insurant *s.* assicurato.
to **insure** *vt.* assicurare.
insurer *s.* assicuratore.
insurgency *s.* insurrezione.
insurgent *agg.* e *s.* insorto.
insurmountable *agg.* insormontabile.
insurrection *s.* insurrezione.
insurrectional, insurrectionary *agg.* insurrezionale.
insurrectionist *s.* insorto.
intact *agg.* intatto.
intake *s.* **1.** presa **2.** energia assorbita.
intangible *agg.* intangibile.
integrable *agg.* integrabile.
integral *agg.* integrale.
integrant *agg.* integrante.
to **integrate** *vt.* integrare.
integration *s.* integrazione.
integrity *s.* integrità.
intellect *s.* intelletto.
intellective *agg.* intellettivo.
intellectual *agg.* e *s.* intellettuale.
intellectualism *s.* intellettualismo.
intelligence *s.* **1.** intelligenza **2.** informazioni (*pl.*).
intelligent *agg.* intelligente.
intelligibility *s.* intelligibilità.
intelligible *agg.* intelligibile.
intemperance *s.* intemperanza.
intemperate *agg.* **1.** smoderato **2.** rigido (*di clima*).
to **intend** *vt.* **1.** intendere **2.** destinare.
intendant *s.* intendente.
intended *agg.* progettato.
intense *agg.* intenso.
intensification *s.* intensificazione.
to **intensify** *vt.* intensificare. ♦ to **intensify** *vi.* intensificarsi.
intensity *s.* **1.** intensità **2.** vigore.
intensive *agg.* intensivo, intenso.
intent *agg.* intento, dedito. ♦ **intent** *s.* intenzione, scopo.
intention *s.* intenzione.
intentional *agg.* intenzionale.
intently *avv.* intensamente.
to **inter** *vt.* seppellire.
to **intercalate** *vt.* intercalare.
to **intercede** *vi.* intercedere.
to **intercept** *vt.* intercettare.
interception *s.* intercettamento.
interceptor *s.* intercettatore.
intercession *s.* intercessione.
intercessor *s.* intercessore.
interchange *s.* scambio.
to **interchange** *vt.* scambiare. ♦ to **interchange** *vi.* scambiarsi.
interchangeable *agg.* scambievole.
intercom *s.* citofono.
intercommunication *s.* intercomunicazione.
intercontinental *agg.* intercontinentale.
intercostal *agg.* intercostale.
intercourse *s.* rapporto, relazione || *trade* —, scambi commerciali.
interdependence *s.* interdipendenza.
interdependent *agg.* interdipendente.
interdict *s.* **1.** interdizione **2.** interdetto **3.** proibizione.
to **interdict** *vt.* **1.** interdire **2.** proibire.
interdiction *s.* V. *interdict.*
interest *s.* interesse.
to **interest** *vt.* interessare.
interested *agg.* interessato || *those* —, gli interessati.
interesting *agg.* interessante.
to **interfere** *vi.* **1.** interferire **2.** scontrarsi.
interference *s.* **1.** interferenza **2.** collisione.
interior *agg.* e *s.* interno.
to **interject** *vt.* intromettere.
interjection *s.* intromissione.
to **interlace** *vt.* intrecciare. ♦ to **interlace** *vi.* intrecciarsi.
interlacing *s.* intreccio.
to **interline** *vt.* interlineare.
interlinear *agg.* interlineare.
interlineation *s.* interlineazione.
to **interlink** *vt.* concatenare.
to **interlock** *vt.* sincronizzare.
interlocution *s.* interlocuzione.
interlocutor *s.* interlocutore.

to **interlope** *vi.* immischiarsi.
interlude *s.* **1.** intervallo **2.** intermezzo.
intermarriage *s.* matrimonio tra membri di famiglie, razze diverse.
to **intermarry** *vt.* e *vi.* imparentarsi per mezzo di matrimonio.
to **intermeddle** *vi.* intromettersi.
intermeddler *s.* intrigante.
intermediary *agg.* intermedio, frapposto. ♦ **intermediary** *s.* **1.** intermediario, mediatore **2.** cosa intermedia.
intermediate *agg.* V. *intermediary.*
intermediation *s.* mediazione.
interment *s.* sepoltura.
interminable *agg.* interminabile.
to **intermingle** *vt.* mescolare. ♦ to **intermingle** *vi.* mescolarsi.
intermission *s.* sosta, pausa.
to **intermit** *vt.* interrompere. ♦ to **intermit** *vi.* interrompersi, essere intermittente.
intermittence *s.* intermittenza.
intermittent *agg.* intermittente.
to **intern** *vt.* internare.
internal *agg.* interno.
international *agg.* internazionale.
internationalism *s.* internazionalismo.
internationalist *s.* internazionalista.
to **internationalize** *vt.* internazionalizzare.
internment *s.* internamento.
to **interpellate** *vt.* interpellare.
interpellation *s.* interpellanza.
interphone *s.* citofono.
interplanetary *agg.* interplanetario.
interplay *s.* azione reciproca.
to **interpolate** *vt.* interpolare.
interpolation *s.* interpolazione.
to **interpose** *vt.* interporre. ♦ to **interpose** *vi.* interporsi.
interposition *s.* interposizione.
to **interpret** *vt.* interpretare. ♦ to **interpret** *vi.* fare l'interprete.
interpretation *s.* interpretazione.
interpretative *agg.* interpretativo.
interpreter *s.* interprete.
interpunction *s.* interpunzione.
interregnum *s.* **1.** interregno **2.** intervallo.
interrelation *s.* relazione.
interrelationship *s.* interdipendenza.
to **interrogate** *vt.* interrogare.
interrogation *s.* interrogazione || — *-mark,* punto interrogativo.
interrogative *agg.* e *s.* interrogativo.
interrogatory *agg.* interrogativo. ♦ **interrogatory** *s.* **1.** interrogazione **2.** interrogatorio.
to **interrupt** *vt.* e *vi.* interrompere.
interrupter *s.* interruttore.
interruption *s.* interruzione.
to **intersect** *vt.* intersecare. ♦ to **intersect** *vi.* intersecarsi.
intersection *s.* intersezione.
interspace *s.* intervallo, spazio.
to **intersperse** *vt.* cospargere.
interstice *s.* interstizio.
to **intertwine** *vt.* attorcigliare. ♦ to **intertwine** *vi.* attorcigliarsi.
interurban *agg.* interurbano.
interval *s.* intervallo.
to **intervene** *vi.* intervenire.
intervener *s.* chi interviene.
intervention *s.* intervento.
interventionist *s.* interventista.
interview *s.* intervista.
to **interview** *vt.* intervistare.
interviewer *s.* intervistatore.
to **interweave (interwove, interwoven)** *vt.* intessere, intrecciare.
intestinal *agg.* intestinale.
intestine *agg.* e *s.* intestino.
intimacy *s.* intimità.
intimate *agg.* intimo. ♦ **intimate** *s.* amico intimo.
to **intimate** *vt.* **1.** intimare **2.** accennare.
intimation *s.* **1.** intimazione **2.** preannunzio.
intimidation *s.* intimidazione.
intimidatory *agg.* intimidatorio.
into *prep.* in, dentro || *to go — the, park,* entrare nel parco; *far — the night,* fino a tarda notte.
intolerable *agg.* intollerabile.
intolerance *s.* intolleranza.
intolerant *agg.* e *s.* intollerante.
to **intonate** *vt.* intonare.
intonation *s.* intonazione.
to **intone** *vt.* intonare.
to **intoxicate** *vt.* inebriare.
intoxication *s.* ebbrezza.
intractable *agg.* intrattabile.
intramuscular *agg.* intramusculare.
intransgressible *agg.* che non può essere trasgredito.
intransigence *s.* intransigenza.
intransigent *agg.* e *s.* intransigente.
intransitive *agg.* intransitivo.
intravenous *agg.* endovenoso.
intrepid *agg.* intrepido.

intrepidity *s.* intrepidezza.
intricacy *s.* complicazione.
intricate *agg.* intricato.
intrigant *s.* intrigante.
intrigue *s.* intrigo.
to **intrigue** *vt.* **1.** ingannare **2.** rendere perplesso **3.** affascinare. ♦ to **intrigue** *vi.* avere una tresca.
intriguer *s.* intrigante.
intrinsic *agg.* intrinseco.
to **introduce** *vt.* **1.** introdurre **2.** presentare.
introduction *s.* **1.** introduzione **2.** presentazione.
introductive, introductory *agg.* introduttivo.
intromission *s.* interferenza.
to **intromit** *vt.* introdurre.
to **introspect** *vi.* autoesaminarsi.
introspection *s.* introspezione.
introspective *agg.* introspettivo.
introversion *s.* introversione.
introvert *agg.* e *s.* introverso.
to **intrude** *vt.* imporre. ♦ to **intrude** *vi.* intromettersi.
intruder *s.* **1.** intruso **2.** importuno.
intrusion *s.* intrusione.
intrusive *agg.* **1.** intruso **2.** importuno.
intrusiveness *s.* indiscrezione.
intuition *s.* intuizione.
intuitional *agg.* intuitivo.
intuitionism *s.* intuizionismo.
intuitive *agg.* intuitivo.
to **inundate** *vt.* inondare.
inundation *s.* inondazione.
inurbane *agg.* inurbano.
inurbanity *s.* inurbanità.
to **inure** *vt.* abituare. ♦ to **inure** *vi.* venire in uso.
inurement *s.* abitudine.
inutility *s.* inutilità.
to **invade** *vt.* **1.** invadere **2.** violare.
invader *s.* invasore.
invalid *agg.* **1.** invalido **2.** nullo. ♦ **invalid** *s.* invalido.
to **invalid** *vt.* **1.** rendere invalido **2.** riformare.
to **invalidate** *vt.* invalidare.
invalidation *s.* invalidazione.
invalidity *s.* invalidità.
invaluable *agg.* inestimabile.
invariability *s.* invariabilità.
invariable *agg.* invariabile.
invasion *s.* invasione.
invective *s.* invettiva.
to **inveigh** *vi.* inveire.
to **invent** *vt.* inventare.
invention *s.* **1.** invenzione **2.** inventiva.
inventive *agg.* inventivo.
inventor *s.* inventore.
inventory *s.* inventario.
to **inventory** *vt.* fare l'inventario di.
inverse *agg.* e *s.* inverso.
inversion *s.* inversione.
invert *agg.* e *s.* invertito.
to **invert** *vt.* invertire.
invertebrate *agg.* e *s.* invertebrato.
invertible *agg.* invertibile.
to **invest** *vt.* **1.** investire **2.** rivestire.
to **investigate** *vt.* e *vi.* investigare.
investigation *s.* investigazione.
investigative *agg.* investigativo.
investigator *s.* investigatore.
investiture *s.* investitura.
investment *s.* investimento.
investor *s.* investitore.
inveterate *agg.* inveterato.
invidious *agg.* odioso.
invidiousness *s.* odiosità.
to **invigorate** *vt.* rinvigorire.
invigorative *agg.* rinforzante.
invincibility *s.* invincibilità.
invincible *agg.* invincibile.
inviolability *s.* inviolabilità.
inviolable *agg.* inviolabile.
inviolate *agg.* inviolato.
invisibility *s.* invisibilità.
invisible *agg.* invisibile.
invitation *s.* invito.
to **invite** *vt.* **1.** invitare **2.** provocare.
invocation *s.* invocazione.
invoice *s.* fattura.
to **invoice** *vt.* fatturare.
to **invoke** *vt.* **1.** invocare **2.** evocare.
involuntary *s.* involontario.
involute *agg.* **1.** involuto **2.** a spirale.
involution *s.* **1.** involuzione **2.** intrico **3.** (*mat.*) elevazione a potenza.
to **involve** *vt.* **1.** avvolgere **2.** implicare **3.** complicare.
invulnerability *s.* invulnerabilità.
invulnerable *agg.* invulnerabile.
inward *agg.* interiore.
inwardness *s.* interiorità.
inwards *avv.* internamente.
iodine *s.* iodio.
to **iodize** *vt.* iodare.
ion *s.* ione.
Ionic *agg.* ionico.

ionization *s.* ionizzazione.
ionosphere *s.* ionosfera.
Iranian *agg.* e *s.* iraniano.
Iraqi *agg.* e *s.* iracheno.
irascibility *s.* irascibilità.
irascible *agg.* irascibile.
irate *agg.* adirato.
ireful *agg.* irato.
iridescence *s.* iridescenza.
iridescent *agg.* iridescente.
iris *s.* iride.
Irish *agg.* irlandese.
Irishman *s.* irlandese.
irksome *agg.* noioso.
iron *agg.* di ferro. ♦ **iron** *s.* ferro || — *-foundry,* ferriera. ♦ **irons** *s. pl.* catene.
to **iron** *vt.* **1.** rivestire di ferro **2.** stirare.
ironclad *agg.* corazzato. ♦ **ironclad** *s.* corazzata.
ironic(al) *agg.* ironico.
ironing *s.* stiratura.
ironmonger *s.* negoziante in ferramenta.
ironsmith *s.* fabbro ferraio.
ironware *s.* ferramenta.
ironwork *s.* lavoro in ferro. ♦ **ironworks** *s. pl.* ferriera (*sing.*).
irony *s.* ironia.
to **irradiate** *vt.* irradiare. ♦ to **irradiate** *vi.* risplendere.
irradiation *s.* **1.** illuminazione **2.** irradiazione.
irrational *agg.* irrazionale.
irrationalism, irrationality *s.* irrazionalità.
irrealizable *agg.* irrealizzabile.
irreconcilability *s.* inconciliabilità.
irreconcilable *agg.* irreconciliabile.
irrecoverable *agg.* **1.** irrecuperabile **2.** irrimediabile.
irredentism *s.* irredentismo.
irredentist *s.* irredentista.
irreducible *agg.* irriducibile.
irreflection *s.* irriflessione.
irreflective *agg.* irriflessivo.
irrefutable *agg.* irrefutabile.
irregular *agg.* e *s.* irregolare.
irregularity *s.* irregolarità.
irrelevant *agg.* **1.** non pertinente **2.** insignificante.
irreligious *agg.* irreligioso.
irremediable *agg.* irrimediabile.
irremissible *agg.* irremissibile.
irremovability *s.* irremovibilità.
irremovable *agg.* irremovibile.
irreparable *agg.* irreparabile.
irreplaceable *agg.* insostituibile.
irreprehensible *agg.* irreprensibile.
irrepressible *agg.* irrefrenabile.
irrepressibleness *s.* irrefrenabilità.
irreproachable *agg.* irreprensibile.
irreprovable *agg.* irreprensibile.
irresistible *agg.* irresistibile.
irresolute *agg.* irresoluto.
irresoluteness, irresolution *s.* irresolutezza.
irresolvable *agg.* insolubile.
irrespective *agg.* noncurante.
irresponsibility *s.* irresponsabilità.
irresponsible *agg.* **1.** irresponsabile **2.** insolvibile.
irresponsive *agg.* che non risponde.
irretrievable *agg.* irrecuperabile.
irreverence *s.* irriverenza.
irreverent *agg.* irriverente.
irreversibility *s.* irreversibilità.
irreversible *agg.* irreversibile.
irrevocable *agg.* irrevocabile.
irrigable *agg.* irrigabile.
to **irrigate** *vt.* irrigare.
irrigation *s.* irrigazione.
irritability *s.* irritabilità.
irritable *agg.* irritabile.
irritant *agg.* e *s.* irritante.
to **irritate** *vt.* irritare.
irritation *s.* irritazione.
irritative *agg.* irritante.
irruption *s.* irruzione.
Islamic *agg.* islamico.
Islamism *s.* islamismo.
island *s.* **1.** isola **2.** salvagente stradale.
islander *s.* isolano.
isle *s.* piccola isola || *the British Isles,* le isole britanniche.
islet *s.* isolotto.
isochronism *s.* isocronismo.
to **isolate** *vt.* isolare.
isolation *s.* isolamento.
isolationism *s.* isolazionismo.
isolationist *s.* isolazionista.
isolator *s.* isolatore.
isomorphism *s.* isomorfismo.
isomorphous *agg.* isomorfo.
isosceles *agg.* isoscele.
isotherm *s.* isoterma.
isothermal *agg.* isotermico.
isotope *s.* isotopo.
isotrope *s.* isotropo.
Israeli *agg.* e *s.* israeliano.
Israelite *s.* israelita.
issue *s.* **1.** uscita, sbocco, foce **2.** conclusione **3.** prole, stirpe **4.** problema **5.** emissione, pubblicazione.
to **issue** *vt.* **1.** emettere, pubblicare **2.** rilasciare. ♦ to **issue** *vi.* **1.**

uscire **2.** risultare **3.** discendere.
issueless *agg.* **1.** senza sbocco **2.** senza prole.
isthmus *s.* istmo.
it *pron. neutro* esso, essa, ciò, lo, gli, le, ne, sé || *I don't believe* —, non ci credo; — *is raining,* piove; — *is Sunday,* è domenica.
Italian *agg.* e *s.* italiano.
to **italicize** *vt.* e *vi.* **1.** stampare in corsivo **2.** sottolineare.
itch *s.* **1.** prurito **2.** scabbia.
to **itch** *vi.* **1.** prudere **2.** aver voglia di.
itching *s.* prurito.
item *s.* (*comm.*) voce.
to **itemize** *vt.* specificare, elencare.
to **iterate** *vt.* ripetere.
itinerant *agg.* ambulante.
itinerary *s.* itinerario.
its *agg.* e *pron. poss. neutro* suo, sua, suoi, sue.
itself *pron. r. neutro* esso stesso, essa stessa, sé, si || *by* —, da solo.
ivory *s.* avorio.
ivy *s.* edera.

J

jab *s.* **1.** stoccata **2.** colpo improvviso.
jack *s.* **1.** (*fam.*) marinaio **2.** fante (*gioco delle carte*) **3.** bandiera (*di nave*) **4.** maschio (*di certi animali*) **5.** uomo di fatica **6.** (*mecc.*) cricco.
jackal *s.* sciacallo.
jackass *s.* somaro.
jackdaw *s.* cornacchia.
jacket *s.* **1.** giacchetta **2.** rivestimento protettivo, isolante.
Jacobin *s.* giacobino.
jade[1] *s.* giada.
jade[2] *s.* **1.** cavallo, ronzino **2.** megera.
to **jag** *vt.* frastagliare, dentellare.
jaguar *s.* giaguaro.
jail *s.* carcere.
to **jail** *vt.* incarcerare.
jailer *s.* carceriere.
to **jam** *vt.* premere, serrare, pigiare. ♦ to **jam** *vi.* bloccarsi, incepparsi.
jam[1] *s.* marmellata.
jam[2] *s.* **1.** ammasso **2.** compressione **3.** ingorgo.
jamb *s.* stipite.
Jansenism *s.* giansenismo.
Jansenist *s.* giansenista.
January *s.* gennaio.
Japanese *agg.* e *s.* giapponese.
jar *s.* rumore aspro, stridio.
to **jar** *vi.* **1.** discordare **2.** stridere. ♦ to **jar** *vt.* **1.** far discordare **2.** far stridere.
jargon *s.* **1.** gergo **2.** linguaggio professionale.
jarring *agg.* discorde, stridente.
jasmin(e) *s.* gelsomino.
jasper *s.* diaspro.
jaundice *s.* itterizia.
javelin *s.* giavellotto.
jaw *s.* **1.** mascella, mandibola **2.** morsa, ganascia. ♦ **jaws** *s. pl.* stretta, gola.
jealous *agg.* geloso.
jealously *avv.* gelosamente.
jealousness, jealousy *s.* gelosia.
jeer *s.* beffa, scherno.
jelly *s.* gelatina (*anche di frutta*).
to **jeopardize** *vt.* mettere a repentaglio.
jeopardy *s.* rischio, pericolo.
jerk *s.* **1.** scatto, strattone **2.** spinta **3.** sussulto, tic nervoso.
to **jerk** *vt.* dare uno strattone. ♦ to **jerk** *vi.* sobbalzare || *to — along,* avanzare a scatti.
jerky *agg.* **1.** sussultante **2.** convulso.
jersey *s.* camicetta a maglia con maniche.
jest *s.* facezia, scherzo.
to **jest** *vi.* scherzare, dire delle facezie.
jester *s.* burlone.
jestful *agg.* incline allo scherzo.
Jesuit *s.* gesuita.
Jesuitical *agg.* gesuitico.
jet[1] *agg.* nero lucido.
jet[2] *s.* **1.** getto, spruzzo **2.** spruzzatore || — *engine,* motore a reazione; — *plane,* aeroplano a reazione.
to **jet** *vt.* schizzare, sprizzare. ♦ to **jet** *vi.* slanciarsi.
jetty *s.* molo || *landing* —, imbarcadero.
Jew *s.* ebreo.
jewel *s.* gioiello.
jewelcase *s.* scrigno.
jeweller *s.* gioielliere.
jewellery *s.* **1.** gioielli **2.** commercio delle gemme.
Jewish *agg.* ebraico, ebreo.
to **jib** *vi.* recalcitrare, impuntarsi.
jig *s.* **1.** giga **2.** (*mecc.*) maschera.

jigsaw *s.* sega da traforo.
to **jingle** *vt.* far tintinnare. ♦ to **jingle** *vi.* tintinnare.
job *s.* **1.** lavoro, impiego **2.** (*fam.*) faccenda, situazione.
jobber *s.* **1.** noleggiatore **2.** lavoratore a cottimo **3.** trafficante disonesto.
jockey *s.* fantino.
jocose *agg.* giocoso, allegro.
jocosity *s.* giocondità.
jocund *agg.* giocondo, gaio.
jocundity *s.* allegria, giocondità.
join *s.* giuntura.
to **join** *vt.* **1.** unire **2.** raggiungere. ♦ to **join** *vi.* **1.** unirsi **2.** essere contiguo.
joiner *s.* falegname.
joinery *s.* falegnameria.
joining *s.* congiunzione.
joint *agg.* unito, associato || — *account,* conto di partecipazione; — *-heir,* coerede; — *-stock,* capitale sociale; — *-tenant,* comproprietario.
joint *s.* **1.** giuntura, congiunzione **2.** trancio di carne **3.** articolazione.
jointer *s.* pialla.
jointly *avv.* unitamente.
joke *s.* scherzo, burla, facezia.
to **joke** *vt.* burlarsi di, canzonare. ♦ to **joke** *vi.* celiare.
joker *s.* tipo ameno, burlone.
jolly *agg.* gaio, vivace.
to **jolt** *vt.* far sobbalzare, scuotere. ♦ to **jolt** *vi.* traballare.
to **jostle** *vt.* spingere. ♦ to **jostle** *vi.* spingersi.
journal *s.* **1.** giornale **2.** diario.
journalism *s.* giornalismo.
journalist *s.* giornalista.
journalistic *agg.* giornalistico.
journey *s.* viaggio (*general. per terra*).
to **journey** *vi.* fare un viaggio.
journey-man *s.* operaio specializzato.
jovial *agg.* gioviale, allegro.
joviality *s.* giovialità.
jowl[1] *s.* **1.** mascella **2.** guancia.
jowl[2] *s.* gozzo.
joy *s.* gioia, contentezza.
joyful *agg.* giulivo, allegro.
joyfully *avv.* gaiamente, allegramente.
joyless *agg.* mesto, senza gioia.
joyous *agg.* gioioso, gaio.
joyously *avv.* gioiosamente.
jubilant *agg.* giubilante, trionfante.
to **jubilate** *vi.* esultare.
jubilation *s.* giubilo.
jubilee *s.* giubileo.
Judaic *agg.* giudaico.
Judaism *s.* giudaismo.
judge *s.* **1.** giudice **2.** intenditore.
to **judge** *vt.* e *vi.* **1.** fare da giudice, giudicare **2.** supporre, stimare.
judgement *s.* **1.** giudizio **2.** verdetto, sentenza **3.** parere.
judicial *agg.* giudiziale, giudiziario.
judiciary *agg.* giudiziario. ♦ **judiciary** *s.* magistratura.
judicious *agg.* giudizioso.
jug *s.* **1.** boccale **2.** caraffa, bricco.
juggler *s.* **1.** giocoliere **2.** impostore.
jugular *agg.* e *s.* giugulare.
juice *s.* succo (*di frutta ecc.*).
juiciness *s.* succosità.
juicy *agg.* succoso.
jujube *s.* giuggiola.
Julian *agg.* giuliano.
July *s.* luglio.
jumble *s.* guazzabuglio.
jump *s.* salto, balzo: *high* — (*sport*), salto in alto.
to **jump** *vt.* **1.** saltare, superare con un salto **2.** mangiare (*giuoco della dama*). ♦ to **jump** *vi.* **1.** saltare **2.** trasalire.
jumper[1] *s.* saltatore.
jumper[2] *s.* maglione.
jumping *agg.* saltatore.
junction *s.* **1.** congiunzione **2.** nodo ferroviario.
juncture *s.* **1.** articolazione **2.** (*fig.*) congiuntura, momento critico.
June *s.* giugno.
jungle *s.* giungla.
junior *agg.* **1.** minore, di secondaria importanza **2.** il più giovane. ♦ **junior** *s.* **1.** cadetto **2.** minore.
juniper *s.* ginepro.
junk[1] *s.* **1.** avanzo, rifiuto **2.** gomena vecchia **3.** carne salata.
junk[2] *s.* (*mar.*) giunca.
juridic(al) *agg.* giuridico.
jurisdiction *s.* giurisdizione.
jurisdictional *agg.* giurisdizionale.
jurisprudence *s.* giurisprudenza.
jurisprudent *s.* giurisprudente.
jurisprudential *agg.* legale.
jurist *s.* giurista.
jury *s.* giuria, giurì.
juryman *s.* giurato.
just *agg.* giusto, retto. ♦ **just** *avv.* appena, appunto, esattamente || — *now,* proprio ora; — *so.,* proprio così; — *then,* proprio allora.

justice *s.* giustizia, imparzialità.
justiciable *agg.* processabile.
justiciary *agg.* giudiziario.
justifiability s. legittimità di difesa.
justifiable *agg.* giustificabile, legittimo || — *homicide,* omicidio per legittima difesa.
justification *s.* giustificazione.
justificative *agg.* giustificativo.
to **justify** *vt.* **1.** giustificare **2.** difendere **3.** perdonare.
justly *avv.* giustamente, esattamente.
jut *s.* sporgenza.
to **jut** *vt.* e *vi.* sporgere.
jute *s.* iuta.
juvenile *agg.* giovanile.
juxtaposition *s.* accostamento.

K

kaleidoscope *s.* caleidoscopio.
kalends *s. pl.* calende.
kangaroo *s.* canguro.
kaolin(e) *s.* caolino.
karting *s.* andare in « go-kart ».
kathode *s.* catodo.
keel *s.* **1.** chiglia **2.** chiatta (*da carbone*).
to **keel** *vt.* **1.** rovesciare **2.** (*mar.*) carenare.
keen *agg.* **1.** aguzzo, affilato **2.** pungente **3.** forte **4.** appassionato **5.** acuto.
keenly *avv.* **1.** in modo penetrante **2.** dolorosamente **3.** avidamente **4.** (*comm.*) al minimo.
keenness *s.* **1.** sottigliezza **2.** intensità **3.** ardore **4.** acume.
keep *s.* **1.** sostentamento **2.** torrione.
to **keep (kept, kept)** *vi.* **1.** restare **2.** conservarsi || *to — on,* continuare; *to — off,* tenersi in disparte. ♦ to **keep (kept, kept)** *vt.* **1.** tenere **2.** mantenere **3.** custodire **4.** rispettare || *to — back,* dissimulare; *to — up,* tener alto, sostenere.
keeper *s.* guardiano.
keeping *s.* **1.** sorveglianza **2.** mantenimento **3.** armonia.
keepsake *s.* oggetto ricordo.
keg *s.* barilotto.
kennel *s.* **1.** canile **2.** muta di cani **3.** rigagnolo.
to **kennel** *vt.* tenere in un canile. ♦ to **kennel** *vi.* rintanarsi.
kepi *s.* chepì.
kept V. *to keep.*
kerbstone *s.* cordonatura (*del marciapiede*).
kerchief *s.* fazzoletto.
kernel *s.* **1.** gheriglio **2.** seme **3.** (*fig.*) essenza.
kettle *s.* bollitore, bricco.
key *s.* **1.** chiave **2.** tasto || *— -money,* buonuscita.
to **key** *vt.* **1.** (*mecc.*) inchiavettare **2.** (*mus.*) accordare **3.** chiudere a chiave || *to — up* (*fig.*), eccitare.
keyboard *s.* tastiera.
keyed *agg.* **1.** munito di chiavi **2.** (*mus.*) a tasti.
keyhole *s.* buco della serratura.
keyless *agg.* senza chiave.
keystone *s.* chiave di volta.
kick *s.* **1.** calcio **2.** rinculo || *— -off* (*sport*), calcio d'inizio.
to **kick** *vt.* prendere a calci. ♦ to **kick** *vi.* **1.** tirar calci **2.** rinculare (*di armi*) **3.** recalcitrare.
kicker *s.* chi scalcia.
kid[1] *s.* **1.** capretto **2.** bimbo.
kid[2] *s.* tinozza.
to **kidnap** *vt.* rapire.
kidnapper *s.* rapitore.
kidnapping *s.* ratto.
kidney *s.* **1.** rene **2.** temperamento || *stones in the kidneys,* calcoli renali.
kier *s.* caldaia.
to **kill** *vt.* **1.** uccidere **2.** respingere **3.** smorzare **4.** fermare.
killer *s.* uccisore || *lady- —,* dongiovanni.
killing *agg.* mortale. ♦ **killing** *s.* uccisione.
killjoy *s.* guastafeste.
kiln *s.* fornace.
kilo, kilogram(me) *s.* chilo(grammo).
kilometer *s.* chilometro.
kilt *s.* gonnellino degli scozzesi.
kin *agg.* consanguineo, affine. ♦ **kin** *s.* parentela.
kind[1] *agg.* gentile || *very — of you,* molto gentile da parte tua.
kind[2] *s.* specie, tipo.
to **kindle** *vt.* accendere. ♦ to **kindle** *vi.* accendersi.
kindliness *s.* gentilezza.
kindling *s.* **1.** accensione **2.** legna facilmente infiammabile.
kindly *agg.* gentile. ♦ **kindly** *avv.*

gentilmente.
kindness *s.* gentilezza.
kindred *agg.* **1.** imparentato **2.** affine. ♦ **kindred** *s.* parentela.
kinematics *s.* cinematica.
kinetic *agg.* cinetico.
kinetics *s.* cinetica.
king *s.* re || *king's English,* la lingua inglese ufficiale.
kingdom *s.* regno.
kinghood *s.* regalità.
kingly *agg.* regale, regio.
kingship *s.* regalità.
kinless *agg.* senza parenti.
kinsfolk *s. pl.* parenti.
kinship *s.* parentela.
kinsman *s.* parente.
kinswoman *s.* parente (*donna*).
kiosk *s.* chiosco || *newspaper —,* edicola.
kipper *s.* aringa, salmone affumicato.
to **kipper** *vt.* affumicare (*pesce*).
kiss *s.* bacio.
to **kiss** *vt.* baciare || *to — the dust,* mordere la polvere.
kit *s.* **1.** cassetta **2.** equipaggiamento.
kitchen *s.* cucina || *— garden,* orto.
kitchener *s.* cuciniere.
kitchenette *s.* cucinino.
kitchenware *s.* batteria da cucina.
kite *s.* **1.** nibbio **2.** aquilone **3.** aliante.
kitten *s.* gattino.
kleptomania *s.* cleptomania.
kleptomaniac *agg.* e *s.* cleptomane.
knack *s.* **1.** abilità **2.** dispositivo ingegnoso.
knapsack *s.* zaino (*per soldati*).
knave *s.* furfante.
knavery *s.* disonestà.
knavish *agg.* disonesto.
to **knead** *vt.* impastare.
kneader *s.* **1.** chi impasta **2.** impastatrice.
kneading *s.* impasto || *— trough,* madia.
knee *s.* **1.** ginocchio **2.** tubo a gomito || *— -cap,* rotula, ginocchiera.
to **kneel (knelt, knelt)** *vi.* inginocchiarsi.
kneeler *s.* **1.** chi s'inginocchia **2.** inginocchiatoio.
knell *s.* rintocco funebre.
to **knell** *vt.* chiamare a raccolta. ♦ to **knell** *vi.* sonare a morto.
knelt V. *to kneel.*
knew V. *to know.*
knickerbockers *s. pl.* calzoni alla zuava.
knick-knack *s.* ninnolo.
knick-knackery *s.* cianfrusaglie.
knife *s.* (*pl.* knives) **1.** coltello **2.** bisturi || *pen- —,* temperino; *pruning- —,* falcetto || *— -grinder,* arrotino.
to **knife** *vt.* **1.** tagliare **2.** accoltellare.
knight *s.* cavaliere.
knighthood *s.* **1.** rango di cavaliere **2.** cavalleria.
knightliness *s.* cavalleria.
knightly *agg.* cavalleresco. ♦ **knightly** *avv.* cavallerescamente.
to **knit (knit, knit)** (*anche reg.*) *vt.* **1.** lavorare a maglia **2.** corrugare **3.** unire. ♦ to **knit (knit, knit)** (*anche reg.*) *vi.* unirsi, saldarsi.
knitter *s.* **1.** magliaia **2.** telaio per maglieria.
knitting *s.* lavoro a maglia.
knitwear *s.* maglieria.
knob *s.* **1.** protuberanza **2.** pomo, manopola.
knobby *agg.* nodoso.
knock *s.* **1.** colpo **2.** (*mecc.*) battito in testa.
to **knock** *vt.* urtare. ♦ to **knock** *vi.* **1.** bussare **2.** detonare || *to — down,* abbattere; *to — out,* sopraffare.
knocker *s.* battente.
knot *s.* **1.** nodo **2.** coccarda **3.** gruppo **4.** difficoltà.
to **knot** *vt.* annodare. ♦ to **knot** *vi.* annodarsi.
knottiness *s.* **1.** nodosità **2.** (*fig.*) difficoltà.
knotty *agg.* **1.** nodoso **2.** (*fig.*) difficile.
to **know (knew, known)** *vt.* **1.** conoscere **2.** sapere **3.** riconoscere || *to — of,* aver sentito parlare di; *to — about,* essere al corrente di.
knowable *agg.* **1.** comprensibile **2.** riconoscibile.
knowing *agg.* **1.** intelligente **2.** istruito.
knowledge *s.* conoscenza.
known V. *to know.*
knuckle *s.* articolazione, nocca || *— -duster,* pugno di ferro.
to **knuckle** *vi.* **1.** (*fig.*) cedere **2.** applicarsi || *to — under,* sottomettersi.

knurl *s.* zigrinatura.
to **knurl** *vt.* zigrinare.
Korean *agg.* e *s.* coreano.

L

la *s.* (*mus.*) la.
label *s.* etichetta.
to **label** *vt.* **1.** mettere l'etichetta a **2.** classificare.
labial *agg.* e *s.* labiale.
laboratory *s.* laboratorio.
laborious *agg.* laborioso.
laboriousness *s.* laboriosità.
labour *s.* **1.** lavoro, fatica **2.** mano d'opera **3.** doglie (*pl.*) || *hard* —, lavori forzati; — *party,* partito laborista.
to **labour** *vi.* **1.** lavorare, faticare **2.** avere le doglie. ♦ to **labour** *vt.* elaborare, sviluppare.
laboured *agg.* **1.** elaborato **2.** penoso.
labourer *s.* lavoratore.
labouring *agg.* laborioso.
labourism *s.* laburismo.
labourist *s.* laburista.
labyrinth *s.* labirinto.
lace *s.* **1.** laccio **2.** pizzo **3.** passamaneria.
to **lace** *vt.* **1.** allacciare **2.** guarnire con merletti, galloni.
to **lacerate** *vt.* lacerare.
lachrymal *agg.* lacrimale.
lachrymator *s.* gas lacrimogeno.
lack *s.* mancanza.
to **lack** *vt.* mancare di. ♦ to **lack** *vi.* mancare, scarseggiare.
lacker *s.* **1.** lacca **2.** oggetto laccato.
to **lacker** *vt.* laccare.
laconic(al) *agg.* laconico.
to **lacquer** V. *to lacker.*
lactation *s.* **1.** lattazione **2.** allattamento.
lacteal, lacteous *agg.* latteo.
lactose *s.* lattosio.
lacunar *agg.* lacunoso. ♦ **lacunar** *s.* soffitto a cassettoni.
lacustrine *agg.* lacustre.
lacy *agg.* simile a pizzo.
lad *s.* ragazzo.
ladder *s.* **1.** scala a pioli **2.** smagliatura.
to **ladder** *vt.* munire di scala. ♦ to **ladder** *vi.* smagliarsi.
to **lade (laded, laden)** *vt.* caricare.
laden *agg.* (*fig.*) oppresso.
lading *s.* carico: *bill of* —, polizza di carico.
ladle *s.* mestolo.
to **ladle** *vt.* versare con un mestolo.
lady *s.* signora || *Our Lady,* la Madonna; — *doctor,* dottoressa.
ladybird *s.* coccinella.
ladykiller *s.* (*fam.*) dongiovanni.
ladylike *agg.* signorile, raffinato.
ladyship *s.* **1.** rango di nobildonna **2.** Signoria.
lag *s.* ritardo, rallentamento.
to **lag** *vi.* ritardare, restare indietro.
laggard *agg.* e *s.* pigro.
lagoon *s.* laguna.
to **laicize** *vt.* laicizzare.
laid V. *to lay.*
lain V. *to lie.*
lair *s.* tana.
laity *s.* **1.** i laici **2.** i profani.
lake *s.* lago.
laky *agg.* lacustre.
lamb *s.* agnello.
lambent *agg.* **1.** lambente **2.** scintillante.
lame *agg.* **1.** zoppo **2.** (*fig.*) debole (*di argomenti*).
to **lame** *vt.* storpiare.
lamellar *agg.* lamellare.
lameness *s.* **1.** zoppaggine **2.** imperfezione.
lament *s.* lamento.
to **lament** *vt.* lamentare. ♦ to **lament** *vi.* lamentarsi.
lamentable *agg.* lamentevole.
lamentation *s.* lamento.
lamented *agg.* **1.** deplorato **2.** compianto.
to **laminate** *vt.* laminare.
lamination *s.* **1.** laminazione **2.** lamina.
lamp *s.* lampada || — *-black,* nerofumo; — *-shade,* paralume.
lamplight *s.* luce artificiale.
lampoon *s.* libello.
lamprey *s.* lampreda.
lance *s.* **1.** lancia **2.** fiocina.
to **lance** *vt.* (*med.*) incidere.
lancer *s.* lanciere.
lancet *s.* bisturi.
land *s.* **1.** terra **2.** paese, contrada **3.** campagna, terreno || — *-surveying,* agrimensura; — *surveyor,* agrimensore.
to **land** *vi.* **1.** sbarcare **2.** atterrare. ♦ to **land** *vt.* **1.** sbarcare **2.** de-

porre **3.** prendere possesso di.
landed *agg.* fondiario.
landing *s.* **1.** sbarco **2.** atterraggio **3.** pianerottolo || — *-stage,* pontile di sbarco; — *-strip,* pista d'atterraggio.
landlady *s.* **1.** padrona di casa **2.** albergatrice.
landless *agg.* senza terreni.
landlord *s.* **1.** padrone di casa, di terra **2.** albergatore.
landmark *s.* **1.** punto di riferimento **2.** pietra miliare.
landowner *s.* proprietario terriero.
landscape *s.* paesaggio || — *-painter,* paesaggista.
landslide, landslip *s.* frana.
lane *s.* **1.** viottolo, vicolo **2.** (*mar.*) rotta **3.** corsia (*di strada*).
language *s.* linguaggio.
languid *agg.* languido.
languish *s.* languore.
to **languish** *vi.* languire.
languor *s.* languore.
languorous *agg.* languido.
lank *agg.* **1.** allampanato **2.** liscio (*di capelli*).
lanolin(e) *s.* lanolina.
lantern *s.* lanterna.
lap[1] *s.* **1.** grembo **2.** valletta **3.** lembo.
lap[2] *s.* **1.** sovrapposizione **2.** (*sport*) giro di pista.
to **lap** *vt.* **1.** piegare **2.** avvolgere **3.** lambire **4.** bere avidamente. ♦ to **lap** *vi.* ripiegarsi.
laparotomy *s.* laparatomia.
lapel *s.* risvolto (*di giacca, soprabito*).
lapidary *agg.* lapidario. ♦ **lapidary** *s.* tagliatore di pietre.
lapidation *s.* lapidazione.
Lapp *agg.* e *s.* lappone.
lappet *s.* **1.** falda **2.** lobo dell'orecchio.
lapse *s.* **1.** errore **2.** intervallo.
to **lapse** *vi.* **1.** errare **2.** scivolare.
larboard *s.* fiancata sinistra (*di nave*).
larceny *s.* furto.
larch *s.* larice.
lard *s.* lardo.
to **lard** *vt.* **1.** ungere con lardo **2.** lardellare.
larder *s.* dispensa.
large *agg.* **1.** largo **2.** grande, ampio **3.** generoso || *at* —, in genere; *to be at* —, essere in libertà.
largeness *s.* **1.** ampiezza, grandezza **2.** generosità.
lark *s.* allodola.
laryngitis *s.* laringite.
larynx *s.* laringe.
lascivious *agg.* lascivo.
lasciviousness *s.* lascivia.
lash *s.* **1.** frusta **2.** frustata **3.** (*eye*)-—, ciglio.
to **lash** *vt.* frustare || *to — at,* sferzare.
lashing *s.* **1.** frustata **2.** legatura.
lass, lassie *s.* ragazzina.
last *agg.* (*superl. di late*) **1.** ultimo **2.** scorso **3.** massimo || *the — but one,* il penultimo. ♦ **last** *s.* **1.** fine **2.** ultimo. ♦ **last** *avv.* **1.** ultimo **2.** l'ultima volta || *at* —, alla fine.
to **last** *vi.* durare.
lasting *agg.* durevole. ♦ **lasting** *s.* durata.
latch *s.* chiavistello.
late (later, latter; latest, last) *agg.* **1.** tardi **2.** in ritardo **3.** tardo **4.** precedente **5.** defunto. ♦ **late** *avv.* **1.** tardi **2.** in ritardo.
lately *avv.* recentemente.
latent *agg.* latente.
later *agg.* (*comp. di* late) posteriore. ♦ **later** *avv.* più tardi.
lateral *agg.* laterale.
latest *agg.* (*superl. di* late) ultimo, recentissimo || *at the* —, al più tardi.
latex *s.* lattice.
lathe *s.* tornio.
lather *s.* schiuma.
to **lather** *vt.* insaponare. ♦ to **lather** *vi.* schiumare.
Latin *agg.* e *s.* latino.
Latinism *s.* latinismo.
Latinist *s.* latinista.
Latinity *s.* latinità.
latitude *s.* **1.** latitudine **2.** ampiezza.
latter *agg.* (*comp. di* late) **1.** posteriore **2.** ultimo **3.** secondo.
latterly *avv.* recentemente.
lattice *s.* grata, traliccio.
latticed *agg.* munito di grata.
laudable *agg.* lodevole.
laudanum *s.* laudano.
laudatory *agg.* laudatorio.
laugh *s.* risata.
to **laugh** *vi.* ridere || *to — at,* deridere.
laughable *agg.* comico.
laughing *s.* risata || — *-stock,* zimbello.
laughter *s.* riso || *to burst into* —, scoppiare a ridere.

launch[1] *s.* varo.
launch[2] *s.* (*mar.*) lancia.
to **launch** *vt.* **1.** lanciare **2.** varare.
to **launder** *vt.* e *vi.* **1.** fare il bucato **2.** lavare e stirare.
launderette *s.* lavanderia con macchine automatiche.
laundress *s.* lavandaia.
laundry *s.* **1.** lavanderia **2.** bucato.
laureate *agg.* coronato d'alloro.
laurel *s.* lauro, alloro.
to **laurel** *vt.* coronare d'alloro.
lavatory *s.* gabinetto.
lavender *s.* lavanda.
lavish *agg.* prodigo.
to **lavish** *vt.* prodigare.
lavishness *s.* prodigalità.
law *s.* **1.** legge **2.** professione legale **3.** processo, causa || — *-court,* tribunale; *to go to* —, ricorrere in giudizio.
lawful *agg.* **1.** legale **2.** legittimo.
lawfulness *s.* **1.** legalità **2.** legittimità.
lawgiver *s.* legislatore.
lawless *agg.* **1.** illegale **2.** sregolato.
lawn *s.* prato (*rasato*).
lawsuit *s.* (*giur.*) processo.
lawyer *s.* avvocato.
lax *agg.* allentato.
laxative *agg.* e *s.* lassativo.
laxity *s.* **1.** negligenza **2.** rilassatezza.
lay V. *to lie.*
lay *agg.* **1.** laico **2.** profano || — *-brother,* converso; — *-sister,* conversa. ♦ **lay** *s.* configurazione.
to **lay (laid, laid)** *vt.* **1.** porre **2.** deporre **3.** preparare **4.** calmare || *to — aside,* mettere da parte; *to — out,* stendere, spendere.
lay-by *s.* piazzola di sosta.
layer *s.* **1.** strato **2.** gallina che fa uova **3.** (*mil.*) puntatore.
laying *s.* **1.** posa **2.** covata.
layoff *s.* stagione morta (*di lavoro*).
layout *s.* **1.** esposizione **2.** schema.
lazaret *s.* lazzaretto.
laziness *s.* pigrizia.
lazy *agg.* pigro.
lead[1] *s.* **1.** piombo **2.** grafite || *red-* —, minio; *white-* —, biacca.
lead[2] *s.* **1.** comando **2.** guinzaglio **3.** mano (*di carte*).
to **lead**[1] *vt.* impiombare.
to **lead**[2] **(led, led)** *vt.* **1.** condurre, capeggiare **2.** indurre.
leaden *agg.* di piombo, plumbeo.
leader *s.* **1.** capo **2.** articolo di fondo.
leadership *s.* direzione.
leading[1] *agg.* **1.** dominante **2.** primo. ♦ **leading** *s.* guida.
leading[2] *s.* impiombatura.
leaf *s.* (*pl.* leaves) **1.** foglia **2.** foglio.
to **leaf** *vt.* sfogliare. ♦ to **leaf** *vi.* mettere le foglie.
leafless *agg.* senza foglie.
leaflet *s.* **1.** fogliolina **2.** volantino.
league *s.* lega.
to **league** *vi.* allearsi.
leak *s.* **1.** fessura **2.** (*mar.*) falla **3.** perdita.
to **leak** *vi.* perdere || *to — out,* trapelare.
leakage *s.* **1.** colatura **2.** dispersione.
leaky *agg.* che cola, perde.
lean[1] *agg.* magro, esile.
lean[2] *s.* inclinazione.
to **lean (leant, leant)** (*anche reg.*) *vt.* e *vi.* **1.** pendere **2.** appoggiarsi **3.** sporgersi **4.** inclinare.
leaning *s.* **1.** inclinazione **2.** l'appoggiarsi.
leanness *s.* magrezza.
leant V. *to lean.*
leap *s.* salto || — *-year,* anno bisestile.
to **leap (leapt, leapt)** (*anche reg.*) *vt.* e *vi.* saltare.
to **learn (learnt, learnt)** (*anche reg.*) *vt.* e *vi.* imparare, apprendere.
learned *agg.* colto.
learner *s.* allievo.
learning *s.* cultura.
learnt V. *to learn.*
lease *s.* **1.** contratto d'affitto **2.** durata (*di contratto*) || *on* —, in affitto.
to **lease** *vt.* affittare.
leash *s.* guinzaglio.
to **leash** *vt.* tenere al guinzaglio.
least *agg.* (*superl. di* little) il minimo. ♦ **least** *s.* (il) meno. ♦ **least** *avv.* (il) meno.
leather *s.* **1.** cuoio **2.** oggetto in cuoio || *patent* —, vernice.
leathern *agg.* di cuoio.
leave *s.* **1.** permesso **2.** congedo.
to **leave (left, left)** *vt.* lasciare. ♦ to **leave (left, left)** *vi.* partire || *to — off,* smettere.
leaven *s.* **1.** lievito **2.** (*fig.*) fermento.
to **leaven** *vt.* far lievitare.

leaves V. *leaf.*
leaving *s.* partenza.
lecherous *agg.* lascivo.
lechery *s.* lascivia.
lecture *s.* **1.** conferenza **2.** lezione **3.** rimprovero.
to **lecture** *vt.* rimproverare. ♦ to **lecture** *vi.* fare una conferenza.
lecturer *s.* **1.** conferenziere **2.** lettore universitario.
led V. *to lead.*
ledger *s.* (*comm.*) libro mastro.
lee *s.* feccia.
leech *s.* sanguisuga (*anche fig.*).
to **leer** *vt.* e *vi.* guardare di sbieco.
leeward *agg.* e *avv.* sottovento.
leeway *s.* deriva.
left *agg.* sinistro. ♦ **left** *s.* sinistra || — *-handed,* mancino.
left V. *to leave.*
leftist *s.* (*pol.*) uomo di sinistra.
leg *s.* **1.** gamba **2.** (*cuc.*) cosciotto || *to pull so.'s* —, canzonare qu.
legacy *s.* legato.
legal *agg.* legale.
legality *s.* legalità.
legalization *s.* legalizzazione.
to **legalize** *vt.* legalizzare.
legatee *s.* legatario.
legation *s.* legazione.
legend *s.* leggenda.
legendary *agg.* leggendario.
leggins *s. pl.* gambali.
legible *agg.* leggibile.
legion *s.* legione.
legionary *agg.* e *s.* legionario.
to **legislate** *vi.* fare leggi. ♦ to **legislate** *vt.* trasformare per mezzo di leggi.
legislation *s.* legislazione.
legislative *agg.* legislativo.
legislator *s.* legislatore.
legislature *s.* **1.** legislatura **2.** corpo legislativo.
legitimacy *s.* legittimità.
legitimate *agg.* legittimo.
to **legitimate** *vt.* legittimare.
legitimation *s.* legittimazione.
legume *s.* legume.
leguminous *agg.* leguminoso.
leisure *s.* **1.** agio **2.** tempo libero.
leisurely *agg.* e *avv.* con comodo.
lemon *s.* limone.
lemonade *s.* limonata.
to **lend (lent, lent)** *vt.* prestare.
lender *s.* prestatore.
length *s.* **1.** lunghezza **2.** durata, spazio di tempo || *at* —, alla fine.
to **lengthen** *vt.* allungare. ♦ to **lengthen** *vi.* allungarsi.
lengthy *agg.* lungo, prolisso.
lenient *agg.* **1.** emolliente **2.** mite.
lenitive *agg.* e *s.* calmante.
lens *s.* **1.** (*ott.*) lente **2.** (*foto*) obiettivo.
lent V. *to lend.*
Lent *s.* quaresima.
lentil *s.* lenticchia.
leonine *agg.* leonino.
leopard *s.* **1.** leopardo **2.** gattopardo.
leper *s.* lebbroso || — *hospital,* lebbrosario.
leporine *agg.* leporino.
leprosy *s.* lebbra.
leprous *agg.* lebbroso.
lesbian *agg.* e *s.* lesbica.
lesion *s.* lesione.
less *agg.* (*comp. di* little) minore, meno. ♦ **less** *s.* meno. ♦ **less** *avv.* meno. ♦ **less** *prep.* meno.
lessee *s.* affittuario.
to **lessen** *vt.* e *vi.* diminuire.
lesser *agg.* minore.
lesson *s.* lezione.
lest *cong.* per paura che.
to **let (let, let)** *vt.* **1.** lasciare, permettere **2.** affittare || *to — in,* far entrare; *to — off,* lasciar andare; *to — out,* lasciar uscire.
lethal *agg.* letale.
lethargy *s.* letargo.
letter *s.* lettera.
lettered *agg.* **1.** letterato **2.** intestato.
lettuce *s.* lattuga.
leucocyte *s.* leucocito.
leucocythaemia, leukemia *s.* leucemia.
levant *s.* levante.
level *agg.* **1.** livellato **2.** a livello **3.** regolato. ♦ **level** *s.* **1.** livello **2.** superficie piana **3.** livella || *on a — with,* sullo stesso piano di.
to **level** *vt.* **1.** livellare **2.** puntare (*un'arma*).
levelling *s.* **1.** livellamento **2.** puntamento (*di arma*).
lever *s.* **1.** manubrio **2.** leva.
to **lever** *vi.* far leva.
to **levigate** *vt.* **1.** levigare **2.** polverizzare.
levigation *s.* **1.** levigazione **2.** polverizzazione.
levity *s.* leggerezza.
levy *s.* **1.** leva **2.** imposta.
to **levy** *vt.* **1.** arruolare **2.** imporre (*di tasse*).

lewd *agg.* impudico.
lewdness *s.* impudicizia.
lexical *agg.* lessicale.
lexicographer *s.* lessicografo.
lexicography *s.* lessicografia.
lexicology *s.* lessicologia.
lexicon *s.* lessico.
liability *s.* **1.** obbligo **2.** tendenza **3.** (*giur.*) responsabilità. ♦ **liabilities** *s. pl.* passività (*sing.*).
liable *agg.* **1.** soggetto a **2.** (*giur.*) responsabile.
liar *s.* bugiardo.
libation *s.* libagione.
libel *s.* **1.** libello **2.** (*giur.*) diffamazione.
to **libel** *vt.* **1.** scrivere un libello contro **2.** (*giur.*) sporgere querela.
liberal *agg.* **1.** liberale **2.** umanistico. ♦ **liberal** *s.* liberale.
liberalism *s.* liberalismo.
liberalist *s.* liberalista.
liberality *s.* liberalità.
to **liberalize** *vt.* rendere liberale.
to **liberate** *vt.* liberare.
liberation *s.* liberazione.
liberator *s.* liberatore.
liberticide *s.* **1.** liberticida **2.** liberticidio.
libertinage *s.* libertinaggio.
libertine *agg.* e *s.* libertino
libertinism *s.* libertinaggio.
liberty *s.* libertà.
libidinous *agg.* libidinoso.
libido *s.* libidine.
librarian *s.* bibliotecario.
library *s.* biblioteca || *film* —, cineteca; *record* —, discoteca.
lice V. *louse.*
licence *s.* licenza || *driving* —, patente automobilistica.
to **license** *vt.* dare una licenza a.
licensed *agg.* autorizzato.
licentious *agg.* licenzioso.
licentiousness *s.* dissolutezza.
lichen *s.* lichene.
lick *s.* leccata.
to **lick** *vt.* **1.** leccare **2.** lambire.
lid *s.* coperchio.
lie[1] *s.* menzogna || *the* —, smentita.
lie[2] *s.* posizione.
to **lie**[1] *vi.* mentire.
to **lie**[2] **(lay, lain)** *vi.* giacere, trovarsi || *to* — *down,* coricarsi; *to* — *in,* partorire.
lieutenant *s.* tenente.
life *s.* (*pl.* lives) vita || — *-belt,* cintura di salvataggio; — *preserver,* salvagente.
lifeboat *s.* lancia di salvataggio.
lifeless *agg.* senza vita.
lifelike *agg.* vivido.
lift *s.* **1.** ascensore **2.** passaggio (*su un veicolo*) **3.** sollevamento.
to **lift** *vt.* **1.** alzare **2.** rubare. ♦ to **lift** *vi.* alzarsi.
light[1] *agg.* **1.** chiaro **2.** biondo **3.** leggero **4.** agile **5.** insignificante.
light[2] *s.* **1.** luce **2.** fuoco **3.** lampada || *traffic lights,* semaforo.
to **light (lit, lit)** (*anche reg.*) *vt.* **1.** accendere **2.** illuminare. ♦ to **light (lit, lit)** (*anche reg.*) *vi.* **1.** accendersi **2.** illuminarsi **3.** posarsi.
to **lighten** *vt.* **1.** alleggerire, alleviare **2.** illuminare. ♦ to **lighten** *vi.* **1.** alleggerirsi **2.** illuminarsi **3.** (*imp.*) lampeggiare.
lighter *s.* **1.** accenditore **2.** (*mar.*) chiatta.
lighthouse *s.* faro.
lighting *s.* **1.** accensione **2.** luce (*di quadro*).
lightless *agg.* oscuro.
lightness *s.* **1.** leggerezza **2.** gaiezza **3.** illuminazione.
lightning *s.* fulmine || — *-rod,* parafulmine.
Ligurian *agg.* e *s.* ligure.
like *agg.* **1.** simile **2.** caratteristico di. ♦ **like** *prep.* come || — *this,* — *that,* così; *to feel* —, aver voglia di; *to look* —, avere l'aria di.
like *s.* simile. ♦ **likes** *s. pl.* gusti.
to **like** *vt.* piacere. ♦ to **like** *vi.* volere.
likelihood *s.* probabilità.
likely *agg.* **1.** probabile **2.** adatto. ♦ **likely** *avv.* probabilmente.
likeness *s.* **1.** somiglianza **2.** immagine.
likewise *avv.* **1.** allo stesso modo **2.** anche.
liking *s.* **1.** gusto **2.** preferenza.
lilac *agg.* e *s.* lilla.
lily *agg.* bianco. ♦ **lily** *s.* giglio || *water-* —, ninfea.
limb *s.* **1.** membro **2.** ramo.
lime[1] *s.* **1.** calce **2.** pania.
lime[2] *s.* cedro.
lime[3] *s.* tiglio.
to **lime** *vt.* **1.** cementare **2.** invischiare.
limelight *s.* luce della ribalta.
limestone *s.* calcare.
limit *s.* limite.
to **limit** *vt.* limitare.

limitary *agg.* **1.** limitato **2.** limitativo **3.** situato alla frontiera.
limitation *s.* limitazione.
limitative *agg.* limitativo.
limited *agg.* limitato || — *company,* società a responsabilità limitata; — *monarchy,* monarchia costituzionale.
limp *agg.* molle.
to **limp** *vi.* zoppicare.
limpid *agg.* limpido.
limpidity *s.* limpidezza.
limping *s.* zoppicamento.
line *s.* **1.** linea, riga **2.** ruga **3.** discendenza **4.** attività **5.** verso **6.** (*comm.*) articolo.
to **line** *vt.* **1.** rigare **2.** fiancheggiare **3.** foderare || *to — up,* allineare, allinearsi.
lineage *s.* lignaggio.
lineal *agg.* in linea diretta.
lineament *s.* lineamento.
linear *agg.* lineare.
linen *agg.* di lino. ♦ **linen** *s.* **1.** tela di lino **2.** biancheria.
liner *s.* **1.** transatlantico **2.** aereo di linea.
to **linger** *vt.* e *vi.* indugiare.
linguist *s.* linguista.
linguistic(al) *agg.* linguistico.
linguistics *s.* linguistica.
liniment *s.* linimento.
lining *s.* **1.** rigatura **2.** allineamento **3.** fodera **4.** rivestimento.
link *s.* **1.** anello **2.** (*fig.*) legame || *cuff-links,* gemelli da polso.
to **link** *vt.* collegare. ♦ to **link** *vi.* collegarsi.
linotyping *s.* linotipia.
linotypist *s.* linotipista.
lint *s.* garza.
lintel *s.* architrave.
lion *s.* leone.
lioness *s.* leonessa.
lip *s.* **1.** labbro **2.** margine || *—-stick,* rossetto per labbra.
to **lip** *vt.* **1.** toccare (*con le labbra*) **2.** sussurrare.
liquefaction *s.* liquefazione.
to **liquefy** *vt.* liquefare. ♦ to **liquefy** *vi.* liquefarsi.
liqueur *s.* rosolio.
liquid *agg.* **1.** liquido **2.** chiaro **3.** armonioso **4.** instabile. ♦ **liquid** *s.* liquido.
to **liquidate** *vt.* liquidare.
liquidation *s.* liquidazione.
liquidator *s.* liquidatore.
liquor *s.* **1.** liquido **2.** bevanda alcolica.
liquorice *s.* liquirizia.
to **lisp** *vi.* parlare bleso.
lisping *agg.* bleso. ♦ **lisping** *s.* pronuncia blesa.
list[1] *s.* **1.** lista **2.** striscia **3.** cimosa. ♦ **lists** *s. pl.* lizza (*sing.*).
list[2] *s.* (*mar.*) sbandamento.
to **list**[1] *vt.* elencare, catalogare.
to **list**[2] *vi.* (*mar.*) sbandare.
to **listen** *vi.* ascoltare: *to — to so.,* ascoltare qu.; *to — in,* ascoltare la radio.
listener *s.* ascoltatore.
listening *s.* ascolto.
listless *agg.* disattento.
lit V. *to light.*
litany *s.* litania.
literal *agg.* **1.** letterale **2.** prosaico **3.** di lettera alfabetica.
literalism *s.* interpretazione letterale.
literary *agg.* letterario.
literate *agg.* e *s.* letterato.
literature *s.* letteratura.
lithe *agg.* agile.
lithograph *s.* litografia.
to **lithograph** *vt.* litografare.
lithographic(al) *agg.* litografico.
lithography *s.* (*arte della*) litografia.
litigant *s.* (*giur.*) contendente.
litmus *s.* tornasole.
litre *s.* litro.
litter *s.* **1.** lettiga, barella **2.** strame **3.** rifiuti **4.** figliata.
little (less, least) *agg.* **1.** piccolo **2.** breve **3.** poco || *a —,* un po' di. ♦ **little** *s.* poco. ♦ **little** *avv.* poco || *a —,* piuttosto.
liturgic(al) *agg.* liturgico.
liturgy *s.* liturgia.
live *agg.* **1.** vivo **2.** ardente **3.** carico (*di armi*).
to **live** *vi.* e *vt.* vivere, abitare.
livelihood *s.* mezzi di sussistenza.
liveliness *s.* vivacità.
lively *agg.* vivace.
liver *s.* fegato.
livery[1] *agg.* bilioso.
livery[2] *s.* **1.** livrea **2.** (*giur.*) passaggio di proprietà.
lives V. *life.*
livestock *s.* bestiame.
livid *agg.* livido.
living *agg.* **1.** vivo **2.** perfetto (*di somiglianza*). ♦ **living** *s.* **1.** mezzo di mantenimento **2.** vita || *—-room,* soggiorno.

lizard *s.* lucertola.
llama *s.* (*zool.*) lama.
load *s.* **1.** carico, peso **2.** (*elettr.*) carica, tensione.
to **load** *vt.* **1.** caricare **2.** adulterare.
loader *s.* caricatore.
loading *s.* caricamento.
loadstar *s.* stella polare.
loaf *s.* (*pl.* loaves) pagnotta || *sugar-* —, pan di zucchero.
to **loaf** *vi.* oziare.
loafer *s.* fannullone.
loan *s.* prestito: *on* —, a prestito.
to **loan** *vt.* prestare.
loath *agg.* riluttante.
to **loathe** *vt.* detestare.
loathing *s.* disgusto.
loathsome *agg.* **1.** odioso **2.** disgustoso.
loaves V. *loaf.*
lobby *s.* anticamera.
lobe *s.* lobo.
lobster *s.* aragosta.
local *agg.* e *s.* locale.
locality *s.* località.
to **localize** *vt.* localizzare.
to **locate** *vt.* **1.** situare **2.** individuare **3.** indicare.
location *s.* **1.** posizione **2.** locazione.
lock[1] *s.* **1.** ricciolo **2.** fiocco.
lock[2] *s.* **1.** serratura **2.** diga **3.** otturatore (*di arma*).
to **lock** *vt.* serrare. ♦ to **lock** *vi.* (*mecc.*) incepparsi.
locker *s.* armadio, bauletto a chiave.
locket *s.* medaglione.
lockout *s.* (*econ.*) serrata.
locomotion *s.* locomozione.
locomotive *agg.* locomotorio. ♦ **locomotive** *s.* locomotiva.
locust *s.* locusta || — *-tree,* carrubo, robinia.
locution *s.* locuzione.
lodge *s.* **1.** loggia **2.** padiglione.
to **lodge** *vt.* **1.** alloggiare **2.** collocare. ♦ to **lodge** *vi.* **1.** alloggiare **2.** entrare.
lodging *s.* alloggio, dimora.
loftiness *s.* **1.** altezza **2.** nobiltà.
lofty *agg.* **1.** alto, elevato **2.** orgoglioso, altero.
log *s.* ceppo || — *-book,* giornale di bordo.
logarithm *s.* logaritmo.
logic *s.* logica.
logical *agg.* logico.
logistic(al) *agg.* logistico.
logistics *s. pl.* (*mil.*) logistica (*sing.*).
logomachy *s.* logomachia.
loin *s.* lombo. ♦ **loins** *s. pl.* reni.
to **loiter** *vt.* sprecare (*tempo ecc.*). ♦ to **loiter** *vi.* bighellonare, oziare.
loitering *s.* il bighellonare, l'andare a zonzo.
Lombard *agg.* e *s.* lombardo.
Londoner *s.* londinese.
Londonese *agg.* londinese.
loneliness *s.* solitudine.
lonely, lonesome *agg.* solo, solitario.
long *agg.* lungo || — *-distance call,* telefonata interurbana. ♦ **long** *s.* molto tempo. ♦ **long** *avv.* a lungo || *how* —?, quanto tempo?; *all day* —, tutto il giorno; *as* — *as,* fino a, purché; *so* —!, arrivederci!; *before* —, tra poco.
to **long** *vi.* desiderare ardentemente: *to* — *for sthg.,* desiderare ardentemente qc.
longanimity *s.* longanimità.
longboat *s.* lancia.
longevity *s.* longevità.
longevous *agg.* longevo.
longing *agg.* bramoso. ♦ **longing** *s.* brama.
longitude *s.* longitudine.
longitudinal *agg.* longitudinale.
long-sighted *agg.* **1.** presbite **2.** preveggente.
look *s.* sguardo. ♦ **looks** *s. pl.* aspetto (*sing.*).
to **look** *vi.* **1.** sembrare **2.** guardare || *to* — *after,* badare a; *to* — *at,* guardare; *to* — *for,* cercare; *to* — *forward to,* non veder l'ora di; *to* — *like,* somigliare; *to* — *up,* consultare (*orario, dizionario ecc.*); *to* — *through,* esaminare attentamente; *to* — *up to,* rispettare; *to* — *down on,* disprezzare.
looker-on *s.* spettatore.
looking-glass *s.* specchio.
lookout *s.* **1.** guardia **2.** vista panoramica **3.** prospettiva.
loom *s.* telaio.
to **loom** *vt.* tessere. ♦ to **loom** *vi.* apparire indistintamente.
loop *s.* **1.** cappio **2.** gancio.
loophole *s.* feritoia.
loose *agg.* **1.** sciolto **2.** ampio **3.** vago **4.** licenzioso **5.** allentato.
to **loose** *vt.* **1.** sciogliere **2.** liberare **3.** lanciare.

to **loosen** *vt.* **1.** sciogliere **2.** allentare.
looseness *s.* **1.** scioltezza **2.** ampiezza **3.** libertinaggio **4.** imprecisione.
to **lop** *vt.* potare, mozzare.
loquacious *agg.* loquace.
loquacity *s.* loquacità.
lord *s.* **1.** signore **2.** Pari || — *Mayor,* sindaco.
to **lord** *vt.* dominare.
lordly *agg.* **1.** fastoso, imponente **2.** altero.
lordship *s.* signoria, autorità.
lorry *s.* autocarro.
to **lose (lost, lost)** *vt.* e *vi.* perdere.
loser *s.* perdente.
losing, loss *s.* perdita.
lost V. *to lose.*
lot *s.* **1.** sorte **2.** parte **3.** lotto (*di terreno ecc.*) || *a — of,* una quantità di.
to **lot** *vt.* lottizzare.
lotion *s.* lozione.
lottery *s.* lotteria.
loud *agg.* forte, fragoroso, rumoroso || — *-speaker,* altoparlante. ♦ **loud(ly)** *avv.* ad alta voce.
lounge *s.* **1.** atrio (*di albergo, teat. ecc.*) **2.** lo stare in ozio.
to **lounge** *vi.* bighellonare.
lounger *s.* fannullone.
louse *s.* (*pl.* lice) pidocchio.
lousy *agg.* pidocchioso.
lovable *agg.* amabile.
love *s.* amore.
to **love** *vt.* amare.
loveless *agg.* senza amore.
loveliness *s.* bellezza.
lovely *agg.* bello.
lover *s.* amante, innamorato.
loving *agg.* amoroso.
lovingness *s.* affettuosità.
low[1] *agg.* **1.** basso **2.** debole || — *-spirited,* depresso. ♦ **low** *avv.* **1.** in basso **2.** a voce bassa **3.** a basso prezzo.
low[2] *s.* muggito.
to **low** *vi.* muggire.
to **lower** *vt.* **1.** abbassare **2.** abbattere. ♦ to **lower** *vi.* abbattersi.
lowering *s.* abbassamento.
lowland *s.* pianura.
lowly *agg.* **1.** basso **2.** umile. ♦ **lowly** *avv.* umilmente.
loyal *agg.* leale.
loyalty *s.* lealtà.
lozenge *s.* **1.** (*geom.*) rombo **2.** pastiglia.
lubber *s.* zoticone.
lubricant *agg.* e *s.* lubrificante.
to **lubricate** *vt.* lubrificare.
lubricating, lubrication *s.* lubrificazione.
lubricator *s.* lubrificatore.
lubricity *s.* **1.** viscosità **2.** (*fig.*) lascivia.
lubricous *agg.* lubrico.
lucent *agg.* lucente.
lucid *agg.* lucido, chiaro.
lucidity *s.* lucidità, chiarezza.
luck *s.* **1.** sorte **2.** fortuna || *to be in —, out of —,* essere fortunato, sfortunato.
luckily *avv.* fortunatamente.
luckless *agg.* sfortunato.
lucky *agg.* fortunato.
lucrative *agg.* lucrativo.
to **lucubrate** *vi.* fare delle elucubrazioni.
lucubration *s.* elucubrazione.
ludicrous *agg.* ridicolo.
ludicrousness *s.* comicità.
luggage *s.* bagaglio.
lugubrious *agg.* lugubre.
lukewarm *agg.* tiepido, apatico.
to **lull** *vt.* **1.** cullare **2.** calmare.
lullaby *s.* ninna-nanna.
lumbago *s.* lombaggine.
lumbar *agg.* lombare.
lumber *s.* **1.** cianfrusaglie (*pl.*) **2.** legname || — *-room,* ripostiglio.
to **lumber** *vt.* **1.** ammucchiare **2.** ingombrare. ♦ to **lumber** *vi.* **1.** tagliare legname **2.** muoversi pesantemente e rumorosamente.
lumbering *s.* commercio di legname.
luminary *s.* **1.** corpo luminoso **2.** luminare.
luminous *agg.* luminoso.
luminousness *s.* luminosità.
lump *s.* **1.** mucchio **2.** gonfiore **3.** zolletta **4.** (*comm.*) blocco **5.** persona goffa.
to **lump** *vt.* ammassare. ♦ to **lump** *vi.* raggrumarsi.
lumpy *agg.* **1.** granuloso **2.** increspato (*di mare*) **3.** pesante.
lunacy *s.* pazzia.
lunar *agg.* lunare.
lunatic *agg.* e *s.* pazzo.
lunation *s.* lunazione.
lunch *s.* seconda colazione, pasto del mezzogiorno.
to **lunch** *vi.* fare la seconda colazione. ♦ to **lunch** *vt.* offrire la colazione a.

luncheon *s.* spuntino.
lunette *s.* (*arch.*) lunetta.
lung *s.* polmone: *iron* —, polmone d'acciaio.
lupine *s.* lupino.
lure *s.* esca.
to **lure** *vt.* adescare.
lurid *agg.* **1.** spettrale **2.** orribile.
lurk *s.* nascondiglio.
to **lurk** *vi.* nascondersi.
luscious *agg.* **1.** dolce **2.** sensuale.
lust *s.* **1.** lussuria **2.** brama.
to **lust** *vi.* bramare: *to — for so., sthg.*, bramare qu., qc.
lustful *agg.* **1.** sensuale **2.** bramoso.
lustfulness *s.* **1.** sensualità **2.** brama.
lustral *agg.* lustrale.
lustre[1] *s.* lustro, splendore.
lustre[2] *s.* lustro, quinquennio.
lusty *agg.* vigoroso, gagliardo.
lute *s.* liuto.
Lutheran *agg.* e *s.* luterano.
Lutheranism *s.* luteranesimo.
to **luxate** *vt.* (*med.*) lussare.
luxation *s.* lussazione.
luxuriant *agg.* lussureggiante.
to **luxuriate** *vi.* lussureggiare || *to — in*, deliziarsi di.
luxurious *agg.* lussuoso, sontuoso.
luxury *s.* **1.** lusso **2.** oggetto di lusso.
lye *s.* lisciva.
lying[1] *agg.* bugiardo.
lying[2] *agg.* giacente, situato.
lymph *s.* linfa.
lymphatic *agg.* linfatico. ♦ **lymphatic** *s.* vaso linfatico.
to **lynch** *vt.* linciare.
lynch law *s.* linciaggio.
lynx *s.* lince.
lyre *s.* lira.
lyric(al) *agg.* lirico. ♦ **lyric** *s.* lirica.
lyricism, lyrism *s.* lirismo.
lyrist *s.* poeta lirico.

M

macabre *agg.* macabro.
macaroni *s.* maccheroni.
macaroon *s.* amaretto.
mace *s.* mazza || *— -bearer*, mazziere.
to **macerate** *vt.* macerare. ♦ to **macerate** *vi.* macerarsi.
maceration *s.* macerazione.
Machiavellian *agg.* machiavellico.
Machiavellism *s.* machiavellismo.
to **machinate** *vt.* macchinare.
machination *s.* macchinazione.
machine *s.* macchina || *sewing- —*, macchina da cucire.
to **machine** *vt.* e *vi.* lavorare a macchina.
machine-gun *s.* mitragliatrice.
to **machine-gun** *vt.* mitragliare.
machine-gunner *s.* mitragliere.
machinery *s.* **1.** macchinario **2.** meccanismo.
machining *s.* lavorazione (*a macchina*).
machinist *s.* macchinista.
mackerel *s.* sgombro || *— sky*, cielo a pecorelle.
mackintosh *s.* impermeabile.
macrocephalic *agg.* macrocefalo.
macrocosm *s.* macrocosmo.
macrocosmic *agg.* macrocosmico.
macromulecule *s.* macromolecola.
macroscopic *agg.* macroscopico.
to **maculate** *vt.* maculare.
maculation *s.* maculamento.
mad *agg.* **1.** pazzo **2.** idrofobo || *to go —*, impazzire.
madam *s.* signora.
madcap *s.* scervellato.
to **madden** *vt.* far impazzire. ♦ to **madden** *vi.* diventare matto.
madding *agg.* folle.
made V. *to make*.
madhouse *s.* manicomio.
madly *avv.* pazzamente.
madman *s.* pazzo.
madness *s.* **1.** pazzia **2.** idrofobia.
madrepore *s.* madrepora.
madrigal *s.* madrigale.
Maecenas *s.* mecenate.
magazine *s.* **1.** magazzino **2.** rivista **3.** arsenale.
maggot *s.* **1.** bruco **2.** (*fig.*) capriccio.
maggoty *agg.* **1.** bacato **2.** (*fig.*) capriccioso.
magic *s.* magia.
magic(al) *agg.* magico.
magician *s.* mago.
magisterial *agg.* **1.** di magistrato **2.** autoritario.
magistracy *s.* magistratura.
magistrate *s.* magistrato.
magistrature *s.* magistratura.
magnanimity *s.* magnanimità.
magnanimous *agg.* magnanimo.

magnesium *s.* magnesio.
magnet *s.* magnete, calamita.
magnetic(al) *agg.* magnetico.
magnetism *s.* magnetismo.
magnetization *s.* **1.** magnetizzazione **2.** forza d'attrazione.
to **magnetize** *vt.* magnetizzare.
magnetizer *s.* magnetizzatore.
magneto *s.* magnete.
magnetometer *s.* magnetometro.
magnification *s.* **1.** esaltazione **2.** ingrandimento.
magnificence *s.* magnificenza.
magnificent *agg.* magnifico.
magnifier *s.* **1.** esaltatore **2.** lente d'ingrandimento.
to **magnify** *vt.* **1.** esaltare **2.** ingrandire.
magniloquence *s.* magniloquenza.
magniloquent *agg.* magniloquente.
magnitude *s.* grandezza.
magpie *s.* gazza.
Magyar *agg.* e *s.* magiaro.
mahogany *s.* mogano.
maid *s.* **1.** fanciulla **2.** cameriera || *old* —, zitella.
maiden[1] *agg.* **1.** vergine, puro **2.** esordiente.
maiden[2] *s.* fanciulla || — *name*, nome da ragazza.
maidenhead, maidenhood *s.* verginità.
maidenliness *s.* modestia, verecondia.
maidenly *agg.* verginale.
maidservant *s.* cameriera.
maieutics *s.* maieutica.
maigre *agg.* magro.
mail *s.* posta || — *-train*, treno postale.
to **mail** *vt.* mandare per posta.
to **maim** *vt.* storpiare.
main[1] *agg.* **1.** principale **2.** vigoroso || — *road*, strada maestra.
main[2] *s.* **1.** alto mare **2.** l'essenziale **3.** condotto principale.
mainland *s.* terraferma.
mainly *avv.* principalmente.
mainmast *s.* (*mar.*) albero maestro.
mainsail *s.* vela maestra.
mainspring *s.* molla principale.
to **maintain** *vt.* **1.** mantenere **2.** asserire.
maintenance *s.* **1.** mantenimento **2.** manutenzione **3.** difesa.
maize *s.* granoturco.
majestic(al) *agg.* maestoso.
majesty *s.* maestà.
major *agg.* maggiore, principale. ♦ **major** *s.* **1.** maggiorenne **2.** (*mil.*) maggiore.
majority *s.* **1.** maggioranza **2.** maggiore età.
make *s.* **1.** fattura **2.** costituzione **3.** marca.
to **make (made, made)** *vt.* e *vi.* **1.** fare **2.** rendere **3.** fabbricare || *to — for*, dirigersi; *to — up*, preparare, truccare; *to — up for*, compensare per || *to — oneself understood*, farsi capire; *to — so. confess*, obbligare qu. a confessare; *to — so. do what one likes*, far fare a qu. ciò che si vuole.
make-believe *s.* finzione.
maker *s.* **1.** creatore **2.** costruttore || — *-up*, truccatore.
makeshift *s.* espediente.
make-up *s.* **1.** composizione **2.** trucco **3.** (*tip.*) impaginazione.
making *s.* **1.** fattura **2.** formazione. ♦ **makings** *s. pl.* il necessario (*sing.*).
maladjusted *agg.* **1.** disadatto **2.** disadattato.
maladjustment *s.* inadattabilità.
maladministration *s.* cattiva amministrazione.
maladroit *agg.* maldestro.
malady *s.* malattia.
malaise *s.* malessere.
Malayan *agg.* e *s.* malese.
malcontent *agg.* e *s.* malcontento.
male *agg.* maschio, maschile. ♦ **male** *s.* maschio.
malediction *s.* maledizione.
malefactor *s.* malfattore.
malefic *agg.* malefico.
maleficence *s.* malvagità.
maleficent *agg.* malefico.
malevolence *s.* malevolenza.
malevolent *agg.* malevolo.
malformation *s.* malformazione.
malformed *agg.* malformato.
malice *s.* **1.** malignità **2.** astio: *to bear — to so.*, nutrire rancore verso qu.
malicious *agg.* **1.** maligno **2.** premeditato.
malign *agg.* maligno.
malignancy *s.* malignità.
malignant *agg.* maligno.
malignity *s.* V. *malignancy*.
malleability *s.* malleabilità.
malleable *agg.* malleabile.
mallet *s.* mazzuolo.
mallow *s.* malva.
malnutrition *s.* malnutrizione.

malpractice *s.* pratica illecita.
malt *s.* malto.
Malthusian *agg.* e *s.* maltusiano.
Malthusianism *s.* maltusianesimo.
maltose *s.* maltosio.
to **maltreat** *vt.* maltrattare.
maltreatment *s.* maltrattamento.
malversation *s.* malversazione.
mama *s.* mamma.
mamma[1] *s.* mamma.
mamma[2] *s.* mammella.
mammal *s.* mammifero.
mammalian *agg.* e *s.* mammifero.
mammiferous *agg.* mammifero.
mammoth *agg.* enorme. ♦ **mammoth** *s.* mammut.
mammy *s.* mammina.
man *s.* (*pl.* men) **1.** uomo **2.** marito || — *-hour,* ora lavorativa; — *-of-war,* nave da guerra.
to **man** *vt.* munire, equipaggiare (*di uomini*).
manacle *s.* manetta.
to **manacle** *vt.* ammanettare.
to **manage** *vt.* **1.** dirigere **2.** maneggiare **3.** riuscire. ♦ to **manage** *vi.* destreggiarsi, cavarsela.
manageable *agg.* **1.** maneggevole **2.** fattibile.
management *s.* **1.** direzione, amministrazione **2.** abilità.
manager *s.* **1.** direttore **2.** amministratore **3.** impresario **4.** organizzatore.
manageress *s.* **1.** direttrice **2.** amministratrice.
managerial *agg.* direttivo.
managership *s.* **1.** direzione **2.** amministrazione.
managing *agg.* dirigente || — *director,* consigliere delegato.
mandarin *s.* mandarino.
mandatary *s.* mandatario.
mandate *s.* mandato.
mandator *s.* mandante.
mandatory *agg.* e *s.* mandatario.
mandible *s.* mandibola.
mandolin *s.* mandolino.
mandrake *s.* mandragora.
mandrel *s.* anima metallica.
mandrill *s.* mandrillo.
mane *s.* criniera.
manful *agg.* valoroso.
manganate *s.* manganato.
mange *s.* rogna.
manger *s.* mangiatoia.
to **mangle** *vt..* **1.** lacerare **2.** storpiare.
mangy *agg.* **1.** lacero **2.** rognoso **3.** spregevole.
to **manhandle** *vt.* manovrare (*a mano*).
manhole *s.* botola.
manhood *s.* **1.** virilità **2.** vigore **3.** genere umano.
maniac *agg.* e *s.* maniaco, pazzo.
Manich(a)eism *s.* manicheismo.
manicurist *s.* manicure.
manifest *agg.* manifesto.
to **manifest** *vt.* manifestare.
manifestant *s.* manifestante.
manifestation *s.* manifestazione.
manifold *agg.* molteplice.
manifoldness *s.* molteplicità.
manikin *s.* **1.** omiciattolo **2.** manichino.
maniple *s.* manipolo.
to **manipulate** *vt.* manipolare.
manipulation *s.* manipolazione.
manipulator *s.* manipolatore.
mankind *s.* umanità.
manlike *agg.* **1.** civile **2.** antropomorfo.
manliness *s.* virilità.
manly *agg.* maschio, virile.
manner *s.* **1.** maniera **2.** contegno. ♦ **manners** *s. pl.* **1.** modi **2.** usanze.
mannered *agg.* manierato || *ill-* —, maleducato.
mannerism *s.* manierismo.
mannerly *agg.* cortese.
manoeuvrable *agg.* manovrabile.
manoeuvre *s.* manovra.
to **manoeuvre** *vt.* manovrare. ♦ to **manoeuvre** *vi.* fare le manovre.
manoeuvrer *s.* stratega.
manometer *s.* manometro.
manor *s.* feudo || — *-house,* castello.
manorial *agg.* feudale.
mansard *s.* mansarda.
manservant *s.* domestico.
mansion *s.* palazzo.
manslaughter *s.* omicidio preterintenzionale.
mantelpiece, mantelshelf *s.* mensola di caminetto.
mantle *s.* manto, mantello.
to **mantle** *vt.* ammantare. ♦ to **mantle** *vi.* coprirsi.
manual *agg.* e *s.* manuale.
manufactory *s.* fabbrica.
manufacturable *agg.* fabbricabile.
manufacture *s.* **1.** manifattura **2.** manufatto.
to **manufacture** *vt.* fabbricare.
manufacturer *s.* fabbricante.

manufacturing *agg.* manifatturiero. ♦ **manufacturing** *s.* fabbricazione.
manure *s.* concime.
manuscript *agg.* e *s.* manoscritto.
many (more, most) *agg.* e *pron.* molti || — *a*, più di uno; — *-sided*, molteplice; *so* —, tanti; *too* —, troppi; *as* — *as*, tanti... quanti; *how* —?, quanti?
map *s.* carta geografica.
maple *s.* acero.
to **mar** *vt.* guastare.
marathon *s.* maratona.
to **maraud** *vt.* e *vi.* saccheggiare.
marauder *s.* predatore.
marble *s.* **1.** marmo **2.** biglia.
to **marble** *vt.* marmorizzare.
marble-cutter *s.* marmista.
March *s.* marzo.
march[1] *s.* confine.
march[2] *s.* marcia.
to **march** *vi.* **1.** camminare **2.** marciare || *to* — *in,* entrare marciando.
marching *agg.* in, di marcia.
marchioness *s.* marchesa.
mare *s.* cavalla.
margarine *s.* margarina.
margin *s.* margine.
marginal *agg.* marginale.
marine *agg.* marino, marittimo. ♦ **marine** *s.* **1.** marina **2.** fante di marina.
marital *agg.* maritale.
maritime *agg.* marittimo.
mark *s.* **1.** segno **2.** bersaglio **3.** voto **4.** marchio **5.** importanza **6.** marco || *question* —, punto interrogativo.
to **mark** *vt.* **1.** segnare **2.** dare i voti a **3.** scegliere **4.** osservare.
marked *agg.* notevole.
marker *s.* **1.** chi segna **2.** segnalibro.
market *s.* mercato.
to **market** *vt.* **1.** vendere al mercato **2.** introdurre sul mercato. ♦ to **market** *vi.* comprare, vendere sul mercato.
marketing *s.* **1.** compra-vendita **2.** « marketing » (*ricerche di mercato*).
marking *s.* segno.
marksman *s.* tiratore scelto.
marl *s.* marna.
marmalade *s.* marmellata (*d'arance*).
marmoreal *agg.* marmoreo.
marmot *s.* marmotta.
to **maroon** *vt.* abbandonare un luogo deserto.
marquee *s.* tendone.
marquess, marquis *s.* marchese.
marquise *s.* marchesa.
marriage *s.* matrimonio, unione.
married *agg.* **1.** sposato **2.** coniugale.
marrow *s.* midollo || (*vegetable*) —, zucca.
to **marry** *vt.* sposare. ♦ to **marry** *vi.* sposarsi.
marsh *s.* palude || — *-fever,* malaria; — *gas,* metano.
marshal *s.* maresciallo.
to **marshal** *vt.* **1.** schierare **2.** introdurre.
marshy *agg.* paludoso.
marsupial *agg.* e *s.* marsupiale.
marten *s.* martora.
martial *agg.* **1.** marziale **2.** di Marte.
Martian *agg.* e *s.* marziano.
martyr *s.* martire.
martyrdom *s.* martirio.
to **martyrize** *vt.* martirizzare.
martyrology *s.* martirologio.
marvel *s.* meraviglia.
to **marvel** *vi.* meravigliarsi.
marvellous *agg.* meraviglioso.
Marxism *s.* marxismo.
Marxist *agg.* e *s.* marxista.
marzipan *s.* marzapane.
mascot(te) *s.* mascotte.
masculine *agg.* e *s.* maschile.
masculinity *s.* mascolinità.
mash *s.* **1.** mistura **2.** puré.
to **mash** *vt.* **1.** mescolare **2.** schiacciare.
mask *s.* maschera.
to **mask** *vt.* mascherare.
masking *s.* il mascherarsi.
masochism *s.* masochismo.
mason *s.* muratore || *Free Mason,* massone.
masonry *s.* **1.** arte del muratore **2.** costruzione in muratura **3.** massoneria.
masquerade *s.* mascherata.
to **masquerade** *vi.* **1.** mascherarsi **2.** fingersi.
mass[1] *s.* messa.
mass[2] *s.* massa, ammasso.
to **mass** *vt.* ammassare. ♦ to **mass** *vi.* ammassarsi.
massacre *s.* massacro.
to **massacre** *vt.* massacrare.
massage *s.* massaggio.
to **massage** *vt.* massaggiare.

masseur *s.* massaggiatore.
masseuse *s.* massaggiatrice.
massif *s.* massiccio.
massive *agg.* **1.** massiccio **2.** potente.
massiveness *s.* compattezza.
to **mass-produce** *vt.* produrre in serie.
mass-producer *s.* produttore in serie.
mass-production *s.* produzione in serie.
massy *agg.* massiccio.
mast *s.* (*mar.*) albero.
to **mast** *vt.* (*mar.*) alberare.
master *s.* **1.** padrone **2.** maestro || *— builder,* capomastro; *Master of Arts,* laureato in lettere.
to **master** *vt.* **1.** conoscere a fondo **2.** dominare.
masterful *agg.* **1.** autoritario **2.** abile.
masterhood *s.* padronanza.
masterly *agg.* magistrale.
masterpiece *s.* capolavoro.
mastership *s.* **1.** autorità **2.** abilità.
masterstroke *s.* colpo magistrale.
mastery *s.* **1.** maestria **2.** signoria.
mastication *s.* masticazione.
mastiff *s.* mastino.
mastitis *s.* mastite.
mastodon *s.* mastodonte.
mastoid *s.* mastoide.
mastoiditis *s.* mastoidite.
masturbation *s.* masturbazione.
mat *s.* stuoia || *door- —,* zerbino.
to **mat** *vt.* **1.** intrecciare **2.** coprire con stuoie **3.** smerigliare.
match[1] *s.* **1.** gara, incontro **2.** avversario **3.** l'uguale **4.** matrimonio.
match[2] *s.* fiammifero.
to **match** *vt.* **1.** accoppiare, maritare **2.** uguagliare. ♦ to **match** *vi.* **1.** accoppiarsi **2.** accordarsi **3.** rivaleggiare.
matchless *agg.* impareggiabile.
mate *s.* **1.** compagno **2.** aiuto **3.** (*mar.*) ufficiale in seconda.
to **mate** *vt.* accoppiare. ♦ to **mate** *vi.* accoppiarsi.
material *agg.* **1.** materiale **2.** essenziale. ♦ **material** *s.* **1.** materia, materiale **2.** stoffa. ♦ **materials** *s. pl.* articoli || *raw —,* materie prime.
materialism *s.* materialismo.
materialist *agg.* e *s.* materialista.
materialistic *agg.* materialistico.
materialization *s.* materializzazione.
to **materialize** *vt.* materializzare. ♦ to **materialize** *vi.* **1.** materializzarsi **2.** avverarsi.
maternal *agg.* materno.
maternity *s.* maternità.
mathematic(al) *agg.* matematico.
mathematician *s.* matematico.
mathematics *s.* matematica.
matriarchy *s.* matriarcato.
matricidal *agg.* matricida.
matricide *s.* **1.** matricida **2.** matricidio.
to **matriculate** *vt.* immatricolare. ♦ to **matriculate** *vi.* immatricolarsi.
matriculation *s.* immatricolazione.
matrimonial *agg.* matrimoniale.
matrimony *s.* matrimonio.
matrix *s.* **1.** matrice **2.** (*anat.*) utero.
matron *s.* **1.** matrona **2.** direttrice **3.** governante.
matronal, matronly *agg.* matronale.
matter *s.* **1.** materia **2.** faccenda || *what is the — with you?,* che cosa vi succede?; *what is the —?,* che succede?
to **matter** *vi.* **1.** importare: *it matters little,* poco importa **2.** (*med.*) suppurare.
matter-of-fact *agg.* pratico.
matting *s.* stuoia.
mattock *s.* piccone.
mattress *s.* materasso.
to **maturate** *vi.* **1.** maturare **2.** suppurare.
maturation *s.* **1.** maturazione **2.** suppurazione.
mature *agg.* maturo.
to **mature** *vt.* e *vi.* maturare.
maturity *s.* **1.** maturità **2.** (*comm.*) scadenza.
matutine *agg.* mattutino.
maudlin *agg.* **1.** sdolcinato **2.** querulo.
to **maunder** *vi.* **1.** parlare a vanvera **2.** girovagare.
mausoleum *s.* mausoleo.
mawkish *agg.* **1.** nauseante **2.** sdolcinato.
mawkishness *s.* **1.** sapore nauseante **2.** sdolcinatezza.
maxim *s.* massima.
maximalist *s.* massimalista.
maximum *agg.* e *s.* massimo.
May *s.* maggio || *— Day,* primo maggio.

may (might) *v. dif.* potere (*pres. ind. e congiuntivo*) || — *I go out?*, posso uscire?; *he — arrive to day*, può darsi che arrivi oggi; — *he live to repent it*, possa egli vivere tanto da pentirsene
maybe *avv.* forse.
maybug *s.* maggiolino.
mayflower *s.* biancospino.
mayonnaise *s.* maionese.
mayor *s.* sindaco.
maze *s.* labirinto.
to **maze** *vt.* disorientare, confondere.
mazily *avv.* confusamente.
mazy *agg.* intricato.
me *pron. pers.* me, mi.
meadow *s.* prato.
meagre *agg.* **1.** magro **2.** scarso.
meal[1] *s.* farina.
meal[2] *s.* pasto.
mealy *agg.* **1.** farinoso **2.** infarinato **3.** pallido **4.** chiazzato.
mean[1] *agg.* **1.** meschino **2.** mediocre.
mean[2] *s.* punto medio, mezzo. ♦ **means** *s. pl.* mezzi || *by no means*, ben lungi da.
to **mean (meant, meant)** *vt.* e *vi.* **1.** intendere, significare **2.** destinare.
meander *s.* meandro.
to **meander** *vi.* serpeggiare.
meaning *agg.* **1.** disposto **2.** significativo. ♦ **meaning** *s.* **1.** significato **2.** idea.
meaningful *agg.* significativo.
meaningless *agg.* senza senso.
meanly *avv.* **1.** meschinamente **2.** umilmente.
meanness *s.* meschinità.
meant V. *to mean.*
meantime *s.* frattempo. ♦ **meantime** *avv.* frattanto.
meanwhiie *avv.* frattanto.
measles *s.* morbillo || *German* —, rosolia.
measurable *agg.* misurabile.
measure *s.* **1.** misura **2.** ritmo.
to **measure** *vt.* e *vi.* misurare.
measureless *agg.* smisurato.
measurement *s.* misurazione.
measurer *s.* misuratore.
meat *s.* carne.
meaty *agg.* **1.** polposo **2.** sostanzioso.
mechanic *s.* meccanico.
mechanical *agg.* meccanico.
mechanics *s.* meccanica.
mechanism *s.* **1.** meccanismo **2.** tecnica.
mechanization *s.* meccanizzazione.
to **mechanize** *vt.* meccanizzare.
medal *s.* medaglia.
to **meddle** *vi.* immischiarsi.
meddler *s.* intrigante.
meddlesome *agg.* importuno.
medi(a)eval *agg.* medievale.
medi(a)evalism *s.* medievalismo.
medi(a)evalist *s.* medievalista.
medial *agg.* medio.
median *agg.* mediano.
mediate *agg.* mediato.
to **mediate** *vt.* conseguire con mediazione. ♦ to **mediate** *vi.* fare da intermediario.
mediation *s.* mediazione.
mediator *s.* mediatore.
medical *agg.* medico.
medicament *s.* medicamento.
medication *s.* medicazione.
medicative *agg.* curativo.
medicinal *agg.* medicinale.
medicine *s.* medicina || — *-man*, stregone.
mediocrity *s.* mediocrità.
to **meditate** *vt.* e *vi.* meditare.
meditation *s.* meditazione.
meditative *agg.* meditativo.
Mediterranean *agg.* mediterraneo.
medium *agg.* medio. ♦ **medium** *s.* mezzo.
mediumistic *agg.* medianico.
medlar *s.* nespola || — *-tree*, nespolo.
medley *agg.* misto. ♦ **medley** *s.* miscuglio.
medulla *s.* midollo.
medullar(y) *agg.* midollare.
meek *agg.* mite.
meekness *s.* mansuetudine.
to **meet (met, met)** *vt.* **1.** incontrare **2.** far fronte a. ♦ to **meet (met, met)** *vi.* incontrarsi || *to — with*, imbattersi in.
meeting *s.* **1.** incontro **2.** riunione || *political* —, comizio.
megalomaniac *s.* megalomane.
megaphone *s.* megafono.
melancholic *agg.* malinconico.
melancholy *agg.* malinconico. ♦ **melancholy** *s.* malinconia.
mellifluous *agg.* mellifluo.
mellow *agg.* **1.** maturo **2.** pastoso **3.** ubertoso.
to **mellow** *vt.* e *vi.* maturare.
mellowness *s.* **1.** maturità **2.** pastosità **3.** ubertosità.
melodic *agg.* melodico.

melodious *agg.* melodioso.
melodiousness *s.* melodiosità.
melodrama *s.* melodramma.
melodramatic *agg.* melodrammatico.
melody *s.* melodia.
melomaniac *s.* melomane.
melon *s.* melone || *water- —*, anguria.
melt *s.* fusione.
to **melt** *vt.* **1.** sciogliere **2.** intenerire. ♦ to **melt** *vi.* **1.** sciogliersi **2.** intenerirsi || *to — away,* svanire.
melter *s.* fonditore.
melting *s.* fusione || *— -pot,* crogiuolo.
meltingly *avv.* teneramente.
member *s.* membro.
membership *s.* **1.** qualifica di membro **2.** i membri.
membrane *s.* membrana.
memoirs *s. pl.* memorie.
memorable *agg.* memorabile.
memorandum *s.* (*pl.* -da) promemoria.
memorial *agg.* commemorativo. ♦ **memorial** *s.* **1.** monumento **2.** memoriale.
memorialist *s.* memorialista.
to **memorize** *vt.* imparare a memoria.
memory *s.* memoria.
men V. *man.*
menace *s.* minaccia.
to **menace** *vt.* e *vi.* minacciare.
menacing *agg.* minaccioso.
menagerie *s.* serraglio.
mend *s.* rattoppo.
to **mend** *vt.* **1.** riparare **2.** correggere. ♦ to **mend** *vi.* **1.** correggersi **2.** migliorare.
mendacious *agg.* mendace.
mendacity *s.* **1.** abitudine di mentire **2.** bugia.
mender *s.* **1.** riparatore **2.** rammendatrice.
mendicant *agg.* e *s.* mendicante.
mendicity *s.* mendicità.
mending *s.* **1.** riparazione **2.** rammendo.
menial *agg.* servile. ♦ **menial** *s.* servo.
meninx *s.* (*pl.* meninges) meninge.
meniscus *s.* menisco.
menopause *s.* menopausa.
menses *s. pl.* mestruazioni.
menstruation *s.* mestruazione.
mental *agg.* mentale || *— -hospital,* manicomio.
mentality *s.* **1.** mentalità **2.** intelligenza.
menthol *s.* mentolo.
mention *s.* menzione || *don't — it,* non c'è di che (*risposta a « grazie »*).
to **mention** *vt.* nominare.
mentionable *agg.* menzionabile.
mentor *s.* mentore.
mephitic *agg.* mefitico.
mercantile *agg.* mercantile.
mercantilism *s.* mercantilismo.
mercenary *agg.* e *s.* mercenario.
merchandise *s.* merce.
to **merchandise** *vt.* e *vi.* commerciare.
merchant *s.* mercante || *— ship,* nave mercantile.
merciful *agg.* pietoso.
merciless *agg.* spietato.
mercury *s.* mercurio.
mercy *s.* pietà, misericordia.
mere[1] *agg.* **1.** mero **2.** solo.
mere[2] *s.* confine.
mere[3] *s.* laghetto, stagno.
to **merge** *vt.* assorbire. ♦ to **merge** *vi.* **1.** essere assortito **2.** immergersi.
merger *s.* (*comm.*) fusione (*di società*).
meridian *agg.* **1.** meridiano **2.** culminante. ♦ **meridian** *s.* **1.** meridiano **2.** culmine.
meridional *agg.* e *s.* meridionale.
merit *s.* merito.
to **merit** *vt.* meritare.
meritorious *agg.* meritorio.
mermaid *s.* sirena.
merman *s.* tritone.
merrily *avv.* allegramente.
merry *agg.* gaio.
merry-go-round *s.* giostra.
'merrymaking *s.* festa.
mesh *s.* maglia. ♦ **meshes** *s. pl.* reti.
mesocarp *s.* mesocarpo.
mesozoic *agg.* e *s.* mesozoico.
mess *s.* **1.** mensa **2.** confusione **3.** pasticcio.
to **mess** *vt.* mettere in disordine || *to — up,* mettere a soqquadro.
message *s.* **1.** messaggio **2.** commissione.
messenger *s.* messaggero || *— -boy,* fattorino.
Messiah *s.* Messia.
Messianic *agg.* messianico.
mestizo *s.* meticcio.

met V. *to meet.*
metabolism *s.* metabolismo.
metal *s.* **1.** metallo **2.** pietrisco.
metallic *agg.* metallico.
metallization *s.* metallizzazione.
to **metallize** *vt.* metallizzare.
metalloid *s.* metalloide.
metallurgic(al) *agg.* metallurgico.
metallurgist *s.* metallurgico.
metallurgy *s.* metallurgia.
metamorphic *agg.* metamorfico.
metamorphism *s.* metamorfismo.
metamorphosis *s.* (*pl.* -ses) metamorfosi.
metaphor *s.* metafora.
metaphoric(al) *agg.* metaforico.
metaphysic(al) *agg.* metafisico.
metaphysics *s.* metafisica.
metapsychic(al) *agg.* metapsichico.
metapsychics *s.* metapsichica.
metastasis *s.* (*pl.* -ses) metastasi.
metayage *s.* mezzadria.
metayer *s.* mezzadro.
mete *s.* segno di confine || *metes and bounds* (*giur.*), limiti e confini.
metempsychosis *s.* metempsicosi.
meteor *s.* meteora.
meteoric *agg.* **1.** meteorico **2.** transitorio.
meteoroid *s.* meteorite.
meteorologic(al) *agg.* meteorologico.
meteorologist *s.* meteorologo.
meteorology *s.* meteorologia.
meter *s.* **1.** contatore **2.** tassametro.
methane *s.* metano.
method *s.* metodo.
methodic(al) *agg.* metodico.
methodist *s.* metodista.
methodological *agg.* metodologico.
methodology *s.* metodologia.
meticulosity *s.* meticolosità.
meticulous *agg.* meticoloso.
metre *s.* **1.** metro **2.** (*mus.*) tempo.
metrical *agg.* metrico.
metrics *s.* metrica.
metronome *s.* metronomo.
metropolis *s.* metropoli.
metropolitan *agg.* metropolitano. ♦ **metropolitan** *s.* abitante di una metropoli.
mettle *s.* tempra.
mettled, mettlesome *agg.* focoso.
mew[1] *s.* gabbiano.
mew[2] *s.* miagolio.
to **mew**[1] *vt.* rinchiudere in gabbia.
to **mew**[2] *vi.* miagolare.
to **mewl** *vi.* vagire.
Mexican *agg.* e *s.* messicano.
mezzanine *s.* mezzanino.
miaul *s.* miagolio.
mice V. *mouse.*
microbe *s.* microbo.
microbial *agg.* microbico.
microbiology *s.* microbiologia.
microcosm *s.* microcosmo.
micrometer *s.* micrometro.
micrometry *s.* micrometria.
micro-organism *s.* microorganismo.
microphone *s.* microfono.
microphotography *s.* microfotografia.
microscope *s.* microscopio.
microscopic(al) *agg.* microscopico.
microscopy *s.* microscopia.
mid *agg.* medio, mezzo.
midday *s.* mezzogiorno.
middle *agg.* medio || *Middle Ages,* medioevo; — *-aged,* di mezza età. ♦ **middle** *s.* **1.** mezzo **2.** cintola.
middle class *s.* borghesia.
middleman *s.* intermediario.
middling *agg.* medio.
midge *s.* moscerino.
midget *s.* nano.
midland *agg.* centrale. ♦ **midlands** *s. pl.* regione centrale (*sing.*).
midnight *s.* mezzanotte.
midriff *s.* **1.** diaframma **2.** costume da bagno a due pezzi.
midshipman *s.* guardiamarina.
midst *s.* mezzo.
midsummer *s.* solstizio d'estate.
midway *agg.* e *avv.* a mezza strada.
mid-week *agg.* di metà settimana.
midwife *s.* (*pl.* -wives) levatrice.
midwinter *s.* solstizio d'inverno.
mien *s.* portamento.
might *s.* potenza.
might V. *may.*
mighty *agg.* potente.
migrant *agg.* e *s.* migratore.
to **migrate** *vi.* (e)migrare.
migration *s.* (e)migrazione.
migratory *agg.* migratore.
milady *s.* nobildonna.
mild *agg.* dolce.
mildew *s.* muffa.
mildness *s.* dolcezza.
mile *s.* miglio.
milestone *s.* pietra miliare.
milfoil *s.* millefoglio.
miliary *agg.* migliare.
militant *agg.* militante. ♦ **militant** *s.* attivista.

militarily *avv.* militarmente.
militarism *s.* militarismo.
militarist *s.* militarista.
militarization *s.* militarizzazione.
to **militarize** *vt.* militarizzare.
military *agg.* e *s.* militare.
militiaman *s.* milite.
milk *s.* latte || — *-jug,* lattiera.
to **milk** *vt.* mungere. ♦ to **milk** *vi.* **1.** produrre latte **2.** mungere.
milker *s.* **1.** mungitore **2.** mucca da latte.
milking *s.* mungitura.
milkmaid *s.* mungitrice.
milkman *s.* lattaio.
milky *agg.* **1.** latteo **2.** (*fig.*) gentile || *the Milky Way,* la Via Lattea.
mill *s.* **1.** mulino **2.** macinino **3.** fabbrica || *saw-* —, segheria.
to **mill** *vt.* **1.** macinare **2.** segare **3.** frullare.
millenary *agg.* millenario. ♦ **millenary** *s.* **1.** millennio **2.** millenario.
millennium *s.* millennio.
millepede *s.* millepiedi.
miller *s.* **1.** mugnaio **2.** fresatore **3.** fresa.
millet *s.* (*bot.*) miglio.
milliard *s.* **1.** miliardo **2.** (*amer.*) bilione.
milligram(me) *s.* milligrammo.
millimetre *s.* millimetro.
milliner *s.* modista.
millinery *s.* modisteria.
milling *s.* **1.** macinatura **2.** fresatura.
million *s.* milione.
millionaire *s.* milionario.
millstone *s.* macina.
mime *s.* mimo.
to **mime** *vi.* e *vt.* mimare.
to **mimeograph** *vt.* ciclostilare.
mimetic *agg.* mimetico.
mimic *agg.* imitativo || — *art,* mimica. ♦ **mimic** *s.* imitatore.
to **mimic (mimicked, mimicked)** *vt.* imitare.
mimicry *s.* **1.** imitazione **2.** mimetismo.
minaret *s.* minareto.
minatory *agg.* minatorio.
mince *s.* carne tritata.
to **mince** *vt.* **1.** tritare **2.** tagliuzzare **3.** mitigare. ♦ to **mince** *vi.* camminare, parlare in modo affettato.
mincer *s.* tritacarne.
mincing *agg.* affettato.
mind *s.* **1.** mente **2.** opinione.
to **mind** *vt.* **1.** badare a **2.** spiacere || *never —!,* non importa!; *I do not* —, non mi preoccupo di.
minded *agg.* incline || *broad-* —, di larghe vedute; *narrow-* —, di idee ristrette || *if you are so* —, se la pensate così.
mindful *agg.* memore.
mindless *agg.* **1.** disattento **2.** stupido.
mine[1] *pron. poss.* il mio, la mia, i miei, le mie || *a friend of* —, un mio amico.
mine[2] *s.* **1.** miniera **2.** mina || — *-sweeper,* dragamine.
to **mine** *vt.* **1.** scavare **2.** estrarre **3.** minare.
miner *s.* minatore.
mineral *agg.* e *s.* minerale.
to **mineralize** *vt.* mineralizzare.
mineralogy *s.* mineralogia.
to **mingle** *vt.* mescolare. ♦ to **mingle** *vi.* mescolarsi.
miniature *agg.* in miniatura. ♦ **miniature** *s.* miniatura.
to **miniature** *vt.* e *vi.* fare miniature.
miniaturist *s.* miniaturista.
minim *s.* **1.** (*mus.*) minima **2.** quantità minima **3.** inezia.
minimal *agg.* minimo.
to **minimize** *vt.* minimizzare.
minimum *s.* (*pl.* -ma) minimo.
mining *agg.* minerario. ♦ **mining** *s.* **1.** scavo **2.** estrazione **3.** posa di mine.
minion *s.* favorito.
miniskirt *s.* minigonna.
minister *s.* ministro.
to **minister** *vi.* assistere.
ministerial *agg.* ministeriale.
ministry *s.* ministero.
mink *s.* visone.
minor *agg.* minore. ♦ **minor** *s.* minorenne.
minority *s.* **1.** minoranza **2.** età minore.
minstrel *s.* menestrello.
mint[1] *s.* zecca.
mint[2] *s.* menta.
to **mint** *vt.* coniare.
mintage *s.* conio.
minuend *s.* minuendo.
minuet *s.* minuetto.
minus *s.* e *prep.* meno.
minute *agg.* minuto, minuscolo.
minute *s.* **1.** minuto **2.** nota || — *-hand,* lancetta dei minuti.

minutely[1] *avv.* minutamente.
minutely[2] *avv.* di minuto in minuto.
minuteness *s.* **1.** minutezza **2.** minuziosità.
miracle *s.* miracolo.
miraculous *agg.* miracoloso.
mirage *s.* miraggio.
mire *s.* fango.
to **mire** *vt.* infangare. ♦ to **mire** *vi.* infangarsi.
mirror *s.* specchio || *driving-* —, specchietto retrovisore.
to **mirror** *vt.* rispecchiare.
mirth *s.* allegria.
mirthful *agg.* allegro.
mirthless *agg.* triste.
miry *agg.* fangoso.
misadventure *s.* disavventura.
misanthrope *s.* misantropo.
misanthropy *s.* misantropia.
misapplication *s.* applicazione erronea.
to **misapply** *vt.* applicare erroneamente.
misapprehension *s.* malinteso.
misbehaviour *s.* cattivo contegno.
misbelief *s.* falsa credenza.
to **misbelieve** *vi.* avere una falsa credenza.
misbeliever *s.* miscredente.
misbelieving *agg.* eretico.
to **miscalculate** *vt.* e *vi.* calcolare male.
miscarriage *s.* **1.** disguido **2.** fallimento **3.** aborto.
to **miscarry** *vi.* **1.** smarrirsi **2.** fallire **3.** abortire.
miscellaneous *agg.* miscellaneo.
miscellany *s.* miscellanea.
mischance *s.* sfortuna.
mischief *s.* **1.** danno, male **2.** malizia **3.** birichinata.
mischievous *agg.* **1.** nocivo **2.** malizioso.
misconduct *s.* cattiva condotta.
miscount *s.* conteggio errato.
misdeed *s.* misfatto.
misdemeanour *s.* misfatto.
to **misdirect** *vt.* mandare in direzione sbagliata.
misdirection *s.* indicazione sbagliata.
misdoing *s.* misfatto.
miser *s.* avaro.
miserable *agg.* **1.** triste **2.** miserabile.
miserliness *s.* avarizia.
miserly *agg.* avaro.
misery *s.* **1.** miseria **2.** sofferenza.
misfire *s.* cilecca.
misfit *s.* **1.** cosa che si adatta male **2.** (*fig.*) pesce fuor d'acqua.
misfortune *s.* sventura.
to **misgive (misgave, misgiven)** *vt.* preoccupare. ♦ to **misgive (misgave, misgiven)** *vi.* preoccuparsi.
misgiving *s.* **1.** presentimento **2.** timore.
to **misgovern** *vt.* governare male.
misgovernment *s.* malgoverno.
to **misguide** *vt.* **1.** guidare male **2.** traviare.
to **mishandle** *vt.* maltrattare.
mishap *s.* infortunio.
to **misinform** *vt.* informare male.
misinformation *s.* informazione sbagliata.
to **misinterpret** *vt.* interpretare male.
misinterpretation *s.* interpretazione errata.
to **misjudge** *vt.* giudicare male.
misjudgement *s.* giudizio erroneo.
to **mislay (mislaid, mislaid)** *vt.* smarrire.
to **mislead (misled, misled)** *vt.* **1.** traviare **2.** ingannare.
misogamy *s.* misogamia.
misogynist *s.* misogino.
misogyny *s.* misoginia.
misoneism *s.* misoneismo.
to **misplace** *vt.* collocare male, fuori posto.
misplacement *s.* spostamento.
misprint *s.* errore di stampa, refuso.
to **misprint** *vt.* stampare con errori.
to **mispronounce** *vt.* pronunciare male.
mispronunciation *s.* pronuncia scorretta.
misquotation *s.* citazione erronea.
to **misquote** *vt.* citare erroneamente.
to **misread (misread, misread)** *vt.* leggere erroneamente.
mesreading *s.* falsa interpretazione.
to **misrepresent** *vt.* travisare.
misrepresentation *s.* travisamento.
miss[1] *s.* **1.** colpo mancato **2.** difetto.
miss[2] *s.* signorina: *Miss Jane Smith*, la signorina Jane Smith.
to **miss** *vt.* **1.** mançare (*il colpo*) **2.** perdere **3.** notare, sentire la man-

canza di **4.** evitare.
missal *s.* messale.
missile *s.* missile.
missing *agg.* mancante || *the* —, i dispersi.
mission *s.* missione.
missionary *agg.* e *s.* missionario.
missioner *s.* missionario.
to **misspell** *vt.* sbagliare l'ortografia.
mist *s.* **1.** bruma **2.** pioggerella **3.** appannamento.
to **mist** *vt.* appannare. ♦ to **mist** *vi.* appannarsi.
mistakable *agg.* suscettibile d'errore.
mistake *s.* errore.
to **mistake (mistook, mistaken)** *vt.* **1.** sbagliare **2.** scambiare **3.** non capire.
mistaken *agg.* **1.** in errore **2.** erroneo.
mister *s.* signore: *Mr. Brown*, il signor Brown.
mistletoe *s.* vischio.
mistook V. *to mistake.*
mistral *s.* maestrale.
mistranslation *s.* traduzione errata.
mistress *s.* **1.** signora: *Mrs. Brown*, la signora Brown **2.** insegnante **3.** amante.
mistrust *s.* diffidenza.
to **mistrust** *vt.* e *vi.* diffidare di, sospettare.
mistrustful *agg.* diffidente.
misty *agg.* **1.** nebbioso **2.** confuso.
to **misunderstand (misunderstood, misunderstood)** *vt.* e *vi.* fraintendere.
misunderstanding *s.* **1.** malinteso **2.** disaccordo.
misunderstood V. *to misunderstand.*
misusage, misuse *s.* **1.** cattivo uso **2.** maltrattamento.
to **misuse** *vt.* **1.** usar male **2.** maltrattare.
to **miswrite (miswrote, miswritten)** *vt.* scrivere scorrettamente.
mithridatic *agg.* immunizzante (*contro veleni*).
mithridatism *s.* immunizzazione (*contro un veleno*).
to **mitigate** *vt.* mitigare.
mitigation *s.* mitigazione.
mitral *agg.* mitrale.
mitre *s.* **1.** (*eccl.*) mitra **2.** giunto ad angolo.
mitt(en) *s.* manopola, guantone.
to **mix** *vt.* mescolare || *to — up*, confondere. ♦ to **mix** *vi.* mescolarsi.
mixed *agg.* misto, eterogeneo.
mixer *s.* (*mecc.*) mescolatore.
mixing *s.* mescolanza.
mixture *s.* **1.** mescolanza **2.** miscela.
mizzen *s.* (*mar.*) mezzana.
mnemonic *agg.* mnemonico.
mnemonics *s.* mnemonica.
moan *s.* gemito.
to **moan** *vt.* e *vi.* gemere.
moanful *agg.* lamentoso.
moaning *s.* lamento.
moat *s.* fossato.
mob *s.* **1.** folla **2.** plebaglia.
to **mob** *vt.* **1.** assalire **2.** affollare.
mobile *agg.* **1.** mobile **2.** mutevole.
mobility *s.* **1.** mobilità **2.** mutevolezza.
mobilization *s.* mobilitazione.
to **mobilize** *vt.* mobilitare.
moccasin *s.* mocassino.
mock *agg.* **1.** ironico **2.** finto || *—-heroic*, eroicomico. ♦ **mock** *s.* **1.** derisione **2.** imitazione.
to **mock** *vt.* e *vi.* beffare, prendersi gioco di.
mocker *s.* burlone.
mockery *s.* **1.** derisione **2.** contraffazione.
mocking *agg.* beffardo.
modal *agg.* modale.
modality *s.* modalità.
model *agg.* modello. ♦ **model** *s.* **1.** modello **2.** copia.
to **model** *vt.* modellare.
modeller *s.* **1.** modellatore **2.** modellista.
modelling *s.* **1.** modellatura **2.** creazione di modelli.
moderate *agg.* e *s.* moderato.
to **moderate** *vt.* moderare. ♦ to **moderate** *vi.* moderarsi.
moderateness *s.* moderatezza.
moderation *s.* moderazione.
moderator *s.* moderatore.
modern *agg.* e *s.* moderno.
modernism *s.* modernismo.
modernist *s.* modernista.
modernity *s.* modernità.
modernization *s.* **1.** rimodernamento **2.** aggiornamento.
to **modernize** *vt.* modernizzare. ♦ to **modernize** *vi.* modernizzarsi.
modest *agg.* **1.** modesto **2.** pudico.

modesty *s.* **1.** modestia **2.** pudore.
modifiable *agg.* modificabile.
modification *s.* modificazione.
modifier *s.* modificatore.
to **modify** *vt.* modificare.
to **modulate** *vt.* e *vi.* modulare.
modulation *s.* modulazione.
modulator *s.* modulatore.
mofette *s.* mofeta.
Mohammedan *agg.* e *s.* maomettano.
moist *agg.* umido.
to **moisten** *vt.* inumidire. ♦ to **moisten** *vi.* inumidirsi.
moistness *s.* umidità.
moisture *s.* vapore umido.
molar *agg.* e *s.* molare.
molasses *s.* melassa.
mole[1] *s.* neo.
mole[2] *s.* talpa.
mole[3] *s.* molo.
molecular *agg.* molecolare.
molecule *s.* molecola.
moleskin *s.* **1.** pelle di talpa **2.** fustagno. ♦ **moleskins** *s. pl.* calzoni di fustagno.
to **molest** *vt.* molestare.
molestation *s.* molestia.
molester *s.* molestatore.
to **mollify** *vt.* addolcire.
mollusc *s.* mollusco.
molybdenum *s.* molibdeno.
moment *s.* **1.** momento **2.** importanza.
momentary *agg.* momentaneo.
momentous *agg.* importante.
monachal *agg.* monacale.
monad *s.* monade.
monarch *s.* monarca.
monarchic(al) *agg.* monarchico.
monarchist *s.* monarchico.
monarchy *s.* monarchia.
monastery *s.* monastero.
monastic(al) *agg.* monastico.
Monday *s.* lunedì.
monetary *agg.* monetario.
monetization *s.* monetazione.
to **monetize** *vt.* monetizzare.
money *s.* denaro || — *-bag,* portamonete; — *-order,* vaglia; *earnest* —, caparra; *paper* —, valuta cartacea; *ready* —, contanti.
moneyed *agg.* **1.** di, in denaro **2.** ricco.
moneyless *agg.* squattrinato.
monger *s.* mercante || *fish* —, pescivendolo.
Mongolian *agg.* e *s.* mongolo.
mongolism *s.* mongolismo.
mongoloid *agg.* e *s.* mongoloide.
mongrel *agg.* misto. ♦ **mongrel** *s.* **1.** bastardo **2.** incrocio.
monism *s.* monismo.
monition *s.* **1.** ammonizione **2.** (*giur.*) citazione.
monitor *s.* **1.** consigliere **2.** capoclasse **3.** dispositivo di controllo.
monitory *agg.* ammonitore.
monk *s.* monaco.
monkey *s.* scimmia.
monkeyish *agg.* scimmiesco.
monkhood *s.* monacato.
monkish *agg.* monastico, manacale.
monochromatic *agg.* monocromatico.
monochrome *s.* monocromia.
monocle *s.* monocolo.
monody *s.* monodia.
monogamist *s.* monogamo.
monogamy *s.* monogamia.
monogram *s.* monogramma.
monograph *s.* monografia.
monographic(al) *agg.* monografico.
monolith *s.* monolito.
monolithic *agg.* monolitico.
monologue *s.* monologo.
monometallic *agg.* monometallico.
monomial *s.* monomio.
monomolecular *agg.* monomolecolare.
monoplane *s.* monoplano.
monopolist *s.* monopolista.
to **monopolize** *vt.* monopolizzare.
monopoly *s.* monopolio.
monorail *s.* monorotaia.
monosyllabic *agg.* monosillabico.
monosyllable *s.* monosillabo.
monotheism *s.* monoteismo.
monotheist *s.* monoteista.
monotheistic(al) *agg.* monoteistico.
monotone *s.* tono uniforme.
monotonous *agg.* monotono.
monotony *s.* **1.** tono uniforme **2.** monotonia.
monotype *s.* monotipo.
monsoon *s.* monsone.
monster *agg.* colossale. ♦ **monster** *s.* mostro.
monstrance *s.* ostensorio.
monstrosity *s.* mostruosità.
monstrous *agg.* mostruoso.
montage *s.* montaggio.
month *s.* mese.
monthly *agg.* e *s.* mensile. ♦ **monthly** *avv.* mensilmente.
monument *s.* monumento.
monumental *agg.* monumentale.

mood *s.* **1.** umore **2.** (*gramm.*) modo. ♦ **moods** *s. pl.* capricci.
moodily *avv.* di malumore.
moodiness *s.* malumore.
moody *agg.* di malumore.
moon *s.* luna.
to **moon** *vi.* **1.** gingillarsi **2.** allunare || *to — about,* bighellonare.
mooncalf *s.* (*pl.* -lves) idiota.
mooning *s.* vagabondaggio.
moonlight *s.* chiaro di luna.
moonlit *agg.* illuminato dalla luna.
moonshine *s.* V. *moonlight.*
moonshiny *agg.* V. *moonlit.*
moony *agg.* **1.** lunare **2.** distratto.
Moor *s.* moro.
moor *s.* brughiera.
to **moor** *vt.* e *vi.* ormeggiare.
moorage *s.* ormeggio. ♦ **moorings** *s. pl.* **1.** gomena (*sing.*) **2.** ormeggi.
mop[1] *s.* **1.** scopa **2.** zazzera.
mop[2] *s.* smorfia.
to **mop**[1] *vt.* **1.** pulire **2.** asciugare || *to — up* (*mil.*), rastrellare.
to **mop**[2] *vi.* fare smorfie.
mope *s.* **1.** persona avvilita **2.** tristezza.
to **mope** *vt.* avvilire. ♦ to **mope** *vi.* avvilirsi.
mopish *agg.* avvilito.
moraine *s.* morena.
moral *agg.* morale. ♦ **moral** *s.* **1.** morale **2.** principio morale. ♦ **morals** *s. pl.* costumi.
morale *s.* il morale.
moralism *s.* moralismo.
moralist *s.* moralista.
moralistic *agg.* moralistico.
morality *s.* moralità.
moralization *s.* moralizzazione.
to **moralize** *vt.* moralizzare. ♦ to **moralize** *vi.* trarre la morale.
morass *s.* palude.
moratory *agg.* moratorio.
moratorium *s.* (*pl.* -ria) moratoria.
moray *s.* murena.
morbid *agg.* **1.** morboso **2.** patologico.
morbidity *s.* **1.** morbosità **2.** stato patologico.
mordacity, mordancy *s.* mordacità.
mordant *agg.* e *s.* mordente.
more (*comp. di* much, many) *agg., pron.* e *avv.* più, di più, maggiormente || *— and —,* sempre più; *once —,* ancora una volta.
moreover *avv.* inoltre.
morganatic *agg.* morganatico.
morgue *s.* obitorio.
Mormon *agg.* e *s.* mormone.
morning *s.* mattino.
Moroccan *agg.* e *s.* marocchino.
moron *s.* deficiente.
morose *agg.* tetro.
morphia, morphine *s.* morfina.
morphinomaniac *agg.* e *s.* morfinomane.
morphologic(al) *agg.* morfologico.
morphology *s.* morfologia.
morsel *s.* boccone.
mortal *agg.* e *s.* mortale.
mortality *s.* mortalità.
mortally *avv.* mortalmente.
mortar[1] *s.* mortaio.
mortar[2] *s.* calcina.
mortgage *s.* ipoteca.
to **mortgage** *vt.* ipotecare.
mortagagee *s.* creditore ipotecario.
mortgager *s.* debitore ipotecario.
mortification *s.* mortificazione.
to **mortify** *vt.* **1.** mortificare **2.** incancrenire. ♦ to **mortify** *vi.* **1.** mortificarsi **2.** incancrenirsi.
mortuary *agg.* mortuario. ♦ **mortuary** *s.* camera mortuaria.
mosaic *agg.* musivo. ♦ **mosaic** *s.* mosaico.
Moslem *agg.* e *s.* mussulmano.
mosque *s.* moschea.
mosquito *s.* zanzara || *— -net,* zanzariera.
moss *s.* **1.** acquitrino **2.** muschio.
mossy *agg.* muscoso.
most *agg.* e *pron.* (*superl. di* much, many) il più, la maggior parte di, il massimo. ♦ **most** *avv.* **1.** il più **2.** molto **3.** maggiormente.
mostly *avv.* per lo più.
mote *s.* particella.
moth *s.* **1.** falena **2.** tignola.
mother *s.* madre || *— -country,* madrepatria; *— -in-law,* suocera.
motherhood *s.* maternità.
motherless *agg.* senza madre.
motherly *agg.* materno.
mothproof *agg.* inattaccabile dalle tarme.
motif *s.* motivo.
motion *s.* **1.** moto, movimento **2.** mozione || *— -picture,* film.
motionless *agg.* immobile.
to **motivate** *vt.* **1.** motivare **2.** stimolare.
motivation *s.* **1.** motivazione **2.** stimolo.
motive *agg.* motore. ♦ **motive** *s.*

motivo, movente.
motley *agg.* **1.** screziato **2.** eterogeneo. ♦ **motley** *s.* miscuglio.
motor *agg.* e *s.* motore || — *-cycle,* motocicletta; — *-car,* automobile, — *-boat,* motobarca; — *ship,* motonave.
to **motor** *vi.* andare in automobile.
motoring *s.* automobilismo.
motorist *s.* automobilista.
motorization *s.* motorizzazione.
to **motorize** *vt.* motorizzare.
mottle *s.* chiazza.
to **mottle** *vt.* chiazzare.
moufflon *s.* muflone.
mould[1] *s.* stampo.
mould[2] *s.* muffa.
mould[3] *s.* terriccio.
to **mould**[1] *vt.* modellare.
to **mould**[2] *vi.* ammuffire.
moulding *s.* **1.** il modellare **2.** cornice **3.** fusione.
mouldy *agg.* ammuffito.
mound *s.* monticello.
mount[1] *s.* monte, montagna.
mount[2] **1.** cavalcatura **2.** intelaiatura **3.** affusto di cannone **4.** montatura.
to **mount** *vt.* salire. ♦ to **mount** *vi.* **1.** montare **2.** ammontare.
mountain *s.* montagna.
mountaineer *s.* **1.** montanaro **2.** alpinista.
mountaineering *s.* alpinismo.
mountainous *agg.* montuoso.
mountebank *s.* ciarlatano.
mounter *s.* montatore.
to **mourn** *vt.* e *vi.* piangere.
mourner *s.* chi è in lutto.
mournful *agg.* lugubre.
mourning *s.* **1.** dolore **2.** lutto: *to go into* —, mettere il lutto.
mouse *s.* (*pl.* mice) topo.
moustache *s.* baffi (*pl.*).
mouth *s.* bocca.
to **mouth** *vt.* declamare. ♦ to **mouth** *vi.* fare smorfie.
mouthful *s.* boccone.
mouthpiece *s.* **1.** bocchino **2.** portavoce.
movable *agg.* mobile.
movables *s. pl.* beni mobili.
move *s.* **1.** movimento **2.** mossa **3.** trasloco.
to **move** *vt.* **1.** muovere **2.** commuovere. ♦ to **move** *vi.* **1.** muoversi
movement *s.* **1.** movimento, moto. **2.** traslocare **3.** commuoversi.
mover *s.* promotore.
movie *s.* film. ♦ **movies** *s. pl.* cinema (*sing.*).
moving *s.* **1.** spostamento **2.** trasloco.
mow *s.* covone.
to **mow (mowed, mown)** *vt.* falciare.
mower *s.* falciatore.
mowing *s.* falciatura.
mown V. *to mow.*
much (more, most) *agg., s.* e *avv.* molto || *so* —, tanto; *too* —, troppo; *as* — *as,* tanto quanto; *how* —?, quanto?
muck *s.* letame.
mucous *agg.* mucoso.
mucus *s.* muco.
mud *s.* fango || — *-guard,* parafango.
to **mud** *vt.* infangare.
muddle *s.* confusione, pasticcio.
to **muddle** *vt.* confondere.
muddleheaded *agg.* confusionario.
muddler *s.* confusionario.
muddy *agg.* **1.** fangoso **2.** torbido **3.** infangato.
to **muddy** *vt.* infangare.
muff[1] *s.* manicotto.
muff[2] *s.* **1.** colpo mancato **2.** babbeo.
to **muffle** *vt.* **1.** avvolgere **2.** smorzare.
muffler *s.* **1.** sciarpa **2.** guantone **3.** silenziatore.
mug *s.* (*fam.*) faccia || — *shot* (*tv*), primo piano.
mulberry *s.* mora || — (*-tree*) gelso.
mule *s.* mulo.
mulish *agg.* (*fig.*) testardo.
muller *s.* pestello.
multiform *agg.* multiforme.
multimillionaire *s.* multimilionario.
multiple *agg.* e *s.* multiplo.
multiplicable *agg.* moltiplicabile.
multiplicand *s.* moltiplicando.
multiplication *s.* moltiplicazione.
multiplicity *s.* molteplicità.
multiplier *s.* moltiplicatore.
to **multiply** *vt.* moltiplicare. ♦ to **multiply** *vi.* moltiplicarsi.
multitude *s.* moltitudine.
multitudinous *agg.* **1.** innumerevole **2.** vasto.
mumble *s.* borbottio.
to **mumble** *vt.* e *vi.* borbottare.
mumbling *s.* V. *mumble.*
mummer *s.* guitto.

mummification *s.* mummificazione.
to **mummify** *vt.* mummificare.
mummy[1] *s.* mummia.
mummy[2] *s.* mammina.
mumps *s. pl.* orecchioni.
to **munch** *vt.* e *vi.* biascicare.
municipal *agg.* municipale.
municipality *s.* municipalità.
municipalization *s.* municipalizzazione.
to **municipalize** *vt.* municipalizzare.
munificence *s.* munificenza.
munificent *agg.* munifico.
munitions *s. pl.* munizioni.
mural *agg.* murale. ♦ **mural** *s.* affresco.
murder *s.* assassinio.
to **murder** *vt.* assassinare.
murderer *s.* assassino.
murderous *agg.* omicida.
muriatic *agg.* muriatico.
murky *agg.* tenebroso.
murmur *s.* **1.** mormorio **2.** brontolio.
to **murmur** *vt.* mormorare. ♦ to **murmur** *vi.* brontolare.
murmuring *s.* V. *murmur.*
muscat(el) *s.* moscato.
muscle *s.* muscolo.
muscled *agg.* muscoloso
muscular *agg.* **1.** muscolare **2.** muscoloso.
musculature *s.* muscolatura.
Muse *s.* musa.
to **muse** *vi.* meditare.
museum *s.* museo.
mushroom *s.* fungo.
mushy *agg.* infrollito.
music *s.* musica.
musical *agg.* **1.** musicale **2.** appassionato di musica.
musicality *s.* musicalità.
musician *s.* musicista || *street —,* suonatore ambulante.
musicologist *s.* musicologo.
musicology *s.* musicologia.
musing *agg.* meditabondo. ♦ **musing** *s.* meditazione.
musk *s.* muschio.
musket *s.* moschetto.
musketeer *s.* moschettiere.
musky *agg.* muschiato.
Muslim *agg.* e *s.* mussulmano.
muslin *s.* mussola.
muss *s.* stato di confusione.
mussel *s.* mitilo.
must[1] *s.* mosto.
must[2] *s.* muffa.
must *v. dif.* (*pres. ind.*) dovere || *he — return here,* deve ritornare qui, *it — be true,* deve essere vero; *you — know him!,* non puoi non conoscerlo!
mustard *s.* senape.
muster *s.* adunata.
to **muster** *vt.* adunare. ♦ to **muster** *vi.* adunarsi.
mutability *s.* mutabilità.
mutable *agg.* mutevole.
mutation *s.* cambiamento.
mute *agg.* muto. ♦ **mute** *s.* **1.** muto **2.** sordina.
to **mutilate** *vt.* mutilare.
mutilation *s.* mutilazione.
mutineer *s.* ammutinato.
mutinous *agg.* ammutinato, ribelle.
mutiny *s.* ammutinamento.
to **mutiny** *vi.* ammutinarsi.
mutism *s.* mutismo.
to **mutter** V. *to murmur.*
mutton *s.* montone.
mutual *agg.* **1.** reciproco **2.** comune.
muzzle *s.* **1.** muso **2.** museruola **3.** bocca (*di arma*).
to **muzzle** *vt.* mettere la museruola a.
my *agg. poss.* mio, mia, miei, mie,
mycosis *s.* (*pl.* -ses) micosi.
myocardial *agg.* miocardico.
myocarditis *s.* miocardite.
myocardium *s.* miocardio.
myopia *s.* miopia.
myopic *agg.* miope.
myosote *s.* miosotide.
myriad *s.* miriade.
myriagram *s.* miriagrammo.
myriametre *s.* miriametro.
Myriapoda *s. pl.* miriapodi.
myrrh *s.* mirra.
myrtle *s.* mirto.
myself *pron. r.* io stesso, me stesso, mi.
mysterious *agg.* misterioso.
mystery *s.* mistero.
mystic *agg.* e *s.* mistico.
mystical *agg.* mistico.
mysticism *s.* misticismo.
mystification *s.* mistificazione.
mystifier *s.* mistificatore.
to **mystify** *vt.* **1.** disorientare **2.** avvolgere nel mistero.
myth *s.* mito.
mythic(al) *agg.* mitico.
to **mythicize** *vt.* volgere in mito.
mythologic(al) *agg.* mitologico.
to **mythologize** *vi.* studiare i miti.
mythology *s.* mitologia.

mythomania *s.* mitomania.
mythomaniac *agg.* e *s.* mitomane.

N

nabob *s.* nababbo.
nacre *s.* madreperla.
to **nag** *vt.* e *vi.* brontolare.
naiad *s.* naiade.
nail *s.* **1.** unghia, artiglio **2.** chiodo.
to **nail** *vt.* **1.** inchiodare **2.** munire di chiodi.
nailer *s.* fabbricante di chiodi.
naïve *agg.* ingenuo, semplice.
naiveté *s.* ingenuità.
naked *agg.* **1.** nudo, spogliato **2.** spoglio, indifeso.
nakedness *s.* nudità.
name *s.* **1.** nome **2.** fama, reputazione || — *-day,* onomastico; *full* —, generalità.
to **name** *vt.* **1.** nominare, dare un nome **2.** designare.
nameless *agg.* **1.** senza nome **2.** innominabile.
namely *avv.* cioè.
nanny *s.* bambinaia, balia.
nap[1] *s.* siesta, sonnellino.
nap[2] *s.* pelo (*di stoffe*).
to **nap** *vi.* schiacciare un sonnellino, sonnecchiare.
nape *s.* nuca.
naphtha *s.* nafta.
napkin *s.* **1.** tovagliolo: — *-ring,* anello per tovagliolo **2.** pannolino.
narcissism *s.* narcisismo.
narcosis, narcotism *s.* narcosi.
narcotic *agg.* *s.* narcotico.
narcotization *s.* narcotizzazione.
to **narcotize** *vt.* narcotizzare.
to **narrate** *vt.* narrare.
narration *s.* narrazione, racconto.
narrative *agg.* narrativo. ♦ **narrative** *s.* resoconto, narrazione.
narrator *s.* narratore.
narrow *agg.* **1.** stretto, angusto, ristretto (*anche fig.*) **2.** esatto, minuzioso || — *-minded,* di idee ristrette. ♦ **narrow** *s.* stretto, strettoia.
to **narrow** *vt.* stringere, ridurre. ♦ to **narrow** *vi.* stringersi, contrarsi.
narrowness *s.* strettezza, limitatezza.
narwhal *s.* narvalo.
nasal *agg.* nasale. ♦ **nasal** *s.* **1.** suono nasale **2.** osso nasale.
nascent *agg.* nascente.
nastily *avv.* **1.** sgradevolmente **2.** con cattiveria.
nastiness *s.* **1.** cattivo gusto **2.** cattiveria.
nasty *agg.* **1.** sporco, sgradevole **2.** cattivo, tempestoso (*di tempo*).
natal *agg.* natale.
natality *s.* natalità.
natant *agg.* natante.
natation *s.* nuoto.
natatorial *agg.* natatorio.
nation *s.* nazione.
national *agg.* nazionale.
nationalism *s.* nazionalismo.
nationalist *s.* nazionalista.
nationality *s.* **1.** nazionalità **2.** patriottismo.
nationalization *s.* **1.** nazionalizzazione **2.** naturalizzazione.
to **nationalize** *vt.* **1.** nazionalizzare **2.** naturalizzare.
native *agg.* **1.** innato **2.** natio, indigeno. ♦ **native** *s.* indigeno, nativo.
nativity *s.* nascita, natività.
natural *agg.* **1.** naturale, fisico **2.** spontaneo **3.** istintivo, innato.
naturalism *s.* naturalismo.
naturalist *s.* naturalista.
naturalistic *agg.* naturalistico.
naturalization *s.* **1.** naturalizzazione **2.** acclimatamento.
to **naturalize** *vi.* **1.** naturalizzare **2.** acclimatare.
nature *s.* **1.** natura **2.** carattere, temperamento || *good* —, bontà.
natured *agg.* di natura, per natura || *good* —, buono, di buon carattere.
naturism *s.* naturismo, nudismo.
naturist *s.* naturista.
naughtily *avv.* con cattiveria.
naughtiness *s.* cattiveria.
naughty *agg.* cattivo, impertinente.
to **nauseate** *vt.* nauseare, disgustare. ♦ to **nauseate** *vi.* avere la nausea, disgustarsi.
nauseating *agg.* nauseabondo.
nautical *agg.* nautico.
naval *agg.* navale.
nave[1] *s.* mozzo di ruota.
nave[2] *s.* navata centrale (*di chiesa*).
navel *s.* **1.** ombelico **2.** (*fig.*) centro.
navigability *s.* navigabilità.
navigable *agg.* navigabile.
to **navigate** *vt.* e *vi.* **1.** navigare **2.** regolare la rotta.

navigation *s.* **1.** navigazione **2.** rotta.
navigator *s.* navigatore, ufficiale di rotta.
navvy *s.* sterratore.
navy *s.* marina da guerra, flotta.
nay *avv.* anzi, non solo.
Nazi *agg.* e *s.* nazista.
Neapolitan *agg.* e *s.* napoletano.
near *agg.* **1.** vicino, prossimo **2.** affine, intimo **3.** fedele, esatto. ♦ **near** *prep.* vicino a, presso a. ♦ **near** *avv.* vicino, presso, accanto.
to **near** *vt.* e *vi.* avvicinarsi (a).
nearby *agg. avv. prep.* assai vicino.
nearly *avv.* quasi.
neat *agg.* **1.** pulito, lindo **2.** grazioso, di buon gusto **3.** chiaro, conciso.
neatly *avv.* **1.** lindamente, ordinatamente **2.** con semplicità, con buon gusto **3.** concisamente.
neatness *s.* **1.** pulizia, ordine **2.** grazia, armonia **3.** semplicità **4.** concisione.
nebula *s.* nebulosa.
nebular *agg.* nebulare.
nebulosity *s.* nebulosità.
nebulous *agg.* nebuloso, vago.
necessary *agg.* necessario.
to **necessitate** *vt.* **1.** rendere necessario **2.** obbligare.
necessity *s.* necessità.
neck *s.* collo || *stiff* —, torcicollo.
neckerchief *s.* fazzoletto da collo.
necklace *s.* collana, vezzo.
neckline *s.* scollatura.
necktie *s.* cravatta.
necrology *s.* necrologia.
necromancer *s.* negromante.
necromancy *s.* negromanzia.
necropolis *s.* necropoli.
necrosis *s.* (*pl.* -ses) necrosi.
nectar *s.* nettare.
need *s.* necessità, bisogno.
to **need** *vt.* e *vi.* essere necessario, occorrere, abbisognare, mancare di.
needful *agg.* necessario, indispensabile.
neediness *s.* bisogno, povertà.
needle *s.* **1.** ago **2.** puntina di grammofono.
to **needle** *vt.* **1.** cucire, pungere (*con un ago*) **2.** irritare.
needleful *s.* gugliata.
needless *agg.* inutile, superfluo.
needlewoman *s.* cucitrice.
needlework *s.* lavoro ad ago.
needs *avv.* necessariamente.
needy *agg.* povero, indigente.
ne'er *avv.* (*contrazione di* never) mai.
negation *s.* diniego.
negative *agg.* negativo. ♦ **negative** *s.* **1.** negazione **2.** qualità negative.
neglect *s.* negligenza, trascuratezza.
to **neglect** *vt.* trascurare.
neglectful *agg.* negligente, noncurante.
negligence *s.* negligenza, trascuratezza.
negligent *agg.* negligente, trascurato.
negligible *agg.* trascurabile.
negotiable *agg.* negoziabile.
to **negotiate** *vt.* e *vi.* negoziare, trattare.
negotiation *s.* trattativa.
negress *s.* negra.
negro *agg.* e *s.* negro.
negroid *agg.* negroide.
neigh *s.* nitrito.
to **neigh** *vi.* nitrire.
neighbour *s.* vicino.
to **neighbour** *vi.* essere vicini di casa.
neighbourhood *s.* **1.** i vicini, vicinato **2.** paraggi, dintorni (*pl.*).
neighbouring *agg.* vicino, contiguo.
neither[1] *agg.* né l'uno né l'altro.
neither[2] *avv.* né, neppure, nemmeno: — ... *nor,* né ... né.
nemesis *s.* (*pl.* -ses) nemesi.
neo-classic(al) *agg.* neoclassico.
neo-classicism *s.* neoclassicismo.
neo-criticism *s.* neocriticismo.
neolithic *agg.* neolitico.
neologism *s.* neologismo.
neology *s.* neologia.
neon *s.* neon.
neophyte *s.* neofito.
neoplatonic *agg.* neoplatonico.
Neoplatonism *s.* neoplatonismo.
neopositivism *s.* neopositivismo.
neorealism *s.* neorealismo.
neorealist *s.* neorealista.
nephew *s.* nipote (*di zio*).
nephritic *agg.* nefritico.
nephritis *s.* nefrite.
nepotism *s.* nepotismo.
nerve *s.* **1.** nervo **2.** nervatura **3.** forza, energia, sangue freddo.
to **nerve** *vt.* tonificare, rinvigorire.
nerveless *agg.* snervato, inerte.
nervous *agg.* **1.** nervoso **2.** forte, vigoroso **3.** timido, apprensivo.
nervously *avv.* **1.** nervosamente **2.**

timidamente.
nervousness *s.* **1.** nervosismo, irritazione **2.** timidezza.
nervy *agg.* **1.** muscoloso, forte **2.** nervoso.
nescient *agg.* ignorante.
nest *s.* **1.** nido **2.** (*fig.*) covo, tana **3.** colonia (*di uccelli, insetti ecc.*).
to **nest** *vi.* fare il nido, nidificare.
to **nestle** *vt.* ospitare. ♦ to **nestle** *vi.* annidarsi, rifugiarsi.
nestling *s.* uccellino di nido.
net[1] *agg.* e *s.* netto.
net[2] *s.* **1.** rete **2.** (*fig.*) trappola.
to **net** *vt.* **1.** coprire con reti **2.** pescare con reti.
netful *s.* retata.
netting *s.* rete, reticolato.
nettle *s.* ortica || — *rash,* orticaria.
to **nettle** *vt.* pungere (*di ortica*).
network *s.* rete, reticolato.
neuralgia *s.* nevralgia.
neuralgic *agg.* nevralgico.
neurasthenia *s.* nevrastenia.
neurasthenic *agg.* nevrastenico.
neuritis *s.* nevrite.
neurologist *s.* neurologo.
neurology *s.* neurologia.
neuropathic *agg.* neuropatico.
neuropathology *s.* neuropatologia.
neurosis *s.* (*pl.* -ses) nevrosi.
neurotic *s.* neuropatico.
neuter *s.* parola neutra, neutro.
neutral *agg.* neutrale.
neutralism *s.* neutralismo.
neutralist *s.* neutralista.
neutrality *s.* neutralità.
neutralization *s.* neutralizzazione.
to **neutralize** *vt.* neutralizzare.
neutron *s.* neutrone.
never *avv.* mai, giammai || — *again,* mai più; — *mind,* non importa; *now or* —, ora o mai più; — *-ending,* eterno.
nevermore *avv.* mai più.
nevertheless *avv.* nonostante, ciò nondimeno.
new *agg.* nuovo, recente || — *-born,* neonato; — *-comer,* nuovo venuto; — *-made,* appena fatto.
newish *agg.* piuttosto nuovo.
newly *avv.* recentemente.
news *s.* notizia, notizie || — *-man,* strillone (*di giornali*); — *-reel,* cinegiornale.
newsmonger *s.* persona pettegola e curiosa.
newspaper *s.* giornale, quotidiano.
New Zealander *s.* neozelandese.
next *agg.* **1.** prossimo, vicino, il più vicino **2.** futuro, venturo **3.** primo, contiguo. ♦ **next** *avv.* dopo, in seguito, poi. ♦ **next** *prep.* presso, accanto.
nib *s.* pennino.
nibble *s.* morso.
to **nibble** *vt.* **1.** mordicchiare, sgranocchiare **2.** abboccare.
nibbler *s.* roditore.
nice *agg.* **1.** piacevole, bello, simpatico **2.** buono, gustoso **3.** accurato, minuzioso.
nicely *avv.* **1.** amabilmente, piacevolmente **2.** esattamente.
nicety *s.* **1.** finezza, precisione. ♦ **niceties** *s. pl.* minuzie.
niche *s.* nicchia.
nick *s.* tacca, intaccatura || *in the* — *of time,* al momento giusto.
to **nick** *vt.* **1.** intaccare **2.** colpire, afferrare al momento opportuno.
nickel *s.* nichel.
to **nickel** *vt.* nichelare.
nickname *s.* soprannome, nomignolo.
to **nickname** *vt.* soprannominare.
nicotine *s.* nicotina.
niece *s.* nipote (*femmina*) (*di zio*).
niggard *agg.* spilorcio.
niggardliness *s.* spilorceria.
niggardly *agg.* avaro, spilorcio.
nigger *s.* (*spreg.*) negro.
night *s.* **1.** notte, sera **2.** buio, oscurità || *by* —, di notte, *good* —, buona notte; — *-bird,* uccello notturno, nottambulo; — *-dress,* camicia da notte; — *-shift,* turno di notte.
nightcap *s.* berretto da notte.
nightfall *s.* tramonto.
nightingale *s.* usignolo.
nightly *agg.* notturno. ♦ **nightly** *avv.* di notte.
nightmare *s.* incubo.
nightpiece *s.* « notturno » (*dipinto che rappresenta una scena notturna*).
nihilism *s.* nichilismo.
nihilist *s.* nichilista.
nimble *agg.* **1.** agile, leggero **2.** acuto, sveglio.
nimbleness *s.* **1.** agilità **2.** prontezza, acutezza.
nimbly *avv.* **1.** agilmente, leggermente **2.** prontamente.
nine *agg.* nove.
ninepins *s. pl.* birilli.
nineteen *agg.* diciannove.

nineteenth *agg.* e *s.* diciannovesimo.
ninetieth *agg.* novantesimo.
ninety *agg.* novanta.
ninth *agg.* nono.
nip *s.* **1.** pizzicotto, morso **2.** stretta, presa **3.** morso (*di freddo, gelo ecc.*).
to **nip** *vt.* **1.** pizzicare, mordere (*anche di freddo ecc.*) **2.** stroncare.
nipple *s.* capezzolo.
nitrate *s.* nitrato.
nitric *agg.* nitrico.
nitrite *s.* (*chim.*) nitrito.
nitroglycerin(e) *s.* nitroglicerina.
no *agg.* nessuno. ♦ **no** *avv.* **1.** no **2.** in nessun modo.
nobiliary *agg.* nobiliare.
nobility *s.* nobiltà (*anche fig.*).
noble *agg.* **1.** nobile (*anche fig.*) **2.** superbo, grandioso. ♦ **noble** *s.* nobile.
nobleman *s.* nobiluomo.
nobleness *s.* nobiltà (*anche fig.*).
noblewoman *s.* nobildonna.
nobly *avv.* nobilmente.
nobody *pron. indef.* nessuno.
nocturnal *agg.* notturno.
nocturne *s.* (*pitt.; mus.*) notturno.
nod *s.* **1.** cenno del capo **2.** ordine, comando.
to **nod** *vt.* e *vi.* **1.** annuire col capo **2.** assopirsi, chinare il capo dal sonno **3.** inclinarsi (*di edifici ecc.*).
nodding *agg.* chinato, incliato. ♦ **nodding** *s.* cenno del capo.
nodose *agg.* nodoso.
nodosity *s.* nodosità.
nodular *agg.* a forma di nodo.
nodule *s.* nodulo.
noise *s.* rumore, fragore, chiasso.
noiseless *agg.* senza rumore, silenzioso.
noisily *avv.* rumorosamente.
noisy *agg.* **1.** rumoroso, turbolento **2.** (*fig.*) vistoso, chiassoso.
nomad *agg.* e *s.* nomade.
nomadism *s.* nomadismo.
nomenclature *s.* nomenclatura.
nominal *agg.* nominale.
nominalism *s.* nominalismo.
nominalist *s.* nominalista.
nominalistic *agg.* nominalistico.
nominative *agg.* e *s.* nominativo.
nominator *s.* nominatore.
nonagenarian *agg.* e *s.* nonagenario.
non-aligned *agg.* non allineato.
non-alignment *s.* non allineamento.
non-appearance *s.* contumacia.
non-attendance *s.* assenza.
non-commital *agg.* evasivo.
non-conducting *agg.* isolante, non conduttore.
non-conductor *s.* isolante.
nonconformist *agg.* e *s.* anticonformista.
nonconformity *s.* anticonformismo.
non-delivery *s.* mancata consegna.
none *pron. sing.* e *pl.* nessuno, non uno. ♦ **none** *avv.* affatto, niente affatto.
nonentity *s.* **1.** cosa o persona insignificante **2.** inesistenza.
non-existence *s.* inesistenza.
non-resistance *s.* resistenza passiva.
nonsense *s.* assurdità, sciocchezza.
nonsensical *agg.* assurdo, sciocco.
non-stop *agg.* continuo, senza fermate. ♦ **non-stop** *avv.* di continuo, senza fermate.
non-transferable *agg.* non trasferibile.
noodle *agg.* sciocco, gonzo.
nook *s.* **1.** cantuccio, angolo **2.** ripostiglio.
noon *s.* mezzogiorno.
noose *s.* **1.** nodo scorsoio **2.** tranello.
nor *cong.* né, neppure || *neither I — he,* né io né lui.
normal *agg.* **1.** normale, regolare **2.** perpendicolare.
normality *s.* normalità.
normalization *s.* normalizzazione.
to **normalize** *vt.* normalizzare.
Norman *agg.* e *s.* normanno.
normative *agg.* normativo.
north *s.* nord, settentrione || *— wind,* vento di tramontana.
north-east *s.* nord-est.
northerly *agg.* del nord, settentrionale. ♦ **northerly** *avv.* verso il nord.
northern *agg.* nordico, settentrionale.
northerner *s.* abitante del nord.
northward(s) *agg.* e *avv.* verso nord.
Norwegian *agg.* e *s.* norvegese.
nose *s.* **1.** naso **2.** muso (*di animali*) **3.** prua (*mar.*).
to **nose** *vt.* e *vi.* **1.** fiutare **2.** indagare **3.** ficcare il naso.
nostril *s.* narice.
not *avv.* non || *— at all,* niente affatto.

notability *s.* notabilità.
notable *agg.* degno di nota, notevole.
notarial *agg.* notarile.
notary *s.* notaio.
notation *s.* **1.** (*mus.*) notazione **2.** (*mat.*) numerazione.
notch *s.* tacca, dentellatura.
to **notch** *vt.* **1.** intaccare **2.** intagliare.
note *s.* **1.** (*mus.*) nota, tono **2.** marchio, segno **3.** nota, appunto, commento **4.** (*comm.*) cedola, acconto **5.** banconota.
to **note** *vt.* notare.
notebook *s.* taccuino.
notehead *s.* intestazione.
noteless *agg.* privo di interesse.
noteworthiness *s.* importanza.
noteworthy *agg.* notevole.
nothing *pron. indef.* nulla, niente, nessuna cosa.
nothingness *s.* **1.** il nulla **2.** nullità.
notice *s.* **1.** avviso, avvertimento **2.** (*giur.*) intimazione **3.** licenziamento **4.** attenzione, cura **5.** recensione || — *-board,* cartello pubblicitario, tabella.
to **notice** *vt.* **1.** osservare, fare attenzione a **2.** recensire.
noticeable *agg.* notevole.
notifiable *agg.* da denunciarsi.
notification *s.* notifica.
to **notify** *vt.* notificare; far sapere.
notion *s.* **1.** nozione **2.** idea, teoria.
notional *agg.* **1.** immaginario **2.** speculativo.
notoriety *s.* notorietà.
notorious *agg.* **1.** noto, conosciuto **2.** famigerato.
notoriously *avv.* notoriamente.
notwithstanding *prep.* nonostante, malgrado.
nougat *s.* torrone.
nought *s.* **1.** nulla **2.** (*mat.*) zero.
noumenon *s.* (*pl.* -ena) noumeno.
noun *s.* (*gramm.*) nome, sostantivo.
to **nourish** *vt.* nutrire (*anche fig.*).
nourishing *agg.* nutriente.
nourishment *s.* nutrimento.
novel *s.* romanzo.
novelist *s.* romanziere.
to **novelize** *vt.* romanzare.
novelty *s.* novità.
November *s.* novembre.
novice *s.* **1.** (*eccl.*) novizio **2.** apprendista.
novitiate *s.* noviziato.
now *avv.* **1.** ora, adesso, subito, al presente **2.** allora **3.** a dire il vero. ♦ **now** *cong.* ora che. ♦ **now** *s.* ora, il presente.
nowadays *avv.* al giorno d'oggi.
nowhere *avv.* in nessun luogo.
noxious *agg.* nocivo, dannoso.
nozzle *s.* becco, beccuccio (*di teiera, pompa ecc.*).
nuclear *agg.* nucleare.
nuclein *s.* nucleina.
nucleonics *s. pl.* fisica nucleare.
nucleus *s.* (*pl.* -ei) **1.** nucleo **2.** nocciolo, centro.
nude *agg.* **1.** nudo **2.** (*fig.*) semplice. ♦ **nude** *s.* (*pitt.; scult.*) nudo.
nudism *s.* nudismo.
nudist *agg.* e *s.* nudista.
nugget *s.* pepita.
nuisance *s.* **1.** noia, seccatura **2.** danno.
null *agg.* nullo.
nullification *s.* annullamento.
to **nullify** *vt.* annullare.
nullity *s.* **1.** nullità **2.** il non essere valido.
numb *agg.* **1.** intorpidito, intirizzito **2.** tramortito, intontito.
to **numb** *vt.* **1.** intorpidire, intirizzire **2.** (*fig.*) istupidire.
number *s.* **1.** numero, cifra **2.** numero, quantità **3.** numero di giornale.
to **number** *vt.* **1.** contare, numerare **2.** annoverare **3.** ammontare.
numberless *agg.* innumerevole.
numbness *s.* torpore (*anche fig.*).
numerable *agg.* numerabile, calcolabile.
numeral *agg.* e *s.* numerale.
numerator *s.* numeratore.
numerical *agg.* numerico.
numerically *avv.* numericamente.
numerous *agg.* numeroso.
numismatic *agg.* numismatico.
numismatics *s.* numismatica.
numismatist *s.* numismatico.
numismatology *s.* numismatica.
nun *s.* **1.** monaca, suora **2.** piccione dal cappuccio.
nuncio *s.* (*eccl.*) nunzio.
nunnery *s.* convento (*di suore*).
nuptial *agg.* nuziale.
nuptials *s. pl.* nozze, sponsali.
nurse *s.* **1.** nutrice, balia **2.** infermiera.
to **nurse** *vt.* **1.** allattare, nutrire **2.** allevare **3.** curare (*ammalati*).
nursling *s.* lattante.

nursery *s.* **1.** camera dei bambini **2.** scuola materna **3.** vivaio || — *rhyme,* filastrocca per bambini.
nursing *agg.* **1.** che allatta, nutre **2.** che cura || — *home,* casa di cura. ♦ **nursing** *s.* **1.** allattamento **2.** il curare **3.** professione di infermiera.
nurture *s.* vitto, nutrimento.
to **nurture** *vt.* nutrire, allevare.
nut *s.* **1.** noce **2.** (*mecc.*) dado.
nutcracker *s.* schiaccianoci.
nutmeg *s.* noce moscata.
nutrition *s.* nutrizione.
nutritive *agg.* nutritivo.
nutshell *s.* guscio di noce.
nylon *s.* nailon.
nymph *s.* ninfa.

O

oak *s.* quercia.
oakum *s.* stoppa.
oar *s.* remo || — *-blade,* pala di remo.
to **oar** *vi.* remare.
oarsman *s.* rematore.
oasis *s.* (*pl.* -ses) oasi.
oats *s. pl.* avena (*sing.*).
oath *s.* **1.** giuramento **2.** bestemmia.
obduracy *s.* **1.** inesorabilità **2.** ostinazione.
obdurate *agg.* **1.** inesorabile **2.** ostinato.
obedience *s.* ubbidienza.
obedient *agg.* ubbidiente.
obeisance *s.* riverenza.
obelisk *s.* obelisco.
obese *agg.* obeso.
obesity *s.* obesità.
to **obey** *vt.* e *vi.* ubbidire.
to **obfuscate** *vt.* **1.** offuscare **2.** confondere.
obituary *s.* necrologio.
object *s.* oggetto.
to **object** *vt.* e *vi.* obiettare.
objectification *s.* oggettivazione.
to **objectify** *vt.* oggettivare.
objection *s.* **1.** obiezione **2.** avversione.
objectionable *agg.* **1.** biasimevole **2.** sgradevole.
objective *agg.* oggettivo. ♦ **objective** *s.* obiettivo.
objectiveness *s.* oggettività.
objectivism *s.* oggettivismo.
objectivity *s.* oggettività.
objector *s.* oppositore || *conscientious* —, obiettore di coscienza.
obligation *s.* obbligo.
obligatoriness *s.* obbligatorietà.
obligatory *agg.* obbligatorio.
to **oblige** *vt.* **1.** obbligare **2.** fare un favore a.
obliging *agg.* cortese.
oblique *agg.* obliquo.
obliqueness, obliquity *s.* obliquità.
to **obliterate** *vt.* cancellare.
obliteration *s.* cancellatura.
oblivion *s.* oblio || *Act of* —, amnistia.
oblivious *agg.* dimentico.
oblong *agg.* **1.** oblungo **2.** rettangolare. ♦ **oblong** *s.* (*geom.*) rettangolo.
obnoxious *agg.* odioso.
obscene *agg.* osceno.
obscenity *s.* oscenità.
obscurantism *s.* oscurantismo.
obscurantist *agg.* e *s.* oscurantista.
obscuration *s.* oscuramento.
obscure *agg.* oscuro. ♦ **obscure** *s.* oscurità.
to **obscure** *vt.* oscurare.
obscurity *s.* oscurità.
obsecration *s.* supplica.
obsequies *s. pl.* esequie.
obsequious *agg.* ossequioso.
observable *agg.* **1.** visibile **2.** notevole.
observance *s.* **1.** osservanza **2.** (*relig.*) regola.
observant *agg.* osservante.
observation *s.* osservazione.
observatory *s.* osservatorio.
to **observe** *vt.* e *vi.* osservare.
observer *s.* osservatore.
observing *agg.* attento.
to **obsess** *vt.* ossessionare.
obsession *s.* ossessione.
obsessive *agg.* ossessivo.
obsolescence *s.* disuso.
obsolescent *agg.* che sta cadendo in disuso.
obsolete *agg.* **1.** antiquato **2.** scaduto (*di prezzi*).
obstacle *s.* ostacolo.
obstetric(al) *agg.* ostetrico.
obstetrician *s.* ostetrico.
obstetrics *s.* ostetricia.
obstinacy *s.* ostinazione.
obstinate *agg.* ostinato.
to **obstruct** *vt.* **1.** ostruire **2.** ri-

tardare **3.** intasare.
obstruction *s.* ostruzione, ostacolo.
obstructionism *s.* ostruzionismo.
obstructionist *s.* ostruzionista.
to **obtain** *vt.* ottenere. ♦ to **obtain** *vi.* prevalere.
obtainable *agg.* ottenibile.
to **obtrude** *vt.* imporre. ♦ to **obtrude** *vi.* **1.** imporsi **2.** intromettersi.
obtruder *s.* **1.** intruso **2.** importuno.
obtrusion *s.* intrusione.
obtrusive *agg.* **1.** intruso **2.** importuno.
obtrusiveness *s.* **1.** intrusione **2.** invadenza.
to **obtund** *vt.* ottundere.
obtundent *agg.* ottundente.
to **obturate** *vt.* otturare.
obturation *s.* otturazione.
obturator *s.* otturatore.
obtuse *agg.* **1.** ottuso **2.** sordo.
obtuseness *s.* ottusità.
to **obviate** *vt.* ovviare.
obvious *agg.* ovvio.
obviousness *s.* chiarezza.
occasion *s.* **1.** occasione **2.** motivo.
occasional *agg.* occasionale.
occident *s.* occidente.
occidental *agg.* occidentale.
occidentalism *s.* occidentalismo.
to **occidentalize** *vt.* occidentalizzare.
occidentally *avv.* all'occidentale.
occipital *agg.* occipitale.
occiput *s.* (*pl.* -pita) occipite.
to **occlude** *vt.* occludere.
occlusion *s.* occlusione.
occlusive *agg.* occlusivo.
occult *agg.* occulto.
to **occult** *vt.* occultare. ♦ to **occult** *vi.* occultarsi.
occultation *s.* occultamento.
occultism *s.* occultismo.
occultist *s.* occultista.
occupant *s.* occupante.
occupation *s.* occupazione.
occupational *agg.* professionale.
occupier *s.* occupante.
to **occupy** *vt.* occupare: *to — oneself with,* occuparsi di.
to **occur** *vi.* **1.** accadere **2.** venire in mente **3.** ricorrere.
occurrence *s.* avvenimento.
ocean *s.* oceano.
oceanic *agg.* oceanico.
oceanography *s.* oceanografia.
ocellus *s.* (*pl.* -li) ocello.
ochre *s.* ocra.
octagon *s.* ottagono.
octagonal *agg.* ottagonale.
octahedron *s.* ottaedro.
octane *s.* ottano.
octave *s.* ottava.
October *s.* ottobre.
octogenarian *agg.* e *s.* ottuagenario.
octonarian *agg.* e *s.* ottonario.
octonary *agg.* di otto in otto. ♦ **octonary** *s.* strofa di otto versi.
octopus *s.* (*pl.* -pi) polipo, piovra.
octosyllabic *agg.* ottosillabico.
octosyllable *s.* verso, parola di otto sillabe.
ocular *agg.* e *s.* oculare.
oculate(d) *agg.* maculato.
oculist *s.* oculista.
oculistic *agg.* oculistico.
odalisque *s.* odalisca.
odd *agg.* **1.** dispari **2.** scompagnato **3.** in più **4.** occasionale **5.** bizzarro. ♦ **odd** *s.* cosa extra.
oddity, oddness *s.* stranezza.
odds *s. pl.* **1.** differenza **2.** disaccordo **3.** pronostico || *— and ends,* rimanenze.
ode *s.* ode.
odious *agg.* odioso.
odontological *agg.* odontoiatrico.
odontologist *s.* odontoiatra.
odontology *s.* odontoiatria.
odoriferous *agg.* odorifero.
odorous *agg.* odoroso.
odour *s.* odore.
odourless *agg.* inodoro.
oedema *s.* edema.
oenologist *s.* enologo.
oenology *s.* enologia.
oesophagus *s.* (*pl.* -gi) esofago.
of *prep.* **1.** di **2.** (*tempo*) a, in **3.** da parte di: *very kind — you,* molto gentile da parte vostra || *— late,* ultimamente.
off *avv.* **1.** lontano, via **2.** completamente || *to be —,* essere finito, fermo, in libertà. ♦ **off** *prep.* **1.** lontano, via da **2.** giù da. ♦ **off** *agg.* **1.** destro **2.** esterno **3.** lontano **4.** secondario **5.** libero || *— day,* giorno di libertà.
offence *s.* **1.** offesa **2.** colpa, delitto **3.** scandalo.
offenceless *agg.* **1.** inoffensivo **2.** innocente.
to **offend** *vt.* offendere. ♦ to **offend** *vi.* **1.** peccare **2.** violare la lègge.
offender *s.* **1.** peccatore **2.** colpevole.

offensive *agg.* **1.** offensivo **2.** sgradevole. ♦ **offensive** *s.* offensiva.
offensiveness *s.* aggressività.
offer *s.* offerta.
to **offer** *vt.* offrire. ♦ to **offer** *vi.* offrirsi.
offerer *s.* offerente.
offering *s.* offerta.
offertory *s.* offertorio.
offhand *agg.* **1.** improvvisato **2.** spontaneo. ♦ **offhand** *avv.* lì per lì.
office *s.* ufficio, carica || *box-* —, botteghino.
officer *s.* ufficiale, funzionario || *non-commissioned* —, sottufficiale.
official *agg.* ufficiale. ♦ **official** *s.* funzionario.
officiant *s.* ufficiante.
to **officiate** *vi.* **1.** esercitare le funzioni di **2.** (*relig.*) ufficiare.
officious *agg.* **1.** ufficioso **2.** intrigante.
offing *s.* (*mar.*) largo.
offscourings *s. pl.* rifiuti, scarti.
offset *s.* **1.** compenso **2.** sperone (*di monte*) **3.** germoglio, progenie **4.** (*tip.*) fotolito.
offshoot *s.* **1.** germoglio **2.** ramo.
offshore *agg.* **1.** di terra **2.** lontano dalla costa. ♦ **offshore** *avv.* al largo.
offside *s.* (*sport*) fuori gioco.
offspring *s.* **1.** prole **2.** frutto.
often *avv.* spesso || *how —?*, quante volte?
ogive *s.* ogiva.
oil *s.* **1.** olio **2.** petrolio || *— cloth*, tela cerata; *— field*, giacimento petrolifero; *— -mill*, frantoio; *— paper*, carta oleata; *— pipeline*, oleodotto.
to **oil** *vt.* ungere, oliare.
oiler *s.* oliatore.
oily *agg.* oleoso, untuoso.
ointment *s.* unguento.
O.K. *avv.* bene: *to be* —, andar bene.
old (elder, older; eldest, oldest) *agg.* vecchio || *how — are you?*, quanti anni hai?; *— -fashioned*, antiquato. ♦ **old** *s.* passato.
oldish *agg.* attempato.
oleander *s.* oleandro.
oleograph *s.* oleografia.
oleographic *agg.* oleografico.
olfactory *agg.* olfattivo.
oligarch *s.* oligarchia.
oligarchic(al) *agg.* oligarchico.
oligarchy *s.* oligarchia.
olive *agg.* **1.** d'oliva **2.** olivastro. ♦ **olive** *s.* **1.** oliva **2.** (*-tree*) olivo.
Olympiad *s.* olimpiade.
Olympian *agg.* olimpico, olimpionico. ♦ **Olympian** *s.* olimpionico.
Olympic *agg.* V. *Olympian.*
omelet(te) *s.* frittata.
omen *s.* auspicio.
ominous *agg.* di cattivo augurio.
omission *s.* omissione.
to **omit** *vt.* omettere.
omnipotence *s.* onnipotenza.
omnipotent *agg.* e *s.* onnipotente.
omnipresent *agg.* onnipresente.
omniscience *s.* onniscienza.
omniscient *agg.* e *s.* onnisciente.
omnivorous *agg.* onnivoro.
on *prep.* **1.** su **2.** a, in, di, per || *on purpose*, apposta. ♦ **on** *avv.* **1.** su, indosso **2.** (in) avanti || *to be* —, essere in funzione, essere rappresentato; *and so* —, eccetera.
once *avv.* una volta || *at* —, subito; *all at* —, improvvisamente. ♦ **once** *cong.* una volta che.
on-coming *agg.* prossimo.
one *agg.* **1.** uno **2.** uno solo. ♦ **one** *pron.* **1.** (*dimostr.*) questo, quello **2.** (*indef.*) (l') uno || *— by —*, uno a uno. ♦ **one** *s.* uno || *— John Brown*, un certo John Brown.
one-eyed *agg.* guercio.
oneness *s.* unità, unicità.
onerous *agg.* oneroso.
oneself *pron. r.* se stesso.
one-sided *agg.* unilaterale.
one-sidely *avv.* unilateralmente.
oneway *agg.* a senso unico.
ongoings *s. pl.* avvenimenti.
onion *s.* cipolla || *spring-* —, cipollina.
onlooker *s.* spettatore.
only *agg.* e *avv.* solo.
onomastic *agg.* onomastico.
onomatopoeia *s.* onomatopeia.
onomatopoeic *agg.* onomatopeico.
onset *s.* **1.** attacco **2.** inizio.
onto *prep.* su, in cima a.
ontological *agg.* ontologico.
ontology *s.* ontologia.
onus *s.* onere.
onward *agg.* avanzato.
onward(s) *avv.* avanti.
onyx *s.* onice.
to **ooze** *vt.* e *vi.* stillare || *to — out*, trapelare.
oozy *agg.* melmoso.
opacity *s.* opacità.

opal *s.* opale.
opalescent *agg.* opalescente.
opaque *agg.* opaco.
open *agg.* aperto || *wide* —, spalancato; *in the* — *air,* all'aperto.
to **open** *vt.* aprire. ♦ to **open** *vi.* aprirsi.
open-handed *agg.* generoso.
opening *s.* **1.** apertura **2.** radura.
openly *avv.* apertamente.
open-minded *agg.* di larghe vedute.
open-mindedness *s.* larghezza di vedute.
openness *s.* **1.** apertura **2.** franchezza.
opera *s.* opera lirica || — *-house,* teatro dell'opera; — *glass,* binocolo.
to **operate** *vt.* **1.** operare **2.** far funzionare **3.** gestire. ♦ to **operate** *vi.* **1.** operare **2.** funzionare.
operatic *agg.* di opera.
operation *s.* **1.** operazione **2.** funzionamento **3.** azione.
operative *agg.* **1.** attivo **2.** operatono, operaio (*meccanico*). sentenza. ♦ **operative** *s.* artigianista, telegrafista.
operator *s.* **1.** operatore **2.** telefo- rio || — *part,* dispositivo di una
ophthalmia *s.* oftalmia.
ophthalmic *agg.* oftalmico.
ophthalmology *s.* oftalmologia, oculistica.
ophthalmoscopy *s.* oftalmoscopia.
opiate *agg.* **1.** oppiato **2.** soporifero. ♦ **opiate** *s.* narcotico.
opinion *s.* opinione.
opinionated, opinionative *agg.* ostinato.
opium *s.* oppio.
opponent *s.* avversario.
opportune *agg.* opportuno.
opportunism *s.* opportunismo.
opportunist *s.* opportunista.
opportunist(ic) *agg.* opportunistico.
opportunity *s.* occasione.
opposable *agg.* opponibile.
to **oppose** *vt.* opporre. ♦ to **oppose** *vi.* opporsi.
opposed *agg.* **1.** opposto **2.** ostile.
opposer *s.* oppositore.
opposite *agg.* e *s.* opposto. ♦ **opposite** *avv.* di fronte. ♦ **opposite** *prep.* di fronte a, dirimpetto a.
opposition *s.* opposizione.
to **oppress** *vt.* opprimere.
oppression *s.* oppressione.
oppressive *agg.* opprimente.
oppressor *s.* oppressore.
opprobrious *agg.* obbrobrioso.
to **opt** *vi.* optare.
optic(al) *agg.* ottico.
optician *s.* ottico.
optics *s.* ottica.
optimism *s.* ottimismo.
optimist *agg.* e *s.* ottimista.
optimistic(al) *agg.* ottimistico.
option *s.* opzione.
optional *agg.* facoltativo.
opulence *s.* opulenza.
opulent *agg.* opulento.
or *cong.* o, oppure || *either...* —, sia... sia.
oracle *s.* oracolo.
oracular *agg.* profetico.
oral *agg.* e *s.* orale.
orange *s.* **1.** arancia **2.** arancio.
orangeade *s.* aranciata.
orangery *s.* aranceto.
oration *s.* discorso.
orator *s.* oratore.
oratorical *agg.* oratorio.
oratory[1] *s.* oratorio.
oratory[2] *s.* oratoria.
orb *s.* **1.** cerchio **2.** sfera.
orbit *s.* orbita.
orbital *agg.* orbitale.
orchard *s.* frutteto.
orchestra *s.* orchestra.
orchestral *agg.* orchestrale.
to **orchestrate** *vt.* orchestrare.
orchestration *s.* orchestrazione.
orchid, orchis *s.* orchidea.
to **ordain** *vt.* ordinare (*anche eccl.*).
ordeal *s.* **1.** ordalia **2.** dura prova.
order *s.* **1.** ordine **2.** classe || *in* — *that,* affinché; *in* — *to,* allo scopo di; *postal* —, vaglia postale; *made to* —, eseguito su ordinazione. ♦ **orders** *s. pl.* (*relig.*) ordini: *to take* —, farsi prete.
to **order** *vt.* **1.** ordinare **2.** riordinare.
ordering *s.* ordinamento.
orderly *agg.* ordinato. ♦ **orderly** *s.* **1.** (*mil.*) ordinanza **2.** (*mil.*) attendente.
ordinal *agg.* e *s.* ordinale.
ordinance *s.* **1.** ordinanza **2.** (*relig.*) rito.
ordinary *agg.* ordinario. ♦ **ordinary** *s.* **1.** condizione ordinaria **2.** pranzo a prezzo fisso.
ordinate *s.* ordinata.

ordination *s.* **1.** ordine **2.** (*relig.*) ordinazione.
ore *s.* minerale.
organ *s.* organo || *barrel-* —, organetto; *mouth-* —, armonica.
organic *agg.* organico.
organism *s.* organismo.
organist *s.* organista.
organizable *agg.* organizzabile.
organization *s.* organizzazione.
to **organize** *vt.* organizzare. ♦ to **organize** *vi.* organizzarsi.
organizer *s.* organizzatore.
organzine *s.* organzino.
orgasm *s.* orgasmo.
orgeat *s.* orzata.
orgiastic *agg.* orgiastico.
orgy *s.* orgia.
orient *s.* oriente.
to **orient** *vt.* **1.** orientare **2.** volgere verso oriente.
oriental *agg.* e *s.* orientale.
orientalist *s.* orientalista.
orientation *s.* orientamento.
orifice *s.* orifizio.
origan *s.* origano.
origin *s.* origine.
original *agg.* e *s.* originale.
originality *s.* originalità.
originally *avv.* **1.** originalmente **2.** originariamente.
to **originate** *vt.* dare origine. ♦ to **originate** *vi.* aver origine.
originator *s.* iniziatore.
ornament *s.* ornamento.
ornamental *agg.* ornamentale.
ornamentation *s.* decorazione.
ornate *agg.* ornato.
ornithological *agg.* ornitologico.
ornithologist *s.* ornitologo.
ornithology *s.* ornitologia.
orographic(al) *agg.* orografico.
orography *s.* orografia.
orphan *agg.* e *s.* orfano.
orphanage *s.* **1.** la condizione di orfano **2.** orfanotrofio.
orthodox *agg.* ortodosso.
orthodoxy *s.* ortodossia.
orthogonal *agg.* ortogonale.
orthographic(al) *agg.* **1.** ortografico **2.** ortogonale.
orthography *s.* **1.** ortografia **2.** (*geom.*) proiezione ortogonale.
orthop(a)edic(al) *agg.* ortopedico.
orthop(a)edics *s.* ortopedia.
orthop(a)edist *s.* ortopedico.
to **oscillate** *vi.* oscillare.
oscillation *s.* oscillazione.
oscillator *s.* oscillatore.
oscillatory *agg.* oscillatorio.
oscillograph *s.* oscillografo.
osier *s.* vimine.
osmose, osmosis *s.* osmosi.
osseous *agg.* osseo.
ossification *s.* ossificazione.
to **ossify** *vt.* ossificare. ♦ to **ossify** *vi.* ossificarsi.
ostensible *agg.* apparente.
ostensory *s.* ostensorio.
ostentation *s.* ostentazione.
ostentatious *agg.* ostentato.
osteological *agg.* osteologico.
osteology *s.* osteologia.
ostracism *s.* ostracismo.
to **ostracize** *vt.* dare l'ostracismo **a.**
ostrich *s.* struzzo.
other *agg.* e *pron.* altro || *each* —, l'un l'altro; *every — day,* un giorno sì e un giorno no. ♦ **others** *pron. pl.* altri || *some...* —..., gli uni... gli altri.
otherwise *agg.* diverso. ♦ **otherwise** *avv.* altrimenti.
otherworld *s.* mondo ultraterreno.
otitis *s.* otite.
otorhinolaryngologist *s.* otorinolaringoiatra.
otter *s.* lontra.
Ottoman *agg.* e *s.* ottomano.
ought *s.* zero.
ought *v. dif.* (*condiz.*) dovere: *you — to wait,* dovresti aspettare.
ounce *s.* oncia.
our *agg. poss.* nostro, nostra, nostri, nostre.
ours *pron. poss.* il nostro, la nostra, i nostri, le nostre.
ourselves *pron. r. pl.* noi stessi.
out *agg.* esterno. ♦ **out** *avv.* fuori. ♦ **out** (*of*) *prep.* **1.** fuori (*di*) **2.** senza **3.** per || — *-of-date,* fuori moda; — *-of-work,* disoccupato; — *-of-the-way,* remoto.
to **outbid (outbade, outbidden)** *vt.* offrire di più.
outboard *agg.* e *avv.* fuoribordo.
outbreak *s.* **1.** scoppio **2.** sommossa.
outburst *s.* scoppio.
outcast *s.* proscritto.
to **outclass** *vt.* surclassare.
outcome *s.* risultato.
outcry *s.* grido, scalpore.
outdid V. *to outdo.*
to **outdistance** *vt.* distanziare.
to **outdo (outdid, outdone)** *vt.* superare.
outdoor *agg.* all'aperto.
outdoors *avv.* all'aperto.

outer *agg.* esteriore.
outfit(ting) *s.* equipaggiamento.
to **outfit** *vt.* rifornire di equipaggiamento. ♦ to **outfit** *vi.* rifornirsi di equipaggiamento.
outfitter *s.* fornitore.
to **outfly (outflew, outflown)** *vt.* sorpassare nel volo.
outgone V. *to outgo.*
outgo *s.* uscita.
to **outgo (outwent, outgone)** *vt.* sorpassare.
outgoing *agg.* uscente, in partenza.
to **outgrow (outgrew, outgrown)** *vt.* **1.** diventare troppo grande per **2.** sorpassare (*in statura*).
outgrowth *s.* **1.** escrescenza **2.** risultato.
outhouse *s.* **1.** tettoia **2.** dipendenza.
outing *s.* escursione || — *clothes,* abiti sportivi.
outlandish *agg.* **1.** strano **2.** remoto.
outlaw *s.* fuorilegge.
outlawry *s.* (*giur.*) proscrizione.
outlay *s.* spesa.
outlet *s.* **1.** sbocco **2.** cortile.
outline *s.* **1.** contorno **2.** schema **3.** lineamento.
to **outline** *vt.* **1.** delineare **2.** abbozzare.
outliner *s.* bozzettista.
to **outlive** *vt.* sopravvivere a.
outlook *s.* **1.** veduta **2.** prospettiva **3.** vigilanza.
to **outnumber** *vt.* superare numericamente.
outpost *s.* avamposto.
outpour *s.* **1.** scroscio di pioggia **2.** (*fig.*) sfogo.
output *s.* produzione, rendimento.
outrage *s.* oltraggio.
to **outrage** *vt.* oltraggiare.
outrageous *agg.* **1.** oltraggioso **2.** violento.
outrageousness *s.* **1.** oltraggio **2.** violenza.
outran V. *to outrun.*
to **outrange** *vt.* avere una portata maggiore di.
to **outreach** *vt.* sorpassare.
outrider *s.* battistrada.
outright *agg.* **1.** franco **2.** completo. ♦ **outright** *avv.* **1.** francamente **2.** completamente.
outrightness *s.* **1.** immediatezza **2.** franchezza.
outroar *s.* fracasso.
to **outrun (outran, outrun)** *vt.* oltrepassare.
outrush *s.* fuga.
to **outsell (outsold, outsold)** *vt.* **1.** vendere in quantità superiore **2.** vendere a prezzo superiore.
outset *s.* esordio.
to **outshine (outshone, outshone)** *vt.* eclissare (*anche fig.*).
outside *agg.* e *s.* **1.** esterno **2.** massimo. ♦ **outside** *avv.* **1.** all'esterno **2.** all'aperto. ♦ **outside** *prep.* fuori di.
outsider *s.* **1.** profano **2.** estraneo **3.** (*sport*) non favorito.
outsize *agg.* fuori misura. ♦ **outsize** *s.* taglia fuori misura.
outskirt *s.* orlo. ♦ **outskirts** *s. pl.* periferia (*sing.*).
outsold V. *to outsell.*
outspoken *agg.* franco.
to **outspread (outspread, outspread)** *vt.* spiegare. ♦ to **outspread (outspread, outspread)** *vi.* spiegarsi.
outstanding *agg.* **1.** prominente **2.** resistente **3.** in sospeso.
to **outstretch** *vt.* distendere.
to **outstrip** *vt.* superare (*in velocità*).
outward *agg.* e *s.* esterno. ♦ **outward(s)** *avv.* esternamente.
outwent V. *to outgo.*
oval *agg.* e *s.* ovale.
ovary *s.* ovaia.
ovation *s.* ovazione.
oven *s.* forno.
over *avv.* **1.** di sopra **2.** eccessivamente || *to be* —, essere finito; — *and* — *again,* più e più volte. ♦ **over** *prep.* **1.** su **2.** più di **3.** durante || — *there,* dall'altra parte; — *and above,* oltre a.
overalls *s. pl.* tuta da lavoro (*sing.*).
overate V. *to overeat.*
to **overbear (overbore, overborne)** *vt.* dominare, sopraffare.
overbearing *agg.* imperioso.
overbearingness *s.* imperiosità.
overboard *avv.* in mare.
overbore V. *to overbear.*
overborne V. *to overbear.*
to **overburden** *vt.* sovraccaricare.
overcame V. *to overcome.*
overcast *agg.* scuro, nuvoloso.
to **overcast (overcast, overcast)** *vt.* oscurare. ♦ to **overcast (overcast, overcast)** *vi.* oscurarsi.

overcharge *s.* **1.** sovraccarico **2.** sovrapprezzo.
to **overcharge** *vt.* **1.** sovraccaricare **2.** far pagare troppo caro.
to **overcloud** *vi.* rannuvolarsi.
overcoat *s.* soprabito.
to **overcome (overcame, overcome)** *vt.* superare, vincere.
overcoming *s.* superamento, vittoria.
overconfident *agg.* troppo sicuro di sé.
overcredulity *s.* credulità eccessiva.
overcrowded *agg.* sovraffollato.
overcrowding *s.* sovraffollamento.
to **overdo (overdid, overdone)** *vt.* **1.** esagerare **2.** stancare.
overdone *agg.* troppo cotto.
overdose *s.* dose eccessiva.
overdrank V. *to overdrink.*
to **overdraw (overdrew, overdrawn)** *vt.* **1.** esagerare **2.** scoprire il conto in banca.
to **overdrink (overdrank, overdrunk)** *vi.* bere troppo.
overdue *agg.* scaduto.
to **overeat (overate, overeaten)** *vi.* mangiare troppo.
to **overestimate** *vt.* sopravvalutare.
overexcitability *s.* sovreccitabilità.
overexcitable *agg.* sovreccitabile.
to **overexcite** *vt.* sovreccitare.
overexcitement *s.* sovreccitazione.
to **overexert** *vt.* stancare.
to **overexpose** *vt.* sovresporre.
overfeeding *s.* superalimentazione.
overflew V. *to overfly.*
to **overflow** *vt.* inondare. ♦ to **overflow** *vi.* traboccare.
overflowing *s.* inondazione.
to **overfly (overflew, overflown)** *vt.* **1.** sorvolare **2.** superare in volo.
overfond *agg.* troppo appassionato.
to **overgrow (overgrew, overgrown)** *vt.* **1.** coprire **2.** superare. ♦ to **overgrow (overgrew, overgrown)** *vi.* **1.** coprirsi **2.** crescere troppo.
overgrowth *s.* **1.** crescita eccessiva **2.** vegetazione sovrabbondante.
overhang *s.* sporgenza, aggetto.
to **overhang (overhung, overhung)** *vt.* **1.** sovrastare **2.** ornare con tendaggi ecc.
to **overhaul** *vt.* **1.** revisionare **2.** sorpassare.
overhaul(ing) *s.* revisione.
overhead *agg.* **1.** alto **2.** (*comm.*) generale. ♦ **overhead** *avv.* in alto.
to **overhear (overheard, overheard)** *vt.* **1.** udire per caso **2.** origliare.
to **overheat** *vt.* surriscaldare. ♦ to **overheat** *vi.* surriscaldarsi.
overheating *s.* surriscaldamento.
overhung V. *to overhang.*
overindulgence *s.* eccessiva indulgenza.
overladen *agg.* sovraccarico.
overland *avv.* via terra.
overlap *s.* sovrapposizione.
overlay *s.* copertura.
to **overleap** *vt.* saltare di là da.
overload *s.* sovraccarico.
to **overload** *vt.* sovraccaricare.
to **overlook** *vt.* **1.** guardare dall'alto **2.** trascurare **3.** ispezionare.
overlooker *s.* ispettore.
overnight *agg.* **1.** compiuto durante la notte **2.** per una notte. ♦ **overnight** *avv.* durante la notte.
overpaid V. *to overpay.*
to **overpass** *vt.* **1.** attraversare **2.** sorpassare **3.** trasgredire.
overpast *agg.* passato.
to **overpay (overpaid, overpaid)** *vt.* pagare più del dovuto.
overpayment *s.* pagamento eccessivo.
overpeopled *agg.* sovrappopolato.
overplus *s.* soprappiù.
overpopulated *agg.* sovrappopolato.
overpopulation *s.* sovrappopolazione.
to **overpower** V. *to overbear.*
overpowering *agg.* **1.** schiacciante **2.** prepotente.
overpressure *s.* sovrapressione.
to **overprint** *vt.* sovrastampare.
to **overprize** *vt.* sopravvalutare.
to **overproduce** *vt.* produrre in eccesso.
overproduction *s.* sovraproduzione.
overproud *agg.* troppo orgoglioso.
overran V. *to overrun.*
to **overrate** *vt.* sopravvalutare.
to **overreach** *vt.* **1.** oltrepassare **2.** imbrogliare.
to **overrule** *vt.* **1.** dirigere **2.** annullare **3.** dominare.
to **overrun (overran, overrun)** *vt.* **1.** invadere **2.** devastare **3.** oltrepassare.

oversaw V. *to oversee.*
oversea(s) *agg.* e *avv.* d'oltremare.
to **oversee (oversaw, overseen)** *vt.* ispezionare.
overseer *s.* **1.** ispettore **2.** capo squadra.
to **overset (overset, overset)** *vt.* rovesciare. ♦ to **overset (overset, overset)** *vi.* rovesciarsi.
to **overshadow** *vt.* **1.** ombreggiare **2.** adombrare **3.** proteggere.
overshoe *s.* soprascarpa.
to **overshoot (overshot, overshot)** *vt.* lanciare di là da || *to — the mark,* passare i limiti.
overside *avv.* lungo il fianco.
oversight *s.* **1.** svista **2.** sorveglianza.
to **oversleep (overslept, overslept** *vi.* dormire oltre l'ora fissata.
to **overspread (overspread, overre.** ♦ to **overspread (overspread, overspread)** *vi.* spargersi.
to **overstate** *vt.* esagerare.
to **overtake (overtook, overtaken)** *vt.* **1.** cogliere **2.** superare.
overtaking *s.* sorpasso: *no —,* divieto di sorpasso.
overthrew V. *to overthrow.*
overthrow *s.* **1.** rovesciamento **2.** disfatta.
to **overthrow (overthrew, overthrown)** *vt.* **1.** rovesciare **2.** sconfiggere.
overtime *s.* straordinario (*orario di lavoro*).
overtook V. *to overtake.*
to **overturn** V. *to overthrow.*
overturnable *agg.* rovesciabile.
overturn(ing) *s.* rovesciamento.
overweary *agg.* stremato.
overweight *agg.* che supera il peso. ♦ **overweight** *s.* sovraccarico.
to **overwhelm** *vt.* **1.** sommergere **2.** sopraffare.
overwhelming *agg.* schiacciante.
overwork *s.* **1.** lavoro eccessivo **2.** straordinario.
to **overwork** *vt.* **1.** far lavorare troppo **2.** far eccessivo uso di. ♦ to **overwork** *vi.* lavorare troppo.
to **overwrite (overwrote, overwritten)** *vi.* scrivere troppo.
overwrought *agg.* **1.** esausto **2.** ricercato (*di stile*).
ovine *agg.* ovino.
oviparous *agg.* oviparo.
ovulation *s.* ovulazione.
ovule *s.* ovulo.
to **owe** *vt.* dovere, essere debitore di || *you must pay what is owing,* dovete pagare il vostro debito.
owing *agg.* dovuto.
owing to *prep.* a causa di.
owl *s.* gufo.
own *agg.* e *pron.* proprio.
to **own** *vt.* **1.** possedere **2.** ammettere || *to — to,* confessare.
owner *s.* proprietario || *shipowner,* armatore.
ownership *s.* proprietà.
ox (*pl.* oxen) *s.* bue.
oxidation *s.* ossidazione.
oxide *s.* ossido.
oxidizable *agg.* ossidabile.
to **oxidize** *vt.* ossidare. ♦ to **oxidize** *vi.* ossidarsi.
oxygen *s.* ossigeno || *— tent,* tenda ad ossigeno.
to **oxygenate** *vt.* ossigenare.
oxygenation *s.* ossigenazione.
to **oxygenize** *vt.* ossigenare.
oxyhydrogen *agg.* ossidrico: *— blowpipe,* cannello ossidrico.
oyster *s.* **1.** ostrica **2.** persona silenziosa, riservata.
ozone *s.* ozono.
to **ozonize** *vt.* ozonizzare.

P

pace *s.* passo.
to **pace** *vi.* andare al passo. ♦ to **pace** *vt.* percorrere. ♦ to **pace** *vi.* andare al passo, marciare.
paced *agg.* misurato (*a passi*) || *slow- —,* a passi lenti.
pachyderm *s.* pachiderma.
pacific *agg.* pacifico.
to **pacificate** *vt.* pacificare.
pacification *s.* pacificazione.
pacificator, pacifier *s.* pacificatore.
pacificatory *agg.* conciliante.
pacifism *s.* pacifismo.
pacifist *agg.* e *s.* pacifista.
to **pacify** *vt.* pacificare.
pack *s.* **1.** pacco, balla, fagotto **2.** carico **3.** imballaggio **4.** muta (*di cani*) **5.** (*med.*) impacco || *— -ice,* banchisa; *— -saddle,* basto.
to **pack** *vt.* **1.** impacchettare **2.** im-

ballare **3.** raggruppare. ♦ to **pack** *vi.* raggrupparsi || *to — up,* fare i bagagli.
package *s.* **1.** imballaggio **2.** pacco.
to **package** *vt.* **1.** imballare **2.** impacchettare.
packer *s.* **1.** imballatore **2.** impacchettatrice (*macchina*).
packet *s.* **1.** pacchetto **2.** (*mar.*) — (*-boat*), postale.
packing *s.* **1.** imballaggio **2.** (*mecc.*) guarnizione **3.** (*mar.*) baderna || — *-free,* franco d'imballaggio.
pact *s.* patto.
pad[1] *s.* **1.** imbottitura **2.** zampa (*di cane, lupo, volpe*) **3.** (*med.*) tampone.
pad[2] *s.* rumore sordo.
to **pad** *vt.* imbottire.
paddle *s.* **1.** pala **2.** pagaia.
to **paddle** *vi.* remare con pagaie.
paddy *s.* risaia.
padlock *s.* lucchetto.
to **padlock** *vt.* chiudere con lucchetto.
paediatric *agg.* pediatrico.
paediatrician *s.* pediatra.
paediatrics *s.* pediatria.
paediatrist *s.* pediatra.
pagan *agg.* e *s.* pagano.
paganism *s.* paganesimo.
page[1] *s.* paggio.
page[2] *s.* pagina.
to **page** *vt.* **1.** (*tip.*) impaginare **2.** numerare le pagine.
pageant *s.* **1.** (*teat.*) scena (*di sacra rappresentazione*) **2.** parata, corteo.
pageantry *s.* **1.** pompa, fasto **2.** ostentazione.
to **paginate** *vt.* V. *to page.*
pagination *s.* **1.** paginatura **2.** impaginazione.
paid V. *to pay.*
pail *s.* secchio.
paillasse *s.* paglericcio.
pain *s.* **1.** pena **2.** dolore, sofferenza. ♦ **pains** *s. pl.* doglie.
to **pain** *vt.* far male, far soffrire.
painful *agg.* penoso.
painless *agg.* indolore.
painstaking *agg.* diligente. ♦ **painstaking** *s.* cura.
paint *s.* **1.** pittura **2.** belletto.
to **paint** *vt.* dipingere. ♦ to **paint** *vi.* imbellettarsi.
painter *s.* **1.** pittore **2.** imbianchino.
painting *s.* **1.** pittura **2.** dipinto, quadro.
paintress *s.* pittrice.
pair *s.* paio, coppia.
to **pair** *vt.* accoppiare. ♦ to **pair** *vi.* accoppiarsi.
palace *s.* palazzo.
paladin *s.* paladino.
palatable *agg.* **1.** gustoso **2.** (*fig.*) gradevole.
palatal *agg.* e *s.* palatale.
palatalization *s.* palatalizzazione.
palate *s.* palato.
pale[1] *agg.* pallido.
pale[2] *s.* **1.** palo **2.** palizzata.
to **pale** *vt.* far impallidire. ♦ to **pale** *vi.* impallidire.
paleness *s.* pallore.
paleochristian *agg.* paleocristiano.
paleographer *s.* paleografo.
paleography *s.* paleografia.
paleolithic *agg.* paleolitico.
paleologist *s.* paleologo.
paleology *s.* paleologia.
paleontologic(al) *agg.* paleontologico.
paleontologist *s.* paleontologo.
paleontology *s.* paleontologia.
paleozoic *agg.* paleozoico.
palette *s.* tavolozza.
palfrey *s.* palafreno.
palinode *s.* palinodia.
palisade *s.* palizzata.
pall *s.* **1.** drappo funebre **2.** (*eccl.*) pallio.
to **pall**[1] *vt.* coprire con un drappo.
to **pall**[2] *vt.* saziare. ♦ to **pall** *vi.* saziarsi.
pallet[1] *s.* paglericcio.
pallet[2] *s.* **1.** paletta **2.** tavolozza.
to **palliate** *vt.* **1.** attenuare **2.** scusare.
palliation *s.* **1.** attenuazione **2.** scusante.
palliative *agg.* e *s.* palliativo.
pallid *agg.* pallido.
pallor *s.* pallore.
palm[1] *s.* palma (*anche fig.*).
palm[2] *s.* (*anat.*) palmo.
to **palm** *vt.* toccare con la mano.
palmaceous *agg.* (*bot.*) di palma.
palmar *agg.* palmare.
palmate, palmated, *agg.* palmato.
palmiped *agg.* e *s.* palmipede.
palmistry *s.* chiromanzia.
palmy *agg.* **1.** coperto di palme **2.** prosperoso, vittorioso.
palpability *s.* palpabilità.
palpable *agg.* palpabile.
to **palpate** *vt.* palpare.
to **palpitate** *vi.* palpitare.

palpitation *s.* palpitazione.
palsy *s.* paralisi.
to **palsy** *vt.* paralizzare.
to **palter** *vi.* tergiversare.
paltriness *s.* meschinità.
paltry *agg.* meschino.
to **pamper** *vt.* viziare.
pamphlet *s.* opuscolo.
pamphleteer *s.* autore di opuscoli.
pan *s.* **1.** padella **2.** vaschetta **3.** bacino **4.** piatto di bilancia || *baking-* —, teglia.
pancake *s.* frittella.
panchromatic *agg.* pancromatico.
pancreatic *agg.* pancreatico.
pandemonium *s.* pandemonio.
pander *s.* mezzano, ruffiano.
to **pander** *vi.* fare il mezzano.
pane *s.* **1.** lastra di vetro **2.** (*edil.*) pannello **3.** faccia (*di brillante*).
panegyric *s.* panegirico.
panegyric(al) *agg.* laudativo.
panel *s.* **1.** pannello **2.** (*neol.*) commissione, comitato **3.** (*giur.*) lista di giurati.
pang *s.* **1.** fitta **2.** (*fig.*) stretta al cuore.
panic *agg.* e *s.* panico.
panicky *agg.* allarmato.
panicle *s.* pannocchia.
panification *s.* panificazione.
pannier *s.* paniere.
panoramic *agg.* panoramico.
pansy *s.* viola del pensiero.
pant *s.* **1.** palpito **2.** ansito.
to **pant** *vi.* **1.** palpitare **2.** ansimare.
pantagruelian *agg.* pantagruelico.
pantheism *s.* panteismo.
pantheist *s.* panteista.
pantheistic(al) *agg.* panteistico.
panther *s.* pantera.
panties *s. pl.* (*fam.*) mutandine.
panting *s.* **1.** palpitazione **2.** ansito **3.** ansia.
pantograph *s.* pantografo.
pantomime *s.* pantomima.
pantry *s.* dispensa.
pants *s. pl.* (*fam.*) mutande.
pap *s.* pappa.
papacy *s.* papato.
papal *agg.* papale.
paper *s.* **1.** carta **2.** prova d'esame
paper *s.* **1.** carta **2.** certificato, documento **3.** prova d'esame **4.** giornale || — *back*, libro in brossura; — *board*, cartone; — *hanger*, tappezziere; — *hanging*, tappezzeria.
to **paper** *vt.* **1.** incartare **2.** tappezzare.
papery *agg.* cartaceo.
papillary *agg.* papillare.
papism *s.* papismo.
papist *s.* papista.
papyrology *s.* papirologia.
papyrus *s.* (*pl.* -ri) papiro.
parable *s.* parabola.
parabolic(al) *agg.* **1.** parabolico **2.** di parabola.
paraboloid *s.* paraboloide.
parachute *s.* paracadute.
to **parachute** *vt.* paracadutare. ♦ to **parachute** *vi.* paracadutarsi.
parachutism *s.* paracadutismo.
parachutist *s.* paracadutista.
parade *s.* **1.** (*mil.*) parata **2.** mostra, sfoggio **3.** viale, passeggiata.
to **parade** *vt.* disporre in parata. ♦ to **parade** *vi.* marciare in parata.
paradigm *s.* paradigma.
paradisaic(al) *agg.* paradisiaco.
paradise *s.* paradiso.
paradisiac(al) *agg.* paradisiaco.
paradox *s.* paradosso.
paradoxical *agg.* paradossale.
paraffin *s.* paraffina.
paragon *s.* modello (*di perfezione ecc.*).
paragraph *s.* paragrafo.
to **paragraph** *vt.* dividere in paragrafi.
parallel *agg.* parallelo. ♦ **parallel** *s.* **1.** parallelo **2.** parallela.
to **parallel** *vt.* **1.** mettere in posizione parallela **2.** paragonare.
parallelepiped *s.* parallelepipedo.
parallelism *s.* parallelismo.
parallelogram *s.* parallelogramma.
paralogism *s.* paralogismo.
to **paralyse** *vt.* paralizzare.
paralysis *s.* (*pl.* -ses) paralisi.
paralytic *agg.* e *s.* paralitico.
parameter *s.* parametro.
paramount *agg.* supremo. ♦ **paramount** *s.* capo supremo.
paramour *s.* amante.
paranoia *s.* paranoia.
paranoiac *agg.* e *s.* paranoico.
paranymph *s.* paraninfo.
parapet *s.* parapetto.
paraphrase *s.* parafrasi.
to **paraphrase** *vt.* e *vi.* parafrasare.
parasite *s.* parassita.
parasitic(al) *agg.* parassitico.
parasitism *s.* parassitismo.
parasol *s.* parasole.
paratrooper *s.* paracadutista.
paratyphoid *s.* paratifo.

parcel *s.* **1.** pacco **2.** lotto, appezzamento di terreno **3.** gruppo.
to **parcel** *vt.* spartire.
parcelling *s.* spartizione.
parcener *s.* coerede.
to **parch** *vt.* **1.** arrostire **2.** disseccare. ♦ to **parch** *vi.* **1.** bruciarsi **2.** disseccarsi.
parchment *s.* pergamena.
pardon *s.* perdono.
to **pardon** *vt.* perdonare.
pardonable *agg.* perdonabile.
to **pare** *vt.* **1.** tagliare **2.** sbucciare.
parenchyma *s.* parenchima.
parent *s.* **1.** genitore **2.** causa, origine.
parentage *s.* **1.** discendenza **2.** nascita.
parental *agg.* paterno, materno.
parenthesis *s.* (*pl.* -ses) parentesi.
parenthetic(al) *agg.* parentetico.
parenthood *s.* paternità, maternità.
parentless *agg.* orfano.
paresis *s.* paresi.
pariah *s.* paria.
parietal *agg.* parietale.
parish *s.* parrocchia || — *priest,* parroco.
parishioner *s.* parrocchiano.
Parisian *agg.* e *s.* parigino.
parisyllabic *agg.* e *s.* parisillabo.
parity *s.* parità.
park *s.* **1.** parco **2.** posteggio.
to **park** *vt.* **1.** adibire a parco **2.** parcheggiare.
parking *s.* parcheggio || *no* —, divieto di sosta.
parkway *s.* (*amer.*) viale.
parley *s.* colloquio.
to **parley** *vi.* parlamentare.
parliament *s.* parlamento.
parliamentarian *s.* parlamentare.
parliamentarianism *s.* parlamentarismo.
parliamentary *agg.* parlamentare.
parlour *s.* **1.** salotto **2.** parlatorio || *beauty* —, istituto di bellezza.
Parmesan *agg.* parmigiano.
parochial *agg.* **1.** parrocchiale **2.** (*fig.*) ristretto.
parochialism *s.* ristrettezza di vedute.
parodist *s.* parodista.
parody *s.* parodia.
to **parody** *vt.* parodiare.
parole *s.* **1.** parola d'onore **2.** parola d'ordine.
paroxysm *s.* parossismo.
parricidal *agg.* parricida.
parricide *s.* **1.** parricidio **2.** parricida.
parrot *s.* pappagallo.
to **parrot** *vt.* ripetere pappagallescamente.
to **parry** *vt.* parare, schivare.
parsley *s.* prezzemolo.
parson *s.* parroco (*anglicano*).
parsonage *s.* (*eccl.*) canonica, parrocchia.
part *s.* parte.
to **part** *vt.* dividere. ♦ to **part** *vi.* dividersi.
to **partake (partook, partaken)** *vi.* partecipare, prendere parte.
parthenogenesis *s.* partenogenesi.
partial *agg.* parziale.
partiality *s.* parzialità.
partially *avv.* parzialmente.
participant *agg.* e *s.* partecipante.
to **participate** *vi.* **1.** partecipare **2.** condividere.
participation *s.* partecipazione.
participial *agg.* participiale.
participle *s.* participio.
particle *s.* . particella (*anche gramm.*).
particular *agg.* **1.** particolare **2.** particolareggiato **3.** esigente. ♦ **particular** *s.* particolare.
particularism *s.* particolarismo.
particularist *s.* particolarista.
particularity *s.* **1.** particolarità **2.** meticolosità.
to **particularize** *vt.* e *vi.* dettagliare.
parting *s.* separazione.
partisan *agg.* e *s.* partigiano.
partition *s.* **1.** divisione **2.** tramezzo.
to **partition** *vt.* dividere.
partitive *agg.* e *s.* partitivo.
partly *avv.* in parte.
partner *s.* **1.** socio **2.** coniuge.
partnership *s.* **1.** associazione **2.** (*comm.*) società.
partook V. *to partake.*
partridge *s.* pernice.
parturient *agg.* partoriente.
parturition *s.* parto.
party *s.* **1.** parte **2.** partito **3.** brigata **4.** trattenimento **5.** pattuglia.
pasha *s.* pascià.
pass[1] *s.* passo, gola.
pass[2] *s.* **1.** passaggio **2.** trapasso **3.** promozione **4.** lasciapassare.
to **pass** *vt.* e *vi.* passare || *to* — *away,* sparire; *to* — *by,* passar oltre.

passable *agg.* passabile.
passage *s.* **1.** passaggio **2.** corridoio **3.** brano.
passementerie *s.* passamaneria.
passenger *s.* passeggero.
passer *s.* — *-by,* passante.
passible *agg.* passibile.
passing *agg.* **1.** passeggero **2.** casuale. ♦ **passing** *s.* passaggio.
passion *s.* passione || — *-flower,* passiflora.
passional *agg.* passionale.
passionate *agg.* appassionato, passionale.
passionless *agg.* impassibile.
passive *agg.* e *s.* passivo.
passivism, passivity *s.* passività.
passport *s.* passaporto.
password *s.* parola d'ordine.
past *agg.* passato. ♦ **past** *s.* passato. ♦ **past** *avv.* vicino. ♦ **past** *prep.* al di là di.
paste *s.* pasta || *tooth* —, dentifricio.
to **paste** *vt.* **1.** incollare, appiccicare **2.** (*gergo*) attaccare.
pasteboard *agg.* di cartone. ♦ **pasteboard** *s.* cartone.
pastel *s.* pastello.
pasteurization *s.* pastorizzazione.
to **pasteurize** *vt.* pastorizzare.
pastime *s.* passatempo.
pastoral *agg.* e *s.* pastorale.
pastry *s.* dolci (*pl.*).
pasture *s.* pascolo.
to **pasture** *vt.* e *vi.* pascolare.
pasty *agg.* pastoso. ♦ **pasty** *s.* (*cuc.*) pasticcio.
pat *agg.* adatto. ♦ **pat** *avv.* esattamente. ♦ **pat** *s.* **1.** colpetto **2.** panetto di burro.
to **pat** *vt.* battere leggermente.
patch *s.* **1.** pezza, toppa **2.** macchia.
to **patch** *vt.* aggiustare, rattoppare, raffazzonare.
patching *s.* rattoppo.
patchy *agg.* **1.** rappezzato **2.** a macchie.
patent *agg.* **1.** chiaro, manifesto, evidente **2.** brevettato. ♦ **patent** *s.* brevetto.
to **patent** *vt.* brevettare.
patentee *s.* detentore di brevetto.
paternal *agg.* paterno.
paternalism *s.* paternalismo.
paternalistic *agg.* paternalistico.
paternity *s.* paternità.
path *s.* **1.** sentiero **2.** pista **3.** percorso, traiettoria.
pathetic *agg.* patetico.
pathfinder *s.* esploratore.
pathless *agg.* **1.** senza sentieri **2.** inesplorato.
pathogenic *agg.* patogeno.
pathologic(al) *agg.* patologico.
pathologist *s.* patologo.
pathology *s.* patologia.
pathway *s.* sentiero.
patience *s.* pazienza.
patient *agg.* **1.** paziente **2.** suscettibile. ♦ **patient** *s.* paziente.
patriarch *s.* patriarca.
patriarchal *agg.* patriarcale.
patriarchate *s.* patriarcato.
patrician *agg.* e *s.* patrizio.
patricide *s.* V. *parricide.*
patrimonial *agg.* patrimoniale.
patrimony *s.* patrimonio.
patriot *s.* patriota.
patriotic *agg.* patriottico.
patriotism *s.* patriottismo.
patrol *s.* pattuglia, ronda.
to **patrol** *vt.* e *vi.* pattugliare, fare la ronda.
patron *s.* patrono.
patronage *s.* patronato.
patronal *agg.* patronale.
patroness *s.* patronessa.
to **patronize** *vt.* **1.** patrocinare **2.** trattare con condiscendenza.
patronizing *agg.* **1.** protettivo **2.** condiscendente.
patter[1] *s.* gergo.
patter[2] *s.* picchiettio.
to **patter** *vi.* picchiettare.
pattern *s.* **1.** modello, campione **2.** disegno (*di stoffa ecc.*).
to **pattern** *vt.* modellare (su).
paunch *s.* pancia.
pauper *s.* povero.
pauperism *s.* povertà.
pause *s.* pausa.
to **pause** *vi.* **1.** fare una pausa **2.** esitare, indugiare.
pauseless *agg.* incessante.
to **pave** *vt.* **1.** pavimentare **2.** (*fig.*) appianare.
pavement *s.* **1.** pavimentazione **2.** marciapiede.
paver *s.* lastricatore.
pavilion *s.* padiglione.
paving *s.* pavimentazione.
paw *s.* zampa.
to **paw** *vt.* dare zampate. ♦ to **paw** *vi.* scalpitare (*di cavalli*).
pawn *s.* **1.** pegno **2.** pedina (*di scacchi*).

to **pawn** *vt.* impegnare (*dare in pegno*).
pawnbroker *s.* prestatore su pegno.
pawnbroking *s.* il prestare su pegno.
pawner *s.* chi dà qualcosa in pegno.
pawnshop *s.* agenzia di prestiti su pegno.
pay *s.* paga.
to **pay (paid, paid)** *vt.* e *vi.* **1.** pagare **2.** rendere, fruttare || *to — off*, liquidare.
payable *agg.* **1.** pagabile **2.** redditizio.
payee *s.* creditore.
payer *s.* pagatore.
paying out *s.* esborso.
payment *s.* pagamento.
payoff *s.* **1.** giorno di paga **2.** liquidazione.
payroll *s.* libro paga.
pea *s.* pisello || *chick —*, cece.
peace *s.* pace.
peaceable *agg.* pacifico.
peaceful *s.* pacifico, tranquillo.
peacefulness *s.* pace, calma.
peaceless *agg.* agitato.
peacemaker *s.* pacificatore.
peach *s.* (*bot.*) pesca.
peach-tree *s.* pesco.
peachy *agg.* simile a pesca.
peacock *s.* pavone.
to **peacock** *vi.* pavoneggiarsi.
peak *s.* **1.** picco **2.** punta **3.** visiera.
peaky *agg.* appuntito.
peal *s.* **1.** scampanio **2.** scoppio, fragore, scroscio (*di risa, applausi*).
to **peal** *vi.* scampanare. ♦ to **peal** *vt.* far rimbombare.
peanut *s.* arachide.
pear *s.* pera.
pear-tree *s.* pero.
pearl *s.* perla.
to **pearl** *vt.* imperlare, ornare di perle. ♦ to **pearl** *vi.* imperlarsi.
pearly *agg.* **1.** perlaceo **2.** ricco di perle.
peasant *s.* contadino.
peasantry *s.* **1.** condizione di contadino **2.** i contadini (*pl.*).
peat *s.* torba || *— -bog*, torbiera.
pebble *s.* **1.** ciottolo **2.** cristallo di rocca.
to **pebble** *vt.* coprire con ciottoli.
peccary *s.* pecari.
peck *s.* beccata.
to **peck** *vt.* e *vi.* beccare.
pectoral *agg.* e *s.* pettorale.
peculation *s.* peculato.
peculiar *agg.* **1.** particolare **2.** strano.
peculiarity *s.* **1.** particolarità **2.** bizzarria, eccentricità.
pecuniary *agg.* pecuniario.
pedagogic(al) *agg.* pedagogico.
pedagogics *s.* pedagogia.
pedagogist *s.* pedagogista.
pedagogue *s.* pedagogo.
pedagogy *s.* pedagogia.
pedal *s.* pedale.
to **pedal** *vt.* e *vi.* pedalare.
pedant *s.* pedante.
pedantic *agg.* pedante.
pedantry *s.* pedanteria.
pedestal *s.* piedistallo.
pedestrian *agg.* pedestre. ♦ **pedestrian** *s.* pedone.
pediatrics *ecc.* V. *paediatrics ecc.*
pediment *s.* (*arch.*) frontone.
pedlar *s.* venditore ambulante.
peel *s.* buccia.
to **peel** *vt.* sbucciare. ♦ to **peel** *vi.* sbucciarsi.
peeling *s.* buccia.
peep[1] *s.* **1.** sguardo furtivo **2.** fessura.
peep[2] *s.* pigolio.
to **peep**[1] *vi.* **1.** guardare furtivamente **2.** far capolino.
to **peep**[2] *vi.* pigolare.
peeper[1] *s.* ficcanaso, persona curiosa.
peeper[2] *s.* piccioncino.
peer *s.* **1.** pari **2.** Pari, membro della Camera dei Lord.
to **peer** *vt.* uguagliare. ♦ to **peer** *vi.* **1.** scrutare **2.** far capolino.
peerage *s.* **1.** i Pari **2.** nobiltà.
peerless *agg.* senza pari.
peevish *agg.* irritabile.
peg *s.* piuolo.
to **peg** *vt.* fissare.
pejorative *agg.* e *s.* peggiorativo.
pelagic *agg.* oceanico.
pelican *s.* pellicano.
pellet *s.* **1.** pallottolina (*di carta ecc.*) **2.** pallottola **3.** pillola.
pellucid *agg.* trasparente.
pelt[1] *s.* colpo (*di proiettile ecc.*).
pelt[2] *s.* pelle (*di animale*).
to **pelt** *vt.* colpire.
pelvic *agg.* pelvico.
pelvis *s.* bacino.
pen[1] *s.* penna || *-nib*, pennino; *fountain- —*, penna stilografica.
pen[2] *s.* recinto (*per animali*).
to **pen**[1] *vt.* scrivere.
to **pen**[2] *vt.* rinchiudere animali in un recinto.

penal *agg.* penale.
to **penalize** *vt.* (*sport.*) penalizzare.
penalty *s.* penalità, punizione.
penance *s.* penitenza.
pence *s.* V. *penny.*
pencil *s.* matita.
pendant, pendent *agg.* e *s.* pendente.
pending *prep.* **1.** durante **2.** fino a.
pendular *agg.* pendolare.
pendulous *agg.* pendulo.
pendulum *s.* pendolo || — *-clock,* pendola.
penetrable *agg.* penetrabile.
to **penetrate** *vt.* e *vi.* penetrare.
penetration *s.* penetrazione.
penetrative *agg.* penetrante.
penguin *s.* pinguino.
penicillin *s.* penicillina.
peninsula *s.* penisola.
peninsular *agg.* peninsulare.
penis *s.* pene.
penitence *s.* penitenza.
penitent *agg.* e *s.* penitente.
penitential *agg.* penitenziale.
penitentiary *agg.* penitenziale. ♦ **penitentiary** *s.* (*eccl.*) penitenziere **2.** riformatorio **3.** (*amer.*) penitenziario.
penknife *s.* (*pl.* -knives) temperino.
pennant *s.* (*mar.*) pennone.
penniless *agg.* senza un soldo.
pennon *s.* pennone.
penny *s.* (*numero delle monete*), **pence** (*loro valore*) *s.* "penny".
pension *s.* pensione.
to **pension** *vt.* pensionare.
pensionable *agg.* pensionabile.
pensioner *s.* pensionato.
pensive *agg.* pensoso.
pent *agg.* chiuso.
pentagon *s.* pentagono.
pentagonal *agg.* pentagonale.
pentagram *s.* pentagono.
pentahedron *s.* pentaedro.
pentameter *s.* pentametro.
pentane *s.* pentano.
pentathlon *s.* pentatlon.
Pentecost *s.* Pentecoste.
Pentecostal *agg.* pentecostale.
penthouse *s.* tettoia.
pentode *s.* (*elettr.*) pentodo.
pentose *s.* pentosio.
penult(imate) *agg.* e *s.* penultimo.
penury *s.* povertà.
peony *s.* peonia.
people *s.* (*costruzione al pl.*) **1.** popolo **2.** gente **3.** folla.
to **people** *vt.* popolare.
pepper *s.* pepe || — *-mill,* macinapepe.
to **pepper** *vt.* condire con pepe.
peppercorn *s.* grano di pepe.
peppermint *s.* menta peperita.
peppery *agg.* **1.** pepato **2.** collerico.
pepsin(e) *s.* pepsina.
per *prep.* per: — *cent,* per cento.
peracid *s.* peracido.
to **perambulate** *vt.* **1.** attraversare **2.** ispezionare. ♦ to **perambulate** *vi.* passeggiare.
perambulation *s.* **1.** ispezione **2.** passeggiata.
perambulator *s.* carrozzella per bambini.
percale *s.* percalle.
perceivable *agg.* percettibile.
to **perceive** *vt.* percepire, scorgere. ♦ to **perceive** *vi.* accorgersi.
percentage *s.* percentuale.
perceptible *agg.* percettibile.
perception *s.* percezione.
perceptive *agg.* percettivo.
perch[1] *s.* gruccia.
perch[2] *s.* pesce persico.
to **perch** *vi.* appollaiarsi.
perchlorate *s.* perclorato.
percipience *s.* percezione.
to **percolate** *vt.* e *vi.* filtrare, colare.
percolator *s.* filtro.
percussion *s.* percussione || — *-pin,* percussore.
perdition *s.* perdizione.
perdurable *agg.* durevole.
to **peregrinate** *vi.* peregrinare.
peregrination *s.* peregrinazione.
peremptory *agg.* perentorio.
perennial *agg.* perenne.
perfect *agg.* perfetto.
to **perfect** *vt.* perfezionare.
perfectibility *s.* perfettibilità.
perfectible *agg.* perfettibile.
perfecting *s.* **1.** perfezionamento **2.** completamento.
perfection *s.* **1.** perfezione **2.** perfezionamento.
perfectionism *s.* perfezionismo.
perfectionist *s.* perfezionista.
perfectly *avv.* perfettamente.
perfidious *agg.* perfido, sleale.
perfidy *s.* perfidia, slealtà.
to **perforate** *vt.* perforare.
perforation *s.* perforazione.
to **perform** *vt.* **1.** eseguire **2.** (*teat.*) rappresentare.
performable *agg.* **1.** eseguibile **2.** rappresentabile.

performance *s.* **1.** esecuzione **2.** atto **3.** (*teat.*) rappresentazione.
performer *s.* **1** esecutore **2.** attore.
performing *agg.* ammaestrato.
perfume *s.* profumo.
to **perfume** *vt.* profumare.
perfumer *s.* profumiere.
perfumery *s.* **1.** profumeria **2.** profumi.
perfunctory *agg.* superficiale.
to **perfuse** *vt.* aspergere.
perfusion *s.* aspersione.
perhaps *avv.* forse.
pericardium *s.* pericardio.
perigee *s.* perigeo.
peril *s.* pericolo.
perilous *agg.* pericoloso.
perimeter *s.* perimetro.
period *s.* **1.** periodo **2.** ora di lezione **3.** stadio, fase (*di una malattia*) **4.** (*gramm.*) punto.
periodic *agg.* periodico.
periodical *agg.* e *s.* periodico.
periodicity *s.* periodicità.
peripheral *agg.* periferico.
periphery *s.* **1.** perimetro **2.** superficie.
periphrase, periphrasis *s.* (*pl.* -ses) perifrasi.
periphrastic *agg.* perifrastico.
periscope *s.* periscopio.
to **perish** *vi.* perire.
perishable *agg.* **1.** deperibile **2.** mortale.
perishables *s. pl.* merci deteriorabili.
peristyle *s.* peristilio.
peritonitis *s.* peritonite.
periwig *s.* parrucca.
periwigged *agg.* imparruccato.
periwinkle *s.* pervinca.
to **perjure** *vt.* giurare falsamente.
perjurer, perjury *s.* spergiuro.
permanence *s.* permanenza.
permanent *agg.* permanente.
permanganate *s.* permanganato.
permeability *s.* permeabilità.
permeable *agg.* permeabile.
to **permeate** *vt.* permeare. ♦ to **permeate** *vi.* permearsi.
permission, permit *s.* permesso.
to **permit** *vt.* e *vi.* permettere.
to **permute** *vt.* permutare.
pernicious *agg.* pernicioso.
to **perorate** *vi.* perorare.
peroration *s.* perorazione.
peroxid(e) *s.* perossido || *hydrogen* —, acqua ossigenata.
to **peroxide** *vt.* ossigenare.
perpendicular *agg.* perpendicolare. ♦ **perpendicular** *s.* **1.** perpendicolare **2.** filo a piombo.
perpendicularity *s.* perpendicolarità.
to **perpetrate** *vt.* perpetrare.
perpetration *s.* perpetrazione.
perpetual *agg.* perpetuo.
to **perpetuate** *vt.* perpetuare.
perpetuity *s.* **1.** perpetuità **2.** rendita vitalizia.
to **perplex** *vt.* **1.** rendere perplesso **2.** complicare.
perplexed *agg.* perplesso.
perplexity *s.* **1.** perplessità **2.** complicazione.
to **persecute** *vt.* perseguitare.
persecution *s.* persecuzione.
persecutor *s.* persecutore.
perseverance *s.* perseveranza.
to **persevere** *vi.* perseverare.
Persian *agg.* e *s.* persiano.
persimmon *s.* (*bot.*) cachi.
to **persist** *vi.* persistere.
persistence *s.* persistenza.
persistent *agg.* persistente.
person *s.* persona.
personable *agg.* ben fatto.
personage *s.* personaggio.
personal *agg.* personale.
personality *s.* personalità.
personalization *s.* personificazione.
to **personalize** *vt.* personificare.
personally *avv.* personalmente.
personification *s.* personificazione.
to **personify** *vt.* personificare.
personnel *s.* personale.
perspective *agg.* prospettico. ♦ **perspective** *s.* prospettiva.
perspicacious *agg.* perspicace.
perspicacity *s.* perspicacia.
perspicuity *s.* perspicuità.
perspicuous *agg.* perspicuo.
perspiration *s.* traspirazione.
to **perspire** *vt.* e *vi.* sudare, trasudare.
to **persuade** *vt.* persuadere.
persuasion *s.* **1.** persuasione **2.** credenza.
persuasive *agg.* persuasivo.
pert *agg.* impertinente.
to **pertain** *vi.* appartenere.
pertinacious *agg.* pertinace.
pertinacy, pertinacity *s.* pertinacia.
pertinence *s.* pertinenza.
pertinent *agg.* pertinente.
pertly *avv.* insolentemente.
pertness *s.* insolenza.

to **perturb** *vt.* perturbare.
perturbation *s.* perturbazione.
perusal *s.* lettura attenta.
to **peruse** *vt.* leggere attentamente.
to **pervade** *vt.* pervadere.
pervasion *s.* penetrazione.
pervasive *agg.* penetrante.
perverse *agg.* **1.** perverso **2.** errato **3.** ostinato.
perversion *s.* perversione.
perversity *s.* perversità.
pervert *s.* **1.** pervertito **2.** apostata.
to **pervert** *vt.* pervertire.
pessimism *s.* pessimismo.
pessimist *s.* pessimista.
pessimistic *agg.* pessimistico.
pessimistically *avv.* in modo pessimistico.
pest *s.* peste (*anche fig.*).
to **pester** *vt.* importunare.
pestiferous *agg.* pestifero.
pestilence *s.* pestilenza.
pestilent *agg.* **1.** nocivo **2.** molesto.
pestilential *agg.* pestilenziale.
pestle *s.* pestello.
pet *agg.* e *s.* favorito || — *name*, vezzeggiativo.
to **pet** *vt.* vezzeggiare.
petal *s.* petalo.
petard *s.* petardo.
petition *s.* petizione, istanza.
to **petition** *vt.* e *vi.* fare una petizione (a).
petitioner *s.* postulante.
to **petrify** *vt.* pietrificare. ♦ to **petrify** *vi.* pietrificarsi.
petrography *s.* petrografia.
petrol *s.* benzina.
petticoat *s.* sottoveste.
pettifogger *s.* azzeccagarbugli.
petty *agg.* **1.** meschino **2.** subalterno.
petulant *agg.* petulante.
pew *s.* banco (*di chiesa*).
pewter *s.* peltro.
phagocyte *s.* fagocita.
phalanstery *s.* falansterio.
phalanx *s.* (*pl.* -ges) falange.
phallic *agg.* fallico.
phantasm *s.* fantasma.
phantasmagoria *s.* fantasmagoria.
phantasmagorial, phantasmagoric(al) *agg.* fantasmagorico.
phantom *s.* **1.** fantasma **2.** apparizione.
Pharaoh *s.* faraone.
Pharisee *s.* fariseo.
pharmaceutic(al) *agg.* farmaceutico.
pharmaceutics *s.* farmaceutica.
pharmacology *s.* farmacologia.
pharmacopoeia *s.* farmacopea.
pharmacy *s.* farmacia.
pharyngitis *s.* faringite.
pharynx *s.* (*pl.* -ges) faringe.
phase *s.* fase.
pheasant *s.* fagiano.
phenic *agg.* fenico.
phenol *s.* fenolo.
phenomenal *agg.* **1.** fenomenico **2.** fenomenale.
phenomenalism *s.* fenomenismo.
phenomenology *s.* fenomenologia.
phenomenon *s.* (*pl.* -na) fenomeno.
phial *s.* fiala.
to **philander** *vi.* fare il cascamorto.
philanderer *s.* cascamorto.
philanthrope *s.* filantropo.
philanthropic(al) *agg.* filantropico.
philanthropism *s.* filantropia.
philanthropist *s.* filantropo.
philanthropy *s.* filantropia.
philatelic(al) *agg.* filatelico.
philatelist *s.* filatelico.
philately *s.* filatelia.
philharmonic *agg.* filarmonico.
philippic *s.* filippica.
Philippine *agg.* filippino.
philologian, philologist *s.* filologo.
philology *s.* filologia.
philosopher *s.* filosofo.
philosophic(al) *agg.* filosofico.
philosophist *s.* pseudofilosofo.
to **philosophize** *vi.* filosofare.
philosophy *s.* filosofia.
phlebitis *s.* flebite.
phleboclysis *s.* fleboclisi.
phlegm *s.* flemma.
phlegmatic(al) *agg.* flemmatico.
phlegmon *s.* flemmone.
phlogistic *agg.* flogistico.
phobia *s.* fobia.
phoenix *s.* fenice.
phone *s.* V. *telephone.*
phones *s. pl.* cuffie.
phoneme *s.* fonema.
phonetics *s.* fonetica.
phonogram *s.* fonogramma.
phonograph *s.* fonografo.
phonology *s.* fonologia.
phosphate *s.* fosfato.
phosphor *s.* fosforo.
phosphorescence *s.* fosforescenza.
phosphorescent *agg.* fosforescente.
phosphoric *agg.* fosforico.
phosphorous *agg.* fosforoso.

photo *s.* foto.
photocell *s.* cellula fotoelettrica.
photocopy *s.* fotocopia.
photoelectric(al) *agg.* fotoelettrico.
photogenic *agg.* fotogenico.
photograph *s.* fotografia.
to **photograph** *vt.* fotografare.
photographer *s.* fotografo.
photography *s.* fotografia (*come arte*).
photometry *s.* fotometria.
photomontage *s.* fotomontaggio.
phrase *s.* **1.** locuzione, frase **2.** stile.
to **phrase** *vt.* esprimere.
phraseology *s.* fraseologia.
phrenetic(al) *agg.* frenetico.
phrenologist *s.* frenologo.
phrenology *s.* frenologia.
phthisiology *s.* tisiologia.
phthisis *s.* tisi.
phylloxera *s.* fillossera.
physic *s.* medicina.
physical *agg.* fisico.
physician *s.* medico.
physicist *s.* fisico.
physics *s.* fisica.
physiognomist *s.* fisionomista.
physiognomy *s.* fisionomia.
physiologic(al) *agg.* fisiologico.
physiologist *s.* fisiologo.
physiology *s.* fisiologia.
physiotherapy *s.* fisioterapia.
physique *s.* fisico.
pianist *s.* pianista.
picaresque *agg.* picaresco.
pick[1] *s.* **1.** piccone **2.** colpo di piccone || *tooth* —, stuzzicadenti.
pick[2] *s.* scelta, il meglio (*di qc.*).
to **pick** *vt.* **1.** scavare **2.** pulire **3.** raccogliere **4.** rubare.
pickax(e) *s.* piccone.
picker *s.* **1.** piccone **2.** zappatore **3.** raccoglitore.
picket *s.* **1.** piolo, palo **2.** (*mil.*) picchetto.
pickle *s.* **1.** salamoia **2.** sottaceti (*pl.*).
to **pickle** *vt.* mettere in salamoia, sotto aceto.
picklock *s.* **1.** scassinatore **2.** grimaldello.
pickpocket *s.* borsaiolo.
pickup *s.* **1.** raccolta **2.** (*mecc.*) accelerazione **3.** fonorivelatore.
pictorial *agg.* **1.** illustrato **2.** pittorico. ♦ **pictorial** *s.* giornale illustrato.
picture *s.* **1.** quadro, dipinto, ritratto **2.** illustrazione. ♦ **pictures** *s. pl.* cinema (*sing.*) || — *book*, libro illustrato.
to **picture** *vt.* dipingere || *to* — *to oneself*, immaginarsi, figurarsi.
picturesque *agg.* pittoresco.
pidgin *agg.* — *English*, inglese scorretto (*usato tra cinesi ed europei*).
pie[1] *s.* pica, gazza.
pie[2] *s.* torta, pasticcio.
pie[3] *s.* (*tip.*) refuso.
piece *s.* **1.** pezzo **2.** pezza (*di tessuto*) || *by the* —, a cottimo.
to **piece** *vt.* rappezzare, raggiustare.
piecemeal *avv.* pezzo per pezzo. ♦ **piecemeal** *agg.* frammentario.
piecework *s.* (*lavoro a*) cottimo.
pieceworker *s.* cottimista.
pied *agg.* screziato.
pier *s.* **1.** molo **2.** pilone || — *-glass*, specchiera.
to **pierce** *vt.* **1.** forare **2.** trafiggere.
piercer *s.* **1.** punzone **2.** punzonatore.
piercing *agg.* penetrante. ♦ **piercing** *s.* perforamento.
pietism *s.* pietismo.
piety *s.* pietà, reverenza.
pig *s.* **1.** maiale **2.** (*metal.*) lingotto.
pigeon *s.* piccione || — *-house*, piccionaia; *carrier* —, piccione viaggiatore.
pigeonhole *s.* **1.** colombaia **2.** casella **3.** (*giur.*) casellario.
to **pigeonhole** *vt.* incasellare.
piggish *agg.* porcino.
pigheaded *agg.* testardo.
pigment *s.* pigmento.
pigmentation *s.* pigmentazione.
pigmy *agg.* e *s.* pigmeo.
pigsty *s.* porcile.
pike[1] *s.* picca.
pike[2] *s.* (*amer.*) pedaggio.
pilaster *s.* pilastro.
pile *s.* **1.** mucchio **2.** fabbricato **3.** rogo **4.** (*elettr.*) pila **5.** (*fig.*) gruzzolo.
to **pile**[1] *vt.* ammucchiare. ♦ to **pile** *vi.* ammucchiarsi.
to **pile**[2] *vt.* conficcare pali in, fare palizzate.
piles *s. pl.* emorroidi.
to **pilfer** *vt.* e *vi.* rubacchiare.
pilferer *s.* ladruncolo.
pilgrim *s.* pellegrino.
pilgrimage *s.* pellegrinaggio.
piling[1] *s.* ammucchiamento.
piling[2] *s.* palificazione di sostegno.

pill *s.* pillola: *contraceptive (pill)*, pillola anticoncezionale.
pillage *s.* **1.** saccheggio **2.** bottino.
to **pillage** *vt.* saccheggiare.
pillar *s.* colonna, guanciale || — *-box*, cassetta delle lettere.
pillory *s.* berlina.
to **pillory** *vt.* mettere alla berlina.
pillow *s.* cuscino, guanciale || — *-case*, federa.
pilot *s.* pilota.
to **pilot** *vt.* pilotare.
pilotage *s.* pilotaggio.
pimple *s.* foruncolo.
pin *s.* **1.** spillo **2.** perno || *pins and needles*, formicolio.
to **pin** *vt.* **1.** puntare **2.** (*fig.*) inchiodare.
pinafore *s.* grembiulino.
pinaster *s.* pinastro.
to **pincer** *vt.* attanagliare.
pincers *s. pl.* tenaglie.
pinch *s.* **1.** pizzico, pizzicotto **2.** (*fig.*) angustia.
to **pinch** *vt.* **1.** pizzicare **2.** stringere **3.** causare dolore. ♦ to **pinch** *vi.* essere avaro.
pinchbeck *s.* princisbecco.
pincushion *s.* puntaspilli.
Pindaric *agg.* pindarico.
pine *s.* pino || — *-apple*, ananasso; — *-cone*, pigna; — *-wood*, pineta.
to **pine** *vi.* struggersi.
pinion[1] *s.* penna remigante.
pinion[2] *s.* (*mecc.*) pignone.
to **pinion** *vt.* tarpare le ali a.
pink *agg.* rosa. ♦ **pink** *s.* **1.** colore rosa **2.** garofano **3.** (*fig.*) quintessenza.
to **pink** *vt.* **1.** traforare **2.** trafiggere.
pinky *agg.* roseo.
pinnacle *s.* **1.** pinnacolo **2.** sommità.
pinpoint *s.* capocchia di spillo.
pint *s.* pinta.
pioneer *s.* pioniere.
pious *agg.* **1.** pio **2.** pietoso.
piousness *s.* pietà.
pip *s.* seme di frutto.
to **pip** *vi.* pigolare.
pipage *s.* **1.** tubatura **2.** trasporto per tubatura.
pipe *s.* **1.** tubo **2.** pipa **3.** strumento a fiato **4.** condotta.
to **pipe** *vi.* **1.** suonare (*piffero ecc.*) **2.** stridere. ♦ to **pipe** *vt.* **1.** suonare **2.** trasportare con tubature **3.** fornire di tubature.
pipeline *s.* oleodotto.
piper *s.* pifferaio.
pipet(te) *s.* (*chim.*) pipetta.
piping *agg.* **1.** flautato **2.** acuto. ♦ **piping** *s.* **1.** suono (*di piffero ecc.*) **2.** suono acuto **3.** tubatura.
piquancy *s.* gusto piccante.
piquant *agg.* piccante.
pique *s.* ripicco, risentimento.
piracy *s.* **1.** pirateria **2.** plagio.
pirate *s.* **1.** pirata **2.** plagiario.
pirogue *s.* piroga.
pirouette *s.* piroetta.
to **pirouette** *vi.* piroettare.
pistil *s.* pistillo.
pistol *s.* pistola.
piston *s.* pistone.
pit *s.* **1.** fossa **2.** cavità **3.** platea.
to **pit** *vt.* **1.** bucare **2.** mettere in una fossa.
pitch[1] *s.* **1.** lancio **2.** beccheggio **3.** (*mecc.*) passo **4.** (*mus.*) intonazione **5.** inclinazione.
pitch[2] *s.* pece, bitume || — *-dark*, nero come la pece.
to **pitch**[1] *vt.* **1.** sistemare **2.** gettare **3.** intonare. ♦ to **pitch** *vi.* **1.** beccheggiare **2.** (*aer.*) picchiare.
to **pitch**[2] *vt.* impeciare.
pitcher *s.* brocca.
pitchfork *s.* forcone.
to **pitchfork** *vt.* **1.** rimuovere **2.** spingere (*col forcone*).
pitching *s.* beccheggio.
pitchy *agg.* **1.** impeciato **2.** simile a pece.
piteous *agg.* pietoso.
pitfall *s.* trappola.
pith *s.* **1.** midollo **2.** (*fig.*) essenza.
pithy *agg.* (*fig.*) vigoroso.
pitiable, pitiful *agg.* pietoso.
pitiless *agg.* spietato.
pittance *s.* poco denaro.
pitted *agg.* butterato.
pity *s.* pietà || *what a* —!, che peccato!
to **pity** *vt.* aver pietà di, compatire.
pitying *agg.* pietoso.
pivot *s.* cardine.
to **pivot** *vt.* montare su cardini. ♦ to **pivot** *vi.* girare su cardini.
placable *agg.* placabile.
placard *s.* manifesto.
to **placate** *vt.* placare.
placatory *agg.* conciliante.
place *s.* **1.** posto **2.** brano || *to take* —, aver luogo, accadere.

to **place** *vt.* mettere, porre, situare.
placement *s.* collocamento.
placid *agg.* placido.
placidity *s.* placidità.
placing *s.* sistemazione.
plagiarism *s.* plagio.
plagiarist *s.* plagiario.
to **plagiarize** *vt.* plagiare.
plagiary *s.* **1.** plagio **2.** plagiario.
plague *s.* peste.
to **plague** *vt.* affliggere.
plaguer *s.* tormentatore.
plaid *s.* **1.** mantello scozzese **2.** tessuto a quadri.
plain *agg.* **1.** piano, chiaro, evidente **2.** semplice **3.** comune, scialbo. ♦ **plain** *s.* pianura. ♦ **plain** *avv.* **1.** chiaramente **2.** semplicemente.
plain-clothes *s. pl.* abiti borghesi.
plainness *s.* **1.** chiarezza **2.** semplicità **3.** aspetto scialbo.
plaint *s.* **1.** lamento, lagnanza **2.** (*giur.*) querela.
plaintiff *s.* (*giur.*) attore (*nei processi civili*).
plaintive *agg.* lamentoso.
plait *s.* **1.** piega (*di abiti*) **2.** treccia.
to **plait** *vt.* **1.** pieghettare **2.** intrecciare.
plan *s.* **1.** piano, progetto **2.** pianta (*di una città*).
to **plan** *vt.* progettare.
plane[1] *agg.* piano. ♦ **plane** *s.* **1.** piano **2.** aereo.
plane[2] *s.* pialla.
plane[3] *s.* — *-tree*, platano.
to **plane**[1] *vi.* volare.
to **plane**[2] *vt.* piallare.
planer *s.* (*mecc.*) piallatrice.
planet *s.* (*astr.*) pianeta.
planetary *agg.* planetario.
planimetric(al) *agg.* planimetrico.
planimetry *s.* planimetria.
planisphere *s.* planisfero.
plank *s.* tavola, asse.
to **plank** *vt.* coprire di tavole.
planking *s.* tavolato.
plankton *s.* plancton.
planner *s.* progettista.
planning *s.* progettazione.
plant *s.* **1.** pianta **2.** impianto, apparato **3.** fabbrica, stabilimento.
to **plant** *vt.* (im)piantare.
plantation *s.* piantagione.
planter *s.* **1.** piantatore **2.** colonizzatore.
plantigrade *agg.* e *s.* plantigrado.
plaque *s.* placca.
plash *s.* pozzanghera.
plaster *s.* **1.** cerotto **2.** gesso **3.** intonaco.
to **plaster** *vt.* **1.** incerottare **2.** ingessare **3.** intonacare **4.** ricoprire.
plastering *s.* **1.** intonacatura **2.** ingessatura.
plastic *agg.* plastico, malleabile.
plasticine *s.* plastilina.
plasticity *s.* plasticità.
to **plasticize** *vt.* rendere plastico.
plastics *s. pl.* materie plastiche.
plate *s.* **1.** lastra, lamina **2.** piatto **3.** tavola fuori testo **4.** targa **5.** squama **6.** vasellame.
to **plate** *vt.* **1.** placcare **2.** rivestire di piastre.
plateau *s.* altipiano.
platen *s.* **1.** piastra metallica **2.** rullo di macchina da scrivere.
platform *s.* **1.** piattaforma **2.** (*ferr.*) marciapiede **3.** impalcatura **4.** (*amer.*) programma politico.
plating *s.* **1.** placcatura **2.** rivestimento metallico.
to **platinize** *vt.* platinare.
platinum *s.* platino.
platitude *s.* banalità.
Platonic *agg.* platonico.
Platonism *s.* platonismo.
platoon *s.* plotone.
plausibility *s.* plausibilità.
plausible *agg.* plausibile.
play *s.* **1.** gioco **2.** dramma **3.** (*mus.*) esecuzione **4.** azione || — *bill*, cartellone teatrale; — *-time*, ricreazione.
to **play** *vt.* e *vi.* **1.** giocare **2.** recitare **3.** agire **4.** suonare || *to — down*, dare poca importanza a.
playboy *s.* (*fam.*) gaudente.
player *s.* **1.** giocatore **2.** attore **3.** suonatore.
playful *agg.* giocoso.
playfulness *s.* allegria.
playground *s.* terreno di giochi.
playhouse *s.* teatro.
playing *s.* **1.** gioco **2.** rappresentazione **3.** (*mus.*) esecuzione.
plaything *s.* giocattolo.
playwright, playwriter *s.* commediografo.
plea *s.* **1.** giustificazione **2.** (*giur.*) eccezione difensiva.
to **plead** *vt.* **1.** patrocinare **2.** addurre a pretesto **3.** (*giur.*) perorare (*una causa*). ♦ to **plead** *vi.* **1.** difendersi **2.** supplicare.
pleader *s.* patrocinatore.
pleading *agg.* supplichevole. ♦

pleading *s.* difesa. ♦ **pleadings** *s. pl.* comparse.
pleasant *agg.* piacevole.
pleasantry *s.* piacevolezza.
to **please** *vt.* e *vi.* piacere (a) || — *God,* a Dio piacendo.
pleased *agg.* lieto.
pleasing *agg.* piacevole.
pleasure *s.* piacere.
pleat *s.* piega (*di abiti ecc.*).
to **pleat** *vt.* pieghettare.
plebeian *agg.* e *s.* plebeo.
plebiscitary *agg.* plebiscitario.
plebiscite *s.* plebiscito.
plectrum *s.* plettro.
pledge *s.* **1.** pegno **2.** promessa **3.** brindisi.
to **pledge** *vt.* **1.** impegnare **2.** brindare a.
pledgee *s.* (*giur.*) creditore pignoratizio.
plenary *agg.* plenario || — *session,* seduta plenaria.
plenilune *s.* plenilunio.
plenipotentiary *agg.* e *s.* plenipotenziario.
plentiful *agg.* abbondante.
plenty *s.* abbondanza, quantità.
pleonasm *s.* pleonasma.
pleonastic *agg.* pleonastico.
plethora *s.* pletora.
plethoric *agg.* pletorico.
pleurisy *s.* pleurite.
plexus *s.* plesso.
pliability *s.* pieghevolezza.
pliable *agg.* pieghevole.
pliancy *s.* V. *pliability.*
pliant *s.* V. *pliable.*
pliers *s. pl.* pinze.
plight[1] *s.* situazione critica.
plight[2] *s.* impegno, promessa.
to **plight** *vt.* impegnare, promettere.
plod *s.* **1.** passo pesante **2.** lavoro faticoso.
to **plod** *vt.* e *vi.* **1.** camminare faticosamente **2.** sgobbare.
plodder *s.* **1.** chi cammina faticosamente **2.** sgobbone.
plot *s.* **1.** appezzamento **2.** trama **3.** congiura.
to **plot** *vt.* e *vi.* **1.** fare la pianta di **2.** tramare.
plotter *s.* cospiratore.
plough *s.* aratro.
to **plough** *vt.* e *vi.* **1.** arare **2.** solcare.
ploughing *s.* aratura.
ploughman *s.* aratore.
ploughshare *s.* vomere.
plover *s.* piviere.
pluck *s.* **1.** strappo **2.** coraggio.
to **pluck** *vt.* **1.** strappare **2.** spennare **3.** tirare || *to — up,* sradicare.
plucky *agg.* coraggioso.
plug *s.* **1.** tappo (*di lavandino ecc.*) **2.** (*elettr.; tel.*) spina || *spark(ing)-* — (*mecc.*), candela.
to **plug** *vt.* **1.** tappare **2.** tamponare || *to — in,* inserire la corrente; *to — away,* sgobbare.
plugging *s.* chiusura.
plum *s.* **1.** prugna, susina **2.** uva passa **3.** (*fig.*) il meglio.
plumage *s.* piumaggio.
plumb *agg.* **1.** a piombo **2.** completo. ♦ **plumb** *s.* **1.** filo a piombo **2.** scandaglio. ♦ **plumb** *avv.* **1.** a piombo **2.** esattamente.
to **plumb** *vt.* **1.** rendere verticale **2.** scandagliare **3.** impiombare.
plumber *s.* idraulico.
plumbery *s.* negozio di idraulico.
plumbing *s.* **1.** piombatura **2.** lavori idraulici.
plumbum *s.* piombo.
plume *s.* piuma, penna.
plummet *s.* piombino.
plump[1] *agg.* grassottello.
plump[2] *agg.* brusco, netto. ♦ **plump** *avv.* **1.** improvvisamente **2.** direttamente.
to **plump** *vt.* **1.** ingrassare **2.** far cadere. ♦ to **plump** *vi.* **1.** ingrassare **2.** cadere.
to **plunder** *v.*. depredare.
plunderer *s.* saccheggiatore.
plunge *s.* tuffo.
to **plunge** *vt.* tuffare. ♦ to **plunge** *vi.* tuffarsi.
plunger *s.* **1.** tuffatore **2.** stantuffo.
plunk *s.* colpo metallico.
to **plunk** *vt.* far cadere pesantemente. ♦ to **plunk** *vi.* cadere pesantemente.
plural *agg.* e *s.* plurale.
pluralism *s.* pluralismo.
plurality *s.* pluralità.
plus *agg.* **1.** in più **2.** (*elettr.*) positivo || — *value,* plusvalore. ♦ **plus** *s.* **1.** più **2.** quantità positiva. ♦ **plus** *prep.* più.
plush *s.* « peluche », felpa.
plutocracy *s.* plutocrazia.
plutocrat *s.* plutocrate.
ply *s.* piega || — *-wood,* compensato.
to **ply** *vt.* **1.** maneggiare **2.** importunare. ♦ to **ply** *vi.* **1.** lavorare as-

siduamente **2.** fare la spola.
pneumatic *agg.* e *s.* pneumatico.
pneumonia *s.* polmonite.
pneumothorax *s.* pneumotorace.
to **poach** *vt.* **1.** calpestare **2.** cacciare di frodo **3.** interferire.
poacher *s.* bracconiere.
poaching *s.* bracconaggio.
pocket *s.* **1.** tasca **2.** buca (*di biliardo*) || — *-book*, libro tascabile.
to **pocket** *vt.* **1.** intascare **2.** nascondere, soffocare (*sentimenti ecc.*).
pocketful *s.* tascata.
pod *s.* **1.** baccello **2.** gruppetto.
poem *s.* **1.** poesia **2.** poema.
poet *s.* poeta.
poetic(al) *agg.* poetico.
poetic(s) *s.* poetica.
poetry *s.* poesia.
poignant *agg.* **1.** pungente **2.** commovente.
point *s.* **1.** punto **2.** punta, estremità **3.** caratteristica.
to **point** *vt.* **1.** indicare, segnare a dito **2.** appuntire **3.** dirigere || *to — out*, indicare, porre in rilievo.
point-blank *agg.* diretto. ♦ **point-blank** *avv.* direttamente.
pointed *agg.* **1.** appuntito **2.** mordace **3.** evidente.
pointer *s.* **1.** indicatore **2.** lancetta (*di orologio*).
pointless *agg.* **1.** spuntato **2.** inutile, senza scopo.
pointsman *s.* (*ferr.*) deviatore.
poise *s.* equilibrio.
to **poise** *vt.* bilanciare. ♦ to **poise** *vi.* bilanciarsi.
poison *s.* veleno.
to **poison** *vt.* avvelenare.
poisoning *agg.* velenoso. ♦ **poisoning** *s.* avvelenamento.
poisonous *agg.* velenoso (*anche fig.*).
poke *s.* spinta, urto.
to **poke** *vt.* e *vi.* **1.** spingere **2.** andare a tastoni.
poker *s.* attizzatoio.
poky *agg.* meschino.
polar *agg.* polare.
polarity *s.* polarità.
polarization *s.* polarizzazione.
to **polarize** *vt.* polarizzare.
pole[1] *s.* palo
pole[2] *s.* polo.
Pole[3] *s.* polacco.
polecat *s.* puzzola.
polemic *s.* **1.** polemica **2.** polemista.
polemic(al) *agg.* polemico.
polemi(ci)st *s.* polemista.
to **polemize** *vi.* polemizzare.
police *s.* polizia || — *-force*, corpo di polizia.
police court *s.* pretura.
policeman *s.* poliziotto.
policy[1] *s.* **1.** linea di condotta **2.** sagacia.
policy[2] *s.* polizza.
polio(myelitis) *s.* poliomielite.
Polish[1] *agg.* polacco.
polish[2] *s.* **1.** lucidatura **2.** lucido **3.** raffinatezza || *shoe —*, lucido per le scarpe.
to **polish** *vt.* **1.** lucidare **2.** raffinare. ♦ to **polish** *vi.* **1.** divenire lucido **2.** raffinarsi.
polisher *s.* **1.** lucidatore **2.** lucido.
polishing *s.* lucidatura.
polite *agg.* cortese.
politeness *s.* cortesia.
politic *agg.* abile.
political *agg.* politico.
politician *s.* uomo politico.
politics *s.* politica.
poll *s.* **1.** votazione, scrutinio **2.** referendum.
to **poll** *vt.* radere. ♦ to **poll** *vi.* votare, raccogliere voti.
pollen *s.* polline.
to **pollinate** *vt.* impollinare.
pollination *s.* impollinazione.
to **pollute** *vt.* contaminare.
pollution *s.* contaminazione.
polyandry *s.* poliandria.
polychrome *agg.* policromo.
polychromy *s.* policromia.
polyclinic *s.* policlinico.
polygamist *s.* poligamo.
polygamous *agg.* poligamo.
polygamy *s.* poligamia.
polyglot *agg.* e *s.* poliglotta.
polygon *s.* poligono.
polyhedral *agg.* poliedrico.
polyhedron *s.* poliedro.
polymerization *s.* polimerizzazione.
polymorphic *agg.* polimorfo.
polymorphism *s.* polimorfismo.
polyp *s.* polipo.
polyphonic *agg.* polifonico.
polyphony *s.* polifonia.
polysyllabic(al) *agg.* polisillabico.
polysyllable *s.* polisillabo.
polytechnic *agg.* e *s.* politecnico.
polytheism *s.* politeismo.
polytheist *s.* politeista.
polytheistic(al) *agg.* politeistico.
polyvalent *agg.* polivalente.

pomade *s.* pomata.
to **pomade** *vt.* impomatare.
pomegranate *s.* **1.** melagrana **2.** melograno.
pomp *s.* pompa, fasto.
pomposity *s.* pomposità.
pompous *agg.* pomposo.
pond *s.* stagno.
to **pond** *vt.* e *vi.* stagnare.
to **ponder** *vt.* e *vi.* ponderare.
ponderable *agg.* ponderabile.
ponderous *agg.* ponderoso.
pontiff *s.* pontefice.
pontifical *agg.* pontificio. ♦ **pontifical** *s.* pontificato.
pontificate *s.* pontificato.
to **pontificate** *vi.* pontificare.
pontoon *s.* pontone.
pony *s.* « pony », piccolo cavallo.
poodle *s.* barboncino.
pool[1] *s.* **1.** stagno **2.** pozza || *swimming* —, piscina.
pool[2] *s.* (*comm.*) **1.** fondo comune **2.** (*comm.*) consorzio, sindacato.
poor *agg.* povero.
poorly *avv.* male.
poorness *s.* povertà.
pop *s.* scoppio.
to **pop** *vi.* scoppiare. ♦ to **pop** *vt.* **1.** far scoppiare **2.** ficcare.
popcorn *s.* fiocco di granoturco.
pope *s.* papa.
popery *s.* papismo.
poplar *s.* pioppo.
poppied *agg.* coperto di papaveri.
poppy *s.* papavero.
populace *s.* plebaglia.
popular *agg.* popolare.
popularity *s.* popolarità.
popularization *s.* popolarizzazione.
to **popularize** *vt.* popolarizzare.
to **populate** *vt.* popolare.
population *s.* popolazione.
Populism *s.* populismo.
Populist *s.* populista.
populous *agg.* popoloso.
porch *s.* portico.
porcupine *s.* porcospino.
pore *s.* poro.
to **pore** *vi.* esaminare.
pork *s.* carne di maiale.
pornographic *agg.* pornografico.
pornography *s.* pornografia.
porosity *s.* porosità.
porous *agg.* poroso.
porphyry *s.* porfido.
port[1] *s.* porto.
port[2] *s.* **1.** (*mecc.*) apertura, foro **2.** (*mar.*) portello.
port[3] *s.* fianco sinistro di nave.
portable *agg.* portatile.
portal *s.* portale.
portcullis *s.* saracinesca (*di fortezza*).
to **portend** *vt.* preannunciare.
portent *s.* **1.** presagio **2.** portento.
portentous *agg.* **1.** sinistro **2.** portentoso.
porter[1] *s.* facchino.
porter[2] *s.* custode, portiere.
porter[3] *s.* birra scura.
portfolio *s.* **1.** cartella, busta **2.** (*pol.*) portafoglio.
porthole *s.* **1.** (*mar.*) portello **2.** feritoia.
portion *s.* porzione, parte.
to **portion** *vt.* dividere, distribuire.
portrait *s.* ritratto.
portraitist *s.* ritrattista.
to **portray** *vt.* ritrarre.
portrayal *s.* ritratto.
portrayer *s.* ritrattista.
Portuguese *agg.* e *s.* portoghese.
pose *s.* posa.
to **pose**[1] *vt.* proporre.
to **pose**[2] *vi.* posare.
poser *s.* posatore.
position *s.* posizione.
positive *agg.* **1.** positivo **2.** sicuro. ♦ **positive** *s.* **1.** realtà **2.** (*foto*) positiva.
positivism *s.* positivismo.
positivist *s.* positivista.
positivistic *agg.* positivistico.
posology *s.* posologia.
to **possess** *vt.* possedere.
possessed *agg.* indemoniato.
possession *s.* possesso.
possessive *agg.* possessivo.
possessor *s.* possessore.
possibility *s.* possibilità.
possible *agg.* possibile.
possibly *avv.* possibilmente.
post[1] *s.* posta, corrispondenza || — *card*, cartolina; *by return of* —, a giro di posta.
post[2] *s.* **1.** palo, sostegno, puntello **2.** stipite || *sign-* —, indicatore stradale.
to **post**[1] *vt.* imbucare, inviare per posta.
to **post**[2] *vt.* affiggere.
postage *s.* spese postali (*pl.*).
postage stamp *s.* francobollo.
postal *agg.* postale.
to **postdate** *vt.* posdatare.
poster *s.* **1.** affisso **2.** attacchino.
poste-restante *s.* fermo posta.

posterior *agg.* posteriore.
posterity *s.* posterità.
postern *s.* postierla.
post-free *agg.* franco di porto.
posthumous *agg.* postumo.
postil(l)ion *s.* postiglione.
postman *s.* postino.
postmark *s.* timbro postale.
postmaster *s.* direttore di ufficio postale.
to **postpone** *vt.* rimandare.
postponement *s.* rinvio.
to **post-score** *vt.* (*cine*) sonorizzare.
postscript *s.* poscritto.
postulate *s.* postulato.
to **postulate** *vt.* **1.** porre come postulato **2.** chiedere.
postulator *s.* postulante.
posture *s.* posizione.
to **posture** *vi.* assumere una posizione.
post-war *agg.* postbellico.
posy *s.* mazzolino di fiori.
pot *s.* **1.** recipiente **2.** pentola || *—-bellied,* panciuto.
to **pot** *vt.* conservare (*in vaso*).
potable *agg.* potabile.
potash *s.* potassa.
potassic *agg.* potassico.
potassium *s.* potassio.
potato *s.* patata.
potent *agg.* potente.
potential *agg.* e *s.* potenziale.
potentiality *s.* potenzialità.
potion *s.* pozione.
potter *s.* vasaio.
pottery *s.* **1.** terraglie **2.** fabbrica di terraglie.
pouch *s.* borsa.
to **pouch** *vt.* intascare.
poulterer *s.* pollivendolo.
poultry *s.* pollame.
pounce *s.* balzo.
to **pounce** *vi.* avventarsi su, contro.
pound[1] *s.* **1.** libbra **2.** sterlina.
pound[2] *s.* recinto.
to **pound**[1] *vt.* e *vi.* pestare.
to **pound**[2] *vt.* rinchiudere.
pour *s.* acquazzone.
to **pour** *vt.* versare. ♦ to **pour** *vi.* **1.** versarsi **2.** diluviare.
pout *s.* broncio.
to **pout** *vi.* fare il broncio.
poverty *s.* povertà.
powder *s.* **1.** polvere **2.** cipria, talco.
to **powder** *vt.* **1.** polverizzare **2.** incipriare. ♦ to **powder** *vi.* **1.** polverizzarsi **2.** incipriarsi.
powdery *agg.* **1.** friabile **2.** polveroso.
power *s.* potenza, potere || *horse* —, cavallo vapore; — *-station,* centrale elettrica.
to **power** *vt.* motorizzare.
powerful *agg.* potente.
powerless *agg.* debole.
pox *s.* sifilide || *chicken-* —, varicella, *small-* —, vaiolo.
practicability *s.* praticabilità.
practicable *agg.* **1.** praticabile **2.** fattibile.
practical *agg.* pratico.
practicality *s.* praticità.
practice *s.* **1.** pratica **2.** abitudine, regola **3.** esercizio **4.** professione **5.** (*coll.*) clienti (*di medico ecc.*).
to **practise** *vt.* **1.** praticare **2.** esercitare. ♦ to **practise** *vi.* esercitarsi.
practitioner *s.* professionista.
praetorian *s.* pretoriano.
pragmatic(al) *agg.* prammatico.
pragmatism *s.* pragmatismo.
pragmatist *agg.* e *s.* pragmatista.
prairie *s.* prateria.
praise *s.* lode.
to **praise** *vt.* lodare.
praiser *s.* lodatore.
praiseworthy *agg.* lodevole.
prance *s.* impennata.
prank *s.* monelleria.
to **prank** *vt.* ornare, agghindare vistosamente. ♦ to **prank** *vi.* mettersi in mostra.
prate *s.* chiacchiera, sproloquio.
to **prate** *vi.* chiacchierare, proferire parole senza senso.
prattle *s.* balbettio.
to **prattle** *vt.* e *vi.* balbettare.
praxis *s.* prassi.
to **pray** *vt.* e *vi.* pregare.
prayer *s.* preghiera.
to **preach** *vt.* e *vi.* predicare.
preacher *s.* predicatore.
to **preachify** *vi.* predicare in modo noioso.
preaching *s.* predicazione.
preachy *agg.* (*fam.*) incline a far prediche.
to **pre-announce** *vt.* preannunziare.
to **prearrange** *vt.* predisporre.
prearrangement *s.* predisposizione.
prebend *s.* prebenda.
prebendary *s.* prebendario.
precarious *agg.* precario.

precariousness *s.* precarietà.
precatory *agg.* supplichevole.
precaution *s.* precauzione.
precautional *agg.* precauzionale.
to **precede** *vt.* e *vi.* precedere.
precedence *s.* precedenza.
precedent *agg.* e *s.* precedente.
preceding *agg.* precedente.
precept *s.* precetto.
preceptive *agg.* istruttivo.
preceptor *s.* precettore.
precession *s.* precessione.
precinct *s.* **1.** recinto **2.** limiti **3.** vicinanze (*pl.*).
preciosity *s.* preziosità.
precious *agg.* prezioso.
preciousness *s.* preziosità.
precipice *s.* precipizio.
precipitate *agg.* e *s.* precipitato.
to **precipitate** *vt.* e *vi.* precipitare.
precipitation *s.* precipitazione.
precipitous *agg.* ripido.
précis *s.* riassunto.
precise *agg.* preciso.
precision *s.* precisione.
to **preclude** *vt.* precludere.
precocious *agg.* precoce.
precociousness, precocity *s.* precocità.
preconceived *agg.* preconcetto.
precursor *s.* precursore, predecessore.
precursory *agg.* **1.** preliminare **2.** premonitore.
predaceous *agg.* rapace.
to **predate** *vt.* predatare.
predatory *agg.* rapace.
to **predecease** *vt.* premorire a.
predecessor *s.* predecessore.
to **predesignate** *vt.* predesignare.
predestination *s.* predestinazione.
to **predestine** *vt.* predestinare.
predetermination *s.* predeterminazione.
to **predetermine** *vt.* predeterminare.
predicable *agg.* asseribile.
predicament *s.* situazione scabrosa.
predicate *agg.* e *s.* predicato.
to **predicate** *vt.* **1.** asserire **2.** implicare.
predication *s.* affermazione.
predicative *agg.* **1.** predicativo **2.** affermativo.
predicatory *agg.* predicatorio.
to **predict** *vt.* e *vi.* predire.
prediction *s.* predizione.
predilection *s.* predilezione.
to **predispose** *vt.* predisporre.
predisposition *s.* predisposizione.
predominance *s.* predominanza.
to **predominate** *vi.* predominare.
pre-eminence *s.* preminenza.
pre-eminent *agg.* preminente.
pre-emption *s.* prelazione, priorità.
to **pre-engage** *vt.* impegnare in anticipo.
to **pre-establish** *vt.* prestabilire.
to **pre-exist** *vi.* preesistere.
pre-existence *s.* preesistenza.
to **prefabricate** *vt.* prefabbricare.
prefabricated *agg.* — *house*, casa prefabbricata.
preface *s.* prefazione.
to **preface** *vt.* **1.** fare una prefazione a **2.** iniziare.
prefatory *agg.* introduttivo.
prefect *s.* prefetto.
prefecture *s.* prefettura.
to **prefer** *vt.* **1.** preferire **2.** promuovere, elevare.
preferable *agg.* preferibile.
preference *s.* preferenza.
preferential *agg.* preferenziale.
preferment *s.* avanzamento, promozione.
prefiguration *s.* prefigurazione.
to **prefigure** *vt.* prefigurare.
prefix *s.* prefisso.
pregnancy *s.* **1.** gravidanza **2.** (*fig.*) significato, importanza.
pregnant *agg.* **1.** incinta **2.** significativo, importante **3.** fecondo.
prehension *s.* **1.** prensione **2.** apprendimento.
prehistoric(al) *agg.* preistorico.
prehistory *s.* preistoria.
prejudice *s.* pregiudizio.
to **prejudice** *vt.* **1.** pregiudicare **2.** influenzare.
prejudicial *agg.* pregiudizievole.
prelate *s.* prelato.
prelatic(al) *agg.* prelatizio.
preliminary *agg.* preliminare. ♦ **preliminaries** *s. pl.* preliminari.
prelude *s.* preludio.
to **prelude** *vt.* preludere. ♦ to **prelude** *vi.* eseguire un preludio.
premature *agg.* prematuro.
to **premeditate** *vt.* premeditare.
premeditation *s.* premeditazione.
premier *s.* primo ministro.
premise *s.* **1.** premessa **2.** stabile con terreni annessi.
to **premise** *vt.* premettere.
premolar *agg.* e *s.* premolare.
premonitory *agg.* premonitore.

preoccupation *s.* preoccupazione.
to **preoccupy** *vt.* **1.** preoccupare **2.** occupare in precedenza.
preparation *s.* preparazione, preparativo.
preparative, preparatory *agg.* preparatorio.
to **prepare** *vt.* preparare. ♦ to **prepare** *vi.* prepararsi.
preponderance *s.* preponderanza.
preponderant *agg.* preponderante.
preposition *s.* preposizione.
prepositional *agg.* di preposizione.
to **prepossess** *vt.* **1.** occupare in precedenza **2.** influenzare.
prepossessing *agg.* attraente.
prepossession *s.* prevenzione.
preposterous *agg.* assurdo.
prepotence *s.* predominio.
prepotent *agg.* predominante.
Pre-Raphaeli(ti)sm *s.* preraffaellismo.
prerogative *agg.* privilegiato. ♦ **prerogative** *s.* prerogativa.
presage *s.* presagio.
presbyope *s.* presbite.
presbyopic *agg.* presbite.
Presbyterian *agg.* e *s.* presbiteriano.
Presbyterianism *s.* presbiterianismo.
presbytery *s.* presbiterio.
prescience *s.* prescienza.
to **prescribe** *vt.* prescrivere.
prescript *s.* ordinanza.
prescription *s.* prescrizione.
presence *s.* presenza.
present[1] *agg.* presente || — *-day,* contemporaneo. ♦ **present** *s.* presente, tempo presente || *at* —, attualmente. ♦ **presents** *s. pl.* (*giur.*) documento (*sing.*).
present[2] *s.* dono, regalo.
to **present** *vt.* **1.** presentare **2.** regalare.
presentable *agg.* presentabile.
presentation *s.* **1.** presentazione **2.** dono.
presenter *s.* **1.** presentatore **2.** donatore.
presentiment *s.* presentimento.
presently *avv.* presto, quanto prima.
presentment *s.* presentazione.
preservable *agg.* conservabile.
preservation *s.* conservazione.
preservative *agg.* e *s.* preservativo.
preserve *s.* **1.** riserva **2.** conserva (*di pomodoro, frutta ecc.*).
to **preserve** *vt.* **1.** preservare **2.** conservare **3.** mettere in conserva.
to **preside** *vi.* presiedere.
presidency *s.* presidenza.
president *s.* presidente.
presidential *agg.* presidenziale.
press *s.* **1.** stretta, pressione **2.** pressa **3.** (*fig.*) stampa **4.** calca, ressa || — *conference,* conferenza stampa.
to **press** *vt.* **1.** premere, comprimere **2.** costringere. ♦ to **press** *vi.* affollarsi.
pressing *agg.* **1.** urgente **2.** insistente.
pressman *s.* **1.** cronista (*di giornale*) **2.** (*tip.*) stampatore.
pressure *s.* pressione || — *-cooker,* pentola a pressione.
to **pressurize** *vt.* pressurizzare.
prestige *s.* prestigio.
presumable *agg.* presumibile.
to **presume** *vt.* e *vi.* **1.** presumere **2.** avere la presunzione di.
presuming *agg.* presuntuoso.
presumption *s.* **1.** presunzione **2.** supposizione.
presumptive *agg.* presunto.
presumptuous *agg.* presuntuoso.
presumptuousness *s.* presunzione.
to **presuppose** *vt.* presupporre.
presupposition *s.* presupposizione.
pretence *s.* **1.** pretesa **2.** pretesto **3.** simulazione.
to **pretend** *vi.* **1.** pretendere **2.** fingere.
pretender *s.* **1.** pretendente **2.** simulatore.
pretension *s.* **1.** pretesa **2.** presunzione.
pretentious *agg.* pretenzioso.
preternatural *agg.* soprannaturale.
pretext *s.* pretesto.
prettiness *s.* grazia.
pretty *agg.* grazioso. ♦ **pretty** *avv.* abbastanza.
to **prevail** *vi.* prevalere.
prevailing *agg.* **1.** prevalente **2.** efficace.
prevalence *s.* prevalenza.
to **prevaricate** *vi.* **1.** tergiversare **2.** mentire.
prevarication *s.* **1.** tergiversazione **2.** menzogna.
prevaricator *s.* **1.** chi tergiversa **2.** mentitore.
to **prevent** *vt.* impedire.
prevention *s.* **1.** impedimento **2.** prevenzione.
preventive *agg.* preventivo.

preview *s.* anteprima.
previous *agg.* precedente.
prevision *s.* previsione.
pre-war *agg.* prebellico.
prey *s.* preda.
to **prey** *vi.* **1.** (de)predare **2.** (*fig.*) consumare.
price *s.* prezzo, costo.
to **price** *vt.* fissare il prezzo di.
priceless *agg.* inestimabile.
prick *s.* **1.** punta **2.** puntura **3.** (*fig.*) pungolo, rimorso.
to **prick** *vt.* **1.** pungere **2.** segnare **3.** rizzare le orecchie. ♦ to **prick** *vi.* **1.** formicolare **2.** pungersi.
prickle *s.* **1.** spina **2.** pungiglione.
prickly *agg.* pungente.
pride *s.* orgoglio.
to **pride** *vt.* *to — oneself upon,* essere orgoglioso di.
priest *s.* prete.
priesthood *s.* **1.** clero **2.** sacerdozio.
prig *s.* presuntuoso.
prim *agg.* affettato.
primary *agg.* primo, primario.
primate *s.* (*eccl.*) primate.
prime *agg.* **1.** primo **2.** di prima qualità. ♦ **prime** *s.* **1.** principio **2.** (*fig.*) fiore.
to **prime** *vt.* caricare, innescare.
primer[1] *s.* sillabario.
primer[2] *s.* innesco.
primeval *agg.* primordiale.
primigenial *agg.* primigenio.
priming *s.* **1.** innesco **2.** prima mano (*di vernice ecc.*).
primitive *agg.* e *s.* primitivo.
primitiveness *s.* primitività.
primogeniture *s.* primogenitura.
primordial *agg.* primordiale.
primrose *s.* primula.
prince *s.* principe.
princely *agg.* principesco.
princess *s.* principessa.
principal *agg.* principale. ♦ **principal** *s.* **1.** principale, direttore **2.** (*edil.*) trave maestra **3.** (*comm.*) mandante.
principality *s.* principato.
principle *s.* principio.
print *s.* **1.** impronta **2.** stampa **3.** stampatello **4.** (*foto*) copia.
to **print** *vt.* **1.** stampare **2.** scrivere a stampatello **3.** imprimere.
printer *s.* **1.** tipografo **2.** (*mecc.*) stampatrice.
printing *s.* **1.** stampa **2.** tiratura || *— -press,* pressa tipografica.
prior *agg.* precedente. ♦ **prior** *s.* priore. ♦ **prior** *avv.* prima.
priorate *s.* priorato.
prioress *s.* priora.
priority *s.* priorità.
prism *s.* prisma.
prismatic(al) *agg.* prismatico.
prison *s.* prigione.
prisoner *s.* prigioniero.
privacy *s.* **1.** intimità **2.** riserbo.
private *agg.* **1.** privato **2.** appartato **3.** segreto, riservato, personale. ♦ **private** *s.* soldato semplice.
privation *s.* privazione.
privative *agg.* privativo.
privilege *s.* privilegio.
to **privilege** *vt.* privilegiare.
privy *agg.* **1.** nascosto **2.** al corrente di.
prize *s.* premio.
to **prize** *vt.* stimare.
probabilism *s.* probabilismo.
probability *s.* probabilità.
probable *agg.* probabile.
probate *s.* omologazione.
probation *s.* prova.
probative *agg.* probativo.
probatory *agg.* probatorio.
probe *s.* sonda.
to **probe** *vt.* sondare.
probity *s.* probità.
problem *s.* problema.
problematic(al) *agg.* problematico.
procedural *agg.* procedurale.
procedure *s.* **1.** procedimento **2.** procedura.
to **proceed** *vi.* **1.** procedere **2.** provenire.
proceeding *s.* V. *procedure.*
proceeds *s. pl.* profitto (*sing.*).
process *s.* **1.** procedimento **2.** processo.
to **process** *vt.* **1.** processare **2.** (*chim.*) trattare.
procession *s.* processione.
processionary *s.* (*zool.*) processionaria.
proclaim *s.* proclama.
to **proclaim** *vt.* proclamare.
proclamation *s.* proclama(zione).
proconsul *s.* proconsole.
to **procrastinate** *vt.* e *vi.* procrastinare.
procrastination *s.* procrastinazione.
to **procreate** *vt.* procreare.
procreation *s.* procreazione.
procreator *s.* procreatore.
proctor *s.* **1.** censore **2.** (*giur.*) procuratore.

procurator *s.* procuratore.
to **procure** *vt.* **1.** procurare, procurarsi **2.** adescare.
procurer *s.* mezzano.
prod *s.* pungolo.
to **prod** *vt.* pungolare.
prodigal *agg.* e *s.* prodigo.
prodigality *s.* prodigalità.
prodigious *agg.* **1.** prodigioso **2.** enorme.
prodigiousness *s.* prodigiosità.
prodigy *s.* prodigio.
produce *s.* prodotto || *farm* —, prodotto agricolo; *raw* —, materia prima.
to **produce** *vt.* **1.** produrre **2.** presentare.
producer *s.* **1.** produttore **2.** (*teat.*) regista.
product *s.* prodotto.
production *s.* **1.** esibizione **2.** produzione.
productive *agg.* produttivo.
productivity *s.* produttività.
proem *s.* proemio.
profanation *s.* profanazione.
profane *agg.* **1.** profano **2.** empio.
to **profane** *vt.* profanare.
profaner *s.* profanatore.
profanity *s.* **1.** profanità **2.** empietà.
to **profess** *vt.* **1.** professare **2.** pretendere.
profession *s.* professione.
professional *agg.* professionale || — *man,* professionista. ♦ **professional** *s.* professionista.
professionalism *s.* professionismo.
professor *s.* professore (*d'università*).
professorial *agg.* professorale.
proficiency *s.* competenza || — *in English,* buona conoscenza dell'inglese.
proficient *agg.* e *s.* esperto, competente.
profile *s.* profilo.
to **profile** *vt.* **1.** profilare **2.** tracciare il profilo di.
profit *s.* profitto, guadagno.
to **profit** *vt.* giovare. ♦ to **profit** *vi.* approfittare.
profitable *agg.* vantaggioso.
profiteer *s.* profittatore.
profligacy *s.* **1.** sregolatezza **2.** sperpero.
profligate *agg.* e *s.* **1.** dissoluto **2.** scialacquatore.
profound *agg.* profondo.
profuse *agg.* **1.** abbondante **2.** prodigo.
profusion *s.* **1.** profusione **2.** prodigalità.
progenitor *s.* progenitore.
progeny *s.* progenie.
prognathism *s.* prognatismo.
prognathous *agg.* prognato.
prognosis *s.* (*pl.* -ses) prognosi.
prognostic *agg.* rivelatore. ♦ **prognostic** *s.* **1.** pronostico **2.** sintomo.
prognostication *s.* **1.** pronostico **2.** prognosi.
program(me) *s.* programma.
to **program(me)** *vt.* programmare.
programming *s.* programmazione.
programmist *s.* programmista.
progress *s.* **1.** progresso **2.** avanzata **3.** sviluppo **4.** andamento, corso.
to **progress** *vi.* **1.** progredire **2.** avanzare **3.** svilupparsi.
progression *s.* **1.** progressione **2.** avanzamento.
progressive *agg.* progressivo, progressista. ♦ **progressive** *s.* progressista.
to **prohibit** *vt.* proibire.
prohibition *s.* **1.** proibizione **2.** proibizionismo.
prohibitionist *s.* proibizionista.
prohibitive *agg.* proibitivo.
project *s.* progetto.
to **project** *vt.* **1.** progettare **2.** proiettare. ♦ to **project** *vi.* sporgere.
projectile *s.* proiettile.
projection *s.* **1.** progetto **2.** proiezione.
projector *s.* **1.** progettista **2.** proiettore.
proletarian *agg.* e *s.* proletario.
proletariat *s.* proletariato.
to **proliferate** *vt.* proliferare. ♦ to **proliferate** *vi.* moltiplicarsi.
proliferation *s.* proliferazione.
prolific *agg.* prolifico.
prolix *agg.* prolisso.
prolixity *s.* prolissità.
prologue *s.* prologo.
to **prolong** *vt.* **1.** prolungare **2.** (*comm.*) prorogare.
promenade *s.* passeggiata, passeggio pubblico, lungomare.
prominence *s.* prominenza.
prominent *agg.* prominente.
promiscuity *s.* promiscuità.
promiscuous *agg.* promiscuo.
promise *s.* promessa.
to **promise** *vt.* e *vi.* promettere.

promissory *agg.* contenente una promessa || — *note* (*comm.*), pagherò cambiario.
promontory *s.* promontorio.
to **promote** *vt.* **1.** promuovere **2.** dare impulso, favorire.
promoter *s.* promotore.
promotion *s.* **1.** promozione **2.** incoraggiamento.
prompt *agg.* **1.** sollecito **2.** (*comm.*) in contanti. ♦ **prompt** *s.* **1.** (*comm.*) termine di pagamento **2.** suggerimento.
to **prompt** *vt.* **1.** spingere **2.** suggerire.
prompter *s.* suggeritore.
promptness *s.* prontezza.
to **promulgate** *vt.* promulgare.
promulgation *s.* promulgazione.
promulgator *s.* promulgatore.
prone *agg.* prono.
prong *s.* **1.** dente (*di forca*) **2.** forca.
pronominal *agg.* pronominale.
pronoun *s.* pronome.
to **pronounce** *vt.* **1.** pronunciare **2.** dichiarare. ♦ to **pronounce** *vi.* pronunciarsi.
pronouncement *s.* dichiarazione.
pronouncing, pronunciation *s.* pronuncia.
proof *agg.* a prova di. ♦ **proof** *s.* **1.** prova **2.** bozza **3.** gradazione alcoolica || — *-reader*, correttore di bozze; *burden of* — (*giur.*), onere della prova.
prop *s.* puntello.
to **prop** *vt.* **1.** sostenere **2.** appoggiare.
propaedeutic(al) *agg.* propedeutico.
propaedeutics *s.* propedeutica.
propagandist *s.* propagandista.
to **propagandize** *vt.* propagandare.
to **propagate** *vt.* propagare. ♦ to **propagate** *vi.* propagarsi.
propagation *s.* **1.** propagazione **2.** (*bot.; zool.*) riproduzione.
propagator *s.* propagatore.
propane *s.* propano.
to **propel** *vt.* spingere avanti.
propellent *agg.* e *s.* propulsore, propellente.
propeller *s.* propulsore || (*screw-*) —, elica.
propensity *s.* propensione.
proper *agg.* **1.** proprio **2.** adatto **3.** corretto **4.** propriamente detto.
property *s.* **1.** proprietà **2.** (*teat.*) costumi, arredi per la scena (*pl.*) || *real* —, beni immobili (*pl.*).
prophecy *s.* profezia.
to **prophesy** *vt.* e *vi.* profetizzare.
prophet *s.* profeta.
prophetic(al) *agg.* profetico.
prophylactic *agg.* e *s.* profilattico.
prophylaxis *s.* profilassi.
to **propitiate** *vt.* propiziare.
propitiation *s.* propiziazione.
propitiator *s.* propiziatore.
propitiatory *agg.* propiziatorio.
propitious *agg.* propizio.
proportion *s.* **1.** proporzione **2.** parte. ♦ **proportions** *s. pl.* dimensioni.
to **proportion** *vt.* **1.** proporzionare **2.** dividere in parti proporzionate.
proportional *agg.* proporzionale.
proportionality *s.* proporzionalità.
proportionate *agg.* proporzionato.
to **proportionate** V. *to proportion.*
proportioning *s.* proporzionamento.
proposal *s.* proposta.
to **propose** *vt.* proporre. ♦ to **propose** *vi.* **1.** prefiggersi, intendere **2.** fare richiesta di matrimonio || *to — the health of so.*, bere alla salute di qu.
proposition *s.* **1.** proposta **2.** proposizione **3.** asserzione **4.** problema.
proprietary *agg.* di proprietà. ♦ **proprietary** *s.* proprietario || — *rights*, diritti di proprietà.
proprietor *s.* proprietario.
propriety *s.* **1.** proprietà **2.** opportunità **3.** decoro, decenza. ♦ **proprieties** *s. pl.* convenienze.
propulsion *s.* propulsione.
propulsive *agg.* propulsivo.
propylaeum *s.* (*pl.* -laea) propileo.
propylene *s.* propilene.
prosaic *agg.* prosaico.
prosaism *s.* prosaicità.
proscenium *s.* (*pl.* -nia) proscenio.
to **proscribe** *vt.* **1.** bandire **2.** vietare.
proscription *s.* **1.** proscrizione **2.** proibizione.
prose *s.* **1.** prosa **2.** prosaicità || — *writer*, prosatore.
prosecutable *agg.* perseguibile.
to **prosecute** *vt.* **1.** proseguire **2.** perseguire.
prosecution *s.* **1.** proseguimento **2.** processo **3.** (*giur.*) accusa.
prosecutor *s.* **1.** prosecutore **2.** accusatore || *Public* — (*giur.*), l'accusa pubblica.

proselyte *s.* proselito.
proselytism *s.* proselitismo.
prosiness *s.* **1.** prosaicità **2.** banalità.
prosody *s.* prosodia.
prospect *s.* **1.** panorama **2.** prospettiva **3.** speranza, aspettativa.
to **prospect** *vt.* **1.** esplorare **2.** ricercare.
prospecting *s.* ricerca.
prospective *agg.* **1.** futuro **2.** eventuale.
to **prosper** *vt.* far prosperare. ♦ to **prosper** *vi.* prosperare.
prosperity *s.* prosperità.
prosperous *agg.* prospero.
prostate *s.* prostata.
prostatic *agg.* prostatico.
prosthesis *s.* (*med.*) protesi.
prostitute *s.* prostituta.
to **prostitute** *vt.* prostituire.
prostitution *s.* prostituzione.
prostrate *agg.* prostrato.
to **prostrate** *vt.* prostrare.
prostration *s.* **1.** prostrazione **2.** prosternazione.
prostyle *agg.* e *s.* prostilo.
prosy *agg.* **1.** prosaico **2.** noioso.
protagonist *s.* protagonista.
to **protect** *vt.* proteggere.
protection *s.* **1.** protezione **2.** salvacondotto.
protectionism *s.* protezionismo.
protectionist *s.* protezionista.
protective *agg.* protettivo.
protector *s.* protettore.
protectorate *s.* protettorato.
protectory *s.* patronato.
protein *s.* proteina.
protest *s.* **1.** protesta **2.** (*comm.*) protesto.
to **protest** *vt.* e *vi.* protestare.
protestant *agg.* e *s.* protestante.
Protestantism *s.* protestantesimo.
protestation *s.* dichiarazione.
protocol *s.* protocollo.
proton *s.* protone.
protoplasm *s.* protoplasma.
prototype *s.* prototipo.
Protozoa *s. pl.* protozoi.
to **protract** *vt.* **1.** protrarre **2.** rilevare.
protraction *s.* **1.** protrazione **2.** rilievo.
protractor *s.* **1.** protrattore **2.** goniometro.
to **protrude** *vt.* **1.** sporgere **2.** imporre. ♦ to **protrude** *vi.* **1.** sporgersi **2.** imporsi.
protrusion, protuberance *s.* protuberanza.
proud *agg.* orgoglioso, superbo.
to **prove** *vt.* **1.** provare, verificare **2.** omologare. ♦ to **prove** *vi.* risultare.
provender *s.* foraggio, biada.
proverb *s.* proverbio.
proverbial *agg.* proverbiale.
to **provide** *vi.* **1.** provvedere **2.** premunirsi **3.** stabilire (*di leggi*). ♦ to **provide** *vt.* **1.** procurare **2.** rifornire.
provided *cong.* purché, a patto che.
providence *s.* **1.** provvidenza **2.** previdenza.
provident *agg.* **1.** provvido **2.** previdente.
providential *agg.* provvidenziale.
province *s.* **1.** provincia **2.** (*fig.*) sfera, campo d'attività.
provincial *agg.* e *s.* provinciale.
provincialism *s.* provincialismo.
provision *s.* **1.** preparativo **2.** provvedimento **3.** clausola **4.** (*giur.*) disposizione. ♦ **provisions** *s. pl.* provviste.
to **provision** *vt.* approvvigionare.
provisional *agg.* provvisorio.
provisioning *s.* approvvigionamento.
provocation *s.* provocazione.
provocative *agg.* **1.** provocante **2.** stimolante.
provocativeness *s.* provocazione.
to **provoke** *vt.* **1.** provocare **2.** irritare.
provoker *s.* provocatore.
provost *s.* prevosto.
prow *s.* prora.
prowess *s.* prodezza, valore.
proximity *s.* prossimità.
proxy *s.* **1.** procura **2.** procuratore.
prude *s.* persona eccessivamente pudica.
prudence *s.* prudenza.
prudent *agg.* prudente.
prudential *agg.* prudenziale.
prudentials *s. pl.* provvedimenti precauzionali.
prudery *s.* ritrosia eccessiva.
prudish *agg.* pudibondo.
prune *s.* prugna secca.
to **prune** *vt.* potare.
pruner *s.* potatore.
pruning *s.* potatura || — *-hook,* falcetto.
prussic *agg.* prussico.
pry[1] *s.* ficcanaso.

pry[2] *s.* leva.
to **pry**[1] *vi.* indagare.
to **pry**[2] *vt.* muovere con una leva.
psalm *s.* salmo.
psalmody *s.* salmodia.
pseudonym *s.* pseudonimo.
psyche *s.* psiche.
psychiatric(al) *agg.* psichiatrico.
psychiatrist *s.* psichiatra.
psychiatry *s.* psichiatria.
psychic *s.* **1.** medium **2.** psicologia.
psychic(al) *agg.* psichico.
psychoanalysis *s.* psicanalisi.
psychoanalyst *s.* psicanalista.
psychoanalytic(al) *agg.* psicanalitico.
to **psychoanalyze** *vt.* psicanalizzare.
psychologic(al) *agg.* psicologico.
psychologist *s.* psicologo.
psychology *s.* psicologia.
psychometry *s.* psicometria.
psychopathic *agg.* e *s.* psicopatico.
psychopathology *s.* psicopatologia.
psychopathy *s.* psicopatia.
psychosis *s.* psicosi.
psychotherapy *s.* psicoterapia.
ptisan *s.* tisana.
pub *s.* bar (*in Gran Bretagna*).
puberty *s.* pubertà.
pubis *s.* (*pl.* -bes) pube.
public *agg.* e *s.* pubblico || *the reading* —, i lettori (*pl.*).
publican *s.* **1.** oste **2.** (*stor.*) pubblicano.
publication *s.* pubblicazione.
publicity *s.* pubblicità.
to **publish** *vt.* **1.** pubblicare **2.** divulgare.
publishable *agg.* pubblicabile.
publisher *s.* editore.
pucker *s.* ruga, grinza.
to **pucker** *vt.* raggrinzare, corrugare. ♦ to **pucker** *vi.* raggrinzarsi, corrugarsi.
pudding *s.* **1.** budino **2.** pasticcio || *black* —, sanguinaccio.
puddle *s.* **1.** pozzanghera **2.** malta.
to **puddle** *vt.* **1.** infangare **2.** coprire di malta.
puerility *s.* puerilità.
Puerto Rican *agg.* e *s.* portoricano.
puff *s.* **1.** soffio, sbuffo **2.** piumino.
to **puff** *vi.* **1.** sbuffare **2.** gonfiarsi. ♦ to **puff** *vt.* **1.** soffiare **2.** gonfiare.
puffy *agg.* **1.** gonfio **2.** ansimante **3.** paffuto, grasso.
pugilist *s.* pugile.
pugnacious *agg.* pugnace.
pugnacity *s.* combattività.
puke *s.* vomito.
to **puke** *vt.* e *vi.* vomitare.
pull *s.* **1.** strappo **2.** sforzo, tensione **3.** maniglia (*di cassetto*).
to **pull** *vt.* **1.** tirare **2.** strappare || *to — down,* demolire. ♦ to **pull** *vi.* **1.** trascinarsi **2.** remare || *to — back,* ritirarsi; *to — up,* fermarsi.
puller *s.* (*mecc.*) estrattore.
pulley *s.* puleggia.
pulmonary *agg.* polmonare.
pulp *s.* polpa.
to **pulp** *vt.* ridurre in polpa. ♦ to **pulp** *vi.* diventare polposo.
pulpit *s.* pulpito.
pulpy *agg.* polposo.
pulsation *s.* pulsazione.
pulsatory *agg.* pulsante.
pulse *s.* **1.** pulsazione, polso, battito **2.** (*radio*) impulso.
to **pulse** *vi.* pulsare.
to **pulverize** *vt.* polverizzare. ♦ to **pulverize** *vi.* polverizzarsi.
pumice *s.* pomice.
pump *s.* pompa || *petrol* —, distributore di benzina.
to **pump** *vt.* e *vi.* pompare || *to — up,* gonfiare.
pumpkin *s.* zucca.
pun *s.* gioco di parole.
punch[1] *s.* punzone.
punch[2] *s.* pugno.
punch[3] *s.* « punch » (*bevanda alcoolica*).
to **punch**[1] *vt.* (per)forare.
to **punch**[2] *vt.* prendere a pugni.
punching *s.* perforazione.
punctilio *s.* meticolosità.
punctilious *agg.* meticoloso.
punctual *agg.* puntuale.
punctuality *s.* puntualità.
punctually *avv.* puntualmente.
to **punctuate** *vt.* **1.** punteggiare **2.** (*fig.*) sottolineare.
punctuation *s.* punteggiatura.
puncture *s.* **1.** puntura **2.** foratura.
to **puncture** *vt.* **1.** pungere **2.** forare.
pungency *s.* **1.** asprezza **2.** acutezza (*di dolore*).
pungent *agg.* **1.** pungente **2.** acuto, cocente **3.** piccante.
to **punish** *vt.* punire.
punishable *agg.* punibile.
punishment *s.* punizione.
punitive, punitory *agg.* pun[illegible]
punt *s.* chiatta.

punter *s.* puntatore (*di corse ecc.*).
puny *agg.* sparuto.
pup *s.* cucciolo.
pupil[1] *s.* **1.** allievo **2.** (*giur.*) pupillo.
pupil[2] *s.* pupilla.
pupil(l)age *s.* (*giur.*) minorità: *child in* —, bambino sotto tutela.
pupil(l)ary *agg.* (*giur.*) pupillare.
puppet *s.* burattino || — *show*, spettacolo di burattini; — *player*, burattinaio.
puppy *s.* cucciolo.
purchase *s.* acquisto.
to **purchase** *vt.* acquistare.
purchaser *s.* acquirente.
purchasing *s.* acquisto || — *power*, potere di acquisto.
pure *agg.* puro, schietto, casto.
purely *avv.* puramente, semplicemente.
purgative *agg.* purgativo. ♦ **purgative** *s.* purgante.
purgatory *s.* purgatorio.
purge *s.* **1.** purga **2.** epurazione.
to **purge** *vt.* **1.** purgare **2.** epurare. ♦ to **purge** *vi.* purgarsi.
purification *s.* purificazione.
purificatory *agg.* purificatore.
to **purify** *vt.* purificare.
purism *s.* purismo.
purist *s.* purista.
Puritan *agg.* e *s.* puritano.
Puritanism *s.* puritanismo.
purity *s.* purezza.
to **purloin** *vt.* rubare.
purloiner *s.* frodatore.
purple *agg.* **1.** purpureo, paonazzo **2.** ornato. ♦ **purple** *s.* porpora.
to **purple** *vt.* imporporare. ♦ to **purple** *vi.* imporporarsi.
purport *s.* significato.
to **purport** *vt.* **1.** significare **2.** pretendere.
purpose *s.* **1.** intenzione, scopo **2.** fermezza || *on* —, di proposito.
to **purpose** *vi.* proporsi (*di*).
purposeful *agg.* **1.** premeditato **2.** avveduto.
purposefully *avv.* intenzionalmente, espressamente.
purposeless *agg.* **1.** inutile **2.** senza intenzione.
purpurin *s.* porporina.
to **purr** *vi.* fare le fusa.
purse *s.* borsellino.
to **purse** *vt.* contrarre. ♦ to **purse** *vi.* incresparsi, contrarsi.
purser *s.* commissario di bordo.
pursuant *agg.* conforme.
to **pursue** *vt.* **1.** (in)seguire **2.** continuare.
pursuer *s.* **1.** inseguitore **2.** continuatore.
pursuit *s.* **1.** inseguimento **2.** occupazione, impiego.
purulence *s.* suppurazione.
purulent *agg.* purulento.
push *s.* **1.** spinta, influenza, pressione **2.** bisogno **3.** (*elettr.*) pulsante.
to **push** *vt.* **1.** spingere, incalzare, fare pressione **2.** lanciare (*una moda, un articolo ecc.*) ♦ to **push** *vi.* spingersi.
pusher *s.* chi, ciò che spinge.
pusillanimity *s.* pusillanimità.
pusillanimous *agg.* pusillanime.
puss(y) *s.* micino.
pustule *s.* pustola.
to **put (put, put)** *vt.* **1.** mettere, porre **2.** esporre, sottoporre || *to — off*, rimandare, togliere (*vestiti ecc.*); *to — on*, indossare, accendere; *to — through*, mettere in comunicazione telefonica; *to — up*, alzare. ♦ to **put (put, put)** *vi.* dirigersi.
putative *agg.* putativo.
putrefaction *s.* putrefazione.
to **putrefy** *vt.* putrefare. ♦ to **putrefy** *vi.* putrefarsi.
putrescence *s.* putrescenza.
putrescible *agg.* putrescibile.
putrid *agg.* putrido.
putridness *s.* putridità.
puttees *s. pl.* mollettiere.
putty *s.* mastice, stucco.
puzzle *s.* **1.** enigma **2.** imbarazzo **3.** intrigo.
to **puzzle** *vt.* imbarazzare. ♦ to **puzzle** *vi.* essere imbarazzato.
pygmy *agg.* e *s.* pigmeo.
pyjamas *s. pl.* pigiama (*sing.*).
pylon *s.* pilone || *steel* —, traliccio.
pylorus *s.* piloro.
pyorrh(o)ea *s.* piorrea.
pyramid *s.* piramide.
pyramidal *agg.* piramidale.
pyre *s.* pira.
pyrites *s.* pirite.
pyrography *s.* pirografia.
pyromancy *s.* piromanzia.
pyromaniac *s.* piromane.
pyrope *s.* piropo.
pyrotechnic(al) *agg.* pirotecnico.
pyrotechnics *s.* pirotecnica.
Pythagorean *agg.* e *s.* pitagorico.
python *s.* pitone.
pyx *s.* pisside.

Q

quack[1] *s.* ciarlatano.
quack[2] *s.* schiamazzare (*di anitra*).
to **quack**[1] *vi.* fare il ciarlatano.
to **quack**[2] *vi.* schiamazzare (*di anitra*).
quadrangle *s.* quadrangolo.
quadrangular *agg.* quadrangolare.
quadrant *s.* quadrante.
quadrennial *agg.* quadriennale.
quadrilateral *agg.* e *s.* quadrilatero.
quadrille *s.* quadriglia.
quadrumane *s.* quadrumane.
quadrumanous *agg.* quadrumane.
quadruped *agg.* e *s.* quadrupede.
quadruple *agg.* e *s.* quadruplo.
to **quadruple** *vt.* quadruplicare. ♦ to **quadruple** *vi.* quadruplicarsi.
quagmire *s.* pantano.
quail *s.* quaglia.
to **quail** *vi.* avvilirsi, sgomentarsi.
quaint *agg.* strano, bizzarro.
quake *s.* scossa, tremito.
to **quake** *vi.* **1.** avere i brividi **2.** tremare (*anche di terra*).
Quaker *s.* Quacchero.
quaky *agg.* tremante.
qualifiable *agg.* qualificabile.
qualification *s.* **1.** qualificazione, capacità, requisito **2.** condizione, riserva **3.** qualifica.
qualified *agg.* **1.** qualificato, competente **2.** limitato || — *acceptance* (*comm.*), accettazione con riserva.
qualifier *s.* (*gramm.*) parola che modifica.
to **qualify** *vt.* **1.** qualificare, definire **2.** abilitare **3.** (*giur.*) autorizzare. ♦ to **qualify** *vi.* **1.** qualificarsi **2.** abilitarsi.
qualitative *agg.* qualitativo.
quality *s.* qualità, caratteristica.
qualm *s.* **1.** nausea **2.** scrupolo.
qualmish *agg.* **1.** soggetto a nausee **2.** nauseante **3.** scrupoloso.
quantitative *agg.* quantitativo.
quantity *s.* quantità.
quarantine *s.* quarantena.
quarrel *s.* lite, contesa.
to **quarrel** *vi.* litigare, venire a contesa.
quarreller *s.* attaccabrighe, contendente.
quarrelsome *agg.* attaccabrighe, rissoso.
quarry[1] *s.* **1.** cava **2.** (*fig.*) fonte d'informazione.
quarry[2] *s.* selvaggina, preda.
to **quarry** *vt.* **1.** cavare (*pietre, marmo ecc.*) **2.** ricavare informazioni da.
quarter *s.* **1.** quarto: *a — of an hour,* un quarto d'ora **2.** quartiere, rione. ♦ **quarters** *s. pl.* **1.** alloggio **2.** (*mil.*) acquartieramento.
to **quarter** *vt.* e *vi.* **1.** dividere in quattro parti **2.** alloggiare **3.** (*mil.*) acquartierarsi.
quarterly *agg.* trimestrale. ♦ **quarterly** *s.* pubblicazione trimestrale. ♦ **quarterly** *avv.* trimestralmente.
quartermaster *s.* **1.** commissario **2.** quartiermastro.
quartet *s.* quartetto.
quartz *s.* quarzo.
to **quash** *vt.* (*giur.*) annullare.
quaternary *agg.* quaternario.
quatrain *s.* quartina.
quaver *s.* trillo, vibrazione.
to **quaver** *vt.* e *vi.* **1.** vibrare, tremare (*di voce*) **2.** gorgheggiare.
quay *s.* banchina, molo.
queasy *agg.* **1.** nauseabondo **2.** schizzinoso.
queen *s.* regina.
queenlike *agg.* regale.
queenly *agg.* regale, da regina.
queer *agg.* strano, eccentrico.
to **queer** *vt.* mettere in ridicolo.
queerly *avv.* stranamente.
to **quench** *vt.* **1.** spegnere, estinguere **2.** calmare.
quencher *s.* estintore.
quenchless *agg.* inestinguibile.
querulous *agg.* querulo, gemebondo.
query *s.* domanda, quesito.
to **query** *vt.* e *vi.* **1.** chiedere, indagare **2.** mettere in dubbio.
quest *s.* ricerca.
to **quest** *vt.* e *vi.* cercare, far ricerche.
question *s.* **1.** domanda, interrogazione **2.** dubbio, obiezione **3.** questione, problema || — *mark,* punto interrogativo.
to **question** *vt.* **1.** interrogare **2.** mettere in dubbio.
questionable *agg.* incerto, discutibile.
questionably *avv.* discutibilmente.
questionary *s.* questionario.
queue *s.* **1.** coda **2.** fila di persone: *to stand in a —,* fare la coda.
to **queue** *vt.* e *vi.* fare la coda, mettere in coda.

quibble *s.* giuoco di parole, doppio senso.
to **quibble** *vi.* **1.** fare giuochi di parole **2.** cavillare.
quibbling *agg.* a doppio senso.
quick *agg.* **1.** rapido, veloce **2.** pronto, intelligente, acuto || — *-eyed,* dagli occhi penetranti; — *-eared,* dall'orecchio fino; — *-lime,* calce viva; — *-sighted,* dalla vista acuta; — *-tempered,* irascibile.
to **quicken** *vt.* **1.** affrettare **2.** animare. ♦ to **quicken** *vi.* **1.** affrettarsi **2.** animarsi.
quickly *avv.* rapidamente, prontamente.
quickness *s.* **1.** rapidità **2.** vivacità, acutezza.
quicksand *s.* sabbia mobile.
quickset *s.* siepe di sempreverdi.
quicksilver *s.* mercurio, argento vivo (*anche fig.*).
quickstep *s.* passo cadenzato.
quickthorn *s.* biancospino.
quiescence *s.* quiescenza.
quiescent *agg.* quiescente.
quiescently *avv.* tranquillamente.
quiet *agg.* **1.** quieto, tranquillo **2.** sobrio, tenue (*di colore*) **3.** docile, dolce.
to **quiet** *vt.* acquietare. ♦ to **quiet** *vi.* acquietarsi.
quietism *s.* quietismo.
quietist *s.* quietista.
quietly *avv.* tranquillamente, con calma.
quietness *s.* quiete, tranquillità.
quill *s.* **1.** penna, penna d'oca **2.** piccolo galleggiante (*per canna da pesca*).
to **quill** *vt.* pieghettare, increspare.
quilt *s.* trapunta.
to **quilt** *vt.* trapuntare.
quince *s.* cotogna || — *jam,* marmellata di cotogne.
quinine *s.* chinino.
quinquennial *agg.* quinquennale.
quintal *s.* quintale.
quintessence *s.* quintessenza.
quintet *s.* quintetto.
quintuple *agg.* e *s.* quintuplo.
to **quintuple** *vt.* quintuplicare. ♦ to **quintuple** *vi.* quintuplicarsi.
quisling *s.* collaborazionista.
to **quit** *vt.* **1.** abbandonare, lasciare **2.** quietanzare, saldare.
quite *avv.* **1.** completamente, interamente **2.** piuttosto, abbastanza || — *young,* giovanissimo; *to be* — *well,* stare proprio bene.
quiver *s.* fremito, brivido.
to **quiver** *vt.* e *vi.* **1.** tremare, fremere **2.** palpitare.
quivering *agg.* fremente, tremolante. ♦ **quivering** *s.* tremolio.
quixotic *agg.* donchisciottesco.
quiz *s.* (*pl.* quizzes) burlone.
to **quiz** *vt.* burlare.
quotation *s.* **1.** citazione **2.** (*comm.*) quotazione.
quote *s.* (*fam.*) citazione. ♦ **quotes** *s. pl.* virgolette.
to **quote** *vt.* **1.** citare **2.** (*comm.*) quotare (*in borsa*).
quotidian *agg.* quotidiano.
quotient *s.* quoziente.

R

rabbi *s.* rabbino.
rabbit *s.* coniglio.
rabble *s.* plebaglia.
to **rabble** *vt.* assaltare, linciare.
rabid *agg.* **1.** rabbioso **2.** irragionevole **3.** idrofobo.
rabidity *s.* **1.** rabbia **2.** fanatismo.
rabies *s.* idrofobia.
race[1] *s.* **1.** corso **2.** corsa || — *-meeting,* concorso ippico.
race[2] *s.* razza.
to **race** *vi.* **1.** correre **2.** imballarsi (*di motori*) **3.** prendere parte a una corsa **4.** allevare cavalli da corsa.
racecourse *s.* ippodromo.
racehorse *s.* cavallo da corsa.
racer *s.* **1.** corridore **2.** cavallo da corsa **3.** mezzo da corsa.
racial *agg.* razziale.
racialism *s.* razzismo.
racialist *s.* razzista.
racially *avv.* dal punto di vista razziale.
racily *avv.* vivacemente.
raciness *s.* vivacità.
racing *s.* corsa || — *car,* automobile da corsa.
racism *s.* razzismo.
racist *s.* razzista.
rack[1] *s.* **1.** rastrelliera **2.** reticella portabagagli **3.** (*mecc.*) cremagliera || *clothes* —, attaccapanni.
rack[2] *s.* ruota, strumento di tortura.
rack[3] *s.* nembo, nuvolaglia.
rack[4] *s.* rovina, distruzione.

to **rack**[1] *vt.* **1.** torturare **2.** pretendere troppo.
to **rack**[2] *vi.* fuggire (*di nubi*).
racket[1] *s.* racchetta.
racket[2] *s.* **1.** fracasso **2.** baldoria **3.** (*gergo*) associazione a delinquere.
racy *agg.* **1.** genuino **2.** vivace, pungente.
radial *agg.* radiale.
radiance *s.* radiosità.
radiant *agg.* **1.** radiante **2.** raggiante.
to **radiate** *vt.* e *vi.* irradiare.
radiation *s.* (ir)radiazione.
radiator *s.* radiatore.
radical *agg.* e *s.* radicale.
radicalism *s.* radicalismo.
radio *s.* radio || — *-beacon,* radiofaro; — *-control,* radiocomando; — *-operator,* radiotelegrafista.
radioactive *agg.* radioattivo.
radioactivity *s.* radioattività.
radioengineering *s.* radiotecnica.
radiogoniometer *s.* radiogoniometro.
radiogram *s.* **1.** marconigramma **2.** radiogrammofono.
radiograph *s.* radiografia.
radiography *s.* radiografia.
radiologist *s.* radiologo.
radiology *s.* radiologia.
radioscopy *s.* radioscopia.
radiostatics *s. pl.* disturbi atmosferici.
radiotelegraphy *s.* radiotelegrafia.
radiotelephony *s.* radiotelefonia.
radiotherapeutics *s.* radioterapia.
radish *s.* ravanello.
radium *s.* radio.
radius *s.* raggio.
raffia *s.* rafia.
raft *s.* zattera || — *-bridge,* ponte di barche.
rag *s.* straccio.
ragamuffin *s.* pezzente.
rage *s.* **1.** furore **2.** passione.
to **rage** *vi.* infuriare || *the plague raged,* la peste infieriva.
ragged *agg.* **1.** lacero **2.** frastagliato **3.** spettinato **4.** rozzo.
raggedly *avv.* **1.** a brandelli **2.** in modo non uniforme.
raggedness *s.* **1.** cenciosità **2.** ineguaglianza.
raging *agg.* furioso.
raid *s.* incursione, scorreria.
to **raid** *vt.* e *vi.* fare un'incursione.
rail, railing *s.* **1.** sbarra **2.** ringhiera **3.** rotaia || *to go by* —, viaggiare per ferrovia.
raillery *s.* canzonatura.
railroad, railway *s.* ferrovia || — *companies,* società ferroviarie.
railwayman *s.* ferroviere.
rain *s.* pioggia || *it looks like* —, vuol piovere; *to be drenched with* —, essere inzuppato || — *-glass,* barometro.
to **rain** *v. imp.* piovere. ♦ to **rain** *vt.* far piovere.
rainbow *s.* arcobaleno.
raincoat *s.* impermeabile.
rainfall *s.* **1.** piovosità **2.** scroscio di pioggia.
rainproof *agg.* impermeabile.
rainy *agg.* piovoso.
raise *s.* aumento.
to **raise** *vt.* **1.** alzare **2.** innalzare **3.** allevare **4.** coltivare **5.** (*mil.*) arruolare.
raisin *s.* uva passa.
raising *s.* **1.** innalzamento **2.** aumento **3.** allevamento **4.** coltivazione **5.** educazione.
rake[1] *s.* rastrello.
rake[2] *s.* inclinazione.
rake[3] *s.* libertino.
to **rake**[1] *vt.* **1.** rastrellare **2.** raschiare || *to* — *up,* ammucchiare.
to **rake**[2] *vi.* essere inclinato.
rally[1] *s.* riunione, raduno.
rally[2] *s.* canzonatura.
to **rally**[1] *vt.* raccogliere. ♦ to **rally** *vi.* rianimarsi.
to **rally**[2] *vt.* canzonare.
ram *s.* **1.** ariete **2.** (*mar.*) sperone.
to **ram** *vt.* **1.** (*mar.*) speronare **2.** conficcare **3.** comprimere.
ramble *s.* vagabondaggio.
to **ramble** *vi.* **1.** vagare **2.** divagare.
rambler *s.* **1.** vagabondo **2.** rampicante.
rambling *agg.* **1.** errante **2.** sconnesso || — *thoughts,* divagazioni.
ramification *s.* ramificazione.
to **ramify** *vt.* ramificare. ♦ to **ramify** *vi.* ramificarsi.
rammer *s.* (*mil.*) pestello.
ramp[1] *s.* rampa.
ramp[2] *s.* (*gergo*) truffa.
rampage *s.* contegno iroso.
rampant *agg.* **1.** rampante **2.** violento **3.** predominante **4.** lussureggiante.
rampart *s.* bastione.
to **rampart** *vt.* fortificare.
ramshackle *agg.* sgangherato, che cade in rovina.

ran V. *to run.*
rancid *agg.* rancido.
rancour *s.* rancore.
rand *s.* soletta (*di scarpa*).
random *agg.* fatto a caso || *at* —, a casaccio.
rang V. *to ring.*
range *s.* **1.** fila **2.** catena (*di monti*) **3.** spazio **4.** sfera, raggio **5.** gamma **6.** fornello **7.** (*aer.*) autonomia.
to **range** *vt.* **1.** allineare **2.** classificare **3.** puntare. ♦ to **range** *vi.* **1.** vagare **2.** avere una portata di **3.** oscillare (*di prezzi*).
ranger *s.* **1.** guardia forestale **2.** vagabondo.
rank *agg.* **1.** rigoglioso **2.** volgare **3.** puzzolente. ♦ **rank** *s.* **1.** fila **2.** rango, grado **3.** truppa.
to **rank** *vi.* **1.** schierarsi **2.** essere classificato.
to **ransack** *vt.* **1.** frugare **2.** saccheggiare.
ransom *s.* riscatto.
to **ransom** *vt.* riscattare.
to **rant** *vt.* e *vi.* declamare.
rap *s.* colpo.
to **rap** *vt.* e *vi.* **1.** battere **2.** bussare.
rapacious *agg.* rapace.
rapacity *s.* rapacità.
rape[1] *s.* violenza carnale.
rape[2] *s.* rapa.
to **rape** *vt.* violentare.
rapid *agg.* rapido. ♦ **rapid** *s.* rapida.
rapidity *s.* rapidità.
rapt *agg.* rapito.
raptorial *agg.* rapace.
rapture *s.* rapimento.
rare *agg.* **1.** raro **2.** rarefatto.
rarefaction *s.* rarefazione.
to **rarefy** *vt.* **1.** rarefare **2.** raffinare. ♦ to **rarefy** *vi.* rarefarsi.
rarely *avv.* **1.** raramente **2.** in modo eccellente.
rareness, rarity *s.* **1.** rarità **2.** rarefazione.
rascal *s.* furfante.
rascalism, rascality *s.* furfanteria.
rash *agg.* avventato. ♦ **rash** *s.* eruzione cutanea.
rashness *s.* avventatezza.
rasp *s.* **1.** raspa **2.** stridore.
to **rasp** *vt.* **1.** raspare **2.** irritare.
raspberry *s.* lampone.
rasping *agg.* stridente.
rat *s.* **1.** topo **2.** (*fig.*) traditore.
rate *s.* **1.** tasso, quota **2.** tassa **3.** prezzo, tariffa **4.** ritmo, andamento || *first* —, di prim'ordine; — *of discount*, tasso di sconto.
to **rate**[1] *vt.* **1.** stimare **2.** tassare **3.** classificare.
to **rate**[2] *vt.* redarguire.
rateable *agg.* soggetto ad imposta.
ratepayer *s.* contribuente.
rather *avv.* piuttosto || *I had* —, preferirei; *I would* — *not*, non ci tengo.
ratification *s.* ratifica.
to **ratify** *vt.* ratificare.
rating[1] *s.* **1.** stima **2.** tassa **3.** classificazione.
rating[2] *s.* sgridata.
ratio *s.* rapporto.
ration *s.* razione.
to **ration** *vt.* razionare.
rational *agg.* razionale.
rationalism *s.* razionalismo.
rationalist *s.* razionalista.
rationality *s.* razionalità.
to **rationalize** *vt.* **1.** razionalizzare **2.** spiegare razionalmente.
rationally *avv.* razionalmente.
rattle *s.* **1.** sonaglio **2.** rantolo **3.** tintinnio.
to **rattle** *vt.* far risuonare. ♦ to **rattle** *vi.* **1.** risuonare **2.** cianciare.
rattling *agg.* **1.** vivace **2.** tintinnante.
ravage *s.* rovina.
to **ravage** *vt.* devastare.
rave *s.* delirio.
to **rave** *vt.* declamare. ♦ to **rave** *vi.* delirare || *to* — *about sthg.*, andar pazzo per qc.
ravel *s.* **1.** groviglio **2.** lembo sfilacciato.
to **ravel** *vt.* ingarbugliare. ♦ to **ravel** *vi.* sfilacciarsi.
raven *s.* corvo.
to **raven** *vt.* e *vi.* saccheggiare.
ravenous *agg.* vorace.
ravine *s.* burrone.
raving *agg.* delirante. ♦ **raving** *s.* delirio.
to **ravish** *vt.* **1.** rapire **2.** violentare.
ravisher *s.* rapitore.
ravishing *agg.* (*fig.*) affascinante.
ravishment *s.* **1.** rapimento **2.** stupro.
raw *agg.* **1.** crudo **2.** greggio **3.** inesperto **4.** a nudo. ♦ **raw** *s.* punto vivo.
rawness *s.* **1.** crudezza **2.** rozzezza **3.** inesperienza **4.** escoriazione.
ray[1] *s.* **1.** raggio **2.** lampo.

ray[2] *s.* (*zool.*) razza.
to **ray** *vt.* irradiare. ♦ to **ray** *vi.* irradiarsi.
to **raze** *vt.* radere al suolo.
razor *s.* rasoio || — *-blade,* lametta.
to **reabsorb** *vt.* riassorbire.
reach *s.* **1.** portata **2.** penetrazione || *beyond my* —, irraggiungibile.
to **reach** *vt.* **1.** raggiungere **2.** porgere. ♦ to **reach** *vi.* estendersi.
to **react** *vi.* reagire.
reaction *s.* reazione.
reactionary *agg.* e *s.* reazionario.
reactive *agg.* reattivo.
read *agg.* colto. ♦ **read** *s.* lettura.
to **read (read, read)** *vt.* **1.** leggere **2.** interpretare **3.** segnare || *to — over,* rileggere; *to — through,* esaminare.
readable *agg.* **1.** leggibile **2.** interessante.
reader *s.* **1.** lettore **2.** libro di lettura.
readily *avv.* prontamente.
readiness *s.* prontezza.
reading *s.* **1.** lettura **2.** interpretazione || — *-desk,* leggio.
to **readjust** *vt.* riaggiustare.
readjustment *s.* riordinamento.
to **readmit** *vt.* riammettere.
readmittance *s.* riammissione.
ready *agg.* pronto || — *-made,* confezionato; — *money,* contanti; — *-made clothes,* abito preconfezionato; — *-built,* prefabbricato.
to **ready** *vt.* preparare.
to **reaffirm** *vt.* riaffermare.
reafforestation *s.* rimboschimento.
reagent *s.* reagente.
real *agg.* e *s.* reale || — *estate,* beni immobili (*pl.*).
realism *s.* realismo.
realist *s.* realista.
realistic *agg.* realistico.
reality *s.* **1.** realtà **2.** realismo.
realizable *agg.* realizzabile.
realization *s.* **1.** realizzazione **2.** percezione.
to **realize** *vt.* **1.** accorgersi di **2.** realizzare **3.** capire.
really *avv.* realmente.
realm *s.* reame.
realty *s.* beni immobili (*pl.*).
ream *s.* (*tip.*) risma.
to **reap** *vt.* **1.** mietere **2.** fare il raccolto (*anche fig.*).
reaper *s.* mietitore.
reaping *s.* mietitura.
to **reappear** *vi.* riapparire.
to **reappoint** *vt.* rinominare.
rear *agg.* posteriore. ♦ **rear** *s.* **1.** retroguardia **2.** retro.
to **rear** *vt.* **1.** alzare, innalzare **2.** allevare **3.** coltivare.
to **rearm** *vt.* riarmare.
rearmament *s.* riarmo.
to **rearrange** *vt.* riordinare.
rearrangement *s.* riordinamento.
reason *s.* **1.** ragione **2.** causa, motivo **3.** raziocinio.
to **reason** *vt.* e *vi.* **1.** ragionare **2.** persuadere || *to — about a subject,* discutere di un argomento.
reasonable *agg.* ragionevole.
reasonableness *s.* ragionevolezza.
reasonably *avv.* ragionevolmente.
reasoning *s.* ragionamento.
to **reassert** *vt.* riasserire.
reassurance *s.* rassicurazione.
to **reassure** *vt.* rassicurare.
to **reawaken** *vt.* risvegliare. ♦ to **reawaken** *vi.* risvegliarsi.
rebate *s.* riduzione, sconto.
rebel *agg.* e *s.* ribelle.
to **rebel** *vi.* ribellarsi.
rebellion *s.* ribellione.
rebellious *agg.* ribelle.
to **rebind (rebound, rebound)** *vt.* rilegare (*un libro*).
rebirth *s.* rinascita.
reborn *agg.* rinato.
rebound[1] V. *to rebind.*
rebound[2] *s.* rimbalzo.
to **rebound** *vi.* rimbalzare.
rebuff *s.* diniego, mortificazione.
to **rebuild (rebuilt, rebuilt)** *vt.* ricostruire.
rebuke *s.* rimprovero.
to **rebuke** *vt.* rimproverare.
to **rebut** *vt.* respingere, rifiutare.
recalcitrant *agg.* recalcitrante.
to **recalcitrate** *vi.* recalcitrare.
recall *s.* **1.** richiamo **2.** revoca.
to **recall** *vt.* **1.** richiamare **2.** rievocare, far tornare alla memoria.
to **recant** *vt.* e *vi.* ritrattare.
recantation *s.* ritrattazione.
to **recapitulate** *vt.* e *vi.* ricapitolare.
recapitulation *s.* ricapitolazione.
recapture *s.* riconquista.
to **recapture** *vt.* riconquistare.
recast *s.* nuova forma.
to **recast (recast, recast)** *vt.* **1.** rifondere **2.** rimaneggiare.
to **recede** *vi.* **1.** indietreggiare **2.** diminuire.

receding *agg.* **1.** rientrante **2.** sfuggente.
receipt *s.* **1.** ricevimento **2.** ricevuta **3.** ricetta.
to **receipt** *vt.* quietanzare.
to **receive** *vt.* **1.** ricevere **2.** accettare.
receiver *s.* **1.** ricevitore **2.** (*giur.*) ricettatore.
receiving *s.* ricezione.
recension *s.* revisione.
recent *agg.* recente.
receptacle *s.* ricettacolo.
reception *s.* **1.** ricevimento **2.** ricezione **3.** accoglienza.
receptive *agg.* ricettivo.
receptivity *s.* ricettività.
recess *s.* **1.** intervallo **2.** rientranza **3.** recesso.
recession *s.* **1.** ritiro **2.** recessione.
recessive *agg.* retrocedente.
recharge *s.* ricarica.
to **recharge** *vt.* ricaricare.
to **rechristen** *vt.* ribattezzare.
recidivism *s.* recidività.
recipe *s.* ricetta.
recipient *agg.* e *s.* ricevente.
reciprocal *agg.* reciproco. ♦ **reciprocal** *s.* (*mat.*) numero reciproco.
to **reciprocate** *vt.* **1.** contraccambiare **2.** muovere alternativamente. ♦ to **reciprocate** *vi.* muoversi alternativamente.
reciprocating *agg.* (*mecc.*) alternativo.
reciprocation *s.* **1.** moto alterno **2.** scambio.
reciprocity *s.* reciprocità.
recital *s.* **1.** relazione **2.** recitazione.
recitation *s.* **1.** recitazione **2.** recita **3.** narrazione.
recitative *agg.* e *s.* recitativo.
to **recite** *vt.* **1.** recitare **2.** riferire.
reckless *agg.* incurante.
recklessness *s.* noncuranza.
to **reckon** *vt.* **1.** contare, computare **2.** considerare.
reckoner *s.* calcolatore.
reckoning *s.* conto.
reclaim *s.* rivendicazione.
to **reclaim** *vt.* **1.** redimere **2.** bonificare **3.** rivendicare.
reclamation *s.* **1.** redenzione **2.** bonifica **3.** rivendicazione.
to **recline** *vt.* chinare. ♦ to **recline** *vi.* chinarsi.
reclining *agg.* chinato.
recluse *agg.* recluso. ♦ **recluse** *s.* eremita.
reclusion *s.* **1.** reclusione **2.** eremo.
recognition *s.* riconoscimento.
recognizable *agg.* riconoscibile.
to **recognize** *vt.* riconoscere.
recoil *s.* **1.** il ritrarsi **2.** rinculo.
to **recoil** *vi.* **1.** ritrarsi **2.** ricadere **3.** rinculare.
to **recollect** *vt.* **1.** raccogliere **2.** ricordare || *to — oneself*, riaversi.
recollection *s.* ricordo.
to **recommence** *vt.* e *vi.* ricominciare.
to **recommend** *vt.* raccomandare.
recommendation *s.* raccomandazione.
recommendatory *agg.* raccomandatorio.
recompense *s.* **1.** ricompensa **2.** risarcimento.
to **recompense** *vt.* **1.** ricompensare **2.** risarcire.
to **recompose** *vt.* ricomporre.
recomposition *s.* ricomposizione.
to **reconcile** *vt.* (ri)conciliare || *to — oneself*, rassegnarsi.
reconcilement *s.* **1.** riconciliazione **2.** rassegnazione.
reconnaissance *s.* ricognizione.
to **reconnoitre** *vt.* e *vi.* perlustrare.
to **reconquer** *vt.* riconquistare.
reconquest *s.* riconquista.
to **reconsider** *vt.* riconsiderare.
reconsideration *s.* revisione.
reconstitute *vt.* ricostituire.
to **reconstruct** *vt.* ricostruire.
reconstruction *s.* ricostruzione.
reconversion *s.* riconversione.
to **reconvert** *vt.* riconvertire.
record *s.* **1.** registrazione **2.** documento **3.** passato **4.** disco || *— player*, giradischi.
to **record** *vt.* registrare.
recorder *s.* **1.** cancelliere **2.** registratore **3.** archivista || *tape —*, magnetofono.
recording *s.* registrazione.
recordist *s.* (*cine*) tecnico del suono.
recourse *s.* ricorso.
to **recover** *vt.* ricuperare, riacquistare, riscoprire. ♦ to **recover** *vi.* ristabilirsi.
recoverable *agg.* **1.** ricuperabile **2.** guaribile.
recovery *s.* **1.** recupero **2.** guarigione **3.** (*giur.*) rivendicazione.
to **recreate** *vt.* divertire. ♦ to **recreate** *vi.* divertirsi.
to **re-create** *vt.* ricreare.
recreation *s.* ricreazione.

recreative *agg.* ricreativo.
to **recriminate** *vi.* recriminare.
recrimination *s.* recriminazione.
recrudescence *s.* recrudescenza.
recrudescent *agg.* che rincrudisce.
recruit *s.* recluta.
to **recruit** *vt.* **1.** reclutare **2.** rinforzare. ♦ to **recruit** *vi.* ristabilirsi.
recruitment *s.* reclutamento.
rectangle *s.* rettangolo.
rectangular *agg.* rettangolare.
rectification *s.* rettificazione.
rectifier *s.* (*mecc.*) rettificatrice.
to **rectify** *vt.* rettificare.
rectilineal *agg.* rettilineo.
rectitude *s.* rettitudine.
rector *s.* **1.** rettore **2.** parroco.
rectorate *s.* rettorato.
rectorship *s.* rettorato.
rectory *s.* **1.** presbiterio **2.** (*eccl.*) beneficio.
to **recur** *vi.* ritornare.
recurrence *s.* ricorso.
recurrent *agg.* ricorrente.
recusant *agg.* e *s.* dissidente.
red *agg.* e *s.* rosso || — *-hot,* rovente; — *-lead,* minio; — *-letter day,* giorno festivo. ♦ **Reds** *s. pl.* comunisti.
to **redact** *vt.* **1.** redigere **2.** revisionare.
redactor *s.* redattore.
to **redden** *vt.* arrossare. ♦ to **redden** *vi.* arrossire.
reddish *agg.* rossiccio.
to **redeem** *vt.* **1.** riscattare **2.** ricuperare **3.** estinguere: *to — a mortgage,* estinguere un'ipoteca.
redeemable *agg.* **1.** riscattabile **2.** ricuperabile.
redeemer *s.* redentore.
redemption *s.* **1.** redenzione **2.** (*comm.*) rimborso **3.** (*giur.*) riscatto.
redness *s.* rossore.
to **redouble** *vt.* e *vi.* raddoppiare.
redress *s.* riparazione.
to **redress** *vt.* riparare, rimediare.
redskin *agg.* e *s.* pellerossa.
to **reduce** *vt.* **1.** ridurre **2.** degradare.
reduced *agg.* ridotto.
reducer *s.* riduttore.
reduction *s.* **1.** riduzione **2.** degradazione.
redundance *s.* sovrabbondanza.
redundant *agg.* ridondante.
redwood *s.* sequoia.
to **re-echo** *vt.* e *vi.* riecheggiare.
reed *s.* canna || *broken —,* persona infida; — *-pipe,* zampogna.
re-edification *s.* riedificazione.
to **re-edify** *vt.* riedificare.
to **re-educate** *vt.* rieducare.
reef *s.* secca || *coral- —,* banco di coralli.
to **reek** *vi.* puzzare. ♦ to **reek** *vt.* trasudare.
reel *s.* **1.** bobina **2.** giro vorticoso || *news- —,* cinegiornale.
to **reel** *vt.* avvolgere || *to — off,* snocciolare. ♦ to **reel** *vi.* girare.
to **re-elect** *vt.* rieleggere.
to **re-emerge** *vi.* riemergere.
to **re-enact** *vt.* richiamare in vigore (*una legge*).
to **re-enter** *vt.* rientrare.
re-entrance *s.* rientro.
re-entry *s.* **1.** rientro **2.** nuova registrazione.
to **re-establish** *vt.* ristabilire.
re-establishment *s.* ristabilimento.
re-examination *s.* riesame.
to **re-examine** *vt.* riesaminare.
refectory *s.* refettorio.
to **refer** *vt.* **1.** attribuire **2.** rimandare. ♦ to **refer** *vi.* **1.** riferirsi **2.** rivolgersi.
referable *agg.* riferibile.
referee *s.* arbitro.
to **referee** *vt.* e *vi.* arbitrare.
reference *s.* **1.** riferimento **2.** consultazione **3.** referenza **4.** (*giur.*) rinvio.
referential *agg.* riferentesi a.
refill *s.* ricambio.
to **refill** *vt.* riempire di nuovo.
to **refine** *vt.* raffinare. ♦ to **refine** *vi.* raffinarsi.
refined *agg.* **1.** raffinato **2.** colto.
refinement *s.* **1.** raffinamento **2.** raffinatezza.
refiner *s.* raffinatore.
refinery *s.* raffineria.
refit *s.* riparazione.
to **refit** *vt.* riparare.
to **reflect** *vt.* e *vi* **1.** riflettere **2.** meditare.
reflection *s.* **1.** riflessione, riflesso **2.** biasimo || *to cast reflections on so.,* criticare qu.
reflective *agg.* riflessivo.
reflector *s.* riflettore.
reflex *agg.* e *s.* riflesso.
reflorescence *s.* rifioritura.
reflux *s.* riflusso.
reform *s.* riforma.
to **reform** *vt.* riformare.
reformation *s.* riforma.

reformational *agg.* di riforma.
reformatory *agg.* riformativo. ♦ **reformatory** *s.* riformatorio.
reformer *s.* riformatore.
to **refract** *vt.* rifrangere.
refraction *s.* rifrazione.
refractivity *s.* rifrangibilità.
refractor *s.* rifrattore.
refractory *agg.* **1.** refrattario **2.** ostinato.
refrain *s.* ritornello.
to **refrain** *vi.* trattenersi, astenersi.
to **refresh** *vt.* **1.** rinfrescare **2.** rinvigorire. ♦ to **refresh** *vi.* **1.** rinvigorirsi **2.** rifornirsi.
refreshment *s.* ristoro. ♦ **refreshments** *s. pl.* cibo, bevanda (*sing.*).
refrigerant *agg.* e *s.* refrigerante.
to **refrigerate** *vt.* refrigerare.
refrigeration *s.* refrigerazione.
refrigerator *s.* frigorifero.
refrigeratory *agg.* refrigerante.
to **refuel** *vt.* rifornire di carburante. ♦ to **refuel** *vi.* rifornirsi di carburante.
refuge *s.* rifugio.
refugee *s.* rifugiato, profugo.
refulgence *s.* fulgore.
refulgent *agg.* rifulgente.
refund *s.* rimborso.
to **refund** *vt.* rimborsare.
refusable *agg.* rifiutabile.
refusal *s.* **1.** rifiuto **2.** diritto di opzione.
refuse *s.* rifiuto.
to **refuse** *vt.* rifiutare. ♦ to **refuse** *vi.* rifiutarsi.
refuser *s.* ricusante.
refutal *s.* confutazione.
to **refute** *vt.* confutare.
to **regain** *vt.* riguadagnare.
regal *agg.* regale.
regality *s.* regalità.
regally *avv.* regalmente.
regard *s.* **1.** considerazione **2.** sguardo || *with — to*, riguardo a. ♦ **regards** *s. pl.* saluti.
to **regard** *vt.* **1.** considerare **2.** riguardare **3.** osservare.
regardful *agg.* **1.** attento **2.** rispettoso.
regardless *agg.* senza riguardo. ♦ **regardless** *avv.* senza riguardo a, senza badare a.
regatta *s.* regata.
regelation *s.* ricongelamento.
regency *s.* reggenza.
to **regenerate** *vt.* rigenerare. ♦ to **regenerate** *vi.* rigenerarsi.
regeneration *s.* rigenerazione.
regenerative *agg.* rigeneratore.
regenerator *s.* rigeneratore.
regent *agg.* e *s.* reggente.
regicide *s.* **1.** regicida **2.** regicidio.
regimen *s.* regime.
regiment *s.* reggimento.
to **regiment** *vt.* **1.** irreggimentare **2.** disciplinare.
regimental *agg.* reggimentale.
regimentals *s. pl.* (*mil.*) uniforme (*sing.*).
region *s.* regione.
regional *agg.* regionale.
register *s.* registro.
to **register** *vt.* registrare, iscrivere. ♦ to **register** *vi.* iscriversi.
registrar *s.* **1.** segretario **2.** ufficiale di stato civile.
registration *s.* registrazione, iscrizione.
registry *s.* **1.** registrazione **2.** ufficio del Registro.
regnant *agg.* regnante.
regress *s.* retrocessione.
to **regress** *vi.* retrocedere.
regression *s.* regresso.
regressive *agg.* regressivo.
regret *s.* rammarico.
to **regret** *vt.* **1.** rimpiangere **2.** rammaricarsi di.
regretful *agg.* pieno di rammarico.
regular *agg.* e *s.* regolare.
regularity *s.* regolarità.
regularization *s.* regolarizzazione.
to **regularize** *vt.* regolarizzare.
regularly *avv.* regolarmente.
to **regulate** *vt.* regolare.
regulation *s.* **1.** regolamento **2.** regolazione.
regulative *agg.* e *s.* regolatore.
regulator *s.* regolatore.
to **rehabilitate** *vt.* **1.** riabilitare **2.** ripristinare.
rehabilitation *s.* **1.** riabilitazione **2.** ripristino.
rehearsal *s.* **1.** ripetizione **2.** (*teat.*) prova.
to **rehearse** *vt.* **1.** ripetere **2.** provare.
reign *s.* regno.
to **reign** *vi.* regnare.
to **reimburse** *vt.* rimborsare.
reimbursement *s.* rimborso.
rein *s.* redine.
to **rein** *vt.* tenere a freno.
to **reincarnate** *vt.* reincarnare.
reincarnation *s.* reincarnazione.
reindeer *s.* renna.

to **reinforce** *vt.* rinforzare.
reinforce(ment) *s.* rinforzo.
to **reinstate** *vt.* ristabilire.
to **reintegrate** *vt.* reintegrare.
reinvestment *s.* nuovo investimento.
to **reinvigorate** *vt.* rinvigorire.
reinvigoration *s.* rinvigorimento.
to **reiterate** *vt.* reiterare.
reiteration *s.* reiterazione.
reject *s.* persona, cosa rifiutata.
to **reject** *vt.* rifiutare.
rejection *s.* rifiuto.
to **rejoice** *vt.* rallegrare. ♦ to **rejoice** *vi.* rallegrarsi.
rejoicing *s.* **1.** allegria **2.** festa.
rejuvenation *s.* ringiovanimento.
relapse *s.* ricaduta.
to **relapse** *vi.* **1.** ricadere **2.** avere una ricaduta.
to **relate** *vt.* **1.** narrare **2.** mettere in relazione. ♦ to **relate** *vi.* aver rapporto con.
relater *s.* narratore.
relation *s.* **1.** relazione **2.** parente.
relationship *s.* **1.** relazione **2.** parentela.
relative *agg.* relativo. ♦ **relative** *s.* parente.
relativism *s.* relativismo.
relativity *s.* relatività.
to **relax** *vt.* **1.** rilassare **2.** allentare. ♦ to **relax** *vi.* rilassarsi.
relaxation *s.* **1.** rilassamento **2.** svago **3.** mitigazione.
relay *s.* **1.** turno **2.** ricambio **3.** (*radio*) collegamento.
to **relay** *vt.* (*radio*) collegare.
release *s.* **1.** liberazione **2.** quietanza **3.** cessione **4.** scarico.
to **release** *vt.* **1.** liberare **2.** cedere.
releasee *s.* cessionario.
to **relegate** *vt.* **1.** relegare **2.** rimettere.
relegation *s.* relegazione.
relentless *agg.* inflessibile.
to **relent** *vi.* impietosirsi.
relevance *s.* **1.** relazione **2.** pertinenza.
relevant *agg.* **1.** relativo **2.** pertinente.
reliability *s.* attendibilità.
reliable *agg.* attendibile, fidato.
reliance *s.* **1.** fede **2.** persona, cosa di fiducia.
relic *s.* reliquia.
relief[1] *s.* **1.** sollievo **2.** aiuto **3.** esenzione **4.** cambio.
relief[2] *s.* **1.** rilievo **2.** (*pitt.*) prospettiva.
to **relieve** *vt.* **1.** alleviare, sollevare **2.** aiutare **3.** dare il cambio a **4.** dare rilievo a.
reliever *s.* soccorritore.
relieving *agg.* **1.** che allevia, soccorre **2.** (*mil.*) che dà il cambio.
religion *s.* religione.
religiosity *s.* religiosità.
religious *agg.* e *s.* religioso.
to **relinquish** *vt.* abbandonare.
relinquishment *s.* abbandono.
reliquary *s.* reliquario.
reliques *s. pl.* resti.
relish *s.* **1.** gusto **2.** sapore, profumo, aroma **3.** condimento.
to **relish** *vt.* **1.** gustare **2.** insaporire.
to **relive** *vt.* e *vi.* rivivere.
to **reload** *vt.* ricaricare.
to **reluct** *vi.* essere riluttante.
reluctance *s.* riluttanza.
reluctant *agg.* riluttante.
reluctantly *avv.* con riluttanza.
to **rely** *vi.* fidarsi.
remade V. *to remake.*
to **remain** *vi.* rimanere, restare.
remainder *s.* resto, avanzo, rimanenza.
remains *s. pl.* resti.
to **remake (remade, remade)** *vt.* rifare.
remark *s.* nota, osservazione, commento.
to **remark** *vt.* e *vi.* osservare.
remarkable *agg.* notevole.
remarkableness *s.* ragguardevolezza.
remarkably *avv.* notevolmente.
to **remarry** *vt.* risposare. ♦ to **remarry** *vi.* risposarsi.
remediable *agg.* rimediabile.
remedy *s.* rimedio, cura.
to **remedy** *vt.* rimediare.
to **remember** *vt.* ricordare. ♦ to **remember** *vi.* ricordarsi.
remembrance *s.* ricordo.
to **remind** *vt.* ricordare (*qc. a qu.*), far ricordare, rammentare.
reminder *s.* ricordo, promemoria.
remindful *agg.* **1.** memore **2.** che fa ricordare.
reminiscence *s.* ricordo.
reminiscent *agg.* che ricorda.
remise *s.* (*giur.*) cessione.
to **remise** *vt.* (*giur.*) rinunciare a, cedere (*diritti ecc.*).
remiss *agg.* negligente.
remissible *agg.* remissibile.

remission *s.* **1.** remissione **2.** esonero, annullamento **3.** (*med.*) remissione.
remissive *agg.* indulgente.
to **remit** *vt.* rimettere. ♦ to **remit** *vi.* diminuire, mitigarsi.
remittal *s.* (*giur.*) remissione (*condono*).
remittance *s.* rimessa (*di denaro*).
remittent *agg.* (*med.*) intermittente.
remnant *agg.* rimanente. ♦ **remnant** *s.* resto, rimanenza, avanzo.
to **remodel** *vt.* rimodellare.
remonstrance *s.* rimostranza.
to **remonstrate** *vi.* protestare.
remonstration *s.* rimostranza.
remorse *s.* rimorso.
remorseful *agg.* pieno di rimorso.
remorseless *agg.* senza rimorsi.
remote *agg.* remoto.
remoteness *s.* distanza, lontananza.
remotion *s.* rimozione, allontanamento.
remount *s.* rimonta (*di cavalli*).
to **remount** *vt.* e *vi.* **1.** rimontare (*a cavallo, in bicicletta*) **2.** risalire.
removable *agg.* rimovibile.
removal *s.* **1.** rimozione **2.** trasferimento, trasloco.
remove *s.* **1.** trasferimento **2.** grado (*di parentela*).
to **remove** *vt.* rimuovere. ♦ to **remove** *vi.* trasferirsi.
removed *agg.* lontano.
remover *s.* chi, ciò che toglie.
to **remunerate** *vt.* rimunerare.
remuneration *s.* rimunerazione.
remunerative *agg.* rimunerativo.
renaissance *s.* rinascimento.
renal *agg.* renale.
to **rename** *vt.* rinominare.
to **rend (rent, rent)** *vt.* lacerare. ♦ to **rend (rent, rent)** *vi.* lacerarsi.
to **render** *vt.* **1.** rendere **2.** consegnare.
rendering *s.* **1.** restituzione **2.** resa.
renegade *s.* rinnegato.
to **renew** *vt.* rinnovare. ♦ to **renew** *vi.* rinnovarsi.
renewable *agg.* rinnovabile.
renewal *s.* **1.** rinnovo **2.** ripresa.
renewer *s.* rinnovatore.
renitency *s.* riluttanza.
renitent *agg.* renitente, riluttante.
rennet *s.* ranetta.
to **renounce** *vt.* **1.** rinunciare a **2.** ripudiare.
renouncement *s.* rinuncia.
to **renovate** *vt.* rinnovare.
renown *s.* rinomanza, fama.
renowned *agg.* rinomato, famoso.
rent[1] *s.* affitto.
rent[2] *s.* **1.** strappo, squarcio **2.** spaccatura.
rent[3] V. *to rend.*
to **rent** *vt.* affittare. ♦ to **rent** *vi.* essere affittato.
rental *s.* affitto.
renunciation *s.* rinuncia.
to **reoccupy** *vt.* rioccupare.
to **reopen** *vt.* riaprire. ♦ to **reopen** *vi.* riaprirsi.
reopening *s.* riapertura.
reorganization *s.* riassetto, riorganizzazione.
repaid V. *to repay.*
repair *s.* **1.** riparazione, restaurazione **2.** stato, condizione.
to **repair** *vt.* riparare, restaurare.
repairer *s.* riparatore.
reparation *s.* riparazione.
repartee *s.* replica arguta.
repartition *s.* ripartizione.
to **repatriate** *vt.* e *vi.* rimpatriare.
repatriation *s.* rimpatrio.
to **repay (repaid, repaid)** *vt.* ripagare.
repayable *agg.* ripagabile.
repeal *s.* revoca.
to **repeal** *vt.* revocare.
repealer *s.* revocatore.
repeat *s.* ripetizione.
to **repeat** *vt.* ripetere. ♦ to **repeat** *vi.* ripetersi.
repeater *s.* **1.** ripetitore **2.** ripetente **3.** arma a ripetizione.
repeating *agg.* **1.** a ripetizione **2.** periodico (*di numero*).
to **repel** *vt.* respingere.
repellent *agg.* repellente.
to **repent** *vt.* e *vi.* pentirsi.
repentance *s.* pentimento.
repentant *agg.* pentito.
repenter *s.* penitente.
repercussion *s.* ripercussione.
repercussive *agg.* ripercussivo.
repertoire *s.* repertorio.
repertory *s.* **1.** repertorio **2.** raccolta.
repetition *s.* ripetizione.
to **repine** *vi.* lamentarsi.
to **replace** *vt.* **1.** ricollocare **2.** rimpiazzare, sostituire.
replaceable *agg.* sostituibile.
replacement *s.* **1.** ricollocamento **2.** sostituzione.

replete *agg.* pieno.
repletion *s.* pienezza.
replication *s.* replica.
reply *s.* risposta.
to **reply** *vi.* rispondere.
report *s.* **1.** diceria **2.** reputazione **3.** rapporto **4.** scoppio.
to **report** *vt.* riportare. ◆ to **report** *vi.* **1.** stendere rapporto **2.** fare il cronista **3.** presentarsi.
reporter *s.* cronista (*di giornale*).
to **repose** *vt.* porre. ◆ to **repose** *vi.* riposare.
to **reprehend** *vt.* rimproverare.
reprehensible *agg.* biasimevole.
reprehension *s.* biasimo.
to **represent** *vt.* rappresentare, raffigurare.
representation *s.* **1.** rappresentazione **2.** rappresentanza.
representative *agg.* rappresentativo. ◆ **representative** *s.* rappresentante.
to **repress** *vt.* reprimere.
repressed *agg.* represso.
repressible *agg.* reprimibile.
repression *s.* repressione.
repressive *agg.* repressivo.
reprimand *s.* rimprovero.
reprint *s.* ristampa.
to **reprint** *vt.* ristampare.
reprisal *s.* rappresaglia.
reproach *s.* **1.** rimprovero **2.** discredito.
to **reproach** *vt.* **1.** rimproverare **2.** discreditare.
reproachable *agg.* riprovevole.
reproachful *agg.* di rimprovero.
reprobate *agg.* corrotto. ◆ **reprobate** *s.* reprobo.
to **reprobate** *vt.* **1.** riprovare **2.** dannare.
reprobation *s.* **1.** riprovazione **2.** dannazione.
to **reproduce** *vt.* riprodurre. ◆ to **reproduce** *vi.* riprodursi.
reproducer *s.* riproduttore.
reproducible *agg.* riproducibile.
reproduction *s.* riproduzione.
reproductive *agg.* riproduttivo.
reproof *s.* rimprovero.
to **reprove** *vt.* rimproverare.
reptile *agg.* strisciante. ◆ **reptile** *s.* rettile.
republic *s.* repubblica.
republican *agg.* e *s.* repubblicano.
republication *s.* ripubblicazione.
to **republish** *vt.* ripubblicare.
to **repudiate** *vt.* ripudiare.
repudiation *s.* ripudio.
repugnance *s.* **1.** ripugnanza **2.** incompatibilità.
repugnant *agg.* **1.** ripugnante **2.** incompatibile.
repulse *s.* ripulsa, rifiuto.
to **repulse** *vt.* respingere.
repulsion *s.* repulsione.
repulsive *agg.* ripulsivo.
reputable *agg.* onorato.
reputation *s.* reputazione.
repute *s.* fama.
to **repute** *vt.* reputare.
reputed *agg.* **1.** supposto **2.** putativo.
request *s.* richiesta.
to **request** *vt.* (ri)chiedere.
to **require** *vt.* **1.** richiedere **2.** ordinare, obbligare.
requirement *s.* **1.** richiesta **2.** requisito.
requisite *agg.* richiesto. ◆ **requisite** *s.* requisito.
requisition *s.* **1.** richiesta **2.** requisito **3.** requisizione.
to **requisition** *vt.* requisire.
requital *s.* **1.** contraccambio **2.** ricompensa.
to **requite** *vt.* **1.** ricompensare **2.** contraccambiare.
to **reread (reread, reread)** *vt.* rileggere.
to **rescind** *vt.* rescindere.
rescission *s.* rescissione.
rescue *s.* **1.** liberazione **2.** soccorso.
to **rescue** *vt.* **1.** liberare **2.** riacquistare **3.** soccorrere.
research *s.* ricerca || — *work*, lavoro di ricerca.
to **research** *vi.* fare ricerche.
researcher *s.* ricercatore.
to **resell (resold, resold)** *vt.* rivendere.
resemblance *s.* rassomiglianza.
to **resemble** *vt.* assomigliare **a.**
to **resent** *vt.* risentirsi di.
resentful *agg.* **1.** risentito **2.** permaloso.
resentment *s.* risentimento.
reservation *s.* **1.** riserva **2.** prenotazione.
reserve *s.* **1.** riserva **2.** riserbo.
to **reserve** *vt.* riservare.
reservoir *s.* serbatoio.
to **reset (reset, reset)** *vt.* **1.** rimettere a posto **2.** (*tip.*) ricomporre.
to **resettle** *vt.* risistemare. ◆ to **resettle** *vi.* risistemarsi.
resettlement *s.* risistemazione.

to **reshape** *vt.* dare nuova forma a.
to **reside** *vi.* risiedere.
residence *s.* residenza.
resident *agg.* e *s.* residente.
residential *agg.* residenziale.
residual *agg.* residuo. ♦ **residual** *s.* **1.** residuo **2.** resto.
residue *s.* residuo, avanzo.
to **resign** *vt.* **1.** consegnare **2.** rinunciare || *to — oneself,* rassegnarsi. ♦ to **resign** *vi.* dimettersi.
resignation *s.* **1.** dimissioni (*pl.*) **2.** rinuncia **3.** rassegnazione.
resigned *agg.* rassegnato.
resilience, resiliency *s.* elasticità.
resilient *agg.* elastico.
resin *s.* resina.
resinous *agg.* resinoso.
resipiscence *s.* resipiscenza.
resipiscent *agg.* resipiscente.
resist *s.* sostanza protettiva.
to **resist** *vt.* e *vi.* resistere.
resistance *s.* resistenza.
resistant, resistent *agg.* resistente.
resistive *agg.* resistente.
resold V. *to resell.*
to **resole** *vt.* risolare.
resolubile *agg.* (ri)solubile.
resolute *agg.* risoluto.
resoluteness *s.* risolutezza.
resolution *s.* **1.** risolutezza **2.** risoluzione **3.** scissione.
resolutive *agg.* risolutivo.
resolvable *agg.* risolvibile.
resolve *s.* risoluzione.
to **resolve** *vt.* **1.** risolvere **2.** scindere. ♦ to **resolve** *vi.* risolversi.
resolvent *agg.* e *s.* solvente.
resonance *s.* risonanza.
resonant *agg.* risonante.
to **resorb** *vt.* riassorbire.
resorbent *agg.* riassorbente.
resort *s.* **1.** ricorso **2.** risorsa **3.** ritrovo **4.** luogo di soggiorno.
to **resort** *vi.* **1.** ricorrere **2.** recarsi.
to **resound** *vi.* risonare. ♦ to **resound** *vt.* proclamare.
resource *s.* risorsa.
resourceful *agg.* pieno di risorse.
resourceless *agg.* senza risorse.
respect *s.* **1.** rispetto, stima **2.** aspetto **3.** punto di vista.
to **respect** *vt.* rispettare.
respectability *s.* **1.** rispettabilità **2.** convenzioni sociali (*pl.*).
respectable *agg.* rispettabile.
respectful *agg.* rispettoso.
respecting *prep.* rispetto a.
respective *agg.* rispettivo.
respiration *s.* respirazione.
respirator *s.* respiratore.
respiratory *agg.* respiratorio.
respite *s.* **1.** dilazione **2.** tregua.
to **respite** *vt.* concedere una dilazione, una tregua a.
resplendent *agg.* risplendente.
respond *s.* responsorio.
to **respond** *vi.* rispondere.
respondence *s.* rispondenza.
respondent *agg.* **1.** rispondente **2.** sensibile. ♦ **respondent** *s.* (*giur.*) convenuto.
response *s.* risposta.
responsibility *s.* responsabilità.
responsible *agg.* **1.** responsabile **2.** di responsabilità.
responsive *agg.* rispondente.
responsory *s.* responsorio.
rest[1] *s.* **1.** riposo **2.** appoggio.
rest[2] *s.* resto, residuo.
to **rest** *vt.* **1.** riposare **2.** appoggiare. ♦ to **rest** *vi.* **1.** riposarsi **2.** appoggiarsi.
to **restate** *vt.* riesporre.
restaurant *s.* ristorante || *— -car,* vagone ristorante.
restful *agg.* tranquillo.
restfulness *s.* tranquillità.
resting-place *s.* luogo di riposo.
restitution *s.* restituzione.
restive *agg.* **1.** restio **2.** irrequieto.
restless *agg.* **1.** irrequieto **2.** incessante.
restlessness *s.* irrequietezza.
restorable *agg.* **1.** restituibile **2.** restaurabile.
restoration *s.* **1.** restituzione **2.** restauro **3.** restaurazione **4.** ricostruzione.
to **restore** *vt.* **1.** restituire **2.** restaurare **3.** ricostruire **4.** ristabilire.
to **restrain** *vt.* **1.** trattenere **2.** confinare.
restrainable *agg.* reprimibile.
restraint *s.* **1.** freno **2.** detenzione.
to **restrict** *vt.* limitare.
restrictedly *avv.* limitatamente.
restriction *s.* restrizione.
restrictive *agg.* restrittivo.
result *s.* risultato.
to **result** *vi.* **1.** risultare **2.** risolversi.
resultant *agg.* e *s.* risultante.
resultful *agg.* utile, efficace.
resultless *agg.* inutile, inefficace.
to **resume** *vt.* riprendere.
resummons *s.* nuova convocazione.
resumption *s.* ripresa.

resurgent *agg.* risorgente.
to **resurrect** *vt.* (*fam.*) risuscitare.
resurrection *s.* risurrezione.
resurrectional *agg.* di risurrezione.
to **resuscitate** *vt.* e *vi.* risuscitare.
resuscitation *s.* risuscitamento.
to **ret** *vt.* macerare.
retail *s.* vendita al minuto || *by* —, al minuto.
to **retail** *vt.* e *vi.* vendere al minuto.
retailer *s.* dettagliante.
to **retain** *vt.* trattenere, conservare.
retainable *agg.* trattenibile, conservabile.
retainer *s.* caparra, anticipo.
retaining *agg.* — *wall*, muro di sostegno.
retake *s.* (*cine*) replica di una ripresa.
to **retake (retook, retaken)** *vt.* **1.** riprendere **2.** (*cine*) ripetere una ripresa.
to **retaliate** *vi.* far rappresaglia.
retaliation *s.* rappresaglia.
retaliative, retaliatory *agg.* vendicativo.
retard *s.* ritardo.
to **retard** *vt.* e *vi.* ritardare.
to **retaste** *vt.* riassaggiare.
to **retch** *vi.* avere conati di vomito.
to **retell (retold, retold)** *vt.* ripetere.
retention *s.* **1.** ritenzione **2.** memoria.
retentive *agg.* **1.** che trattiene **2.** tenace (*di memoria*).
reticence, reticency *s.* reticenza.
reticent *agg.* reticente.
reticle *s.* (*ott.*) reticolo.
reticular *agg.* reticolare.
reticulate *agg.* reticolato.
reticulum *s.* (*pl.* -la) reticolo.
retinue *s.* seguito.
to **retire** *vt.* ritirare. ♦ to **retire** *vi.* ritirarsi.
retired *agg.* **1.** ritirato **2.** a riposo, in ritiro.
retirement *s.* **1.** ritiro **2.** collocamento a riposo **3.** (*mil.*) ritirata.
retiring *agg.* **1.** riservato **2.** che si ritira, uscente.
retold V. *to retell.*
retook V. *to retake.*
retorsion *s.* ritorsione.
retort *s.* storta.
to **retort** *vt.* ritorcere. ♦ to **retort** *vi.* ribattere.
retort(ion) *s.* ritorsione.
retouch *s.* ritocco.
to **retouch** *vt.* ritoccare.
to **retrace** *vt.* ripercorrere, risalire.
to **retract** *vt.* **1.** ritrarre **2.** ritrattare. ♦ to **retract** *vi.* ritrarsi.
retractable *agg.* ritraibile **2.** ritrattabile.
retractation *s.* ritrattazione.
retractile *agg.* retrattile.
retractor *s.* (*med.*) divaricatore.
to **retread (retrod, retrodden)** *vt.* ripercorrere.
retreat *s.* eremo, luogo appartato.
to **retreat** *vi.* ritirarsi, retrocedere.
retreating *agg.* sfuggente. ♦ **retreating** *s.* (*mil.*) ritirata.
retribution *s.* punizione.
retrievable *agg.* **1.** ricuperabile **2.** riparabile.
retrieval *s.* **1.** ricupero (*di beni*) **2.** riparazione.
to **retrieve** *vt.* **1.** ricuperare **2.** riparare.
retroaction *s.* **1.** reazione **2.** azione retroattiva.
retroactive *agg.* retroattivo.
to **retrocede**[1] *vi.* retrocedere.
to **retrocede**[2] *vt.* restituire.
retrocession[1] *s.* retrocessione.
retrocession[2] *s.* restituzione.
retrod V. *to retread.*
retrodden V. *to retread.*
retrospect(ion) *s.* sguardo retrospettivo.
retrospective *agg.* retrospettivo.
retroversion *s.* retroversione.
return *s.* **1.** ritorno **2.** restituzione **3.** guadagno, profitto **4.** relazione || — *journey*, viaggio di ritorno; *election returns*, risultati elettorali.
to **return** *vi.* **1.** ritornare **2.** rispondere, ricambiare, replicare. ♦ to **return** *vt.* **1.** restituire, rimandare **2.** produrre, fruttare **3.** (*pol.*) eleggere.
reunion *s.* riunione.
to **reunite** *vt.* riunire. ♦ to **reunite** *vi.* riunirsi.
revaluation *s.* rivalutazione.
to **revalue** *vt.* rivalutare.
to **reveal** *vt.* rivelare.
revel *s.* baldoria.
to **revel** *vi.* far baldoria.
revelation *s.* rivelazione.
reveller *s.* chi fa baldoria.
revelry *s.* baldoria.
revenge *s.* vendetta.
to **revenge** *vt.* vendicare. ♦ to **revenge** *vi.* vendicarsi.
revengeful *agg.* vendicativo.

revenger *s.* vendicatore.
revenue *s.* **1.** entrata **2.** fisco.
to **reverberate** *vt.* e *vi.* riverberare.
reverberation *s.* riverberazione, riverbero.
to **revere** *vt.* riverire.
reverence *s.* riverenza.
to **reverence** *vt.* riverire.
reverend *agg.* reverendo.
reverent(ial) *agg.* riverente.
reverie *s.* fantasticheria.
reversal *s.* **1.** rovesciamento **2.** (*giur.*) annullamento.
reverse *agg.* e *s.* rovescio || — *gear*, retromarcia.
to **reverse** *vt.* rovesciare. ♦ to **reverse** *vi.* innestare la retromarcia.
reversibility *s.* reversibilità.
reversible *agg.* reversibile, rovesciabile.
reversion *s.* reversione.
to **revert** *vi.* ritornare.
review *s.* **1.** revisione **2.** recensione **3.** rivista, periodico **4.** (*mil.*) rivista.
to **review** *vt.* **1.** rivedere **2.** recensire **3.** (*mil.*) passare in rivista.
reviewal *s.* revisione, recensione.
reviewer *s.* recensore, revisore.
to **revile** *vt.* e *vi.* ingiuriare.
to **revise** *vt.* rivedere, modificare.
reviser *s.* revisore.
revision *s.* revisione, correzione.
revival *s.* **1.** ripristino **2.** ripresa **3.** rinascita.
to **revive** *vt.* e *vi.* resuscitare.
reviver *s.* chi, ciò che rinvigorisce.
revivification *s.* rinascita.
to **revivify** *vt.* ravvivare.
revocable *agg.* revocabile.
revocation *s.* revoca.
revocatory *agg.* revocatorio.
to **revoke** *vt.* revocare.
revolt *s.* rivolta.
to **revolt** *vt.* disgustare. ♦ to **revolt** *vi.* rivoltarsi.
revolution *s.* rivoluzione.
revolutionary *agg.* e *s.* rivoluzionario.
to **revolutionize** *vt.* rivoluzionare.
to **revolve** *vt.* meditare. ♦ to **revolve** *vi.* girare, rotare.
revolver *s.* rivoltella.
revolving *agg.* **1.** rotante **2.** rotativo.
revulsion *s.* **1.** revulsione **2.** mutamento.
revulsive *agg.* revulsivo.
reward *s.* ricompensa.
to **reward** *vt.* ricompensare.
rewarding *agg.* rimunerativo. ♦ **rewarding** *s.* rimunerazione.
to **rewrite (rewrote, rewritten)** *vt.* riscrivere.
rhagades *s. pl.* ragadi.
rhapsody *s.* rapsodia.
rheostat *s.* reostato.
rhetoric *s.* retorica.
rhetorical *agg.* retorico.
rhetorician *s.* retore.
rheumatic *agg.* e *s.* reumatico.
rheumatism *s.* reumatismo.
rhinitis *s.* rinite.
rhinoceros *s.* rinoceronte.
rhizome *s.* rizoma.
rhododendron *s.* rododendro.
rhomb *s.* rombo.
rhombic(al) *agg.* rombico.
rhombohedron *s.* (*pl.* -dra) romboedro.
rhomboid *agg.* e *s.* romboide.
rhubarb *s.* rabarbaro.
rhyme *s.* rima.
to **rhyme** *vt.* far rimare. ♦ to **rhyme** *vi.* rimare.
rhymer *s.* rimatore.
Rhynchota *s. pl.* rincoti.
rhythm *s.* ritmo.
rhythmic(al) *agg.* ritmico.
rib *s.* **1.** costola **2.** costa, nervatura **3.** stecca.
to **rib** *vt.* **1.** munire (*di coste ecc.*) **2.** scanalare.
ribbing *s.* **1.** nervatura **2.** rigatura.
ribbon *s.* nastro.
rice *s.* riso || — *-field* (o — *-swamp*), risaia.
rich *agg.* ricco.
richly *avv.* riccamente.
richness *s.* ricchezza.
rick *s.* bica.
ricket(s) *s.* rachitismo.
rickety *agg.* **1.** rachitico **2.** malsicuro.
to **rid (rid, rid)** *vt.* liberare || *to get — of*, sbarazzarsi di.
ridden V. *to ride.*
riddle[1] *s.* indovinello.
riddle[2] *s.* vaglio, crivello.
to **riddle**[1] *vt.* risolvere.
to **riddle**[2] *vt.* **1.** vagliare **2.** setacciare.
ride *s.* passeggiata, percorso (*a cavallo, su un veicolo*).
to **ride (rode, ridden)** *vt.* **1.** montare (*cavallo, bicicletta*) **2.** percorrere (*a cavallo, su un veicolo*) **3.**

(*fig.*) opprimere. ♦ to **ride (rode, ridden)** *vi.* andare (*a cavallo, su un veicolo*).
rider *s.* cavaliere, fantino.
ridge *s.* cresta, catena di monti.
ridicule *s.* ridicolo.
to **ridicule** *vt.* schernire.
ridiculous *agg.* ridicolo.
riding *s.* corsa (*a cavallo, in veicolo*).
rifle *s.* fucile.
rifleman *s.* fuciliere.
rift *s.* crepa.
rigging *s.* attrezzatura.
right[1] *agg.* **1.** giusto **2.** (*geom.*) retto **3.** destro.
right[2] *s.* **1.** il giusto, il bene **2.** diritto **3.** destra, mano destra, lato destro.
right[3] *avv.* **1.** giustamente, bene **2.** direttamente **3.** proprio **4.** a destra.
righteous *agg.* giusto.
righteousness *s.* rettitudine.
rightful *agg.* **1.** legittimo **2.** giusto.
rightly *avv.* **1.** rettamente **2.** esattamente.
rigid *agg.* rigido.
rigidity, rigor *s.* rigidità.
rigorism *s.* rigorismo.
rigorist *s.* rigorista.
rigorous *agg.* rigido.
rigour *s.* rigore.
rim *s.* bordo, orlo.
to **rim** *vt.* bordare, cerchiare.
rind *s.* **1.** buccia **2.** corteccia **3.** crosta **4.** cotenna.
to **rind** *vt.* **1.** sbucciare **2.** scortecciare.
ring[1] *s.* **1.** anello, cerchio **2.** pista.
ring[2] *s.* **1.** scampanellata **2.** (*fig.*) accento, tono.
to **ring**[1] *vt.* circondare.
to **ring**[2] **(rang, rung)** *vt.* suonare || *to — up*, telefonare. ♦ to **ring (rang, rung)** *vi.* risuonare.
ringleader *s.* capobanda.
rink *s.* pista di pattinaggio.
to **rinse** *vt.* sciacquare.
rinsing *s.* risciacquatura.
riot *s.* **1.** rivolta **2.** gazzarra.
to **riot** *vi.* **1.** tumultuare **2.** gozzovigliare.
rioter *s.* rivoltoso.
riotous *agg.* **1.** tumultuante **2.** sregolato.
rip *s.* lacerazione, scucitura, strappo.
to **rip** *vt.* lacerare. ♦ to **rip** *vi.* lacerarsi.
ripe *agg.* maturo.
to **ripen** *vt.* e *vi.* maturare.
ripeness *s.* maturità.
ripple *s.* **1.** increspatura, ondulatura **2.** gorgoglio.
to **ripple** *vt.* increspare, ondulare. ♦ to **ripple** *vi.* incresparsi, ondularsi.
rise *s.* **1.** il sorgere **2.** salita, ascesa **3.** aumento **4.** sorgente.
to **rise (rose, risen)** *vi.* **1.** sorgere **2.** aumentare.
riser *s.* chi si alza.
risible *agg.* risibile.
rising *s.* **1.** sorgere **2.** salita, ascesa **3.** aumento **4.** rivolta.
risk *s.* rischio.
to **risk** *vt.* rischiare.
risky *agg.* rischioso.
rissole *s.* polpetta.
rite *s.* rito.
ritual *agg.* e *s.* rituale.
rival *agg.* e *s.* rivale.
to **rival** *vt.* rivaleggiare.
rivality, rivalry *s.* rivalità.
river *s.* fiume.
riverside *s.* lungofiume.
to **rivet** *vt.* **1.** ribadire **2.** fissare.
rivulet *s.* fiumicello.
road *s.* strada || *— -bed*, fondo stradale; *— sign*, cartello stradale.
roadstead *s.* (*mar.*) rada.
roadway *s.* carreggiata.
to **roam** *vt.* e *vi.* vagare (*per*).
roar *s.* **1.** ruggito **2.** rombo.
to **roar** *vt.* e *vi.* **1.** ruggire **2.** tuonare || *to — with laughter*, ridere fragorosamente.
roaring *agg.* **1.** rumoroso **2.** ruggente, mugghiante. ♦ **roaring** *s.* V. *roar*.
roast *agg.* e *s.* arrosto.
to **roast** *vt.* **1.** arrostire **2.** tostare. ♦ to **roast** *vi.* arrostirsi.
roasting *agg.* rovente. ♦ **roasting** *s.* **1.** arrostimento **2.** torrefazione.
to **rob** *vt.* derubare. ♦ to **rob** *vi.* rubare.
robber *s.* ladro.
robbery *s.* furto.
robe *s.* **1.** toga **2.** vestiti (*pl.*).
to **robe** *vt.* vestire. ♦ to **robe** *vi.* vestirsi.
robin *s.* pettirosso.
robust *agg.* **1.** robusto **2.** faticoso.
robustness *s.* robustezza.
rock[1] *s.* **1.** roccia **2.** rocca.
rock[2] *s.* dondolio.
to **rock** *vt.* cullare, dondolare. ♦

to **rock** *vi.* dondolarsi, oscillare, barcollare.
rocker *s.* **1.** chi culla, dondola **2.** dondolo (*di sedia ecc.*) **3.** (*mecc.*) bilanciere.
rocket *s.* razzo.
rocking *agg.* **1.** a dondolo **2.** vacillante. ♦ **rocking** *s.* oscillazione, dondolio.
rocky *agg.* roccioso.
rod *s.* verga || *fishing-* **—**, canna da pesca.
rode V. *to ride.*
rodent *agg.* e *s.* roditore.
roe[1] *s.* capriolo maschio.
roe[2] *s.* uova di pesce.
rogue *s.* briccone.
roguery *s.* bricconeria.
roguish *agg.* bricconesco.
role *s.* **1.** (*teat.*) ruolo, parte **2.** funzione.
roll[1] *s.* **1.** rotolo **2.** elenco, lista **3.** rullo, cilindro.
roll[2] *s.* **1.** (*mar.; aer.*) rollio **2.** rullo (*di tamburo*).
to **roll** *vt.* **1.** far rotolare **2.** arrotolare **3.** spianare. ♦ to **roll** *vi.* **1.** rotolare **2.** arrotolarsi **3.** ruotare **4.** rollare **5.** rullare.
roller *s.* **1.** rullo, cilindro **2.** cavallone || **—** *skates*, schettini.
rolling *s.* (ar)rotolamento || **—** *-mill*, laminatoio; **—** *pin*, matterello.
Roman *agg.* e *s.* romano.
Romance *agg.* romanzo, neolatino.
romance *s.* **1.** poema cavalleresco, racconto fantastico **2.** avventura romanzesca **3.** idillio **4.** poesia **5.** (*mus.*) romanza.
Romanesque *agg.* e *s.* romanico.
Romanian *agg.* e *s.* romeno.
Romanic *agg.* romanico.
Romanist *s.* romanista.
Romansh *agg.* e *s.* ladino.
romantic *agg.* e *s.* romantico.
romanticism *s.* romanticismo.
to **romanticize** *vt.* romanzare.
to **romp** *vi.* giocare rumorosamente.
rompish *agg.* chiassoso.
rood *s.* croce.
roof *s.* tetto || **—** *-garden*, giardino pensile.
to **roof** *vt.* **1.** coprire con un tetto **2.** ospitare.
rook *s.* cornacchia.
room *s.* **1.** stanza **2.** spazio **3.** possibilità.
to **room** *vt.* e *vi.* (*amer.*) alloggiare.
roomy *agg.* spazioso.
root *s.* radice.
to **root**[1] *vt.* piantare || *to* **—** *away, out, up,* sradicare. ♦ to **root** *vi.* mettere radice.
to **root**[2] *vt.* e *vi.* grufolare.
rope *s.* fune, corda || **—** *-dancer,* funambolo.
to **rope** *vt.* legare.
rosary *s.* **1.** roseto **2.** (*eccl.*) rosario.
rose *agg.* e *s.* rosa || **—** *-bush,* rosaio; **—** *-diamond,* rosetta; **—** *-window,* rosone.
rose V. *to rise.*
rosemary *s.* rosmarino.
roseola *s.* rosolia.
rosery *s.* roseto.
rosette *s.* **1.** rosetta **2.** (*arch.*) rosone **3.** coccarda.
rosewood *s.* palissandro.
rosin *s.* pece greca.
rostrum *s.* (*pl.* rostra *o* rostrums) rostro.
rosy *agg.* roseo.
rot *s.* putrefazione.
to **rot** *vt.* e *vi.* imputridire.
rotary *agg.* rotante. ♦ **rotary** *s.* **—** (*press*), rotativa.
to **rotate** *vt.* e *vi.* rotare.
rotation *s.* rotazione.
rotative, rotatory *agg.* rotatorio.
rote *s.* abitudine, memoria meccanica.
rotogravure *s.* rotocalco.
rotor *s.* rotore.
rotten *agg.* marcio.
rottenness *s.* marciume.
rotund *agg.* **1.** rotondo **2.** enfatico.
rouble *s.* rublo.
rouge *agg.* rossetto.
rough *agg.* **1.** irregolare, ruvido, scabro **2.** tempestoso **3.** rozzo.
to **rough** *vt.* irruvidire || *to* **—** *il* (*fam.*), vivere primitivamente.
to **roughen** *vt.* irruvidire. ♦ to **roughen** *vi.* irruvidirsi.
to **rough-hew** *vt.* abbozzare.
roughly *avv.* ruvidamente.
roughness *s.* **1.** ruvidezza **2.** rudezza **3.** inclemenza (*di tempo*).
round *agg.* **1.** rotondo **2.** intero **3.** franco **4.** vigoroso **5.** considerevole. ♦ **round** *s.* **1.** cerchio **2.** sfera **3.** ciclo **4.** giro, ronda.
round *avv.* intorno. ♦ **round** *prep.* intorno a.
to **round** *vt.* arrotondare. ♦ to **round** *vi.* **1.** arrotondarsi **2.** girare

3. svilupparsi.
roundabout *agg.* indiretto. ♦ **roundabout** *s.* giostra.
roundly *avv.* **1.** vigorosamente **2.** francamente.
roundness *s.* **1.** rotondità **2.** scorrevolezza **3.** franchezza.
to **rouse** *vt.* (ri)svegliare (*anche fig.*). ♦ to **rouse** *vi.* (ri)svegliarsi.
rouser *s.* ridestatore.
rousing *agg.* stimolante.
rout *s.* **1.** plebaglia **2.** tumulto **3.** rotta.
to **rout** *vt.* sconfiggere.
route *s.* via, rotta.
routinist *s.* abitudinario.
rove *s.* vagabondaggio.
to **rove** *vt.* e *vi.* vagare.
rover *s.* **1.** vagabondo **2.** pirata.
roving *s.* vagabondaggio.
row[1] *s.* fila.
row[2] *s.* remata, gita in barca.
to **row** *vt.* trasportare (*remando*). ♦ to **row** *vi.* remare.
rowdy *agg.* e *s.* turbolento.
rower *s.* rematore.
rowlock *s.* scalmo.
royal *agg.* regale, reale.
royalist *s.* realista.
royalty *s.* **1.** regalità **2.** i reali **3.** diritto d'autore.
rub *s.* **1.** fregata, grattata **2.** ineguaglianza **3.** ostacolo, difficoltà.
to **rub** *vt.* fregare. ♦ to **rub** *vi.* fregarsi.
rubber *s.* **1.** massaggiatore **2.** strofinaccio **3.** gomma || — *-solution,* mastice.
rubbish *s.* rifiuti (*pl.*).
rubble *s.* pietrisco.
ruby *s.* rubino.
rucksack *s.* zaino.
rudder *s.* timone.
ruddy *agg.* rosso, rubicondo.
rude *agg.* **1.** rude, violento **2.** rudimentale **3.** grezzo.
rudeness *s.* **1.** rozzezza **2.** violenza.
rudiment *s.* rudimento.
rudimentary *agg.* rudimentale.
ruffian *agg.* brutale. ♦ **ruffian** *s.* ribaldo.
ruffle *s.* **1.** increspatura **2.** sconvolgimento **3.** tumulto.
to **ruffle** *vt.* **1.** increspare **2.** arruffare **3.** agitare.
rug *s.* **1.** coperta **2.** tappetino.
rugged *agg.* **1.** ruvido **2.** scompigliato **3.** austero **4.** rozzo.
ruggedness *s.* **1.** ruvidezza **2.** austerità **3.** rudezza.
ruin *s.* rovina.
to **ruin** *vt.* e *vi.* rovinare.
ruinous *agg.* **1.** rovinoso **2.** in rovina.
rule *s.* **1.** regola **2.** dominio **3.** riga da disegno.
to **rule** *vt.* **1.** governare, dominare **2.** rigare.
ruler *s.* **1.** dominatore **2.** regolo.
ruling *s.* **1.** governo **2.** decisione.
Rumanian *agg.* e *s.* romeno.
rumble *s.* **1.** rombo **2.** brontolio.
to **rumble** *vt.* e *vi.* **1.** rombare **2.** brontolare.
rumbling *s.* V. *rumble.*
rumen *s.* rumine.
ruminant *agg.* e *s.* ruminante.
to **ruminate** *vt* e *vi.* ruminare.
rummage *s.* ricerca, perquisizione.
to **rummage** *vt.* e *vi.* **1.** rovistare **2.** perquisire.
rumour *s.* diceria.
to **rumour** *vt.* far correre la voce.
rump *s.* **1.** posteriore **2.** resto.
to **rumple** *vt.* **1.** spiegazzare **2.** arruffare.
run *s.* **1.** corsa **2.** percorso, giro **3.** andamento **4.** periodo **5.** richiesta.
to **run (ran, run)** *vi.* **1.** correre **2.** colare **3.** diventare **4.** estendersi **5.** essere in vigore, durare. ♦ to **run (ran, run)** *vt.* **1.** far funzionare **2.** dirigere **3.** seguire **4.** passare || *to — in,* rodare; *to — over,* investire.
runaway *agg.* **1.** fuggitivo **2.** decisivo. ♦ **runaway** *s.* **1.** fuggitivo **2.** fuga.
rung[1] *s.* **1.** piolo **2.** raggio (*di ruota*).
rung[2] V. *to ring.*
runnel *s.* ruscello.
runner *s.* **1.** corridore **2.** messo **3.** passatoia **4.** pattino **5.** carrello.
running *s.* **1.** corsa **2.** esercizio **3.** flusso || — *-in,* rodaggio.
runway *s.* pista.
rupture *s.* rottura.
rural *agg.* rurale.
rush[1] *s.* giunco.
rush[2] **1.** attacco **2.** impeto **3.** afflusso || — *-hours,* ore di punta.
to **rush** *vt.* spingere. ♦ to **rush** *vi.* precipitarsi.
rushy *agg.* **1.** di giunchi **2.** folto di giunchi.
Russian *agg.* e *s.* russo.
rust *s.* ruggine.

to **rust** *vt.* arrugginire. ♦ to **rust** *vi.* arrugginirsi.
rustic(al) *agg.* rustico. ♦ **rustic(al)** *s.* campagnolo.
rustle *s.* fruscio, stormire (*di foglie*).
to **rustle** *vt.* far frusciare. ♦ to **rustle** *vi.* frusciare.
rusty *agg.* **1.** rugginoso **2.** (*fig.*) ombroso.
ruthless *agg.* spietato.
ruthlessness *s.* crudeltà.
rye *s.* segale.

S

Sabbath *s.* il giorno della settimana dedicato al riposo.
sable *s.* zibellino.
sabot *s.* zoccolo.
sabotage *s.* sabotaggio.
to **sabotage** *vt.* e *vi.* sabotare.
saboteur *s.* sabotatore.
sabre *s.* sciabola || — *-cut,* sciabolata.
to **sabre** *vt.* sciabolare.
saccharin(e) *s.* saccarina.
saccharose *s.* saccarosio.
sacerdotal *agg.* sacerdotale.
sack[1] *s.* **1.** sacco **2.** (*gergo*) licenziamento.
sack[2] *s.* (*mil.*) sacco, saccheggio.
sack[3] *s.* vino bianco delle Canarie.
to **sack**[1] *vt.* **1.** insaccare **2.** (*gergo*) licenziare.
to **sack**[2] *vt.* (*mil.*) saccheggiare.
sacking[1] *s.* tela da sacco.
sacking[2] *s.* saccheggio.
sacral[1] *agg.* (*anat.*) sacro.
sacral[2] *agg.* rituale.
sacrament *s.* sacramento.
sacramental *agg.* sacramentale.
sacred *agg.* **1.** sacro, religioso **2.** consacrato, dedicato.
sacrifice *s.* **1.** sacrificio **2.** abnegazione.
to **sacrifice** *vt.* e *vi.* **1.** sacrificare, immolare **2.** rinunziare.
sacrilege *s.* sacrilegio.
sacrist *s.* sagrestano.
sacristy *s.* sagrestia.
sacrosanct *agg.* sacrosanto.
sad *agg.* triste, mesto || *to make so.* —, rattristare qu.
to **sadden** *vt.* rattristare. ♦ to **sadden** *vi.* rattristarsi.
saddle *s.* **1.** sella, sellino **2.** giogaia.
to **saddle** *vt.* sellare, mettere in sella.
saddler *s.* sellaio.
sadism *s.* sadismo.
sadist *s.* sadico.
sadistic *agg.* sadico.
sadly *avv.* tristemente, mestamente.
sadness *s.* tristezza, mestizia.
safe *agg.* **1.** sicuro, al riparo **2.** salvo, intatto **3.** innocuo || — *and sound,* sano e salvo; — *-conduct,* salvacondotto; — *-deposit,* cassetta di sicurezza. ♦ **safe** *s.* **1.** cassaforte **2.** sicura (*di armi*).
safeguard *s.* salvaguardia.
to **safeguard** *vt.* salvaguardare, difendere.
safekeeping *s.* custodia.
safety *s.* sicurezza, salvezza, scampo || — *belt,* cintura di sicurezza; — *device,* dispositivo di sicurezza; — *-pin,* spilla di sicurezza.
saffron *s.* zafferano.
sag *s.* **1.** abbassamento, cedimento **2.** (*mar.*) scarroccio.
sagacious *agg.* acuto, sagace.
sagaciousness, sagacity *s.* sagacia, perspicacia.
sage[1] *s.* salvia.
sage[2] *s.* saggio, dotto.
said V. *to say.*
sail[1] *s.* vela, velatura || *to set* (*v. irr.*) —, spiegare le vele, salpare; *to strike* (*v. irr.*) —, ammainare le vele.
sail[2] *s.* gita su imbarcazione a vela.
to **sail** *vt.* e *vi.* **1.** veleggiare, navigare, costeggiare **2.** salpare **3.** volare, veleggiare (*di uccelli, nuvole ecc.*).
sailer *s.* veliero.
sailing *s.* **1.** navigazione, traversata **2.** partenza (*di navi*).
sailor *s.* marinaio.
sailplane *s.* veleggiatore.
saint *agg.* e *s.* santo.
to **saint** *vt.* canonizzare, santificare.
sainthood, saintliness *s.* sanità.
saintly *agg.* santo, di santo.
sake *s.* **1.** amore, interesse **2.** riguardo, rispetto || *for God's* —, per l'amor di Dio.
salaam *s.* riverenza, salamelecco.
salacious *agg.* salace, lascivo.
salad *s.* insalata || *fruit* —, macedonia di frutta.
salamander *s.* salamandra.

salariat *s.* categorie salariate.
salary *s.* stipendio.
sale *s.* **1.** vendita || *bill of —*, fattura; *on —*, in vendita **2.** asta: *— by auction*, vendita all'asta **3.** liquidazione, svendita.
sal(e)able *agg.* vendibile, commerciabile.
salesman *s.* venditore, commesso.
saleswoman *s.* venditrice, commessa.
salicylate *s.* salicilato.
salient *agg.* **1.** sporgente, prominente **2.** saliente, notevole.
saline *agg.* salino, salso.
salinity *s.* salsedine, salinità.
saliva *s.* saliva.
salivary *agg.* salivare.
salivation *s.* salivazione.
sallow *agg.* giallastro.
sally *s.* **1.** (*mil.*) sortita **2.** escursione.
to **sally** *vi.* fare una sortita || *to — forth*, uscire (*per una passeggiata*).
salmon *s.* salmone.
saloon *s.* salone || *dancing —*, sala da ballo.
salt *s.* sale. ♦ **salt** *agg.* **1.** salato **2.** sotto sale **3.** (*fig.*) amaro, piccante || *— -cellar*, saliera; *— -mine*, salina.
to **salt** *vt.* **1.** salare, cospargere di sale **2.** rendere piccante (*anche fig.*).
salting *s.* palude costiera.
saltish *agg.* salmastro, salaticcio.
saltness *s.* salsedine.
saltpetre *s.* salnitro.
salty *agg.* **1.** salato, salmastro **2.** piccante (*anche fig.*).
salubrious *agg.* salubre.
salutary *agg.* salutare.
salutation *s.* saluto.
salute *s.* saluto, gesto di saluto || *to fire a —*, salutare a salve.
to **salute** *vt.* salutare, dare il benvenuto.
salvage *s.* salvataggio (*di navi, carico ecc.*).
salvation *s.* salvezza (*anche relig.*).
salve *s.* unguento, balsamo.
same *agg.* medesimo, stesso, uguale || *at the — time*, allo stesso tempo. ♦ **same** *pron.* lo stesso, il medesimo.
samely *agg.* monotono, uniforme.
sameness *s.* **1.** somiglianza **2.** monotonia.
sample *s.* campione, modello, esemplare || *— book*, campionario.
sanatorium *s.* sanatorio.
sanatory *agg.* curativo.
sanctification *s.* santificazione.
to **sanctify** *vt.* santificare.
sanction *s.* **1.** autorizzazione, approvazione **2.** (*giur.*) ratifica **3.** sanzione.
to **sanction** *vt.* **1.** autorizzare **2.** (*giur.*) ratificare **3.** aggiungere sanzioni penali (*ad una legge*).
sanctity *s.* santità.
sanctuary *s.* **1.** santuario **2.** asilo, rifugio.
sand *s.* sabbia, rena || *— -bath*, bagno di sabbia. ♦ **sands** *s. pl.* spiaggia (*sing.*).
to **sand** *vt.* **1.** coprire di sabbia **2.** arenare **3.** smerigliare.
sandal *s.* sandalo.
sandpaper *s.* carta vetrata.
sandstone *s.* arenaria.
sandy *agg.* sabbioso.
sane *agg.* sano di mente, sensato.
saneness, sanity *s.* sanità (*di mente*), equilibrio.
sang V. *to sing.*
sanguinary *agg.* sanguinario, crudele.
sanguine *agg.* sanguigno.
sanguineous *agg.* del sangue, sanguigno.
sanitarian *s.* igienista. ♦ **sanitarian** *agg.* igienico.
sanitarist *s.* igienista.
sanitary *agg.* igienico, sanitario.
sanity *s.* V. *saneness.*
sank V. *to sink.*
Sanscrit, Sanskrit *agg. e s.* Sanscrito.
santon *s.* santone.
sap *s.* **1.** linfa, succo **2.** (*fig.*) vigore.
sapful *agg.* **1.** succoso **2.** vigoroso.
sapid *agg.* sapido, gustoso (*anche fig.*).
sapient *agg.* pedante.
sapless *agg.* **1.** secco, avvizzito **2.** fiacco.
saponification *s.* saponificazione.
to **saponify** *vt.* saponificare.
Sapphic *agg.* saffico.
sapphire *s.* zaffiro.
saraband *s.* sarabanda.
Saracen *agg.* e *s.* saraceno.
sarcasm *s.* sarcasmo.
sarcastic *agg.* sarcastico.
sarcophagus *s.* (*pl.* -gi) sarcofago.

sardine *s.* sardina.
sardonic *agg.* sardonico.
sash[1] *s.* fascia, cintura.
sash[2] *s.* telaio scorrevole (*di finestra*).
sat V. *to sit.*
satanic(al) *agg.* satanico.
satchel *s.* cartella (*di scolaro*).
to **sate** *vt.* saziare.
satellite *s.* satellite.
satiable *agg.* saziabile.
to **satiate** *vt.* saziare, satollare.
satiety *s.* sazietà.
satin *s.* raso.
satire *s.* satira.
satiric(al) *agg.* satirico.
satirist *s.* autore di satire.
to **satirize** *vt.* satireggiare.
satisfaction *s.* **1.** soddisfazione **2.** riparazione **3.** (*giur.*) estinzione.
satisfactory *agg.* soddisfacente.
satisfiable *agg.* che può essere soddisfatto.
to **satisfy** *vt.* soddisfare, appagare || *to — a claim,* accogliere un reclamo. ♦ to **satisfy** *vi.* fare ammenda.
satrap *s.* satrapo.
saturate *agg.* saturo.
to **saturate** *vt.* saturare, impregnare.
saturation *s.* saturazione.
Saturday *s.* sabato.
satyr *s.* satiro.
satyric *agg.* satiresco.
sauce *s.* salsa, intingolo.
saucepan *s.* casseruola.
saucer *s.* piattino, sottocoppa.
saucily *avv.* sfacciatamente.
saucy *agg.* sfacciato, insolente.
sauerkraut *s.* crauti.
to **saunter** *vi.* bighellonare.
saunterer *s.* bighellone.
sausage *s.* salsiccia, salame.
savage *agg.* **1.** selvaggio, barbaro **2.** feroce, crudele. ♦ **savage** *s.* selvaggio.
savagely *avv.* selvaggiamente, barbaramente.
savannah *s.* savana.
save *prep.* salvo, tranne, eccetto.
to **save** *vt.* e *vi.* **1.** salvare, difendere **2.** conservare, risparmiare.
saving *s.* liberazione, salvezza. ♦ **savings** *s. pl.* risparmi.
saviour *s.* salvatore, redentore.
to **savour** *vi.* aver sapore.
savoury *agg.* saporito, piccante.
saw *s.* sega || *— -mill,* segheria.
to **saw (sawed, sawn)** *vt.* e *vi.* segare.
saw V. *to see.*
sawdust *s.* segatura.
sawn V. *to saw.*
sawyer *s.* segatore.
Saxon *agg.* e *s.* sassone.
saxophone *s.* sassofono.
say *s.* il dire, detto, parola.
to **say (said, said)** *vt.* e *vi.* **1.** dire, affermare **2.** esprimere un'opinione || *to — out,* dire apertamente.
saying *s.* proverbio, massima: *as the — goes,* come dice il proverbio.
scabbard *s.* fodero.
scabby *agg.* coperto di croste.
scabies *s.* scabbia.
scaffold *s.* **1.** impalcatura **2.** patibolo, forca.
to **scaffold** *vt.* erigere impalcature.
scaffolding *s.* impalcatura.
scald *s.* scottatura.
to **scald** *vt.* **1.** scottare **2.** sterilizzare con acqua bollente. ♦ to **scald** *vi.* scottarsi.
scale[1] *s.* piatto (*di bilancia*). ♦ **scales** *s. pl.* bilancia (*sing.*).
scale[2] *s.* scaglia.
scale[3] *s.* scala, misura, gradazione.
to **scale**[1] *vt.* e *vi.* pesare.
to **scale**[2] *vt.* squamare, scrostare. ♦ to **scale** *vi.* squamarsi, scrostarsi.
to **scale**[3] *vt.* **1.** scalare **2.** graduare || *to — down,* diminuire; *to — up,* aumentare.
scalene *agg.* e *s.* scaleno.
scallop *s.* **1.** conchiglia **2.** dentellatura, festone, smerlo (*di stoffa*).
to **scallop** *vt.* **1.** tagliare a festone **2.** cuocere pesce in conchiglia.
scalp *s.* **1.** cranio, cuoio capelluto **2.** scalpo.
to **scalp** *vt.* **1.** scalpare **2.** criticare aspramente.
scalpel *s.* bisturi.
to **scan** *vt.* e *vi.* **1.** scandire (*versi*) **2.** esaminare, scrutare.
scandal *s.* **1.** scandalo **2.** maldicenza **3.** (*giur.*) diffamazione.
to **scandalize** *vt.* scandalizzare.
scandalous *agg.* scandaloso.
Scandinavian *agg.* e *s.* scandinavo.
scanning *s.* **1.** scansione (*di versi*) **2.** osservazione || *— -line,* (*tv*), linea di scansione.
scansion *s.* scansione.
scantily *avv.* debolmente, scarsamente.
scantiness *s.* insufficienza, scarsezza.

scanty *agg.* **1.** scarso, insufficiente **2.** esiguo, angusto.
scapegoat *s.* capro espiatorio.
scapegrace *s.* **1.** scapestrato **2.** monello.
scapular *agg.* scapolare.
scar *s.* cicatrice, sfregio.
to **scar** *vt.* **1.** cicatrizzare **2.** sfregiare. ♦ to **scar** *vi.* cicatrizzarsi.
scarab *s.* scarabeo.
scarce *agg.* insufficiente, scarso.
scarcely *avv.* appena, a fatica, a malapena.
scare *s.* terrore, sgomento.
to **scare** *vt.* spaventare, sgomentare.
scarecrow *s.* **1.** spaventapasseri **2.** spauracchio.
scarf *s.* sciarpa, fascia.
to **scarify** *vt.* scarificare.
scarlet *agg.* scarlatto, porporino || — *-fever,* scarlattina.
scarp(e) *s.* scarpata.
to **scatter** *vt.* **1.** spargere **2.** mettere in fuga, disperdere. ♦ to **scatter** *vi.* spargersi, diffondersi.
scattered *agg.* sparso, disseminato.
scattering *s.* sparpagliamento, dispersione.
scenario *s.* sceneggiatura || — *writer,* sceneggiatore.
scene *s.* **1.** scena **2.** episodio **3.** scenario, quinta **4.** vista, panorama || — *-painter,* scenografo.
scenery *s.* **1.** scenario **2.** prospettiva, veduta.
scenographer *s.* scenografo.
scenographic *agg.* scenografico.
scenography *s.* scenografia.
scent *s.* **1.** odore, profumo **2.** traccia, pista (*anche fig.*).
to **scent** *vt.* **1.** fiutare, seguire la traccia **2.** profumare.
scented *agg.* profumato.
scentless *agg.* inodoro.
sceptical *agg.* scettico.
scepticism *s.* scetticismo.
sceptre *s.* scettro.
schedule *s.* **1.** catalogo, distinta, elenco **2.** (*amer.*) orario **3.** inventario.
to **schedule** *vt.* comporre una lista, un catalogo.
schematic(al) *agg.* schematico.
schematism *s.* schematismo.
scheme *s.* **1.** schema **2.** piano, progetto.
to **scheme** *vt.* e *vi.* **1.** progettare, fare un piano **2.** tramare.
schism *s.* scisma.
schismatic(al) *s.* scismatico.
schizophrenic *agg.* e *s.* schizofrenico.
scholar *s.* studioso, letterato.
scholarly *agg.* dotto, istruito.
scholarship *s.* **1.** dottrina, sapere **2.** borsa di studio.
scholastic *agg.* **1.** scolastico, pedante **2.** (*fil.*) scolastico.
scholastically *avv.* scolasticamente, secondo la scolastica.
scholasticism *s.* (*fil.*) scolastica.
school *s.* **1.** scuola, classe **2.** lezione, ora di lezione || — *-book,* libro di testo; — *-mate,* compagno di scuola; — *-report,* pagella; — *-term,* trimestre; — *-time,* periodo scolastico; *boarding-* —, collegio; *grammar-* —, ginnasio; *night-* —, serale.
to **school** *vt.* **1.** istruire **2.** controllare, disciplinare.
schoolboy *s.* scolaro.
schoolfellow *s.* compagno di scuola.
schoolmaster *s.* maestro, insegnante.
schoolmistress *s.* maestra, insegnante.
schoolroom *s.* aula scolastica.
schooner *s.* (*mar.*) goletta.
science *s.* scienza || — *fiction,* fantascienza; *man of* —, scienziato.
scientific *agg.* scientifico.
scientifically *avv.* scientificamente.
scientism *s.* scientismo.
scientist *s.* scienziato.
scimitar *s.* scimitarra.
scion *s.* **1.** germoglio **2.** rampollo, discendente.
scission *s.* scissione, divisione.
scissors *s. pl.* forbici, cesoie.
sclerosis *s.* (*pl.* -ses) sclerosi.
sclerotic *s.* sclerotico.
scoff *s.* derisione, scherno.
to **scoff** *vt.* e *vi.* deridere, schernire || *to — at so.,* farsi beffe di qu.
scold *s.* donna bisbetica.
to **scold** *vt.* sgridare, rimproverare. ♦ to **scold** *vi.* essere adirato.
scolding *s.* sgridata, rimprovero.
scoliosis *s.* scoliosi.
scooter *s.* **1.** monopattino **2.** motoretta.
scope *s.* **1.** portata, possibilità **2.** prospettiva, sfera, campo.
scorbutic *agg.* e *s.* scorbutico.
scorch *s.* bruciatura, scottatura.
to **scorch** *vt.* e *vi.* **1.** bruciacchiare **2.** inaridire (*di sole, gelo ecc.*).

scorching *agg.* **1.** bruciante, ardente **2.** (*fig.*) caustico, mordace.
score *s.* **1.** tacca, scanalatura **2.** linea, segno, linea di partenza, limite (*in corse, giuochi ecc.*) **3.** (*sport*) punteggio **4.** (*mus.*) spartito.
to **score** *vt.* e *vi.* **1.** intaccare, intagliare **2.** marcare, segnare **3.** (*sport*) segnare il punteggio **4.** (*mus.*) orchestrare || *to — up,* mettere in conto.
scorer *s.* (*sport*) marcatore.
scorn *s.* **1.** disprezzo, disdegno **2.** scherno.
to **scorn** *vt.* disprezzare, disdegnare.
scornful *agg.* sprezzante, sdegnoso.
scorpion *s.* scorpione || *— -fish,* scorfano.
Scot *s.* scozzese.
Scotch *agg.* scozzese.
Scotsman *s.* (*uomo*) scozzese.
Scottish *agg.* scozzese.
scoundrel *s.* furfante, farabutto.
scourge *s.* (*fig.*) flagello.
to **scourge** *vt.* sferzare, flagellare.
scout *s.* esploratore, ricognitore.
to **scout** *vi.* andare in esplorazione, in ricognizione. ♦ to **scout** *vt.* perlustrare.
scowl *s.* cipiglio, sguardo torvo.
to **scowl** *vt.* e *vi.* aggrottare le ciglia, guardare torvamente.
scramble *s.* **1.** arrampicata **2.** contesa, gara.
to **scramble** *vt.* **1.** arraffare **2.** mescolare alla rinfusa. ♦ to **scramble** *vi.* **1.** inerpicarsi **2.** gareggiare **3.** (*cuc.*) strapazzare (*le uova*).
scrap *s.* pezzetto, frammento || *— -heap,* mucchio di rifiuti. ♦ **scraps** *s. pl.* rimasugli, scarti.
scrape *s.* **1.** graffio, scalfittura **2.** raschio.
to **scrape** *vt.* e *vi.* **1.** raschiare, grattare **2.** levigare **3.** sfregare, strisciare || *to — a living,* sbarcare il lunario.
scraper *s.* **1.** raschietto **2.** strimpellatore.
scraping *s.* raschiatura.
scratch *s.* **1.** graffiatura, graffio **2.** grattata **3.** colpo fortunato (*al giuoco*).
to **scratch** *vt.* e *vi.* **1.** graffiare **2.** (*fig.*) scalfire **3.** grattare.
scrawl *s.* scarabocchio, sgorbio.
to **scrawl** *vt.* e *vi.* **1.** scarabocchiare **2.** scribacchiare.
scrawler *s.* chi scarabocchia.
scrawly *agg.* scarabocchiato || *— writing* (*fam.*), scritto a zampe di gallina.
scream *s.* grido acuto, strillo.
to **scream** *vt.* e *vi.* **1.** gridare, strillare **2.** fischiare (*di locomotiva*).
screamer *s.* strillone.
screaming *agg.* **1.** strillante, urlante **2.** sguaiato.
screech *s.* **1.** grido, strillo acuto **2.** stridore.
screen *s.* **1.** paravento **2.** (*cine; tv*) schermo **3.** (*mil.*) scorta.
to **screen** *vt.* e *vi.* **1.** riparare, schermare **2.** vagliare.
screenings *s. pl.* materiale vagliato (*sing.*).
screenplay *s.* (*cine*) sceneggiatura.
screenwriter *s.* sceneggiatore.
screw *s.* **1.** vite **2.** cavatappi, succhiello **3.** elica.
to **screw** *vt.* **1.** avvitare, stringere **2.** torcere. ♦ to **screw** *vi.* torcersi || *to — out,* svitare.
screwdriver *s.* cacciavite.
screwy *agg.* **1.** brillo **2.** tirchio, spilorcio.
scribble *s.* sgorbio, scarabocchio (*anche fig.*).
to **scribble** *vt.* e *vi.* scarabocchiare.
scribe *s.* copista.
scriber *s.* punta a tracciare.
scrip[1] *s.* **1.** pezzo di carta **2.** frammento di uno scritto.
scrip[2] *s.* certificato provvisorio, cedola.
scripture *s.* la sacra Scrittura.
to **scrounge** *vt.* e *vi.* rubacchiare.
scrounger *s.* ladruncolo, scroccone.
scrub *s.* **1.** boscaglia **2.** povero diavolo (*fam.*).
to **scrub** *vt.* e *vi.* sfregare.
scrubby *agg.* esile, debole.
scruff *s.* nuca, collottola.
scruple *s.* scrupolo.
scrupolosity *s.* scrupolosità.
scrupulous *agg.* scrupoloso.
to **scrutinize** *vt.* scrutinare, esaminare.
scrutiny *s.* **1.** esame minuzioso **2.** scrutinio **3.** esame (*di una legge*).
scuffle *s.* zuffa, tafferuglio.
to **scuffle** *vi.* azzuffarsi.
scullery *s.* retrocucina || *— -boy, -maid,* sguattero, sguattera.
sculptor *s.* scultore.
sculptress *s.* scultrice.
sculptural *agg.* scultorio, statuario.

sculpture *s.* scultura.
to **sculpture** *vt.* e *vi.* scolpire.
scum *s.* **1.** schiuma, spuma **2.** feccia (*anche fig.*).
to **scum** *vt.* e *vi.* **1.** schiumare, far schiuma **2.** produrre feccia.
scummer *s.* schiumarola.
scurf *s.* **1.** squama, forfora **2.** incrostazioni (*pl.*).
scurrility *s.* scurrilità, volgarità.
scurrilous *agg.* scurrile, triviale.
to **scurry** *vi.* precipitarsi.
scurvy *agg.* spregevole, meschino.
scuttle[1] *s.* recipiente per carbone.
scuttle[2] *s.* **1.** (*mar.*) portellino **2.** botola.
scuttle[3] *s.* fuga precipitosa.
to **scuttle**[1] *vt.* produrre falle (*in una nave*).
to **scuttle**[2] *vi.* correre via precipitosamente.
sea *s.* mare || — *-bear*, orso polare; — *-biscuit*, galletta; — *calf*, foca; — *fight*, battaglia navale; — *food*, frutti di mare; — *front*, lungomare; — *quake*, maremoto; — *storm*, mareggiata.
seacoast *s.* costa, spiaggia.
seafarer *s.* navigante, navigatore.
seafaring *s.* viaggi per mare.
seahorse *s.* ippocampo.
seal[1] *s.* foca.
seal[2] *s.* **1.** sigillo, timbro **2.** (*fig.*) suggello, vincolo.
to **seal**[1] *vi.* andare a caccia di foche.
to **seal**[2] *vt.* **1.** sigillare **2.** suggellare || *to — one's fate*, decidere la propria sorte.
sealing *s.* suggellamento || — *-wax*, ceralacca.
seam *s.* **1.** cucitura **2.** sutura.
to **seam** *vt.* **1.** unire con cucitura **2.** rigare, segnare.
seamen *s. pl.* equipaggio (*di una nave*).
seamanship *s.* arte della navigazione.
seamless *agg.* senza cucitura.
seamstress *s.* cucitrice.
seaplane *s.* idrovolante.
seaport *s.* porto marittimo.
search *s.* **1.** ricerca, indagine **2.** perquisizione, visita doganale || — *warrant*, mandato di perquisizione.
to **search** *vt.* e *vi.* cercare, perlustrare, perquisire || *to — out*, rinvenire, scovare.
searcher *s.* ricercatore.
searching *agg.* indagatore, inquisitorio. ♦ **searching** *s.* **1.** ricerca, esame **2.** sondaggio.
searchlight *s.* riflettore.
seashore *s.* spiaggia, lido.
seasickness *s.* mal di mare.
seaside *s.* spiaggia, riva.
season *s.* stagione, epoca || — *bill* (*teat.*), cartellone; — *ticket*, abbonamento stagionale.
to **season** *vt.* **1.** stagionare **2.** acclimatare **3.** condire. ♦ to **season** *vi.* **1.** stagionarsi **2.** invecchiarsi (*di vino*).
seasonable *agg.* **1.** di stagione **2.** opportuno.
seasonal *agg.* stagionale.
seasoned *agg.* **1.** stagionato **2.** condito.
seasoning *s.* **1.** stagionatura **2.** condimento.
seat *s.* **1.** sedile, posto **2.** seggio **3.** sede.
to **seat** *vt.* **1.** mettere a sedere **2.** insediare, collocare.
seaward *agg.* che va verso il mare.
seaweed *s.* alga marina.
sebaceous *agg.* sebaceo.
secant *agg.* e *s.* secante.
to **secede** *vi.* separarsi, ritirarsi.
seceder *s.* secessionista, separatista.
secession *s.* secessione, scissione.
secessionism *s.* secessionismo.
to **seclude** *vt.* **1.** appartare, isolare **2.** rinchiudere.
secluded *agg.* appartato, isolato, solitario.
seclusion *s.* **1.** isolamento **2.** solitudine.
seclusive *agg.* che serve ad isolare.
second[1] *s.* minuto secondo.
second[2] *agg.* secondo.
secondary *agg.* secondario.
secrecy *s.* **1.** segretezza **2.** riserbo.
secret *agg.* **1.** segreto **2.** nascosto, intimo. ♦ **secret** *s.* segreto.
secretariat(e) *s.* **1.** segretariato **2.** segreteria.
secretary *s.* **1.** segretario **2.** ministro (*preposto ad un dicastero*).
to **secrete**[1] *vt.* secernere.
to **secrete**[2] *vt.* occultare, nascondere.
secretion *s.* secrezione.
secretly *avv.* **1.** segretamente **2.** in modo reticente.
sect *s.* setta.
sectarian *s.* settario.
sectarianism *s.* spirito di setta.
sectary *s.* settario.

section *s.* **1.** sezione, parte **2.** paragrafo **3.** regione, quartiere.
to **section** *vt.* sezionare.
sectional *agg.* **1.** parziale, di classe **2.** a sezioni.
sector *s.* settore.
secular *agg.* **1.** secolare **2.** laico **3.** mondano, profano. ♦ **secular** *s.* laico.
secularism *s.* secolarismo.
secularist *agg.* e *s.* laico.
to **secularize** *vt.* laicizzare.
secure *agg.* **1.** sicuro, certo **2.** salvo.
to **secure** *vt.* **1.** assicurare, salvaguardare **2.** (*giur.*; *comm.*) garantire **3.** mettere al sicuro.
security *s.* **1.** sicurezza, protezione **2.** certezza **3.** garanzia, cauzione. ♦ **securities** *s. pl.* titoli, valori.
sedan *s.* — (*-chair*), portantina.
sedate *agg.* **1.** posato, composto **2.** grave, serio.
sedative *agg.* e *s.* sedativo.
sedentary *agg.* e *s.* sedentario.
sediment *s.* sedimento.
sedimentary *agg.* sedimentario.
sedimentation *s.* sedimentazione.
sedition *s.* sedizione.
seditious *agg.* sedizioso.
to **seduce** *vt.* sedurre, corrompere.
seduction *s.* seduzione.
sedulous *agg.* assiduo.
to **see (saw, seen)** *vt.* e *vi.* **1.** vedere, scorgere **2.** capire, rendersi conto di **3.** esaminare, giudicare **4.** fare in modo che || *to — about*, assumersi l'incarico di; *to — off*, accompagnare (*alla partenza*); *to — over*, ispezionare; *to — through* (*fig.*), indovinare, penetrare.
see *s.* (*eccl.*) sede, diocesi.
seed *s.* **1.** seme, semenza **2.** (*fig.*) principio, germe **3.** stirpe.
seedy *agg.* pieno di semi.
to **seek (sought, sought)** *vt.* e *vi.* **1.** cercare, andare alla ricerca di **2.** ottenere **3.** chiedere, ricorrere a || *to — for sthg.*, ricercare qc.
seeker *s.* cercatore.
to **seem** *vi.* sembrare, apparire.
seeming *agg.* apparente, esteriore.
seemliness *s.* decenza, decoro.
seemly *agg.* decoroso, decente.
seen V. *to see.*
segment *s.* segmento, sezione.
segmentation *s.* segmentazione.
to **segregate** *vt.* segregare, separare. ♦ to **segregate** *vi.* separarsi, scindersi.
segregation *s.* segregazione.
seismograph *s.* sismografo.
seismologist *s.* sismologo.
seismology *s.* sismologia.
seizable *agg.* afferrabile.
to **seize** *vt.* e *vi.* **1.** afferrare, prendere **2.** capire, comprendere **3.** (*giur.*) avere in possesso, sequestrare.
seizing *s.* **1.** atto dell'afferrare **2.** conquista, cattura.
seizure *s.* **1.** (*giur.*) confisca, sequestro **2.** conquista, cattura.
seldom *avv.* raramente.
select *agg.* **1.** scelto, selezionato **2.** schizzinoso.
to **select** *vt.* selezionare.
selection *s.* selezione, scelta.
selective *agg.* selettivo.
selectivity *s.* selettività.
selector *s.* selettore.
self *s.* (*pl.* selves) l'io, l'individuo. ♦ **self** *agg.* **1.** della stessa materia **2.** uniforme.
self-conceit *s.* presunzione.
self-control *s.* autocontrollo.
self-defence *s.* legittima difesa.
self-denial *s.* abnegazione.
self-determination *s.* autodeterminazione.
self-educated *agg.* autodidatta.
self-examination *s.* esame di coscienza.
self-government *s.* (*pol.*) autogoverno.
self-help *s.* (*giur.*) legittima difesa.
selfish *agg.* egoistico.
selfishness *s.* egoismo.
self-portrait *s.* autoritratto.
sell *s.* (*fam.*) delusione.
to **sell (sold, sold)** *vt.* e *vi.* **1.** vendere **2.** (*fig.*) vendere, tradire || *to — off* (*comm.*), liquidare.
seller *s.* **1.** venditore **2.** articolo che si vende.
selling *s.* vendita, smercio || *— up*, vendita fallimentare.
selves V. *self.*
semantic *agg.* semantico.
semantics *s.* semantica.
semester *s.* semestre.
semi *prefisso* semi, mezzo, metà.
semicircle *s.* semicerchio.
semicircular *agg.* semicircolare.
semicolon *s.* punto e virgola.
semifinal *agg.* e *s.* semifinale.
seminar *s.* seminario (*d'università*).
seminarist *s.* seminarista.
seminary *s.* seminario.
semination *s.* semina.

Semite *agg.* e *s.* semita.
Semitic *agg.* semitico.
Semitism *s.* semitismo.
semitone *s.* semitono.
semivowel *s.* semivocale.
senate *s.* senato.
senator *s.* senatore.
senatorial *agg.* senatoriale.
to **send (sent, sent)** *vt.* e *vi.* mandare, inviare, spedire || *to — away*, congedare; *to — back*, rinviare; *to — for*, mandare a chiamare; *to — off*, inviare (*per lettera*); *to — out*, emettere.
sender *s.* **1.** mandante, mittente **2.** (*comm.*) spedizioniere **3.** (*radio, tv.*) emittente.
sending *s.* **1.** invio **2.** (*comm.*) spedizione **3.** (*radio, tv.*) trasmissione.
senescence *s.* senescenza.
senile *agg.* senile.
senility *s.* senilità.
senior *agg.* **1.** più vecchio, più anziano **2.** più ragguardevole, che ha più anzianità. ♦ **senior** *s.* **1.** decano, anziano **2.** il superiore.
seniority *s.* anzianità (*d'anni, di grado*).
sensation *s.* **1.** senso, sensazione **2.** colpo, impressione.
sensational *agg.* **1.** che dipende dai sensi **2.** sensazionale.
sense *s.* **1.** senso, sensazione, impressione **2.** conoscenza **3.** significato || *common —*, buon senso. ♦ **senses** *s. pl.* facoltà mentale (*sing.*).
senseful *agg.* significativo.
senseless *agg.* **1.** inanimato **2.** insensato.
sensibility *s.* **1.** sensibilità, sensitività **2.** emotività.
sensible *agg.* **1.** sensato, giudizioso **2.** percettibile **3.** notevole, considerevole **4.** consapevole.
sensibly *avv.* **1.** assennatamente **2.** percettibilmente.
sensism *s.* sensismo.
sensist *s.* sensista.
sensitive *agg.* **1.** sensitivo, sensibile **2.** suscettibile, impressionabile.
sensitively *avv.* sensibilmente.
sensitiveness *s.* **1.** sensibilità **2.** suscettibilità.
to **sensitize** *vt.* sensibilizzare.
sensitizer *s.* (*foto*) sensibilizzatore.
sensorial *agg.* sensorio.
sensory *agg.* sensoriale.
sensual *agg.* sensuale.
sensualism *s.* sensualismo.
sensuality *s.* sensualità.
sensually *avv.* sensualmente, voluttuosamente.
sensuous *agg.* sensoriale, voluttuoso.
sent V. *to send.*
sentence *s.* **1.** giudizio, sentenza **2.** (*gramm.*) frase || *to pass a —*, pronunciare una sentenza.
to **sentence** *vt.* giudicare, pronunciare una sentenza contro.
sententious *agg.* sentenzioso.
sententiously *avv.* sentenziosamente.
sentient *agg.* senziente, sensibile.
sentiment *s.* **1.** sentimento **2.** opinione, parere.
sentimental *agg.* sentimentale, romantico.
sentimentalism *s.* sentimentalismo.
sentimentalist *s.* persona sentimentale.
sentimentality *s.* sentimentalità.
sentinel *s.* sentinella, guardia.
sentry *s.* sentinella, guardia, scolta || *— box*, garitta.
separate *agg.* separato, staccato.
to **separate** *vt.* separare. ♦ to **separate** *vi.* separarsi.
separately *avv.* separatamente.
separation *s.* separazione, divisione.
separatism *s.* separatismo.
September *s.* settembre.
septicaemia *s.* setticemia.
septuagenarian *agg.* e *s.* settuagenario.
septuagenary *agg.* settuagenario.
septum *s.* (*pl.* -ta) diaframma.
sepulchral *agg.* sepolcrale.
sepulchre *s.* sepolcro.
sequacious *agg.* pedissequo, servile.
sequel *s.* **1.** conseguenza **2.** seguito.
sequence *s.* **1.** successione, sequela **2.** sequenza.
to **sequestrate** *vt.* sequestrare, confiscare.
sequestration *s.* sequestro, confisca.
sequin *s.* lustrino.
seraphic(al) *agg.* serafico.
serenade *s.* serenata.
serene *agg.* **1.** sereno, senza nubi **2.** calmo, tranquillo.
serenely *avv.* serenamente.
serenity *s.* **1.** serenità, limpidezza **2.** tranquillità.
sergeant *s.* **1.** sergente **2.** brigadiere.
serial *s.* romanzo a puntate, pubblicazione periodica.

serially *avv.* **1.** in serie **2.** periodicamente.
sericulture *s.* sericoltura.
sericulturist *s.* sericoltore.
series *s.* serie, successione.
serigraphy *s.* serigrafia.
serious *agg.* **1.** serio, pensieroso **2.** grave, importante.
seriousness *s.* **1.** serietà **2.** gravità.
sermon *s.* sermone, predica.
serotherapy *s.* sieroterapia.
serous *agg.* sieroso.
serpent *s.* serpente.
serum *s.* siero.
servant *s.* servo, servitore.
to **serve** *vt.* e *vi.* **1.** servire, essere al servizio di **2.** servire, essere utile **3.** essere sotto le armi **4.** (*giur.*) notificare (*di atti*) || *to — out*, distribuire.
server *s.* **1.** chi serve **2.** chierico **3.** vassoio.
service *s.* **1.** servizio (*anche militare*) **2.** servigio, favore **3.** funzione religiosa **4.** (*giur.*) notifica. ♦ **Services** *s. pl.* forze armate.
serviceable *agg.* utile, pratico.
serviette *s.* tovagliolo.
servile *agg.* servile.
servilism *s.* servilismo.
servility *s.* servilità.
serving *s.* **1.** il servire **2.** servizio (*di tavola*).
servitude *s.* servitù, schiavitù.
session *s.* sessione, seduta. ♦ **sessions** *s. pl.* (*giur.*) udienze.
set[1] *agg.* **1.** fermo, fisso **2.** stabilito, prestabilito **3.** studiato, preparato. ♦ **set** *s.* **1.** il solidificarsi **2.** forma, serie **3.** gruppo **4.** direzione, corso **5.** (*poet.*) tramonto **6.** serie completa, insieme: *a — of teeth*, una dentiera; *the complete — of Shakespeare's works*, la raccolta completa delle opere di Shakespeare.
to **set (set, set)** *vt.* e *vi.* **1.** mettere, porre, collocare **2.** sistemare, mettere a punto **3.** tramontare (*anche fig.*) || *to — about*, accingersi; *to — back*, impedire; *to — in*, incominciare; *to — out*, esporre; *to — up*, fissare, installare; *to — aside* (*giur.*), annullare; *to — off*, compensare.
set-back *s.* contrattempo.
set-down *s.* rimprovero.
set-off *s.* **1.** contrasto **2.** compensazione.
setting *s.* **1.** messa in opera, montaggio **2.** ambiente **3.** scenario, messa in scena **4.** incastonatura.
to **settle** *vt.* e *vi.* **1.** fissare, decidere, determinare **2.** saldare, liquidare (*conti, questioni ecc.*) **3.** sistemare, sistemarsi **4.** stabilire **5.** calmare, calmarsi **6.** depositare, depositarsi (*di sedimenti ecc.*) || *to — down*, stabilirsi (*in un luogo*).
settled *agg.* fissato, stabilito.
settlement *s.* **1.** determinazione **2.** saldo, liquidazione **3.** sistemazione **4.** lo stabilirsi (*in un luogo*) **5.** colonia, distretto **6.** (*giur.*) transazione || *financial —*, regolamento di conti.
settler *s.* **1.** chi decide **2.** colonizzatore.
settling *s.* **1.** stabilizzazione **2.** saldo, pagamento.
set-to *s.* zuffa.
setup *s.* disposizione, organizzazione.
seven *agg.* sette.
sevenfold *agg.* settuplo. ♦ **sevenfold** *avv.* sette volte tanto.
seventeen *agg.* diciassette.
seventeenth *agg.* diciassettesimo.
seventh *agg.* settimo.
seventieth *agg.* settantesimo.
seventy *agg.* settanta.
to **sever** *vt.* staccare, dividere. ♦ to **sever** *vi.* staccarsi, dividersi.
several *agg.* **1.** parecchi, diversi (*pl.*) **2.** separato, distinto. ♦ **several** *pron.* alcuni, diversi (*pl.*) || *— of them*, alcuni di loro.
severally *avv.* separatamente, individualmente.
severe *agg.* **1.** severo, austero **2.** violento, forte **3.** rigido (*di clima*).
severely *avv.* **1.** severamente **2.** violentemente.
severity *s.* **1.** severità, durezza **2.** violenza.
to **sew (sewed, sewn)** *vt.* e *vi.* cucire.
sewage *s.* acque di scolatura.
sewer[1] *s.* chi cuce, cucitrice.
sewer[2] *s.* **1.** canale artificiale di drenaggio **2.** fogna.
sewing *s.* **1.** il cucire **2.** lavoro di cucito.
sewn V. *to sew.*
sex *s.* sesso.
sexagenarian *agg.* e *s.* sessagenario.
sextet(te) *s.* sestetto.
sexton *s.* sagrestano.
sextuple *agg.* e *s.* sestuplo.
sexual *agg.* sessuale.

shabbiness *s.* **1.** l'essere male in arnese **2.** meschinità.
shabby *agg.* **1.** male in arnese, cencioso **2.** meschino, gretto.
shackles *s. pl.* **1.** manette, ceppi **2.** (*fig.*) impedimenti.
shade *s.* **1.** ombra (*anche fig.*) **2.** sfumatura (*di colore, significato ecc.*) **3.** spirito, ombra **4.** schermo, riparo || *eye-* —, visiera.
to **shade** *vt.* e *vi.* **1.** ombreggiare, riparare (*da luce, calore*) **2.** velare, oscurare (*anche fig.*).
shadiness *s.* ombrosità.
shading *s.* **1.** l'ombreggiare **2.** ombreggiatura, sfumatura.
shadow *s.* ombra (*anche fig.*). ♦ **shadows** *s. pl.* oscurità.
to **shadow** *vt.* pedinare, seguire come un'ombra.
shadowy *agg.* **1.** ombroso, ombreggiato **2.** indistinto, vago.
shady *agg.* ombreggiato, all'ombra.
shaft[1] *s.* **1.** lancia, giavellotto **2.** fulmine **3.** gambo, stelo **4.** asta, bastone **5.** (*mecc.*) albero.
shaft[2] *s.* sfiatatoio, condotto.
shaggy *agg.* **1.** ispido, irsuto **2.** peloso (*di tessuto*) **3.** incolto.
Shah *s.* scià.
shake *s.* **1.** scossa, scuotimento **2.** tremore, tremito **3.** frullato.
to **shake (shook, shaken)** *vt.* e *vi.* **1.** scuotere, agitare (*liquidi*) **2.** tremare, far tremare **3.** turbare **4.** indebolire.
shakily *avv.* instabilmente.
shaking *agg.* tremante, vacillante. ♦ **shaking** *s.* scossa, scuotimento.
shaky *agg.* **1.** instabile, tremolante **2.** malsicuro.
shall *v. dif.* **1.** (*aus. per le prime pers. del fut. predicente*) *I — go to England next summer*, andrò in Inghilterra l'estate prossima; *we — work next week*, lavoreremo la prossima settimana **2.** (*aus. per le seconde e terze pers. del fut. volitivo*) *you — go to bed!*, andrai a letto! **3.** dovere: *you — wait for me*, devi aspettarmi.
shallow *agg.* **1.** poco profondo, basso **2.** (*fig.*) superficiale.
sham *s.* **1.** finta, inganno **2.** ipocrita.
shaman *s.* sciamano.
shambles *s. pl.* **1.** mattatoio (*sing.*) **2.** carneficina (*sing.*).
shame *s.* **1.** vergogna, pudore **2.** disonore.
to **shame** *vt.* **1.** svergognare, far arrossire **2.** disonorare.
shamefaced *agg.* **1.** vergognoso **2.** timido.
shameful *agg.* vergognoso, disonorevole.
shameless *agg.* svergognato, sfacciato.
shamelessly *avv.* sfacciatamente.
shank *s.* **1.** gamba, stinco **2.** gambo, stelo **3.** fusto (*di colonna*) || *—-bone*, tibia.
shape *s.* forma, figura.
to **shape** *vt.* e *vi.* creare, dar forma a.
shapeless *agg.* informe.
shapely *agg.* ben fatto.
share *s.* **1.** parte, porzione **2.** (*comm.*) azione, titolo.
to **share** *vt.* dividere, spartire. ♦ to **share** *vi.* partecipare, condividere.
shareholder *s.* azionista.
share-out *s.* distribuzione.
shark *s.* **1.** squalo, pescecane **2.** (*fig.*) profittatore.
sharp *agg.* **1.** tagliente, affilato **2.** aguzzo **3.** scosceso, ripido **4.** netto, chiaro **5.** intelligente, acuto.
sharp *avv.* puntualmente, in punto.
to **sharpen** *vt.* **1.** affilare, aguzzare **2.** (*fig.*) rendere più acuto.
sharper *s.* imbroglione.
sharply *avv.* acutamente.
sharpness *s.* **1.** filo, affilatura **2.** acutezza **3.** vivacità, intelligenza.
sharp-sighted *agg.* dalla vista acuta.
to **shatter** *vt.* frantumare. ♦ to **shatter** *vi.* frantumarsi.
shattering *s.* disintegrazione.
shave[1] *s.* il radersi, rasatura.
shave[2] *s.* pialla.
to **shave**[1] *vt.* radere. ♦ to **shave** *vi.* radersi.
to **shave**[2] *vt.* piallare.
shaven *agg.* **1.** rasato **2.** (*eccl.*) tonsurato.
shaving *s.* **1.** il radersi **2.** truciolo.
shawl *s.* scialle.
she *pron. pers. f.* ella, lei, colei. ♦ **she** *attr. indicante il sesso degli animali*: *a — -bear*, un'orsa.
sheaf *s.* (*pl.* sheaves) **1.** fascio, covone **2.** (*geom.*) fascio (*di rette ecc.*).
to **shear (sheared, shorn)** *vt.* **1.** cesoiare, tranciare **2.** tosare.

shearing *s.* recisione, taglio.
shears *s. pl.* cesoie, forbici.
sheath *s.* guaina, fodero.
to **sheathe** *vt.* **1.** mettere nel fodero **2.** rivestire di.
sheaves V. *sheaf.*
to **shed (shed, shed)** *vt.* **1.** versare, spandere **2.** lasciar cadere.
shed *s.* tettoia, capannone.
shedding *s.* **1.** spargimento **2.** perdita, caduta (*di foglie ecc.*).
sheen *s.* splendore, lucentezza.
sheep *s.* (*anche pl.*) **1.** pecora, ovino **2.** (*fig.*) persona debole, timorosa.
sheepish *agg.* timido, impacciato.
sheepskin *s.* **1.** pelle di pecora **2.** cartapecora.
sheer[1] *agg.* **1.** puro, semplice, mero **2.** liscio, non diluito (*di bevande*).
sheer[2] *s.* virata, cambiamento di rotta.
sheet *s.* **1.** lenzuolo **2.** foglio **3.** lamina, lamiera.
sheik(h) *s.* sceicco.
shelf *s.* (*pl.* shelves) mensola, scaffale.
shell *s.* **1.** conchiglia, guscio **2.** involucro, carcassa **3.** bossolo (*di cartuccia*) **4.** (*fig.*) apparenza.
to **shell** *vt.* e *vi.* sgusciare, sgranare.
shelter *s.* **1.** riparo, rifugio **2.** pensilina.
to **shelter** *vt.* riparare. ♦ to **shelter** *vi.* ripararsi.
to **shelve** *vt.* **1.** provvedere di scaffali **2.** mettere negli scaffali.
shelves V. *shelf.*
shelving *s.* scaffalatura.
shepherd *s.* pastore, pecoraio.
sherbet *s.* sorbetto.
shield *s.* **1.** scudo **2.** (*fig.*) protezione.
to **shield** *vt.* proteggere, difendere.
shift *s.* **1.** cambiamento, sostituzione **2.** risorsa, espediente **3.** turno (*di lavoro*).
to **shift** *vt.* **1.** spostare **2.** cambiare. ♦ to **shift** *vi.* **1.** spostarsi **2.** arrangiarsi.
shilling *s.* scellino.
to **shilly-shally** *vi.* tentennare.
to **shimmer** *vi.* luccicare, mandare bagliori.
to **shine (shone, shone)** *vt.* e *vi.* **1.** splendere, brillare (*anche fig.*) **2.** essere brillante.
shine *s.* **1.** splendore, luminosità **2.** luce del sole.
Shintoist *s.* scintoista.
shiny *agg.* splendente, rilucente.
ship *s.* nave, bastimento || *convoy-* —, nave scorta; *flag-* —, nave ammiraglia; *landing-* —, nave da sbarco.
to **ship** *vt.* **1.** imbarcare **2.** (*comm.*) spedire. ♦ to **ship** *vi.* imbarcarsi.
shipboard *s.* bordo.
shipboy *s.* mozzo.
shipbuilder *s.* costruttore navale.
shipmate *s.* compagno di bordo.
shipment *s.* imbarco, spedizione di merci.
shipping *s.* **1.** forze navali (*pl.*) **2.** imbarco, spedizione.
shipwreck *s.* naufragio.
to **shipwreck** *vi.* naufragare.
shipyard *s.* cantiere navale.
shirker *s.* scansafatiche.
shirt *s.* camicia (*da uomo*).
shiver[1] *s.* scheggia.
shiver[2] *s.* brivido, fremito.
to **shiver**[1] *vt.* frantumare. ♦ to **shiver** *vi.* frantumarsi.
to **shiver**[2] *vt.* e *vi.* rabbrividire, tremare.
shivering *s.* V. *shiver.*
shivery *agg.* **1.** fragile **2.** tremante.
shoal[1] *s.* secca, bassofondo.
shoal[2] *s.* banco (*di pesci*).
shock *s.* **1.** urto, collisione **2.** forte impressione, violenta emozione.
to **shock** *vt.* **1.** colpire, disgustare **2.** provocare un collasso. ♦ to **shock** *vi.* **1.** scandalizzarsi **2.** scontrarsi.
shocking *agg.* **1.** che colpisce **2.** disgustoso.
shoe *s.* scarpa, calzatura || *horse-* —, ferro di cavallo.
shoeblack *s.* lustrascarpe.
shoemaker *s.* calzolaio.
shoe-string *s.* laccio (*da scarpe*).
shone V. *to shine.*
shook V. *to shake.*
shoot *s.* **1.** spedizione di caccia **2.** virgulto **3.** puntura, fitta.
to **shoot (shot, shot)** *vt.* e *vi.* **1.** lanciare **2.** sparare, uccidere sparando **3.** cacciare **4.** fare un'istantanea.
shooter *s.* cacciatore.
shooting *s.* **1.** tiro, sparo **2.** caccia **3.** il fotografare, il girare un film.
shop *s.* **1.** bottega, negozio **2.** officina, laboratorio || — *-assistant*, commesso; — *-book*, libro dei conti; — *-lifter*, taccheggiatore; — *-window*, vetrina.

shopkeeper *s.* negoziante.
shopman *s.* commesso di negozio.
shopping *s.* compere, acquisti (*pl.*).
shore *s.* spiaggia, lido.
shorn V. *to shear.*
short *agg.* **1.** corto, breve **2.** basso, piccolo (*di statura*) **3.** conciso **4.** brusco, rude. ♦ **short** *s.* **1.** compendio **2.** (*cine*) cortometraggio.
short *avv.* **1.** bruscamente, improvvisamente **2.** (*comm.*) allo scoperto.
shortage *s.* mancanza, carenza.
short-circuit *s.* corto circuito.
short-cut *s.* scorciatoia.
short-dated *agg.* (*comm.*) a breve scadenza.
to **shorten** *vt.* accorciare, abbreviare.
shortening *s.* accorciamento, abbreviazione.
shorthand *s.* stenografia.
shortly *avv.* **1.** fra breve **2.** brevemente.
shortness *s.* brevità.
short-sighted *agg.* miope.
shot[1] V. *to shoot.*
shot[2] *s.* **1.** sparo, colpo **2.** proiettile **3.** ripresa cinematografica.
shotgun *s.* fucile da caccia.
should *s. dif.* **1.** (*aus. per le prime pers. del condiz.*) *I — be very happy,* sarei felicissimo **2.** dovere: *it — be so,* dovrebbe essere così.
shoulder *s.* spalla.
to **shoulder** *vt.* e *vi.* **1.** spingere con le spalle **2.** portare sulle spalle.
shout *s.* grido, chiasso.
to **shout** *vt.* e *vi.* gridare, urlare.
shove *s.* spinta, urto.
to **shove** *vt.* spingere. ♦ to **shove** *vi.* spingersi.
shovel *s.* pala.
to **shovel** *vt.* spalare.
shoveller *s.* spalatore.
show *s.* **1.** mostra, esibizione **2.** apparenza **3.** pompa, ostentazione || *— case,* bacheca; *— down,* chiarificazione; *— -off,* esibizionismo.
to **show (showed, shown)** *vt.* e *vi.* **1.** mostrare, far vedere **2.** rappresentare, indicare **3.** dimostrare, provare **4.** apparire, farsi vedere || *to — down,* mettere le carte in tavola; *to — off,* darsi delle arie.
shower *s.* acquazzone, rovescio.
showman *s.* presentatore.
shown V. *to show.*
showy *agg.* fastoso, appariscente.
shrank V. *to shrink.*
shred *s.* brandello, frammento.
shrew *s.* bisbetica.
shrewd *agg.* sagace, accorto.
shrewdly *avv.* sagacemente.
shrewdness *s.* sagacia, accortezza.
shrewish *agg.* brontolone.
shriek *s.* grido, strillo, suono lacerante.
to **shriek** *vt.* e *vi.* gridare, stridere.
shrill *agg.* stridulo, acuto.
to **shrill** *vt.* e *vi.* strillare, stridere.
shrimp *s.* gamberetto.
shrine *s.* reliquiario.
shrink *s.* restringimento.
to **shrink (shrank, shrunk)** *vt.* e *vi.* **1.** restringere, restringersi, contrarre **2.** indietreggiare.
shrinkable *agg.* restringibile.
shrinkage *s.* **1.** diminuzione, restringimento **2.** (*comm.*) deprezzamento.
shrinking *s.* contrazione, ritiro.
shroud *s.* sudario.
shrub *s.* arbusto, cespuglio.
shrubbery *s.* boscaglia d'arbusti.
shrug *s.* spallucciata.
to **shrug** *vi.* alzare le spalle.
shrunk V. *to shrink.*
shudder *s.* brivido.
to **shudder** *vi.* rabbrividire.
shuffle *s.* **1.** passo strascicato **2.** scompiglio **3.** il mescolare (*le carte*).
to **shuffle** *vt.* e *vi.* **1.** muoversi a fatica **2.** mescolare, scompigliare.
to **shun** *vt.* sfuggire, scansare.
shunt *s.* **1.** (*elett.*) derivazione **2.** (*ferr.*) scambio.
to **shunt** *vt.* e *vi.* **1.** (*elett.*) inserire in derivazione **2.** (*ferr.*) smistare, smistarsi.
shut *agg.* ben chiuso.
to **shut (shut, shut)** *vt.* e *vi.* chiudere, serrare || *shut up!,* tacil
shutter *s.* imposta, persiana.
shuttle *s.* spola, navetta.
shy *agg.* riservato, timido.
to **shy** *vt.* spaventare. ♦ to **shy** *vi.* scartare (*di cavallo*).
shyly *avv.* timidamente.
shyness *s.* timidezza, scontrosità.
Siberian *agg.* e *s.* siberiano.
sibilant *agg.* e *s.* sibilante.
Sibylline *agg.* sibillino.
Sicilian *agg.* e *s.* siciliano.
sick *agg.* **1.** ammalato **2.** nauseato || *to fall —,* ammalarsi.

to **sicken** *vt.* e *vi.* **1.** far ammalare, ammalarsi **2.** sfiorire **3.** sentir nausea.
sickening *agg.* nauseabondo, rivoltante.
sickle *s.* falce.
sickly *agg.* **1.** malaticcio **2.** pallido, debole **3.** nauseante.
sickness *s.* malattia.
side *s.* **1.** lato, fianco **2.** parte, partito, fazione **3.** discendenza || — *-door*, porta laterale; — *-face*, profilo; — *-look*, occhiata in tralice; — *-note*, nota marginale; — *-post*, stipite.
sideboard *s.* credenza.
sidecar *s.* motocarrozzetta.
sidelong *agg.* laterale, obliquo.
sidereal *agg.* sidereo.
sideways *avv.* lateralmente, obliquamente.
to **sidle** *vi.* camminare di fianco, andare a sghembo || *to — up to so.*, avvicinarsi furtivamente a qu.
siege *s.* assedio.
sieve *s.* setaccio, crivello.
to **sieve** *vt.* setacciare, crivellare.
to **sift** *vt.* e *vi.* setacciare **2.** filtrare (*di luce, polvere ecc.*).
sigh *s.* sospiro.
to **sigh** *vt.* e *vi.* **1.** sospirare **2.** sibilare.
sight *s.* **1.** vista, visione **2.** veduta, panorama **3.** colpo d'occhio **4.** mirino.
to **sight** *vt.* e *vi.* **1.** avvistare **2.** prendere la mira.
sighted *agg.* **1.** fornito di vista || *long-* —, presbite; *short-* —, miope.
sightless *agg.* senza vista.
sign *s.* **1.** segno, cenno **2.** indicazione, traccia || *traffic* —, segnale stradale.
to **sign** *vt.* e *vi.* firmare, segnare, sottoscrivere.
signal *s.* segnale, segno.
to **signal** *vt.* segnalare. ♦ to **signal** *vi.* far segnali.
signalman *s.* segnalatore.
signatory *s.* firmatario.
signature *s.* **1.** firma, sigla **2.** (*tip.*) segnatura.
signboard *s.* insegna (*di albergo, negozio ecc.*).
significant *agg.* espressivo, significativo.
to **signify** *vt.* e *vi.* **1.** significare, voler dire **2.** denotare, indicare, presagire **3.** importare.
silence *s.* silenzio.
to **silence** *vt.* far tacere, imporre il silenzio.
silencer *s.* silenziatore.
silent *agg.* **1.** silenzioso, taciturno **2.** muto.
silently *avv.* silenziosamente.
silhouette *s.* profilo, contorno.
silica *s.* silice.
silicate *s.* silicato.
silicon *s.* silicio.
silicosis *s.* silicosi.
silk *s.* seta.
silken *agg.* serico, di seta.
silkworm *s.* baco da seta || — *breeding*, sericoltura.
silky *agg.* di seta, serico.
sill *s.* basamento, soglia.
silliness *s.* stupidità, sciocchezza.
silly *agg.* sciocco, stupido.
to **silo** *vt.* conservare, mettere in silo.
silt *s.* melma.
silver *s.* argento, argenteria || — *-plate*, argenteria; — *-plating*, argentatura || *quick* —, mercurio.
to **silver** *vt.* inargentare. ♦ to **silver** *vi.* inargentarsi.
silverware *s.* oggetti d'argento.
silvery *agg.* argenteo.
similar *agg.* simile, analogo.
similarity *s.* somiglianza, similitudine.
similitude *s.* **1.** similitudine **2.** somiglianza.
simoniac *agg.* e *s.* simoniaco.
simony *s.* simonia.
to **simper** *vi.* parlare in modo affettato.
simple *agg.* **1.** semplice, elementare **2.** sincero **3.** autentico.
simpleton *s.* sempliciotto.
simplicity *s.* semplicità, candore.
simplification *s.* semplificazione.
to **simplify** *vt.* semplificare.
simply *avv.* semplicemente.
simulation *s.* simulazione.
simulator *s.* simulatore.
simultaneity *s.* simultaneità.
simultaneous *agg.* simultaneo.
sin *s.* **1.** peccato, colpa **2.** offesa.
to **sin** *vi.* peccare.
since *avv.* da allora, da allora in poi || *long* —, molto tempo fa. ♦ **since** *cong.* **1.** da quando **2.** poiché. ♦ **since** *prep.* da, fin da.
sincere *agg.* sincero, schietto.
sincerely *avv.* sinceramente || *yours* —, cordialmente vostro (*nelle lettere*).

sincerity *s.* sincerità.
sinew *s.* **1.** tendine, nervo **2.** (*fig.*) vigore, nerbo.
sinful *agg.* peccaminoso, colpevole.
sinfully *avv.* peccaminosamente.
to **sing (sang, sung)** *vt.* e *vi.* cantare.
to **singe** *vt.* bruciacchiare, strinare (*anche fig.*). ♦ to **singe** *vi.* bruciarsi.
singer *s.* cantante.
singing *s.* **1.** canto **2.** fischio (*del vento ecc.*).
single *agg.* **1.** solo, unico **2.** individuale, particolare **3.** celibe || *every — day,* tutti i giorni.
to **single** *vt.* distinguere, scegliere: *to — out sthg.,* scegliere qc.
singleness *s.* **1.** unicità **2.** sincerità.
singly *avv.* **1.** separatamente, ad uno ad uno **2.** da solo, senza aiuto.
singsong *s.* cantilena, canto monotono.
singular *agg.* **1.** singolare, solo **2.** eccezionale **3.** bizzarro, strano.
singularity *s.* **1.** singolarità, rarità **2.** particolarità **3.** stranezza.
singularly *avv.* singolarmente.
sinister *agg.* sinistro, funesto, di cattivo augurio.
sink *s.* **1.** lavandino, acquaio **2.** scolo.
to **sink (sank, sunk)** *vi.* **1.** affondare, andare a fondo **2.** sprofondare **3.** abbassare, abbassarsi, calare **4.** cadere, cedere (*di terreno, muro ecc.*).
sinner *s.* peccatore.
sinuous *agg.* sinuoso.
sinus *s.* **1.** cavità **2.** seno.
sip *s.* sorso.
to **sip** *vt.* e *vi.* sorseggiare.
siphon *s.* sifone.
sir *s.* **1.** (*vocativo*) signore **2.** « sir » (*titolo*).
siren *s.* sirena.
siroc *s.* scirocco.
sirup *s.* sciroppo.
sister *s.* **1.** sorella **2.** suora || *—-in--law,* cognata.
sisterhood *s.* congregazione religiosa di suore.
sisterly *avv.* da sorella, amorevolmente.
to **sit (sat, sat)** *vt.* e *vi.* **1.** sedere, stare seduto, far sedere **2.** essere in seduta **3.** appollaiarsi, posare **4.** covare || *to — out,* rimanere fino alla fine; *to — up,* rimanere alzato.
site *s.* area fabbricabile.
sitting *s.* **1.** posa, seduta **2.** adunanza || *—-room,* stanza di soggiorno. ♦ **sittings** *s. pl.* sessioni (*di una Corte*).
situated *agg.* **1.** situato, collocato **2.** in una certa situazione (*di persona*).
situation *s.* **1.** situazione, posizione **2.** stato, circostanza **3.** posto, impiego: *to apply for a —,* fare una domanda di impiego.
six *agg.* sei.
sixfold *agg.* sestuplo. ♦ **sixfold** *avv.* sei volte tanto.
sixpence *s.* moneta da sei « pence », mezzo scellino.
sixpenny *agg.* del valore di sei « pence ».
sixteen *agg.* sedici.
sixteenth *agg.* sedicesimo.
sixth *agg.* sesto.
sixtieth *agg.* sessantesimo.
sixty *agg.* sessanta.
size *s.* **1.** grandezza, misura, dimensione **2.** formato, taglia **3.** colla.
to **size** *vt.* allineare || *to — up,* valutare.
sizzle *s.* sfrigolio.
skate *s.* pattino || *roller —,* pattino a rotelle.
to **skate** *vi.* pattinare.
skating *s.* pattinaggio.
skein *s.* matassa.
skeleton *s.* scheletro (*anche fig.*).
to **skeletonize** *vt.* scheletrire. ♦ to **skeletonize** *vi.* scheletrirsi (*anche fig.*).
skeptic *agg.* e *s.* scettico.
skeptical *agg.* scettico.
skepticism *s.* scetticismo.
sketch *s.* **1.** schizzo, abbozzo **2.** scenetta.
to **sketch** *vt.* abbozzare, schizzare.
skewness *s.* asimmetria.
ski *s.* sci || *—-lift,* sciovia.
to **ski** *vi.* sciare.
skier *s.* sciatore.
skiff *s.* (*mar.*) schifo.
skilful *agg.* abile, esperto.
skilfully *avv.* abilmente.
skilfulness *s.* abilità.
skill *s.* abilità, destrezza.
skilled *agg.* esperto, abile, versato || *— worker,* operaio specializzato.
to **skim** *vt.* e *vi.* **1.** schiumare, scremare **2.** rasentare, sfiorare.
skimmer *s.* schiumarola.

skimming *s.* scrematura.
skin *s.* pelle, cute.
to **skin** *vt.* e *vi.* scuoiare || *to — over,* rimarginarsi (*di ferite*).
skinny *agg.* magro, scarno.
to **skip** *vt.* e *vi.* fare un balzo, saltare alla corda || *to — a few pages,* saltare qualche pagina.
skirmish *s.* scaramuccia.
skirt *s.* **1.** sottana, gonna **2.** orlo, lembo.
to **skirt** *vt.* e *vi.* orlare, costeggiare.
skittish *agg.* capriccioso, frivolo.
skittles *s. pl.* birilli.
skull *s.* cranio, teschio || *— -cap,* papalina.
sky *s.* cielo, firmamento.
skylark *s.* allodola.
skylight *s.* lucernario.
skyline *s.* linea, profilo (*di montagne ecc.*).
skyman *s.* paracadutista.
skyscraper *s.* grattacielo.
skyward *agg.* e *avv.* verso il cielo.
slab *s.* **1.** lastra, piastra **2.** pezzo, fetta.
slack *agg.* **1.** molle, allentato **2.** debole, fiacco **3.** (*comm.*) calmo, stagnante, debole. ♦ **slack** *s.* (*comm.*) stagione morta.
to **slacken** *vt.* **1.** allentare, mollare **2.** diminuire. ♦ to **slacken** *vi.* **1.** allentarsi **2.** smorzarsi.
slacker *s.* fannullone.
slain V. *to slay.*
slam *s.* sbatacchiamento.
to **slam** *vt.* sbattere, chiudere violentemente. ♦ to **slam** *vi.* chiudersi violentemente.
slander *s.* **1.** calunnia **2.** (*giur.*) diffamazione.
to **slander** *vt.* **1.** calunniare **2.** (*giur.*) diffamare.
slanderer *s.* **1.** calunniatore **2.** (*giur.*) diffamatore.
slanderous *agg.* calunnioso, maldicente.
slang *s.* gergo.
slant *s.* pendenza, inclinazione.
to **slant** *vt.* e *vi.* essere in pendenza, inclinare.
slanting *agg.* inclinato, obliquo, sghembo.
slap *s.* schiaffo, ceffone.
to **slap** *vt.* **1.** schiaffeggiare **2.** sbattere.
slash *s.* **1.** taglio, sfregio **2.** frustata.
to **slash** *vt.* tagliare, fendere.
slate *s.* ardesia, tegola d'ardesia.
slaughter *s.* **1.** macello **2.** carneficina, massacro.
to **slaughter** *vt.* **1.** macellare **2.** massacrare.
slaughterer *s.* **1.** macellatore **2.** massacratore.
slaughterhouse *s.* mattatoio.
Slav *agg.* e *s.* slavo.
slave *s.* schiavo.
slaver[1] *s.* schiavista.
slaver[2] *s.* saliva, bava.
slavery *s.* schiavitù.
to **slay (slew, slain)** *vt.* ammazzare.
sleek *agg.* lucido, levigato.
sleep *s.* sonno, dormita || *— walker,* sonnambulo.
to **sleep (slept, slept)** *vt.* e *vi.* **1.** dormire, riposare **2.** passare la notte.
sleeper *s.* **1.** dormiente, dormiglione **2.** (*ferr.*) traversina **3.** (*ferr.*) vettura letto.
sleepily *avv.* con aria assonnata.
sleeping *agg.* dormiente, addormentato || *— bag,* sacco a pelo; *— -berth,* cuccetta; *— -car,* vagone letto; *— -draught,* sonnifero.
sleepless *agg.* insonne.
sleeplessness *s.* insonnia.
sleepy *agg.* assonnato, sonnolento.
sleet *s.* nevischio.
sleeve *s.* manica.
sleeved *agg.* con maniche.
sleigh *s.* slitta.
slender *agg.* **1.** magro, snello **2.** debole, fiacco.
slenderness *s.* **1.** snellezza, magrezza **2.** debolezza.
slept V. *to sleep.*
slew V. *to slay.*
slice *s.* pezzo, fetta, porzione.
to **slice** *vt.* affettare.
slicer *s.* affettatrice.
slid V. *to slide.*
slide *s.* **1.** scivolata **2.** pendenza **3.** scivolo **4.** (*mecc.*) carrello, pattino.
to **slide (slid, slid)** *vt.* e *vi.* **1.** scivolare, far scivolare, scorrere, far scorrere **2.** sfuggire.
sliding *agg.* scorrevole.
slight *agg.* **1.** esile, minuto, magro **2.** leggero, scarso.
slim *agg.* **1.** magro, sottile **2.** debole.
slime *s.* melma, limo.
slimy *agg.* fangoso, viscoso.
sling[1] *s.* fionda.

sling[2] *s.* cinghia.
to **sling**[1] **(slung, slung)** *vt.* scagliare con la fionda.
to **sling**[2] *vt.* sospendere, appendere.
to **slink (slunk, slunk)** *vi.* sgattaiolare.
slip[1] *s.* **1.** innesto **2.** (*tip.*) bozza in colonna.
slip[2] *s.* **1.** scalo, molo **2.** guinzaglio **3.** sottoveste **4.** scivolone **5.** papera, lapsus.
to **slip** *vt.* e *vi.* **1.** scivolare, inciampare **2.** entrare, uscire furtivamente **3.** sgusciare, liberarsi || *to — away,* scorrere (*di tempo*).
slipper *s.* pantofola.
slippery *agg.* sdrucciolevole, viscido (*anche fig.*).
slipshod *agg.* **1.** scalcagnato **2.** trasandato.
slit *s.* fessura, fenditura.
to **slit (slit, slit)** *vt.* fendere.
slope *s.* pendenza, pendio.
to **slope** *vi.* essere in pendenza, inclinarsi.
sloping *agg.* inclinato, obliquo.
slot *s.* fessura, scanalatura || *— -machine,* distributore automatico a gettoni.
sloth *s.* pigrizia, indolenza.
slothful *agg.* pigro, indolente.
slouch *s.* andatura dinoccolata.
slouching *agg.* dinoccolato, goffo.
slovenliness *s.* sciatteria, sporcizia.
slovenly *agg.* sciatto, sudicio.
slow *agg.* **1.** lento **2.** tardo, ottuso || *— -down,* rallentamento; *— -match,* miccia.
to **slow** *vt.* e *vi.* *to — up* o *down,* rallentare.
slowly *avv.* lentamente.
slowness *s.* lentezza, pigrizia.
sluggish *agg.* pigro, tardo, indolente.
sluggishness *s.* pigrizia, indolenza.
slum *s.* vicolo, tugurio. ♦ **slums** *s. pl.* quartieri poveri (*di una città*).
slumber *s.* dormiveglia, assopimento.
to **slumber** *vt.* e *vi.* dormire, dormicchiare.
slung V. *to sling.*
slunk V. *to slink.*
slush *s.* poltiglia, fango.
sly *agg.* **1.** astuto, malizioso **2.** infido.
smack *s.* **1.** sapore, aroma **2.** schiocco **3.** schiaffo.
to **smack** *vt.* e *vi.* **1.** schioccare **2.** schioccare baci **3.** schiaffeggiare.
small *agg.* **1.** piccolo, minuto **2.** leggero, debole **3.** poco, scarso **4.** di poca importanza.
small-arms *s. pl.* armi portatili.
smallness *s.* piccolezza.
smallpox *s.* vaiolo.
smart *agg.* **1.** acuto, pungente **2.** vivace, sveglio **3.** elegante.
to **smarten** *vt.* e *vi.* abbellire || *to — up,* rianimarsi, farsi bello.
smartness *s.* **1.** acutezza, vivacità, brio **2.** eleganza.
smash *s.* **1.** urto, scontro **2.** rovina.
to **smash** *vt.* **1.** frantumare, fracassare **2.** sconfiggere, annientare. ♦ to **smash** *vi.* **1.** frantumarsi **2.** sfasciarsi **3.** crollare.
smasher *s.* **1.** chi frantuma **2.** (*fam.*) caso eccezionale.
smear *s.* macchia, imbrattatura.
to **smear** *vt.* macchiare, imbrattare.
smell *s.* **1.** odorato, olfatto **2.** odore.
to **smell (smelt, smelt)** *vt.* e *vi.* **1.** fiutare, sentire l'odore **2.** avere odore || *to — of,* sapere di; *to — out,* scovare.
smile *s.* sorriso.
to **smile** *vt.* e *vi.* sorridere || *fortune smiled on you,* la fortuna ti fu favorevole.
smiling *agg.* sorridente, sereno.
smirch *s.* onta, macchia.
to **smite (smote, smitten)** *vt.* e *vi.* **1.** colpire, percuotere **2.** sconfiggere, sgominare || *to — down,* abbattere.
smith *s.* fabbro.
smitten V. *to smite.*
smoke *s.* **1.** fumo **2.** fumata || *— -stack,* fumaiolo.
to **smoke** *vt.* e *vi.* **1.** fumare **2.** affumicare.
smoker *s.* fumatore, fumatrice.
smoking *s.* il fumare. ♦ **smoking** *agg.* fumante.
smoky *agg.* **1.** fumoso **2.** affumicato, annerito dal fumo **3.** che sa di fumo.
smooth *agg.* **1.** liscio, levigato **2.** omogeneo **3.** armonioso (*di suono*) **4.** mellifluo **5.** calmo, tranquillo (*di mare*).
to **smooth** *vt.* **1.** lisciare, spianare **2.** appianare.
smoothing *s.* lisciatura, spianatura.
smoothly *avv.* **1.** pianamente **2.** armonicamente **3.** in modo mellifluo.
smoothness *s.* **1.** levigatezza **2.** armonia (*di verso, suono*) **3.** affabi-

lità.
smote V. *to smite.*
to **smother** *vt.* e *vi.* **1.** soffocare, opprimere **2.** ricoprire.
to **smoulder** *vi.* ardere sotto la cenere.
to **smuggle** *vt.* e *vi.* contrabbandare.
smuggler *s.* contrabbandiere.
smuggling *s.* contrabbando.
smut *s.* fuliggine.
snack *s.* **1.** boccone, porzione **2.** spuntino || — *-bar,* tavola calda.
snail *s.* chiocciola, lumaca.
snake *s.* serpente.
snakily *avv.* **1.** tortuosamente **2.** (*fig.*) slealmente.
snaky *agg.* serpentino.
snap *s.* **1.** colpo secco, morso, schiocco **2.** scatto **3.** fermaglio, fibbia.
to **snap** *vt.* e *vi.* **1.** schioccare, far schioccare **2.** aprirsi di colpo, spezzare con un colpo secco **3.** (*foto*) scattare un'istantanea.
snapshot *s.* (*foto*) istantanea.
snare *s.* **1.** trappola, rete **2.** insidia, tentazione.
to **snare** *vt.* prendere in trappola, al laccio (*anche fig.*).
snarl *s.* ringhio.
to **snarl** *vi.* ringhiare.
snatch *s.* **1.** strappo, strattone **2.** brano, frammento.
to **snatch** *vt.* e *vi.* afferrare, ghermire || *to — off,* strappare.
sneak *s.* persona malfida.
sneer *s.* sogghigno beffardo.
to **sneer** *vt.* e *vi.* sorridere beffardamente, schernire.
sneeze *s.* starnuto.
to **sneeze** *vi.* starnutire.
to **sniff** *vt.* e *vi.* fiutare || *to — at sthg.* annusare qc.
snip *s.* **1.** ritaglio, scampolo **2.** forbiciata.
to **snip** *vt.* tagliuzzare.
snobbery *s.* snobismo.
to **snore** *vi.* russare.
snort *s.* sbuffo, rumore sbuffante.
to **snort** *vt.* e *vi.* sbuffare.
snout *s.* muso, grugno.
snow *s.* neve, nevicata || — *plough,* spazzaneve; — *-slide,* valanga.
to **snow** *v. imp.* nevicare || *it is snowing,* nevica.
snowfall *s.* nevicata.
snowflake *s.* fiocco di neve.
snowy *agg.* **1.** nevoso, coperto di neve **2.** niveo.
snuff *s.* **1.** l'aspirare col naso **2.** tabacco da fiuto || — *-box,* tabacchiera.
to **snuff**[1] *vt.* e *vi.* **1.** annusare aspirando **2.** fiutare tabacco.
to **snuff**[2] *vt.* e *vi.* smoccolare (*una candela*).
to **snuffle** *vt.* e *vi.* pronunciare con tono nasale.
snug *agg.* **1.** comodo **2.** confortevole **3.** nascosto.
to **snuggle** *vi.* **1.** rannicchiarsi **2.** accoccolarsi.
so *avv.* così, tanto, talmente || — *far,* fino ad ora; — *long as,* a patto che; *if* —, in tal caso; *that being* —, stando così le cose.
to **soak** *vt.* **1.** immergere **2.** bagnare. ♦ to **soak** *vi.* **1.** inzupparsi, imbeversi **2.** bagnarsi.
soaking *agg.* **1.** che bagna, che inzuppa **2.** bagnato. ♦ **soaking** *s.* immersione, bagnatura.
soap *s.* sapone || — *dish,* portasapone.
to **soap** *vt.* insaponare. ♦ to **soap** *vi.* insaponarsi.
soapbox *s.* **1.** cassa per sapone **2.** (*fam.*) palco improvvisato per oratori (*da strada*).
soapsuds *s. pl.* saponata (*sing.*).
soapwort *s.* saponaria.
sob *s.* singhiozzo.
to **sob** *vt.* e *vi.* singhiozzare.
sober *agg.* **1.** sobrio (*nel bere*) **2.** calmo, composto.
sobriety *s.* **1.** sobrietà (*nel bere*) **2.** moderazione, calma.
so-called *agg.* cosiddetto.
sociability *s.* socievolezza.
sociable *agg.* socievole.
social *agg.* **1.** sociale **2.** socievole.
socialism *s.* socialismo.
socialist *s.* socialista.
sociality *s.* socievolezza.
to **socialize** *vt.* socializzare.
society *s.* **1.** società, compagnia **2.** strato sociale **3.** associazione.
sociological *agg.* sociologico.
sociologist *s.* sociologo.
sociology *s.* sociologia.
sock *s.* **1.** calzino, calza corta **2.** soletta.
socket *s.* **1.** cavità **2.** (*elett.*) presa di corrente, portalampada **3.** (*anat.*) orbita.
Socratic *agg.* e *s.* socratico.
sod *s.* zolla erbosa.
soda *s.* carbonato di sodio.

sodium *s.* sodio.
soft *agg.* **1.** molle, tenero **2.** liscio, morbido, soffice **3.** dolce, mite || — *-boiled* (*egg*), uovo alla coque.
to **soften** *vt.* **1.** ammollire, ammorbidire **2.** calmare, raddolcire. ♦ to **soften** *vi.* **1.** ammorbidirsi **2.** intenerirsi.
softening *agg.* che rende molle. ♦ **softening** *s.* **1.** ammorbidimento **2.** intenerimento.
softly *avv.* **1.** teneramente **2.** sommessamente **3.** pian piano.
softness *s.* **1.** morbidezza **2.** dolcezza, mitezza.
soil *s.* **1.** suolo, terreno **2.** macchia (*anche fig.*).
to **soil** *vt.* macchiare. ♦ to **soil** *vi.* macchiarsi.
sojourn *s.* soggiorno.
to **sojourn** *vi.* soggiornare.
solace *s.* sollievo, conforto.
to **solace** *vt.* consolare.
solar *agg.* solare.
sold V. *to sell.*
solder *s.* lega per saldatura.
to **solder** *vt.* saldare.
soldering *s.* saldatura.
soldier *s.* **1.** soldato **2.** stratega || *foot-* —, soldato di fanteria; *horse-* —, soldato di cavalleria.
soldierlike *agg.* militaresco.
soldiery *s. coll.* soldatesca, truppe.
sole[1] *agg.* solo, unico.
sole[2] *s.* suola, pianta del piede.
sole[3] *s.* sogliola.
solecism *s.* solecismo.
solely *avv.* solamente.
solemn *agg.* solenne, serio, grave.
solemnity *s.* solennità.
to **solemnize** *vt.* solennizzare.
solemnly *avv.* solennemente.
sol-fa *s.* solfeggio.
to **sol-fa** *vt.* e *vi.* solfeggiare.
to **solicit** *vt.* **1.** sollecitare **2.** adescare. ♦ to **solicit** *vi.* fare sollecitazioni.
solicitation *s.* **1.** sollecitazione **2.** invito, adescamento.
solicitor *s.* **1.** sollecitatore **2.** procuratore legale.
solicitous *agg.* **1.** sollecito **2.** ansioso, desideroso.
solid *agg.* **1.** solido, compatto **2.** reale, fondato. ♦ **solid** *s.* solido.
solidarity *s.* solidarietà.
solidary *agg.* solidale.
solidification *s.* solidificazione.
to **solidify** *vt.* solidificare. ♦ to **solidify** *vi.* solidificarsi.
solidity *s.* **1.** solidità **2.** (*comm.*) solvenza.
solidly *avv.* **1.** solidamente **2.** all'unanimità.
soliloquy *s.* soliloquio.
solitaire *s.* solitario (*pietra preziosa e giuoco delle carte*).
solitary *agg.* **1.** solo, unico **2.** solitario **3.** isolato, romito.
solitude *s.* solitudine, isolamento.
soloist *s.* solista.
solstice *s.* solstizio.
solubility *s.* solubilità.
soluble *agg.* **1.** solubile **2.** scomponibile **3.** risolvibile.
solution *s.* **1.** (*chim.*) soluzione **2.** risoluzione.
solvability *s.* **1.** (*comm.*) solvibilità **2.** solubilità **3.** risolvibilità.
solvable *agg.* **1.** (*comm.*) solvibile **2.** solubile **3.** risolvibile.
to **solve** *vt.* risolvere, chiarire.
solvency *s.* (*comm.*) solvibilità.
solvent *agg.* **1.** (*comm.*) solvibile **2.** solvente. ♦ **solvent** *s.* solvente.
somatic(al) *agg.* somatico.
somatology *s.* somatologia.
sombre *agg.* **1.** fosco, scuro **2.** (*fig.*) tetro, triste.
some *agg.* **1.** qualche, alcuni, certi **2.** un certo, qualsiasi **3.** (*partitivo*) un po' di, del, della, dei, degli, delle. ♦ **some** *pron.* **1.** alcuni, alcune **2.** un po'. ♦ **some** *avv.* circa.
somebody *pron. indef.* qualcuno.
somehow *avv.* in qualche modo, in un modo o nell'altro.
someone *pron. indef.* qualcuno: — *else,* qualcun altro.
somersault *s.* **1.** salto mortale, capriola **2.** (*aer.*) capottamento **3.** (*auto*) ribaltamento.
to **somersault**, to **somerset** *vi.* **1.** fare salti mortali **2.** (*aer.*) capottare **3.** (*auto.*) ribaltare.
something *pron. indef.* qualche cosa.
sometime *avv.* **1.** un tempo **2.** presto o tardi, un giorno o l'altro.
sometimes *avv.* qualche volta, alcune volte.
someway *avv.* in un modo o nell'altro.
somewhat *pron. ind.* un poco.
somewhere *avv.* in qualche luogo.
somnambulism *s.* sonnambulismo.
somnambulist *s.* sonnambulo.

somnolent *agg.* **1.** sonnolento **2.** assopito.
son *s.* figlio, figliolo || — *-in-law,* genèro.
song *s.* canto, canzone.
songbook *s.* canzoniere.
songful *agg.* **1.** melodioso **2.** che ama cantare.
songster *s.* cantante (*uomo*).
sonnet *s.* sonetto.
sonority *s.* sonorità.
sonorous *agg.* sonoro, risonante.
sonorously *avv.* sonoramente.
soon (*comp. di* sooner) *avv.* presto, tra poco || *the sooner the better,* prima è meglio è; *sooner or later,* presto o tardi; *I had sooner,* preferirei; *as — as,* non appena.
soot *s.* fuliggine.
to **soot** *vt.* macchiare, sporcare di fuliggine.
to **soothe** *vt.* calmare, placare.
soothsayer *s.* indovino.
sooty *agg.* fuligginoso.
sophism *s.* sofisma.
sophist *s.* sofista (*anche fig.*).
sophistic(al) *agg.* sofistico, pedante.
sophisticated *agg.* **1.** sofisticato, raffinato **2.** adulterato.
sophistry *s.* sofisma.
sorcerer *s.* stregone, mago.
sorceress *s.* strega, maga.
sorcery *s.* stregoneria, sortilegio.
sordid *agg.* **1.** sordido, avaro **2.** vile, meschino.
sore *agg.* **1.** doloroso, dolorante, infiammato **2.** triste, addolorato **3.** estremo, intenso.
sorrel *s.* sauro.
sorrow *s.* **1.** dispiacere, dolore **2.** rincrescimento **3.** sventura.
to **sorrow** *vi.* affliggersi, addolorarsi.
sorrowful *agg.* **1.** triste, infelice **2.** penoso, doloroso.
sorry *agg.* spiacente, dolente || *sorry!,* scusate!; *to be —,* dispiacersi.
sort *s.* sorta, specie.
to **sort** *vt.* raggruppare, selezionare. ♦ to **sort** *vi.* accordarsi, adattarsi.
sought V. *to seek.*
soul *s.* **1.** anima, animo, spirito **2.** essenza, personificazione.
sound[1] *avv.* profondamente.
sound[2] *agg.* **1.** sano, intero, in buono stato **2.** buono, solido **3.** profondo, completo || — *-headed* equilibrato, — *-minded,* di buon senso.
sound[3] *s.* suono, rumore || — *wave,* onda sonora.
sound[4] *s.* sondaggio.
sound[5] *s.* braccio di mare, stretto.
to **sound**[1] *vt.* e *vi.* **1.** suonare, risuonare **2.** sembrare, aver l'aria di.
to **sound**[2] *vt.* e *vi.* sondare, scandagliare.
sounding *agg.* sonoro, sonante, risonante.
soundless *agg.* muto, senza suono.
soundly *avv.* **1.** sanamente **2.** profondamente.
soundness *s.* **1.** buona condizione (*di salute*) **2.** solidità (*di argomento*).
soup *s.* zuppa, minestra.
sour *agg.* **1.** acido, aspro, acerbo **2.** bisbetico.
to **sour** *vt.* e *vi.* **1.** inacidire **2.** inasprire, esacerbare.
source *s.* **1.** fonte, sorgente **2.** origine.
sourdine *s.* (*mus.*) sordina.
sourish *agg.* acidulo.
sourness *s.* acidità.
south *s.* sud, mezzogiorno.
southern *agg.* del sud, meridionale.
southerner *s.* abitante del sud, meridionale.
southward *avv.* verso sud.
sovereign *s.* sovrano.
sovereignty *s.* sovranità.
sow *s.* scrofa.
to **sow (sowed, sown)** *vt.* e *vi.* seminare, piantare.
sowing *s.* seminagione.
sown V. *to sow.*
spa *s.* sorgente minerale.
space *s.* spazio || — *-ship,* astronave.
to **space** *vt.* spaziare, disporre ad intervalli.
spaceman *s.* astronauta.
spacesuit *s.* tuta spaziale.
spacial *agg.* spaziale.
spacing *s.* spaziatura, interlineatura.
spacious *agg.* spazioso, ampio.
spade *s.* vanga, badile.
span V. *to spin.*
span *s.* **1.** spanna, palmo **2.** breve spazio di tempo.
to **span** *vt.* **1.** misurare a spanne **2.** attraversare.
spangle *s.* lustrino.
Spaniard *s.* spagnolo.
Spanish *agg.* spagnolo.
to **spank** *vt.* (*fam.*) sculacciare.

spar[1] *s.* (*mar.*) antenna.
spar[2] *s.* incontro di pugilato.
spare *agg.* **1.** parco, frugale **2.** d'avanzo, disponibile, in più || — *room*, camera in più (*per gli ospiti*); — *time*, tempo disponibile; — *wheel*, ruota di scorta.
to **spare** *vt.* **1.** economizzare, risparmiare **2.** privarsi, fare a meno di. ♦ to **spare** *vi.* essere frugale.
sparing *agg.* **1.** parco, frugale **2.** limitato, moderato.
spark *s.* **1.** scintilla, favilla **2.** (*fig.*) lampo, barlume.
to **spark** *vi.* scintillare, emettere scintille.
sparkle *s.* scintilla, favilla.
to **sparkle** *vi.* **1.** emettere scintille (*di fuoco*) **2.** sfavillare, brillare, risplendere (*anche fig.*).
sparkler *s.* stella filante.
sparkling *agg.* scintillante, vivace (*anche fig.*).
sparrow *s.* passero || — *-hawk*, sparviero.
Spartan *agg.* e *s.* spartano.
spasm *s.* **1.** spasmo **2.** attacco, spasimo (*anche fig.*).
spasmodic(al) *agg.* spasmodico.
spastic *agg.* spastico.
spat V. *to spit*.
spatial *agg.* spaziale.
spatiality *s.* spazialità.
spatter *s.* **1.** schizzo **2.** sgocciolio.
to **spatter** *vt.* e *vi.* **1.** schizzare, inzaccherare **2.** gocciolare.
to **speak (spoke, spoken)** *vt.* e *vi.* **1.** parlare **2.** esprimere, rivelare || *to — at*, alludere a; *to — out*, parlare francamente; *to — to*, garantire; *to — up*, alzare la voce.
speaker *s.* parlatore, oratore, annunciatore || *the — of the House of Commons*, il Presidente della Camera dei Comuni.
speaking *agg.* parlante, espressivo, eloquente. ♦ **speaking** *s.* **1.** il parlare, discorso **2.** eloquenza, declamazione.
spear *s.* **1.** lancia, alabarda, asta **2.** fiocina.
to **spear** *vt.* **1.** trafiggere (*con lancia*) **2.** fiocinare.
special *agg.* **1.** speciale, particolare **2.** eccezionale, straordinario.
specialist *s.* specialista.
speciality *s.* specialità, particolarità.
to **specialize** *vt.* specializzare. ♦ to **specialize** *vi.* specializzarsi.
specially *avv.* specialmente, soprattutto.
specialty *s.* **1.** (*comm.*) specialità **2.** (*giur.*) contratto sigillato.
species *s.* **1.** specie, classe **2.** sorta, genere, tipo.
specific *agg.* specifico, particolare.
specification *s.* **1.** specificazione **2.** descrizione dettagliata.
to **specify** *vt.* specificare, precisare.
specimen *s.* modello, esemplare.
speck *s.* **1.** macchiolina, punto **2.** granello (*di polvere ecc.*).
speckled *agg.* macchiato, screziato.
speckless *agg.* senza macchia (*anche fig.*).
spectacle *s.* spettacolo, vista. ♦ **spectacles** *s. pl.* occhiali: *to put on one's —*, mettersi gli occhiali.
spectacled *agg.* che porta gli occhiali.
spectacular *agg.* spettacolare.
spectator *s.* spettatore.
spectral *agg.* spettrale.
spectre *s.* spettro, fantasma.
specular *agg.* speculare.
to **speculate** *vt.* e *vi.* **1.** meditare, considerare **2.** (*comm.*) speculare.
speculation *s.* **1.** speculazione, meditazione **2.** (*comm.*) speculazione.
speculative *agg.* contemplativo, speculativo (*anche comm.*).
speculator *s.* **1.** spirito speculatore **2.** (*comm.*) speculatore.
sped V. *to speed*.
speech *s.* **1.** parola, favella **2.** discorso, arringa **3.** linguaggio.
speechless *agg.* senza parola, muto (*anche fig.*).
speed *s.* velocità, rapidità.
to **speed** *vi.* affrettarsi. ♦ to **speed (sped, sped)** *vt.* **1.** aiutare **2.** affrettare **3.** regolare la velocità || *to — up the work*, affrettare i lavori.
speedometer *s.* tachimetro.
speedway *s.* pista, circuito (*di autodromo*).
speedy *agg.* rapido, pronto.
spell[1] *s.* incantesimo.
spell[2] *s.* **1.** turno di lavoro **2.** intervallo.
to **spell (spelt, spelt)** (*anche reg.*) *vt.* e *vi.* compitare, sillabare.
to **spellbind (spellbound, spellbound)** *vt.* incantare, affascinare.
spelling *s.* **1.** compitazione **2.** ortografia.

spelt V. *to spell.*
to **spend (spent, spent)** *vt.* e *vi.* **1.** spendere, sborsare **2.** dedicare, impiegare **3.** passare, trascorrere.
sperm *s.* sperma.
sphenoid *agg.* e *s.* sfenoide.
sphere *s.* sfera, globo.
spheric(al) *agg.* sferico.
sphericity *s.* sfericità.
sphincter *s.* sfintere.
Sphinx *s.* sfinge (*anche fig.*).
spice *s.* **1.** aroma **2.** (*fig.*) sapore, gusto **3.** spezie (*pl.*).
to **spice** *vt.* **1.** condire con spezie **2.** (*fig.*) dar gusto a, rendere interessante.
spicery *s.* spezie, aromi (*pl.*).
spicily *avv.* **1.** aromaticamente **2.** (*fig.*) gustosamente.
spiciness *s.* **1.** aroma, profumo **2.** (*fam.*) arguzia.
spick-and-span *agg.* (*fam.*) lindo, lucente.
spicy *agg.* **1.** aromatico, piccante **2.** (*fig.*) arguto, mordace.
spider *s.* ragno.
spidery *agg.* **1.** simile a ragno **2.** infestato da ragni.
spike[1] *s.* punta, aculeo.
spike[2] *s.* spiga.
to **spike** *vt.* inchiodare || *to — so.'s guns*, guastare i piani di qu.
to **spill (spilt, spilt)** *vt.* **1.** versare **2.** disarcionare. ♦ to **spill (spilt, spilt)** *vi.* versarsi, traboccare.
spin *s.* (*aer.*) avvitamento.
to **spin (span, spun)** *vt.* e *vi.* **1.** filare (*cotone ecc.*) **2.** (*mecc.*) lavorare al tornio **3.** girare, far girare.
spinach *s.* spinacio.
spinal *agg.* spinale.
spindle *s.* **1.** fuso, fusello **2.** (*mecc.*) asse, mandrino.
spine *s.* **1.** spina, lisca **2.** spina dorsale.
spineless *agg.* **1.** senza spine **2.** senza spina dorsale **3.** (*fam.*) debole, molle.
spinner *s.* **1.** ragno filatore **2.** (*aer.*) ogiva **3.** filatore.
spinning *s.* **1.** filatura, filato **2.** movimento rotatorio || *— -mill*, filanda.
spinster *s.* **1.** filatrice **2.** donna nubile, zitella.
spiral *agg.* spirale, a spirale. ♦ **spiral** *s.* spirale.
spire[1] *s.* guglia, cuspide.
spire[2] *s.* spira, spirale.
spirit *s.* **1.** spirito, anima **2.** folletto, fantasma **3.** genio, intelletto **4.** coraggio, vigore.
spirits[1] *s. pl.* umore, stato d'animo (*sing.*).
spirits[2] *s. pl.* bevande fortemente alcooliche.
spirited *agg.* brioso, vivace || *high- —*, fiero; *poor- —*, depresso.
spiritism *s.* spiritismo.
spiritual *agg.* spirituale.
spiritualism *s.* **1.** spiritualismo **2.** spiritismo.
spiritualist *s.* **1.** spiritualista **2.** spiritista.
spirituality *s.* spiritualità.
spit *s.* sputo, saliva.
to **spit (spat, spat)** *vi.* sputare.
spite *s.* dispetto, ripicco: *out of —*, per dispetto; *in — of*, a dispetto di.
spiteful *agg.* dispettoso.
spittle V. *spit.*
spittoon *s.* sputacchiera.
splash *s.* **1.** schizzo, spruzzo **2.** tonfo.
to **splash** *vt.* e *vi.* **1.** schizzare, spruzzare **2.** inzaccherare, infangare. ♦ to **splash** *vi.* **1.** spruzzare **2.** cadere con un tonfo.
splashy *agg.* bagnato, fanguso.
splay *agg.* largo e piatto. ♦ **splay** *s.* (*arch.*) strombatura.
to **splay** *vt.* (*arch.*) strombare. ♦ to **splay** *vi.* essere in posizione obliqua.
spleen *s.* **1.** milza **2.** (*fig.*) malumore, umore nero.
splendid *agg.* splendido, magnifico.
splendour *s.* splendore, lustro.
splenetic *agg.* e *s.* splenetico, bilioso.
splinter *s.* scheggia, frantume.
split *agg.* spaccato, diviso. ♦ **split** *s.* **1.** fessura, crepaccio **2.** scissione.
to **split (split, split)** *vt.* **1.** fendere **2.** spaccare, frazionare || *to — hairs*, spaccare un capello in quattro; *to — one's sides* (*with laughing*), ridere a crepapelle. ♦ to **split (split, split)** *vi.* fendersi.
splitting *agg.* che si fende, che fende. ♦ **splitting** *s.* fessura, spaccatura.
spoil(s) *s.* spoglia, preda.

to **spoil (spoilt, spoilt)** (*anche reg.*) *vt.* e *vi.* **1.** rovinare, alterare, sciupare, viziare **2.** saccheggiare, predare.
spoilt *agg.* **1.** guasto, avariato **2.** viziato.
spoke *s.* **1.** raggio (*di ruota*) **2.** piolo (*di scala*).
spoke V. *to speak.*
spoken V. *to speak.*
spokesman *s.* portavoce.
spoliation *s.* ruberia, saccheggio.
sponge *s.* spugna, colpo di spugna.
to **sponge** *vt.* **1.** pulire, lavare con la spugna **2.** fare spugnature **3.** (*fig.; fam.*) scroccare.
sponger *s.* **1.** pescatore di spugne **2.** scroccone.
spongy *agg.* spugnoso, poroso.
sponsor *s.* **1.** padrino, madrina **2.** (*giur.*) garante, mallevadore.
to **sponsor** *vt.* **1.** essere garante di **2.** offrire (*programmi radio, tv*).
sponsorial *agg.* **1.** di garanzia **2.** di padrino, di madrina.
sponsorship *s.* **1.** garanzia **2.** qualità di padrino, di madrina.
spontaneity *s.* spontaneità.
spontaneous *agg.* spontaneo.
spontaneously *avv.* spontaneamente.
spool *s.* rocchetto, bobina.
spoon *s.* cucchiaio.
to **spoon** *vt.* prendere con un cucchiaio.
spoon-fed *agg.* coccolato, viziato.
spoonful *s.* cucchiaiata.
sporadic *agg.* sporadico, raro.
sport *s.* **1.** giuoco, divertimento **2.** scherzo **3.** sport. ♦ **sports** *s. pl* gare, incontri.
to **sport** *vi.* **1.** scherzare **2.** giocare **3.** fare dello sport.
sporting *agg.* sportivo.
sportive *agg.* **1.** gioviale **2.** sportivo.
sportsman *s.* **1.** sportivo **2.** uomo animato da spirito sportivo.
sportsmanlike *agg.* caratteristico di uno sportivo.
sportswoman *s.* donna sportiva.
spot *s.* **1.** luogo, località **2.** macchia (*anche fig.*) || *on the* —, sul colpo.
to **spot** *vt.* macchiare, punteggiare. ♦ to **spot** *vi.* macchiarsi.
spotless *agg.* senza macchia, immacolato (*anche fig.*).
spotlight *s.* riflettore, luce della ribalta.
spotty *agg.* macchiato, chiazzato.
spout *s.* **1.** tubo di scarico, grondaia **2.** getto, colonna (*d'acqua*).
to **spout** *vt.* scaricare, emettere. ♦ to **spout** *vi.* scaturire, zampillare.
sprain *s.* distorsione, strappo muscolare.
to **sprain** *vt.* storcere, slogare.
sprang V. *to spring.*
to **sprawl** *vi.* sdraiarsi in modo scomposto.
spray *s.* **1.** spruzzo, schiuma **2.** getto vaporizzato (*di acqua ecc.*) **3.** spruzzatore.
to **spray** *vt.* **1.** polverizzare, vaporizzare **2.** aspergere, spruzzare.
sprayer *s.* spruzzatore.
spread *agg.* steso, aperto, spiegato.
to **spread (spread, spread)** *vt.* **1.** stendere, spiegare, spalmare **2.** (*fig.*) spargere, diffondere. ♦ to **spread (spread, spread)** *vi.* stendersi, spiegarsi.
spreader *s.* spruzzatore.
spreading *agg.* che si propaga. ♦ **spreading** *s.* (*fig.*) propagazione.
spree *s.* baldoria.
sprig *s.* **1.** ramoscello **2.** (*fig.*) rampollo.
spring *s.* **1.** sorgente, fonte **2.** primavera **3.** salto, balzo **4.** molla, elasticità || — *-board,* trampolino; — *-head,* fontana; — *-mattress,* materasso a molle.
to **spring (sprang, sprung)** *vi.* **1.** nascere, discendere, scaturire (*di acqua*) **2.** saltare **3.** scattare || *to* — *up,* crescere (*di piante*). ♦ to **spring (sprang, sprung)** *vt.* **1.** far scattare (*con una molla*) **2.** far brillare (*una mina*) **3.** saltare.
springiness *s.* elasticità.
springy *agg.* **1.** pieno di sorgenti **2.** elastico.
sprinkle *s.* aspersione, spruzzatina.
to **sprinkle** *vt.* e *vi.* spruzzare, aspergere.
sprinkler *s.* **1.** spruzzatore, innaffiatoio **2.** aspersorio.
sprint *s.* (*sport*) scatto finale.
to **sprout** *vi.* germogliare. ♦ to **sprout** *vt.* far germogliare.
to **spruce** *vt.* adornare, agghindare.
sprung V. *to spring.* ♦ **sprung** *agg.* **1.** a molla **2.** spaccato.
spun V. *to spin.*
spur *s.* **1.** sperone **2.** (*fig.*) sprone.
to **spur** *vt.* **1.** spronare **2.** (*fig.*) incitare.

to **spurn** *vt.* e *vi.* disdegnare, trattare con disprezzo.
spurt *s.* getto, vampata.
spy *s.* spia.
to **spy** *vt.* e *vi.* spiare, fare la spia.
squabble *s.* battibecco, lite.
to **squabble** *vi.* accapigliarsi, venire a parole.
squad *s.* squadra, plotone.
squalid *agg.* squallido, miserabile.
squall *s.* urlo, strepito.
squalor *s.* squallore.
to **squander** *vt.* sprecare, scialacquare.
squanderer *s.* sciupone, sperperatore.
square *agg.* **1.** quadrato **2.** robusto, massiccio **3.** perpendicolare. ♦ **square** *s.* **1.** quadrato **2.** piazza **3.** squadra || — *-built*, tarchiato; — *-root*, radice quadrata; — *-shouldered*, dalle spalle larghe e diritte. ♦ **square** *avv.* ad angolo retto, in squadra.
to **square** *vt.* e *vi.* **1.** quadrare, squadrare **2.** pareggiare un conto **3.** elevare al quadrato.
squared *agg.* **1.** squadrato, quadrato **2.** elevato al quadrato.
squash *s.* **1.** cosa schiacciata **2.** spremuta (*di frutta*): *orange-* —, spremuta d'arancio.
to **squash** *vt.* **1.** schiacciare, spiaccicare **2.** spremere.
squat *agg.* rannicchiato, accoccolato.
to **squat** *vi.* accovacciarsi, accoccolarsi.
squatter *s.* pioniere.
squeak *s.* **1.** grido acuto **2.** pigolio, squittio, guaito **3.** cigolio.
to **squeak** *vt.* e *vi.* **1.** strillare in tono acuto **2.** squittire, guaire **3.** cigolare.
squeaky *agg.* **1.** che strilla **2.** che guaisce, squittisce **3.** cigolante.
squeamish *agg.* **1.** soggetto a nausee **2.** schizzinoso.
squeeze *s.* **1.** compressione **2.** spremitura **3.** stretta, abbraccio.
to **squeeze** *vt.* **1.** spremere **2.** stringere, abbracciare. ♦ to **squeeze** *vi.* accalcarsi.
squeezer *s.* **1.** ciò che preme **2.** (*mecc.*) torchio.
squid *s.* seppia.
squint *agg.* strabico. ♦ **squint** *s.* strabismo.
to **squint** *vi.* essere strabico. ♦ to **squint** *vt.* guardare di traverso.
squire *s.* gentiluomo, nobiluomo (*di campagna*).
squirrel *s.* scoiattolo.
stab *s.* coltellata, pugnalata.
to **stab** *vt.* pugnalare, accoltellare.
to **stabilize** *vt.* stabilizzare.
stabilizer *s.* stabilizzatore.
stable[1] *agg.* stabile, permanente.
stable[2] *s.* scuderia, stalla.
stack *s.* mucchio, cumulo || *chimney-* —, ciminiera.
to **stack** *vt.* ammucchiare, accumulare.
staff *s.* **1.** bastone, sostegno (*anche fig.*) **2.** stato maggiore **3.** personale (*di ufficio ecc.*) || *editorial* —, corpo redazionale; *flag* —, asta della bandiera.
stag *s.* cervo.
stage *s.* **1.** piattaforma **2.** palcoscenico **3.** (*fig.*) campo d'azione, scena **4.** stadio, grado **5.** tappa || — *-direction*, didascalia; — *-director*, regista (*teat.*); — *-effect*, effetto scenico; — *-name*, nome d'arte; *landing-* — (*mar.*), pontile.
to **stage** *vt.* **1.** mettere in scena **2.** inscenare (*una dimostrazione ecc.*).
stagger *s.* barcollamento, andatura a zig-zag.
to **stagger** *vi.* **1.** vacillare **2.** dubitare, esitare. ♦ to **stagger** *vt.* far vacillare.
staginess *s.* teatralità.
staging *s.* **1.** (*teat.*) messa in scena **2.** (*edil.*) impalcatura.
stagnancy *s.* ristagno.
stagnant *agg.* stagnante.
to **stagnate** *vi.* ristagnare.
stagnation *s.* ristagno, stasi.
staid *agg.* posato, serio.
stain *s.* **1.** scolorimento, macchia **2.** (*fig.*) taccia, onta.
to **stain** *vt.* **1.** macchiare **2.** tingere. ♦ to **stain** *vi.* macchiarsi, sporcarsi.
stained *agg.* macchiato, sporco.
stainless *agg.* senza macchia.
stair *s.* scalino, gradino. ♦ **stairs** *s. pl.* scale || *winding-* —, scala a chiocciola; *flight of* —, rampa di scale.
staircase *s.* **1.** scala, scalone **2.** tromba delle scale.
stairway *s.* scalinata.
stake[1] *s.* **1.** palo, paletto **2.** piccola incudine.
stake[2] *s.* posta, scommessa || *at* —, in giuoco. ♦ **stakes** *s. pl.* (*ippica*)

premio, corsa.
to **stake**[1] *vt.* cintare, chiudere (*con una palizzata*).
to **stake**[2] *vt.* mettere in giuoco, scommettere.
stale *agg.* **1.** vecchio, stantio **2.** (*fig.*) trito, caduto in disuso.
stalk[1] *s.* stelo, gambo.
stalk[2] *s.* andatura rigida e maestosa.
stall *s.* **1.** stalla **2.** bancarella, chiosco.
stammer *s.* balbuzie, balbettamento.
to **stammer** *vt.* e *vi.* **1.** balbettare **2.** farfugliare.
stammering *agg.* balbuziente. ♦ **stammering** *s.* balbuzie.
stamp *s.* **1.** impronta, segno **2.** francobollo, bollo **3.** stampo || — *-collector*, filatelico; — *-paper*, carta bollata.
to **stamp** *vt.* **1.** imprimere, incidere **2.** (*fig.*) dare l'impronta **3.** timbrare || *to — down*, calpestare. ♦ to **stamp** *vi.* battere i piedi.
stamping *s.* **1.** scalpitio **2.** timbratura.
stand *s.* **1.** pausa, fermata **2.** punto di vista **3.** posizione, luogo (*d'appostamento*) **4.** palco, tribuna **5.** bancarella, chiosco || *test-* —, banco di prova.
to **stand (stood, stood)** *vi.* **1.** essere, stare in piedi **2.** stare, trovarsi **3.** fermarsi, indugiare **4.** conservarsi, rimaner valido || *to — by*, stare accanto, restare fedele a; *to — for*, significare, implicare; *to — out*, resistere, tener duro, spiccare. ♦ to **stand (stood, stood)** *vt.* sopportare, resistere.
standard *s.* **1.** stendardo, bandiera **2.** modello, campione **3.** livello, qualità **4.** supporto, base **5.** tipo.
standardization *s.* standardizzazione.
stand-by *s.* scorta, riserva.
standing *agg.* **1.** eretto, che sta in piedi **2.** fermo, inattivo **3.** fisso, immutabile. ♦ **standing** *s.* **1.** posizione eretta **2.** posizione, rango **3.** periodo di tempo.
standoffish *agg.* riservato, altezzoso.
standpoint *s.* **1.** luogo di osservazione **2.** punto di vista.
standstill *agg.* in riposo, fermo. ♦ **standstill** *s.* arresto, fermata.
stank V. *to stink.*
staple *s.* **1.** prodotto principale (*di un paese ecc.*) **2.** (*fig.*) argomento principale (*di una conversazione*).
star *s.* **1.** stella, astro **2.** (*fig.*) fortuna, destino **3.** (*tip.*) asterisco.
to **star** *vt.* **1.** costellare **2.** segnare con un asterisco. ♦ to **star** *vi.* (*cine, teat.*) avere il ruolo di protagonista.
starboard *agg.* di dritta. ♦ **starboard** *s.* (*mar.*) dritta.
starch *s.* **1.** amido **2.** (*fig.*) rigidezza, formalismo.
to **starch** *vt.* **1.** inamidare **2.** (*fig.*) rendere formale.
starchiness *s.* **1.** inamidatura **2.** (*fig.*) formalismo, rigidità.
stardom *s.* divismo.
stare *s.* sguardo fisso.
to **stare** *vt.* guardare intensamente, fissare. ♦ to **stare** *vi.* sgranare gli occhi.
starfish *s.* stella di mare.
staring *agg.* **1.** fisso, stupefatto **2.** sgargiante, vistoso.
staringly *avv.* fissamente, con occhi sbarrati.
stark *agg.* **1.** rigido, duro **2.** completo, vero e proprio.
starless *agg.* senza stelle.
starlet *s.* **1.** piccola stella **2.** (*cine*) stellina.
starlight *agg.* stellato, stellare. ♦ **starlight** *s.* luce stellare.
starlike *agg.* simile a stella.
starlit *agg.* illuminato dalle stelle.
starred *agg.* **1.** stellato, adorno di stelle **2.** a stella.
starry *agg.* stellato, trapunto di stelle, brillante come una stella.
start *s.* **1.** inizio, partenza **2.** soprassalto || *by fits and starts*, irregolarmente **3.** vantaggio dato all'inizio di una corsa **4.** (*mecc.*) avviamento.
to **start** *vi.* **1.** partire, mettersi in viaggio **2.** cominciare **3.** trasalire || *to — out*, aver intenzione di; *to — up*, spuntare all'improvviso. ♦ to **start** *vt.* **1.** cominciare **2.** far trasalire.
starter *s.* **1.** iniziatore, fondatore **2.** (*sport*) "starter", mossiere.
starting *s.* **1.** inizio, partenza **2.** debutto **3.** (*mecc.*) messa in moto, avviamento.
startle *s.* trasalimento.
to **startle** *vt.* spaventare, far trasalire. ♦ to **startle** *vi.* spaventarsi, trasalire.

startling *agg.* impressionante, sorprendente.
starvation *s.* inedia, fame.
to **starve** *vi.* **1.** morire di fame **2.** (*fig.*) bramare. ♦ to **starve** *vt.* far morire di fame.
state *s.* **1.** stato, condizione **2.** governo, nazione **3.** rango, dignità || — *-control*, statalizzazione; — *-documents*, documenti ufficiali; — *-prisoner*, prigioniero politico; — *-trial*, processo politico.
to **state** *vt.* **1.** affermare, dichiarare **2.** stabilire.
stateless *agg.* **1.** senza patria **2.** senza pompa **3.** apolide.
stately *agg.* nobile, signorile.
statement *s.* **1.** esposto, relazione **2.** asserzione, affermazione **3.** (*giur.*) deposizione, esposizione dei fatti.
statesman *s.* statista.
static(al) *agg.* statico.
statics *s.* statica.
station *s.* **1.** posto, luogo, base **2.** stazione **3.** condizione sociale || *petrol* —, stazione di rifornimento; *through* —, stazione di transito.
stationary *agg.* stazionario.
stationer *s.* cartolaio || *—'s (shop)*, cartoleria.
stationery *s.* articoli di cancelleria.
station house *s.* guardina.
stationmaster *s.* capostazione.
statist *s.* statista.
statistic(al) *agg.* statistico.
statistically *avv.* statisticamente.
statistics *s.* **1.** scienza della statistica **2.** statistiche (*pl.*).
statuary *agg.*. statuario, scultorio.
statue *s.* statua.
statuesque *agg.* statuario.
stature *s.* statura.
status *s.* **1.** stato, condizione sociale **2.** situazione.
statute *s.* statuto, regolamento.
statutory *agg.* statutario.
to **staunch** *vt.* **1.** arrestare **2.** stagnare. ♦ to **staunch** *vi.* stagnarsi.
stave *s.* **1.** doga (*di botte*) **2.** piolo (*di scala*) **3.** strofa.
stay[1] *s.* **1.** soggiorno **2.** pausa.
stay[2] *s.* **1.** sostegno, supporto **2.** (*mecc.*) puntello.
to **stay**[1] *vi.* **1.** fermarsi, sostare, soggiornare **2.** resistere || *to — away*, essere assente; *to — in*, stare in casa, (*mil.*) essere consegnato; *to — up*, vegliare. ♦ to **stay** *vt.* **1.** arrestare, fermare **2.** resistere.
to **stay**[2] *vt.* (*mecc.*) puntellare.
steadfast *agg.* fermo, risoluto.
steadfastly *avv.* stabilmente, fermamente.
steadfastness *s.* fermezza, tenacia.
steadily *avv.* **1.** saldamente, fermamente **2.** costantemente.
steadiness *s.* **1.** fermezza, sicurezza **2.** assiduità, perseveranza.
steading *s.* tenuta agricola.
steady *agg.* **1.** fermo, saldo **2.** equilibrato **3.** continuo, regolare **4.** fedele, assiduo.
to **steady** *vt.* rafforzare, rendere fermo, equilibrato. ♦ to **steady** *vi.* rafforzarsi.
steak *s.* bistecca.
to **steal (stole, stolen)** *vt.* e *vi.* rubare || *to — along*, camminare furtivamente; *to — away*, svignarsela; *to — upon*, avvicinarsi pian piano.
stealing *s.* furto || *cattle (o horse)-* -—, abigeato.
stealthily *avv.* furtivamente.
stealthy *agg.* furtivo.
steam *s.* vapore: — *-engine*, macchina a vapore.
to **steam** *vt.* **1.** esporre al vapore **2.** cucinare al vapore. ♦ to **steam** *vi.* emettere vapore.
steamboat *s.* imbarcazione a vapore.
steamer *s.* nave a vapore.
steamship *s.* piroscafo.
steamtight *agg.* a tenuta di vapore.
steamy *agg.* **1.** che esala vapore **2.** appannato, umido.
stearic *agg.* stearico.
steel *s.* **1.** acciaio **2.** arma, spada **3.** acciarino || — *cap*, elmetto; — *company*, acciaieria || *stainless* —, acciaio inossidabile.
steelwork *s.* lavoro, struttura in acciaio.
steelwork *s. pl.* acciaieria (*sing.*).
steely *agg.* **1.** di acciaio, simile ad acciaio **2.** (*fig.*) severissimo.
steelyard *s.* stadera.
steep[1] *agg.* **1.** ripido, scosceso **2.** (*fig.*) ambizioso, arduo **3.** esorbitante (*di prezzi*).
steep[2] *s.* macerazione, l'inzuppare.
to **steep** *vt.* immergere (*anche fig.*), inzuppare.
steeple *s.* guglia, campanile.
steeplechase *s.* (*ippica*) corsa ad

ostacoli.

steer *s.* bue giovane, manzo.

to **steer** *vt.* **1.** governare, manovrare **2.** dirigere. ♦ to **steer** *vi.* **1.** dirigersi **2.** (*auto*) sterzare.

steering *s.* guida, governo (*dello sterzo, del timone*).

stem *s.* **1.** tronco, gambo, stelo **2.** cannello (*di pipa*) **3.** (*mar.*) prua.

to **stem** *vt.* arrestare, arginare.

stench *s.* puzzo, tanfo.

step *s.* **1.** passo (*anche fig.*), andatura **2.** orma, impronta **3.** provvedimento **4.** gradino || *to be in — with so.*, tenere il passo con qu.; *— by —*, gradualmente; *in —* (*elett.*), in fase.

to **step** *vi.* camminare || *to — aside*, farsi da parte; *to — forward*, avanzare; *to — in*, montare (*su un veicolo*). ♦ to **step** *vt.* misurare a passi.

stepbrother *s.* fratellastro.

stepchild *s.* (*pl.* -children) figliastro.

stepdaughter *s.* figliastra.

stepfather *s.* patrigno.

stepmother *s.* matrigna.

stepsister *s.* sorellastra.

stepson *s.* figliastro.

stereophonic *agg.* stereofonico.

stereophony *s.* stereofonia.

stereoscope *s.* stereoscopio.

stereotype *s.* stereotipo.

sterile *agg.* sterile.

sterility *s.* sterilità.

to **sterilize** *vt.* rendere sterile, sterilizzare.

stern[1] *agg.* severo, austero.

stern[2] *s.* (*mar.*) poppa.

sternly *avv.* severamente.

sternness *s.* severità, austerità.

stethoscope *s.* stetoscopio.

stevedore *s.* scaricatore (*di porto*).

stew *s.* (*cuc.*) umido, stufato.

to **stew** *vt.* e *vi.* cuocere in umido.

steward *s.* **1.** amministratore, intendente **2.** (*aer., mar.*) cameriere di bordo.

stewardess *s.* **1.** dispensiere **2.** (*aer., mar.*) cameriera di bordo.

stick *s.* **1.** bastone **2.** bastoncino **3.** barra, stecca.

to **stick (stuck, stuck)** *vt.* **1.** ficcare, conficcare **2.** infilare **3.** incollare, appiccicare. ♦ to **stick (stuck, stuck)** *vi.* **1.** fissarsi, conficcarsi **2.** incollarsi.

stickiness *s.* viscosità, adesività.

sticky *agg.* **1.** appiccicaticcio, vischioso **2.** poco accomodante.

stiff *agg.* **1.** rigido, duro **2.** (*fig.*) inflessibile **3.** indolenzito, intorpidito **4.** freddo, riservato || *— collar*, colletto duro; *— -neck*, torcicollo.

to **stiffen** *vt.* **1.** indurire **2.** indolenzire, intorpidire **3.** rassodare. ♦ to **stiffen** *vi.* **1.** indurirsi, irrigidirsi (*anche fig.*) **2.** rassodarsi.

stiffness *s.* **1.** durezza, rigidezza **2.** intorpidimento.

to **stifle** *vt.* **1.** soffocare **2.** (*fig.*) reprimere. ♦ to **stifle** *vi.* sentirsi soffocare.

stifling *agg.* soffocante.

to **stigmatize** *vt.* **1.** marchiare **2.** stigmatizzare.

stile *s.* scaletta.

still[1] *agg.* tranquillo, calmo, silenzioso || *— -life* (*pitt.*), natura morta.

still[2] *avv.* **1.** ancora, tuttora **2.** tuttavia, nondimeno.

still[3] *s.* alambicco.

to **still** *vt.* acquietare, calmare. ♦ to **still** *vi.* acquietarsi, calmarsi.

stillness *s.* calma, quiete.

stilt *s.* trampolo.

stimulant *s.* **1.** stimolante **2.** bevanda alcolica.

to **stimulate** *vt.* stimolare, incitare.

stimulus *s.* (*pl.*- li) stimolo, incentivo.

sting *s.* **1.** pungiglione, aculeo **2.** puntura d'insetto **3.** dolore acuto **4.** pungolo, stimolo.

to **sting (stung, stung)** *vt.* e *vi.* **1.** pungere **2.** colpire, ferire (*anche fig.*).

stinginess *s.* avarizia, spilorceria.

stinging *agg.* pungente, mordace.

stingy *agg.* avaro, taccagno.

stink *s.* puzzo, fetore.

to **stink (stank, stunk)** *vt.* e *vi.* puzzare, riempire di puzzo.

stinking *agg.* puzzolente, fetido.

to **stipulate** *vt.* e *vi.* stipulare.

stipulation *s.* stipulazione, patto.

stir *s.* **1.** il rimescolare, l'attizzare || *to give a —*, dare una rimescolata **2.** animazione, tumulto.

to **stir** *vt.* **1.** rimescolare **2.** muovere, agitare. ♦ to **stir** *vi.* muoversi, agitarsi.

stirabout *agg.* indaffarato.

stirrer *s.* incitatore, istigatore.

stirring *agg.* eccitante.

stirrup *s.* staffa.

stitch *s.* **1.** punto **2.** maglia.

stock *s.* **1.** rifornimento, provvista || *to be out of* —, essere sprovvisto **2.** titoli, azioni (*pl.*) **3.** tronco, ceppo **4.** (*fig.*) stirpe.
to **stock** *vt.* **1.** approvvigionare **2.** tenere in magazzino.
stockbroker *s.* agente di cambio.
stockbroking *s.* professione dell'agente di cambio.
stock company *s.* società per azioni.
Stock Exchange *s.* Borsa valori.
stockfish *s.* stoccafisso.
stockholder *s.* azionista.
stocking *s.* calza lunga.
stoic *agg.* e *s.* stoico.
stoicism *s.* stoicismo.
stoker *s.* fuochista.
stole V. *to steal.*
stolen V. *to steal.*
stolid *agg.* **1.** imperturbabile **2.** sciocco.
stolidity *s.* flemma.
stomach *s.* stomaco: — *-ache,* mal di stomaco.
stomatitis *s.* stomatite.
stomatology *s.* stomatologia.
stone *s.* **1.** pietra, ciottolo, sasso **2.** nocciolo **3.** (*med.*) calcolo || — *-blind,* completamente cieco; — *-breaker,* spaccapietre; — *cutter,* tagliapietre.
to **stone** *vt.* **1.** lapidare **2.** rivestire di pietra **3.** snocciolare.
stoneless *agg.* senza nocciolo.
stoneware *s.* ceramica.
stony *agg.* **1.** pietroso, sassoso **2.** (*fig.*) duro, insensibile.
stood V. *to stand.*
stool *s.* sgabello, seggiolino.
stoop *s.* curvatura, inchino.
to **stoop** *vi.* **1.** curvare, inchinarsi **2.** (*fig.*) accondiscendere, abbassarsi.
stop *s.* **1.** sosta, arresto **2.** segno di punteggiatura || — *watch,* cronometro.
to **stop** *vt.* **1.** fermare **2.** turare, otturare **3.** impedire. ♦ to **stop** *vi.* fermarsi.
stopper *s.* **1.** tappo, turacciolo **2.** otturatore.
stopping *s.* **1.** otturazione **2.** (*comm.*) cessazione, sospensione (*di pagamenti ecc.*).
storage *s.* **1.** immagazzinamento **2.** deposito, magazzino.
store *s.* **1.** provvista, riserva **2.** magazzino || — *-keeper,* magazziniere; — *-ship,* nave da carico.
to **store** *vt.* **1.** fornire, rifornire **2.** immagazzinare, mettere da parte (*anche fig.*).
storehouse *s.* magazzino, deposito.
storey *s.* piano (*di edificio*).
stork *s.* cicogna.
storm *s.* **1.** tempesta, temporale **2.** tumulto, agitazione.
to **storm** *vi.* **1.** infuriare, scatenarsi **2.** (*fam.*) adirarsi. ♦ to **storm** *vt.* attaccare.
stormy *agg.* tempestoso, burrascoso.
story *s.* storia, racconto, novella, favola || *to tell stories,* contar frottole.
stoup *s.* acquasantiera.
stout *agg.* **1.** forte, robusto, resistente **2.** fermo, risoluto **3.** grosso, tozzo.
stove *s.* **1.** stufa **2.** cucina economica: *gas-* —, cucina a gas.
to **stove** *vt.* mettere in forno, stufa.
to **stow** *vt.* stivare, riempire.
stowage *s.* (*mar.*) stivaggio.
straddle *s.* posizione a gambe divaricate, il mettersi a cavalcioni.
to **straddle** *vt.* stare a cavalcioni di. ♦ to **straddle** *vi.* mettersi a gambe divaricate.
straight[1] *agg.* **1.** diritto, rettilineo **2.** onesto, retto **3.** ordinato || *a — whisky,* un whisky liscio.
straight[2] *s.* **1.** posizione diritta **2.** (*fig.*) condotta onesta.
straight[3] *avv.* **1.** diritto, in linea retta **2.** direttamente.
to **straighten** *vt.* raddrizzare. ♦ to **straighten** *vi.* raddrizzarsi.
straightforward *agg.* **1.** diritto, diretto **2.** schietto, leale.
straightforwardly *avv.* **1.** in linea retta **2.** francamente, schiettamente.
strain *s.* **1.** tensione (*anche fig.*) **2.** sforzo, fatica **3.** distorsione, strappo muscolare.
to **strain** *vt.* **1.** sottoporre a tensione **2.** sforzare. ♦ to **strain** *vi.* sforzarsi.
strained *agg.* **1.** teso **2.** indebolito **3.** non spontaneo, forzato.
strainer *s.* colino, filtro.
strait *s.* (*geogr.*) stretto. ♦ to **strand** *vi.* incagliarsi.
stranding *s.* incagliamento (*di una nave*).
strange *agg.* **1.** strano, bizzarro **2.** estraneo, sconosciuto.

stranger *s.* estraneo, sconosciuto, forestiero.
to **strangle** *vt.* strangolare.
strangling *s.* strangolamento.
strap *s.* **1.** cinghia, correggia **2.** maniglia a pendaglio (*su tram ecc.*).
to **strap** *vt.* legare con cinghia.
stratagem *s.* stratagemma.
strategic(al) *agg.* strategico.
strategist *s.* stratega.
strategy *s.* strategia.
stratification *s.* stratificazione.
to **stratify** *vt.* stratificare.
stratosphere *s.* stratosfera.
stratospheric *agg.* stratosferico.
stratum *s.* (*pl.* -ta) **1.** strato **2.** strato sociale.
straw *s.* **1.** paglia **2.** fuscello, cannuccia || — *(-hat)*, paglietta; — *-colour*, giallo paglierino.
strawberry *s.* fragola.
stray *agg.* **1.** smarrito, randagio **2.** casuale. ♦ **stray** *s.* animale domestico smarrito.
to **stray** *vi.* vagare, vagabondare (*anche fig.*).
streak *s.* **1.** striscia, striatura **2.** vena (*anche fig.*).
to **streak** *vt.* **1.** striare **2.** venare.
stream *s.* **1.** corso d'acqua, ruscello **2.** flusso, fiotto **3.** corrente (*anche fig.*).
to **stream** *vi.* **1.** scorrere, fluire **2.** ondeggiare || *to — out,* effondersi. ♦ to **stream** *vt.* far scorrere.
street *s.* via, strada || *one-way* **—**, strada a senso unico.
streetwalker *s.* passeggiatrice.
strength *s.* **1.** forza, vigore **2.** solidità, tenacia.
to **strengthen** *vt.* rafforzare, irrobustire. ♦ to **strengthen** *vi.* rafforzarsi, irrobustirsi.
strengthening *agg.* fortificante.
strenuous *agg.* strenuo, energico.
strenuously *avv.* strenuamente.
strenuousness *s.* vigore.
streptococcus *s.* (*pl.* -cci) streptococco.
streptomycin *s.* streptomicina.
stress *s.* **1.** sforzo, pressione **2.** enfasi **3.** accento tonico.
to **stress** *vt.* **1.** forzare **2.** accentuare **3.** porre in rilievo.
stretch *s.* **1.** stiramento, tensione **2.** spazio di tempo **3.** distesa, estensione.
to **stretch** *vt.* tirare, tendere, stendere. ♦ to **stretch** *vi.* estendersi.
stretcher *s.* **1.** tenditore **2.** lettiga.
to **strew (strewed, strewn)** *vt.* spargere, sparpagliare.
strict *agg.* **1.** preciso, esatto **2.** (*fig.*) severo, rigido.
strictly *avv.* **1.** esattamente **2.** severamente.
stridden V. *to stride.*
stride *s.* passo lungo, andatura || *to make great strides,* avanzare a grandi passi.
to **stride (strode, stridden)** *vi.* camminare a grandi passi.
strident *agg.* stridente.
strife *s.* contesa, lotta.
strike *s.* **1.** sciopero **2.** scoperta (*di giacimento*) **3.** attacco aereo.
to **strike (struck, struck)** *vt.* e *vi.* **1.** battere, colpire **2.** (*fig.*) impressionare, colpire **3.** suonare le ore **4.** accendere (*un fiammifero*) **5.** scioperare || *to — down,* abbattere; *to — in,* frapporsi.
striker *s.* **1.** scioperante **2.** (*mecc.*) percussore.
striking *agg.* sorprendente.
string *s.* **1.** spago, cordicella **2.** laccio **3.** (*mus.*) corda.
to **string (strung, strung)** *vt.* e *vi.* **1.** legare con corde **2.** accordare (*uno strumento*) || *to — up,* impiccare.
strip *s.* striscia, nastro.
to **strip** *vt.* svestire. ♦ to **strip** *vi.* svestirsi.
stripe *s.* striscia, lista.
to **stripe** *vt.* rigare, listare.
striped *agg.* a righe, a strisce.
to **strive (strove, striven)** *vi.* sforzarsi.
strode V. *to stride.*
stroke *s.* **1.** colpo, percossa **2.** movimento **3.** bracciata (*al nuoto*), remata, battuta (*al tennis*) **4.** tratto (*di penna ecc.*) **5.** rintocco (*d'orologio*) **6.** (*med.*) colpo **7.** carezza.
to **stroke**[1] *vi.* vogare in cadenza.
to **stroke**[2] *vt.* accarezzare, lisciare.
stroll *s.* passeggiatina, quattro passi.
to **stroll** *vi.* gironzolare.
strolling *agg.* errante, girovago.
strong *agg.* forte, robusto, energico.
stronghold *s.* roccaforte.
strontium *s.* stronzio.
strove V. *to strive.*
struck V. *to strike.*
structural *agg.* strutturale.
structure *s.* **1.** struttura **2.** costruzione.

struggle *s.* **1.** lotta, combattimento **2.** sforzo || *hand-to-hand* —, lotta corpo a corpo.
to **struggle** *vi.* **1.** lottare, divincolarsi **2.** (*fig.*) sforzarsi.
struggler *s.* contendente, chi lotta.
to **strum** *vt.* e *vi.* strimpellare.
strumpet *s.* prostituta.
strung V. *to string.*
strut *s.* andatura solenne.
to **strut** *vi.* incedere con sussiego.
stub *s.* **1.** ceppo **2.** mozzicone.
stubble *s.* stoppia.
stubborn *agg.* ostinato, cocciuto, tenace, ribelle.
stubbornness *s.* caparbietà, tenacia.
to **stucco** *vt.* stuccare.
stuck V. *to stick.*
stud *s.* **1.** chiodo a capocchia larga **2.** bottoncino (*da camicia*).
to **stud** *vt.* guarnire di borchie.
student *s.* studente.
studentship *s.* borsa di studio.
studied *agg.* **1.** studiato, ricercato **2.** colto.
studio *s.* **1.** studio (*d'artista*) **2.** teatro di posa.
studious *agg.* studioso, diligente.
study *s.* **1.** studio **2.** esame attento, investigazione.
to **study** *vt.* e *vi.* **1.** studiare **2.** esaminare attentamente.
stuff *s.* **1.** sostanza, materia prima **2.** cosa, roba **3.** stoffa, tessuto.
to **stuff** *vt.* **1.** imbottire **2.** (*cuc.*) farcire **3.** rimpinzare.
stuffing *s.* **1.** imbottitura **2.** (*cuc.*) ripieno.
stuffy *agg.* afoso || — *air,* aria viziata.
to **stumble** *vi.* **1.** inciampare **2.** (*fig.*) fare passi falsi.
stump *s.* **1.** ceppo, tronco **2.** radice (*di dente*) **3.** piattaforma, podio.
to **stun** *vt.* stordire, tramortire.
stung V. *to sting.*
stunk V. *to stink.*
stunt *s.* (*gergo*) **1.** bravata, esibizione **2.** trovata pubblicitaria, notizia sensazionale.
stupefaction *s.* **1.** stupore **2.** torpore provocato da stupefacenti.
to **stupefy** *vt.* **1.** istupidire **2.** abbrutire. ♦ to **stupefy** *vi.* **1.** istupidirsi **2.** abbrutirsi.
stupendous *agg.* splendido, stupendo.
stupid *agg.* stupido, ottuso.
stupidity *s.* stupidità.
stupidly *avv.* stupidamente.
sturdy *agg.* **1.** vigoroso, forte **2.** risoluto.
to **stutter** *vt.* e *vi.* balbettare.
stuttering *s.* balbuzie.
sty *s.* porcile.
style *s.* **1.** stile (*anche fig.*) **2.** modello, genere **3.** moda.
to **style** *vt.* chiamare, denominare.
stylist *s.* stilista.
stylistic *agg.* stilistico.
stylization *s.* stilizzazione.
to **stylize** *vt.* stilizzare.
stylographic *agg.* stilografico.
stylus *s.* stilo.
subalpine *agg.* subalpino.
subaltern *s.* subalterno.
subaquatic *agg.* subacqueo.
subclass *s.* sottoclasse.
subcommission *s.* sottocommissione.
subcommissioner *s.* vice-commissario.
subcommittee *s.* sottocomitato.
subconscious *agg.* e *s.* subcosciente.
subcutaneous *agg.* sottocutaneo.
subdeacon *s.* suddiacono.
to **subdivide** *vt.* suddividere. ♦ to **subdivide** *vi.* suddividersi.
subdivisible *agg.* suddivisibile.
subdivision *s.* suddivisione.
subdual *s.* **1.** soggiogamento **2.** attenuazione.
to **subdue** *vt.* **1.** conquistare, soggiogare **2.** ridurre, attenuare.
subgovernor *s.* vicegovernatore.
subject[1] *agg.* **1.** soggetto, assoggettato **2.** sottoposto, esposto a.
subject[2] **1.** argomento, materia di studio **2.** (*gramm.*) soggetto **3.** suddito.
to **subject** *vt.* **1.** assoggettare **2.** esporre.
subjection *s.* **1.** assoggettamento **2.** dipendenza.
subjective *agg.* soggettivo.
subjectivism *s.* soggettivismo.
subjunctive *s.* congiuntivo.
sublease *s.* subaffitto.
to **sublease** *vt.* subaffittare.
to **sublet (sublet, sublet)** *vt.* subaffittare.
sublieutenancy *s.* grado di sottotenente.
sublieutenant *s.* sottotenente.
sublimate *agg.* e *s.* sublimato.
to **sublimate** *vt.* sublimare.
sublime *agg.* e *s.* sublime.

sublimity *s.* sublimità.
submarine *agg.* subacqueo. ♦ **submarine** *s.* sommergibile.
submariner *s.* sommergibilista.
to **submerge** *vt.* immergere, sommergere. ♦ to **submerge** *vi.* immergersi.
submergence *s.* sommersione.
submersible *agg.* affondabile.
submersion *s.* immersione.
submission *s.* sottomissione, docilità.
submissive *agg.* remissivo, docile.
submissively *avv.* in modo remissivo.
submissiveness *s.* sottomissione.
to **submit** *vt.* sottomettere, sottoporre. ♦ to **submit** *vi.* sottomettersi, assoggettarsi.
submultiple *agg.* e *s.* sottomultiplo.
subnormal *agg.* al di sotto della norma.
subordinacy *s.* subordinazione.
subordinate *agg.* subordinato. ♦ **subordinate** *s.* subalterno, inferiore.
to **subordinate** *vt.* subordinare.
subordination *s.* subordinazione.
to **suborn** *vt.* subornare, corrompere.
subornation *s.* subornazione.
subplot *s.* trama secondaria.
to **subscribe** *vt.* e *vi.* **1.** sottoscrivere, firmare **2.** aderire, trovarsi d'accordo **3.** abbonarsi.
subscriber *s.* **1.** *the* —, il sottoscritto **2.** abbonato.
subscription *s.* **1.** sottoscrizione **2.** abbonamento **3.** consenso.
subsequence *s.* susseguenza.
subsequent *agg.* successivo, ulteriore.
subsequently *avv.* successivamente.
to **subside** *vi.* **1.** calare, decrescere **2.** quietarsi **3.** cadere (*sul fondo*), depositare (*di liquidi*).
subsidiary *agg.* sussidiario, supplementare, ausiliario.
to **subsidize** *vt.* sussidiare.
subsidy *s.* sussidio.
to **subsist** *vt.* e *vi.* sussistere.
subsistence *s.* esistenza, sussistenza.
subsistent *agg.* sussistente.
subsoil *s.* sottosuolo.
subspecies *s.* sottospecie.
substance *s.* **1.** sostanza, essenza **2.** contenuto, l'essenziale **3.** solidità, fondamento.
substantial *agg.* **1.** sostanzioso, solido **2.** importante, notevole.
substantialism *s.* sostanzialismo.
substantiality *s.* **1.** sostanzialità **2.** concretezza.
substantially *avv.* sostanzialmente.
substantive *agg.* considerevole, reale. ♦ **substantive** *s.* (*gramm.*) sostantivo.
substitute *s.* **1.** sostituto **2.** surrogato, imitazione.
to **substitute** *vt.* e *vi.* sostituire.
substitution *s.* sostituzione.
substratum *s.* (*pl.* -ta) **1.** sostrato (*anche fig.*).
subtenancy *s.* subaffitto.
subtenant *s.* subaffittuario.
subterfuge *s.* sotterfugio.
subterranean *agg.* sotterraneo.
sub-title *s.* sottotitolo, didascalia.
subtle *agg.* **1.** penetrante, acuto, sottile **2.** elusivo, indefinibile.
subtleness *s.* **1.** sottigliezza, acutezza **2.** carattere elusivo.
subtlety *s.* sottigliezza.
subtly *avv.* **1.** acutamente, sottilmente **2.** elusivamente.
to **subtract** *vt.* sottrarre, detrarre.
subtraction *s.* sottrazione.
subtractive *agg.* sottrattivo.
subtrahend *s.* sottraendo.
suburb *s.* sobborgo. ♦ **suburbs** *s. pl.* periferia (*sing.*).
suburban *agg.* suburbano, periferico.
subversion *s.* sovversione.
subversive *agg.* sovversivo.
to **subvert** *vt.* sovvertire.
subway *s.* **1.** sottopassaggio **2.** (*amer.*) metropolitana.
to **succeed** *vt.* succedere a, seguire, subentrare a. ♦ to **succeed** *vi.* **1.** succedere, seguire **2.** riuscire, aver successo.
success *s.* successo, riuscita.
successful *agg.* che ha successo.
successfully *avv.* con successo.
succession *s.* successione, serie.
successive *agg.* successivo, seguente.
successively *avv.* successivamente.
successor *s.* successore.
succint *agg.* succinto, conciso.
succulent *agg.* succulento.
to **succumb** *vi.* soccombere, soggiacere.
succursal *s.* succursale.
such *agg.* tale, simile: — *that,* — *as,* tale che, tale da. ♦ **such** *pron.* tale, tali, questo, quello, questa,

quella, questi, quelli, queste, quelle.
suchlike *agg.* simile, dello stesso genere.
suck *s.* succhiata, poppata.
to **suck** *vt.* e *vi.* **1.** succhiare, poppare **2.** assorbire.
sucker *s.* **1.** (*mecc.*) pistone **2.** ventosa.
to **suckle** *vt.* allattare.
suckling *s.* lattante.
sudden *agg.* improvviso, inaspettato. ♦ **sudden** *s.* evento improvviso.
suddenly *avv.* inaspettatamente.
suddenness *s.* subitaneità.
to **sue** *vt.* e *vi.* **1.** ricorrere in giudizio **2.** sollecitare.
to **suffer** *vt.* e *vi.* **1.** subire, patire **2.** tollerare **3.** soffrire.
suffering *s.* **1.** sofferenza, pena **2.** tolleranza.
sufficiency *s.* sufficienza.
sufficient *agg.* sufficiente.
suffix *s.* (*gramm.*) suffisso.
to **suffocate** *vt.* e *vi.* soffocare.
suffocation *s.* soffocamento.
suffrage *s.* **1.** suffragio, diritto di voto **2.** preghiera.
to **suffuse** *vt.* coprire, cospargere.
sugar *s.* **1.** zucchero **2.** (*fig.*) atteggiamento mellifluo || — *-beet,* barbabietola da zucchero; — *-cane,* canna da zucchero; — *-tongs,* mollette per lo zucchero; *lump* —, zucchero in zollette.
to **sugar** *vt.* **1.** inzuccherare **2.** (*fig.*) addolcire, adulare.
sugariness *s.* **1.** dolcezza **2.** mellifluità.
sugary *agg.* **1.** zuccheroso, zuccherino **2.** (*fig.*) mellifluo.
to **suggest** *vt.* **1.** suggerire **2.** far nascere un'idea **3.** insinuare.
suggestible *agg.* suggeribile, suggestionabile.
suggestion *s.* **1.** suggerimento **2.** suggestione **3.** associazione di idee.
suggestive *agg.* stimolante, che ispira.
suggestiveness *s.* carattere allusivo.
suicidal *agg.* suicida, che ha tendenze al suicidio.
suicide *s.* **1.** suicidio **2.** suicida.
suit *s.* **1.** domanda, preghiera **2.** (*giur.*) causa **3.** abito completo (*da uomo*) || — *-case,* valigia.
to **suit** *vt.* adattare, convenire a, far comodo a. ♦ to **suit** *vi.* essere conveniente, accordarsi, adattarsi.
suitability *s.* convenienza.
suitable *agg.* adatto, idoneo.
suitably *avv.* appropriatamente.
suite *s.* **1.** seguito, corteo **2.** serie.
suitor *s.* **1.** postulante **2.** corteggiatore.
sulkiness *s.* malumore.
sulks *s. pl.* malumore, broncio (*sing.*).
sulky[1] *agg.* **1.** imbronciato, scontroso **2.** tetro.
sulky[2] *s.* "sulky", sediolo.
sullen *agg.* **1.** accigliato **2.** tetro.
sullenly *avv.* accigliato, di malumore.
sulphate *s.* solfato.
sulphide *s.* solfuro.
sulphite *s.* solfito.
sulphonamide *s.* sulfamidico.
sulphur *s.* zolfo || — *-mine* (*o* — *-pit*), solfatara.
to **sulphur,** to **sulphurate** *vt.* solforare.
sulphuric *agg.* solforico.
sulphurous *agg.* solforoso.
sultan *s.* sultano.
sultanate *s.* sultanato.
sultriness *s.* afa, caldo soffocante.
sultry *agg.* afoso, soffocante.
sum *s.* **1.** somma, quantità (*di denaro*) **2.** addizione.
to **sum** *vt.* e *vi.* sommare, addizionare || *to* — *up,* riassumere.
summarily *avv.* sommariamente.
to **summarize** *vt.* e *vi.* riassumere.
summary *s.* sommario, ricapitolazione.
summer *s.* estate.
to **summer** *vi.* trascorrere l'estate.
summertime *s.* stagione estiva.
summit *s.* **1.** cima, vetta **2.** (*fig.*) culmine || *at the* — (*pol.*), al vertice.
to **summon** *vt.* **1.** chiamare, mandare a chiamare **2.** convocare **3.** (*giur.*) citare.
summons *s.* **1.** (*giur.*) citazione, ingiunzione **2.** convocazione.
sumptuous *agg.* sontuoso.
sumptuously *avv.* sontuosamente.
sumptuousness *s.* sontuosità.
sun *s.* sole || — *-bath,* bagno di sole; — *-glasses,* occhiali da sole.
to **sun** *vt.* esporre al sole. ♦ to **sun** *vi.* esporsi al sole.
to **sun-bathe** *vi.* fare i bagni di sole.
sunbeam *s.* raggio di sole.
sunbow *s.* arcobaleno.
sunburn *s.* **1.** abbronzatura **2.** scot-

tatura (solare).
sunburnt *agg.* **1.** abbronzato **2.** scottato dal sole.
sunburst *s.* sprazzo di sole.
Sunday *s.* domenica.
to **sunder** *vt.* separare, recidere. ♦ to **sunder** *vi.* separarsi, scindersi.
sundry *agg.* parecchi, vari.
sunflower *s.* girasole.
sung V. *to sing.*
sunk V. *to sink.*
sunlight *s.* luce del sole.
sunlit *agg.* soleggiato.
sunny *agg.* luminoso, soleggiato.
sunproof *agg.* inalterabile al sole.
sunrise *s.* il sorgere del sole.
sunset *s.* tramonto (*anche fig.*).
sunshade *s.* parasole.
sunshine *s.* luce del sole.
sunspot *s.* macchia solare.
sunstroke *s.* insolazione.
sun-worship *s.* culto del Sole.
sup *s.* sorso, goccia.
to **sup**[1] *vt.* e *vi.* sorseggiare.
to **sup**[2] *vi.* cenare.
superable *agg.* superabile.
to **superabound** *vi.* sovrabbondare.
superabundance *s.* sovrabbondanza.
superabundant *agg.* sovrabbondante.
superb *agg.* superbo, magnifico.
superciliary *agg.* sopracciliare.
supercilious *agg.* altero.
superelevation *s.* sopraelevazione.
superficial *agg.* superficiale, poco profondo.
superficiality *s.* superficialità.
superfluous *agg.* superfluo.
superhuman *agg.* sovrumano.
to **superimpose** *vt.* sovrapporre.
superintendence *s.* sovrintendenza.
superintendent *s.* sovrintendente.
superior *agg.* superiore.
superiority *s.* superiorità.
superlative *agg.* superlativo.
superman *s.* superuomo.
supermarket *s.* supermercato.
supermundane *agg.* ultraterreno.
supernatural *agg.* soprannaturale.
supernutrition *s.* supernutrizione.
to **supersede** *vt.* rimpiazzare.
supersensitive *agg.* ipersensibile.
supersensitiveness *s.* ipersensibilità.
supersession *s.* sostituzione.
supersonic *agg.* ultrasonoro, supersonico.
superstition *s.* superstizione.
superstitious *agg.* superstizioso.
superstructure *s.* sovrastruttura.
supertax *s.* soprattassa.
superterrestrial *agg.* ultraterreno.
to **supervise** *vt.* e *vi.* sovrintendere.
supervision *s.* sorveglianza, sovrintendenza.
supervisor *s.* sovrintendente.
supervisory *agg.* di controllo.
supine *agg.* supino (*anche fig.*).
supinely *avv.* supinamente.
supper *s.* cena || *to have* —, cenare; — *-time,* ora di cena.
to **supplant** *vt.* soppiantare.
supple *agg.* **1.** pieghevole, flessibile **2.** elastico (*anche fig.*).
supplement *s.* supplemento.
supplementary *agg.* supplementare.
suppliant *agg.* supplichevole. ♦ **suppliant** *s.* supplicante.
supply *s.* **1.** rifornimento, approvvigionamento **2.** (*comm.*) fornitura **3.** sostituto, supplente.
to **supply** *vt.* fornire, rifornire. ♦ to **supply** *vi.* fare da sostituto.
support *s.* sostegno, appoggio || *in — of,* in favore di.
to **support** *vt.* **1.** sostenere, reggere **2.** dare appoggio a **3.** mantenere.
supportable *agg.* sostenibile, sopportabile.
supporter *s.* **1.** sostegno **2.** fautore, sostenitore.
to **suppose** *vt.* supporre, presupporre, presumere.
supposed *agg.* presunto, supposto.
supposition *s.* supposizione, ipotesi.
suppository *s.* (*med.*) supposta.
to **suppress** *vt.* **1.** sopprimere, reprimere **2.** (*fig.*) soffocare, trattenere.
suppression *s.* **1.** soppressione **2.** il mettere a tacere.
to **suppurate** *vi.* suppurare.
suppuration *s.* suppurazione.
suprarenal *agg.* surrenale.
supremacy *s.* supremazia.
supreme *agg.* sommo, supremo.
surcharge *s.* **1.** sovraccarico **2.** soprattassa **3.** sovrapprezzo.
sure *agg.* sicuro, certo, fidato.
surely *avv.* sicuramente, certamente.
surety *s.* garanzia, pegno.
suretyship *s.* garanzia.
surf *s.* **1.** risacca **2.** spuma dei marosi.
surface *s.* superficie (*anche fig.*).
surfeit *s.* **1.** eccesso **2.** sazietà. ♦ to **surfeit** *vt.* saziare. ♦ to **sur-**

feit *vi.* saziarsi.
surge *s.* **1.** maroso, cavallone **2.** (*fig.*) impeto.
to **surge** *vi.* gonfiarsi, sollevarsi, tumultuare.
surgeon *s.* chirurgo.
surgery *s.* chirurgia.
surgical *agg.* chirurgico.
surlily *avv.* sgarbatamente.
surly *agg.* sgarbato.
to **surmount** *vt.* sormontare, superare.
surname *s.* **1.** cognome **2.** soprannome.
to **surname** *vt.* soprannominare.
to **surpass** *vt.* sorpassare, superare.
surpassing *agg.* superiore, eccellente.
surpassingly *avv.* straordinariamente.
surplus *s.* **1.** sovrappiù, eccedenza **2.** residuati di guerra.
surprise *s.* **1.** sorpresa **2.** stupore, meraviglia.
to **surprise** *vt.* **1.** sorprendere, cogliere all'improvviso **2.** stupire.
surprisedly *avv.* con sorpresa.
surprising *agg.* sorprendente.
surrealism *s.* surrealismo.
surrealist *agg.* e *s.* surrealista.
surrender *s.* **1.** resa, capitolazione **2.** abbandono, cessione.
to **surrender** *vt.* cedere, consegnare. ♦ to **surrender** *vi.* arrendersi.
surreptitious *agg.* clandestino, furtivo.
surrogate *s.* sostituto, supplente.
surround *s.* bordura, bordo.
to **surround** *vt.* **1.** circondare **2.** accerchiare.
surrounding *agg.* circostante. ♦ **surroundings** *s. pl.* dintorni.
survey *s.* esame, sguardo generale.
to **survey** *vt.* e *vi.* esaminare, fare rivelazioni.
surveyor *s.* ispettore.
survival *s.* **1.** sopravvivenza **2.** avanzo, reliquia.
to **survive** *vi.* sopravvivere. ♦ to **survive** *vt.* vivere più a lungo di.
survivor *s.* superstite.
susceptibility *s.* suscettibilità.
susceptible *agg.* **1.** suscettibile **2.** impressionabile.
suspect *agg.* sospetto. ♦ **suspect** *s.* persona sospetta.
to **suspect** *vt.* sospettare. ♦ to **suspect** *vi.* essere sospettoso.
to **suspend** *vt.* **1.** appendere, tenere sospeso **2.** sospendere.
suspender *s.* giarrettiera, bretella.
suspense *s.* incertezza, attesa ansiosa.
suspension *s.* sospensione.
suspensive *agg.* sospensivo.
suspicion *s.* sospetto, dubbio.
suspicious *agg.* sospettoso, diffidente.
suspiciously *avv.* sospettosamente.
to **sustain** *vt.* **1.** mantenere, sostenere **2.** prolungare **3.** reggere.
sustainable *agg.* sostenibile.
sustenance *s.* mezzi di sussistenza (*pl.*).
suture *s.* sutura.
to **suture** *vt.* suturare.
swab *s.* **1.** strofinaccio **2.** (*mar.*) radazza **3.** (*med.*) tampone.
to **swab** *vt.* pulire, strofinare.
swag *s.* movimento ondeggiante.
swagger *agg.* sgargiante.
to **swagger** *vi.* **1.** pavoneggiarsi **2.** gloriarsi.
swallow[1] *s.* rondine.
swallow[2] *s.* **1.** baratro **2.** deglutizione.
to **swallow** *vt.* e *vi.* **1.** deglutire, inghiottire **2.** (*fig.*) ingoiare.
swam V. *to swim.*
swamp *s.* palude || — *-fever,* febbre malarica.
to **swamp** *vt.* inondare, inzuppare. ♦ to **swamp** *vi.* affondare (*anche fig.*).
swan *s.* cigno || — *song,* canto del cigno.
swarm *s.* sciame, folla.
to **swarm** *vi.* **1.** sciamare **2.** pullulare, brulicare, essere affollato.
swash *s.* **1.** sciacquio **2.** gradassata.
to **swash** *vi.* **1.** spruzzare, sguazzare **2.** turbinare, infrangersi. ♦ to **swash** *vt.* far sguazzare.
to **swat** *vt.* colpire, schiacciare (*mosche ecc.*).
swathe *s.* benda, fascia.
to **swathe** *vt.* bendare, fasciare.
sway *s.* **1.** oscillazione **2.** potere, potenza, preponderanza.
to **sway** *vt.* **1.** sballottolare **2.** dominare, influenzare **3.** maneggiare, impugnare **4.** (*mar.*) issare. ♦ to **sway** *vi.* **1.** ondeggiare **2.** propendere **3.** predominare.
swear *s.* bestemmia, imprecazione.
to **swear (swore, sworn)** *vt.* e *vi.* **1.** giurare, far giurare **2.** imprecare, bestemmiare.

sweat *s.* sudore, traspirazione.
to **sweat** *vt.* e *vi.* traspirare, sudare, sfacchinare.
sweater *s.* **1.** chi suda **2.** maglione di lana.
sweating *s.* sudore || — *-bath,* bagno turco.
sweaty *agg.* **1.** sudato **2.** che fa sudare.
Swede *s.* svedese.
Swedish *agg.* svedese.
sweep *s.* **1.** scopata **2.** movimento circolare **3.** curva, distesa.
to **sweep (swept, swept)** *vi.* **1.** spazzare, scopare **2.** muoversi rapidamente **3.** estendersi. ♦ to **sweep (swept, swept)** *vt.* **1.** spazzare **2.** sfiorare.
sweeping *agg.* **1.** vasto **2.** completo **3.** rapido, impetuoso (*di corrente*). ♦ **sweepings** *s. pl.* rifiuti.
sweet *agg.* **1.** dolce, amabile **2.** piacevole, gentile. ♦ **sweet** *s.* **1.** dolce, torta **2.** caramella.
to **sweeten** *vt.* **1.** zuccherare **2.** addolcire. ♦ to **sweeten** *vi.* addolcirsi.
sweetening *s.* **1.** addolcimento **2.** sostanza che addolcisce.
sweetheart *s.* innamorato.
sweetly *avv.* dolcemente.
sweetmeat *s.* dolciumi, frutta candita.
sweetness *s.* **1.** sapore dolce **2.** dolcezza, amabilità.
swell *s.* **1.** rigonfiamento **2.** il gonfiarsi (*dell'acqua ecc.*).
to **swell (swelled, swollen)** *vi.* **1.** gonfiarsi **2.** crescere, aumentare. ♦ to **swell (swelled, swollen)** *vt.* gonfiare.
swelling *s.* rigonfiamento, ingrossamento.
swept V. *to sweep.*
to **swerve** *vt.* deviare. ♦ to **swerve** *vi.* fare uno scarto.
swift *agg.* rapido, veloce.
swim *s.* nuotata.
to **swim (swam, swum)** *vi.* nuotare. ♦ to **swim (swam, swum)** *vt.* attraversare a nuoto.
swimmer *s.* nuotatore.
swimming *s.* nuoto || — *-belt,* salvagente; — *-pool,* piscina.
swindle *s.* truffa, frode.
to **swindle** *vt.* e *vi.* truffare.
swindler *s.* truffatore.
swine *s.* maiale, porco || — *-herd,* porcaro.
swing *s.* **1.** oscillazione **2.** libertà d'azione **3.** altalena.
to **swing (swung, swung)** *vt.* **1.** dondolare, oscillare **2.** ruotare **3.** camminare dondolandosi. ♦ to **swing (swung, swung)** *vt.* **1.** far dondolare **2.** far ruotare.
swinging *s.* dondolio.
swish *s.* **1.** sibilo **2.** sferzata.
Swiss *agg.* svizzero.
switch *s.* **1.** verga, frustino **2.** (*elett.*) interruttore.
to **switch** *vt.* e *vi.* **1.** colpire con un frustino **2.** muovere bruscamente **3.** (*ferr.*) smistare || *to — off,* spegnere (*la luce*); *to — on,* accendere (*la luce*).
swollen V. *to swell.*
swoon *s.* svenimento.
to **swoon** *vi.* svenire.
to **swoop** *vi.* calare improvvisamente, abbattersi.
sword *s.* spada.
swore V. *to swear.*
sworn V. *to swear.*
swum V. *to swim.*
swung V. *to swing.*
sycamore *s.* sicomoro.
syllable *s.* sillaba.
syllogism *s.* sillogismo.
syllogistic *agg.* sillogistico.
to **syllogize** *vt.* e *vi.* sillogizzare.
sylph *s.* silfo, silfide.
sylvan *agg.* silvano, silvestre.
symbiosis *s.* simbiosi.
symbol *s.* simbolo.
symbolic(al) *agg.* simbolico.
symbolism *s.* simbolismo.
to **symbolize** *vt.* simboleggiare.
symmetric(al) *agg.* simmetrico.
symmetry *s.* simmetria.
sympathetic *agg.* **1.** sensibile, comprensivo **2.** congeniale, adatto.
to **sympathize** *vi.* condividere i sentimenti altrui.
sympathizer *s.* **1.** chi è comprensivo **2.** simpatizzante (*di un partito ecc.*).
sympathy *s.* **1.** comprensione, partecipazione **2.** condoglianze (*pl.*).
symphonic *agg.* sinfonico.
symphony *s.* sinfonia.
symposium *s.* simposio, banchetto.
symptom *s.* sintomo.
symptomatic(al) *agg.* sintomatico.
synagogue *s.* sinagoga.
synchronism *s.* sincronismo.
synchronization *s.* sincronizza-

zione.
to **synchronize** *vt.* e *vi.* sincronizzare.
to **syncopate** *vt.* sincopare.
syncope *s.* sincope.
syndicalism *s.* sindacalismo.
syndicate *s.* sindacato.
synod *s.* sinodo.
synonym *s.* sinonimo.
synonymous *agg.* sinonimo.
synonymy *s.* sinonimia.
synovitis *s.* sinovite.
syntactic(al) *agg.* sintattico.
syntax *s.* sintassi.
synthesis *s.* (*pl.* -ses) sintesi.
to **synthesize** *vt.* sintetizzare.
synthetic(al) *agg.* sintetico.
syntony *s.* sintonia.
syphilis *s.* sifilide.
syphilitic *agg.* sifilitico.
Syrian *agg.* e *s.* siriano.
syringe *s.* siringa.
syrup *s.* sciroppo.
syrupy *agg.* sciropposo.
system *s.* **1.** sistema **2.** metodo || *railway* —, rete ferroviaria.
systematic(al) *agg.* sistematico, metodico.
systematically *avv.* sistematicamente, metodicamente.
systematization *s.* sistemazione.
to **systematize** *vt.* ridurre a sistema.

T

tab *s.* **1.** linguetta (*di scarpa*) **2.** (*mil.*) mostrina **3.** talloncino.
tabernacle *s.* **1.** tabernacolo **2.** tempio.
table *s.* **1.** tavola **2.** tavolata **3.** tabella || —*cloth*, tovaglia; *time*—, orario.
tablet *s.* **1.** tavoletta **2.** pastiglia. compressa.
tabloid *s.* pasticca.
taboo *agg.* e *s.* tabù.
tabular *agg.* **1.** a forma di tabella **2.** catalogato **3.** piano, piatto.
tabulate *agg.* piano.
to **tabulate** *vt.* disporre in tabelle.
tabulation *s.* classificazione.
tabulator *s.* tabulatore.
tachometer *s.* tachimetro.
tachycardia *s.* tachicardia.
tacit *agg.* tacito.
taciturn *agg.* taciturno.
tack *s.* **1.** chiodo **2.** imbastitura **3.** bordata **4.** (*fig.*) linea di condotta.
to **tack** *vt.* **1.** inchiodare **2.** imbastire. ♦ to **tack** *vi.* **1.** bordeggiare **2.** virare.
tacking *s.* **1.** l'inchiodare **2.** imbastitura **3.** bordeggio.
tackle *s.* **1.** arnesi (*pl.*) **2.** (*mar.*) paranco.
to **tackle** *vt.* **1.** afferrare **2.** affrontare (*difficoltà ecc.*).
tacky *agg.* viscoso.
tact *s.* tatto.
tactful *agg.* pieno di tatto.
tactical *agg.* tattico.
tactician *s.* tattico.
tactics *s.* tattica.
tactile *agg.* **1.** tattile **2.** tangibile.
tactility *s.* **1.** tattilità **2.** tangibilità.
tactless *agg.* senza tatto.
tactlessness *s.* mancanza di tatto.
tactual *agg.* tattile.
tadpole *s.* (*zool.*) girino.
tag *s.* **1.** lembo pendente **2.** cartellino **3.** aggiunta **4.** luogo comune || *licence* —, bollo di circolazione.
to **tag** *vt.* mettere cartellini a.
tail *s.* coda || — *-coat*, marsina.
to **tail** *vt.* munire di coda. ♦ to **tail** *vi.* **1.** essere in coda **2.** seguire da presso || *to* — *away*, affievolirsi.
tailor *s.* sarto || — *-made costume*, tailleur.
to **tailor** *vi.* fare il sarto. ♦ to **tailor** *vt.* fare un abito.
taint *s.* **1.** infezione **2.** tara **3.** marchio.
to **taint** *vt.* guastare. ♦ to **taint** *vi.* guastarsi.
taintless *agg.* incontaminato.
take *s.* **1.** presa **2.** incasso **3.** (*cine*) ripresa.
to **take (took, taken)** *vt.* **1.** prendere **2.** portare **3.** accompagnare **4.** necessitare || *to* — *after*, assomigliare; *to* — *in*, ricevere, ridurre, capire; *to* — *off*, togliere, decollare; *to* — *on*, assumere; *to* — *to*, darsi a.
take-off *s.* (*aer.*) decollo.
taking *agg.* **1.** attraente **2.** contagioso. ♦ **taking** *s.* **1.** presa **2.** incasso.
talc(um) *s.* talco || *talcum powder*, talco in polvere.

tale *s.* racconto, storia, novella.
talent *s.* talento.
talented *agg.* che ha talento.
talentless *agg.* senza talento.
tales *s. pl.* (*giur.*) giudici supplenti.
talisman *s.* talismano.
talk *s.* **1.** conversazione **2.** chiacchiera.
to **talk** *vt.* e *vi.* parlare, conversare, discutere || *to — out,* discutere a fondo.
talkative *agg.* loquace.
talkativeness *s.* loquacità.
talker *s.* **1.** parlatore **2.** chiacchierone.
talkies *s. pl.* (*gergo*) film sonoro (*sing.*).
talking *s.* conversazione.
talky *agg.* loquace.
tall *agg.* **1.** alto **2.** incredibile.
tallness *s.* altezza, statura.
tallow *s.* sego.
tally *s.* **1.** tacca **2.** cartellino, talloncino, etichetta.
to **tally** *vt.* registrare. ♦ to **tally** *vi.* combaciare.
tallyshop *s.* negozio che vende a rate.
talon *s.* **1.** artiglio **2.** (*mecc.*) dente **3.** (*comm.*) matrice.
tamarind *s.* tamarindo.
tambourine *s.* tamburello.
tame *agg.* **1.** addomesticato **2.** mansueto **3.** insipido, banale.
to **tame** *vt.* domare, addomesticare. ♦ to **tame** *vi.* ammansirsi.
tameable *agg.* addomesticabile.
tameless *agg.* indomito.
tamely *avv.* docilmente.
tameness *s.* **1.** docilità **2.** banalità.
tamer *s.* domatore.
taming *s.* addomesticamento.
to **tamp** *vt.* pigiare.
tamper *s.* pestello.
to **tamper** *vi.* **1.** manomettere **2.** immischiarsi: *to — with,* immischiarsi in **3.** corrompere.
tamperer *s.* **1.** falsificatore **2.** corruttore **3.** ficcanaso.
tampering *s.* **1.** manomissione **2.** corruzione.
tampon *s.* tampone.
tan *agg.* marrone rossiccio. ♦ **tan** *s.* **1.** tannino **2.** concia **3.** abbronzatura.
to **tan** *vt.* **1.** conciare **2.** abbronzare. ♦ to **tan** *vi.* abbronzarsi.
tanning *s.* abbronzatura.
tang[1] *s.* **1.** punta **2.** odore, sapore penetrante.
tang[2] *s.* suono acuto.
to **tang** *vt.* far risuonare. ♦ to **tang** *vi.* risuonare.
tangency *s.* tangenza.
tangent *agg.* e *s.* tangente.
tangential *agg.* tangenziale.
tangerine *s.* mandarino.
tangibility *s.* tangibilità.
tangible *agg.* tangibile.
tangle *s.* groviglio.
to **tangle** *vt.* **1.** aggrovigliare **2.** intrappolare. ♦ to **tangle** *vi.* aggrovigliarsi.
tanglesome, tangly *agg.* ingarbugliato.
tank *s.* **1.** serbatoio, cisterna **2.** carro armato || *— -truck,* autobotte.
tankard *s.* boccale.
tanker *s.* nave cisterna || *air —,* aerocisterna; *oil —,* petroliera.
tanner *s.* conciatore.
tannery *s.* conceria.
tannin *s.* tannino.
tanning *s.* concia.
to **tantalize** *vt.* tormentare.
tantalizing *agg.* allettante.
tantamount *agg.* equivalente.
tap[1] rubinetto, spina.
tap[2] *s.* colpetto.
to **tap**[1] *vt.* **1.** spillare **2.** forare.
to **tap**[2] *vt.* battere leggermente.
tape *s.* nastro || *— -recorder,* magnetofono; *recording —,* nastro magnetico.
to **tape** *vt.* **1.** legare con un nastro **2.** misurare con un nastro **3.** incidere su nastro magnetico.
taper *agg.* conico, rastremato ♦ **taper** *s.* **1.** candela **2.** conicità, rastremazione.
to **taper** *vt.* assottigliare. ♦ to **taper** *vi.* assottigliarsi, restringersi.
tapestry *s.* arazzo.
tapeworm *s.* tenia.
tapir *s.* tapiro.
tar *s.* catrame.
to **tar** *vt.* incatramare.
tardiness *s.* **1.** lentezza **2.** indolenza.
tardy *agg.* **1.** lento **2.** svogliato.
tare *s.* tara.
target *s.* bersaglio.
tariff *s.* tariffa.
tarnish *s.* **1.** appannamento **2.** macchia.
to **tarnish** *vi.* **1.** appannarsi **2.** macchiarsi. ♦ to **tarnish** *vt.* **1.** mac-

chiare **2.** inquinare.
tarpaulin *s.* telone impermeabile.
tarry *agg.* **1.** catramato **2.** simile a catrame.
to **tarry** *vi.* indugiare.
tart *agg.* aspro.
tart *s.* torta di frutta, crostata.
tartan[1] *s.* tessuto scozzese.
tartan[2] *s.* (*mar.*) tartana.
tartar *agg.* e *s.* tartaro.
tartaric *agg.* tartarico.
tartlet *s.* pasticcino.
tartly *avv.* in modo acido.
task *s.* compito, dovere, impresa.
to **task** *vt.* **1.** assegnare un compito a **2.** affaticare.
task-work *s.* lavoro a cottimo.
tassel *s.* **1.** nappa **2.** segnalibro.
to **tassel** *vt.* adornare di nappe.
taste *s.* **1.** gusto **2.** assaggio.
to **taste** *vt.* **1.** gustare **2.** assaggiare. ♦ to **taste** *vi.* sapere di.
tasteful *agg.* raffinato.
tastefulness *s.* buon gusto.
tasteless *agg.* **1.** insipido **2.** di cattivo gusto.
tastelessness *s.* **1.** scipitezza **2.** mancanza di gusto.
taster *s.* assaggiatore.
tasty *agg.* **1.** saporito **2.** (*gergo*) di buon gusto.
tatter *s.* cencio.
to **tatter** *vt.* stracciare. ♦ to **tatter** *vi.* cadere a pezzi.
tattery *agg.* stracciato.
tattle *s.* chiacchiera.
to **tattle** *vi.* chiacchierare.
tattler *s.* chiacchierone.
tattoo[1] *s.* tatuaggio.
tattoo[2] *s.* (*mil.*) **1.** ritirata **2.** carosello militare.
to **tattoo**[1] *vt.* tatuare.
to **tattoo**[2] *vi.* tamburellare.
taught V. *to teach.*
taunt *s.* sarcasmo.
to **taunt** *vt.* **1.** rimproverare **2.** schernire.
taunting *agg.* beffardo. ♦ **taunting** *s.* rimprovero sarcastico.
taut *agg.* **1.** teso **2.** in ordine.
to **tauten** *vt.* tendere. ♦ to **tauten** *vi.* tendersi.
tautness *s.* tensione.
tautologic(al) *agg.* tautologico.
tautology *s.* tautologia.
tavern *s.* taverna || — *-keeper,* oste.
taw *s.* biglia.
tawdry *agg.* sgargiante.
tawny *agg.* bruno fulvo.
tax *s.* **1.** tassa **2.** peso || — *-payer,* contribuente.
to **tax** *vt.* **1.** tassare **2.** accusare.
taxability *s.* tassabilità.
taxable *agg.* tassabile.
taxation *s.* tassazione.
taxi *s.* tassì || — *-driver,* tassista; (*aer.*) — *track,* pista di rullaggio.
to **taxi** *vi.* (*aer.*) rullare.
taxicab *s.* autopubblica.
taximeter *s.* tassametro.
tea *s.* tè || — *-pot,* teiera; *high* —, cena fredda; — *-set,* servizio da tè.
to **teach (taught, taught)** *vt.* insegnare.
teachable *agg.* **1.** che apprende facilmente **2.** che si insegna facilmente.
teacher *s.* insegnante.
teachership *s.* insegnamento.
teaching *agg.* che insegna. ♦ **teaching** *s.* insegnamento.
teacup *s.* tazza da tè.
team *s.* **1.** squadra **2.** tiro (*di cavalli*).
to **team** *vt.* aggiogare, accoppiarsi, raggrupparsi. ♦ to **team** *vi.* accoppiarsi, associarsi.
tear[1] *s.* **1.** lacrima **2.** goccia || — *-gas,* gas lacrimogeno.
tear[2] *s.* strappo, lacerazione.
to **tear (tore, torn)** *vt.* strappare, lacerare. ♦ to **tear (tore, torn)** *vi.* strapparsi.
tearful *agg.* lacrimoso.
tearing *agg.* violento. ♦ **tearing** *s.* strappo, lacerazione.
tear-off *s.* parte da staccare.
tease *s.* chi stuzzica.
to **tease** *vt.* **1.** stuzzicare **2.** cardare (*lana ecc.*).
teaser *s.* **1.** seccatore **2.** cardatore **3.** questione difficile.
teaspoon *s.* cucchiaino da tè.
technical *agg.* tecnico.
technicality *s.* tecnicismo.
technician *s.* tecnico.
technique *s.* tecnica.
technological *agg.* tecnologico.
technology *s.* tecnologia.
tectonics *s.* **1.** edilizia **2.** tettonica.
tedious *agg.* tedioso.
tediousness *s.* tedio.
to **teem** *vi.* brulicare.
teen-ager *s.* adolescente.
teens *s. pl.* età da tredici a diciannove anni.
teeth V. *tooth.*
teething *s.* dentizione.

teetotal(l)er *s.* astemio.
telecast *s.* teletrasmissione || — *news*, telegiornale.
to **telecast (telecast, telecast)** *vt.* teletrasmettere.
telecommunication *s.* telecomunicazione.
telecontrol *s.* telecomando.
telegram *s.* telegramma.
telegraph *s.* telegrafo.
to **telegraph** *vt.* e *vi.* telegrafare.
telegraphic *agg.* telegrafico.
telegraphist *s.* telegrafista.
telegraphy *s.* telegrafia.
telemeter *s.* telemetro.
telepathy *s.* telepatia.
telephone *s.* telefono || — *booth*, cabina telefonica; — *-book*, elenco telefonico.
to **telephone** *vt.* e *vi.* telefonare.
telephonist *s.* telefonista.
telephony *s.* telefonia.
telephoto *s.* telefoto.
telephotograph *s.* telefotografia.
telescope *s.* telescopio.
to **telescope** *vi.* incastrarsi.
teletype *s.* telescrivente.
teletyper *s.* telescriventista.
teletypewriter *s.* telescrivente.
to **teleview** *vt.* e *vi.* guardare la televisione.
televiewer *s.* telespettatore.
to **televise** *vt.* riprendere con la televisione.
television *s.* televisione || — *set*, televisore.
televisional *agg.* televisivo.
to **tell (told, told)** *vt.* e *vi.* **1.** dire **2.** raccontare **3.** distinguere.
teller *s.* **1.** narratore **2.** (*comm.*) cassiere.
telling *agg.* efficace. ♦ **telling** *s.* **1.** il raccontare **2.** rivelazione.
telltale *s.* **1.** chiacchierone **2.** (*tec.*) controllore.
telluric *agg.* tellurico.
telpher *s.* cabina di funivia.
telpherage *s.* trasporto per teleferica.
temper *s.* **1.** indole **2.** umore **3.** collera **4.** moderazione.
to **temper** *vt.* temperare.
temperament *s.* temperamento.
temperamental *agg.* capriccioso.
temperance *s.* temperanza.
temperate *agg.* **1.** temperato (*di clima*) **2.** moderato.
temperature *s.* temperatura || *to have a* —, avere la febbre.
tempered *agg.* **1.** temprato **2.** moderato **3.** di indole, umore || *quick* —, irritabile.
tempest *s.* tempesta.
temple[1] *s.* tempio.
temple[2] *s.* (*anat.*) tempia.
temporal *agg.* temporale.
temporariness *s.* temporaneità.
temporary *agg.* temporaneo.
temporization *s.* temporeggiamento.
to **temporize** *vi.* temporeggiare.
to **tempt** *vt.* tentare.
temptation *s.* tentazione.
tempter *s.* tentatore.
tempting *agg.* seducente.
ten *agg.* e *s.* dieci.
tenacious *agg.* **1.** tenace **2.** viscoso.
tenacity *s.* tenacia.
tenancy *s.* locazione.
tenant *s.* **1.** proprietario **2.** locatario.
to **tend**[1] *vt.* curare, badare a, custodire.
to **tend**[2] *vi.* tendere.
tendency *s.* tendenza.
tendential, tendentious *agg.* tendenzioso.
tender[1] *agg.* tenero || — *of*, sollecito verso.
tender[2] *s.* **1.** guardiano, custode **2.** nave di appoggio.
tender[3] *s.* offerta, proposta.
to **tender** *vt.* offrire, presentare.
tenderness *s.* **1.** tenerezza **2.** delicatezza.
tendon *s.* (*anat.*) tendine.
tendril *s.* viticcio.
tenebrous *agg.* tenebroso.
tenement *s.* **1.** podere **2.** abitazione.
tenor *s.* **1.** tenore (*di vita ecc.*) **2.** (*giur.*) copia esatta **3.** (*mus.*) tenore.
tense[1] *agg.* teso.
tense[2] *s.* (*gramm.*) tempo.
to **tense** *vt.* tendere. ♦ to **tense** *vi.* tendersi.
tension *s.* tensione.
tent *s.* tenda.
tentacle *s.* tentacolo.
tentative *agg.* sperimentale. ♦ **tentative** *s.* tentativo, prova.
tenth *agg.* e *s.* decimo.
tenuity *s.* **1.** tenuità **2.** rarefazione **3.** fluidità.
tenuous *agg.* **1.** tenue **2.** rarefatto **3.** fluido.
tenure *s.* **1.** possesso **2.** gestione.

tepid *agg.* tiepido.
tepidity *s.* tepidezza.
tercet *s.* terzina.
tergal *agg.* dorsale.
to **tergiversate** *vi.* tergiversare.
tergiversation *s.* tergiversazione.
term *s.* **1.** termine **2.** (*scol.*) trimestre **3.** (*giur.*) sessione **4.** condizione. ♦ **terms** *s. pl.* rapporti.
to **term** *vt.* definire.
terminable *agg.* terminabile.
terminal *agg.* estremo. ♦ **terminal** *s.* **1.** estremità **2.** stazione di testa, capolinea **3.** (*elettr.*) morsetto.
to **terminate** *vt.* **1.** limitare **2.** terminare. ♦ to **terminate** *vi.* **1.** essere limitato **2.** terminare.
termination *s.* **1.** termine **2.** (*gramm.*) desinenza.
terminator *s.* **1.** chi termina **2.** limite.
terminology *s.* terminologia.
terminus *s.* (*pl.* -ni) **1.** capolinea **2.** meta.
termite *s.* (*zool.*) termite.
tern *s.* terno.
ternary *agg.* ternario.
terrace *s.* **1.** terrapieno **2.** terrazzo (*sul tetto*) **3.** fila di case.
terraqueous *agg.* terracqueo.
terrestrial *agg.* e *s.* terrestre.
terrible *agg.* terribile.
terrific *agg.* **1.** spaventoso **2.** (*fam.*) straordinario.
to **terrify** *vt.* atterrire.
territorial *agg.* territoriale.
territory *s.* territorio.
terror *s.* terrore.
terrorism *s.* terrorismo.
terrorist *s.* terrorista.
terroristic *agg.* terroristico.
to **terrorize** *vt.* terrorizzare.
terse *agg.* conciso.
terseness *s.* concisione.
tertiary *agg.* e *s.* terziario.
test *s.* **1.** prova, esperimento, saggio **2.** "test", reattivo psicologico || — *driver,* collaudatore; — *film,* provino; — *-tube,* provetta.
to **test** *vt.* **1.** controllare **2.** mettere alla prova **3.** analizzare.
testament *s.* testamento.
testamentary *agg.* testamentario.
tester *s.* **1.** collaudatore **2.** apparecchio di misura **3.** baldacchino.
testicle *s.* testicolo.
to **testify** *vt.* e *vi.* testimoniare.
testimonial *s.* **1.** benservito **2.** dono.
testimony *s.* testimonianza.
testing *s.* collaudo, prova.
tetanic(al) *agg.* tetanico.
tetanus *s.* tetano.
tetchy *agg.* stizzoso.
tetrahedron *s.* tetraedro.
tetralogy *s.* tetralogia.
Teutonic *agg.* teutonico.
text *s.* **1.** testo **2.** argomento.
textile *agg.* e *s.* tessile.
textual *agg.* testuale.
texture *s.* trama, tessuto.
thallium *s.* tallio.
than *cong.* che, di, di quello che (non), di quanto (non): *he is older — you,* è più vecchio di te.
to **thank** *vt.* ringraziare || — *you!,* grazie!
thankful *agg.* riconoscente.
thankfulness *s.* riconoscenza.
thankless *agg.* ingrato.
thanks *s. pl.* grazie, ringraziamenti.
thanksgiving *s.* ringraziamento.
that *agg.* (*pl.* those) quello, quella. ♦ **that** *pron. dimostr.* quello, questo, ciò. ♦ **that** *pron. rel.* che, il quale, la quale, i quali, le quali.
that *cong.* **1.** che **2.** affinché **3.** purché.
thatch *s.* copertura di paglia (*per tetti*).
to **thatch** *vt.* coprire con paglia.
thaumaturge *s.* taumaturgo.
thaumaturgic(al) *agg.* taumaturgico.
thaw *s.* sgelo, disgelo.
to **thaw** *vt.* sgelare. ♦ to **thaw** *vi.* sgelarsi.
the *art.* il, lo, la, i, gli, le.
theatre *s.* teatro.
theatrical *agg.* teatrale.
theft *s.* furto.
their *agg. poss.* loro.
theirs *pron. poss.* il, la loro; i, le loro.
theism *s.* teismo.
them *pron.* loro, li, le, sé.
thematic *agg.* tematico.
theme *s.* tema.
themselves *pron. r.* **1.** se stessi, se stesse, sé, si **2.** essi stessi, esse stesse.
then *avv.* **1.** allora **2.** poi.
theocracy *s.* teocrazia.
theocratic(al) *agg.* teocratico.
theologian *s.* teologo.
theologic(al) *agg.* teologico.
theology *s.* teologia.
theorem *s.* teorema.

theoretic(al) *agg.* teorico.
theoretics *s.* teoretica.
theorist *s.* teorico.
to **theorize** *vi.* teorizzare.
theory *s.* teoria.
therapeutic(al) *agg.* terapeutico.
therapeutics *s.* terapeutica.
therapy *s.* terapia.
there *avv.* **1.** là, lì **2.** ci, vi **3.** in ciò. ♦ **there** *inter.* ecco! su!
thereabout(s) *avv.* **1.** là vicino **2.** all'incirca.
thereby *avv.* per mezzo di, perciò.
therefore *avv.* quindi, dunque.
thereupon *avv.* al che, tosto.
thermal *agg.* termico, termale.
thermic *agg.* termico.
thermionic *agg.* termoionico.
thermodynamics *s.* termodinamica.
thermoelectric *agg.* termoelettrico.
thermometer *s.* termometro.
thermonuclear *agg.* termonucleare.
thermostat *s.* termostato.
these (*pl. di* this), questi, queste.
thesis *s.* (*pl.* -ses) tesi, dissertazione.
thews *s. pl.* muscoli.
they *pron. pers.* **1.** essi, esse, loro **2.** (*in costruzioni impersonali*) si: — *say,* si dice.
thick *agg.* **1.** spesso, grosso: *a — book,* un grosso libro **2.** fitto, folto **3.** denso, torbido.
to **thicken** *vt.* ispessire, addensare. ♦ to **thicken** *vi.* ispessirsi, addensarsi.
thickening *s.* ispessimento.
thicket *s.* boschetto.
thickly *avv.* fittamente, densamente.
thickness *s.* **1.** spessore, grossezza **2.** densità **3.** strato.
thickset *agg.* **1.** fitto, spesso **2.** tarchiato.
thief *s.* (*pl.* thieves) ladro.
to **thieve** *vt.* e *vi.* rubare, essere ladro.
thievish *agg.* ladresco.
thigh *s.* coscia || — *bone,* femore.
thimble *s.* ditale.
thin *agg.* **1.** sottile **2.** magro, snello **3.** rado, raro **4.** fluido, rarefatto **5.** debole, fiacco.
to **thin** *vt.* e *vi.* **1.** assottigliare, assottigliarsi, dimagrire **2.** diradare, sfoltire. ♦ to **thin** *vt.* **1.** assottigliare **2.** diradare, sfoltire. ♦ to **thin** *vi.* **1.** assottigliarsi **2.** diradarsi.
thing *s.* **1.** cosa, oggetto **2.** argomento, soggetto.
to **think (thought, thought)** *vt.* e *vi.* **1.** pensare, riflettere **2.** ritenere, considerare **3.** credere, aspettarsi || *to — of,* pensare, avere in animo di; *to — ill of so.,* avere una cattiva opinione di qu.; *to — out,* escogitare; *to — over,* riflettere.
thinkable *agg.* concepibile, immaginabile.
thinker *s.* pensatore.
thinking *agg.* pensante, ragionevole ♦ **thinking** *s.* pensiero, riflessione, opinione.
thinness *s.* sottigliezza, tenuità, magrezza, radezza.
third *agg.* e *s.* terzo.
thirdly *avv.* in terzo luogo.
third-rate *agg.* di terz'ordine.
thirst *s.* **1.** sete, arsura **2.** (*fig.*) avidità.
thirsty *agg.* assetato || *to be —,* aver sete; *to be — for* (*fig.*), bramare.
thirteen *agg.* tredici.
thirteenth *agg.* tredicesimo.
thirtieth *agg.* trentesimo.
thirty *agg.* trenta.
this *agg.* e *pron. dimostr.* (*pl.* these) questo, questa.
Thomism *s.* tomismo.
thomist *s.* tomista.
thorax *s.* torace.
thorn *s.* spina (*anche fig.*).
thorny *agg.* spinoso (*anche fig.*).
thorough *agg.* **1.** completo, totale **2.** perfetto, esperto **3.** meticoloso.
thoroughbred *agg.* **1.** purosangue (*di cavallo*) **2.** di antico lignaggio. ♦ **thoroughbred** *s.* purosangue.
thoroughfare *s.* arteria di grande traffico || *no —,* passaggio vietato.
those (*pl. di* that) quelli, quelle.
though *avv.* comunque, tuttavia. ♦ **though** *cong.* benché, sebbene.
thought V. *to think.*
thought *s.* **1.** pensiero, riflessione **2.** idea, parere **3.** concezione.
thoughtful *agg.* **1.** pensoso, pensieroso **2.** sollecito.
thoughtless *agg.* sconsiderato, sventato, negligente.
thoughtlessness *s.* sconsideratezza, negligenza.
thousand *agg.* mille. ♦ **thousand** *s.* migliaio.
thrall *s.* schiavo.
to **thrash** *vt.* e *vi.* **1.** battere, sfer-

zare **2.** (*mar.*) navigare contro vento **3.** trebbiare **4.** bastonare || *to — out*, dibattere.
thrasher *s.* trebbiatore.
thrashing machine *s.* trebbiatrice.
thread *s.* **1.** filo (*anche fig.*) **2.** vena, filone.
to **thread** *vt.* **1.** infilare **2.** far passare attraverso.
threadbare *agg.* **1.** consumato, consunto **2.** (*fig.*) vieto, trito.
threading *s.* filettatura.
threadlike *agg.* filiforme.
threat *s.* minaccia.
to **threaten** *vt.* e *vi.* minacciare.
threatening *agg.* minaccioso.
three *agg.* e *s.* tre.
threescore *agg.* sessanta.
to **thresh** *vt.* e *vi.* trebbiare.
threshold *s.* **1.** soglia, limitare **2.** (*fig.*) esordio, inizio.
threw V. *to throw.*
thrice *avv.* tre volte.
thriftiness *s.* economia, parsimonia.
thrifty *agg.* frugale, economo.
thrill *s.* brivido, palpito.
to **thrill** *vt.* far fremere, elettrizzare. ♦ to **thrill** *vi.* fremere, vibrare, emozionarsi.
thriller *s.* (*gergo*) storia, film sensazionale, poliziesco.
thrilling *agg.* **1.** sensazionale, emozionante **2.** penetrante.
to **thrive (throve, thriven)** *vi.* **1.** prosperare, fiorire **2.** crescere vigorosamente.
thriving *agg.* **1.** prospero, fiorente **2.** rigoglioso.
throat *s.* gola || *— wash*, gargarismo; *sore —*, mal di gola.
throaty *agg.* gutturale.
throb *s.* battito, pulsazione, fremito.
to **throb** *vi.* battere, pulsare, fremere.
throbbing *agg.* palpitante, vibrante (*anche fig.*).
thrombosis *s.* trombosi.
throne *s.* trono.
throng *s.* folla, moltitudine.
to **throng** *vt.* affollare, stipare. ♦ to **throng** *vi.* affollarsi, affluire.
to **throttle** *vt.* strozzare, strangolare.
through *avv.* **1.** attraverso, da una parte all'altra **2.** (*ferr.*) direttamente || *— train,* treno diretto. ♦ **through** *prep.* **1.** attraverso, per **2.** durante, per tutta la durata di **3.** per mezzo.
throughout *avv.* da un capo all'altro, dal principio alla fine. ♦ **throughout** *prep.* in ogni parte di, durante tutto il, dal principio alla fine di.
throve V. *to thrive.*
throw *s.* lancio, gittata (*di missile ecc.*), tiro.
to **throw (threw, thrown)** *vt.* e *vi.* **1.** gettare, scagliare, proiettare **2.** atterrare, rovesciare || *to — away,* buttar via; *to — off,* buttar fuori; *to — out* espellere.
throwback *s.* **1.** movimento brusco all'indietro **2.** ostacolo.
thrown V. *to throw.*
thrush *s.* tordo.
thrust *s.* **1.** colpo, botta **2.** colpo con arma appuntita.
to **thrust (thrust, thrust)** *vt.* e *vi.* **1.** spingere, ficcare **2.** frapporre **3.** forzare.
thud *s.* tonfo, rumore sordo.
to **thud** *vi.* fare un rumore sordo.
thumb *s.* pollice.
to **thumb** *vt.* **1.** lasciare ditate su (*un foglio ecc.*) **2.** strimpellare.
thump *s.* rumore sordo.
to **thump** *vt.* battere, percuotere, dar pugni.
thumping *agg.* pesante.
thunder *s.* **1.** tuono: *a peal of —*, un colpo di tuono **2.** scoppio, rombo **3.** fulmine (*anche fig.*).
to **thunder** *vt.* e *vi.* **1.** tuonare, rimbombare **2.** minacciare.
thunderbolt *s.* fulmine, saetta (*anche fig.*).
thundering *agg.* **1.** tonante, fulminante **2.** (*fam.*) straordinario.
thundery *agg.* minaccioso.
Thursday *s.* giovedì.
thus *avv.* così, in questo modo.
to **thwart** *vt.* opporsi a, ostacolare.
thyme *s.* timo.
thyroid *s.* tiroide.
tibia *s.* tibia.
tick *s.* tic-tac, ticchettio (*di orologio*).
to **tick** *vt.* e *vi.* ticchettare.
ticket *s.* **1.** biglietto, tessera, scontrino **2.** (*mil.*) congedo || *— -collector*, bigliettario; *— -inspector*, controllore; *single —*, biglietto di andata.
to **ticket** *vt.* **1.** mettere il cartellino del prezzo a **2.** fornire di biglietto.

ticking *s.* traliccio.
tickle *s.* solletico.
to **tickle** *vt.* fare il solletico, solleticare (*anche fig.*). ♦ to **tickle** *vi.* prudere.
tickler *s.* **1.** chi solletica **2.** questione delicata.
ticklish *agg.* **1.** sensibile al solletico **2.** scabroso.
tide *s.* **1.** marea **2.** (*fig.*) corrente, corso || — *-gauge*, mareografo.
to **tide** *vi.* salire, crescere come la marea.
tidily *avv.* lindamente.
tidings *s. pl.* novità.
tidy *agg.* ordinato, preciso, pulito.
to **tidy** *vt.* riordinare, mettere in ordine.
tie *s.* **1.** laccio, legaccio **2.** cravatta **3.** (*fig.*) legame **4.** (*ferr.*) traversina.
to **tie** *vt.* **1.** legare, allacciare, congiungere (*anche fig.*) **2.** annodare.
tied *agg.* vincolato, schiavo.
tier *s.* ordine, fila (*di posti*).
to **tier** *vt.* allineare.
tiff *s.* stizza, bisticcio || *to be in a* —, essere in collera.
to **tiff** *vi.* essere stizzito.
tiger *s.* tigre.
tight *agg.* **1.** impermeabile, a perfetta tenuta **2.** teso, tirato **3.** stretto, aderente, attillato **4.** scarso, a corto di denaro **5.** (*gergo*) ubriaco. ♦ **tight** *avv.* **1.** ermeticamente **2.** in maniera tesa.
to **tighten** *vt.* **1.** serrare **2.** tirare, tendere. ♦ to **tighten** *vi.* **1.** serrarsi **2.** tendersi.
tightly *avv.* ermeticamente, strettamente.
tightness *s.* **1.** impermeabilità, tenuta **2.** tensione **3.** (*gergo*) ubriachezza.
tights *s. pl.* calzamaglia.
tigress *s.* tigre (*femmina*).
tile *s.* **1.** tegola, mattonella, piastrella **2.** (*fam.*) cappello a cilindro.
to **tile** *vt.* coprire di tegole, piastrelle.
tilemaking *s.* fabbricazione di tegole.
tilery *s.* fabbrica di tegole.
tiling *s.* tegolato, piastrellatura.
till[1] *prep.* fino a: — *now*, fino ad ora. ♦ **till** *cong.* finché, fino al momento in cui.
till[2] *s.* cassetto in cui si custodisce il denaro.
to **till** *vt.* dissodare, arare.
tillage *s.* **1.** dissodamento, aratura **2.** terreno coltivato.
tiller *s.* **1.** aratore **2.** (*mar.*) barra del timone.
tilt[1] *s.* tenda, tendone.
tilt[2] *s.* **1.** torneo, giostra **2.** contesa, disputa **3.** inclinazione, pendenza.
to **tilt** *vt.* **1.** inclinare **2.** rovesciare. ♦ to **tilt** *vi.* **1.** oscillare **2.** (*mar.*) beccheggiare.
timber *s.* **1.** legname da costruzione **2.** bosco con alberi d'alto fusto **3.** trave **4.** (*fig.*) tempra, carattere **5.** (*mar.*) costola || — *-work*, costruzione in legno.
to **timber** *vt.* rivestire di legno.
timbre *s.* timbro (*di suoni*).
time *s.* **1.** tempo, periodo di tempo, circostanza, epoca, età **2.** volta, volte **3.** orario, ora || *with* —, col passar del tempo; *from* — *to* —, di tanto in tanto; *as times go*, coi tempi che corrono; *at times*, a volte; *in good* —, per tempo; *what* — *is it?*, che ore sono?
to **time** *vt.* fissare l'orario di. ♦ to **time** *vi.* tenere il tempo.
timekeeper *s.* **1.** cronometro **2.** cronometrista.
timeliness *s.* tempestività.
timely *agg.* opportuno, tempestivo.
timepiece *s.* orologio (*da tavolo*).
timer *s.* cronometrista.
time-study *agg.* — *engineer*, analista tempi.
timid *agg.* timido.
timidity *s.* timidezza.
timing *s.* **1.** calcolo del tempo (*di pose fotografiche ecc.*) **2.** (*mecc.*) messa in fase.
timorous *agg.* timoroso.
tin *s.* **1.** stagno, latta **2.** recipiente.
to **tin** *vt.* **1.** stagnare **2.** conservare in scatola.
tincture *s.* **1.** (*chim.*) tintura, soluzione alcoolica **2.** tinta **3.** sfumatura, traccia **4.** gusto, aroma.
to **tincture** *vt.* **1.** tingere, colorare **2.** aromatizzare.
tinder *s.* esca (*per fuoco*).
tinge *s.* **1.** sfumatura, tocco **2.** (*fig.*) pizzico.
to **tinge** *vt.* dare una sfumatura a (*anche fig.*).
to **tingle** *vt.* **1.** pizzicare **2.** far tintinnare. ♦ to **tingle** *vi.* arrossire (*di guance*).
tink *s.* tintinnio.

tinker *s.* calderaio (*ambulante*), stagnino.
to **tinker** *vt.* rabberciare, riparare.
tinkle *s.* tintinnio.
to **tinkle** *vt.* far tintinnare. ♦ to **tinkle** *vi.* tintinnare.
tinkling *s.* tintinnio.
tinsel *agg.* vistoso, sgargiante. ♦ **tinsel** *s.* orpello (*anche fig.*).
tint *s.* tinta, colore delicato, sfumatura.
to **tint** *vt.* colorire, tinteggiare.
tiny *agg.* minuscolo.
tip[1] *s.* **1.** punta, cima **2.** puntale.
tip[2] *s.* **1.** immondezzaio **2.** inclinazione.
tip[3] *s.* mancia.
to **tip**[1] *vt.* toccare, battere leggermente.
to **tip**[2] *vt.* **1.** rovesciare **2.** inclinare. ♦ to **tip** *vi.* **1.** rovesciarsi **2.** inclinarsi.
to **tip**[3] *vt.* e *vi.* **1.** dare la mancia **2.** (*gergo*) dare, passare.
tippet *s.* mantellina.
tipsy *agg.* ubriaco.
tiptoe *s.* punta dei piedi: *on* —, in punta di piedi.
to **tiptoe** *vi.* camminare in punta di piedi.
tire *s.* **1.** cerchione di ruota **2.** pneumatico || *flat* —, gomma a terra.
to **tire**[1] *vt.* stancare, annoiare. ♦ to **tire** *vi.* stancarsi, annoiarsi.
to **tire**[2] *vt.* fornire di cerchione, di pneumatico.
tired *agg.* stanco, affaticato, esausto || *to be — out*, essere stanco morto.
tireless *agg.* instancabile.
tiresome *agg.* faticoso, stancante, noioso.
tissue *s.* tessuto || *— paper*, carta velina.
Titan *s.* titano, gigante.
titanic *agg.* titanico (*anche fig.*).
title *s.* **1.** titolo **2.** titolo, grado, qualifica.
to **title** *vt.* **1.** intitolare, intestare **2.** conferire un titolo.
titular *s.* titolare.
to *prep.* **1.** (*con verbo di moto*) a, in, da **2.** verso, per **3.** (*di tempo*) fino a **4.** (*paragone, rapporto*) contro a **5.** riguardo a || *— all appearances*, stando alle apparenze; *— my despair*, con mia disperazione; *— this end*, a questo scopo.
toad *s.* rospo.
toady *s.* adulatore.
to **toady** *vt.* adulare, comportarsi servilmente.
toast[1] *s.* pane abbrustolito, crostino.
toast[2] *s.* brindisi.
to **toast**[1] *vt.* abbrustolire, tostare.
to **toast**[2] *vt.* e *vi.* fare un brindisi.
toaster *s.* tostapane.
tobacco *s.* tabacco || *— -box*, tabacchiera.
tobacconist *s.* tabaccaio || *—'s shop*, tabaccheria.
tocsin *s.* segnale d'allarme.
today *s.* oggi. ♦ **today** *avv.* oggigiorno.
toddle *s.* andatura incerta, vacillante.
to **toddle** *vi.* camminare a passi incerti, passeggiare.
toe *s.* dito del piede.
together *avv.* assieme, insieme, unitamente.
toil[1] *s.* fatica, duro lavoro || *— -worn*, sfinito dalla fatica.
toil[2] *s.* laccio, trappola (*anche fig.*).
to **toil**[1] *vi.* faticare, lavorare duramente.
to **toil**[2] *vt.* prendere in trappola (*anche fig.*).
toilet *s.* **1.** toletta, pulizia **2.** abbigliamento **3.** bagno, gabinetto || *— -paper*, carta igienica.
toilsome *agg.* faticoso, laborioso.
token *s.* **1.** segno, simbolo **2.** prova, pegno, ricordo.
tolerable *agg.* **1.** tollerabile **2.** discreto.
tolerance *s.* tolleranza.
tolerant *agg.* tollerante.
to **tolerate** *vt.* tollerare, sopportare.
toleration *s.* tolleranza.
toll[1] *s.* pedaggio, dazio, gabella.
toll[2] *s.* rintocco (*di campana*).
to **toll** *vt.* suonare. ♦ to **toll** *vi.* rintoccare.
tomato *s.* pomodoro.
tomb *s.* tomba.
tomboy *s.* ragazza indiavolata.
tome *s.* tomo, volume.
tomfool *agg.* e *s.* sciocco, banale.
tommy *s.* **1.** pane, pagnotta **2.** provviste (*che l'operaio porta da casa*) (*pl.*).
tommy-gun *s.* fucile mitragliatore, mitra.
tomorrow *s.* e *avv.* domani.
ton *s.* tonnellata.
tonality *s.* tonalità.
tone *s.* tono, timbro, accento.

to **tone** *vt.* e *vi.* **1.** (*mus.*) dare il tono, intonare, accordare **2.** (*pitt.*) sfumare.
toneless *agg.* inespressivo, privo di colore, senza vigore.
tongs *s. pl.* pinze, molle, tenaglie.
tongue *s.* **1.** lingua **2.** lingua, linguaggio **3.** lingua (*di terra, fuoco*) || — *-tied*, muto, taciturno; — *-twister*, scioglilingua.
to **tongue** *vt.* leccare, lambire.
tonic *agg.* tonico, corroborante. ♦ **tonic** *s.* (*med.*) tonico, energetico.
tonight *avv.* e *s.* stanotte, stasera.
tonnage *s.* tonnellaggio, stazza.
tonsil *s.* tonsilla.
tonsillitis *s.* tonsillite.
tonsure *s.* tonsura.
to **tonsure** *vt.* tonsurare.
too *avv.* **1.** troppo **2.** anche, pure **3.** inoltre.
took V. *to take.*
tool *s.* **1.** arnese, attrezzo, utensile **2.** (*fig.*) strumento.
tooth *s.* (*pl.* teeth) **1.** dente, zanna **2.** dente (*di pettine, forchetta ecc.*) || — *-paste*, dentifricio; — *-pick*, stuzzicadenti.
toothache *s.* mal di denti.
toothbrush *s.* spazzolino da denti.
toothing *s.* dentatura, dentellatura.
toothless *agg.* sdentato.
toothy *agg.* dai denti sporgenti.
top[1] *s.* **1.** cima, sommità **2.** (*fig.*) apice **3.** parte superiore, "capote" di automobile.
top[2] *s.* trottola.
topaz *s.* topazio.
topic *s.* argomento, soggetto.
topical *agg.* d'attualità.
topographer *s.* topografo.
topographic(al) *agg.* topografico.
topography *s.* topografia.
topology *s.* topologia.
toponymy *s.* toponomastica.
topsail *s.* vela di gabbia.
topsyturvy *agg.* sottosopra, capovolto. ♦ **topsyturvy** *s.* capovolgimento, disordine, scompiglio. ♦ **topsyturvy** *avv.* sottosopra.
to **topsyturvy** *vt.* mettere sossopra.
toque *s.* berretto, tocco.
torch *s.* torcia, fiaccola || *electric* —, lampadina tascabile.
torchlight *s.* luce di fiaccole, torce || — *procession*, fiaccolata.
tore V. *to tear.*
torment *s.* tormento, tortura.
to **torment** *vt.* tormentare.
torn V. *to tear.*
tornado *s.* ciclone.
torpedo *s.* **1.** (*zool.*) torpedine **2.** (*mar.*) siluro || — *-boat*, torpediniera; — *boat destroyer*, cacciatorpediniere.
to **torpedo** *vt.* silurare.
torpid *agg.* torpido, apatico.
torpor *s.* torpore.
torrefaction *s.* torrefazione.
to **torrefy** *vt.* torrefare.
torrent *s.* torrente (*anche fig.*).
torrential *agg.* torrenziale.
torrid *agg.* torrido.
torsion *s.* torsione.
tortoise *s.* tartaruga.
torture *s.* tortura, tormento (*anche fig.*).
to **torture** *vt.* torturare, tormentare.
torturous *agg.* tormentoso.
toss *s.* **1.** lancio **2.** movimento del capo.
to **toss** *vt.* **1.** gettare, lanciare **2.** agitare, scuotere **3.** disarcionare. ♦ to **toss** *vi.* **1.** agitarsi, smaniare **2.** tirare a sorte **3.** (*mar.*) beccheggiare.
total *agg.* totale, completo. ♦ **total** *s.* totale.
totalitarian *agg.* totalitario.
totalitarianism *s.* totalitarismo.
totality *s.* totalità.
totalizator *s.* totalizzatore.
to **totalize** *vt.* e *vi.* totalizzare.
totalizer *s.* totalizzatore.
to **totter** *vi.* camminare barcollando.
tottering *agg.* vacillante, malsicuro.
touch *s.* **1.** tocco, colpetto **2.** tatto **3.** contatto, rapporto.
to **touch** *vt.* **1.** toccare **2.** sfiorare **3.** (*fig.*) colpire, commuovere. ♦ to **touch** *vi.* essere in contatto, confinare.
touchiness *s.* suscettibilità.
touching *agg.* toccante, commovente. ♦ **touching** *prep.* riguardo a.
touchstone *s.* pietra di paragone.
touchwood *s.* esca (*per accendere il fuoco*).
touchy *agg.* permaloso.
tough *agg.* **1.** duro **2.** forte, robusto **3.** (*fig.*) inflessibile **4.** difficile **5.** violento.
to **toughen** *vt.* indurire. ♦ to **toughen** *vi.* indurirsi.
toughness *s.* **1.** durezza **2.** inflessibilità.
tour *s.* giro, viaggio, escursione.
to **tour** *vt.* e *vi.* fare un viaggio.

tourism *s.* turismo.
tourist *s.* turista.
tourmalin(e) *s.* tormalina.
tournament *s.* torneo.
to **tousle** *vt.* scompigliare, arruffare.
tow *s.* rimorchio.
toward(s) *prep.* **1.** verso, in direzione di **2.** riguardo a **3.** verso, circa (*di tempo*).
towel *s.* asciugamano || — *-horse*, porta-asciugamano.
tower *s.* torre.
to **tower** *vi.* torreggiare.
towing *s.* rimorchio.
town *s.* **1.** città **2.** cittadinanza || — *-council*, consiglio comunale; — *-planning*, piano regolatore; *chief* —, capoluogo.
townhall *s.* municipio.
townhouse *s.* residenza di città.
townscape *s.* veduta (*di città*).
townsfolk *s.* abitanti di una città.
township *s.* territorio, giurisdizione di una città.
townsman *s.* cittadino.
townspeople *s.* cittadinanza.
townward(s) *avv.* verso la città.
toxic(al) *agg.* tossico.
toxicity *s.* tossicità.
toxicologist *s.* tossicologo.
toxicology *s.* tossicologia.
toxin *s.* tossina.
toy *s.* **1.** giocattolo **2.** bazzecola, storiella.
to **toy** *vi.* giocherellare, trastullarsi.
toyish *agg.* **1.** simile a giocattolo **2.** insignificante.
toyshop *s.* negozio di giocattoli.
trabeation *s.* trabeazione.
trace *s.* traccia, orma.
to **trace** *vt.* **1.** tracciare **2.** seguire le tracce **3.** rintracciare || *to — back*, risalire.
traceable *agg.* **1.** rintracciabile **2.** che si può tracciare.
trachea *s.* trachea.
tracheal *agg.* tracheale.
tracheitis *s.* tracheite.
trachyte *s.* trachite.
tracing *s.* **1.** tracciato **2.** calco, ricalco.
track *s.* **1.** traccia, orma **2.** sentiero, corso (*anche fig.*) **3.** (*sport*) pista **4.** (*ferr.*) binario || *sound* — (*cine*), colonna sonora.
to **track** *vt.* **1.** inseguire, pedinare **2.** tracciare un sentiero. ♦ to **track** *vi.* posare i binari.
tract[1] *s.* periodo, tratto, spazio.
tract[2] *s.* opuscolo.
tractability *s.* arrendevolezza.
tractable *agg.* arrendevole.
traction *s.* **1.** trazione **2.** contrazione.
tractor *s.* trattore.
trade *s.* **1.** mestiere **2.** commercio, traffico **3.** commercianti (*pl.*) || — *bank*, banca commerciale; — *dispute*, vertenza sindacale; — *-mark*, marchio di fabbrica; — *-show* (*cine*), anteprima per la critica; *free-* —, libero scambio.
to **trade** *vt.* e *vi.* commerciare, negoziare.
trader *s.* **1.** commerciante **2.** nave mercantile.
trading *s.* commercio.
tradition *s.* tradizione.
traditional *agg.* tradizionale.
traditionalism *s.* tradizionalismo.
traditionalist *s.* tradizionalista.
to **traduce** *vt.* calunniare.
traffic *s.* **1.** traffico, commercio **2.** traffico, circolazione || — *lights*, semaforo; — *jam*, ingorgo stradale.
tragedian *s.* **1.** tragediografo **2.** attore tragico.
tragedy *s.* tragedia.
tragic(al) *agg.* tragico.
tragicomedy *s.* tragicommedia.
tragicomic(al) *agg.* tragicomico.
trail *s.* **1.** traccia, striscia **2.** pista, orma **3.** cammino, sentiero.
to **trail** *vt.* **1.** trascinare **2.** seguire le tracce di. ♦ to **trail** *vi.* trascinarsi.
trailer *s.* **1.** inseguitore, cacciatore **2.** rimorchio **3.** (*cine*) film di prossima programmazione.
train *s.* **1.** treno: *express* — (o *fast* —), rapido; *slow* —, accelerato **2.** seguito, corteo **3.** serie, successione, fila.
to **train** *vt.* **1.** allevare, educare **2.** esercitare, allenare, addestrare. ♦ to **train** *vi.* **1.** esercitarsi, allenarsi **2.** viaggiare in ferrovia.
trainer *s.* istruttore, allenatore.
training *s.* educazione, ammaestramento, allenamento.
trait *s.* tratto, fattezza, caratteristica.
traitor *s.* traditore.
trajectory *s.* traiettoria.
tram *s.* **1.** tram **2.** carrello da miniera || — *-conductor*, tranviere.
trammel *s.* **1.** tramaglio **2.** intoppo.
tramp *s.* **1.** calpestio **2.** viaggio a piedi.

to **tramp** *vt.* **1.** camminare pesantemente **2.** viaggiare a piedi **3.** vagabondare.
trample *s.* calpestio.
to **trample** *vt.* **1.** calpestare **2.** (*fig.*) offendere. ♦ to **trample** *vi.* camminare pesantemente.
tramway *s.* tranvia.
to **tranquillize** *vt.* tranquillizzare.
tranquillizer *s.* (*med.*) tranquillante.
to **transact** *vt.* e *vi.* negoziare, trattare affari.
transaction *s.* **1.** affare, operazione **2.** (*giur.*) transazione **3.** atti (*di congresso ecc.*) (*pl.*).
transactor *s.* negoziatore.
transalpine *agg.* e *s.* transalpino.
transatlantic *agg.* transatlantico.
to **transcend** *vt.* trascendere, superare.
transcendence *s.* trascendenza.
transcendent *agg.* trascendente.
transcendental *agg.* trascendentale.
transcendentalism *s.* trascendentalismo.
transcontinental *agg.* transcontinentale.
to **transcribe** *vt.* trascrivere.
transcript *s.* riproduzione, copia.
transcription *s.* trascrizione.
transept *s.* transetto.
transfer *s.* **1.** trasferimento, cessione **2.** (*giur.*) trapasso **3.** decalcomania.
to **transfer** *vt.* trasferire, cedere.
transferable *agg.* trasferibile.
transfiguration *s.* trasfigurazione.
to **transfigure** *vt.* trasfigurare.
to **transfix** *vt.* trafiggere.
transfocator *s.* (*cine*) teleobiettivo.
to **transform** *vt.* trasformare.
transformable *agg.* trasformabile.
transformation *s.* trasformazione.
transformer *s.* trasformatore.
transformism *s.* trasformismo.
to **transfuse** *vt.* **1.** travasare **2.** fare una trasfusione (*di sangue*).
transfusion *s.* trasfusione.
to **transgress** *vt.* trasgredire. ♦ to **transgress** *vi.* commettere una violenza, peccare.
transgression *s.* trasgressione.
transgressor *s.* trasgressore.
transient *agg.* passeggero, transitorio.
transistor *s.* (*radio*) transistor.
transit *s.* **1.** transito, passaggio **2.** trasporto.
transition *s.* transizione.
transitive *agg.* transitivo.
transitory *agg.* transitorio.
translatable *agg.* traducibile.
to **translate** *vt.* tradurre.
translation *s.* **1.** traduzione **2.** trasferimento, assunzione (*al cielo*).
translator *s.* traduttore.
translucent *agg.* traslucido, diafano, trasparente.
to **transmigrate** *vi.* trasmigrare.
transmigration *s.* trasmigrazione.
transmissible *agg.* trasmissibile.
transmission *s.* trasmissione.
to **transmit** *vt.* trasmettere.
transmitter *s.* trasmettitore.
transoceanic *agg.* transoceanico.
transparence *s.* trasparenza.
transparent *agg.* **1.** trasparente, limpido **2.** chiaro, evidente.
to **transpire** *vt.* e *vi.* traspirare.
to **transplant** *vt.* trapiantare.
transplantation *s.* trapianto.
transport *s.* **1.** trasporto (*anche fig.*) **2.** mezzo di trasporto.
transportable *agg.* trasportabile.
transposal *s.* trasposizione.
transposition *s.* trasposizione (*di parole, cifre ecc.*).
transubstantiation *s.* transustanziazione.
transversal *agg.* e *s.* trasversale.
trap *s.* trappola || — *-door,* botola.
to **trap** *vt.* prendere in trappola.
trapezium *s.* trapezio.
trapper *s.* chi tende trappole.
trash[1] *s.* rifiuto.
trash[2] *s.* guinzaglio.
to **trash** *vt.* sfrondare.
trashy *agg.* senza valore.
traumatic *agg.* traumatico.
travel *s.* **1.** viaggi (*pl.*): — *agency,* agenzia di viaggi **2.** (*mecc.*) corsa.
to **travel** *vi.* viaggiare.
traveller *s.* viaggiatore.
travelling *agg.* **1.** viaggiante **2.** di, da viaggio **3.** mobile. ♦ **travelling** *s.* il viaggiare.
traverse *agg.* trasversale. ♦ **traverse** *s.* **1.** trasversale **2.** traversata.
to **traverse** *vt.* **1.** traversare **2.** muovere lateralmente. ♦ to **traverse** *vi.* **1.** fare una traversata **2.** muoversi lateralmente **3.** girare su un perno.
travertin(e) *s.* travertino.
travesty *s.* parodia.
trawl *s.* (*mar.*) strascico.

trawler *s.* peschereccio a strascico.
tray *s.* vassoio || *ash-* —, portacenere.
treacherous *agg.* traditore, sleale.
treacherousness, treachery *s.* tradimento, slealtà.
tread *s.* **1.** passo **2.** suola **3.** battistrada.
to **tread (trod, trodden)** *vt.* e *vi.* camminare. ♦ to **tread (trod, trodden)** *vt.* **1.** percorrere **2.** calpestare.
treadle *s.* pedale.
treason *s.* tradimento.
treasure *s.* tesoro.
to **treasure** *vt.* **1.** ammassare **2.** custodire gelosamente.
treasurer *s.* tesoriere.
treasury *s.* **1.** tesoreria **2.** Ministero del Tesoro.
treat *s.* festa.
to **treat** *vt.* **1.** trattare **2.** offrire.
treatise *s.* trattato.
treatment *s.* **1.** trattamento **2.** (*med.*) cura.
treaty *s.* trattato.
treble *agg.* **1.** triplo, triplice **2.** (*mus.*) di soprano, parte di soprano.
to **treble** *vt.* triplicare. ♦ to **treble** *vi.* triplicarsi.
tree *s.* **1.** albero **2.** trave || — *-frog,* raganella.
trefoil *s.* trifoglio.
trellis *s.* graticcio.
tremble *s.* tremito.
to **tremble** *vi.* tremare.
trembling *agg.* tremante, tremolante. ♦ **trembling** *s.* tremito.
tremendous *agg.* tremendo.
tremor *s.* tremore.
tremulous *agg.* tremulo.
trench *s.* **1.** fosso **2.** trincea.
to **trench** *vt.* e *vi.* scavare, solcare, scavare trincee.
trenchant *agg.* tagliente, incisivo, efficace.
trencher *s.* tagliere.
trend *s.* direzione, orientamento, tendenza.
to **trend** *vi.* tendere.
trepan *s.* trapano.
to **trepan** *vt.* trapanare.
trepidation *s.* **1.** tremito **2.** trepidazione.
trespass *s.* **1.** trasgressione **2.** violazione.
to **trespass** *vi.* **1.** commettere una violazione **2.** peccare.
trespasser *s.* **1.** trasgressore **2.** peccatore.
trestle *s.* **1.** cavalletto **2.** intelaiatura.
trial *s.* **1.** processo **2.** prova, esperimento.
triangle *s.* triangolo.
triangular *agg.* triangolare.
triangulation *s.* triangolazione.
tribal *agg.* tribale.
tribe *s.* tribù.
tribune[1] *s.* tribuno.
tribune[2] *s.* tribuna.
tributary *agg.* e *s.* tributario.
tribute *s.* tributo.
trichromatic *agg.* tricromico.
trick *s.* **1.** trucco **2.** imbroglio **3.** mania.
to **trick** *vt.* ingannare.
trickery *s.* inganno.
trickish *agg.* scaltro.
trickle *s.* gocciolio.
to **trickle** *vi.* gocciolare.
tricky *agg.* **1.** scaltro **2.** intricato.
tricolour *agg.* e *s.* tricolore.
tricycle *s.* triciclo.
trident *s.* tridente.
tridimensional *agg.* tridimensionale.
triennial *agg.* triennale.
trifle *s.* sciocchezza.
to **trifle** *vi.* scherzare.
trifler *s.* persona leggera.
trifling *agg.* **1.** insignificante **2.** frivolo.
trigeminal *agg.* e *s.* trigemino.
trigeminus *s.* trigemino.
trigger *s.* grilletto.
trigonometry *s.* trigonometria.
trihedron *s.* triedro.
trill *s.* trillo.
to **trill** *vt.* e *vi.* trillare.
trillion *s.* **1.** trilione **2.** (*amer.*) bilione.
trilogy *s.* trilogia.
trim *agg.* ordinato. ♦ **trim** *s.* **1.** ordine **2.** assetto **3.** (*cine*) taglio.
to **trim** *vt.* **1.** ordinare **2.** tagliare.
trimester *s.* trimestre.
trimmer *s.* decoratore.
trimming *s.* **1.** guarnizione **2.** bastonatura.
trinity *s.* trinità.
trinket *s.* ninnolo.
trinomial *s.* trinomio.
trip *s.* **1.** gita, viaggio **2.** passo agile **3.** passo falso.
to **trip** *vi.* **1.** saltellare **2.** inciampare. ♦ to **trip** *vt.* **1.** far inciam-

pare 2. (*mecc.*) liberare.
tripartite *agg.* tripartito.
tripartition *s.* tripartizione.
tripe *s.* **1.** trippa **2.** (*gergo*) ciarpame, sciocchezze (*pl.*).
triple *agg.* triplo.
to **triple** *vt.* triplicare. ♦ to **triple** *vi.* triplicarsi.
triplicate *agg.* triplicato. ♦ **triplicate** *s.* triplice copia.
to **triplicate** *vt.* triplicare.
tripod *s.* **1.** treppiede **2.** tripode.
tripper *s.* gitante.
triptych *s.* trittico.
trisyllabic(al) *agg.* trisillabico.
trite *agg.* trito.
to **triturate** *vt.* triturare.
triumph *s.* trionfo.
to **triumph** *vi.* trionfare.
triumphant *agg.* trionfante.
triumvir *s.* triumviro.
triumvirate *s.* triumvirato.
trivalent *agg.* trivalente.
trivial *agg.* banale.
triviality *s.* banalità.
trod V. *to tread.*
trodden V. *to tread.*
troglodyte *s.* troglodita.
troglodytic(al) *agg.* trogloditico.
trolley *s.* carrello || — *bus*, filobus; — *line*, linea tranviaria.
troop *s.* **1.** gruppo **2.** truppe (*pl.*).
to **troop** *vi.* **1.** radunarsi **2.** sfilare.
trophy *s.* trofeo.
tropic *agg.* tropico.
tropical *agg.* tropicale.
tropism *s.* tropismo.
troposphere *s.* troposfera.
trot *s.* trotto.
to **trot** *vt.* far trottare. ♦ to **trot** *vi.* trottare.
trotter *s.* trottatore.
trouble *s.* guaio, disturbo.
to **trouble** *vt.* disturbare. ♦ to **trouble** *vi.* preoccuparsi.
troublesome *agg.* fastidioso.
trough *s.* **1.** truogolo **2.** condotto, solco **3.** depressione (*atmosferica*).
trousers *s. pl.* calzoni
trout *s.* trota.
trowel *s.* cazzuola.
truce *s.* tregua.
truck[1] *s.* baratto, scambio.
truck[1] *s.* **1.** carrello **2.** (*amer.*) autocarro.
to **truck**[1] *vt.* barattare.
to **truck**[2] *vt.* trasportare (*su carrello*).
trucker *s.* camionista.
truculent *agg.* truculento.
to **trudge** *vi.* camminare faticosamente.
true *agg.* vero, esatto || *out of* —, sfasato.
truffle *s.* tartufo.
truly *avv.* **1.** veramente **2.** esattamente.
to **trump** *vt.* ingannare || *to — up a charge*, inventare un'accusa.
trumpery *agg.* illusorio. ♦ **trumpery** *s.* orpello.
trumpet *s.* tromba.
to **trumpet** *vi.* **1.** suonare la tromba **2.** barrire. ♦ to **trumpet** *vt.* strombazzare.
trumpeter *s.* trombettiere.
truncate *agg.* tronco, troncato.
truncheon *s.* manganello.
trunk *s.* **1.** tronco **2.** baule **3.** proboscide || — *-call*, comunicazione interurbana. ♦ **trunks** *s. pl.* calzoni corti.
truss *s.* **1.** fascio **2.** (*arch.*) capriata.
trust *s.* **1.** fede, fiducia **2.** incarico di fiducia **3.** (*econ.*) "trust", consorzio monopolistico.
to **trust** *vt.* e *vi.* confidare, fidarsi di, dar credito || *to — so. with sthg.*, affidare qc. a qu.
trustee *s.* **1.** (*comm.*) fiduciario **2.** (*giur.*) curatore.
truster *s.* chi si fida.
trustful *agg.* fiducioso.
trustworthy *agg.* degno di fiducia.
truth *s.* verità.
truthful *agg.* **1.** vero **2.** fedele.
try *s.* tentativo || — *-on*, prova (*di abiti*); — *-out* (*mecc.*), prova.
to **try** *vt.* provare, tentare || *to — for sthg.*, cercare di ottenere qc.; *to — on*, provare (*di abiti*); *to — out*, sottoporre a dura prova.
trying *agg.* **1.** difficile **2.** difficilmente sopportabile.
tub *s.* tinozza, vasca.
tube *s.* **1.** tubo **2.** camera d'aria **3.** (*fam.*) ferrovia sotterranea.
tuber *s.* **1.** tubero **2.** tubercolo.
tubercular *agg.* **1.** tubercolare **2.** tubercoloso.
tuberculosis *s.* tubercolosi.
tuberculous *agg.* tubercoloso.
tubing *s.* tubatura.
tubular, **tubulous** *agg.* tubolare.
tuck *s.* piega (*di abito*).
to **tuck** *vt.* **1.** (ri)piegare **2.** pigiare || *to — up*, rimboccare.
Tuesday *s.* martedì.
tuff *s.* tufo vulcanico.

tuft *s.* **1.** ciuffo **2.** fiocco **3.** cespuglio.
tug *s.* strappo || — *-of-war,* tiro alla fune.
to **tug** *vt.* e *vi.* **1.** tirare **2.** dare strattoni.
tugboat *s.* (*mar.*) rimorchiatore.
tuition *s.* istruzione.
tulip *s.* tulipano.
tumble *s.* **1.** caduta **2.** confusione.
to **tumble** *vi.* **1.** cadere **2.** agitarsi **3.** precipitarsi **4.** fare acrobazie. ♦ to **tumble** *vt.* **1.** far cadere **2.** scompigliare.
tumble-down *agg.* in rovina.
tumbler *s.* **1.** acrobata **2.** bicchiere (*senza piede*).
tumefaction *s.* tumefazione.
to **tumefy** *vt.* tumefare. ♦ to **tumefy** *vi.* tumefarsi.
tumescence *s.* tumescenza.
tumescent *agg.* gonfio.
tumid *agg.* tumido.
tumidity *s.* gonfiore.
tumour *s.* tumore.
tumult *s.* tumulto.
tumultuous *agg.* tumultuoso.
tumulus *s.* (*pl.* -li) tumulo.
tun *s.* botte.
tuna *s.* tonno.
tune *s.* **1.** tono **2.** accordo **3.** motivo || *in* —, intonato; *out of* —, stonato.
to **tune** *vt.* (*mus.*) accordare || *to* — *up,* mettere a punto. ♦ to **tune** *vi.* essere in armonia.
tuneful *agg.* armonioso.
tuner *s.* **1.** (*mus.*) accordatore **2.** (*radio*) sintonizzatore.
tungsten *s.* tungsteno.
tunic *s.* tunica.
Tunisian *agg.* e *s.* tunisino.
to **tunnel** *vi.* costruire un tunnel. ♦ to **tunnel** *vt.* perforare.
tunny *s.* tonno.
turban *s.* turbante.
turbid *agg.* torbido.
turbidity *s.* torbidezza.
turbine *s.* turbina.
turbojet *s.* turbogetto || — *engine,* turboreattore.
turbulence *s.* turbolenza.
turbulent *agg.* turbolento.
tureen *s.* zuppiera.
turf *s.* **1.** zolla erbosa **2.** torba **3.** campo da corse || — *-accountant,* allibratore.
turgid *agg.* turgido.
turgidity *s.* turgidezza.
Turk *agg.* e *s.* turco.
turkey *s.* tacchino.
Turkish *agg.* turco.
turmoil *s.* agitazione.
turn *s.* **1.** giro **2.** curva **3.** turno **4.** servizio **5.** attitudine || — *-out,* assemblea, sciopero, produzione; — *-table,* piattaforma girevole, giradischi.
to **turn** *vi.* **1.** girarsi, volgersi **2.** diventare. ♦ to **turn** *vt.* **1.** girare, volgere **2.** mutare **3.** tornire || *to* — *off,* chiudere, spegnere; *to* — *on,* aprire, accendere; *to* — *down,* abbassare; *to* — *out,* scacciare, produrre, spegnere, risultare; *to* — *over,* rovesciare.
turnabout *s.* **1.** giostra **2.** inversione (*di rotta*).
turncoat *s.* voltagabbana.
turner *s.* tornitore.
turning *s.* **1.** giro, svolta **2.** tornitura.
turning-point *s.* svolta decisiva, momento critico.
turnip *s.* rapa.
turnkey *s.* secondino.
turnout *s.* **1.** folla **2.** equipaggio.
turnover *s.* **1.** rovesciamento **2.** (*comm.*) giro **3.** torta.
turnpike *s.* strada a pedaggio.
turnspit *s.* girarrosto.
turpentine *s.* trementina.
turpitude *s.* turpitudine.
turquoise *s.* turchese.
turret *s.* torretta.
turtle *s.* **1.** tartaruga **2.** — (*-dove*), tortora.
Tuscan *agg.* e *s.* toscano.
tusk *s.* zanna.
tussle *s.* zuffa.
to **tussle** *vi.* azzuffarsi.
tutelar(y) *agg.* tutelare.
tutor *s.* istitutore.
to **tutor** *vt.* **1.** istruire **2.** controllare.
tutorial *agg.* di istitutore.
tutorship *s.* mansione di istitutore.
twang *s.* **1.** suono acuto **2.** suono nasale.
to **twang** *vi.* **1.** avere un suono acuto **2.** parlare con voce nasale.
tweet *s.* cinguettio.
to **tweet** *vi.* cinguettare.
tweezers *s. pl.* pinzette.
twelfth *agg.* e *s.* dodicesimo.
twelve *agg.* e *s.* dodici.
twentieth *agg.* e *s.* ventesimo.
twenty *agg.* e *s.* venti.

twice *avv.* due volte.
twig *s.* ramoscello.
twilight *s.* **1.** crepuscolo **2.** luce fioca.
twin *agg.* e *s.* gemello.
to **twin** *vt.* accoppiare. ♦ to **twin** *vi.* accoppiarsi.
twine *s.* **1.** spago, corda **2.** groviglio.
twinge *s.* fitta, dolore.
twinkle *s.* **1.** scintillio **2.** ammicco || *in a* —, in un batter d'occhio.
to **twinkle** *vi.* **1.** scintillare **2.** ammiccare.
twinkling *s.* balenio.
twirl *s.* piroetta, rotazione.
to **twirl** *vt.* e *vi.* girare, roteare.
twist *s.* **1.** filo ritorto **2.** torsione **3.** curva.
to **twist** *vt.* **1.** torcere **2.** travisare. ♦ to **twist** *vi.* **1.** torcersi **2.** serpeggiare.
twister *s.* **1.** torcitore **2.** truffatore.
twisty *agg.* **1.** tortuoso **2.** disonesto.
to **twit** *vt.* biasimare.
twitch *s.* **1.** strattone **2.** tic nervoso.
twitter *s.* **1.** pigolio **2.** agitazione.
to **twitter** *vi.* **1.** pigolare **2.** essere ansioso.
two *agg.* e *s.* due.
twofold *agg.* doppio. ♦ **twofold** *avv.* doppiamente.
twopence *s.* due penny (*valore*).
tycoon *s.* (*amer.*) magnate.
type *s.* **1.** tipo **2.** simbolo **3.** (*tip.*) carattere tipografico || — *-setting* (*tip.*), composizione.
to **type** *vt.* **1.** rappresentare **2.** dattilografare.
written) *vt.* e *vi.* dattilografare.
to **typewrite (typewrote, type-**
typewriter *s.* dattilografo.
typewriting *s.* dattilografia.
typewritten V. *to typewrite.*
typewrote V. *to typewrite.*
typhoon *s.* tifone.
typhus *s.* tifo.
typic(al) *agg.* tipico.
to **typify** *vt.* **1.** incarnare **2.** esemplificare.
typist *s.* dattilografo.
typographer *s.* tipografo.
typographic(al) *agg.* tipografico.
typography *s.* tipografia.
tyrannic(al) *agg.* tirannico.
tyrannicide *s.* **1.** tirannicida **2.** tirannicidio.
to **tyrannize** *vt.* e *vi.* tiranneggiare.
tyrannous *agg.* tirannico.
tyranny *s.* tirannia.
tyrant *s.* tiranno.
tyre *s.* V. *tire.*
Tyrrhene, Tyrrhenian *agg.* e *s.* tirreno.
Tzigane *agg.* e *s.* tzigano.

U

ubication *s.* ubicazione.
ugliness *s.* bruttezza.
ugly *agg.* **1.** brutto **2.** vile, turpe.
ulcer *s.* ulcera, piaga (*anche fig.*).
to **ulcerate** *vt.* ulcerare. ♦ to **ulcerate** *vi.* ulcerarsi.
ulceration *s.* ulcerazione.
ulcerous *agg.* ulceroso.
ulna *s.* (*pl.* -ae) (*anat.*) ulna.
ultimate *agg.* ultimo, finale, definitivo.
ultra *agg.* ultra, estremo, eccessivo. ♦ **ultra** *s.* estremista.
ultramarine *agg.* oltremarino.
ultramontane *agg.* e *s.* oltremontano.
ultramundane *agg.* oltremondano.
ultra-red *agg.* infrarosso.
ultrasonic *agg.* ultrasonico.
ultraviolet *agg.* ultravioletto.
umbilical *agg.* ombelicale.
umbrella *s.* ombrello || — *-stand,* portaombrelli.
umpire *s.* (*giur.; sport*) arbitro.
unabashed *agg.* imperturbato.
unabated *agg.* non diminuito, non scemato.
unable *agg.* incapace, inabile.
unabridged *agg.* non abbreviato, completo || — *edition,* edizione integrale.
unacceptable *agg.* inaccettabile.
unaccomplished *agg.* incompleto, incompiuto.
unaccountability *s.* inesplicabilità.
unaccountable *agg.* inesplicabile.
unaccustomed *agg.* non abituale, insolito.
unachievable *agg.* ineseguibile.
unacquainted *agg.* **1.** ignaro di, non al corrente di **2.** sconosciuto, poco familiare.
unacquired *agg.* non acquisito, innato.
unactive *agg.* inattivo.
unadapted *agg.* inadatto.

unadorned *agg.* disadorno.
unadvisable *agg.* non consigliabile, inopportuno.
unaffected *agg.* **1.** senza affettazione, semplice **2.** insensibile.
unafraid *agg.* impavido.
unalienable *agg.* inalienabile.
unallied *agg.* senza relazione, senza connessione.
unalterable *agg.* inalterabile.
unamendable *agg.* incorreggibile.
to **unanchor** *vi.* toglier l'ancora. ♦ to **unanchor** *vt.* disancorare.
unanimated *agg.* inanimato.
unanimity *s.* unanimità.
unanimous *agg.* unanime.
unannounced *agg.* non annunciato, imprevisto.
unanswerable *agg.* **1.** a cui non si può rispondere **2.** irrefutabile.
unanswered *agg.* senza risposta.
unappealable *agg.* inappellabile.
unappeasable *agg.* implacabile.
unappeased *agg.* insoddisfatto.
unapplied *agg.* non impiegato, inapplicato.
unappreciated *agg.* non apprezzato, incompreso.
unapprehensive *agg.* **1.** lento nell'apprendere **2.** non apprensivo.
unapproachable *agg.* inaccessibile.
unapt *agg.* **1.** inadatto **2.** inetto.
unargued *agg.* indiscusso.
to **unarm** *vt.* disarmare.
unarmed *agg.* disarmato, inerme.
unartful *agg.* privo di artifici, ingenuo.
unascertainable *agg.* non verificabile.
unascertained *agg.* sconosciuto, non accertato.
unasked *agg.* non richiesto.
unaspiring *agg.* senza ambizione.
unassailable *agg.* inattaccabile.
unassailed *agg.* inattaccato.
unasserted *agg.* non asserito.
unassuming *agg.* modesto, senza pretese.
unattackable *agg.* inattaccabile.
unattainable *agg.* inaccessibile.
unattempted *agg.* intentato.
unauthorized *agg.* **1.** non autorizzato **2.** illecito.
unavailable *agg.* **1.** inutile, vano **2.** non disponibile.
unavenged *agg.* impunito.
unavoidable *agg.* inevitabile.
unaware *agg.* inconsapevole, inconscio.
unawareness *s.* inconsapevolezza.
unawares *avv.* inconsapevolmente, inconsciamente.
unbalance *s.* squilibrio.
to **unbalance** *vt.* sbilanciare.
to **unbandage** *vt.* sbendare.
unbearable *agg.* insopportabile.
unbeaten *agg.* **1.** insuperato, non battuto **2.** non frequentato.
unbecoming *agg.* disdicevole.
unbelief *s.* incredulità, scetticismo.
unbelievable *agg.* incredibile.
unbelieving *agg.* incredulo, scettico.
to **unbend (unbent, unbent)** *vt.* **1.** raddrizzare **2.** allentare, slegare. ♦ to **unbend (unbent, unbent)** *vi.* raddrizzarsi.
unbias(s)ed *agg.* imparziale, senza preconcetti.
to **unbind (unbound, unbound)** *vt.* sciogliere, slegare.
to **unbolt** *vt.* disserrare, aprire.
unborn *agg.* non nato, nascituro, che deve venire.
to **unbosom** *vt.* rivelare, confidare. ♦ to **unbosom** *vi.* sfogarsi: *to — oneself to so.*, aprirsi con qu.
unbound V. *to unbind.*
unbreakable *agg.* infrangibile.
unbreathable *agg.* irrespirabile.
to **unbreech** *vt.* togliere i calzoni.
to **unbridle** *vt.* sbrigliare, dare libero corso a (*anche fig.*).
unbridled *agg.* incontrollato, senza briglia.
unbroken *agg.* **1.** intatto, intero, inviolato **2.** incessante.
unbruised *agg.* non ammaccato, illeso.
to **unbuckle** *vt.* sfibbiare, slacciare.
to **unburden** *vt.* **1.** scaricare, alleggerire **2.** (*fig.*) alleviare.
unburied *agg.* insepolto.
to **unbury** *vt.* disseppellire.
to **unbutton** *vt.* sbottonare. ♦ to **unbutton** *vi.* sbottonarsi.
uncalled *agg.* non chiamato, non invitato: — *for*, superfluo, gratuito.
uncanny *agg.* misterioso, irreale.
uncared-for *agg.* negletto, abbandonato.
unceasing *agg.* incessante.
uncensurable *agg.* incensurabile.
uncertain *agg.* **1.** incerto, malsicuro **2.** irresoluto.
uncertainty *s.* **1.** incertezza **2.** irresolutezza.
to **unchain** *vt.* sciogliere da catene.

unchanged *agg.* immutato.
uncharged *agg.* **1.** non carico **2.** non incriminato.
uncharitable *agg.* poco caritatevole.
to **uncharm** *vt.* liberare da un incantesimo.
unchaste *agg.* impuro.
unchecked *agg.* sfrenato.
uncivil *agg.* **1.** scortese, maleducato **2.** indecoroso.
uncivilized *agg.* non civilizzato.
to **unclasp** *vt.* slacciare. ♦ to **unclasp** *vi.* allentare la stretta.
uncle *s.* zio.
uncombed *agg.* spettinato.
uncomely *agg.* **1.** sgraziato **2.** sconveniente.
uncomfortable *agg.* **1.** scomodo, a disagio **2.** spiacevole.
uncommon *agg.* insolito, raro.
uncompared *agg.* incomparato.
uncompelled *agg.* non costretto, spontaneo.
unconcerned *agg.* indifferente, noncurante.
unconcerning *agg.* irrilevante, che non interessa.
unconditional *agg.* incondizionato.
uncongenial *agg.* **1.** antipatico, spiacevole **2.** non congeniale.
unconquerable *agg.* invincibile, indomabile.
unconquered *agg.* invitto, indomito.
unconscionable *agg.* **1.** irragionevole **2.** senza scrupoli.
unconscious *agg.* **1.** inconscio, ignaro **2.** privo di sensi. ♦ **unconscious** *s.* inconscio.
unconsciousness *s.* **1.** inconsapevolezza **2.** stato di incoscienza.
unconsolable *agg.* inconsolabile.
unconstitutional *agg.* incostituzionale.
unconstrained *agg.* **1.** non costretto, libero **2.** disinvolto.
unconstraint *s.* **1.** assenza di costrizione, libertà **2.** spontaneità.
uncontrollable *agg.* incontrollabile.
uncontrolled *agg.* senza controllo, sfrenato.
unconventional *agg.* non convenzionale, disinvolto.
unconvertible *agg.* inconvertibile.
unconvincing *agg.* non convincente.
to **uncork** *vt.* sturare, stappare.
uncountable *agg.* innumerevole.
to **uncouple** *vt.* **1.** sguinzagliare **2.** staccare.
uncouth *agg.* **1.** ordinario, rozzo **2.** desolato.
to **uncover** *vt.* **1.** scoprire **2.** spogliare. ♦ to **uncover** *vi.* togliersi il cappello.
uncovered *agg.* **1.** scoperto, senza tetto **2.** spogliato **3.** senza cappello.
unction *s.* **1.** unzione **2.** unguento.
unctuous *agg.* grasso, untuoso (*anche fig.*).
uncultivable *agg.* non coltivabile.
uncultivated *agg.* incolto, non coltivato.
uncut *agg.* intonso, non tagliato.
undaunted *agg.* intrepido, impavido.
to **undeceive** *vt.* disingannare.
undecided *agg.* **1.** indeciso, non risolto **2.** indefinito **3.** irresoluto.
undeclinable *agg.* indeclinabile.
undecomposable *agg.* indecomponibile.
undefended *agg.* **1.** indifeso **2.** (*giur.*) non assistito da difesa legale.
undeniable *agg.* innegabile.
under *prep.* **1.** sotto, al di sotto di **2.** in corso di **3.** meno di. ♦ **under** *avv.* sotto, al di sotto || — -*age*, minorenne.
underbrush *s.* sottobosco.
to **undercharge** *vt.* far pagare troppo poco.
underclothes *s. pl.* biancheria intima (*sing.*).
undercover *agg.* segreto.
undercurrent *s.* **1.** corrente sottomarina **2.** (*fig.*) attività, tendenza nascosta.
to **underdo (underdid, underdone)** *vt.* e *vi.* **1.** agire in modo insufficiente **2.** cuocere poco.
underdone V. *to underdo.* ♦ **underdone** *agg.* poco cotto.
to **underestimate** *vt.* sottovalutare.
underfed *agg.* denutrito.
to **underfeed (underfed, underfed)** *vt.* nutrire insufficientemente.
to **undergo (underwent, undergone)** *vt.* **1.** subire, essere sottoposto a **2.** sopportare.
undergraduate *s.* studente universitario.
underground *agg.* sotterraneo. ♦ **underground** *s.* **1.** sottosuolo **2.** metropolitana.

underground *avv.* **1.** sottoterra **2.** (*pol.*) clandestinamente.
underhand *agg.* **1.** clandestino, segreto **2.** furbo, astuto. ♦ **underhand** *avv.* segretamente, clandestinamente.
to **underline** *vt.* sottolineare.
underlining *s.* sottolineatura.
undermentioned *agg.* sottoindicato.
to **undermine** *vt.* **1.** minare, scalzare **2.** (*fig.*) indebolire, insidiare.
underneath *avv.* di sotto, al di sotto.
to **underpay (underpaid, underpaid)** *vt.* pagare inadeguatamente.
to **underrate** *vt.* sottovalutare.
underscriber *s.* sottoscrittore.
undersea *agg.* sottomarino.
to **undersell (undersold, undersold)** *vt.* svendere.
undershrub *s.* sottobosco.
undersignature *s.* firma in calce.
undersold V. *to undersell.*
to **understand (understood, understood)** *vt.* e *vi.* **1.** capire, comprendere **2.** dedurre, supporre **3.** sentir dire.
understandable *agg.* comprensibile.
understanding *s.* **1.** comprensione **2.** patto, intesa || *on this* —, a queste condizioni.
to **understate** *vt.* minimizzare.
understatement *s.* attenuazione del vero.
understood V. *to understand.*
to **undertake (undertook, undertaken)** *vt.* e *vi.* **1.** intraprendere **2.** incaricarsi di **3.** prendere in appalto.
undertaker *s.* **1.** impresario **2.** imprenditore di pompe funebri.
undertaking *s.* **1.** l'intraprendere **2.** (*comm.*) impresa **3.** (*giur.*) promessa, obbligazione.
undertook V. *to undertake.*
undervaluation *s.* **1.** scarsa stima **2.** svalutazione.
to **undervalue** *vt.* sottovalutare.
underwater *agg.* subacqueo || *fishing* —, pesca subacquea.
underwent V. *to undergo.*
underworld *s.* **1.** bassifondi (*pl.*) **2.** oltretomba.
to **underwrite (underwrote, underwritten)** *vt.* e *vi.* **1.** sottoscrivere, firmare **2.** (*comm.*) assicurare.
undeserved *agg.* immeritato.
undeserving *agg.* immeritevole.
undesirable *agg.* indesiderabile.
undestroyable *agg.* indistruttibile.
undetected *agg.* non scoperto.
undetermined *agg.* **1.** indeterminato **2.** indeciso.
undid V. *to undo.*
undies *s. pl.* biancheria intima (*sing.*).
undine *s.* ondina.
undisciplined *agg.* indisciplinato.
undiscriminating *agg.* che non distingue, che non fa distinzioni.
undiscussed *agg.* indiscusso.
indisputed *agg.* incontestato.
undissembled *agg.* non dissimulato.
undistinguished *agg.* indistinto.
undisturbed *agg.* indisturbato.
undividable *agg.* indivisibile.
to **undo (undid, undone)** *vt.* **1.** disfare, sciogliere **2.** annullare, rovinare.
undoing *s.* **1.** disfacimento **2.** rovina.
undone[1] V. *to undo.* ♦ **undone** *agg.* disfatto, rovinato.
undone[2] *agg.* incompiuto.
undoubtable *agg.* indubitabile.
undoubted *agg.* indubbio.
undreamed *agg.* non sognato, impensato.
to **undress** *vt.* svestire. ♦ to **undress** *vi.* svestirsi.
undue *agg.* **1.** non dovuto, indebito **2.** inadatto.
to **undulate** *vi.* **1.** ondeggiare **2.** essere ondulato.
undulation *s.* ondulazione.
undulatory *agg.* ondulatorio.
unduly *avv.* indebitamente.
to **unearth** *vt.* **1.** dissotterrare, portare alla luce **2.** far uscire dalla tana (*un animale*).
unearthly *agg.* ultraterreno || — *hour,* ora impossibile.
uneasily *avv.* **1.** a disagio, con difficoltà **2.** con ansia.
uneasiness *s.* **1.** disagio, pena **2.** ansia.
uneasy *agg.* **1.** a disagio **2.** ansioso, inquieto.
uneatable *agg.* immangiabile.
uneducated *agg.* rozzo, ignorante.
uneffected *agg.* non effettuato.
unembarrassed *agg.* a proprio agio, disinvolto.
unemployed *agg.* **1.** disoccupato **2.** non usato.
unemployment *s.* disoccupazione

|| — *benefit*, sussidio di disoccupazione.
unending *agg.* eterno, senza fine.
unequal *agg.* **1.** ineguale **2.** inadeguato, incapace.
unequalled *agg.* ineguagliato.
unerring *agg.* infallibile, sicuro.
uneven *agg.* **1.** ineguale, irregolare **2.** ruvido, non livellato.
unevenness *s.* **1.** disuguaglianza, irregolarità **2.** dislivello.
uneventful *agg.* pacifico, senza avvenimenti importanti.
unexceptionable *agg.* ineccepibile.
unexhausted *agg.* inesausto.
unexpected *agg.* inatteso.
unexpensive *agg.* poco costoso.
unexplored *agg.* inesplorato.
unextinguishable *agg.* inestinguibile.
unfadable *agg.* **1.** che non può appassire **2.** solido (*di colore*).
unfading *agg.* **1.** che non appassisce **2.** che non sbiadisce.
unfailing *agg.* **1.** infallibile, sicuro **2.** immancabile.
unfair *agg.* sleale: — *competition*, concorrenza sleale.
unfairness *s.* slealtà, ingiustizia.
unfaithful *agg.* **1.** infedele, sleale **2.** inesatto.
unfaithfulness *s.* **1.** infedeltà **2.** inesattezza.
unfaltering *agg.* fermo, non esitante.
unfamiliar *agg.* poco familiare.
unfashionable *agg.* fuori moda.
to **unfasten** *vt.* slacciare, slegare. ♦ to **unfasten** *vi.* slacciarsi, slegarsi.
unfathomable *agg.* insondabile.
unfavourable *agg.* sfavorevole.
unfeeling *agg.* insensibile, spietato.
unfinished *agg.* **1.** incompleto **2.** non rifinito.
unfit *agg.* **1.** inadatto, disadatto **2.** inabile.
unfitness *s.* **1.** inidoneità **2.** debole costituzione.
to **unfold** *vt.* **1.** aprire, schiudere **2.** svelare. ♦ to **unfold** *vi.* **1.** aprirsi, schiudersi **2.** svelarsi.
unforbearing *agg.* insofferente, impaziente.
unforeseeing *agg.* imprevidente.
unforeseen *agg.* imprevisto.
unforgettable *agg.* indimenticabile.
unforgiving *agg.* senza misericordia.
unforgotten *agg.* inobliato.
unfortunate *agg.* sfortunato.
unfortunately *avv.* sfortunatamente.
unfounded *agg.* infondato.
to **unfreeze (unfroze, unfrozen)** *vt.* disgelare, scongelare. ♦ to **unfreeze (unfroze, unfrozen)** *vi.* disgelarsi.
unfrequent *agg.* infrequente.
unfriendly *agg.* poco amichevole.
to **unfrock** *vt.* spretare.
unfroze V. *to unfreeze.*
unfrozen V. *to unfreeze.*
unfruitful *agg.* infruttuoso.
unfruitfulness *s.* infruttuosità.
to **unfurl** *vt.* e *vi.* spiegare, spiegarsi (*di bandiere ecc.*).
unfurnished *agg.* **1.** non ammobiliato **2.** sfornito.
ungainly *agg.* goffo, maldestro.
ungentlemanlike *agg.* indegno di un gentiluomo.
ungirt *agg.* senza cintura.
to **unglue** *vt.* scollare. ♦ to **unglue** *vi.* scollarsi.
ungodly *agg.* **1.** empio **2.** malvagio.
ungraceful *agg.* sgraziato.
ungrammatical *agg.* sgrammaticato.
ungrateful *agg.* ingrato.
ungrounded *agg.* **1.** infondato **2.** senza preparazione.
unguarded *agg.* sguarnito, senza difesa.
unguent *s.* unguento.
unhandy *agg.* **1.** maldestro **2.** poco maneggevole.
unhappiness *s.* infelicità.
unhappy *agg.* infelice, triste.
unharmed *agg.* intatto, illeso.
unharmful *agg.* innocuo.
unhealthily *avv.* in modo malsano, poco igienicamente.
unhealthy *agg.* **1.** malsano, insalubre **2.** (*fig.*) dannoso **3.** malaticcio.
unheard *agg.* **1.** non udito **2.** non ascoltato **3.** sconosciuto, strano || — *-of*, inaudito.
to **unhinge** *vt.* scardinare.
unholy *agg.* profano, empio.
to **unhook** *vt.* sganciare. ♦ to **unhook** *vi.* sganciarsi.
unhoped *agg.* insperato, inatteso.
to **unhorse** *vt.* **1.** disarcionare **2.** staccare i cavalli da.
unhuman *agg.* sovrumano.
unhurt *agg.* illeso, incolume.
unhurtful *agg.* innocuo.

unicellular *agg.* unicellulare.
unification *s.* unificazione.
uniform *agg.* uniforme, costante. ♦ **uniform** *s.* uniforme, divisa.
to **uniform** *vt.* uniformare.
uniformity *s.* uniformità.
to **unify** *vt.* unificare.
unilateral *agg.* unilaterale.
unilaterally *avv.* unilateralmente.
unimaginable *agg.* inimmaginabile.
unimpaired *agg.* inalterato, intatto.
unimpassioned *agg.* spassionato, calmo.
unimpeachable *agg.* incensurabile.
unimportance *s.* scarsa importanza.
unimportant *agg.* privo d'importanza.
unimposing *agg.* poco imponente, che non fa soggezione.
uninhabitable *agg.* inabitabile.
uninhabited *agg.* disabitato.
uninominal *agg.* uninominale.
unintelligent *agg.* stupido.
unintelligible *agg.* inintelligibile.
unintended *agg.* **1.** involontario **2.** (*giur.*) non intenzionale.
uninteresting *agg.* non interessante.
uninviting *agg.* poco attraente.
union *s.* unione, associazione, lega || (*trade*) —, sindacato; *the Union Jack*, la bandiera del Regno Unito.
unionism *s.* tendenza ad unirsi.
unionist *s.* unionista.
uniparous *agg.* uniparo.
unique *agg.* **1.** unico, solo **2.** eccezionale.
uniqueness *s.* unicità.
unisexual *agg.* unisessuale.
unison *s.* **1.** (*mus.*) unisono **2.** (*fig.*) concordia.
unit *s.* **1.** unità, unità di misura **2.** complesso, insieme.
unitary *agg.* unitario.
to **unite** *vt.* unire. ♦ to **unite** *vi.* **1.** unirsi **2.** mettersi d'accordo.
united *agg.* unito, collegato.
unity *s.* **1.** unità **2.** armonia.
universal *agg.* universale.
universality *s.* universalità.
to **universalize** *vt.* universalizzare.
universe *s.* universo.
university *s.* università.
univocal *agg.* univoco, non ambiguo.
to **unjoint** *vt.* disgiungere.
unjust *agg.* ingiusto.
unjustifiable *agg.* ingiustificabile.
unjustified *agg.* ingiustificato.
unkempt *agg.* trascurato, sciatto.
unkind *agg.* **1.** sgarbato, scortese **2.** crudele.
unkindness *s.* scortesia.
unknown *agg.* sconosciuto, ignoto.
unlawful *agg.* illegale.
to **unlearn (unlearnt, unlearnt)** (*anche reg.*) *vt.* disimparare.
unleavened *agg.* non lievitato || — *bread*, pane azzimo.
unless *cong.* a meno che, salvo che.
unlike *agg.* dissimile, diverso. ♦ **unlike** *avv.* diversamente. ♦ **unlike** *prep.* diversamente da.
unlikelihood *s.* inverosimiglianza, improbabilità.
unlikely *agg.* inverosimile, improbabile.
unlimited *agg.* illimitato, sconfinato.
to **unline** *vt.* sfoderare.
unlined[1] *agg.* senza fodera.
unlined[2] *agg.* senza rughe.
unliterary *agg.* non letterario.
to **unload** *vt.* **1.** scaricare **2.** (*fig.*) alleggerire.
to **unlock** *vt.* aprire (*con chiave*).
unlooked-for *agg.* imprevisto.
to **unloose** *vt.* slegare.
unlosable *agg.* che non può essere perso.
unlovable *agg.* poco amabile, antipatico.
unlucky *agg.* **1.** sfortunato **2.** di cattivo augurio.
to **unman** *vt.* **1.** evirare **2.** abbrutire **3.** togliere forza.
unmarred *agg.* non sciupato.
unmarried *agg.* non coniugato.
to **unmask** *vt.* togliere la maschera (*anche fig.*). ♦ to **unmask** *vi.* togliersi la maschera.
unmatched *agg.* senza rivali.
unmentionable *agg.* innominabile, irripetibile.
unmerciful *agg.* spietato.
unmethodical *agg.* non metodico.
unminded *agg.* negletto.
unmindful *agg.* **1.** immemore **2.** incurante.
unmistakable *agg.* indubbio, inequivocabile.
to **unmoor** *vt.* e *vi.* togliere gli ormeggi a.
to **unnail** *vt.* schiodare.
unnatural *agg.* innaturale, contro natura.
unnavigable *agg.* non navigabile.
unnecessary *agg.* non necessario.
unneeded *agg.* inutile, non neces-

sario.
to **unnerve** *vt.* snervare.
unnoticed *agg.* inosservato.
unobjectionable *agg.* ineccepibile.
unobliging *agg.* poco compiacente.
unobservant *agg.* **1.** inosservante **2.** distratto.
unobserved *agg.* inosservato.
unobtrusive *agg.* discreto, modesto.
unoffending *agg.* inoffensivo.
unofficial *agg.* ufficioso.
to **unpack** *vt.* e *vi.* **1.** disfare (*le valigie*) **2.** disimballare.
unpalatable *agg.* di gusto sgradevole.
unpardonable *agg.* imperdonabile.
unpaved *agg.* non lastricato.
unperceivable *agg.* impercettibile.
unperceived *agg.* inavvertito.
unperishable *agg.* duraturo, imperituro.
unpleasant *agg.* spiacevole, sgradevole.
unpliable *agg.* poco piacevole.
unpoetic(al) *agg.* poco poetico.
to **unpoison** *vt.* svelenire.
unpolluted *agg.* incontaminato.
unpopular *agg.* impopolare.
unpopularity *s.* impopolarità.
unprecise *agg.* impreciso.
unpredictable *agg.* imprevedibile.
unpredicted *agg.* imprevisto.
unpremeditated *agg.* non premeditato.
unprepared *agg.* impreparato.
unpreparedness *s.* impreparazione.
unprepossessed *agg.* senza prevenzioni.
unprepossessing *agg.* senza attrattive, antipatico.
unpresentable *agg.* impresentabile.
unpriestly *agg.* che non si addice a un prete.
unprincely *agg.* che non si addice a un principe.
unprintable *agg.* non adatto ad essere pubblicato.
unproductive *agg.* improduttivo.
unprofitable *agg.* poco vantaggioso.
unprofitableness *s.* infruttuosità.
unpronounceable *agg.* impronunciabile.
unprovable *agg.* indimostrabile.
unpublished *agg.* inedito.
unqualified *agg.* **1.** incompetente **2.** non abilitato **3.** (*giur.*) senza restrizioni.
to **unqualify** *vt.* **1.** inabilitare **2.** squalificare.
unquenchable *agg.* inestinguibile, insaziabile (*anche fig.*).
unquestionable *agg.* incontestabile, indiscutibile.
unquestioned *agg.* indiscusso.
unquiet *agg.* inquieto.
unquoted *agg.* **1.** non citato **2.** (*comm.*) non quotato (*di titoli*).
to **unravel** *vt.* districare. ♦ to **unravel** *vi.* districarsi.
unreachable *agg.* irraggiungibile.
unready *agg.* **1.** impreparato **2.** tardo, lento.
unreal *agg.* irreale.
unreality *s.* irrealtà.
unrealizable *agg.* irrealizzabile.
unreasonable *agg.* irragionevole.
unrecognizable *agg.* irriconoscibile.
unredeemed *agg.* **1.** irredento **2.** non controbilanciato **3.** (*comm.*) non estinto.
unrelated *agg.* senza rapporti, senza legami.
unreliable *agg.* **1.** non fidato **2.** inattendibile.
unrepealed *agg.* (*giur.*) non abrogato.
unrequired *agg.* non richiesto.
unrest *s.* inquietudine.
unrestrained *agg.* non represso.
unrestricted *agg.* senza limitazioni.
unrevenged *agg.* invendicato.
unripe *agg.* immaturo, acerbo (*anche fig.*).
unrivalled *agg.* impareggiabile.
to **unroll** *vt.* svolgere. ♦ to **unroll** *vi.* svolgersi.
unruly *agg.* sregolato, indisciplinato.
to **unsaddle** *vt.* dissellare, disarcionare.
unsafe *agg.* malsicuro.
unsatisfied *agg.* **1.** insoddisfatto **2.** non convinto.
unsavoury *agg.* insipido, scipito.
unscholarly *agg.* **1.** indegno di un letterato **2.** non erudito.
to **unscrew** *vt.* svitare.
unscriptural *agg.* non conforme alle Sacre Scritture.
to **unseal** *vt.* dissigillare.
unseasonable *agg.* **1.** fuori stagione **2.** (*fig.*) intempestivo.
unseemliness *s.* indecenza
unseemly *agg.* sconveniente, indecente.
unseizable *agg.* inafferrabile.
unselfish *agg.* disinteressato.
unselfishness *s.* disinteresse.

unsettled *agg.* **1.** disordinato **2.** sconvolto, turbato **3.** mutevole, indeciso.
to **unsew (unsewed, unsewn)** *vt.* scucire.
unshaken *agg.* non scosso, fermo.
to **unsheathe** *vt.* sguainare.
to **unshoe (unshod, unshod)** *vt.* **1.** togliere le scarpe **2.** togliere i ferri a (*un cavallo*).
unshrinkable *agg.* irrestringibile.
unskilfulness *s.* incapacità, imperizia.
unskilled *agg.* inesperto, inabile.
unsocial *agg.* asociale.
unsold *agg.* invenduto.
to **unsolder** *vt.* dissaldare.
unsolved *agg.* insoluto.
unsound *agg.* **1.** malsano, malato **2.** guasto, avariato.
unspeakable *agg.* **1.** inesprimibile **2.** inqualificabile.
unstable *agg.* **1.** instabile **2.** (*fig.*) mutevole.
unsteadiness *agg.* incostanza, volubilità.
unsteady *agg.* instabile, incostante.
unsubstantial *agg.* **1.** inconsistente **2.** illusorio.
unsuccessful *agg.* mal riuscito, sfortunato.
unsuitable *agg.* inadatto, non appropriato.
unsure *agg.* **1.** malsicuro, precario **2.** incerto.
unsurpassed *agg.* insorpassato.
unsuspected *agg.* insospettato, non sospetto.
unsustainable *agg.* insostenibile.
untamable *agg.* indomabile.
untame *agg.* selvaggio, non addomesticato.
untaught *agg.* poco istruito, ignorante.
unteachable *agg.* **1.** difficile da insegnare **2.** non educabile.
unthinkable *agg.* inimmaginabile.
to **unthread** *vt.* sfilare, togliere il filo a.
untidily *avv.* disordinatamente.
untidy *agg.* disordinato, trasandato.
to **untie** *vt.* slegare. ♦ to **untie** *vi.* slegarsi.
until *prep.* fino a. ♦ **until** *cong.* finché.
untimeliness *s.* intempestività, inopportunità.
untimely *agg.* **1.** prematuro **2.** inopportuno. ♦ **untimely** *avv.* **1.** prematuramente **2.** inopportunamente.
untiring *agg.* instancabile.
untitled *agg.* senza titolo.
to **untomb** *vt.* dissotterrare.
untouchable *agg.* **1.** intoccabile **2.** (*fig.*) irraggiungibile.
untouched *agg.* **1.** non toccato, intatto **2.** illeso, indenne.
untoward *agg.* **1.** restio, caparbio **2.** infausto.
untranslatable *agg.* intraducibile.
untravelled *agg.* che non ha viaggiato.
untrodden *agg.* non calpestato, non battuto.
untrue *agg.* **1.** falso, menzognero **2.** infedele.
untrustworthy *agg.* indegno di fiducia.
to **untune** *vt.* scordare (*uno strumento musicale*).
unusable *agg.* inutilizzabile.
unusual *agg.* insolito, inusitato.
unutterable *agg.* indescrivibile, impronunciabile.
unvarying *agg.* invariabile.
to **unveil** *vt.* **1.** togliere il velo a **2.** (*fig.*) rivelare.
unwary *agg.* incauto, sconsiderato.
unwatchful *agg.* non vigilante, disattento.
unweaned *agg.* non svezzato.
unweary *agg.* non stanco, indefesso.
unwell *agg.* indisposto, ammalato.
unwieldy *agg.* **1.** ingombrante **2.** impacciato.
unwilling *agg.* **1.** riluttante **2.** involontario.
unwillingly *avv.* malvolentieri.
unwillingness *s.* **1.** riluttanza **2.** malavoglia.
to **unwind (unwound, unwound)** *vt.* srotolare. ♦ to **unwind (unwound, unwound)** *vi.* srotolarsi.
unwise *agg.* malaccorto.
unwitting *agg.* inconsapevole.
unworldly *agg.* spirituale, non mondano.
unworthy *agg.* indegno, spregevole.
unwound *V. to unwind.*
to **unwrap** *vt.* disfare, svolgere.
unwritten *agg.* non scritto || — *law*, legge tramandata oralmente.
unwrought *agg.* **1.** non lavorato **2.** grezzo.
up[1] *avv.* **1.** su, in su, in alto **2.** in piedi || — *to*, fino a; *hurry* —,

spicciati; *the game is* —, tutto è perduto. ♦ **up** *prep.* su, su per, in cima a || — *now,* fino ad ora.
up[2] *agg.* ascendente, che va verso l'alto || — *-train,* treno per Londra.
up-and-down *agg.* **1.** che va in su e in giù **2.** oscillante.
to **upbraid** *vt.* rimproverare.
upheaval *s.* **1.** sollevamento **2.** agitazione.
uphill *agg.* **1.** in salita **2.** (*fig.*) difficile. ♦ **uphill** *avv.* in salita. ♦ **uphill** *s.* salita.
to **uphold (upheld, upheld)** *vt.* **1.** sostenere, sorreggere **2.** (*fig.*) appoggiare, patrocinare.
to **upholster** *vt.* tappezzare, imbottire.
upholsterer *s.* tappezziere.
upholstery *s.* tappezzeria, imbottitura.
upkeep *s.* mantenimento, manutenzione.
upland *agg.* montuoso. ♦ **upland** *s.* zona montuosa.
upon *prep.* V. *on.*
upper *agg.* **1.** superiore, più alto **2.** più lontano (*dall'ingresso ecc.*) || *the Upper House,* la Camera dei Lords.
uppercut *s.* (*sport*) "uppercut", colpo dal basso in alto.
upright *agg.* **1.** ritto, diritto, eretto **2.** retto, integro. ♦ **upright** *avv.* in piedi, perpendicolarmente.
uprightness *s.* **1.** perpendicolarità **2.** rettitudine.
uproar *s.* tumulto, chiasso.
uproarious *agg.* tumultuoso, chiassoso.
to **uproot** *vt.* sradicare, svellere.
ups and downs *s. pl.* **1.** ondulazioni (*del terreno*) **2.** (*fig.*) vicissitudini, alti e bassi.
to **upset (upset, upset)** *vt.* **1.** rovesciare **2.** disturbare, sconvolgere. ♦ to **upset (upset, upset)** *vi.* rovesciarsi, capovolgersi.
upset *agg.* **1.** rovesciato, capovolto **2.** (*fig.*) sconvolto, turbato. ♦ **upset** *s.* **1.** rovesciamento **2.** disordine.
upshot *s.* esito, risultato.
upside-down *avv.* capovolto, sottosopra.
upstairs *agg.* e *avv.* al piano superiore, di sopra.
upstanding *agg.* **1.** eretto, diritto **2.** (*fig.*) franco, leale.
up-to-date *agg.* aggiornato, all'ultima moda.
upward(s) *agg.* ascendente, rivolto verso l'alto. ♦ **upward** *avv.* **1.** in su, in alto **2.** al di sopra.
uranium *s.* uranio.
urban *agg.* urbano, di città.
urbane *agg.* urbano, cortese.
urbanity *s.* urbanità, cortesia.
urbanization *s.* urbanizzazione.
to **urbanize** *vt.* urbanizzare.
urchin *s.* monello.
uretic *agg.* e *s.* diuretico.
urge *s.* **1.** impulso, stimolo **2.** spinta, sprone.
to **urge** *vt.* e *vi.* **1.** spingere, stimolare **2.** consigliare, raccomandare.
urgency *s.* **1.** urgenza, premura **2.** bisogno urgente, necessità.
urgent *agg.* urgente, pressante.
uric *agg.* urico.
to **urinate** *vi.* orinare.
urine *s.* orina.
urn *s.* **1.** urna **2.** bricco.
us *pron. pers. compl. pl.* ci, noi: *three of* —, tre di noi.
usable *agg.* usabile, servibile.
usage *s.* **1.** uso, trattamento, impiego **2.** usanza.
use *s.* **1.** uso, impiego **2.** utilità, vantaggio **3.** (*giur.*) usufrutto.
to **use** *vt.* **1.** usare, adoperare **2.** trattare || *to* — *up,* consumare.
used *agg.* **1.** usato, adoperato **2.** abituato || — *-up,* esaurito.
useful *agg.* utile, pratico.
usefulness *s.* utilità, vantaggio.
useless *agg.* inutile, vano.
uselessness *s.* inutilità.
user *s.* **1.** utente **2.** (*giur.*) usufruttuario.
usher *s.* usciere.
to **usher** *vt.* precedere (*in qualità di usciere*).
usual *agg.* usuale, abituale || *as* —, come al solito.
usually *avv.* di solito, abitualmente.
usufruct *s.* (*giur.*) usufrutto.
usufructuary *agg.* e *s.* usufruttuario.
usurer *s.* usuraio.
to **usurp** *vt.* usurpare.
usurpation *s.* usurpazione.
usurper *s.* usurpatore.
usury *s.* usura (*anche fig.*).
utensil *s.* utensile, arnese.
uterine *agg.* uterino.
uterus *s.* (*pl.* -ri) utero.
utilitarian *s.* utilitarista.

utilitarianism *s.* utilitarismo.
utility *s.* utilità, vantaggio.
utilizable *agg.* utilizzabile.
utilization *s.* utilizzazione.
to **utilize** *vt.* utilizzare.
utmost *agg.* e *s.* **1.** estremo, ultimo **2.** massimo, sommo || *to do one's* —, fare del proprio meglio.
Utopian *s.* utopista.
utter *agg.* completo, totale.
to **utter** *vt.* **1.** emettere **2.** esprimere, pronunciare.
utterable *agg.* esprimibile.
utterance *s.* espressione, sfogo.
uttering *s.* **1.** messa in circolazione **2.** spaccio (*di assegni ecc.*).
utterly *avv.* completamente, totalmente.
uttermost *agg.* e *s.* V. *utmost.*
uxoricide *s.* **1.** uxoricida **2.** uxoricidio.

V

vacancy *s.* **1.** vuoto, lacuna **2.** posto vacante || *no* —, completo (*di alberghi ecc.*).
vacant *agg.* **1.** vuoto, vacante **2.** non occupato.
to **vacate** *vt.* lasciar vacante, sgomberare || *to — a seat,* dare le dimissioni.
vacation *s.* **1.** il ritirarsi, il lasciar libero **2.** vacanze: *long* —, vacanze estive (*pl.*).
to **vaccinate** *vt.* e *vi.* vaccinare.
vaccination *s.* vaccinazione.
vaccine *s.* vaccino.
to **vacillate** *vi.* **1.** vacillare **2.** (*fig.*) esitare.
vacillating *agg.* **1.** vacillante **2.** incostante, irresoluto.
vacillation *s.* **1.** vacillamento **2.** esitazione.
vacillatory *agg.* V. *vacillating.*
vacuity *s.* vacuità (*anche fig.*).
vacuous *agg.* **1.** vacuo, vuoto **2.** sciocco, ozioso.
vacuum *s.* vuoto pneumatico || *— cleaner*, aspirapolvere.
vagabond *s.* viandante, vagabondo.
vagary *s.* fantasticheria, capriccio.
vagrancy *s.* vagabondaggio, accattonaggio.
vagrant *agg.* e *s.* vagabondo.
vague *agg.* vago, impreciso.
vaguely *avv.* vagamente.
vagueness *s.* indeterminatezza.
vain *agg.* **1.** vano, inutile **2.** vanitoso.
vainglorious *agg.* vanaglorioso.
vainglory *s.* vanagloria.
vainly *avv.* **1.** inutilmente **2.** vanitosamente.
valance *s.* **1.** drappeggio **2.** cortina (*di un letto*).
valediction *s.* addio, commiato.
valedictory *agg.* d'addio, di saluto. ♦ **valedictory** *s.* discorso d'addio.
valence *s.* (*chim.*) valenza.
valerian *s.* valeriana.
valet *s.* valletto.
valiant *agg.* valoroso, prode.
valid *agg.* valido, legittimo.
to **validate** *vt.* render valido, convalidare.
validity *s.* validità.
validly *avv.* validamente.
valley *s.* valle, vallata.
valorization *s.* valorizzazione.
to **valorize** *vt.* valorizzare.
valour *s.* valore.
valuable *agg.* **1.** di valore, prezioso **2.** valutabile.
valuation *s.* **1.** valutazione, stima **2.** considerazione.
value *s.* **1.** valore, prezzo **2.** (*fig.*) pregio, importanza || *— in exchange*, valore effettivo.
to **value** *vt.* **1.** valutare, stimare **2.** considerare, dar valore.
valueless *agg.* di nessun valore.
valuer *s.* estimatore.
valve *s.* **1.** valvola **2.** valva.
vamp[1] *s.* **1.** rappezzamento **2.** (*mus.*) accompagnamento.
vamp[2] *s.* (*gergo*) donna fatale.
vampire *s.* vampiro.
van *s.* **1.** furgone **2.** vagone ferroviario || *luggage* —, bagagliaio; *prison* —, cellulare.
Vandal *agg.* e *s.* vandalo.
Vandalic *agg.* vandalico.
vandalism *s.* vandalismo.
vane *s.* **1.** banderuola **2.** pala (*di mulino a vento ecc.*).
vanguard *s.* avanguardia (*anche fig.*).
vanilla *s.* vaniglia.
to **vanish** *vi.* svanire, sparire.
vanishing s. il dileguarsi, lo sparire.
vanity *s.* vanità || *— -case*, borsetta col necessario per il trucco.

to **vanquish** *vt.* vincere, conquistare.
vanquisher *s.* conquistatore
vantage *s.* vantaggio.
vapid *agg.* insulso.
vaporization *s.* evaporazione.
to **vaporize** *vt.* far evaporare. ♦ to **vaporize** *vi.* **1.** evaporare **2.** (*fig.*) volatilizzarsi.
vaporizer *s.* vaporizzatore.
vaporous *agg.* vaporoso.
vapour *s.* vapore, esalazione.
to **vapour** *vi.* **1.** evaporare **2.** (*fig.*) vantarsi.
vapouring *agg.* che evapora. ♦ **vapouring** *s.* vanteria.
vapourish *agg.* **1.** pieno di vapori **2.** depresso.
vapours *s. pl.* depressione (*sing.*), allucinazioni.
variability *s.* variabilità, mutevolezza.
variable *agg.* variabile, incostante.
variance *s.* **1.** variazione **2.** disaccordo.
variant *agg.* differente, contrastante. ♦ **variant** *s.* variante.
variation *s.* variazione, modificazione. ♦ **variations** *s. pl.* (*mat.*) variazioni.
varicoloured *agg.* variopinto.
varicose *agg.* varicoso.
varied *agg.* **1.** vario, variato **2.** variopinto.
to **variegate** *vt.* variegare, screziare.
variegated *agg.* variegato, screziato.
variegation *s.* screziatura.
variety *s.* varietà, diversità || — *show* (*teat.*), spettacolo di varietà.
various *agg.* alcuni, molti (*pl.*).
variously *avv.* variamente.
varnish *s.* **1.** vernice, lacca **2.** (*fig.*) apparenza, aspetto esteriore || *nail* —, smalto per unghie.
to **varnish** *vt.* **1.** verniciare, laccare **2.** (*fig.*) mascherare.
varnishing *s.* verniciatura, laccatura.
to **vary** *vt.* variare, cambiare. ♦ to **vary** *vi.* essere differente.
vase *s.* vaso.
vaseline *s.* vaselina.
vassal *s.* vassallo.
vassallage *s.* vassallaggio.
vast *agg.* ampio, immenso, vasto.
vastness *s.* vastità.
vat *s.* tino, tinozza.
vault[1] *s.* **1.** volta, soffitto a volta **2.** cantina **3.** sepolcro **4.** (*fig.*) volta celeste.
vault[2] *s.* volteggio.
to **vault** *vi.* volteggiare. ♦ to **vault** *vt.* saltare.
vaulting *s.* **1.** il costruire volte **2.** costruzione a volta.
to **vaunt** *vt.* vantare. ♦ to **vaunt** *vi.* vantarsi.
veal *s.* (*cuc.*) vitello.
vector *s.* vettore.
vectorial *agg.* vettoriale.
veer *s.* **1.** cambiamento di direzione **2.** (*mar.*) virata.
to **veer** *vi.* **1.** cambiare direzione **2.** (*mar.*) virare.
vegetable *agg.* vegetale. ♦ **vegetable** *s.* **1.** vegetale **2.** ortaggio. ♦ **vegetables** *s. pl.* verdura (*sing.*).
vegetal *agg.* vegetale.
vegetarian *agg.* e *s.* vegetariano.
to **vegetate** *vi.* vegetare (*anche fig.*).
vegetation *s.* **1.** vegetazione **2.** il vegetare.
vegetative *agg.* vegetativo.
vehemence *s.* veemenza.
vehement *agg.* veemente, impetuoso.
vehicle *s.* veicolo.
veil *s.* **1.** velo, cortina **2.** (*fig.*) apparenza, pretesto.
to **veil** *vt.* **1.** velare, coprire **2.** (*fig.*) dissimulare, nascondere.
veiling *s.* **1.** il velare **2.** velo, schermo.
vein *s.* **1.** (*anat.; geol.; fig.*) vena **2.** venatura, nervatura.
to **vein** *vt.* venare, coprire di venature.
veined *agg.* **1.** venato **2.** con venature, nervature.
velleity *s.* velleità.
velocipede *s.* velocipede.
velocity *s.* velocità.
velvet *agg.* di velluto, vellutato. ♦ **velvet** *s.* velluto.
velvety *agg.* vellutato, morbido.
venal *agg.* venale.
venality *s.* venalità.
to **vend** *vt.* vendere.
vendor *s.* venditore.
to **veneer** *vt.* **1.** impiallacciare **2.** (*fig.*) mascherare.
veneer, veneering *s.* **1.** impiallacciatura **2.** (*fig.*) maschera, vernice.
venerable *agg.* venerabile.
to **venerate** *vt.* venerare.
veneration *s.* venerazione.
venereal *agg.* venereo.
Venetian *agg.* e *s.* veneziano || —

blinds, shades, persiana alla veneziana.
vengeance *s.* vendetta || *to take — on so.*, vendicarsi di qu.
vengeful *agg.* vendicativo, vendicatore.
venial *agg.* veniale.
venom *s.* veleno (*di animali*).
venomous *agg.* velenoso.
venous *agg.* **1.** venoso **2.** con nervature.
vent[1] *s.* spacco, apertura (*di abito*).
vent[2] *s.* **1.** sbocco, apertura, foro **2.** (*fig.*) sfogo || *to give — to*, dar libero corso a.
to **vent** *vt.* **1.** svuotare, esalare **2.** (*fig.*) sfogare.
to **ventilate** *vt.* **1.** ventilare **2.** (*fig.*) discutere, rendere manifesto.
ventilation *s.* **1.** ventilazione **2.** discussione.
ventral *agg.* ventrale, addominale.
ventricle *s.* ventricolo.
ventriloquism *s.* ventriloquio.
ventriloquist *s.* ventriloquo.
venture *s.* **1.** avventura, azzardo **2.** (*comm.*) speculazione.
to **venture** *vt.* avventurare, arrischiare. ♦ to **venture** *vi.* avventurarsi, arrischiarsi.
venturer *s.* avventuriero.
venue *s.* sede giurisdizionale.
veracious *agg.* verace.
veracity *s.* veracità.
veranda(h) *s.* veranda.
verb *s.* verbo.
verbal *agg.* **1.** verbale **2.** orale, a parole.
verbally *avv.* verbalmente, oralmente.
verbiage *s.* verbosità.
verbose *agg.* verboso, prolisso
verdant *agg.* verdeggiante.
verdict *s.* verdetto.
verdigris *s.* verderame.
verge *s.* **1.** orlo, limite || *on the — of*, sul punto di **2.** bacchetta, verga.
to **verge** *vi.* **1.** confinare, essere contiguo, adiacente **2.** (*fig.*) rasentare: *to — on madness*, rasentare la pazzia.
verifiable *agg.* verificabile.
verification *s.* verifica.
verifier *s.* verificatore.
to **verify** *vt.* **1.** verificare, controllare **2.** (*giur.*) autenticare.
verily *avv.* in verità.
verisimilar *agg.* verosimile.
verisimilitude *s.* verosimiglianza.
verism *s.* verismo.
veritable *agg.* vero, genuino.
verity *s.* verità, realtà.
vermiform *s.* vermiforme.
vermin *s. coll.* insetti parassiti.
verminous *agg.* infestato da parassiti.
vernacular *s.* vernacolo, dialetto nativo. ♦ **vernacular** *agg.* vernacolo, nativo.
versatile *agg.* versatile, multiforme.
versatility *s.* versatilità.
verse *s.* **1.** verso **2.** strofa **3.** componimento in versi.
versification *s.* versificazione.
to **versify** *vt.* e *vi.* **1.** comporre in versi **2.** narrare in versi.
version *s.* versione, traduzione.
vertebra *s.* (*pl.* -ae) vertebra.
vertebral *agg.* vertebrale.
vertebrate *agg.* e *s.* vertebrato.
vertex *s.* (*pl.* -tices) vertice, apice, sommità.
vertical *agg.* verticale. ♦ **vertical** *s.* piano verticale, verticale.
verticality *s.* posizione verticale, perpendicolarità.
very *agg.* **1.** vero e proprio, autentico **2.** (*uso enfatico*) esatto, stesso: *at that — moment*, in quello stesso istante. ♦ **very** *avv.* molto, assai.
vessel *s.* **1.** vaso, recipiente **2.** nave, vascello.
vest *s.* **1.** panciotto **2.** camiciola, davantino.
to **vest** *vt.* **1.** conferire, investire **2.** (*giur.*) assegnare **3.** parare (*di altari ecc.*). ♦ to **vest** *vi.* passare per eredità.
vestal *s.* vestale.
vestibule *s.* vestibolo, entrata, portico di chiesa.
vestige *s.* vestigio, traccia.
vestment *s.* veste (*spec. liturgica*).
vestry *s.* **1.** sagrestia **2.** assemblea parrocchiale.
vesture *s.* rivestimento, veste.
veteran *agg.* e *s.* veterano.
veterinary *agg.* e *s.* veterinario.
to **vex** *vt.* **1.** vessare, opprimere **2.** irritare.
vexation *s.* **1.** vessazione, oppressione **2.** irritazione.
vexatious *agg.* **1.** irritante, fastidioso **2.** (*giur.*) vessatorio.
vexed *agg.* **1.** vessato, oppresso **2.** irritato.

via *prep.* per, via, attraverso: — *air mail*, per via aerea.
viability *s.* vitalità.
viable *agg.* vitale.
viaduct *s.* viadotto.
vial *s.* fiala.
viand *s.* vivanda, cibo.
vibrant *agg.* vibrante, tremante.
to **vibrate** *vi.* vibrare, risuonare. ♦ to **vibrate** *vt.* far vibrare.
vibration *s.* vibrazione, tremolio.
vibrator *s.* vibratore.
vibratory *agg.* **1.** vibratorio **2.** vibrante.
vicar *s.* **1.** curato (*nella Chiesa d'Inghilterra*) **2.** vicario (*Chiesa Cattolica*).
vicariate *s.* vicariato.
vice[1] *s.* **1.** immoralità, depravazione **2.** vizio.
vice[2] *s.* (*mecc.*) morsa.
vice[3] *s.* sostituto, vice.
vice[4] *prep.* in luogo di.
viceroy *s.* viceré.
vicinity *s.* **1.** vicinanza, prossimità **2.** affinità.
vicious *agg.* **1.** vizioso, immorale **2.** maligno **3.** bizzarro (*di animali*) **4.** difettoso, scorretto.
vicissitude *s.* vicissitudine.
victim *s.* vittima.
victor *s.* vincitore.
victorious *agg.* vittorioso.
victory *s.* vittoria.
to **victual** *vt.* vettovagliare, approvvigionare. ♦ to **victual** *vi.* approvvigionarsi.
victualling *s.* vettovagliamento, approvvigionamento.
victuals *s. pl.* vettovaglie, viveri.
to **vie** *vi.* gareggiare.
view *s.* **1.** vista, sguardo **2.** veduta, panorama **3.** opinione **4.** scopo, mira **5.** (*giur.*) sopralluogo || *point of* —, punto di vista; — *-finder* (*foto*), mirino.
to **view** *vt.* **1.** guardare attentamente **2.** esaminare.
viewer *s.* **1.** chi guarda **2.** telespettatore **3.** ispettore.
viewless *agg.* **1.** senza vista (*di casa ecc.*) **2.** invisibile.
viewpoint *s.* punto di vista.
vigil *s.* veglia.
vigilance *s.* vigilanza.
vigilant *agg.* vigilante, vigile.
vigorous *agg.* vigoroso, forte.
Viking *s.* vichingo.
vigour *s.* vigore, energia.
vigorously *avv.* vigorosamente.
vile *agg.* vile, spregevole.
vileness *s.* viltà, bassezza.
to **vilify** *vt.* diffamare.
villa *s.* villa.
village *s.* villaggio, paese.
villager *s.* abitante di villaggio.
villain *s.* furfante, scellerato.
villainous *agg.* scellerato, infame.
villainy *s.* scelleratezza.
to **vindicate** *vt.* **1.** rivendicare **2.** giustificare, difendere.
vindication *s.* **1.** rivendicazione **2.** giustificazione, difesa.
vindictive *agg.* vendicativo.
vine *s.* vite || — *-leaf*, pampino; — *-dresser*, vignaiuolo.
vinegar *s.* aceto.
vinery *s.* serra per viti.
vineyard *s.* vigneto, vigna.
vintage *s.* **1.** vendemmia **2.** annata.
vintager *s.* vendemmiatore.
vintner *s.* vinaio.
to **violate** *vt.* **1.** violare, trasgredire **2.** profanare.
violation *s.* **1.** violazione, trasgressione **2.** profanazione.
violator *s.* **1.** violatore, trasgressore **2.** profanatore.
violence *s.* violenza, veemenza.
violent *agg.* violento, impetuoso.
violet *agg.* violetto, viola. ♦ **violet** *s.* viola mammola.
violin *s.* violino.
violoncellist *s.* violoncellista.
viper *s.* vipera (*anche fig.*).
virgin *agg.* e *s.* vergine.
virginal *agg.* verginale.
virginity *s.* verginità.
virile *agg.* virile.
virility *s.* virilità.
virtual *agg.* virtuale, effettivo.
virtuality *s.* potenzialità, virtualità.
virtue *s.* **1.** virtù, moralità, forza d'animo **2.** qualità, merito.
virtuosity *s.* virtuosismo.
virtuous *agg.* virtuoso, morale.
virulence *s.* virulenza.
virulent *agg.* virulento.
virus *s.* virus.
visa *s.* visto consolare.
to **visa** *vt.* vistare (*un passaporto*).
visceral *agg.* viscerale.
viscid *agg.* viscido.
viscidity *s.* viscidità.
viscose *s.* viscosa.
viscosity *s.* viscosità.
viscount *s.* visconte.
viscous *agg.* viscoso.

visibility *s.* visibilità.
visible *agg.* visibile, evidente, manifesto.
vision *s.* **1.** visione, immaginazione **2.** vista, capacità visiva.
visional *agg.* irreale.
visionary *s.* visionario.
visit *s.* visita: *to pay a —*, fare una visita.
to **visit** *vt.* e *vi.* visitare, fare una visita.
visitation *s.* **1.** visita ufficiale **2.** castigo divino.
visitor *s.* visitatore, ospite.
visor *s.* visiera.
visual *agg.* visuale, visivo.
to **visualize** *vt.* **1.** rendere visibile **2.** prospettare. ♦ to **visualize** *vi.* diventare visibile.
vital *agg.* vitale, essenziale.
vitality *s.* vitalità.
to **vitalize** *vt.* vivificare.
vitals *s. pl.* organi vitali.
vitamin *s.* vitamina.
to **vitiate** *vt.* **1.** viziare **2.** (*giur.*) invalidare.
vitiation *s.* **1.** corruzione **2.** (*giur.*) l'invalidare.
viticulture *s.* viticoltura.
vitreous *agg.* vitreo.
vitrifiable *agg.* vetrificabile.
vitrification *s.* vetrificazione.
to **vitrify** *vt.* vetrificare. ♦ to **vitrify** *vi.* vetrificarsi.
vitriol *s.* vetriolo.
to **vituperate** *vt.* vituperare.
vituperation *s.* invettiva, biasimo.
vivacious *agg.* vivace, vispo.
vivacity *s.* vivacità, brio.
vivid *agg.* **1.** vivace, vigoroso **2.** vivido, colorito.
to **vivify** *vt.* vivificare, animare.
viviparous *agg.* viviparo.
vivisection *s.* vivisezione.
vixen *s.* **1.** volpe femmina **2.** megera.
vocabulary *s.* vocabolario.
vocal *agg.* vocale.
vocalization *s.* vocalizzazione.
to **vocalize** *vt.* e *vi.* vocalizzare.
vocation *s.* **1.** vocazione **2.** attitudine, inclinazione **3.** professione.
vocational *agg.* professionale.
vocative *agg.* e *s.* vocativo.
vociferous *agg.* clamoroso, vociferante.
vogue *s.* voga, moda.
voice *s.* voce || *with one —*, all'unanimità.
to **voice** *vt.* esprimere, dire.
voiced *agg.* **1.** dalla voce: *deep- —*, dalla voce profonda **2.** sonoro.
voiceless *agg.* senza voce, muto.
void *agg.* **1.** vuoto **2.** privo **3.** (*giur.*) nullo. ♦ **void** *s.* il vuoto.
to **void** *vt.* **1.** vuotare, liberare **2.** abrogare.
volatile *agg.* **1.** volatile, alato **2.** (*fig.*) incostante. ♦ **volatile** *s.* **1.** volatile **2.** (*chim.*) sostanza volatile.
to **volatilize** *vt.* volatilizzare. ♦ to **volatilize** *vi.* volatilizzarsi.
volcano *s.* vulcano.
volley *s.* **1.** scarica, raffica, salva || *— -ball*, palla a volo.
voltage *s.* (*elettr.*) voltaggio, tensione.
voltameter *s.* voltametro.
volubility *s.* speditezza (*di eloquio*), loquacità.
voluble *agg.* spedito (*di eloquio*), loquace.
volume *s.* **1.** volume **2.** tomo, libro **3.** massa.
volumetric(al) *agg.* volumetrico.
voluminous *agg.* **1.** in molti volumi **2.** (*fig.*) fecondo (*di scrittore*) **3.** voluminoso.
voluntarily *avv.* volontariamente.
voluntary *agg.* **1.** volontario, spontaneo **2.** voluto, fatto di proposito **3.** mantenuto da contributi non statali. ♦ **voluntary** *s.* azione volontaria.
volunteer *s.* volontario.
to **volunteer** *vi.* **1.** offrirsi volontariamente **2.** arruolarsi volontario.
voluptuary *agg.* **1.** voluttuario **2.** voluttuoso.
voluptuous *agg.* voluttuoso, sensuale.
voluptuousness *s.* voluttà, sensualità.
volute *s.* voluta, spirale.
vomit *s.* vomito.
to **vomit** *vt.* e *vi.* vomitare (*anche fig.*).
voracious *agg.* ingordo, vorace.
vortex *s.* vortice, gorgo.
vortical *agg.* vorticoso.
votary *s.* seguace, devoto.
vote *s.* voto, votazione.
to **vote** *vt.* e *vi.* votare.
voter *s.* elettore.
votive *agg.* votivo.
to **vouch** *vt.* e *vi.* **1.** attestare, garantire **2.** (*giur.*) citare come garante.

voucher *s.* **1.** testimone **2.** documento giustificativo.
to **vouchsafe** *vt.* concedere.
vow *s.* voto.
to **vow** *vi.* fare un voto.
vowel *s.* vocale.
voyage *s.* viaggio (*spec. per via d'acqua*) || *outward* —, viaggio di andata; *home* —, viaggio di ritorno.
to **voyage** *vi.* fare una traversata, navigare.
vulcanization *s.* vulcanizzazione.
vulgar *agg.* volgare, triviale.
vulgarism, vulgarity *s.* volgarità.
to **vulgarize** *vt.* **1.** rendere volgare **2.** divulgare.
vulnerability *s.* vulnerabilità.
vulnerable *agg.* vulnerabile.
vulture *s.* avvoltoio.

W

to **wabble** *vi.* vacillare, traballare.
wad *s.* **1.** tampone **2.** imbottitura **3.** rotolo (*di banconote*).
to **wad** *vt.* **1.** tamponare **2.** imbottire.
wadable *agg.* guadabile.
wadding *s.* ovatta.
waddle *s.* andatura ondeggiante.
to **waddle** *vi.* camminare ondeggiando.
wade *s.* guado.
to **wade** *vt.* guadare. ♦ to **wade** *vi.* procedere faticosamente.
wader *s.* **1.** chi passa a guado **2.** (*zool.*) trampoliere. ♦ **waders** *s. pl.* stivaloni impermeabili.
wading *s.* il guadare.
wafer *s.* **1.** cialda **2.** disco adesivo.
waft *s.* soffio.
to **waft** *vt.* sospingere. ♦ to **waft** *vi.* fluttuare.
wag *s.* **1.** cenno **2.** scodinzolio.
to **wag** *vt.* scuotere. ♦ to **wag** *vi.* scuotersi || *to have a wagging tongue*, avere la lingua troppo lunga.
to **wage** *vt.* intraprendere (*guerra*).
to **wager** *vt.* e *vi.* scommettere.
wages *s. pl.* salario (*sing.*) || —*-earner*, salariato.
to **waggle** V. *to wag*.
wag(g)on *s.* carro || *tea-* —, carrello da tè.
waif *s.* relitto (*anche fig.*).
wail *s.* gemito.
to **wail** *vt.* e *vi.* gemere.
wainscot *s.* rivestimento in legno.
to **wainscot** *vt.* rivestire in legno.
waist *s.* cintola.
waistband *s.* cintura.
waistbelt *s.* cinturone.
waistcoat *s.* panciotto.
wait *s.* **1.** attesa **2.** agguato.
to **wait** *vt.* e *vi.* (*for so., sthg.*) aspettare (*qu., qc.*) || *to — on*, servire.
waiter *s.* **1.** cameriere **2.** vassoio.
waiting *s.* attesa || — *-room*, sala d'aspetto; *to keep* —, fare aspettare.
waitress *s.* cameriera.
to **waive** *vt.* rinunciare a, mettere da parte.
wake[1] *s.* **1.** scia **2.** pista.
wake[2] *s.* **1.** risveglio **2.** veglia (*funebre*).
to **wake (waked** e **woke, waked, woke(n))** *vt.* svegliare. ♦ to **wake (waked** e **woke, waked, woke(n))** *vi.* svegliarsi.
wakeful *agg.* sveglio.
wakefulness *s.* veglia.
to **waken** V. *to wake*.
wakening *s.* risveglio.
waking *agg.* sveglio. ♦ **waking** *s.* **1.** risveglio **2.** veglia.
walk *s.* **1.** passeggiata **2.** andatura **3.** (*fig.*) rango || *to take a* —, fare una passeggiata.
to **walk** *vi.* passeggiare, andare a piedi || *to — off*, andarsene.
walker *s.* camminatore.
walkie-talkie *s.* (*radio*) trasmettitore-ricevitore portatile.
walking *s.* il camminare || — *tour*, escursione a piedi.
walkover *s.* facile vittoria.
wall *s.* muro || — *paper*, carta da parato; *main* —, muro maestro.
to **wall** *vt.* circondare di mura || *to — up*, murare.
wallet *s.* portafoglio.
wall-eye *s.* glaucoma.
Walloon *agg.* e *s.* vallone.
to **wallop** *vt.* **1.** bastonare **2.** percuotere, sculacciare.
wallow *s.* pantano.
to **wallow** *vi.* sguazzare.
walnut *s.* noce.
walrus *s.* tricheco.
waltz *s.* valzer.

to **waltz** *vi.* ballare il valzer.
wan *agg.* pallido.
to **wan** *vi.* impallidire.
wand *s.* bacchetta magica.
wander *s.* vagabondaggio.
to **wander** *vi.* **1.** vagare **2.** vaneggiare.
wanderer *s.* vagabondo.
wandering *agg.* **1.** errante **2.** delirante. ♦ **wandering** *s.* **1.** vagabondaggio **2.** delirio.
wane *s.* declino.
to **wane** *vi.* **1.** declinare **2.** decrescere **3.** essere in fase calante.
to **wangle** *vt.* ottenere con intrighi.
want *s.* **1.** mancanza **2.** bisogno: *to be in — of*, aver bisogno di.
to **want** *vt.* **1.** volere **2.** aver bisogno di **3.** mancare.
wanted *agg.* ricercato: *to be — by the police*, essere ricercato dalla polizia.
wanting *prep.* senza, in mancanza di.
wanton *agg.* **1.** licenzioso **2.** capriccioso **3.** arbitrario **4.** lascivo.
to **wanton** *vi.* **1.** scherzare **2.** comportarsi dissolutamente.
wantonness *s.* **1.** dissolutezza **2.** capriccio.
war *s.* guerra: *— Office*, Ministero della Guerra.
to **war** *vi.* guerreggiare.
warble *s.* trillo.
to **warble** *vt.* e *vi.* trillare.
warbling *agg.* melodioso. ♦ **warbling** *s.* gorgheggio.
ward *s.* **1.** guardia **2.** reparto **3.** rione **4.** tutela **5.** pupillo.
to **ward** *vt.* parare: *to — off a blow*, parare un colpo.
warden *s.* **1.** guardiano **2.** direttore **3.** governatore.
wardenship *s.* carica di direttore, governatore.
warder *s.* **1.** guardiano **2.** carceriere.
wardrobe *s.* guardaroba.
wardroom *s.* (*mar.*) quadrato ufficiali.
wardship *s.* tutela.
ware *agg.* conscio, circospetto.
to **ware** *vt.* fare attenzione a.
wares *s. pl.* **1.** articoli **2.** vasellame (*sing.*).
warehouse *s.* magazzino.
to **warehouse** *vt.* depositare in magazzino.
warehouseman *s.* **1.** magazziniere **2.** commerciante all'ingrosso.
warfare *s.* operazione bellica.
warfaring *agg.* bellicoso.
warily *avv.* cautamente.
wariness *s.* cautela.
warlike *agg.* guerriero.
warlikeness *s.* bellicosità.
warlock *s.* stregone.
warm *agg.* **1.** caldo **2.** animato.
to **warm** *vt.* **1.** scaldare **2.** animare. ♦ to **warm** *vi.* **1.** scaldarsi **2.** animarsi.
warmer *s.* riscaldatore.
warm-hearted *agg.* bonario, cordiale.
warming *s.* riscaldamento.
warmonger *s.* guerrafondaio.
warmth *s.* calore.
to **warn** *vt.* avvertire || *to — off*, invitare ad allontanarsi.
warning *s.* (pre)avviso || *— light*, spia luminosa.
warp *s.* **1.** ordito **2.** deformazione.
to **warp** *vt.* **1.** curvare **2.** (*fig.*) alterare. ♦ to **warp** *vi.* **1.** curvarsi **2.** (*fig.*) alterarsi.
warpath *s.* sentiero di guerra.
warping *s.* deformazione, pervertimento.
warrant *s.* **1.** garanzia, garante **2.** (*giur.; comm.*) ordine, autorizzazione.
to **warrant** *vt.* **1.** garantire **2.** giustificare.
warrantable *agg.* **1.** giustificabile **2.** legittimo.
warrantee *s.* chi riceve una garanzia.
warranter, -tor *s.* garante.
warranty *s.* **1.** garanzia **2.** autorizzazione.
warrior *s.* guerriero.
warship *s.* nave da guerra.
wart *s.* verruca.
wartime *s.* tempo di guerra.
wary *agg.* cauto.
was V. *to be.*
wash *s.* **1.** lavata **2.** bucato **3.** sciacquio **4.** brodaglia **5.** mano (*di colore*).
to **wash** *vt.* **1.** lavare **2.** bagnare **3.** gettare. ♦ to **wash** *vi.* **1.** lavarsi **2.** essere lavabile || *to — up*, rigovernare (*le stoviglie*); *to — over*, sommergere.
washable *agg.* lavabile.
washbasin *s.* catino.
washboard *s.* asse per lavare.
washer *s.* **1.** lavandaio **2.** (*mecc.*) lavatrice **3.** (*mecc.*) rondella.

washerwoman *s.* lavandaia.
washhouse *s.* lavanderia.
washing *s.* **1.** lavaggio **2.** bucato **3.** risciacquatura || — *-machine*, lavatrice.
whashout *s.* erosione, dilatamento.
washroom *s.* **1.** lavanderia **2.** gabinetto.
washstand *s.* lavabo.
washy *agg.* **1.** annacquato **2.** scialbo.
wasp *s.* vespa.
waspish *agg.* pungente.
waspishness *s.* irascibilità.
wastage *s.* logorio.
waste *agg.* **1.** deserto **2.** di scarto. ♦ **waste** *s.* **1.** spreco **2.** scarto **3.** deserto || — *-basket*, cestino per rifiuti; — *-paper*, carta straccia.
to **waste** *vt.* **1.** consumare **2.** sprecare **3.** rovinare. ♦ to **waste** *vi.* **1.** consumarsi **2.** rovinarsi.
wasteful *agg.* **1.** rovinoso **2.** prodigo.
waster *s.* dissipatore.
wasting *agg.* **1.** logorante **2.** devastante. ♦ **wasting** *s.* **1.** sciupio **2.** deperimento **3.** devastazione.
watch *s.* **1.** orologio (*da polso*) **2.** guardia || — *-fire*, fuoco di bivacco; *to be on the* —, stare in guardia.
to **watch** *vt.* **1.** osservare **2.** stare a guardia di. ♦ to **watch** *vi.* **1.** vegliare **2.** aspettare.
watcher *s.* **1.** spettatore **2.** sorvegliante.
watchful *agg.* attento.
watchfulness *s.* **1.** vigilanza **2.** cautela.
watchmaker *s.* orologiaio.
watchman *s.* guardia (*notturna*).
watchword *s.* parola d'ordine.
water *s.* acqua || *to hold* —, non fare acqua, (*fig.*) essere logico; — *-bottle*, borraccia; — *-colour*, acquarello; — *-colourist*, acquarellista; — *-closet*, gabinetto; — *-gate*, chiusa; — *-line*, linea di galleggiamento; — *-meadow*, marcita; — *-polo*, pallanuoto; *drinking* —, acqua potabile.
to **water** *vt.* **1.** bagnare **2.** diluire **3.** abbeverare **4.** secernere || *to make one's mouth* —, far venire l'acquolina in bocca. ♦ to **water** *vi.* **1.** abbeverarsi **2.** riempirsi di acqua.
waterfall *s.* cascata.
watering *s.* **1.** annaffiamento **2.** diluizione **3.** abbeverarsi **4.** rifornimento d'acqua **5.** secrezione || — *-can*, — *-pot*, annaffiatoio.
waterman *s.* (*pl.* -men) barcaiolo.
watermark *s.* **1.** filigrana **2.** indicatore di livello **3.** livello d'acqua.
watermelon *s.* anguria.
waterproof *agg.* e *s.* impermeabile.
to **waterproof** *vt.* impermeabilizzare.
watershed *s.* **1.** spartiacque **2.** bacino idrico.
watertight *agg.* stagno.
waterway *s.* canale navigabile.
waterworks *s. pl.* impianto idrico (*sing.*).
watery *agg.* **1.** acquoso **2.** lacrimoso.
wattle *s.* **1.** fascina **2.** vimine.
wave *s.* **1.** onda, ondata **2.** cenno (*della mano*).
to **wave** *vi.* **1.** ondeggiare **2.** far cenno (*con la mano*). ♦ to **wave** *vt.* **1.** far ondeggiare **2.** ondulare **3.** chiamare (*con un cenno di mano*).
waved *agg.* ondulato.
wave-length *s.* lunghezza d'onda.
waveless *agg.* liscio.
wavelet *s.* piccola onda.
wavelike *agg.* ondeggiante.
to **waver** *vi.* vacillare.
wavering *s.* **1.** oscillazione **2.** esitazione.
wavily *avv.* a onde.
waviness *s.* ondulazione.
waving *s.* **1.** ondeggiamento, ondulazione **2.** sventolio **3.** cenno.
wavy *agg.* **1.** ondulato **2.** ondeggiante.
wax *s.* **1.** cera **2.** paraffina.
to **wax**[1] *vt.* incerare.
to **wax**[2] *vi.* **1.** crescere **2.** aumentare.
waxen *agg.* di, come cera.
way *s.* **1.** via **2.** maniera **3.** punto di vista **4.** stato || *to make* —, far posto; *this* —, per di qua; *in a* —, in un certo senso; *by the* —, tra parentesi; *one-* —, senso unico; *out of the* —, fuori mano.
waybill *s.* lista dei passeggeri.
wayfarer *s.* viandante.
to **waylay** *vt.* tendere un agguato a.
wayside *s.* margine della strada.
wayward *agg.* **1.** indocile **2.** capriccioso.
waywardness *s.* ostinazione.
we *pron. sogg.* noi.

weak *agg.* **1.** debole **2.** diluito.
to **weaken** *vi.* indebolirsi. ♦ to **weaken** *vt.* indebolire.
weakling *s.* persona debole.
weakly *agg.* debole.
weakness *s.* debolezza.
weal[1] *s.* benessere, prosperità.
weal[2] *s.* livido.
wealth *s.* ricchezza.
wealthy *agg.* ricco.
to **wean** *vt.* **1.** svezzare **2.** togliere il vizio a.
weaning *s.* svezzamento.
weapon *s.* arma.
wear *s.* **1.** uso, usura **2.** durata **3.** abbigliamento.
to **wear (wore, worn)** *vt.* **1.** indossare **2.** logorare **3.** stancare || *to — out*, logorare, stancare. ♦ to **wear (wore, worn)** *vi.* **1.** logorarsi **2.** stancarsi **3.** durare || *to — out*, logorarsi, stancarsi.
wearily *avv.* stancamente.
weariness *s.* **1.** stanchezza **2.** tedio.
wearing *agg.* **1.** logorante **2.** da indossare. ♦ **wearing** *s.* **1.** logorio **2.** l'indossare.
wearisome *agg.* **1.** faticoso **2.** tedioso.
weary *agg.* **1.** stanco **2.** annoiato.
to **weary** *vt.* **1.** affaticare **2.** annoiare. ♦ to **weary** *vi.* **1.** affaticarsi **2.** annoiarsi.
weasel *s.* donnola.
weather *s.* tempo (*atmosferico*) || *— -glass*, barometro; *— -report*, bollettino metereologico.
to **weather** *vt.* **1.** esporre all'aria **2.** superare || *to — a storm*, resistere a una burrasca. ♦ to **weather** *vi.* alterarsi.
weathercock *s.* banderuola.
weathering *s.* alterazione (*di tempo*).
weave *s.* tessuto.
to **weave (wove, woven)** *vt.* **1.** tessere, intrecciare **2.** (*fig.*) ideare.
weaver *s.* tessitore.
weaving *s.* **1.** tessitura **2.** orditura.
web *s.* **1.** tela **2.** (*fig.*) trama **3.** membrana || *cob- —*, ragnatela.
to **wed** *vt.* sposare. ♦ to **wed** *vi.* sposarsi.
wedding *s.* nozze (*pl.*) || *— -breakfast*, rinfresco di nozze; *— -ring*, fede nuziale.
wedge *s.* cuneo.
to **wedge** *vt.* **1.** incuneare **2.** fendere con cunei.
wedlock *s.* vincolo matrimoniale.
Wednesday *s.* mercoledì.
wee *agg.* minuscolo || *a — bit*, un tantino.
weed *s.* erbaccia. ♦ **weeds** *s. pl.* gramaglie.
to **weed** *vt.* **1.** sarchiare **2.** estirpare.
weeding *s.* sarchiatura.
week *s.* settimana || *today —*, oggi a otto; *— in — out*, una settimana dopo l'altra.
weekday *s.* giorno feriale.
week-end *s.* fine settimana.
weekly *agg.* e *s.* settimanale. ♦ **weekly** *avv.* settimanalmente.
weep *s.* pianto.
to **weep (wept, wept)** *vt.* e *vi.* **1.** piangere **2.** trasudare || *to — out*, piangere disperatamente.
weeper *s.* **1.** chi piange **2.** velo, nastro di lutto.
weeping *s.* **1.** pianto **2.** trasudamento.
weft *s.* trama (*di tessuto*).
to **weigh** *vt.* e *vi.* **1.** pesare **2.** (*fig.*) ponderare || *to — down*, piegare; *to — anchor* (*mar.*), levar l'ancora.
weigh-house *s.* pesa pubblica.
weighing *s.* pesatura || *— -machine*, pesa.
weight *s.* **1.** peso **2.** importanza || *to put on —*, ingrassare
to **weight** *vi.* appensantire, caricare.
weightiness *s.* **1.** pesantezza **2.** (*fig.*) importanza.
weightless *agg.* senza peso.
weighty *agg.* **1.** pesante **2.** (*fig.*) importante.
weir *s.* chiusa, diga.
weird *agg.* **1.** fatale **2.** misterioso.
welcome *agg.* gradito. ♦ **welcome** *s.* benvenuto.
to **welcome** *vt.* dare il benvenuto a, gradire.
to **weld** *vt.* saldare. ♦ to **weld** *vi.* saldarsi.
welding *s.* saldatura.
welfare *s.* benessere || *— contributions*, oneri previdenziali; *— state*, stato assistenziale; *— work*, assistenza sociale.
well[1] *s.* **1.** fonte, pozzo **2.** tromba delle scale.
well[2] *avv.* e *s.* bene || *as —*, pure; *as — as*, oltre a, oltre che; *to be —*, star bene; *to get —*, guarire.
to **well** *vi.* sgorgare.
well-advised *agg.* saggio.
well-being *s.* benessere.

well-bred *agg.* educato.
well-doing *s.* buona condotta.
well-done *agg.* (*cuc.*) ben cotto.
well-meaning *agg.* ben intenzionato.
well-off *agg.* agiato.
well-read *agg.* colto, ben educato.
well-timed *agg.* opportuno.
well-to-do *agg.* agiato.
Welsh *agg.* gallese.
Welshman *s.* gallese.
went V. *to go.*
wept V. *to weep.*
were V. *to be* || *as it* —, per così dire.
west *agg.* occidentale. ♦ **west** *avv.* a, verso ovest. ♦ **west** *s.* ovest.
westerly *agg.* **1.** dall'ovest **2.** verso ovest. ♦ **westerly** *avv.* verso ovest.
western *agg.* occidentale.
westerner *s.* occidentale.
to **westernize** *vt.* occidentalizzare. ♦ to **westernize** *vi.* occidentalizzarsi.
westward *agg.* e *avv.* verso ovest.
westwards *avv.* verso ovest.
wet *agg.* **1.** umido **2.** piovoso || — *blanket*, guastafeste. ♦ **wet** *s.* **1.** umidità **2.** tempo piovoso.
to **wet** *vt.* bagnare. ♦ to **wet** *vi.* bagnarsi.
wet-nurse *s.* nutrice.
wetting *s.* bagnatura.
whale *s.* balena || — *-boat*, baleniera.
to **whale** *vi.* andare a caccia di balene.
whalebone *s.* stecca di balena.
whaler *s.* **1.** baleniere **2.** baleniera.
wharf *s.* banchina.
to **wharf** *vt.* attraccare.
what *agg.* **1.** (*int.*) quale? quali? che? **2.** (*rel.*) (quello) ... che **3.** (*escl.*) che! ♦ **what** *pron.* **1.** (*int.*) che?, che cosa? **2.** (*rel.*) ciò che **3.** (*escl.*) quanto! || — *for?*, perché mai?; — *is he?*, che cosa fa? ♦ **what** *inter.* come!
whatever *agg.* qualunque. ♦ **whatever** *pron.* qualunque cosa. ♦ **whatever** *avv.* affatto.
whatsoever V. *whatever.*
wheat *s.* grano.
to **wheedle** *vt.* lusingare.
wheel *s.* **1.** ruota **2.** volante || *wheels within wheels,* retroscena.
to **wheel** *vt.* **1.** far ruotare **2.** spingere (*su un veicolo a ruote*). ♦ to **wheel** *vi.* ruotare.
wheelbarrow *s.* carriola.
wheeze *s.* respiro affannoso.
to **wheeze** *vi.* ansimare.
whelp *s.* cucciolo.
when *avv.* e *cong.* quando.
whence *avv.* da dove.
whenever *avv.* tutte le volte che.
where *avv.* dove.
whereabout(s) *avv.* e *cong.* dove. ♦ **whereabout(s)** *s.* luogo.
whereas *cong.* mentre.
whereby *avv.* **1.** (*int.*) come? **2.** (*rel.*) per cui.
wherefore *avv.* **1.** (*int.*) perché **2.** (*rel.*) perciò.
wherein *avv.* **1.** (*int.*) come? dove? **2.** (*rel.*) in cui.
whereof *avv.* **1.** (*int.*) di che? **2.** (*rel.*) di cui.
whereon *avv.* **1.** (*int.*) su che? **2.** (*rel.*) su cui.
whereto *avv.* **1.** (*int.*) verso dove? a che scopo? **2.** (*rel.*) a cui.
whereupon *avv.* **1.** (*int.*) su che? **2.** (*rel.*) dopo di che.
wherever *avv.* dovunque.
whet *s.* **1.** affilatura **2.** (*fig.*) stimolante.
to **whet** *vt.* **1.** affilare **2.** stimolare.
whether *cong.* se || — ... *or,* o...o.
whey *s.* siero (*del latte*).
which *agg.* **1.** (*int.*) quale?, quali? **2.** (*rel.*) il, la quale, i, le quali. ♦ **which** *pron.* **1.** (*int.*) quale?, quali?, chi? **2.** (*rel.*) il, la quale, i, le quali; il che || *I cannot tell — is —*, non so distinguerli l'uno dall'altro.
whichever *agg.* qualunque. ♦ **whichever** *pron.* qualunque cosa.
whiff *s.* **1.** soffio **2.** sbuffo.
to **whiff** *vt.* e *vi.* **1.** soffiare **2.** emettere sbuffi.
whig *agg.* e *s.* (*pol. inglese*) liberale.
while *cong.* **1.** mentre **2.** sebbene. ♦ **while** *s.* momento || *once in a* —, una volta tanto; *the* —, frattanto.
to **while** *vt. to — away the time,* ammazzare il tempo.
whilst V. *while.*
whim *s.* capriccio.
whimper *s.* **1.** piagnucolio **2.** uggiolio.
to **whimper** *vi.* **1.** piagnucolare **2.** uggiolare.
whimsical *agg.* stravagante.

whimsicality *s.* stravaganza.
whimsy *agg.* capriccioso. ♦ **whimsy** *s.* capriccio.
whine *s.* piagnisteo.
to **whine** V. *to whimper.*
whinny *s.* nitrito.
to **whinny** *vi.* nitrire.
whip *s.* frusta.
to **whip** *vt.* **1.** frustare **2.** frullare. ♦ to **whip** *vi.* precipitarsi || *to — away,* partire improvvisamente; *to — out,* pronunciare con violenza, tirar fuori.
whipper-snapper *s.* gradasso.
whirl *s.* **1.** vortice **2.** (*fig.*) confusione.
to **whirl** *vt.* **1.** far roteare **2.** trascinare. ♦ to **whirl** *vi.* **1.** roteare **2.** correr via **3.** (*fig.*) esser confuso.
whirligig *s.* giostra.
whirlpool *s.* gorgo.
whirlwind *s.* turbine.
whir(r) *s.* **1.** ronzio **2.** frullio (*d'ali*) **3.** rombo (*di motore*).
to **whir(r)** *vi.* **1.** ronzare **2.** frullare (*d'ali*) **3.** rombare (*di motore*).
whisk *s.* **1.** scopino **2.** frullino **3.** movimento rapido.
to **whisk** *vt.* **1.** spazzare **2.** (*cuc.*) frullare **3.** agitare. ♦ to **whisk** *vi.* guizzare via.
whisker *s.* **1.** basetta **2.** baffo.
whisper *s.* **1.** mormorio **2.** diceria.
to **whisper** *vt.* e *vi.* mormorare, bisbigliare.
whistle *s.* fischio.
to **whistle** *vt.* e *vi.* **1.** fischiare **2.** chiamare con un fischio.
whistler *s.* **1.** chi fischia **2.** marmotta canadese.
whit *s.* **1.** inezia **2.** atomo.
Whit *agg.* di Pentecoste.
white *agg.* e *s.* bianco || *— feather,* viltà; *— -livered,* codardo.
to **whiten** *vt.* e *vi.* imbiancare.
whitener *s.* **1.** imbianchino **2.** candeggiante.
whiteness *s.* bianchezza.
whitening *s.* **1.** imbiancamento **2.** candeggiamento.
whitesmith *s.* lattoniere.
whitethorn *s.* biancospino.
whitewash *s.* **1.** calce **2.** (*fig.*) riabilitazione.
to **whitewash** *vt.* **1.** imbiancare **2.** (*fig.*) riabilitare.
whitewasher *s.* imbianchino.
whitewashing *s.* **1.** imbiancatura **2.** riabilitazione.
whiting *s.* calce.
whitish *agg.* biancastro.
whitlow *s.* patereccio.
Whitsunday *s.* Pentecoste.
whiz *s.* sibilo
who *pron.* **1.** (*int.*) chi? **2.** (*rel.*) il, la quale, i, le quali.
whoever *pron.* chiunque.
whole *agg.* tutto, intero. ♦ **whole** *s.* **1.** il tutto, l'intero **2.** il complesso || *as a —,* nell'insieme; *on the —,* nel complesso.
wholeness *s.* totalità.
wholesale *agg.* e *avv.* all'ingrosso. ♦ **wholesale** *s.* vendita all'ingrosso.
to **wholesale** *vt.* e *vi.* vendere all'ingrosso.
wholesaler *s.* venditore all'ingrosso.
wholesome *agg.* salutare.
wholly *avv.* totalmente.
whom *pron. compl. di* who.
whomever *pron. compl.* chiunque.
whomsoever V. *whomever.*
whoop *s.* ululato.
whooping-cough *s.* pertosse.
whorl *s.* spirale.
whose *pron.* **1.** (*int.*) di chi? **2.** (*rel.*) del, della quale, dei, delle quali.
whosever *pron.* di chiunque.
whosoever V. *whoever.*
why *avv.* **1.** (*int.*) perché? **2.** (*rel.*) per cui. ♦ **why** *cong.* perché. ♦ **why** *inter.* perbacco.
wick *s.* lucignolo.
wicked *agg.* malvagio.
wickedness *s.* malvagità.
wicker *s.* vimine.
wicket *s.* **1.** sportello **2.** cancelletto.
wide *agg.* **1.** largo **2.** alto (*di tessuto*) **3.** spalancato: *— open,* spalancato. ♦ **wide** *avv.* largamente.
wide-awake *agg.* **1.** completamente sveglio **2.** (*fig.*) vigilante.
widely *avv.* largamente.
to **widen** *vt.* allargare. ♦ to **widen** *vi.* allargarsi.
widespread *agg.* esteso.
widow *s.* vedova.
widower *s.* vedovo.
widowhood *s.* vedovanza.
width *s.* **1.** larghezza **2.** altezza (*di stoffa*).
to **wield** *vt.* **1.** brandire **2.** esercitare (*autorità ecc.*).
wife *s.* (*pl.* wives) moglie.
wig *s.* (*fam.*) sgridata.

wild *agg.* **1.** selvaggio, selvatico **2.** agitato **3.** pazzo **4.** avventato **5.** disordinato. ♦ **wild** *s.* deserto. ♦ **wild** *avv.* **1.** selvaggiamente **2.** impulsivamente **3.** sfrenatamente.
wilderness *s.* deserto.
wild-goose chase *s.* impresa vana, impossibile.
wildness *s.* **1.** selvatichezza **2.** furore.
wile *s.* astuzia.
wilful *agg.* **1.** ostinato **2.** premeditato.
wilfulness *s.* **1.** ostinazione **2.** premeditazione.
will *s.* **1.** volontà **2.** testamento || *free* —, libero arbitrio.
will *v. ausiliare* (*usato per il futuro*) *he* — *be*, egli sarà **2.** *v. dif.* volere: *I* — *go*, io voglio andare, io andrò (*futuro volitivo*).
to **will** *vt.* e *vi.* **1.** disporre **2.** lasciare per testamento.
willed *agg. strong* —, di forte volontà.
willing *agg.* **1.** volonteroso **2.** disposto || — *or not*, volente o nolente.
willingly *avv.* volentieri.
willow *s.* — -(*tree*), salice: *weeping* —, salice piangente.
willy-nilly *agg.* e *avv.* volente o nolente.
wily *agg.* astuto.
wimple *s.* **1.** soggolo **2.** arricciatura.
to **win (won, won)** *vt.* e *vi.* vincere || *to* — *back*, riconquistare.
wince *s.* sussulto.
to **wince** *vi.* trasalire.
winch *s.* **1.** argano **2.** manovella.
wind[1] *s.* **1.** vento **2.** respiro || *to get* — *of*, aver sentore di; — *-breaker*, giacca a vento; — *-cone*, manica a vento.
wind[2] *s.* **1.** svolta, curva **2.** giro di carica.
to **wind**[1] *vt.* **1.** fiutare **2.** sfiatare.
to **wind**[2] **(wound, wound)** *vt.* **1.** avvolgere **2.** (*una molla*) caricare **3.** girare || *to* — *off*, svolgere. ♦ to **wind (wound, wound)** *vi.* **1.** serpeggiare **2.** avvolgersi || *to* — *off*, svolgersi.
windbag *s.* **1.** otre (*di cornamusa*) **2.** (*fig.*) parolaio.
winder *s.* **1.** manovella **2.** avvolgitore.
winding *agg.* tortuoso. ♦ **winding** *s.* **1.** tortuosità **2.** tornante **3.** spira **4.** caricamento **5.** ritorcitura.
windlass *s.* argano.
windmill *s.* mulino a vento.
window *s.* finestra, finestrino || — *-dresser*, vetrinista; *French-* —, porta finestra.
windpipe *s.* trachea.
windscreen *s.* parabrezza || — *wiper*, tergicristallo.
windshield *s.* (*amer.*) parabrezza.
windward *agg.* contro vento. ♦ **windward** *s.* sopravvento.
windy *agg.* **1.** ventoso **2.** verboso.
wine *s.* vino.
wing *s.* **1.** ala **2.** battente (*di porta*) **3.** (*teat.*) quinta || *on the* —, in volo; *to take* —, spiccare il volo.
winged *agg.* alato.
wink *s.* **1.** battito di palpebre **2.** ammicco **3.** (*fig.*) istante.
to **wink** *vi.* **1.** battere le palpebre **2.** ammiccare **3.** scintillare.
winner *s.* vincitore.
winning *agg.* **1.** vincitore **2.** suadente. ♦ **winning** *s.* vittoria.
to **winnow** *vt.* e *vi.* vagliare.
winsome *agg.* incantevole.
winter *s.* inverno. ♦ **winter** *agg.* invernale.
to **winter** *vi.* svernare.
wintered *agg.* gelato.
winterly V. *wintry.*
wintriness *s.* rigore invernale.
wintry *agg.* invernale, freddo.
wipe *s.* **1.** asciugatura **2.** spolverata.
to **wipe** *vt.* **1.** asciugare **2.** strofinare || *to* — *off*, cancellare.
wiper *s.* **1.** chi pulisce **2.** strofinaccio.
wire *s.* **1.** filo metallico **2.** telegramma || — *netting*, rete metallica; *barbed* —, filo spinato.
to **wire** *vt.* e *vi.* **1.** legare con filo metallico **2.** prendere in trappola **3.** telegrafare.
wired *agg.* munito di filo metallico, di rete metallica.
wireless *agg.* senza fili. ♦ **wireless** *s.* radiotelegrafia.
to **wireless** *vt.* e *vi.* radiotelegrafare.
wire-puller *s.* intrigante, eminenza grigia.
wiry *agg.* **1.** di, simile a filo metallico **2.** (*fig.*) resistente.
wisdom *s.* saggezza.
wise *agg.* **1.** saggio **2.** edotto, informato.
wise *s.* modo, maniera.
wiseacre *s.* saccente.

wisely *avv.* saggiamente.
wish *s.* **1.** desiderio **2.** augurio: *best wishes,* i migliori auguri.
to **wish** *vt.* e *vi.* **1.** desiderare **2.** augurare || *I wish I were,* vorrei essere; *I wish I had,* vorrei avere; *I wish I could,* vorrei potere.
wisher *s.* **1.** chi desidera **2.** chi augura.
wishful *agg.* desideroso.
wishing *agg.* desideroso. ♦ **wishing** *s.* desiderio.
wistaria *s.* glicine.
wistful *agg.* **1.** desideroso **2.** pensoso.
wistfully *avv.* **1.** con desiderio **2.** pensosamente.
wistfulness *s.* **1.** bramosia **2.** raccoglimento.
wit *s.* **1.** ingegno **2.** spirito **3.** persona di spirito || *to live by one's wits,* vivere di espedienti; *to be at one's wits' end,* non saper più cosa fare.
witch *s.* strega.
to **witch** *vt.* stregare.
witchcraft *s.* **1.** stregoneria **2.** fascino.
witch-doctor *s.* stregone.
witchery *s.* V. *witchcraft.*
witching *agg.* magico.
with *prep.* **1.** con **2.** presso **3.** a causa di, per, da.
to **withdraw (withdrew, withdrawn)** *vt.* ritirare. ♦ to **withdraw (withdrew, withdrawn)** *vi.* ritirarsi.
withdrawal *s.* **1.** ritirata, ritiro **2** ritrattazione.
withdrawn V. *to withdraw.*
withdrew V. *to withdraw.*
withe *s.* vimine.
to **wither** *vt.* e *vi.* avvizzire.
withering *s.* avvizzimento.
to **withhold (withheld, withheld)** *vt.* **1.** trattenere **2.** rifiutare **3.** nascondere.
within *prep.* entro. ♦ **within** *avv.* dentro.
without *prep.* senza, senza di. ♦ **without** *cong.* senza (che). ♦ **without** *avv.* fuori.
to **withstand (withstood, withstood)** *vt.* resistere a, fronteggiare.
withstander *s.* oppositore.
withstood V. *to withstand.*
witness *s.* **1.** testimone: *eye- —,* testimone oculare **2.** testimonianza.
to **witness** *vt.* **1.** essere testimone a **2.** mostrare. ♦ to **witness** *vi.* testimoniare.
witticism *s.* arguzia.
wittily *avv.* spiritosamente.
wittiness *s.* spirito.
wittingly *avv.* consapevolmente.
witty *agg.* spiritoso.
wives V. *wife.*
wizard *s.* mago.
to **wobble** V. *to wabble.*
woe *s.* dolore.
woeful *agg.* doloroso.
woke V. *to wake.*
woken V. *to wake.*
wolf *s.* (*pl.* wolves) lupo || *she- —,* lupa.
to **wolf** *vt.* divorare.
wolfish *agg.* da lupo.
woman, *s.* (*pl.* women) donna.
womanhood *s.* **1.** femminilità **2.** maturità (*della donna*) **3.** condizione di donna.
womanish *agg.* **1.** effeminato **2.** femminile.
womankind *s.* le donne (*in genere*).
womanlike *agg.* femminile. ♦ **womanlike** *avv.* femminilmente.
womanliness *s.* femminilità.
womanly *agg.* femminile.
womb *s.* **1.** ventre **2.** grembo **3.** utero.
women V. *woman.*
won V. *to win.*
wonder *s.* **1.** prodigio **2.** meraviglia.
to **wonder** *vi.* **1.** domandarsi **2.** stupirsi.
wonderful *agg.* meraviglioso.
wonderingly *avv.* con meraviglia.
wonderland *s.* paese delle meraviglie.
wondrous *agg.* mirabile.
wont *agg.* abituato. ♦ **wont** *s.* abitudine.
wonted *agg.* abituato, abituale.
to **woo** *vt.* corteggiare.
wood *s.* **1.** bosco **2.** legno || *— -cutter,* boscaiolo.
woodcock *s.* beccaccia.
woodcut *s.* **1.** incisione su legno **2.** xilografia.
wooden *agg.* di legno.
woodiness *s.* **1.** boscosità **2.** legnosità.
woodland *s.* terreno boscoso.
woodman *s.* **1.** guardaboschi **2.** taglialegna.
woodpecker *s.* picchio.

woodwork *s.* lavoro in legno.
woody *agg.* **1.** boscoso **2.** legnoso.
wooer *s.* corteggiatore.
wool *s.* **1.** lana **2.** peluria di animale || *cotton* —, ovatta.
wool(l)en *agg.* di lana. ♦ **wool(l)en** *s.* stoffa di lana.
woolly *agg.* **1.** di lana, lanoso **2.** (*fig.*) confuso.
word *s.* parola || *by — of mouth,* oralmente.
to **word** *vt.* esprimere.
wordiness *s.* verbosità.
wording *s.* espressione.
wordy *agg.* verboso.
wore V. *to wear.*
work *s.* lavoro || *out of* —, disoccupato. ♦ **works** *s. pl.* **1.** meccanismo (*sing.*) **2.** fabbrica, officina (*sing.*).
to **work** *vt.* **1.** lavorare **2.** far funzionare **3.** dirigere || *to — in,* introdurre; *to — off,* liberarsi di; *to — out,* calcolare; *to — up,* elaborare. ♦ to **work** *vi.* **1.** lavorare **2.** funzionare **3.** agitarsi.
workable *agg.* **1.** eseguibile **2.** lavorabile.
workaday *agg.* lavorativo.
workday *s.* giorno feriale.
worker *s.* lavoratore || *skilled* —, operaio qualificato.
workhouse *s.* ospizio di mendicità.
working *agg.* **1.** laborioso **2.** funzionante. ♦ **working** *s.* **1.** lavorio **2.** funzionamento **3.** lavorazione || *— -clothes,* abiti da lavoro; *— expenses,* spese d'esercizio.
workless *agg.* senza lavoro.
workman *s.* operaio.
workmanship *s.* **1.** abilità **2.** fattura.
workroom *s.* laboratorio.
workshop *s.* officina.
workwoman *s.* operaia.
world *s.* mondo: *all over the* —, in tutto il mondo.
worldliness *s.* **1.** condizione terrena **2.** mondanità.
worldly *agg.* **1.** terreno **2.** mondano.
world-wide *agg.* diffuso, noto in tutto il mondo.
worm *s.* verme || *— -screw,* vite senza fine.
to **worm** *vt.* carpire || *to — one's way,* insinuarsi.
wormwood *s.* assenzio.
worn V. *to wear.* ♦ **worn** *agg.* **1.** consumato **2.** indebolito || *— -out,* logoro, (*fig.*) esausto.
worried *agg.* **1.** preoccupato **2.** tormentato.
worrier *s.* seccatore.
worrisome *agg.* **1.** irritante **2.** preoccupato.
worry *s.* **1.** ansia **2.** guaio.
to **worry** *vt.* tormentare. ♦ to **worry** *vi.* preoccuparsi.
worrying *agg.* **1.** preoccupante **2.** tormentoso.
worse *agg.* (*comp. di* bad *e* ill) peggiore, peggio. ♦ **worse** *avv.* e *s.* peggio || *all the* —, tanto peggio; *so much the — for,* tanto peggio per; *none the* —, ugualmente; *— and* —, di male in peggio.
worship *s.* adorazione.
to **worship** *vt.* e *vi.* adorare, venerare.
worshipper *s.* **1.** adoratore **2.** fedele.
worst *agg.* (*superl. di* bad *e* ill) peggiore, pessimo. ♦ **worst** *avv.* e *s.* peggio || *at (the)* —, nella peggiore delle ipotesi.
worsted *agg.* di lana pettinata.
worth *agg.* degno. ♦ **worth** *s.* valore.
worthily *avv.* degnamente.
worthiness *s.* **1.** valore **2.** dignità.
worthless *agg.* **1.** senza valore **2.** indegno.
worthlessness *s.* **1.** mancanza di valore **2.** indegnità.
worthy *agg.* degno, meritevole. ♦ **worthy** *s.* persona illustre.
would *v. dif.* **1.** (*ausiliare del condiz.*) *he — go,* egli andrebbe **2.** (*passato ind. imperfetto, congiuntivo, condiz.*) volere **3.** (*imperfetto ind.*) solere: *he — come every day,* soleva venire ogni giorno.
would-be *agg.* sedicente.
wound *s.* ferita.
to **wound** *vt.* ferire.
wound V. *to wind.*
wove V. *to weave.*
woven V. *to weave.*
wrack *s.* distruzione, rovina.
to **wrangle** *vi.* discutere.
wrangler *s.* attaccabrighe.
wrap *s.* sciarpa, coperta, mantello.
to **wrap** *vt.* avvolgere || *to — up,* impacchettare. ♦ to **wrap** *vi.* avvolgersi.
wrapper *s.* **1.** imballatore **2.** carta da imballo **3.** copertina.

wrapping *s.* involucro || — *paper,* carta da imballaggio.
wrath *s.* ira.
wrathful *agg.* irato.
wrathfulness *s.* ira
wreath *s.* ghirlanda.
to **wreathe** *vt.* **1.** intrecciare **2.** inghirlandare **3.** attorcigliare. ♦ to **wreathe** *vi.* innalzarsi in spire.
wreathy *agg.* **1.** inghirlandato **2.** a forma di ghirlanda.
wreck *s.* **1.** naufragio (*anche fig.*) **2.** relitto.
to **wreck** *vt.* rovinare. ♦ to **wreck** *vi.* naufragare.
wreckage V. *wreck.*
wren *s.* scricciolo.
wrench *s.* **1.** strappo **2.** (*mecc.*) chiave inglese.
to **wrench,** to **wrest** *vt.* **1.** strappare **2.** torcere.
wrestle *s.* lotta.
to **wrestle** *vi.* lottare.
wrestler *s.* lottatore.
wrestling *s.* (*sport.*) lotta.
wretch *s.* disgraziato.
wretched *agg.* **1.** disgraziato **2.** scadente.
wretchedness *s.* **1.** disgrazia **2.** squallore.
wriggle *s.* contorsione.
to **wriggle** *vt.* contorcere. ♦ to **wriggle** *vi.* **1.** contorcersi **2.** (*fig.*) dar risposte evasive.
wring *s.* **1.** torsione **2.** dolore acuto.
to **wring (wrung, wrung)** *vt.* **1.** torcere **2.** estorcere **3.** stringere || *to — out,* spremere, (*fig.*) strappare.
wringer *s.* **1.** torcitore **2.** torchio.
wringing *agg.* lancinante (*di dolore*). ♦ **wringing** *s.* torcitura.
wrinkle[1] *s.* **1.** ruga **2.** grinza.
wrinkle[2] *s.* stratagemma.
to **wrinkle** *vt.* **1.** corrugare **2.** spiegazzare. ♦ to **wrinkle** *vi.* corrugarsi.
wrinkled, wrinkly *agg.* **1.** corrugato **2.** rugoso.
wrinkledness *s.* rugosità.
wrist *s.* polso.
wristband *s.* polsino.
to **write (wrote, written)** *vt.* scrivere || *to — back,* rispondere; *to — down,* annotare, descrivere; *to — off,* cancellare; *to — out,* copiare, emettere un assegno.
writer *s.* scrittore.
writhe *s.* contorcimento.
to **writhe** *vt.* contorcere. ♦ to **writhe** *vi.* **1.** contorcersi **2.** (*fig.*) fremere.
writing *s.* **1.** lo scrivere **2.** scrittura **3.** scritto || — *-desk,* scrivania; — *-paper,* carta da lettere.
written V. *to write.*
wrong *agg.* **1.** sbagliato **2.** ingiusto **3.** illegale. ♦ **wrong** *avv.* **1.** erroneamente **2.** ingiustamente.
wrong *s.* **1.** torto **2.** male || — *-doer,* peccatore, offensore; — *-doing,* peccato, offesa.
to **wrong** *vt.* **1.** far torto a **2.** imbrogliare.
wrongful *agg.* V. *wrong.*
wrongfulness *s.* ingiustizia.
wrongly *avv.* V. *wrong.*
wrote V. *to write.*
wrought *agg.* lavorato || — *-iron,* ferro battuto.
wrung V. *to wring.*
wry *agg.* storto.
to **wry** *vt.* contorcere. ♦ to **wry** *vi.* contorcersi.
wryly *avv.* per traverso.

X

xenophobe *s.* xenofobo.
xenophobia *s.* xenofobia.
xerophilous *agg.* xerofilo.
Xmas *s.* Natale.
X-ray *agg. attr.* a, di raggi X.
to **X-ray** *vt.* sottoporre a raggi X.
X-rays *s. pl.* raggi X.
xylograph *s.* xilografia.
xylographer *s.* xilografo.
xylographic(al) *agg.* xilografico.
xylography *s.* xilografia.
xylophone *s.* xilofono.
xylophonist *s.* xilofonista.

Y

yacht *s.* panfilo.
to **yacht** *vi.* fare crociere su panfilo.
yachtsman *s.* (*pl.* -men) proprietario di panfilo.
to **yank** *vt.* e *vi.* strappare, dare uno

strattone.
yap *s.* guaito.
to **yap** *vi.* guaire.
yard *s.* **1.** iarda **2.** cortile **3.** cantiere: *ship-* —, cantiere navale.
yarn *s.* **1.** filo **2.** (*fig.*) storia.
yawl *s.* (*naut.*) iole, piccola imbarcazione.
yawn *s.* **1.** sbadiglio **2.** apertura.
to **yawn** *vi.* **1.** sbadigliare **2.** aprirsi.
yawning *agg.* **1.** sonnolento **2.** spalancato.
yea *avv.* sì.
year *s.* anno: — *by* —, di anno in anno; *all the* — *round,* per tutto l'anno; *New Year's Day,* Capodanno.
yearbook *s.* annuario.
yearling *agg.* di un anno d'età. ♦ **yearling** *s.* animale di un anno.
yearlong *agg.* che dura un anno.
yearly *agg.* annuale. ♦ **yearly** *avv.* annualmente.
to **yearn** *vi.* languire || *to* — *for, after sthg.*, bramare qc.
yearning *s.* brama. ♦ **yearning** *agg.* bramoso.
yeast *s.* **1.** lievito **2.** fermento.
to **yeast** *vi.* **1.** lievitare **2.** fermentare.
yell *s.* urlo.
to **yell** *vt.* e *vi.* urlare.
yeller *s.* urlatore.
yellow *agg.* e *s.* giallo.
to **yellow** *vt.* e *vi.* ingiallire.
yellowish *agg.* giallastro.
yelp *s.* guaito.
to **yelp** *vi.* guaire.
yeoman *s.* piccolo proprietario terriero.
yes *avv.* sì.
yesterday *avv.* e *s.* ieri: *the day before* —, l'altro ieri; — *week,* ieri a otto.
yet *avv.* **1.** ancora **2.** già || *as* —, finora. ♦ **yet** *cong.* tuttavia.
yew *s.* — (*-tree*) tasso.
yield *s.* **1.** produzione **2.** (*comm.*) rendita.
to **yield** *vt.* e *vi.* **1.** produrre, rendere **2.** cedere || *to* — *oneself up,* arrendersi.
yielding *agg.* **1.** pieghevole **2.** docile.
yoke *s.* **1.** giogo **2.** barra (*del timone*) **3.** coppia (*di animali*).
to **yoke** *vt.* aggiogare.
yolk *s.* tuorlo.
yonder *agg.* quello là, di laggiù. ♦ **yonder** *avv.* là.
you *pron. pers.* **1.** tu, te, ti **2.** voi, ve, vi **3.** (*forma di cortesia*) Lei, Loro.
young *agg.* giovane || — *people,* i giovani (*in genere*).
youngster *s.* giovanetto.
your *agg. poss.* **1.** tuo **2.** vostro **3.** (*forma di cortesia*) Suo.
yours *pron. poss.* **1.** tuo **2.** vostro **3.** (*forma di cortesia*) Suo, Loro || — *truly,* — *faithfully,* distinti saluti.
yourself *pron. r.* **1.** tu stesso, ti, te, te stesso **2.** (*forma di cortesia*) Lei stesso.
yourselves *pron. r.* **1.** voi stessi, vi **2.** (*forma di cortesia*) Loro stessi.
youth *s.* **1.** gioventù **2.** ragazzo.
youthful *agg.* **1.** giovane **2.** giovanile.
youthfulness *s.* aspetto giovanile.
Yugoslav *agg.* e *s.* iugoslavo.

Z

zeal *s.* zelo.
zealot *s.* fanatico.
zealous *agg.* zelante.
zed *s.* zeta.
zenith *s.* zenit.
zephyr *s.* zeffiro.
zero *s.* **1.** zero **2.** (*fig.*) nullità.
zest *s.* **1.** gusto **2.** aroma.
zigzag *agg.* e *avv.* a zigzag.
to **zigzag** *vi.* andare a zigzag.
zinc *s.* zinco.
to **zinc** *vt.* zincare.
zincking *s.* zincatura.
zincograph *s.* zincografia.
to **zincograph** *vt.* imprimere su lastre di zinco.
zincographer *s.* zincografo.
zincography *s.* zincografia.
Zionism *s.* sionismo.
Zionist *s.* e *agg.* sionista.
zip *s.* fischio || — (*-fastener*), cerniera lampo.
to **zip** *vi.* sibilare.
zipper *s.* cerniera lampo.
zircon *s.* zircone.
zirconium *s.* zirconio.
zodiac *s.* zodiaco.
zodiacal *agg.* zodiacale.

zonal, zonary *agg.* zonale.
zonate(d) *agg.* a zone.
zonation *s.* zonatura.
zone *s.* zona.
zoo *s.* zoo.
zoological *agg.* zoologico.
zoologist *s.* zoologo.
zoology *s.* zoologia.
zoom *s.* **1.** rombo **2.** (*aer.*) salita a candela.
to zoom *vi.* **1.** rombare **2.** (*aer.*) salire a candela.
zoomorphic *agg.* zoomorfo.
zoomorphism *s.* zoomorfismo.
zoophilist *s.* zoofilo.
zoophilous *agg.* zoofilo.
zoophily *s.* zoofilia.
zoophobia *s.* zoofobia.
zootechnic *agg.* zootecnico.
zootechnics, zootechny *s.* zootecnica.
zootomic(al) *agg.* zootomico.
zouave *s.* zuavo.
zygoma *s.* (*pl.* zygomata) zigomo.

NOMI PROPRI, STORICI E GEOGRAFICI

Abel Abele.
Abraham Abramo.
Abyssinia Abissinia.
Achilles Achille.
Adam Adamo.
Adolph Adolfo.
Adonis Adone.
Adriatic Sea Mar Adriatico.
Aegean Sea Mar Egeo
Aeneas Enea.
Aeschylus Eschilo.
Aesop Esopo.
Afghanistan Afganistan.
Agamemnon Agamennone.
Agatha Agata.
Agnes Agnese.
Ajax Aiace.
Albert Alberto
Aldous Aldo.
Alec, Alex *dim. di* Alexander.
Alexander Alessandro.
Alexandra Alessandra.
Alexis Alessio.
Alfred Alfredo.
Algiers Algeri.
Alps *pl.* Alpi.
Alsace Alsazia.
Amazon Rio delle Amazzoni.
Ambrose Ambrogio.
Andes *pl.* Ande.
Andrew Andrea.
Andy *dim. di* Andrew.
Angel Angelo.
Ann(e) Anna.
Annie *dim. di* Ann(e).
Antarctica Antartide.
Anthony Antonio.
Antoninus Antonino.
Antony Antonio.
Apennines *pl.* Appennini.
Aphrodite Afrodite.
Apulia Puglia.
Aragon Aragona.
Archimedes Archimede.
Ariadne Arianna.
Aristophanes Aristofane.
Aristotle Aristotele.
Armand Armando.
Arnold Arnaldo.
Arthur Arturo.
Athens Atene.
Atlantic Atlantico.
Augustin Agostino.
Augustus Augusto.
Azores *pl.* Azzorre.

Babel Babele.
Babylon Babilonia.
Bacchus Bacco.
Balearic Islands Baleari.
Balkans *pl.* Balcani.
Balthazar Baldassarre.
Baltic Sea Mar Baltico.
Baltimore Baltimora.
Baptist Battista.
Barcelona Barcellona.
Barnabas, Barnaby Barnaba.
Bartholomew Bartolomeo.
Basel Basilea.
Basil Basilio.
Beatrix Beatrice.
Belgium Belgio.
Belgrade Belgrado.
Benedict Benedetto.
Bengal Bengala.
Ben *dim. di* Benjamin.
Benjamin Beniamino.
Benny *dim. di* Benjamin.
Berlin Berlino.
Bermudas *pl.* Bermude.
Bern Berna.
Bernard Bernardo.
Bertha Berta.
Bess *dim. di* Elizabeth.
Bethlehem Betlemme.
Betty *dim. di* Elizabeth.
Bill(y) *dim. di* William.
Blanche Bianca.
Bob(by) *dim. di* Robert.
Bohemia Boemia.
Boniface Bonifacio.
Bosporus Bosforo.
Brandenburg Brandeburgo.
Brazil Brasile.
Brittany Bretagna.
Brutus Bruto.
Burma Birmania.

Cadiz Cadice.
Caesar Cesare.
Cain Caino.
Caius Caio.

Calvin Calvino.
Cambodia Cambogia.
Canada Canadà.
Capitol Campidoglio.
Caribbean Sea Mar dei Caraibi.
Caroline Carolina.
Carpathian Mountains *pl.* Carpazi.
Carthage Cartagine.
Cashmere Cascemir.
Caspian Sea Mar Caspio.
Cassiopeia Cassiopea.
Cassius Cassio.
Catherine Caterina.
Cato Catone.
Caucasus Caucaso.
Cecil Cecilio.
Channel (The) La Manica.
Charlemagne Carlomagno.
Charles Carlo.
Charlie *dim. di* Charles.
Charlotte Carlotta.
Chile Cile.
China Cina.
Christ Cristo.
Christine Cristina.
Christopher Cristoforo.
Cicero Cicerone.
Cinderella Cenerentola.
Clara Clara, Chiara.
Claude, Claudius Claudio.
Clement Clemente.
Clementine Clementina.
Clytemnestra Clitennestra.
Cologne Colonia.
Connie *dim. di* Constance.
Conrad Corrado.
Constance Costanza.
Constantine Costantino.
Constantinople Costantinopoli.
Corinth Corinto.
Cornelius Cornelio.
Cornwall Cornovaglia.
Crete Creta.
Cynthia Cinzia.
Cyprus Cipro.
Cyril Cirillo.
Cyrus Ciro.
Czechoslovakia Cecoslovacchia.

Daisy *dim. di* Margaret.
Damascus Damasco.
Damocles Damocle.
Dan *dim. di* Daniel.
Daniel Daniele.
Danny *dim. di* Daniel.
Danube Danubio.
Danzig Danzica.
Daphne Dafne.
Dardanelles *pl.* Dardanelli.
Darius Dario.
Dave *dim. di* David.
Deb(by) *dim. di* Deborah.
Deborah Debora.
Delphi Delfo.
Democritus Democrito.
Demosthenes Demostene.
Denmark Danimarca.
Dick *dim. di* Richard.
Dido Didone.
Diocletian Diocleziano.
Diogenes Diogene.
Dionysius Dionigi, Dionisio.
Dominic Domenico.
Domitian Domiziano.
Dorothy Dorotea.
Dublin Dublino.

Ed(dy) *dim. di* Edmund, Edward.
Edgar Edgardo.
Edinburgh Edimburgo.
Edmund Edmondo.
Edward Edoardo.
Egypt Egitto.
Eire (Stato Libero di) Irlanda.
Eleanor Eleonora.
Electra Elettra.
Elias, Elijah Elia.
Eliza Elisa.
Elizabeth Elisabetta.
Emanuel Emanuele.
Emily Emilia.
England Inghilterra.
Epaminondas Epaminonda.
Epicurus Epicuro.
Erasmus Erasmo.
Ernest Ernesto.
Esther Ester.
Ethiopia Etiopia.
Euclid Euclide.
Eugene Eugenio.
Euphrates Eufrate.
Euripides Euripide.
Europe Europa.
Eve Eva.
Evelyn Evelina.
Ezekiel Ezechiele.

Faust(us) Fausto.
Felix Felice.
Ferdinand Ferdinando.
Finland Finlandia.
Florence Firenze.
France Francia.
Frances Francesca.

Francis Francesco.
Frank Franco.
Frankfurt Francoforte.
Fred(dy) *dim. di* Frederic.
Frederic Federico.

Gabriel Gabriele.
Galilee Galilea.
Gascony Guascogna.
Gaule Gallia.
Geneva Ginevra.
Genoa Genova.
Geoffrey Goffredo.
George Giorgio.
Gerard Gerardo.
Germany Germania.
Gibraltar Gibilterra.
Gilbert Gilberto.
Golgotha Golgota.
Goliath Golia.
Grace Grazia.
Great Britain Gran Bretagna.
Greece Grecia.
Greenland Groenlandia.
Gregory Gregorio.
Guiana Guaiana.
Gustavus Gustavo.
Guy Guido.

Hadrian Adriano.
Hague (The) L'Aia.
Hamburg Amburgo.
Hamlet Amleto.
Hannibal Annibale.
Harold Aroldo.
Harriet Enrichetta.
Harry *dim. di* Harold, Henry.
Hebrides *pl.* Ebridi.
Hector Ettore.
Helen Elena.
Hellas Ellade.
Henrietta Enrichetta.
Henry Arrigo, Enrico.
Heraclitus Eraclito.
Herbert Erberto.
Hercules Ercole.
Hermes Ermete.
Herod Erode.
Herodotus Erodoto.
Hesiod Esiodo.
Hilary Ilario.
Himalaya Imalaia.
Hindustan Indostan.
Hippolytus Ippolito.
Holland Olanda.
Homer Omero.
Horace, Horatio Orazio.
Hubert Uberto.
Hugh Ugo.
Humbert Umberto.
Hungary Ungheria.

Icarus Icaro.
Iceland Islanda.
Ignatius Ignazio.
Innocent Innocente.
Ionian Sea Mar Ionio.
Ireland Irlanda.
Iris Iride.
Isaac Isacco.
Isabel Isabella.
Isaiah Isaia.
Ishmael Ismaele.
Isis Iside.
Israel Israele.
Italy Italia.

Jack(ie) *dim. di* John.
Jacob Giacobbe.
Jamaica Giamaica.
James Giacomo.
Jane Giovanna.
Janet *dim. di* Jane.
Japan Giappone.
Jason Giasone.
Java Giava.
Jean Giovanna.
Jeffrey Goffredo.
Jehovah Geova.
Jenny *dim. di* Jean.
Jeremiah Geremia.
Jericho Gerico.
Jerome Gerolamo.
Jerry *dim. di* Gerard, Jerome.
Jerusalem Gerusalemme.
Jesus Gesù.
Jim(my) *dim. di* James.
Jo *dim. di* Josephine.
Joan Giovanna.
Job Giobbe.
Joe *dim. di* Joseph.
John Giovanni.
Johnny *dim. di* John.
Jonah, Jonas Giona.
Jonathan Gionata.
Jordan Giordano.
Joseph Giuseppe.
Josephine Giuseppina.
Joshua Giosuè.
Jove Giove.
Judas, Jude Giuda.
Judea Giudea.
Judith Giuditta.
Judy *dim. di* Judith.

Julia Giulia.
Julian Giuliano.
Juliana Giuliana.
Julie Giulia.
Juliet Giulietta.
Julius Giulio.
Juno Giunone.
Jupiter Giove.
Juvenal Giovenale.

Kashmir Cascemir.
Kate, Kitty *dim. di* Catherine.
Korea Corea.

Lambert Lamberto.
Laocoon Laocoonte.
Lapland Lapponia.
Larry *dim. di* Lawrence.
Latium Lazio.
Launcelot Lancillotto.
Lausanne Losanna.
Lawrence Lorenzo.
Lazarus Lazzaro.
Leander Leandro.
Lebanon Libano.
Leghorn Livorno.
Leo(n) Leone.
Leonard Leonardo.
Leonidas Leonida.
Leopold Leopoldo.
Lethe Lete.
Letitia Letizia.
Lewis Luigi.
Libya Libia.
Liège Liegi.
Lisbon Lisbona
Livy Livio.
Liza, Lizzie, Liz(zy) *dim. di* Elizabeth.
Lombardy Lombardia.
London Londra.
Lou *dim. di* Louise.
Louis Luigi.
Louise Luigia, Luisa.
Louvain Lovanio.
Lucerne Lucerna.
Lucian Luciano.
Lucifer Lucifero.
Lucius Lucio.
Lucretius Lucrezio.
Lucy Lucia.
Luke Luca.
Luther Lutero.
Luxemburg Lussemburgo.
Lycurgus Licurgo.
Lydia Lidia.
Lyons Lione.

Magdalene Maddalena.
Mag(gie) *dim. di* Margaret.
Majorca Maiorca.
Malaya Malesia.
Manchuria Manciuria.
Manfred Manfredi.
Mantua Mantova.
Marathon Maratona.
Marcellus Marcello.
Margaret Margherita.
Margie *dim. di* Margaret.
Marianne Marianna.
Marius Mario.
Mark Marco.
Mars Marte.
Martha Marta.
Martial Marziale.
Martin Martino.
Mary Maria.
Matilda Matilde.
Matt *dim. di* Matthew.
Matthew Matteo.
Matty *dim. di* Martha, Matilda.
Maurice Maurizio.
Max *dim. di* Maximilian.
Maximilian Massimiliano.
May *dim. di* Mary.
Mediterranean Mediterraneo.
Meg *dim. di* Margaret.
Menelaus Menelao.
Mephistopheles Mefistofele.
Mercury Mercurio.
Merlin Merlino.
Methuselah Matusalemme.
Meuse Mosa.
Mexico Messico.
Michael Michele.
Mick(ey) *dim. di* Michael.
Midas Mida.
Mike *dim. di* Michael.
Milan Milano.
Minos Minosse.
Minotaur Minotauro.
Mithridates Mitridate.
Mohammed Maometto.
Moll(y) *dim. di* Mary.
Moluccas *pl.* Molucche.
Monaco (Principato di) Monaco.
Morocco Marocco.
Moscow Mosca.
Moses Mosè.
Mozambique Mozambico.
Munich Monaco di Baviera.
Mycenae Micene.

Naples Napoli.
Napoleon Napoleone.
Narcissus Narciso.

Nell(y) *dim. di* Helen.
Neptune Nettuno.
Nero Nerone.
Netherlands *pl.* Paesi Bassi.
Newfoundland Terranova.
New Zealand Nuova Zelanda.
Nice Nizza.
Nicholas Nicola.
Nick *dim. di* Nicholas.
Nile Nilo.
Noah Noè.
Normandy Normandia.
Norway Norvegia.

Oedipus Edipo.
Oliver Oliviero.
Olympus Olimpo.
Ophelia Ofelia.
Orestes Oreste.
Orion Orione.
Orkneys *pl.* Orcadi.
Orpheus Orfeo.
Osiris Osiride.
Oswald Osvaldo.
Othello Otello.
Ovid Ovidio.

Pacific Pacifico.
Paddy *dim. di* Patrick.
Padua Padova.
Palestine Palestina.
Pancras Pancrazio.
Papua Papuasia.
Paris[1] Paride.
Paris[2] Parigi.
Parnassus Parnaso.
Parthenon Partenone.
Pat *dim. di* Patricia, Patrick.
Patricia Patrizia.
Patrick Patrizio.
Paul Paolo.
Paula Paola.
Pauline Paolina.
Peg(gy) *dim.* di Margaret.
Peking Pechino.
Peloponnesus Peloponneso.
Pennsylvania Pensilvania.
Pericles Pericle.
Perseus Perseo.
Peru Perù.
Pete *dim. di* Peter.
Peter Pietro.
Phaedra Fedra.
Pharsalus Farsalo.
Philadelphia Filadelfia.
Philip Filippo.
Philippi Filippi.
Philippines *pl.* Filippine.
Piedmont Piemonte.
Pigmalion Pigmalione.
Pindar Pindaro.
Piraeus Pireo.
Pius Pio.
Plato Platone.
Pliny Plinio.
Plutarch Plutarco.
Poland Polonia.
Poll(y) *dim. di* Mary.
Polynesia Polinesia.
Pompey Pompeo.
Portugal Portogallo.
Prague Praga.
Prometheus Prometeo.
Ptolemy Tolomeo.
Pyrenees *pl.* Pirenei.
Pythagoras Pitagora.

Quentin Quintino.

Rachel Rachele.
Ramses Ramsete.
Raphael Raffaele, Raffaello.
Raymond Raimondo.
Remus Remo.
Rhine Reno.
Rhodes Rodi.
Rhone Rodano.
Richard Riccardo.
Rob *dim. di* Robert.
Robert Roberto.
Roderick Rodrigo.
Roger Ruggero.
Roland Orlando, Rolando.
Rome Roma.
Romulus Romolo.
Rosalie Rosalia.
Rosalind Rosalinda.
Rose Rosa.
Roumania Romania.
Roxana Rossana.
Rudolph Rodolfo.
Rudy *dim. di* Rudolph.

Sadie, Sally *dim. di* Sarah.
Sam *dim. di* Samuel.
Samson Sansone.
Samuel Samuele.
Sappho Saffo.
Sarah Sara.
Sardinia Sardegna.
Satan Satana.
Saturn Saturno.
Savoy Savoia.

Saxony Sassonia.
Scipion Scipione.
Scotland Scozia.
Sean Giovanni.
Sebastian Sebastiano.
Sibyl Sibilla.
Sicily Sicilia.
Silvester Silvestro.
Simeon Simeone.
Simon Simone.
Simplon Sempione.
Smyrna Smirne.
Socrates Socrate.
Sodom Sodoma.
Solomon Salomone.
Somaliland Somalia.
Sophia Sofia.
Sophocles Sofocle.
Soudan Sudan.
Spain Spagna.
Stephen Stefano.
Steve *dim. di* Stephen.
Stockholm Stoccolma.
Strasbourg Strasburgo.
Sue *dim. di* Susan(nah).
Sulla Silla.
Susy *dim. di* Susan(nah).
Susan(nah) Susanna.
Sweden Svezia.
Switzerland Svizzera.
Sylvia Silvia.
Syracuse Siracusa.
Syria Siria.

Tacitus Tacito.
Tangier(s) Tangeri.
Ted(dy) *dim. di* Edward.
Telemachus Telemaco.
Terence Terenzio.
Tess *dim. di* Theresa.
Thailand Tailandia.
Thames Tamigi.
Thebes Tebe.
Themistocles Temistocle.
Theodoric Teodorico.
Theresa Teresa.
Thermopylae *pl.* Termopili.
Theseus Teseo.
Thomas Tommaso.
Tiber Tevere.
Tiberius Tiberio.
Tirol Tirolo.
Titian Tiziano.
Titus Tito.
Tobias Tobia.
Toby *dim. di* Tobias.
Tom(my) *dim. di* Thomas.
Tonkin, Tonking Tonchino.
Tony *dim. di* Ant(h)ony.
Trajan Traiano.
Tristan, Tristram Tristano.
Troy Troia.
Tully Tullio.
Tunis Tunisi.
Turin Torino.
Turkey Turchia.
Tuscany Toscana.
Tyrol Tirolo.
Tyrrhenian Sea Mar Tirreno.

Ukraine Ucraina.
Ulysses Ulisse.
United States of America Stati Uniti d'America.
Urban Urbano.
Ursula Orsola.
USA Stati Uniti d'America.
USSR URSS (Unione Repubbliche Socialiste Sovietiche).

Valentine Valentino.
Valerius Valerio.
Vatican Vaticano.
Venetia Veneto.
Venice Venezia.
Venus Venere.
Vesuvius Vesuvio.
Victor Vittorio.
Victoria Vittoria.
Vincent Vincenzo.
Virgil Virgilio.
Vivian Viviana, Viviano.
Vulcan Vulcano.

Wales Galles.
Walter Gualtiero.
Warsaw Varsavia.
Will *dim. di* William.
William Guglielmo.
Willy *dim. di* William.

Xerxes Serse.

Yugoslavia Iugoslavia.

Zachary Zaccaria.
Zurich Zurigo.

SIGLE E ABBREVIAZIONI USATE NEI PAESI DI LINGUA INGLESE

a., **1.** *about*: c., circa **2.** *acre*: acro **3.** *approved*: approvato, riconosciuto dallo Stato.
A.A., *Automobile Association*: A.C., Automobile Club.
A.A.R., *against all risks*: contro ogni rischio.
Abp., *Archbishop*: arcivescovo.
abr., **1.** *abridged*: ridotto (*di edizione*) **2.** *abridgment*: compendio.
A.C., *alternating current*: c.a., corrente alternata.
a/c, **ac.**, *account*: c., conto.
A.D., *Anno Domini* (= *dopo Cristo*): d.C., dopo Cristo.
adj., *adjourned*: aggiornato.
Adm., *Admiral*: ammiraglio.
adv., *advertisement*: inserzione.
A.E.C., *Atomic Energy Commission*: C.E.A., Commissione per l'energia atomica.
A.F., *Air Force*: A.M., Aeronautica Militare.
Ala., *Alabama.*
Alas., *Alaska.*
alt., **1.** *alternate*: alternata **2.** *alternating*: alternata.
a.m., *ante meridiem, before noon*: antimeridiano.
Am(er)., **1.** *America*: Am., Amer., America **2.** *American*: am., amer., americano.
anon., *anonymous*: anonimo.
A.P., *Associated Press*: Stampa Associata.
app., *appendix*: app., appendice.
approx., *approximately*: appross., approssimativamente.
Apr., *April*: apr., aprile.
apt., *apartment*: appartamento.
Ariz., *Arizona.*
Ark., *Arkansas.*
arr., **1.** *arrival*: arr., arrivo **2.** *arrived*: arr., arrivato.
ass., *association*: ass., associazione.
at. no., *atomic number*: n.a., numero atomico.
att(y)., *attorney*: proc., procuratore.
at. wt., *atomic weight*: p. at., peso atomico.
Aug., *August*: ago., agosto.
avdp., *avoirdupois*: avoirdupois.
ave., *avenue*: v.le, viale.

b., **1.** *book*: l., libro **2.** *born*: n., nato.
B.A., *Bachelor of Arts*: diplomato in lettere.
Bap(t)., *Baptist*: Battista.
B.B.C., *British Broadcasting Corporation*: Ente Radiofonico Britannico.
B.C., *Before Christ*: a.C., avanti Cristo.
B/E, **b.e.**, *bill of exchange*: cambiale.
B.E.A., *British European Airways*: Linee Aeree Europee Britanniche.
Beds., *Bedfordshire.*
Berks., *Berkshire.*
bet., *between*: fra.
B/L, *bill of lading*: polizza di carico.
blvd., *boulevard*: boulevard.
B.M., *British Museum*: Museo Britannico.
B.M.A., *British Medical Association*: Associazione Medica Britannica.
B.O.A.C., *British Overseas Airways Corporation*: Società aerea d'oltremare britannica.
B. of A., *Bank of America*: Banca d'America.
B. of E., *Bank of England*: Banca d'Inghilterra.
Bp., *Bishop*: vesc., vescovo.
bros., *brothers*: F.lli, Fratelli.
b.s., **1.** *balance sheet*: bilancio di esercizio **2.** *bill of sale*: atto di vendita.
bsh., *bushel*: staio.
Bucks., *Buckinghamshire.*
bul(l)., *bulletin*: boll., bollettino.

c., **1.** *centigrade*: c., centigrado **2.** *cent*: cent., centesimo **3.** *chapter*: cap., capitolo.
C/A, *current account*: c/c, conto corrente.

ca., **1.** *cathode*: catodo **2.** *about*: ca., circa.
Cal(if)., *California*.
Cam(b)., *Cambridge*.
Cambs., *Cambridgeshire*.
Can., **1.** *Canada*: Canada **2.** *Canadian*: canadese.
Cantab., *of Cambridge*: cantabrigense.
cap., **1.** *chapter*: cap., capitolo **2.** *capital*: capitale.
Capt., *Captain*: cap., capitano.
Card., *Cardinal*: card., cardinale.
cc., **1.** *chapters*: capp., capitoli **2.** *cubic centimetres*: cmc., centimetri cubi.
C.D., *Corps Diplomatique*: C.D., Corpo Diplomatico.
C.E.D., *Community for European Defence*: C.E.D., Comitato per la Difesa Europea.
Celt., *Celtic*: celtico.
cent., **1.** *centigrade*: c., centigrado **2.** *centimetre*: cm., centimetro **3.** *central*: centrale **4.** *century*: sec., secolo.
c.f., *cost and freight*: c.f., costo e nolo.
C.F.I., **c.f.i.**, *cost, freight and insurance*: costo, nolo e assicurazione.
Ch., **1.** *Church*: Chiesa **2.** *China*: Cina **3.** *Chinese*: cinese.
ch(ap)., *chapter*: cap., capitolo.
Ches(h)., *Cheshire*.
Chr., **1.** *Christ*: Cristo **2.** *Christian*: cristiano.
C.I.A., *Central Intelligence Agency*: Organizzazione centrale d'informazioni (Servizio segreto americano).
c.i.f., *cost, insurance, freight*: c.i.f., costo, assicurazione e nolo.
cm., *centimetre*: cm., centimetro.
Co., **1.** *Company*: s., società **2.** *County*: contea.
c/o, *care of*: c/o, presso.
C.O.D., **c.o.d.**, *cash on delivery*: pagamento alla consegna.
Col., **1.** *Colonel*: col., colonnello **2.** *Colorado*.
coll., **1.** *colleague*: collega **2.** *college*: coll., collegio **3.** *colloquial*: fam., familiare.
Colo., *Colorado*.
Conn., *Connecticut*.
Consol., *consolidated*: consolidato.
cont(d)., *continued*: continuo, ininterrotto.
coop., *co-operative*: coop., cooperativa.
corp., *corporation*: **1.** corporazione **2.** (*amer.*) s.r.l., società a responsabilità limitata.
Corn(w), *Cornwall*.
c.o.s., *cash on shipment*: pagamento alla spedizione.
C.P., *Communist Party*: P.C., Partito Comunista.
cp., *compare*: cfr., confrontare.
Ct., *Connecticut*.
cu., *cubic*: c., cubico.
Cumb., *Cumberland*.
C.U.P., *Cambridge University Press*: Edizioni dell'Università di Cambridge.

d., **1.** *date*: data **2.** *dead*: m., morto **3.** *penny, pence*: penny, pence.
d.c., *direct current*: c.c., corrente continua.
D.A.B., *Dictionary of American Biography*: Dizionario della Biografia Americana.
Dak., *Dakota*.
D.C., *District of Columbia*: Distretto della Columbia.
D.D., *Doctor of Divinity*: dottore in teologia.
dd., **d/d**, *delivered*: consegnato.
Dec., *December*: dic., dicembre.
Del., *Delaware*.
dep., **1.** *department*: reparto, ufficio; (*am.*) ministero **2.** *deputy*: deputato.
Devon., *Devonshire*.
Dir., *director*: dirett., direttore.
disc., *discount*: sconto.
D. Lit., *Doctor of Literature*: dottore in letteratura.
D.N.B., *Dictionary of National Biography*: Dizionario della Biografia Nazionale.
dol., *dollar*: dollaro.
Dorset., *Dorsetshire*.
doz., *dozen*: dozz., dozzina.
D.P., *Displaced Person*: profugo.
Dr., **1.** *Doctor*: dott., dottore **2.** *Debtor*: debitore.
dz., *dozen*: dozz., dozzina.

E., **1.** *East*: E, Est **2.** *English*: inglese.
ea., *each*: cad., cadauno.
E.B., *Encyclopaedia Britannica*: Enciclopedia Britannica.
E.C.A., *Economic Co-operation Administration*: Amministrazione della cooperazione economica.

E.C.M., *European Common Market*: M.E.C., Mercato Comune Europeo.
ed., **1.** *edited*: ed., edito **2.** *edition*: ed., edizione.
E.D.C., *European Defence Community*: C.E.D., Comunità per la difesa europea.
edit., V. *ed.*
Edin., *Edinburgh.*
e.g., *for example*: p. es., per esempio.
Emp., *Emperor*: imperatore.
enc(l)., *enclosure*: all., allegato.
Eng., **1.** *England*: Inghilterra **2.** *English*: inglese.
esp(ec)., *especially*: spec., specialmente.
Esq., *Esquire* (*titolo di cortesia usato negli indirizzi*): Egr., egregio.
etc., *and so on*: ecc., eccetera.
Eur., **1.** *Europe*: Europa **2.** *European*: europeo.
ex., **1.** *examined*: esaminato **2.** *example*: es., esempio **3.** *excepted*: eccetto **4.** *executive*: esecutivo.
exc., *except*(*ed*): eccettuato.

F., *Fahrenheit*: F., Fahrenheit.
f., *frequency*: f., frequenza.
F.A.O., *Food and Agricultural Organization*: Organizzazione per l'agricoltura e l'alimentazione.
F.B.I., *Federal Bureau of Investigation*: Ufficio federale d'investigazione.
Feb., *February*: feb., febbraio.
Fed., **1.** *Federal*: fed., federale **2.** *Federation*: federazione.
Fla., **Flor.**, *Florida.*
F.O., *Foreign Office*: M.AA.EE., Ministero degli affari esteri.
F.O.B., **f.o.b.**, *free on board*: f.o.b., franco bordo.
fol., *folio*: folio.
fol(l)., *following*: seg., seguente.
Fr., **1.** *Father*: P., padre **2.** *France*: Francia **3.** *French*: francese **4.** *Friday*: ven., venerdì.
Fri., *Friday*: ven., venerdì.
ft., *foot, feet*: piede, piedi.

g., **1.** *conductance*: conduttanza **2.** *gender*: genere **3.** *gram*: g., grammo **4.** *guinea*: ghinea.
Ga., *Georgia.*
gal(l)., *gallon*: gallone.
G.B., *Great Britain*: Gran Bretagna.
Gen., *General*: gen., generale.
gen., **1.** *gender*: genere **2.** *generally*: gen., generalmente.
gent., *gentleman*: gentiluomo, signore.
G.H.Q., *General Headquarters*: Q.G., quartier generale.
G.I., *Government Issue*: promulgazione ministeriale.
Gloster., *Gloucestershire.*
G-Man., *Government Man*: soldato governativo.
G.O.P., *Grand Old Party* (*U.S. Republican Party*): Partito Repubblicano Americano.
G.P.O., *General Post Office*: Posta centrale.

H, *hydrogen*: H., idrogeno.
h., **1.** *hour*: h., ora **2.** *high*: A., alto.
H.B.M., *His* (*Her*) *Britannic Majesty*: S.M.B., Sua Maestà Britannica.
H.C., *House of Commons*: Camera dei Comuni.
H.E., *His Excellency*: S.E., Sua Eccellenza.
Hereford., *Herefordshire.*
Herts., *Hertfordshire.*
hf., *half*: metà.
H.H., **1.** *His Holiness*: S.S., Sua Santità **2.** *His* (*Her*) *Highness*: S.A., Sua Altezza.
hhd., *hogshead*: hogshead (*misura di capacità l. 238,5*).
H.L., *House of Lords*: Camera Alta.
H.M., *His* (*Her*) *Majesty*: V.M., Vostra Maestà.
H.M.S., *His* (*Her*) *Majesty's Service*: servizio di Sua Maestà.
Hon., *Honourable*: on., onorevole.
H.P., **1.** *high pressure*: alta pressione **2.** *horse power*: H.P., cavalli vapore.
hr., *hour*: h., ora.
H.S., *High School*: scuola media superiore.
Hunts., *Huntingdonshire.*

I(a)., *Iowa.*
ib(id)., *in the same place*: ibid., nello stesso luogo.
I.D., *Intelligence Department*: reparto informazioni.
id., *the same*: id., come sopra.
Id(a)., *Idaho.*
i.e., *that is*: cioè.
Ill., *Illinois.*
in., *inch*: pollice (*misura*).

Inc., **1.** *incorporated*: incorporato **2.** *including*: incluso.
inst., *instant* (*the present month*): c.m., corrente mese.

I.O.U., *I owe you*: pagherò.
I.Q., *Intelligence Quotient*: Q.I., quoziente d'intelligenza.
Ire., *Ireland*.

Ja(n)., *January*: genn., gennaio.
J.P., *Justice of the Peace*: giudice di pace.
jr., **jun.**, *junior*: iun., junior

Kan(s)., *Kansas*.
kg., *kilogram*: kg., chilogrammo.
kilo., **1.** *kilogram*: chilogrammo **2.** *kilometre*: km., chilometro.
K.K.K., *Ku Klux Klan*: K.K.K., Ku Klux Klan.
km., *kilometre*: km., chilometro.
K.O., *knock out*: fuori combattimento.
kw., *kilowatt*: kw., chilowatt.
Ky., *Kentucky*.

L., *pound*: L.st., lira sterlina.
l., **1.** *litre*: l., litro **2.** *long*: lungo.
La., *Louisiana*.
Lancs., *Lancashire*.
Lat., *Latin*: latino.
lat., *latitude*: latitudine.
lb., *pound*: libbra.
L.C.D., *lowest common denominator*: m.c.d., minimo comun denominatore.
L.C.M., *least common multiple*: m.c.m., minimo comune multiplo.
Leics., *Leicestershire*.
L.F., *low frequency*: b.f., bassa frequenza.
Lieut., *Lieutenant*: luogotenente.
Lincs., *Lincolnshire*.
LL.D., *Doctor of Laws*: dottore in legge.
Lon., *London*: Londra.
lon(g)., *longitude*: longitudine.
L.P., **1.** *Labour Party*: Partito Laburista **2.** *Long Play*: microsolco.
L.R., *Lloyd's Register*: Registro dei Lloyd.
Ltd., *limited*: s.r.l., società a responsabilità limitata.

m., **1.** *male*: m., maschio **2.** *metre*: m., metro **3.** *mile*: miglio **4.** *minute*: m., minuto **5.** *month*: m., mese.
M.A., *Master of Arts*: laureato in lettere.
Mad., **Madm.**, *Madam*: sig.ra, signora.
Maj., *Major*: magg., maggiore.
Mar., *March*: mar., marzo.
Mass., *Massachusetts*.
max., *maximum*: mass., massimo.
M.C., *Member of Congress*: membro del Congresso.
Md., *Maryland*.
M.D., *Doctor of Medicine*: dottore in medicina.
Mdx., *Middlesex*.
Me., *Maine*.
M.F., *medium frequency*: m.f., media frequenza.
mg(m)., *milligram*: mg., milligrammo.
Mich., *Michigan*.
Minn., *Minnesota*.
Miss., *Mississippi*.
mm., *millimetre*: mm., millimetro.
Mo., **1.** *Missouri* **2.** *Monday*: lun., lunedì.
M.O., *money order*: ordine di pagamento.
Mon., *Monday*: lun., lunedì.
Mont., *Montana*.
M.P., **1.** *Military Police*: Polizia militare **2.** *Member of Parliament*: membro del Parlamento.
mph., *miles per hour*: miglia orarie.
Mr., *Mister*: sig., signor.
Mrs., *Mistress*: sig.ra, signora.
M/S, *motorship*: M/n, motonave.
MS., *manuscript*: ms., manoscritto.
MSS., *manuscripts*: mss., manoscritti.
Mt., *mount*: M., monte.
mus., **1.** *museum*: mus., museo **2.** *music*: musica.

N., *North*: N, Nord.
n., **1.** *born*: n., nato **2.** *number*: n., numero.
N.A.T.O., *North Atlantic Treaty Organization*: P.A., Patto atlantico.
N.B.C., *National Broadcasting Company*: Compagnia radiofonica nazionale.
N.C., *North Carolina*.
N.C.O., *non-commissioned officer*: s. uff., sottufficiale.
N. D(ak)., *North Dakota*.
Neb(r)., *Nebraska*.
Nev., *Nevada*.
New M., *New Mexico*.

N.H., *New Hampshire.*
N.J., *New Jersey.*
N. M(ex)., *New Mexico.*
no., *number*: n., numero.
Norf., *Norfolk.*
Northum(b)., *Northumberland*
nos., *numbers*: numeri.
Notts., *Nottinghamshire.*
Nov., *November*: nov., novembre.
N.Y., *New York*: Nuova York.

O., *Ohio.*
Oct., *October*: ott., ottobre.
O.E.D., *Oxford English Dictionary*: Dizionario Inglese Oxford.
Okla., *Oklahoma.*
op. cit., *in the work cited*: op. cit., opera citata.
Ore(g)., *Oregon.*
O.U.P., *Oxford University Press*: Edizioni dell'Università di Oxford.
Ox(f)., *Oxford.*
Oxon., **1.** *Oxford* **2.** *of Oxford*: ossoniese **3.** *Oxfordshire ounce*: oncia.

P., *(car-)park*: P., parcheggio.
p., **1.** *page*: p., pagina **2.** *past*: pass., passato.
Pa., *Pennsylvania.*
P.A.A., *Pan American Airways*: Linee aeree panamericane.
par., *paragraph*: parag., paragrafo.
pat., **1.** *patent*: brev., brevetto **2.** *patented*: brevettato.
P.A.Y.E., *pay as you earn* (*trattenuta di ricchezza mobile*): R.M., ricchezza mobile.
pd., *paid*: pagato.
Penn(a). v. *Pa.*
Ph. D., *Doctor of Philosophy*: dottore in filosofia.
P.M., *Prime Minister*: Primo Ministro.
p.m., *post meridiem* (*after noon*): pomeridiano.
P.O., **p.o.**, **1.** *Post Office*: U.P., ufficio postale **2.** *postal order*: V., vaglia.
P.O.B., *post office box*: C.P., casella postale.
p.o.d., *pay on delivery*: pagamento alla consegna.
pp., *pages*: pagg., pagine.
prep., *preparation*: preparazione.
Pres., *President*: pres., presidente.
Prof., *Professor*: prof., professore.
prox., *next*: prossimo.
P.S., *postscript*: P.S., poscritto.
p.t.o., *please turn over*: voltare pagina.

Q.M.G., *Quartermaster General*: capo dipartimento amministrazione e alloggi.
qu., **1.** *quart*: misura di capacità (l. 1.136) **2.** *quarter*: quarto.
quot., *quotation*: citazione.

R., **r.**, **1.** *river*: f., fiume **2.** *road*: strada.
R.A.C., *Royal Automobile Club*: Regio Automobile Club.
R.A.D.I.A.C., *Radioactivity Detection Identification and Computation*: Rivelazione, identificazione e calcolo della radioattività.
R.A.F., *Royal Air Force*: Regia Aviazione militare.
R.C., **1.** *Red Cross*: C.R., Croce Rossa **2.** *Roman Catholic*: Cattolico Romano.
R.C.A., *Radio Corporation of America*: Associazione Radiofonica Americana.
re., *reference* **1.** ref., referenza **2.** riferimento.
rec., **1.** *receipt*: ricevuta **2.** *record*: record.
reg., **1.** *region*: regione **2.** *register*: reg., registro **3.** *regular*: regolare.
Rev., *Reverend*: rev., reverendo.
R.H., *Royal Highness*: A.R., Altezza Reale.
R.N., *Royal Navy*: Regia Marina.
Rt. Hon., *Right Honourable*: molto onorevole.
Rt. Rev., *Right Reverend*: molto reverendo.
Ry., *Railway*: ferrovia.

S., *South*: S, Sud.
s., **1.** *second*: secondo **2.** *shilling*: scellino.
Sat., *Saturday*: sab., sabato.
S.C., *South Carolina.*
sch., *school*: sc., scuola.
Scot., **1.** *Scotland*: Scozia **2.** *Scottish*: scozzese.
S. D(ak)., *South Dakota.*
sec., **1.** *second*: secondo **2.** *section*: sezione **3.** *secretary*: segr., segretario
Sen., **1.** *Senate*: senato **2.** *senator*: senatore **3.** *senior*: senior.
Sept., *September*: sett., settembre.
Sergt., *sergeant*: serg., sergente.
sh., *shilling*: scellino.

S.H.A.P.E., *Supreme Headquarters Allied Powers Europe*: quartier generale delle Forze alleate in Europa.
Shrops., *Shropshire.*
So., **1.** *South*: S, Sud **2.** *Southern*: sudista.
Soc., *society*: s., società.
Somerset., *Somersetshire.*
spec., **1.** *special*: spec., speciale **2.** *specification*: specificazione.
sp. gr., *specific gravity*: gravità specifica.
sq., *square*: p.za, piazza.
Sr., **1.** *senior*: senior **2.** *Sir*: Sir **3.** *sister*: sorella.
SS, S/S, *steamship*: piroscafo.
St., **1.** *Saint*: s., santo **2.** *street*: via.
st., *stone*: misura di peso (*Kg. 6,350*).
Staffs., *Staffordshire.*
ster., **stg.**, *sterling*: L.st., lira sterlina.
St. Ex., *Stock Exchange*: Borsa valori.
Sun(d)., *Sunday*: dom., domenica.
Sup. Ct., *Supreme Court*: C.S., Corte suprema.
supp(l)., *supplement*: supplemento.
Sur., *Surrey.*
Sus., *Sussex.*
S.W., **1.** *South Wales*: Galles del sud **2.** *South West*: S.O., sud ovest.
Swit., **Swtz.**, *Switzerland*: Svizzera.
syn., *synonym*: sinonimo
Sy., *Surrey.*

t., **1.** *ton*: t., tonnellata **2.** *volume*: v., volume.
T.B., *tuberculosis*: tbc, tubercolosi.
tel., **1.** *telegram*: telegramma **2.** *telegraph*: telegrafo **3.** *telephone*: tel., telefono.
Tenn., *Tennessee.*
Tex., *Texas.*
Thur(s)., *Thursday*: giov., giovedì.
T.O., *turn over*: voltare.
T.U., *Trade-Union*: Sindacato.
Tu(es)., *Tuesday*: mar., martedì.
TV., *television*: TV, televisione.
T.W.A., *Trans World Airlines*: linee aeree intercontinentali.

U., **1.** *Union*: U., unione **2.** *University*: Università.
U.K., *United Kingdom*: R.U., Regno Unito.
U.N., *United Nations*: N.U., Nazioni Unite.
U.N.E.S.C.O., *United Nations Educational Scientific and Cultural Organization*: Organizzazione culturale, scientifica e per l'educazione delle Nazioni Unite.
U.N.I.C.E.F., *United Nations International Children's Emergency Fund*: Fondo d'emergenza internazionale per l'infanzia delle Nazioni Unite.
U.N.O., *United Nations Organization*: O.N.U., Organizzazione delle Nazioni Unite.
U.P., *United Press*: Stampa associata.
U.S., *United States*: S.U., Stati Uniti.
U.S.A., **1.** *United States of America*: S.U.A., Stati Uniti d'America **2.** *United States Army*: Esercito degli Stati Uniti.
U.S.A.E.C., *United States Atomic Energy Commission*: commissione per l'energia atomica degli Stati Uniti.
U.S.A.F., *United States Air Force*: Aviazione militare degli Stati Uniti.
U.S.I.S., *United States Information Service*: Servizio informazioni degli Stati Uniti.
U.S.N., *United States Navy*: Marina degli Stati Uniti.
U.S.S.R., *Union of Soviet Socialist Republics*: U.R.S.S., Unione delle repubbliche socialiste sovietiche.
U.S.S., *United States Ship*: nave degli Stati Uniti.
Ut., *Utah.*

v., *verse*: v., verso.
Va., *Virginia.*
Vat., *Vatican*: Vaticano.
Ven., *Venerable*: Ven., venerabile.
V.H.F., *very high frequency*: altissima frequenza.
Vic(t)., *Victoria.*
V.I.P., *Very Important Person*: Persona molto importante.
viz., *namely*: cioè.
vol., *volume*: vol., volume.
V.P., *Vice-President*: vicepresidente.
vs., *against*: contro.
Vt., *Vermont.*
Vul(g)., *Vulgate*: Vulgata.
vv., *verses*: vv., versi.

w., *watt*: W., watt.

W., **1.** *West*: O, Ovest **2.** *Washington.*
w., **1.** *week*: settimana **2.** *wife*: moglie **3.** *with*: con.
Warwick., *Warwickshire.*
Wash., *Washington.*
W.D., *War Department*: Ministero della Guerra.
Wed., *Wednesday*: mer., mercoledì.
Westm., *Westminster.*
Westmore., *Westmoreland.*
whf., *wharf*: pontile.
Wis(c)., *Wisconsin.*
wk., **1.** *week*: settimana **2.** *work*: lavoro.
w.l., *wave length*: lunghezza d'onda.
Worcs., *Worcestershire.*
W.R.A.C., *Women's Royal Army Corps*: Regio corpo d'armata femminile.
wt., *weight*: peso.
W.Va., *West Virginia*: Virginia dell'ovest.
Wy(o)., Wyoming.

Xmas., *Christmas*: Natale.

y., **1.** *yard*: iarda **2.** *year*: anno.
yd., *yard*: iarda.
Y.H.A., *Youth Hostels Association*: Associazione Ostelli per la gioventù.
Y.M.C.A., *Young men's Christian Association*: Associazione Cristiana per i giovani.
yr., **1.** *year*: anno **2.** *your*: vostro.
Yorks., *Yorkshire.*
yrs., **1.** *years*: anni **2.** *yours*: vostri.
Y.W.C.A., *Young Women's Christian Association*: Associazione Cristiana per le giovani.

Z., *atomic number*: n.a., numero atomico.

&, *and*: e.
&c., *and so forth*: etc., ecc., eccetera.

PREFACE TO THE ITALIAN-ENGLISH SECTION OF THE *PICCOLO DIZIONARIO ITALIANO-INGLESE*

1. The first part of the English-Italian section of the **Compact Dictionary** contains information in Italian designed to help in its use. It gives rules of pronunciation, a list of irregular verbs, tables of comparison of the English and American units and metric system, information on the English and American currency, a list of cardinal and ordinal numbers, and an explanatory list of the abbreviations used.

A similar introduction is included here to help in the use of the Italian-English section.

2. Since Italian presents particular problems with its verbs we have provided a list of irregular verbs in general use. We have not included their compounds, as they are conjugated in the same way.

Those verbs which take *essere* as an auxiliary are indicated by means of a single star. Those which take *essere* when used intransitively and *avere* when used transitively have a double star.

With the past definite tense we have shown the 1st person singular only, since the 3rd person singular and the 3rd person plural follow the same pattern, while the 2nd person singular and plural are regular in form e.g.: *prendere* – **presi,** *prendesti,* **prese,** *prendemmo, prendeste,* **presero.**

3. There are two points concerning the current use of verbs which the student of Italian may well find helpful:

a) there is a tendency in modern Italian towards a more frequent use of the perfect tense to represent completed past action (though such irrefutable statements of the past as, for example, *Dante died in 1321* would still always be translated as *Dante morì . . .*);

b) though the polite form in the singular, with *Lei* and the 3rd person of the verb, is regularly used e.g.: *Lei scrive in inglese?* (Are you writing in English?), the plural form addressed to more than one person is now more frequently the 2nd person plural with *Voi*, instead of the 3rd person plural with *Loro* e.g.: *Voi scrivete in inglese?* rather than *Loro scrivono in inglese?*

4. As some Italian nouns have irregular plurals or do not change their form in the plural we have included a list of the more commonly used ones.

5. In illustrating the possible alternative translations for the Italian words listed, the following symbols have been adopted:

a) a double line (||) after the initial translation or translations indicates a grammatical change from, for example, an adjective to a noun or a pronoun to an adverb;

b) a lozenge (◆) indicates something more than just an alternative translation, showing, for example, a figurative or idiomatic use;

c) the numbers printed in large type (**1.**, **2.**, **3.**, etc.) indicate the various alternative meanings;

d) the small numbers ([1], [2], [3], etc.) indicate words of identical form but different meaning.

The Alphabet

The Italian alphabet consists of 21 letters only. **j** *(i lunga)*, **k** *(cappa)*, **w** *(doppio vu)*, **x** *(ics)*, **y** *(ipsilon)* do not occur in the alphabet, though they are used for the spelling of foreign words e.g.: *judo, kimono, watt, xenofobia, yacht*. In some cases **y** is replaced by **i**, e.g. *raion* for rayon. **ch** replaces **k**, e.g. *chilogramma* for kilogram. **ph** is represented by **f**, e.g. *fobia* for phobia. **x** occurs in certain expressions such as *ex-presidente, extraterritoriale,* etc.

Letter	Name	Letter	Name
a	*a*	**m**	*emme*
b	*bi*	**n**	*enne*
c	*ci*	**o**	*o*
d	*di*	**p**	*pi*
e	*e*	**q**	*cu*
f	*effe*	**r**	*erre*
g	*gi*	**s**	*esse*
h	*acca*	**t**	*ti*
i	*i*	**u**	*u*
l	*elle*	**v**	*vu*
		z	*zeta*

Pronunciation

Since Italian is a phonetic language, once the rules of pronunciation are learnt, it is possible to pronounce most words correctly, though it is not always easy to tell on which syllable the tonic stress falls.

The Vowels

Italian vowels are pure sounds and should be pronounced well forward in the mouth:

A	like **a** in far	*gala*
close **E**	like **a** in fate	*seta*
open **E**	like **e** in ten	*pelle*
I	like **i** in machine	*vino*
close **O**	like **o** in store	*corte*
open **O**	like **o** in spot	*motto*
U	like **oo** in spoon	*uso*

The Consonants

In the case of double consonants each consonant is sounded, with the voice rising on them and falling on the following vowel.

The consonants **B, D, F, L, M, N, P, Q, T** and **V** are pronounced very much as in English. The rest are as follows:

C 1. before **a, o, u,** and consonants, including **h**: like **c** in cat, as in *casa, crema, chilo*;
2. before **e** or **i**: like **ch** in chip, as in *cena, cibo.*

G 1. before **a,** o, **u** and consonants, including **h** but not including **l** and **n**: like **g** in gap, as in *gala, grido, ghiro*;
2. before **e** or **i**: like **g** in gem, as in *gente, gita.*

gli like **lli** in billion, as in *figlia*; (a few exceptions have the **gli** pronounced as in English, e.g. *anglicano, negligente*).

gn like **ni** in onion, as in *signore.*

H is always silent and occurs in very few words, except as shown above to harden the **c** and **g** sounds before **e** and **i**.

Q is always followed by **u,** like **qu** in quick, as in *quinto.*

R is rolled, rather as in **rr** Scottish pronunciation, as in *pera, serra.*

S 1. is voiced, like **s** in rose, as in *rosa, esatto,* or when followed by **b, d, g, l, m, n, r, v,** the voiceless consonants, as in *sdegno, svelto;*
2. is unvoiced like **s** in sap, at the beginning of a word, or when it is doubled, as in *sega, rosso.*

sc 1. before **e** or **i** is like **sh** in shot, as in *scena*;
2. before **a, o** and **u** is like **sk** in skate, as in *scarpa, scopo, scudo*;
3. an **h** after it and before **e** or i makes it like **sk**, as in *schema, schiena*;
4. an i after it and before **a, o** or **u** makes it like **sh**, as in *scialle, sciocco, sciupare.*

Z 1. voiced like **ds** in treads, as in *zio*;
2. unvoiced like **ts** in wits, as in *forza.*

Accentuation

In printed and written Italian an accent is used to indicate when the toni stress falls on a final vowel such as in *città* or *caffè*. It is also used to distinguish between two words which are spelt and pronounced alike but have different meanings:

è = is	*e* = and
dà = he gives	*da* = from, by, of, etc.

It also occurs on some monosyllabic words as in *già* and *più.*

In print the acute accent is used to indicate a stress on a final **e** as in *perché* or *né*, though in handwriting the grave accent is more usual. In modern Italian the grave accent is normally used elsewhere and we have followed this practice.

As a general rule the tonic stress is on the penultimate syllable, but this is not by any means always so. The grave and acute accents have been used to show where the stress falls when it does not fall on the penultimate syllable. The open and close e are distinguished in the accepted way by means of è and é, e.g. *créscere, crédere, festival, fervido,* and the grave accent is used everywhere else, e.g. *càndido, moltitùdine*.

IRREGULAR ITALIAN VERBS†

Accendere – *p. def.* accesi, *p.p.* acceso
Accludere – see **alludere**
Addurre – *pres.* adduco, *p. def.* addussi, *fut.* addurrò, *p.p.* addotto
Affliggere – *p. def.* afflissi, *p.p.* afflitto
Alludere – *p. def.* allusi, *p.p.* alluso
Andare* – *pres.* vado, vai, va, andiamo, andate, vanno *fut.* andrò
Annettere – *p. def.* annettei (annessi), *p.p.* annesso
Apparire* – *pres.* apparisco, *p. def.* apparii (apparvi, apparsi), *p.p.* apparso
Appendere – *p. def.* appesi, *p.p.* appeso
Ardere – *p. def.* arsi, *p.p.* arso
Aspergere – *p. def.* aspersi, *p.p.* asperso
Assalire – *pres.* assalgo (assalisco), assalgono
Assolvere – *p. def.* assolsi (assolvei, assolvetti), *p.p.* assolto
Assumere – *p. def.* assunsi, *p.p.* assunto

Bere – *pres.* bevo, *p. def.* bevvi, *fut.* berrò

Cadere* – *p. def.* caddi, *fut.* cadrò
Cedere – *p. def.* cedei (cedetti)
Chiedere – *p. def.* chiesi, *p.p.* chiesto
Chiudere – *p. def.* chiusi, *p.p.* chiuso
Cingere – *p. def.* cinsi, *p.p.* cinto
Cogliere – *pres.* colgo, colgono, *p. def.* colsi, *p.p.* colto
Comprimere – *p. def.* compressi, *p.p.* compresso
Conoscere – *p. def.* conobbi, *p.p.* conosciuto
Consumare – *p. def.* consumai (consunsi), *p.p.* consumato (consunto)
Correre** – *p. def.* corsi, *p.p.* corso
Costruire – *p.p.* costruito (costrutto)
Crescere* – *p. def.* crebbi, *p.p.* cresciuto
Cucire – *pres.* cucio
Cuocere – *pres.* cuocio, cuoci, cuoce, cociamo, cocete, cuociono, *p. def.* cossi, *p.p.* cotto

Dare – *pres.* do, dai, dà, diamo, date, danno, *p. def.* diedi (detti), desti, *fut.* darò, *p.p.* dato

† Verbs which take *essere* are indicated by one star.
Those taking *avere* and *essere* have two stars.

Decidere – *p. def.* decisi, *p.p.* deciso
Difendere – *p. def.* difesi, *p.p.* difeso
Dipendere** – *p. def.* dipesi, *p.p.* dipeso
Dipingere – *p. def.* dipinsi, *p.p.* dipinto
Dire – *pres.* dico, dite, *p. def.* dissi, *fut.* dirò, *p.p.* detto
Dirigere – *p. def.* diressi, *p.p.* diretto
Discutere – *p. def.* discussi, *p.p.* discusso
Dissolvere – *p. def.* dissolsi (dissolvei), *p.p.* dissolto
Distinguere – *p. def.* distinsi, *p.p.* distinto
Dividere – *p. def.* divisi, *p.p.* diviso
Dolersi* – *pres.* mi dolgo, ti duoli, si duole, ci doliamo, vi dolete, si dolgono, *p. def.* mi dolsi, *fut.* mi dorrò
Dovere – *pres.* devo (debbo), devi, deve, dobbiamo, dovete, devono (debbono), *fut.* dovrò

Eccellere – *p. def.* eccelsi, *p.p.* eccelso
Emergere* – *p. def.* emersi, *p.p.* emerso
Ergere – *p. def.* ersi, *p.p.* erto
Erigere – *p. def.* eressi, *p.p.* eretto
Esigere – *p.p.* esatto
Espellere – *p. def.* espulsi, *p.p.* espulso
Esplodere** – *p. def.* esplosi, *p.p.* esploso
Evadere* – *p. def.* evasi, *p.p.* evaso

Fare – *pres.* faccio (fo), fai, fa, facciamo, fate, fanno, *imper.* facevo, *p. def.* feci, *fut.* farò, *p.p.* fatto
Fendere – *p. def.* fendei (fendetti), *p.p.* fesso (fenduto)
Figgere – *p. def.* fissi, *p.p.* fisso (fitto)
Fingere – *p. def.* finsi, *p.p.* finto
Fondere – *p. def.* fusi, *p.p.* fuso
Frangere – *p. def.* fransi, *p.p.* franto
Friggere – *p. def.* frissi, *p.p.* fritto

Giacere* – *pres.* giaccio, giacciono, *p. def.* giacqui, *p.p.* giaciuto
Giungere* – *p. def.* giunsi, *p.p.* giunto
Godere – *fut.* godrò

Incutere – *p. def.* incussi (incutei), *p.p.* incusso
Indulgere – *p. def.* indulsi, *p.p.* indulto
Intridere – *p. def.* intrisi, *p.p.* intriso
Invadere – *p. def.* invasi, *p.p.* invaso

Ledere – *p. def.* lesi, *p.p.* leso
Leggere – *p. def.* lessi, *p.p.* letto

Mettere – *p. def.* misi, *p.p.* messo

Mordere – *p. def.* morsi, *p.p.* morso
Morire* – *pres.* muoio, muori, muore, moriamo, morite, muoiono, *fut.* morrò, *p.p.* morto
Mungere – *p. def.* munsi, *p.p.* munto
Muovere – *pres.* moviamo, movete, *p. def.* mossi, *p.p.* mosso

Nascere* – *p. def.* nacqui, *p.p.* nato
Nascondere – *p. def.* nascosi, *p.p.* nascosto
Nuocere – *pres.* noccio, nociamo, nocete, nocciono, *p. def.* nocqui, *p.p.* nociuto

Offrire – *p. def.* offrii (offersi), *p.p.* offerto

Parere* – *pres.* paio, paiamo, paiono, *p. def.* parvi, *fut.* parrò, *p.p.* parso
Percuotere – *p.p.* percosso
Perdere – *p. def.* persi (perdei, perdetti), *p.p.* perduto (perso)
Persuadere – *p. def.* persuasi, *p.p.* persuaso
Piacere* – *pres.* piaccio, piaci, piace, piacciamo, piacete, piacciono, *p. def.* piacqui, *p.p.* piaciuto
Piangere – *p. def.* piansi, *p.p.* pianto
Piovere** – *p. def.* piovve, piovvero
Porgere – *p. def.* porsi, *p.p.* porto
Porre – *pres.* pongo, poni, pone, poniamo, ponete, pongono, *p. def.* posi, *fut.* porrò, *p.p.* posto
Potere – *pres.* posso, puoi, può, possiamo, potete, possono, *fut.* potrò
Prediligere – *p. def.* predilessi, *p.p.* prediletto
Prendere – *p. def.* presi, *p.p.* preso
Proteggere – *p. def.* protessi, *p.p.* protetto
Pungere – *p. def.* punsi, *p.p.* punto

Radere – *p. def.* rasi, *p.p.* raso
Redimere – *p. def.* redensi, *p.p.* redento
Reggere – *p. def.* ressi, *p.p.* retto
Rendere – *p. def.* resi, *p.p.* reso
Ridere – *p. def.* risi, *p.p.* riso
Rifulgere** – *p. def.* rifulsi, *p.p.* rifulso
Rispondere – *p. def.* risposi, *p.p.* risposto
Rodere – *p. def.* rosi, *p.p.* roso
Rompere – *p. def.* ruppi, *p.p.* rotto

Salire** – *pres.* salgo, salgono
Sapere – *pres.* so, sai, sa, sappiamo, sapete, sanno, *p. def.* seppi, *fut.* saprò
Scegliere – *pres.* scelgo, scelgono, *p. def.* scelsi, *p.p.* scelto
Scendere** – *p. def.* scesi, *p.p.* sceso
Scindere – *p. def.* scissi, *p.p.* scisso

Sciogliere – *pres.* sciolgo, sciolgono, *p. def.* sciolsi, *p.p.* sciolto
Scrivere – *p. def.* scrissi, *p.p.* scritto
Scuotere – *p. def.* scossi, *p.p.* scosso
Sedere* – *pres.* siedo (seggo), siedi, siede, sediamo, sedete, siedono (seggono)
Soddisfare – *pres.* soddisfo (soddisfaccio, soddisfò), soddisfi (soddisfai), soddisfa, soddisfiamo (soddisfacciamo), soddisfate, soddisfano (soddisfanno), *p. def.* soddisfeci, *p.p.* soddisfatto
Sorgere* – *p. def.* sorsi, *p.p.* sorto
Spargere – *p. def.* sparsi, *p.p.* sparso
Spegnere – *p. def.* spensi, *p.p.* spento
Spendere – *p. def.* spesi, *p.p.* speso
Spingere – *p. def.* spinsi, *p.p.* spinto
Stare* – *pres.* sto, stai, sta, stiamo, state, stanno, *imperf.* stavo, *p. def.* stetti, *p.p.* stato
Stringere – *p. def.* strinsi, *p.p.* stretto
Struggere – *p. def.* strussi, *p.p.* strutto
Svellere – *pres.* svello (svelgo), svellono (svelgono), *p. def.* svelsi, *p.p.* svelto
Svenire* – *p. def.* svenni

Tacere – *pres.* taccio, taci, tace, taciamo, tacete, tacciono, *p. def.* tacqui, *p.p.* taciuto
Tendere – *p. def.* tesi, *p.p.* teso
Tenere – *pres.* tengo, tieni, tiene, teniamo, tenete, tengono, *p. def.* tenni, *fut.* terrò
Tingere – *p. def.* tinsi, *p.p.* tinto
Togliere – *pres.* tolgo, tolgono, *p. def.* tolsi, *p.p.* tolto
Torcere – *p. def.* torsi, *p.p.* torto
Trarre – *pres.* traggo, trai, trae, traiamo, traete, traggono, *imperf.* traevo, *p. def.* trassi, *fut.* trarrò, *p.p.* tratto

Uccidere – *p. def.* uccisi, *p.p.* ucciso
Udire – *pres.* odo, odi, ode, udiamo, udite, odono, *fut.* udrò (udirò)
Ungere – *p. def.* unsi, *p.p.* unto
Uscire* – *pres.* esco, esci, esce, usciamo, uscite, escono

Valere** – *pres.* valgo, valgono, *p. def.* valsi, *fut.* varrò, *p.p.* valso
Vedere – *pres.* vedo (veggo), vedono (veggono), *p. def.* vidi, *fut.* vedrò, *p.p.* visto
Venire* – *pres.* vengo, vieni, viene, veniamo, venite, vengono, *p. def.* venni, *fut.* verrò
Vilipendere – *p. def.* vilipesi, *p.p.* vilipeso
Vincere – *p. def.* vinsi, *p.p.* vinto
Vivere** – *p. def.* vissi, *p.p.* vissuto

Volere – *pres.* voglio, vuoi, vuole, vogliamo, volete, vogliono, *p. def.* volli, *fut.* vorrò
Volgere – *p. def.* volsi, *p.p.* volto

IRREGULAR PLURALS OF NOUNS

l'autobus	gli autobus
il bar	i bar
il caffè	i caffè
la città	le città
la frutta	le frutta
il re	i re
il braccio	le braccia
il bue	i buoi
il centinaio	le centinaia
il dito	le dita
il ginocchio	le ginocchia
la guancia	le guance
il labbro	le labbra
il lenzuolo	le lenzuola
la mano	le mani
il migliaio	le migliaia
l'orecchio	le orecchie
il paio	le paia
l'uomo	gli uomini

ITALIAN MONEY

Italian bank notes are issued in the following denominations:

500 lire	10,000 lire
1000 lire	50,000 lire
2000 lire	100,000 lire.
5000 lire	

The one hundred thousand lire notes are not negotiable outside Italy.

Coins are issued in five, ten, twenty, fifty, one hundred and five hundred pieces.

NUMERALS

Cardinal		*Cardinal cont.*	
1	uno	3	tre
2	due	4	quattro

Cardinal		*Cardinal cont.*	
5	cinque	29	ventinove
6	sei	30	trenta
7	sette	31	trentuno
8	otto	32	trentadue
9	nove	38	trentotto
10	dieci	40	quaranta
11	undici	50	cinquanta
12	dodici	60	sessanta
13	tredici	70	settanta
14	quattordici	80	ottanta
15	quindici	90	novanta
16	sedici	100	cento
17	diciassette	101	centouno
18	diciotto	105	centocinque
19	diciannove	150	centocinquanta
20	venti	200	duecento
21	ventuno	300	trecento
22	ventidue	1000	mille
23	ventitré	1100	millecento
24	ventiquattro	1200	milleduecento
25	venticinque	2000	duemila
26	ventisei	100,000	centomila
27	ventisette	1,000,000	un milione
28	ventotto		

Ordinal

1st	primo
2nd	secondo
3rd	terzo
4th	quarto
5th	quinto
6th	sesto
7th	settimo
8th	ottavo
9th	nono
10th	decimo
11th	undicesimo *or* decimo primo
12th	dodicesimo *or* decimo secondo
20th	ventesimo
21st	ventunesimo *or* ventesimo primo
22nd	ventiduesimo *or* ventesimo secondo

30th	trentesimo
40th	quarantesimo
50th	cinquantesimo
101st	centunesimo
200th	duecentesimo
1000th	millesimo
1205th	milleduecentocinquesimo
1,000,000th	milionesimo

ABBREVIATIONS USED IN THE DICTIONARY

abbr.	abbreviation	*(dial.)*	dialect
(aer.)	aviation	*dif.*	defective
agg.	adjective	*dim.*	diminutive
(agr.)	agriculture	*dimostr.*	demonstrative
(amer.)	American		
amm.	administrative	*ecc., etc.*	etcetera
(anat.)	anatomy	*(eccl.)*	ecclesiastical
(ant.)	archaic	*(econ.)*	economics
(arch.)	architecture	*(edil.)*	building industry
art.	article	*(elettr.)*	electricity
(arte)	art	*escl.*	exclamation
assol.	absolute		
(astr.)	astronomy	*f.*	feminine
attr.	attribute	*(fam.)*	familiar
aus.	auxiliary	*(farm.)*	pharmaceutical
(auto)	motoring	*(ferr.)*	railway
avv.	adverb	*(fig.)*	figurative
		(fil.)	philosophy
(bot.)	botany	*(fis.)*	physics
(biol.)	biology	*(foto)*	photography
		fut.	future
(chim.)	chemistry		
(chir.)	surgery	*gen.*	genitive
(cine)	cinematography	*general.*	generally
coll.	collective	*(geogr.)*	geography
(comm.)	commerce	*(geol.)*	geology
comp.	comparative	*(geom.)*	geometry
compl.	complement	*ger.*	gerund
condiz.	conditional	*(gergo)*	jargon, slang
cong.	conjunction	*(giorn.)*	journalism
(costr.)	building	*(giur.)*	legal
(cuc.)	cooking	*(gramm.)*	grammar

i.	intransitive
id.	idem
imp.	impersonal
imperat.	imperative
imperf.	imperfect
ind.	indicative
indef.	indefinite
inf.	infinitive
int.	interrogative
inter.	interjection
(iron.)	ironic
irr.	irregular
(itt.)	ichthyology
(lat.)	Latin, Latinism
loc. avv.	adverbial phrase
loc. cong.	conjunctive phrase
loc. prep.	prepositional phrase
(lett.)	literature
m.	masculine
(mar.)	naval, maritime
(mat.)	mathematics
(mecc.)	mechanics
(med.)	medicine
(metal.)	metallurgy
(mil.)	military
(min.)	mineralogy
(mit.)	mythology
(mus.)	music
neg.	negative
(neol.)	neologism
ogg.	object
(ott.)	optics
p.	participle
pass.	past
p. def.	past definite
pers.	personal
(pitt.)	painting
pl.	plural
(poet.)	poetical
(pol.)	political
(pop.)	popular
poss.	possessive
p.p.	past participle
prep.	preposition
pred.	predicate
pres.	present
pron.	pronoun
prov.	proverbial
(psicol.)	psychology
qc.	something
qu.	someone
r.	reflexive
(radio)	radio
rec.	reciprocal
reg.	regular
rel.	relative
(relig.)	religion
s.	masculine and feminine noun
semidif.	partly defective
sf.	feminine noun
sm.	masculine noun
(scherz.)	humourous
(scol.)	scolastic
(scult.)	sculpture
sing.	singular
so	someone
sogg.	subject
sost.	noun
spec.	especially
(spreg.)	pejorative
sthg.	something
(stor.)	history
superl.	superlative
t.	transitive
(teat.)	theatre
(tec.)	technical

(tel.)	telephony	*v. dif.*	defective verb
(teol.)	theology	*vi.*	instransitive verb
(tip.)	typography	*(v. irr.)*	irregular verb
(tv.)	television	*(volg.)*	vulgar
		vr.	reflexive verb
(us.)	usage	*v. semidif.*	partially defective verb
v.	verb	*vt.*	transitive verb
V.	cf.		
(vezz.)	diminutive	*(zool.)*	zoology

A

a, ad *prep.* **1.** (*termine*) to: *l'ho dato a te*, I gave it to you **2.** (*moto a luogo*) *vado alla stazione*, I am going to the station **3.** (*stato in luogo*) in, at: *vivo a Milano*, I live in Milan; *sono a casa*, I am at home **4.** (*tempo determinato*) at, on, in: *al mio arrivo*, on my arrival **5.** (*iterativo*): *due, tre volte al giorno*, twice, three times a day.
àbaco (*arch.*) *sm.* abacus.
abate *sm.* abbot.
abbacchiare *vt.* (*di frutta*) to beat (*v. irr.*) down. ♦ **abbacchiarsi** *vr.* to feel (*v. irr.*) down-hearted.
abbacchiato *agg.* down-hearted.
abbacinare *vt.* to dazzle.
àbbaco *sm.* elementary arithmetic book.
abbagliante *agg.* dazzling: *fari abbaglianti*, dazzling beams.
abbagliare *vt.* to dazzle, to blind (with).
abbaglio *sm.* **1.** dazzling **2.** (*errore*) blunder.
abbaiare *vi.* to bark.
abbaino *sm.* garret.
abbandonare *vt.* **1.** to leave (*v. irr.*), to forsake (*v. irr.*), to abandon **2.** (*rinunciare*) to give (*v. irr.*) up.
abbandonato *agg.* **1.** (*trascurato*) neglected **2.** (*di casa*) deserted **3.** (*di persona*) forsaken.
abbandono *sm.* **1.** (*di persona che viene abbandonata*) forsaking **2.** (*rinuncia*) giving up.
abbarbicare *vi.* to take (*v. irr.*) root. ♦ **abbarbicarsi** *vr.* to cling (*v. irr.*) (*anche fig.*).
abbaruffarsi *vr.* to quarrel.
abbassamento *sm.* lowering || — *di temperatura*, fall (in temperature).
abbassare *vt.* **1.** to lower, to pull down || — *la testa*, to bend (*v. irr.*) one's head **2.** (*ridurre*) to reduce. ♦ **abbassarsi** *vr.* to stoop (down).
abbasso *avv.* **1.** (*al di sotto*) below 2. (*giù*) down **3.** (*al piano terreno, dopo aver sceso le scale*) downstairs. ♦ **abbasso!** *inter.* down with!
abbastanza *avv.* **1.** enough **2.** (*discretamente*) quite.
abbàttere *vt.* to pull down. ♦ **abbàttersi** *vr.* to be discouraged.
abbattimento *sm.* **1.** throwing down **2.** (*morale*) dejection.
abbattuto *agg.* disheartened.
abbazìa *sf.* abbey.
abbecedario *sm.* primer.
abbellimento *sm.* embellishment.
abbellire *vt.* to embellish.
abbeverare *vt.* to water. ♦ **abbeverarsi** *vr.* to water.
abbeveratoio *sm.* trough.
abbiccì *sm.* **1.** alphabet **2.** (*princìpi elementari*) primer.
abbiente *agg.* well-to-do, wealthy.
abbigliamento *sm.* clothes || *industria dell'—*, clothing industry.
abbigliare *vt.* to dress.
abbinare *vt.* to couple.
abbindolare *vt.* to cheat.
abbisognare *vi.* to need, to be necessary.
abboccamento *sm.* interview.
abboccare *vt.* e *vi.* **1.** to bite (*v. irr.*) **2.** (*fig.*) to be taken in. ♦ **abboccarsi** *vr.* to confer (with).
abbonacciarsi *vi.* **1.** (*di vento*) to drop **2.** (*di mare*) to smooth down.
abbonamento *sm.* **1.** subscription **2.** (*ferr.*) season-ticket.
abbonare *vt.* **1.** to make (*v. irr.*) (so.) a subscriber **2.** (*defalcare*) to make a discount. ♦ **abbonarsi** *vr.* to subscribe (to).
abbonato *sm.* **1.** subscriber **2.** (*ferr.*) season-ticket holder.
abbondante *agg.* plentiful.
abbondanza *sf.* plenty.
abbondare *vi.* to have plenty (of), to be plentiful.
abbonire *vt.* to calm.
abbordàbile *agg.* accessible.
abbordaggio *sm.* boarding.
abbordare *vt.* **1.** (*mar.*) to board **2.** (*una persona*) to open conversation (with).
abborracciare *vi.* to bungle.
abbottonare *vt.* to button (up). ♦ **abbottonarsi** *vr.* to button one's clothes (up).
abbottonatura *sf.* **1.** button-holes **2.** (*l'abbottonarsi*) buttoning.
abbozzare *vt.* to sketch || — *un sorriso*, to smile faintly.
abbozzo *sm.* sketch.
abbozzolarsi *vr.* to cocoon.
abbracciare *vt.* **1.** to embrace **2.** (*comprendere*) to include **3.** (*afferrare*) to grasp **4.** (*con lo sguardo*)

to take (*v. irr.*) in. ♦ **abbracciarsi** *vr.* to embrace.
abbraccio *sm.* embrace.
abbrancare *vt.* to grasp. ♦ **abbrancarsi** *vr.* to cling (*v. irr.*) (to).
abbreviare *vt.* to shorten, to abridge.
abbreviazione *sf.* abbreviation.
abbrivare *vt.* to get (*v. irr.*) under way.
abbrivo *sm.* freshway.
abbronzare *vt.* **1.** to bronze **2.** (*al sole*) to tan. ♦ **abbronzarsi** *vr.* to get (*v. irr.*) tanned.
abbronzatura *sf.* tanning.
abbruciacchiare *vt.* to scorch.
abbrustolire *vt.* to toast, to roast.
abbrutimento *sm.* brutalization.
abbrutire *vt.* to brutalize.
abbuffarsi *vr.* to stuff oneself.
abbuiarsi *vr.* to get (*v. irr.*) dark.
abbuono *sm.* allowance.
abburattare *vt.* to sift.
abdicare *vi.* to abdicate.
abdicazione *sf.* abdication.
aberrare *vi.* to stray.
aberrazione *sf.* aberration.
abetaia *sf.* fir-wood.
abete *sm.* fir-tree.
abietto *agg.* abject, base.
abiezione *sf.* abjection.
abigeato *sm.* cattle-stealing.
àbile *agg.* **1.** able, skilful **2.** (*a fare qc.*) clever at.
abilità *sf.* ability, skill.
abilitare *vt.* to qualify.
abilitazione *sf.* qualification || *esame di* —, qualifying examination.
abisso *sm.* abyss.
abitàbile *agg.* inhabitable.
abitàcolo *sm.* (*aer.*) cockpit.
abitante *sm.* inhabitant.
abitare *vi.* to inhabit, to live in.
abitato *sm.* inhabited place.
abitazione *sf.* habitation, house.
àbito *sm.* **1.** (*da uomo*) suit **2.** (*da donna*) dress.
abituale *agg.* usual, customary.
abituare *vt.* to accustom. ♦ **abituarsi** *vr.* to get (*v. irr.*) used (to).
abitudinario *agg.* methodical. ♦ **abitudinario** *sm.* routinist.
abitùdine *sf.* habit, custom.
abituro *sm.* slum dwelling.
abiura *sf.* abjuration.
abiurare *vt.* to abjure.
ablazione *sf.* ablation.
abluzione *sf.* ablution.
abnegazione *sf.* self-denial.
abnorme *agg.* abnormal.
abolire *vt.* to abolish.
abolizione *sf.* abolition, repeal.
abominare *vt.* to loathe.
abominévole *agg.* abominable.
aborìgeni *sm. pl.* the natives.
aborrimento *sm.* abhorrence.
aborrire *vt.* to hate, to loathe.
abortire *vi.* to miscarry.
aborto *sm.* miscarriage.
abrasione *sf.* abrasion.
abrogare *vt.* **1.** to abrogate **2.** (*giur.*) to repeal.
abrogazione *sf.* **1.** abrogation **2.** (*giur.*) repeal.
àbside *sf.* apse.
abulìa *sf.* (*fig.*) lack of will-power.
abùlico *agg.* (*fig.*) lacking in will-power.
abusare *vi.* to abuse.
abusivo *agg.* abusive.
abuso *sm.* abuse.
acacia *sf.* acacia.
acanto *sm.* acanthus.
acca *sf.* letter *H.*
accademia *sf.* academy.
accadèmico *agg.* academical. ♦ **accadèmico** *sm.* academician.
accademismo *sm.* academism.
accadere *vi.* to happen.
accaduto *sm.* event.
accagliarsi *vr.* **1.** to curdle **2.** (*del sangue*) to coagulate.
accalappiacani *sm.* dog-catcher.
accalappiare *vt.* **1.** to catch (*v. irr.*) **2.** (*fig.*) to ensnare.
accalcarsi *vr.* to crowd.
accaldarsi *vi.* **1.** to get (*v. irr.*) heated **2.** (*fig.*) to get excited.
accaldato *agg.* hot.
accalorarsi *vr.* to get (*v. irr.*) excited.
accampamento *sm.* camp.
accampare *vt.* to camp: — *diritti*, to lay (*v. irr.*) claims (to).
accanimento *sm.* **1.** fury **2.** (*tenacia*) tenacity.
accanirsi *vr.* **1.** (*infierire*) to rage **2.** (*ostinarsi*) to persist.
accanito *agg.* **1.** (*senza pietà*) relentless **2.** obstinate.
accanto *avv.* beside, near, by || *accanto a*, by, near, at the side of.
accantonare *vt.* to set (*v. irr.*) aside.
accaparrare *vt.* to buy (*v. irr.*) up.

accapigliarsi *vr.* to come (*v. irr.*) to blows, to quarrel.
accappatoio *sm.* bath-gown.
accapponarsi *vr.* to get (*v. irr.*) goose-flesh.
accarezzare *vt.* **1.** to caress, to stroke **2.** (*fig.*) to entertain.
accartocciare *vt.* **1.** to wrap up **2.** (*spiegazzare*) to crumple.
accasare *vt.* to marry, to give (*v. irr.*) in marriage. ♦ **accasarsi** *vr.* to get (*v. irr.*) married.
accasciarsi *vi.* **1.** to fall (*v. irr.*) to the ground **2.** (*fig.*) to lose (*v. irr.*) heart.
accatastare *vt.* to heap up.
accattivarsi *vi.* to win (*v. irr.*).
accattonaggio *sm.* begging.
accattone *sm.* beggar.
accavallare *vt.* to overlap: — *le gambe*, to cross one's legs.
accecamento *sm.* **1.** blinding **2.** (*fig.*) lack of perception.
accecare *vt.* to blind. ♦ **accecarsi** *vr.* to blind oneself.
accèdere *vi.* **1.** to approach **2.** (*entrare*) to enter **3.** (*comm.*) to comply (with).
accelerare *vt.* **1.** to quicken **2.** (*di velocità*) to accelerate.
accelerato *sm.* (*ferr.*) slow train.
acceleratore *sm.* accelerator.
accelerazione *sf.* acceleration.
accèndere *vt.* **1.** to light **2.** (*di fiammiferi*) to strike (*v. irr.*) **3.** (*di radio, luce ecc.*) to switch on **4.** (*fig.*) to inflame. ♦ **accèndersi** *vr.* **1.** to light up **2.** (*prender fuoco*) to catch (*v. irr.*) fire || — *in volto*, to blush.
accendino *sm.* **accendisìgaro** *sm.* (cigarette)-lighter.
accennare *vi.* **1.** to make (*v. irr.*) a sign **2.** (*menzionare*) to mention **3.** (*alludere*) to allude.
accenno *sm.* **1.** sign 2. (*fig.*) hint.
accensione *sf.* **1.** lighting **2.** (*mecc.*) ignition || *chiavetta d'*—, ignition-key.
accentare *vt.* to accent, to stress.
accentazione *sf.* accentuation, stressing.
accento *sm.* **1.** accent **2.** (*tonico*) stress.
accentramento *sm.* centralization.
accentrare *vt.* to centralize.
accentuare *vt.* to accentuate, to stress. ♦ **accentuarsi** *vr.* to get (*v. irr.*) worse, to increase.
accerchiamento *sm.* surrounding.
accerchiare *vt.* to surround.
accertamento *sm.* **1.** assurance **2.** (*controllo*) verification.
accertare *vt.* **1.** to assure **2.** (*verificare*) to verify.
acceso *agg.* **1.** lit up **2.** (*in volto*) blushing **3.** (*d'ira*) in a temper.
accessìbile *agg.* **1.** open to **2.** (*di persona*) approachable.
accesso *sm.* **1.** admission **2.** (*di malattia, passione*) fit.
accessorio *agg.* accessory. ♦ **accessori** *sm. pl.* fittings.
accetta *sf.* hatchet.
accettare *vt.* **1.** to accept **2.** (*consentire*) to consent.
accetto *agg.* welcome.
accezione *sf.* meaning.
acchiappare *vt.* to catch (*v. irr.*).
acchito *sm. di primo* —, at first sight, at once.
acciacco *sm.* infirmity.
acciaierìa *sf.* steel-mill.
acciaio *sm.* steel.
acciarino *sm.* **1.** flint-lock **2.** (*di fucile*) gun-lock.
accidentale *agg.* accidental.
accidentato *agg.* uneven.
accidente *sm.* chance, accident.
accidenti *inter.* damn.
accidia *sf.* sloth.
accigliarsi *vr.* to frown.
accìngersi *vr.* to set (*v. irr.*) about (doing).
acciottolare *vt.* to cobble.
acciottolato *sm.* cobbled paving.
acciottolìo *sm.* clatter.
acciuffare *vt.* to catch (*v. irr.*), to seize.
acciuga *sf.* anchovy.
acclamare *vt.* **1.** to acclaim **2.** (*applaudire*) to applaud.
acclamazione *sf.* acclamation, applause.
acclimatazione *sf.* acclimatization.
acclùdere *vt.* to enclose.
accluso *agg.* enclosed.
accoccolarsi *vr.* to squat down.
accodarsi *vr.* to follow.
accogliente *agg.* comfortable, hospitable.
accoglienza *sf.* reception, welcome.
accògliere *vt.* **1.** to receive **2.** (*fare buona accoglienza*) to welcome **3.** (*una richiesta*) to grant.
accòlito *sm.* acolyte.
accollatura *sf.* neckline.
accoltellare *vt.* to stab.

accomiatare *vt.* **1.** to give (*v. irr.*) leave **2.** (*licenziare*) to dismiss. ♦ **accomiatarsi** *vr.* to take (*v. irr.*) leave (of).
accomodamento *sm.* **1.** adjustment **2.** (*conciliazione*) conciliation.
accomodante *agg.* yielding.
accomodare *vt.* **1.** (*riparare*) to repair **2.** (*sistemare*) to settle **3.** (*far comodo*) to suit.
accompagnamento *sm.* **1.** (*l'accompagnare*) accompanying **2.** (*seguito*) retinue **3.** (*mus.*) accompaniment.
accompagnare *vt.* **1.** to accompany **2.** (*— qu. alla stazione*) to see (*v. irr.*) so. off **3.** (*mus.*) to accompany.
accompagnatore *sm.* **1.** companion **2.** (*mus.*) accompanist.
accomunare *vt.* to join, to associate. ♦ **accomunarsi** *vr.* to join.
acconciare *vt.* **1.** to adjust, to adorn **2.** (*capelli*) to dress.
acconciatura *sf.* hair-style.
acconsentire *vi.* **1.** to consent **2.** (*annuire*) to assent.
accontentare *vt.* to satisfy. ♦ **accontentarsi** *vr.* to be content (with).
acconto *sm.* account.
accoppare *vt.* to kill.
accoppiamento *sm.* **1.** coupling **2.** (*di buoi al giogo*) yoking **3.** (*mecc.*) connection.
accoppiare *vt.* **1.** to couple **2.** (*fig.*) to match. ♦ **accoppiarsi** *vr.* to couple, to mate.
accoppiata *sf.* (*ippica*) fourecast.
accorato *agg.* sorrowful.
accorciare *vt.* to shorten.
accordare *vt.* **1.** to grant **2.** (*mus.*) to tune **3.** (*armonizzare*) to match. ♦ **accordarsi** *vr.* to agree (upon).
accordatore *sm.* tuner.
accordo *sm.* **1.** agreement || *come d'—*, as agreed **2.** (*mus.*) chord **3.** (*fig.*) harmony.
accorgersi *vr.* **1.** (*percepire*) to perceive **2.** (*rendersi conto*) to realize.
accorgimento *sm.* **1.** sagacity **2.** (*stratagemma*) clever device.
accòrrere *vi.* to run (*v. irr.*), to hasten: *— in aiuto*, to rush to the help.
accortezza *sf.* sagacity.
accorto *agg.* shrewd.
accostare *vt.* **1.** to draw (*v. irr.*) near **2.** (*porte, finestre ecc.*) to set (*v. irr.*) ajar. ♦ **accostarsi** *vr.* to come (*v. irr.*) near.
accotonare *vt.* to raise.
accotonatura *sf.* raising.
accozzaglia *sf.* huddle: *un'— di gente*, a motley crowd.
accozzare *vt.* to huddle. ♦ **accozzarsi** *vr.* to huddle.
accreditamento *sm.* (*comm.*) crediting.
accreditare *vt.* to credit. ♦ **accreditarsi** *vr.* to gain credit.
accréscere *vt.* to increase.
accrescimento *sm.* increase.
accrescitivo *agg.* e *sm.* augmentative.
accucciarsi *vr.* to crouch.
accudire *vi.* to look after: *— alla casa*, to do (*v. irr.*) the housewo k.
accu nulare *vt.* to heap up.
accumulatore *sm.* accumulator.
accuratezza *sf.* accuracy, care.
accurato *agg.* careful, precise.
accusà *sf.* charge.
accusarc *vt.* **1.** to accuse, to charge (with) **2.** (*sentire*) to feel (*v. irr.*) **3.** (*comm.*) to acknowledge.
accusativo *agg.* e *sm.* accusative.
accusato *sm.* accused.
accusatore *sm.* prosecutor: *pubblico —*, public prosecutor.
acerbo *agg.* **1.** unripe **2.** (*acido*) sour.
àcero *sm.* maple.
acetilene *sm.* acetylene.
aceto *sm.* vinegar.
acetone *sm.* acetone.
acidità *sf.* **1.** acidity **2.** (*di stomaco*) hyperchlorhydria.
àcido *agg.* sour. ♦ **àcido** *sm.* acid.
acìdulo *agg.* acidulous.
àcino *sm.* (*di uva*) grape.
acme *sf.* **1.** acme **2.** (*di malattia*) crisis (*pl.* -ses).
acne *sf.* acne.
aconfessionale *agg.* nondenominational.
acqua *sf.* **1.** water: *— marina*, sea water; *— piovana*, rain water; *— potabile*, drinking water **2.** (*pioggia*) rain: *— a catinelle*, heavy rain.
acquaforte *sf.* etching.
acquaio *sm.* sink.
acquamarina *sf.* aquamarine.
acquaragia *sf.* turpentine.
acquario *sm.* aquarium.
acquasanta *sf.* holy water.

acquasantiera *sf.* stoup.
acquàtico *agg.* aquatic.
acquattarsi *vr.* **1.** to crouch **2.** (*nascondersi*) to hide (*v. irr.*).
acquavite *sf.* brandy.
acquazzone *sm.* downpour.
acquedotto *sm.* aqueduct.
acquerellista *sm.* water-colourist.
acquerello *sm.* water-colour.
acquerùgiola *sf.* drizzle.
acquiescente *agg.* acquiescent.
acquiescenza *sf.* acquiescence.
acquirente *sm.* buyer.
acquisire *vt.* to acquire.
acquistare *vt.* **1.** (*comperare*) to buy (*v. irr.*) **2.** (*ottenere*) to get (*v. irr.*) **3.** (*fig.*) to gain || — *terreno,* to make (*v. irr.*) progress.
acquisto *sm.* purchase || *fare acquisti,* to go (*v. irr.*) shopping.
acquitrino *sm.* marsh.
acquolina *sf.* drizzle: *far venire l'— in bocca,* to make (*v. irr.*) so.'s mouth water.
acre *agg.* **1.** sour **2.** (*fig.*) sarcastic **3.** (*pungente*) pungent.
acrèdine *sf.* **1.** acridity **2.** (*fig.*) acrimony.
acrimonia *sf.* acrimony.
acròbata *s.* acrobat.
acrobàtico *agg.* acrobatic.
acrobazìa *sf.* acrobatics (*pl.*) || *fare delle acrobazie,* to perform stunts.
acròpoli *sf.* acropolis.
acuire *vt.* to sharpen: — *l'interesse,* to stimulate interest.
acùleo *sm.* **1.** (*bot.*) prickle **2.** (*zool.*) sting.
acume *sm.* insight.
acuminare *vt.* to sharpen.
acùstica *sf.* acoustics.
acutezza *sf.* **1.** sharpness **2.** (*di mente*) perspicacity.
acutizzare *vt.* to make (*v. irr.*) acute. ♦ **acutizzarsi** *vr.* to grow (*v. irr.*) acute.
acuto *agg.* **1.** sharp **2.** (*di angoli, accenti*) acute **3.** (*intenso*) intense **4.** (*di suono*) shrill. ♦ **acuto** *sm.* (*mus.*) high note.
adagiare *vt.* to lay (*v. irr.*) down with care. ♦ **adagiarsi** *vr.* to lie (*v. irr.*) down.
adagio[1] *avv.* **1.** slowly **2.** (*con cautela*) cautiously **3.** (*con delicatezza*) gently.
adagio[2] *sm.* proverb, saying.
adamantino *agg.* adamantine.
adamìtico *agg.* adamic.
adattàbile *agg.* adaptable.
adattamento *sm.* **1.** adaptation **2.** (*assestamento*) adjustment.
adattare *vt.* to adapt, to fit. ♦ **adattarsi** *vr.* **1.** to adapt oneself **2.** (*attagliarsi*) to fit.
adatto *agg.* **1.** fit, proper **2.** (*che va bene*) suitable (for).
addebitare *vt.* to debit.
addébito *sm.* charge: *fare un — a qu. per qc.,* to charge so. with sthg.
addendo *sm.* addendum (*pl.* -da).
addensamento *sm.* **1.** thickening **2.** (*di persone*) crowding.
addensare *vt.* **1.** to thicken. ♦ **addensarsi** *vr.* **1.** to thicken **2.** (*di folla*) to crowd.
addentare *vt.* to bite (*v. irr.*).
addentellato *sm.* **1.** (*arch.*) toothing **2.** (*fig.*) stepping-stone.
addentrarsi *vr.* to penetrate: — *in una questione,* to probe a question.
addentro *avv.* inside.
addestramento *sm.* **1.** training **2.** (*mil.*) drilling.
addestrare *vt.* **1.** to train **2.** (*mil.*) to drill.
addetto *agg.* employed (in). ♦ **addetto** *sm.* attaché.
addietro *avv.* **1.** (*di spazio*) behind **2.** (*di tempo*) before, ago || *era venuto due giorni —,* he had come two days before.
addìo *inter.* good-bye.
addirittura *avv.* **1.** quite **2.** (*in esclamazioni*) really!
addirsi *vr.* to become (*v. irr.*).
additare *vt.* to point at.
addizionale *agg.* additional.
addizionare *vt.* to sum up.
addizionatrice *sf.* adding-machine, adder.
addizione *sf.* addition.
addobbare *vt.* to adorn.
addobbo *sm.* **1.** decoration **2.** (*eccl.*) sacred ornaments (*pl.*).
addolcire *vt.* **1.** to sweeten **2.** (*fig.*) to soften. ♦ **addolcirsi** *vr.* to become (*v. irr.*) soft(er).
addolorare *vt.* to grieve. ♦ **addolorarsi** *vr.* to be grieved.
addolorato *agg.* grieved, sorry.
addome *sm.* abdomen.
addomesticare *vt.* to tame.
addominale *agg.* abdominal.
addormentare *vt.* **1.** to send (*v. irr.*) to sleep **2.** (*med.*) to anaes-

thetize. ♦ **addormentarsi** *vr.* **1.** to fall (*v. irr.*) asleep **2.** (*fig.*) to go (*v. irr.*) to sleep.
addossare *vt.* **1.** to lean **2.** (*attribuire*) to lay (*v. irr.*). ♦ **addossarsi** *vr.* **1.** (*affollarsi*) to crowd **2.** (*prendere su di sé*) to take (*v. irr.*) upon oneself.
addosso *avv. prep.* **1.** on, upon: *mettere qc.* —, to put (*v. irr.*) sthg. on; *togliere qc. d'*—, to take (*v. irr.*) sthg. off **2.** (*vicino a*) close to: *la casa è — alla montagna,* the house is close to the mountain || *dare* —, to assault, to contradict.
addottrinare *vt.* to instruct. ♦ **addottrinarsi** *vr.* to instruct oneself.
addurre *vt.* **1.** to put (*v. irr.*) forward: — *una scusa,* to plead **2.** (*citare*) to quote.
adeguamento *sm.* **1.** proportionment **2.** (*adattamento*) adaptation.
adeguare *vt.* **1.** to proportionate **2.** (*adattare*) to conform. ♦ **adeguarsi** *vr.* to conform oneself, to adapt oneself.
adeguato *agg.* **1.** proportionate **2.** (*adatto*) convenient, fit **3.** (*giusto*) fair.
adémpiere *vt.* **1.** (*compiere*) to fulfil **2.** (*eseguire*) to carry out. ♦ **adémpiersi** *vr.* (*avverarsi*) to come (*v. irr.*) true.
adempimento *sm.* **1.** fulfilment **2.** (*esecuzione*) carrying out.
adenòidi *sf. pl.* adenoids.
adepto *sm.* **1.** adept **2.** (*seguace*) follower.
aderente *agg.* **1.** adherent **2.** (*di abito*) close-fitting.
aderenza *sf.* **1.** adherence **2.** (*med.*) adhesion **3.** (*pl.*) connections.
aderire *vi.* **1.** (*stare vicino* e *fig.*) to adhere, to stick **2.** (*consentire*) to comply with **3.** (*parteggiare per*) to take sides (with).
adescamento *sm.* **1.** enticement **2.** (*seduzione*) seduction.
adescare *vt.* **1.** to entice **2.** (*sedurre*) to seduce.
adesione *sf.* adhesion: *dare la propria — ad un partito,* to join a party.
adesivo *agg.* adhesive.
adesso *avv.* now, at present, at the moment.
adiacente *agg.* adjacent.
adibire *vt.* to use as.
àdipe *sm.* fat.
adiposo *agg.* adipose.
adirarsi *vr.* to get (*v. irr.*) angry.
adirato *agg.* angry.
adire *vt.* (*giur.*) to apply to: — *le vie legali,* to take (*v. irr.*) legal steps.
àdito *sm.* entry: *dare* —, to give (*v. irr.*) rise.
adocchiare *vt.* **1.** to glance **2.** (*scorgere*) to catch (*v. irr.*) sight of.
adolescente *agg.* teen-aged, adolescent. ♦ **adolescente** *sm.* teen-ager.
adolescenza *sf.* adolescence.
adombrare *vt.* **1.** to shade **2.** (*nascondere*) to conceal **3.** (*simboleggiare*) to symbolize. ♦ **adombrarsi** *vr.* **1.** to resent **2.** (*di cavallo*) to shy.
adoperare *vt.* to use. ♦ **adoperarsi** *vr.* to endeavour.
adoràbile *agg.* charming.
adorare *vt.* to adore, to worship.
adorazione *sf.* adoration, worship.
adornare *vt.* to adorn.
adorno *agg.* adorned.
adottare *vt.* to adopt.
adottivo *agg.* adoptive.
adozione *sf.* adoption: *patria d'*—, adopted country.
adrenalina *sf.* adrenalin.
adulare *vt.* to flatter.
adulatore *agg.* flattering. ♦ **adulatore** *sm.* flatterer.
adulazione *sf.* flattery.
adùltera *sf.* adulteress.
adulterare *vt.* **1.** to adulterate **2.** (*fig.*) to falsify.
adulterino *agg.* adulterine.
adulterio *sm.* adultery.
adùltero *agg.* adulterous. ♦ **adùltero** *sm.* adulterer.
adulto *agg.* e *sm.* grown-up, adult.
adunanza *sf.* meeting.
adunco *agg.* hooked.
aerare *vt.* **1.** to air **2.** (*chim.*) to aerate.
aerazione *sf.* **1.** airing **2.** (*chim.*) aeration.
aèreo *agg.* aerial || *per via aerea,* by air. ♦ **aèreo** *sm.* **1.** plane **2.** (*radio*) aerial.
aerodinàmica *sf.* aerodynamics.
aeròdromo *sm.* aerodrome.
aerolito *sm.* aerolite.
aeromodello *sm.* model aircraft.
aeronàuta *sm.* aeronaut.
aeronàutica *sf.* aeronautics.

aeronave *sf.* airship.
aeronavigazione *sf.* air navigation
aeroplano *sm.* (aero)plane, aircraft || — *a razzo,* rocket plane; — *passeggeri,* passenger plane; — *da bombardamento,* bomber.
aeroporto *sm.* airport.
aerosòl *sm.* aerosol.
aerostàtica *sf.* aerostatics.
aeròstato *sm.* aerostat.
aerostazione *sf.* air-terminal.
aerotassì *sm.* airtaxi.
aerotrasportare *vt.* to air-bear.
afa *sf.* sultriness.
afasìa *sf.* aphasia.
affàbile *agg.* affable.
affabilità *sf.* affability, kindness.
affaccendarsi *vr.* to busy oneself.
affaccendato *agg.* busy.
affacciare *vt.* **1.** to show (*v. irr.*) **2.** (*un dubbio*) to raise. ♦ **affacciarsi** *vr.* **1.** to show oneself **2.** (*su un luogo*) to face.
affamare *vt.* to starve (out).
affamato *agg.* **1.** hungry **2.** (*fig.*) eager. ♦ **affamato** *sm.* starveling.
affamatore *sm.* starver.
affannare *vt.* to trouble, to worry. ♦ **affannarsi** *vr.* **1.** to worry oneself **2.** (*affaccendarsi*) to busy oneself.
affanno *sm.* **1.** breathlessness **2.** (*pena*) worry.
affannoso *agg.* **1.** breathless || *respiro* —, difficult breathing **2.** (*ansioso*) anxious.
affare *sm.* **1.** affair, business: — *di cuore,* love affair; *questo è — nostro,* this is our business **2.** (*comm.*) business: *fare affari,* to do (*v. irr.*) business || (*pol.*) *affari esteri,* foreign affairs; (*in Gran Bretagna*) *Ministero degli Affari Esteri,* Foreign Office.
affarista *sm.* speculator.
affascinante *agg.* charming.
affascinare *vt.* to charm.
affaticamento *sm.* weariness.
affaticare *vt.* to tire. ♦ **affaticarsi** *vr.* **1.** to get (*v. irr.*) tired **2.** (*lavorare molto*) to work hard.
affatto *avv.* **1.** completely, quite **2.** (*in frasi negative*) at all: *niente* —, not at all.
affatturare *vt.* to bewitch.
affermare *vt.* **1.** to affirm **2.** (*fig.*) to assert. ♦ **affermarsi** *vr.* to make (*v. irr.*) a name for oneself.
affermativo *agg.* affirmative.
affermazione *sf.* **1.** statement **2.** (*successo*) achievement.
afferrare *vt.* to grasp **2.** (*fig.*) to seize. ♦ **afferrarsi** *vr.* to grasp at, to clutch at.
affettare[1] *vt.* (*tagliare a fette*) to slice.
affettare[2] *vt.* (*ostentare*) to affect.
affettato[1] *agg.* sliced.
affettato[2] *agg.* (*ostentato*) affected.
affettatrice *sf.* slicing machine.
affettazione *sf.* affectation, show.
affettivo *agg.* emotional.
affetto[1] *sm.* affection: *portare — a qu.,* to set (*v. irr.*) one's affection on so.
affetto[2] *agg.* affected (with).
affettuosità *sf.* tenderness.
affettuoso *agg.* tender, affectionate.
affezionarsi *vr.* to grow (*v. irr.*) fond of.
affezione *sf.* **1.** affection **2.** (*med.*) affection, disease.
affiancare *vt.* to flank. ♦ **affiancarsi** *vr.* to line up (with).
affiatamento *sm.* concord.
affiatare *vt.* **1.** to bring (*v. irr.*) together **2.** (*mus.*) to tune. ♦ **affiatarsi** *vr.* to become (*v. irr.*) familiar (with).
affibbiare *vt.* **1.** to buckle **2.** (*fig.*) to shift (upon).
affidamento *sm.* trust, confidence: *dare* —, to inspire confidence.
affidare *vt.* **1.** to entrust **2.** (*consegnare*) to commit. ♦ **affidarsi** *vr.* to rely upon.
affievolire *vt.* to weaken. ♦ **affievolirsi** *vr.* to grow (*v. irr.*) weak.
affìggere *vt.* to post up: — *lo sguardo,* to fix one's eyes (on).
affilare *vt.* to sharpen. ♦ **affilarsi** *vr.* (*dimagrire*) to thin.
affilato *agg.* **1.** sharp **2.** (*di naso, viso*) thin.
affiliare *vt.* to affiliate.
affiliato *sm.* member, associate.
affiliazione *sf.* affiliation.
affinamento *sm.* **1.** refining **2.** (*fig.*) sharpening.
affinare *vt.* **1.** to refine **2.** (*assottigliare*) to make (*v. irr.*) thin. ♦ **affinarsi** *vr.* **1.** to refine, to improve **2.** (*assottigliarsi*) to become (*v. irr.*) thin.
affinché *cong.* so that, in order that.
affine *agg.* like, similar.
affinità *sf.* affinity.

affiorare *vi.* to appear on the surface.
affissare *vt.* to affix.
affissione *sf.* bill-posting.
affisso *sm.* **1.** (*avviso*) bill **2.** (*cartello*) placard **3.** (*manifesto*) poster.
affittacàmere *sm.* e *sf.* landlord, landlady.
affittare *vt.* **1.** (*dare in affitto*) to let (*v. irr.*) **2.** (*prendere in affitto*) to rent **3.** (*noleggiare*) to hire.
affitto *sm.* rent.
afflato *sm.* afflatus.
afflìggere *vt.* **1.** to distress **2.** (*di malattie*) to afflict. ♦ **afflìggersi** *vr.* to worry.
afflitto *agg.* sad, sorrowful.
afflizione *sf.* **1.** affliction **2.** (*flagello*) calamity.
afflosciarsi *vr.* **1.** to become (*v. irr.*) flabby **2.** (*fig.*) to weaken.
affluente *sm.* affluent.
affluenza *sf.* **1.** (*di acque*) flow **2.** (*di persone*) crowd **3.** (*abbondanza*) plenty.
affluire *vi.* **1.** (*di acque*) to flow **2.** (*di persone*) to crowd **3.** (*di cose*) to pour in.
afflusso *sm.* afflux.
affogamento *sm.* drowning.
affogare *vt.* **1.** to drown **2.** (*fig.*) to smother. ♦ **affogarsi** *vr.* to drown oneself.
affogato *agg.* **1.** drowned **2.** (*fig.*) oppressed || *uova affogate*, poached eggs.
affollamento *sm.* overcrowding, throng.
affollare *vt.* **1.** to crowd **2.** (*fig.*) to overwhelm. ♦ **affollarsi** *vr.* to press up.
affollato *agg.* crowded.
affondare *vt.* **1.** (*sommergere*) to sink (*v. irr.*) **2.** (*immergere*) to plunge.
affossamento *sm.* ditching.
affossare *vt.* to ditch. ♦ **affossarsi** *vr.* to become (*v. irr.*) hollow.
affrancamento *sm.* release.
affrancare *vt.* **1.** to release **2.** (*con francobollo*) to stamp. ♦ **affrancarsi** *vr.* to free oneself.
affrancato *agg.* **1.** free **2.** (*con francobollo*) stamped.
affrancatura *sf.* postage.
affranto *agg.* broken-hearted || (*dalla fatica*) worn out.
affratellarsi *vr.* to fraternize.
affresco *sm.* fresco.
affrettare *vt.* **1.** to hasten **2.** (*anticipare*) to anticipate. ♦ **affrettarsi** *vr.* to make (*v. irr.*) haste.
affrettatamente *avv.* hastily.
affrettato *agg.* **1.** hasty **2.** (*trascurato*) careless.
affrontare *vt.* **1.** to face **2.** (*fig.*) to deal (*v. irr.*) with. ♦ **affrontarsi** *vr.* (*venire alle mani*) to come (*v. irr.*) to blows.
affronto *sm.* insult.
affumicare *vt.* **1.** to fill with smoke **2.** (*cuc.*) to smoke.
affumicato *agg.* **1.** blackened by smoke **2.** (*cuc.*) smoked || *lenti affumicate*, sun-glasses.
affusolare *vt.* to taper.
afonìa *sf.* aphonia.
àfono *agg.* voiceless.
aforisma *sm.* aphorism.
afoso *agg.* sultry.
africano *agg.* e *sm.* African.
afroasiàtico *agg.* Afro-Asiatic.
afta *sf.* aphtha.
àgata *sf.* agate.
àgave *sf.* agave.
agenda *sf.* note-book.
agente *sm.* agent.
agenzìa *sf.* agency.
agevolare *vt.* to make (*v. irr.*) easy.
agevolazione *sf.* facilitation.
agévole *agg.* **1.** easy **2.** (*di strada*) smooth.
agevolmente *avv.* easily.
agganciare *vt.* **1.** to hook **2.** (*ferr.*) to couple up.
aggeggio *sm.* device.
aggettare *vi.* to jut out.
aggettivo *sm.* adjective.
agghiacciare *vt.* to freeze (*v. irr.*). ♦ **agghiacciarsi** *vr.* to freeze.
agghindare *vt.* to array. ♦ **agghindarsi** *vr.* to dress (oneself) up.
aggiogare *vt.* to yoke.
aggiornamento *sm.* **1.** (*rinvio*) adjournment **2.** (*di un libro*) revision.
aggiornare *vt.* **1.** (*rinviare*) to adjourn **2.** (*mettere al corrente*) to bring (*v. irr.*) up to date. ♦ **aggiornarsi** *vr.* to brush up one's knowledge.
aggiornato *agg.* up-to-date.
aggirare *vt.* to go (*v. irr.*) round || *— l'ostacolo,* to avoid an obstacle. ♦ **aggirarsi** *vr.* to wander about, to go about.
aggiudicare *vt.* to award. ♦ **ag-**

giudicarsi *vr.* to win (*v. irr.*).
aggiudicazione *sf.* award.
aggiùngere *vt.* to add. ♦ **aggiùngersi** *vr.* to join.
aggiunta *sf.* **1.** addition **2.** (*aumento*) increase.
aggiunto *agg.* added, joined. ♦ **aggiunto** *sm.* assistant.
aggiustare *vt.* **1.** (*riparare*) to mend **2.** (*sistemare*) to arrange. ♦ **aggiustarsi** *vr.* (*accomodarsi*) to make (*v. irr.*) oneself comfortable.
agglomerato *sm.* agglomerate.
agglutinare *vt.* to agglutinate.
aggraffare *vt.* to seize.
aggranchire *vt.* to benumb.
aggrapparsi *vr.* to cling (*v. irr.*) (to), to get (*v. irr.*) hold (of).
aggravante *agg.* aggravating. ♦ **aggravante** *sf.* (*giur.*) aggravating circumstance.
aggravare *vt.* to aggravate, to overburden. ♦ **aggravarsi** *vr.* to grow (*v. irr.*) worse.
aggravato *agg.* **1.** overburdened **2.** (*med.*) worse.
aggraziare *vt.* to make (*v. irr.*) graceful.
aggredire *vt.* to assault.
aggregare *vt.* to associate. ♦ **aggregarsi** *vr.* to join.
aggressione *sf.* aggression, assault.
aggressività *sf.* aggressiveness.
aggressivo *agg.* aggressive.
aggressore *sm.* aggressor.
aggrottare *vt.* to frown.
aggrovigliare *vt.* to entangle.
aggrovigliarsi *vr.* to get (*v. irr.*) entangled.
aggruppare *vt.* to group.
agguantare *vt.* to catch (*v. irr.*).
agguato *sm.* ambush.
agguerrire *vt.* to inure (for war). ♦ **agguerrirsi** *vr.* to get (*v. irr.*) inured.
agiatamente *avv.* in ease and comfort.
agiato *agg.* well-to-do.
àgile *agg.* nimble.
agilità *sf.* nimbleness.
agio *sm.* comfort, ease, leisure.
agiografìa *sf.* hagiography.
agire *vi.* to act.
agitare *vt.* **1.** to agitate **2.** (*scuotere*) to shake (*v. irr.*) **3.** to stir (*anche fig.*). ♦ **agitarsi** *vr.* to be agitated.
agitatore *sm.* **1.** agitator **2.** (*mecc.*) stirrer.
agitazione *sf.* **1.** agitation **2.** (*eccitazione*) excitement **3.** (*di folla*) tumult.
aglio *sm.* garlic.
agnello *sm.* lamb.
agnosticismo *sm.* agnosticism.
ago *sm.* **1.** needle **2.** (*mecc.*) tongue.
agognare *vt.* to long (for sthg.).
agonìa *sf.* agony, pangs (*pl.*) of death.
agonismo *sm.* athletic spirit.
agonizzante *agg.* dying.
agonizzare *vi.* to be in one's death agony.
agorafobìa *sf.* agoraphobia.
agosto *sm.* August.
agraria *sf.* agriculture.
agrario *agg.* agrarian. ♦ **agrario** *sm.* **1.** land-owner **2.** (*esperto*) agriculturist.
agreste *agg.* agrestic, rustic.
agretto *agg.* sourish.
agrìcolo *agg.* agricultural.
agricoltore *sm.* farmer.
agricoltura *sf.* agriculture.
agrifoglio *sm.* holly.
agrimensore *sm.* land-surveyor.
agro *agg.* sour. ♦ **agro** *sm.* sourness.
agrodolce *agg.* bitter-sweet, sourish.
agronomìa *sf.* agronomy.
agronòmico *agg.* agronomical.
agrònomo *sm.* agronomist.
agrumi *sm. pl.* citrus fruit (*sing.*).
aguzzare *vt.* to sharpen.
aguzzino *sm.* **1.** gaoler, jailer **2.** (*fig.*) torturer.
aguzzo *agg.* sharp, pointed.
ahimè *inter.* alas.
aia *sf.* threshing-floor.
aio *sm.* tutor.
airone *sm.* heron.
aitante *agg.* vigorous, stout.
aiuola *sf.* flower-bed.
aiutante *sm.* **1.** assistant **2.** (*mil.*) adjutant: — *di campo*, aide-de-camp.
aiutare *vt.* to help. ♦ **aiutarsi** *vr.* (*ingegnarsi*) to make (*v. irr.*) shift. ♦ **aiutarsi** *vr. rec.* to help (one another).
aiuto *sm.* **1.** help: *chiedere* —, to call for help **2.** (*chi aiuta*) help, helper **3.** (*pl.*) (*mil.*) reinforcements.
aizzare *vt.* to incite, to rouse.
ala *sf.* wing.
alabarda *sf.* halberd.

alabastro *sm.* alabaster.
àlacre *agg.* brisk, industrious.
alacrità *sf.* alacrity.
alamaro *sm.* frog.
alambicco *sm.* still.
alano *sm.* Great Dane.
alba *sf.* dawn.
albanese *agg.* e *sm.* Albanian.
àlbatro *sm.* albatross.
albeggiare *vi.* to dawn.
alberare *vt.* **1.** to plant with trees **2.** (*mar.*) to mast.
alberato *agg.* planted with trees.
alberatura *sf.* (*mar.*) masting.
albergatore *sm.* hotel-keeper.
alberghiero *agg.* hotel (*attributivo*): *industria alberghiera*, hotel trade.
albergo *sm.* hotel.
àlbero *sm.* **1.** tree **2.** (*mar.*) mast **3.** (*mecc.*) shaft.
albicocca *sf.* apricot.
albino *agg.* e *sm.* albino.
albo *sm.* **1.** list, roll: — *degli avvocati*, Law List; — *d'onore*, roll of honour **2.** (*per fotografie ecc.*) album **3.** (*tavola per affissione*) notice-board.
album *sm.* album.
albume *sm.* albumen.
albumina *sf.* albumin.
alca *sf.* auk.
alcalino *agg.* e *sm.* alkaline.
alce *sm.* elk.
alchimìa *sf.* alchemy.
alcòlico *agg.* alcoholic.
alcolismo *sm.* alcoholism.
alcolizzato *agg.* e *sm.* alcoholic.
alcool *sm.* alcohol.
alcova *sf.* alcove.
alcunché *pron.* anything, something.
alcuno *agg.* **1.** (*frasi affermative*) some, a few **2.** (*frasi negative*) any. ♦ **alcuno** *pron.* **1.** (*frasi affermative*) somebody, someone **2.** (*frasi negative*) anybody, anyone.
aldilà *sm.* hereafter.
aleatorio *agg.* aleatory.
aleggiare *vi.* **1.** to flutter **2.** (*fig.*) to hover (about).
alettone *sm.* aileron.
alfa *sf.* alpha.
alfabeto *sm.* alphabet.
alfiere *sm.* **1.** ensign **2.** (*scacchi*) bishop.
alga *sf.* seaweed.
àlgebra *sf.* algebra.
algèbrico *agg.* algebraic, algebraical.
aliante *sm.* glider.
àlibi *sm.* alibi.
alienare *vt.* to alienate, to estrange. ♦ **alienarsi** *vr.* to alienate oneself, to become (*v. irr.*) estranged.
alienato *agg.* lunatic, mad; estranged, alienated. ♦ **alienato** *sm.* **1.** lunatic, madman (*pl.* -men) **2.** alienated person, estranged person.
alienazione *sf.* alienation, estrangement.
alienista *sm.* alienist, psychiatrist.
alieno *agg.* averse, opposed.
alimentare[1] *vt.* to feed (*v. irr.*), to nourish.
alimentare[2] *agg.* alimentary || *generi alimentari*, foodstuffs; *negozio di generi alimentari*, grocery store.
alimentazione *sf.* nourishment, feeding.
alimento *sm.* food.
alìnea *sf.* paragraph.
alìquota *sf.* aliquot, rate.
aliscafo *sm.* hydrofoil boat.
aliseo *sm.* trade-wind.
àlito *sm.* breath.
allacciare *vt.* **1.** to lace, to connect **2.** (*fig.*) to establish. ♦ **allacciarsi** *vr.* **1.** (*abbracciarsi*) to embrace **2.** (*aggrovigliarsi*) to get (*v. irr.*) entangled, to be entangled.
allagare *vt.* to flood, to inundate.
allampanato *agg.* lean, lanky.
allargamento *sm.* widening, enlargement.
allargare *vt.* to widen, to enlarge, to extend. ♦ **allargarsi** *vr.* to widen, to extend, to spread (*v. irr.*).
allarmante *agg.* alarming.
allarmare *vt.* to alarm. ♦ **allarmarsi** *vr.* to get (*v. irr.*) frightened.
allarme *sm.* alarm, warning, alert.
allattamento *sm.* breast-feeding, nursing.
allattare *vt.* to suckle, to nurse.
alleanza *sf.* alliance.
allearsi *vr.* to ally, to become (*v. irr.*) allies.
alleato *agg.* allied. ♦ **alleato** *sm.* ally.
allegare *vt.* **1.** to allege **2.** (*accludere*) to enclose.
allegato *sm.* enclosure.
alleggerimento *sm.* lightening, relief.
alleggerire *vt.* to lighten, to re-

lieve, to unburden. ♦ **alleggerirsi** *vr.* to relieve oneself.
allegorìa *sf.* allegory.
allegòrico *agg.* allegoric(al).
allegramente *agg.* cheerfully, merrily.
allegrìa *sf.* cheerfulness, mirth.
allegro *agg.* merry, cheerful, jolly.
allegrone *sm.* jolly fellow.
allenamento *sm.* training.
allenare *vt.* to train. ♦ **allenarsi** *vr.* to train (oneself).
allenatore *sm.* trainer; (*di squadre*) coach.
allentamento *sm.* **1.** loosening **2.** (*di velocità*) slackening.
allentare *vt.* to slacken, to loosen, to relax: — *il freno*, to release the brake. ♦ **allentarsi** *vr.* to slacken.
allergìa *sf.* allergy.
allèrgico *agg.* allergic.
allestimento *sm.* preparation, fitting out || — *scenico*, staging.
allestire *vt.* to prepare, to fit out.
allettamento *sm.* enticement, allurement.
allettante *agg.* alluring, enticing.
allettare *vt.* to allure, to entice.
allevamento *sm.* **1.** breeding, raising || (*di bambino*) bringing up **2.** (*luogo*) stock-farm || — *di cavalli*, stud-farm.
allevare *vt.* **1.** (*bambini*) to bring (*v. irr.*) up **2.** (*animali*) to breed (*v. irr.*), to rear.
allevatore *sm.* breeder.
alleviare *vt.* to relieve, to alleviate.
allibire *vi.* to be left speechless, to be struck dumb.
allibito *agg.* struck dumb, speechless.
allibratore *sm.* bookmaker.
allietare *vt.* to cheer. ♦ **allietarsi** *vr.* to cheer up.
allievo *sm.* **1.** pupil **2.** (*mil.*) cadet.
alligatore *sm.* alligator.
allineamento *sm.* **1.** alignment || (*tip.*) — *di caratteri*, ranging of characters **2.** (*mil.*) dressing.
allineare *vt.* **1.** to line up, to align: — *delle cifre*, to tabulate figures **2.** (*mil.*) to dress; (*in ordine di marcia*) to form up. ♦ **allinearsi** *vr.* **1.** to get (*v. irr.*) into line **2.** (*mil.*) to dress || *allineatevi*, draw up! **3.** (*pol.*) to be aligned with.
allocco *sm.* **1.** owl **2.** (*fig.*) fool.
allocuzione *sf.* allocution: *fare un'*—, to deliver a speech.
allòdola *sf.* skylark, lark.
allogare *vt.* to lodge.
allogazione *sf.* lease.
alloggiare *vt.* **1.** to lodge, to house, to put (*v. irr.*) up **2.** (*mil.*) to quarter; (*in casa privata*) to billet. ♦ **alloggiare** *vi.* **1.** to lodge, to live **2.** (*mil.*) to quarter; (*in casa privata*) to be billeted.
alloggio *sm.* **1.** lodging || *indennità di* —, living-out allowance **2.** (*mil.*) quarters (*pl.*).
allontanamento *sm.* **1.** removal **2.** (*licenziamento*) dismissal.
allontanare *vt.* **1.** to remove, to drive (*v. irr.*) away: — *un pericolo*, to evert a danger **2.** (*licenziare*) to dismiss, to turn out. ♦ **allontanarsi** *vr.* to go (*v. irr.*) away, to depart.
allora *avv.* **1.** then **2.** (*quindi*) so.
allorché *cong.* when.
alloro *sm.* laurel.
àlluce *sm.* big toe.
allucinare *vt.* **1.** to dazzle **2.** (*dare allucinazioni*) to hallucinate.
allucinato *agg.* hallucinated.
allucinazione *sf.* hallucination.
allùdere *vi.* to allude (to), to hint (at).
alluminio *sm.* aluminium.
allunaggio *sm.* mooning.
allunare *vi.* to moon.
allungàbile *agg.* extensible.
allungamento *sm.* lengthening, stretching.
allungare *vt.* **1.** to lengthen, to extend, to stretch || — *il passo*, to quicken one's steps || — *il collo*, to stretch one's neck || — *gli orecchi*, to strain one's ears || (*fig.*) — *le mani su qc.*, to lay (*v. irr.*) hands on sthg. ♦ **allungarsi** *vr.* to lengthen, to grow (*v. irr.*) longer, to draw (*v. irr.*) out.
allusione *sf.* allusion, hint.
allusivo *agg.* allusive.
alluvionato *agg.* flooded || *zone alluvionate*, flood-areas. ♦ **alluvionato** *sm.* flood-victim.
alluvione *sf.* flood.
almanaccare *vi.* to fantasticate.
almanacco *sm.* almanac.
almeno *avv.* at least.
alno *sm.* alder-tree.
aloè *sm.* aloe.

alone *sm.* halo.
alpaca *sm.* alpaca.
alpe *sf.* alp.
alpestre *agg.* alpine.
alpinismo *sm.* (mountain-)climbing, mountaineering.
alpinista *s.* (mountain-)climber.
alpino *agg.* Alpine.
alquanto *avv.* somewhat, rather.
altalena *sf.* swing.
altana *sf.* roof-terrace.
altare *sm.* altar.
alterare *vt.* to alter; (*salute*) to impair; (*cibo*) to adulterate. ♦ **alterarsi** *vr.* **1.** to alter, to change **2.** (*andare a male*) to go (*v. irr.*) bad **3.** (*turbarsi*) to be upset || *la sua voce si alterò*, his voice faltered.
alterazione *sf.* **1.** alteration **2.** (*deteriorazione*) deterioration **3.** (*turbamento*) emotion; (*della voce*) faltering.
alterco *sm.* altercation.
alterigia *sf.* haughtiness.
alternanza *sf.* alternation.
alternare *vt.* to alternate. ♦ **alternarsi** *vr.* to alternate.
alternativa *sf.* alternative.
alterno *agg.* alternate.
altero *agg.* lofty, proud.
altezza *sf.* **1.** height **2.** (*di tessuto*) width **3.** (*di suono*) pitch **4.** (*fig.*) *essere all'— di qc.*, to be equal to sthg.; to be up to sthg. **5.** (*titolo*) highness.
altezzoso *agg.* haughty.
alticcio *agg.* tight, tipsy.
altìmetro *sm.* altimeter.
altitùdine *sf.* altitude.
alto *agg.* **1.** high, tall: *un uomo —*, a tall man || *alta direzione*, top management **2.** (*di suono*) loud || *ad alta voce*, aloud, loudly **3.** (*profondo*) deep: *acqua alta*, deep water **4.** (*geogr.*) northern, upper **5.** (*stor.*) early. ♦ **alto** *sm.* height || *alti e bassi*, ups and downs. ♦ **alto** *avv.* high, up || *mani in —*, hands up.
altoforno *sm.* blast-furnace.
altolocato *agg.* high-ranking, high-class.
altoparlante *sm.* loud-speaker.
altopiano *sm.* plateau.
altresì *avv.* likewise, also.
altrettanto *agg. correlativo* as much (...as); (*pl.*) as many (...as) || (*neg.*) as (*o* so) much (...as); (*pl.*) as (*o* so) many... (as): *egli ha altrettante possibilità quanto me*, he has as many chances as I. ♦ **altrettanto** *pron.* **1.** as much; (*pl.*) as many **2.** (*lo stesso*) the same: *— a voi!*, the same to you!. ♦ **altrettanto** *avv.* **1.** (*con agg. e avv.*) as (...as); (*neg.*) as (*o* so) ...as) **2.** (*coi verbi*) as much (as).
altrimenti *avv.* otherwise. ♦ **altrimenti** *cong.* otherwise, else.
altro *agg. indef.* **1.** other || *un —*, another **2.** (*differente*) different **3.** (*con pronomi int.*) else: *chi altro?*, who else? **4.** (*in più*) more: *leggerò altri due libri*, I shall read two more books **5.** (*susseguente*) next: *verrò l'altra domenica*, I shall come next Sunday **6.** (*antecedente*) last: *andai l'altro mese*, I went last month.
altronde **1.** (*nella loc. avv.*) *d'—*, on the other hand **2.** (*tuttavia*) however.
altrove *avv.* elsewhere, somewhere else.
altrùi *agg.* other people's, someone else's. ♦ **l'altrùi** *sm.* the property of others.
altruismo *sm.* unselfishness.
altruìstico *agg.* unselfish.
altura *sf.* height.
alunno *sm.* pupil.
alveare *sm.* beehive.
àlveo *sm.* river-bed.
alzaia *sf.* towing-line || *strada d'—*, towing-path.
alzare *vt.* **1.** to lift, to raise **2.** (*erigere*) to build (*v. irr.*) **3.** (*mar.*) to hoist. ♦ **alzarsi** *vr.* (*dal letto*) to get (*v. irr.*) up **2.** (*in piedi*) to stand (*v. irr.*) up **3.** (*in altezza*) to grow (*v. irr.*) tall.
alzata *sf.* **1.** raising **2.** (*l'alzarsi*) rising.
amàbile *agg.* amiable.
amabilità *sf.* amiability.
amaca *sf.* hammock.
amàlgama *sm.* amalgam.
amalgamare *vt.* to amalgamate.
amante *s.* **1.** lover **2.** (*fig.*) fond.
amanuense *sm.* copyist.
amaranto *sm.* amaranth.
amare *vt.* **1.** to love, to be fond of **2.** (*richiedere*) to require.
amareggiare *vt.* **1.** to make (*v. irr.*) bitter **2.** (*fig.*) to sadden. ♦ **amareggiarsi** *vr.* to worry.
amarena *sf.* sour black cherry.

amaretto *sm.* macaroon.
amarezza *sf.* **1.** bitterness **2.** (*fig.*) sorrow.
amaro *agg.* bitter. ♦ **amaro** *sm.* (*liquore*) bitters (*pl.*).
amatore *sm.* **1.** lover **2.** (*chi si occupa d'arte per diletto*) amateur.
amàzzone *sf.* **1.** Amazon **2.** (*fig.*) masculine woman.
ambage *sf.* ambages (*pl.*) || *senza ambagi*, plainly.
ambasciata *sf.* **1.** embassy **2.** (*messaggio*) message.
ambasciatore *sm.* ambassador.
ambedue *agg.* e *pron.* both.
ambientare *vt.* **1.** to acclimatize **2.** (*fatti, personaggi ecc.*) to place. ♦ **ambientarsi** *vr.* to get (*v. irr.*) accustomed.
ambiente *sm.* **1.** ambient **2.** (*fig.*) milieu **3.** (*stanza*) room.
ambiguità *sf.* ambiguity.
ambiguo *agg.* ambiguous.
ambio *sm.* amble.
ambire *vt.* to desire.
àmbito *sm.* ambit.
ambivalente *agg.* ambivalent.
ambivalenza *sf.* ambivalence.
ambizione *sf.* ambition.
ambizioso *agg.* ambitious.
ambo *sm.* ambo.
ambra *sf.* amber.
ambrosia *sf.* ambrosia.
ambulante *agg.* itinerant || *venditore* —, pedlar.
ambulanza *sf.* ambulance.
ambulatorio *sm.* surgery.
ameba *sf.* amoeba.
amebìasi *sf.* amoebiasis (*pl.* -ses).
amenità *sf.* **1.** amenity **2.** (*facezia*) joke.
ameno *agg.* **1.** pleasant **2.** (*divertente*) funny: *un tipo* —, a funny chap.
americanismo *sm.* Americanism.
americano *agg.* e *sm.* American.
ametista *sf.* amethyst.
amianto *sm.* amianthus.
amichévole *agg.* friendly.
amicizia *sf.* friendship || *fare* —, to make (*v. irr.*) friends with.
amico *sm.* friend.
amidatura *sf.* starching.
àmido *sm.* starch.
ammaccare *vt.* to bruise.
ammaccatura *sf.* bruise.
ammaestramento *sm.* **1.** (*addestramento*) training **2.** (*insegnamento*) teaching **3.** (*di animali*) taming.
ammaestrare *vt.* **1.** (*addestrare*) to train **2.** (*insegnare*) to teach (*v. irr.*) **3.** (*di animali*) to tame.
ammainare *vt.* to furl.
ammalarsi *vr.* to fall (*v. irr.*) ill.
ammalato *agg.* **1.** (*pred.*) ill **2.** (*attr.*) sick. ♦ **ammalato** *sm.* sick person, patient.
ammaliare *vt.* to bewitch.
ammaliatrice *sf.* bewitcher.
ammanco *sm.* shortage || — *di cassa*, deficit.
ammanettare *vt.* to handcuff.
ammannire *vt.* to prepare.
ammansire *vt.* **1.** to tame **2.** (*fig.*) to calm. ♦ **ammansirsi** *vr.* **1.** to become (*v. irr.*) tamed **2.** to calm down.
ammarare *vi.* **1.** to alight (on water) **2.** (*di capsule spaziali*) to splash down.
ammassare *vt.* to heap. ♦ **ammassarsi** *vr.* to gather.
ammasso *sm.* heap.
ammattire *vi.* to get (*v. irr.*) mad.
ammazzare *vt.* to kill.
ammazzatoio *sm.* slaughter-house.
ammenda *sf.* amends (*pl.*).
amméttere *vt.* **1.** (*lasciar entrare*) to admit, to receive **2.** (*concedere, supporre*) to acknowledge, to suppose.
ammezzato *sm.* mezzanine.
ammezzire *vi.* to become (*v. irr.*) over-ripe.
ammiccare *vi.* to wink (at).
ammina *sf.* amine.
amministrare *vt.* **1.** to manage **2.** (*giur.; eccl.*) to administer.
amministrativo *agg.* administrative.
amministratore *sm.* manager.
amministrazione *sf.* management.
ammiràbile *agg.* admirable.
ammiraglio *sm.* admiral.
ammirare *vt.* to admire.
ammiratore *sm.* **1.** admirer **2.** (*di attori ecc.*) fan.
ammirazione *sf.* admiration.
ammirévole *agg.* admirable.
ammissìbile *agg.* admissible.
ammobiliamento *sm.* furnishing.
ammobiliare *vt.* to furnish.
ammodernare *vt.* to modernize.
ammodo *agg.* nice, proper.
ammogliare *vt.* to marry. ♦ **ammogliarsi** *vr.* to get (*v. irr.*) mar-

ried.
ammollare *vt.* **1.** to soak **2.** (*ammorbidire*) to soften.
ammollire *vt.* to soften.
ammonìaca *sf.* ammonia.
ammonire *vt.* **1.** to admonish **2.** (*avvisare*) to warn.
ammonizione *sf.* **1.** admonition **2.** (*rimprovero*) reproof **3.** (*avvertimento*) warning.
ammontare *vi.* to amount.
ammonticchiare *vt.* to heap (up).
ammorbare *vt.* to taint.
ammorbidire *vt.* to soften.
ammortamento *sm.* redemption || *quota d'*—, depreciation allowance.
ammortire *vt.* to numb.
ammortizzare *vt.* to redeem.
ammosciare *vt.* to become (*v. irr.*) flabby.
ammucchiare *vt.* to heap (up).
ammuffire *vi.* **1.** to grow (*v. irr.*) musty **2.** (*fig.*) to languish: — *in casa*, to languish at home.
ammutinamento *sm.* mutiny.
ammutinarsi *vr.* to mutiny.
ammutinato *agg.* mutinous. ♦ **ammutinato** *sm.* mutineer.
ammutolire *vi.* **1.** to become (*v. irr.*) dumb **2.** (*essere ammutolito da altri*) to be struck dumb.
amnesìa *sf.* loss of memory.
amnistìa *sf.* amnesty.
amnistiare *vt.* to amnesty.
amo *sm.* fish-hook.
amorale *agg.* amoral.
amoralità *sf.* amorality.
amore *sm.* **1.** love || — *di sé*, selfishness **2.** (*persona o cosa amata*) beloved || *per amore di*, for the sake of.
amoreggiare *vi.* to flirt.
amoretto *sm.* flirtation.
amorévole *agg.* loving.
amorevolezza *sf.* lovingness.
amorfo *agg.* amorphous.
amorino *sm.* Cupid.
amoroso *agg.* **1.** loving **2.** (*fig.*) amorous: *poesia* —, amorous verse.
amovìbile *agg.* movable.
amperòmetro *sm.* amperometer.
ampiezza *sf.* width, (*anche fig.*) breadth.
ampio *agg.* **1.** wide **2.** (*di abito*) comfortable.
amplesso *sm.* embrace.
ampliamento *sm.* amplification.
ampliare *vt.* **1.** to amplify **2.** (*aumentare*) to increase. ♦ **ampliarsi** *vr.* to widen.
amplificare *vt.* **1.** to enlarge **2.** (*fig.; fis.*) to amplify.
amplificatore *sm.* amplifier.
amplificazione *sf.* amplification.
ampolla *sf.* **1.** phial **2.** (*per olio, aceto ecc.*) cruet.
ampollosità *sf.* pomposity.
ampolloso *agg.* pompous: *stile* —, bombastic style.
amputare *vt.* to amputate.
amputazione *sf.* amputation.
amuleto *sm.* amulet.
anabbaglianti *sm. pl.* lower beams
anabolismo *sm.* anabolism.
anacoreta *sm.* anchorite.
anacronismo *sm.* anachronism.
anacronìstico *agg.* anachronistic.
anàgrafe *sf.* registry office.
anagramma *sm.* anagram.
analcòlico *agg.* soft.
anale *agg.* anal.
analfabeta *sm.* illiterate.
analfabetismo *sm.* illiteracy.
analgèsico *agg.* e *sm.* analgesic.
anàlisi *sf.* analysis (*pl.* -ses).
analìtico *agg.* analytical.
analizzare *vt.* to analyse.
analogamente *avv.* likewise.
analogìa *sf.* analogy.
anàlogo *agg.* similar.
ànanas *sm.* pine-apple.
anarchìa *sf.* anarchy.
anàrchico *agg.* anarchic. ♦ **anàrchico** *sm.* anarchist.
anatema *sm.* anathema.
anatomìa *sf.* anatomy.
anatòmico *agg.* anatomic.
anatomista *sm.* anatomist.
ànatra *sf.* duck.
anatròccolo *sm.* duckling.
anca *sf.* hip.
ancestrale *agg.* ancestral.
anche *avv.* **1.** (*pure*) also, too **2.** (*in frasi neg.*) either: *anch'io non verrò*, I will not come either **3.** (*con comp.*) even, still: *ciò è anche peggio*, it is still worse **4.** (*persino*) even. ♦ **anche** *cong.* (*anche se*) even if, even though
ancheggiare *vi.* to waddle.
anchilosato *agg.* ankylosed.
anchilosi *sf.* ankylosis.
àncora *sf.* **1.** anchor: *levar l'*—, to weigh anchor **2.** (*fig.*) hope: — *di salvezza*, last hope.
ancora *avv.* **1.** (*tuttora*) still **2.** (*in frasi neg.*) yet **3.** (*di nuovo*) again **4.** (*davanti a comp.*) still, even

5. (*con pron. e agg. quantitativi*) more: — *molte persone*, many more people **6.** (« *di più* » *in frasi affermative*) some more: *voglio ancora caffè,* I want some more coffee **7.** (« *di più* » *in frasi neg. e dubitative*) any more: *hai ancora caffè?,* have you any more coffee? **8.** (*più a lungo*) longer: *leggi ancora un po',* read a little longer.
ancoraggio *sm.* anchorage.
ancorare *vt.* to anchor.
ancorché *cong.* even if, even though.
andamento *sm.* **1.** (*tendenza*) trend **2.** (*procedimento*) proceeding.
andante *agg.* **1.** (*scadente*) plain **2.** (*comm.*) current **3.** (*mus.*) andante.
andare *vi.* **1.** (*anche fig.*) to go (*v. irr.*): — *a cavallo,* to go on horseback; — *a far compere,* to go shopping; — *a piedi,* to go on foot; — *a zonzo,* to lounge about; — *e venire,* to come (*v. irr.*) and go; — *in bicicletta,* to ride (*v. irr.*) a bicycle; — *in treno,* to go by train; — *a male,* to go bad **2.** (*essere molto venduto*) to be in demand **3.** (— *bene, di indumento*) to fit || — *avanti* (*di orologi*), to be fast; — *indietro* (*di orologi*), to be slow. ♦ **andàrsene** *vr.* to go away.
andata *sf.* going: — *e ritorno,* going there and back || *biglietto di sola* —, single ticket || *biglietto di* — *e ritorno,* return ticket.
andatura *sf.* **1.** gait **2.** (*velocità*) pace.
andazzo *sm.* habit, custom.
andicappare *vt.* to handicap.
andirivieni *sm.* coming and going.
àndito *sm.* passage.
andrògino *agg.* androgynous. ♦ **andrògino** *sm.* androgyne.
androne *sm.* lobby.
aneddòtico *agg.* anecdotic.
anèddoto *sm.* anecdote.
anelare *vi.* **1.** to gasp **2.** (*fig.*) to long for.
anèlito *sm.* **1.** gasp **2.** (*fig.*) longing for.
anello *sm.* ring: — *di fidanzamento,* engagement ring; — *di matrimonio,* wedding ring || — *di catena,* link of a chain.
anemìa *sf.* anaemia.
anèmico *agg.* anaemic.
anèmone *sm.* anemone.
anestesìa *sf.* anaesthesia.
anestesista *s.* anaesthetist.
anestètico *agg.* e *sm.* anaesthetic.
anestetizzare *vt.* to anaesthetize.
anfibio *agg.* amphibious. ♦ **anfibio** *sm.* (*zool.*; *mil.*) amphibian.
anfiteatro *sm.* amphitheatre.
anfitrione *sm.* amphitryon.
ànfora *sf.* amphora (*pl.* -ae).
anfrattuoso *agg.* anfractuous.
angèlico *agg.* angelic(al).
àngelo *sm.* angel.
angherìa *sf.* vexation.
angina *sf.* angina.
angioma *sm.* angioma.
anglicano *agg.* e *sm.* Anglican.
angolare *agg.* angular.
àngolo *sm.* **1.** corner **2.** (*fis.*; *geom.*) angle.
angoloso *agg.* angular.
angoscia *sf.* anguish.
angosciare *vt.* to anguish.
angoscioso *agg.* **1.** (*che dà angoscia*) distressing **2.** (*pieno di angoscia*) full of anguish.
anguilla *sf.* **1.** eel **2.** (*fig.*) elusive person.
anguria *sf.* water-melon.
angustia *sf.* **1.** narrowness **2.** (*tribolazione*) distress.
angustiare *vt.* to afflict. ♦ **angustiarsi** *vr.* to worry.
angusto *agg.* **1.** narrow **2.** (*fig.*) mean.
ànice *sm.* anise.
anidride *sf.* anhydride.
anilina *sf.* aniline.
ànima *sf.* **1.** soul || *esalare l'*—, to die || *vender l'*— *a caro prezzo,* to sell (*v. irr.*) one's life dearly. **2.** (*parte centrale, nerbo*) soul, heart **3.** (*cuore, sentimento*) feeling, heart **4.** (*persona*) person: *Torino ha oltre un milione di anime,* Turin has over one million persons.
animale *sm.* e *agg.* animal.
animalesco *agg.* beastly.
animare *vt.* to enliven, to give (*v. irr.*) life. ♦ **animarsi** *vr.* to become (*v. irr.*) lively.
animatamente *avv.* animatedly.
animato *agg.* **1.** living **2.** (*vivace*) lively.
animatore *sm.* animator.
animazione *sf.* briskness.
animismo *sm.* animism.
ànimo *sm.* **1.** mind: *ho in animo di fare ciò,* I have a mind to do that **2.** (*coraggio*) courage **3.** (*inclinazione*) disposition.

animosità *sf.* animosity.
animoso *agg.* **1.** brave **2.** (*ostile*) malevolent.
anisetta *sf.* anisette.
ànitra *sf.* duck.
annacquare *vt.* **1.** to water **2.** (*fig.*) to moderate.
annaffiare *vt.* to water.
annaffiatoio *sm.* watering-can.
annali *sm. pl.* annals.
annaspare *vi.* to grope.
annaspío *sm.* groping.
annata *sf.* **1.** year **2.** (*raccolto*) crop.
annebbiare *vt.* **1.** to dim **2.** (*fig.*) to dull. ♦ **annebbiarsi** *vr.* (*della vista*) to blur.
annegamento *sm.* drowning.
annegare *vt.* to drown. ♦ **annegarsi** *vr.* to drown oneself.
annegato *agg.* drowned.
annerimento *sm.* blackening.
annerire *vt.* to blacken.
annessione *sf.* annexation.
annesso *agg.* **1.** connected **2.** (*accluso*) enclosed.
annèttere *vt.* to annex.
annichilazione *sf.* annihilation.
annichilimento *sm.* annihilation.
annichilire *vt.* to annihilate.
annidarsi *vr.* **1.** to nestle **2.** (*nascondersi*) to hide (*v. irr.*).
annientamento *sm.* **1.** destruction **2.** (*di desideri*) frustration.
annientare *vt.* to destroy.
anniversario *agg.* e *sm.* anniversary.
anno *sm.* **1.** year: — *bisestile*, leap-year || *Capo d'*—, New Year's Day || *durante tutto l'*—, all the year round **2.** (*periodo lungo e indeterminato*) a long time **3.** (*nell'indicare l'età*) to be ... years old: *ho 10 anni*, I am 10 years old.
annodare *vt.* to knot: — *amicizie*, to make friends.
annoiare *vt.* to bore, to tire. ♦ **annoiarsi** *vr.* to be bored.
annoiato *agg.* bored.
annoiatore *sm.* tiresome person.
annoso *agg.* old.
annotare *vt.* **1.** (*corredare di note*) to annotate **2.** (*prendere nota*) to take (*v. irr.*) a note (of).
annotazione *sf.* note.
annottare *vi.* to grow (*v. irr.*) dark.
annuale *agg.* yearly.
annuario *sm.* year-book.
annuire *vi.* to nod.
annullamento *sm.* cancellation.
annullare *vt.* **1.** to annul **2.** (*comm.*) to cancel.
annunciare *vt.* **1.** to announce **2.** (*predire*) to foretell (*v. irr.*).
annunciatore *sm.* announcer.
annuncio *sm.* **1.** notice **2.** (*presagio*) presage.
ànnuo *agg.* yearly.
annusare *vt.* **1.** to smell **2.** (*tabacco*) to take (*v. irr.*) snuff.
annuvolarsi *vr.* **1.** to get (*v. irr.*) cloudy **2.** (*fig.*) to become (*v. irr.*) gloomy.
ano *sm.* anus.
anòdino *agg.* anodyne.
ànodo *sm.* anode.
anomalìa *sf.* anomaly.
anòmalo *agg.* anomalous.
anònima *sf.* joint-stock company.
anònimo *agg.* anonymous. ♦ **anònimo** *sm.* anonym.
anormale *agg.* abnormal.
anormalità *sf.* abnormality.
ansa *sf.* **1.** (*insenatura*) creek **2.** (*di fiume*) bend **3.** (*manico*) handle.
ansante *agg.* panting.
ansare *vi.* to pant.
ansia *sf.* anxiety.
ansietà *sf.* anxiety.
ansimare *vi.* to pant.
ansioso *agg.* **1.** anxious **2.** (*desideroso*) eager.
ànsito *sm.* panting.
anta *sf.* **1.** shutter **2.** (*di armadio*) door.
antagonismo *sm.* antagonism.
antagonista *s.* antagonist.
antàrtico *agg.* Antarctic.
antecedente *agg.* previous. ♦ **antecedente** *sm.* antecedent.
antecessore *sm.* predecessor.
antefatto *sm.* antecedent fact.
anteguerra *sm.* pre-war time.
antenato *sm.* ancestor.
antenna *sf.* **1.** (*zool.*) antenna (*pl.* -nae) **2.** (*radio*) aerial.
anteporre *vt.* to place before, to put (*v. irr.*) before.
anteprima *sf.* preview.
anteriore *agg.* **1.** (*nello spazio*) fore **2.** (*nel tempo*) previous, former.
antiabbaglianti *sm. pl.* anti-dazzle.
antiaèreo *agg.* anti-aircraft.
antibattèrico *agg.* e *sm.* antibacterial.
antibiòtico *agg.* e *sm.* antibiotic.
anticaglia *sf.* worthless antique.
anticamente *avv.* in ancient times.
anticàmera *sf.* ante-room || *fare* —,

to be kept waiting.
anticarro *agg.* anti-tank.
antichità *sf.* **1.** antiquity **2.** (*oggetti antichi*) antiques (*pl.*).
anticipare *vt.* **1.** to anticipate **2.** (*di danaro*) to pay in advance.
anticipatamente *avv.* in advance.
anticipato *agg.* **1.** advanced **2.** (*comm.*) in advance.
anticipazione *sf.* anticipation.
antìcipo *sm.* advance: *essere in* —, to be before time **2.** (*caparra*) earnest money.
anticlericale *agg.* e *s.* anticlerical.
anticlericalismo *sm.* anticlericalism.
antico *agg.* **1.** ancient **2.** (*all'antica*) old-fashioned.
anticonformista *s.* nonconformist.
anticongelante *sm.* anti-freeze.
anticorpo *sm.* antibody.
anticostituzionale *agg.* anticonstitutional.
antidatare *vt.* to antedate.
antidiluviano *agg.* e *sm.* antediluvian.
antìdoto *sm.* antidote.
antiestètico *agg.* antiaesthetic.
antifascismo *sm.* antifascism.
antifascista *s.* e *agg.* antifascist.
antifebbrile *sm.* febrifuge.
antifecondativo *sm.* anti-conceptive.
antìfona *sf.* antiphon: *capire l'*— to take (*v. irr.*) a hint.
antifurto *sm.* antitheft device.
antigàs *agg.* anti-gas: *maschera* —, gas-mask.
antigiènico *agg.* unhealthy.
antìlope *sf.* antelope.
antimilitarismo *sm.* antimilitarism.
antincendio *agg.* antifire: *pompa* —, fire-pump.
antinebbia *agg.* *faro* —, fog-light.
antinevràlgico *agg.* antineuralgic.
antinomìa *sf.* antinomy.
antiparticella *sf.* antiparticle.
antipasto *sm.* hors-d'oeuvre.
antipatìa *sf.* dislike.
antipàtico *agg.* disagreeable.
antìpodi *sm. pl.* antipodes.
antiquariato *sm.* antique-dealing.
antiquario *sm.* antique-dealer.
antiquato *agg.* old-fashioned.
antireumàtico *agg.* antirheumatic.
antirùggine *agg.* anti-rust.
antisemitismo *sm.* anti-Semitism.
antisèttico *agg.* e *sm.* antiseptic.
antispàstico *agg.* antispasmodic.
antistante *agg.* before, in front of.
antìtesi *sf.* antithesis (*pl.* -ses).
antitetànico *agg.* antitetanic.
antitètico *agg.* antithetic(al).
antitòssico *agg.* antitoxic.
antivigilia *sf.* the day before the eve.
antologìa *sf.* anthology.
antològico *agg.* anthological.
antonomasia *sf.* antonomasia || *per* —, antonomastically.
antracite *sf.* anthracite.
antro *sm.* **1.** cave **2.** (*tana*) den.
antropocentrismo *sm.* anthropocentrism.
antropofagìa *sf.* anthropophagy.
antropòfago *agg.* anthropophagous. ♦ **antropòfago** *sm.* cannibal.
antropologìa *sf.* anthropology.
antropòlogo *sm.* anthropologist.
antropomorfo *agg.* anthropomorphous.
anulare *agg.* annular. ♦ **anulare** *sm.* ring-finger.
anzi *cong.* **1.** (*al contrario*) on the contrary **2.** (*in più*) moreover || — *che*, rather than; — *che no*, rather. ♦ **anzi** *avv.* before: — *tempo*, before time.
anzianità *sf.* seniority.
anziano *agg.* **1.** elderly **2.** (*in cariche, uffici ecc.*) senior.
anziché *cong.* **1.** rather than **2.** (*invece di*) instead of.
anzidetto *agg.* above-mentioned.
anzitempo *avv.* before time.
aorta *sf.* aorta.
apartìtico *agg.* non-sectarian.
apatìa *sf.* apathy, indifference.
apàtico *agg.* listless.
ape *sf.* bee.
aperitivo *sm.* aperitif.
apertamente *avv.* openly.
aperto *agg.* open.
apertura *sf.* **1.** opening **2.** (*di mente*) broad-mindedness **3.** (*ampiezza di un arco*) span: — *alare*, wing-span.
àpice *sm.* apex.
apicoltura *sf.* bee-keeping.
apnea *sf.* apnoea.
apocalisse *sf.* apocalypse.
apocalìttico *agg.* apocalyptic(al).
apòcrifo *agg.* apocryphal || *libri apocrifi*, Apocrypha.
apòfisi *sf.* apophysis.
apogeo *sm.* apogee.
apòlide *agg.* stateless. ♦ **apòlide** *sm.* stateless person.

apolìtico *agg.* non-political.
apologìa *sf.* apologia.
apologista *s.* apologist.
apòlogo *sm.* apologue.
apoplessìa *sf.* apoplexy.
apoplèttico *agg.* apoplectic: *colpo —*, apoplectic fit.
apostasìa *sf.* apostasy.
apòstata *sm.* apostate.
apòstolo *sm.* apostle.
apostrofare *vt.* to apostrophize.
apòstrofe *sf.* apostrophe.
apòstrofo *sm.* apostrophe.
apoteosi *sf.* apotheosis.
appagare *vt.* **1.** to satisfy, to gratify **2.** (*la sete*) to quench one's thirst.
appaiare *vt.* **1.** to couple **2.** (*armonizzare colori, vestiario ecc.*) to match.
appallottolare *vt.* to roll into a ball.
appaltare *vt.* to give (*v. irr.*) out by contract.
appaltatore *sm.* contractor.
appalto *sm.* contract, bid.
appannaggio *sm.* apanage.
appannamento *sm.* **1.** (*di metalli*) tarnishing **2.** (*di vetri ecc.*) clouding **3.** (*di vista*) dimming.
appannare *vt.* **1.** (*di metalli*) to tarnish **2.** (*di vetri ecc.*) to cloud **3.** (*di vista*) to dim.
apparato *sm.* **1.** apparatus **2.** (*mostra*) display.
apparecchiare *vt.* to prepare: *— la tavola*, to lay (*v. irr.*) the table.
apparecchio *sm.* **1.** set **2.** (*aereoplano*) aeroplane || *— fotografico*, camera; *— telefonico*, telephone; *— radio*, radio set.
apparentare *vt.* to relate.
apparente *agg.* **1.** (*illusorio*) seeming **2.** (*chiaro*) apparent, obvious.
apparentemente *avv.* seemingly.
apparenza *sf.* **1.** appearance **2.** (*aspetto*) look **3.** (*pompa*) show.
apparire *vi.* **1.** to appear **2.** (*aver l'aspetto*) to look **3.** (*risultare*) to result.
appariscente *agg.* **1.** striking **2.** (*vistoso*) showy.
apparizione *sf.* apparition.
appartamento *sm.* flat.
appartarsi *vr.* to retire.
appartenenza *sf.* belonging.
appartenere *vi.* **1.** to belong (to) **2.** (*essere membro*) to be a member (of).
appassionare *vt.* to impassion. ♦ **appassionarsi** *vr.* to become (*v. irr.*) fond of.
appassionato *agg.* **1.** passionate **2.** (*di musica, arte ecc.*) keen (on).
appassire *vi.* to wither.
appellare *vt.* to name, to call. ♦ **appellarsi** *vr.* to appeal.
appellativo *sm.* appellative.
appello *sm.* **1.** (*giur.*) appeal **2.** (*chiamata*) call **3.** (*esortazione*) appeal.
appena *avv.* **1.** (*a fatica*) hardly **2.** (*molto poco*) very little **3.** (*da poco*) just: *ero — arrivato*, I had just arrived || *non —*, as soon as.
appèndere *vt.* to hang (*v. irr.*).
appendice *sf.* appendix || *romanzo d'—*, serial.
appendicite *sf.* appendicitis.
appesantire *vt.* to make (*v. irr.*) heavy. ♦ **appesantirsi** *vr.* to grow (*v. irr.*) heavy.
appestare *vt.* **1.** to infect **2.** (*spargere odore*) to stink (*v. irr.*).
appestato *agg.* **1.** plague-stricken **2.** (*fig.*) tainted. ♦ **appestato** *sm.* plague-stricken person.
appetenza *sf.* **1.** appetite **2.** (*desiderio*) longing (for sthg.).
appetìbile *agg.* pleasing.
appetire *vt.* to desire.
appetito *sm.* appetite.
appezzamento *sm.* plot of land.
appianare *vt.* **1.** to level **2.** (*fig.*) to smooth.
appiattarsi *vr.* **1.** to crouch **2.** (*stare in agguato*) to lie (*v. irr.*) in wait **3.** (*nascondersi*) to hide (*v. irr.*).
appiattire *vt.* to flatten.
appiccare *vt.* (*il fuoco*) to set (*v. irr.*) fire.
appiccicare *vt.* **1.** to stick (*v. irr.*) **2.** (*appioppare*) to palm off.
appiccicoso *agg.* sticky.
appiè *prep.* **1.** (*al di sotto*) below **2.** (*ai piedi*) at the foot: *— del letto*, at the foot of the bed.
appiedare *vt.* to dismount.
appiedato *agg.* dismounted.
appieno *avv.* fully.
appigliarsi *vr.* to get (*v. irr.*) hold of: *— ad un pretesto*, to take (*v. irr.*) a pretext.
appiglio *sm.* **1.** support **2.** (*fig.*) pretext.
appiombo *sm.* perpendicularity.
appioppare *vt.* **1.** to give (*v. irr.*)

|| — *uno schiaffo*, to slap **2.** (*affibbiare*) to palm off.
appisolarsi *vr.* to doze off.
applaudire *vt.* e *vi.* to applaud.
applauditore *sm.* applauder.
applàuso *sm.* **1.** applause (*solo sing.*) **2.** (*fig.*) praise.
applicare *vt.* **1.** to apply **2.** (*giur.*) to carry out **3.** (*accostare*) to set (*v. irr.*). ♦ **applicarsi** *vr.* to apply oneself.
applicazione *sf.* **1.** application **2.** (*fig.*) care **3.** (*guarnizione*) trimming.
appoggiare *vt.* **1.** to lean (*v. irr.*) **2.** (*posare*) to lay (*v. irr.*) **3.** (*fig.*) to back. ♦ **appoggiarsi** *vr.* **1.** to lean (*v. irr.*) **2.** (*fig.*) to rely (on).
appoggio *sm.* **1.** support **2.** (*fig.*) assistance **3.** (*colui che dà —*) supporter.
appollaiarsi *vr.* to perch.
apporre *vt.* to affix.
apportare *vt.* **1.** to bring (*v. irr.*) **2.** (*produrre*) to produce.
apporto *sm.* contribution.
appositamente *avv.* on purpose.
appòsito *agg.* **1.** special **2.** (*adatto*) fit.
apposizione *sf.* **1.** (*gramm.*) apposition **2.** (*l'apporre*) affixing.
apposta *avv.* expressly.
appostare *vt.* (*mil.*) to place. ♦ **appostarsi** *vr.* to lie (*v. irr.*) in ambush.
apprèndere *vt.* to learn (*v. irr.*).
apprendista *sm.* apprentice.
apprendistato *sm.* apprenticeship.
apprensione *sf.* **1.** concern **2.** (*l'apprendere*) learning.
appresso *avv.* near, close by. ♦ **appresso** *prep.* near, close to.
apprestamento *sm.* preparation.
apprestare *vt.* to prepare.
apprettare *vt.* to dress.
apprezzàbile *agg.* appreciable.
apprezzamento *sm.* **1.** appreciation **2.** (*giudizio*) opinion.
apprezzare *vt.* **1.** to appreciate **2.** (*valutare*) to value.
approdare *vi.* **1.** to land **2.** (*fig.*) to be of use.
approfittare *vi.* to profit (by). ♦ **approfittarsi** *vr.* **1.** to avail oneself **2.** (*abusare*) to take (*v. irr.*) undue advantage.
approfondire *vt.* **1.** to make (*v. irr.*) deeper **2.** (*fig.*) to examine closely.
approntare *vt.* to make (*v. irr.*) ready.
appropriarsi *vr.* to take (*v. irr.*) possession of.
appropriato *agg.* fit, suitable.
appropriazione *sf.* appropriation: — *indebita*, embezzlement.
approssimarsi *vr.* **1.** to come (*v. irr.*) near **2.** (*di tempo*) to draw (*v. irr.*) near.
approssimativamente *avv.* approximately.
approssimativo *agg.* approximative.
approssimazione *sf.* approximation.
approvare *vt.* **1.** to approve (of) **2.** (*promuovere*) to pass.
approvazione *sf.* approval.
approvvigionamento *sm.* **1.** (*l'approvvigionare*) supplying **2.** (*provviste*) supplies.
approvvigionare *vt.* to supply provisions (to).
appuntamento *sm.* appointment.
appuntare *vt.* **1.** to sharpen **2.** (*prender nota*) to note **3.** (*biasimare*) to blame.
appuntellare *vt.* **1.** to prop **2.** (*fig.*) to support.
appuntino *avv.* nicely.
appuntito *agg.* pointed.
appunto[1] *sm.* **1.** note **2.** (*critica*) blame.
appunto[2] *avv.* exactly, just.
appurare *vt.* to verify.
apribottiglie *sm.* bottle-opener.
aprile *sm.* April: *pesce d'—*, April fool.
aprire *vt.* to open: — *le braccia a qc.*, to welcome so.
apriscàtole *sm.* tin-opener.
àquila *sf.* eagle.
aquilino *agg.* aquiline.
aquilone *sm.* **1.** (*vento del nord*) north wind **2.** (*giocattolo*) kite.
aquilotto *sm.* eaglet.
arabescare *vt.* to decorate with arabesques.
arabesco *sm.* arabesque.
aràbico *agg.* Arabic.
aràbile *agg.* arable.
àrabo *agg.* e *sm.* Arab.
aràchide *sf.* peanut.
aragosta *sf.* lobster.
aràldico *agg.* heraldic
araldo *sm.* herald.
arancia *sf.* orange.

aranciata *sf.* orange squash.
aranciera *sf.* orangery.
arancio *agg.* (*colore*) orange. ♦ **arancio** *sm.* orange-tree.
arancione *agg.* orange-coloured.
arare *vt.* to plough.
aratore *sm.* ploughman (*pl.* -men).
aratro *sm.* plough.
aratura *sf.* ploughing.
arazzo *sm.* arras.
arbitraggio *sm.* **1.** (*sport*) umpirage **2.** (*comm.*) arbitrage.
arbitrare *vt.* **1.** to arbitrate **2.** (*calcio, boxe*) to referee.
arbitrario *agg.* arbitrary.
arbitrio *sm.* **1.** will: *libero* —, free will **1.** (*atto arbitrario*) arbitrary act.
àrbitro *sm.* **1.** (*sport*) umpire **2.** (*calcio, boxe*) referee **3.** (*giur.*) arbitrator.
arboricoltore *sm.* arboriculturist.
arboricoltura *sf.* arboriculture.
arboscello *sm.* shrub.
arbusto *sm.* shrub.
arca *sf.* ark || — *di scienza,* eminent scholar.
arcàdico *agg.* e *sm.* Arcadian.
arcàico *agg.* **1.** archaic **2.** (*di parole, stile*) obsolete.
arcaismo *sm.* **1.** archaism **2.** (*parola arcaica*) obsolete word.
arcàngelo *sm.* archangel.
arcano *agg.* mysterious.
archeologìa *sf.* archaeology.
archeològico *agg.* archaeologic(al).
archeòlogo *sm.* archaeologist.
archètipo *sm.* archetype.
archetto *sm.* **1.** small arch **2.** (*mus.*) bow.
architettare *vt.* **1.** to draw (*v. irr.*) the plans **2.** (*fig.*) to devise.
architetto *sm.* architect.
architettònico *agg.* architectonic.
architettura *sf.* architecture.
architrave *sm.* architrave.
archiviare *vt.* **1.** to place in the archives **2.** (*comm.*) to file.
archivio *sm.* **1.** archives (*pl.*) **2.** (*comm.*) file.
archivista *sm.* archivist.
arciduca *sm.* archduke.
arciere *sm.* archer.
arcigno *agg.* gruff.
arcimiliardario *sm.* multimillionaire.
arcipèlago *sm.* archipelago (*pl.* -goes).
arcivescovado *sm.* archbishopric.
arcivéscovo *sm.* archbishop.
arco *sm.* **1.** (*arma*) bow **2.** (*geom.*) arc **3.** (*arch.*) arch **4.** (*mus.*) bow.
arcobaleno *sm.* rainbow.
arcolaio *sm.* wool-winder.
arcuare *vt.* **1.** to arch **2.** (*piegare*) to bend (*v. irr.*).
ardente *agg.* **1.** burning **2.** (*fig.*) passionate.
ardentemente *avv.* ardently.
àrdere *vt.* to burn (*v. irr.*).
ardesia *sf.* slate.
ardire *vi.* **1.** to dare **2.** (*avere l'impudenza*) to have the impudence.
ardito *agg.* **1.** bold **2.** (*rischioso*) risky.
ardore *sm.* **1.** fierce heat **2.** (*fig.*) passion.
àrduo *agg.* **1.** hard **2.** (*erto*) steep.
àrea *sf.* **1.** area **2.** (*sfera d'azione*) sphere.
arena *sf.* **1.** (*sabbia*) sand **2.** (*arch.*) arena.
arenarsi *vr.* to get (*v. irr.*) stranded (*anche fig.*).
arengario *sm.* tribune.
areòpago *sm.* Areopagus.
àrgano *sm.* **1.** (*mar.*) capstan **2.** (*mecc.*) windlass.
argentare *vt.* to silver.
argènteo *agg.* silvery.
argenterìa *sf.* silver ware.
argentino *agg.* silvery.
argento *sm.* silver.
argilla *sf.* clay.
argilloso *agg.* clayey.
arginare *vt.* **1.** to dam **2.** (*fig.*) to check.
àrgine *sm.* bank.
argomentare *vt.* to infer. ♦ **argomentare** *vi.* to argue.
argomentazione *sf.* reasoning.
argomento *sm.* **1.** subject **2.** (*prova a sostegno*) argument.
arguire *vt.* to deduce.
argutezza *sf.* shrewdness.
arguto *agg.* **1.** sharp **2.** (*faceto*) witty.
arguzia *sf.* wit.
aria *sf.* **1.** air: — *condizionata,* air conditioning || *corrente d'*—, draught || *camera d'*—, inner tube || *andare all'*—, to fall (*v. irr.*) through **2.** (*aspetto*) look **3.** (*mus.*) tune.
ariano *agg.* e *sm.* Aryan.
aridità *sf.* **1.** aridity **2.** (*di cuore*) lack of feeling.
àrido *agg.* **1.** arid **2.** (*di cuore*)

lacking feeling.
arieggiare *vt.* **1.** to air **2.** (*rassomigliare*) to look like **3.** (*imitare*) to imitate.
arieggiato *agg.* aired.
ariete *sm.* ram.
aringa *sf.* herring.
arioso *agg.* airy.
aristocràtico *agg.* aristocratic. ♦ **aristocràtico** *sm.* aristocrat.
aristocrazìa *sf.* aristocracy.
aristotèlico *agg.* e *sm.* Aristotelian.
aritmètica *sf.* arithmetic.
aritmètico *agg.* arithmetic(al).
arlecchinata *sf.* harlequinade.
arlecchino *sm.* harlequin.
arma *sf.* weapon, arm: *armi bianche*, side-arms; *armi da fuoco*, fire--arms || *galleria d'armi*, armoury.
armadietto *sm.* **1.** (*per medicinali, strumenti ecc.*) cabinet **2.** (*per abiti*) locker.
armadio *sm.* **1.** (*per stoviglie*) cupboard **2.** (*per abiti*) wardrobe.
armaiolo *sm.* armourer.
armamentario *sm.* **1.** instruments (*pl.*) **2.** (*armeria*) armoury.
armamento *sm.* arming.
armare *vt.* to arm.
armata *sf.* army.
armatore *sm.* **1.** shipbuilder **2.** (*chi possiede una nave*) shipowner.
armatura *sf.* **1.** armour **2.** (*impalcatura*) scaffolding.
armeggiare *vi.* **1.** to handle arms **2.** (*darsi da fare*) to busy oneself **3.** (*tramare*) to manoeuvre.
armeggìo *sm.* **1.** handling of arms **2.** (*l'affaccendarsi*) bustling **3.** (*intrigo*) manoeuvre.
armento *sm.* herd.
armerìa *sf.* armoury.
armiere *sm.* gunsmith.
armistizio *sm.* armistice.
armonìa *sf.* harmony.
armònica *sf.* (*a bocca*) mouth-organ.
armònico *agg.* harmonic.
armonio *sm.* harmonium.
armonioso *agg.* harmonious.
armonista *s.* harmonist.
armonizzare *vt.* to harmonize. ♦ **armonizzare** *vi.* **1.** to harmonize **2.** (*di colori*) to match.
arnese *sm.* **1.** (*strumento*) tool **2.** (*aggeggio*) gadget.
arnia *sf.* beehive.
aroma *sm.* flavour.
aromàtico *agg.* aromatic.
aromatizzare *vt.* to flavour.
arpa *sf.* harp.
arpeggiare *vi.* to play the harp.
arpeggio *sm.* arpeggio.
arpista *s.* harpist.
arra *sf.* earnest.
arrabattarsi *vr.* to bestir oneself.
arrabbiare *vi.* **1.** to become (*v. irr.*) angry **2.** (*di cane*) to be affected with rabies. ♦ **arrabbiarsi** *vr.* to get (*v. irr.*) angry.
arrabbiato *agg.* **1.** angry **2.** (*di cane*) rabid.
arrabbiatura *sf.* rage.
arraffare *vt.* to grasp.
arrampicarsi *vr.* to climb.
arrampicata *sf.* climb.
arrampicatore *sm.* **1.** mountain climber **2.** (*fig.*) social climber.
arrancare *vi.* **1.** to plod along **2.** (*zoppicare*) to limp **3.** (*affaticarsi*) to get (*v. irr.*) tired.
arrangiamento *sm.* arrangement.
arrangiare *vt.* to arrange. ♦ **arrangiarsi** *vr.* to manage.
arrecare *vt.* **1.** to bring (*v. irr.*) **2.** (*causare*) to cause.
arredamento *sm.* furnishing.
arredare *vt.* to furnish.
arredatore *sm.* internal decorator.
arredo *sm.* piece of furniture.
arrèndersi *vr.* **1.** to surrender **2.** (*fig.*) to give (*v. irr.*) it up.
arrendévole *agg.* **1.** pliant **2.** (*fig.*) docile.
arrestare *vt.* **1.** to stop **2.** (*trarre in arresto*) to arrest. ♦ **arrestarsi** *vr.* to stop.
arresto *sm.* arrest.
arretrare *vt.* **1.** to pull back **2.** (*ritirare*) to withdraw (*v. irr.*).
arretrato *agg.* backward.
arricchimento *sm.* enrichment.
arricchire *vt.* to enrich. ♦ **arricchirsi** *vr.* to grow (*v. irr.*) rich.
arricciare *vt.* to curl: — *il naso*, to turn up one's nose.
arrìdere *vi.* to be favourable.
arringare *vt.* to harangue.
arringatore *sm.* haranguer.
arrischiare *vt.* to risk. ♦ **arrischiarsi** *vr.* to venture.
arrivare *vi.* **1.** to arrive (at), (in) **2.** (*fig.*) to attain.
arrivato *agg.* (*fig.*) successful.
arrivederci *inter.* goodbye.
arrivismo *sm.* social climbing.
arrivista *sm.* social climber.
arrivo *sm.* arrival.

arrogante *agg.* arrogant.
arroganza *sf.* arrogance.
arrogarsi *vr.* to arrogate to oneself.
arrossire *vi.* to blush.
arrostire *vt.* **1.** to roast **2.** (*di pane*) to toast.
arrosto *sm.* roast.
arrotare *vt.* to grind (*v. irr.*): — *i denti*, to grind one's teeth.
arrotino *sm.* knife-grinder.
arrotolare *vt.* to roll up.
arrotondare *vt.* **1.** to round **2.** (*di cifre*) to make (*v. irr.*) a round figure.
arrovellarsi *vr.* to worry.
arroventare *vt.* to make (*v. irr.*) red-hot.
arruffare *vt.* to ruffle.
arruffone *sm.* muddler
arrugginire *vi.* to rust.
arruolare *vt.* to enrol.
arsenale *sm.* **1.** (*cantiere*) ship-yard **2.** (*deposito di armi*) arsenal.
arsènico *sm.* arsenic.
arsura *sf.* **1.** (*siccità*) drought **2.** (*sete*) parching thirst.
arte *sf.* art || *belle arti*, fine arts.
artefatto *agg.* adulterated.
artéfice *sm.* maker.
arteria *sf.* **1.** artery **2.** (*di traffico*) thoroughfare.
arteriosclerosi *sf.* arteriosclerosis.
artesiano *agg.* artesian.
àrtico *agg.* arctic.
articolare *vt.* to articulate.
articolazione *sf.* articulation.
artìcolo *sm.* **1.** (*gramm.; di giornale*) article || — *di fondo*, editorial **2.** (*comm.*) item.
artificiale *agg.* artificial.
artificio *sm.* **1.** device **2.** (*astuzia*) cunning.
artigianato *sm.* handicraft.
artigiano *sm.* craftsman (*pl.* -men).
artigliere *sm.* gunner.
artiglierìa *sf.* artillery.
artiglio *sm.* claw.
artista *sm.* artist.
artìstico *agg.* artistic(al).
arto *sm.* limb: — *artificiale*, artificial limb.
artrite *sf.* arthritis (*pl.* -ides).
artrosi *sf.* arthrosis.
arzigògolo *sm.* subtlety.
arzillo *agg.* lively, brisk.
ascella *sf.* armpit.
ascendente *sm.* **1.** ascendancy **2.** (*antenato*) ancestor.
ascendenza *sf.* ancestry.
ascéndere *vi.* (*anche fig.*) to rise (*v. irr.*).
ascensione *sf.* **1.** ascension **2.** (*scalata*) climb.
ascensore *sm.* lift.
ascesa *sf.* ascent.
ascesi *sf.* mystical practice.
ascesso *sm.* abscess.
asceta *sm.* ascetic.
ascètico *agg.* ascetical.
ascetismo *sm.* asceticism.
ascia *sf.* axe.
ascissa *sf.* abscissa (*pl.* -sae).
asciugacapelli *sm.* hair-drier.
asciugamano *sm.* towel.
asciugare *vt.* **1.** to dry **2.** (*con un panno*) to wipe. ♦ **asciugarsi** *vr.* to dry up.
asciugatoio *sm.* towel.
asciutto *agg.* **1.** (*anche fig.*) dry **2.** (*magro*) thin.
ascoltare *vt.* **1.** to listen (to) **2.** (*assistere*) to attend: — *le lezioni*, to attend classes.
ascolto *sm.* listening.
ascrìvere *vt.* **1.** to count **2.** (*attribuire*) to ascribe. ♦ **ascrìversi** *vr.* to claim.
asepsi *sf.* asepsis.
asessuale *agg.* asexual.
asèttico *agg.* aseptic.
asfaltare *vt.* to asphalt.
asfalto *sm.* asphalt.
asfissìa *sf.* **1.** asphyxia **2.** (*da gas*) gassing.
asfissiare *vt.* **1.** to asphyxiate **2.** (*con gas*) to gas.
asiàtico *agg.* e *sm.* Asiatic.
asilo *sm.* **1.** shelter **2.** (*scuola materna*) infant-school.
asimmetrìa *sf.* asymmetry.
asimmètrico *agg.* asymmetrical.
asinerìa *sf.* stupidity.
asinità *sf.* asininity.
àsino *sm.* **1.** ass **2.** (*fig.*) jackass.
asma *sf.* asthma.
asmàtico *agg.* asthmatical.
asociale *agg.* asocial.
àsola *sf.* buttonhole.
aspàrago *sm.* asparagus.
aspèrgere *vt.* to sprinkle.
asperità *sf.* **1.** asperity **2.** (*di superfici*) unevenness **3.** (*di carattere*) harshness.
aspersorio *sm.* aspergillum.
aspettare *vt.* to wait (for). ♦ **aspettarsi** *vr.* to expect.
aspettativa *sf.* **1.** expectation **2.**

(*esonero temporaneo*) temporary retirement.
aspetto *sm.* look || *di bell'aspetto*, good-looking || *sala d'*—, waiting-room.
àspide *sm.* asp.
aspirante *agg.* aspirant. ♦ **aspirante** *sm.* candidate, applicant.
aspirapòlvere *sm.* vacuum cleaner, hoover.
aspirare *vt.* to inspire. ♦ **aspirare** *vi.* to aspire (to).
aspiratore *sm.* aspirator.
aspirazione *sf.* **1.** aspiration **2.** (*mecc.*) suction.
aspirina *sf.* aspirin.
asportare *vt.* **1.** to remove **2.** (*med.*) to extirpate.
asportazione *sf.* **1.** removal **2.** (*med.*) extirpation.
asprezza *sf.* **1.** sourness **2.** (*fig.*) harshness.
asprigno *agg.* sourish.
aspro *agg.* **1.** sour **2.** (*fig.*) harsh.
assaggiare *vt.* to taste.
assaggio *sm.* **1.** tasting **2.** (*campione*) sample.
assai *avv.* **1.** (*con agg. e avv.*) very **2.** (*con comp.*) much: — *meglio*, much better.
assalire *vt.* **1.** to assail **2.** (*di malattia*) to attack.
assalitore *sm.* assailer.
assaltare *vt.* to assault.
assalto *sm.* assault, attack.
assaporare *vt.* **1.** to savour **2.** (*fig.*) to enjoy.
assassinare *vt.* to murder.
assassinio *sm.* murder.
assassino *sm.* murderer.
asse *sf.* **1.** (*tavola di legno*) board **2.** (*geom.*) axis (*pl.* axes) **3.** (*stor.*) Axis.
assecondare *vt.* to favour.
assediare *vt.* to besiege.
assedio *sm.* siege.
assegnamento *sm.* assignment || *fare — su qualcuno*, to rely on so.
assegnare *vt.* **1.** to assign **2.** (*un premio*) to award.
assegno *sm.* cheque: — *al portatore*, cheque to bearer; — *circolare*, banker's draft; — *sbarrato*, crossed cheque.
assemblea *sf.* **1.** meeting **2.** (*corpo deliberante*) assembly.
assembramento *sm.* concourse of people.
assembrarsi *vr.* to assemble.
assennatezza *sf.* common sense.
assennato *agg.* sensible.
assenso *sm.* assent.
assentarsi *vr.* to go (*v. irr.*) away.
assente *agg.* absent.
assenteismo *sm.* absenteeism.
assentire *vi.* **1.** to assent (to) **2.** (*col capo*) to nod (in assent).
assenza *sf.* absence.
assenzio *sm.* absinth.
asserire *vt.* to affirm.
asserragliarsi *vr.* to barricade oneself.
asserto *sm.* assertion.
assertore *sm.* **1.** assertor **2.** (*difensore*) defender, champion.
asservimento *sm.* enslavement.
asservire *vt.* to enslave, to subdue.
asserzione *sf.* statement.
assessorato *sm.* assessorship.
assessore *sm.* **1.** (*alle imposte*) assessor **2.** (*comunale*) councillor responsible for a municipal region.
assestamento *sm.* **1.** adjustment **2.** (*definitivo*) settlement **3.** (*del terreno*) settling.
assestare *vt.* to arrange: — *un colpo*, to deal (*v. irr.*) a blow. ♦ **assestarsi** *vr.* to settle (down).
assetato *agg.* **1.** thirsty **2.** (*fig.*) eager (for).
assetto *sm.* order.
assicurare *vt.* **1.** (*legare*) to fasten **2.** (*promettere*) to assure **3.** (*affermare*) to affirm **4.** (*comm.*) to insure.
assicurata *sf.* registered letter.
assicurato *agg.* insured, assured. ♦ **assicurato** *sm.* insurant.
assicuratore *sm.* insurer.
assicurazione *sf.* **1.** assurance **2.** (*comm.*) insurance.
assideramento *sm.* frost-bite.
assiduità *sf.* assiduity.
assìduo *agg.* assiduous.
assieme *avv.* V. *insieme.*
assieparsi *vr.* to crowd (round).
assillante *agg.* urging.
assillare *vt.* to urge.
assillo *sm.* **1.** urge **2.** (*fig.*) worry.
assimilàbile *agg.* assimilable.
assimilare *vt.* to assimilate, to absorb.
assimilazione *sf.* assimilation.
assioma *sm.* axiom.
assiomàtico *agg.* axiomatic.
assise *sf. pl.* assizes.
assistente *sm.* assistant.
assistenza *sf.* assistance.

assistenziale *agg.* charitable.
assìstere *vt.* **1.** to assist **2.** (*curare*) to nurse. ♦ **assìstere** *vi.* to attend (sthg.).
assito *sm.* **1.** wooden partition **2.** (*pavimento*) plank floor.
asso *sm.* **1.** (*carte*) ace **2.** (*sport*) champion || *piantare in* —, to leave (*v. irr.*) in the lurch.
associare *vt.* to join. ♦ **associarsi** *vr.* to associate.
associato *sm.* member.
associazione *sf.* association.
assodare *vt.* **1.** to consolidate **2.** (*accertare*) to ascertain.
assoggettare *vt.* to subject. ♦ **assoggettarsi** *vr.* to submit oneself.
assolato *agg.* sunny.
assoldare *vt.* to recruit.
assolo *sm.* (*mus.*) solo.
assolutamente *avv.* absolutely.
assolutismo *sm.* absolutism.
assolutista *agg.* e *sm.* absolutist.
assoluto *agg.* e *sm.* absolute.
assoluzione *sf.* **1.** (*eccl.*) absolution **2.** (*giur.*) discharge.
assòlvere *vt.* **1.** (*teol.*) to absolve **2.** (*giur.*) to discharge **3.** (*eseguire*) to accomplish.
assomigliante *agg.* like.
assomigliare *vi.* to look like.
assommare *vt.* e *vi.* to add, to amount (to).
assonanza *sf.* assonance.
assonnarsi *vr.* to fall (*v. irr.*) asleep.
assonnato *agg.* sleepy.
assopimento *sm.* dozing.
assopire *vt.* to make (*v. irr.*) dozy. ♦ **assopirsi** *vr.* to doze off.
assorbente *agg.* absorbing || *carta* —, blotting-paper.
assorbimento *sm.* absorption.
assorbire *vt.* to absorb.
assordante *agg.* deafening.
assordare *vt.* to deafen.
assortimento *sm.* assortment.
assortire *vt.* **1.** to stock **2.** (*fig.*) to match.
assorto *agg.* absorbed.
assottigliamento *sm.* **1.** thinning **2.** (*riduzione*) reduction.
assottigliare *vt.* **1.** to thin **2.** (*diminuire*) to reduce. ♦ **assottigliarsi** *vr.* to grow (*v. irr.*) thin.
assuefare *vt.* to accustom. ♦ **assuefarsi** *vr.* to accustom oneself.
assuefazione *sf.* custom.
assùmere *vt.* **1.** to assume **2.** (*in servizio*) to employ **3.** (*informazioni*) to make (*v. irr.*) inquiries.
assunzione *sf.* **1.** (*ascesa*) accession **2.** (*impiego*) engagement **3.** (*teol.*) Assumption.
assurdamente *avv.* absurdly.
assurdità *sf.* absurdity.
assurdo *agg.* absurd. ♦ **assurdo** *sm.* absurdity.
assùrgere *vi.* to rise (*v. irr.*).
asta *sf.* **1.** pole **2.** (*di bandiera*) flagstaff **3.** (*di occhiali*) bar **4.** (*di bilancia*) arm (of balance) **5.** (*vendita all'asta*) auction(-sale).
astante *agg.* present. ♦ **astante** *sm.* on-looker.
astemio *agg.* abstemious. ♦ **astemio** *sm.* teetotaller.
astenersi *vr.* to abstain.
astenìa *sf.* asthenia.
astensione *sf.* abstention.
astensionista *sm.* abstentionist.
asterisco *sm.* asterisk.
asteròide *sm.* asteroid.
asticciola *sf.* pothook.
astigmàtico *agg.* astigmatic.
astigmatismo *sm.* astigmatism.
astinenza *sf.* abstinence.
astio *sm.* resentment.
astiosamente *avv.* resentfully.
astioso *agg.* resentful.
astracàn *sm.* astrakhan.
astràgalo *sm.* **1.** (*bot.*) astragalus (*pl.* -li) **2.** (*arch.*) astragal.
astrale *agg.* astral.
astrarre *vt.* to abstract. ♦ **astrarsi** *vr.* to think (*v. irr.*) about sthg. else.
astrattismo *sm.* (*arte*) abstractionism.
astratto *agg.* abstract.
astrazione *sf.* abstraction.
astringente *agg.* e *sm.* astringent.
astro *sm.* star.
astrolabio *sm.* astrolabe.
astrologìa *sf.* astrology.
astròlogo *sm.* astrologer.
astronàuta *sm.* astronaut.
astronave *sf.* space-ship.
astronomìa *sf.* astronomy.
astronòmico *agg.* astronomic(al).
astrònomo *sm.* astronomer.
astrusità *sf.* abstruseness.
astruso *agg.* abstruse.
astuccio *sm.* case, box: — *per occhiali*, spectacle-case.
astuto *agg.* cunning.
astuzia *sf.* **1.** (*qualità*) cunning **2.** (*atto*) trick.

atassìa *sf.* ataxy.
atàvico *agg.* atavic.
atavismo *sm.* atavism.
ateismo *sm.* atheism.
àteo *agg.* atheistic. ♦ **àteo** *sm.* atheist.
atleta *sm.* athlete.
atlètica *sf.* athletics.
atlètico *agg.* athletic.
atmosfera *sf.* atmosphere.
atollo *sm.* atoll.
atòmico *agg.* atomic.
atomismo *sm.* atomism.
atomìstica *sf.* atomic theory.
atomizzatore *sm.* atomizer.
àtomo *sm.* (*anche fig.*) atom.
atonìa *sf.* atony.
àtono *agg.* atonic.
atrio *sm.* (entrance-)hall.
atroce *agg.* dreadful.
atrocità *sf.* atrocity.
atrofìa *sf.* atrophy.
atrofizzare *vt.* to atrophy.
atrofizzato *agg.* atrophic.
atropina *sf.* atropine.
attaccabottoni *sm.* buttonholer.
attaccabrighe *sm.* quarrelsome fellow.
attaccamento *sm.* attachment: *avere dell'*—, to entertain an attachment (for).
attaccante *sm.* attacker.
attaccapanni *sm.* cloak-stand.
attaccare *vt.* **1.** (*unire*) to attack **2.** (*appiccicare*) to stick (*v. irr.*) **3.** (*cucire*) to sew (*v. irr.*) **4.** (*assalire*) to attack **5.** (*mus.*) to open. ♦ **attaccarsi** *vr.* **1.** (*appigliarsi*) to cling (*v. irr.*) **2.** (*affezionarsi*) to become (*v. irr.*) fond of.
attaccatura *sf.* junction: — *della manica*, arm-hole.
attacchino *sm.* bill-poster.
attacco *sm.* **1.** (*mil.*) attack **2.** (*med.*) fit **3.** (*mecc.*) connection || — *elettrico*, connecting plug.
attagliarsi *vr.* to suit.
attanagliare *vt.* to pinch.
attardarsi *vr.* to delay.
attecchire *vi.* **1.** to take (*v. irr.*) root **2.** (*aver fortuna*) to find (*v. irr.*) favour.
atteggiamento *sm.* attitude.
atteggiarsi *vr.* to assume an attitude: — *a vittima*, to pose as a victim.
attempato *agg.* elderly.
attendente *sm.* orderly.
attèndere *vt.* **1.** (*aspettare*) to wait for **2.** (*aspettarsi*) to expect **3.** (*accudire, frequentare*) to attend.
attendìbile *agg.* reliable.
attenere *vi.* to concern. ♦ **attenersi** *vr.* **1.** to cling (*v. irr.*) (on), (to) **2.** (*seguire*) to conform.
attentamente *avv.* **1.** attentively **2.** (*con cura*) carefully.
attentare *vi.* to attempt. ♦ **attentarsi** *vr.* to dare.
attentato *sm.* attempt (upon).
attenti *sm.* attention: *stare sull'*—, to stand (*v. irr.*) at attention.
attento *agg.* attentive, careful.
attenuante *agg.* extenuating.
attenuare *vt.* **1.** to attenuate **2.** (*giur.*) to extenuate.
attenuazione *sf.* **1.** attenuation **2.** (*di colpa*) extenuation.
attenzione *sf.* **1.** attention **2.** care: *fate* —, take care **3.** (*riguardo*) regard.
atterraggio *sm.* landing.
atterrare *vt.* to knock down. ♦ **atterrare** *vi.* (*aer.*) to land.
atterrire *vt.* to terrify. ♦ **atterrirsi** *vr.* to take (*v. irr.*) fright.
attesa *sf.* wait.
attestare *vt.* to attest.
attestato *sm.* **1.** certificate **2.** (*prova*) proof.
atticciato *agg.* sturdy.
àttico *sm.* attic.
attiguo *agg.* adjoining.
attillarsi *vr.* to spruce oneself up.
attillato *agg.* close-fitting.
àttimo *sm.* moment.
attinente *agg.* pertaining.
attinenza *sf.* relationship.
attìngere *vt.* to draw (*v. irr.*): — *acqua da un pozzo*, to draw water from a well; — *denaro da qu.*, to draw on so. for money.
attirare *vt.* to attract, to draw (*v. irr.*) (*anche fig.*).
attitùdine *sf.* turn, disposition.
attivare *vt.* to make (*v. irr.*) active.
attivista *s.* activist.
attività *sf.* **1.** activity **2.** (*comm.*) profit: — *e passività*, assets and liabilities.
attivizzare *vt.* to make (*v. irr.*) active.
attivo *agg.* active.
attizzare *vt.* to stir up.
attizzatoio *sm.* poker.
atto[1] *sm.* **1.** act **2.** (*azione*) action **3.** (*fatto*) deed: *un — buono*, a

good deed.
atto[2] *agg.* fit.
attònito *agg.* astonished.
attore *sm.* actor: — *cinematografico*, screen actor.
attorniare *vt.* to surround.
attorno *avv.* e *prep.* about, round, around: *non c'è nessuno* —, there is nobody about; — *alla tavola*, round the table; *le colline* — *al villaggio*, the hills around the village || *darsi d'*—, to busy oneself.
attraccaggio *sm.* mooring.
attraccare *vi.* to moor.
attraente *agg.* charming, attractive.
attrarre *vt.* to attract, to draw (*v. irr.*) (*anche fig.*).
attrattiva *sf.* attraction, appeal.
attraversamento *sm.* crossing.
attraversare *vt.* **1.** to cross **2.** (*ostacolare*) to thwart.
attraverso *avv.* **1.** (*di luogo*) across, through: — *il fiume*, across the river **2.** (*di tempo*) through.
attrazione *sf.* attraction, appeal.
attrezzare *vt.* to equip.
attrezzatura *sf.* equipment.
attrezzista *sm.* (*teat.*) property-man.
attrezzo *sm.* tool.
attribuire *vt.* **1.** to attribute **2.** (*assegnare*) to assign **3.** (*addossare*) to put (on).
attributo *sm.* attribute.
attribuzione *sf.* attribution.
attrice *sf.* actress: — *cinematografica*, screen actress.
attrito *sm.* **1.** friction **2.** (*fig.*) dissension.
attruppamento *sm.* trooping
attrupparsi *vr.* to troop.
attuàbile *agg.* feasible.
attuale *agg.* present.
attualità *sf.* the moment: *cosa d'*—, topical question.
attualmente *avv.* at present.
attuare *vt.* to carry out.
attutire *vt.* to mitigate: — *un rumore*, to deaden a noise.
audace *agg.* bold.
audacia *sf.* boldness.
audiovisivo *agg.* audiovisual.
auditore *sm.* listener.
auditorio *sm.* **1.** auditorium **2.** (*pubblico*) audience.
audizione *sf.* **1.** (*fisiol.*) hearing **2.** (*teat.*) performance.
àuge *sm.* summit: *essere in* —, to enjoy great favour.
augurale *agg.* augural.
augurare *vt.* to wish.
augurio *sm.* wish || *auguri di Natale e Capodanno*, season's greetings.
augusto *agg.* august.
àula *sf.* hall, room: — *di scuola*, school-room.
aumentare *vt.* to increase.
aumento *sm.* increase.
àureo *agg.* **1.** gold **2.** (*dorato*) golden.
aurèola *sf.* halo.
aurìcola *sf.* auricle.
auricolare *agg.* auricular.
aurìfero *agg.* auriferous.
aurora *sf.* dawn (*anche fig.*).
auscultare *vt.* to auscultate.
auscultazione *sf.* auscultation.
ausiliare *agg.* auxiliary.
ausilio *sm.* **1.** help **2.** (*difesa*) defence.
auspicare *vt.* to augur.
auspicio *sm.* **1.** (*stor.*) auspice, omen: *di buon, cattivo* —, of good, ill omen **2.** (*augurio*) wish.
austerità *sf.* austerity.
austero *agg.* austere.
australe *agg.* austral.
australiano *agg.* e *sm.* Australian.
austrìaco *agg.* e *sm.* Austrian.
autarchìa *sf.* autarky.
autenticare *vt.* to certify.
autenticazione *sf.* authentication.
autenticità *sf.* authenticity.
autèntico *agg.* **1.** authentic **2.** (*genuino*) genuine.
autista *sm.* driver: — *di piazza*, taxi-driver.
àuto *sf.* car: — *da corsa*, racing car; — *aperta*, open car; — *di serie*, production-model car; — *fuori serie*, special-body car.
autoambulanza *sf.* ambulance.
auto-attrezzi *sf.* breakdown-lorry.
autobiografìa *sf.* autobiography.
autobiògrafo *sm.* autobiographer.
autoblinda *sf.* armoured car.
autobotte *sf.* tank truck.
àutobus *sm.* (motor-) bus.
autoclave *sf.* autoclave.
autocontrollo *sm.* self-control.
autòcrate *sm.* autocrat.
autocrazìa *sf.* autocracy.
autocrìtica *sf.* self-criticism.
autòctono *agg.* autochthonous. ♦ **autòctono** *sm.* native.
autodafé *sm.* auto-da-fé (*pl.* autos-da-fé).

autodeterminazione *sf.* self-determination.
autodidatta *s.* self-taught person.
autòdromo *sm.* motor-racing track.
autoeducazione *sf.* self-education.
autofinanziamento *sm.* self-financing.
autògeno *agg.* autogenous.
autogoverno *sm.* self-government.
autografare *vt.* to autograph.
autògrafo *agg.* autographic(al). ♦ **autògrafo** *sm.* autograph.
autolesione *sf.* self-injury.
autolesionismo *sm.* self-injuring.
autolettiga *sf.* ambulance.
autolìnea *sf.* bus line.
automa *sm.* automaton, robot.
automàtico *agg.* automatic: *pistola, fucile* —, automatic pistol, gun || *distributore* —, slot machine.
automatismo *sm.* automatism.
automazione *sf.* automation.
automòbile *sf.* V. *auto.*
automobilismo *sm.* motoring.
automobilista *sm.* motorist.
automotrice *sf.* rail-car.
autonoleggio *sm.* car rental.
autonomìa *sf.* autonomy: — *di volo*, flight range.
autonomismo *sm.* self-government.
autònomo *agg.* self-governing.
autoparco *sm.* car-park.
autopilota *sm.* automatic pilot.
autopompa *sf.* fire-engine.
autoposteggio *sm.* parking.
autopsìa *sf.* autopsy.
autoradio *sf.* car radio-set.
autore *sm.* author.
autorespiratore *sm.* aqualung.
autorévole *agg.* authoritative.
autorevolezza *sf.* authoritativeness.
autorimessa *sf.* garage.
autorità *sf.* authority.
autoritario *agg.* authoritative.
autoritratto *sm.* self-portrait.
autorizzare *vt.* **1.** (*dare autorità*) to empower **2.** (*permettere*) to permit.
autorizzazione *sf.* permission, consent.
autoscuola *sf.* driving school.
autostazione *sf.* filling station.
autostòp *sm.* hitch-hiking.
autostoppista *sm.* hitch-hiker.
autostrada *sf.* motor-way.
autosuggestione *sf.* auto-suggestion.
autotreno *sm.* motor-lorry.
autrice *sf.* authoress.
autunnale *agg.* autumnal.
autunno *sm.* autumn.
ava *sf.* **1.** grandmother **2.** (*antenata*) ancestress.
avallare *vt.* to guarantee.
avallo *sm.* guarantee.
avambraccio *sm.* forearm.
avamposto *sm.* outpost.
avanguardia *sf.* vanguard: *essere all'*—, to be in the van.
avannotto *sm.* fry.
avanscoperta *sf.* scouting party: *andare all'*—, to scout.
avanspettàcolo *sm.* introductory variety turn.
avanti *avv.* **1.** (*di luogo*) forward: *andare* —, to move forward **2.** (*a chi bussa*) « come in » **3.** (*di tempo*) before || (*di orologio*) fast: *il mio orologio è avanti di 20 minuti*, my watch is twenty minutes fast. ♦ **avanti** *prep.* before. ♦ **avanti che** *cong.* before (*con ger.*).
avantieri *avv.* the day before yesterday.
avanzamento *sm.* **1.** advancing **2.** (*progresso*) advancement **3.** (*promozione*) promotion.
avanzare *vt.* **1.** to advance **2.** (*fig.*) to put (*v. irr.*) forward **3.** (*promuovere*) to promote. ♦ **avanzare** *vi.* to advance. ♦ **avanzarsi** *vr.* to advance.
avanzata *sf.* advance.
avanzato *agg.* **1.** advanced **2.** (*promosso*) promoted.
avanzo *sm.* remnant || — *di galera*, jail-bird || — *di stoffa*, scrap of cloth.
avarìa *sf.* damage.
avariato *agg.* damaged.
avarizia *sf.* avarice.
avaro *agg.* avaricious.
avena *sf.* oats (*pl.*).
avere *vt.* **1.** (*general. e come v. ausiliare*) to have: *ho molti libri*, I have many books; *ho letto questo giornale*, I have read this newspaper **2.** (*possedere*) to own, to have got: *ha una grande casa*, he owns, has got a big house **3.** (*ottenere*) to get (*v. irr.*): *ebbi quell'impiego*, I got that job **4.** (*indossare*) to wear (*v. irr.*): *aveva (indosso) un abito rosso*, she was wearing a red dress **5.** (*dovere*) to have to: *ho molte cose da fare*,

I have many things to do **6.** (*di anni*) to be ... years old: *ho 10 anni*, I am ten years old.
aviatore *sm.* airman (*pl.* -men), pilot.
aviazione *sf.* **1.** aviation **2.** (*arma*) Air Force.
avicoltura *sf.* bird-rearing.
avidità *sf.* **1.** avidity **2.** (*ingordigia*) greed **3.** (*brama*) eagerness.
àvido *agg.* **1.** avid **2.** (*ingordo*) greedy **3.** (*desideroso*) eager.
aviere *sm.* airman (*pl.* -men).
aviogetto *sm.* jet(-plane).
aviolìnea *sf.* airline.
aviotrasportare *vt.* to air-bear (*v. irr.*).
aviotrasporto *sm.* air-transport.
avitaminosi *sf.* avitaminosis.
avito *agg.* ancestral.
avo *sm.* **1.** grandfather **2.** (*antenato*) ancestor **3.** (*pl.*) forefathers.
avorio *sm.* ivory.
avulso *agg.* uprooted.
avvalersi *vr.* to avail oneself.
avvaloramento *sm.* strengthening.
avvalorare *vt.* **1.** to give (*v. irr.*) value to **2.** (*rafforzare*) to strengthen.
avvampare *vi.* to flare up (*anche fig.*).
avvantaggiare *vt.* to advantage, to better. ♦ **avvantaggiarsi** *vr.* to profit (by).
avvedersi *vr.* to perceive.
avvedutamente *avv.* shrewdly.
avvedutezza *sf.* shrewdness.
avveduto *agg.* shrewd.
avvelenamento *sm.* poisoning.
avvelenare *vt.* to poison.
avvelenatore *sm.* poisoner.
avvenente *agg.* charming, pretty.
avvenenza *sf.* charm, loveliness.
avvenimento *sm.* event.
avvenire[1] *vi. imp.* to happen.
avvenire[2] *sm.* future.
avventarsi *vr.* to throw (*v. irr.*) oneself.
avventatamente *avv.* rashly.
avventatezza *sf.* rashness.
avventato *agg.* rash.
avventizio *agg.* **1.** temporary **2.** (*giur.*) adventitious.
avvento *sm.* **1.** (*eccl.*) Advent **2.** arrival **3.** (*assunzione al trono*) accession.
avventore *sm.* customer.
avventura *sf.* adventure.
avventurarsi *vr.* to venture.
avventuriero *sm.* adventurer.
avventuroso *agg.* adventurous.
avverarsi *vr.* to come (*v. irr.*) true.
avverbiale *agg.* adverbial.
avverbio *sm.* adverb.
avversare *vt.* to oppose.
avversario *agg.* contrary. ♦ **avversario** *sm.* opponent.
avversione *sf.* aversion, dislike.
avversità *sf.* adversity, misfortune.
avverso *agg.* unfavourable.
avvertenza *sf.* **1.** (*avviso*) warning **2.** (*attenzione, cura*) attention, care.
avvertìbile *agg.* perceptible.
avvertimento *sm.* warning.
avvertire *vt.* **1.** (*avvisare*) to inform **2.** (*mettere in guardia*) to warn **3.** (*osservare*) to notice.
avvezzare *vt.* to accustom.
avvezzo *agg.* accustomed, used.
avviamento *sm.* starting.
avviare *vt.* to start.
avvicinamento *sm.* approach.
avvicinare *vt.* to approach. ♦ **avvicinarsi** *vr.* **1.** to approach **2.** (*essere simile*) to be similar.
avvicendare *vt.* to alternate. ♦ **avvicendarsi** *vr.* to alternate.
avvicendamento *sm.* alternation.
avvilente *agg.* **1.** discouraging **2.** (*umiliante*) humiliating.
avvilimento *sm.* **1.** dejection **2.** (*umiliazione*) humiliation.
avvilire *vt.* **1.** (*scoraggiare*) to dishearten **2.** (*umiliare*) to humiliate. ♦ **avvilirsi** *vr.* **1.** to lose heart **2.** (*umiliarsi*) to abase oneself.
avvilito *agg.* **1.** downcast **2.** (*umiliato*) humbled.
avviluppare *vt.* **1.** to wrap up **2.** (*aggrovigliare*) to entangle. ♦ **avvilupparsi** *vr.* **1.** to wrap oneself up **2.** (*aggrovigliarsi*) to get (*v. irr.*) entangled.
avvinazzarsi *vr.* to get (*v. irr.*) drunk.
avvinazzato *agg.* tipsy.
avvincente *agg.* engaging.
avvìncere *vt.* to enthral.
avvinghiarsi *vr.* to cling (*v. irr.*).
avvìo *sm.* start: *prendere l'—*, to start off.
avvisaglia *sf.* (*primo segno*) foreshadowing.
avvisare *vt.* **1.** to inform, to let (*v. irr.*) know **2.** (*mettere in guardia*) to warn.
avviso *sm.* **1.** notice **2.** (*consiglio*) warning **3.** (*manifesto*) poster **4.**

(*opinione*) opinion.
avvistare *vt.* to sight.
avvitamento *sm.* spin.
avvitare *vt.* **1.** (*mecc.*) to screw **2.** (*aer.*) to spin.
avviticchiarsi *vr.* to twist round.
avvocato *sm.* **1.** lawyer **2.** (*civilista*) solicitor.
avvocatura *sf.* legal profession.
avvòlgere *vt.* **1.** to wrap (*anche fig.*) **2.** (*arrotolare*) to roll up.
avvolgimento *sm.* **1.** winding **2.** (*di pacchi*) wrapping up **3.** (*elettr.*) winding.
avvoltoio *sm.* vulture (*anche fig.*).
azalea *sf.* azalea.
azienda *sf.* firm, concern: — *industriale*, manufacturing concern; — *agricola*, farm.
aziendale *agg.* firm, concern.
àzimut *sm.* azimuth.
azimutale *agg.* azimuthal.
azionamento *sm.* working.
azionare *vt.* to set (*v. irr.*) in action, to work.
azionario *agg.* share: *capitale* —, share capital.
azione *sf.* **1.** action **2.** (*comm.*) share.
azionista *s.* shareholder.
azotare *vt.* to azotize.
azoto *sm.* azote.
azteco *agg.* e *sm.* Aztec.
azzannare *vt.* to seize in the jaws.
azzardare *vt.* to risk, to venture.
azzardo *sm.* hazard || *gioco d'*—, game of chance.
azzeccare *vt.* to guess, to hit (*v. irr.*) the mark.
àzzimo *agg.* unleavened: *pane* —, unleavened bread.
azzoppare *vt.* to lame. ♦ **azzopparsi** *vr.* to become (*v. irr.*) lame.
azzuffarsi *vr.* to come (*v. irr.*) to blows.
azzurro *agg.* blue.
azzurrògnolo *agg.* bluish.

B

babbeo *sm.* blockhead.
babbo *sm.* father, daddy.
babbuccia *sf.* slipper.
babbuino *sm.* baboon.
babele *sf.* babel.
bacare *vi.* **bacarsi** *vr.* to rot.
bacato *agg.* rotten.
bacca *sf.* berry.
baccalà *sm.* stockfish.
baccanale *sm.* bacchanal.
baccano *sm.* uproar.
baccante *sf.* Bacchante.
baccarà *sm.* baccarat.
baccellierato *sm.* bachelorship.
baccelliere *sm.* bachelor.
baccello *sm.* pod.
bacchetta *sf.* **1.** rod **2.** (*di direttore d'orchestra*) baton **3.** (*di tamburo*) drumstick.
bacchettata *sf.* rod stroke.
bacchettone *sm.* bigot.
bacchiare *vt.* to beat (*v. irr.*) down.
bàcchico *agg.* Bacchic.
bacheca *sf.* show-case.
bachelite *sf.* bakelite.
bacherozzo *sm.* **1.** (*scarafaggio*) cockroach **2.** (*bruco*) maggot.
bachicoltura *sf.* silkworm breeding.
baciamano *sm.* hand-kissing.
baciapile *sm.* bigot.
baciare *vt.* to kiss. ♦ **baciarsi** *vr. rec.* to kiss each other.
bacile *sm.* basin.
bacillo *sm.* bacillus (*pl.* -li).
bacinella *sf.* basin.
bacino *sm.* **1.** basin **2.** (*anat.*) pelvis **3.** (*mar.*) dock: — *di carenaggio*, dry dock.
bacio *sm.* kiss.
baciucchiare *vt.* to kiss repeatedly.
baco *sm.* worm: — *da seta*, silkworm.
bada *sf.* (*nella loc.*) *tenere a* — *qu.*, to hold (*v. irr.*) so. at bay.
badare *vi.* to mind (so., sthg.): *senza* — *a spese*, regardless of expense.
badessa *sf.* abbess.
badìa *sf.* abbey.
badilante *sm.* navvy.
badile *sm.* shovel.
baffo *sm.* **1.** moustache: *portare i baffi*, to wear (*v. irr.*) a moustache || *ridere sotto i baffi*, to laugh in one's sleeve **2.** (*sgorbio*) smear.
bagagliaio *sm.* luggage van.
bagaglio *sm.* luggage (*solo sing.*) || *fare i bagagli*, to pack || *disfare i bagagli*, to unpack.
bagarinaggio *sm.* cornering.
bagattella *sf.* trifle.
baggianata *sf.* **1.** (*azione*) foolish action **2.** (*discorso*) nonsense.
bagliore *sm.* flash.

bagnante *sm.* bather.
bagnare *vt.* **1.** to wet **2.** (*immergere*) to dip **3.** (*di mare, fiume*) to wash. ♦ **bagnarsi** *vr.* **1.** to get (*v. irr.*) wet **2.** (*fare bagni in mare ecc.*) to bathe.
bagnato *agg.* wet.
bagnino *sm.* bathing attendant.
bagno *sm.* **1.** bath: *far un* —, to take (*v. irr.*) a bath; — *di sole*, sun-bath **2.** (*in mare ecc.*) bathe || *fare il* —, to bathe || *costume da* —, bathing-costume.
bagnomarìa *sm.* bain-marie.
bagordo *sm.* revelry.
baia[1] *sf.* (*scherzo*) joke || *dare la* — *a qu.*, to make (*v. irr.*) fun of so.
baia[2] *sf.* (*geogr.*) bay.
baionetta *sf.* bayonet.
bàita *sf.* Alpine hut.
balaustrata *sf.* balustrade.
balbettare *vt.* e *vi.* to stammer.
balbettìo *sm.* stammer.
balbuzie *sf.* stammer.
balbuziente *agg.* stammering. ♦ **balbuziente** *s.* stammerer.
balconata *sf.* balcony.
balcone *sm.* balcony.
baldacchino *sm.* canopy.
baldanza *sf.* boldness.
baldanzoso *agg.* bold.
baldo *agg.* bold.
baldoria *sf.* revel: *far* —, to make (*v. irr.*) merry.
balena *sf.* whale: *stecca di* —, whalebone.
balenare *vi.* **1.** to lighten **2.** (*di idea*) to flash.
baleno *sm.* lightning || *in un* —, in the twinkling of an eye.
balestra *sf.* **1.** crossbow **2.** (*mecc.*) leaf spring.
balia *sf.* wet nurse: — *asciutta*, dry-nurse.
balìa *sf.* mercy: *in* — *di*, at the mercy of.
balìstica *sf.* ballistics.
balla *sf.* **1.** (*di cotone, di lana*) bale **2.** (*volg.; fandonia*) tall story **3.** (*fig.; mucchio*) heap.
ballare *vt.* e *vi.* to dance.
ballata *sf.* ballad.
ballatoio *sm.* gallery.
ballerina *sf.* **1.** dancer **2.** (*classica*) ballerina.
ballerino *sm.* **1.** dancer **2.** (*classico*) ballet-dancer.
balletto *sm.* ballet.
ballo *sm.* **1.** dance **2.** (*festa*) ball || *essere in* —, to be on the go; *tirare in* —, to call in question.
ballottaggio *sm.* second ballot.
balneare *agg.* bathing || *stazione* —, seaside resort.
balocco *sm.* toy.
balordàggine *sf.* **1.** dullness **2.** (*azione*) foolish action **3.** (*discorso*) nonsense.
balordo *agg.* e *sm.* stupid.
balsàmico *agg.* balmy.
bàlsamo *sm.* balm.
baluardo *sm.* bulwark.
balza *sf.* **1.** cliff **2.** (*di vestito*) flounce.
balzano *agg.* **1.** queer **2.** (*di cavallo*) white-footed.
balzare *vi.* to jump.
balzo *sm.* jump: *cogliere la palla al* —, to seize an opportunity.
bambagia *sf.* cotton-wool.
bambina *sf.* **1.** little girl, child (*pl.* children) **2.** (*in fasce*) baby.
bambinaia *sf.* nurse.
bambino *sm.* **1.** little boy, child (*pl.* children) **2.** (*in fasce*) baby || *dare alla luce un* —, to bring (*v. irr.*) forth a child.
bamboccio *sm.* **1.** (*bambola*) rag-doll **2.** (*fig.*) simpleton.
bàmbola *sf.* doll.
bambù *sm.* bamboo.
banale *agg.* banal.
banalità *sf.* banality.
banana *sf.* banana.
banano *sm.* banana-tree.
banca *sf.* bank.
bancarella *sf.* stall.
bancario *agg.* bank: *libretto* —, passbook. ♦ **bancario** *sm.* bank clerk.
bancarotta *sf.* bankruptcy: *fare* —, to go (*v. irr.*) bankrupt.
banchetto *sm.* banquet.
banchiere *sm.* banker.
banchina *sf.* **1.** (*molo*) wharf **2.** (*terrapieno*) bank.
banchisa *sf.* ice-pack.
banco *sm.* **1.** bench **2.** (*di chiesa*) pew **3.** (*di negozio*) counter **4.** (*di nebbia, di sabbia, di gioco*) bank.
banconota *sf.* banknote.
banda *sf.* **1.** (*lato*) side **2.** (*mus.; striscia di stoffa*) band **3.** (*di delinquenti*) gang.
banderuola *sf.* weathercock.
bandiera *sf.* flag, colours (*pl.*).
bandire *vt.* **1.** to proclaim **2.** (*esi-*

liare, eliminare) to banish.
bandito *sm.* outlaw.
bando *sm.* **1.** ban **2.** (*esilio*) banishment || *essere al* —, to be banished **3.** (*annunzio*) announcement.
bar *sm.* bar.
bara *sf.* coffin.
baracca *sf.* hut.
baraccone *sm.* booth.
baraonda *sf.* chaos.
barare *vi.* to cheat.
bàratro *sm.* abyss.
barattare *vt.* to exchange.
baratto *sm.* barter.
baràttolo *sm.* **1.** jar **2.** (*di metallo*) tin.
barba *sf.* beard: *fare, farsi la* —, to shave || (*fig.*) *in* — *a*, in spite of.
barbabiètola *sf.* beet-root.
barbarie *sf.* **1.** barbarousness **2.** (*crudeltà*) barbarity.
bàrbaro *agg.* e *sm.* barbarian.
barbiere *sm.* barber.
barbone *sm.* **1.** (*straccione*) tramp **2.** (*cane*) poodle.
barbuto *agg.* bearded.
barca *sf.* boat: *andare in* —, to go (*v. irr.*) boating.
barcaiolo *sm.* boatman (*pl.* -men).
barcamenarsi *vr.* to wangle.
barcollare *vi.* to stagger.
barcone *sm.* long boat.
bardare *vt.* to harness. ♦ **bardarsi** *vr.* to dress up.
barella *sf.* stretcher.
barile *sm.* barrel.
barista *sm.* barman (*pl.* -men). ♦ **barista** *sf.* barmaid.
baritonale *agg.* baritone.
barìtono *sm.* baritone.
barlume *sm.* glimmer.
baro *sm.* cheat.
barocco *agg.* e *sm.* baroque.
baromètrico *agg.* barometric(al).
baròmetro *sm.* barometer.
barone *sm.* baron.
baronessa *sf.* baroness.
barra *sf.* **1.** bar **2.** (*mar.*) helm.
barricare *vt.* to barricade.
barricata *sf.* barricade.
barriera *sf.* **1.** barrier **2.** (*fig.*) obstacle.
barrire *vi.* to trumpet.
barrito *sm.* trumpet.
barroccio *sm.* cart.
baruffa *sf.* quarrel.
barzelletta *sf.* joke.
basalto *sm.* basalt.
basamento *sm.* base.
basare *vt.* to base.
basco *agg.* e *sm.* Basque. ♦ **basco** *sm.* (*berretto*) beret.
base *sf.* base.
basette *sf. pl.* whiskers.
bàsico *agg.* basic.
basilare *agg.* basic.
basìlica *sf.* basilica.
basìlico *sm.* basil.
basilisco *sm.* basilisk.
bassezza *sf.* baseness.
basso *agg.* **1.** low **2.** (*di statura*) short **3.** (*abietto*) base. ♦ **basso** *avv.* low. ♦ **basso** *sm.* **1.** bottom **2.** (*mus.*) bass.
bassofondo *sm.* shallow || *i bassifondi della società*, the underworld.
bassopiano *sm.* lowland.
bassorilievo *sm.* bas-relief.
bassotto *agg.* thick-set. ♦ **bassotto** *sm.* (*cane*) dachshund.
bassoventre *sm.* belly.
basta *inter.* stop it!: — *con*, enough of.
bastardo *agg.* e *sm.* **1.** bastard **2.** (*di animali*) mongrel.
bastare *vi.* to be enough.
bastimento *sm.* ship.
bastione *sm.* **1.** rampart **2.** (*mil.*) bastion.
basto *sm.* pack-saddle.
bastonare *vt.* to cane.
bastonata *sf.* blow with a cane.
bastonatura *sf.* caning.
bastone *sm.* stick, staff.
batacchio *sm.* clapper.
batisfera *sf.* bathysphere.
batista *sf.* batiste.
batosta *sf.* blow.
batrace *sm.* batrachian.
battaglia *sf.* battle, fight || (*fig.*) *cavallo di* —, favourite subject, favourite piece.
battagliare *vi.* to battle, to fight (*v. irr.*), to struggle.
battagliero *agg.* **1.** warlike **2.** (*fig.*) fierce.
battaglione *sm.* battalion.
battelliere *sm.* boatman (*pl.* -men).
battello *sm.* boat.
battente *sm.* **1.** (*picchiotto*) knocker **2.** (*di porta*) wing.
bàttere *vt.* **1.** to beat (*v. irr.*), to strike (*v. irr.*) (*anche delle ore*) **2.** (*scrivere a macchina*) to type || — *le mani*, to clap hands; — *i piedi*, to stamp; *in un batter d'oc-*

chio, in the twinkling of an eye. ♦ **bàttere** *vi.* **1.** to knock **2.** (*pulsare*) to throb. ♦ **bàttersi** *vr.* to fight (*v. irr.*).
batterìa *sf.* **1.** battery **2.** (*da cucina*) kitchen utensils.
battèrio *sm.* bacterium (*pl.* -ia).
batteriologìa *sf.* bacteriology.
battésimo *sm.* baptism: *nome di —*, Christian name.
battezzare *vt.* to baptize.
battibaleno *sm.* (*nella loc. avv.*) *in un —*, in a twinkling.
battibecco *sm.* squabble.
batticuore *sm.* **1.** throb **2** (*fig.*) fear.
battimano *sm.* clap.
battipanni *sm.* carpet-beater.
battistero *sm.* baptistery.
battistrada *sm.* **1.** outrider **2.** (*di pneumatico*) tread || *fare da —*, to lead (*v. irr.*) the way.
bàttito *sm.* **1.** beat **2.** (*mecc.*) knock.
battitore *sm.* **1.** beater **2.** (*cricket, baseball*) batsman (*pl.* -men).
battitura *sf.* thrashing.
battuta *sf.* **1.** beating: *— di caccia,* beating **2.** (*di spirito*) witty remark **3.** (*mus.*) bar **4.** (*teat.*) cue **5.** (*tennis*) service.
batùffolo *sm.* flock.
baule *sm.* trunk.
bauxite *sf.* bauxite.
bava *sf.* **1.** slaver **2.** (*di lumaca*) slime.
bavaglino *sm.* bib.
bavaglio *sm.* gag: *mettere il — a qu.* (*fig.*), to gag so.
bàvero *sm.* collar.
bazàr *sm.* bazaar.
bazza *sf.* slipper-chin.
bazzècola *sf.* trifle.
bazzicare *vt.* e *vi.* to frequent.
bazzotto *agg.* soft-boiled.
be' *inter.* well.
beare *vt.* to make (*v. irr.*) so. happy. ♦ **bearsi** *vr.* to rejoice (at).
beatificazione *sf.* beatification.
beatitùdine *sf.* beatitude.
beato *agg.* **1.** happy **2.** (*relig.*) blessed.
beccaccia *sf.* woodcock.
beccaccino *sm.* snipe.
beccare *vt.* **1.** to peck **2.** (*fam. per acchiappare*) to catch (*v. irr.*). ♦ **beccarsi** *vr.* **1.** (*procurarsi*) to get (*v. irr.*) **2.** (*litigare*) to quarrel.
beccata *sf.* peck.
beccheggiare *vi.* to pitch.
beccheggio *sm.* pitching.
becchime *sm.* birdseed.
becchino *sm.* grave-digger.
becco *sm.* **1.** beak **2.** (*caprone*) billy-goat **3.** (*fig.*) cuckold.
beccuccio *sm.* (*di teiera ecc.*) spout.
beduino *agg.* e *sm.* Bedouin.
befana *sf.* **1.** "befana" **2.** (*fig. fam.*) hag.
beffa *sf.* mockery: *farsi — di,* to laugh at; (*ingannare*) to make (*v. irr.*) a fool of.
beffardo *agg.* mocking. ♦ **beffardo** *sm.* mocker.
beffare *vt.* to mock. ♦ **beffarsi** *vr.* to laugh at.
beffeggiare *vt.* V. *beffare.*
bega *sf.* **1.** quarrel **2.** (*problema intricato*) entangled affair.
beghina *sf.* bigot.
begonia *sf.* (*bot.*) begonia.
belare *vi.* to bleat.
belato *sm.* bleat.
belga *agg.* e *sm.* Belgian.
bella *sf.* **1.** beauty **2.** (*innamorata*) sweetheart || *copiare in —*, to make (*v. irr.*) a fair copy.
belladonna *sf.* (*bot.; farm.*) belladonna.
belletto *sm.* rouge.
bellezza *sf.* beauty: *istituto di —*, beauty parlour.
bellicismo *sm.* warlikeness.
bèllico *agg.* **1.** war (*attributivo*) **2.** (*del tempo di guerra*) wartime.
bellicoso *agg.* warlike.
belligerante *agg.* e *sm.* belligerent.
belligeranza *sf.* belligerence.
bellimbusto *sm.* dandy.
bello *agg.* **1.** fine, beautiful **2.** (*di uomo*) handsome || *nel bel mezzo,* right in the middle. ♦ **bello** *sm.* **1.** (*la bellezza*) beauty **2.** (*innamorato*) sweetheart || *sul più —*, at the right moment; *ora viene il —*, now you'll hear the best of it.
belva *sf.* wild beast.
belvedere *sm.* **1.** observation post **2.** (*arch.*) belvedere.
bemolle *sm.* (*mus.*) flat.
benché *cong.* though.
benda *sf.* bandage.
bendaggio *sm.* bandage.
bendare *vt.* to bandage.
bene *sm.* good: *per il tuo —*, for your sake; *voler —*, to love. ♦

beni *sm. pl.* property || — *immobili,* real estate; — *di consumo,* consumer goods. ♦ **bene** *avv.* **1.** well **2.** (*molto*) very **3.** (*nientemeno*) no less than || *star* —, to be well; *andar* —, to suit.
benedetto *agg.* blessed.
benedire *vt.* to bless.
benedizione *sf.* blessing.
benefattore *sm.* benefactor.
beneficare *vt.* to help.
beneficenza *sf.* charity.
beneficiario *agg.* e *sm.* beneficiary.
beneficiata *sf.* benefit.
beneficio *sm.* **1.** benefit **2.** (*eccl.; giur.*) benefice.
benèfico *agg.* **1.** beneficent **2.** (*vantaggioso*) beneficial.
benemerenza *sf.* merit.
benemèrito *agg.* well-deserving.
beneplàcito *sm.* consent: *a tuo* —, as you like.
benèssere *sm.* welfare.
benestante *agg.* well-off. ♦ **benestante** *s.* well-to-do person.
benestare *sm.* assent.
benevolenza *sf.* benevolence.
benèvolo *agg.* benevolent.
bengala *sm.* Bengal light.
beniamino *sm.* darling.
benignità *sf.* **1.** benignity **2.** (*di clima*) mildness.
benigno *agg.* **1.** benign **2.** (*di clima*) mild.
beninteso *avv.* of course.
benpensante *agg.* sensible || *i benpensanti,* the right thinking.
benservito *sm.* testimonial.
bensì *cong.* but.
benvenuto *agg. sm. inter.* welcome || *dare il* — *a qu.,* to welcome so.
benvolere *vt.* to like: *farsi* —, to make (*v. irr.*) oneself liked.
benzina *sf.* petrol.
benzinaio *sm.* filling station attendant.
benzolo *sm.* benzol.
beone *sm.* drunkard.
beota *agg.* e *sm.* Bœotian.
bèrbero *agg.* e *sm.* Berber.
berciare *vi.* to bawl.
bere *vt.* to drink (*v. irr.*) || *darla a* — (*fig.*), to tell (*v. irr.*) tall stories.
bergamotto *sm.* (*bot.; farm.*) bergamot.
berillo *sm.* beryllium.
berlina *sf.* **1.** (*carrozza*) berline **2.** (*automobile*) limousine **3.** (*gogna*) pillory: *mettere alla* —, to pillory.
bernòccolo *sm.* bump.
berretta *sf.* cap.
berretto *sm.* cap.: — *con visiera,* peaked cap.
bersagliare *vt.* **1.** to shoot (*v. irr.*) (at) **2.** (*fig.*) to torment.
bersaglio *sm.* target: *tiro al* —, target-shooting || *colpire il* —, to hit (*v. irr.*) the mark.
besciamella *sf.* cream-sauce.
bestemmia *sf.* swear.
bestemmiare *vi.* to swear (*v. irr.*).
bestia *sf.* beast || *montare in* —, to lose (*v. irr.*) one's temper.
bestiale *agg.* beastly.
bestialità *sf.* **1.** beastliness **2.** (*fig.*) foolishness || *dire* —, to talk nonsense; *fare* —, to make (*v. irr.*) blunders.
bestiame *sm.* cattle.
béttola *sf.* tavern.
betulla *sf.* birch.
bevanda *sf.* drink.
beveraggio *sm.* beverage.
bevitore *sm.* drinker.
bevuta *sf.* **1.** draught **2.** (*il bere*) drinking.
biada *sf.* fodder.
biancastro *agg.* whitish.
biancheggiare *vi.* e *vt.* **1.** (*essere bianco*) to be white **2.** (*diventare, far diventare bianco*) to whiten.
biancherìa *sf.* linen.
bianco *agg.* white || *in* —, blank; *di punto in* —, suddenly.
biancore *sm.* whiteness.
biancospino *sm.* hawthorn.
biascicare *vt.* to mumble.
biasimare *vt.* to blame.
biasimévole *agg.* blamable.
biàsimo *sm.* blame.
Bibbia *sf.* Bible.
bìbita *sf.* drink.
bìblico *agg.* biblical.
bibliografìa *sf.* bibliography.
bibliogràfico *agg.* bibliographic(al).
biblioteca *sf.* **1.** library **2.** (*scaffale*) bookcase.
bibliotecario *sm.* librarian.
bica *sf.* stack.
bicamerale *agg.* (*pol.*) bicameral.
bicarbonato *sm.* bicarbonate.
bicchiere *sm.* glass.
bicèfalo *agg.* V. *bicipite.*
bicicletta *sf.* bicycle: *andare in* —, to cycle.
bicìpite *agg.* two-headed. ♦ **bicìpite** *sm.* biceps.

bicocca *sf.* hut.
bicolore *agg.* two-coloured.
bidè *sm.* bidet.
bidello *sm.* porter.
bidente *sm.* pitchfork.
bidone *sm.* **1.** can **2.** (*fam.*) swindle.
bieco *agg.* sinister.
biella *sf.* (*mecc.*) connecting rod.
biennale *agg.* biennial.
bìetola *sf.* beet.
biennio *sm.* biennium (*pl.* -nia).
bifase *agg.* (*elettr.*) two-phase.
bifolco *sm.* boor.
biforcarsi *vr.* to fork.
biforcazione *sf.* fork.
biforcuto *agg.* forked.
bigamìa *sf.* bigamy.
bìgamo *agg.* bigamous. ♦ **bìgamo** *sm.* bigamist.
bighellonare *vi.* to lounge.
bighellone *sm.* lounger.
bigio *agg.* grey.
bigiotterìa *sf.* trinkets (*pl.*).
biglia *sf.* (biliard-)ball.
bigliettaio *sm.* **1.** conductor **2.** (*di stazione*) booking-clerk.
biglietterìa *sf.* **1.** booking-office **2.** (*di teatro*) box-office.
biglietto *sm.* **1.** card: — *di visita*, visiting card **2.** (*di tram ecc.*) ticket: — *di andata e ritorno*, return ticket; *mezzo* —, half-fare ticket **3.** (*banconota*) bank-note.
bigodino *sm.* (hair-)curler.
bigotto *agg.* bigoted. ♦ **bigotto** *sm.* bigot.
bikini *sm.* bikini.
bilancia *sf.* balance, scales (*pl.*).
bilanciare *vt.* to balance.
bilanciere *sm.* **1.** balance-wheel **2.** (*mar.*) outrigger.
bilancio *sm.* budget: *fare il* —, to strike (*v. irr.*) the balance.
bilaterale *agg.* bilateral.
bile *sf.* **1.** bile **2.** (*ira*) anger.
biliardo *sm.* billiards (*pl.*).
bìlico *sm.* **1.** balance **2.** (*fig.*) uncertainty || *mettere in* —, to balance; *stare in* —, to be balanced.
bilingue *agg.* bilingual.
bilione *sm.* billion.
bilioso *agg.* bilious.
bimba *sf.* V. *bambina.*
bimbo *sm.* V. *bambino.*
bimensile *agg.* fortnightly.
bimestrale *agg.* bimestrial.
bimestre *sm.* (period of) two months.
bimotore *agg.* two-engined: *aereo* —, two-engined plane.
binario *sm.* track: — *morto*, dead-end track.
binòcolo *sm.* binoculars (*pl.*).
binomio *sm.* binomial.
biòccolo *sm.* flock: — *di neve*, snow-flake.
biochìmica *sf.* biochemistry.
biofìsica *sf.* biophysics.
biografìa *sf.* biography.
biogràfico *agg.* biographic(al).
biògrafo *sm.* biographer.
biologìa *sf.* biology.
biològico *agg.* biologic(al).
biòlogo *sm.* biologist.
biondo *agg.* fair.
biosfera *sf.* biosphere.
biòssido *sm.* dioxide.
bipartizione *sf.* bipartitior
bìpede *agg.* e *sm.* biped.
biplano *sm.* biplane.
bipolare *agg.* bipolar.
birba *sf.* scapegrace.
birbante *s.* rogue.
birbonata *sf.* knavery.
birbone *sm.* rogue.
bireattore *sm.* two-engined jet.
birichino *sm.* urchin. ♦ **birichino** *agg.* naughty.
birillo *sm.* skittle.
biro *sf.* ball-point pen.
biroccio *sm.* cart.
birra *sf.* beer.
birrerìa *sf.* **1.** beer-house **2.** (*fabbrica*) brewery.
bisaccia *sf.* packsack.
bisbètico *agg.* cantankerous.
bisbigliare *vt.* to whisper.
bisbiglio *sm.* whisper.
bisboccia *sf.* spree: *far* —, to revel.
bisca *sf.* gambling-house.
biscia *sf.* snake.
biscotto *sm.* biscuit.
bisessuale *agg.* bisexual.
bisestile *agg. anno* —, leap year.
bisettimanale *agg.* bi-weekly.
bisettrice *sf.* bisector.
bisìllabo *agg.* disyllabic. ♦ **bisìllabo** *sm.* disyllable.
bislacco *agg.* odd.
bislungo *agg.* oblong.
bismuto *sm.* bismuth.
bisnipote *s.* great-grandchild (*pl.* -children).
bisnonna *sf.* great-grandmother.
bisognare *vi. imp.* to be neces-
bisnonno *sm.* great-grandfather.
sary, must.

bisogno *sm.* **1.** need **2.** (*povertà*) necessity || *aver* —, to need.
bisognoso *agg.* needy.
bisonte *sm.* bison.
bissare *vt.* to give (*v. irr.*) an encore (of sthg.).
bistecca *sf.* beefsteak.
bisticciare *vi.* to squabble.
bisticcio *sm.* **1.** squabble **2.** (*gioco di parole*) pun.
bistrattare *vt.* to ill-treat.
bistro *sm.* bistre.
bìsturi *sm.* lancet.
bitòrzolo *sm.* bump.
bitume *sm.* bitumen.
bivacco *sm.* bivouac.
bivalente *agg.* bivalent.
bivio *sm.* **1.** fork **2.** (*fig.*) alternative.
bizantino *agg.* e *sm.* Byzantine.
bizza *sf.* freak || *fare le bizze,* to be peevish.
bizzarrìa *sf.* **1.** peculiarity **2.** (*cosa*) curiosity **3.** (*atto, detto*) extravagance.
bizzarro *agg.* strange.
bizzoso *agg.* **1.** freakish **2.** (*irascibile*) irascible.
blandire *vt.* to soothe.
blandizia *sf.* blandishment.
blando *agg.* bland.
blasone *sm.* **1.** blazon **2.** (*nobiltà*) nobility.
blaterare *vi.* e *vt.* to prate.
bleso *agg.* lisping || *pronuncia blesa*, lisp. ♦ **bleso** *sm.* lisper.
blindare *vt.* (*mil.*) to armour.
bloccare *vt.* to block, to stop. ♦ **bloccarsi** *vr.* to jam.
blocco *sm.* **1.** block **2.** (*mil.*) blockade.
blu *agg.* e *sm.* blue.
bluff *sm.* bluff.
blusa *sf.* blouse.
boa[1] *sf.* (*mar.*) buoy.
boa[2] *sm.* (*zool.*) boa.
bobina *sf.* bobbin.
bocca *sf.* mouth: — *da incendio*, fire-plug; — *dello stomaco*, pit of the stomach; *chiudere la — a qu.*, to silence so.
boccaccia *sf.* grimace.
boccale *sm.* jug.
boccaporto *sm.* hatchway.
boccata *sf.* mouthful.
boccheggiare *vi.* to gasp.
bocchino *sm.* mouthpiece.
boccia *sf.* **1.** water-bottle **2.** (*sport*) bowl.
bocciare *vt.* **1.** (*respingere*) to reject **2.** (*agli esami*) to fail.
bocciatura *sf.* failure.
boccio *sm.* bud.
boccone *sm.* **1.** bit **2.** (*boccata*) mouthful **3.** (*esca*) bait.
bocconi *avv.* lying face downwards.
boia *sm.* executioner.
boicottare *vt.* to boycott.
bolgia *sf.* **1.** (*fig.*) bedlam **2.** (*di inferno*) pit.
bòlide *sm.* (*astr.*) bolide.
bolla *sf.* **1.** bubble **2.** (*vescica*) blister **3.** (*eccl.*) bull.
bollare *vt.* **1.** (*timbrare*) to stamp **2.** (*a fuoco e fig.*) to brand.
bollato *agg.* **1.** stamped: *carta bollata*, stamped paper **2.** (*a fuoco e fig.*) branded.
bollente *agg.* boiling.
bolletta *sf.* **1.** bill **2.** (*ricevuta*) receipt || *essere in* — (*fig.*), to be (*v. irr.*) penniless.
bollettario *sm.* counterfoil-book.
bollettino *sm.* **1.** bulletin **2.** (*comm.*) list, note.
bollire *vi.* e *vt.* to boil.
bollito *sm.* boiled meat.
bollitore *sm.* **1.** boiler **2.** (*bricco*) kettle.
bollitura *sf.* boiling.
bollo *sm.* stamp.
bollore *sm.* **1.** boil **2.** (*fig.*) excitement.
bolscevico *agg.* e *sm.* Bolshevist.
bolscevismo *sm.* Bolshevism.
boma *sf.* (*mar.*) boom.
bomba *sf.* bomb.
bombardamento *sm.* bombardment.
bombardare *vt.* to bombard; (*generalmente da aereo*) to bomb.
bombardiere *sm.* **1.** (*soldato*) bombardier **2.** (*aereo*) bomber.
bombetta *sf.* bowler.
bòmbola *sf.* bottle.
bomboniera *sf.* candy-box.
bonaccia *sf.* dead calm.
bonaccione *agg.* good-natured. ♦ **bonaccione** *sm.* good-natured man (*pl.* men).
bonarietà *sf.* good nature.
bonario *agg.* good-natured, friendly.
bonìfica *sf.* reclaimation.
bonificare *vt.* **1.** to reclaim **2.** (*comm.*) to grant an allowance.
bonomìa *sf.* good nature.
bontà *sf.* goodness.
bonzo *sm.* bonze.
borbottare *vi.* e *vt.* **1.** to mumble

2. (*lamentarsi*) to grumble.
borbottìo *sm.* **1.** mumbling **2.** (*protesta*) grumbling.
bordare *vt.* to border.
bordeggiare *vi.* to tack.
bordello *sm.* bawdyhouse.
bordo *sm.* **1.** edge **2.** (*mar.*) board: *a —*, on board.
bordura *sf.* border.
bòrea *sf.* Boreas.
boreale *agg.* boreal: ***aurora —***, aurora borealis.
borgata *sf.* village.
borghese *agg.* **1.** middle-class **2.** (*comune*) plain **3.** (*civile*) civilian: *in —*, in civilian dress. ♦ **borghese** *s.* middle-class person.
borghesìa *sf.* middle class(es): *l'alta —*, the upper middle class(es); *la piccola —*, the lower middle class(es).
borgo *sm.* village.
borgomastro *sm.* burgomaster.
boria *sf.* arrogance.
bòrico *agg.* boric.
borioso *agg.* arrogant.
borotalco *sm.* talcum powder.
borraccia *sf.* flask.
borsa[1] *sf.* bag || ***— per documenti***, brief case; ***— di studio***, scholarship.
borsa[2] *sf.* (*comm.*) Stock Exchange.
borsaiolo *sm.* pickpocket.
borseggiare *vt.* to pick pockets.
borsellino *sm.* purse.
borsetta *sf.* (hand-)bag.
boscaglia *sf.* brushwood.
boscaiolo *sm.* woodman (*pl.* -men).
boschetto *sm.* grove.
bosco *sm.* wood.
boscoso *agg.* woody.
bòssolo *sm.* cartridge-case.
botànica *sf.* botany.
bòtola *sf.* trap-door.
botta *sf.* **1.** blow **2.** (*battuta*) sarcastic remark || *dare un sacco di botte a qu.*, to whack so.
botte *sf.* barrel.
bottega *sf.* shop.
bottegaio *sm.* shop-keeper.
bottiglia *sf.* bottle.
bottiglierìa *sf.* wine shop.
bottino *sm.* booty: *far —*, to plunder.
botto *sm.* blow || *di —*, suddenly.
bottone *sm.* button || *attaccare un —* (*fig.*), to buttonhole.
bovaro *sm.* cowherd.
bovini *sm. pl.* cattle (*sing.*).

bozza *sf.* **1.** (*gonfiore*) swelling **2.** (*tip.*) proof **3.** (*abbozzo*) draft || *correggere le bozze*, to proofread.
bozzetto *sm.* sketch.
bòzzolo *sm.* cocoon.
braccare *vt.* to hunt.
braccetto (*nella loc. avv.*) ***a —***, arm-in-arm.
bracciale *sm.* **1.** (*fascia che si porta al braccio*) arm-band **2.** (*braccialetto*) bracelet.
braccialetto *sm.* bracelet.
bracciante *sm.* labourer.
bracciata *sf.* **1.** armful **2.** (*di nuoto*) stroke.
braccio *sm.* arm: *essere in — a qu.*, to be in so.'s arms || *— di mare*, sound.
bracco *sm.* hound.
bracconaggio *sm.* poaching.
bracconiere *sm.* poacher.
brace *sf.* embers (*pl.*).
brache *sf. pl.* **1.** trousers **2.** (*mutande*) drawers.
brachicèfalo *agg.* brachycephalous.
braciere *sm.* brazier.
braciola *sf.* chop.
bradicardìa *sf.* (*med.*) bradycardia.
brado *agg.* wild.
brama *sf.* longing.
bramare *vt.* to long for (sthg.).
bramosìa *sf.* covetousness.
bramoso *agg.* eager for (sthg.).
branca *sf.* **1.** claw **2.** (*settore*) branch.
branchia *sf.* gill.
branco *sm.* **1.** herd **2.** (*di pecore*) flock **3.** (*di pesci*) shoal **4.** (*di lupi e fig.*) pack.
brancolare *vi.* to grope.
branda *sf.* **1.** camp-bed **2.** (*mar.*) bunk.
brandello *sm.* **1.** rag **2.** (*pezzetto*) bit || *coi vestiti a brandelli*, in rags; *fare a brandelli*, to tear (*v. irr.*) up.
brandire *vt.* to brandish.
brano *sm.* piece.
brasato *sm.* braised beef.
brasiliano *agg.* e *sm.* Brazilian.
bravata *sf.* bravado.
bravo *agg.* clever, good || *—!*, well done!; *su, da —!*, be a good boy!
bravura *sf.* **1.** cleverness **2.** (*coraggio*) bravery || (*mus.*) *pezzo di —*, bravura.
breccia *sf.* breach: *essere sulla —*, to stand (*v. irr.*) in the breach.
brefotrofio *sm.* foundling hospital.

bretella *sf.* brace.
breve *agg.* short.
brevettare *vt.* to patent.
brevetto *sm.* patent.
breviario *sm.* breviary.
brevità *sf.* brevity.
brezza *sf.* breeze.
bricco *sm.* kettle, pot.
bricconata *sf.* roguish trick.
briccone *sm.* rogue.
brìciola *sf.* crumb.
brìciolo *sm.* bit.
briga *sf.* **1.** trouble **2.** (*lite*) quarrel: *attaccar* —, to pick a quarrel.
brigadiere *sm.* **1.** « brigadiere » **2.** (*ufficiale nell'Esercito Britannico assegnato al comando di brigata*) brigadier.
brigante *sm.* robber.
brigantino *sm.* (*mar.*) brig.
brigare *vi.* to intrigue.
brigata *sf.* **1.** party **2.** (*mil.*) brigade.
briglia *sf.* bridle || *a — sciolta,* at full gallop.
brillante *agg.* e *sm.* brilliant.
brillantina *sf.* brilliantine.
brillare *vi.* to shine (*v. irr.*). ♦ **brillare** *vt.* **1.** (*riso ecc.*) to hull **2.** (*una mina*) to blast.
brillo *agg.* tipsy.
brina *sf.* hoarfrost.
brinare *vi. imp.*: *ha brinato,* there has been a frost.
brinata *sf.* hoarfrost.
brindare *vi.* to toast: *— a qu.,* to toast so.
brindello *sm.* rag.
brìndisi *sm.* toast.
brio *sm.* liveliness.
brioso *agg.* lively.
britànnico *agg.* British.
brìvido *sm.* **1.** shiver **2.** (*di paura, orrore*) shudder.
brizzolato *agg.* grizzled.
brocca *sf.* jug.
broccato *sm.* brocade.
bròccolo *sm.* broccoli.
brodaglia *sf.* slops (*pl.*).
brodo *sm.* broth.
broglio *sm.* intrigue: *— elettorale,* gerry-mander.
bromo *sm.* bromine.
bromuro *sm.* bromide.
bronchiale *agg.* bronchial.
bronchite *sf.* bronchitis.
broncio *sm.* pout || *fare il* —, to pout.
bronco *sm.* bronchus (*pl.* -chi).
broncopolmonite *sf.* bronchopneumonia.
brontolare *vi.* e *vt.* to grumble.
brontolìo *sm.* grumbling.
brontolone *sm.* grumbler.
brontosàuro *sm.* brontosaurus.
brònzeo *agg.* **1.** bronze (*attributivo*) **2.** (*simile a bronzo*) bronzy.
bronzo *sm.* bronze || *faccia di* —, brazen-faced person.
brossura *sf.* paper-back binding || *in* —, paper-bound.
brucare *vt.* to browse (on).
bruciacchiare *vt.* to scorch.
bruciacchiatura *sf.* scorching.
bruciapelo (*nella loc. avv.*) *a* —, point-blank.
bruciare *vt.* e *vi.* to burn (*v. irr.*).
bruciatore *sm.* burner.
bruciatura *sf.* burn.
bruciore *sm.* burning, smart (*anche fig.*).
bruco *sm.* caterpillar.
brùffolo *sm.* pimple.
brughiera *sf.* heath.
brulicare *vi.* to swarm (with).
brulichìo *sm.* swarm.
brullo *agg.* bare.
bruma *sf.* mist.
brumoso *agg.* misty.
brunire *vt.* to burnish.
brunitura *sf.* burnishing.
bruno *agg.* brown.
bruscamente *avv.* roughly.
brusco *agg.* **1.** rough **2.** (*di sapore*) sour.
brusìo *sm.* buzz.
brutale *agg.* brutal.
brutalità *sf.* brutality.
bruto *agg.* e *sm.* brute.
bruttezza *sf.* ugliness.
brutto *agg.* **1.** ugly **2.** (*cattivo*) bad.
bruttura *sf.* **1.** ugly thing **2.** (*azione*) base action.
bùbbola *sf.* lie.
bubbone *sm.* bubo.
bubbònico *agg.* bubonic.
buca *sf.* hole: *— delle lettere,* letter-box.
bucaneve *sm.* snowdrop.
bucaniere *sm.* buccaneer.
bucare *vt.* **1.** to pierce **2.** (*una gomma*) to puncture **3.** (*biglietti*) to punch.
bucato *sm.* **1.** washing **2.** (*i panni*) laundry.
buccia *sf.* peel.
bucherellare *vt.* to riddle.

buco *sm.* hole.
bucòlico *agg.* bucolic.
buddismo *sm.* Buddhism.
buddista *s.* Buddhist.
budello *sm.* **1.** bowel **2.** (*strada stretta*) alley **3.** (*tubo*) narrow tube.
budino *sm.* pudding.
bue *sm.* ox (*pl.* oxen): *carne di* —, beef.
bùfalo *sm.* buffalo.
bufera *sf.* **1.** storm **2.** (*di vento*) gale.
buffetto *sm.* fillip: *dare un* —, to fillip.
buffo *agg.* funny || *opera buffa*, comic opera.
buffonata *sf.* buffoonery.
buffone *sm.* **1.** clown, fool **2.** (*di corte*) court jester **3.** (*fig.*) unreliable person.
bugìa *sf.* **1.** lie **2.** (*portacandela*) flat candlestick.
bugiardo *agg.* false. ♦ **bugiardo** *sm.* liar.
bugigàttolo *sm.* lumber-room.
buio *agg.* e *sm.* dark: — *pesto*, pitch dark.
bulbo *sm.* **1.** bulb **2.** (*di occhio*) eyeball.
bùlgaro *agg.* e *sm.* Bulgarian.
bulinare *vt.* to engrave.
bulino *sm.* burin.
bullonare *vt.* (*mecc.*) to bolt.
bullone *sm.* bolt.
buonanotte *sf.* good night.
buonasera *sf.* good evening.
buoncostume *sm.*: *squadra del* —, vice squad.
buongiorno *sm.* **1.** (*di mattina*) good morning **2.** (*di pomeriggio*) good afternoon **3.** (*a ogni ora incontrandosi, fam.*) hullo **4.** (*a ogni ora lasciandosi*) goodbye.
buongustaio *sm.* gourmet.
buongusto *sm.* good taste.
buono *agg.* **1.** good **2.** (*di tempo*) fine || *alla buona*, informal; *a buon diritto*, by right; *di buon grado*, willingly. ♦ **buono** *sm.* **1.** good **2.** (*persona*) good person **3.** (*comm.*) bond **4.** (*tagliando*) coupon.
buonsenso *sm.* (common) sense.
buontempone *sm.* merry fellow.
buonumore *sm.* V. *umore*.
buonuomo *sm.* **1.** good-natured man (*pl.* men) **2.** simple man (*pl.* men).
burattinaio *sm.* puppet showman (*pl.* -men).
burattino *sm.* puppet.
burbanzoso *agg.* haughty.
bùrbero *agg.* gruff.
burla *sf.* trick || *per* —, in fun.
burlare *vt.* to play a trick on (so.). ♦ **burlarsi** *vr.* to make (*v. irr.*) fun of.
burlesco *agg.* farcical.
burlone *sm.* joker.
buròcrate *sm.* bureaucrat.
burocràtico *agg.* bureaucratic.
burocrazìa *sf.* bureaucracy; (*in Inghilterra*) Civil Service.
burrasca *sf.* storm.
burrascoso *agg.* stormy
burrificio *sm.* dairy.
burro *sm.* butter.
burrone *sm.* ravine.
burroso *agg.* buttery.
buscarsi *vr.* to get (*v. irr.*) || *buscarle*, to get a thrashing.
bussare *vi.* to knock: — *alla porta*, to knock at the door.
busse *sf. pl.* blows: *prendere le* —, to get (*v. irr.*) a thrashing.
bùssola *sf.* compass: *perdere la* — (*fig.*), to lose (*v. irr.*) one's head.
bussolotto *sm.* dice-box || *fare il giuoco dei bussolotti* (*anche fig.*), to juggle.
busta *sf.* **1.** envelope **2.** (*astuccio*) case.
bustarella *sf.* bribe.
bustina *sf.* (*mil.*) service cap.
busto *sm.* **1.** bust **2.** (*indumento per donna*) corset.
butano *sm.* (*chim.*) butane.
buttare *vt.* **1.** to throw (*v. irr.*) **2.** (*sprecare*) to waste || — *all'aria*, to upset (*v. irr.*); — *a terra*, to knock down.
butterato *agg.* pitted.
buzzo *sm.* belly || *di — buono*, very eagerly.

C

càbala *sf.* cab(b)ala.
cabalìstico *agg.* cab(b)alistic(al).
cabina *sf.* **1.** box, hut: — *balneare*, bathing hut; — *telefonica*, telephone box **2.** (*aer.; mar.*) cabin.
cablogramma *sm.* cable.

cabotaggio *sm.* cabotage: *nave di piccolo* —, coasting vessel.

cacao *sm.* **1.** (*bot.*) cacao **2.** (*polvere, bevanda*) cocoa.

cacare *vi.* to evacuate one's bowels.

cacarella *sf.* diarrhoea.

cacatoa, cacatùa *sm.* cockatoo.

cacca *sf.* excrement.

caccia *sf.* hunt, hunting || — *grossa*, big game || *cane da* —, sporting dog; *stagione di* —, shooting season; *andare a* —, to go (*v. irr.*) hunting; *andare a — di uccelli*, to go shooting. ♦ **caccia** *sm.* (*aer.*) fighter.

cacciagione *sf.* game.

cacciare *vt.* **1.** to hunt **2.** (*mil.; mar.*) to chase **3.** (*scacciare*) to expel **4.** (*mettere*) to put (*v. irr.*).

cacciatore *sm.* hunter (*anche fig.*).

cacciatorpediniere *sf.* (torpedo--boat) destroyer.

cacciavite *sm.* screwdriver.

cachi *sm.* persimmon.

cacio *sm.* cheese || *essere alto come un soldo di* —, to be very short.

cacofonìa *sf.* cacophony.

cactus *sm.* cactus (*pl.* cacti).

cadauno *agg.* e *pron. indef.* each.

cadàvere *sm.* corpse.

cadavèrico *agg.* **1.** corpse-like **2.** (*pallido*) deadly pale.

cadente *agg.* **1.** falling **2.** (*di astri*) setting || *stella* —, shooting star || *età* —, decrepit old age.

cadenza *sf.* **1.** cadence **2.** (*ritmo*) rhythm **3.** (*accento*) accent.

cadere *vi.* **1.** to fall (*v. irr.*) (*anche fig.*): — *bocconi*, to fall flat on one's face; — *in mare*, to fall overboard; — *addormentato*, to fall asleep; — *a proposito*, to fall in the nick of time; — *dal sonno*, to be overcome by sleep; — *nell'errore*, to fall into error || *far* —, to knock down; (*fig.*) to bring (*v. irr.*) about the fall of **2.** (*tramontare, di astri*) to set (*v. irr.*) **3.** (*calare*) to drop **4.** (*far fiasco*) to fail.

cadetto *agg.* e *sm.* cadet.

caducità *sf.* caducity.

caduco *agg.* perishable, decaying.

caduta *sf.* **1.** fall, falling **2.** (*fig.*) downfall, ruin **3.** (*fis.*) drop.

caffè *sm.* **1.** coffee: — *macinato*, ground coffee; — *nero*, black coffee **2.** (*locale*) coffee-house.

caffeina *sf.* caffeine.

caffettiera *sf.* coffee-pot.

cafone *sm.* boor.

cagionévole *agg.* sickly, weak.

cagliarsi *vr.* to curdle.

cagna *sf.* bitch.

cagnara *sf.* **1.** furious barking **2.** (*fig.*) uproar.

cagnesco *agg. in* —, surlily || *guardare in* —, to scowl at.

cagnolino *sm.* **1.** (*cucciolo*) puppy **2.** (*cane piccolo*) small dog.

caimano *sm.* cayman.

cala *sf.* **1.** creek **2.** (*mar.*) hold.

calabrone *sm.* hornet.

calamaio *sm.* ink-stand.

calamaro *sm.* calamary.

calamita *sf.* magnet (*anche fig.*).

calamità *sf.* calamity, misfortune.

calamitare *vt.* to magnetize (*anche fig.*).

calamitoso *agg.* calamitous.

calandra *sf.* **1.** (*zool.*) wood-lark **2.** (*mecc.*) calender.

calare *vt.* to lower, to drop || *cala la tela*, the curtain drops. ♦ **calare** *vi.* **1.** to descend **2.** (*di astri*) to set (*v. irr.*) **3.** (*di febbre*) to abate **4.** (*comm.*) to fall (*v. irr.*). ♦ **calarsi** *vr.* to let (*v. irr.*) oneself down.

calata *sf.* descent.

calca *sf.* crowd.

calcagno *sm.* heel || *stare alle calcagna di qu.*, to follow so. closely.

calcare[1] *vt.* **1.** to tread (*v. irr.*) **2.** (*premere*) to press down || — *la mano* (*fig.*), to exaggerate.

calcare[2] *sm.* limestone.

calcàreo *agg.* calcareous.

calce *sf.* lime || *in* — (*loc. avv.*), at the foot.

calcestruzzo *sm.* concrete.

calciare *vi.* to kick.

calciatore *sm.* footballer.

calcificare *vt.* to calcify.

calcificazione *sf.* calcification.

calcina *sf.* lime.

calcinaccio *sm.* debris (*solo sing.*).

calcinare *vt.* to calcine.

calcio[1] *sm.* **1.** kick **2.** (*giuoco*) football || — *d'inizio*, kick-off; — *di rigore*, penalty **3.** (*di arma*) butt.

calcio[2] *sm.* (*chim.*) calcium.

calco *sm.* **1.** (*scult.*) cast **2.** (*di disegno*) drawing.

calcolàbile *agg.* computable.

calcolare *vt.* **1.** to calculate, to compute **2.** (*prevedere*) to estimate.

calcolatore *sm.* (electronic) computer || *regolo* —, slide-rule.

calcolatrice *sf.* calculating machine.
càlcolo *sm.* **1.** calculation **2.** (*med.*) stone.
calcomanìa *sf.* transfer.
caldaia *sf.* **1.** kier **2.** (*per produzione di vapore*) boiler.
caldamente *avv.* warmly.
caldeggiare *vt.* to favour.
caldeggiatore *sm.* supporter.
calderaio *sm.* tinker.
calderone *sm.* **1.** cauldron **2.** (*fig.*) medley.
caldo *agg.* **1.** warm; (*molto caldo*) hot **2.** (*fig.*) ardent. ♦ **caldo** *sm.* heat || *far* —, to be warm, to be hot.
caleidoscopio *sm.* kaleidoscope.
calendario *sm.* calendar.
calende *sf. pl.* kalends || *rimandare alle — greche,* to put off till doomsday.
calesse *sm.* gig, calash.
calessino *sm.* gig.
calibrare *vt.* to calibrate.
calibratura *sf.* calibration.
càlibro *sm.* **1.** calibre **2.** (*di persona*) caliber, importance.
càlice *sm.* **1.** (*eccl.*) chalice **2.** (*bicchiere*) goblet, drinking-cup.
calìgine *sf.* thick fog, smog.
callìfugo *sm.* corn-plaster.
calligrafìa *sf.* handwriting.
calligràfico *agg.* calligraphic.
callìgrafo *sm.* calligrapher: *perito* —, handwriting expert.
callista *sm.* chiropodist.
callo *sm.* corn.
callosità *sf.* callosity.
calloso *agg.* callous.
calma *sf.* calm.
calmante *agg.* calming, soothing. ♦ **calmante** *sm.* (*farm.*) sedative.
calmare *vt.* **1.** to calm **2.** (*metter pace*) to appease.
calmo *agg.* calm, quiet.
calo *sm.* **1.** shrinkage **2.** (*comm.*) drop.
calore *sm.* **1.** (*forte*) heat; (*moderato*) warmth **2.** (*fig.*) warmth, eagerness.
calorìa *sf.* calory.
calorìfero *sm.* heating apparatus, radiator.
caloroso *agg.* **1.** warm, hearty **2.** (*che non sente freddo*) not feeling the cold.
calotta *sf.* **1.** cap: — *cranica,* skull-cap **2.** (*geom.*) bowl.
calpestare *vt.* to tread (*v. irr.*): *vietato — l'erba,* keep off the grass.
calpestìo *sm.* trampling (of feet).
calunnia *sf.* slander.
calunniare *vt.* to slander.
calunniatore *sm.* slanderer.
calvizie *sf.* baldness.
calvo *agg.* bald.
calza *sf.* **1.** (*corta*) sock; (*da donna*) stocking **2.** (*lavoro a maglia*) knitting || *fare la* —, to knit.
calzamaglia *sf.* tights (*pl.*).
calzare *vt.* to put (*v. irr.*) on. ♦ **calzare** *vi.* to fit.
calzatura *sf.* shoe || *negozio di calzature,* shoe-shop.
calzaturificio *sm.* boot factory.
calzettone *sm.* heavy sock.
calzino *sm.* sock.
calzolaio *sm.* shoemaker.
calzolerìa *sf.* shoemaker's shop.
calzoni *sm. pl.* trousers.
camaleonte *sm.* chameleon (*anche fig.*).
cambiale *sf.* bill (of exchange): — *a vista,* bill at sight; *emettere una* —, to issue a bill; *girare una* —, to endorse a bill; *protestare una* —, to note a bill || — *pagherò,* promissory note.
cambiamento *sm.* change.
cambiare *vt.* to change (*anche fig.*). ♦ **cambiarsi** *vr.* to change.
cambio *sm.* **1.** change **2.** (*econ.*) exchange **3.** (*mecc.*) change-gear **4.** (*auto*) gear || *in* —, in exchange for, instead of.
camelia *sf.* (*bot.*) camellia.
càmera *sf.* **1.** room: — *da letto,* bedroom; — *dei bambini,* nursery; — *degli ospiti,* guest-room || *musica da* —, chamber music **2.** (*pol.*) Chamber House: *camera dei deputati,* Chamber of Deputies **3.** (*tec.*) chamber || — *oscura,* dark room; — *d'aria,* inner tube.
camerata[1] *sm.* comrade, mate.
camerata[2] *sf.* dormitory.
cameratismo *sm.* comradeship.
cameriera *sf.* **1.** maid **2.** (*di albergo*) chambermaid **3.** (*di ristorante*) waitress.
cameriere *sm.* **1.** man-servant (*pl.* men-) **2.** (*di ristorante*) waiter.
càmice *sm.* **1.** overall **2.** (*eccl.*) surplice.
camicetta *sf.* blouse.
camicia *sf.* **1.** (*da uomo*) shirt || — *da notte* (*da uomo*), night-shirt

2. (*da donna*) chemise || — *da notte* (*da donna*), night-dress 3. (*tec.*) jacket || *è nato con la* —, he was born with a silver spoon in his mouth.
caminetto *sm.* fireplace.
camino *sm.* 1. (*focolare*) fireplace 2. (*comignolo*) chimney.
camion *sm.* lorry.
camioncino *sm.* van.
camionista *sm.* lorry-driver.
cammello *sm.* camel.
cammeo *sm.* cameo.
camminare *vi.* 1. to walk || — *a grandi passi*, to stride (*v. irr.*) along; — *in punta di piedi*, to walk on tiptoe 2. (*di meccanismi*) to go (*v. irr.*), to work 3. (*discorsi, affari ecc.*) to proceed.
camminata *sf.* 1. walk 2. (*andatura*) gait.
camminatore *sm.* walker.
cammino *sm.* way.
camomilla *sf.* (*bot.*) camomile: *una tazza di* —, a cup of camomile-tea.
camoscio *sm.* chamois: *pelle di* —, chamois leather.
campagna *sf.* 1. country: *casa di* —, country-house; *andare in* —, to go (*v. irr.*) into the country; *essere in* —, to be in the country 2. (*tenuta*) estate 3. (*mil.*) campaign 4. (*villeggiatura*) holidays.
campana *sf.* bell.
campanaro *sm.* bell-ringer.
campanello *sm.* door-bell: — *d'allarme*, alarm-bell.
campanile *sm.* bell-tower.
campanilismo *sm.* parochialism.
campare *vi.* to live.
campeggiatore *sm.* camper.
campeggio *sm.* camping.
campestre *agg.* rural, rustic || *corsa* —, cross-country race.
campionario *sm.* set of samples, sample case || *fiera campionaria*, trade fair.
campionato *sm.* championship.
campione *sm.* 1. champion 2. (*comm.*) sample.
campo *sm.* 1. (*mil.*) field 2. (*sport*) sport ground || — *da tennis*, tennis court 3. (*terreno*) field || — *di battaglia*, battle-field.
camuffare *vt.* to disguise.
canadese *agg.* e *sm.* Canadian.
canaglia *sf.* 1. rabble 2. (*di persona malvagia*) rascal.
canale *sm.* 1. canal 2. (*braccio di mare*) channel 3. (*condotto*) pipe 4. (*tv.*) channel.
cànapa *sf.* hemp.
canarino *sm.* canary.
cancellare *vt.* 1. (*a penna*) to cross out; (*con una gomma*) to rub out; (*con un panno*) to wipe out 2. (*fig.*) efface.
cancellatura *sf.* 1. erasure 2. (*fig.*) effacement.
cancellerìa *sf.* 1. (*pol.*) chancellery 2. (*materiale di* —) stationery articles 3. (*giur.*) record-office.
cancelliere *sm.* 1. (*pol.*) chancellor 2. (*giur.*) recorder.
cancello *sm.* gate.
cancrena *sf.* gangrene.
cancro *sm.* cancer.
candeggina *sf.* chloride.
candela *sf.* 1. candle: — *di sego*, tallow candle; *al lume di* —, by candle-light 2. (*auto*) sparking plug.
candelabro *sm.* branched candlestick.
candeliere *sm.* candlestick.
candelotto *sm.* short thick candle: — *fumogeno*, smoke candle.
candidato *sm.* candidate.
candidatura *sf.* candidature.
càndido *agg.* 1. snow-white 2. (*innocente*) innocent.
candito *agg.* candied. ♦ **candito** *sm.* sugar candy.
candore *sm.* 1. whiteness 2. (*innocenza*) innocence.
cane *sm.* 1. dog: — *da caccia*, sporting dog; — *pastore*, sheep dog; — *da guardia*, watch-dog 2. (*persona spietata*) brute 3. (*di fucile*) cock.
cànfora *sf.* camphor.
canguro *sm.* kangaroo.
canìcola *sf.* the height of summer.
canile *sm.* kennel.
canino *agg.* canine: *dente* —, canine tooth.
canna *sf.* 1. reed 2. (*coltivata*) cane || — *da zucchero*, sugar cane 3. (*tubo*) pipe 4. (*di arma*) barrel 5. (*da pesca*) (fishing-)rod.
cannella *sf.* 1. (*bot.*) cinnamon 2. (*di botte*) spout.
cannello *sm.* 1. torch 2. (*chim.*) pipe.
canneto *sm.* canebrake.
cannìbale *sm.* cannibal.
cannocchiale *sm.* binoculars (*pl.*) || — *da campagna*, field glasses; — *da teatro*, opera glasses.

cannone *sm.* **1.** gun: — *antiaereo,* anti-aircraft gun; — *anticarro,* anti-tank gun **2.** (*fig.*) ace.
cannuccia *sf.* **1.** thin cane: — *per sorbire bibite,* straw.
cànone *sm.* canon: — *d'affitto,* rent; — *della radio,* radio-licence fee.
canònica *sf.* rectory.
canònico *agg.* canonical || *diritti canonici,* canon law. ♦ **canònico** *sm.* canon.
canonizzare *vt.* to canonize.
canoro *agg.* singing.
canottaggio *sm.* **1.** rowing, boating **2.** (*come attività*) boating.
canottiera *sf.* vest.
canotto *sm.* small boat.
canovaccio *sm.* **1.** (*per asciugare stoviglie*) dish-cloth; **2.** (*per ricamo*) canvas **3.** (*trama di un'opera*) plot.
cantante *sm.* singer.
cantare *vt.* **1.** to sing (*v. irr.*) **2.** (*del gallo*) to crow 3. (*fare la spia*) to squeal.
cantata *sf.* song.
canterellare *vt.* e *vi.* to sing (*v. irr.*) softly, to hum.
càntico *sm.* hymn.
cantiere *sm.* yard.
cantilena *sf.* sing-song.
cantina *sf.* cellar.
cantiniere *sm.* cellarman (*pl.* -men).
cantino *sm.* chanterelle.
canto[1] *sm.* singing.
canto[2] *sm.* (*angolo*) corner || *dal — mio,* for my part; *da un —,* on one hand.
cantonata *sf.* corner: *prendere una —,* to make (*v. irr.*) a blunder.
cantone *sm.* **1.** corner **2.** (*geogr.*) canton.
cantoniera *sf.* **1.** (*mobile*) corner cupboard **2.** (*casa*) roadman's house **3.** (*ferr.*) signalman's house.
cantoniere *sm.* signalman (*pl.* -men).
canuto *agg.* hoary.
canzonare *vt.* to make (*v. irr.*) fun of.
canzone *sf.* song.
canzonetta *sf.* **1.** short song **2.** (*poet.*) canzonet.
canzonettista *s.* **1.** music-hall singer **2.** (*autore di canzoni*) songwriter.
caolino *sm.* kaolin.
caos *sm.* chaos.
capace *agg.* **1.** able **2.** (*idoneo*) fit **3.** (*abile*) clever.
capacità *sf.* **1.** ability, cleverness **2.** (*capienza*) capacity.
capanna *sf.* hut.
capanno *sm.* **1.** (*da caccia*) shooting-box **2.** (*per bagnanti*) bathing-box.
caparbierìa *sf.* stubbornness.
caparbio *agg.* stubborn.
caparra *sf.* caution-money.
capeggiare *vt.* to lead (*v. irr.*).
capello *sm.* hair (*solo sing.*) || *acconciatura dei capelli,* hairdress; *farsi tagliare i capelli,* to have one's hair cut; *avere un diavolo per —,* to be furious.
capezzale *sm.* bolster.
capézzolo *sm.* nipple.
capienza *sf.* capacity.
capigliatura *sf.* hair.
capillare *agg.* capillary.
capillarità *sf.* capillarity.
capinera *sf.* blackcap.
capire *vt.* to understand (*v. irr.*).
capitale *sm.* capital. ♦ **capitale** *agg.* **1.** (*che riguarda la vita*) capital **2.** (*principale*) main.
capitalismo *sm.* capitalism.
capitalista *s.* capitalist.
capitalizzare *vt.* to capitalize. ♦ **capitalizzare** *vi.* (*accumulare denaro*) to save.
capitano *sm.* captain, leader.
capitare *vi.* **1.** (*giungere*) to arrive **2.** (*accadere*) to happen, to befall (*v. irr.*).
capitello *sm.* (*arch.*) capital.
capitolare *vi.* to capitulate.
capitolare *sm.* capitulary. ♦ **capitolare** *agg.* capitular.
capìtolo *sm.* chapter.
capitòmbolo *sm.* tumble.
capo *sm.* **1.** head || *avere mal di —,* to have a headache; *senza — nè coda,* without rhyme or reason **2.** (*estremità*) end || *da un — all'altro,* from end to end; *andare a —,* new line; *in — a un anno,* within a year; *Capo d'Anno,* New Year's day **3.** (*geogr.*) cape **4.** (*chi comanda*) leader.
capobanda *sm.* **1.** (*mus.*) bandmaster **2.** (*di una banda di criminali*) ringleader.
capocuoco *sm.* head cook.
capocordata *sm.* first man on the rope.
capodanno *sm.* New Year's day.
capofamiglia *s.* head of a family.

capofila *sm.* file-leader.
capofitto (*nella loc. avv.*) *a* —, headlong || *cadere, tuffarsi a* —, to fall (*v. irr.*), to dive head first.
capogiro *sm.* dizziness.
capolavoro *sm.* masterpiece.
capolìnea *sm.* terminus (*pl.* -ni).
capolino *sm.* small head || *far* —, to peep in.
capoluogo *sm.* main town.
caporale *sm.* corporal.
caporedattore *sm.* editor in chief.
caposaldo *sm.* **1.** datum point **2.** (*mil.*) stronghold **3.** (*fondamento*) main point.
caposcuola *sm.* leader of a movement.
capostazione *sm.* station-master.
capotare *vi.* **1.** (*di aerei*) to somersault **2.** (*di auto*) to turn over.
capoufficio *sm.* head-clerk.
capoverso *sm.* **1.** (*in poesia*) beginning of a line **2.** (*in prosa*) beginning of a paragraph.
capovòlgere *vt.* to turn upside down. ♦ **capovòlgersi** *vr.* to capsize.
cappa *sf.* **1.** (*mantello*) cloak **2.** (*di prete*) cape **3.** (*fig.*) vault || — *del camino,* chimney.
cappella *sf.* chapel.
cappellano *sm.* chaplain.
cappello *sm.* **1.** hat: — *a cilindro,* top-hat; — *di paglia,* straw hat; **2.** (*introduzione*) preamble.
càppero *sm.* caper.
cappone *sm.* capon.
cappotto *sm.* **1.** coat **2.** (*di gioco*) capot.
cappuccino *sm.* **1.** (*eccl.*) capuchin **2.** (*bevanda*) white coffee.
cappuccio *sm.* hood.
capra *sf.* goat.
capretto *sm.* kid.
capriccio *sm.* whim: *fare i capricci,* to be naughty.
caprino *agg.* goatish.
capriola[1] *sf.* caper: *far capriole,* to cut (*v. irr.*) capers.
capriola[2] *sf.* (*femmina del capriolo*) doe.
capriolo *sm.* roe-deer.
càpsula *sf.* **1.** capsule **2.** (*di dente*) crown.
captare *vt.* (*radio*) to pick up.
capzioso *agg.* captious.
carabina *sf.* carabine.
carabiniere *sm.* carabineer.
caracollare *vi.* to caracole.
caraffa *sf.* **1.** (*per acqua*) carafe **2.** (*per vino*) decanter.
caràmbola *sf.* cannon: *far* —, to cannon.
carambolare *vi.* to cannon.
caramella *sf.* sugar-drop, toffee.
caramellare *vt.* to coat with burnt sugar.
caramello *sm.* caramel.
carato *sm.* carat.
caràttere *sm.* **1.** character, temper **2.** (*caratteristica*) character **3.** (*tip.*) type.
caratterista *s.* character actor (actress).
caratterìstico *agg.* characteristic. ♦ **caratterìstica** *sf.* characteristic.
caravella *sf.* caravel.
carbonaio *sm.* coal merchant.
carbone *sm.* coal || — *di legna,* charcoal; — *fossile,* pit coal; *miniera di* —, coal-mine.
carbonerìa *sf.* Carbonarist movement.
carbonìfero *agg.* carboniferous.
carbonio *sm.* carbon.
carbonizzare *vt.* **1.** to carbonize **2.** (*di legno*) to char.
carburante *sm.* fuel.
carburatore *sm.* carburettor.
carburazione *sf.* carburation.
carcassa *sf.* carcass.
carcerazione *sf.* imprisonment.
càrcere *sm.* prison, jail.
carceriere *sm.* jailer.
carciofo *sm.* artichoke.
cardano *sm.* (*mecc.*) cardan joint.
cardare *vt.* to card.
cardìaco *agg.* cardiac || *disturbi cardiaci,* heart-disease.
cardinale *agg.* e *sm.* cardinal.
càrdine *sm.* **1.** hinge, pivot **2.** (*fig.*) foundation.
cardiòlogo *sm.* cardiologist.
cardiopatìa *sf.* cardiopathy.
cardo *sm.* **1.** (*bot.*) thistle **2.** (*cuc.*) cardoon **3.** (*mecc.*) carding machine.
carena *sf.* **1.** (*mar.*) keel **2.** (*aer.*) hull **3.** (*zool.*) cărina (*pl.* -nae).
carenza *sf.* want, lack.
carestìa *sf.* famine.
carezza *sf.* caress.
carezzévole *agg.* caressing.
cariàtide *sf.* caryatid.
cariato *agg.* decayed.
càrica *sf.* **1.** (*pubblico ufficio*) office: *entrare in* —, to take (*v.

irr.) office **2.** (*mil.*) charge **3.** (*di arma da fuoco; elettr.*) charge **4.** (*di orologio*) winding up.
caricare *vt.* **1.** to load **2.** (*mil.; elettr.*) to charge **3.** (*di orologio*) to wind (*v. irr.*) up.
caricatore *sm.* **1.** loader **2.** (*di arma*) magazine.
caricatura *sf.* caricature.
càrico[1] *agg.* **1.** loaded, laden (*anche fig.*) **2.** (*di caffè*) strong **3.** (*elettr.*) charged.
càrico[2] *sm.* **1.** (*di nave*) freight; (*di veicolo*) load; (*di animale da soma*) burden **2.** (*fig.*) load, weight **3.** (*accusa*) charge || (*comm.*) *essere a — di qu.*, to be charged to so.
carie *sf.* decay.
carino *agg.* pretty, nice.
carità *sf.* **1.** (*amore; teol.*) charity **2.** (*elemosina*) alms.
carlinga *sf.* cockpit.
carlona (*nella loc. avv.*) *alla —*, carelessly.
carminio *agg.* carmine.
carnagione *sf.* complexion.
carnale *agg.* carnal.
carne *sf.* **1.** flesh **2.** (*come alimento*) meat || *— di manzo*, beef; *— di vitello*, veal; *— in scatola*, tinned meat; *— congelata*, frozen meat.
carnéfice *sm.* executioner.
carneficina *sf.* slaughter.
carnevale *sm.* carnival.
carnìvoro *agg.* carnivorous.
caro *agg.* **1.** dear **2.** (*costoso*) dear, expensive.
carogna *sf.* carrion.
carosello *sm.* carousel.
carota *sf.* carrot.
caròtide *sf.* carotid.
carovana *sf.* caravan.
carovita *sm.* high cost of living.
carpa *sf.* carp.
carpentiere *sm.* carpenter.
carpire *vt.* **1.** to snatch **2.** (*con astuzia*) to swindle.
carponi *avv.* on all fours.
carràbile *agg.* cart: *passo —*, driveway.
carreggiata **1.** (*solco*) track **2.** (*strada*) cartway.
carrellata *sf.* dolly shot.
carrello *sm.* **1.** (*ferr.*) wag(g)on **2.** (*aer.*) landing gear **3.** (*cine; tv.*) dolly **4.** (*di macchina per scrivere*) carriage.
carriera *sf.* career || *di gran —*, at full speed.
carriola *sf.* wheelbarrow.
carrista *sm.* (*mil.*) tankman (*pl.* -men).
carro *sm.* **1.** (*a due ruote*) cart **2.** (*a quattro ruote*) wag(g)on || *— armato*, tank.
carrozza *sf.* carriage: *— diretta*, through coach; *— viaggiatori*, passenger car.
carrozzàbile *agg.* practicable.
carrozzella *sf.* **1.** cab **2.** (*per bambini*) perambulator; (*fam.*) pram.
carrozzerìa *sf.* body.
carrozziere *sm.* body-maker.
carrozzone *sm.* **1.** lumbering coach **2.** (*di zingari*) caravan.
carruba *sf.*, **carrubo** *sm.* carob.
carrùcola *sf.* pulley.
carta *sf.* paper: *— da lettere*, writing-paper; *— carbone*, carbon paper; *— d'identità*, identity card; *— stradale*, road-map.
cartaio *sm.* paper-maker.
cartamodello *sm.* dressmaker's pattern.
cartamoneta *sf.* paper-money.
cartapesta *sf.* paper-pulp.
cartavetrata *sf.* sand-paper.
carteggio *sm.* **1.** correspondence **2.** (*collezione di lettere*) collection of letters.
cartella *sf.* **1.** (*da scuola*) satchel **2.** (*di cuoio*) brief-case.
cartello *sm.* **1.** bill **2.** (*pubblicitario*) poster **3.** (*stradale*) traffic sign **4.** (*econ.*) cartel.
cartellone *sm.* **1.** (*pubblicitario*) poster **2.** (*teat.*) bill.
cartellonista *sm.* commercial artist.
cartiera *sf.* paper-mill.
cartilàgine *sf.* cartilage.
cartoccio *sm.* paper-bag.
cartografìa *sf.* cartography.
cartolerìa *sf.* stationer's shop.
cartolina *sf.* postcard: *— illustrata*, picture postcard.
cartoncino *sm.* thin card.
cartone *sm.* cardboard || *cartoni animati*, cartoons.
cartuccia *sf.* cartridge || *mezza —* (*fig.*), shrimp.
casa *sf.* **1.** (*abitazione*) house **2.** (*ambiente familiare*) home || *amico di —*, family friend; *donna di —*, housewife; *nostalgia di —*,

home-sickness; *andare a* —, to go (*v. irr.*) home; *restare a* —, to stay at home; *essere in* —, to be in **3.** (*stirpe*) house, dynasty, family.
casacca *sf.* coat.
casaccio (*nella loc. avv.*) *a* —, at random.
casalinga *sf.* housewife.
casalingo *agg.* homely: *cucina casalinga*, plain cooking.
casato *sm.* **1.** (*cognome*) surname **2.** (*origine, nascita*) birth.
cascame *sm.* waste.
cascamorto *sm.* spoon: *fare il* —, to run (*v. irr.*) after.
cascante *agg.* **1.** (*debole*) weak **2.** (*floscio*) flabby (*anche fig.*).
cascare *vi.* **1.** to fall (*v. irr.*) **2.** (*con rumore*) to crash || — *dalle nuvole*, to be struck with amazement; — *dal sonno*, to be overcome with sleep.
cascata *sf.* **1.** (*caduta*) fall **2.** (*d'acqua*) waterfall **3.** (*fig.*) cascade.
cascina *sf.* **1.** dairy farm **2.** (*cascinale*) farmstead.
casco *sm.* **1.** helmet **2.** (*per asciugare i capelli*) dryer.
casella *sf.*: — *postale*, post-box.
casellante *sm.* **1.** (*ferr.*) signalman (*pl.* -men) **2.** (*di passaggio a livello*) crossing keeper.
casellario *sm.* **1.** set of pigeon-holes **2.** (*giur.*) — *penale*, records-office.
casereccio *agg.* homely: *pane* —, home-made bread.
caserma *sf.* barracks (*pl.*).
caso *sm.* **1.** chance **2.** (*fatto*) case **3.** (*possibilità*) way, possibility || *a* —, at random; *per* —, by chance.
càspita *inter.* good gracious!
cassa *sf.* **1.** case, box **2.** (*comm.*) cash || *libro di* —, cash-book; *pagamento per* —, cash-payment; *sportello di* —, cashier's window **3.** (*mus.*) case || *gran* —, bass-drum.
cassaforte *sf.* safe.
cassapanca *sf.* chest.
cassazione *sf.* (*giur.*) cassation.
casseruola *sf.* saucepan.
cassetto *sm.* drawer.
cassettone *sm.* chest of drawers.
cassiere *sm.* cashier.
casta *sf.* caste.
castagna *sf.* chestnut.
castagnaccio *sm.* chestnut-tart.
castagno *sm.* chestnut-tree.
castano *agg.* nut-brown.
castellano *sm.* lord of a castle.
castello *sm.* castle.
castigare *vt.* to punish.
castigatezza *sf.* moderation.
castigato *agg.* **1.** (*casto*) chaste **2.** (*emendato*) castigated.
castigo *sm.* punishment.
castità *sf.* chastity.
casto *agg.* chaste.
castoro *sm.* beaver.
castrare *vt.* to castrate.
castrato *sm.* (*cuc.*) mutton.
castronerìa *sf.* stupidity.
casuale *agg.* casual.
casualità *sf.* casualness.
cataclisma *sm.* cataclysm (*anche fig.*).
catacomba *sf.* catacomb.
catafalco *sm.* catafalque.
catafascio (*nella loc. avv.*) *andare a* —, to go (*v. irr.*) to rack and ruin; *a* —, topsyturvy.
catalessi *sf.* catalepsy.
catalizzatore *sm.* catalyst.
catalogare *vt.* to catalogue.
catàlogo *sm.* catalogue.
catapecchia *sf.* hovel.
catapulta *sf.* catapult.
catarifrangente *sm.* reflector.
catarro *sm.* catarrh.
catarsi *sf.* catharsis.
catasta *sf.* pile, heap.
catasto *sm.* cadastre.
catàstrofe *sf.* catastrophe.
catastròfico *agg.* catastrophic(al).
catechismo *sm.* catechism.
catechizzare *vt.* **1.** to catechize **2.** (*fig.*) to persuade.
catecùmeno *sm.* catechumen.
categorìa *sf.* category, class.
categòrico *agg.* categorical, absolute.
catena *sf.* **1.** chain **2.** (*fig.*) bond.
catenaccio *sm.* bolt.
cateratta *sf.* cataract.
caterva *sf.* **1.** (*di persone*) crowd **2.** (*di cose*) great quantity.
catino *sm.* basin.
catione *sm.* (*fis.*) cation.
càtodo *sm.* cathode.
catramare *vt.* to tar.
catrame *sm.* tar.
càttedra *sf.* **1.** desk **2.** (*l'ufficio dell'insegnare*) teaching post **3.** (*di università*) chair.
cattedrale *sf.* cathedral.
cattiverìa *sf.* wickedness.
cattività *sf.* captivity.

cattivo *agg.* e *sm.* bad || — *scrittore,* poor writer.
cattolicésimo *sm.* catholicism.
cattòlico *agg.* catholic.
cattura *sf.* **1.** capture **2.** (*arresto*) arrest: *mandato di* —, warrant of arrest.
catturare *vt.* **1.** to capture **2.** (*arrestare*) to arrest.
caucciù *sm.* india-rubber.
càusa *sf* **1.** cause **2.** (*giur.*) law suit || *far — a qu.*, to sue so. (for).
causare *vt.* to cause.
càustico *agg.* caustic (*anche fig.*)
cautela *sf.* caution.
cautelare *vt.* to protect. ♦ **cautelarsi** *vr.* to take (*v. irr.*) precautions.
cauterizzare *vt.* to cauterize.
càuto *agg.* cautious, prudent.
cauzione *sf.* **1.** guarantee **2.** (*per essere rilasciato dalla polizia*) bail.
cava *sf.* quarry.
cavalcare *vt.* to ride (*v. irr.*). ♦ **cavalcare** *vi.* to ride on horseback.
cavalcavìa *sm.* fly-over bridge.
cavalcioni (a) *loc. avv.* astride.
cavaliere *sm.* **1.** rider **2.** (*di ordine cavalleresco*) knight.
cavalla *sf.* mare.
cavalleresco *agg.* knightly.
cavallerìa *sf.* **1.** (*mil.*) cavalry **2.** (*stor.*) chivalry.
cavalletta *sf.* grasshopper.
cavalletto *sm.* **1.** trestle **2.** (*foto*) tripod **3.** (*per pittori*) easel.
cavallo *sm.* **1.** horse: — *da corsa,* racehorse; — *a dondolo,* rocking-horse; — *da soma,* pack-horse; *ferro di* —, horse-shoe **2.** (*ginnastica*) vaulting-horse **3.** (*cavallo vapore*) horse-power (*abbr.* H.P.).
cavallone *sm.* (*maroso*) billow.
cavare *vt.* to take (*v. irr.*) off || — *un dente,* to pull out a tooth || *cavarsela,* to get (*v. irr.*) off.
cavatappi, cavaturàccioli *sm.* cork-screw.
caverna *sf.* cave.
cavernoso *agg.* cavernous || *voce cavernosa,* very deep voice.
cavezza *sf.* halter.
cavia *sf.* cavy.
caviale *sm.* caviar.
caviglia *sf.* ankle.
cavillare *vi.* to cavil (at).
cavillo *sm.* cavil.
cavità *sf.* cavity.
cavo *agg.* hollow, empty. ♦ **cavo** *sm.* cable, rope.
cavolfiore *sm.* cauliflower.
càvolo *sm.* cabbage.
cazzotto *sm.* punch || *fare a cazzotti,* to come (*v. irr.*) to blows.
cazzuola *sf.* trowel.
cece *sm.* chick-pea.
cecità *sf.* blindness (*anche fig.*).
cecoslovacco *agg.* e *sm.* Czechoslovak.
cèdere *vt.* e *vi.* **1.** (*dare*) to give (*v. irr.*) **2.** (*trasferire*) to hand over **3.** (*vendere*) to dispose of. ♦ **cèdere** *vi.* **1.** to surrender **2.** (*venir meno*) to subside **3.** (*essere inferiore*) to be second to.
cedimento *sm.* **1.** yielding **2.** (*fig.*) giving up.
cèdola *sf.* coupon.
cedrata *sf.* citron syrup.
cedrina *sf.* lemon-scented verbena.
cedro *sm.* **1.** citron-tree **2.** (*frutto*) citron.
cedrone *agg.* e *sm.* (*gallo*) capercaillie.
cefalea *sf.* cephalea.
cefalgìa *sf.* cephalalgy.
ceffone *sm.* slap in the face.
celare *vt.* to conceal, to hide (*v. irr.*).
celebrare *vt.* to celebrate || — *un anniversario,* to keep (*v. irr.*) an anniversary.
celebrazione *sf.* celebration.
cèlebre *agg.* celebrated.
celebrità *sf.* celebrity.
cèlere *agg.* quick, swift.
celerità *sf.* quickness.
celeste *agg.* **1.** light-blue **2.** (*del cielo*) heavenly.
celia *sf.* jest.
celiare *vi.* to jest.
celibato *sm.* bachelorhood.
cèlibe *agg.* e *sm.* single. ♦ **cèlibe** *sm.* bachelor.
cella *sf.* cell.
cèllula *sf.* cell.
cellulare *agg.* cellular || *segregazione* —, close confinement.
cellulite *sf.* cellulitis.
cellulòide *sf.* celluloid.
cellulosa *sf.* cellulose.
celta *sm.* Celt.
cèltico *agg.* Celtic.
cémbalo *sm.* **1.** (*tamburello*) tambourine **2.** (*spinetta*) spinet.
cementare *vt.* to cement (*anche fig.*).

cementazione *sf.* cementation.
cementificio *sm.* cement-factory.
cemento *sm.* cement: — *armato*, reinforced concrete.
cena *sf.* **1.** (*pasto serale leggero*) supper **2.** (*pranzo*) dinner || *far* —, to have supper.
cenàcolo *sm.* **1.** supper-room **2.** (*di artisti*) artistic coterie || *il — di Leonardo da Vinci*, Leonardo's Last Supper.
cenare *vi.* to have (*v. irr.*) supper.
cenciaio *sm.* ragman (*pl.* -men).
cencio *sm.* **1.** rag **2.** (*vestito logoro*) tatters (*pl.*).
cencioso *agg.* ragged, tattered.
cénere *sf.* ash (*general. al pl.*).
cenno *sm.* **1.** (*segno*) sign **2.** (*allusione*) hint **3.** (*breve notizia*) notice || *fare un — col capo*, to nod || *a un vostro* — (*comm.*), on hearing from you.
cenobio *sm.* coenobium (*pl.* -ia).
cenone *sm.* **1.** (*di Natale*) Christmas eve dinner **2.** (*di Capodanno*) New Year's eve dinner.
censimento *sm.* census.
censire *vt.* **1.** to take (*v. irr.*) a census of **2.** (*di proprietà*) to assess.
censo *sm.* **1.** (*stor.*) census **2.** (*ricchezza*) wealth.
censore *sm.* **1.** censor **2.** (*fig.*) critic.
censorio *agg.* censorial.
censura *sf.* **1.** (*ufficio di censore*) censorship **2.** (*azione di censura*) censure.
censurare *vt.* **1.** to censor **2.** (*fig.*) to censure.
centàuro *sm.* **1.** centaur **2.** (*fig., motociclista*) motorcyclist.
centellinare *vt.* to sip.
centenario *agg.* e *sm.* **1.** centennial **2.** (*di persona*) centenarian. ♦ **centenario** *sm.* (*commemorazione*) centenary.
centesimale *agg.* centesimal.
centèsimo *agg.* (the) hundredth. ♦ **centèsimo** *sm.* (one) hundredth (of sthg.) **2.** (*di dollaro*) cent **3.** (*di franco*) centime || *non avere un* —, to be penniless.
centìgrado *agg.* centigrade.
centigrammo *sm.* centigramme.
centìlitro *sm.* centilitre.
centìmetro *sm.* centimetre.
centinaio *sm.* hundred.
cento *agg.* e *num. card.* hundred || — *di questi giorni*, many happy returns of the day.
centrale *agg.* central. ♦ **centrale** *sf.* **1.** — *elettrica*, power station **2.** — *telefonica*, exchange.
centralinista *s.* operator.
centralino *sm.* telephone exchange.
centralismo *sm.* centralism.
centrare *vt.* to hit (*v. irr.*) the centre.
centrìfuga *sf.* centrifuge.
centrìfugo *agg.* centrifugal.
centrino *sm.* doily.
centrìpeto *agg.* centripetal.
centrismo *sm.* centrism.
centro *sm.* **1.** centre **2.** (*istituto*) institute.
centuplicare *vt.* **1.** to centuplicate **2.** (*fig.*) to increase.
cèntuplo *agg.* e *sm.* centuple.
centuria *sf.* (*stor.*) century.
centurione *sm.* (*stor.*) centurion.
ceppo *sm.* **1.** stump **2.** (*fig.*) stock.
cera *sf.* **1.** wax **2.** (*aspetto*) look || *avere bella* —, to look well.
ceralacca *sf.* sealing-wax.
ceràmica *sf.* **1.** (*arte*) ceramics **2.** (*pezzo*) piece of pottery.
ceramista *sm.* ceramist.
cerato *agg.* waxed || *tela cerata*, wax-cloth.
cerbiatto *sm.* fawn.
cerbottana *sf.* **1.** blowgun **2.** (*giocattolo*) pea-shooter.
cercare *vt.* **1.** to look for **2.** (*per consultazione*) to look up **3.** (*a tentoni*) to fumble for **4.** (*chiedere*) to ask (for). ♦ **cercare** *vi.* to try.
cercatore *sm.* seeker: — *d'oro*, gold-digger; (*amer.*) prospector.
cerchia *sf.* circle.
cerchiare *vt.* to hoop.
cerchiatura *sf.* hooping.
cerchietto *sm.* **1.** small ring **2.** (*gioco*) quoit.
cerchio *sm.* **1.** circle **2.** (*gioco*) hoop.
cerchione *sm.* rim.
cereale *sm.* cereals (*pl.*).
cerebrale *agg.* cerebral.
cèreo *agg.* waxen.
ceretta *sf.* **1.** boot polish **2.** (*per depilare*) wax.
cerimonia *sf.* **1.** ceremony **2.** (*pompa*) pomp.
cerimoniale *sm.* ceremonial.
cerimoniere *sm.* Master of Ceremonies.
cerimonioso *agg.* ceremonious
cerino *sm.* match.

cerniera *sf.* **1.** (*di occhiali, porte, finestre*) hinge **2.** (*di borsetta*) clasp **3.** (*lampo*) zipper.
cèrnita *sf.* choice, selection.
cero *sm.* large candle.
cerone *sm.* make-up.
cerotto *sm.* plaster.
certamente *avv.* certainly, undoubtedly.
certezza *sf.* certainty.
certificare *vt.* to certify, to attest.
certificato *sm.* certificate.
certo[1] *agg. indef.* **1.** certain: *un — Mr. Smith,* a (certain) Mr. Smith **2.** (*qualche*) some: *certe persone lo riconobbero,* some people recognized him; *dopo un — tempo,* after some time **3.** (*tale, di tal genere*) such. ♦ **certi** *pron. indef. pl.* some people.
certo[2] *agg.* certain. ♦ **certo** *avv.* certainly.
certuni *pron. indef.* some.
cerùleo *agg.* sky-blue.
cerva *sf.* (*zool.*) hind.
cervella *sf.* brain.
cervelletto *sm.* cerebellum.
cervello *sm.* **1.** brain **2.** (*intelligenza, mente*) understanding, mind.
cervellòtico *agg.* far-fetched.
cervicale *agg.* cervical.
cervice *sf.* nape.
cèrvidi *sm. pl.* cervidae.
cervo *sm.* deer (*inv. al pl.*).
cesàreo *agg.* Caesarean || *taglio —,* Caesarean operation.
cesarismo *sm.* Caesarism.
cesellare *vt.* to chisel (*anche fig.*).
cesellatura *sf.* chisel work.
cesello *sm.* chisel.
cesoia *sf.* shears (*pl.*).
cespuglio *sm.* bush, thicket.
cespuglioso *agg.* bushy.
cessare *vt.* e *vi.* to cease, to stop.
cessazione *sf.* cessation.
cessione *sf.* transfer.
cesso *sm.* lavatory.
cesta *sf.* basket.
cestaio *sm.* **1.** basket-maker **2.** (*chi vende*) basket-vendor.
cestinare *vt.* (*fig.*) to refuse.
cestino *sm.* small basket: *— da lavoro,* work-basket; *— da viaggio,* luncheon-basket; *— per la carta straccia,* waste-paper basket.
cesto *sm.* (*sport*) basket.
cesura *sf.* caesura.
cetàceo *agg.* e *sm.* cetacean.
ceto *sm.* class, rank.
cetra *sf.* cithern, lyre.
cetriolino *sm.* gherkin.
cetriolo *sm.* cucumber.
che[1] *pron. rel.* **1.** (*sogg., riferito a persone*) who, that: *l'uomo — mi parlò,* the man who (that) spoke to me **2.** (*sogg., riferito a cose e animali*) which, that: *ecco il cane — mi fu regalato,* here is the dog which (that) was given to me **3.** (*ogg., riferito a persone*) whom: *è la ragazza più graziosa — abbia mai incontrato,* she is the prettiest girl whom I ever met **4.** (*ogg., riferito a cose e animali*) which: *questo è il libro — le darò,* this is the book which I shall give her **5.** *il —,* which **6.** (*riferito a tempo*) when.
che[2] *agg. int.* **1.** what: *— musica preferisci?,* what music do you prefer? **2.** which: *— libro scegli?,* which book do you choose? ♦ **che** *pron. int.* what: *— è questo?,* what is this? ♦ **che** *agg. escl.* what, what a. ♦ **che** *pron. ind.* something.
che[3] *cong.* **1.** that **2.** (*comparativo*) than: *è più bella che intelligente,* she is more beautiful than intelligent **3.** (*correlativo*) whether: *— tu venga o no,* whether you come or not. ♦ **che** *inter.* what!
checché *pron. indef.* whatever.
checchessìa *pron. indef.* anything.
chepì *sm.* (*mil.*) kepi.
cherosene *sm.* kerosene.
cherubino *sm.* cherub.
chetamente *avv.* quietly, secretly.
chetare *vt.* to quiet. ♦ **chetarsi** *vr.* to quiet down.
chetichella (*nella loc. avv.*) *alla —,* on the sly, secretly.
cheto *agg.* quiet.
chi *pron. rel.* **1.** (*colui che*) he (*ogg.* him) who (*ogg.* whom) **2.** (*colei che*) she (*ogg.* her) who (*ogg.* whom) **3.** (*coloro che*) they (*ogg.* them) who (*ogg.* whom) **4.** (*gen.*) those, the person who(m). ♦ **chi** *pron. indef.* **1.** whoever, anyone **2.** (*qualcuno che*) someone who. ♦ **chi** *pron. int.* **1.** (*sogg.*) who **2.** (*ogg.*) whom **3.** which: *— di voi?,* which of you? **4.** (*specificazione poss.*) whose: *di — è questa casa?,* whose house is this?
chiàcchiera *sf.* chatter.
chiacchierare *vi.* to chat.

chiacchierata *sf.* chat.
chiacchierone *sm.* chatterbox.
chiamare *vt.* to call || *mandare a —*, to send (*v. irr.*) for; *— al telefono*, to call up. ♦ **chiamarsi** *vr.* to be called || *come ti chiami?*, what's your name?
chiamata *sf.* call, appeal.
chiara *sf.* *— d'uovo*, white (of an egg).
chiaretto *sm.* (*vino*) claret.
chiarezza *sf.* **1.** clearness **2.** (*fig.*) evidence.
chiarificare *vt.* to clarify.
chiarificazione *sf.* **1.** clarification **2.** (*fig.*) frank explanation.
chiarimento *sm.* explanation.
chiarire *vt.* **1.** to clarify, to clear up **2.** (*spiegare*) to explain.
chiaro *agg.* **1.** clear, evident **2.** (*di luce*) light.
chiarore *sm.* **1.** light **2.** (*luce tenue*) faint light.
chiaroscuro *sm.* light and shade.
chiaroveggente *agg.* **1.** clear-sighted **2.** (*che ha facoltà divinatorie*) clairvoyant.
chiassata *sf.* row.
chiasso *sm.* noise, uproar.
chiassone *sm.* noisy person.
chiassoso *agg.* **1.** noisy **2.** (*fig.*) showy.
chiatta *sf.* barge.
chiavarda *sf.* bolt.
chiave *sf.* **1.** key **2.** (*mus.*) clef.
chiavistello *sm.* latch, bolt.
chiazza *sf.* spot, stain.
chicchessìa *pron. indef.* anyone.
chicco *sm.* **1.** grain **2.** (*di grandine*) hailstone **3.** (*di caffè*) coffee-bean **4.** (*di uva*) grape.
chièdere *vt.* **1.** to ask: *— qc. a qu.*, (*per sapere*) to ask so. sthg., (*per avere*) to ask so. for sthg. **2.** (*riferito a un prezzo*) to charge.
chierichetto *sm.* altar boy.
chiesa *sf.* church.
chiglia *sf.* (*mar.*) keel.
chilo[1] *sm.* (*med.*) chyle || *fare il —*, to take (*v. irr.*) a nap.
chilo[2] *sm.* kilo.
chilogrammo *sm.* kilogram.
chilometraggio *sm.* distance in kilometres.
chilòmetro *sm.* kilometre.
chìlowatt *sm.* kilowatt.
chimera *sf.* chimera.
chìmica *sf.* chemistry.
chìmico *agg.* chemical. ♦ **chìmico** *sm.* chemist.
china *sf.* slope.
chinare *vt.* to bend (*v. irr.*), to bow. ♦ **chinarsi** *vr.* to bend (*v. irr.*) down.
chincaglierìa *sf.* **1.** small fancy articles (*pl.*) **2.** (*negozio*) fancy goods shop.
chinino *sm.* quinine.
chioccia *sf.* brooding-hen.
chiòcciola *sf.* snail || *scala a —*, spiral staircase.
chiodato *agg.* nailed.
chiodo *sm.* **1.** nail **2.** (*fig.*) fixed idea.
chioma *sf.* hair.
chiosco *sm.* **1.** kiosk **2.** (*per giornali, frutta e verdura*) stand.
chiostro *sm.* cloister.
chiromante *s.* chiromancer.
chiromanzìa *sf.* chiromancy.
chirurgìa *sf.* surgery.
chirurgo *sm.* surgeon.
chissà *inter.* goodness knows.
chitarra *sf.* guitar.
chiùdere *vt.* **1.** to shut (*v. irr.*) || *— a chiave*, to lock **2.** (*terminare*) to close **3.** (*rinchiudere*) to shut (*v. irr.*) up.
chiunque *pron.* **1.** (*sogg.*) anyone who, whoever **2.** (*ogg.*) whomever, anyone **3.** (*specificazione possessiva*) *di —*, whosever.
chiuso *agg.* closed, shut || *— a chiave*, locked.
chiusura *sf.* closing.
ci *pron.* **1.** (*ogg.*) us: *essi — amano*, they love us **2.** (*riflessivo*) ourselves: *noi — laviamo*, we wash ourselves **3.** (*rec. fra due persone*) each other: *mia madre ed io — guardammo*, my mother and I looked at each other **4.** (*rec. fra più persone*) one another **5.** (*dimostrativo*) this, that, it: *non badarci*, pay no attention to it. ♦ **ci** *avv. di luogo* there (*là*), here (*qui*).
ciabatta *sf.* slipper.
ciambella *sf.* ring-shaped cake.
ciambellano *sm.* chamberlain.
ciancia *sf.* idle talk || *ciance!*, nonsense!
cianciare *vi.* to chatter.
cianografìa *sf.* blueprint.
cianuro *sm.* cyanide.
ciao *inter.* **1.** (*incontrandosi*) hullo **2.** (*congedandosi*) bye-bye.
ciarla *sf.* **1.** loquacity **2.** (*notizia*

falsa) false report.
ciarlare *vi.* to talk idly.
ciarlatano *sm.* charlatan.
ciascuno *agg.* every. ♦ **ciascuno** *pron.* **1.** (*con valore distributivo*) each **2.** (*tutti*) everybody, everyone.
cibernètica *sf.* cybernetics.
cibo *sm.* food.
ciborio *sm.* ciborium (*pl.* -ia).
cicala *sf.* cicada.
cicatrice *sf.* scar.
cicatrizzare *vt.* to cicatrize, to heal. ♦ **cicatrizzarsi** *vr.* to cicatrize, to heal.
cicerone *sm.* guide.
ciclamino *sm.* cyclamen.
cìclico *agg.* cyclic.
ciclismo *sm.* cycling.
ciclista *s.* cyclist.
ciclo *sm.* **1.** cycle **2.** (*di malattia*) course.
ciclone *sm.* hurricane.
ciclòpico *agg.* Cyclopean.
ciclostilare *vt.* to mimeograph.
ciclostile *sm.* cyclostyle.
ciclotrone *sm.* cyclotron.
cicogna *sf.* stork.
cicuta *sf.* hemlock.
cieco *agg.* blind (*anche fig.*). ♦ **cieco** *sm.* blind man.
cielo *sm.* **1.** sky **2.** (*aria*) air **3.** (*paradiso*) Heaven.
cifra *sf.* **1.** figure, number **2.** (*segno di cifrario*) cipher.
cifrare *vt.* **1.** to cipher **2.** (*ricamare in cifra*) to mark.
ciglio *sm.* **1.** eyelash **2.** (*bordo*) edge.
cigno *sm.* swan.
cilecca *sf.* failure || *far* —, to miss fire, (*fig.*) to fail.
cileno *agg.* Chilean.
cilicio *sm.* **1.** hairshirt **2.** (*relig.*) cilice.
ciliegia *sf.* cherry.
ciliegio *sm.* cherry-tree.
cilindrata *sf.* (*auto*) displacement.
cilindro *sm.* **1.** (*geom.; auto*) cylinder **2.** (*cappello*) top-hat.
cima *sf.* **1.** top, summit: *in* —, at the top **2.** (*fig.*) genius.
cìmbali *sm. pl. essere in* —, to be tipsy.
cimentare *vt.* to put (*v. irr.*) to the test. ♦ **cimentarsi** *vr.* to venture upon.
cimitero *sm.* cemetery, graveyard.
cinabro *sm.* cinnabar.
cincillà *sf.* chinchilla.
cineasta *sm.* cinematographer.
cinecàmera *sf.* cine-camera.
cinedilettante *sm.* film-amateur.
cinegiornale *sm.* news-reel.
cìnema *sm.* **1.** cinema, pictures (*pl.*) **2.** (*locale*) cinema **3.** (*amer.*) movies (*pl.*).
cinemàtica *sf.* kinematics.
cinematografìa *sf.* cinematography.
cinematògrafo *sm.* cinema.
cinèreo *agg.* cinereous, ashen-grey.
cinese *agg.* e *sm.* Chinese.
cineteca *sf.* film library.
cinètica *sf.* kinetics.
cìngere *vt.* **1.** to engird **2.** (*circondare*) to surround.
cinghia *sf.* **1.** strap **2.** (*mecc.*) belt.
cinghiale *sm.* (*zool.*) wild boar.
cìnico *agg.* cynical. ♦ **cìnico** *sm.* cynic.
cinismo *sm.* cynicism.
cinocèfalo *sm.* cynocephalus (*pl.* -ali).
cinòdromo *sm.* greyhound racing-track.
cinofilìa *sf.* dog-love.
cinquanta *agg.* fifty.
cinquantenario *sm.* fiftieth anniversary.
cinque *agg.* five.
cinquecento *agg.* five hundred.
cinta *sf.* town-walls (*pl.*): *muro di* —, boundary walls.
cinto *sm.* belt. ♦ **cinto** *agg.* surrounded.
cìntola *sf.* waist: *dalla — in giù*, below the waist; *dalla — in su*, above the waist.
cintura *sf.* belt.
cinturone *sm.* belt.
ciò *pron.* that, this, it.
ciocca *sf.* (*di capelli*) lock.
cioccolata *sf.* chocolate.
cioccolatino *sm.* chocolate.
cioccolato *sm.* chocolate.
cioè *cong.* that is.
ciondolare *vi.* **1.** to dangle **2.** (*fig.*) to lounge.
ciòndolo *sm.* pendant.
ciondoloni *avv.* dangling.
ciòtola *sf.* cup, bowl.
ciòttolo *sm.* pebble.
cipolla *sf.* onion.
cipresso *sm.* cypress.
cipria *sf.* powder: *piumino per* —, powder puff.
circa *prep.* e *avv.* about, nearly || — *a*, as to.
circo *sm.* circus.

circolante *agg.* circulating: *moneta* —, currency.
circolare[1] *agg.* circular. ♦ **circolare** *sf.* circular letter.
circolare[2] *vi.* to circulate.
circolatorio *agg.* circulatory.
circolazione *sf.* **1.** circulation **2.** (*traffico*) traffic **3.** (*comm.*) currency.
cìrcolo *sm.* **1.** circle **2.** (*associazione*) club.
circoncìdere *vt.* to circumcise.
circoncisione *sf.* circumcision.
circondare *vt.* to surround (*anche fig.*).
circonferenza *sf.* circumference.
circonflesso *agg.* circumflex.
circonlocuzione *sf.* circumlocution.
circonvallazione *sf.* ring-road.
circonvenire *vt.* to circumvent.
circonvoluzione *sf.* circumvolution.
circoscrìvere *vt.* to circumscribe.
circoscrizione *sf.* **1.** circumscription **2.** (*territorio*) area.
circospetto *agg.* circumspect.
circospezione *sf.* circumspection.
circostante *agg.* **1.** surrounding **2.** (*attr.*) neighbouring.
circostanza *sf.* circumstance, occasion: *in queste circostanze,* under these circumstances; *in quella* —, on that occasion.
circostanziale *agg.* circumstantial.
circostanziare *vt.* to detail.
circuire *vt.* **1.** to surround **2.** (*fig.*) to circumvent.
circùito *sm.* circuit.
cirìllico *agg.* cyrillic.
cirrosi *sf.* cirrhosis.
cisalpino *agg.* cisalpine.
cisposo *agg.* blear.
ciste *sf.* cyst.
cisterna *sf.* **1.** cistern **2.** (*serbatoio*) tank.
cistifèllea *sf.* gall-bladder.
cistite *sf.* cystitis.
citare *vt.* **1.** (*menzionare*) to mention **2.** (*da un libro o da un discorso ecc.*) to quote **3.** (*giur.*) to summon.
citazione *sf.* **1.** (*da un discorso, un libro ecc.*) quotation **2.** (*giur.*) summons (*pl.*).
citòfono *sm.* interphone.
citologìa *sf.* (*biol.*) cytology.
citrato *sm.* citrate.
cìtrico *agg.* citric.
città *sf.* **1.** town: — *di provincia,* country town; — *natale,* home town; *gente di* —, townspeople; *vita di* —, town life **2.** (*metropoli*) city.
cittadella *sf.* **1.** citadel **2.** (*baluardo*) stronghold.
cittadina *sf.* **1.** small town **2.** (*donna che abita in città*) woman citizen.
cittadinanza *sf.* **1.** (*abitanti*) people of the city **2.** (*nazionalità*) citizenship: *diritto di* —, right of citizenship.
cittadino *sm.* **1.** (*che abita in città*) town-dweller **2.** (*che appartiene a uno stato*) citizen. ♦ **cittadino** *agg.* town.
ciuffo *sm.* **1.** forelock **2.** (*di penne, peli, erba*) tuft.
ciurma *sf.* crew.
civetta *sf.* **1.** owl **2.** (*fig.*) coquette.
civetterìa *sf.* coquetry.
cìvico *agg.* civic.
civile *agg.* **1.** civil **2.** (*che riguarda la civiltà*) civilized **3.** (*gentile*) polite **4.** (*non ecclesiastico o non militare*) civilian.
civilizzare *vt.* to civilize.
civilizzazione *sf.* civilization.
civiltà *sf.* **1.** civilization **2.** (*cortesia*) politeness.
civismo *sm.* civic virtues (*pl.*).
clamore *sm.* uproar.
clamoroso *agg.* noisy.
clandestino *agg.* clandestine, secret.
clarinetto, clarino *sm.* clarinet.
classe *sf.* class || *di* — (*qualità*), first-rate.
classicismo *sm.* classicism.
clàssico *agg.* classical. ♦ **clàssico** *sm.* classic.
classìfica *sf.* **1.** classification **2.** (*sport*) position.
classificare *vt.* to classify.
classificazione *sf.* classification.
claudicare *vi.* to limp.
clàusola *sf.* **1.** clause **2.** (*riserva*) reserve.
claustrofobìa *sf.* claustrophobia.
clava *sf.* club.
clavicémbalo *sm.* harpsichord.
clavìcola *sf.* collar-bone.
clemente *agg.* clement, mild.
clemenza *sf.* clemency, mildness.
cleptòmane *agg.* e *sm.* kleptomaniac.
cleptomanìa *sf.* kleptomania.
clericale *agg.* clerical.
clero *sm.* clergy.

cliente *sm.* **1.** customer **2.** (*di medico, avvocato*) client.
clientela *sf.* **1.** customers (*pl.*) **2.** (*di medico, avvocato*) practice **3.** (*comm.*) connection.
clima *sm.* climate.
clìnica *sf.* nursing-home.
clìnico *agg.* clinical. ♦ **clìnico** *sm* clinician.
clistere *sm.* enema.
cloaca *sf.* cloaca.
cloro *sm.* chlorine.
clorofilla *sf.* chlorophyll.
cloroformio *sm.* chloroform.
cloruro *sm.* chloride.
coabitare *vi.* to cohabit.
coabitazione *sf.* cohabitation.
coadiuvante *agg.* coadjuvant.
coadiuvare *vt.* to help.
coagulare *vt.* **1.** to coagulate **2.** (*del latte*) to curdle.
coagulazione *sf.* coagulation.
coàgulo *sm.* **1.** curd **2.** (*di sangue*) blood-clot.
coalizione *sf.* alliance, coalition.
coalizzare *vt.* to unite. ♦ **coalizzarsi** *vr.* to form a coalition.
coartare *vt.* to force.
coatto *agg.* forced: *domicilio —*, forced residence.
cobalto *sm.* cobalt.
cobelligerante *agg.* e *sm.* co-belligerent.
cobra *sm.* cobra.
cocaina *sf.* cocaine.
cocainòmane *s.* cocainist.
coccarda *sf.* cockade.
cocchiere *sm.* coachman (*pl.* -men).
cocchio *sm.* coach.
còccige *sm.* cocyx (*pl.* -yges).
coccinella *sf.* ladybird.
cocciniglia *sf.* cochineal.
coccio *sm.* **1.** (*terracotta*) crock, pot **2.** (*pezzo rotto*) fragment of pottery.
cocciutàggine *sf.* stubbornness.
cocciuto *agg.* stubborn.
cocco *sm.* **1.** (*frutto*) coconut **2.** (*albero*) coconut-tree **3.** (*fam. vezz.*) darling.
coccodrillo *sm.* crocodile.
coccolare *vt.* to pet, to fondle.
cocente *agg.* **1.** hot, scalding **2.** (*fig.*) deep, bitter.
cocòmero *sm.* water-melon.
cocùzzolo *sm.* **1.** crown **2.** (*vetta*) top.
coda *sf.* **1.** tail **2.** (*fila*) queue: *fare la —*, to queue up.
codardo *agg.* cowardly. ♦ **codardo** *sm.* coward.
codesto *agg.* **1.** that (*pl.* those) **2.** (*come « tale »*) such. ♦ **codesto** *pron.* that one (*pl.* those ones).
còdice *sm.* **1.** code: *— civile*, Civil Law **2.** (*manoscritto antico*) codex.
codificare *vt.* to codify.
coefficiente *sm.* coefficient.
coercitivo *agg.* coercive.
coercizione *sf.* compulsion.
coerente *agg.* coherent.
coerenza *sf.* coherence.
coesione *sf.* cohesion.
coesistenza *sf.* coexistence.
coesìstere *vi.* to coexist.
coetàneo *agg.* e *sm.* contemporary || *Carlo ed io siamo coetanei,* Charles and I are the same age.
cofanetto *sm.* casket: *— di gioielli*, jewel box.
còfano *sm.* **1.** coffer **2.** (*auto*) bonnet.
cògliere *vt.* **1.** to pick up, to pluck **2.** (*sorprendere*) to catch (*v. irr.*) **3.** (*colpire*) to hit (*v. irr.*) **4.** (*afferrare*) to seize: *— la palla al balzo*, to seize the opportunity.
cognata *sf.* sister-in-law.
cognato *sm.* brother-in-law.
cognizione *sf.* **1.** knowledge **2.** (*giur.*) cognizance.
cognome *sm.* surname.
coincidenza *sf.* **1.** coincidence **2.** (*ferr.*) connection.
coincìdere *vi.* to coincide, to clash.
coinvòlgere *vt.* to involve.
còito *sm.* coition.
colabrodo *sm.* strainer.
colaggio *sm.* **1.** (*di liquidi*) leakage **2.** (*metal.*) casting.
colare *vt.* **1.** to strain **2.** (*fondere*) to cast (*v. irr.*). ♦ **colare** *vi.* to drip.
colata *sf.* **1.** (*metal.*) casting **2.** (*quantità di metallo fuso*) cast **3.** (*di lava*) flow.
colato *agg.* strained, filtered.
colazione *sf.* **1.** (*del mattino*) breakfast **2.** (*di mezzogiorno*) lunch.
colbacco *sm.* busby.
colei *pron. dimostr.* **1.** (*sogg.*) she; (*ogg.*) her **2.** *— che*, she who, she whom (*sogg.*); her who, her whom (*ogg.*): *— che viene qui è mia sorella,* she who is coming here is my sister; *— che vedi è Maria,* she whom you see is Mary; *vedi — che viene?*, can you see her who is coming?; *sono stata aiutata da —*

che odiavo, I have been helped by her whom I hated.
coleòttero *sm.* coleopter.
colera *sm.* cholera.
colesterolo *sm.* cholesterol.
còlica *sf.* colic.
colino *sm.* strainer.
colite *sf.* colitis.
colla *sf.* glue || — *di farina,* paste.
collaborare *vi.* to collaborate.
collaboratore *sm.* collaborator.
collaborazione *sf.* collaboration.
collaborazionismo *sm.* collaborationism.
collaborazionista *sm.* collaborationist.
collana *sf.* **1.** necklace **2.** (*raccolta*) collection **3.** (*di libri*) series.
collare *sm.* collar.
collasso *sm.* breakdown: — *cardiaco,* heart failure.
collaterale *agg.* collateral.
collaudare *vt.* to test.
collaudatore *sm.* **1.** tester **2.** (*aer.*) test pilot **3.** (*auto*) test-driver.
collàudo *sm.* test: *fare un — di qc.,* to put (*v. irr.*) sthg. to the test.
collazionare *vt.* to collate.
colle *sm.* hill.
collega *sm.* colleague.
collegamento *sm.* **1.** connection **2.** (*mecc.*) linkwork || *essere in —,* to be in touch.
collegare *vt.* to connect, to link.
collegiale *agg.* collegial. ♦ **collegiale** *sm.* boarder.
collegio *sm.* **1.** college **2.** (*scuola con convitto*) boarding-school.
còllera *sf.* anger || *essere in —,* to be angry.
collèrico *agg.* hot-tempered.
colletta *sf.* collection.
collettivismo *sm.* collectivism.
collettività *sf.* collectivity.
collettivizzare *vt.* to collectivize.
collettivizzazione *sf.* collectivization.
collettivo *agg.* collective.
colletto *sm.* collar.
collettore *agg.* collecting. ♦ **collettore** *sm.* **1.** (*esattore; raccoglitore*) collector **2.** (*mecc.*) manifold **3.** (*elettr.*) commutator.
collezionare *vt.* to collect.
collezione *sf.* collection.
collezionista *sm.* collector.
collimare *vi.* **1.** (*essere d'accordo*) to agree (with) **2.** (*coincidere*) to coincide.
collina *sf.* hill.
collinoso *agg.* hilly.
collirio *sm.* eye-wash.
collisione *sf.* collision (*anche fig.*), impact.
collo *sm.* **1.** neck: *allungare il —,* to crane one's neck || *a rotta di —,* at breakneck speed; *tra capo e —,* unexpectedly **2.** (*pacco*) parcel, package.
collocamento *sm.* **1.** placing **2.** (*impiego*) employment || *agenzia di —,* employment bureau **3.** (*comm.*) disposal.
collocare *vt.* **1.** to place **2.** (*impiegare*) to employ **3.** (*comm.*) to sell (*v. irr.*), to dispose (of sthg.). ♦ **collocarsi** *vr.* **1.** to place oneself **2.** (*impiegarsi*) to get a situation.
collocazione *sf.* **1.** placing **2.** (*comm.*) sale **3.** (*di libri in biblioteche*) press-mark.
colloidale *agg.* colloidal.
colloquio *sm.* **1.** conversation, talk **2.** (*intervista*) interview.
collusione *sf.* collusion.
colluttazione *sf.* scuffle: *venire a —,* to come (*v. irr.*) to grips.
colmare *vt.* **1.** to fill up **2.** (*fig.*) to fill, to overwhelm.
colmo *agg.* full, brimful. ♦ **colmo** *sm.* top, summit, climax || *per — di sfortuna,* as a crowning misfortune; *è il —!,* that beats everything.
colomba *sf.* dove.
colombaia *sf.* dove-cot.
colombo *sm.* pigeon: — *viaggiatore,* carrier-pigeon.
colonia *sf.* colony.
coloniale *agg.* colonial.
colonialismo *sm.* colonialism.
colonialista *sm.* colonialist.
colonizzare *vt.* to colonize.
colonizzatore *sm.* colonizer.
colonizzazione *sf.* colonization.
colonna *sf.* column (*anche fig.*), pillar || — *d'acqua,* fall of water.
colonnato *sm.* colonnade.
colonnello *sm.* colonel.
colono *sm.* **1.** farmer **2.** (*abitante di una colonia*) settler.
colorante *agg.* colouring. ♦ **colorante** *sm.* dye.
colorare *vt.* to colour. ♦ **colorarsi** *vr.* **1.** to colour **2.** (*di persona*) to blush, to flush.
colorazione *sf.* colouring.

colore *sm.* **1.** colour || *biancheria di —*, coloured linen; *gente di —*, coloured people; *colori a olio*, oil-paints **2.** (*aspetto*) look.
colorire *vt.* to colour.
colorito *sm.* complexion.
coloritura *sf.* colouring.
coloro *pron. dimostr.* **1.** they (*sogg.*); them (*compl.*) **2.** *— che*, they who, they whom (*sogg.*); them who, them whom (*compl.*): *— studiano saranno premiati*, they who study will be given a prize; *— tu vedi sono i miei amici*, they whom you see are my friends; *amerò sempre — mi amano*, I shall always love them who love me; *ti presenterò a — hai visto ieri*, I shall introduce you to them whom you saw yesterday.
colossale *agg.* colossal.
colosso *sm.* colossus (*pl.* -si).
colpa *sf.* **1.** fault **2.** (*colpevolezza*) guilt.
colpévole *agg.* guilty.
colpevolezza *sf.* guilt, guiltiness.
colpire *vt.* **1.** to hit (*v. irr.*), to strike (*v. irr.; anche fig.*) **2.** (*di arma da fuoco*) to shoot (*v. irr.*).
colpo *sm.* **1.** blow, stroke (*anche fig.*): *— di fortuna*, stroke of luck; *— apoplettico*, stroke of apoplexy || *— d'aria*, draught; *a — d'occhio*, at a glance; *a — sicuro*, without any risk; *senza — ferire*, without resistance **2.** (*di arma da fuoco*) shot.
colposo *agg.* unpremeditated: *omicidio —*, manslaughter.
coltellata *sf.* stab.
coltello *sm.* knife: *— a serramanico*, jack-knife; *affilare un —*, to sharpen a knife.
coltivàbile *agg.* cultivable.
coltivare *vt.* to cultivate (*anche fig.*), to till, to farm.
coltivatore *sm.* **1.** tiller, farmer **2.** (*di patate, tabacco ecc.*) grower.
coltivazione *sf.* **1.** tilling, farming **2.** (*di patate, tabacco ecc.*) growing.
colto *agg.* (*istruito*) learned.
coltre *sf.* blanket, coverlet.
colui *pron. dimostr.* **1.** he (*sogg.*) him (*compl.*) **2.** *— che*, he who, he whom (*sogg.*); him who, him whom (*compl.*): *— che ti ha salutato è mio fratello*, he who has greeted you is my brother; *— che vedesti ieri è un mio vecchio amico*, he whom you saw yesterday is an old friend of mine; *daranno il premio a — che studierà*, they will give the prize to him who studies; *fui aiutata da — che avevo aiutato*, I was helped by him whom I had helped.
coma *sm.* coma.
comandamento *sm.* **1.** command, precept **2.** (*relig.*) commandment.
comandante *sm.* commander.
comandare *vt.* **1.** to order, to command **2.** (*essere al comando*) to command, to be in command of.
comando *sm.* **1.** (*ordine*) order **2.** (*autorità*) command **3.** (*sede del comandante*) headquarters (*pl.*).
comatoso *agg.* comatose.
combaciare *vi.* to fit together.
combattente *sm.* **1.** fighting man **2.** (*soldato*) soldier, service man.
combattentìstico *agg.* soldier (like) (*attr.*).
combàttere *vt.* e *vi.* to fight (*v. irr.*) (*anche fig.*).
combattimento *sm.* **1.** combat, fight, battle **2.** (*boxe*) match.
combattività *sf.* pugnacity.
combattivo *agg.* pugnacious.
combinare *vt.* **1.** to combine **2.** (*di colori*) to match **3.** (*concludere*) to conclude **4.** (*progettare*) to plan.
combinazione *sf.* **1.** combination **2.** (*sistemazione*) arrangement **3.** (*caso, coincidenza*) chance, coincidence.
combrìccola *sf.* **1.** band **2.** (*comitiva*) party.
combustìbile *agg.* combustible. ♦ **combustìbile** *sm.* fuel.
combustione *sf.* combustion.
combutta *sf.* **1.** gang: *essere in —*, to be hand in glove **2.** (*congiura*) plot.
come *avv.* **1.** (*simile a*) like: *è proprio — suo padre*, he is just like his father **2.** (*in qualità di, modale*) as: *ti parlo — amico*, I am speaking to you as a friend **3.** (*in comp.*) as ... as; so ... as: *Carlo è studioso — me*, Charles is as studious as I; *Carlo non è studioso — me*, Charles is not so studious as I **4.** (*int.*) how: *— va?*, How are you? **5.** (*escl.*) how: *— è interessante questo libro!*, How interesting this book is! ♦ **come** *prep.* **1.** (*tempo-*

rale) as, as soon as: — *sentii la sua voce lo riconobbi*, as soon as I heard his voice I recognized him **2.** (*come se*) as if: *mi guarda — se mi conoscesse*, he is looking at me as if he knew me || — *Dio volle*, in God's good time; — *segue*, as follows; — *d'accordo*, as agreed.
cometa *sf.* comet.
comicità *sf.* comicality.
còmico *agg.* comical, funny. ♦ **còmico** *sm.* comedian.
comìgnolo *sm.* chimney-pot.
cominciare *vt.* to begin (*v. irr.*), to start.
comitato *sm.* committee.
comitiva *sf.* party, company.
comizio *sm.* meeting.
comma *sm.* paragraph.
commedia *sf.* **1.** comedy, play **2.** (*fig.*) pretence || *recitare la* —, to play a part.
commediante *sm.* **1.** player **2.** (*fig.*) shammer.
commediògrafo *sm.* playwright.
commemorare *vt.* to commemorate.
commemorativo *agg.* memorial.
commemorazione *sf.* commemoration.
commendàbile *agg.* commendable.
commendatizia *sf.* letter of recommendation.
commensale *sm.* table-companion.
commentare *vt.* to comment (on).
commentario *sm.* (*lett.*) commentary.
commentatore *sm.* commentator.
commento *sm.* commentary.
commerciàbile *agg.* negotiable.
commerciale *agg.* commercial.
commercializzare *vt.* to commercialize.
commerciante *sm.* **1.** trader **2.** (*uomo d'affari*) business-man (*pl.* -men) || — *all'ingrosso*, wholesale dealer; — *al minuto*, retailer.
commerciare *vi.* to trade, to deal (*v. irr.*) (in).
commercio *sm.* **1.** commerce, trade **2.** (*affari*) business || — *all'ingrosso*, wholesale trade; — *al minuto*, retail trade; — *d'importazione, esportazione*, import, export trade; *essere in* —, to be on sale; *essere fuori* —, to be out of sale; *essere in* — (*di un commerciante*), to be in business.
commessa *sf.* shop assistant, shop-girl.
commesso *sm.* clerk, shopman (*pl.* -men), shop assistant || — *viaggiatore*, commercial traveller.
commestìbile *agg.* eatable. ♦ **commestìbili** *sm. pl.* foodstuffs.
commèttere *vt.* **1.** to commit, to do (*v. irr.*), to make (*v. irr.*) **2.** (*ordinare*) to order.
commiato *sm.* **1.** (*preso*) leave **2.** (*dato*) dismissal.
commilitone *sm.* fellow-soldier.
comminatoria *sf.* commination.
comminatorio *agg.* comminatory.
commiserare *vt.* to pity.
commiserazione *sf.* pity.
commissariato *sm.* **1.** (*carica di commissario*) commissaryship **2.** (*ufficio*) commissary's office.
commissario *sm.* commissary.
commissionare *vt.* (*comm.*) to order.
commissionario *sm.* (*comm.*) commission agent.
commissione *sf.* **1.** errand: *fare una* —, to go (*v. irr.*) on an errand **2.** (*comm.*) commission, order **3.** (*comitato*) commission, committee.
commisurare *vt.* to compare.
committente *sm.* purchaser, buyer.
commosso *agg.* moved, affected.
commovente *agg.* moving, touching, affecting.
commozione *sf.* **1.** emotion **2.** (*med.*) concussion: — *cerebrale*, concussion of the brain.
commuòvere *vt.* to move, to touch. ♦ **commuòversi** *vr.* to be moved.
commutàbile *agg.* commutable.
commutare *vt.* to commute.
commutativo *agg.* commutative.
commutatore *sm.* commutator.
comò *sm.* chest of drawers.
comodino *sm.* night-table.
comodità *sf.* convenience, comfort.
còmodo *agg.* **1.** useful **2.** (*conveniente*) convenient **3.** (*confortevole*) comfortable **4.** (*maneggevole*) handy.
compagnìa *sf.* **1.** company: *tener* —, to keep (*v. irr.*) company **2.** (*gruppo di persone*) party **3.** (*società*) company.
compagno *sm.* companion, mate, comrade || — *di giuochi*, playmate; — *di stanza*, room-mate; — *di studi*, fellow-student.

compagnone *sm.* jolly good fellow.
comparàbile *agg.* comparable.
comparare *vt.* to compare.
comparativo *agg.* (*gramm.*) comparative.
comparato *agg.* comparative.
compare *sm.* **1.** (*compagno*) comrade, partner **2.** (*padrino*) godfather **3.** (*testimone di matrimonio*) witness **4.** (*complice*) accomplice.
comparire *vi.* **1.** to appear **2.** (*sembrare*) to show (*v. irr.*) oneself **3.** (*far bella mostra*) to show (*v. irr.*) off.
comparizione *sf.* appearance: (*giur.*) *mandato di* —, summons.
comparsa *sf.* **1.** appearance **2.** (*teat.; cine*) supernumerary **3.** (*giur.*) appearance.
compartecipare *vi.* to share in.
compartimento *sm.* **1.** compartment **2.** (*circoscrizione*) department.
compartizione *sf.* distribution.
compassato *agg.* **1.** stiff, formal **2.** (*di discorso*) restrained.
compassione *sf.* pity, commiseration.
compasso *sm.* compasses (*pl.*).
compatìbile *agg.* consistent.
compatibilità *sf.* consistency.
compatimento *sm.* pity, compassion.
compatire *vt.* to pity.
compatriota *sm.* fellow-countryman (*pl.* -men). ♦ **compatriota** *sf.* fellow-countrywoman (*pl.* -women).
compattezza *sf.* **1.** compactness **2.** (*di associazione, partito*) unity.
compatto *agg.* compact, solid.
compendiare *vt.* to abridge, to sum up.
compendio *sm.* **1.** abridgement, summary.
compenetrare *vt.* to penetrate.
compensàbile *agg.* remunerable.
compensare *vt.* **1.** to compensate **2.** (*ricompensare*) to reward.
compensato *sm.* ply-wood.
compensazione *sf.* **1.** compensation, indemnity **2.** (*comm.*) clearing.
compenso *sm.* **1.** compensation **2.** (*rimunerazione*) reward, retribution.
còmpera *sf.* purchase.
competente *agg.* competent.
competenza *sf.* **1.** competence **2.** (*onorario*) fee.
compètere *vi.* **1.** (*gareggiare*) to vie **2.** (*spettare*) to be due, to belong.
competitivo *agg.* competitive.
competitore *sm.* competitor, rival.
competizione *sf.* competition.
compiacente *agg.* obliging.
compiacenza *sf.* **1.** kindness **2.** (*soddisfazione*) satisfaction.
compiacere *vt.* to please, to gratify. ♦ **compiacersi** *vr.* **1.** to be pleased (with), to congratulate **2.** (*degnarsi*) to condescend.
compiacimento *sm.* **1.** satisfaction **2.** (*congratulazione*) congratulation.
compiàngere *vt.* **1.** to pity, to sympathize (with) **2.** (*disprezzare*) to despise.
compianto *agg.* regretted. ♦ **compianto** *sm.* regret.
còmpiere *vt.* **1.** (*finire*) to finish **2.** (*eseguire*) to accomplish **3.** (*adempiere*) to do (*v. irr.*): — *il proprio dovere*, to do one's duty **4.** (*di età*) *ho compiuto 30 anni*, I am now 30 years old.
compilare *vt.* to compile: — *un documento*, to draw (*v. irr.*) up a document; — *una lista*, to make (*v. irr.*) a list.
compilazione *sf.* **1.** compilation **2.** (*comm.*) drawing up.
compimento *sm.* **1.** (*il compire*) completion **2.** (*conclusione*) achievement.
compitare *vt.* to spell (*v. irr.*).
compitezza *sf.* politeness, refinement.
compito *agg.* polite.
còmpito *sm.* **1.** task, duty **2.** (*scolastico, a casa*) homework; (*a scuola*) class-work.
compiutamente *avv.* completely.
compiutezza *sf.* completeness.
compiuto *agg.* complete.
compleanno *sm.* birthday: *buon* —*!*, happy birthday!.
complementare *agg.* complementary.
complemento *sm.* **1.** complement **2.** (*gramm.*) — *indiretto*, indirect object **3.** (*mil.*) *truppe di* —, reserve.
complessato *agg.* neurotic.
complessione *sf.* constitution.
complessità *sf.* complexity.
complessivamente *avv.* on the whole.
complessivo *agg.* total, inclusive.
complesso *agg.* complex, compli-

cated. ♦ **complesso** *sm.* **1.** whole **2.** (*industriale*) plant, set **3.** (*mus.*) band.
completamente *avv.* completely.
completare *vt.* to complete, to finish.
completezza *sf.* completeness.
completo *agg.* **1.** complete, whole **2.** (*pieno*) full. ♦ **completo** *sm.* (*vestito*) suit.
complicare *vt.* to complicate.
complicato *agg.* complicated.
complicazione *sf.* complication: *salvo complicazioni*, if no complications set in.
còmplice *s.* accomplice.
complicità *sf.* accomplicity.
complimentare *vt.* to compliment. ♦ **complimentarsi** *vr.* to congratulate (so.).
complimento *sm.* **1.** compliment **2.** (*congratulazione*) congratulation.
complottare *vi.* to plot.
complotto *sm.* plot, conspiracy.
compluvio *sm.* (*arch.*) compluvium (*pl.* -ia).
componente *agg.* component. ♦ **componente** *sm.* **1.** member **2.** (*chim.*) component.
componimento *sm.* **1.** (*lett.; mus.; scol.*) composition **2.** (*giur.*) settlement.
comporre *vt.* **1.** to compose: — *una poesia*, to write (*v. irr.*) a poem; — *un numero telefonico*, to dial a number **2.** (*chim.*) to compound **3.** (*assestare*) to arrange.
comportamento *sm.* behaviour.
comportare *vt.* to involve, to require. ♦ **comportarsi** *vr.* to behave (oneself).
compòsito *agg.* composite.
compositore *sm.* **1.** (*mus.*) composer **2.** (*tip.*) compositor.
composizione *sf.* **1.** composition **2.** (*conciliazione*) composition, agreement **3.** (*tip.*) composing.
composta *sf.* compote.
compostezza *sf.* **1.** composure **2.** (*dignità*) self-respect.
composto *agg.* **1.** compound **2.** (*ordinato*) tidy **3.** (*calmo*) calm || *stare* —, to sit (*v. irr.*) still. ♦ **composto** *sm.* compound.
comprare *vt.* **1.** to buy (*v. irr.*): — *a credito*, to buy on credit; — *per contanti*, to buy for cash; — — *all'ingrosso*, to buy wholesale **2.** (*corrompere*) to bribe.
compratore *sm.* buyer, purchaser.
compravéndita *sf.* marketing.
comprèndere *vt.* **1.** (*includere*) to include, to take (*v. irr.*) in **2.** (*capire*) to understand (*v. irr.*) **3.** (*rendersi conto*) to realize.
comprensìbile *agg.* intelligible.
comprensibilità *sf.* intelligibility.
comprensione *sf.* **1.** comprehension, understanding **2.** (*compassione*) sympathy.
comprensivo *agg.* **1.** comprehensive **2.** (*che capisce*) comprehending **3.** (*che prova simpatia*) sympathetic.
compressa *sf.* **1.** tablet **2.** (*di garza*) compress.
compressibilità *sf.* compressibility.
compressione *sf.* compression.
comprìmere *vt.* **1.** to compress **2.** (*fig.*) to restrain, to repress.
compromesso *sm.* compromise.
compromettente *agg.* compromising.
comprométtere *vt.* to compromise, to involve.
comproprietà *sf.* joint ownership.
comproprietario *sm.* joint owner.
comprovare *vt.* to prove.
compunto *agg.* filled with compunction, contrite.
computare *vt.* to compute.
computisterìa *sf.* book-keeping.
còmputo *sm.* reckoning.
comunale *agg.* communal, municipal.
comunardo *sm.* (*stor.*) Communard.
comune[1] *agg.* **1.** common **2.** (*abituale*) frequent, usual.
comune[2] *sm.* **1.** commune **2.** (*edificio*) Town Hall.
comunella *sf.* cabal: *far — con qu.*, to consort.
comunemente *avv.* commonly, usually.
comunicàbile *agg.* communicable.
comunicabilità *sf.* communicability.
comunicante *agg.* communicating.
comunicare *vt.* **1.** to communicate, to transmit **2.** (*relig.*) to communicate. ♦ **comunicarsi** *vr.* to receive Holy Communion.
comunicativa *sf.* communicativeness.
comunicativo *agg.* communicative.
comunicato *sm.* bulletin.
comunicazione *sf.* communication.
comunione *sf.* **1.** communion: —

di idee, similarity of ideas **2.** (*relig.*) Holy Communion.
comunismo *sm.* communism.
comunista *s.* communist.
comunità *sf.* community.
comunque *avv.* however, anyhow.
con *prep.* **1.** (*compagnia, unione, strumento*) with: *venne — me*, he came with me; *scrivo — questa penna*, I write with this pen **2.** (*stato, condizione*) in: *— il freddo sto meglio*, in cold weather I feel better **3.** (*mezzo di trasporto*) by: *arriverò col treno delle 3*, I shall arrive by the three o'clock train **4.** (*per mezzo di*) by means of.
conato *sm.* effort || *avere conati di vomito*, to feel (*v. irr.*) sick.
conca *sf.* **1.** basin, pot **2.** (*valle*) valley.
concatenamento *sm.* concatenation.
concatenare *vt.* to concatenate.
concatenazione *sf.* concatenation.
còncavo *agg.* concave, hollow.
concèdere *vt.* **1.** to grant, to bestow **2.** (*permettere*) to allow.
concentramento *sm.* concentration: *campo di —*, concentration camp.
concentrare *vt.* to concentrate. ♦ **concentrarsi** *vr.* to concentrate.
concentrato *agg.* concentrated. ♦ **concentrato** *sm.* concentrated food.
concentrazione *sf.* concentration.
concèntrico *agg.* concentric.
concepìbile *agg.* conceivable.
concepimento *sm.* conception.
concepire *vt.* **1.** to conceive **2.** (*nutrire speranze, timori*) to entertain **3.** (*formulare*) to express.
concerìa *sf.* tannery.
concèrnere *vt.* to concern, to relate to.
concertare *vt.* **1.** (*mus.*) to harmonize **2.** (*stabilire*) to plan, to arrange.
concertato *agg.* concerted (*anche mus.*), arranged.
concertista *s.* concert artist.
concertìstico *agg.* concert.
concerto *sm.* concert.
concessionario *sm.* concessionary agent.
concessione *sf.* **1.** concession **2.** (*permesso*) permission.
concetto *sm.* concept.
concettuale *agg.* conceptual.
concezionale *agg.* conceptional.
concezione *sf.* conception.
conchiglia *sf.* shell.
concia *sf.* **1.** (*di pelli*) tanning **2.** (*di tabacco*) curing.
conciare *vt.* **1.** (*pelli*) to tan **2.** (*tabacco*) to cure **3.** (*fig.*) to ill-treat **4.** (*insudiciare*) to soil. ♦ **conciarsi** *vr.* to get (*v. irr.*) dirty.
conciatore *sm.* tanner.
conciatura *sf.* tanning.
conciliàbile *agg.* compatible, consistent.
conciliabilità *sf.* compatibility.
conciliàbolo *sm.* conventicle, secret talk.
conciliante *agg.* conciliatory.
conciliare *vt.* **1.** to reconcile **2.** (*procacciare*) to win (*v. irr.*), to gain. ♦ **conciliarsi** *vr.* to win (*v. irr.*).
conciliare *agg.* conciliar.
conciliatore *agg.* conciliatory. ♦ **conciliatore** *sm.* peacemaker || *giudice —*, Justice of the Peace.
conciliazione *sf.* conciliation.
concilio *sm.* Council.
concimaia *sf.* dung-hill, dung-pit.
concimare *vt.* to dung.
concimazione *sf.* dunging.
concime *sm.* **1.** (*organico*) dung **2.** (*chimico*) fertilizer.
concio *sm.* dung.
concionare *vi.* to harangue.
concione *sf.* harangue.
concisione *sf.* concision.
conciso *agg.* concise, brief.
concistoro *sm.* (*eccl.*) concistory.
concitare *vt.* to excite, to stir (up).
concitazione *sf.* excitement, agitation.
concittadino *sm.* fellow-citizen.
conclamare *vt.* to acclaim.
conclave *sm.* (*eccl.*) conclave.
concludente *agg.* **1.** conclusive **2.** (*di persona*) energetic.
conclùdere *vt.* **1.** to conclude, to finish **2.** (*dedurre*) to infer **3.** (*fare*) to do (*v. irr.*).
conclusionale *sf.* (*giur.*) pleadings (*pl.*).
conclusione *sf.* **1.** conclusion **2.** (*risultato*) issue, result.
conclusivo *agg.* conclusive.
concomitante *agg.* concomitant.
concomitanza *sf.* concomitance.
concordanza *sf.* agreement.
concordare *vi.* to agree. ♦ **concordare** *vt.* **1.** to agree upon **2.**

(*mettere d'accordo*) to reconcile **3.** (*gramm.*) to put (*v. irr.*) in concord.

concordatario *agg.* **1.** (*eccl.*) of concordat **2.** (*giur.; comm.*) composition.

concordato *sm.* **1.** convention **2.** (*eccl.*) concordat **3.** (*giur.; comm.*) agreement, composition.

concorde *agg.* concordant, agreeing: *volontà* —, unanimous will.

concordemente *avv.* concordantly.

concordia *sf.* concord, agreement.

concorrente *agg.* **1.** concurrent **2.** (*rivale*) competing. ♦ **concorrente** *sm.* **1.** candidate **2.** (*rivale*) competitor.

concorrenza *sf.* **1.** (*affluenza*) concourse **2.** (*comm.*) competition || *fare* —, to compete with; — *sleale*, unfair competition.

concorrenziale *agg.* competitive.

concòrrere *vi.* **1.** to come (*v. irr.*) together **2.** (*contribuire*) to concur, to contribute **3.** (*partecipare*) to share in **4.** (*mettersi in gara*) to compete.

concorso *sm.* **1.** (*affluenza*) rush, crowd, concourse **2.** (*gara*) competition **3.** (*sport*) contest.

concretare *vt.* **1.** to make (*v. irr.*) concrete **2.** (*concludere*) to realize.

concretezza *sf.* concreteness.

concreto *agg.* **1.** concrete, real **2.** (*solido*) solid.

concrezione *sf.* concretion.

concubina *sf.* concubine.

concubinaggio, concubinato *sm.* concubinage.

conculcare *vt.* to trample on.

concupire *vt.* to covet, to lust after.

concupiscenza *sf.* concupiscence, lust.

concussione *sf.* (*giur.*) concussion.

condanna *sf.* **1.** condemnation **2.** (*sentenza*) sentence: — *a morte*, death sentence **3.** (*pena*) penalty.

condannàbile *agg.* condemnable.

condannare *vt.* **1.** to sentence **2.** (*fig.*) to condemn **3.** (*riprovare*) to blame.

condannato *agg.* sentenced. ♦ **condannato** *sm.* condemned man.

condensàbile *agg.* condensable.

condensabilità *vt.* condensability.

condensazione *sf.* condensation.

condensare *vt.* to condense.

condensatore *sm.* condenser.

condimento *sm.* seasoning, dressing.

condire *vt.* to season; (*anche fig.*) to flavour.

condirettore *sm.* joint manager.

condiscendente *agg.* complying.

condiscendenza *sf.* **1.** compliance **2.** (*degnazione*) condescension.

condiscèndere *vi.* **1.** to comply with **2.** (*degnarsi*) to condescend.

condiscépolo *sm.* schoolfellow.

condivìdere *vt.* to share (*anche fig.*).

condizionale *agg.* e *sm.* conditional. ♦ **condizionale** *sf.* (*giur.*) conditional sentence.

condizionamento *sm.* conditioning.

condizionare *vt.* to condition.

condizione *sf.* **1.** condition: *a — che*: on condition that **2.** (*ceto*) rank, station.

condoglianza *sf.* condolence.

condominio *sm.* joint ownership.

condòmino *sm.* joint-owner.

condonare *vt.* to remit.

condono *sm.* remission.

condotta *sf.* **1.** conduct, behaviour.

condotto *agg.* *medico* —, doctor employed by the local authority. ♦ **condotto** *sm.* **1.** conduit, pipeline **2.** (*anat.*) duct.

conducente *sm.* driver.

conducibilità *sf.* (*fis.*) conductibility.

condurre *vt.* **1.** (*guidare*) to lead (*v. irr.*) **2.** (*accompagnare*) to take (*v. irr.*) **3.** (*governare, trattare*) to manage: — *i propri affari*, to manage one's business **4.** (*vivere*) to lead (*v. irr.*): — *una vita triste*, to lead a sad life. ♦ **condurre** *vi.* to lead (*v. irr.*): *questa strada conduce a Milano*, this route leads to Milan. ♦ **condursi** *vr.* to behave.

conduttività *sf.* conductivity.

conduttivo *agg.* conducting.

conduttore *agg.* conducting. ♦ **conduttore** *sm.* **1.** leader, guide **2.** (*di veicoli*) driver **3.** (*fis.*) conductor.

conduttura *sf.* **1.** duct, conduit **2.** (*di tubazioni*) piping.

conduzione *sf.* **1.** management **2.** (*fis.*) conduction.

confabulare *vi.* to confabulate.

confacente *agg.* suitable, proper.

confarsi *vr.* to suit, to become (*v. irr.*).

confederale *agg.* confederal.

confederare *vt.* to confederate.

confederazione *sf.* **1.** Confederation **2.** (*alleanza*) confederacy.
conferenza *sf.* **1.** lecture **2.** (*assemblea*) conference.
conferenziere *sm.* lecturer.
conferimento *sm.* bestowal.
conferire *vt.* to confer, to bestow. ♦ **conferire** *vi.* **1.** to have an interview **2.** (*giovare*) to be useful.
conferma *sf.* confirmation.
confermare *vt.* to confirm. ♦ **confermarsi** *vr.* to prove oneself.
confermazione *sf.* confirmation.
confessare *vt.* **1.** to confess **2.** (*riconoscere, ammettere*) to admit. ♦ **confessarsi** *vr.* (*eccl.*) to go (*v. irr.*) to confession.
confessionale *agg.* confessional. ♦ **confessionale** *sm.* confessional.
confessione *sf.* **1.** confession **2.** (*ammissione*) admission **3.** (*memorie*) memoirs (*pl.*).
confessore *sm.* confessor.
confetterìa *sf.* confectionery.
confettiere *sm.* confectioner.
confetto *sm.* comfit.
confettura *sf.* **1.** (*confetti*) sweetmeats (*pl.*) **2.** (*marmellata*) jam || — *d'arance*, marmalade.
confezionare *vt.* **1.** to make (*v. irr.*) up **2.** (*di piatti*) to prepare **3.** (*di pacchi*) to pack up.
confezione *sf.* **1.** manufacture **2.** (*preparazione*) preparation **3.** (*pl.*) (*abiti*) ready-to-wear clothes **4.** (*imballaggio*) packing.
conficcare *vt.* to hammer, to drive (*v. irr.*). ♦ **conficcarsi** *vr.* to run (*v. irr.*) into.
confidare *vt.* to confide. ♦ **confidare** *vi.* **1.** to confide, to trust **2.** (*fare assegnamento*) to rely (on).
confidente *agg.* trustful. ♦ **confidente** *sm.* **1.** confidant **2.** (*di polizia*) police spy.
confidenza *sf.* **1.** (*fiducia*) confidence **2.** (*cosa confidata*) secret **3.** (*familiarità*) familiarity || *essere in — con qu.*, to be on familiar terms with so.
confidenziale *agg.* confidential: *strettamente* —, strictly confidential.
confidenzialmente *avv.* confidentially.
configgere *vt.* to drive (*v. irr.*) in.
configurare *vt.* to configure, to shape.
configurazione *sf.* configuration, shape.
confinante *agg.* **1.** neighbouring **2.** (*fig.*) bordering.
confinare *vi.* to border on. ♦ **confinare** *vt.* **1.** to banish **2.** (*fig.*) to confine.
confinario *agg.* border.
confinato *agg.* interned.
confine *sm.* **1.** border, frontier **2.** (*fig.*) limit, boundary.
confino *sm.* internment, political confinement.
confisca *sf.* confiscation.
confiscàbile *agg.* confiscable.
confiscare *vt.* to confiscate.
confitto *agg.* **1.** nailed, driven in **2.** (*fig.*) fixed.
conflagrare *vi.* to break (*v. irr.*) out.
conflagrazione *sf.* **1.** conflagration **2.** (*fig.*) sudden out-break (of war).
conflitto *sm.* **1.** conflict **2.** (*fig.*) clash.
confluente *sm.* confluent.
confluenza *sf.* confluence.
confluire *vi.* to flow together.
confòndere *vt.* **1.** to confuse **2.** (*scambiare una persona per un'altra*) to mistake (*v. irr.*) **3.** (*turbare*) to confound. ♦ **confòndersi** *vr.* **1.** to get (*v. irr.*) mixed up **2.** (*mescolarsi*) to mingle **3.** (*turbarsi*) to be disconcerted.
confondìbile *agg.* liable to be confused.
conformare *vt.* to conform. ♦ **conformarsi** *vr.* to conform.
conformato *agg.* shaped.
conformazione *sf.* conformation.
conforme *agg.* **1.** conforming **2.** (*simile*) similar **3.** (*fedele*) true || — *a*, in conformity with. ♦ **conforme a** *loc. avv.* in conformity with.
conformismo *sm.* time-serving.
conformista *s.* **1.** time-server **2.** (*relig.*) conformist.
conformìstico *agg.* conformist.
conformità *sf.* conformity.
confortàbile *agg.* consolable.
confortante *agg.* consoling.
confortare *vt.* **1.** to comfort **2.** (*incoraggiare*) to encourage.
confortatore *agg.* comforting. ♦ **confortatore** *sm.* comforter.
confortatorio *agg.* comforting.
confortévole *agg.* **1.** comforting **2.** (*comodo*) comfortable.

confortevolmente *avv.* comfortably.
conforto *sm.* **1.** comfort, solace **2.** (*incoraggiamento*) encouragement.
confratello *sm.* brother (*pl.* brethren).
confratèrnita *sf.* brotherhood.
confrontàbile *agg.* comparable.
confrontare *vt.* **1.** to compare **2.** (*giur.*) to confront.
confronto *sm.* **1.** comparison **2.** (*giur.*) confrontation || *nei confronti di*, to, towards; *in — a*, in comparison with.
confucianésimo *sm.* confucianism.
confusamente *avv.* confusedly.
confusionario *agg.* blundering, unmethodical. ♦ **confusionario** *sm.* bungler, muddler.
confusione *sf.* confusion, medley.
confusionismo *sm.* general confusion.
confuso *agg.* **1.** confused, mixed, vague **2.** (*indistinto*) indistinct **3.** (*imbarazzato*) embarrassed.
confutàbile *agg.* confutable.
confutare *vt.* to confute.
confutazione *sf.* confutation.
congedare *vt.* **1.** to dismiss **2.** (*mil.*) to discharge. ♦ **congedarsi** *vr.* to take (*v. irr.*) one's leave.
congedato *sm.* dischargee.
congedo *sm.* **1.** (*commiato*) leave **2.** (*mil.*) leave, discharge || *essere in —*, to be on leave.
congegnare *vt.* **1.** (*mecc.*) to assemble **2.** (*fig.*) to devise.
congegno *sm.* **1.** device, gear **2.** (*fig.*) device, scheme.
congelamento *sm.* **1.** freezing **2.** (*med.*) congelation.
congelare *vt.* to freeze (*v. irr.*), to congeal.
congelato *agg.* congealed, frozen (*anche comm.*).
congelatore *sm.* freezer.
congènere *agg.* **1.** akin (*attr.*) **2.** similar (*pred.*).
congeniale *agg.* congenial.
congènito *agg.* congenital, innate.
congestionare *vt.* to congest.
congestionato *agg.* congested: *viso —*, flushed face.
congestione *sf.* congestion.
congettura *sf.* conjecture, supposition.
congetturare *vt.* to conjecture.
congiùngere *vt.* **1.** to join **2.** (*collegare*) to connect.
congiuntiva *sf.* conjunctiva.
congiuntivite *sf.* conjunctivitis.
congiuntivo *agg.* conjunctive. ♦ **congiuntivo** *sm.* (*gramm.*) subjunctive.
congiunto *agg.* **1.** joined, united **2.** (*collegato*) connected. ♦ **congiunto** *sm.* relative.
congiuntura *sf.* **1.** point of junction **2.** (*circostanza, situazione*) circumstance, situation **3.** (*econ.*) trend, trade cycle.
congiunzione *sf.* **1.** connection **2.** (*gramm.; astr.*) conjunction.
congiura *sf.* conspiracy, plot.
congiurare *vi.* to conspire, to plot.
congiurato *sm.* conspirator, plotter.
conglobamento *sm.* conglobation.
conglobare *vt.* **1.** to conglobate **2.** (*di tasse, debiti ecc.*) to combine.
conglobazione *sf.* conglobation.
conglomerato *sm.* **1.** (*geol.*) conglomerate **2.** (*etnico; pol.*) grouping.
congratularsi *vr.* to congratulate.
congratulazione *sf.* congratulation.
congregazione *sf.* assembly, congregation (*anche eccl.*).
congressista *s.* member of a congress.
congresso *sm.* congress.
congruo *agg.* **1.** (*coerente*) congruous **2.** (*adeguato*) adeguate.
conguagliare *vt.* **1.** to equalize **2.** (*comm.*) to balance.
coniare *vt.* to coin (*anche fig.*).
cònico *agg.* conic(al).
conìfera *sf.* conifer.
coniglio *sm.* **1.** rabbit **2.** (*fig.*) faint-hearted.
conio *sm.* **1.** (*attrezzo per coniare*) minting die **2.** (*impronta*) coin, brand **3.** (*invenzione di nuove parole*) coinage.
coniugale *agg.* conjugal: *vita —*, married life.
coniugare *vt.* **1.** to conjugate **2.** (*unire in matrimonio*) to marry.
coniugato *agg.* married.
coniugazione *sf.* conjugation.
còniuge *sm.* husband. ♦ **còniuge** *sf.* wife.
connaturale *agg.* connatural, innate.
connaturato *agg.* deeply rooted.
connazionale *sm.* fellow-countryman (*pl.* -men). ♦ **connazionale** *sf.* fellow-countrywoman (*pl.* -women).

connessione *sf.* connection.
connesso *agg.* connected.
connèttere *vt.* **1.** (*unire*) to connect, to join **2.** (*fig.*) to associate, to link || *non connettere*, to talk at random.
connettivo *agg.* connective.
connivente *agg.* conniving (at).
connotato *sm.* description, feature || *i connotati*, description.
connubio *sm.* **1.** marriage **2.** (*fig.*) union.
cono *sm.* cone: — *gelato*, ice-cream cone.
conoscente *sm.* acquaintance.
conoscenza *sf.* **1.** knowledge || *venire a — di qc.*, to become (*v. irr.*) acquainted with sthg. **2.** (*persona*) acquaintance **3.** (*sensi*) consciousness.
conòscere *vt.* **1.** to know (*v. irr.*): — *di vista*, to know by sight; — *di fama*, to know by reputation; — *dalla voce*, to recognize by one's voice **2.** (*fare la conoscenza*) to meet (*v. irr.*).
conoscìbile *agg.* **1.** knowable **2.** (*riconoscibile*) recognizable.
conoscitivo *agg.* cognitive.
conoscitore *sm.* expert, good judge.
conosciuto *agg.* well-known, renowned.
conquista *sf.* conquest.
conquistare *vt.* **1.** to conquer **2.** (*fig.*) to win (*v. irr.*).
conquistatore *sm.* **1.** conqueror **2.** (*rubacuori*) lady-killer.
consacrare *vt.* **1.** (*eccl.*) to consecrate **2.** (*dedicare*) to devote.
consacrazione *sf.* consecration.
consanguineità *sf.* consanguinity.
consanguìneo *agg.* consanguine, akin. ♦ **consanguìneo** *sm.* kinsman (*pl.* -men).
consapévole *agg.* aware, conscious.
consapevolezza *sf.* **1.** consciousness **2.** (*conoscenza*) knowledge.
conscio *agg.* conscious.
consecutivo *agg.* **1.** following **2.** (*di seguito*) running: *per due giorni consecutivi*, for two days running **3.** (*gramm.*) consecutive.
consegna *sf.* **1.** (*comm.*) delivery: — *contro assegno*, cash on delivery; — *mancata*, nondelivery; *ordine di* —, delivery-note; *effettuare la* —, to effect delivery **2.** (*deposito*) consignment **3.** (*mil.*) orders (*pl.*) || — *in caserma*, confinement to barracks.
consegnare *vt.* **1.** to deliver **2.** (*mil.*) to confine to barracks.
conseguente *agg.* consequent.
conseguenza *sf.* consequence.
conseguìbile *agg.* attainable.
conseguimento *sm.* attainment.
conseguire *vt.* to attain, to achieve, to get (*v. irr.*).
consenso *sm.* **1.** consent **2.** (*matrimoniale*) licence.
consensuale *agg.* by mutual consent.
consentire *vi.* to consent, to agree. ♦ **consentire** *vt.* to allow.
consenziente *agg.* consenting.
conserto *agg.* interwoven, folded: *a braccia conserte*, with folded arms.
conserva *sf.* preserve || — *di frutta*, jam; — *di pomodoro*, tomato sauce.
conservare *vt.* to preserve ♦ **conservarsi** *vr.* to keep (*v. irr.*).
conservativo *agg.* conservative.
conservatore *agg.* **1.** preserving **2.** (*pol.*) conservative. ♦ **conservatore** *sm.* **1.** preserver **2.** (*pol.*) conservative.
conservatorio *sm.* academy of music.
conservazione *sf.* preservation || *istinto di* —, instinct of self-preservation.
considerare *vt.* **1.** to consider, to think (*v. irr.*) of **2.** (*reputare*) to deem, to judge. ♦ **considerarsi** *vr.* to consider oneself.
considerato *agg.* considerate || — *che*, considering that.
considerazione *sf.* **1.** consideration **2.** (*stima*) esteem, regard || *avere — per qu.*, to have regard for so.
considerévole *agg.* considerable.
consigliare *vt.* to advise. ♦ **consigliarsi** *vr.* to ask so.'s advice, to consult (with).
consigliere *sm.* **1.** counsellor **2.** (*membro di un consiglio*) councillor.
consiglio *sm.* **1.** advice (*solo sing.*) **2.** (*corpo di persone*) council.
consiliare *agg.* of a council.
consìmile *agg.* similar.
consistente *agg.* firm, substantial.
consistenza *sf.* **1.** consistence **2.** (*comm.*) on hand: — *di cassa*, cash on hand.
consìstere *vi.* to consist.

consociare *vt.* to associate.
consociato *agg.* associated.
consociazione *sf.* association.
consocio sm. co-partner.
consolante *agg.* cheering.
consolare[1] *vt.* to console, to comfort. ♦ **consolarsi** *vr.* to be comforted.
consolare[2] *agg.* consular.
consolato *sm.* consulate.
consolatore *agg.* consoling. ♦ **consolatore** *sm.* consoler.
consolazione *sf.* consolation, solace.
cònsole *sm.* consul.
consolidamento *sm.* consolidation.
consolidare *vt.* to consolidate, to strengthen.
consolidato *agg.* consolidated.
consonante *sf.* consonant.
consonanza *sf.* consonance (*anche fig.*).
cònsono *agg.* in accordance (with).
consorella *sf.* (*eccl.*) sister.
consorte *sm.* consort, husband. ♦ **consorte** *sf.* consort, wife.
consorterìa *sf.* faction.
consorzio *sm.* society: *— agrario,* agricultural union.
constare *vi.* **1.** (*essere composto*) to consist **2.** (*risultare*) to be within one's knowledge || *da quanto mi consta,* as far as I know.
constatare *vt.* V. *costatare.*
constatazione *sf.* V. *costatazione.*
consueto *agg.* usual, customary.
consuetudinario *agg.* customary, consuetudinary.
consuetùdine *sf.* **1.** custom, habit **2.** (*comm.*) rule.
consulente *sm.* adviser.
consulenza *sf.* advice.
consulta *sf.* **1.** consultation **2.** (*corpo consultivo*) council.
consultare *vt.* **1.** to consult **2.** (*esaminare*) to examine.
consultazione *sf.* consultation: *libro di —,* reference book.
consultivo *agg.* consultative.
consulto *sm.* consultation.
consumare *vt.* **1.** to consume **2.** (*di abiti*) to wear (*v. irr.*) **3.** (*dissipare*) to waste **4.** (*compiere*) to commit.
consumato *agg.* **1.** (*perfetto*) accomplished **2.** (*logoro*) worn out **3.** (*divorato*) consumed.
consumatore *sm.* consumer.
consumazione *sf.* **1.** consumption **2.** (*giur.*) consummation **3.** (*bibita*) drink.
consumo *sm.* consumption || *per proprio uso e —,* for one's private use.
consuntivo *agg.* final: *bilancio —,* final balance.
consunzione *sf.* consumption.
contàbile *agg.* bookkeeping. ♦ **contàbile** *sm.* bookkeeper.
contabilità *sf.* bookkeeping.
contachilòmetri *sm.* speedometer.
contadino *sm.* countryman (*pl.* -men), peasant. ♦ **contadino** *agg.* rustic.
contado *sm.* countryside.
contagiare *vt.* to infect.
contagio *sm.* contagion (*anche fig.*), infection.
contagioso *agg.* contagious, infectious (*anche fig.*).
contagiri *sm.* revolution counter.
contagocce *sm.* dropper.
contaminare *vt.* **1.** to pollute, to infect **2.** (*un testo letterario*) to corrupt.
contaminazione *sf.* contamination (*anche fig.*), pollution.
contante *agg.* ready. ♦ **contante** *sm.* ready money || *pagare in contanti,* to pay cash.
contare *vt.* **1.** to count, to number **2.** (*considerare*) to consider **3.** (*proporsi*) to think (*v. irr.*) of || *conto di andare a Milano domani,* I think of going to Milan tomorrow **4.** (*aspettarsi*) to expect. ♦ **contare** *vi.* **1.** (*avere importanza*) to count, to be important **2.** (*fare assegnamento*) to rely on.
contatore *sm.* meter: *— del gas,* gas-meter; *— dell'acqua,* water-meter; *— della luce,* electric power-meter.
contatto *sm.* **1.** contact, touch: *essere in —,* to be in touch **2.** (*elettr.*) contact.
conte *sm.* **1.** Count **2.** (*in Gran Bretagna*) Earl.
contea *sf.* **1.** earldom **2.** (*divisione territoriale*) county.
conteggiare *vt.* to count.
conteggio *sm.* computation.
contegno *sm.* **1.** behaviour **2.** (*atteggiamento*) attitude.
contegnoso *agg.* **1.** dignified **2.** (*altero*) stiff.
contemperamento *sm.* adaptation.
contemperare *vt.* to adapt.
contemplare *vt.* **1.** to behold (*v.*

irr.), to admire **2.** (*giur.*) to consider.
contemplativo *agg.* contemplative.
contemplatore *sm.* contemplator.
contemplazione *sf.* contemplation.
contempo (*nella loc. avv.*) *nel* —, in the meantime.
contemporaneamente *avv.* at the same time.
contemporaneità *sf.* contemporaneousness.
contempor̀aneo *agg.* e *sm.* contemporary.
contendente *agg.* contending, opposing. ♦ **contendente** *sm.* opponent, rival.
contèndere *vt.* to contend, to refuse. ♦ **contèndersi** *vr. rec.* to contend.
contenere *vt.* **1.** to contain, to hold (*v. irr.*) **2.** (*trattenere*) to repress. ♦ **contenersi** *vr.* **1.** (*comportarsi*) to behave **2.** (*dominarsi*) to contain oneself.
contenitore *sm.* container.
contentare *vt.* to content. ♦ **contentarsi** *vr.* to be content (with).
contentezza *sf.* pleasure, joy.
contento *agg.* content, pleased.
contenuto *sm.* contents (*pl.*).
contenzioso *agg.* contentious.
conterìe *sf. pl.* glass beads.
conterràneo *sm.* fellow-countryman (*pl.* -men) || (*femm.*) fellow-countrywoman (*pl.* -women).
contesa *sf.* **1.** contest **2.** (*litigio*) quarrel.
contessa *sf.* countess.
contestàbile *agg.* questionable.
contestare *vt.* **1.** to contest, to challenge, to deny **2.** (*notificare*) to declare.
contestazione *sf.* dispute, objection: *sollevare contestazioni*, to raise objections.
contesto *sm.* context.
contiguità *sf.* contiguity.
contiguo *agg.* neighbouring.
continentale *agg.* continental.
continente *agg.* moderate. ♦ **continente** *sm.* continent.
continenza *sf.* continence.
contingentamento *sm.* allotment.
contingentare *vt.* to allot.
contingenza *sf.* **1.** emergency **2.** (*circostanza*) circumstance **3.** (*fil.*) contingency.
continuamente *avv.* continuously.
continuare *vt.* e *vi.* **1.** to go (*v. irr.*) on (with) **2.** (*riprendere*) to resume.
continuativo *agg.* continuative.
continuato *agg.* **1.** (*ininterrotto*) continuous **2.** (*che si ripete*) continual.
continuatore *sm.* continuator.
continuazione *sf.* continuation.
continuità *sf.* continuity.
continuo *agg.* **1.** (*ininterrotto*) continuous **2.** (*che si ripete*) continual.
conto *sm.* **1.** (*anche comm.*) account: *fare i conti*, to make (*v. irr.*) up accounts **2.** (*di albergo ecc.*) bill **3.** (*assegnamento*) reliance: *far — su*, to rely on **4.** (*stima*) regard || *persona di poco —*, person of little account; *rendere — di*, to answer for; *rendersi —*, to realize; *mettersi per proprio —*, to set (*v. irr.*) for oneself.
contòrcere *vt.* to twist. ♦ **contòrcersi** *vr.* to twist.
contorcimento *sm.* twisting.
contornare *vt.* **1.** to surround **2.** (*con guarnizioni*) to trim.
contorno *sm.* **1.** outline **2.** (*orlo*) border **3.** (*cuc.*) vegetables (*pl.*).
contorsione *sf.* contortion.
contorsionismo *sm.* writhing.
contorsionista *s.* contorsionist.
contorto *agg.* twisted.
contrabbandare *vt.* to smuggle.
contrabbandiere *sm.* smuggler.
contrabbando *sm.* smuggling.
contrabbassista *sm.* double-bass player.
contrabbasso *sm.* double-bass.
contraccambiare *vt.* to return.
contraccambio *sm.* return || *rendere il —*, to retaliate (upon).
contraccolpo *sm.* **1.** counterblow **2.** (*fig.*) reaction.
contraccusa *sf.* countercharge.
contrada *sf.* **1.** quarter **2.** (*paese*) country.
contraddanza *sf.* country-dance.
contraddire *vt.* to contradict. ♦ **contraddirsi** *vr.* to contradict oneself. ♦ **contraddirsi** *v. rec.* to contradict one another, each other.
contraddistìnguere *vt.* to mark.
contraddittore *sm.* opposer.
contraddittorio *agg.* contradictory. ♦ **contraddittorio** *sm.* debate.
contraddizione *sf.* contradiction, discrepancy.
contraente *agg.* contracting. ♦

contraente *sm.* contractor.
contraèrea *sf.* anti-aircraft artillery.
contraèreo *agg.* anti-aircraft.
contraffare *vt.* to counterfeit.
contraffatto *agg.* counterfeit.
contraffattore *sm.* **1.** (*falsificatore*) counterfeiter **2.** (*imitatore*) imitator.
contrafforte *sm.* buttress.
contraggenio *sm.* dislike || *a* (*di*) —, unwillingly.
contràlbero *sm.* (*mecc.*) countershaft.
contralto *sm.* contralto.
contrammiraglio *sm.* rear-admiral.
contrappasso *sm.* retaliation.
contrappello *sm.* second roll-call.
contrappesare *vt.* to counterbalance.
contrappeso *sm.* counterbalance.
contrapporre *vt.* to oppose, to contrast || — *qc. a qu.*, to set (*v. irr.*) sthg. against so.
contrapposizione *sf.* contraposition.
contrapposto *agg.* opposite || *per* —, on the contrary. ♦ **contrapposto** *sm.* opposite.
contrappunto *sm.* counterpoint.
contrariamente *avv.* on the contrary || — *ad ogni aspettativa*, contrary to all expectation.
contrariare *vt.* **1.** to oppose **2.** (*irritare*) to annoy.
contrarietà *sf.* **1.** opposition **2.** (*avversità*) misfortune.
contrario *agg.* **1.** contrary, opposed **2.** (*nocivo*) harmful **3.** (*riluttante*) unwilling || *al* —, on the contrary. ♦ **contrario** *sm.* contrary.
contrarre *vt.* to contract.
contrassegnare *vt.* to mark.
contrassegno *sm.* **1.** countersign **2.** (*segno*) mark **3.** (*distintivo*) badge.
contrastare *vi.* to be in contrast. ♦ **contrastare** *vt.* to oppose.
contrastato *agg.* opposed.
contrasto *sm.* **1.** contrast **2.** (*dissidio*) conflict.
contrattaccare *vt.* to counterattack.
contrattacco *sm.* counterattack.
contrattare *vt.* to negotiate: — *il prezzo,* to haggle about the price.
contrattazione *sf.* dealing, negotiation.
contrattempo *sm.* **1.** (*incidente*) mishap **2.** (*inconveniente*) inconvenience.
contràttile *agg.* contractile.
contratto *sm.* contract.
contratto *agg.* contracted.
contrattuale *agg.* contractual.
contravveleno *sm.* antidote.
contravvenire *vi.* to infringe.
contravventore *sm.* transgressor.
contravvenzione *sf.* **1.** violation **2.** (*multa*) fine.
contrazione *sf.* contraction.
contribuente *sm.* taxpayer.
contribuire *vi.* to contribute.
contributo *sm.* contribution.
contribuzione *sf.* contribution.
contristarsi *vr.* to grieve.
contrito *agg.* contrite.
contrizione *sf.* contrition.
contro *prep.* **1.** against **2.** (*in opposizione a*) contrary to || — *assegno,* cash on delivery.
controbàttere *vt.* (*confutare*) to disprove, to confute.
controbilanciare *vt.* to counterbalance.
controcampo *sm.* (*cine*) reverse shot.
controcorrente *sf.* counter-current. ♦ **controcorrente** *loc. avv.* against the stream.
controffensiva *sf.* counter-offensive.
controfigura *sf.* double.
controfirmare *vt.* to countersign.
controindicare *vt.* (*med.*) to contra-indicate.
controindicazione *sf.* (*med.*) contra-indication.
controllare *vt.* **1.** to control **2.** (*verificare*) to verify, to check **3.** (*ispezionare*) to inspect **4.** (*comm.*) to audit.
controllo *sm.* **1.** control **2.** (*verifica*) check, verification **3.** (*ispezione*) inspection **4.** (*comm.*) audit.
controllore *sm.* **1.** controller **2.** (*ferr.*) ticket-inspector.
controluce *avv.* against the light. ♦ **controluce** *sf.* counterlight.
contromarca *sf.* pass-out check (ticket).
controparte *sf.* counter-party.
contropartita *sf.* **1.** (*comm.*) counter-item **2.** (*compenso*) compensation.
contropelo *sm.* wrong way of the hair || *fare il* —, to shave against the lie of the hair.
controproducente *agg.* having opposite effect.

controproposta *sf.* counter-proposal.
controprova *sf.* 1. countercheck 2. (*giur.*) counter-evidence.
contròrdine *sm.* counter-order: *dare un —*, to countermand an order.
controriforma *sf.* counter-reformation.
controrivoluzione *sf.* counter-revolution.
controsenso *sm.* self-contradiction, absurdity.
controspionaggio *sm.* counter-espionage.
controstòmaco *avv.* reluctantly.
controvelaccio *sm.* (*mar.*) main royal.
controvento *avv.* against the wind.
controversia *sf.* controversy.
controverso *agg.* controversial.
controvertìbile *agg.* controvertible.
controvoglia *avv.* unwillingly.
contumace *agg.* guilty of default.
contumacia *sf.* default.
contumaciale *agg.* (*giur.*) judgement by default.
contumelia *sf.* insult, abuse.
contundente *agg.* blunt: *corpo —*, blunt instrument.
conturbare *vt.* 1. to perturb 2. (*eccitare*) to thrill.
contusione *sf.* bruise.
contuso *agg.* bruised.
convalescente *agg.* e *sm.* convalescent.
convalescenza *sf.* convalescence.
convalidare *vt.* to ratify, to confirm.
convegno *sm.* meeting.
convenévole *agg.* convenient, proper. ♦ **convenévoli** *sm. pl.* compliments.
conveniente *agg.* 1. convenient (for) 2. (*economicamente vantaggioso*) profitable.
convenienza *sf.* 1. convenience 2. (*vantaggio economico*) profit 3. (*buona creanza*) propriety.
convenire *vi.* 1. to convene 2. (*essere d'accordo*) to agree 3. (*essere utile*) to be convenient.
convento *sm.* 1. convent 2. (*di suore*) nunnery.
conventuale *agg.* conventual.
convenuto *agg.* agreed upon. ♦ **convenuto** *sm.* 1. agreement 2. *i convenuti*, the persons present.
convenzionale *agg.* conventional.
convenzionare *vt.* to make (*v. irr.*) an agreement.
convenzione *sf.* convention.
convergente *agg.* convergent.
convergenza *sf.* convergence.
convèrgere *vi.* to converge.
conversare *vi.* to talk.
conversatore *sm.* talker.
conversazione *sf.* conversation, talk.
conversione *sf.* 1. (*anche fig.*) conversion 2. (*mil.*) wheel.
convertìbile *agg.* convertible.
convertire *vt.* 1. (*pol.; relig.*) to convert 2. (*mutare*) to turn, to change. ♦ **convertirsi** *vr.* to be converted.
convessità *sf.* convexity.
convesso *agg.* convex.
convìncere *vt.* to convince, to persuade.
convinto *agg.* convinced, persuaded.
convinzione *sf.* persuasion, firm belief.
convitato *sm.* guest.
convito *sm.* banquet.
convitto *sm.* boarding-school.
convivente *agg.* cohabiting.
convivenza *sf.* cohabitation, life in common.
convìvere *vi.* to live together.
convocare *vt.* to convene, to summon.
convocazione *sf.* convocation, summoning.
convogliare *vt.* 1. (*scortare*) to escort 2. (*trasportare*) to carry away 3. (*indirizzare*) to address.
convoglio *sm.* 1. (*treno*) train 2. (*mil.; mar.*) convoy.
convolare *vi.* to fly (*v. irr.*) together: *— a giuste nozze*, to get (*v. irr.*) married.
convulsione *sf.* convulsion.
convulso *agg.* convulsive.
cooperare *vi.* to co-operate, to collaborate.
cooperativa *sf.* 1. co-operative society 2. (*di consumo*) co-operative store.
cooperativo *agg.* co-operative.
cooperatore *sm.* co-operator.
cooperazione *sf.* co-operation, collaboration.
coordinamento *sm.* co-ordination.
coordinare *vt.* to co-ordinate.
coordinata *sf.* co-ordinate.
coordinativo *agg.* co-ordinative.
coordinato *agg.* co-ordinate.

coordinatore *agg.* co-ordinative. ♦ **coordinatore** *sm.* co-ordinator.
coordinazione *sf.* co-ordination.
coorte *sf.* **1.** (*mil.*) cohort **2.** (*folla*) crowd.
copale *sf.* **1.** copal **2.** (*pelle*) patent leather.
copeco *sm.* copeck.
coperchio *sm.* lid, cover (*anche mecc.*).
coperta *sf.* **1.** blanket: — *da viaggio*, rug; — *scozzese*, plaid **2.** (*mar.*) deck.
copertina *sf.* cover: — *di libro*, book-cover.
coperto *agg.* **1.** (*riparato*) covered, sheltered || — *di ferro*, iron-clad; *mettere al* —, to shelter from **2.** (*di cielo*) overcast **3.** (*nascosto*) hidden. ♦ **coperto** *sm.* cover.
copertone *sm.* tyre.
copertura *sf.* **1.** covering **2.** (*di mobili*) cover.
copia *sf.* **1.** copy **2.** (*foto*) print.
copiare *vt.* to copy.
copiativo *agg.* *matita copiativa*, copying pencil.
copiatura *sf.* copying.
copione *sm.* script.
copiosamente *avv.* plentifully.
copioso *agg.* plentiful.
copista *sm.* copyist.
coppa *sf.* **1.** cup **2.** (*auto*) pan.
coppella *sf.* (*metal.*) cupel.
coppellare *vt.* (*metal.*) to cupel.
coppia *sf.* **1.** (*di persone e cose*) couple **2.** (*di animali*) pair || *una — di buoi*, a yoke.
copricapo *sm.* hat.
coprifuoco *sm.* curfew.
copriletto *sm.* coverlet.
coprire *vt.* **1.** to cover **2.** (*nascondere*) to conceal **3.** (*coprire un suono*) to drown.
copto *agg.* coptic. ♦ **copto** *sm.* copt.
copulativo *agg.* (*gramm.*) copulative.
copulazione *sf.* copulation.
coraggio *sm.* **1.** courage, bravery, heart **2.** (*sfrontatezza*) impudence.
coraggiosamente *avv.* bravely.
coraggioso *agg.* brave, bold.
corale *agg.* choral.
corallìfero *agg.* coralliferous.
corallo *sm.* coral.
corazza *sf.* **1.** cuirass **2.** (*bot.; zool.*) armour, carapace.
corazzare *vt.* **1.** to armour **2.** (*fig.*) to strengthen. ♦ **corazzarsi** *vr.* to harden oneself.
corazzata *sf.* (*mar.*) battleship.
corazziere *sm.* cuirassier.
corbellerìa *sf.* **1.** foolish action **2.** (*sciocchezza*) nonsense.
corda *sf.* **1.** rope **2.** (*mus.*) string.
cordaio *sm.* **1.** (*chi fabbrica corde*) rope-maker **2.** (*chi vende corde*) rope-seller.
cordame *sm.* cordage.
cordata *sf.* rope: *in* —, on the rope.
cordiale *agg.* cordial, hearty. ♦ **cordiale** *sm.* (*liquore*) cordial.
cordialità *sf.* cordiality.
cordialmente *avv.* cordially.
cordicella *sf.* string.
cordigliera *sf.* cordillera.
cordite *sf.* cordite.
cordoglio *sm.* deep sorrow.
cordone *sm.* **1.** cord **2.** (*mil.*) cordon.
coreano *agg.* e *sm.* Korean.
coreografìa *sf.* choreography.
coreogràfico *agg.* **1.** choreographic **2.** (*fig.*) spectacular.
coreògrafo *sm.* choreographer.
corìaceo *agg.* coriaceous, tough.
corìandolo *sm.* confetti (*pl.*).
coricare *vt.* to lay (*v. irr.*) down. ♦ **coricarsi** *vr.* to lie (*v. irr.*) down.
corifeo *sm.* coryphaeus (*pl.* -aei).
corinzio *agg.* e *sm.* Corinthian.
corista *sm.* chorus-singer.
cormorano *sm.* (*zool.*) cormorant.
cornacchia *sf.* rook, crow.
cornamusa *sf.* bagpipe.
cornata *sf.* butt.
còrnea *sf.* cornea.
cornetta *sf.* cornet.
cornice *sf.* frame.
cornicione *sm.* **1.** (*arch.*) cornice **2.** (*di finestre, porte*) label **3.** (*di gronda*) eaves (*pl.*).
cornificare *vt.* **1.** (*di moglie*) to cuckold **2.** (*di marito*) to be unfaithful to.
corno *sm.* horn || (*inter.*) *un* —, not at all.
cornuto *agg.* horned. ♦ **cornuto** *sm.* (*fig.*) cuckold.
coro *sm.* **1.** chorus **2.** (*eccl.*) choir.
corolla *sf.* corolla.
corollario *sm.* corollary.
corona *sf.* **1.** crown: — *del rosario*, rosary crown; — *del dente*, crown **2.** (*mecc.*) rim **3.** (*relig.*) (*tonsura*) tonsure.

coronamento *sm.* **1.** crowning **2.** (*completamento*) fulfilment.
coronare *vt.* to crown (*anche fig.*).
coronario *agg.* coronary.
corpo *sm.* **1.** body || *a — morto*, desperately; *combattere a — a —*, to fight (*v. irr.*) hand to hand; *passare sul — di qu.*, to pass over so. **2.** (*cadavere*) corpse **3.** (*collettività*) corps || *— insegnante*, teaching staff.
corporale *agg.* corporal.
corporativismo *sm.* (*econ.*) corporative system.
corporativo *agg.* (*econ.*) corporative.
corporatura *sf.* build, size.
corporazione *sf.* corporation.
corpòreo *agg.* corporeal.
corpulento *agg.* corpulent, stout.
corpulenza *sf.* stoutness.
corpuscolare *agg.* corpuscular.
corpùscolo *sm.* corpuscle.
corredare *vt.* **1.** to equip **2.** (*accompagnare*) to accompany.
corredino *sm.* baby's outfit.
corredo *sm.* **1.** outfit **2.** (*di sposa*) trousseau **3.** (*bagaglio*) wealth, store: *— di cultura*, store of knowledge.
corrèggere *vt.* **1.** to correct **2.** (*di bevande*) to lace. ♦ **corrèggersi** *vr.* to amend, to correct oneself.
correggia *sf.* leather strap.
correlativo *agg.* correlative.
correlazione *sf.* correlation.
corrente[1] *agg.* **1.** (*che scorre*) running **2.** (*circolante*) current **3.** (*comm.*) inst. (*abbrev. di* instant) || *conto —*, current account **4.** (*andante*) common.
corrente[2] *sf.* **1.** current (*anche fig.*), stream **2.** (*di aria*) draught.
correntemente *avv.* fluently.
còrrere *vi.* **1.** to run (*v. irr.*): *— dietro a qu.*, to run after; *— a gambe levate*, to run as hard as one can || *lasciar —*, to take (*v. irr.*) no notice of sthg. **2.** (*di tempo*) to pass **3.** (*di voci*) to be abroad.
corresponsàbile *agg.* jointly responsible.
corresponsione *sf.* payment.
correttezza *sf.* **1.** correctness **2.** (*onestà*) honesty **3.** (*decoro, educazione*) propriety, politeness.
correttivo *agg.* e *sm.* corrective.
corretto *agg.* **1.** correct, exact **2.** (*irreprensibile*) faultless **3.** (*di bevanda*) laced.
correttore *sm.* corrector || *— di bozze*, proof-reader.
correzionale *agg.* correctional.
correzione *sf.* correction || *— di bozze*, proof-reading; *casa di —*, house of correction.
corridoio *sm.* **1.** passage **2.** (*di treno*) corridor.
corridore *sm.* **1.** runner **2.** (*sport*) racer.
corriera *sf.* coach.
corriere *sm.* **1.** messenger **2.** (*chi trasporta merci*) carrier **3.** (*posta*) mail.
corrimano *sm.* handrail.
corrispettivo *agg.* correlative. ♦ **corrispettivo** *sm.* **1.** equivalent **2.** (*compenso*) compensation.
corrispondente *agg.* e *sm.* correspondent.
corrispondenza *sf.* correspondence.
corrispòndere *vi.* **1.** to correspond (with) **2.** (*ricambiare sentimenti ecc.*) to return. ♦ **corrispòndere** *vt.* to pay.
corrisposto *agg.* **1.** (*contraccambiato*) returned **2.** (*pagato*) paid.
corroborante *agg.* e *sm.* corroborant.
corroborare *vt.* to strengthen.
corròdere *vt.* to corrode.
corròmpere *vt.* **1.** to corrupt (*anche fig.*), to pollute **2.** (*con denaro*) to bribe.
corrosione *sf.* corrosion.
corrosivo *agg.* e *sm.* corrosive.
corrucciarsi *vr.* to get (*v. irr.*) angry.
corrucciato *agg.* angry, worried.
corruccio *sm.* anger, worry.
corrugamento *sm.* corrugation: *— della fronte*, wrinkling of the forehead.
corrugare *vt.* to wrinkle.
corruttìbile *agg.* corruptible.
corruttore *agg.* corrupting. ♦ **corruttore** *sm.* **1.** corrupter **2.** (*con denaro*) briber.
corruzione *sf.* **1.** corruption **2.** (*con denaro*) bribery.
corsa *sf.* **1.** run **2.** (*sport*) race **3.** (*su veicolo pubblico*) trip || *prezzo della —*, fare; (*ferr.*) *perdere la —*, to miss the train.
corsaro *sm.* corsair.
corsetto *sm.* corset.
corsìa *sf.* **1.** passage **2.** (*di ospedale*) ward **3.** (*di strada*) lane.

corsiero *sm.* steed.
corsivo *agg.* cursive. ♦ **corsivo** *sm.* (*tip.*) italics (*pl.*).
corso *sm.* **1.** course (*anche fig.*) **2.** (*di acque*) water-course.
corte *sf.* **1.** court **2.** (*cortile*) courtyard **3.** (*corteggiamento*) courtship.
corteccia *sf.* **1.** bark **2.** (*anat.*) cortex.
corteggiare *vt.* **1.** to woo **2.** (*adulare*) to flatter.
corteggiatore *sm.* suitor, lover.
corteo *sm.* train, procession: — *funebre*, funeral train.
cortese *agg.* kind.
cortesìa *sf.* **1.** kindness, politeness **2.** (*favore*) favour || *per* —, please.
cortigiano *sm.* **1.** courtier **2.** (*adulatore*) flatterer.
cortile *sm.* courtyard || *animali da* —, poultry.
cortina *sf.* curtain: — *di ferro* (*pol.*), iron curtain.
cortisone *sm.* cortisone.
corto *agg.* short: *a* — *di*, short of.
cortocircùito *sm.* short circuit.
cortometraggio *sm.* short (film).
corvetta *sf.* (*mar.*) corvette.
corvino *agg.* **1.** corvine **2.** (*nero*) raven(-black).
corvo *sm.* raven.
cosa *sf.* **1.** thing **2.** (*faccenda*) matter || *nessuna* —, nothing; *ogni* —, everything; *che* —?, what?.
cosacco *agg.* e *sm.* Cossack.
coscia *sf.* **1.** thigh **2.** (*cuc.*) leg.
cosciente *agg.* **1.** conscious **2.** (*conscio*) aware.
coscienza *sf.* **1.** conscience **2.** (*consapevolezza*) consciousness.
coscienziosamente *avv.* conscientiously.
coscienzioso *agg.* conscientious.
cosciotto *sm.* leg: — *di manzo*, leg of beef.
coscritto *sm.* recruit.
coscrizione *sf.* conscription.
cosecante *sf.* cosecant.
coseno *sm.* (*mat.*) cosine.
così *avv.* so: *e* — *via*, and so on; — *come*, — *pure*, as well as; — ... *come*, — ... *quanto*, as ... as; — *da*, so ... as: *non è* — *sciocco da farlo*, he is not so foolish as to do that.
cosicché *cong.* so that.
cosiddetto *agg.* so-called.
cosiffatto *agg.* such, similar.
cosmesì *sf.* beauty culture.
cosmètico *agg.* e *sm.* cosmetic.
còsmico *agg.* cosmic.
cosmo *sm.* cosmos.
cosmogonìa *sf.* cosmogony.
cosmografìa *sf.* cosmography.
cosmògrafo *sm.* cosmographer.
cosmologìa *sf.* cosmology.
cosmonàuta *s.* astronaut.
cosmonàutica *sf.* astronautics.
cosmopolita *agg.* e *sm.* cosmopolitan.
cosmopolitismo *sm.* cosmopolitanism.
coso *sm.* (*fam.*) **1.** (*cosa*) thing **2.** (*individuo*) fellow.
cospàrgere *vt.* **1.** to strew (*v. irr.*) **2.** (*sale, zucchero ecc.*) to sprinkle.
cospetto *sm.* presence: *al* — *di*, in the presence of.
cospicuità *sf.* conspicuousness.
cospicuo *agg.* **1.** (*visibile*) conspicuous **2.** (*notevole*) remarkable.
cospirare *vi.* to plot.
cospiratore *sm.* plotter.
cospirazione *sf.* plot.
costa *sf.* **1.** coast, shore **2.** (*venatura*) rib **3.** (*di monte*) side **4.** (*di libro*) back.
costà *avv.* there.
costaggiù *avv.* down there.
costale *agg.* costal.
costante *agg.* steady. ♦ **costante** *sf.* constant.
costanza *sf.* **1.** firmness **2.** (*perseveranza*) perseverance || *con* —, steadily.
costare *vi.* to cost (*v. irr.*).
costassù *avv.* up there.
costata *sf.* chop.
costatare *vt.* **1.** (*accertare*) to ascertain **2.** (*notare*) to notice.
costatazione *sf.* **1.** ascertainment **2.** (*osservazione*) remark.
costato *sm.* chest.
costeggiare *vt.* **1.** to follow the coast of **2.** (*per terra*) to skirt. ♦ **costeggiare** *vi.* to coast along.
costei *pron.* **1.** (*sogg.*) she **2.** (*compl.*) her **3.** this woman, that woman.
costellare *vt.* to scatter.
costellazione *sf.* constellation.
costernare *vt.* to dismay. ♦ **costernarsi** *vr.* to be dismayed (at).
costernazione *sf.* dismay.
costì *avv.* there.
costiera *sf.* stretch of coast.
costiero *agg.* coastal || *nave costiera*, coaster.

costipare *vt.* **1.** (*un terreno*) to tamp **2.** (*ammassare*) to amass. ♦ **costiparsi** *vr.* **1.** (*raffreddarsi*) to catch (*v. irr.*) a cold **2.** (*di intestino*) to become (*v. irr.*) constipated.
costipato *agg. essere* —, to have a cold.
costipazione *sf.* **1.** (*raffreddore*) cold **2.** (*intestinale*) constipation **3.** (*di terreno*) tamping.
costituente *agg.* constituent.
costituire *vt.* **1.** to constitute, to form **2.** (*nominare*) to appoint. ♦ **costituirsi** *vr.* (*consegnarsi*) to give (*v. irr.*) oneself up.
costituito *agg.* constituted.
costitutivo *agg.* constitutive.
costituto *sm.* (*giur.*) interrogation of the accused.
costituzionale *agg.* constitutional.
costituzionalismo *sm.* constitutionalism.
costituzionalità *sf.* constitutionality.
costituzione *sf.* **1.** establishment **2.** (*pol.; med.*) constitution.
costo *sm.* cost: *ad ogni* —, at all cost; *a nessun* —, in no case.
còstola *sf.* rib || *stare alle costole*, to watch over.
costoletta *sf.* cutlet.
costone *sm.* side.
costoro *pron.* **1.** (*sogg.*) they **2.** (*compl.*) them **3.** these people, those people.
costoso *agg.* expensive, dear.
costrìngere *vt.* **1.** (*stringere*) to press **2.** (*obbligare*) to compel.
costrizione *sf.* **1.** (*restringimento*) constriction **2.** (*obbligo*) compulsion.
costruire *vt.* to build (*v. irr.*).
costruttivo *agg.* constructive.
costruttore *agg.* building. ♦ **costruttore** *sm.* builder.
costruzione *sf.* construction, building.
costui *pron.* **1.** (*sogg.*) he **2.** (*compl.*) him **3.** this man, that man.
costumato *agg.* **1.** (*virtuoso*) virtuous **2.** (*educato*) polite.
costume *sm.* **1.** (*usanza*) custom **2.** (*personale*) habit **3.** (*condotta*) morals (*pl.*) **4.** (*vestito*) costume.
costumista *sm.* costume-designer.
cotangente *sf.* (*mat.*) cotangent.
cotenna *sf.* **1.** pigskin **2.** (*del cranio*) scalp **3.** (*del lardo*) rind.
còtica *sf.* V. *cotenna.*
cotogna *sf.* quince.
cotognata *sf.* quince jam.
cotoletta *sf.* cutlet.
cotone *sm.* cotton.
cotoniere *sm.* cotton-spinner.
cotoniero *agg.* cotton.
cotonificio *sm.* cotton-mill.
cotonina *sf.* calico.
cotta[1] *sf.* (*eccl.*) surplice.
cotta[2] *sf.* **1.** (*cottura*) cooking **2.** (*infornata*) batch **3.** (*fam.*) *prendere una — per*, to have a crush on.
cottimista *sm.* pieceworker.
còttimo *sm.* piecework: *lavorare a* —, to work by the job; *lavoro a* —, job-work; *contratto a* —, job contract.
cotto *sm.* brickwork.
cottura *sf.* **1.** cooking **2.** (*in forno*) baking.
coturno *sm.* cothurnus (*pl.* -ni).
cova *sf.* **1.** (*il covare*) brooding **2.** (*nido*) nest.
covare *vt.* **1.** to brood **2.** (*fig.*) to brood over **3.** (*di fuoco; passioni*) to smoulder **4.** (*di malattia*) to be latent.
covata *sf.* brood.
covo *sm.* den.
covone *sm.* sheaf (*pl.* sheaves).
cozza *sf.* mussel.
cozzare *vi.* **1.** to strike (*v. irr.*) **2.** (*venire in collisione*) to collide.
cozzo *sm.* **1.** clash, collision **2.** (*conflitto*) conflict.
crampo *sm.* cramp.
cranio *sm.* skull.
crasso *agg.* crass, gross: *ignoranza crassa*, gross ignorance.
cratere *sm.* crater.
cràuti *sm. pl.* sauerkraut (*sing.*)
cravatta *sf.* neck-tie.
creanza *sf.* politeness.
creare *vt.* **1.** to create **2.** (*causare*) to cause **3.** (*nominare*) to appoint **4.** (*costituire*) to form.
creativo *agg.* creative.
creato *sm.* creation.
creatore *agg.* creating. ♦ **creatore** *sm.* creator.
creatura *sf.* creature.
creazione *sf.* creation.
credente *sm.* believer.
credenza[1] *sf.* belief.
credenza[2] *sf.* (*buffet*) sideboard.
credenziale *agg.* credential: *lettera* —, credential.

crédere *vt.* e *vi.* **1.** (*pensare*) to think (*v. irr.*) **2.** (*prestar fede*) to believe. ♦ **crédersi** *vr.* to think (*v. irr.*) oneself.
credìbile *agg.* **1.** credible **2.** (*di persona*) trustworthy.
credibilità *sf.* credibility.
creditizio *agg.* credit.
crédito *sm.* **1.** (*comm.*) credit: *a* —, on credit **2.** (*stima*) esteem.
creditore *sm.* creditor.
credo *sm.* creed.
credulità *sf.* credulity.
credulone *agg.* credulous.
crema *sf.* cream.
cremagliera *sf.* rack: *ferrovia a* —, rack-railway.
cremare *vt.* to cremate.
crematorio *agg.* crematory: *forno* —, crematory.
cremazione *sf.* cremation.
cremerìa *sf.* creamery.
crèmisi *agg.* e *sm.* crimson.
crèolo *agg.* e *sm.* creole.
crepa *sf.* crack.
crepaccio *sm.* crevasse.
crepacuore *sm.* heart-break: *morire di* —, to die of a broken heart.
crepapelle (*nella loc. avv.*) *ridere a* —, to roar with laughter; *mangiare a* —, to eat to excess.
crepare *vi.* to crack.
crepella *sf.* crepoline.
crepitare *vi.* to crackle.
crepitìo *sm.* crackle.
crepuscolare *agg.* crepuscular.
crepùscolo *sm.* twilight.
crescente *agg.* growing.
crescenza *sf.* growth.
créscere *vi.* **1.** to grow (*v. irr.*) **2.** (*aumentare*) to increase.
crescione *sm.* (*bot.*) water-cress.
créscita *sf.* **1.** growth **2.** (*aumento*) increase.
crèsima *sf.* confirmation.
cresimare *vt.* to confirm.
creso *sm.* Croesus.
crespo *agg.* crisp.
cresta *sf.* **1.** crest **2.** (*di gallo*) comb.
crestina *sf.* maid-servant's cap.
creta *sf.* clay.
cretinerìa *sf.* **1.** idiocy **2.** (*azione*) foolish action **3.** (*detto*) nonsense.
cretinismo *sm.* idiocy.
cretino *agg.* e *sm.* idiot.
cricca *sf.* gang.
cricco *sm.* jack.
criminale *agg.* e *sm.* criminal.
criminalista *s.* **1.** (*avvocato*) criminal lawyer **2.** (*studioso*) criminologist.
criminalità *sf.* criminality.
crìmine *sm.* crime.
criminologìa *sf.* criminology.
criminosità *sf.* criminality.
criminoso *agg.* criminal.
crine *sm.* horse-hair.
criniera *sf.* mane.
crinolina *sf.* crinoline.
criolite *sf.* cryolite.
cripta *sf.* crypt.
crisàlide *sf.* chrysalid.
crisantemo *sm.* chrysanthemum.
crisi *sf.* **1.** crisis (*pl.* -ses) **2.** (*med.*) fit.
crisma *sm.* **1.** (*eccl.*) chrism **2.** (*fig.*) approval || *con tutti i crismi*, approved, praised.
cristallerìa *sf.* **1.** crystal-ware **2.** (*fabbrica*) crystal manufactory.
cristalliera *sf.* glass case.
cristallino *agg.* e *sm.* crystalline.
cristallizzare *vt.* e *vi.*, **cristallizzarsi** *vr.* to crystallize.
cristallizzazione *sf.* crystallization.
cristallo *sm.* **1.** crystal **2.** (*lastra di vetro*) plate glass.
cristallografìa *sf.* crystallography.
cristianésimo *sm.* Christianity.
cristiania *sm.* (*sport*) Christiania.
cristianità *sf.* **1.** (*i cristiani*) Christendom **2.** (*cristianesimo*) Christianity.
cristiano *agg.* e *sm.* Christian.
criterio *sm.* **1.** principle **2.** opinion **3.** (*buon senso*) sense.
crìtica *sf.* **1.** criticism **2.** (*saggio*) critical essay **3.** (*i critici*) the critics (*pl.*).
criticamente *avv.* critically.
criticare *vt.* **1.** to criticize **2.** (*biasimare*) to blame.
criticismo *sm.* **1.** criticism **2.** (*stor.*) critical philosophy.
crìtico *agg.* critical. ♦ **crìtico** *sm* critic.
criticone *sm.* fault-finder.
crittògama *sf.* (*bot.*) cryptogam.
crittografìa *sf.* cryptography.
crittogramma *sm.* cryptogram.
crivellare *vt.* to riddle.
crivellatura *sf.* riddling.
crivello *sm.* riddle.
croato *agg.* e *sm.* Croatian.
croccante *agg.* crisp. ♦ **croccante** *sm.* almond sweetmeat.

crocchetta *sf.* croquette.
crocchia *sf.* bun.
crocchio *sm.* group.
croce *sf.* cross.
crocerossina *sf.* Red Cross nurse.
crociata *sf.* crusade.
crociato *sm.* crusader.
crocicchio *sm.* cross-road.
crociera *sf.* **1.** cruise **2.** (*arch.*) cross-vault.
crocifìggere *vt.* to crucify.
crocifissione *sf.* crucifixion.
crocifisso *sm.* crucifix.
croco *sm.* (*bot.*) crocus.
crogiuolo *sm.* crucible.
crollare *vi.* to fall (*v. irr.*) down.
crollo *sm.* **1.** breakdown **2.** (*caduta*) falling down.
croma *sf.* (*mus.*) quaver.
cromare *vt.* to chromium-plate.
cromàtico *agg.* chromatic.
cromatismo *sm.* chromatism.
cromatografìa *sf.* chromatography.
cromatura *sf.* chromium plating.
cromo *sm.* chromium.
cromolitografìa *sf.* chromolithography.
cromosomo *sm.* chromosome.
crònaca *sf.* **1.** chronicle **2.** (*di giornale*) news.
crònico *agg.* chronic. ♦ **crònico** *sm.* chronic invalid.
cronista *sm.* reporter.
cronistoria *sf.* chronicle.
cronologìa *sf.* chronology.
cronològico *agg.* chronological.
cronometraggio *sm.* time-study.
cronometrare *vt.* to time.
cronometrìa *sf.* timing.
cronòmetro *sm.* stop watch.
crosta *sf.* **1.** crust **2.** (*tec.*) coating.
crostàcei *sm. pl.* Crustacea.
crostata *sf.* (*cuc.*) tart.
cròtalo *sm.* rattlesnake.
crucciare *vt.*, **crucciarsi** *vr.* to worry.
cruciale *agg.* crucial.
cruciverba *sm.* cross-word puzzle.
crudele *agg.* cruel.
crudeltà *sf.* cruelty.
crudezza *sf.* **1.** (*di stagione*) harshness **2.** (*di parole*) coarseness **3.** (*di cibo*) rawness.
crudo *agg.* **1.** raw **2.** (*poco cotto*) underdone **3.** (*aspro, rigido*) harsh **4.** (*rozzo*) coarse.
cruento *agg.* bloody.
crumiro *sm.* blackleg.
cruna *sf.* needle's eye.
crusca *sf.* bran.
cruscotto *sm.* dashboard.
cubaggio *sm.* cubage.
cubano *agg.* e *sm.* Cuban.
cubatura *sf.* cubature.
cubetto *sm.* — *di ghiaccio*, ice cube.
cùbico *agg.* cubic.
cubismo *sm.* cubism.
cubitale *agg.* *a caratteri cubitali*, in very large letters.
cùbito *sm.* **1.** (*misura*) cubit **2.** (*avambraccio*) forearm.
cubo *sm.* cube.
cuccagna *sf.* abundance || *albero della* —, greasy pole.
cuccetta *sf.* berth.
cucchiaiata *sf.* spoonful.
cucchiaino *sm.* **1.** tea-spoon, coffee-spoon **2.** (*il contenuto*) tea-spoonful.
cucchiaio *sm.* spoon.
cuccia *sf.* dog-house.
cùcciolo *sm.* puppy.
cùccuma *sf.* kettle.
cucina *sf.* **1.** kitchen **2.** (*modo di cucinare*) cooking **3.** (*culinaria*) cookery **4.** (*stufa*) stove.
cucinare *vt.* to cook.
cuciniere *sm.* man-cook.
cucire *vt.* **1.** to sew (*v. irr.*) **2.** (*med.*) to stitch.
cucito *sm.* needlework.
cucitrice *sf.* **1.** seamstress **2.** (*macchinetta*) stapler.
cucitura *sf.* **1.** seam **2.** (*di fogli*) stapling.
cucù *sm.* (*zool.*) cuckoo.
cucùrbita *sf.* gourd.
cuffia *sf.* **1.** cap. **2.** (*radio*) headphone.
cugina *sf.* cousin.
cugino *sm.* cousin.
cui *pron. rel.* **1.** (*di possesso*) whose; (*di possesso, solo per animali e cose*) of which: *l'uomo la — casa*, the man whose house; *il libro le — pagine*, the book the pages of which **2.** (*altri casi, per persone*) whom; (*altri casi, per animali e cose*) which: *l'uomo con — parlai*, the man to whom I spoke; *il libro di — parlai*, the book about which I spoke || *in* — (*dove*), where; *in* — (*quando*) when.
culaccio *sm.* rump.
culatta *sf.* breech.
culinaria *sf.* cookery.
culinario *agg.* culinary.

culla *sf.* cradle.
cullare *vt.* to rock, to lull (*anche fig.*).
culminante *agg.* culminant: *momento* —, climax.
culminare *vi.* to culminate.
cùlmine *sm.* **1.** summit **2.** (*fig.*) apex.
culo *sm.* bottom; (*volg.*) ass.
culto *sm.* **1.** cult **2.** (*religione*) religion **3.** (*adorazione*) worship.
cultore *sm.* lover.
cultura *sf.* culture.
culturale *agg.* cultural.
cumulare *vt.* to heap up.
cumulativo *agg.* cumulative.
cumulatore *sm.* hoarder.
cumulazione *sf.* hoarding.
cùmulo *sm.* **1.** heap **2.** (*nube*) cumulus (*pl.* -li).
cuna *sf.* cradle.
cuneiforme *agg.* cuneiform, wedge--shaped.
cùneo *sm.* wedge.
cunetta *sf.* **1.** (*stradale*) road bump **2.** (*scolo*) gutter.
cunìcolo *sm.* underground passage, shaft.
cuòcere *vt.* **1.** to cook **2.** (*in forno, fornace*) to bake.
cuoco *sm.* cook.
cuoiame *sm.* leather and hides.
cuoio *sm.* leather || — *capelluto,* scalp.
cuore *sm.* heart.
cupezza *sf.* **1.** darkness **2.** (*tristezza*) gloom.
cupidigia *sf.* cupidity, greed.
cùpido *agg.* greedy.
cupo *agg.* **1.** dark **2.** (*triste*) gloomy **3.** (*profondo*) deep.
cùpola *sf.* dome.
cùpreo *agg.* cupreous.
cùprico *agg.* cupric.
cura *sf.* **1.** care **2.** (*med.*) treatment || *casa di* —, nursing-home.
curàbile *agg.* curable.
curante *agg. medico* —, attending physician.
curare *vt.* **1.** (*aver cura di*) to take (*v. irr.*) care of **2.** (*med.*) to treat **3.** (*una pubblicazione*) to edit. ♦ **curarsi** *vr.* (*seguire una cura*) to follow a treatment.
curaro *sm.* curare.
curato *sm.* vicar.
curatore *sm.* trustee.
curdo *agg.* Kurdish. ♦ **curdo** *sm.* Kurd.
curia *sf.* **1.** (*eccl.*) see **2.** (*giur.*) court of justice.
curie *sm.* curie.
curiosare *vi.* to pry.
curiosità *sf.* **1.** curiosity **2.** (*stranezza*) oddity.
curioso *agg.* curious.
currìculum *sm.* curriculum (*pl.* -la).
cursore *sm.* **1.** messenger **2.** (*mecc.*) slider.
curva *sf.* bend.
curvare *vt.* to bend (*v. irr.*). ♦ **curvarsi** *vr.* **1.** to bend (*v. irr.*) **2.** (*inclinarsi*) to bow.
curvatura *sf.* **1.** bending **2.** (*arch.*) sweep.
curvilìneo *agg.* curvilinear.
curvo *agg.* bent.
cuscinetto *sm.* small cushion || — *a sfera,* ball bearing.
cuscino *sm.* **1.** cushion **2.** (*guanciale*) pillow **3.** (*mecc.*) pillow.
custode *sm.* keeper.
custodia *sf.* **1.** care **2.** (*tutela*) guardianship **3.** (*astuccio*) case.
custodire *vt.* **1.** to keep (*v. irr.*) **2.** (*aver cura di*) to look after.
cutàneo *agg.* skin: *malattia cutanea,* skin disease.
cute *sf.* skin.

D

da *prep.* **1.** (*provenienza*) from: *vengo — Milano,* I come from Milan **2.** (*moto a luogo*) to: *andremo — loro,* we shall go to their house **3.** (*stato in luogo*) at: *vivo — mia zia,* I live at my aunt's **4.** (*moto per luogo*) through: *passai — Roma,* I passed through Rome **5.** (*tempo, durata*) for: *siamo qui — due mesi,* we have been here for two months; (*a partire da*) since: *lo conosco dal 1955,* I have known him since 1955 **6.** (*agente*) by: *fu aiutato — sua sorella,* he was helped by his sister **7.** (*come*) like: *si comportano — bambini,* they are behaving like children || *fare* —, to act as.
dabbasso *avv.* **1.** below, down below **2.** (*al piano inferiore*) downstairs.

dabbenàggine *sf.* ingenuousness.
dabbene *agg.* honest.
daccapo *avv.* over again, from the beginning.
dacché *cong.* since.
dadaismo *sm.* dadaism.
dado *sm.* **1.** die (*pl.* dice) **2.** (*cuc.*) cube **3.** (*mecc.*) nut.
daffare *sm.* work || *darsi* **—**, to be on the go.
dagherrotipìa *sf.* daguerreotypy.
dagherròtipo *sm.* daguerreotype.
dàgli, dài *inter.* go on.
dàino *sm.* fallow-deer (*invariato al pl.*).
dalia *sf.* dahlia.
daltònico *agg.* colour-blind.
daltonismo *sm.* colour-blindness.
d'altronde *avv.* on the other hand.
dama *sf.* **1.** lady of rank **2.** (*al ballo*) partner **3.** (*giuoco*) draughts (*pl.*).
damasco *sm.* damask.
damerino *sm.* dandy.
damiere *sm.* draughtboard.
damigella *sf.* maid of honour.
damigiana *sf.* demijohn.
danaroso *agg.* wealthy.
danese *agg.* Danish. ♦ **danese** *sm.* Dane.
dannare *vt.* to damn || *far* **—**, to drive (*v. irr.*) so. mad. ♦ **dannarsi** **1.** to be damned **2.** (*fig.*) to strive (*v. irr.*) hard.
dannato *agg.* damned. ♦ **dannato** *sm.* damned soul.
dannazione *sf.* damnation: **—*!***, damn!
danneggiamento *sm.* damage.
danneggiare *vt.* **1.** to damage **2.** (*di persone*) to injure.
danno *sm.* **1.** damage **2.** (*a persona*) injury || *recare — a qu.*, to do (*v. irr.*) so. harm.
dannoso *agg.* harmful.
dantesco *agg.* Dantesque.
danza *sf.* dance.
danzante *agg.* dancing: *trattenimento* **—**, dance.
danzare *vt.* e *vi.* to dance.
danzatore *sm.* dancer.
dappertutto *avv.* everywhere.
dappocàggine *sf.* ineptitude.
dappoco *agg.* inept.
dappresso *avv.* near-by.
dapprima *avv.* at first.
dardeggiare *vt.* e *vi.* to dart.
dardo *sm.* dart.
dare *sm.* debit. ♦ **dare** *vt.* to give (*v. irr.*): *— origine, luogo a qc.*, to give rise; *— a bere a qu. che*, to give so. to believe that; *— ad intendere*, to give to understand; *— a pensare*, to give food for thought || *— atto di qc.*, to acknowledge; *può darsi*, maybe; *— alla testa*, to go (*v. irr.*) to one's head; *— nell'occhio*, to stand (*v. irr.*) out. ♦ **darsi** *vr.* to devote oneself || *— al bere*, to take (*v. irr.*) to drink; *— ammalato*, to pretend to be ill; *— da fare*, to busy oneself; *darsela a gambe*, to take (*v. irr.*) to one's heels.
dàrsena *sf.* wet dock.
darvinismo *sm.* Darwinism.
data *sf.* date: *in — d'oggi*, under to-day's date.
datare *vt.* to date.
dativo *sm.* dative.
dato *agg.* **1.** given **2.** (*stabilito*) stated **3.** (*dedito*) addicted || *— e non concesso*, supposing that. ♦ **dato** *sm.* datum (*pl.* -ta). ♦ **dato che** *cong.* since, as.
datore *sm.* giver || *— di lavoro*, employer.
dàttero *sm.* **1.** date **2.** (*albero*) date-palm.
dattilografare *vt.* to typewrite.
dattilografìa *sf.* typewriting.
dattilògrafo *sm.* typist.
dattiloscritto *agg.* typewritten. ♦ **dattiloscritto** *sm.* typescript.
dattorno *avv.* round, about.
davanti *avv.* before, in front. ♦ **davanti** *sm.* front. ♦ **davanti** *agg.* front. ♦ **davanti a** (*loc. prep.*) before.
davantino *sm.* ruffle.
davanzale *sm.* window-sill.
davvero *avv.* really, indeed.
daziario *agg.* toll.
daziere *sm.* exciseman (*pl.* -men).
dazio *sm.* **1.** toll, duty **2.** (*ufficio daziario*) toll-house **3.** (*di consumo*) excise.
dea *sf.* goddess.
deambulare *vi.* to walk about.
deambulatorio *agg.* e *sm.* deambulatory.
deambulazione *sf.* deambulation.
debellare *vt.* **1.** to defeat **2.** (*fig.*) to overcome (*v. irr.*).
debilitante *agg.* weakening.
debilitare *vt.* to weaken.
debilitazione debilitation.

debitamente *avv.* duly.
débito *agg.* due, proper. ♦ **débito** *sm.* debt: *fare un —,* to run (*v. irr.*) into debt.
debitore *sm.* debtor.
débole *agg.* weak.
debolezza *sf.* weakness.
debosciato *agg.* debauched.
debuttante *sm.* **1.** novice **2.** (*di ragazza in società*) debutante.
debuttare *vi.* **1.** to make (*v. irr.*) one's debut **2.** (*di ragazza in società*) to come (*v. irr.*) out.
debutto *sm.* **1.** debut **2.** (*di ragazza in società*) coming out.
dècade *sf.* **1.** (*di giorni*) ten days **2.** (*di anni*) ten years.
decadente *agg.* **1.** decaying **2.** (*lett.*) decadent.
decadenza *sf.* decay, decline.
decadere *vi.* to decline || *— da un diritto,* to lose (*v. irr.*) a right.
decaduto *agg.* impoverished.
decaedro *sm.* decahedron.
decagrammo *sm.* decagram.
decalcare *vt.* to transfer.
decalcificare *vt.* to decalcify.
decàlitro *sm.* decalitre.
decàlogo *sm.* decalogue.
decàmetro *sm.* decametre.
decampare *vi.* **1.** to decamp **2.** (*fig.*) to recede.
decano *sm.* **1.** senior **2.** (*eccl.*) dean.
decantare *vt.* **1.** to extol **2.** (*chim.*) to decant.
decantazione *sf.* (*chim.*) decantation.
decapitare *vt.* to behead.
decappottàbile *agg.* (*auto*) convertible.
decasìllabo *agg.* decasyllabic. ♦ **decasìllabo** *sm.* decasyllable.
decatissaggio *sm.* decatizing.
decèdere *vi.* to die.
decelerare *vt.* to decelerate.
decennale *agg.* decennial.
decenne *agg.* **1.** ten years old (*predicativo*) **2.** ten-year-old (*attributivo*).
decennio *sm.* ten-year period.
decente *agg.* decent, proper.
decentramento *sm.* decentralization.
decentrare *vt.* to decentralize.
decenza *sf.* decency.
decesso *sm.* death.
decìdere *vt.* to decide. ♦ **decìdersi** *vr.* to make (*v. irr.*) up one's mind.
decifrare *vt.* **1.** to decipher **2.** (*fam.*) to make (*v. irr.*) out.
decifrazione *sf.* deciphering.
decigrammo *sm.* decigram.
decìlitro *sm.* decilitre.
decimale *agg.* e *sm.* decimal.
decimare *vt.* to decimate.
decimazione *sf.* decimation.
decìmetro *sm.* decimetre.
dècimo *agg.* tenth.
decina *sf.* ten, half-a-score.
decisione *sf.* decision.
decisivo *agg.* decisive.
deciso *agg.* **1.** resolute, firm **2.** (*definito*) decided.
declamare *vt.* e *vi.* to declaim.
declamatorio *agg.* declamatory.
declamazione *sf.* declamation.
declassare *vt.* to degrade.
declinàbile *agg.* declinable.
declinante *agg.* declining.
declinare *vt.* **1.** to decline || *— le proprie generalità,* to say (*v. irr.*) one's name and surname. ♦ **declinare** *vi.* **1.** (*del sole*) to set (*v. irr.*) **2.** (*degradare*) to slope **3.** (*venir meno*) to decline.
declinazione *sf.* (*gramm.*) declension.
declino *sm.* decline.
declivio *sm.* declivity.
decollaggio *sm.* (*aer.*) take-off.
decollare *vi.* to take (*v. irr.*) off.
decollo *sm.* take-off.
decolorante *agg.* decolorating. ♦ **decolorante** *sm.* decolorant.
decolorare *vt.* to decolorate.
decolorazione *sf.* decoloration || *— dei capelli,* hair bleaching.
decomponìbile *agg.* decomposable.
decomporre *vt.* to decompose.
decomposizione *sf.* **1.** decomposition **2.** (*putrefazione*) putrefaction.
decongelare *vt.* to defrost.
decongestionare *vt.* to decongest.
decorare *vt.* to decorate: *— al valore,* to decorate for bravery.
decorativo *agg.* decorative.
decoratore *sm.* decorator.
decorazione *sf.* decoration.
decoro *sm.* dignity.
decoroso *agg.* decorous, proper.
decorrenza *sf.* expiration: *con — da,* beginning from.
decòrrere *vi.* **1.** to pass || *a — da,* to begin (*v. irr.*) from **2.** (*comm.*) to run (*v. irr.*), to have effect.
decorso *sm.* **1.** period **2.** (*il passa-*

re) passing.
decrepitezza *sf.* decrepitude.
decrèpito *agg.* decrepit.
decréscere *vi.* to decrease.
decretare *vt.* **1.** to decree **2.** (*concedere*) to confer.
decreto *sm.* decree: — *legge,* Order in Council.
decuplicare *vt.* to decuple.
dècuplo *sm.* decuple, ten times as much.
decurtare *vt.* to reduce.
dèdalo *sm.* maze.
dèdica *sf.* dedication.
dedicare *vt.* to dedicate. ♦ **dedicarsi** *vr.* to devote oneself.
dedicatorio *agg.* dedicatory.
dèdito *agg.* **1.** given up **2.** (*a vizio*) addicted.
dedizione *sf.* devotion.
dedurre *vt.* **1.** to infer, to deduce **2.** (*defalcare*) to deduct.
deduttivo *agg.* deductive.
deduzione *sf.* deduction.
defalcare *vt.* to deduct.
defalco *sm.* deduction.
defecare *vi.* to defecate.
defenestrare *vt.* **1.** to throw (*v. irr.*) out of the window **2.** (*fig.*) to dismiss.
defenestrazione *sf.* defenestration.
deferente *agg.* deferential.
deferenza *sf.* compliance, deference.
deferire *vt.* **1.** to submit **2.** (*giur.*) to remit.
defezionare *vi.* to desert.
defezione *sf.* **1.** defection **2.** (*mil.*) desertion.
deficiente *agg.* **1.** insufficient **2.** (*idiota*) mentally deficient. ♦ **deficiente** *sm.* idiot.
deficienza *sf.* **1.** deficiency, lack **2.** (*idiozia*) mental deficiency.
dèficit *sm.* deficit.
definìbile *agg.* definable.
definire *vt.* **1.** to define **2.** (*determinare, risolvere*) to determine.
definitivo *agg.* final.
definito *agg.* definite.
definizione *sf.* **1.** definition **2.** (*risoluzione*) settlement.
deflagrante *agg.* deflagrating.
deflagrare *vi.* to deflagrate.
deflagrazione *sf.* deflagration.
deflazione *sf.* deflation.
deflèttere *vi.* to deflect.
deflettore *sm.* baffle.
deflorare *vt.* to deflower.
deflorazione *sf.* defloration.
defluire *vi.* to flow down.
deflusso *sm.* **1.** downflow **2.** (*di marea*) ebb-tide.
deformante *agg.* deforming.
deformare *vt.* **1.** to deform, to disfigure **2.** (*alterare*) to alter. ♦ **deformarsi** *vr.* **1.** (*mecc.*) to warp **2.** to get (*v. irr.*) deformed.
deformazione *sf.* **1.** deformation **2.** (*mecc.*) buckling.
deforme *agg.* deformed.
deformità *sf.* deformity.
defraudare *vt.* to defraud.
defunto *agg.* e *sm.* dead.
degenerare *vi.* to degenerate.
degenerazione *sf.* degeneration.
degènere *agg.* degenerate.
degente *sm.* patient.
degenza *sf.* stay in hospital.
deglutizione *sf.* swallowing.
degnarsi *vr.* to condescend.
degnazione *sf.* condescension.
degno *agg.* worthy, deserving.
degradante *agg.* degrading.
degradare *vt.* to degrade.
degradazione *sf.* degradation.
degustare *vt.* to taste.
deiezione *sf.* dejection.
deificare *vt.* to deify.
deismo *sm.* deism.
deità *sf.* deity.
delatore *sm.* delator.
delazione *sf.* delation, informing.
delèbile *agg.* erasable.
dèlega *sf.* **1.** delegation **2.** (*procura*) proxy.
delegare *vt.* to delegate.
delegato *sm.* delegate.
delegazione *sf.* **1.** delegation **2.** (*commissione*) committee.
deleterio *agg.* harmful.
delfino *sm.* **1.** (*zool.*) dolphin **2.** (*fig.*) probable successor **3.** (*stor.*) dauphin.
deliberare *vt.* to decide.
deliberazione *sf.* deliberation.
delicatezza *sf.* delicacy.
delicato *agg.* **1.** delicate **2.** (*scrupoloso*) scrupulous **3.** (*discreto*) discreet, tactful.
delimitare *vt.* to delimit.
delimitazione *sf.* delimitation.
delineare *vt.* to outline.
delineazione *sf.* delineation.
delinquente *sm.* delinquent.
delinquenza *sf.* criminality.
delìnquere *vi.* to commit an offence.
deliquio *sm.* swoon.

delirare *vi.* to rave.
delirio *sm.* delirium, frenzy (*anche fig.*).
delitto *sm.* crime.
delittuoso *agg.* criminal.
delizia *sf.* delight.
deliziare *vt.* to delight.
delizioso *agg.* **1.** delightful **2.** (*di sapore, profumo*) delicious.
delta *sm.* delta.
deltòide *agg.* e *sm.* deltoid.
delucidare *vt.* to explain.
delucidazione *sf.* explanation.
delùdere *vt.* to disappoint.
delusione *sf.* disappointment.
demagogìa *sf.* demagogy.
demagògico *agg.* demagogic.
demagogo *sm.* demagogue.
demandare *vt.* to commit.
demaniale *agg.* (owned by the) State.
demanio *sm.* State property.
demarcare *vt.* to mark the boundaries of.
demarcazione *sf.* demarcation.
demente *agg.* insane. ♦ **demente** *sm.* madman (*pl.* -men).
demenza *sf.* insanity.
demeritare *vt.* to forfeit. ♦ **demeritare** *vi.* to deserve censure.
demèrito *sm.* demerit.
demiurgo *sm.* demiurge.
democràtico *agg.* democratic. ♦ **democràtico** *sm.* democrat.
democratizzare *vt.* to democratize.
democrazìa *sf.* democracy.
democristiano *sm.* christian-democrat.
demografìa *sf.* demography.
demogràfico *agg.* demographic(al).
demolire *vt.* to demolish.
demolitore *sm.* **1.** demolisher **2.** (*fig.*) iconoclast.
demolizione *sf.* **1.** demolition **2.** (*fig.*) destruction.
dèmone *sm.* **1.** demon **2.** (*diavolo*) devil.
demonìaco *agg.* demoniac(al).
demonio *sm.* **1.** devil **2.** (*fig.*) demon.
demonologìa *sf.* demonology.
demoralizzare *vt.* to demoralize. ♦ **demoralizzarsi** *vr.* to lose (*v. irr.*) heart.
demoralizzazione *sf.* demoralization.
denaro *sm.* **1.** money **2.** (*moneta antica*) denarius (*pl.* -rii).
denaturare *vt.* to denature.
dendrologìa *sf.* dendrology.
denegare *vt.* to deny.
denicotinizzare *vt.* to denicotinize.
denigrare *vt.* to denigrate.
denigratore *sm.* denigrator.
denigrazione *sf.* denigration.
denominare *vt.* to name.
denominativo *agg.* denominative.
denominatore *sm.* denominator.
denominazione *sf.* denomination.
denotare *vt.* to signify.
densità *sf.* density.
denso *agg.* thick.
dentale *agg.* dental.
dentario *agg.* dental, tooth (*attr.*).
dentato *agg.* toothed.
dentatura *sf.* **1.** set of teeth **2.** (*di ingranaggio*) toothing.
dente *sm.* tooth (*pl.* teeth).
dentellare *vt.* to indent.
dentellatura *sf.* indentation.
dentello *sm.* **1.** (*mecc.*) tooth **2.** (*arch.*) dentil **3.** (*tacca*) notch.
dentiera *sf.* dental plate.
dentifricio *agg.* tooth (*attr.*) ♦ **dentifricio** *sm.* tooth-paste.
dentina *sf.* dentine.
dentista *sm.* dentist.
dentìstico *agg.* dental: *gabinetto* —, dentist's surgery.
dentizione *sf.* teething.
dentro *avv.* in, inside. ♦ **dentro** *prep.* **1.** in, inside **2.** (*di tempo*) (with)in.
denudare *vt.* **1.** to strip **2.** (*scoprire*) to lay (*v. irr.*) bare. ♦ **denudarsi** *vr.* to strip.
denudazione *sf.* denudation.
denuncia *sf.* **1.** denunciation **2.** (*dichiarazione*) statement: — *dei redditi*, statement of one's income.
denunciare *vt.* **1.** to denounce **2.** (*dichiarare*) to report **3.** (*giur.*) — *qu.*, to inform against so.
denutrito *agg.* underfed.
denutrizione *sf.* underfeeding.
deodorante *agg.* deodorizing. ♦ **deodorante** *sm.* deodorant.
deodorare *vt.* to deodorize.
deontologìa *sf.* deontology.
depauperamento *sm.* impoverishment.
depauperare *vt.* to impoverish.
depennare *vt.* to cross out.
deperìbile *agg.* perishable.
deperimento *sm.* **1.** (*di salute*) wasting away **2.** (*per un dolore*) pining away **3.** (*di cose*) deterioration.

deperire *vi.* **1.** (*di salute*) to waste away **2.** (*per un dolore*) to pine. away **3.** (*di cose*) to deteriorate.
depilare *vt.* to remove hair (from).
depilatore *sm.* hair-remover.
depilatorio *agg.* hair-removing.
depilazione *sf.* hair-removal.
deploràbile *agg.* deplorable.
deplorare *vt.* **1.** (*essere spiacenti*) to deplore **2.** (*lagnarsi di*) to complain of.
deplorazione *sf.* **1.** (*biasimo*) blame **2.** (*rimpianto*) regret.
deplorévole *agg.* **1.** deplorable **2.** (*biasimevole*) blamable.
deporre *vt.* **1.** to lay (*v. irr.*) **2.** (*da una carica*) to remove from (an) office **3.** (*depositare*) to deposit **4.** (*giur.*) to witness. ♦ **deporre** *vi.* (*giur.*) to give (*v. irr.*) evidence.
deportare *vt.* to deport.
deportato *agg.* deported. ♦ **deportato** *sm.* convict.
deportazione *sf.* deportation.
depositante *sm.* depositor.
depositare *vt.* to deposit: — *merci,* to store goods.
depositario *sm.* trustee.
depòsito *sm.* **1.** deposit **2.** (*luogo in cui depositare*) warehouse **3.** (*per bagagli*) left-luggage room.
deposizione *sf.* deposition.
depravare *vt.* to corrupt.
depravazione *sf.* corruption.
deprecàbile *agg.* deprecable.
deprecare *vt.* to deprecate.
deprecativo *agg.* deprecatory.
deprecazione *sf.* deprecation.
depredamento *sm.* plunder.
depredare *vt.* to plunder, to ravage.
depressione *sf.* depression.
depressivo *agg.* depressing.
depresso *agg.* depressed.
depressore *sm.* depressor.
deprezzamento *sm.* depreciation.
deprezzare *vt.* to depreciate.
deprimente *agg.* depressing.
deprìmere *vt.* to depress.
depurare *vt.* to depurate.
depurativo *agg.* depurative.
depuratore *sm.* **1.** depurator **2.** (*mecc.*) cleaner.
depurazione *sf.* purification, depuration.
deputare *vt.* to depute.
deputato *sm.* deputy.
deputazione *sf.* deputation.
deragliamento *sm.* derailment.
deragliare *vi.* to go (*v. irr.*) off the rails.
derattizzare *vt.* to clear by deratization.
derattizzazione *sf.* deratization.
derelitto *agg.* forlorn.
deretano *sm.* posterior.
derìdere *vt.* to laugh at, to make (*v. irr.*) fun of.
derisìbile *agg.* laughable.
derisione *sf.* mockery.
derisorio *agg.* derisory.
deriva *sf.* drift.
derivare *vi.* **1.** to derive **2.** (*originarsi*) to rise (*v. irr.*). ♦ **derivare** *vt.* to derive.
derivativo *agg.* derivative.
derivato *agg.* derived. ♦ **derivato** *sm.* **1.** derivative **2.** (*sottoprodotto*) by-product.
derivazione *sf.* **1.** derivation **2.** (*elettr.*) shunt.
derma *sm.* derm.
dermatologìa *sf.* dermatology.
dermatològico *agg.* dermatological.
dermatòlogo *sm.* dermatologist.
dèroga *sf.* derogation.
derogare *vi.* to derogate.
derrata *sf.* **1.** victual **2.** (*alimentare*) food-stuff.
derubare *vt.* to rob (so. of).
desco *sm.* dinner table.
descrittivo *agg.* descriptive.
descrìvere *vt.* to describe.
descrivìbile *agg.* describable.
descrizione *sf.* description.
desèrtico *agg.* desert.
deserto *agg.* e *sm.* desert.
desideràbile *agg.* desirable.
desiderare *vt.* **1.** to wish **2.** (*desiderare di avere*) to wish for.
desiderio *sm.* wish.
desideroso *agg.* desirous, eager (for).
designare *vt.* to appoint.
designazione *sf.* designation.
desinare *vi.* to dine, to have dinner. ♦ **desinare** *sm.* dinner.
desinenza *sf.* ending.
desìstere *vi.* to cease, to leave (*v. irr.*) off.
desolare *vt.* **1.** to desolate **2.** (*addolorare*) to distress.
desolato *agg.* (*spiacente*) sorry.
desolazione *sf.* **1.** desolation **2.** (*dolore*) grief, sorrow.
dèspota *sm.* despot.
destare *vt.* **1.** to wake (*v. irr.*) **2.**

(*suscitare*) to rouse. ♦ **destarsi** *vr.* to wake (*v. irr.*) up.
destinare *vt.* **1.** to destine **2.** (*devolvere*) to assign.
destinatario *sm.* addressee.
destinazione *sf.* destination.
destino *sm.* **1.** destiny **2.** (*sorte*) lot.
destituire *vt.* to dismiss.
destituzione *sf.* dismissal.
desto *agg.* awake.
destra *sf.* **1.** right hand **2.** (*parte destra*) right, right side: *alla tua* —, on your right; *tenere la* —, to keep (*v. irr.*) right.
destramente *avv.* skilfully.
destreggiarsi *vr.* to manage.
destrezza *sf.* dexterity.
destriero *sm.* steed.
destrina *sf.* dextrine.
destro *agg.* **1.** right **2.** (*abile*) clever. ♦ **destro** *sm.* opportunity.
desueto *agg.* unusual, obsolete.
desuetùdine *sf.* disuse.
desùmere *vt.* **1.** to infer **2.** (*trarre*) to draw (*v. irr.*).
detenere *vt.* **1.** to hold (*v. irr.*) **2.** (*tener prigioniero*) to keep (*v. irr.*) in prison.
detentore *sm.* holder.
detenuto *agg.* imprisoned. ♦ **detenuto** *sm.* prisoner.
detenzione *sf.* **1.** possession **2.** (*il detenere*) holding **3.** (*galera*) detention.
detergente *agg.* e *sm.* detergent.
detèrgere *vt.* to cleanse.
deterioramento *sm.* deterioration.
deteriorare *vt.* **1.** to deteriorate **2.** (*danneggiare*) to damage.
deteriore *agg.* worse.
determinàbile *agg.* determinable.
determinante *agg.* determinant.
determinare *vt.* **1.** to determine **2.** (*causare*) to cause.
determinativo *agg.* determinative || *articolo* —, definite article.
determinato *agg.* **1.** determinate **2.** (*particolare*) special **3.** (*deciso*) resolute.
determinazione *sf.* determination.
determinismo *sm.* determinism.
deterrente *sm.* deterrent.
detersivo *agg.* e *sm.* detersive.
detestàbile *agg.* detestable.
detestare *vt.* to loathe.
detettore *sm.* detector.
detonante *agg.* explosive.
detonare *vi.* to detonate.
detonatore *sm.* detonator.
detonazione *sf.* explosion.
detrarre *vt.* to deduct.
detrattore *sm.* detractor.
detrazione *sf.* **1.** deduction **2.** (*fig.*) detraction.
detrimento *sm.* detriment.
detrìtico *agg.* detrital.
detrito *sm.* rubble, debris.
detronizzare *vt.* to depose.
detronizzazione *sf.* dethronement.
detta (*nella loc. avv.*) *a — di qu.*, according to what so. says.
dettagliante *sm.* retailer.
dettagliare *vt.* to detail.
dettagliatamente *avv.* in detail.
dettaglio *sm.* **1.** detail **2.** (*comm.*) retail.
dettame *sm.* dictate.
dettare *vt.* **1.** to dictate **2.** (*suggerire*) to suggest || — *la legge,* to lay (*v. irr.*) down the law.
dettato *sm.* dictation.
detto *agg.* **1.** called **2.** (*sopraddetto*) said, above-mentioned. ♦ **detto** *sm.* saying.
deturpare *vt.* to disfigure.
deturpazione *sf.* disfigurement.
devalutazione *sf.* depreciation.
devastare *vt.* to ravage, to ruin.
devastatore *agg.* ravaging. ♦ **devastatore** *sm.* ravager.
devastazione *sf.* devastation.
deviare *vi.* to deviate || *non —!* (*non cambiare discorso*), stick to the point! ♦ **deviare** *vt.* to divert.
deviazione *sf.* **1.** deviation **2.** (*stradale*) detour || — *ferroviaria,* shunting.
deviazionismo *sm.* deviationism.
devoluzione *sf.* devolution.
devòlvere *vt.* **1.** (*giur.*) to devolve, to assign **2.** (*adoperare*) to employ.
devoto *agg.* **1.** devout, affectionate **2.** (*relig.*) pious, religious.
devozione *sf.* devotion, piety.
di *prep.* **1.** of **2.** (*partitivo*) some, any: *dammi del pane,* give me some bread; *hai dello zucchero?,* have you any sugar? **3.** (*tempo*) in, during: — *mattina,* in the morning **4.** (*argomento*) of, about **5.** (*paragone coi comparativi*) than: *è più graziosa — sua sorella,* she is prettier than her sister **6.** (*nei superl.*) of, in **7.** (*modo*) with, in.
dì *sm.* day.
diabete *sm.* diabetes.
diabètico *agg.* e *sm.* diabetic.

diabòlico *agg.* diabolic(al).
diàcono *sm.* deacon.
diadema *sm.* diadem.
diàfano *agg.* diaphanous.
diaframma *sm.* diaphragm.
diàgnosi *sf.* diagnosis (*pl.* -ses).
diagnosticare *vt.* to diagnose.
diagnòstico *agg.* diagnostic.
diagonale *agg.* diagonal. ♦ **diagonale** *sf.* diagonal.
diagonalmente *avv.* diagonally.
diagramma *sm.* diagram.
dialettale *agg.* dialectal.
dialèttica *sf.* dialectics.
dialèttico *agg.* dialectic. ♦ **dialèttico** *sm.* dialectic.
dialetto *sm.* dialect.
diàlisi *sf.* dialysis (*pl.* -ses).
dialogare *vi.* to hold (*v. irr.*) a dialogue.
diàlogo *sm.* dialogue.
diamante *sm.* diamond.
diametralmente *avv.* diametrically.
diàmetro *sm.* diameter.
diàmine *inter.* good heavens!
dianzi *avv.* just, just now.
diapositiva *sf.* slide.
diarchìa *sf.* diarchy.
diario *sm.* diary.
diarrea *sf.* diarrhoea.
diaspro *sm.* jasper.
diatonìa *sf.* diatony.
diatriba *sf.* diatribe.
diavolerìa *sf.* **1.** devilry **2.** (*fam.*) trick.
diavoletto *sm.* imp.
diàvolo *sm.* devil.
dibàttere *vt.* to debate. ♦ **dibàttersi** *vr.* to struggle.
dibàttito *sm.* debate, discussion.
dibattuto *agg.* controversial.
diboscamento *sm.* deforestation.
diboscare *vt.* to deforest.
dicastero *sm.* office.
dicembre *sm.* December.
dicerìa *sf.* gossip, rumour.
dichiarare *vt.* to declare.
dichiarato *agg.* declared.
dichiarazione *sf.* declaration.
diciannove *agg.* nineteen.
diciannovenne *agg.* **1.** nineteen years old (*pred.*) **2.** nineteen-year-old (*attr.*).
diciannovèsimo *agg.* nineteenth.
diciassette *agg.* seventeen.
diciassettenne *agg.* **1.** seventeen years old (*pred.*) **2.** seventeen-year-old (*attr.*).
diciassettèsimo *agg.* seventeenth.
diciottenne *agg.* **1.** eighteen years old (*pred.*) **2.** eighteen-year-old (*attr.*).
diciottèsimo *agg.* eighteenth.
diciotto *agg.* eighteen.
dicitore *sm.* speaker.
dicitura *sf.* wording.
didascalìa *sf.* **1.** explanation **2.** (*cine*) subtitles (*pl.*).
didascàlico *agg.* didactic.
didàttica *sf.* didactics.
didàttico *agg.* didactic(al).
didentro *sm.* inside.
didietro *sm.* back.
dieci *agg.* ten.
diecina *sf.* ten, half a score.
diedro *sm.* dihedral.
dielèttrico *agg.* dielectric.
diesis *sm.* sharp.
dieta *sf.* diet.
dietètico *agg.* dietetic.
dietòlogo *sm.* dietician.
dietro *avv.* behind. ♦ **dietro** *prep.* behind, after. ♦ **dietro** *sm.* back, rear.
dietrofrònt *sm.* about turn!
difatti *avv.* as a matter of fact.
difèndere *vt.* to defend.
difendìbile *agg.* defensible.
difensiva *sf.* defensive.
difensivo *agg.* defensive.
difensore *agg.* defending. ♦ **difensore** *sm.* **1.** defender **2.** (*giur.*) defending counsel **3.** (*di un'idea ecc.*) supporter.
difesa *sf.* defence.
difettare *vi.* to be wanting.
difettivo *agg.* defective.
difetto *sm.* defect.
difettoso *agg.* defective.
diffamare *vt.* to defame.
diffamatore *sm.* defamer.
diffamatorio *agg.* defamatory.
diffamazione *sf.* defamation.
differente *agg.* unlike, different.
differentemente *avv.* differently.
differenza *sf.* difference.
differenziale *agg.* e *sm.* differential.
differenziare *vt.* to differentiate.
differenziato *agg.* differentiated.
differenziazione *sf.* differentiation.
differìbile *agg.* that can be deferred.
differimento *sm.* deferment.
differire *vi.* (*essere diverso*) to differ (from). ♦ **differire** *vt.* to delay.

difficile *agg.* difficult.
difficilmente *avv.* with difficulty.
difficoltà *sf.* difficulty.
difficoltoso *agg.* difficult.
diffida *sf.* warning, intimation.
diffidare *vi.* to distrust. ♦ **diffidare** *vt.* to give (*v. irr.*) warning.
diffidente *agg.* suspicious.
diffidenza *sf.* **1.** distrust **2.** (*sospetto*) suspicion.
diffòndere *vt.* to diffuse, to spread (*v. irr.*). ♦ **diffòndersi** *vr.* to spread (*v. irr.*).
difforme *agg.* **1.** different **2.** shapeless.
difformità *sf.* difference, deformity.
diffrazione *sf.* diffraction.
diffusamente *avv.* diffusely.
diffusione *sf.* **1.** diffusion, spreading **2.** (*di giornale*) circulation.
diffuso *agg.* diffuse.
diffusore *sm.* diffusor.
difilato *avv.* straight.
diftèrico *agg.* diphtheric.
difterite *sf.* diphtheria.
diga *sf.* dam.
digerente *agg.* digestive.
digerìbile *agg.* digestible.
digeribilità *sf.* digestibility.
digerire *vt.* to digest.
digestione *sf.* digestion.
digestivo *agg.* e *sm.* digestive.
digesto *sm.* digest.
digitale *agg.* digital || *impronte digitali*, finger-prints. ♦ **digitale** *sf.* digitalis, (*fam.*) foxglove.
digiunare *vi.* to fast.
digiunatore *sm.* faster.
digiuno[1] *agg.* **1.** fasting **2.** (*fig.*) lacking (in).
digiuno[2] *sm.* fast.
dignità *sf.* dignity.
dignitario *sm.* dignitary.
dignitosamente *avv.* with dignity.
dignitoso *agg.* dignified.
digradante *agg.* **1.** sloping **2.** (*pitt.*) shading.
digradare *vi.* **1.** to slope down **2.** (*pitt.*) to shade off.
digressione *sf.* digression.
digressivo *agg.* digressive.
digrignare *vt.* to gnash.
digrossamento *sm.* **1.** reducing **2.** (*sbozzo*) rough-hewing.
digrossare *vt.* **1.** to reduce **2.** (*sbozzare*) to rough-hew.
dilacerare *vt.* to tear (*v. irr.*).
dilagare *vi.* to spread (*v. irr.*).
dilaniare *vt.* to tear (*v. irr.*) to pieces.
dilapidare *vt.* to squander.
dilapidatore *sm.* squanderer.
dilapidazione *sf.* squandering.
dilatàbile *agg.* dilatable.
dilatabilità *sf.* dilatability.
dilatare *vt.*, **dilatarsi** *vr.* **1.** to dilate **2.** (*fis.*) to expand.
dilatazione *sf.* dilatation.
dilatorio *agg.* dilatory.
dilavamento *sm.* washing away.
dilavare *vt.* to wash away.
dilazionare *vt.* to defer.
dilazione *sf.* delay, respite.
dileggiare *vt.* to mock.
dileggio *sm.* mockery.
dileguare *vt.* to disperse. ♦ **dileguarsi** *vr.* to disappear.
dilemma *sm.* dilemma.
dilettante *sm.* amateur.
dilettantismo *sm.* amateurism.
dilettare *vt.* to delight. ♦ **dilettarsi** *vr.* to take (*v. irr.*) delight (in).
dilettévole *agg.* delightful.
diletto *agg.* beloved. ♦ **diletto** *sm.* delight.
diligente *agg.* diligent.
diligenza *sf.* **1.** diligence **2.** (*carrozza*) stage-coach.
dilucidare *vt.* V. *delucidare.*
dilucidazione *sf.* V. *delucidazione.*
diluente *sm.* diluent.
diluire *vt.* **1.** to dilute **2.** (*fig.*) to water down.
diluizione *sf.* dilution.
dilungarsi *vr.* to speak (*v. irr.*) diffusely.
diluviale *agg.* **1.** torrential **2.** (*geol.*) diluvial.
diluviano *agg.* diluvial.
diluviare *vi.* **1.** to pour **2.** (*fig.*) to shower.
diluvio *sm.* deluge, flood.
dimagramento *sm.* thinning.
dimagrante *agg.* slimming.
dimagrare *vi.* to thin.
dimagrire *vi.* V. *dimagrare.*
dimenare *vt.* **1.** (*la coda*) to wag **2.** to wave. ♦ **dimenarsi** *vr.* to move about restlessly.
dimensione *sf.* dimension, size.
dimenticanza *sf.* **1.** (*svista*) oversight **2.** (*oblio*) oblivion.
dimenticare *vt.*, **dimenticarsi** *vr.* to forget (*v. irr.*).
diméntico *agg.* forgetful.
dimesso *agg.* **1.** modest **2.** (*trasandato*) shabby.

dimestichezza *sf.* familiarity.
dìmetro *sm.* dimeter.
diméttere *vt.* to dismiss || — *dall'ospedale*, to discharge. ♦ **diméttersi** *vr.* to resign.
dimezzamento *sm.* halving.
dimezzare *vt.* to halve.
diminuendo *sm.* **1.** (*mat.*) minuend **2.** (*mus.*) diminuendo.
diminuìbile *agg.* diminishable.
diminuire *vt.* e *vi.* to lessen, to diminish.
diminutivo *agg.* *e* *sm.* diminutive.
diminuzione *sf.* lessening, reduction.
dimissionare *vt.* to oblige (so.) to resign.
dimissionario *agg.* resigning.
dimissione *sf.* resignation || *dare le dimissioni*, to resign.
dimissoria *sf.* dimissory letter.
dimodoché *cong.* so that.
dimora *sf.* residence, lodgings (*pl.*).
dimorare *vi.* to stay, to live.
dimorfismo *sm.* dimorphism.
dimorfo *agg.* dimorphic.
dimostràbile *agg.* demonstrable.
dimostrabilità *sf.* demonstrability.
dimostrante *sm.* demonstrant.
dimostrare *vt.* **1.** to show (*v. irr.*) **2.** (*provare*) to demonstrate. ♦ **dimostrarsi** *vr.* to show oneself.
dimostrativo *agg.* e *sm.* demonstrative.
dimostratore *sm.* demonstrator.
dimostrazione *sf.* demonstration.
dina *sf.* dyne.
dinàmica *sf.* dynamics.
dinamicamente *avv.* dynamically.
dinamicità *sf.* dynamism, energy.
dinàmico *agg.* **1.** dynamic **2.** (*fig.*) energetic.
dinamismo *sm.* **1.** dynamism **2.** (*fig.*) energy.
dinamitardo *sm.* dynamiter.
dinamite *sf.* dynamite.
dìnamo *sf.* dynamo.
dinamòmetro *sm.* dynamometer.
dinanzi *prep.* before, in front of. ♦ **dinanzi** *avv.* before, in front, forward.
dìnaro *sm.* dinar.
dinasta *sm.* dynast.
dinastìa *sf.* dynasty.
dinàstico *agg.* dynastic(al).
dindo *sm.* turkey.
diniego *sm.* denial.
dinoccolato *agg.* slouching.
dinosàuro *sm.* dinosaur.
dintorni *sm.* *pl.* surroundings.
dintorno *avv.* e *prep.* **1.** round, round about **2.** (*circa*) about.
dio *sm.* god: *Marte, il — della guerra*, Mars, the god of war. ♦ **Dio** *sm.* God: — *ci assista!*, — *non voglia!*, God help us, God forbid.
diocesano *agg.* diocesan.
diòcesi *sf.* diocese.
dìodo *sm.* diode.
dionea *sf.* dionaea.
dionisìaco *agg.* Dionysiac.
diorama *sm.* diorama.
diorite *sf.* diorite.
diottrìa *sf.* diopter.
diòttrica *sf.* dioptrics.
diòttrico *agg.* dioptric.
dipanamento *sm.* winding into a ball.
dipanare *vt.* **1.** to wind (*v. irr.*) into a ball **2.** (*fig.*) to disentangle.
dipanatoio *sm.* skein-winder.
dipartimentale *agg.* departmental.
dipartimento *sm.* department.
dipartire *vi.* to depart. ♦ **dipartirsi** *vr.* **1.** to go (*v. irr.*) away **2.** (*morire*) to pass away.
dipartita *sf.* **1.** departure **2.** (*morte*) death.
dipendente *agg.* dependent (on). ♦ **dipendente** *sm.* employee.
dipendenza *sf.* dependence (on).
dipèndere *vi.* **1.** (*derivare*) to be due **2.** (*essere subordinato, vivere a carico*) to depend (on).
dipìngere *vt.* to paint.
dipinto *agg.* painted. ♦ **dipinto** *sm.* painting.
diplegìa *sf.* diplegia.
diplococco *sm.* diplococcus (*pl.* -ci).
diploma *sm.* diploma.
diplomare *vt.* to confer a diploma (upon so.). ♦ **diplomarsi** *vr.* to get (*v. irr.*) a diploma.
diplomàtica *sf.* diplomatics.
diplomaticamente *avv.* diplomatically.
diplomàtico *agg.* diplomatic. ♦ **diplomàtico** *sm.* diplomat.
diplomato *agg.* holding a diploma. ♦ **diplomato** *sm.* graduate.
diplomazìa *sf.* diplomacy.
diplopìa *sf.* diplopia.
dipnoi *sm.* *pl.* Dipnoi.
dipodìa *sf.* dipody.
dipoi *avv.* then.
diporto *sm.* recreation, diversion ||

viaggiare per —, to travel on pleasure.
dipresso (*nella loc. avv.*) *a un* —, approximately.
dìptero *agg.* dipteral.
diradamento *sm.* **1.** thinning **2.** (*di nebbia, gas*) rarefaction.
diradare *vt.* **1.** to thin out **2.** (*rendere meno frequente*) to do (*v. irr.*) less frequent. ♦ **diradarsi** *vr.* **1.** to clear away **2.** (*divenire meno frequente*) to become (*v. irr.*) less frequent.
diramare *vt.* to issue, to spread (*v. irr.*).
diramazione *sf.* **1.** branching **2.** (*diffusione*) diffusion **3.** (*per radio*) broadcasting.
dire *vt.* **1.** (*nel senso di enunciare e quando introduce il discorso diretto*) to say (*v. irr.*): *dice che ha sonno,* he says he is sleepy; « *venite* », *ci disse,* « come », he said to us **2.** (*nel senso di raccontare e quando è enunciata la persona cui si parla*) to tell (*v. irr.*): *gli dissi di venire,* I told him to come || *si dice,* they say; *mi si dice,* I am told; *inutile* — *che,* it goes without saying that; *vale a* —, that is to say; *sentir* —, to hear (*v. irr.*); *voler* —, to mean (*v. irr.*).
dire *sm.* words (*pl.*), speech.
direttamente *avv.* directly.
direttìssima *sf. per* —, summarily.
direttìssimo *sm.* (*ferr.*) fast train.
direttiva *sf.* directions (*pl.*).
direttivo *agg.* **1.** leading **2.** (*comm.*) managing.
diretto *agg.* direct, straight.
direttore *sm.* **1.** (*comm.; amm.*) manager **2.** (*di scuola*) headmaster.
direttoriale *agg.* directorial.
direttorio *sm.* executive board.
direttrice *sf.* **1.** (*comm.; amm.*) manageress **2.** (*di scuola*) headmistress.
direzionale *agg.* directional || *centro* —, office district.
direzione *sf.* **1.** direction, course **2.** (*di società*) management **3.** (*di giornale*) editorship **4.** (*di scuola*) headmastership **5.** (*sede*) administrative office.
dirigente *agg.* directing, leading. ♦ **dirigente** *sm.* director, manager, leader.
dirìgere *vt.* **1.** (*indirizzare*) to direct **2.** (*guidare*) to lead (*v. irr.*) **3.** (*sovraintendere*) to supervise. ♦ **dirìgersi** *vr.* to turn one's steps towards.
dirigìbile *sm.* airship.
dirigismo *sm.* state planning.
dirigista *sm.* supporter of state planning.
dirimente *agg.* diriment.
dirìmere *vt.* to settle.
dirimpettaio *sm.* person living just opposite.
dirimpetto *avv.* face to face, opposite.
diritta *sf.* right, right-hand: *a* —, on the right.
dirittamente *avv.* straight.
diritto *agg.* straight, upright || *rigare* —, to behave properly. ♦ **diritto** *sm.* **1.** right **2.** (*tassa, tributo*) due **3.** (*legge*) law.
dirittura *sf.* **1.** straight line **2.** (*rettitudine*) uprightness **3.** (*sport*) — *d'arrivo,* home stretch.
dirizzare *vt.* **1.** to direct **2.** (*erigere*) to raise **3.** (*raddrizzare; fig.*) to put (*v. irr.*) right, to straighten.
dirizzone *sm.* inconsiderate action.
diroccamento *sm.* demolition.
diroccare *vt.* to demolish.
diroccato *agg.* **1.** (*demolito*) dismantled **2.** (*in rovina*) crumbled.
dirompente *agg.* disruptive.
diròmpere *vt.* **1.** (*di lino, canapa ecc.*) to scutch **2.** (*rompere*) to break (*v. irr.*).
dirottare *vt.* to divert. ♦ **dirottare** *vi.* to change course.
dirotto *agg.* excessive: *pianto* —, desperate crying; *piove a* —, it is pouring.
dirozzamento *sm.* **1.** (*lo sbozzare*) rough-hewing **2.** (*fig.*) refinement.
dirozzare *vt.* **1.** (*sbozzare*) to rough-hew **2.** (*fig.*) to refine.
dirugginire *vt.* to remove the rust from.
dirupamento *sm.* **1.** falling down **2.** (*di luogo*) abruptness.
dirupato *agg.* **1.** abrupt **2.** (*roccioso*) rocky.
dirupo *sm.* precipice.
disabbellire *vt.* to spoil the beauty of. ♦ **disabbellirsi** *vr.* to lose (*v. irr.*) one's beauty.
disabitato *agg.* **1.** uninhabited **2.** (*abbandonato*) deserted.
disabituare *vt.* to disaccustom. ♦ **disabituarsi** *vr.* to give (*v. irr.*)

up the habit of.
disaccordo *sm.* disagreement.
disacerbare *vt.* to appease.
disadatto *agg.* **1.** unfit **2.** (*che non si addice*) unbecoming.
disadornare *vt.* to disadorn.
disadorno *agg.* **1.** unadorned **2.** (*spoglio*) bare.
disaffezionarsi *vr.* to lose (*v. irr.*) one's affection (for).
disaffezionato *agg.* estranged.
disaffezione *sf.* estrangement.
disagévole *agg.* uncomfortable.
disagiatamente *avv.* uncomfortably.
disagiato *agg.* **1.** uncomfortable **2.** (*povero*) needy.
disagio *sm.* **1.** uneasiness || *essere a* —, to be uneasy **2.** (*disturbo*) inconvenience **3.** (*pl.; privazioni*) privations.
disamare *vt.* to cease to love.
disàmina *sf.* examination.
disaminare *vt.* to examine carefully.
disancorarsi *vr.* **1.** to weigh anchor **2.** (*fig.*) to break (*v. irr.*) all connections (with).
disanimarsi *vr.* to lose (*v. irr.*) heart.
disappetenza *sf.* lack of appetite.
disapprèndere *vt.* to forget (*v. irr.*).
disapprovare *vt.* to disapprove (of).
disapprovazione *sf.* disapproval.
disappunto *sm.* disappointment.
disarcionare *vt.* to unsaddle.
disarmare *vt.* to disarm.
disarmato *agg.* disarmed.
disarmo *sm.* disarmament.
disarmonìa *sf.* discord.
disarmonicamente *avv.* discordantly.
disarmònico *agg.* discordant.
disarmonizzare *vt.* to disharmonize.
disarticolare *vt.* to disjoint.
disarticolazione *sf.* disjointing.
disastro *sm.* disaster.
disastroso *agg.* disastrous.
disattento *agg.* inattentive.
disattenzione *sf.* inattention: *errore di* —, a slip of the pen.
disavanzo *sm.* deficit.
disavveduto *agg.* heedless.
disavventura *sf.* **1.** mishap **2.** (*sfortuna*) misfortune.
disavvertenza *sf.* inadvertence.
disavvezzo *agg.* unaccustomed.
disazotare *vt.* to remove nitrogen from.
disborso *sm.* disbursement.
disbrigo *sm.* dispatch.
disbrogliare *vt.* to disentangle.
discacciare *vt.* to turn out.
discapitare *vi.* to suffer damage.
discàpito *sm.* disadvantage.
discàrico *sm.* **1.** discharge **2.** (*scusa*) defence.
discendente *agg.* descending. ◆ **discendente** *sm.* descendant.
discendenza *sf.* **1.** descent **2.** (*discendenti*) offspring.
discéndere *vt.* **1.** to descend, to go (*v. irr.*) down **2.** (*di astri*) to sink (*v. irr.*) **3.** (*di prezzi*) to fall (*v. irr.*).
discépolo *sm.* disciple.
discèrnere *vt.* **1.** to discern **2.** (*distinguere*) to distinguish.
discernìbile *agg.* discernible.
discernimento *sm.* discernment.
discesa *sf.* **1.** descent **2.** (*declivio*) slope **3.** (*caduta*) fall **4.** (*invasione*) invasion.
dischiùdere *vt.* to disclose.
dischiuso *agg.* disclosed.
discinto *agg.* ungirt.
disciplina *sf.* **1.** (*materia di studio*) doctrine **2.** (*regola*) discipline.
disciplinàbile *agg.* disciplinable.
disciplinare[1] *vt.* to discipline.
disciplinare[2] *agg.* disciplinary.
disciplinarmente *avv.* with discipline.
disciplinatamente *avv.* with discipline.
disciplinato *agg.* disciplined.
disco *sm.* **1.** disk **2.** (*mus.*) record **3.** (*sport*) discus **4.** (*ferr.*) disk signal.
discòbolo *sm.* discus-thrower.
discòide *agg.* discoid.
dìscolo *sm.* wild boy, little scamp.
discolpa *sf.* excuse.
discolpare *vt.* to clear.
disconoscente *aff.* ungrateful.
disconoscenza *sf.* ungratitude.
disconòscere *vt.* to refuse to recognize.
disconoscimento *sm.* **1.** refusal to recognize **2.** (*ingratitudine*) ingratitude.
discontinuità *sf.* discontinuity.
discontinuo *agg.* discontinuous.
discordante *agg.* **1.** discordant **2.** (*diverso*) different **3.** (*di colori*)

clashing.
discordanza *sf.* discordance.
discordare *vi.* **1.** to disagree **2.** (*di colori*) to clash **3.** (*di suoni*) to jar.
discorde *agg.* discordant (with).
discordemente *avv.* discordantly.
discordia *sf.* discord.
discòrrere *vi.* to talk.
discorsivo *agg.* talkative.
discorso *sm.* speech.
discostare *vt.* to shift.
discosto *agg.* far, distant. ♦ **discosto** *avv.* at some distance.
discoteca *sf.* record library.
discreditare *vt.* to discredit.
discrédito *sm.* discredit.
discrepante *agg.* differing.
discrepanza *sf.* discrepancy.
discretamente *avv.* **1.** (*con discrezione*) discreetly **2.** (*sufficientemente*) fairly **3.** (*piuttosto*) rather.
discreto *agg.* **1.** (*che ha discrezione*) discreet **2.** (*moderato*) moderate **3.** (*abbastanza buono*) fairly good.
discrezionale *agg.* discretionary.
discrezione *sf.* discretion.
discriminante *agg.* discriminating.
discriminare *vt.* to discriminate.
discriminazione *sf.* discrimination.
discussione *sf.* discussion.
discusso *agg.* discussed.
discùtere *vt.* to discuss.
discutìbile *agg.* questionable.
disdegnare *vt.* to disdain.
disdegno *sm.* disdain.
disdegnosamente *avv.* disdainfully.
disdegnoso *agg.* disdainful.
disdetta *sf.* **1.** (*giur.*) notice of leave **2.** (*sfortuna*) bad luck.
disdettare *vt.* to give (*v. irr.*) notice.
disdicévole *agg.* unbecoming.
disdire *vt.* **1.** (*ritrattare*) to take (*v. irr.*) back, to retract **2.** (*annullare*) to cancel.
disegnare *vt.* **1.** to draw (*v. irr.*) **2.** (*progettare*) to plan.
disegnatore *sm.* designer.
disegno *sm.* **1.** drawing **2.** (*di tessuto*) pattern **3.** (*di edificio*) plan **4.** (*schizzo*) sketch **5.** (*fig.*) design, plan.
diseredare *vt.* to disinherit.
diseredato *agg.* **1.** poor, destitute **2.** (*privato di eredità*) disinherited.
disertare *vt.* **1.** to desert **2.** (*abbandonare*) to leave (*v. irr.*).
disertore *sm.* deserter.
diserzione *sf.* desertion.
disfacimento *sm.* **1.** (*il disfare*) undoing **2.** (*decadimento*) decay.
disfare *vt.* **1.** to undo (*v. irr.*) **2.** (*slegare*) to untie.
disfasìa *sf.* dysphasia.
disfatta *sf.* defeat.
disfattismo *sm.* defeatism.
disfattista *agg.* e *s.* defeatist.
disfatto *agg.* **1.** (*distrutto*) ruined **2.** (*slegato*) undone **3.** (*molto stanco*) worn out.
disfavore *sm.* disfavour.
disfida *sf.* challenge.
disfunzione *sf.* disorder.
disgelare *vt.* e *vi.* to thaw.
disgelo *sm.* thaw.
disgiùngere *vt.* to disjoin.
disgiungimento *sm.* disjoining.
disgiuntamente *avv.* separately.
disgiuntivamente *avv.* disjunctively.
disgiuntivo *agg.* disjunctive.
disgiunto *agg.* disjoined.
disgiunzione *sf.* disjunction.
disgrazia *sf.* **1.** misfortune **2.** (*sfavore*) disfavour || *cadere in —*, to lose (*v. irr.*) so.'s favour **3.** (*fatto involontario*) accident.
disgraziatamente *avv.* unfortunately.
disgraziato *agg.* **1.** unlucky, wretched **2.** (*deforme*) misshapen.
disgregamento *sm.* disintegration.
disgregare *vt.* to disgregate, to break (*v. irr.*) up.
disgregazione *sf.* disgregation.
disguido *sm.* miscarriage.
disgustare *vt.* to disgust, to sicken. ♦ **disgustarsi** *vr.* to become (*v. irr.*) disgusted (with).
disgusto *sm.* **1.** disgust **2.** (*avversione*) dislike.
disgustoso *agg.* disgusting.
disidratare *vt.* to dehydrate.
disidratazione *sf.* dehydration.
disillùdere *vt.* to undeceive.
disillusione *sf.* disillusion.
disilluso *agg.* undeceived, disappointed.
disimballaggio *sm.* unpacking.
disimballare *vt.* to unpack.
disimpacciare *vt.* to disembarrass.
disimparare *vt.* to forget (*v. irr.*).
disimpegnare *vt.* **1.** to redeem **2.** (*liberare da un impegno*) to re-

lease. ♦ **disimpegnarsi** *vr.* **1.** to disengage oneself **2.** (*cavarsela*) to manage.
disimpegno *sm.* **1.** redemption **2.** (*il liberarsi da un impegno*) disengagement.
disincagliare *vt.* to get (*v. irr.*) afloat.
disincantare *vt.* to disenchant.
disincantato *agg.* disenchanted.
disincanto *sm.* disenchantment.
disinfestare *vt.* to disinfest.
disinfettante *sm.* disinfectant.
disinfettare *vt.* to disinfect.
disinfezione *sf.* disinfection.
disingannare *vt.* to undeceive.
disinganno *sm.* **1.** undeceiving **2.** (*delusione*) disappointment.
disinnescare *vt.* to defuse.
disinnestare *vt.* to disengage.
disinnesto *sm.* disengagement, release.
disinserire *vt.* to disconnect.
disintegrare *vt.* to disintegrate.
disintegratore *sm.* disintegrator.
disintegrazione *sf.* disintegration.
disinteressare *vt.* **1.** to disinterest **2.** (*comm.*) to buy (*v. irr.*) out. ♦ **disinteressarsi** *vr.* to take (*v. irr.*) no interest (in).
disinteressato *agg.* **1.** disinterested **2.** (*altruistico*) unselfish.
disinteresse *sm.* **1.** indifference **2.** (*altruismo*) unselfishness.
disintossicare *vt.* to unpoison.
disintossicazione *sf.* unpoisoning.
disinvolto *agg.* unconstrained, free-and-easy.
disinvoltura *sf.* unconstraint, free-and-easy way.
disistima *sf.* disesteem.
disistimare *vt.* to disesteem.
dislivello *sm.* **1.** difference of level **2.** (*di acque*) rise **3.** (*di strade*) gradient **4.** (*ineguaglianza*) inequality.
dislocamento *sm.* **1.** displacement **2.** (*mil.*) dislocation.
dislocare *vt.* **1.** to displace **2.** (*mil.*) to dislocate.
dislocazione *sf.* removal, dislocation.
dismisura *sf.* excess || *a* —, excessively.
disobbedire *vi.* V. *disubbidire.*
disobbligare *vt.* to release from duty. ♦ **disobbligarsi** *vr.* to free oneself from duty.
disoccupato *agg.* unemployed. ♦ **disoccupato** *sm.* unemployed person.
disoccupazione *sf.* unemployment.
disonestà *sf.* **1.** dishonesty **2.** (*atto disonesto*) fraud.
disonesto *agg.* dishonest, fraudulent.
disonorante *agg.* shameful.
disonorare *vt.* to dishonour.
disonore *sm.* dishonour, shame.
disonorévole *agg.* dishonourable.
disopra *avv.* **1.** above, over **2.** (*in cima*) on top **3.** (*ai piani superiori*) upstairs. ♦ **disopra** *sm.* top, upper part. ♦ **al disopra di, disopra a** *prep.* above.
disordinare *vt.* to disorder.
disordinatamente *avv.* untidily.
disordinato *agg.* untidy, disorderly.
disòrdine *sm.* **1.** disorder, untidiness **2.** (*sregolatezza*) disorderliness **3.** (*tumulto*) disorder, tumult.
disorgànico *agg.* inorganic.
disorganizzare *vt.* to disorganize.
disorganizzato *agg.* disorganized.
disorganizzazione *sf.* disorganization.
disorientamento *sm.* disorientation, confusion.
disorientare *vt.* **1.** to disorientate **2.** (*sconcertare*) to bewilder.
disorientato *agg.* bewildered, puzzled.
disormeggiare *vt.* to unmoor.
disossare *vt.* to bone.
disossidante *sm.* deoxidizer.
disossidare *vt.* to deoxidize.
disossidazione *sf.* deoxidation.
disotto *avv.* **1.** below, underneath **2.** (*al piano inferiore*) downstairs. ♦ **disotto** *sm.* underside, lower part. ♦ **al disotto di, disotto a** *prep.* under, beneath, below.
dispaccio *sm.* dispatch.
disparato *agg.* disparate.
disparere *sm.* difference of opinion.
dìspari *agg.* odd.
disparità *sf.* disparity.
disparte *avv.* aside, apart: *starsene in* —, to stand (*v. irr.*) aside; (*fig.*) to stand aloof; *mettere in* —, to put (*v. irr.*) aside; (*per uno scopo*) to put by.
dispendio *sm.* **1.** heavy expense **2.** (*di forza, tempo*) waste.
dispendioso *agg.* expensive.
dispensa *sf.* **1.** pantry **2.** (*mobile*) sideboard **3.** (*pubblicazione perio-*

dica) number **4.** (*esenzione; eccl.*) dispensation.
dispensare *vt.* **1.** (*distribuire*) to deal (*v. irr.*) out **2.** (*esentare*) to exempt, to dispense.
dispensario *sm.* dispensary.
dispensato *agg.* exempted.
dispensatore *sm.* distributor, dispenser.
dispepsìa *sf.* dyspepsia.
dispèptico *agg.* dyspeptic.
disperare *vi.* to despair, to lose (*v. irr.*) all hope. ♦ **disperarsi** *vr.* to give (*v. irr.*) oneself up to despair.
disperatamente *avv.* desperately.
disperato *agg.* **1.** despairing **2.** (*senza speranza*) hopeless || *essere* — (*di malato*), to be far gone. ♦ **disperato** *sm.* **1.** (*miserabile*) destitute **2.** (*forsennato*) madman (*pl.* -men).
disperazione *sf.* despair.
dispèrdere *vt.* to disperse **2.** (*consumare*) to waste.
dispersione *sf.* **1.** dispersion **2.** (*elettr.*) leak.
dispersivo *agg.* dispersive.
disperso *agg.* missing, lost.
dispetto *sm.* **1.** spite: *a — di,* in spite of **2.** (*stizza*) vexation.
dispettoso *agg.* spiteful.
dispiacere [1] *vi.* **1.** to dislike || *mi dispiace,* I am sorry; (*in espressioni di cortesia*) *se non vi dispiace,* if you please **2.** (*essere sgradevole*) to be disagreeable.
dispiacere[2] *sm.* **1.** regret **2.** (*disapprovazione*) displeasure **3.** (*fastidio*) tròuble.
dispiegare *vt.* **1.** (*allargare*) to spread (*v. irr.*) out **2.** (*le vele*) to unfurl.
displuvio *sm.* **1.** watershed || *linea di* —, ridge **2.** (*arch.*) hip.
disponìbile *agg.* available.
disponibilità *sf.* availability.
disporre *vt.* **1.** to arrange **2.** (*preparare*) to dispose **3.** (*deliberare*) to order.
dispositivo *sm.* (*mecc.*) device.
disposizione *sf.* **1.** disposition, arrangement **2.** (*ordine*) order, direction || *a* —, at one's disposal **3.** (*inclinazione*) bent.
disposto *agg.* **1.** ready, willing **2.** (*ben disposto fisicamente*) strong.
dispòtico *agg.* despotic.
dispotismo *sm.* despotism.
dispregiativamente *avv.* disparagingly.
dispregiativo *agg.* depreciative. ♦ **dispregiativo** *sm.* (*gramm.*) pejorative.
dispregiatore *sm.* contemner.
dispregio *sm.* contempt.
disprezzàbile *agg.* despicable.
disprezzare *vt.* **1.** to despise **2.** (*considerare di poco conto*) to look down on.
disprezzo *sm.* contempt.
dìsputa *sf.* discussion.
disputàbile *agg.* disputable.
disputare *vi* e *vt.* to discuss.
disquisizione *sf.* disquisition.
dissaldare *vt.* to unsolder.
dissanguamento *sm.* **1.** bleeding **2.** (*fig.*) impoverishment.
dissanguare *vt.* **1.** to bleed **2.** (*fig.*) to impoverish. ♦ **dissanguarsi** *vr.* (*fig.*) to become (*v. irr.*) impoverished.
dissanguato *agg.* **1.** bloodless **2.** (*fig.*) impoverished.
dissanguatore *sm.* (*fig.*) blood-sucker.
dissapore *sm.* disagreement.
dissecare *vt.* to dissect.
disseccamento *sm.* drying up.
disseccante *agg.* drying up. ♦ **disseccante** *sm.* desiccative.
disseccare *vt.* **1.** to dry up **2.** (*cibo*) to desiccate.
disselciare *vt.* to unpave.
disseminare *vt.* to disseminate.
disseminato *agg.* strewn.
disseminatore *agg.* disseminating. ♦ **disseminatore** *sm.* disseminator.
disseminazione *sf.* dissemination.
dissennatamente *avv.* madly.
dissennatezza sf. **1.** madness **2.** (*avventatezza*) rashness.
dissennato *agg.* **1.** mad **2.** (*avventato*) rash.
dissensione *sf.* dissension.
dissenso *sm.* dissent.
dissenterìa *sf.* dysentery.
dissentèrico *agg.* dysenteric.
dissentire *vi.* to dissent.
dissenziente *agg.* dissenting. ♦ **dissenziente** *sm.* dissenter.
disseppellimento *sm.* disinterment.
disseppellire *vt.* **1.** to disinter **2.** (*fig.*) to revive.
disserrare *vt.* to unfasten.
dissertare *vi.* to dissertate (on).
dissertatore *sm.* dissertator.

dissertazione *sf.* dissertation.
dissestare *vt.* **1.** (*finanziariamente*) to ruin **2.** (*mettere fuori posto*) to derange.
dissestato *agg.* (*di persona*) ruined.
dissesto *sm.* **1.** trouble **2.** (*fallimento*) bankruptcy.
dissetante *agg.* refreshing: *bibita* —, refreshing drink.
dissetare *vt.* to quench the thirst of. ♦ **dissetarsi** *vr.* **1.** to quench one's thirst **2.** (*bere*) to drink (*v. irr.*); (*di animali*) to water.
dissezione *sf.* dissection.
dissidente *agg.* e *sm.* dissident.
dissidenza *sf.* dissidence.
dissidio *sm.* **1.** dissension, disagreement **2.** (*litigio*) quarrel.
dissigillare *vt.* to unseal.
dissìmile *agg.* unlike.
dissimmetrìa *sf.* dissymetry.
dissimulare *vt.* to dissemble.
dissimulatamente *avv.* dissemblingly.
dissimulatore *sm.* dissimulator.
dissimulazione *sf.* dissimulation.
dissipare *vt.* to dissipate. ♦ **dissiparsi** *vr.* to dissipate, to vanish.
dissipatezza *sf.* dissipation.
dissipatore *sm.* waster.
dissipazione *sf.* dissipation.
dissociàbile *agg.* dissociable.
dissociare *vt.* to dissociate.
dissociazione *sf.* dissociation.
dissodamento *sm.* tillage.
dissodare *vt.* to till.
dissolùbile *agg.* dissoluble.
dissolubilità *sf.* dissolubility.
dissolutezza *sf.* dissoluteness.
dissoluto *agg.* dissolute.
dissoluzione *sf.* dissolution.
dissolvente *agg.* e *sm.* dissolvent.
dissòlvere *vt.* **1.** to dissolve **2.** (*disperdere*) to dispel. ♦ **dissòlversi** *vr.* to dissolve.
dissolvimento *sm.* dissolution.
dissomigliante *agg.* dissimilar (to).
dissomiglianza *sf.* dissimilarity.
dissomigliare *vi.* to be unlike. ♦ **dissomigliarsi** *vr.* to differ from.
dissonante *agg.* dissonant.
dissonanza *sf.* **1.** dissonance **2.** (*fig.*) discordance.
dissonare *vi.* **1.** to be out of tune **2.** (*fig.*) to discord (with).
dissotterramento *sm.* disinterment.
dissotterrare *vt.* to disinter.
dissuadere *vt.* to dissuade.
dissuasione *sf.* dissuasion.
distaccamento *sm.* **1.** detaching **2.** (*mil.*) detachment.
distaccare *vt.* to detach. ♦ **distaccarsi** *vr.* to come (*v. irr.*) off.
distacco *sm.* **1.** detaching **2.** (*partenza*) leaving **3.** (*indifferenza*) unconcern.
distante *agg.* distant. ♦ **distante** *avv.* far, far off, far away.
distanza *sf.* distance.
distanziare *vt.* **1.** to space **2.** (*lasciare indietro*) to distance.
distanziato *agg.* **1.** spaced **2.** (*sport*) outdistanced.
distare *vi.* to be far: *quanto dista?*, how far is it?
distèndere *vt.* **1.** (*allungare*) to stretch **2.** (*spalmare*) to spread (*v. irr.*) **3.** (*porre, stendere*) to lay (*v. irr.*). ♦ **distèndersi** *vr.* **1.** to spread (*v. irr.*) **2.** (*sdraiarsi*) to lie (*v. irr.*) down **3.** (*rilassarsi*) to relax.
distensione *sf.* **1.** (*di nervi, tensione*) relaxation **2.** (*pol.*) distension.
distensivo *agg.* relaxing.
distesa *sf.* expanse || *a* —, continuously.
distesamente *avv.* diffusely.
disteso *agg.* **1.** (*teso*) extended **2.** (*giacente*) lying **3.** (*esteso*) extensive || *per* —, diffusely.
dìstico *sm.* couplet.
distillare *vt.* to distil.
distillato *agg.* distilled. ♦ **distillato** *sm.* distillate.
distillatoio *sm.* still.
distillatore *sm.* distiller.
distillazione *sf.* distillation.
distillerìa *sf.* distillery.
distìnguere *vt.* **1.** to distinguish **2.** (*contrassegnare*) to mark.
distinta *sf.* list.
distintivo *agg.* distinctive. ♦ **distintivo** *sm.* badge.
distinto *agg.* **1.** distinct **2.** (*garbato*) distinguished.
distinzione *sf.* **1.** distinction **2.** (*riguardo*) regard **3.** (*raffinatezza*) refinement.
distogliere *vt.* **1.** (*dissuadere*) to dissuade **2.** (*distrarre*) to divert. ♦ **distògliersi** *vr.* to be distracted.
distorsione *sf.* distortion.
distrarre *vt.* **1.** (*distogliere*) to divert **2.** (*divertire*) to entertain.

distrattamente *avv.* **1.** absent-mindedly **2.** (*inavvertitamente*) inadvertently.
distratto *agg.* **1.** absent-minded **2.** (*disattento*) inattentive.
distrazione *sf.* **1.** absent-mindedness **2.** (*disattenzione*) inattention **3.** (*divertimento*) recreation.
distretta *sf.* urgent need.
distretto *sm.* district || — *militare,* recruiting centre.
distrettuale *agg.* district.
distribuìbile *agg.* distributable.
distribuire *vt.* to distribute.
distributivo *agg.* e *sm.* distributive.
distributore *agg.* distributing. ♦ **distributore** *sm.* distributor || — *di benzina,* petrol pump.
distribuzione *sf.* distribution.
districare *vt.* to disentangle.
distrùggere *vt.* **1.** to destroy **2.** (*struggere*) to consume. ♦ **distrùggersi** *vr.* (*consumarsi*) to pine (away).
distruggìbile *agg.* destroyable.
distruttivo *agg.* destroying.
distrutto *agg.* destroyed.
distruttore *agg.* destroying. ♦ **distruttore** *sm.* destroyer.
distruzione *sf.* destruction.
disturbare *vt.* to disturb.
disturbato *agg.* **1.** disturbed **2.** (*indisposto*) unwell.
disturbatore *sm.* disturber.
disturbo *sm.* **1.** trouble, inconvenience **2.** (*malattia*) trouble, illness **3.** (*radio*) disturbance.
disubbidiente *agg.* disobedient.
disubbidienza *sf.* disobedience.
disubbidire *vi.* to disobey.
disuguaglianza *sf.* **1.** inequality **2.** (*di terreno*) unevenness.
disuguale *agg.* **1.** unequal **2.** (*irregolare*) irregular **3.** (*differente*) different.
disumanamente *avv.* inhumanly.
disumanare *vt.* to divest of humanity.
disumanità *sf.* inhumanity.
disumano *agg.* inhuman.
disumidire *vt.* to dry.
disunione *sf.* disunion.
disunire *vt.* to disunite. ♦ **disunirsi** *vr.* to become (*v. irr.*) disunited.
disunito *agg.* disunited.
disusare *vt.* to disuse.
disusato *agg.* disused.
disuso *sm.* disuse.
ditale *sm.* thimble.
ditata *sf.* finger-mark.
ditiràmbico *agg.* dithyrambic.
ditirambo *sm.* dithyramb.
dito *sm.* **1.** finger **2.** (*del piede*) toe.
ditta *sf.* firm.
dittàfono *sm.* dictaphone.
dittatore *sm.* dictator.
dittatoriale *agg.* dictatorial.
dittatorio *agg.* dictatorial.
dittatura *sf.* dictatorship.
dìttico *sm.* diptych.
dittongo *sm.* diphthong.
diuresi *sf.* diuresis.
diurètico *agg.* diuretic.
diurno *agg.* diurnal, daytime.
diuturnamente *avv.* for a long time.
diuturno *agg.* diuturnal.
diva *sf.* **1.** goddess **2.** (*cine*) star.
divagare *vi.* to wander **2.** (*divertire*) to amuse. ♦ **divagarsi** *vr.* **1.** to be distracted **2.** (*divertirsi*) to amuse oneself.
divagazione *sf.* digression.
divampare *vi.* to blaze.
divano *sm.* divan, sofa.
divaricamento *sm.* straddle.
divaricare *vt.* to open wide || — *le gambc,* to part one's legs wide.
divario *sm.* difference.
divedere *vt.* **1.** (*nella loc. avv.*) *dare a* —, to show (*v. irr.*) clearly **2.** (*dar a credere*) to make (*v. irr.*) believe.
divèllere *vt.* to uproot.
divenire[1] *vi.* **1.** to become (*v. irr.*) **2.** (*mutarsi lentamente*) to grow (*v. irr.*).
divenire[2] *sm.* becoming: *l'essere e il* —, being and becoming.
diverbio *sm.* quarrel.
divergente *agg.* divergent.
divergenza *sf.* divergence.
divèrgere *vi.* **1.** to diverge **2.** (*scostarsi*) to wander.
diversamente *avv.* **1.** differently **2.** (*altrimenti*) otherwise.
diversificare *vt.* to diversify. ♦ **diversificarsi** *vr.* to differ.
diversione *sf.* diversion.
diversità *sf.* diversity.
diversivo *agg.* **1.** deviating **2.** (*che distrae*) diverting. ♦ **diversivo** *sm.* diversion, distraction.
diverso *agg.* different.
divertente *agg.* amusing.

divertimento *sm.* amusement.
divertire *vt.* to amuse, to entertain ♦ **divertirsi** *vr.* to enjoy oneself, to have a good time.
divezzamento *sm.* weaning.
divezzare *vt.* to wean.
dividendo *sm.* dividend.
divìdere *vt.* **1.** to divide **2.** (*condividere*) to share.
divieto *sm.* prohibition.
divinamente *avv.* divinely.
divinare *vt.* to divine.
divinatore *sm.* diviner.
divinatorio *agg.* divinatory.
divinazione *sf.* divination.
divincolarsi *vr.* to wriggle.
divinità *sf.* divinity.
divinizzare *vt.* to deify.
divino *agg.* divine.
divisa *sf.* **1.** uniform **2.** (*valuta*) currency.
divisare *vt.* to plan.
divisìbile *agg.* divisible.
divisibilità *sf.* divisibility.
divisionale *agg.* divisional.
divisione *sf.* **1.** division **2.** (*amm.*) department.
divisionismo *sm.* pointillism.
divisionista *s.* pointillist.
divismo *sm.* stardom, star worship.
diviso *agg.* **1.** divided **2.** (*separato*) separated **3.** (*condiviso*) shared.
divisore *sm.* divisor.
divisorio *agg.* dividing.
divo *sm.* **1.** deity **2.** (*cine*) star.
divorare *vt.* to devour.
divoratore *agg.* devouring.
divorziare *vi.* to divorce, to be divorced.
divorziato *agg.* divorced. ♦ **divorziato** *sm.* divorcee.
divorzio *sm.* divorce (*anche fig.*).
divulgàbile *agg.* that may be divulged.
divulgare *vt.* to spread (*v. irr.*).
divulgativo *agg.* divulging.
divulgatore *sm.* divulger.
divulgazione *sf.* divulgation, spreading.
dizionario *sm.* dictionary.
dizionarista *s.* lexicographer.
dizione *sf.* **1.** diction **2.** (*pronuncia*) pronunciation.
do *sm.* (*mus.*) C.
doccia *sf.* shower.
docente *agg.* teaching. ♦ **docente** *sm.* teacher || *libero* —, fully established university lecturer.
docenza *sf.* teaching.
dòcile *agg.* docile.
docilità *sf.* docility.
documentare *vt.* to document.
documentario *sm.* documentary.
documentarista *s.* documentary film-maker.
documentato *agg.* documented.
documentazione *sf.* **1.** documentation **2.** *pl.* (*documenti*) papers.
documento *sm.* document.
dodecaedro *sm.* dodecahedron.
dodecafonìa *sf.* dodecaphony.
dodecafònico *agg.* dodecaphonic.
dodecàgono *sm.* dodecagon.
dodecasìllabo *sm.* dodecasyllable.
dodicèsimo *agg.* twelfth.
dòdici *agg.* twelve.
doga *sf.* stave.
dogana *sf.* customs (*pl.*).
doganale *agg.* customs (*attr.*): *dichiarazione* —, customs entry.
doganiere *sm.* customs officer.
doge *sm.* doge.
doglia *sf.* **1.** sharp pains **2.** (*pl., med.*) throes.
dogma *sm.* dogma.
dogmàtico *agg.* dogmatic(al).
dogmatismo *sm.* dogmatism.
dolce *agg.* **1.** sweet **2.** (*mite*) mild **3.** (*tec.*) soft. ♦ **dolce** *sm.* **1.** sweet **2.** (*torta*) cake.
dolcezza *sf.* **1.** sweetness **2.** (*di clima*) mildness.
dolciario *agg.* confectionary.
dolciastro *agg.* sweetish.
dolcificare *vt.* **1.** to sweeten **2.** (*fig.*) to mitigate.
dolcificazione *sf.* sweetening.
dolciumi *sm. pl.* sweets.
dolente *agg.* **1.** afflicted, grieved **2.** (*spiacente*) sorry.
dolere *vi.* **1.** to ache **2.** (*rincrescere*) to regret. ♦ **dolersi** *vr.* to regret.
dolicocèfalo *agg.* dolichocephalic.
dòllaro *sm.* dollar.
dolmen *sm.* dolmen.
dolo *sm.* fraud.
dolomite *sf.* dolomite.
dolomìtico *agg.* dolomitic.
dolorante *agg.* aching.
dolore *sm.* **1.** pain, ache **2.** (*fig.*) sorrow, grief.
dolorosamente *avv.* **1.** painfully **2.** (*morale*) sadly.
doloroso *agg.* **1.** painful **2.** (*che causa dolore*) grievous.
doloso *agg.* fraudulent.
domàbile *agg.* tamable.
domanda *sf.* **1.** question, request

2. (*richiesta scritta*) application.
domandare *vt.* to ask (so. for sthg.). ♦ **domandarsi** *vr.* to wonder.
domani *avv.* tomorrow.
domare *vt.* **1.** to tame **2.** (*sottomettere*) to subdue.
domatore *sm.* tamer.
domattina *avv.* tomorrow morning.
doménica *sf.* Sunday.
domenicale *agg.* Sunday (*attr.*).
domenicano *agg.* dominican.
domèstica *sf.* maid.
domèstico *agg.* e *sm.* domestic || *lavori domestici,* household duties.
domiciliare *agg.* domiciliary.
domiciliarsi *vr.* to settle (in).
domiciliato *agg.* resident, living.
domicilio *sm.* **1.** house, dwelling **2.** (*giur.*) domicile.
dominante *agg.* dominant.
dominare *vt.* to dominate.
dominatore *sm.* ruler.
dominazione *sf.* domination.
dominio *sm.* **1.** domination **2.** (*territorio*) dominion **3.** (*giur.*) domain || *di — pubblico,* known to everybody.
dòmino *sm.* domino.
donare *vt.* to give (*v. irr.*) ♦ **donare** *vi.* (*addirsi*) to suit.
donatore *sm.* donor.
donazione *sf.* **1.** donation **2.** (*somma elargita per uno scopo*) grant.
donchisciottesco *agg.* quixotic.
donde *avv.* whence, from where || *ne ha ben —,* he has good reason for it.
dondolamento *sm.* swinging.
dondolare *vt.* e *vi.* to swing (*v. irr.*). ♦ **dondolarsi** *vr.* to swing, to rock.
dondolìo *sm.* swinging.
dòndolo *sm.* **1.** (*altalena*) swing || *a —,* rocking.
donna *sf.* woman (*pl.* women).
donnaiolo *sm.* ladies' man (*pl.* men).
donnesco *agg.* womanlike.
dònnola *sf.* weasel.
dono *sm.* gift.
donzella *sf.* damsel.
dopo *avv.* **1.** (*di luogo*) after, next **2.** (*dietro*) behind **3.** (*di tempo*) after, then **4.** (*più tardi*) later. ♦ **dopo** *prep.* (*di luogo e tempo*) after.
dopodomani *avv.* the day after tomorrow.
dopoguerra *sm.* post-war period.
dopopranzo *sm.* afternoon.
dopotutto *avv.* after all.
doppiaggio *sm.* (*cine*) dubbing.
doppiamente *avv.* **1.** doubly **2.** (*con inganno*) deceitfully.
doppiare *vt.* **1.** to double **2.** (*cine*) to dub.
doppiato *agg.* **1.** doubled **2.** (*cine*) dubbed.
doppiatura *sf.* doubling.
doppietta *sf.* double-barrelled gun.
doppiezza *sf.* **1.** doubleness **2.** (*ambiguità*) double-dealing.
doppio *agg.* **1.** double **2.** (*ambiguo*) double-faced. ♦ **doppio** *sm.* twice as much, twice as many.
doppiofondo *sm.* double bottom.
doppione *sm.* **1.** double **2.** (*di parola*) doublet.
doppiopetto *sm.* double-breasted.
dorare *vt.* to gild.
dorato *agg.* **1.** gilded **2.** (*color oro*) golden.
doratore *sm.* gilder.
doratura *sf.* gilding.
dòrico *agg.* doric.
dorìfora *sf.* potato-beetle.
dormicchiare *vi.* to doze.
dormiente *agg.* sleeping. ♦ **dormiente** *sm.* sleeper.
dormiglione *sm.* sleepy-head.
dormire *vi.* **1.** to sleep (*v. irr.*) || *— tra due guanciali,* to set (*v. irr.*) one's mind at rest **2.** (*fig.*) to remain inactive.
dormita *sf.* sleep.
dormitorio *sm.* dormitory.
dormiveglia *sm.* drowsiness.
dorsale *agg.* dorsal: *spina —,* backbone.
dorso *sm.* **1.** back **2.** (*di monte*) ridge.
dosàbile *agg.* measurable.
dosaggio *sm.* dosage.
dosare *vt.* to proportion: *— le parole,* to weigh one's words.
dosatura *sf.* dosage.
dose *sf.* dose: *una buona — di,* a good deal of.
dossale *sm.* dossal.
dosso *sm.* back: *togliersi di —,* to take (*v. irr.*) off.
dotare *vt.* **1.** to give (*v. irr.*) a dowry **2.** (*fornire di una rendita*) to endow **3.** (*fornire*) to provide (with).
dotato *agg.* **1.** gifted (with) **2.** (*e-*

quipaggiato) provided (with).
dotazione *sf.* endowment.
dote *sf.* **1.** dowry **2.** (*qualità*) endowment.
dotto[1] *agg.* learned. ♦ **dotto** *sm.* scholar.
dotto[2] *sm.* (*anat.*) duct.
dottorale *agg.* doctoral.
dottorato *sm.* doctorate.
dottore *sm.* **1.** doctor **2.** (*laureato*) graduate.
dottoressa *sf.* **1.** (*laureata*) graduate **2.** (*in medicina*) lady doctor.
dottrina *sf.* doctrine.
dottrinale *agg.* doctrinal.
dottrinario *sm.* doctrinaire.
dottrinarismo *sm.* doctrinairism.
dove *avv.* where.
dovere[1] *vi.* **1.** (*obbligo*) must (*v. dif.*): *devi lavorare*, you must work **2.** to have to **3.** (*possibilità, predestinazione*) to be to: *doveva diventare un grande scrittore*, he was to become a great writer **4.** (*devo?, dobbiamo?, nel senso di: vuoi che?*) shall (*v. dif.*): *devo aprire la finestra?*, shall I open the window? **5.** (*al condizionale*) ought to, should (*v. dif.*): *dovresti essere gentile*, you ought to be kind; *dovremmo partire*, we should leave **6.** (*al congiuntivo*) should, were to: *se dovesse venire*, if he should come, if he were to come **7.** (*essere obbligati*) to be obliged, to be forced **8.** (*essere da attribuire, dover arrivare*) to be due: *lo si deve al mio ritardo*, this is due to my being late; *il treno deve arrivare alle 4*, the train is due at 4 a.m. ♦ **dovere** *vt.* (*essere debitore in tutti i sensi*) to owe: *ti devo 1000 lire*, I owe you one thousand lire; *ti devo la vita*, I owe you my life.
dovere[2] *sm.* duty: *fare il proprio —*, to do (*v. irr.*) one's duty.
doverosamente *avv.* dutifully.
doveroso *agg.* dutiful.
dovizia *sf.* plenty.
dovizioso *agg.* abundant.
dovunque *avv.* **1.** everywhere **2.** (*seguito da verbo*) wherever.
dovuto *agg.* **1.** due **2.** (*equo*) fair. ♦ **dovuto** *sm.* due.
dozzina *sf.* dozen.
dozzinale *agg.* cheap, common.
draconiano *agg.* draconian.
draga *sf.* dredger.
dragaggio *sm.* dredging.
dragamine *sm.* mine-sweeper.
dragare *vt.* to dredge.
draglia *sf.* stay.
drago *sm.* dragon.
dragona *sf.* sword-knot.
dragone *sm.* dragon.
dramma *sm.* drama.
drammàtica *sf.* dramatics.
drammaticamente *avv.* dramatically.
drammaticità *sf.* tragicalness.
drammàtico *agg.* dramatic.
drammatizzare *vt.* to dramatise.
drammaturgìa *sf.* dramaturgy.
drammaturgo *sm.* dramatist.
drappeggiare *vt.* to drape.
drappeggio *sm.* draping.
drappello *sm.* squad.
drapperìa *sf.* drapery.
drappo *sm.* cloth.
dràstico *agg.* drastic.
drenaggio *sm.* drainage.
drenare *vt.* to drain.
drìade *sf.* **1.** (*mit.*) dryad **2.** (*bot.*) dryas (*pl.* -ades).
dribblare *vt.* to dribble.
dritta *sf.* **1.** right hand, right **2.** (*mar.*) starboard.
dritto *agg.* **1.** (*non storto*) straight **2.** (*eretto, onesto*) upright. ♦ **dritto** *sm.* right side.
drizza *sf.* halyard.
drizzare *vt.* to straighten.
droga *sf.* **1.** drug **2.** (*spezia*) spices (*pl.*).
drogare *vt.* **1.** to drug **2.** (*condire*) to spice.
drogherìa *sf.* grocery.
droghiere *sm.* grocer.
dromedario *sm.* dromedary.
drùido *sm.* druid.
drupa *sf.* drupe.
dualismo *sm.* dualism.
dualità *sf.* duality.
dubbiezza *sf.* dubiousness.
dubbio *sm.* doubt: *mettere in —*, to question. ♦ **dubbio** *agg.* dubious.
dubbioso *agg.* doubtful.
dubitare *vi.* to doubt.
dubitativo *agg.* dubitative.
duca *sm.* duke.
ducale *agg.* ducal.
ducato *sm.* **1.** dukedom **2.** (*moneta*) ducat.
duchessa *sf.* duchess.
due *agg.* two.
duecentèsimo *agg.* two hundredth.

duecentesco *agg.* thirteenth century (*attr.*).
duecento *sm.* two hundred || *il* —, the thirteenth century.
duellare *vi.* to duel.
duello *sm.* duel: — *all'ultimo sangue,* duel to the death.
duetto *sm.* duet.
duna *sf.* dune.
dunque *cong.* **1.** (*perciò*) therefore **2.** (*rafforzativo*) well, then. ♦ **dunque** *sm. venire al* —, to come (*v. irr.*) to the point.
duodenale *agg.* duodenal.
duodeno *sm.* duodenum.
duomo *sm.* cathedral.
duplicare *vt.* to duplicate.
duplicato *sm.* duplicate.
dùplice *agg.* twofold.
duplicità *sf.* double-dealing.
durabilità *sf.* durability.
duralluminio *sm.* duralumin.
durante *prep.* during.
durare *vi.* **1.** to last **2.** (*perseverare*) to persist **3.** (*resistere*) to hold (*v. irr.*) out. ♦ **durare** *vt.* to endure || *chi la dura la vince,* slow and steady wins the race.
durata *sf.* **1.** duration, length **2.** (*periodo*) term **3.** (*di un oggetto*) endurance.
duraturo *agg.* lasting.
durévole *agg.* durable.
durezza *sf.* **1.** hardness **2.** (*rigidità*) stiffness.
duro *agg.* **1.** hard **2.** (*di voce*) harsh || *avere il sonno* —, to sleep (*v. irr.*) like a log; *avere la testa dura,* to be a block-head, to be stubborn.
durone *sm.* hard skin.
dùttile *agg.* ductile.
duttilità *sf.* ductility.

E

e *cong.* and: *e... e,* both... and.
ebanista *sm.* cabinet-maker.
ebanisterìa *sf.* **1.** (*bottega*) cabinet-maker's shop **2.** (*arte*) cabinet-making.
ebanite *sf.* ebonite.
èbano *sm.* ebony.
ebbene *cong.* well: —*?,* what about it?
ebbrezza *sf.* **1.** drunkenness **2.** (*fig.*) elation.
ebbro *agg.* **1.** drunken **2.** (*fig.*) mad.
ebdomadario *agg.* weekly. ♦ **ebdomadario** *sm.* weekly paper.
èbete *agg.* idiotic. ♦ **èbete** *sm.* idiot.
ebollizione *sf.* boiling.
ebràico *agg.* Hebrew.
ebreo *agg.* Hebrew, Jewish. ♦ **ebreo** *sm.* Hebrew, Jew.
ecatombe *sf.* massacre.
eccedente *agg.* excessive, in excess (*pred.*). ♦ **eccedente** *sm.* (*comm.*) exceeding.
eccedenza *sf.* excess, surplus: — *di peso,* overweight.
eccèdere *vt.* to exceed. ♦ **eccèdere** *vi.* to go (*v. irr.*) too far.
eccellente *agg.* excellent.
eccellenza *sf.* **1.** excellence **2.** (*titolo*) excellency.
eccèllere *vi.* to excel.
eccelso *agg.* sublime.
eccentricità *sf.* eccentricity.
eccèntrico *agg.* eccentric.
eccepire *vi.* to object.
eccessivo *agg.* excessive.
eccesso *sm.* excess.
eccètera *sm.* et cetera (*abbr.* etc.), and so on.
eccetto *prep.* except, but, save. ♦ **eccetto che** *cong.* **1.** except that **2.** (*purché*) provided that.
eccettuare *vt.* to except.
eccettuato *agg.* excluded.
eccezionale *agg.* exceptional.
eccezione *sf.* exception.
ecchìmosi *sf.* bruise.
eccidio *sm.* bloodshed.
eccitàbile *agg.* excitable.
eccitabilità *sf.* excitability.
eccitamento *sm.* excitement.
eccitante *agg.* e *sm.* excitant.
eccitare *vt.* to excite. ♦ **eccitarsi** *vr.* to get (*v. irr.*) excited.
eccitatore *agg.* excitative. ♦ **eccitatore** *sm.* exciter.
eccitazione *sf.* excitement.
ecclesiàstico *agg.* ecclesiastical.
ecco *avv.* here, there (*in unione con le voci del verbo* to be *al pres. ind.*): — *il mio cappello!,* here is my hat! || — *tutto,* that's all; *quand'* —, when suddenly.
eccome *inter.* and how!
echeggiare *vi.* to echo (with sthg.).
echinoderma *sm.* echinoderm.
eclèttico *agg.* e *sm.* eclectic.

eclettismo *sm.* eclecticism.
eclissare *vt.* **1.** to eclipse **2.** (*fig.*) to overshadow.
eclisse, eclissi *sf.* eclipse.
eclìttica *sf.* ecliptic.
eclìttico *agg.* ecliptic.
eco *sf.* echo.
economato *sm.* **1.** steward's office **2.** (*in università*) bursar's office.
economìa *sf.* **1.** economy **2.** (*scienza*) economics.
econòmico *agg.* **1.** economic **2.** (*a buon prezzo*) cheap.
economista *s.* economist.
economizzare *vt.* to economize.
ecònomo *agg.* economical. ♦ **ecònomo** *sm.* **1.** steward **2.** (*di università*) bursar.
ecumènico *agg.* ecumenical.
eczema *sm.* eczema.
edema *sm.* oedema.
eden *sm.* Eden.
èdera *sf.* ivy.
edìcola *sf.* newspaper kiosk.
edicolista *sm.* news-agent.
edificante *agg.* edifying.
edificare *vt.* **1.** to build (*v. irr.*) (up) **2.** (*fig.*) to edify.
edificatore *sm.* **1.** builder **2.** (*fig.*) edifier.
edificazione *sf.* **1.** building **2.** (*fig.*) edification.
edificio *sm.* building.
edile *agg.* building: *perito* —, master-builder. ♦ **edile** *sm.* (*stor. romana*) aedile.
edilizia *sf.* building industry.
edilizio *agg.* building (*attr.*).
èdito *agg.* published.
editore *sm.* publisher.
editorìa *sf.* book industry.
editoriale *agg.* e *sm.* editorial.
editrice *agg.*: *casa* —, publishing house.
editto *sm.* edict.
edizione *sf.* edition, issue.
edonismo *sm.* hedonism.
edonista *s.* hedonist.
edotto *agg.* aware: *rendere* —, to inform.
educanda *sf.* boarding-school girl.
educandato *sm.* girls' boarding-school.
educare *vt.* **1.** to educate **2.** (*allevare*) to bring (*v. irr.*) up.
educativo *agg.* educational.
educato *agg.* well-bred, polite.
educatore *sm.* educator.
educazione *sf.* **1.** education **2.** (*buone maniere*) good manners (*pl.*).
edulcorare *vt.* to edulcorate.
efebo *sm.* ephebe.
efèlide *sf.* freckle.
effemèride *sf.* ephemeris (*pl.* -ides).
effeminare *vt.* to effeminate. ♦ **effeminarsi** *vr.* to become (*v. irr.*) effeminate.
effeminatezza *sf.* effeminacy.
efferatezza *sf.* brutality.
efferato *agg.* brutal.
effervescente *agg.* sparkling.
effervescenza *sf.* effervescence.
effettivamente *avv.* actually, indeed.
effettivo *agg.* actual.
effetto *sm.* **1.** effect, result || *in effetti,* as a matter of fact **2.** (*comm.*) bill.
effettuàbile *agg.* feasible.
effettuare *vt.* to carry out: — *un piano*, to carry out a plan. ♦ **effettuarsi** *vr.* (*aver luogo*) to take (*v. irr.*) place.
effettuazione *sf.* accomplishment.
efficace *agg.* effective, efficacious.
efficacia *sf.* efficacy.
efficiente *agg.* efficient.
efficienza *sf.* efficiency.
effigiare *vt.* to portray.
effigie *sf.* image.
effìmera *sf.* (*fam.*) mayfly.
effìmero *agg.* ephemeral.
effluvio *sm.* exhalation.
effòndere *vt.* to pour forth. ♦ **effòndersi** *vr.* to spread (*v. irr.*) (about).
effrazione *sf.* (*giur.*) house-breaking, burglary.
effusione *sf.* **1.** shedding **2.** (*cordialità*) cordiality **3.** (*pl., manifestazioni*) effusions.
effusivo *agg.* effusive.
egemonìa *sf.* hegemony.
egemònico *agg.* hegemonic.
ègida *sf.* **1.** aegis **2.** (*fig.*) protection.
egiziano *agg.* e *sm.* Egyptian.
egli *pron.* he: — *stesso*, he himself.
ègloga *sf.* eclogue.
egocèntrico *agg.* egocentric. ♦ **egocèntrico** *sm.* egocentric man.
egocentrismo *sm.* egocentrism.
egoismo *sm.* selfishness.
egoista *agg.* e *sm.* egoist.
egotismo *sm.* self-conceit.
egregiamente *avv.* eminently.
egregio *agg.* eminent || (*nelle lettere*) — *Signore*, Dear Sir.

eguaglianza, eguagliare, eguale ecc. V. *uguaglianza, uguagliare, uguale ecc.*
egualità *sf.* equality.
eiaculare *vi.* to ejaculate.
eiaculazione *sf.* ejaculation.
eiezione *sf.* ejection.
elaborare *vt.* to elaborate.
elaborato *agg.* elaborate.
elaborazione *sf.* **1.** elaboration **2.** (*di piano*) formulation.
elargire *vt.* to lavish.
elargizione *sf.* donation.
elasticità *sf.* **1.** elasticity **2.** (*agilità*) nimbleness.
elasticizzare *vt.* to make (*v. irr.*) elastic.
elàstico *agg.* **1.** elastic **2.** (*agile*) nimble. ♦ **elàstico** *sm.* rubber band.
elce *sm.* ilex.
elefante *sm.* elephant.
elefantesco *agg.* elephantine.
elefantìasi *sf.* elephantiasis.
elegante *agg.* elegant, smart.
eleganza *sf.* smartness.
elèggere *vt.* **1.** to elect **2.** (*nominare*) to appoint.
eleggìbile *agg.* eligible.
eleggibilità *sf.* eligibility.
elegìa *sf.* elegy.
elegìaco *agg.* elegiac.
elementare *agg.* elementary: *scuola* —, primary school.
elemento *sm.* **1.** element **2.** (*componente*) component **3.** (*pl., rudimenti*) rudiments **4.** (*persona*) person.
elemòsina *sf.* alms: *chiedere l'—*, to beg.
elemosinare *vt.* e *vi.* to beg (for).
elencare *vt.* to list.
elenco *sm.* list: — *telefonico*, telephone directory.
elettivo *agg.* elective.
eletto *agg.* elect, chosen.
elettorale *agg.* electoral.
elettorato *sm.* electorate.
elettore *sm.* voter.
elettràuto *sm.* **1.** (*officina*) car electrical repairs (*pl.*) **2.** (*meccanico*) car electrician.
elettricista *sm.* electrician.
elettricità *sf.* electricity.
elèttrico *agg.* electric.
elettrificare *vt.* to electrify.
elettrificazione *sf.* electrification.
elettrizzare *vt.* to electrify.
elettrocalamita *sf.* electro-magnet.
elettrocardiogramma *sm.* electrocardiogram.
elettrodinàmica *sf.* electrodynamics.
elèttrodo *sm.* electrode.
elettrodomèstici *sm. pl.* electrical household appliances.
elettrògeno *agg.* generating electricity.
elettròlisi *sf.* electrolysis.
elettromagnètico *agg.* electro-magnetic.
elettromotore *sm.* dynamo.
elettromotrice *sf.* electric rail car.
elettrone *sm.* electron.
elettrònica *sf.* electronics.
elettrònico *agg.* electronic.
elettrotècnica *sf.* electrical technology.
elettrotreno *sm.* electric train.
elevamento *sm.* elevation.
elevare *vt.* **1.** to elevate **2.** (*erigere*) to erect **3.** (*mat.*) to raise. ♦ **elevarsi** *vr.* to rise (*v. irr.*).
elevatezza *sf.* loftiness.
elevato *agg.* elevated, high.
elevatore *sm.* elevator.
elevazione *sf.* **1.** elevation **2.** (*l'elevare*) rising **3.** (*mat.*) raising.
elezione *sf.* election.
èlica *sf.* **1.** (*aer.*) propeller **2.** (*mar.*) screw.
elicoidale *agg.* helicoidal.
elicòttero *sm.* helicopter.
elìdere *vt.* to annul. ♦ **elìdersi** *vr. rec.* to annul each other.
eliminare *vt.* to eliminate. ♦ **eliminarsi** *vr.* to be eliminated.
eliminatoria *sf.* preliminary heat.
eliminazione *sf.* elimination, expulsion.
elio *sm.* helium.
eliocèntrico *agg.* heliocentric.
eliografìa *sf.* heliography.
elioterapìa *sf.* heliotherapy.
eliotipìa *sf.* heliotypy.
eliporto *sm.* heliport.
elisione *sf.* elision.
elisìr *sm.* elixir.
èlitra *sf.* elytrum (*pl.* -ra).
ella *pron.* she: — *stessa*, she herself.
ellènico *agg.* Hellenic.
ellenismo *sm.* Hellenism.
ellenista *s.* Hellenist.
ellisse *sf.* ellipse.
ellissi *sf.* ellipsis (*pl.* -ses).
ellìttico *sm.* elliptic(al).
elmetto *sm.* helmet.

elmo *sm.* helmet.
elocuzione *sf.* elocution.
elogiàbile *agg.* praiseworthy.
elogiare *vt.* to eulogize, to praise.
elogiatore *sm.* eulogist.
elogio *sm.* eulogy, praise.
eloquente *agg.* eloquent.
eloquenza *sf.* eloquence.
elucubrare *vt.* to lucubrate: — *su, intorno a qc.*, to lucubrate on, about sthg.
elucubrazione *sf.* lucubration.
elùdere *vt.* to elude.
elusivo *agg.* elusive.
elvètico *agg.* Helvetic.
elzeviro *sm.* **1.** elzevir **2.** (*giorn.*) leading literary article.
emaciare *vt.* to emaciate. ♦ **emaciarsi** *vr.* to become (*v. irr.*) emaciated.
emaciato *agg.* emaciated.
emanare *vt.* **1.** to issue **2.** (*vapori, profumi*) to exhale.
emanazione *sf.* emanation.
emancipare *vt.* to emancipate.
emancipato *agg.* emancipated.
emancipazione *sf.* emancipation.
emàtico *agg.* haematic.
ematoma *sm.* haematoma (*pl.* -ata).
ematosi *sf.* haematosis.
embargo *sm.* embargo.
emblema *sm.* **1.** emblem **2.** (*simbolo*) symbol.
emblemàtico *agg.* emblematic.
embolìa *sf.* embolism.
èmbolo *sm.* embolus (*pl.* -li).
embrionale *agg.* embryonic.
embrione *sm.* embryo.
emendamento *sm.* **1.** amendment **2.** (*correzione*) emendation.
emendare *vt.* **1.** to amend **2.** (*correggere*) to emend.
emergenza *sf.* emergency.
emèrgere *vi.* **1.** to emerge **2.** (*fig.*) to emerge, to appear.
emèrito *agg.* emeritus.
emeroteca *sf.* newspaper library.
emersione *sf.* emersion.
eméttere *vt.* **1.** to emit **2.** (*di suono*) to utter **3.** (*emanare*) to deliver **4.** (*banconote*) to issue.
emiciclo *sm.* hemicycle.
emicrania *sf.* headache.
emigrante *agg.* e *sm.* emigrant.
emigrare *vi.* to emigrate.
emigrato *sm.* emigrant.
emigrazione *sf.* emigration.
eminente *agg.* outstanding, eminent.
eminenza *sf.* eminence.
emiro *sm.* emir.
emisfèrico *agg.* hemispheric(al).
emisfero *sm.* hemisphere.
emissario *sm.* emissary.
emissione *sf.* **1.** emission **2.** (*econ.*) issue.
emistichio *sm.* hemistich.
emittente *agg.* issuing || *stazione* — (*radio*), broadcasting station.
emofilìa *sf.* haemophilia.
emoglobina *sf.* haemoglobin.
emolliente *agg.* emollient.
emolumento *sm.* emolument.
emorragìa *sf.* haemorrhage.
emorròidi *sf. pl.* haemorrhoids.
emòstasi *sf.* haemostasis.
emostàtico *agg.* haemostatic.
emoteca *sf.* blood bank.
emotività *sf.* emotionality.
emotivo *agg.* emotional.
emottisi *sf.* haemoptysis.
emozionante *agg.* touching, exciting, thrilling.
emozionare *vt.* to move. ♦ **emozionarsi** *vr.* to get (*v. irr.*) excited.
emozione *sf.* emotion, thrill.
empiastro *sm.* plaster.
empietà *sf.* impiety.
empio *agg.* impious.
empire *vt.* to fill.
empìrico *agg.* e *sm.* empiric.
empirismo *sm.* empiricism.
emporio *sm.* department store.
emulare *vt.* to emulate.
emulazione *sf.* emulation.
èmulo *sm.* rival.
emulsionare *vt.* to emulsify.
emulsione *sf.* emulsion.
encefalite *sf.* encephalitis.
encèfalo *sm.* encephalon (*pl.* -ala).
encìclica *sf.* encyclic.
enciclopedìa *sf.* encyclopaedia.
enciclopèdico *agg.* encyclopaedic.
enclìtico *agg.* enclitic.
encomiàbile *agg.* praiseworthy.
encomiare *vt.* to commend.
encomio *sm.* panegyric.
endecasìllabo *agg.* hendecasyllabic. ♦ **endecasìllabo** *sm.* hendecasyllable.
endèmico *agg.* endemic.
endocardio *sm.* endocardium.
endocardite *sf.* endocarditis.
endòcrino *agg.* endocrine.
endocrinologìa *sf.* endocrinology.
endovenoso *agg.* intravenous. ♦ **endovenosa** *sf.* intravenous injection.

energètico *agg.* e *sm.* tonic.
energìa *sf.* energy.
energicamente *avv.* energetically.
enèrgico *agg.* energetic(al).
energùmeno *sm.* energumen.
ènfasi *sf.* emphasis.
enfàtico *agg.* emphatic.
enfiagione *sf.* swelling.
enfisema *sm.* emphysema.
enfitèusi *sf.* emphyteusis.
enigma *sm.* enigma, puzzle.
enigmàtico *agg.* puzzling.
enigmista *sm.* enigmatographer.
enigmìstica *sf.* enigmatography.
enigmìstico *agg.* puzzle (*attr.*).
ennèsimo *agg.* nth: *ennesima potenza*, nth power.
enologìa *sf.* oenology.
enòlogo *sm.* oenologist.
enorme *agg.* huge.
enormità *sf.* **1.** hugeness **2.** (*fig.*) absurdity.
ente *sm.* **1.** being **2.** (*comm.*) body, corporation.
enterite *sf.* enteritis.
enteroclisma *sm.* enema.
enterocolite *sf.* enterocolitis.
entità *sf.* entity.
entomologìa *sf.* entomology.
entomòlogo *sm.* entomologist.
entrambi *pron.* e *agg.* both.
entrante *agg.* (*con espressioni di tempo*) next, coming.
entrare *vi.* to enter, to come (*v. irr.*) in, to go (*v. irr.*) in || *non c'entra,* this has got nothing to do with it; — *correndo*, to run (*v. irr.*) in; — *in carica*, to come (*v. irr.*) into office; — *in società*, to go into partnership (with); — *precipitosamente*, to rush in; — *in giuoco*, to come into play; — *in vigore*, to come into force.
entrata *sf.* **1.** entrance, entry **2.** (*rendita*) income.
entratura *sf.* entrance.
entro *prep.* **1.** (*luogo*) inside **2.** (*tempo*) in, within, by: — *due giorni*, within two days; — *lunedì*, by Monday.
entrobordo *sm.* inboard.
entroterra *sm.* inland.
entusiasmante *agg.* exciting.
entusiasmare *vt.* to raise enthusiasm in. ♦ **entusiasmarsi** *vr.* to become (*v. irr.*) enthusiastic.
entusiasmo *sm.* enthusiasm
entusiasta *agg.* enthusiast: *essere — di qc.*, to be crazy about sthg.
entusiàstico *agg.* enthusiastic(al).
enucleare *vt.* to enucleate.
enucleazione *sf.* enucleation.
enumerare *vt.* to enumerate.
enumerazione *sf.* enumeration.
enunciare *vt.* to state: — *un teorema*, to enunciate a theorem.
enunciato *sm.* proposition, terms (*pl.*).
enunciazione *sf.* enunciation.
enuresi *sf.* enuresis.
enzima *sm.* enzyme.
eòlico *agg.* Aeolian.
epàtico *agg.* hepatic.
epatite *sf.* hepatitis.
èpica *sf.* epic.
epicentro *sm.* epicentre.
èpico *agg.* epic.
epicureismo *sm.* **1.** epicurism **2.** (*fil.*) epicureanism.
epicureo *agg.* e *sm.* Epicurean.
epidemìa *sf.* epidemic.
epidèmico *agg.* epidemical.
epidèrmico *agg.* epidermic.
epidèrmide *sf.* epidermis, skin.
Epifanìa *sf.* Epiphany, Twelfth Night.
epìgono *sm.* imitator, follower.
epìgrafe *sf.* epigraph.
epigrafìa *sf.* epigraphy.
epigramma *sm.* epigram.
epigrammista *s.* epigrammatist.
epilessìa *sf.* epilepsy.
epilèttico *agg.* e *sm.* epileptic.
epìlogo *sm.* epilogue.
episcopale *agg.* episcopal.
episcopato *sm.* episcopacy.
episòdico *agg.* episodic(al).
episodio *sm.* episode.
epìstola *sf.* epistle.
epistolare *agg.* epistolary.
epistolario *sm.* letters (*pl.*).
epitaffio *sm.* epitaph.
epitalamio *sm.* epithalamium (*pl.* -ia).
epitelio *sm.* epithelium.
epìteto *sm.* epithet.
epìtome *sf.* epitome.
època *sf.* **1.** epoch **2.** (*età*) age **3.** (*data*) date || *far* —, to mark an epoch.
epopea *sf.* **1.** epopee **2.** (*serie di fatti eroici*) epos.
eppure *cong.* yet.
epulone *sm.* glutton.
epurare *vt.* to purge.
epurazione *sf.* purge.
equamente *avv.* fairly.
equànime *agg.* equanimous.

equanimità *sf.* equanimity, impartiality.
equatore *sm.* equator.
equatoriale *agg.* equatorial.
equazione *sf.* equation.
equestre *agg.* equestrian.
equidistante *agg.* equidistant.
equidistanza *sf.* equidistance.
equilàtero *agg.* equilateral.
equilibrare *vt.* to balance.
equilibrato *agg.* **1.** balanced **2.** (*fig.*) well-balanced.
equilibrio *sm.* balance, equilibrium.
equilibrismo *sm.* acrobatics (*pl.*).
equilibrista *s.* acrobat.
equino *agg.* equine.
equinozio *sm.* equinox.
equipaggiamento *sm.* equipment, outfit.
equipaggiare *vt.* to equip, to fit out.
equipaggio *sm.* (*mar.; aer.*) crew.
equiparàbile *agg.* comparable.
equiparare *vt.* to equalize.
equiparazione *sf.* equalization.
equipollente *agg.* equipollent.
equipollenza *sf.* equipollence.
equità *sf.* equity, fairness.
equitazione *sf.* riding.
equivalente *agg.* equivalent.
equivalenza *sf.* equivalence.
equivalere *vi.* to be equivalent. ♦ **equivalersi** *vr.* to be equivalent.
equivocàbile *agg.* mistakable.
equivocare *vi.* to misunderstand (*v. irr.*).
equìvoco *agg.* equivocal, ambiguous. ♦ **equìvoco** *sm.* equivocation.
equo *agg.* fair.
era *sf.* era, epoch.
erariale *agg.* fiscal.
erario *sm.* Treasury.
erba *sf.* grass || *in* **—**, green; (*fig.*) budding: *un poeta in* **—**, a budding poet.
erbaccia *sf.* weed.
erbàceo *agg.* herbaceous.
erbaggio *sm.* vegetable.
erbario *sm.* herbarium.
erbetta *sf.* new grass.
erbivéndolo *sm.* greengrocer.
erbìvoro *agg.* herbivorous.
erborista *s.* herborist.
erboso *agg.* grassy.
èrcole *sm.* Hercules.
ercùleo *agg.* Herculean.
erede *sm.* heir. ♦ **erede** *sf.* heiress.
eredità *sf.* inheritance.
ereditare *vt.* to inherit.
ereditarietà *sf.* hereditariness.
ereditario *agg.* hereditary.
ereditiera *sf.* heiress.
eremita *sm.* hermit.
eremitaggio *sm.* hermitage.
èremo *sm.* hermitage.
eresia *sf.* heresy.
erètico *agg.* heretical.
erèttile *agg.* erectile.
eretto *agg.* **1.** upright **2.** (*costruito*) built.
erezione *sf.* **1.** erection **2.** (*costruzione*) building.
ergastolano *sm.* convict (serving a life sentence).
ergàstolo *sm.* life imprisonment.
èrgere *vt.* to raise. ♦ **èrgersi** *vr.* to rise (*v. irr.*).
èrica *sf.* heather.
erìgere *vt.* to erect, to build (*v. irr.*). ♦ **erìgersi** *vr.* to set up (for).
erma *sf.* herma (*pl.* -ae).
ermafrodito *agg.* hermaphrodite.
ermellino *sm.* ermine.
ermenèuta *sm.* hermeneut.
ermenèutica *sf.* hermeneutics.
ermètico *agg.* **1.** (*tec.*) airtight **2.** (*oscuro*) obscure.
ermetismo *sm.* obscurity.
ernia *sf.* hernia.
erniario *agg.* hernial.
erodere *vt.* to wear (*v. irr.*) away.
eroe *sm.* hero.
erogare *vt.* **1.** to distribute **2.** (*elett.; idraulica*) to deliver.
erogazione *sf.* **1.** distribution **2.** (*elettr.; idraulica*) delivery.
eròico *agg.* heroic.
eroina *sf.* **1.** heroine **2.** (*farm.*) heroin.
eroismo *sm.* heroism.
eròmpere *vi.* to burst (*v. irr.*) forth.
erosione *sf.* erosion.
erosivo *agg.* erosive.
eròtico *agg.* erotic.
erotismo *sm.* eroticism.
erotòmane *s.* erotomaniac.
èrpete *sm.* herpes.
érpice *sm.* harrow.
errabondo *agg.* wandering.
errante *agg.* errant.
errare *vi.* **1.** (*vagare*) to wander **2.** (*sbagliare*) to err.
erràtico *agg.* erratic.
errato *agg.* wrong.
erròneo *agg.* erroneous.

errore *sm.* error, mistake.
erta *sf.* steep || *stare all'—*, to be on the look-out.
erto *agg.* steep.
erudire *vt.* to teach (*v. irr.*). ♦ **erudirsi** *vr.* to get (*v. irr.*) educated.
erudito *agg.* learned. ♦ **erudito** *sm.* scholar.
erudizione *sf.* erudition, learning.
eruttare *vt.* to erupt.
eruttivo *agg.* eruptive.
eruzione *sf.* eruption.
esacerbare *vt.* to embitter.
esacerbazione *sf.* embitterment.
esaedro *sm.* hexahedron.
esagerare *vt.* to exaggerate. ♦ **esagerare** *vi.* to go (*v. irr.*) too far, to exceed.
esagerato *agg.* **1.** exaggerated **2.** (*di prezzo*) exorbitant.
esagerazione *sf.* exaggeration.
esagitare *vt.* to stir violently.
esagonale *agg.* hexagonal.
esàgono *sm.* hexagon.
esalare *vt.* to exhale. ♦ **esalare** *vi.* to exhale, to rise (*v. irr.*).
esalazione *sf.* exhalation.
esaltare *vt.* to exalt. ♦ **esaltarsi** *vr.* **1.** (*vantarsi*) to boast **2.** (*infervorarsi*) to become (*v. irr.*) excited.
esaltato *agg.* excited. ♦ **esaltato** *sm.* hot-head.
esaltazione *sf.* **1.** exaltation **2.** (*eccitazione*) excitement.
esame *sm.* examination: *dare un —*, to take (*v. irr.*) an examination; *essere respinto ad un —*, to fail in an examination.
esàmetro *sm.* hexameter.
esaminando *sm.* candidate.
esaminare *vt.* to examine.
esaminatore *sm.* examiner.
esangue *agg.* bloodless.
esànime *agg.* lifeless.
esasperare *vt.* to exasperate. ♦ **esasperarsi** *vr.* to become (*v. irr.*) irritated.
esasperato *agg.* exasperated.
esasperazione *sf.* exasperation.
esattamente *avv.* exactly, just.
esattezza *sf.* exactitude.
esatto *agg.* exact, right.
esattore *sm.* collector.
esattorìa *sf.* collector's office.
esaudimento *sm.* satisfaction.
esaudire *vt.* to grant.
esauriente *agg.* exhaustive.
esaurimento *sm.* exhaustion.
esaurire *vt.* to exhaust. ♦ **esaurirsi** *vr.* to get (*v. irr.*) exhausted.
esaurito *agg.* **1.** exhausted **2.** (*di persona*) worn out **3.** (*che ha l'esaurimento nervoso*) suffering from a nervous breakdown **4.** (*di libro*) out of print.
esàusto *agg.* exhausted.
esautorare *vt.* to deprive of authority.
esazione *sf.* collection.
esborso *sm.* outlay.
esca *sf.* **1.** bait **2.** (*materiale infiammabile*) tinder **3.** (*di esplosivo*) fuse.
escandescenza *sf.* outburst of rage || *dare in escandescenze*, to lose (*v. irr.*) one's temper.
escatologìa *sf.* eschatology.
escavatore *sm.* digger.
escavatrice *sf.* digger.
escavazione *sf.* digging out.
eschimese *agg.* e *sm.* Eskimo.
esclamare *vi.* to exclaim.
esclamativo *agg.* exclamatory: *punto —*, exclamation mark.
esclamazione *sf.* exclamation.
esclùdere *vt.* to exclude, to leave (*v. irr.*) out.
esclusione *sf.* exclusion || *ad — di*, except.
esclusiva *sf.* **1.** patent **2.** (*diritto esclusivo*) sole right.
esclusività *sf.* exclusiveness.
esclusivo *agg.* exclusive, sole.
escluso *agg.* **1.** excluded **2.** (*eccettuato*) excepted.
escogitare *vt.* to contrive.
escoriare *vt.* to graze.
escoriazione *sf.* abrasion.
escremento *sm.* excrement.
escrescenza *sf.* excrescence.
escursione *sf.* excursion, trip.
escursionista *s.* excursionist.
escussione *sf.* examination.
esecràbile *agg.* execrable.
esecrare *vt.* to execrate.
esecrazione *sf.* execration.
esecutivo *agg.* executive.
esecutore *sm.* **1.** executor **2.** (*di musica*) performer **3.** (*carnefice*) executioner.
esecuzione *sf.* **1.** execution **2.** (*mus.*) performance.
esedra *sf.* exedra (*pl.* -ae).
esegesi *sf.* exegesis (*pl.* -ses).
esegeta *s.* exegete.
eseguìbile *agg.* feasible.

eseguire *vt.* **1.** to execute, to carry out **2.** (*mus.*) to perform.
esempio *sm.* **1.** example, instance **2.** (*modello perfetto*) pattern.
esemplare *agg.* exemplary. ♦ **esemplare** *sm.* **1.** pattern, specimen **2.** (*di libro*) copy.
esemplificare *vt.* to exemplify.
esemplificazione *sf.* exemplification.
esentare *vt.* to exempt.
esente *agg.* exempt, free.
esenzione *sf.* exemption.
esequie *sf. pl.* exequies.
esercente *sm.* shop-keeper.
esercire *vt.* to manage (a business) || — *un negozio*, to keep (*v. irr.*) a shop.
esercitare *vt.* **1.** to exercise **2.** (*una professione*) to practice **3.** (*addestrare*) to train. ♦ **esercitarsi** *vr.* to practice.
esercitazione *sf.* **1.** exercise **2.** (*allenamento*) training **3.** (*mil.*) drill.
esèrcito *sm.* army.
esercizio *sm.* **1.** exercise **2.** (*negozio*) shop **3.** (*comm.*) — *finanziario*, financial year.
esibire *vt.* to exhibit, to show (*v. irr.*).
esibizione *sf.* exhibition, show.
esibizionismo *sm.* exhibitionism, showing-off.
esibizionista *s.* exhibitionist.
esigente *agg.* exacting.
esigenza *sf.* **1.** demand, exigence **2.** (*pretesa*) pretension.
esìgere *vt.* **1.** (*comm.*) to collect **2.** (*richiedere con autorità*) to insist on **3.** (*pretendere*) to exact.
esigìbile *agg.* **1.** exigible **2.** (*riscuotibile*) collectable.
esiguità *sf.* exiguity.
esiguo *agg.* exiguous, scanty.
esilarante *agg.* exhilarating.
esilarare *vt.* to exhilarate.
èsile *agg.* slender.
esiliare *vt.* to exile. ♦ **esiliarsi** *vr.* to go (*v. irr.*) into exile.
esiliato *agg.* banished. ♦ **esiliato** *sm.* exile.
esilio *sm.* exile.
esìmere *vt.* to free, to excuse. ♦ **esìmersi** *vr.* to evade (sthg.).
esimio *agg.* excellent.
esistente *agg.* **1.** existing **2.** (*di cose*) extant.
esistenza *sf.* existence.
esistenziale *agg.* existential.
esistenzialismo *sm.* existentialism.
esistenzialista *agg.* e *s.* existentialist.
esìstere *vi.* to exist.
esitante *agg.* hesitating: *voce* —, faltering voice.
esitare *vi.* **1.** to hesitate **2.** (*di voce*) to falter.
esitazione *sf.* hesitation: *senza* —, unhesitatingly.
èsito *sm.* result, outcome.
esiziale *agg.* ruinous.
èsodo *sm.* exodus.
esòfago *sm.* oesophagus.
esògeno *agg.* exogenous.
esonerare *vt.* to exonerate.
esònero *sm.* exoneration.
esorbitante *agg.* exorbitant.
esorbitanza *sf.* exorbitance.
esorbitare *vi.* to exceed.
esorcismo *sm.* exorcism.
esorcista *sm.* exorcist.
esorcizzare *vt.* to exorcize.
esorcizzatore *sm.* exorcizer.
esordiente *agg.* beginning. ♦ **esordiente** *sm.* beginner.
esordio *sm.* preamble, beginning.
esordire *vi.* **1.** to begin (*v. irr.*) **2.** (*in arte*) to make (*v. irr.*) one's debut.
esortare *vt.* to exhort.
esortativo *agg.* exhortative.
esortazione *sf.* exhortation.
esosità *sf.* greediness.
esoso *agg.* greedy.
esotèrico *agg.* esoteric.
esotèrmico *agg.* exothermic.
esòtico *agg.* exotic.
esotismo *sm.* exoticism.
espàndere *vt.* to spread (*v. irr.*) (out). ♦ **espàndersi** *vr.* to spread.
espansione *sf.* expansion.
espansionismo *sm.* expansionism.
espansività *sf.* effusiveness.
espansivo *agg.* effusive.
espatriare *vi.* to emigrate.
espatrio *sm.* expatriation.
espediente *sm.* expedient.
espèllere *vt.* to expel.
esperanto *sm.* Esperanto.
esperienza *sf.* experience.
esperimento *sm.* **1.** experiment **2.** (*esame*) test **3.** (*tentativo*) trial.
esperire *vt.* to try.
esperto *agg.* e *sm.* expert.
espettorante *agg.* e *sm.* expectorant.
espettorare *vt.* to expectorate.

espettorazione *sf.* expectoration.
espiare *vt.* to expiate.
espiatorio *agg.* expiatory: *capro* —, scapegoat.
espiazione *sf.* expiation.
espirare *vt.* e *vi.* to expire.
espirazione *sf.* expiration.
espletare *vt.* to dispatch.
espletazione *sf.* dispatching.
esplicare *vt.* to explicate: — *un'attività,* to have an activity.
esplicativo *agg.* explanatory.
esplicazione *sf.* explication.
esplìcito *agg.* explicit.
esplòdere *vi.* to explode, to burst (*v. irr.*).
esplorare *vt.* **1.** to explore **2.** (*mil.*) to scout.
esploratore *sm.* **1.** explorer **2.** (*mil.*) scout.
esplorazione *sf.* **1.** exploration **2.** (*mil.*) scouting expedition.
esplosione *sf.* **1.** explosion, blast **2.** (*fig.*) outbreak.
esplosivo *agg.* e *sm.* explosive.
esponente *sm.* exponent.
esporre *vt.* **1.** to show (*v. irr.*) **2.** (*a rischio*) to venture **3.** (*spiegare*) to expound **4.** (*mettere in vista*) to display. ♦ **esporsi** *vr.* to expose oneself.
esportare *vt.* to export.
esportatore *agg.* exporting. ♦ **esportatore** *sm.* exporter.
esportazione *sf.* export, exportation.
esposìmetro *sm.* exposure-meter.
espositore *sm.* exhibitor.
esposizione *sf.* **1.** exposure **2.** (*mostra*) exhibition **3.** (*eloquio*) exposition.
esposto *sm.* petition.
espressamente *avv.* **1.** expressly **2.** (*appositamente*) on purpose.
espressione *sf.* expression.
espressionismo *sm.* expressionism.
espressionista *s.* expressionist.
espressivo *agg.* expressive.
espresso *agg.* express.
esprìmere *vt.* to express.
esprimìbile *agg.* expressible.
espropriare *vt.* to dispossess.
espropriazione *sf.* expropriation.
espugnare *vt.* to conquer.
espugnatore *sm.* conqueror.
espugnazione *sf.* conquest.
espulsione *sf.* expulsion.
espulsivo *agg.* e *sm.* expulsive.
espulsore *sm.* ejector.
espùngere *vt.* to expunge.
espurgare *vt.* **1.** to expurgate **2.** (*un libro*) to bowdlerize.
espurgazione *sf.* **1.** expurgation **2.** (*un libro*) to bowdlerize.
essa *pron.* **1.** (*sogg.*) she, (*compl.*) her **2.** (*riferito a cose o animali*) it.
esse *sf.* letter S.: *a* —, S-shaped.
essenza *sf.* essence.
essenziale *agg.* essential.
essenzialità *sf.* essentiality.
èssere *vi.* to be || *c'è, ci sono,* there is, there are.
èssere *sm.* **1.** being **2.** (*esistenza*) existence.
essi *pron.* (*sogg.*) they, (*compl.*) them.
essiccare *vt.* to dry.
essiccatoio *sm.* drier.
essiccazione *sf.* drying process.
esso *pron.* **1.** (*sogg.*) he, (*compl.*) him **2.** (*per cose o animali*) it.
essudato *sm.* exudate.
essudazione *sf.* exudation.
est *sm.* east.
èstasi *sf.* ecstasy: *andare in* —, to go (*v. irr.*) into ecstasies; *mandare in* —, to throw (*v. irr.*) into ecstasies.
estasiare *vt.* to enrapture. ♦ **estasiarsi** *vr.* to be enraptured.
estate *sf.* summer.
estàtico *agg.* ecstatic.
estemporàneo *agg.* extempore.
estèndere *vt.* to extend.
estendìbile *agg.* extensible.
estensione *sf.* **1.** extension **2.** (*distesa*) expanse, extent **3.** (*mus.*) range.
estensivo *agg.* extensive.
estensore *sm.* **1.** compiler **2.** (*giur.*) drafts-man (*pl.* -men) **3.** (*sport*) chest-expander.
estenuante *agg.* exhausting.
estenuare *vt.* to tire out.
estenuazione *sf.* exhaustion.
esteriore *agg.* outward. ♦ **esteriore** *sm.* exterior, outside.
esteriorità *sf.* outward appearance.
esternamente *avv.* externally, outside.
esternare *vt.* to express, to utter.
esterno *agg.* outer, external.
èstero *agg.* foreign. ♦ **èstero** *sm.* foreign countries (*pl.*) || *all'*—, abroad.
esterofilìa *sf.* xenomania.

esterrefatto *agg.* aghast, amazed.
esteso *agg.* large, wide || *per* —, in detail.
esteta *s.* aesthete.
estètica *sf.* aesthetics.
estètico *agg.* aesthetic.
estetismo *sm.* aestheticism.
èstimo *sm.* estimate.
estìnguere *vt.* **1.** to put (*v. irr.*) out **2.** (*saldare*) to extinguish || — *la propria sete*, to slake one's thirst. ♦ **estìnguersi** *vr.* (*finire*) to die.
estinguìbile *agg.* extinguishable.
estinto *agg.* **1.** extinct **2.** (*morto*) dead. ♦ **estinto** *sm.* deceased man.
estintore *sm.* extinguisher.
estinzione *sf.* **1.** extinction **2.** (*di sete*) quenching **3.** (*di debito*) paying off.
estirpare *vt.* **1.** to extirpate **2.** (*di denti*) to pull out.
estirpazione *sf.* **1.** extirpation **2.** (*di denti*) extraction.
estivo *agg.* summer (*attr.*).
estòrcere *vt.* to extort.
estorsione *sf.* extortion.
estradare *vt.* to extradite.
estradizione *sf.* extradition.
estràneo *agg.* extraneous, alien. ♦ **estràneo** *sm.* stranger.
estraniare *vt.* to estrange. ♦ **estraniarsi** *vr.* to get (*v. irr.*) estranged.
estrarre *vt.* to draw (*v. irr.*) out: — *a sorte*, to draw by lot.
estrattivo *agg.* extractive.
estratto *sm.* **1.** extract **2.** (*riassunto*) excerpt **3.** (*comm.*) — *conto*, statement of account.
estrattore *sm.* extractor.
estrazione *sf.* **1.** extraction **2.** (*di lotteria*) drawing.
estremamente *avv.* extremely.
estremismo *sm.* extremism.
estremista *s.* extremist: — *di destra*, extreme rightist; — *di sinistra*, extreme leftist.
estremità *sf.* extremity, end.
estremo *agg.* **1.** utmost **2.** (*eccessivo*) intense **3.** (*drastico*) drastic. ♦ **estremo** *sm.* extreme.
estrinsecare *vt.* to express. ♦ **estrinsecarsi** *vr.* to be expressed.
estrinsecazione *sf.* expression.
estrìnseco *agg.* extrinsic(al).
estro *sm.* **1.** inspiration **2.** (*capriccio*) whim.
estromèttere *vt.* to turn out.
estromissione *sf.* expulsion.
estroso *agg.* **1.** (*ispirato*) inspired **2.** freakish.
estroverso *agg.* extroverted.
estuario *sm.* estuary.
esuberante *agg.* exuberant.
esuberanza *sf.* exuberance.
esulare *vi.* **1.** to go (*v. irr.*) into exile **2.** (*fig.*) to be beyond.
esulcerare *vt.* to exulcerate.
esulcerazione *sf.* exulceration.
èsule *sm.* **1.** exile **2.** (*profugo*) refugee.
esultante *agg.* rejoicing.
esultanza *sf.* exultation.
esultare *vi.* to rejoice.
esumare *vt.* to exhume.
esumazione *sf.* exhumation.
età *sf.* age || *che — hai?*, how old are you?; *avere la stessa* —, to be the same age; *una persona di mezza* —, a middle-aged person.
ètere *sm.* ether.
etèreo *agg.* ethereal.
eternare *vt.* to make (*v. irr.*) eternal.
eternità *sf.* eternity.
eterno *agg.* eternal, everlasting.
eteròclito *agg.* **1.** heteroclite **2.** (*fig.*) irregular.
eterodossìa *sf.* heterodoxy.
eterodosso *agg.* heterodox.
eterogeneità *sf.* heterogeneity.
eterogèneo *agg.* heterogeneous.
ètica *sf.* ethics.
etichetta *sf.* **1.** label **2.** (*galateo*) etiquette.
etichettare *vt.* to stick (*v. irr.*) a label (on).
ètico *agg.* ethical.
etilene *sm.* ethylene.
etìlico *agg.* ethylic.
etilismo *sm.* alcoholism.
etimologìa *sf.* etymology.
etimològico *agg.* etymologic(al).
ètnico *agg.* ethnic(al).
etnografìa *sf.* ethnography.
etnologìa *sf.* ethnology.
etnòlogo *sm.* ethnologist.
etrusco *agg.* e *sm.* Etruscan.
ettàgono *sm.* heptagon.
èttaro *sm.* hectare.
etto *sm.* hectogram.
ettòlitro *sm.* hectolitre.
ettòmetro *sm.* hectometre.
eucalipto *sm.* eucalyptus.
eucaristìa *sf.* Eucharist, Holy Communion.

eucarìstico *agg.* Eucharistic.
eufemismo *sm.* euphemism.
eufonìa *sf.* euphony.
eufònico *agg.* euphonic(al).
euforbia *sf.* Euphorbia.
euforìa *sf.* euphoria.
eufòrico *agg.* euphoric.
eunuco *sm.* eunuch.
euritmìa *sf.* eurhythmy.
europeismo *sm.* Europeanism.
europeo *agg.* e *sm.* European.
eurovisione *sf.* Eurovision.
eutanasìa *sf.* euthanasia.
evacuare *vt.* to evacuate.
evacuazione *sf.* evacuation.
evàdere *vi.* to escape. ♦ **evàdere** *vt.* (*burocratico*) **1.** to dispatch **2.** (*eludere*) to evade.
evanescente *agg.* vanishing.
evangèlico *agg.* evangelic(al).
evangelista *sm.* evangelist.
evangelizzare *vt.* to evangelize.
evaporare *vi.* to evaporate.
evaporazione *sf.* evaporation.
evasione *sf.* **1.** escape **2.** (*comm.*) *dare — a una pratica*, to dispatch a business.
evasivo *agg.* evasive.
evaso *sm.* runaway.
evasore *sm.* evader: *— fiscale*, tax evader.
evenienza *sf.* event, occurrence: *per ogni —*, for any occasion.
evento *sm.* event.
eventuale *agg.* possible.
eventualità *sf.* eventuality.
eventualmente *avv.* in case.
evidente *agg.* evident, obvious, clear.
evidenza *sf.* evidence.
evìncere *vt.* (*giur.*) to evict.
evirare *vt.* to evirate.
evitàbile *agg.* avoidable.
evitare *vt.* **1.** to avoid **2.** (*sfuggire*) to escape.
evo *sm.* age: *il Medio Evo*, the Middle Ages.
evocare *vt.* to evoke, to recall.
evocativo *agg.* evocative.
evocazione *sf.* evocation.
evolutivo *agg.* evolutive.
evoluto *agg.* well-developed, modern.
evoluzione *sf.* evolution.
evoluzionismo *sm.* evolutionism.
evòlvere *vt.* to evolve.
evviva *inter.* hurray.
ex libris *sm.* ex libris.
extra *agg.* extra.
extraterritoriale *agg.* extraterritorial.
eziologìa *sf.* aetiology.

F

fa[1] *sm.* (*mus.*) F.
fa[2] *avv.* ago: *un anno —*, a year ago.
fabbisogno *sm.* needs (*pl.*).
fàbbrica *sf.* **1.** factory || *— di automobili*, motor works; *— di mattoni*, brickyard; *— di carta*, paper-mill; *capo —*, fore-man (*pl.* -men); *marchio di —*, trade-mark **2.** (*fabbricazione*) manufacture.
fabbricàbile *agg.* manufacturable || *area —*, housing area.
fabbricante *sm.* manufacturer.
fabbricare *vt.* **1.** (*produrre*) to manufacture **2.** (*costruire*) to build (*v. irr.*) **3.** (*fare*) to make (*v. irr.*).
fabbricato *sm.* building || *imposta sui fabbricati*, house tax.
fabbricazione *sf.* **1.** manufacture, make **2.** (*costruzione*) building.
fabbro *sm.* blacksmith.
fabbroferraio *sm.* blacksmith.
faccenda *sf.* matter; business (*solo sing.*) || *— di stato*, state affair **2.** (*lavori domestici*) housework (*solo sing.*).
faccendiere *sm.* busybody.
faccetta *sf.* little face **2.** (*geom.*) facet.
facchinaggio *sm.* porterage.
facchino *sm.* porter.
faccia *sf.* **1.** face: *che — tosta!*, what a face!; *a — a —*, face to face **2.** (*aspetto*) look, expression **3.** (*lato, superficie*) face, side.
facciale *agg.* facial.
facciata *sf.* **1.** front, façade **2.** (*pagina*) page.
face *sf.* torch.
faceto *agg.* facetious, witty.
facezia *sf.* witty remark, joke: *dire delle facezie*, to crack jokes.
fachiro *sm.* fakir.
fàcile *agg.* **1.** easy **2.** (*trattabile*) docile **3.** (*pronto*) ready **4.** (*incline*) inclined **3.** (*probabile*) likely.
facilità *sf.* **1.** facility **2.** (*attitudine*) aptitude.
facilitare *vt.* to make (*v. irr.*) easier

facilitazione *sf.* **1.** facilitation **2.** (*agevolazione*) facility.
facilone *sm.* slipshod fellow.
facinoroso *agg.* lawless. ♦ **facinoroso** *sm.* lawless man.
facoltà *sf.* faculty.
facoltativo *agg.* facultative: *fermata facoltativa*, request stop.
facoltoso *agg.* wealthy.
facondia *sf.* eloquence.
facondo *agg.* eloquent.
facsìmile *sm.* facsimile.
factotum *sm.* factotum
faggeto *sm.* beech-wood.
faggio *sm.* beech.
fagiano *sm.* pheasant.
fagiolino *sm.* French bean.
fagiolo *sm.* bean.
fagocita, fagocito *sm.* phagocyte.
fagocitare *vt.* **1.** to phagocyte **2.** (*fig.*) to absorb.
fagocitosi *sf.* phagocytosis.
fagotto[1] *sm.* bundle.
fagotto[2] *sm.* (*mus.*) bassoon.
faina *sf.* beech-marten.
falange *sf.* phalanx (*pl.* -nges).
falcata *sf.* **1.** curvet **2.** (*di persona*) stride.
falce *sf.* **1.** sickle **2.** (*da fieno*) scythe **3.** (*di luna*) crescent.
falciare *vt.* **1.** to mow (*v. irr.*) **2.** (*fig.*) to mow down.
falciatore *sm.* mower.
falciatrice *sf.* mowing-machine.
falciatura *sf.* mowing.
falcidiare *vt.* to reduce.
falco *sm.* hawk: *avere occhi di —*, to be hawk-eyed.
falconerìa *sf.* falconry.
falconiere *sm.* hawker.
falda *sf.* **1.** (*strato*) stratum (*pl.* -ta) **2.** (*di neve*) flake **3.** (*di cappello*) brim **4.** (*di monte*) slope.
falegname *sm.* joiner.
falegnamerìa *sf.* **1.** joinery **2.** (*bottega*) joiner's shop.
falena *sf.* moth.
falla *sf.* leak.
fallace *agg.* false, disappointing.
fallacia *sf.* fallacy.
fallìbile *agg.* liable to make mistakes.
fàllico *agg.* phallic.
fallimentare *agg.* bankruptcy.
fallimento *sm.* **1.** bankruptcy **2.** (*fig.*) failure.
fallire *vi.* **1.** to fail **2.** (*comm.*) to go (*v. irr.*) bankrupt **3.** (*fam.*) to go under.
fallito *agg.* **1.** (*comm.*) bankrupt **2.** (*fig.*) unsuccessful. ♦ **fallito** *sm.* **1.** (*comm.*) bankrupt **2.** (*fig.*) failure.
fallo *sm.* **1.** fault: *senza —*, without fail **2.** (*anat.*) phallus (*pl.* -li).
falò *sm.* bonfire.
falpalà *sm.* furbelow.
falsare *vt.* **1.** to misrepresent **2.** (*falsificare*) to falsify.
falsariga *sf.* **1.** ruling paper **2.** (*fig.*) pattern, model.
falsario *sm.* **1.** forger **2.** (*di monete*) coiner.
falsetto *sm.* falsetto.
falsificàbile *agg.* falsifiable.
falsificare *vt.* to falsify, to counterfeit.
falsificatore *sm.* **1.** falsifier **2.** (*di monete*) coiner.
falsificazione *sf.* falsification, forgery.
falsità *sf.* **1.** falseness **2.** (*menzogna*) falsehood **3.** (*ipocrisia*) insincerity.
falso *agg.* **1.** false **2.** (*falsificato*) forged.
fama *sf.* fame, renown, reputation: *acquistarsi —*, to win (*v. irr.*) fame; *avere cattiva —*, to have a bad reputation.
fame *sf.* **1.** hunger: *avere —*, to be hungry: *far morire di —*, to starve **2.** (*carestia*) famine.
famèlico *agg.* ravenous.
famigerato *agg.* ill-famed.
famiglia *sf.* family.
familiare *agg.* **1.** domestic, homely **2.** (*intimo, anche fig.*) familiar **3.** (*senza cerimonie*) informal. ♦ **familiare** *sm.* relative.
familiarità *sf.* familiarity: *avere — con qu.*, to be familiar with so.
famoso *agg.* famous, celebrated.
fanale *sm.* **1.** lamp **2.** (*auto*) light: *— anteriore*, head-light; *— di coda*, (*aer.*) tail light, (*auto*) rear lamp; *— di posizione*, parking lights (*pl.*).
fanàtico *agg.* fanatical. ♦ **fanàtico** *sm.* **1.** fanatic **2.** (*fam.*) fan.
fanatismo *sm.* fanaticism.
fanatizzare *vt.* to fanaticize.
fanciulla *sf.* young girl.
fanciullàggine *sf.* **1.** childishness **2.** (*azione infantile*) childish action.
fanciullesco *agg.* childish.
fanciullezza *sf.* childhood.

fanciullo *sm.* young boy, child (*pl.* children).
fandonia *sf.* lie.
fanello *sm.* linnet.
fanfara *sf.* **1.** brass band **2.** (*suono di trombe*) fanfare.
fanfaronata *sf.* boasting.
fanfarone *sm.* boaster.
fangaia *sf.* muddy road.
fanghiglia *sf.* slush.
fango *sm.* **1.** mud: *gettare del — addosso a qu.*, to throw (*v. irr.*) mud at so.; *cadere nel —*, to fall (*v. irr.*) very low **2.** (*med.*) mud-baths (*pl.*).
fangoso *agg.* muddy.
fannullone *sm.* idler.
fanone *sm.* whalebone.
fantaccino *sm.* foot-soldier.
fantascienza *sf.* science fiction.
fantasìa *sf.* **1.** imagination, fancy **2.** (*inventiva*) inventiveness **3.** (*articoli fantasia*) fancy goods.
fantasioso *agg.* fanciful.
fantasma *sm.* ghost.
fantasmagorìa *sf.* phantasmagoria.
fantasmagòrico *agg.* phantasmagoric.
fantasticare *vt.* to daydream.
fantasticherìa *sf.* daydream.
fantàstico *agg.* **1.** fanciful **2.** (*bizzarro*) queer **3.** (*fam.*) extraordinary.
fante *sm.* **1.** infantryman (*pl.* -men) **2.** (*delle carte*) knave, jack.
fanterìa *sf.* infantry.
fantesca *sf.* maid-servant.
fantino *sm.* jockey.
fantoccio *sm.* puppet (*anche fig.*).
fantomàtico *agg.* mysterious.
farabutto *sm.* blackguard.
faraona *sf.* guinea-hen.
faraone *sm.* Pharaoh.
farcire *vt.* to stuff.
farcito *agg.* stuffed.
fardello *sm.* **1.** bundle **2.** (*fig.*) burden.
fare *vt.* **1.** (*in senso generale*) to do (*v. irr.*): *cosa fai?*, what are you doing?; *ecco fatto!*, that's done!; — *del proprio meglio*, to do one's best; **2.** (*fabbricare, produrre*) to make (*v. irr.*): — *amicizia*, to make friends; — *un errore*, to make a mistake; — *in fretta*, to make haste **3.** (*essere, esercitare una professione*) to be: *faccio l'insegnante*, I am a teacher **4.** (*reputare*) to think (*v. irr.*): *la facevo più intelligente*, I thought she was more intelligent **5.** (*segnare le ore*): *che ora fa il tuo orologio?*, what time is it by your watch? **6.** (*praticare*) to go (*v. irr.*) in for || — *le carte*, to shuffle; — *fagotto*, to pack up; — *una passeggiata*, to go for a walk; — *colazione*, to have breakfast; — *bella, brutta figura*, to cut (*v. irr.*) a fine, a poor figure; — *compassione*, to rouse compassion; — *aspettare qu.*, to keep (*v. irr.*) so. waiting; — *avere, sapere, vedere a qu.*, to let (*v. irr.*) so. have, know, see. ♦ **fare** *vi.* **1.** (*di condizioni atmosferiche*): *che tempo fa?*, what is the weather like? **2.** (*far caldo, freddo*) to be hot, cold **3.** (*essere adatto*) to suit. ♦ **farsi** *vr.* to become (*v. irr.*), to grow (*v. irr.*) || — *animo*, to take (*v. irr.*) courage.
fare *sm.* manners (*pl*).
faretra *sf.* quiver.
farfalla *sf.* butterfly.
farfugliare *vt.* to mumble.
farina *sf.* meal, flour.
farinàceo *agg.* farinaceous.
faringe *sf.* pharynx (*pl.* -nges).
faringite *sf.* pharyngitis.
farinoso *agg.* mealy, floury.
fariseo *agg.* e *sm.* Pharisee.
farmacèutico *agg.* pharmaceutic.
farmacìa *sf.* **1.** pharmacy **2.** (*negozio*) chemist's shop.
farmacista *sm.* chemist.
fàrmaco *sm.* medicine, remedy (*anche fig.*).
farmacologìa *sf.* pharmacology.
farmacopea *sf.* pharmacopoeia.
farneticare *vi.* to rave.
faro *sm.* **1.** lighthouse **2.** (*auto*) headlight.
farràgine *sf.* medley, mixture.
farraginoso *agg.* confused.
farsa *sf.* farce.
farsesco *agg.* farcical.
fascetta *sf.* **1.** small band **2.** (*med.*) bandage **3.** (*edit.*) wrapper.
fascia *sf.* **1.** band **2.** (*med.*) bandage **3.** (*dei bambini*) swaddling-band.
fasciame *sm.* planking.
fasciare *vt.* **1.** to bind (*v. irr.*) (up) **2.** (*dei neonati*) to swaddle.
fasciatura *sf.* **1.** dressing **2.** (*di neonato*) swaddling.
fascìcolo *sm.* booklet.
fascina *sf.* faggot.

fàscino *sm.* charm, fascination.
fascio *sm.* **1.** bundle **2.** (*geom.*) sheaf **3.** (*di luce*) beam.
fascismo *sm.* Fascism.
fascista *agg.* e *s.* Fascist.
fase *sf.* **1.** stage **2.** (*elettr.*) phase **3.** (*auto*) stroke.
fastello *sm.* faggot.
fastidio *sm.* **1.** trouble: *dare — a qu.*, to give (*v. irr.*) so. trouble **2.** (*contrarietà*) annoyance.
fastidioso *agg.* tiresome.
fastigio *sm.* **1.** pediment **2.** (*fig.*) height.
fasto *sm.* pomp.
fastosità *sf.* pomp, splendour.
fastoso *agg.* magnificent.
fasullo *agg.* false.
fata *sf.* fairy.
fatale *agg.* fatal, inevitable.
fatalismo *sm.* fatalism.
fatalista *agg.* e *s.* fatalist.
fatalità *sf.* fatality.
fatica *sf.* weariness, fatigue.
faticare *vi.* to toil, to work hard.
faticata *sf.* drudgery.
faticoso *agg.* hard, tiring.
fatìdico *agg.* fatidical.
fato *sm.* **1.** fate, destiny **2.** (*sorte*) lot.
fatta *sf.* kind, sort.
fattìbile *agg.* practicable.
fattispecie *sf.* case in point: *nella —*, in this case.
fattivo *agg.* **1.** effective **2.** (*attivo*) busy.
fatto *sm.* **1.** fact **2.** (*azione*) deed **3.** (*avvenimento*) event || *sapere il — proprio*, to know (*v. irr.*) one's business; *venire al —*, to go (*v. irr.*) to the point; *in — di*, as regards.
fattore *sm.* **1.** factor **2.** (*agr.*) farmer.
fattorìa *sf.* farm.
fattorino *sm.* errand-boy.
fattucchiere *sm.* wizard.
fattura *sf.* **1.** making **2.** (*lavorazione*) work **3.** (*comm.*) invoice **4.** (*stregoneria*) sorcery.
fatturare *vt.* **1.** to adulterate **2.** (*comm.*) to invoice.
fatturazione *sf.* (*comm.*) invoicing.
fatuità *sf.* fatuity.
fatuo *agg.* **1.** fatuous **2.** (*vanitoso*) vain || *fuoco —*, will-o'-the-visp.
fàuci *sf. pl.* **1.** jaws **2.** (*di persona*) throat (*sing.*).
fàuna *sf.* fauna.
fàuno *sm.* faun.
fàusto *agg.* propitious.
fautore *sm.* supporter.
fava *sf.* broad bean || *pigliare due piccioni con una —*, to kill two birds with one stone.
favella *sf.* speech.
favellare *vi.* to speak (*v. irr.*).
favilla *sf.* spark (*anche fig.*).
favo *sm.* **1.** honeycomb **2.** (*med.*) favus.
fàvola *sf.* **1.** fable **2.** (*frottola*) idle story **3.** (*oggetto di pettegolezzo*) byword.
favoloso *agg.* fabulous.
favore *sm.* favour.
favoreggiamento *sm.* favouring.
favoreggiare *vt.* to favour.
favoreggiatore *sm.* abettor.
favorévole *agg.* favourable.
favorire *vt.* **1.** to favour **2.** (*aiutare*) to help **3.** (*promuovere*) to foster.
favoritismo *sm.* favouritism.
favorito *agg.* e *sm.* favourite.
fazione *sf.* faction.
fazioso *agg.* factious.
fazzoletto *sm.* **1.** handkerchief **2.** (*da collo*) neckerchief.
febbraio *sm.* February.
febbre *sf.* fever.
febbricitante *agg.* feverish.
febbrìfugo *agg.* febrifugal. ♦ **febbrìfugo** *sm.* febrifuge.
febbrile *agg.* feverish.
fecale *agg.* fecal.
feccia *sf.* dregs (*pl.*) (*anche fig.*).
feci *sf. pl.* excrement (*sing.*).
fècola *sf.* starch.
fecondare *vt.* to fecundate.
fecondazione *sf.* fecundation.
fecondità *sf.* fecundity.
fecondo *agg.* fecund.
fede *sf.* **1.** faith, belief **2.** (*fiducia*) trust.
fedele *agg.* faithful.
fedeltà *sf.* fidelity.
fèdera *sf.* pillow-case.
federale *agg.* federal.
federalismo *sm.* federalism.
federativo *agg.* federative.
federato *agg.* federate.
federazione *sf.* federation.
fedìfrago *sm.* traitor.
fedina *sf.* criminal record.
fégato *sm.* **1.** liver **2.** (*fig.*) courage.
fegatoso *agg.* **1.** bilious **2.** (*fig.*) irritable.
felce *sf.* fern.
feldspato *sm.* felspar.

felice *agg.* **1.** happy **2.** (*fortunato*) lucky **3.** (*piacevole*) pleasant.
felicità *sf.* happiness.
felicitarsi *vr.* to congratulate (so. on sthg.).
felicitazioni *sf. pl.* congratulation (*sing.*).
felino *agg.* e *sm.* feline.
fellone *sm.* villain, traitor.
fellonìa *sf.* felony, treason.
felpato *agg.* **1.** plushy **2.** (*fig.*) soft || *a passi felpati,* stealthily.
feltro *sm.* felt.
feluca *sf.* **1.** (*mar.*) felucca **2.** (*cappello*) cocked hat.
fémmina *sf.* female || *mala* **—**, bad woman.
femminile *agg.* **1.** female **2.** (*da donna*) feminine.
femminilità *sf.* womanliness.
femminismo *sm.* feminism.
femminuccia *sf.* **1.** simple woman **2.** (*uomo senza coraggio*) coward.
fèmore *sm.* thigh-bone.
fendente *sm.* cutting blow.
fèndere *vt.* to rend (*v. irr.*).
fenditura *sf.* cleft, fissure.
fenice *sf.* phoenix.
fènico *agg.* phenic.
fenolo *sm.* phenol.
fenomenale *agg.* phenomenal.
fenomenismo *sm.* phenomenalism.
fenòmeno *sm.* phenomenon (*pl.* -na).
fenomenologìa *sf.* phenomenology.
ferace *agg.* fruitful, rich (*anche fig.*).
ferale *agg.* feral, deadly.
fèretro *sm.* coffin.
ferie *sf. pl.* holidays.
feriale *agg.* working: *giorno* **—**, working-day.
ferimento *sm.* wounding.
ferino *agg.* ferine, wild.
ferire *vt.* to wound, to hurt (*v. irr.*).
ferita *sf.* wound (*anche fig.*).
ferito *agg.* wounded, injured.
feritoia *sf.* loophole.
ferma *sf.* **1.** (*mil.*) service **2.** (*caccia*) pointing.
fermacarte *sm.* paper-weight.
fermaglio *sm.* **1.** clasp **2.** (*per gioielli*) brooch **3.** (*per carte*) clip.
fermare *vt.* **1.** to stop, to arrest **2.** (*fissare*) to fix (*anche fig.*) **3.** (*giur.*) to hold (*v. irr.*). ♦ **fermarsi** *vr.* **1.** to stop **2.** (*soggiornare*) to stay **3.** (*fare una pausa*) to pause.
fermata *sf.* **1.** stop **2.** (*pausa*) pause.
fermentare *vi.* to ferment (*anche fig.*).
fermentazione *sf.* fermentation.
fermento *sm.* **1.** ferment **2.** (*fig.*) turmoil, ferment.
fermezza *sf.* firmness, strength.
fermo *agg.* **1.** still **2.** (*irremovibile*) steady, firm || *mano ferma,* firm hand; *volontà ferma,* unfaltering will. ♦ **fermo** *sm.* **1.** (*mecc.*) lock, catch, stop **2.** (*giur.*) provisional arrest.
fermoposta *sm.* poste-restante.
feroce *agg.* fierce, cruel.
ferocia *sf.* fierceness.
ferraglia *sf.* scrap-iron.
ferragosto *sm.* **1.** August holiday **2.** (*in Inghilterra*) August Bank holiday.
ferraio *sm.* blacksmith.
ferramenta *sf. pl.* hardware (*sing.*).
ferramento *sm.* iron tool.
ferrare *vt.* **1.** to fit with iron **2.** (*di cavalli*) to shoe.
ferrato *agg.* **1.** ironshod **2.** (*di scarpe*) hobnailed **3.** (*strada ferrata*) railway **4.** (*fig.*) well read.
ferratura *sf.* shoeing.
fèrreo *agg.* iron (*attr.*).
ferriera *sf.* iron-foundry.
ferro *sm.* iron: **—** *battuto,* wrought iron; **—** *da stiro,* flat-iron; **—** *da calza,* knitting needle || *i ferri del mestiere,* the tools of the trade; *tocca* **—***!*, touch wood!
ferroso *agg.* ferrous.
ferrovìa *sf.* railway.
ferroviario *agg.* railway (*attr.*).
ferroviere *sm.* railwayman (*pl.* -men).
ferruginoso *agg.* ferruginous.
fèrtile *agg.* fertile (*anche fig.*).
fertilità *sf.* fertility.
fertilizzante *agg.* fertilizing. ♦ **fertilizzante** *sm.* fertilizer.
fertilizzare *vt.* to fertilize.
fèrula *sf.* rod.
fervente *agg.* burning, ardent (*anche fig.*).
fèrvido *agg.* fervid, ardent || *fervidi auguri,* best wishes.
fervore *sm.* fervour, heat.
fessura *sf.* **1.** crack **2.** (*per liquidi*) leak.
festa *sf.* **1.** (*giorno di riposo*) holiday **2.** (*religiosa*) feast **3.** (*anniversario*) birthday **4.** (*onomasti-

co) Saint's day **5.** (*banchetto, ballo*) feast, ball || *giorno di* —, festal day.
festaiolo *sm.* reveller.
festante *agg.* rejoicing.
festeggiamento *sm.* celebration.
festeggiare *vt.* **1.** to celebrate **2.** (*accogliere festosamente*) to give (*v. irr.*) a hearty welcome.
festévole *agg.* festive.
festino *sm.* feast.
fèstival *sm.* festival.
festività *sf.* festivity.
festivo *agg.* **1.** festive **2.** (*domenicale*) Sunday (*attr.*).
festone *sm.* festoon.
festoso *agg.* joyous.
festuca *sf.* straw.
feticcio *sm.* fetish.
feticismo *sm.* fetishism.
feticista *s.* fetishist.
fètido *agg.* foetid, foul.
feto *sm.* foetus.
fetore *sm.* stink.
fetta *sf.* **1.** slice **2.** (*piccolo pezzo*) piece.
fettuccia *sf.* tape.
feudale *agg.* feudal.
feudalésimo *sm.* feudalism.
feudatario *sm.* feudatory.
fèudo *sm.* feud.
fiaba *sf.* **1.** fable **2.** (*falsità*) falsehood.
fiabesco *agg.* fairy-like.
fiacca *sf.* weariness || *battere la* — (*fam.*), to be sluggish.
fiaccare *vt.* to exhaust. ♦ **fiaccarsi** *vr.* to break (*v. irr.*) down.
fiacchezza *sf.* weakness, weariness.
fiacco *agg.* weak, exhausted.
fiàccola *sf.* torch.
fiaccolata *sf.* torchlight procession.
fiala *sf.* phial.
fiamma *sf.* **1.** flame **2.** (*molto viva*) blaze.
fiammante *agg.* **1.** flaming **2.** (*fig.*) bright || *nuovo* —, brand-new.
fiammata *sf.* blaze.
fiammeggiante *agg.* blazing, burning.
fiammeggiare *vi.* to blaze, to flame, to burn.
fiammìfero *sm.* match: *accendere un* —, to strike (*v. irr.*) a match.
fiammingo *agg.* Flemish. ♦ **fiammingo** *sm.* Fleming.
fiancata *sf.* **1.** side **2.** (*mar.*) broadside.
fiancheggiare *vt.* **1.** to flank **2.** (*fig.*) to support.
fiancheggiatore *sm.* flanker, supporter.
fianco *sm.* **1.** hip, side (*anche fig.*) **2.** (*di animali; mil.*) flank.
fiasca *sf.* flask.
fiasco *sm.* flask || *fare* —, to fail utterly.
fiatare *vi.* to breathe: *senza* —, without speaking.
fiato *sm.* breath.
fibbia *sf.* buckle.
fibra *sf.* **1.** fibre **2.** (*costituzione*) constitution.
fibroma *sm.* fibroma (*pl.* -ata).
fibroso *agg.* fibrous.
fìbula *sf.* **1.** fibula **2.** (*med.*) splint-bone.
ficcanaso *sm.* meddler.
ficcare *vt.* to thrust (*v. irr.*); to drive (*v. irr.*) (in). ♦ **ficcarsi** *vr.* to interfere || — *in testa qc.*, to get (*v. irr.*) sthg. into one's head.
fico *sm.* fig.
fidanzamento *sm.* engagement.
fidanzare *vt.* to engage. ♦ **fidanzarsi** *vr.* to become (*v. irr.*) engaged (to so.).
fidanzata *sf.* fiancée.
fidanzato *sm.* fiancé.
fidare *vi.* to trust. ♦ **fidarsi** *vr.* to trust (upon so., sthg.).
fidato *agg.* reliable.
fideiussione *sf.* suretyship.
fidente *agg.* confiding.
fido *agg.* faithful. ♦ **fido** *sm.* **1.** devoted follower **2.** (*comm.*) credit.
fiducia *sf.* trust, confidence: — *in se stessi*, self-confidence.
fiduciario *agg.* fiduciary. ♦ **fiduciario** *sm.* fiduciary, trustee.
fiducioso *agg.* trusting, hopeful.
fiele *sm.* **1.** gall **2.** (*fig.*) hatred.
fienagione *sf.* haymaking.
fienile *sm.* hay-loft.
fieno *sm.* hay: *asma da* —, hay-asthma.
fiera *sf.* **1.** fair **2.** (*esposizione*) exhibition || — *campionaria*, samples fair.
fierezza *sf.* fierceness.
fiero *agg.* proud.
fièvole *agg.* **1.** feeble **2.** (*di luce, suono*) dim.
figgere *vt.* to fix.
figlia *sf.* daughter.
figliare *vt.* to bring (*v. irr.*) forth.

figliastra *sf.* step-daughter.
figliastro *sm.* step-son.
figlio *sm.* son.
figlioccia *sf.* goddaughter.
figlioccio *sm.* godson.
figliolanza *sf.* children (*pl.*), family.
figliolo *sm.* son.
figura *sf.* **1.** figure **2.** (*illustrazione*) illustration, picture **3.** (*personaggio di romanzi, opere teatrali ecc.*) character || *fare una bella, brutta —*, to cut (*v. irr.*) a fine, poor figure.
figurare *vt.* **1.** to represent **2.** (*far figura*) to look smart **3.** (*apparire*) to appear.
figurativo *agg.* figurative.
figurato *agg.* **1.** (*illustrato*) illustrated **2.** (*di linguaggio, senso*) figurative.
figurazione *sf.* figuration.
figurinista *s.* dress-designer.
figurino *sm.* fashion-plate.
figuro *sm.* scoundrel.
fila *sf.* **1.** row, file **2.** (*coda*) queue: *fare la —*, to queue (up).
filaccia *sf.* lint.
filamento *sm.* filament.
filamentoso *agg.* filamentous.
filanda *sf.* spinning-mill.
filandaia *sf.* spinner.
filante *agg.*: *stella —* **1.** (*astr.*) falling-star **2.** (*di carta*) (paper) streamer.
filantropìa *sf.* philanthropy.
filàntropo *sm.* philanthrope.
filare[1] *vt.* **1.** to spin (*v. irr.*) **2.** (*correre*) to run (*v. irr.*) **3.** (*amoreggiare*) to flirt.
filare[2] *sm.* row, line.
filarmònico *agg.* e *sm.* philharmonic.
filastrocca *sf.* nursery rhyme.
filatelìa *sf.* stamp-collecting.
filatèlico *agg.* philatelic. ♦ **filatèlico** *sm.* philatelist.
filato *agg.* **1.** spun **2.** (*di seguito*) running.
filatura *sf.* spinning.
filettare *vt.* (*mecc.*) to thread.
filettatura *sf.* (*mecc.*) threading.
filetto *sm.* **1.** (*filo sottile*) thin thread **2.** (*mecc.*) thread || *— della lingua*, fraenum.
filiale *agg.* filial. ♦ **filiale** *sf.* branch house.
filiazione *sf.* filiation.
filibustiere *sm.* **1.** filibuster **2.** (*fig.*) adventurer, rascal.
filiera *sf.* **1.** (*mecc.*) screw cutting die **2.** (*ind. tess.*) spinneret.
filiforme *agg.* threadlike.
filigrana *sf.* **1.** filigree **2.** (*di carta*) watermark.
filìppica *sf.* philippic.
fillòssera *sf.* phylloxera.
film *sm.* picture || *girare un —*, to shoot (*v. irr.*) a picture.
filmare *vt.* to film.
filo *sm.* **1.** thread **2.** (*ind. tessile*) yarn **3.** (*tec.*) wire || *un — d'acqua*, a fine stream of water; *un — d'aria*, a breath of air.
filobus *sm.* trolley-bus.
filologìa *sf.* philology.
filòlogo *sm.* philologist.
filone *sm.* **1.** (*di pane*) long loaf **2.** (*min.*) vein.
filosofare *vi.* to philosophize.
filosofìa sf. philosophy.
filòsofo *sm.* philosopher.
filovìa *sf.* trolley-bus line.
filtrare *vt.* to filter, to strain.
filtro *sm.* **1.** filter **2.** (*colino*) strainer.
filza *sf.* **1.** string **2.** (*fig.*) series (*pl.*) **3.** (*cucito*) running stitch.
finale *agg.* last, final.
finalità *sf.* aim, end.
finalmente *avv.* **1.** at last **2.** (*in conclusione*) finally.
finanche *avv.* even.
finanza *sf.* finance.
finanziamento *sm.* financing.
finanziare *vt.* to finance.
finanziario *agg.* financial.
finanziatore *sm.* financing capitalist.
finanziere *sm.* financier.
finché *cong.* **1.** till, until **2.** (*per tutto il tempo che*) as long as.
fine[1] *sf.* end || *alla fin —*, after all. ♦ **fine** *sm.* (*scopo*) purpose.
fine[2] *agg.* fine, thin.
finestra *sf.* window.
finestrino *sm.* window.
finezza *sf.* **1.** thinness **2.** (*acume*) subtlety **3.** (*raffinatezza*) refinement **4.** (*gentilezza*) kindness.
fingere *vi.* to pretend. ♦ **fingersi** *vr.* to feign oneself.
finimenti *sm. pl.* harness (*sing.*).
finimondo *sm.* **1.** end of the world **2.** (*fig.*) catastrophe.
finire *vi.* **1.** to finish, to end **2.** (*interrompersi*) to stop || *— con*, to end by: *finii con l'andare*, I ended by going.
finitezza *sf.* perfection.

finìtimo *agg.* bordering.
finito *agg.* **1.** finished, ended **2.** (*rovinato*) done for.
finitura *sf.* finishing.
fino *prep.* **1.** (*di tempo*) till, until, up to: — *a dicembre*, till December **2.** (*di spazio*) as far as: *andammo fino a Roma,* we went as far as Rome **3.** (*fino da*) from **4.** (*a partire da*) since.
finocchio *sm.* fennel.
finora *avv.* till now, so far.
finta *sf.* **1.** sham **2.** (*scherma*) feint.
fintantoché *avv.* V. *finché.*
finto *agg.* false.
finzione *sf.* pretence, duplicity.
fio *sm.* penalty: *pagare il* —, to pay (*v. irr.*) the penalty (of).
fioccare *vi.* **1.** to snow **2.** (*fig.*) to shower.
fiocco *sm.* **1.** ribbon **2.** (*di lana*) staple **3.** (*falda*) flake **4.** (*di neve*) snowflake.
fiòcina *sf.* harpoon.
fioco *agg.* **1.** (*rauco*) hoarse **2.** (*debole*) weak **3.** (*di luce*) dim **4.** (*di voce*) faint.
fionda *sf.* sling.
fioraio *sm.* florist.
fiorame *sm.* floral design.
fiordaliso *sm.* bluebottle.
fiordo *sm.* fjord.
fiore *sm.* **1.** flower **2.** (*fioritura*) bloom: *essere in* — (*anche fig.*), to be in bloom **3.** (*parte scelta*) the best part **4.** (*nelle carte*) clubs (*pl.*).
fiorente *agg.* **1.** blooming **2.** (*fig.*) flourishing.
fioretto *sm.* **1.** little flower **2.** (*relig.*) act of mortification **3.** (*scherma*) foil.
floricultore *sm.* floriculturist.
fiorino *sm.* florin.
fiorire *vi.* **1.** to flower, to bloom, to blossom **2.** (*fig.*) to flourish.
fiorista *s.* florist.
fiorito *agg.* **1.** flowery **2.** (*in fiore*) in bloom.
fioritura *sf.* **1.** flowering **2.** (*fig.*) flourishing.
fiotto *sm.* wave, stream: *a fiotti,* in streams.
firma *sf.* signature.
firmamento *sm.* firmament.
firmare *vt.* to sign.
firmatario *sm.* **1.** signatory **2.** (*comm.*) signer.
fisarmònica *sf.* accordion.
fisarmonicista *s.* accordionist.
fiscale *agg.* **1.** fiscal **2.** (*inquisitorio*) strict.
fiscalismo *sm.* rigorism.
fischiare *vi.* **1.** to whistle **2.** (*di segnale acustico*) to hoot **3.** (*di serpente; per disapprovare*) to hiss **4.** (*nelle orecchie*) to buzz **5.** (*di proiettili*) to whiz.
fischiata *sf.* **1.** whistling **2.** (*di disapprovazione*) hissing.
fischiettare *vt.* to whistle softly.
fischietto *sm.* whistle.
fischio *sm.* **1.** whistle **2.** (*di serpente; di disapprovazione*) hiss **3.** (*segnali acustici*) hoot **4.** (*nelle orecchie*) buzzing.
fisco *sm.* public treasury.
fìsica *sf.* physics.
fìsico *agg.* physical, bodily. ♦ **fìsico** *sm.* **1.** (*scienziato*) physicist **2.** (*costituzione*) physique.
fìsima *sf.* caprice, whim.
fisiologìa *sf.* physiology.
fisiològico *agg.* physiologic(al).
fisiòlogo *sm.* physiologist.
fisionomìa *sf.* **1.** features (*pl.*) **2.** (*carattere*) character.
fisionomista *sm.* physiognomist.
fisioterapìa *sf.* physiotherapy.
fissaggio *sm.* fixing.
fissare *vt.* **1.** to fix **2.** (*guardare fisso*) to gaze **3.** (*prenotare*) to book. ♦ **fissarsi** *vr.* **1.** to be fixed **2.** (*stabilirsi*) to settle down.
fissato *agg.* **1.** fixed **2.** (*fam.*) obsessed.
fissatore *sm.* **1.** fixer **2.** (*foto*) fixing bath.
fissazione *sf.* fixed idea.
fissione *sf.* fission.
fissità *sf.* fixity.
fisso *agg.* fixed.
fìstola *sf.* **1.** Pan-pipe **2.** (*patol.*) fistula.
fitologìa *sf.* phytology.
fitta *sf.* stitch.
fittàvolo *sm.* tenant farmer.
fittizio *agg.* fictitious.
fitto[1] *agg.* **1.** (*conficcato*) driven in **2.** (*denso*) thick.
fitto[2] *sm.* rent.
fiumana *sf.* **1.** broad stream **2.** (*fig.*) crowd, stream.
fiume *sm.* **1.** river **2.** (*fig.*) flood.
fiutare *vt.* **1.** to smell (*v. irr.*) **2.** (*fig.*) to guess.
fiuto *sm.* **1.** scent, smell **2.** (*fig.*) intuition.

flàccido *agg.* flabby.
flacone *sm.* vial.
flagellare *vt.* **1.** to flagellate **2.** (*fig.*) to scourge.
flagellazione *sf.* flagellation.
flagello *sm.* **1.** scourge, whip **2.** (*fig.*) scourge, plague.
flagrante *agg.* flagrant || *cogliere qu. in* —, to catch (*v. irr.*) so. in the open act.
flagranza *sf.* flagrancy.
flanella *sf.* flannel.
flato *sm.* flatus.
flatulenza *sf.* flatulence.
flautato *agg.* fluted.
flautista *sm.* flute-player.
flàuto *sm.* flute.
flèbile *agg.* plaintive, feeble.
flebite *sf.* phlebitis.
fleboclisi *sf.* phleboclysis.
flebòtomo *sm.* phlebotomist.
flemma *sf.* coolness, phlegm.
flemmàtico *agg.* phlegmatic.
flèmmone *sm.* phlegmon.
flessìbile *agg.* flexible, pliant (*anche fig.*).
flessibilità *sf.* flexibility.
flessione *sf.* flexion, bending.
flessuosità *sf.* **1.** flexuosity **2.** (*di corpo*) suppleness.
flessuoso *agg.* **1.** flexuous **2.** (*di corpo*) supple.
flèttere *vt.* to bend (*v. irr.*).
flirtare *vi.* to flirt.
flogìstico *agg.* (*med.*) phlogistic.
flora *sf.* flora.
floreale *agg.* floral.
floricoltore *sm.* floriculturist.
floricoltura *sf.* floriculture.
floridezza *sf.* prosperity.
flòrido *agg.* **1.** prosperous **2.** (*fig.*) buxom **3.** (*di colorito*) ruddy.
florilegio *sm.* florilegium (*pl.* -ia).
floscio *agg.* flabby.
flotta *sf.* fleet: — *metropolitana* (*in Gran Bretagna*), the Home Fleet.
flottante *agg.* floating.
flottiglia *sf.* flotilla.
fluente *agg.* fluent (*anche fig.*).
fluidità *sf.* fluency.
flùido *agg.* e *sm.* fluid.
fluire *vi.* to flow.
fluorescente *agg.* fluorescent.
fluorescenza *sf.* **1.** (*fig.*) fluorescence **2.** (*elettr.*) glow.
fluorìdrico *agg.* hydrofluoric.
fluorite *sf.* fluorite.
fluoro *sm.* fluorine.
fluoruro *sm.* fluoride.
flussione *sf.* fluxion.
flusso *sm.* **1.** (*di marea*) flood(-tide) **2.** (*fig.*) flux.
flutto *sm.* wave.
fluttuante *agg.* **1.** fluctuating, floating **2.** (*incerto*) irresolute.
fluttuare *vi.* to fluctuate, to waver.
fluttuazione *sf.* fluctuation.
fluviale *agg.* river (*attr.*).
fobìa *sf.* phobia, aversion.
foca *sf.* seal.
focaccia *sf.* cake || *rendere pan per* —, to give (*v. irr.*) tit for tat.
focaia *sf.* *pietra* —, flint.
focale *agg.* focal.
foce *sf.* mouth.
focolaio *sm.* centre of infection.
focolare *sm.* **1.** hearth **2.** (*caminetto*) fireplace **3.** (*fig.*) home.
focoso *agg.* hot, fiery.
fòdera *sf.* lining.
foderare *vt.* to line.
fòdero sm. scabbard, sheath.
foga *sf.* impetuosity.
foggia *sf.* **1.** (*moda*) fashion **2.** (*maniera*) way **3.** (*forma*) shape.
foggiare *vt.* to shape.
foglia *sf.* leaf (*pl.* leaves) || *mangiare la* —, to take (*v. irr.*) the hint.
fogliame *sm.* foliage, leafage.
foglio *sm.* sheet.
fogna *sf.* sewer.
fognatura *sf.* sewage.
foia *sf.* lust.
fola *sf.* **1.** fable **2.** (*fandonia*) fib.
folata *sf.* (*di vento*) gust.
folclore *sm.* folklore.
folcloristico *agg.* folkloristic.
folgorante *agg.* flashing, dazzling.
folgorare *vt.* to strike (*v. irr.*) with lightning.
folgorazione *sf.* **1.** (*elettr.*) electrocution **2.** (*fig.*) fulmination.
fòlgore *sf.* thunderbolt.
folla *sf.* crowd.
folle *agg.* **1.** mad **2.** (*mecc.*) idle **3.** (*auto*) neutral.
folleggiare *vi.* **1.** to behave foolishly **2.** (*divertirsi*) to make (*v. irr.*) merry.
folletto *sm.* **1.** imp **2.** (*ragazzo*) restless child.
follìa *sf.* madness || *amare qu. alla* —, to be madly in love with so.
folto *agg.* thick. ♦ **folto** *sm.* thick.
fomentare *vt.* to foster.
fomentatore *sm.* fomenter.
fomento *sm.* fomentation.

fonda *sf.* anchorage || *nave alla —,* ship at anchor.
fòndaco *sm.* draper's shop.
fondale *sm.* **1.** (*teat.*) background **2.** (*mar.*) depth.
fondamentale *agg.* fundamental.
fondamento *sm.* **1.** foundation: *gettare le fondamenta,* to lay (*v. irr.*) the foundation **2.** (*fig.*) basis, ground.
fondare *vt.* to found. ♦ **fondarsi** *vr.* to base oneself on.
fondatezza *sf.* foundation, ground.
fondato *agg.* well-grounded.
fondatore *sm.* founder.
fondazione *sf.* **1.** foundation **2.** (*istituzione*) institution.
fòndere *vt.* **1.** to melt **2.** (*fondere in forma*) to cast (*v. irr.*) **3.** (*unire*) to blend.
fonderìa *sf.* foundry.
fondiario *agg.* land (*attr.*).
fondista *sm.* long-distance runner.
fonditore *sm.* melter, caster.
fonditura *sf.* **1.** melting **2.** (*colata*) casting.
fondo *agg.* deep. ♦ **fondo** *sm.* **1.** (*parte inferiore*) bottom **2.** (*estremità*) end **3.** (*indole*) nature **4.** (*possedimento*) estate **5.** (*capitale*) fund || *articolo di —,* leading article.
fonema *sm.* phoneme.
fonètica *sf.* phonetics.
fonogramma *sm.* phonogram.
fonologìa *sf.* phonology.
fontana *sf.* fountain.
fontanella *sf.* (*anat.*) fontanel.
fonte *sf.* spring, source (*anche fig.*).
foraggio *sm.* forage.
foràneo *agg.* **1.** rural **2.** (*mar.*) outer.
forare *vt.* **1.** to pierce **2.** (*di pneumatico*) to puncture **3.** (*di biglietti*) to punch.
foratura *sf.* **1.** piercing **2.** (*di pneumatico*) puncture.
fòrbici *sf. pl.* scissors.
forbire *vt.* **1.** to clean **2.** (*di stile*) to polish.
forbito *agg.* **1.** elegant **2.** (*di stile*) polished.
forca *sf.* **1.** fork **2.** (*patibolo*) gallows.
forcella *sf.* **1.** forked stick **2.** (*mecc.*) fork **3.** (*per capelli*) hairpin.
forchetta *sf.* fork.
forcina *sf.* hairpin.
fòrcipe *sm.* forceps (*pl.*).
forcuto *agg.* forked.
forense *agg.* forensic.
foresta *sf.* forest (*anche fig.*), wood.
forestale *agg.* forestal: *guardia —,* forester.
foresterìa *sf.* guest-rooms (*pl.*).
forestiero *agg.* foreign. ♦ **forestiero** *sm.* foreigner.
fòrfora *sf.* dandruff, scurf.
forgiare *vt.* **1.** to forge **2.** (*modellare*) to shape.
forma *sf.* **1.** form, shape **2.** (*tec.*) mould.
formaggio *sm.* cheese.
formale *agg.* **1.** formal **2.** (*solenne*) solemn.
formalismo *sm.* formalism.
formalista *agg.* e *s.* formalist.
formalità *sf.* formality.
formalizzarsi *vr.* to be shocked (at, by).
formare *vt.* **1.** to form **2.** (*fare*) to make (*v. irr.*), to create **3.** (*modellare*) to shape **4.** (*addestrare*) to train. ♦ **formarsi** *vr.* **1.** to form **2.** (*crescere, affinarsi*) to grow (*v. irr.*), to develop.
formativo *agg.* formative.
formato *sm.* **1.** form **2.** (*misura*) size **3.** (*di libro*) format.
formazione *sf.* formation.
formica *sf.* ant.
formichiere *sm.* ant-eater.
formicolare *vi.* **1.** to swarm **2.** (*sentire un formicolio*) to tingle.
formicolìo *sm.* **1.** swarming **2.** (*intorpidimento*) tingling.
formidàbile *agg.* formidable.
fòrmula *sf.* formula (*pl.* -ae).
formulare *vt.* to formulate.
fornace *sf.* furnace.
fornaio *sm.* **1.** baker **2.** (*negozio*) baker's shop.
fornello *sm.* stove.
fornire *vt.* **1.** to supply (with), to provide (with) **2.** (*equipaggiare*) to equip (with).
fornito *agg.* **1.** furnished (with), supplied (with) **2.** (*equipaggiato*) equipped (with).
fornitore *sm.* furnisher, supplier.
fornitura *sf.* **1.** (*il fornire*) supplying **2.** (*attrezzatura*) furniture, fitting.
forno *sm.* **1.** (*da cucina*) oven **2.** (*metal.*) furnace.
foro[1] *sm.* hole.
foro[2] *sm.* **1.** court of justice **2.** (*gli avvocati*) the Bar **3.** (*stor.*) forum.

forse *avv.* **1.** perhaps, maybe **2.** (*circa*) about.

forsennato *agg.* mad, frantic.

forte *agg.* **1.** strong (*anche fig.*) **2.** (*di mali*) severe **3.** (*violento*) heavy **4.** (*di suono*) loud. ♦ **forte** *sm.* **1.** strong man **2.** (*punto di forza*) strong point **3.** (*fortezza*) fortress. ♦ **forte** *avv.* strongly.

fortezza *sf.* stronghold, fortress.

fortificare *vt.* to strengthen, to fortify (*anche fig.*).

fortificazione *sf.* fortification.

fortino *sm.* block-house.

fortùito *agg.* fortuitous, accidental.

fortuna *sf.* **1.** luck **2.** (*ricchezza*) fortune, wealth **3.** (*riuscita*) success **4.** (*emergenza*) emergency.

fortunale *sm.* storm.

fortunato *agg.* lucky.

fortunoso *agg.* **1.** stormy **2.** (*fig.*) eventful.

forùncolo *sm.* boil.

foruncolosi *sf.* furunculosis.

forviare *vt.* to lead (*v. irr.*) astray.

forza *sf.* **1.** strength **2.** (*fig.*) power || — *di volontà*, will-power; *a — di*, by dint of **3.** (*mil.*) force.

forzare *vt.* **1.** to force, to compel **2.** (*scassinare*) to pick the lock of.

forzato *agg.* forced. ♦ **forzato** *sm.* convict.

forziere *sm.* coffer.

forzoso *agg.* forced.

foschìa *sf.* haze, mist.

fosco *agg.* **1.** dark, hazy **2.** (*di aspetto*) gloomy.

fosfato *sm.* phosphate.

fosforescente *agg.* phosphorescent.

fosforescenza *sf.* phosphorescence.

fòsforo *sm.* **1.** phosphorus **2.** (*fig.*) intelligence.

fossa *sf.* **1.** ditch **2.** (*cavità*) hollow **3.** (*tomba*) grave.

fossato *sm.* ditch.

fòssile *agg.* e *sm.* fossil || *carbon* —, pit-coal.

fosso *sm.* ditch.

foto *sf.* photo.

fotocèllula *sf.* photoelectric cell.

fotocopia *sf.* photocopy.

fotogènico *agg.* photogenic.

fotografare *vt.* to photograph.

fotografìa *sf.* **1.** (*arte fotografica*) photography **2.** (*immagine fotografica*) photograph || — *istantanea*, snapshot; *fare una* —, to take (*v. irr.*) a photograph.

fotògrafo *sm.* photographer.

fotomontaggio *sm.* photomontage.

fra *prep.* V. *tra.*

fra' *sm.* (*relig.*) Brother.

frac *sm.* tail-coat.

fracassare *vt.* to smash, to shatter.

fracasso *sm.* **1.** noise, hubbub **2.** (*di cose rotte*) crash.

fracco *sm.* **1.** a great deal **2.** (*di botte*) a good thrashing.

fràdicio *agg.* **1.** rotten **2.** (*bagnato*) wet through.

fràgile *agg.* **1.** fragile **2.** (*fig.*) frail.

fragilità *sf.* fragility (*anche fig.*).

fràgola *sf.* strawberry.

fragore *sm.* loud noise.

fragoroso *agg.* noisy.

fragrante *agg.* fragrant.

fragranza *sf.* fragrance.

fraintèndere *vt.* to misunderstand (*v. irr.*).

frammassone *sm.* freemason.

frammassonerìa *sf.* freemasonry.

frammentario *agg.* fragmentary.

frammento *sm.* fragment.

framméttere *vt.* to interpose. ♦ **framméttersi** *vr.* to interpose, to intrude.

frammezzare *vt.* to intersperse.

frammezzo *prep.* V. *tra.*

frammischiare *vt.* to intermingle. ♦ **frammischiarsi** *vr.* to intermingle.

frana *sf.* landslide.

franare *vi.* **1.** (*di terreno*) to slide (*v. irr.*) down **2.** (*di casa*) to fall (*v. irr.*) in.

francescano *agg.* e *sm.* Franciscan.

francese *agg.* French. ♦ **francese** *sm.* Frenchman (*pl.* -men).

francesismo *sm.* Gallicism.

franchezza *sf.* frankness, outspokenness.

franchigia *sf.* **1.** immunity **2.** (*postale*) post-free **3.** (*mar.*) furlough.

franco[1] *agg.* **1.** frank, outspoken **2.** (*libero; comm.*) free: *un porto* —, a free port; — *a bordo*, free on board; — *di spese*, free of charge.

franco[2] *sm.* franc.

francobollo *sm.* stamp.

francotiratore *sm.* sharp-shooter.

frangente *sm.* **1.** (*mar.*) breaker **2.** (*situazione difficile*) emergency.

fràngere *vt.* **1.** to break (*v. irr.*) **2.** (*schiacciare*) to crush.

frangetta *sf.* fringe.

frangia *sf.* **1.** fringe **2.** (*fig.*) embellishment.

frangiare *vt.* to fringe.
frangìbile *agg.* frangible.
frangibilità *sf.* frangibility.
frangiflutti *agg.* e *sm.* breakwater.
frangizolle *sm.* (*agr.*) clod-smasher.
franoso *agg.* crumbling.
frantoio *sm.* oil-mill.
frantumare *vt.* to shatter.
frantume *sm.* fragment || *andare in frantumi*, to break (*v. irr.*) into fragments.
frappé *sm.* shake.
frapporre *vt.* to interpose. ♦ **frapporsi** *vr.* to interpose.
frasario *sm.* jargon.
frasca *sf.* **1.** leafy branch **2.** (*donna leggera*) coquette.
frascheggiare *vi.* **1.** to rustle **2.** (*civettare*) to flirt.
fraschetta *sf.* **1.** twig **2.** (*fig.*) frivolous girl.
frase *sf.* sentence.
fraseggiare *vi.* to phrase.
fraseologìa *sf.* phraseology.
fràssino *sm.* ash-tree.
frastagliare *vt.* to indent.
frastagliato *agg.* indented.
frastaglio *sm.* indentation.
frastornare *vt.* to disturb.
frastuono *sm.* noise, uproar, hubbub.
frate *sm.* **1.** friar **2.** (*come appellativo*) Brother.
fratellanza *sf.* brotherhood, fraternity.
fratellastro *sm.* half-brother.
fratello *sm.* brother || *fratelli siamesi*, Siamese twins.
fraternità *sf.* brotherhood, fraternity.
fraternizzare *vi.* to fraternize.
fraternizzazione *sf.* fraternization.
fraterno *agg.* brotherly.
fratricida *agg.* fratricidal. ♦ **fratricida** *s.* fratricide.
fratricidio *sm.* fratricide.
fratta *sf.* thicket.
frattaglie *sf. pl.* chitterlings.
frattanto *avv.* meantime, meanwhile.
frattempo (*nella loc. avv.*) *nel —*, in the meanwhile.
fratto *agg.* broken, crushed.
frattura *sf.* fracture.
fratturare *vt.* to fracture, to break (*v. irr.*). ♦ **fratturarsi** *vr.* to fracture, to break.
fraudolento *agg.* fraudulent.
fraudolenza *sf.* fraudulence.
frazionamento *sm.* division.
frazionare *vt.* to divide.
frazionario *agg.* fractional.
frazione *sf.* fraction.
freccia *sf.* arrow.
frecciata *sf.* (*fig.*) gibe.
freddare *vt.* **1.** to cool **2.** (*ammazzare*) to kill.
freddezza *sf.* coldness, coldheartedness.
freddo *agg.* cold. ♦ **freddo** *sm.* cold: *avere —*, to be cold; *tremare di —*, to shiver with cold.
freddoloso *agg.* sensitive to cold.
freddura *sf.* pun.
fregagione *sf.* massage.
fregare *vt.* **1.** to rub **2.** (*imbrogliare; volg.*) to swindle.
fregata[1] *sf.* rubbing.
fregata[2] *sf.* (*nave*) frigate.
fregatura *sf.* swindle.
fregiare *vt.* to decorate, to adorn.
fregio *sm.* **1.** ornament **2.** (*arch.*) frieze.
frego *sm.* stroke: *tirare un — su qc.*, to cross sthg. out.
frégola *sf.* heat.
fremente *agg.* quivering: *— d'ira*, fuming.
frèmere *vi.* to quiver, to tremble.
frèmito *sm.* quiver, thrill.
frenare *vt.* **1.** to brake **2.** (*trattenere*) to restrain.
frenata *sf.* braking.
frenesìa *sf.* **1.** frenzy **2.** (*desiderio sfrenato*) immoderate desire.
frenètico *agg.* **1.** frantic **2.** (*entusiastico*) enthusiastic.
freno *sm.* **1.** brake || *bloccare i freni*, to jam the brakes; *togliere il —*, to release the brake **2.** (*ritegno*) check restraint || *mordere il —*, to fret under restraint; *stringere i freni*, to shorten the reins **3.** (*di cavallo*) bit.
frenologìa *sf.* phrenology.
frequentare *vt.* **1.** to frequent **2.** (*di scuola*) to attend **3.** (*di luogo pubblico*) to patrónize.
frequentato *agg.* **1.** frequented **2.** (*di scuola*) attended **3.** (*di luogo pubblico*) patronized.
frequentatore *sm.* **1.** frequenter **2.** (*cliente assiduo*) regular customer.
frequente *agg.* frequent.
frequenza *sf.* **1.** frequency **2.** (*affluenza*) concourse **3.** (*assiduità*) attendance.

fresa *sf.* milling machine.
fresatrice *sf.* milling machine.
freschezza *sf.* freshness (*anche fig.*), coolness.
fresco *agg.* **1.** fresh **2.** (*di temperatura*) cool.
frescura *sf.* coolness.
fretta *sf.* haste, hurry: *avere* **—**, to be in a hurry.
frettoloso *agg.* hurried.
freudiano *agg.* Freudian.
friàbile *agg.* crumbly.
friabilità *sf.* friability.
fricassea *sf.* fricassee.
frìggere *vt.* to fry || *andare a farsi* —, to go (*v. irr.*) to the devil.
friggitorìa *sf.* fried food shop.
frigidezza, frigidità *sf.* frigidity.
frìgido *agg.* frigid (*anche fig.*).
frignare *vi.* to whimper.
frigorìfero *agg.* refrigerant. ♦ **frigorìfero** *sm.* **1.** refrigerator **2.** (*fam.*) fridge.
fringuello *sm.* finch.
frittata *sf.* omelette.
frittella *sf.* pancake.
fritto *agg.* fried.
frittura *sf.* fry.
frivolezza *sf.* **1.** frivolity **2.** (*cosa frivola*) trifle.
frìvolo *agg.* frivolous.
frizionare *vt.* to rub, to massage.
frizione *sf.* **1.** rub, rubbing, massage **2.** (*auto*) clutch.
frizzante *agg.* **1.** biting **2.** (*di bevanda*) sparkling.
frizzare *vi.* **1.** to tingle **2.** (*di bevanda*) to sparkle.
frizzo *sm.* **1.** witticism **2.** (*scherno*) gibe.
frodare *vt.* to defraud.
frodatore *sm.* defrauder.
frode *sf.* fraud, swindle.
frodo *sm.* smuggling || *cacciare di* —, to poach; *cacciatore di* —, poacher.
frollare *vt.* to hang. ♦ **frollare** *vi.* to become (*v. irr.*) tender.
frollatura *sf.* hanging.
frollo *agg.* tender, high || *pasta frolla*, pastry.
fronda[1] *sf.* leafy branch.
fronda[2] *sf.* (*rivolta*) rebellion: *vento di* —, trouble brewing.
frondoso *agg.* leafy.
frontale *agg.* frontal.
fronte *sf.* **1.** forehead: — *ampia, sfuggente*, broad, receding forehead **2.** (*arch.*) front || *di* — *a*, in front of; *far* — *a*, to face. ♦ **fronte** *sm.* **1.** (*mil.*) front **2.** (*pol.*) union.
fronteggiare *vt.* to face.
frontespizio *sm.* **1.** (*arch.*) frontispiece **2.** (*di libro*) title page.
frontiera *sf.* frontier, border.
frontone *sm.* **1.** pediment **2.** (*di porta, finestra*) gable.
frònzolo *sm.* frill || *senza fronzoli*, plain.
frotta *sf.* **1.** crowd **2.** (*di animali*) flock.
fròttola *sf.* fib.
frugacchiare *vi.* to rummage.
frugale *agg.* frugal.
frugalità *sf.* frugality.
frugare *vi.* to search, to rummage.
frùgolo *sm.* lively child.
fruire *vi.* to enjoy, to avail oneself of.
fruizione *sf.* fruition.
frullare *vi.* **1.** to whip, to beat (*v. irr.*) up **2.** (*di ali*) to whir.
frullato *sm.* — *di frutta*, fruit-shake.
frullatore *sm.* mill.
frullino *sm.* whisk.
frullìo *sm.* whirring.
frullo *sm.* whir.
frumento *sm.* wheat.
frusciare *vi.* to rustle.
fruscìo *sm.* rustle.
frusta *sf.* **1.** whip **2.** (*cuc.*) whisk.
frustare *vt.* to whip, to lash.
frustata *sf.* lash.
frustino *sm.* riding-whip.
frusto *agg.* worn-out, thread-bare.
frustrare *vt.* to frustrate.
frutta *sf.* fruit: — *candita*, candied fruit; — *sciroppata*, fruit in syrup; — *cotta*, compote.
fruttare *vi.* **1.** to bear (*v. irr.*) fruit, to pay (*v. irr.*) **2.** (*comm.*) to yield.
frutteto *sm.* orchard.
frutticultura *sf.* fruit-growing.
fruttiera *sf.* fruit-dish.
fruttìfero *agg.* **1.** fruitful **2.** (*econ.* interest-bearing: *buono* —, interest-bearing security.
fruttificare *vi.* to bear (*v. irr.* fruit.
fruttivéndolo *sm.* greengrocer.
frutto *sm.* fruit || *frutti di mare*, edible mussels.
fruttuoso *agg.* fruitful, profitable.
fu *agg.* late.
fucilare *vt.* to shoot (*v. irr.*).
fucilata *sf.* shot.
fucilazione *sf.* shooting.

fucile *sm.* rifle, gun: — *ad aria compressa,* air-gun; — *da caccia,* shotgun; *calcio del* —, butt; *canna del* —, gun-barrel; *caricare un* —, to load a gun.
fucilerìa *sf.* **1.** rifle fire **2.** (*insieme di fucili*) musketry.
fuciliere *sm.* rifleman (*pl.* -men).
fucina *sf.* forge.
fucinare *vt.* to forge.
fuco *sm.* **1.** drone **2.** (*bot.*) fucus.
fucsia *sf.* fuchsia.
fuga *sf.* **1.** flight, escape **2.** (*di innamorati*) elopement **3.** (*falla, apertura*) escape, leak **4.** (*mus.*) fugue.
fugace *agg.* short-lived, transient.
fugacità *sf.* fugacity.
fugare *vt.* **1.** to put (*v. irr.*) to flight, to disperse **2.** (*scacciare*) to dispel.
fuggévole *agg.* flying, ephemeral.
fuggiasco *agg.* e *sm.* runaway.
fuggire *vi.* **1.** to run (*v. irr.*) away, to flee (*v. irr.*) **2.** (*di innamorati*) to elope. ♦ **fuggire** *vt.* to shun.
fuggitivo *agg.* e *sm.* fugitive.
fulcro *sm.* fulcrum (*pl.* -ra).
fùlgido *agg.* shining.
fulgore *sm.* brightness.
fulìggine *sf.* soot.
fuligginoso *agg.* sooty.
fulminante *agg.* fulminant. ♦ **fulminante** *sm.* **1.** (*chim.*) fulminate **2.** (*di arma*) primer.
fulminare *vt.* **1.** to strike (*v. irr.*) by lightning **2.** (*colpire*) to strike.
fulminato *agg.* **1.** struck by lightning **2.** (*fig.*) thunder-struck.
fùlmine *sm.* lightning.
fulmìneo *agg.* flashing.
fulvo *agg.* tawny.
fumaiolo *sm.* smoke-stack.
fumante *agg.* smoking, steaming.
fumare *vt.* e *vi.* to smoke.
fumarola *sf.* fumarole.
fumata *sf.* **1.** smoke **2.** (*segnale*) smoke signal.
fumatore *sm.* smoker.
fumetto *sm.* strip cartoon || *giornali a fumetti,* comics.
fumista *s.* stove-repairer.
fumo *sm.* **1.** smoke || *venditore di* —, windbag; *andare in* —, to end in smoke **2.** (*vapore*) fume (*anche fig.*) **3.** (*di pentole*) steam.
fumògeno *agg.* smoke-producing.
fumoso *agg.* smoky.
funàmbolo *sm.* rope-dancer.
fune *sf.* **1.** rope **2.** (*cavo*) cable.
fùnebre *agg.* **1.** funeral: *canto* —, dirge; *carro* —, hearse **2.** (*cupo*) gloomy.
funerale *sm.* funeral || *i funerali,* the obsequies.
funerario *agg.* funerary.
funèreo *agg.* funereal.
funestare *vt.* to afflict.
funesto *agg.* baneful, woeful.
fungaia *sf.* mushroom-bed.
fùngere *vi.* to act (as).
fungo *sm.* mushroom.
funicolare *sf.* funicular.
funivìa *sf.* telpherage.
funzionale *agg.* functional.
funzionamento *sm.* working.
funzionare *vi.* **1.** to act (as) **2.** (*andar bene*) to work.
funzionario *sm.* official.
funzione *sf.* **1.** function **2.** (*carica*) office **3.** (*relig.*) service.
fuochista *sm.* stoker.
fuoco *sm.* **1.** fire **2.** (*cine; foto; mat.*) focus: *mettere a* —, to focus.
fuorché *cong* except, but.
fuori *avv.* **1.** out, outdoors **2.** (*all'estero*) abroad. ♦ **fuori (di)** *prep.* out of, outside.
fuoribordo *sm.* outboard motor.
fuoriclasse *sm.* first-rater.
fuorigioco *sm., agg.* e *avv.* off-side.
fuorilegge *sm.* outlaw.
fuoriserie *agg.* e *sm.* special body car.
fuoruscito *sm.* exile, refugee.
fuorviare *vt.* to lead (*v. irr.*) astray.
furberìa *sf.* cunning.
furbo *agg.* cunning, shrewd.
furente *agg.* furious, mad.
furerìa *sf.* orderly room.
furetto *sm.* ferret.
furfante *sm.* rascal, scamp.
furgoncino *sm.* small van.
furgone *sm.* van.
furia *sf.* fury: *montare su tutte le furie,* to fly (*v. irr.*) into a fury.
furibondo *agg.* furious.
furioso *agg.* **1.** furious **2.** (*violento*) violent.
furore *sm.* fury: *far* —, to be a hit.
furoreggiare *vi.* to be all the rage.
furtivo *agg.* stealthy.
furto *sm.* theft.
fuscello *sm.* **1.** twig, straw **2.** (*fig.*) thin person.
fusìbile *sm.* fuse.
fusione *sf.* **1.** fusion **2.** (*di società comm.*) merging.

fuso *sm.* spindle || — *orario,* time zone.
fusoliera *sf.* fuselage.
fustigare *vt.* to flog.
fusto *sm.* **1.** (*bot.*) stalk **2.** (*tronco umano*) trunk **3.** (*per benzina*) drum **4.** (*di legno per liquori*) barrel **5.** (*giovane prestante*) muscle-man (*pl.* -men) **6.** (*di colonna*) shaft.
fùtile *agg.* trifling.
futilità *sf.* trifle.
futurismo *sm.* futurism.
futurista *agg.* e *sm.* futurist.
futuro *agg.* e *sm.* future.

G

gabbamondo *sm.* swindler.
gabbare *vt.* to swindle.
gabbia *sf.* **1.** cage **2.** (*per imballaggio*) crate.
gabbiano *sm.* sea-gull.
gabellare *vt.* (*far credere*) to pass off as.
gabinetto *sm.* **1.** (*studio*) study **2.** (*pol.*) cabinet **3.** (*latrina*) water-closet, toilet.
gagà *sm.* dandy.
gagliardamente *avv.* vigorously.
gagliardetto *sm.* pennon.
gagliardo *agg.* vigorous.
gaglioffo *sm.* rascal.
gaiezza *sf.* **1.** cheerfulness **2.** (*di colore*) brightness.
gaio *agg.* **1.** cheerful **2.** (*di colore*) bright.
gala *sf.* **1.** (*trina*) frill **2.** (*festa*) gala: *abito di* —, gala dress.
galante *agg.* e *sm.* gallant || *lettera* —, love letter; *fare il* —, to flirt.
galanterìa *sf.* **1.** gallantry **2.** (*complimento*) compliment.
galantina *sf.* galantine.
galantuomo *sm.* honest man.
galassia *sf.* galaxy.
galateo *sm.* **1.** good manners (*pl.*) **2.** (*libro*) book of manners.
galena *sf.* galena.
galeone *sm.* galleon.
galeotto *sm.* **1.** convict **2.** (*mezzano*) pander **3.** (*mar.*) galley-slave.
galera *sf.* **1.** jail **2.** (*mar.*) galley.
galileo *agg.* e *sm.* Galilean.
galla[1] (*nella loc. avv.*) *a* —, afloat || *stare a* —, to float; *venire a* —, to come (*v. irr.*) to the surface; (*fig.*) to come to light.
galla[2] *sf.* (*bot.*) gall.
galleggiamento *sm.* floating: *linea di* —, water-line.
galleggiante *agg.* floating, afloat (*pred.*). ♦ **galleggiante** *sm.* **1.** float **2.** (*boa*) buoy.
galleggiare *vi.* to float.
gallerìa *sf.* **1.** tunnel **2.** (*d'arte, in teatro*) gallery.
gallese *agg.* Welsh. ♦ **gallese** *sm.* Welshman (*pl.* -men).
galletta *sf.* biscuit.
gallina *sf.* **1.** hen **2.** (*cibo*) chicken.
gallinàceo *agg.* e *sm.* gallinacean.
gallio *sm.* gallium.
gallismo *sm.* cocksure behaviour (towards women).
gallo *sm.* **1.** cock **2.** (*stor.*) Gaul.
gallonato *agg.* gallooned.
gallone *sm.* **1.** braid, galloon **2.** (*mil.*) chevron stripes (*pl.*) **3.** (*misura*) gallon.
galoppante *agg.* galloping.
galoppare *vi.* to gallop.
galoppata *sf.* gallop.
galoppatoio *sm.* riding-track.
galoppino *sm.* **1.** errand-boy **2.** (*tirapiedi*) drudge.
galoppo *sm.* gallop: *al* —, at a gallop, (*fig.*) at full speed; *andare al gran* —, to ride (*v. irr.*) full gallop.
galoscia *sf.* galosh.
galvànico *agg.* galvanic.
galvanizzare *vt.* **1.** to galvanize **2.** (*rivestire di metallo*) to electroplate.
galvanizzazione *sf.* **1.** galvanization **2.** (*rivestitura di metallo*) electroplating.
galvanoplàstica *sf.* galvanoplastics.
gamba *sf.* leg || *avere le gambe lunghe*, to be long-legged; *male in* —, down at heel; *in* — (*fig.*), smart.
gambale *sm.* **1.** legging **2.** (*di armatura*) jamb.
gamberetto *sm.* shrimp.
gàmbero *sm.* **1.** (*di mare*) lobster **2.** (*d'acqua dolce*) crayfish || *andare come un* —, to go (*v. irr.*) backwards.
gambo *sm.* stem.
gamma *sf.* range: — *di lunghezza d'onda,* waveband.

ganascia *sf.* jaw || *mangiare a quattro ganasce,* to eat (*v. irr.*) voraciously.
gancio *sm.* hook.
ganga *sf.* gang.
gànghero *sm.* hinge || *andare fuori dai gangheri,* to lose (*v. irr.*) one's temper.
ganglio *sm.* ganglion (*pl.* -ia).
gangsterismo *sm.* gangsterism.
ganimede *sm.* dandy.
gara *sf.* competition.
garagista *sm.* garage keeper.
garante *sm.* **1.** warranter **2.** (*per un imputato*) bail || *essere —,* to answer for.
garantire *vt.* **1.** to warrant **2.** (*farsi garante per*) to answer for **3.** (*un imputato*) to go (*v. irr.*) bail for.
garanzìa *sf.* **1.** warranty, guarantee **2.** (*somma di —*) security **3.** (*cauzione*) bail || *dare, non dare —,* to be reliable, unreliable; *a — di,* as a guarantee for.
garbare *vi.* to like.
garbatamente *avv.* politely.
garbatezza *sf.* politeness.
garbato *agg.* polite.
garbo *sm.* politeness || *con bel —,* with a good grace.
garbuglio *sm.* entanglement.
gardenia *sf.* gardenia.
gareggiare *vi.* to compete.
garganella (*nella loc. avv.*) *bere a —,* to gulp down.
gargarismo *sm.* gargle.
gargarizzare *vi.* to gargle.
garibaldino *agg.* e *sm.* Garibaldian.
garitta *sf.* **1.** sentry-box **2.** (*torretta*) look-out turret **3.** (*di guardiano*) cabin.
garòfano *sm.* carnation || *chiodo di —,* clove.
garrese *sm.* withers (*pl.*).
garretto *sm.* **1.** back of heel **2.** (*di animale*) hock.
garrire *vi.* **1.** (*di bandiere*) to flutter, to flap **2.** (*di uccelli*) to chirp.
gàrrulo *agg.* talkative.
garza *sf.* gauze.
garzone *sm.* shop-boy, apprentice.
gas *sm.* gas.
gasolio *sm.* gas oil.
gasometro *sm.* gasholder.
gassare *vt.* to gas.
gassato *agg.* aerated || *acqua gassata,* soda-water.
gassista *sm.* gas-fitter.
gassògeno *sm.* gas producer.
gassoso *agg.* **1.** gaseous **2.** (*gassato*) aerated.
gàstrico *agg.* gastric.
gastrite *sf.* gastritis.
gastroenterite *sf.* gastroenteritis.
gastronomìa *sf.* gastronomy.
gastronòmico *agg.* gastronomic(al).
gatta *sf.* she-cat.
gattabuia *sf.* jail.
gatto *sm.* cat.
gattopardo *sm.* leopard.
gaudente *agg.* **1.** jolly **2.** (*dissipato*) fast. ♦ **gaudente** *sm.* fast person.
gàudio *sm.* joy.
gavetta *sf.* mess-tin.
gavitello *sm.* buoy.
gazza *sf.* magpie.
gazzarra *sf.* din.
gazzella *sf.* gazelle.
gazzetta *sf.* gazette.
gelare *vt.* e *vi.* to freeze (*v. irr.*).
gelata *sf.* frost.
gelataio *sm.* ice-cream vendor.
gelaterìa *sf.* ice-cream shop.
gelatina *sf.* **1.** (*cuc.*) jelly **2.** (*chim.*) gelatine.
gelatinoso *agg.* gelatinous.
gelato *agg.* frozen, icy. ♦ **gelato** *sm.* ice-cream.
gèlido *agg.* icy (*anche fig.*).
gelo *sm.* **1.** intense cold **2.** (*fig.*) chill **3.** (*ghiaccio*) ice **4.** (*brina*) frost.
gelone *sm.* chilblain.
gelosìa *sf.* **1.** jealousy **2.** (*cura*) care **3.** (*persiana*) shutter.
geloso *agg.* jealous.
gelso *sm.* mulberry(-tree).
gelsomino *sm.* jasmine.
gemebondo *agg.* groaning.
gemelli *sm. pl.* (*di polsini*) cuff-links.
gemello *agg.* e *sm.* twin.
gèmere *vi.* to groan.
gèmito *sm.* groan.
gemma *sf.* **1.** gem **2.** (*bot.*) bud.
gemmare *vi.* (*bot.*) to bud.
gendarme *sm.* policeman (*pl.* -men).
gendarmerìa *sf.* **1.** police-force **2.** (*caserma*) police-station.
genealogìa *sf.* genealogy.
genealògico *agg.* genealogical.
generàbile *agg.* generable.
generale[1] *agg.* general || *quartier —,* headquarters (*pl.*).

generale[2] *sm.* general.
generalità *sf.* generality || *dare le proprie* —, to give (*v. irr.*) one's particulars.
generalizzare *vt.* to generalize.
generalizzazione *sf.* generalization.
generare *vt.* **1.** to beget (*v. irr.*) **2.** (*produrre, anche tec.*) to produce. ♦ **generarsi** *vr.* to be born.
generatore *agg.* generative. ♦ **generatore** *sm.* generator.
generazione *sf.* generation.
gènere *sm.* **1.** kind **2.** (*gramm.*) gender **3.** (*letterario*) genre **4.** (*prodotto*) product || *generi alimentari*, foodstuffs; *generi di prima necessità*, commodities.
genèrico *agg.* generic, vague.
gènero *sm.* son-in-law.
generosità *sf.* generosity.
generoso *agg.* generous.
gènesi *sf.* genesis (*pl.* -ses).
genètica *sf.* genetics.
genètico *agg.* genetic.
genetlìaco *sm.* birthday.
gengiva *sf.* gum.
genìa *sf.* **1.** race **2.** (*spreg.*) tribe.
geniale *agg.* clever.
genialità *sf.* **1.** cleverness **2.** (*genio*) genius.
genio *sm.* genius || *andare a* —, to please.
genitale *agg.* e *sm.* genital.
genitivo *sm.* genitive.
genitore *sm.* **1.** parent **2.** (*padre*) father.
genitrice *sf.* mother.
gennaio *sm.* January.
genocidio *sm.* genocide.
gentaglia *sf.* rabble.
gente *sf.* people: *c'è molta* —, there are a lot of people; *le genti dell'Asia*, the peoples of Asia.
gentildonna *sf.* lady.
gentile *agg.* **1.** kind **2.** (*cortese*) polite || *è — da parte sua*, it is kind of him.
gentilezza *sf.* **1.** kindness **2.** (*cortesia*) politeness **3.** (*favore*) favour.
gentilizio *agg.* noble: *stemma* —, coat of arms.
gentiluomo *sm.* gentleman (*pl.* -men).
genuflessione *sf.* genuflection.
genuflèttersi *vr.* to kneel down.
genuinità *sf.* genuineness.
genuino *agg.* genuine.
genziana *sf.* gentian.
geodesìa *sf.* geodesy.
geofìsica *sf.* geophysics.
geografìa *sf.* geography.
geogràfico *agg.* geographic(al) || *carta geografica*, map.
geògrafo *sm.* geographer.
geologìa *sf.* geology.
geològico *agg.* geologic(al).
geòlogo *sm.* geologist.
geòmetra *sm.* **1.** geometer **2.** (*agrimensore*) land-surveyor.
geometrìa *sf.* geometry.
geomètrico *agg.* geometric(al).
geopolìtica *sf.* geopolitics.
geòrgico *agg.* georgic.
geranio *sm.* geranium.
gerarca *sm.* leader.
gerarchìa *sf.* hierarchy.
gerente *sm.* manager.
gerenza *sf.* management.
gergo *sm.* **1.** slang **2.** (*di una classe professionale*) jargon.
germànico *agg.* Germanic.
germanio *sm.* germanium.
germanismo *sm.* Germanism.
germanista *s.* Germanist.
germanìstica *sf.* Germanic studies.
germano[1] *agg.* e *sm.* German.
germano[2] *agg.* german: *fratello* —, brother-german.
germe *sm.* germ.
germicida *agg.* germicidal. ♦ **germicida** *sm.* germicide.
germinare *vi.* V. *germogliare*.
germinazione *sf.* germination.
germogliare *vi.* **1.** to sprout **2.** (*fig.*) to spring (*v. irr.*) (up).
germoglio *sm.* germ.
geroglìfico *sm.* hieroglyphic.
gerontologìa *sf.* gerontology.
gerundio *sm.* gerund.
gessetto *sm.* chalk.
gesso *sm.* **1.** chalk **2.** (*med.; scult.; edil.*) plaster.
gesta *sf. pl.* deeds.
gestante *sf.* pregnant woman.
gestazione *sf.* gestation.
gesticolare *vi.* to gesticulate.
gestione *sf.* management.
gestire[1] *vt.* to manage.
gestire[2] *vi.* to gesture.
gesto *sm.* gesture || *un bel* —, a noble deed.
gestore *sm.* manager.
gesuita *sm.* Jesuit.
gesuìtico *agg.* Jesuitic(al).
gettare *vt.* **1.** to throw (*v. irr.*), (*anche metal.; edil.*) to cast (*v. irr.*) **2.** (*bot.*) to sprout **3.** (*fruttare*) to yield || — *le fondamenta*,

to lay (*v. irr.*) the foundations; — *un grido*, to utter a cry. ♦ **gettarsi** *vr.* (*di fiume*) to flow.
gettata *sf.* **1.** throw **2.** (*edil.; metal.*) cast **3.** (*di arma*) range **4.** (*molo*) jetty.
gèttito *sm.* (*delle imposte*) yield.
getto *sm.* **1.** throw **2.** (*mecc.; di liquidi*) jet **3.** (*bot.*) sprout **4.** (*metal.; edil.*) casting || *di* —, effortlessly; *a* — *continuo*, continuously.
gettone *sm.* **1.** counter: — *telefonico*, telephone counter **2.** (*contromarca*) check || *macchina a* —, slot-machine.
geyser *sm.* geyser.
gheriglio *sm.* kernel.
gherminella *sf.* trick: *fare una* —, to play a trick (on).
ghermire *vt.* to clutch.
ghette *sf. pl.* spats.
ghetto *sm.* **1.** ghetto **2.** (*insieme degli ebrei*) Jewry.
ghiacciaia *sf.* **1.** ice-box **2.** (*stanza*) ice-house.
ghiacciaio *sm.* glacier.
ghiacciare *vi* e *vt.* to freeze (*v. irr.*).
ghiacciato *agg.* **1.** frozen **2.** (*molto freddo*) icy.
ghiaccio *sm.* ice.
ghiacciolo *sm.* icicle.
ghiaia *sf.* gravel.
ghiaioso *agg.* gravelly.
ghianda *sf.* acorn.
ghiàndola *sf.* gland.
ghibellino *agg.* e *sm.* Ghibelline.
ghigliottina *sf.* guillotine.
ghigliottinare *vt.* to guillotine.
ghignare *vi.* to grin.
ghigno *sm.* grin.
ghìngheri (*nella loc. avv.*) *mettersi in* —, to dress up.
ghiotto *agg.* **1.** greedy **2.** (*appetitoso*) dainty.
ghiottone *sm.* glutton.
ghiottonerìa *sf.* **1.** gluttony **2.** (*cibo prelibato*) dainty.
ghiribizzo *sm.* whim.
ghirigoro *sm.* doodle.
ghirlanda *sf.* wreath.
ghiro *sm.* dormouse (*pl.* dormice) || *dormire come un* —, to sleep (*v. irr.*) like a log.
ghisa *sf.* cast iron.
già *avv.* **1.** already **2.** (*un tempo*) once **3.** (*certamente*) of course.
giacca *sf.* coat, jacket.
giacché *cong.* as, since.
giacente *agg.* **1.** lying **2.** (*di capitale*) uninvested **3.** (*di posta*) unclaimed.
giacenza *sf.* lying || *capitale in* —, uninvested capital; *lettera in* —, unclaimed letter; *merci in* —, goods in stock.
giacere *vi.* to lie (*v. irr.*).
giaciglio *sm.* couch.
giacimento *sm.* (*min.*) deposit: — *di petrolio*, oil-field.
giacinto *sm.* hyacinth.
giacobino *sm.* e *agg.* Jacobin.
giada *sf.* jade.
giaggiolo *sm.* iris.
giaguaro *sm.* jaguar.
giallastro *agg.* yellowish.
giallo *agg.* yellow || *romanzo, film, dramma* —, thriller.
giammai *avv.* never.
giansenismo *sm.* Jansenism.
giansenista *s.* Jansenist.
giapponese *agg.* e *sm.* Japanese (*invariato al pl.*).
giara *sf.* jar.
giardinaggio *sm.* gardening.
giardinetta *sf.* station wagon.
giardiniere *sm.* gardener.
giardino *sm.* garden || — *d'infanzia*, nursery-school.
giarrettiera *sf.* garter.
giavellotto *sm.* javelin: *lancio del* —, javelin throwing.
gibbosità *sf.* hump.
giberna *sf.* cartridge-pouch.
gigante *sm.* giant || *fare passi da* —, to make (*v. irr.*) rapid progress.
giganteggiare *vi.* to tower.
gigantesco *agg.* gigantic.
gigantismo *sm.* giantism.
gigione *sm.* ham.
giglio *sm.* lily.
gilè *sm.* waistcoat.
gincana *sf.* gymkhana.
gineceo *sm.* gynaeceum (*pl.* -ea).
ginecologìa *sf.* gynaecology.
ginecològico *agg.* gynaecological.
ginecòlogo *sm.* gynaecologist.
ginepraio *sm.* **1.** juniper thicket **2.** (*fig.*) fix: *ficcarsi in un* —, to get (*v. irr.*) into a scrape.
ginepro *sm.* juniper.
ginestra *sf.* broom.
gingillarsi *vr.* to dawdle.
gingillo *sm.* **1.** knick-knack **2.** (*balocco*) plaything.
ginnasio *sm.* **1.** grammar school **2.**

(*in Italia e stor.*) gymnasium (*pl.* -ia).
ginnasta *sm.* athlete.
ginnàstica *sf.* gymnastics.
gìnnico *agg.* gymnastic, athletic.
ginocchiata *sf.* blow with the knee.
ginocchiera *sf.* **1.** knee-guard **2.** (*mecc.*) toggle.
ginocchio *sm.* **1.** knee: *in —*, on one's knees **2.** (*mecc.*) bend.
ginocchioni *avv.* on one's knees.
giocare *vi.* **1.** to play **2.** (*d'azzardo*) to gamble **3.** (*scommettere*) to bet (*v. irr.*) **4.** (*in borsa*) to speculate. ♦ **giocare** *vt.* **1.** to play **2.** (*ingannare*) to deceive. ♦ **giocarsi** *vr.* (*beffarsi*) to trifle (with).
giocata *sf.* **1.** game **2.** (*puntata*) stake.
giocatore *sm.* **1.** player **2.** (*d'azzardo*) gambler **3.** (*in borsa*) stock-jobber.
giocàttolo *sm.* toy.
giocherellare *vi.* to toy.
gioco *sm.* **1.** play **2.** (*regolato da norme*) game **3.** (*d'azzardo*) gambling **4.** (*scherzo*) joke || *per —*, for fun; *— di pazienza*, puzzle; *— di parole*, pun; *essere in —*, to be involved.
giocoforza *sm.* necessary: *è —*, it is absolutely necessary.
giocoliere *sm.* juggler.
giocondità *sf.* gaiety.
giocondo *agg.* gay.
giocosità *sf.* playfulness.
giocoso *agg.* playful.
giogaia *sf.* mountain range.
giogo *sm.* **1.** yoke **2.** (*di monte*) summit.
gioia *sf.* **1.** joy **2.** (*gioiello*) jewel.
gioiellerìa *sf.* **1.** jewelry **2.** (*negozio*) jeweller's shop.
gioielliere *sm.* jeweller
gioiello *sm.* jewel
gioioso *agg.* joyful.
gioire *vi.* to rejoice (at).
giornalaio *sm.* newsman (*pl.* -men).
giornale *sm.* **1.** newspaper **2.** (*comm.*) journal || *— radio*, news bulletin; *cine —*, news-reel.
giornaliero *agg.* daily.
giornalismo *sm.* **1.** journalism **2.** (*la stampa*) press.
giornalista *s.* journalist, reporter.
giornalìstico *agg.* journalistic || *ambiente —*, press.
giornalmente *avv.* daily.
giornata *sf.* day: *lavorare a —*, to work by the day || *donna a —*, charwoman (*pl.* -women).
giorno *sm.* day: *di —*, by day; *a giorni*, in a few days' time; *due volte al —*, twice a day; *un —* (*avv.*), one day || *— festivo*, holiday.
giovamento *sm.* benefit || *trarre — da*, to benefit by.
giòvane *agg.* young. ♦ **giòvane** *sm.* young man (*pl.* -men). ♦ **giòvane** *sf.* young woman (*pl.* women).
giovanetta *sf.* girl.
giovanetto *sm.* boy.
giovanile *agg.* **1.** juvenile **2.** (*da giovane*) youthful.
giovanotto *sm.* young man (*pl.* men).
giovare *vi.* to be of use. ♦ **giovare** *vt.* to be good (for). ♦ **giovarsi** *vr.* to benefit (by).
giovedì *sm.* Thursday.
giovenca *sf.* heifer.
gioventù *sf.* youth.
gioviale *agg.* jolly.
giovialità *sf.* jollity.
giovinastro *sm.* hooligan.
giovincello *sm.* lad.
giovinezza *sf.* youth.
giràbile *agg.* endorsable.
giradischi *sm.* record player.
giradito *sm.* whitlow.
giraffa *sf.* giraffe.
giramento *sm.* turning: *— di capo*, giddiness; *avere un —*, to feel (*v. irr.*) giddy.
giramondo *sm.* **1.** wanderer **2.** (*turista*) globe-trotter.
giràndola *sf.* **1.** (*fuoco d'artificio*) Catherine-wheel **2.** (*fig.*) fickle person.
girandolare *vi.* to saunter.
girandolone *sm.* saunterer.
girante *sm.* **1.** (*comm.*) endorser **2.** (*mecc.*) impeller (*di pompa*), wheel (*di turbina*).
girare *vi.* e *vt.* **1.** to turn **2.** (*evitare*) to avoid **3.** (*viaggiare*) to tour **4.** (*vagare*) to stroll **5.** (*comm.*) to endorse **6.** (*riprendere un film*) to shoot (*v. irr.*). ♦ **girarsi** *vr.* to turn.
girarrosto *sm.* spit.
girasole *sm.* sunflower.
girata *sf.* **1.** turn **2.** (*comm.*) endorsement.
giratario *sm.* (*comm.*) endorsee.

giravolta *sf.* **1.** turning **2.** (*fig.*) shift || *fare una* —, to turn round.
girello *sm.* **1.** (*per bambini*) go-cart **2.** (*parte di bue*) rump.
giretto *sm.* stroll: *fare un* —, to take (*v. irr.*) a short walk.
girévole *agg.* revolving.
girino *sm.* tadpole.
giro *sm.* **1.** turn **2.** (*viaggio*) tour **3.** (*passeggiata*) stroll **4.** (*percorso*) round || *a — di posta,* by return of post; *— d'affari,* turnover; *nel — di pochi giorni,* in a few days' time; *fare un — in auto,* to go (*v. irr.*) for a drive in a car; *fare un — in bicicletta,* to take (*v. irr.*) a ride on a bicycle.
girondino *agg.* e *sm.* Girondist
gironzolare *vi.* to stroll.
giroscopio *sm.* gyroscope.
girotondo *sm.* round dance.
girovagare *vi.* to wander.
giròvago *agg.* wandering. ♦ **giròvago** *sm.* tramp || *venditore* —, pedlar.
gita *sf.* trip: *fare una* —, to take (*v. irr.*) a trip.
gitano *sm.* Spanish gipsy.
gitante *s.* tripper.
giù *avv.* **1.** down **2.** (*dabbasso*) downstairs || *— per,* down; *su per* —, approximately.
giubba *sf.* coat.
giubbetto *sm.* **1.** jacket **2.** (*da donna*) bodice.
giubbotto *sm.* (heavy) coat.
giubilare *vi.* to exult.
giubileo *sm.* jubilee.
giùbilo *sm.* rejoicing.
giudàico *agg.* Judaic.
giudaismo *sm.* Judaism.
giudeo *agg.* Jewish. ♦ **giudeo** *sm.* Jew. ♦ **giudea** *sf.* Jewess.
giudicare *vt.* **1.** to judge **2.** (*pensare*) to think (*v. irr.*).
giùdice *sm.* judge || *i giudici,* the Bench.
giudiziario *agg.* judicial.
giudizio *sm.* **1.** judgement **2.** (*causa*) trial **3.** (*sentenza*) sentence **4.** (*buon senso*) common sense || *far* —, to behave oneself; *rinviare a* —, to commit for trial.
giudizioso *agg.* sensible.
giùggiola *sf.* jujube || *andare in brodo di giuggiole,* to be extremely pleased.
giuggiolone *sm.* simpleton.
giugno *sm.* June.
giugulare *agg.* jugular.
giuliano *agg.* Julian.
giulivo *agg.* cheerful.
giullare *sm.* jester.
giumenta *sf.* (*cavalla*) mare.
giunca *sf.* junk.
giunco *sm.* reed.
giùngere *vi.* **1.** to arrive (at), to reach (sthg.) **2.** (*riuscire*) to succeed (in). ♦ **giùngere** *vt.* (*congiungere*) to join.
giungla *sf.* jungle.
giunta[1] *sf.* **1.** addition: *per* —, in addition **2.** (*di peso*) make-weight.
giunta[2] *sf.* *— comunale,* town council.
giunto *sm.* (*mecc.*) joint.
giuntura *sf.* juncture.
giunzione *sf.* **1.** connection **2.** (*giunto*) joint || *fare una* —, to joint.
giuramento *sm.* oath: *sotto* —, on oath.
giurare *vt.* to swear (*v. irr.*).
giurato *sm.* juryman (*pl.* -men) || *i giurati,* the jury (*sing.*).
giurìa *sf.* jury.
giurìdico *agg.* juridical: *stato* —, legal status.
giurisdizione *sf.* jurisdiction.
giurisprudenza *sf.* law.
giurista *sm.* jurist.
giustezza *sf.* **1.** exactness **2.** (*tip.*) measure.
giustificàbile *agg.* justifiable.
giustificare *vt.* to justify.
giustificazione *sf.* justification.
giustizia *sf.* justice.
giustiziare *vt.* to execute.
giustiziato *sm.* executed man.
giustiziere *sm.* **1.** executioner **2.** (*vendicatore*) avenger.
giusto *agg.* **1.** just **2.** (*esatto*) right **3.** (*legittimo*) legitimate.
glabro *agg.* hairless.
glaciale *agg.* icy: *regione* —, ice region.
glaciazione *sf.* glaciation.
gladiatore *sm.* gladiator.
gladìolo *sm.* gladiolus.
glande *sm.* glans (*pl.* -ndes).
glàndola *sf.* V. *ghiandola.*
glandolare *agg.* glandular.
glassare *vt.* **1.** (*con zucchero*) to ice **2.** (*con gelatina*) to glaze.
glàuco *agg.* glaucous.
glaucoma *sm.* glaucoma.
gleba *sf.* clod || *servo della* —, serf.

gli[1] *art.* **1.** the **2.** (*in senso generico non si traduce*): — *stranieri amano l'Italia,* foreigners love Italy **3.** (*si traduce col possessivo coi capi di vestiario ecc.*): *si tolse — occhiali,* he took off his glasses.
gli[2] *pron.* **1.** (*per persona*) him, to him **2.** (*per cosa*) it, to it || — *mandai un libro,* I sent him a book, I sent a book to him.
glicerina *sf.* glycerine.
glìcine *sm.* wistaria.
glicògeno *sm.* glycogen.
glielo *pron.* it (to) him; it (to) her; him to him; him to her; it to it.
globale *agg.* total.
globo *sm.* globe.
globulare *agg.* globular.
glòbulo *sm.* (*biol.*) corpuscle.
gloria *sf.* glory.
gloriarsi *vr.* to glory (in).
glorificare *vt.* to glorify.
glorificazione *sf.* glorification.
glorioso *agg.* glorious.
glossa *sf.* gloss.
glossario *sm.* glossary.
glòttide *sf.* glottis.
glottologìa *sf.* glottology.
glottològico *agg.* glottological.
glottòlogo *sm.* glottologist.
glucosio *sm.* glucose.
glùteo *sm.* gluteus (*pl.* -ei).
glutinato *agg.* gluten (*attr.*).
glùtine *sm.* gluten.
gnomo *sm.* gnome.
gnosticismo *sm.* gnosticism.
gnòstico *agg.* e *sm.* gnostic.
gobba *sf.* **1.** hump (*anche fig.*) **2.** (*donna* —) humpbacked woman.
gobbo *agg.* **1.** humpbacked **2.** (*curvo*) bent. ♦ **gobbo** *sm.* humpback.
goccia *sf.* **goccio** *sm.* drop.
gocciolare *vi.* e *vt.* to drip.
gocciolìo *sm.* dripping.
godere *vi.* e *vt.* to enjoy || *godersela,* to have a good time.
godereccio *agg.* **1.** (*amante dei godimenti*) pleasure-loving **2.** (*che dà godimento*) pleasant.
godimento *sm.* enjoyment.
goffàggine *sf.* **1.** clumsiness **2.** (*atto goffo*) clumsy action.
goffo *agg.* clumsy.
gogna *sf.* pillory: *mettere alla —,* to pillory.
gola *sf.* **1.** throat: *aver mal di —,* to have a sorethroat **2.** (*golosità*) gluttony: *far —,* to tempt **3.** (*geogr.*) gorge.
goletta *sf.* (*mar.*) schooner.
golf *sm.* **1.** jersey **2.** (*gioco*) golf.
golfo *sm.* gulf.
goliàrdico *agg.* of students.
goliardo *sm.* university student.
golosità *sf.* **1.** greediness **2.** (*cibo prelibato*) dainty.
goloso *agg.* greedy. ♦ **goloso** *sm.* glutton.
gòmena *sf.* rope.
gomitata *sf.* nudge || *farsi avanti a gomitate,* to elbow one's way.
gòmito *sm.* **1.** elbow **2.** (*di strada*) sharp bend || — *a* —, side by side.
gomìtolo *sm.* clew.
gomma *sf.* **1.** rubber **2.** (*sostanza resinosa*) gum **3.** (*pneumatico*) tyre.
gommapiuma *sf.* foam rubber.
gòndola *sf.* gondola.
gonfalone *sm.* standard.
gonfiare *vt.* **1.** to swell (*v. irr.*) **2.** (*esagerare*) to exaggerate. ♦ **gonfiarsi** *vr.* to swell (*anche fig.*).
gonfiatura *sf.* **1.** swelling **2.** (*esagerazione*) exaggeration.
gonfio *agg.* **1.** swollen **2.** (*di stile*) bombastic.
gonfiore *sm.* swelling.
gong *sm.* gong.
gongolante *agg.* rejoicing (at).
gongolare *vi.* to rejoice (at).
goniòmetro *sm.* goniometer.
gonna *sf.* **1.** skirt **2.** (*di costume storico anche maschile*) gown.
gonnellino *sm.* — *scozzese,* kilt.
gonzo *sm.* blockhead.
gorgheggiare *vi.* to trill.
gorgheggio *sm.* trill.
gorgo *sm.* whirlpool.
gorgogliare *vi.* to gurgle.
gorgoglio *sm.* gurgling.
gorilla *sm.* gorilla.
gota *sf.* cheek.
gòtico *agg.* Gothic.
gotta *sf.* gout.
governàbile *agg.* governable.
governante *sm.* **1.** ruler **2.** (*statista*) statesman (*pl.* -men). ♦ **governante** *sf.* **1.** housekeeper **2.** (*bambinaia*) nurse.
governare *vt.* **1.** to govern, to rule **2.** (*badare a*) to look after **3.** (*mar.*) to steer.
governativo *agg.* government (*attributivo*).
governatore *sm.* governor.
governo *sm.* **1.** government **2.** (*dominio*) rule **3.** (*comm.*) management **4.** (*mar.*) steerage || — *della*

casa, housekeeping.
gozzo *sm.* **1.** goitre **2.** (*di uccello*) crop.
gozzoviglia *sf.* revelry.
gozzovigliare *vi.* to revel.
gozzuto *agg.* goitrous.
gracchiare *vi.* to croak.
gracidare *vi.* to croak.
gracidìo *sm.* croaking.
gràcile *agg.* frail.
gracilità *sf.* frailty.
gradassata *sf.* boastfulness, brag.
gradasso *sm.* boaster, braggart.
gradatamente *avv.* gradually.
gradazione *sf.* **1.** gradation **2.** (*sfumatura*) shade.
gradévole *agg.* agreeable.
gradimento *sm.* **1.** pleasure **2.** satisfaction **3.** (*approvazione*) approval.
gradinata *sf.* **1.** flight of steps **2.** (*negli stadi*) tiers of seats.
gradino *sm.* **1.** step **2.** (*di stadio*) stage.
gradire *vt.* **1.** to like **2.** (*accettare*) to accept.
gradito *agg.* **1.** (*piacevole*) pleasant **2.** (*ben accetto*) welcome.
grado *sm.* **1.** degree **2.** (*mil.*) rank || *essere in* —, to be able; *di buon* —, willingly.
graduale *agg.* gradual.
gradualità *sf.* graduality.
graduare *vt.* to graduate.
graduato *agg.* **1.** graded **2.** (*di strumento*) graduated. ♦ **graduato** *sm.* non-commissioned officer.
graduatoria *sf.* **1.** classification **2.** (*sport*) position.
graduazione *sf.* graduation.
graffa *sf.* clip.
graffiare *vt.* to scratch.
graffiatura *sf.* scratch.
graffio *sm.* scratch.
graffito *sm.* graffito (*pl.* -ti).
grafìa *sf.* **1.** writing **2.** (*ortografia*) spelling.
gràfico *agg.* graphic. ♦ **gràfico** *sm.* graph.
grafite *sf.* graphite.
grafologìa *sf.* graphology.
grafòlogo *sm.* graphologist.
grafòmane *s.* graphomaniac.
grafomanìa *sf.* graphomania.
gragnuola *sf.* **1.** hail **2.** (*fig.*) shower.
gramaglie *sf. pl.* mourning (*sing.*): *mettersi in* —, to go (*v. irr.*) into mourning.
gramigna *sf.* couch-grass.
graminàcee *sf. pl.* Gramineae.
grammàtica *sf.* grammar.
grammaticale *agg.* grammatical.
grammàtico *sm.* grammarian.
grammo *sm.* gram.
grammòfono *sm.* gramophone.
gramo *agg.* **1.** miserable **2.** (*scarso*) scanty.
grana *sf.* **1.** grain **2.** (*noia*) trouble **3.** (*denaro*) dough.
granaglie *sf. pl.* corn (*sing.*).
granaio *sm.* barn.
granata[1] *sf.* (*scopa*) broom.
granata[2] *sf.* (*mil.*) grenade.
granatiere *sm.* grenadier.
granatina *sf.* grenadine.
granato *agg.* **1.** garnet red **2.** (*fatto a grani*) grainy.
grancassa *sf.* big drum.
granchio *sm.* crab || *prendere un* —, to make (*v. irr.*) a blunder.
grande *agg.* **1.** great **2.** (*esteso*) large **3.** (*grosso*) big **4.** (*alto*) high; (*di statura*) tall **5.** (*adulto*) grownup.
grandeggiare *vi.* **1.** to tower **2.** (*ostentare*) to show (*v. irr.*) off.
grandezza *sf.* **1.** greatness **2.** (*dimensione*) size **3.** (*estensione*) largeness **4.** (*grandiosità*) grandeur **5.** (*liberalità*) liberality **6.** (*mat.*) quantity.
grandiloquenza *sf.* magniloquence.
grandinare *vi.* to hail (*anche fig.*).
grandinata *sf.* hail-storm.
gràndine *sf.* hail.
grandiosità *sf.* grandeur.
grandioso *agg.* grand.
granduca *sm.* Grand Duke.
granducato *sm.* Grand Duchy.
granduchessa *sf.* Grand Duchess.
granello *sm.* grain.
granita *sf.* grated-ice drink.
granìtico *agg.* granitic.
granito *sm.* granite.
granìvoro *agg.* granivorous.
grano *sm.* **1.** grain **2.** (*frumento*) wheat **3.** (*ogni cereale*) corn.
granturco *sm.* maize.
granulare *agg.* granular.
granuloma *sm.* granuloma.
granuloso *agg.* granulose.
grappa[1] *sf.* (*per unire blocchi di legno ecc.*) cramp.
grappa[2] *sf.* (*liquore*) "grappa".
gràppolo *sm.* cluster.
grassaggio *sm.* greasing.
grassatore *sm.* robber.

grassazione *sf.* robbery.
grassetto *sm.* (*tip.*) heavytype.
grassezza *sf.* fatness.
grasso *agg.* fat. ♦ **grasso** *sm.* **1.** fat **2.** (*lubrificante*) grease.
grassoccio *agg.* plump.
grata *sf.* grating.
graticciata *sf.* trellis-work.
gratìcola *sf.* **1.** grill **2.** (*di forno*) grate.
graticolato *sm.* **1.** trellis **2.** (*inferriata*) grating.
gratìfica *sf.* bonus.
gratificare *vt.* to gratify.
gratificazione *sf.* gratuity.
gratis *avv.* free.
gratitùdine *sf.* gratitude.
grato *agg.* **1.** grateful **2.** (*gradito*) welcome **3.** (*piacevole*) pleasant.
grattacapo *sm.* trouble.
grattacielo *sm.* skyscraper.
grattare *vt.* **1.** to scratch **2.** (*grattugiare*) to grate.
grattugia *sf.* grater.
grattugiare *vt.* to grate.
gratùito *agg.* **1.** free **2.** (*ingiustificato*) gratuitous.
gravame *sm.* **1.** burden **2.** (*ipoteca*) mortgage.
gravare *vi.* to weigh. ♦ **gravare** *vt.* to burden.
grave *agg.* **1.** grave **2.** (*pesante*) heavy **3.** (*importante, pericoloso*) serious.
gravezza *sf.* **1.** (*pesantezza*) heaviness **2.** (*serietà*) gravity **3.** (*stanchezza*) weariness.
gravidanza *sf.* pregnancy.
gràvido *agg.* **1.** (*di femmina*) pregnant **2.** (*fig.*) fraught (with).
gravità *sf.* **1.** gravity **2.** (*severità*) severity.
gravitare *vi.* to gravitate.
gravitazionale *agg.* gravitational.
gravitazione *sf.* gravitation.
gravosità *sf.* heaviness.
gravoso *agg.* heavy.
grazia *sf.* **1.** grace **2.** (*favore*) favour **3.** (*clemenza*) mercy **4.** (*teol.*) grace **5.** *Sua, Vostra Grazia,* His, Her, Your Grace || *in — di,* owing to.
graziare *vt.* to pardon.
grazie *inter.* thank you!, thanks! *— tante,* many thanks!
grazioso *agg.* pretty, graceful.
greca *sf.* **1.** (*disegno*) Greek fret **2.** (*mil.*) zig-zag braid.
grecale *sm.* north-east wind.
grecismo *sm.* Hellenism.
grecista *s.* Hellenist.
greco *agg.* e *sm.* Greek.
greco-romano *agg.* Graeco-Roman.
gregario *sm.* **1.** follower **2.** (*aiutante*) helper.
gregge *sm.* flock.
greggio *agg.* **1.** raw **2.** (*di tessuto*) unbleached **3.** (*di metallo e fig.*) unrefined.
gregoriano *agg.* Gregorian.
grembiale, grembiule *sm.* apron.
grembo *sm.* **1.** lap **2.** (*ventre materno*) womb **3.** (*fig.*) bosom.
gremire *vt.* to fill.
gremito *agg.* filled (with).
greppia *sf.* crib.
gres *sm.* stoneware.
greto *sm.* **1.** (*di fiume*) gravel bank **2.** (*di mare*) shingly shore.
grettezza *sf.* meanness.
gretto *agg.* mean, narrow-minded.
greve *agg.* heavy.
grezzo *agg.* V. *greggio.*
gridare *vt.* e *vi.* **1.** to cry **2.** (*gridare forte, protestare*) to cry out: *gridò per il dolore,* he cried out with pain.
grido *sm.* cry || *di —,* famous.
grifagno *agg.* **1.** rapacious **2.** (*fig.*) fierce.
grifo *sm.* snout.
grifone *sm.* griffin.
grigiastro *agg.* greyish.
grigio *agg.* grey: *— perla,* pearl grey.
grigiore *sm.* greyness.
griglia *sf.* **1.** (*di finestra*) shutter **2.** (*di forno*) grate **3.** (*grata, graticola*) grill || *cuocere alla —,* to grill.
grilletto *sm.* trigger.
grillo *sm.* **1.** cricket **2.** (*fig.*) fancy.
grillotalpa *sm.* mole-cricket.
grimaldello *sm.* picklock.
grinfia *sf.* clutch.
grinta *sf.* grim face.
grinza *sf.* **1.** (*di pelle*) wrinkle **2.** (*di stoffa*) crease || (*fig.*) *non fa una —,* it is quite correct.
grinzoso *agg.* **1.** (*di pelle*) wrinkly **2.** (*di stoffa*) creasy.
grisù *sm.* fire-damp.
gronda *sf.* eaves (*pl.*).
grondaia *sf.* **1.** gutter **2.** (*tubo di discesa*) gutter pipe.
grondante *agg.* dripping.
grondare *vi.* to drip || *— sangue,* to bleed (*v. irr.*).
groppa *sf.* back.

groppo *sm.* knot: *avere un — in gola,* to have a lump in one's throat.
groppone *sm.* back: *piegare il —,* to submit.
grossa *sf. dormire della —,* to sleep (*v. irr.*) soundly.
grossezza *sf.* **1.** bigness **2.** (*dimensione*) size **3.** (*spessore*) thickness.
grossista *s.* wholesaler.
grosso *agg.* **1.** (*anche fig.*) big **2.** (*denso*) thick.
grossolanità *sf.* coarseness.
grossolano *agg.* coarse: *errore —,* blunder.
grotta *sf.* cave.
grottesco *agg.* grotesque.
groviera *sf.* gruyère.
groviglio *sm.* tangle.
gru *sf.* (*zool.; mecc.*) crane.
gruccia *sf.* **1.** crutch **2.** (*per abiti*) dress-hanger **3.** (*per uccelli*) perch.
grufolare *vi.* to root.
grugnire *vi.* to grunt.
grugnito *sm.* grunt.
grugno *sm.* snout.
grumo *sm.* clot.
grumoso *agg.* clotted.
gruppo *sm.* group.
grùzzolo *sm.* hoard; (*risparmi*) savings (*pl.*).
guadàbile *agg.* fordable.
guadagnare *vt.* **1.** to gain **2.** (*col lavoro*) to earn.
guadagno *sm.* **1.** earnings (*pl.*) **2.** (*comm.*) profits (*pl.*) **3.** (*fig.*) gain.
guadare *vt.* to ford.
guado *sm.* ford.
guai *inter.* woe!
guaina *sf.* **1.** (*bot.; fodero per armi*) sheath **2.** (*custodia, astuccio*) case **3.** (*anat.*) theca (*pl.* -ae).
guaio *sm.* trouble.
guaire *vi.* to yelp.
guaito *sm.* yelp.
gualcire *vt.* to rumple.
gualdrappa *sf.* saddle-cloth.
guancia *sf.* cheek.
guanciale *sm.* pillow || *dormire fra due guanciali,* to have no worries.
guantaio *sm.* glover.
guantiera *sf.* **1.** (*scatola per guanti*) glove-box **2.** (*vassoio*) tray.
guantificio *sm.* glove-factory.
guanto *sm.* glove.
guantone *sm.* boxing-glove.
guardabarriere *sm.* gate-keeper.
guardaboschi *sm.* forester.
guardacaccia *sm.* gamekeeper.
guardacoste *sm.* coastguard.
guardalìnee *sm.* (*sport*) linesman (*pl.* -men).
guardamano *sm.* (*di scala*) hand--rail.
guardapesca *sm.* fishing warden.
guardaportone *sm.* doorkeeper.
guardare *vt.* **1.** to look (at) **2.** (*proteggere*) to protect. ♦ **guardare** *vi.* **1.** (*tentare*) to try **2.** (*essere orientato*) to face. ♦ **guardarsi** *vr.* (*da*), to beware (of).
guardaroba *sm.* **1.** wardrobe **2.** (*in teatro ecc.*) cloak-room.
guardarobiera *sf.* **1.** (*nei locali pubblici*) cloak-room attendant **2.** (*in alberghi e case private*) linen maid.
guardarobiere *sm.* (*nei locali pubblici*) cloak-room attendant.
guardasala *sm.* ticket-collector.
guardasigilli *sm.* keeper of the seals.
guardavìa *sm.* guard-rail.
guardia *sf.* guard || *— medica,* first-aid station; *fare la — a,* to guard; *mettere in —,* to warn.
guardiamarina *sm.* midshipman (*pl.* -men).
guardiano *sm.* **1.** keeper **2.** (*di armenti*) herdsman (*pl.* -men) || *— notturno,* night watchman (*pl.* -men).
guardina *sf.* guard-room.
guardingo *agg.* wary.
guardiola *sf.* guard-room.
guarìbile *agg.* **1.** curable **2.** (*di ferita*) healable.
guarigione *sf.* recovery.
guarire *vt.* **1.** to cure **2.** (*una ferita*) to heal. ♦ **guarire** *vi.* **1.** to recover **2.** (*di ferita*) to heal.
guaritore *sm.* healer.
guarnigione *sf.* garrison.
guarnire *vt.* **1.** to trim **2.** (*cuc.*) to garnish **3.** (*fornire*) to furnish **4.** (*mecc.*) to pack.
guarnitura, guarnizione *sf.* **1.** trimming **2.** (*cuc.*) garniture **3.** (*mecc.*) packing.
guasconata *sf.* gasconade.
guascone *agg.* e *sm.* (*anche fig.*) Gascon.
guastafeste *s.* kill-joy.
guastamestieri *sm.* bungler.
guastare *vt.* **1.** to spoil (*v. irr.*) **2.** (*danneggiare*) to damage.
guastatore *sm.* **1.** destroyer **2.** (*mil.*) sapper.

guasto *agg.* **1.** damaged **2.** (*marcio*) rotten **3.** (*corrotto*) tainted **4.** (*mecc.*) out of order.
guasto *sm.* **1.** damage **2.** (*mecc.*) breakdown || *ci deve essere un —,* there must be something wrong.
guatare *vt.* to gaze (at).
guazzabuglio *sm.* mess.
guazzare *vi.* **1.** to paddle **2.** (*rotolarsi*) to wallow **3.** (*di liquidi in recipienti*) to splash about.
guazzo *sm.* (*pitt.*) gouache.
guelfo *agg.* e *sm.* Guelph.
guercio *agg.* squinting. ♦ **guercio** *sm.* squinter.
guerra *sf.* war.
guerrafondaio *sm.* warmonger.
guerreggiante *agg.* e *sm.* belligerent.
guerreggiare *vi.* to fight (*v. irr.*), to war.
guerresco *agg.* **1.** war (*attr.*) **2.** (*bellicoso*) warlike.
guerriero *agg.* warlike. ♦ **guerriero** *sm.* warrior.
guerriglia *sf.* guerrilla.
guerrigliero *sm.* **1.** guerrilla **2.** partisan.
gufo *sm.* owl.
guglia *sf.* spire.
gugliata *sf.* needleful.
guida *sf.* **1.** guide **2.** (*auto*) drive || *patente di —,* driving licence; *— telefonica,* telephone book.
guidare *vt.* **1.** to guide **2.** (*auto*) to drive (*v. irr.*).
guidatore *sm.* driver.
guidoslitta *sf.* bobsleigh.
guinzaglio *sm.* leash: *mettere al —,* to leash.
guisa *sf.* manner || *a — di,* like.
guitto *sm.* strolling player.
guizzante *agg.* **1.** darting **2.** (*di luce*) flashing **3.** (*di pesci*) wriggling.
guizzare *vi.* **1.** to dart **2.** (*di luce*) to flash **3.** (*di pesci*) to wriggle.
guizzo *sm.* **1.** dart **2.** (*di luce*) flash **3.** (*di pesci*) wriggle.
guscio *sm.* shell.
gustare *vt.* **1.** to enjoy **2.** (*assaggiare*) to taste.
gustativo *agg.* gustative.
gustatore *sm.* taster.
gusto *sm.* **1.** taste **2.** (*gradimento*) liking || *di, con —,* with relish.
gustoso *agg.* **1.** (*saporito*) tasty **2.** (*piacevole*) pleasant.
guttaperca *sf.* gutta-percha.
gutturale *agg.* guttural.

H

harem *sm.* harem.
hascisc *sm.* hashish.
hawaiano *agg.* e *sm.* Hawaiian.
hurrà *inter.* hurrah.

i *art.* the.
iarda *sf.* yard.
iato *sm.* hiatus.
iattanza *sf.* boastfulness.
iattura *sf.* misfortune.
ibèrico *agg.* e *sm.* Iberian.
ibernazione *sf.* hibernation.
ibisco *sm.* hibiscus.
ibridazione *sf.* hybridization.
ibridismo *sm.* hybridism.
ìbrido *agg.* e *sm.* hybrid.
icona *sf.* icon.
iconoclasta *sm.* iconoclast.
idea *sf.* idea.
ideàbile *agg.* imaginable.
ideale *agg.* e *sm.* ideal.
idealismo *sm.* idealism.
idealista *s.* idealist.
idealìstico *agg.* idealistic.
idealizzare *vt.* to idealize.
idealizzazione *sf.* idealization.
ideare *vt.* to conceive, to devise.
ideatore *sm.* inventor, deviser.
ideazione *sf.* ideation.
idèntico *agg.* identic.
identificàbile *agg.* identifiable.
identificare *vt.* to identify.
identificazione *sf.* identification.
identità *sf.* identity.
ideografìa *sf.* ideography.
ideogramma *sm.* ideogram.
ideologìa *sf.* ideology.
ideològico *agg.* ideologic(al).
ideologismo *sm.* ideology.
ideòlogo *sm.* ideologist.
idillìaco *agg.* idyllic.
idillio *sm.* idyl.
idioma *sm.* language.
idiomàtico *agg.* idiomatic.
idiosincrasìa *sf.* idiosyncrasy.
idiota *sm.* idiot. ♦ **idiota** *agg.* idiotic.
idiotismo *sm.* idiom.
idiozìa *sf.* idiocy.
idolatra *sm.* idolater.

idolatrare *vt.* to worship.
idolatrìa *sf.* idolatry.
ìdolo *sm.* idol.
idoneità *sf.* fitness.
idòneo *agg.* fit.
idrante *sm.* hydrant.
idratare *vt.* to hydrate.
idrato *sm.* hydrate.
idràulica *sf.* hydraulics.
idràulico *agg.* hydraulic. ♦ **idràulico** *sm.* plumber.
ìdrico *agg.* water.
idrocarburo *sm.* hydrocarbon.
idrocefalìa *sf.* hydrocephalus.
idrocèfalo *sm.* hydrocephalus.
idroelèttrico *agg.* hydroelectric.
idròfilo *agg.* absorbent: *cotone* —, cotton wool.
idrofobìa *sf.* rabies.
idròfobo *agg.* **1.** rabid **2.** (*fig.*) furious.
idrògeno *sm.* hydrogen.
idrografìa *sf.* hydrography.
idròlisi *sf.* hydrolysis (*pl.* -ses).
idrologìa *sf.* hydrology.
idròpico *agg.* dropsical.
idropisìa *sf.* dropsy.
idroscalo *sm.* seaplane station.
idrostàtica *sf.* hydrostatics.
idrovolante *sm.* seaplane.
idròvora *sf.* water-scooping machine.
iella *sf.* bad luck.
iena *sf.* **1.** hyaena **2.** (*fig.*) vixen.
ieràtico *agg.* hieratic(al).
ieri *avv.* yesterday.
iettatore *sm.* evil-eyed man.
iettatura *sf.* evil-eye.
igiene *sf.* **1.** hygiene **2.** (*sistema sanitario*) sanitation.
igiènico *agg.* sanitary.
igienista *s.* hygienist.
ignaro *agg.* ignorant.
ignavia *sf.* laziness.
ignavo *agg.* lazy.
ìgneo *agg.* igneous.
ignòbile *agg.* mean.
ignominia *sf.* ignominy.
ignominioso *agg.* ignominious.
ignorante *agg.* e *sm.* ignorant.
ignoranza *sf.* ignorance.
ignorare *vt.* to ignore.
ignoto *agg.* unknown.
ignudo *agg.* naked.
igrometrìa *sf.* hygrometry.
iguana *sf.* iguana.
il *art.* the.
ìlare *agg.* cheerful.
ilarità *sf.* hilarity.
ìliaco *agg.* iliac.
illanguidire *vt.* to weaken.
illazione *sf.* illation.
illécito *agg.* illicit.
illegale *agg.* illegal.
illegalità *sf.* illegality.
illeggìbile *agg.* illegible.
illegittimità *sf.* illegitimacy.
illegìttimo *agg.* illegitimate.
illeso *agg.* unhurt.
illibatezza *sf.* purity.
illibato *agg.* pure.
illiberale *agg.* illiberal.
illimitato *agg.* unlimited.
illividire *vt.* to make (*v. irr.*) livid. ♦ **illividire** *vi.* to turn livid.
illogicità *sf.* illogicality.
illogico *agg.* illogical.
illùdere *vt.* to delude. ♦ **illùdersi** *vr.* to delude oneself.
illuminante *agg.* illuminating.
illuminare *vt.* to light up.
illuminazione *sf.* lighting.
illuminismo *sm.* Illuminism.
illusione *sf.* illusion.
illusionismo *sm.* illusionism.
illusionista *s.* conjurer.
illuso *agg.* deluded. ♦ **illuso** *sm.* day-dreamer.
illusorio *agg.* illusory.
illustrare *vt.* to illustrate.
illustrativo *agg.* illustrative.
illustrato *agg.* illustrated || *cartolina illustrata*, picture post-card.
illustrazione *sf.* illustration.
illustre *agg.* renowned.
imbacuccare *vt.* to muffle up.
imbaldanzire *vt.* to embolden. ♦ **imbaldanzirsi** *vr.* to grow (*v. irr.*) bold.
imballaggio *sm.* packing.
imballare *vt.* to pack (up). ♦ **imballarsi** *vr.* (*di motori*) to race.
imbalsamare *vt.* **1.** to embalm **2.** (*di animali*) to stuff.
imbalsamatore *sm.* **1.** embalmer **2.** (*di animali*) stuffer.
imbalsamazione *sf.* **1.** embalming **2.** (*di animali*) stuffing.
imbambolato *agg.* dull.
imbandierare *vt.* to deck with flags.
imbandire *vt.* **1.** (*la tavola*) to lay (*v. irr.*) **2.** to prepare.
imbarazzante *agg.* embarrassing.
imbarazzare *vt.* to embarrass. ♦ **imbarazzarsi** *vr.* to meddle.
imbarazzato *agg.* embarrassed.
imbarazzo *sm.* embarrassment.

imbarcadero *sm.* landing-stage.
imbarcare *vt.* to take (*v. irr.*) on board. ♦ **imbarcarsi** *vr.* to embark.
imbarcazione *sf.* boat.
imbarco *sm.* embarkation.
imbastardire *vt.* to debase.
imbastardito *agg.* debased.
imbastire *vt.* **1.** to tack **2.** (*fig.*) to put (*v. irr.*) together.
imbastitura *sf.* tacking.
imbàttersi *vr.* to meet (*v. irr.*) (with).
imbattìbile *agg.* invincible.
imbattibilità *sf.* invincibility.
imbavagliare *vt.* to gag.
imbeccare *vt.* **1.** to feed (*v. irr.*) **2.** (*fig.*) to prompt.
imbeccata *sf.* **1.** beakful **2.** (*fig.*) prompting.
imbecille *agg.* e *sm.* imbecile.
imbecillità *sf.* imbecility.
imbelle *agg.* weak.
imbellettare *vt.* to make (*v. irr.*) up.
imbellire *vt.* to embellish.
imberbe *agg.* beardless.
imbestialire *vi.* to get (*v. irr.*) furious. ♦ **imbestialirsi** *vr.* to get furious.
imbévere *vt.* to imbue with.
imbiancamento *sm.* whitening.
imbiancare *vt.* **1.** to whiten **2.** (*i muri*) to whitewash.
imbiancatura *sf.* **1.** (*di muri*) whitewashing **2.** (*di tessuti*) bleaching.
imbianchino *sm.* house painter.
imbiondire *vt.* to make (*v. irr.*) fair. ♦ **imbiondire** *vi.* to become (*v. irr.*) fair.
imbizzarrirsi *vr.* **1.** to become (*v. irr.*) restive **2.** (*adirarsi*) to fire up.
imboccare *vt.* **1.** to feed (*v. irr.*) **2.** (*di strada*) to enter.
imboccatura *sf.* **1.** mouth **2.** (*di strumento*) mouthpiece.
imbonimento *sm.* sales talk.
imbonire *vt.* to allure.
imbonitore *sm.* charlatan.
imborghesimento *sm.* getting into middle-class habits.
imborghesire *vt.* to give (*v. irr.*) middle-class habits. ♦ **imborghesirsi** *vr.* to acquire middle-class habits.
imboscare *vt.* **1.** to put (*v. irr.*) into safe keeping **2.** (*mil.*) to help to evade military service. ♦ **imboscarsi** *vr.* **1.** to lie (*v. irr.*) in ambush **2.** (*mil.*) to evade military service.
imboscata *sf.* ambush.
imboscato *sm.* shirker.
imboschimento *sm.* afforestation.
imboschire *vt.* to afforest.
imbottigliamento *sm.* bottling || — *stradale*, traffic jam.
imbottigliare *vt.* **1.** to bottle **2.** (*fig.*) to block.
imbottire *vt.* **1.** to stuff **2.** (*di vestiti*) to wad **3.** (*fig.*) — *la testa*, to cram. ♦ **imbottirsi** *vr.* **1.** to fill oneself (with), to stuff oneself (with) **2.** (*coprirsi*) to wrap oneself (into).
imbottita *sf.* quilt.
imbottito *agg.* stuffed, filled || *panino* —, sandwich.
imbottitura *sf.* **1.** stuffing **2.** (*di vestiti*) wadding.
imbracciare *vt.* **1.** to put (*v. irr.*) sthg. on one's hands **2.** (*di fucile*) to bring (*v. irr.*) to firing position.
imbrancare *vt.* to herd.
imbrattacarte *sm.* scribbler.
imbrattamento *sm.* soiling.
imbrattare *vt.* to soil.
imbrattatele *sm.* dauber.
imbrigliamento *sm.* bridling.
imbrigliare *vt.* to bridle.
imbrigliatura *sf.* bridling.
imbroccare *vt.* **1.** to hit (*v. irr.*) **2.** (*fig.*) to guess.
imbrogliare *vt.* **1.** to cheat **2.** (*confondere*) to confuse.
imbroglio *sm.* cheat, swindle.
imbroglione *sm.* cheat, swindler.
imbronciarsi *vr.* to pout.
imbronciato *agg.* sulky.
imbrunire *vi.* **1.** to brown **2.** (*farsi sera*) to get (*v. irr.*) dark.
imbrunire *sm.* nightfall.
imbruttire *vt.* to make (*v. irr.*) ugly. ♦ **imbruttirsi** *vr.* to become (*v. irr.*) ugly.
imbucare *vt.* to post.
imburrare *vt.* to butter.
imbuto *sm.* funnel.
imene *sm.* hymen.
imeneo *sm.* wedding.
imenòttero *sm.* hymenopteron (*pl.* -ra).
imitare *vt.* to imitate.
imitativo *agg.* imitative.
imitatore *sm.* imitator.
imitazione *sf.* imitation.

immacolato *agg.* spotless.
immagazzinare *vt.* to store (up).
immaginàbile *agg.* imaginable.
immaginare *vt.* to imagine.
immaginario *agg.* imaginary.
immaginativa *sf.* imagination.
immaginativo *agg.* imaginative.
immaginazione *sf.* imagination.
immàgine *sf.* image.
immalinconire *vt.* to make (*v. irr.*) melancholy. ♦ **immalinconire** *vi.* to grow (*v. irr.*) sad.
immancàbile *agg.* unfailing.
immane *agg.* **1.** huge **2.** (*fig.*) frightful.
immanente *agg.* immanent.
immanenza *sf.* immanence.
immangiàbile *agg.* uneatable.
immarcescìbile *agg.* incorruptible.
immateriale *agg.* immaterial.
immaterialità *sf.* immateriality.
immatricolare *vt.* to matriculate. ♦ **immatricolarsi** *vr.* to matriculate.
immatricolazione *sf.* matriculation.
immaturità *sf.* immaturity.
immaturo *agg.* **1.** (*di frutto*) unripe **2.** (*di persona*) immature.
immedesimare *vt.* **1.** to unify. ♦ **immedesimarsi** *vr.* to identify oneself (with).
immedesimazione *sf.* unifying.
immediatamente *avv.* at once.
immediatezza *sf.* immediateness.
immediato *agg.* immediate.
immemoràbile *agg.* immemorial.
immèmore *agg.* forgetful.
immensità *sf.* immensity.
immenso *agg.* immense.
immèrgere *vt.* to immerse. ♦ **immèrgersi** *vr.* to immerse oneself.
immeritato *agg.* undeserved.
immeritévole *agg.* undeserving.
immersione *sf.* immersion.
imméttere *vt.* to let (*v. irr.*) in. ♦ **imméttersi** *vr.* to penetrate.
immigrante *agg.* e *sm.* immigrant.
immigrare *vi.* to immigrate.
immigrato *agg.* immigrated. ♦ **immigrato** *sm.* immigrant.
immigrazione *sf.* immigration.
imminente *agg.* impending.
imminenza *sf.* imminence.
immischiare *vt.* to involve. ♦ **immischiarsi** *vr.* to meddle (with).
immiserimento *sm.* impoverishing.
immiserire *vt.* to impoverish. ♦ **immiserirsi** *vr.* **1.** to become (*v. irr.*) poor **2.** (*fig.*) to weaken.
immissario *sm.* affluent.
immissione *sf.* letting in.
immòbile *agg.* immobile || *beni immobili*, immovables.
immobiliare *agg.* immovable.
immobilismo *sm.* ultra-conservatism.
immobilità *sf.* immobility.
immobilizzare *vt.* **1.** to immobilize **2.** (*comm.*) to lock up.
immobilizzazione *sf.* **1.** immobilization **2.** (*comm.*) locking up.
immoderato *agg.* immoderate.
immodestia *sf.* immodesty.
immodesto *agg.* immodest.
immolare *vt.* to immolate.
immondezza *sf.* dirtiness.
immondezzaio *sm.* garbage heap.
immondizia *sf.* **1.** filth **2.** (*spazzatura*) garbage.
immondo *agg.* dirty.
immorale *agg.* immoral.
immoralità *sf.* immorality.
immortalare *vt.* to immortalize.
immortale *agg.* immortal.
immortalità *sf.* immortality.
immoto *agg.* motionless.
immune *agg.* immune.
immunità *sf.* immunity.
immunizzare *vt.* to immunize.
immunizzazione *sf.* immunization.
immusonirsi *vr.* to sulk.
immusonito *agg.* sulky.
immutàbile *agg.* immutable.
immutabilità *sf.* immutability.
impacchettare *vt.* to package.
impacciare *vt.* to hamper.
impacciato *agg.* **1.** embarrassed **2.** (*goffo*) awkward.
impaccio *sm.* hindrance.
impacco *sm.* compress.
impadronirsi *vr.* to take (*v. irr.*) possession (of).
impagàbile *agg.* priceless.
impaginare *vt.* to make-up.
impaginatore *sm.* maker-up.
impaginazione *sf.* making-up.
impagliare *vt.* **1.** to cover with straw **2.** (*di animali*) to stuff with straw.
impagliatore *sm.* **1.** chair-mender **2.** (*di animali*) stuffer.
impagliatura *sf.* **1.** chair-mending **2.** (*di animali*) stuffing.
impalare *vt.* to impale.
impalato *agg.* stiff.
impalcatura *sf.* **1.** scaffolding **2.**

(*di corna di cervo*) antlers (*pl.*).
impallidire *vi.* to turn pale.
impallinare *vt.* to shot.
impalmare *vt.* to marry.
impalpàbile *agg.* impalpable.
impalpabilità *sf.* impalpability.
impanare *vt.* **1.** (*cuc.*) to bread **2.** (*mecc.*) to thread.
impantanare *vt.* to swamp. ♦ **impantanarsi** *vr.* to swamp (*anche fig.*).
impaperarsi *vr.* to slip up.
impappinarsi *vr.* to stammer.
imparagonàbile *agg.* incomparable.
imparare *vt.* to learn (*v. irr.*).
impareggiàbile *agg.* unparalleled.
imparentare *vt.* to relate. ♦ **imparentarsi** *vr.* to become (*v. irr.*) related (to).
ìmpari *agg.* unequal.
imparisìllabo *agg.* e *sm.* imparisyllabic.
imparruccato *agg.* bewigged.
impartire *vt.* to impart.
imparziale *agg.* impartial.
imparzialità *sf.* impartiality.
impassìbile *agg.* impassive, unmoved.
impassibilità *sf.* impassibility.
impastare *vt.* to knead || — *i colori*, to impaste.
impastato *agg.* **1.** kneaded **2.** (*fig.*) full.
impastatore *sm.* kneader.
impastatrice *sf.* kneading-machine.
impasto *sm.* **1.** dough **2.** (*miscuglio*) mixture.
impastoiare *vt.* (*fig.*) to impede.
impatto *sm.* impact.
impaurire *vt.* to frighten. ♦ **impaurirsi** *vr.* to get (*v. irr.*) scared.
impaurito *agg.* afraid: *sguardo* —, fearful look.
impàvido *agg.* fearless.
impaziente *agg.* impatient.
impazientirsi *vr.* to lose (*v. irr.*) one's patience.
impazienza *sf.* impatience.
impazzare *vi.* to be at one's height.
impazzata (*nella loc. avv.*) *all'—*, madly.
impazzire *vi.* to go (*v. irr.*) mad.
impeccàbile *agg.* faultless.
impeciare *vt.* to pitch.
impedimento *sm.* obstacle.
impedire *vt.* to prevent (from).
impegnare *vt.* **1.** (*dare in pegno*) to pawn **2.** (*prenotare*) to reserve, to book. ♦ **impegnarsi** *vr.* to engage (oneself).
impegnativo *agg.* binding || *lavoro* —, exacting job.
impegno *sm.* engagement.
impegolarsi *vr.* (*fig.*) to get (*v. irr.*) involved.
impelagarsi *vr.* to get (*v. irr.*) in trouble.
impellente *agg.* urgent.
impellicciare *vt.* to fur.
impellicciatura *sf.* veneering.
impenetràbile *agg.* impenetrable.
impenetrabilità *sf.* impenetrableness.
impenitente *agg.* impenitent.
impennacchiare *vt.* to plume.
impennarsi *vr.* **1.** (*di cavallo*) to rear **2.** (*fig.*) to rear up.
impennata *sf.* (*di cavallo*) rearing **2.** (*fig.*) bristling.
impensàbile *agg.* unthinkable.
impensato *agg.* unexpected.
impensierire *vt.* to worry.
imperante *agg.* ruling.
imperare *vi.* to rule (over).
imperativo *agg.* imperative.
imperatore *sm.* emperor.
imperatrice *sf.* empress.
impercettìbile *agg.* imperceptible.
impercettibilità *sf.* imperceptibility.
imperdonàbile *agg.* unpardonable.
imperfetto *agg.* **1.** (*gramm.*) imperfect **2.** (*fig.*) faulty.
imperfezione *sf.* imperfection.
imperiale[1] *agg.* imperial.
imperiale[2] *sm.* imperial.
imperialismo *sm.* imperialism.
imperialista *s.* imperialist.
imperialìstico *agg.* imperialistic
imperio *sm.* command, authority.
imperioso *agg.* imperious.
imperito *agg.* unskilful.
imperituro *agg.* everlasting.
imperizia *sf.* unskilfulness.
imperlare *vt.* to bead. ♦ **imperlarsi** *vr.* to bead.
impermalirsi *vr.* to resent (sthg.).
impermeàbile *agg.* impermeable. ♦ **impermeàbile** *sm.* raincoat.
impermeabilità *sf.* impermeability.
impermeabilizzare *vt.* to waterproof.
impermeabilizzazione *sf.* waterproofing.
imperniare *vt.* to pivot (upon).
impero *sm.* empire.
imperscrutàbile *agg.* inscrutable.

imperscrutabilità *sf.* inscrutableness.
impersonale *agg.* impersonal.
impersonalità *sf.* impersonality.
impersonare *vt.* to impersonate. ♦ **impersonarsi** *vr.* to materialize.
impertèrrito *agg.* undaunted.
impertinente *agg.* impertinent.
impertinenza *sf.* impertinence.
imperturbàbile *agg.* impassive.
imperturbabilità *sf.* imperturbability.
imperturbato *agg.* imperturbed.
imperversare *vi.* to rage.
impervio *agg.* inaccessible.
ìmpeto *sm.* **1.** rush, impetus **2.** (*impulso*) impulse.
impetrare *vt.* to impetrate.
impettito *agg.* stiff.
impetuosità *sf.* impetuosity.
impetuoso *agg.* impetuous.
impiantare *vt.* to found.
impiantito *sm.* **1.** (*di legno*) parquet floor **2.** (*di piastrelle*) tiled floor.
impianto *sm.* plant, installation.
impiastricciare *vt.* to daub.
impiastro *sm.* **1.** plaster **2.** (*fig.*) bore.
impiccagione *sf.* hanging.
impiccare *vt.* to hang.
impiccato *agg.* hanged. ♦ **impiccato** *sm.* hanged man.
impicciare *vt.* to hinder. ♦ **impicciarsi** *vr.* to meddle (in).
impiccio *sm.* hindrance.
impiccolire *vt.* to make (*v. irr.*) smaller.
impiegare *vt.* **1.** to employ **2.** (*spendere*) to spend (*v. irr.*) **3.** (*comm.*) to invest.
impiegatizio *agg.* white-collar (*attributivo*).
impiegato *agg.* employed. ♦ **impiegato** *sm.* employee, clerk.
impiego *sm.* **1.** employment **2.** (*uso*) use.
impietosire *vt.* to move to pity. ♦ **impietosirsi** *vr.* to feel (*v. irr.*) sorry (for).
impietrire *vt.* to petrify.
impigliare *vt.* to entangle.
impigrire *vt.* to make (*v. irr.*) lazy.
impinguare *vt.* **1.** to fatten **2.** (*fig.*) to enrich.
impiombare *vt.* **1.** to plumb **2.** (*otturare*) to fill **3.** (*coprire di piombo*) to lead.
impiombatura *sf.* **1.** plumbing **2.** (*otturazione*) filling **3.** (*copertura di piombo*) leading.
implacàbile *agg.* implacable.
implacabilità *sf.* implacability.
implicare *vt.* to involve.
implìcito *agg.* implicit.
implorare *vt.* to implore.
implorazione *sf.* entreaty.
implume *agg.* featherless.
impolìtico *agg.* impolitic.
impollinare *vt.* to pollinate.
impollinazione *sf.* pollination.
impoltronire *vt.* to make (*v. irr.*) lazy. ♦ **impoltronirsi** *vr.* to grow (*v. irr.*) lazy.
impolverare *vt.* to cover with dust.
impolverato *agg.* dusty.
impomatare *vt.* to pomade. ♦ **impomatarsi** *vr.* to pomade oneself.
imponderàbile *agg.* imponderable.
imponderabilità *sf.* imponderability.
imponente *agg.* imposing.
imponenza *sf.* grandeur, majesty.
imponìbile *agg.* taxable.
imponibilità *sf.* taxability.
impopolare *agg.* unpopular.
impopolarità *sf.* unpopularity.
imporporarsi *vr.* to purple.
imporre *vt.* to impose: — *un nome*, to give (*v. irr.*) a name. ♦ **imporsi** *vr.* **1.** to impose oneself **2.** (*avere successo*) to become (*v. irr.*) popular.
importante *agg.* important.
importanza *sf.* importance.
importare *vi. imp.* to matter, to care. ♦ **importare** *vt.* (*comm.*) to import.
importatore *sm.* importer.
importazione *sf.* import.
importo *sm.* amount.
importunare *vt.* to importune, to bother.
importunità *sf.* importunity.
importuno *agg.* boring. ♦ **importuno** *sm.* bore.
imposizione *sf.* imposition.
impossessarsi *vr.* to take (*v. irr.*) possession (of).
impossìbile *agg.* impossible.
impossibilità *sf.* impossibility.
impossibilitato *agg.* unable.
imposta *sf.* **1.** tax **2.** (*edil.*) shutter.
impostare *vt.* **1.** to start **2.** (*di lettera*) to post.
impostazione *sf.* general lines (*pl.*).
impostore *sm.* impostor.

impostura *sf.* **1.** imposture **2.** (*frode*) fraud.
impotente *agg.* powerless. ♦ **impotente** *agg.* e *sm.* (*med.*) impotent.
impotenza *sf.* impotence.
impoverimento *sm.* impoverishment.
impoverire *vt.* to impoverish. ♦ **impoverirsi** *vr.* to become (*v. irr.*) poor.
impraticàbile *agg.* impracticable: *strada* —, impassable road.
impraticabilità *sf.* impracticability.
impratichire *vt.* to train. ♦ **impratichirsi** *vr.* to get (*v. irr.*) trained.
imprecare *vi.* to curse.
imprecazione *sf.* curse.
imprecisàbile *agg.* indeterminable.
imprecisato *agg.* undetermined.
imprecisione *sf.* **1.** vagueness **2.** (*inesattezza*) inaccuracy.
impreciso *agg.* inaccurate.
impregnare *vt.* to impregnate (with). ♦ **impregnarsi** *vr.* to become (*v. irr.*) imbued (with).
imprèndere *vt.* to undertake (*v. irr.*).
imprendìbile *agg.* elusive, invincible.
imprenditore *sm.* **1.** entrepreneur **2.** (*edil.*) contractor.
impreparato *agg.* unprepared.
impreparazione *sf.* unpreparedness.
impresa *sf.* **1.** (*iniziativa*) undertaking **2.** (*gesta*) deed **3.** (*azienda*) firm, company.
impresario *sm.* **1.** contractor **2.** (*teat.*) manager.
imprescindìbile *agg.* unavoidable.
imprescrittìbile *agg.* indefeasible.
impressionàbile *agg.* impressionable.
impressionabilità *sf.* impressionability.
impressionante *agg.* frightening.
impressionare *vt.* **1.** to impress **2.** (*foto*) to expose.
impressione *sf.* impression.
impressionismo *sm.* impressionism.
impressionista *s.* impressionist.
impresso *agg.* printed.
imprestare *vt.* to lend (*v. irr.*).
imprevedìbile *agg.* unforeseeable.
impreveduto *agg.* unforeseen.
imprevidente *agg.* improvident.
imprevidenza *sf.* improvidence.
imprevisto *agg.* unexpected. ♦ **imprevisto** *sm.* unforeseen event.
impreziosire *vt.* to make (*v. irr.*) precious. ♦ **impreziosirsi** *vr.* to become (*v. irr.*) precious.
imprigionamento *sm.* imprisonment.
imprigionare *vt.* to imprison.
imprìmere *vt.* to impress.
improbàbile *agg.* improbable.
improbabilità *sf.* improbability.
ìmprobo *agg.* **1.** dishonest **2.** (*faticoso*) hard.
improduttività *sf.* unproductiveness.
improduttivo *agg.* unproductive.
impronta *sf.* **1.** impression: — *del piede*, *digitale*, footprint, fingerprint **2.** (*fig.*) mark.
improntare *vt.* **1.** to prepare **2.** (*fig.*) to mark.
improntitùdine *sf.* impudence.
impronunciàbile *agg.* unpronounceable.
improperio *sm.* insult.
improprietà *sf.* impropriety.
improprio *agg.* improper.
improrogàbile *agg.* undelayable.
impròvvido *agg.* improvident.
improvvisamente *avv.* suddenly.
improvvisare *vt.* e *vi.* to improvise. ♦ **improvvisarsi** *vr.* to act.
improvvisata *sf.* surprise.
improvvisatore *sm.* improviser.
improvvisazione *sf.* improvisation.
improvviso *agg.* sudden.
imprudente *agg.* imprudent.
imprudenza *sf.* imprudence.
impudente *agg.* impudent.
impudenza *sf.* impudence.
impudicizia *sf.* immodesty.
impudico *agg.* shameless, immodest.
impugnàbile *agg.* (*giur.*) impugnable.
impugnabilità *sf.* (*giur.*) impugnment.
impugnare *vt.* **1.** to grasp, to hold **2.** (*giur.*) to impugn.
impugnatura *sf.* hilt.
impulsività *sf.* impulsiveness.
impulsivo *agg.* impulsive.
impulso *sm.* impulse.
impunemente *avv.* safely.
impunità *sf.* impunity.
impunito *agg.* unpunished.
impuntare *vi.* to stumble (over).

♦ **impuntarsi** *vr.* **1.** to jib **2.** (*ostinarsi*) to stick (*v. irr.*) (to).
impuntura *sf.* stitching.
impurità *sf.* impurity.
impuro *agg.* impure.
imputàbile *agg.* **1.** imputable **2.** (*giur.*) chargeable (with).
imputare *vt.* **1.** to impute **2.** (*giur.*) to charge (with).
imputato *sm.* defendant.
imputazione *sf.* imputation.
imputridimento *sm.* putrefaction.
imputridire *vi.* to rot.
in *prep.* (*stato in luogo*) in, at: *essere — campagna, — città*, to be in the country, in town; *essere — casa, — chiesa*, to be at home, at church **2.** (*moto a luogo*) to: *andò — America*, he went to America **3.** (*moto dentro luogo*) into: *va' nello studio*, go into the study **4.** (*coi mezzi di trasporto*) by: *sono venuto — treno*, I came by train.
inàbile *agg.* **1.** unable **2.** (*non idoneo*) unfit.
inabilità *sf.* **1.** inability **2.** (*inidoneità*) unfitness.
inabilitare *vt.* to disable.
inabilitazione *sf.* disability.
inabissamento *sm.* sinking.
inabissarsi *vr.* to sink (*v. irr.*).
inabitàbile *agg.* uninhabitable.
inabitabilità *sf.* uninhabitableness.
inabitato *agg.* **1.** uninhabited **2.** (*deserto*) deserted.
inaccessìbile *agg.* inaccessible.
inaccessibilità *sf.* inaccessibility.
inaccettàbile *agg.* unacceptable.
inaccettabilità *sf.* unacceptableness.
inacerbire *vt.* to exacerbate. ♦ **inacerbirsi** *vr.* to grow (*v. irr.*) bitter.
inacidire *vt.* to sour. ♦ **inacidirsi** *vr.* to turn sour.
inacidito *agg.* sour.
inadattàbile *agg.* unadaptable.
inadattabilità *sf.* inadaptability.
inadatto *agg.* **1.** unfit (for) **2.** (*sconveniente*) unbecoming.
inadeguato *agg.* inadequate.
inadempìbile *agg.* unfulfillable.
inadempiente *agg.* defaulting.
inadempienza *sf.* non-execution.
inafferràbile *agg.* unseizable.
inalare *vt.* to inhale.
inalatore *sm.* inhaler.
inalazione *sf.* inhalation.
inalberare *vt.* to hoist. ♦ **inalberarsi** *vr.* **1.** to rear up **2.** (*fig.*) to lose (*v. irr.*) one's temper.
inalienàbile *agg.* inalienable.
inalienabilità *sf.* inalienability.
inalteràbile *agg.* inalterable.
inalterabilità *sf.* inalterability.
inalterato *agg.* unaltered.
inalveare *vt.* to canalize.
inamidare *vt.* to starch.
inammissìbile *agg.* inadmissible.
inammissibilità *sf.* inadmissibility.
inamovìbile *agg.* irremovable.
inamovibilità *sf.* irremovability.
inane *agg.* inane.
inanellare *vt.* to curl.
inanimato *agg.* lifeless.
inanità *sf.* inanity.
inappagàbile *agg.* unsatisfiable.
inappagato *agg.* unsatisfied.
inappellàbile *agg.* inappellable.
inappetenza *sf.* inappetence.
inapplicàbile *agg.* inapplicable.
inapprezzàbile *agg.* priceless.
inappuntàbile *agg.* **1.** irreproachable **2.** (*nel vestire*) faultlessly dressed.
inarcamento *sm.* bending, arching.
inarcare *vt.* to bend (*v. irr.*) || — *le sopracciglia*, to raise one's brows. ♦ **inarcarsi** *vr.* to arch.
inargentare *vt.* to silver.
inaridire *vt.* to dry. ♦ **inaridirsi** *vr.* to dry up.
inarticolato *agg.* inarticulate.
inascoltato *agg.* unheard.
inaspettato *agg.* unexpected.
inasprimento *sm.* embitterment.
inasprire *vt.* to embitter. ♦ **inasprirsi** *vr.* to become (*v. irr.*) embittered.
inattaccàbile *agg.* unassailable.
inattendìbile *agg.* unreliable.
inatteso *agg.* unexpected.
inattività *sf.* inactivity.
inattivo *agg.* inactive.
inattuàbile *agg.* impracticable.
inattuale *agg.* outdated.
inaudito *agg.* unheard of.
inaugurale *agg.* inaugural.
inaugurare *vt.* to inaugurate.
inaugurazione *sf.* inauguration.
inavvedutezza *sf.* carelessness.
inavveduto *agg.* careless.
inavvertenza *sf.* inadvertence.
inavvertito *agg.* unperceived.
inazione *sf.* inaction.
incagliare *vt.* to hinder. ♦ **incagliarsi** *vr.* to strand.

incaglio *sm* **1.** stranding **2.** (*fig.*) obstacle.
incalcolàbile *agg.* incalculable.
incallire *vi.* to harden. ♦ **incallirsi** *vr.* to harden.
incallito *agg.* hardened.
incalzante *agg.* **1.** pursuing **2.** (*fig.*) pressing.
incalzare *vt.* **1.** to pursue **2.** (*fig.*) to urge.
incameramento *sm.* confiscation.
incamerare *vt.* to confiscate.
incamminare *vt.* to set (*v. irr.*) going. ♦ **incamminarsi** *vr.* to set out (for).
incanalamento *sm.* canalization.
incanalare *vt.* to canalize.
incancellàbile *agg.* indelible.
incancrenire *vi.* to become (*v. irr.*) gangrenous.
incandescente *agg.* white-hot.
incandescenza *sf.* incandescence.
incantamento *sm.* charm.
incantare *vt.* to charm. ♦ **incantarsi** *vr.* to be charmed.
incantato *agg.* enchanted.
incantatore *agg.* enchanting. ♦ **incantatore** *sm.* enchanter.
incantésimo *sm.* spell.
incantévole *agg.* charming.
incanto[1] *sm.* enchantment.
incanto[2] *sm.* (*comm.*) auction: *vendere all'*—, to sell (*v. irr.*) by auction.
incanutire *vi.* to grow (*v. irr.*) hoary.
incapace *agg.* unable.
incapacità *sf.* incapacity.
incaparbirsi *vr.* to become (*v. irr.*) obstinate.
incappare *vi.* to get (*v. irr.*) into, to stumble.
incappucciare *vt.* to hood. ♦ **incappucciarsi** *vr.* to put (*v. irr.*) on one's hood.
incapricciarsi *vr.* to take (*v. irr.*) a fancy (to).
incapsulare *vt.* to capsule.
incarcerare *vt.* to imprison.
incarcerazione *sf.* imprisonment.
incaricare *vt.* to charge (so. with). ♦ **incaricarsi** *vr.* to charge oneself (with).
incaricato *agg.* charged (with). ♦ **incaricato** *sm.* appointee.
incàrico *sm.* task, duty.
incarnare *vt.* to embody. ♦ **incarnarsi** *vr.* to take (*v. irr.*) body.
incarnato *sm.* complexion.
incarnazione *sf.* incarnation.
incarnire *vi.* to grow (*v. irr.*) into flesh.
incartamento *sm.* dossier.
incartapecorire *vi.* to wrinkle.
incartapecorito *agg.* wrinkled with age.
incartare *vt.* to wrap in paper.
incarto *sm.* set of papers.
incartocciare *vt.* to wrap up in a cornet.
incasellare *vt.* to put (*v. irr.*) in squares.
incassamento *sm.* **1.** boxing **2.** (*mecc.; arch.*) embedding.
incassare *vt.* **1.** to box **2.** (*riscuotere*) to cash.
incassatura *sf.* hollow.
incasso *sm.* **1.** collection **2.** (*di spettacoli*) receipts (*pl.*).
incastellamento *sm.* **1.** fortifications (*pl.*) **2.** (*arch.*) scaffolding.
incastellare *vt.* to fortify with battlements.
incastellatura *sf.* **1.** frame **2.** (*arch.*) scaffolding.
incastonare *vt.* to set (*v. irr.*).
incastonatura *sf.* setting.
incastrare *vt.* **1.** to embed **2.** (*adattare*) to fit in. ♦ **incastrarsi** *vr.* **1.** to fit **2.** (*impigliarsi*) to get (*v. irr.*) stuck.
incastro *sm.* joint.
incatenamento *sm.* chaining.
incatenare *vt.* to chain. ♦ **incatenarsi** *vr.* to be linked (with).
incatramare *vt.* to tar.
incattivire *vt.* to exasperate. ♦ **incattivirsi** *vr.* to get (*v. irr.*) crossed.
incàuto *agg.* rash.
incavare *vt.* to hollow out.
incavatura *sf.* hollowness.
incavo *sm.* hollow.
incèdere *vi.* to advance.
incendiare *vt.* to set (*v. irr.*) on fire.
incendiario *agg.* e *sm.* incendiary.
incendio *sm.* fire.
incenerire *vt.* to reduce to ashes.
incensamento *sm.* **1.** incensation **2.** (*fig.*) flattery.
incensare *vt.* **1.** to incense **2.** (*fig.*) to flatter.
incenso *sm.* incense.
incensuràbile *agg.* irreproachable.
incensurato *agg.* blameless: *essere* —, to be a first-offender.
incentivo *sm.* incentive.

inceppamento *sm.* **1.** obstacle **2.** (*mecc.*) jam.
inceppare *vt.* **1.** to clog **2.** (*ostacolare*) to encumber. ♦ **incepparsi** *vr.* to jam.
incerare *vt.* to wax.
incertezza *sf.* uncertainty, doubt.
incerto *agg.* uncertain. ♦ **incerto** *sm.* uncertainty.
incespicare *vi.* to stumble.
incessante *agg.* unceasing.
incesto *sm.* incest.
incestuoso *agg.* incestuous.
incetta *sf.* cornering: *fare — di*, to make (*v. irr.*) a corner in.
incettare *vt.* to corner.
incettatore *sm.* cornerer.
inchiesta *sf.* inquiry, investigation.
inchinare *vt.* to bow. ♦ **inchinarsi** *vr.* to bow (down).
inchino *sm.* bow.
inchiodare *vt.* to nail.
inchiodatura *sf.* nailing.
inchiostro *sm.* ink.
inciampare *vi.* to stumble.
inciampo *sm.* obstacle.
incidentale *agg.* **1.** incidental **2.** (*gramm.*) parenthetic.
incidente *agg.* incident. ♦ **incidente** *sm.* accident.
incidenza *sf.* incidence.
incìdere[1] *vt.* **1.** to cut (*v. irr.*) **2.** (*intagliare*) to engrave **3.** (*su disco, nastro ecc.*) to record.
incìdere[2] *vi.* to weigh heavily: — *sul bilancio*, to weigh heavily on one's budget.
incinta *agg. f.* pregnant.
incipiente *agg.* incipient.
incipriare *vt.* to powder. ♦ **incipriarsi** *vr.* to powder (oneself).
incirca (*nella loc. avv.*) *all'—*, about.
incisione *sf.* **1.** cut **2.** (*arte*) engraving **3.** (*su disco, nastro ecc.*) recording.
incisività *sf.* sharpness.
incisivo *agg.* incisive. ♦ **incisivo** *sm.* (*anat.*) incisor.
inciso *sm.* parenthetic clause: *per —*, incidentally.
incisore *sm.* engraver.
incitamento *sm.* urge.
incitare *vt.* to urge, to stimulate.
incitrullire *vi.* to become (*v. irr.*) silly.
incivile *agg.* **1.** uncivilized **2.** (*scortese*) rude.
incivilimento *sm.* civilization.
incivilire *vt.* to civilize. ♦ **incivilirsi** *vr.* to become (*v. irr.*) civilized.
inciviltà *sf.* **1.** barbarism **2.** (*fig.*) rudeness.
inclassificàbile *agg.* unclassifiable.
inclemente *agg.* **1.** inclement: *tempo —*, inclement weather **2.** (*spietato*) merciless.
inclemenza *sf.* **1.** (*di tempo*) inclemency **2.** (*crudeltà*) mercilessness.
inclinare *vt.* to incline, to bend (*v. irr.*).
inclinato *agg.* inclined (*anche fig.*).
inclinazione *sf.* **1.** inclination **2.** (*attitudine*) bent.
incline *agg.* disposed.
ìnclito *agg.* famous.
inclùdere *vt.* to include.
inclusione *sf.* inclusion.
inclusivo *agg.* inclusive.
incluso *agg.* **1.** included **2.** (*accluso*) enclosed.
incoccare *vt.* to nock.
incoercìbile *agg.* irrepressible.
incoercibilità *sf.* irrepressibleness.
incoerente *agg.* incoherent.
incoerenza *sf.* incoherence.
incògnita *sf.* **1.** (*mat.*) unknown quantity **2.** (*fig.*) uncertainty.
incògnito *agg.* unknown. ♦ **incògnito** *sm.* incognito (*pl.* -tos).
incollamento *sm.* pasting.
incollare *vt.* to stick (*v. irr.*). ♦ **incollarsi** *vr.* to stick.
incollatrice *sf.* sizing-machine.
incollatura[1] *sf.* sticking.
incollatura[2] *sf.* (*ippica*) neck.
incollerire *vi.* to get (*v. irr.*) angry. ♦ **incollerirsi** *vr.* to get angry.
incollerito *agg.* angry.
incolonnamento *sm.* column formation.
incolonnare *vt.* to form into columns. ♦ **incolonnarsi** *vr.* to rank.
incolore *agg.* colourless.
incolpàbile *agg.* accusable.
incolpare *vt.* to charge (with), to accuse (of). ♦ **incolparsi** *vr.* to accuse oneself.
incolpévole *agg.* blameless.
incolto *agg.* uncultivated.
incòlume *agg.* unhurt.
incolumità *sf.* safety.
incombente *agg.* impending.
incombenza *sf.* errand, task.
incòmbere *vi.* **1.** (*spettare*) to be

one's job **2.** (*sovrastare*) to impend (over).
incombustìbile *agg.* incombustible.
incominciare *vt.* e *vi.* V. *cominciare.*
incommensuràbile *agg.* incommensurable.
incommensurabilità *sf.* incommensurability.
incommerciàbile *agg.* not negotiable.
incommutàbile *agg.* incommutable.
incomodare *vt.* to annoy. ♦ **incomodarsi** *vr.* to trouble.
incomodità *sf.* uncomfortableness.
incòmodo *agg.* uncomfortable || *essere d'* —, to be in the way.
incomparàbile *agg.* incomparable.
incompatìbile *agg.* incompatible.
incompatibilità *sf.* incompatibility.
incompetente *agg.* incompetent.
incompetenza *sf.* incompetence.
incompiuto *agg.* unfinished.
incompletezza *sf.* incompleteness.
incompleto *agg.* incomplete.
incompostezza *sf.* disorder.
incomposto *agg.* disorderly.
incomprensìbile *agg.* incomprehensible.
incomprensibilità *sf.* incomprehensibility.
incomprensione *sf.* incomprehension.
incompreso *agg.* **1.** not understood **2.** (*non apprezzato*) unappreciated.
incomputàbile *agg.* incalculable.
incomunicàbile *agg.* incommunicable.
incomunicabilità *sf.* incommunicability.
inconcepìbile *agg.* inconceivable.
inconciliàbile *agg.* irreconcilable.
inconciliabilità *sf.* irreconcilability.
inconcludente *agg.* **1.** inconclusive **2.** (*di persona*) good-for-nothing.
inconcusso *agg.* unshaken.
incondizionato *agg.* unconditional.
inconfessàbile *agg.* unavowable.
inconfessato *agg.* unconfessed.
inconfondìbile *agg.* unmistakable.
inconfutàbile *agg.* irrefutable.
incongruente *agg.* incongruous.
incongruenza *sf.* incongruity.
incòngruo *agg.* incongruous.
inconsapévole *agg.* unconscious, unaware.
inconsapevolezza *sf.* unconsciousness, unawareness.
inconscio *agg.* e *sm.* unconscious.
inconseguente *agg.* inconsequent.
inconseguenza *sf.* inconsequence.
inconsideratezza *sf.* rashness.
inconsiderato *agg.* rash.
inconsistente *agg.* insubstantial.
inconsistenza *sf.* insubstantiality.
inconsolàbile *agg.* inconsolable.
inconsueto *agg.* unusual.
inconsulto *agg.* unadvised, rash.
incontaminato *agg.* unpolluted.
incontentàbile *agg.* insatiable.
incontentabilità *sf.* insatiability.
incontestàbile *agg.* incontestable.
incontinente *agg.* incontinent.
incontinenza *sf.* incontinence.
incontrare *vt.* to meet (*v. irr.*). ♦ **incontrarsi** *vr.* to meet || *i nostri gusti non si incontrano*, our tastes do not agree.
incontrastàbile *agg.* incontestable.
incontrastato *agg.* uncontested.
incontro[1] *sm.* **1.** meeting **2.** (*sport*) match.
incontro[2] *prep.* — *a*, towards, to.
incontrollàbile *agg.* uncontrollable.
incontrollato *agg.* uncontrolled.
incontrovertìbile *agg.* indisputable.
inconveniente *sm.* inconvenience, drawback.
inconvertìbile *agg.* inconvertible.
inconvertibilità *sf.* inconvertibility.
incoraggiamento *sm.* encouragement.
incoraggiante *agg.* encouraging.
incoraggiare *vt.* to encourage.
incorniciare *vt.* to frame.
incorniciatura *sf.* framing.
incoronamento *sm.* V. *coronamento.*
incoronare *vt.* V. *coronare.*
incoronazione *sf.* coronation.
incorporare *vt.* to incorporate.
incorporazione *sf.* incorporation.
incorpòreo *agg.* incorporeal.
incorreggìbile *agg.* incorrigible.
incòrrere *vi.* to incur, to suffer (sthg.).
incorretto *agg.* incorrect.
incorrotto *agg.* incorrupt.
incorruttìbile *agg.* incorruptible.
incorruttibilità *sf.* incorruptibility.
incosciente *agg.* **1.** unconscious **2.** (*irresponsabile*) reckless. ♦ **incosciente** *sm.* irresponsible.
incoscienza *sf.* **1.** unconsciousness **2.** (*spericolatezza*) rashness.

incostante *agg.* inconstant: *tempo* —, changeable weather.
incostituzionale *agg.* unconstitutional.
incostituzionalità *sf.* unconstitutionality.
incredìbile *agg.* incredible.
incredibilità *sf.* incredibility.
incredulità *sf.* incredulity.
incrèdulo *agg.* incredulous.
incrementare *vt.* to increase.
incremento *sm.* increase.
increscioso *agg.* unpleasant.
increspamento *sm.* **1.** (*di acque*) rippling **2.** (*di capelli*) ruffling.
increspare *vt.*, **incresparsi** *vr.* **1.** (*di acque*) to ripple **2.** (*di capelli*) to ruffle.
incretinire *vt.* to make (*v. irr.*) stupid. ♦ **incretinirsi** *vr.* to dull.
incriminàbile *agg.* impeachable.
incriminare *vt.* to impeach.
incriminazione *sf.* **1.** (*l'accusare*) crimination **2.** (*atto d'accusa*) indictment.
incrinare *vt.* to crack. ♦ **incrinarsi** *vr.* to crack.
incrinatura *sf.* crack.
incriticàbile *agg.* uncensurable.
incrociare *vt.* to cross. ♦ **incrociarsi** *vr.* to cross.
incrociatore *sm.* cruiser.
incrocio *sm.* **1.** crossing || — *stradale*, cross-road **2.** (*di razze*) crossbreed.
incrollàbile *agg.* unshakable.
incrostare *vt.* to incrust. ♦ **incrostarsi** *vr.* to become (*v. irr.*) incrusted.
incrostazione *sf.* incrustation.
incrudelimento *sm.* toughening.
incrudelire *vi.* to become (*v. irr.*) cruel || — *contro qu.*, to be pitiless towards so.
incrudire *vi.* to grow (*v. irr.*) worse.
incruento *agg.* bloodless.
incubatrice *sf.* incubator.
incubazione *sf.* incubation.
ìncubo *sm.* nightmare.
incùdine *sf.* anvil.
inculcare *vt.* to inculcate.
incunàbolo *sm.* incunabulum.
incuneare *vt.* to wedge. ♦ **incunearsi** *vr.* to wedge oneself.
incupire *vt.* e *vi.* to darken. ♦ **incupirsi** *vr.* to become (*v. irr.*) gloomy.
incuràbile *agg.* e *sm.* incurable.
incurabilità *sf.* incurability.
incurante *agg.* careless, heedless.
incuria *sf.* heedlessness.
incuriosire *vt.* to make (*v. irr.*) curious. ♦ **incuriosirsi** *vr.* to become (*v. irr.*) curious.
incuriosito *agg.* made curious.
incursione *sf.* raid.
incurvare *vt.* e **incurvarsi** *vr.* to bend (*v. irr.*), to curve.
incurvatura *sf.* bend.
incustodito *agg.* unguarded.
incùtere *vt.* to rouse.
ìndaco *sm.* indigo.
indaffarato *agg.* busy.
indagare *vt.* to investigate.
indagatore *agg.* investigating.
indàgine *sf.* **1.** research, investigation **2.** (*giur.*) inquiry.
indebitare *vt.* to involve in debt. ♦ **indebitarsi** *vr.* to run (*v. irr.*) into debt.
indébito *agg.* undue.
indebolimento *sm.* weakening.
indebolire *vt.* to weaken. ♦ **indebolirsi** *vr.* to weaken.
indecente *agg.* indecent.
indecenza *sf.* indecency.
indecifràbile *agg.* **1.** indecipherable **2.** (*di calligrafia*) illegible.
indecisione *sf.* indecision.
indeciso *agg.* **1.** irresolute **2.** (*di cose*) undecided.
indeclinàbile *agg.* **1.** indeclinable **2.** (*che non si può eludere*) unavoidable.
indecoroso *agg.* unseemly.
indefesso *agg.* indefatigable.
indefinìbile *agg.* indefinable.
indefinito *agg.* indefinite.
indeformàbile *agg.* indeformable.
indegno *agg.* **1.** unworthy **2.** (*spregevole*) disgraceful.
indelèbile *agg.* indelible.
indelicatezza *sf.* indelicacy.
indelicato *agg.* tactless.
indemoniato *agg.* **1.** possessed **2.** (*fig.*) frantic. ♦ **indemoniato** *sm.* demoniac.
indenne *agg.* undamaged.
indennità *sf.* allowance.
indennizzare *vt.* to indemnify.
indennizzo *sm.* indemnity.
inderogàbile *agg.* intransgressible.
indescrivìbile *agg.* indescribable.
indesideràbile *agg.* undesirable.
indeterminàbile *agg.* indeterminable.
indeterminatezza *sf.* vagueness.

indeterminativo *agg.* (*gramm.*) indefinite.
indeterminato *agg.* indeterminate.
indeterminazione *sf.* indetermination.
indi *avv.* **1.** (*di tempo*) then **2.** (*di luogo*) (from) thence.
indiano *agg.* Indian: — *d'America,* Red Indian; *in fila indiana,* in Indian file.
indiavolato *agg.* frenzied, furious.
indicare *vt.* **1.** to show (*v. irr.*) **2.** (*col dito*) to point at.
indicativo *agg.* indicative.
indicato *agg.* **1.** (*adatto*) suitable **2.** (*consigliabile*) advisable.
indicatore *agg.* indicatory. ♦ **indicatore** *sm.* indicator.
indicazione *sf.* indication.
ìndice *sm.* **1.** (*dito della mano*) forefinger **2.** (*di libro, statistica ecc.*) index.
indicìbile *agg.* inexpressible.
indietreggiare *vi.* to withdraw (*v. irr.*).
indietro *avv.* (*di spazio, tempo*) back, behind.
indifendìbile *agg.* indefensible.
indifeso *agg.* undefended.
indifferente *agg.* indifferent.
indifferenza *sf.* indifference.
indifferìbile *agg.* undelayable.
indìgeno *agg.* e *sm.* native.
indigente *agg.* indigent, poor.
indigenza *sf.* indigence.
indigestione *sf.* indigestion.
indigesto *agg.* **1.** indigestible **2.** (*fig.*) heavy.
indignare *vt.* to make (*v. irr.*) indignant. ♦ **indignarsi** *vr.* to get (*v. irr.*) angry.
indignazione *sf.* indignation.
indimenticàbile *agg.* unforgettable.
indimostràbile *agg.* indemonstrable.
indipendente *agg.* independent (of). ♦ **indipendente** *sm.* (*pol.*) independent.
indipendenza *sf.* independence.
indire *vt.* to call, to announce.
indiretto *agg.* indirect.
indirizzare *vt.* to address. ♦ **indirizzarsi** *vr.* **1.** (*dirigersi*) to set (*v. irr.*) out (for) **2.** (*rivolgersi*) to address oneself (to).
indirizzo *sm.* **1.** address **2.** (*linea di condotta*) trend.
indisciplina *sf.* indiscipline.
indisciplinato *agg.* undisciplined.
indiscretezza *sf.* indiscretion.
indiscreto *agg.* indiscreet.
indiscrezione *sf.* indiscretion.
indiscriminato *agg.* indiscriminate.
indiscusso *agg.* undiscussed.
indiscutìbile *agg.* unquestionable.
indispensàbile *agg.* indispensable.
indispettire *vt.* to vex. ♦ **indispettirsi** *vr.* to become (*v. irr.*) vexed.
indispettito *agg.* vexed.
indisponente *agg.* irritating.
indisporre *vt.* to irritate.
indisposizione *sf.* indisposition.
indisposto *agg.* unwell (*pred.*).
indissolùbile *agg.* indissoluble.
indissolubilità *sf.* indissolubility.
indistinto *agg.* indistinct.
indistruttìbile *agg.* indestructible.
indisturbato *agg.* undisturbed.
individuale *agg.* individual.
individualismo *sm.* individualism
individualista *s.* individualist.
individualìstico *agg.* individualistic.
individuare *vt.* to single out.
individuo *sm.* individual.
indivisìbile *agg.* indivisible.
indivisibilità *sf.* indivisibility.
indiviso *agg.* undivided.
indiziare *vt.* to make (*v. irr.*) suspect.
indiziario *agg.* presumptive.
indiziato *agg.* e *sm.* suspect.
indizio *sm.* **1.** indication **2.** (*giur.*) circumstantial proof.
indòcile *agg.* indocile.
indocilità *sf.* indocility.
indoeuropeo *agg.* e *sm.* Indo-European.
ìndole *sf.* nature, disposition || *un ragazzo di buona* —, a good-natured boy.
indolente *agg.* indolent.
indolenza *sf.* indolence.
idolenzimento *sm.* numbness.
indolenzire *vt.* to numb. ♦ **indolenzirsi** *vr.* to become (*v. irr.*) numb.
indolenzito *agg.* numb.
indolore *agg.* painless.
indomàbile *agg.* untamable.
indomani *sm.* next day || *all'* —, on the day after.
indòmito *agg.* indomitable.
indorare *vt.* V. *dorare.*
indossare *vt.* **1.** (*avere indosso*) to wear (*v. irr.*) **2.** (*mettere indosso*) to put (*v. irr.*) on.

indossatrice *sf.* mannequin.
indosso *avv.* on.
indotto *agg.* (*spinto*) driven.
indovinare *vt.* to guess.
indovinello *sm.* riddle.
indovino *sm.* soothsayer.
indubbio *agg.* undoubted.
indubitàbile *agg.* indubitable.
indugiare *vi.* to delay, to hesitate.
indugio *sm.* delay.
indulgente *agg.* indulgent.
indulgenza *sf.* indulgence.
indùlgere *vi.* to indulge (in).
indulto *sm.* **1.** (*eccl.*) indult **2.** (*giur.*) free pardon.
indumento *sm.* garment.
indurimento *sm.* hardening.
indurire *vt.* e *vi.* to harden. ♦ **indurirsi** *vr.* to harden.
indurre *vt.* to induce, to get (*v. irr.*) || — *in errore,* to mislead (*v. irr.*). ♦ **indursi** *vr.* to bring (*v. irr.*) oneself (to).
industria *sf.* industry.
industriale *agg.* industrial. ♦ **industriale** *sm.* industrialist, manufacturer.
industrialismo *sm.* industrialism.
industrializzare *vt.* to industrialize.
industrializzazione *sf.* industrialization.
industriarsi *vr.* to do (*v. irr.*) one's best.
industrioso *agg.* industrious.
induttivo *agg.* inductive.
induttore *agg.* inductor.
induzione *sf.* induction.
inebetire *vt.* e *vi.* to dull.
inebetito *agg.* dull.
inebriante *agg.* inebriating.
inebriare *vt.* **1.** to make (*v. irr.*) drunk **2.** (*fig.*) to inebriate. ♦ **inebriarsi** *vr.* **1.** to get (*v. irr.*) drunk **2.** (*fig.*) to go (*v. irr.*) into raptures.
ineccepìbile *agg.* unexceptionable.
inedia *sf.* starvation.
inèdito *agg.* unpublished.
ineducato *agg.* ill-bred.
ineffàbile *agg.* ineffable.
inefficace *agg.* ineffective.
inefficacia *sf.* inefficacy.
inefficiente *agg.* inefficient.
inefficienza *sf.* ineffectiveness.
ineguaglianza *sf.* inequality.
ineguale *agg.* **1.** unlike **2.** (*irregolare*) irregular **3.** (*di superficie*) uneven.
ineleggìbile *agg.* ineligible.
ineleggibilità *sf.* ineligibility.
ineluttàbile *agg.* ineluctable.
ineluttabilità *sf.* inevitableness.
inenarràbile *agg.* unutterable.
inequivocàbile *agg.* unmistakable
inerente *agg.* concerning.
inerme *agg.* unarmed.
inerpicarsi *vr.* to climb (up).
inerte *agg.* inert.
inerzia *sf.* inertness.
inesattezza *sf.* inaccuracy.
inesatto *agg.* incorrect.
inesaudito *agg.* ungranted.
inesaurìbile *agg.* inexhaustible.
inesàusto *agg.* unexhausted.
ineseguìbile *agg.* inexecutable.
inesigìbile *agg.* **1.** uncollectable **2.** (*di assegno*) worthless.
inesistente *agg.* inexistent.
inesistenza *sf.* inexistence.
inesoràbile *agg.* inexorable.
inesorabilità *sf.* inexorability.
inesperienza *sf.* inexperience.
inesperto *agg.* unskilled.
inespiàbile *agg.* inexpiable.
inesplicàbile *agg.* inexplicable.
inesploràbile *agg.* inexplorable.
inesplorato *agg.* unexplored.
inespressivo *agg.* inexpressive.
inespresso *agg.* implied.
inesprimìbile *agg.* inexpressible.
inespugnàbile *agg.* inexpugnable.
inespugnabilità *sf.* inexpugnability.
inestimàbile *agg.* inestimable.
inestinguìbile *agg.* unquenchable.
inestirpàbile *agg.* ineradicable.
inestricàbile *agg.* inextricable.
inettitùdine *sf.* unfitness.
inetto *agg.* **1.** unapt **2.** (*dappoco*) good-for-nothing.
inevaso *agg.* outstanding, unanswered.
inevitàbile *agg.* inevitable.
inezia *sf.* trifle.
infagottare *vt.* to muffle up. ♦ **infagottarsi** *vr.* to muffle oneself up.
infallìbile *agg.* infallible.
infallibilità *sf.* infallibility.
infamante *agg.* shameful.
infamare *vt.* to defame, to disgrace.
infame *agg.* wicked.
infamia *sf.* infamy.
infangare *vt.* to muddy. ♦ **infangarsi** *vr.* to become (*v. irr.*) muddy.
infanticida *s.* child-murderer.

infanticidio *sm.* child-murder.
infantile *agg.* childlike, childish.
infantilismo *sm.* infantilism.
infanzia *sf.* **1.** infancy **2.** (*coll.*) children (*pl.*).
infarcire *vt.* V. *farcire.*
infarinare *vt.* to flour. ♦ **infarinarsi** *vr.* to get (*v. irr.*) covered with flour.
infarinatura *sf.* **1.** flouring **2.** (*fig.*) smattering.
infarto *sm.* infarct.
infastidire *vt.* to annoy. ♦ **infastidirsi** *vr.* to get (*v. irr.*) bored.
infaticàbile *agg.* tireless.
infatti *cong.* in fact.
infatuare *vt.* to infatuate. ♦ **infatuarsi** *vr.* to get (*v. irr.*) crazy (about).
infatuato *agg.* crazy (about).
infatuazione *sf.* infatuation.
infàusto *agg.* unlucky.
infecondità *sf.* sterility.
infecondo *agg.* steril.
infedele *agg.* unfaithful. ♦ **infedele** *sm.* infidel.
infedeltà *sf.* unfaithfulness.
infelice *agg.* **1.** unhappy **2.** (*non appropriato*) ill-timed. ♦ **infelice** *s.* wretch.
infelicità *sf.* unhappiness.
inferiore *agg.* **1.** inferior **2.** (*più basso*) lower **3.** (*al di sotto*) below. ♦ **inferiore** *sm.* inferior.
inferiorità *sf.* inferiority.
inferire *vt.* **1.** (*dedurre*) to infer **2.** (*dare*) to inflict.
infermerìa *sf.* infirmary.
infermiera *sf.* nurse.
infermiere *sm.* hospital attendant.
infermità *sf.* infirmity.
infermo *agg.* e *sm.* invalid.
infernale *agg.* **1.** infernal **2.** (*fig.*) awful.
inferno *sm.* hell.
inferocire *vt.* to enrage. ♦ **inferocire** *vi.* to get (*v. irr.*) fierce.
inferriata *sf.* grating.
infervorare *vt.* to excite. ♦ **infervorarsi** *vr.* to get (*v. irr.*) excited.
infervorato *agg.* fervent.
infestare *vt.* to infest.
infestazione *sf.* infestation.
infettare *vt.* to infect. ♦ **infettarsi** *vr.* to become (*v. irr.*) infected.
infettivo *agg.* contagious.
infetto *agg.* infected.
infezione *sf.* infection.
infiacchimento *sm.* weakening.
infiacchire *vt.* e *vi.* to weaken. ♦ **infiacchirsi** *vr.* to become (*v. irr.*) weak.
infiammàbile *agg.* inflammable.
infiammabilità *sf.* inflammability.
infiammare *vt.* **1.** to set (*v. irr.*) on fire **2.** (*fig.*) to inflame. ♦ **infiammarsi** *vr.* **1.** to take (*v. irr.*) fire **2.** (*fig.*) to get (*v. irr.*) excited.
infiammato *agg.* inflamed (with).
infiammatorio *agg.* inflammatory.
infiammazione *sf.* inflammation.
infiascare *vt.* to put (*v. irr.*) into flasks.
inficiare *vt.* **1.** to invalidate **2.** (*giur.*) to impugn.
infido *agg.* false.
infierire *vi.* to be pitiless.
infìggere *vt.* **1.** to infix **2.** (*conficcare*) to drive (*v. irr.*) (into).
infilare *vt.* **1.** to thread **2.** (*introdurre*) to insert **3.** (*passare per*) to enter. ♦ **infilarsi** *vr.* to slip into.
infilata *sf.* row.
infiltrarsi *vr.* to penetrate.
infiltrazione *sf.* infiltration.
infilzare *vt.* **1.** to transfix **2.** (*conficcare*) to stick (*v. irr.*). ♦ **infilzarsi** *vr.* **1.** to run (*v. irr.*) oneself through **2.** (*conficcarsi*) to get (*v. irr.*) stuck.
infilzata *sf.* string.
ìnfimo *agg.* lowest.
infine *avv.* at last.
infingardàggine *sf.* laziness.
infingardo *agg.* lazy.
infinità *sf.* infinity.
infinitamente *avv.* infinitely.
infinitesimale *agg.* infinitesimal.
infinito *agg.* boundless. ♦ **infinito** *sm.* **1.** infinite **2.** (*gramm.*) infinitive.
infioccare *vt.* to tassel.
infiorare *vt.* to flower.
infirmare *vt.* to invalidate.
infischiarsi *vr.* not to care (about).
infittire *vi.* to thicken. ♦ **infittirsi** *vr.* to thicken.
inflazione *sf.* inflation.
inflazionìstico *agg.* inflationary.
inflessìbile *agg.* inflexible.
inflessibilità *sf.* inflexibility.
inflessione *sf.* inflexion.
inflìggere *vt.* to inflict.
influente *agg.* influential.
influenza *sf.* **1.** influence **2.** (*med.*) (*fam.*) 'flu.
influenzare *vt.* to influence.

influire *vi.* to exert influence (on, upon, over).
influsso *sm.* influence.
infocare *vt.* **1.** to heat up **2.** to inflame.
infocato *agg.* **1.** red hot **2.** (*fig.*) inflamed.
infoltire *vi.* to thicken.
infondatezza *sf.* groundlessness.
infondato *agg.* groundless.
infòndere *vt.* to infuse.
inforcare *vt.* **1.** to pitchfork **2.** (*montare a cavalcioni*) to get (*v. irr.*) on || — *gli occhiali*, to put (*v. irr.*) on one's glasses.
informale *agg.* informal.
informare *vt.* **1.** to inform **2.** (*dare forma*) to shape. ♦ **informarsi** *vr.* to inquire (about).
informativo *agg.* informative.
informato *agg.* informed.
informatore *sm.* informer.
informazione *sf.* information (*solo sing.*), news (*pl.*).
informe *agg.* shapeless.
infornare *vt.* to put (*v. irr.*) into an oven.
infornata *sf.* batch.
infortunarsi *vr.* to get (*v. irr.*) injured.
infortunato *agg.* injured.
infortunio *sm.* accident.
infortunìstica *sf.* industrial accident research.
infossamento *sm.* hollow.
infossare *vt.* to hollow. ♦ **infossarsi** *vr.* to become (*v. irr.*) hollow.
infradiciare *vt.* **1.** to drench **2.** (*marcire*) to rot (*v. irr.*).
inframmettenza *sf.* interference.
inframméttere *vt.* to interpose. ♦ **inframméttersi** *vr.* to meddle (with).
infràngere *vt.* **1.** to shatter **2.** (*trasgredire*) to infringe. ♦ **infràngersi** *vr.* to break (*v. irr.*) (up).
infrangìbile *agg.* unbreakable: *vetro* —, shatter-proof glass.
infranto *agg.* **1.** shattered, broken **2.** (*di legge*) infringed.
infrarosso *agg.* infrared.
infrasettimanale *agg.* midweek.
infrastruttura *sf.* infrastructure.
infrazione *sf.* infraction.
infreddolirsi *vr.* to feel (*v. irr.*) cold.
infreddolito *agg.* chilly.
infrequente *agg.* infrequent.
infrollirsi *vr.* **1.** to become (*v. irr.*) tender **2.** (*di selvaggina*) to become (*v. irr.*) high.
infruttìfero *agg.* unfruitful.
infruttuoso *agg.* **1.** unfruitful **2.** (*fig.*) useless.
infuori (*loc. prep.*) *all'*—, except.
infuriare *vi.* to enrage. ♦ **infuriarsi** *vr.* to flare up.
infusione *sf.* infusion.
infuso *agg.* infused. ♦ **infuso** *sm.* infusion.
infusorio *sm.* infusorial.
ingabbiare *vt.* **1.** to cage **2.** (*fig.*) to lock up.
ingaggiare *vt.* to engage.
ingaggio *sm.* engagement.
ingagliardire *vt.* to strengthen. ♦ **ingagliardirsi** *vr.* to strengthen.
ingannare *vt.* to deceive || — *il tempo*, to while away the time. ♦ **ingannarsi** *vr.* to be mistaken.
ingannatore *agg.* deceiving. ♦ **ingannatore** *sm.* deceiver.
ingannévole *agg.* deceitful.
inganno *sm.* deception, fraud.
ingarbugliare *vt.* to entangle. ♦ **ingarbugliarsi** *vr.* to get (*v. irr.*) mixed up.
ingegnarsi *vr.* to contrive (to).
ingegnere *sm.* engineer.
ingegnerìa *sf.* engineering.
ingegno *sm.* talent.
ingegnosità *sf.* ingeniousness.
ingegnoso *agg.* ingenious.
ingelosire *vt.* to make (*v. irr.*) jealous. ♦ **ingelosirsi** *vr.* to become (*v. irr.*) jealous.
ingenerare *vt.* to engender.
ingeneroso *agg.* selfish.
ingente *agg.* huge.
ingentilire *vt.* to refine.
ingenuità *sf.* naïveness.
ingenuo *agg.* naïve.
ingerenza *sf.* interference.
ingerimento *sm.* swallowing.
ingerire *vt.* to swallow.
ingessare *vt.* to plaster.
ingessatura *sf.* **1.** plastering **2.** (*med.*) plaster cast.
inghiaiare *vt.* to gravel.
inghiottire *vt.* **1.** to swallow **2.** (*di acque ecc.*) to engulf **3.** (*sopportare*) to lump.
inghirlandare *vt.* to wreathe.
ingiallire *vt.* e *vi.* to yellow.
ingigantire *vt.* to magnify. ♦ **ingigantire** *vi.* to become (*v. irr.*) gigantic.

inginocchiarsi *vr.* to kneel (*v. irr.*) (down).
inginocchiatoio *sm.* kneeler.
ingioiellare *vt.* to bejewel.
ingiú *avv.* down, downwards.
ingiùngere *vt.* to order.
ingiuntivo *agg.* injunctive.
ingiunzione *sf.* injunction.
ingiuria *sf.* insult.
ingiuriare *vt.* to insult.
ingiurioso *agg.* insulting.
ingiustamente *avv.* unjustly.
ingiustificàbile *agg.* unjustifiable.
ingiustificato *agg.* unjustified.
ingiustizia *sf.* unjustice.
ingiusto *agg.* unjust.
inglese *agg.* English. ♦ **inglese** *sm.* Englishman (*pl.* -men) || *gli Inglesi,* the English (people).
inglobare *vt.* to inglobe.
inglorioso *agg.* inglorious.
ingobbire *vi.* to become (*v. irr.*) humpbacked. ♦ **ingobbirsi** *vr.* to become humpbacked.
ingoiare *vt.* to swallow.
ingolfarsi *vr.* (*fig.*) to throw (*v. irr.*) oneself (into).
ingollare *vt.* to gulp down.
ingolosire *vt.* to make (*v. irr.*) greedy.
ingombrante *agg.* cumbersome.
ingombrare *vt.* to encumber.
ingombro *agg.* encumbered (with). ♦ **ingombro** *sm.* encumbrance.
ingommare *vt.* **1.** to gum **2.** (*incollare*) to stick (*v. irr.*).
ingordigia *sf.* greed.
ingordo *agg.* greedy.
ingorgare *vt.* to choke. ♦ **ingorgarsi** *vr.* to become (*v. irr.*) choked.
ingorgo *sm.* **1.** obstruction **2.** (*del traffico*) traffic jam.
ingozzare *vt.* to gulp.
ingranaggio *sm.* **1.** gear **2.** (*fig.*) mechanism.
ingranare *vt.* **1.** to put (*v. irr.*) into gear **2.** (*auto*) — *una marcia,* to engage a gear. ♦ **ingranare** *vi.* (*fam.*) to get (*v. irr.*) along (with).
ingrandimento *sm.* **1.** enlargement **2.** (*ott.*) magnification.
ingrandire *vt.* **1.** to enlarge **2.** (*ott.*) to magnify. ♦ **ingrandirsi** *vr.* to become (*v. irr.*) larger.
ingrassare *vt.* **1.** to fatten **2.** (*lubrificare*) to grease. ♦ **ingrassare** *vi.* to grow (*v. irr.*) fat.
ingrasso *sm.* fattening.
ingratitùdine *sf.* ingratitude.
ingrato *agg.* ungrateful. ♦ **ingrato** *sm.* ingrate.
ingravidare *vt.* to make (*v. irr.*) pregnant. ♦ **ingravidare** *vi.* to become (*v. irr.*) pregnant.
ingraziarsi *vr.* to get (*v. irr.*) into so.'s good graces.
ingrediente *sm.* ingredient.
ingresso *sm.* **1.** entry **2.** (*entrata*) entrance **3.** (*accesso*) admittance.
ingrossamento *sm.* enlargement.
ingrossare *vt.* e *vi.* to enlarge. ♦ **ingrossarsi** *vr.* to become (*v. irr.*) bigger.
ingrosso (*nella loc. avv.*) *all'*—, wholesale.
ingualcìbile *agg.* crease-resistant.
inguarìbile *agg.* incurable.
inguinale *agg.* inguinal.
inguine *sm.* inguen.
ingurgitare *vt.* to swallow.
inibire *vt.* to inhibit.
inibito *agg.* inhibited.
inibizione *sf.* inhibition.
iniettare *vt.* to inject.
iniezione *sf.* injection.
inimicare *vt.* to alienate. ♦ **inimicarsi** *vr.* to estrange from oneself.
inimicizia *sf.* enmity.
inimitàbile *agg.* incomparable, inimitable.
inimmaginàbile *agg.* unimaginable.
inintelligìbile *agg.* unintelligible.
ininterrotto *agg.* continuous, unceasing.
iniquità *sf.* iniquity.
iniquo *agg.* **1.** unfair **2.** (*malvagio*) wicked.
iniziale *agg.* initial, starting. ♦ **iniziale** *sf.* initial.
iniziare *vt.* **1.** to begin (*v. irr.*), to start **2.** (*introdurre*) to initiate.
iniziativa *sf.* initiative.
iniziato *agg.* e *sm.* initiate.
iniziazione *sf.* initiation.
inizio *sm.* beginning.
innaffiare *vt.* to water.
innaffiatoio *sm.* watering-pot.
innalzamento *sm.* elevation.
innalzare *vt.* **1.** to raise **2.** (*rendere più alto*) to heighten. ♦ **innalzarsi** *vr.* to rise (*v. irr.*).
innamoramento *sm.* falling in love.
innamorare *vt.* to charm. ♦ **innamorarsi** *vr.* to fall (*v. irr.*) in love (with).

innamorato *agg.* in love (with). ♦ **innamorato** *sm.* lover.
innanzi *avv.* **1.** forward, on **2.** (*di fronte*) in front of **3.** (*più avanti*) further || *d'ora* —, from now on. ♦ **innanzi** *prep.* before.
innato *agg.* inborn.
innaturale *agg.* unnatural.
innegàbile *agg.* undeniable.
inneggiare *vi.* **1.** to exalt **2.** (*acclamare*) to cheer.
innervare *vt.* to innervate.
innervosire *vt.* to get (*v. irr.*) on so.'s nerves. ♦ **innervosirsi** *vr.* to get nervous.
innescamento *sm.* priming.
innescare *vt.* to prime.
innesco *sm.* primer.
innestare *vt.* **1.** (*agr.; med.*) to graft **2.** (*mecc.*) to engage.
innesto *sm.* **1.** (*agr.; med.*) graft **2.** (*mecc.*) clutch.
inno *sm.* hymn || — *nazionale*, national anthem.
innocente *agg.* e *sm.* innocent.
innocenza *sf.* innocence.
innocuità *sf.* innocuousness.
innocuo *agg.* harmless.
innominàbile *agg.* unmentionable.
innovare *vt.* to innovate.
innovatore *agg.* innovating. ♦ **innovatore** *sm.* innovator.
innovazione *sf.* innovation.
innumerévole *agg.* numberless.
inoculare *vt.* to inoculate.
inoculazione *sf.* inoculation.
inodoro *agg.* odourless.
inoffensivo *agg.* harmless.
inoltrare *vt.* to forward. ♦ **inoltrarsi** *vr.* to advance.
inoltrato *agg.* advanced, late.
inoltre *avv.* moreover, besides.
inoltro *sm.* **1.** (*di merci*) forwarding **2.** (*di documenti*) sending on.
inondare *vt.* to flood.
inondazione *sf.* flood.
inoperosità *sf.* inactivity.
inoperoso *agg.* inactive.
inopinàbile *agg.* inconceivable.
inopinato *agg.* unexpected.
inopportunità *sf.* inopportunity.
inopportuno *agg.* inopportune.
inoppugnàbile *agg.* incontestable.
inoppugnabilità *sf.* incontestability.
inorgànico *agg.* inorganic.
inorgoglire *vt.* to make (*v. irr.*) proud. ♦ **inorgoglirsi** *vr.* to become (*v. irr.*) proud.
inorridire *vt.* to horrify. ♦ **inorridire** *vi.* to be horrified.
inospitale *agg.* inhospitable.
inosservanza *sf.* inobservance.
inosservato *agg.* unobserved.
inossidàbile *agg.* rust-proof || *acciaio* —, stainless steel.
inquadramento *sm.* framing.
inquadrare *vt.* **1.** to frame **2.** (*fig.*) to set (*v. irr.*) **3.** (*mil.*) to rank **4.** (*foto, cine*) to frame.
inquadratura *sf.* (*cine*) shot.
inqualificàbile *agg.* despicable.
inquietante *agg.* worrying.
inquietare *vt.* to worry. ♦ **inquietarsi** *vr.* to get (*v. irr.*) angry.
inquieto *agg.* **1.** restless **2.** (*preoccupato*) worried **3.** (*arrabbiato*) angry.
inquietùdine *sf.* **1.** restlessness **2.** (*preoccupazione*) anxiety.
inquilino *sm.* tenant.
inquinamento *sm.* defilement.
inquinare *vt.* to defile.
inquirente *agg.* investigating.
inquisire *vt.* to investigate. ♦ **inquisire** *vi.* to inquire.
inquisitore *agg.* inquiring. ♦ **inquisitore** *sm.* inquisitor.
inquisizione *sf.* inquisition.
insabbiamento *sm.* (*fig.*) hindering.
insabbiare *vt.* **1.** to sand **2.** (*fig.*) to hinder.
insaccare *vt.* to sack.
insalata *sf.* salad.
insalatiera *sf.* salad-bowl.
insalubre *agg.* unhealthy.
insalubrità *sf.* insalubrity.
insanàbile *agg.* incurable.
insanguinare *vt.* to cover (with blood). ♦ **insanguinarsi** *vr.* to become (*v. irr.*) bloodstained.
insano *agg.* insane.
insaponare *vt.* to soap.
insaponatura *sf.* soaping.
insaporire *vt.* to flavour.
insaporo *agg.* flavourless.
insaputa *sf.* (*nella loc. avv.*) *all'— di*, unknown (to).
insaziàbile *agg.* insatiable.
insaziabilità *sf.* insatiability.
insaziato *agg.* unappeased.
inscatolare *vt.* to tin.
inscenare *vt.* to stage.
inscindìbile *agg.* inseparable.
inscrìvere *vt.* **1.** (*a una scuola, esame ecc.*) to enrol **2.** (*scrivere, scolpire; geom.*) to inscribe.

insediamento *sm.* installation.
insediare *vt.* to install. ♦ **insediarsi** *vr.* to install oneself.
insegna *sf.* **1.** insignia (*pl.*) **2.** (*bandiera*) flag **3.** (*di negozio*) sign--board.
insegnamento *sm.* **1.** teaching **2.** (*precetto, lezione*) precept, lesson.
insegnante *agg.* teaching. ♦ **insegnante** *s.* teacher.
insegnare *vt.* to teach (*v. irr.*).
inseguimento *sm.* pursuit.
inseguire *vt.* to pursue.
inseguitore *sm.* pursuer.
insellare *vt.* to saddle.
inselvatichire *vi.* to grow (*v. irr.*) wild.
insenatura *sf.* inlet, creek.
insensatezza *sf.* **1.** craziness **2.** (*atto insensato*) foolish action.
insensato *agg.* foolish, crazy.
insensìbile *agg.* **1.** insensible **2.** (*indifferente*) indifferent **3.** (*frigido*) unfeeling.
insensibilità *sf.* **1.** insensibility **2.** (*indifferenza*) indifference.
insensibilmente *avv.* **1.** (*impercettibilmente*) imperceptibly, slightly 2. (*senza sentimento*) insensibly.
inseparàbile *agg.* inseparable.
insepolto *agg.* unburied.
inserimento *sm.* insertion.
inserire *vt.* **1.** to insert **2.** (*elettr.*) to connect.
inserto *sm.* **1.** file, dossier **2.** (*cine, stampa*) insert.
inservìbile *agg.* useless.
inserviente *sm.* attendant.
inserzione *sf.* **1.** insertion **2.** (*pubblicitaria*) advertisement.
inserzionista *sm.* advertiser.
insetticida *agg.* e *sm.* insecticide.
insettìvoro *agg.* insectivorous. ♦ **insettìvoro** *sm.* insectivore.
insetto *sm.* insect.
insicurezza *sf.* insecurity.
insidia *sf.* **1.** snare **2.** (*pericolo*) danger.
insidiare *vt.* to endanger || — *la vita di una persona,* to attempt a person's life.
insidioso *agg.* insidious.
insieme *avv.* **1.** together **2.** (*allo stesso tempo*) at the same time. ♦ **insieme** *prep.* together (with). ♦ **insieme** *sm.* whole: *nell'—,* as a whole || *sguardo d'—,* comprehensive view.
insigne *agg.* famous.
insignificante *agg.* insignificant.
insignire *vt.* to confer (sthg. upon).
insincerità *sf.* insincerity.
insincero *agg.* insincere.
insindacàbile *agg.* undisputable.
insinuante *agg.* insinuating.
insinuare *vt.* to hint. ♦ **insinuarsi** *vr.* to insinuate oneself.
insinuazione *sf.* hint, insinuation.
insipidezza *sf.* insipidness.
insìpido *agg.* **1.** tasteless **2.** (*fig.*) insipid.
insistente *agg.* **1.** insistent, steady **2.** (*molesto*) irritating.
insistenza *sf.* insistence.
insìstere *vi.* to insist (on).
ìnsito *agg.* inborn, inherent.
insoddisfatto *agg.* dissatisfied (with).
insoddisfazione *sf.* dissatisfaction (with).
insofferente *agg.* intolerant.
insofferenza *sf.* intolerance.
insoffrìbile *agg.* unbearable.
insolazione *sf.* sunstroke.
insolente *agg.* e *sm.* insolent.
insolentire *vt.* to insult.
insolenza *sf.* insolence.
insòlito *agg.* unusual.
insolùbile *agg.* insoluble.
insolubilità *sf.* insolubility.
insoluto *agg.* **1.** unsolved **2.** (*non pagato*) unpaid.
insolvente *agg.* insolvent.
insolvenza *sf.* insolvency.
insolvìbile *agg.* **1.** (*di debito*) unpayable **2.** (*di persona*) insolvent.
insolvibilità *sf.* insolvency.
insomma *avv.* finally, in short.
insondàbile *agg.* unfathomable.
insonne *agg.* sleepless.
insonnia *sf.* insomnia.
insonnolito *agg.* drowsy, sleepy.
insopportàbile *agg.* unbearable.
insopprimìbile *agg.* insuppressible.
insòrgere *vi.* **1.** to rise (*v. irr.*) **2.** (*protestare*) to protest, to rebel **3.** (*manifestarsi*) to arise (*v. irr.*).
insormontàbile *agg.* insurmountable.
insorto *sm.* rebel.
insospettàbile *agg.* beyond suspicion.
insospettato *agg.* unsuspected.
insospettire *vt.* to make (*v. irr.*) suspicious. ♦ **insospettirsi** *vr.* to grow (*v. irr.*) suspicious.
insostenìbile *agg.* unsustainable.
insostituìbile *agg.* irreplaceable.

insozzare *vt.* **1.** to soil **2.** (*fig.*) to disgrace.
insperàbile *agg.* beyond hope.
insperato *agg.* unhoped for.
inspiegàbile *agg.* inexplicable.
inspirare *vt.* to breathe in.
inspirazione *sf.* breathing in, inhalation.
instàbile *agg.* unstable || *tempo* —, unsettled weather.
instabilità *sf.* **1.** instability **2.** (*fig.*) fickleness.
installare *vt.* to install. ♦ **installarsi** *vr.* to settle.
installazione *sf.* installation.
instancàbile *agg.* untiring.
instaurare *vt.* to set (*v. irr.*) up.
instaurazione *sf.* establishment.
instradare *vt.* to direct, to coach.
insú *avv.* up, upwards.
insubordinatezza *sf.* insubordination.
insubordinato *agg.* insubordinate.
insubordinazione *sf.* insubordination.
insuccesso *sm.* failure.
insudiciare *vt.* to soil.
insufficiente *agg.* insufficient.
insufficienza *sf.* **1.** insufficiency **2.** (*scol.*) low mark.
insulare *agg.* insular.
insulina *sf.* insulin.
insulsàggine *sf.* **1.** silliness **2.** (*cosa insulsa*) nonsense.
insulso *agg.* silly.
insultare *vt.* to insult.
insulto *sm.* insult.
insuperàbile *agg.* insuperable.
insuperato *agg.* unsurpassed.
insuperbire *vt.* to elate. ♦ **insuperbirsi** *vr.* to pride oneself (on).
insurrezionale *agg.* insurrectional.
insurrezione *sf.* insurrection.
insussistente *agg.* unfounded.
intaccare *vt.* **1.** to notch **2.** (*chim.*) to etch **3.** (*fig.*) to injure.
intacco *sm.* notch.
intagliare *vt.* **1.** to carve **2.** (*incidere*) to engrave.
intaglio *sm.* **1.** carving **2.** (*incisione*) engraving.
intangìbile *agg.* intangible.
intanto *avv.* meanwhile.
intarsiare *vt.* to inlay.
intarsio *sm.* inlay.
intasamento *sm.* obstruction.
intasare *vt.* to obstruct.
intascare *vt.* to pocket.
intatto *agg.* intact.
intavolare *vt.* **1.** to plank **2.** (*iniziare*) to begin (*v. irr.*), to start.
integèrrimo *agg.* strictly honest.
integràbile *agg.* integrable.
integrale *agg.* integral: (*mat.*) *calcolo* —, integral calculus.
integrante *agg.* integrant.
integrare *vt.* to integrate.
integrazione *sf.* integration.
integrità *sf.* integrity.
ìntegro *agg.* **1.** integral **2.** (*onesto*) honest.
intelaiatura *sf.* **1.** framework **2.** (*di finestre*) sash.
intellettivo *agg.* intellective.
intelletto *sm.* intellect.
intellettuale *agg.* e *sm.* intellectual.
intellettualismo *sm.* intellectualism.
intelligente *agg.* intelligent.
intelligenza *sf.* intelligence.
intelligìbile *agg.* intelligible.
intelligibilità *sf.* intelligibility.
intemerata *sf.* reprimand.
intemerato *agg.* faultless.
intemperante *agg.* intemperate.
intemperanza *sf.* intemperance.
intemperie *sf. pl.* inclemency of the weather (*sing.*).
intempestività *sf.* untimeliness.
intempestivo *agg.* untimely.
intendente *agg.* expert. ♦ **intendente** *sm.* superintendent.
intendenza *sf.* superintendence.
intèndere *vt.* **1.** (*capire*) to understand (*v. irr.*) **2.** (*significare*) to mean (*v. irr.*) **3.** (*avere intenzione di*) to intend to. ♦ **intèndersi** *vr.* **1.** (*avere cognizione*) to be a good judge **2.** (*mettersi d'accordo*) to come (*v. irr.*) to an agreement.
intendimento *sm.* **1.** understanding **2.** (*intenzione*) intention.
intenditore *sm.* **1.** good judge **2.** (*d'arte*) connoisseur.
intenerimento *sm.* **1.** softening **2.** (*fig.*) tenderness.
intenerire *vt.* **1.** to soften **2.** (*fig.*) to move to pity. ♦ **intenerirsi** *vr.* to be moved to pity.
intensificare *vt.* to intensify.
intensificazione *sf.* intensification.
intensità *sf.* intensity.
intensivo *agg.* intensive.
intenso *agg.* intense.
intentàbile *agg.* **1.** unattemptable **2.** (*giur.*) suable.

intentare *vt.* to bring (*v. irr.*).
intento *agg.* intent. ♦ **intento** *sm.* aim, purpose.
intenzionale *agg.* deliberate.
intenzionato *agg.* disposed.
intenzione *sf.* intention.
intepidire *vt.* to warm, to make (*v. irr.*) tepid. ♦ **intepidirsi** *vr.* to get (*v. irr.*) tepid.
interamente *avv.* wholly, entirely.
intercalare *agg.* intercalary. ♦ **intercalare** *sm.* pet phrase.
intercalare *vt.* to intercalate.
intercambiàbile *agg.* interchangeable.
intercèdere *vi.* to intercede, to plead.
intercessione *sf.* intercession.
intercessore *sm.* intercessor.
intercettare *vt.* to intercept.
intercettatore *sm.* interceptor.
intercettazione *sf.* interception.
intercomunale *sf.* (*tel.*) long-distance call.
intercontinentale *agg.* intercontinental.
intercòrrere *vi.* **1.** to pass **2.** (*accadere*) to happen.
intercostale *agg.* intercostal.
interdetto *agg.* **1.** prohibited **2.** (*giur.*) interdicted. ♦ **interdetto** *sm.* interdict.
interdipendente *agg.* interdependent.
interdipendenza *sf.* interdependence.
interdire *vt.* to interdict.
interdizione *sf.* interdiction.
interessamento *sm.* concern.
interessante *agg.* interesting.
interessare *vt.* **1.** to interest **2.** (*riguardare*) to concern. ♦ **interessarsi** *vr.* **1.** to be interested (in) **2.** (*provvedere*) to take (*v. irr.*) care (of).
interessato *agg.* interested.
interesse *sm.* interest.
interessenza *sf.* share, profit.
interezza *sf.* wholeness.
interferenza *sf.* interference.
interferire *vi.* to interfere.
interiezione *sf.* interjection.
interinale *agg.* temporary.
interiora *sf. pl.* entrails.
interiore *agg.* inner. ♦ **interiore** *sm.* interior, inside.
interiorità *sf.* inwardness.
interiormente *avv.* **1.** (*intimamente*) innerly **2.** (*nell'interno*) inside.
interlìnea *sf.* **1.** interline **2.** (*tip.*) lead.
interlineare *vt.* **1.** to interline **2.** (*tip.*) to lead (*v. irr.*).
interlineare *vt.* to interline.
interlocutore *sm.* interlocutor.
interlocutorio *agg.* interlocutory.
interloquire *vi.* to join in the conversation.
interludio *sm.* interlude.
intermediario *agg.* intermediary. ♦ **intermediario** *sm.* **1.** go-between **2.** (*comm.*) middleman (*pl.* -men).
intermedio *agg.* intermediate, middle.
intermezzo *sm.* **1.** intermission **2.** (*mus.*) intermezzo.
interminàbile *agg.* endless.
intermittente *agg.* intermittent.
intermittenza *sf.* intermittence.
internamento *sm.* internment.
internare *vt.* to intern.
internato *agg.* interned. ♦ **internato** *sm.* (*scol.*) boarding-school.
internazionale *agg.* international.
internazionalismo *sm.* internationalism.
internazionalizzare *vt.* to internationalize.
interno *agg.* **1.** internal, interior **2.** (*interiore*) inner. ♦ **interno** *sm.* interior.
intero *agg.* **1.** whole **2.** (*intatto*) intact.
interpellanza *sf.* interrogation.
interpellare *vt.* **1.** (*pol.*) to interpellate **2.** (*giur.*) to summon **3.** (*chiedere*) to ask.
interplanetario *agg.* interplanetary.
interpolare *vt.* to interpolate.
interpolazione *sf.* interpolation.
interporre *vt.* to interpose.
interpretare *vt.* **1.** to interpret, to render **2.** (*teat.*) to play.
interpretativo *agg.* interpretative.
interpretazione *sf.* **1.** interpretation **2.** (*cine*) starring **3.** (*mus.*) performance **4.** (*teat.*) acting.
intèrprete *s.* **1.** interpreter **2.** (*teat.; cine*) actor, player.
interpunzione *sf.* punctuation.
interramento *sm.* burial.
interrare *vt.* **1.** to bury **2.** (*riempire di terra*) to fill up with earth.
interrogare *vt.* to question.
interrogativo *agg.* interrogative || *punto* —, question mark. ♦ **interrogativo** *sm.* interrogative.

interrogatore *agg.* interrogating. ♦ **interrogatore** *sm.* examiner.
interrogatorio *sm.* examination.
interrogazione *sf.* **1.** interrogation **2.** (*scol.*) oral test.
interròmpere *vt.* to interrupt. ♦ **interròmpersi** *vr.* to stop.
interrotto *agg.* interrupted || *strada interrotta*, blocked road.
interruttore *sm.* (*elettr.*) switch.
interruzione *sf.* interruption.
intersecare *vt.* to intersect.
intersezione *sf.* intersection.
interstizio *sm.* interstice.
intervallare *vt.* to space.
intervallo *sm.* **1.** interval **2.** (*spazio*) space.
intervenire *vi.* **1.** to intervene **2.** (*essere presenti*) to be present.
interventismo *sm.* interventionism.
interventista *s.* interventionist.
intervento *sm.* **1.** intervention **2.** (*presenza*) presence **3.** (*chir.*) operation.
intervenuto *agg.* present. ♦ **intervenuto** *sm.* person present.
intervista *sf.* interview.
intervistare *vt.* to interview.
intesa *sf.* agreement.
inteso *agg.* **1.** agreed (upon) **2.** (*mirante*) aiming (at).
intèssere *vt.* to interweave (*v. irr.*).
intestare *vt.* to head, to register. ♦ **intestarsi** *vr.* to be determinated.
intestatario *sm.* holder.
intestato *agg.* **1.** headed **2.** (*giur.*) registered **3.** (*senza testamento*) intestate **4.** (*ostinato*) stubborn.
intestazione *sf.* **1.** title **2.** (*di lettera ecc.*) heading.
intestinale *agg.* intestinal.
intestino *sm.* intestine.
intimare *vt.* **1.** (*ordinare*) to order **2.** (*ingiungere*) to summon.
intimazione *sf.* **1.** order **2.** (*ingiunzione*) summons.
intimidatorio *agg.* intimidatory.
intimidazione *sf.* intimidation.
intimidire *vt.* **1.** to make (*v. irr.*) shy **2.** (*impaurire*) to intimidate.
intimità *sf.* **1.** privacy **2.** (*familiarità*) familiarity.
ìntimo *agg.* **1.** intimate **2.** (*profondo*) deep. ♦ **ìntimo** *sm.* **1.** (*amico*) intimate **2.** (*animo*) soul || *nell'—*, at heart.
intimorire *vt.* to frighten. ♦ **intimorirsi** *vr.* to get (*v. irr.*) frightened.
intìngere *vt.* to dip.
intìngolo *sm.* **1.** gravy **2.** (*salsa*) sauce.
intirizzire *vt.* to benumb.
intitolare *vt.* **1.** to entitle **2.** (*dedicare*) to dedicate.
intoccàbile *agg.* e *sm.* untouchable.
intolleràbile *agg.* intolerable.
intollerante *agg.* intolerant.
intolleranza *sf.* intolerance.
intonacare *vt.* to plaster.
intonacatura *sf.* plastering.
intònaco *sm.* plaster.
intonare *vt.* **1.** to tune **2.** (*cantilenare*) to intone. ♦ **intonarsi** *vr.* **1.** to harmonize (with) **2.** (*di colori*) to match.
intonato *agg.* **1.** in tune **2.** (*di colori*) matching.
intonazione *sf.* **1.** intonation **2.** (*di strumenti*) tuning **3.** (*di colori, voce*) tone.
intonso *agg.* (*di libri*) uncut.
intontimento *sm.* stunning.
intontire *vt.* to stun.
intoppare *vt.* to stumble (on).
intoppo *sm.* **1.** obstacle **2.** (*fig.*) hitch.
intorbidare *vt.* to make (*v. irr.*) muddy. ♦ **intorbidarsi** *vr.* to become (*v. irr.*) muddy.
intorno *avv.* round, around. ♦ **intorno a** *prep.* **1.** round, around **2.** (*circa, su di*) about.
intorpidimento *sm.* numbness.
intorpidire *vt.* to benumb. ♦ **intorpidirsi** *vr.* to grow (*v. irr.*) numb.
intossicare *vt.* to poison.
intossicazione *sf.* poisoning.
intraducìbile *agg.* untranslatable.
intralciare *vt.* to hinder, to interfere.
intralcio *sm.* hindrance.
intrallazzo *sm.* **1.** plotting **2.** (*imbroglio*) swindle.
intramezzare *vt.* to interpose, to alternate.
intramontàbile *agg.* everlasting.
intramuscolare *agg.* intermuscular.
intransigente *agg.* strict, intransigent.
intransigenza *sf.* intransigence.
intransitivo *agg.* e *sm.* intransitive.
intrappolare *vt.* to entrap.
intraprendente *agg.* enterprising.
intraprendenza *sf.* enterprise.

intraprèndere *vt.* **1.** to undertake (*v. irr.*), to start **2.** (*una professione*) to go (*v. irr.*) in for.
intrattàbile *agg.* intractable.
intrattenere *vt.* to entertain. ♦ **intrattenersi** *vr.* **1.** to linger **2.** (*dilungarsi*) to dwell (*v. irr.*).
intravedere *vt.* **1.** (*vedere di sfuggita*) to catch (*v. irr.*) a glimpse of **2.** (*vedere indistintamente*) to see (*v. irr.*) indistinctly.
intrecciare *vt.* **1.** to interlace || — *danze*, to dance **2.** (*capelli, nastri*) to plait.
intreccio *sm.* **1.** interlacement **2.** (*di romanzi*) plot.
intrèpido *agg.* brave, fearless.
intricare *vt.* to tangle. ♦ **intricarsi** *vr.* to get (*v. irr.*) entangled.
intrico *sm.* tangle.
intrìdere *vt.* to soak.
intrigante *agg.* crafty. ♦ **intrigante** *sm.* intriguer.
intrigare *vi.* to intrigue. ♦ **intrigarsi** *vr.* to meddle (with).
intrigo *sm.* intrigue, plot.
intrìnseco *agg.* intrinsic.
intristire *vi.* **1.** to pine away **2.** (*incattivire*) to grow (*v. irr.*) wicked.
introdotto *agg.* **1.** (*importato*) imported **2.** (*conosciuto*) well-known.
intriso *agg.* soaked (with), imbrued.
introdurre *vt.* **1.** to introduce **2.** (*far entrare*) to show (*v. irr.*) in. ♦ **introdursi** *vr.* to get (*v. irr.*) into, to slip into.
introduttivo *agg.* introductory.
introduzione *sf.* introduction.
introitare *vt.* to cash.
intròito *sm.* profit.
introméttere *vt.* to introduce. ♦ **introméttersi** *vr.* to interfere.
intromissione *sf.* intrusion.
intronare *vt.* to stun.
introspettivo *agg.* introspective.
introspezione *sf.* introspection.
introvàbile *agg.* not to be found.
introversione *sf.* introversion.
introverso *agg.* introverted. ♦ **introverso** *sm.* introvert.
intrufolarsi *vr.* to intrude (in).
intruglio *sm.* bad mixture.
intruppamento *sm.* trooping.
intrupparsi *vr.* to troop.
intrusione *sf.* intrusion.
intruso *sm.* intruder.
intuìbile *agg.* guessable.
intuire *vt.* to guess, to perceive.
intuitivo *agg.* intuitive.
intùito *sm.* intuition, insight.
intuizione *sf.* intuition.
inturgidimento *sm.* swelling.
inturgidire *vi.* to swell (up). **inturgidirsi** *vr.* to swell (up).
inuguale *agg.* unlike.
inumanità *sf.* inhumanity.
inumano *agg.* inhuman.
inumare *vt.* to inter.
inumazione *sf.* interment.
inumidire *vt.* to moisten. ♦ **inumidirsi** *vr.* to moisten.
inurbanità *sf.* incivility.
inurbano *agg.* uncivil.
inurbarsi *vr.* to inurbate.
inusitato *agg.* unusual.
inùtile *agg.* useless.
inutilità *sf.* uselessness.
inutilizzàbile *agg.* unusable.
invadente *agg.* intrusive.
invadenza *sf.* intrusiveness.
invàdere *vt.* to invade.
invaghimento *sm.* fancy (for).
invaghirsi *vr.* to take (*v. irr.*) a fancy (for), to fall (*v. irr.*) in love (with).
invaghito *agg.* fond (of), infatuated.
invalere *vi.* to prevail.
invalicàbile *agg.* impassable.
invalidare *vt.* to invalidate.
invalidazione *sf.* invalidation.
invalidità *sf.* invalidity.
invàlido *agg.* e *sm.* invalid.
invalso *agg.* prevailed.
invano *avv.* in vain.
invariàbile *agg.* **1.** invariable **2.** (*di tempo*) unchangeable.
invariabilità *sf.* invariability.
invariato *agg.* unchanged.
invasamento *sm.* obsession.
invasare *vt.* to possess.
invasato *agg.* possessed. ♦ **invasato** *sm.* possessed person.
invasione *sf.* invasion.
invasore *sm.* invader.
invecchiamento *sm.* ageing.
invecchiare *vt.* to make (*v. irr.*) old. ♦ **invecchiare** *vi.* to grow (*v. irr.*) old.
invece *avv.* on the contrary || — *di*, instead of.
inveire *vi.* to rail (at).
invelenire *vt.* to embitter.
invendìbile *agg.* unsaleable.
invendicato *agg.* unavenged.
invenduto *agg.* unsold.

inventare *vt.* to invent.
inventariare *vt.* to inventory.
inventario *sm.* inventory || *con beneficio d'*—, with reservation.
inventiva *sf.* inventiveness.
inventivo *agg.* inventive.
inventore *sm.* inventor.
invenzione *sf.* invention.
inverdire *vi.* to turn green.
inverecondia *sf.* immodesty.
inverecondo *agg.* immodest.
inverificàbile *agg.* unverifiable.
invernale *agg.* **1.** winter (*attr.*) **2.** (*da inverno*) wintry.
invernata *sf.* wintertime.
inverno *sm.* winter.
invero *avv.* indeed.
inverosimiglianza *sf.* unlikelihood.
inverosìmile *agg.* unlikely.
inversione *sf.* inversion.
inverso *agg.* **1.** (*mat.*) inverse **2.** opposite, contrary. ♦ **inverso** *sm.* opposite, contrary.
invertebrato *agg.* e *sm.* invertebrate.
invertìbile *agg.* invertible.
invertire *vt.* to invert || — *la marcia*, to reverse.
invertito *sm.* invert.
invertitore *sm.* reverse gear.
investigare *vt.* to inquire.
investigativo *agg.* investigative.
investigatore *sm.* detective.
investigazione *sf.* investigation.
investimento *sm.* **1.** investment **2.** collision **3.** (*stradale*) running down.
investire *vt.* **1.** to invest (with) **2.** (*comm.*) to invest **3.** (*assalire*) to assail **4.** (*auto*) to run (*v. irr.*) down.
investitore *sm.* (*comm.*) investor.
investitura *sf.* investiture.
inveterato *agg.* inveterate.
invetriata *sf.* glass window.
invettiva *sf.* invective.
inviare *vt.* to send (*v. irr.*).
inviato *sm.* **1.** messenger **2.** (*in diplomazia*) envoy **3.** (*in giornalismo*) correspondent.
invidia *sf.* envy: *per* —, out of envy.
invidiàbile *agg.* enviable.
invidiare *vt.* to envy.
invidioso *agg.* envious.
invigorire *vt.* to strengthen. ♦ **invigorirsi** *vr.* to strengthen.
inviluppare *vt.* to envelop, to wrap up.
invincìbile *agg.* invincible.
invincibilità *sf.* invincibility.
invìo *sm.* **1.** (*per posta*) mailing **2.** (*di merci*) forwarding **3.** (*per nave*) shipment **4.** (*di danaro*) remittance.
inviolàbile *agg.* inviolable.
inviolabilità *sf.* inviolability.
inviperirsi *vr.* to become (*v. irr.*) furious.
inviperito *agg.* furious.
invischiare *vt.* **1.** to lime **2.** (*fig.*) to entangle. ♦ **invischiarsi** *vr.* to get (*v. irr.*) entangled.
invisìbile *agg.* invisible.
invisibilità *sf.* invisibility.
inviso *agg.* disliked.
invitante *agg.* inviting.
invitare *vt.* **1.** to invite **2.** (*domandare*) to request.
invitato *agg.* invited. ♦ **invitato** *sm.* guest.
invito *sm.* invitation.
invitto *agg.* unconquered.
invocare *vt.* to invoke.
invocazione *sf.* invocation.
invogliare *vt.* to tempt.
involare *vt.* to abduct. ♦ **involarsi** *vr.* to flee, to run (*v. irr.*) away.
involontario *agg.* unintentional.
involto *sm.* bundle, parcel.
invòlucro *sm.* **1.** envelope **2.** (*bot.*) involucre.
involutivo *agg.* involutionary.
involuto *agg.* involved.
involuzione *sf.* **1.** involution **2.** (*decadenza*) decline.
invulneràbile *agg.* invulnerable.
invulnerabilità *sf.* invulnerability.
inzaccherare *vt.* to muddy. ♦ **inzaccherarsi** *vr.* to get (*v. irr.*) muddy.
inzuppare *vt.* **1.** to soak **2.** (*intingere*) to dip.
io *pron.* I: — *stesso*, I myself.
iodato *agg.* iodized. ♦ **iodato** *sm.* iodate.
iodio *sm.* iodine.
iole *sf.* gig.
ione *sm.* ion.
iònico *agg.* Ionic.
ionizzazione *sf.* ionization.
ionosfera *sf.* ionosphere.
iosa (*nella loc. avv.*) *a* —, in plenty.
iperalimentazione *sf.* hypernutrition.
ipèrbole *sf.* hyperbole.
iperbòlico *agg.* hyperbolic(al).
iperbòreo *agg.* hyperborean.

ipercrìtico *agg.* hypercritical.
ipermetropìa *sf.* hypermetropia.
ipermètrope *agg.* hypermetropic.
ipernutrizione *sf.* hypernutrition.
ipersensìbile *agg.* hypersensitive.
ipersensibilità *sf.* hypersensitivity.
ipertensione *sf.* hypertension.
iperteso *agg.* e *sm.* hypertensive.
ipertrofìa *sf.* hypertrophy.
ipnosi *sf.* hypnosis.
ipnòtico *agg.* hypnotic.
ipnotismo *sm.* hypnotism.
ipnotizzare *vt.* to hypnotize.
ipnotizzatore *sm.* hypnotizer.
ipocondrìa *sf.* hypochondria.
ipocondrìaco *agg.* e *sm.* hypochondriac.
ipocrisìa *sf.* hypocrisy.
ipòcrita *agg.* hypocritical. ♦ **ipòcrita** *sm.* hypocrite.
ipodèrmico *agg.* hypodermic.
ipodermoclisi *sf.* hypodermoclysis.
ipòfisi *sf.* hypophysis.
ipoteca *sf.* mortgage.
ipotecare *vt.* to mortgage.
ipotenusa *sf.* hypotenuse.
ipòtesi *sf.* **1.** hypothesis (*pl.* -ses) **2.** (*supposizione*) supposition.
ipotètico *agg.* hypothetical.
ìppica *sf.* horse-racing.
ìppico *agg.* horse (*attr.*).
ippocampo *sm.* hippocampus (*pl.* -pi).
ippocastano *sm.* horse-chestnut.
ippòdromo *sm.* race-course.
ippopòtamo *sm.* hippopotamus.
ira *sf.* anger, rage.
iracondo *agg.* irascible.
irascìbile *agg.* irritable.
irascibilità *sf.* irritability.
irato *agg.* angry.
iridato *agg.* iridescent.
ìride *sf.* iris.
iridescente *agg.* iridescent.
iridescenza *sf.* iridescence.
irlandese *agg.* Irish.
ironìa *sf.* irony.
irònico *agg.* ironic(al).
ironizzare *vi.* to make (*v. irr.*) ironical remarks.
iroso *agg.* wrathful.
irradiamento *sm.* irradiation.
irradiare *vt.* to irradiate.
irradiazione *sf.* V. *irradiamento.*
irraggiare *vt.* V. *irradiare.*
irraggiungìbile *agg.* unreachable.
irragionévole *agg.* unreasonable.
irrancidire *vi.* to grow (*v. irr.*) rank.
irrazionale *agg.* irrational.
irrazionalità *sf.* irrationality.
irreale *agg.* unreal.
irrealizzàbile *agg.* unrealizable.
irrealtà *sf.* unreality.
irreconciliàbile *agg.* irreconcilable.
irrecuperàbile *agg.* irrecoverable.
irrefrenàbile *agg.* unrestrainable.
irrefutàbile *agg.* irrefutable.
irregolare *agg.* irregular.
irregolarità *sf.* irregularity.
irremovìbile *agg.* **1.** immovable **2.** (*inflessibile*) inflexible.
irreparàbile *agg.* irreparable.
irreperìbile *agg.* elusive: *rendersi* —, to hide (*v. irr.*) oneself.
irreprensìbile *agg.* irreproachable.
irrequietezza *sf.* restlessness.
irrequieto *agg.* restless.
irresistìbile *agg.* irresistible.
irresolutezza *sf.* irresolution.
irresoluto *agg.* hesitating.
irrespiràbile *agg.* unbreathable.
irresponsàbile *agg.* irresponsible.
irresponsabilità *sf.* irresponsibility.
irrestringìbile *agg.* unshrinkable.
irretire *vt.* to snare.
irreversìbile *agg.* irreversible.
irreversibilità *sf.* irreversibility.
irrevocàbile *agg.* irrevocable.
irriconoscìbile *agg.* unrecognizable.
irrìdere *vt.* to laugh at.
irriducìbile *agg.* irreducible.
irriflessione *sf.* thoughtlessness.
irriflessivo *agg.* thoughtless.
irrigàbile *agg.* irrigable.
irrigare *vt.* to irrigate.
irrigazione *sf.* irrigation.
irrigidimento *sm.* stiffening.
irrigidire *vt.* to stiffen. ♦ **irrigidirsi** *vr.* to stiffen.
irriguo *agg.* well-watered.
irrilevante *agg.* insignificant.
irrimediàbile *agg.* irremediable.
irrisione *sf.* mockery.
irrisorio *agg.* derisory, paltry.
irrispettoso *agg.* disrespectful.
irritàbile *agg.* **1.** (*di persona*) irritable **2.** (*di pelle*) sensitive.
irritabilità *sf.* **1.** (*di persona*) irritability **2.** (*di pelle*) sensitiveness.
irritante *agg.* irritating.
irritare *vt.* to irritate. ♦ **irritarsi** *vr.* **1.** to grow (*v. irr.*) angry **2.** (*di pelle*) to become (*v. irr.*) irritated.
irritazione *sf.* **1.** irritation **2.** (*di pelle*) inflammation.

irriverente *agg.* disrespectful.
irriverenza *sf.* irreverence.
irrobustire *vt.* to strengthen. ♦ **irrobustirsi** *vr.* to strengthen.
irròmpere *vi.* **1.** to break (*v. irr.*) into **2.** (*di acque*) to overflow.
irrorare *vt.* to sprinkle.
irroratrice *sf.* sprayer.
irruente *agg.* impetuous.
irruenza *sf.* impetuosity.
irruvidire *vt.* to roughen.
irruzione *sf.* irruption: *fare* —, to rush into.
irsuto *agg.* shaggy.
irto *agg.* bristling (with).
iscritto *sm.* member.
iscrìvere *vt.* **1.** (*a scuola, esami ecc.*) to enrol **2.** (*registrare*) to record **3.** (*scolpire*) to engrave. ♦ **iscrìversi** *vr.* to enter, to join.
iscrizione *sf.* **1.** inscription **2.** (*a scuola, esami ecc.*) entry || *domanda d'*—, application.
islàmico *agg.* Islamic.
islamismo *sm.* Islamism.
isocronismo *sm.* isochronism.
ìsola *sf.* island.
isolamento *sm.* **1.** isolation **2.** (*elettr.*) insulation || — *acustico*, sound-proofing.
isolano *agg.* insular. ♦ **isolano** *sm.* islander.
isolante *agg.* insulating. ♦ **isolante** *sm.* insulator.
isolare *vt.* **1.** to isolate **2.** (*elettr.*) to insulate || — *acusticamente*, to soundproof. ♦ **isolarsi** *vr.* to seclude oneself.
isolato *agg.* **1.** isolated **2.** (*elettr.*) insulated. ♦ **isolato** *sm.* (*edil.*) block.
isolatore *sm.* insulator.
isolazionismo *sm.* isolationism.
isolazionista *s.* isolationist.
isolotto *sm.* islet.
isomorfismo *sm.* isomorphism.
isomorfo *agg.* isomorphous.
isòscele *agg.* isosceles.
isotèrmico *agg.* isothermal.
isòtopo *sm.* isotope.
isòtropo *sm.* isotrope.
ispànico *agg.* Hispanic.
ispanismo *sm.* Hispanicism.
ispanista *s.* Hispanist.
ispettorato *sm.* inspectorate.
ispettore *sm.* inspector.
ispezionare *vt.* to inspect.
ispezione *sf.* inspection.
ìspido *agg.* hispid.
ispirare *vt.* to inspire (with). ♦ **ispirarsi** *vr.* to draw (*v. irr.*) one's inspiration (from).
ispirato *agg.* **1.** inspired **2.** (*basato*) imbued (with).
ispiratore *agg.* inspiring. ♦ **ispiratore** *sm.* inspirer.
ispirazione *sf.* inspiration.
israeliano *agg.* e *sm.* Israeli.
israelita *agg.* e *s.* Israelite.
issare *vt.* to hoist.
istantànea *sf.* snapshot: *fare un'*—, to snapshot.
istantaneità *sf.* instantaneousness.
istantàneo *agg.* instantaneous.
istante *sm.* instant || *all'*—, *sull'*—, instantly.
istanza *sf.* **1.** request, instance **2.** (*supplica*) entreaty **3.** (*domanda scritta*) application.
istèrico *agg.* hysteric(al). ♦ **istèrico** *sm.* hysterical man (*pl.* -men).
isterilire *vt.* to sterilize. ♦ **isterilirsi** *vr.* to become (*v. irr.*) barren.
isterismo *sm.* hysteria.
istigare *vt.* to instigate.
istigatore *sm.* instigator.
istigazione *sf.* instigation.
istintivo *agg.* instinctive.
istinto *sm.* instinct.
istituire *vt.* **1.** to institute **2.** (*fondare*) to found **3.** (*giur.*) to appoint.
istituto *sm.* **1.** institute **2.** (*istituzione*) institution **3.** (*scuola*) school.
istitutore *sm.* tutor.
istitutrice *sf.* governess.
istituzionale *agg.* institutional.
istituzione *sf.* institution.
istmo *sm.* isthmus (*pl.* -mi).
istologìa *sf.* histology.
ìstrice *sm.* hedgehog.
istrione *sm.* **1.** (*teat.*) histrion **2.** (*ciarlatano*) quack.
istriònico *agg.* histrionic.
istruire *vt.* **1.** to teach (*v. irr.*) **2.** (*dare istruzioni*) to instruct, to direct **3.** (*giur.*) to institute. ♦ **istruirsi** *vr.* to educate oneself.
istruito *agg.* learned.
istruttivo *agg.* instructive.
istruttore *sm.* instructor: *giudice* —, examining magistrate.
istruttoria *sf.* examination || *aprire l'*—, to open proceedings.
istruzione *sf.* **1.** education **2.** (*cultura*) learning **3.** (*insegnamento*) teaching **4.** (*ordine*) instruction.

istupidire *vt.* to make (*v. irr.*) stupid. ♦ **istupidirsi** *v.r.* to become (*v. irr.*) stupid.
italiano *agg.* e *sm.* Italian.
itinerario *sm.* itinerary.
itterizia *sf.* jaundice.
ittiologìa *sf.* ichthyology.
ittiòlogo *sm.* ichthyologist.
iugoslavo *agg.* e *sm.* Yugoslav.
iugulare *agg.* jugular.
iuta *sf.* jute.
ivi *avv.* there.

L

la[1] *art.* the. ♦ **la** *pron.* **1.** (*per donna*) her **2.** (*per animale e cosa*) it **3.** (*forma di cortesia*) you.
la[2] *sm.* (*mus.*) A.
là *avv.* there || *l'al di* —, the hereafter; — *per* —, on the spot; *al di* — *di*, beyond; *più in* —, (*spazio*) further on, (*tempo*) later on.
labbro *sm.* lip.
labiale *agg.* labial.
làbile *agg.* fleeting: *memoria* —, weak memory.
labirinto *sm.* labyrinth.
laboratorio *sm.* **1.** laboratory **2.** (*artigianale*) workshop.
laboriosità *sf.* laboriousness.
laborioso *agg.* laborious.
laburismo *sm.* labourism.
laburista *agg.* labour || *partito* —, Labour Party. ♦ **laburista** *s.* Labourite.
lacca *sf.* lacquer.
laccare *vt.* to lacquer.
laccatura *sf.* lacquering.
laccio *sm.* **1.** string || *lacci da scarpe*, shoe-laces **2.** (*trappola*) snare || *prendere al* — (*fig.*), to ensnare.
laceramento *sm.* tearing.
lacerante *agg.* rending.
lacerare *vt.* to tear (*v. irr.*) (up), to rend (*v. irr.*) (*anche fig.*). ♦ **lacerarsi** *vr.* to tear.
lacerazione *sf.* laceration.
làcero *agg.* **1.** torn **2.** (*med.*) lacerated.
laconicità *sf.* laconicism.
lacònico *agg.* laconic(al).
làcrima *sf.* tear.
lacrimale *agg.* lachrymal.
lacrimare *vi.* to weep (*v. irr.*).
lacrimazione *sf.* lachrymation.
lacrimévole *agg.* tearful.
lacrimògeno *agg.* lachrymatory: *gas* —, tear-gas.
lacrimoso *agg.* tearful.
lacuna *sf.* gap.
lacunoso *agg.* lacunous.
lacustre *agg.* lacustrine.
laddove *cong.* whereas. ♦ **laddove** *avv.* (there) where.
ladra *sf.* woman thief.
ladro *agg.* thieving. ♦ **ladro** *sm.* thief: *al* —!, stop thief!
ladrocinio *sm.* theft.
ladrone *sm.* robber.
ladronerìa *sf.* robbery.
laggiù *avv.* down there.
lagna *sf.* lament.
lagnanza *sf.* complaint.
lagnarsi *vr.* to complain (of).
lago *sm.* lake.
laguna *sf.* lagoon.
lagunare *agg.* lagoon (*attr.*).
laicato *sm.* laity.
laicismo *sm.* laicism.
laicizzare *vt.* to laicize.
làico *agg.* laic. ♦ **làico** *sm.* layman (*pl.* -men).
laidezza *sf.* ugliness, foulness.
làido *agg.* **1.** dirty **2.** (*brutto*) ugly.
lama[1] *sf.* blade.
lama[2] *sm.* (*zool.*) llama.
lama[3] *sm.* (*monaco buddista*) lama.
lambiccare *vt.* to distil || *lambiccarsi il cervello*, to rack one's brains.
lambiccato *agg.* **1.** distilled **2.** (*ricercato*) over-elaborate.
lambicco *sm.* alembic.
lambire *vt.* to lick.
lamella *sf.* lamella (*pl.* -lae).
lamentare *vt.* to lament. ♦ **lamentarsi** *vr.* to moan.
lamentazione *sf.* lamentation.
lamentela *sf.* complaint.
lamentévole *agg.* mournful.
lamento *sm.* moan.
lamentoso *agg.* mournful.
lametta *sf.* razor-blade.
lamiera *sf.* sheet.
làmina *sf.* lamina (*pl.* -nae).
laminare *vt.* to laminate.
laminato *sm.* **1.** (*tessuto*) lamé **2.** (*metallo*) rolled section.
laminatoio *sm.* rolling-mill.
làmpada *sf.* lamp.
lampadario *sm.* chandelier, lamp holder.

lampadina *sf.* bulb.
lampante *agg.* glaring, evident.
lampeggiamento *sm.* **1.** flashing, lightning **2.** (*di fari, semafori ecc.*) winking **3.** (*di auto*) to blink.
lampeggiare *vi.* **1.** to flash, to lighten **2.** (*di fari, semafori ecc.*) to wink.
lampeggiatore *sm.* **1.** winking light **2.** (*di auto*) blinker.
lampione *sm.* street-lamp.
lampo *sm.* **1.** lightning **2.** (*luce istantanea, anche fig.*) flash || *chiusura* —, zip-fastener.
lampone *sm.* raspberry.
lampreda *sf.* lamprey.
lana *sf.* wool.
lancetta *sf.* **1.** (*di quadrante*) hand **2.** (*di chirurgo*) lancet.
lancia[1] *sf.* lance.
lancia[2] *sf.* (*mar.*) launch || — *di salvataggio,* lifeboat.
lanciafiamme *sm.* flame-thrower.
lanciare *vt.* **1.** to throw (*v. irr.*) **2.** (*fig.*) to launch || — *un'occhiata,* to cast (*v. irr.*) a glance. ♦ **lanciarsi** *vr.* to dash.
lanciatore *sm.* thrower.
lanciere *sm.* lancer.
lancinante *agg.* piercing.
lancio *sm.* **1.** throwing **2.** (*pubblicitario*) launching.
landa *sf.* moor.
lànguido *agg.* languid.
languire *vi.* to languish.
languore *sm.* languor.
laniero *agg.* woollen.
lanificio *sm.* wool factory.
lanolina *sf.* lanolin.
lanoso *agg.* woolly.
lanterna *sf.* lantern.
lanùgine *sf.* down.
laparatomìa *sf.* laparotomy.
lapidare *vt.* to stone.
lapidario *agg.* lapidary.
lapidazione *sf.* lapidation.
làpide *sf.* **1.** tablet **2.** (*sepolcrale*) tombstone.
lapis *sm.* pencil.
lardellare *vt.* to lard.
lardo *sm.* lard, bacon.
larga (*nella loc. avv.*) *alla* —, away (from).
largheggiare *vi.* to abound (with).
larghezza *sf.* **1.** breadth **2.** (*liberalità*) liberality **3.** (*abbondanza*) plenty.
largire *vt.* to bestow (upon).
largitore *sm.* bestower.
largizione *sf.* bestowal.
largo *agg.* broad, wide. ♦ **largo** *sm.* **1.** (*mar.*) open sea **2.** (*piazza*) square || *prendere il* —, to set (*v. irr.*) sail; (*fig.*) to run (*v. irr.*) away; *andare al* —, to take (*v. irr.*) to the open sea; *fare* —, to make (*v. irr.*) room.
làrice *sm.* larch.
laringe *sf.* larynx.
laringite *sf.* laryngitis.
larva *sf.* larva (*pl.* -ae).
lasciapassare *sm.* pass.
lasciare *vt.* **1.** to leave (*v. irr.*) **2.** (*permettere*) to let (*v. irr.*), to allow. ♦ **lasciarsi** *vr. rec.* (*separarsi*) to part.
làscito *sm.* legacy.
lascivia *sf.* lust.
lascivo *agg.* lustful.
lassativo *agg.* e *sm.* laxative.
lasso *sm.* lapse: *dopo un certo* — *di tempo,* after a lapse of time.
lassù *avv.* up there.
lastra *sf.* **1.** (*vetro*) glass sheet **2.** (*di pietra*) slab **3.** (*di metallo, foto*) plate.
lastricare *vt.* to pave.
lastricatura *sf.* paving.
làstrico *sm.* pavement || *essere sul* — (*fig.*), to be destitute.
latente *agg.* latent.
laterale *agg.* side: *via* —, by-street.
lateralmente *avv.* sideways.
laterizi *sm. pl.* bricks.
làtice *sm.* latex.
latifondista *sm.* landowner.
latifondo *sm.* large landed estate.
latinismo *sm.* Latinism.
latinista *s.* Latinist.
latinità *sf.* Latinity.
latino *agg.* e *sm.* Latin.
latitante *agg.* absconding: *essere* —, to be in hiding. ♦ **latitante** *s.* absconder.
latitanza *sf.* hiding: *darsi alla* —, to evade arrest.
latitùdine *sf.* latitude.
lato[1] *sm.* **1.** side **2.** (*fig.*) point of view || *d'altro* —, on the other hand; *da un* —, on the one hand.
lato[2] *agg.* wide || *in senso* —, in a broad sense.
latore *sm.* bearer.
latrare *vi.* to bark.
latrato *sm.* barking.
latrina *sf.* lavatory.
latta *sf.* tin.

lattaio *sm.* milkman (*pl.* -men).
lattante *agg.* unweaned. ♦ **lattante** *s.* suckling (baby).
latte *sm.* milk.
làtteo *agg.* milky.
latterìa *sf.* dairy.
latticini *sm. pl.* dairy products.
lattiera *sf.* milk-jug.
lattiginoso *agg.* **1.** milky **2.** (*bot.*) lactescent.
lattoniere *sm.* tinker.
lattosio *sm.* lactose.
lattuga *sf.* lettuce.
laudativo *agg.* laudatory.
làurea *sf.* degree.
laureare *vt.* to confer a degree (on). ♦ **laurearsi** *vr.* to graduate.
laureato *agg.* graduated. ♦ **laureato** *sm.* graduate || — *in lettere*, Doctor of Literature Degree.
làuro *sm.* laurel.
làuto *agg.* sumptuous || *lauti guadagni*, large profits.
lavà *sf.* lava.
lavàbile *agg.* washable.
lavabo *sm.* washbowl.
lavaggio *sm.* washing: — *a secco*, dry cleaning.
lavagna *sf.* **1.** blackboard **2.** (*ardesia*) slate.
lavanda[1] *sf.* **1.** washing **2.** (*med.*) lavage.
lavanda[2] *sf.* (*bot.*) lavender.
lavandaia *sf.* laundress.
lavanderìa *sf.* laundry.
lavandino *sm.* sink.
lavapiatti *s.* dish-washer.
lavare *vt.* to wash: — *a secco*, to dry-clean. ♦ **lavarsi** *vr.* to wash (oneself).
lavata *sf.* wash || *dare una — di capo* (*fig.*), to scold.
lavativo *sm.* **1.** (*med.*) enema **2.** (*fig.*) lazy-bones.
lavatoio *sm.* **1.** wash-house **2.** (*asse per lavare*) wash-board.
lavatrice *sf.* **1.** washer **2.** (*lavabiancheria*) washing machine.
lavatura *sf.* washing.
lavina *sf.* landslip.
lavorante *sm.* worker.
lavorare *vi.* e *vt.* to work.
lavorativo *agg.* working || *ora lavorativa*, man-hour.
lavoratore *agg.* working. ♦ **lavoratore** *sm.* worker || — *a giornata*, day-labourer.
lavorazione *sf.* **1.** processing **2.** (*fattura*) work **3.** (*agr.*) tilling || — *a mano*, handwork.
lavorìo *sm.* intense activity.
lavoro *sm.* **1.** work **2.** (*occupazione*) job || — *a ore*, work by the hour; *lavori di casa*, housework; — *su ordinazione*, work to order; *eccesso di* —, overwork; — *in proprio*, self-employment.
lazzaretto *sm.* lazaretto.
lazzarone *sm.* slacker.
lazzo *sm.* joke.
le *art.* the. ♦ **le** *pron.* **1.** (*sing.*) her, to her **2.** (*pl.*) them **3.** (*forma di cortesia*) you, to you.
leale *agg.* **1.** loyal **2.** (*corretto*) fair.
lealtà *sf.* **1.** loyalty **2.** (*correttezza*) fairness.
lebbra *sf.* leprosy.
lebbrosario *sm.* leper hospital.
lebbroso *agg.* leprous. ♦ **lebbroso** *sm.* leper.
leccapiedi *sm.* bootlicker.
leccare *vt.* to lick. ♦ **leccarsi** *vr.* to lick (oneself).
leccata *sf.* licking.
leccornìa *sf.* dainty.
lécito *agg.* **1.** lawful **2.** (*giusto*) right **3.** (*permesso*) allowed. ♦ **lécito** *sm.* right.
lèdere *vt.* **1.** to injure **2.** (*danneggiare*) to damage.
lega *sf.* **1.** league **2.** (*di metalli*) alloy || *di buona* —, genuine; *di cattiva* —, low.
legaccio *sm.* string.
legale *agg.* legal, lawful || *procedere per vie legali*, to have recourse to the law. ♦ **legale** *sm.* lawyer.
legalità *sf.* legality.
legalizzare *vt.* **1.** to legalize **2.** (*autenticare*) to authenticate.
legalizzazione *sf.* **1.** legalization **2.** (*autenticazione*) authentication.
legame *sm.* **1.** string **2.** (*vincolo*) tie **3.** (*connessione*) link.
legamento *sm.* **1.** string **2.** (*anat.*) ligament.
legare[1] *vt.* **1.** to tie **2.** (*di metalli*) to alloy (with) **3.** (*aver connessione*) to be connected. ♦ **legarsi** *vr.* to bind (*v. irr.*) oneself.
legare[2] *vt.* (*giur.*) to bequeath.
legatario *sm.* legatee.
legato[1] *sm.* **1.** ambassador **2.** (*eccl.*) legate.
legato[2] *sm.* (*giur.*) legacy.
legatore *sm.* binder.
legatorìa *sf.* bookbinder's establishment.

legatura *sf.* **1.** binding **2.** (*mus.; med.*) ligature.
legazione *sf.* legation.
legge *sf.* **1.** law **2.** (*singola*) act **3.** (*regola*) rule || *progetto di —*, bill; *a norma di —*, according to the law; *a termini di —*, as bv law enacted.
leggenda *sf.* legend.
leggendario *agg.* legendary.
lèggere *vt.* to read (*v. irr.*).
leggerezza *sf.* lightness.
leggero *agg.* light.
leggiadrìa *sf.* loveliness.
leggiadro *agg.* lovely.
leggìbile *agg.* readable.
leggìo *sm.* **1.** reading-desk **2.** (*mus.*) music-stand.
legiferare *vi.* to legislate.
legionario *agg.* e *sm.* legionary.
legione *sf.* legion.
legislativo *agg.* legislative.
legislatore *sm.* legislator.
legislatura *sf.* legislature.
legislazione *sf.* legislation.
legittimare *vt.* to legitimate.
legittimazione *sf.* legitimation.
legittimità *sf.* legitimacy.
legìttimo *agg.* legitimate.
legna *sf.* wood || *— da ardere,* firewood.
legnaia *sf.* wood-store.
legname *sm.* **1.** wood **2.** (*da costruzione*) timber.
legnata *sf.* blow with a cudgel.
legno *sm.* wood || *di —*, wooden.
legnosità *sf.* woodiness.
legnoso *agg.* **1.** woody **2.** (*duro*) tough.
legume *sm.* legume.
leguminoso *agg.* leguminous.
lei *pron.* **1.** (*sogg.*) she, (*compl.*) her **2.** (*forma di cortesia*) you.
lembo *sm.* **1.** edge **2.** (*pezzo*) strip.
lemma *sm.* lemma.
lèmure *sm.* lemur. ♦ **lèmuri** *sm. pl.* (*mit.*) lemures.
lena *sf.* **1.** energy **2.** (*respiro*) breath.
lenire *vt.* to soothe.
lenone *sm.* pander.
lente *sf.* lens: *— d'ingrandimento,* magnifying lens || *lenti,* glasses.
lentezza *sf.* slowness.
lenticchia *sf.* lentil.
lentìggine *sf.* freckle.
lentigginoso *agg.* freckly.
lento *agg.* **1.** slow **2.** (*non teso*) loose.
lenza *sf.* fishing-line.
lenzuolo *sm.* sheet.
leone *sm.* lion.
leonessa *sf.* lioness.
leonino *agg.* leonine.
leopardo *sm.* leopard.
lèpido *agg.* witty.
lepidòttero *sm.* lepidopteron (*pl.* -era).
leporino *agg.* leporine || *labbro —*, hare-lip.
lepre *sf.* hare.
lercio *agg.* filthy.
lèsbica *agg.* e *sf.* Lesbian.
lésina *sf.* awl.
lesinare *vi.* to be stingy. ♦ **lesinare** *vt.* to grudge.
lesionare *vt.* to damage, to injure.
lesione *sf.* **1.** lesion, injury **2.** (*danno*) damage.
lesivo *agg.* harmful.
leso *agg.* **1.** injured **2.** (*danneggiato*) damaged.
lessare *vt.* to boil.
lessicale *agg.* lexical.
lèssico *sm.* lexicon.
lessicografìa *sf.* lexicography.
lessicologìa *sf.* lexicology.
lesso *agg.* boiled. ♦ **lesso** *sm.* boiled meat.
lestezza *sf.* quickness.
lesto *agg.* quick.
lestofante *sm.* swindler.
letale *agg.* lethal.
letamaio *sm.* dunghill.
letame *sm.* dung.
letàrgico *agg.* **1.** lethargic **2.** (*di animali, in inverno*) hibernating; (*id., in estate*) estivating.
letargo *sm.* **1.** lethargy **2.** (*di animali, in inverno*) hibernation; (*id., in estate*) estivation.
letizia *sf.* joy.
lèttera *sf.* letter || *alla —*, literally.
letterale *agg.* literal.
letterario *agg.* literary.
letterato *agg.* lettered. ♦ **letterato** *sm.* literary man.
letteratura *sf.* literature.
lettiga *sf.* stretcher.
letto *sm.* bed || *camera da —*, bedroom; *vagone —*, sleeping-car.
lettore *sm.* reader.
lettura *sf.* reading.
leucemìa *sf.* leukaemia.
leucociti *sm. pl.* leucocytes.
leucoma *sm.* leucoma.
leva[1] *sf.* **1.** lever **2.** (*fig.*) stimulus || *far — sui sentimenti di qu.*, to

play on so.'s feelings.
leva[2] *sf.* (*mil.*) draft: *essere di —*, to be due for draft.
levante *sm.* **1.** east **2.** (*vento*) levanter.
levare *vt.* **1.** (*sollevare*) to raise **2.** (*togliere*) to take (*v. irr.*) off. ♦ **levarsi** *vr.* **1.** to rise (*v. irr.*) **2.** (*togliersi*) to take off.
levata *sf.* **1.** (*di sole*) rising **2.** (*di posta*) collection || *— di scudi* rebellion.
levataccia *sf.* early rising.
levatoio *agg.* *ponte —*, drawbridge.
levatrice *sf.* midwife (*pl.* -wives).
levatura *sf.* intelligence.
levigare *vt.* to smooth.
levigatezza *sf.* smoothness.
levigato *agg.* smooth.
levitazione *sf.* levitation.
levrière *sm.* greyhound.
lezione *sf.* **1.** lesson **2.** (*universitaria*) lecture **3.** (*lett.*) reading.
leziosàggine *sf.* affectation.
lezioso *agg.* affected.
lezzo *sm.* stench.
li *pron.* them.
lì *avv.* there: *— vicino*, near there; *— dentro*, in there || *— per —*, at first; *di — a poco*, soon after; *giù di — (press'a poco)*, thereabouts; *essere — per*, to be on the point of.
liana *sf.* liana.
libagione *sf.* libation.
libbra *sf.* pound.
libeccio *sm.* Southwest wind.
libello *sm.* libel.
libèllula *sf.* dragonfly.
liberale *agg.* e *sm.* liberal.
liberalismo *sm.* liberalism.
liberalità *sf.* generosity.
liberalizzare *vt.* to liberalize.
liberare *vt.* **1.** to free **2.** (*da pericoli*) to rescue **3.** (*sbarazzare*) to rid (*v. irr.*) (of). ♦ **liberarsi** *vr.* (*sbarazzarsi*) to get (*v. irr.*) rid (of).
liberatore *agg.* liberating. ♦ **liberatore** *sm.* deliverer.
liberazione *sf.* liberation.
lìbero *agg.* free.
liberoscambista *agg.* e *sm.* free-trader.
libertà *sf.* liberty, freedom.
libertario *agg.* e *sm.* libertarian.
liberticida *agg.* e *s.* liberticide.
libertinaggio *sm.* libertinage.
libertino *agg.* e *sm.* libertine.
libìdine *sf.* lust.
libidinoso *agg.* lustful.
libido *sf.* lustfulness.
libraio *sm.* bookseller.
librarsi *vr.* to hover.
librerìa *sf.* **1.** bookshop **2.** (*mobile*) bookcase.
libresco *agg.* bookish.
libretto *sm.* **1.** booklet **2.** (*d'opera*) libretto || *— di assegni*, cheque-book; *— di risparmio*, savings-book; *— personale*, record-book.
libro *sm.* book.
licenza *sf.* **1.** (*abuso*) licence **2.** (*permesso*) permission, leave **3.** (*documento*) licence.
licenziamento *sm.* dismissal.
licenziare *vt.* to dismiss. ♦ **licenziarsi** *vr.* to give (*v. irr.*) up one's job.
licenziosità *sf.* licentiousness.
licenzioso *agg.* licentious.
lichene *sm.* lichen.
licitazione *sf.* sale by auction.
lido *sm.* shore.
lieto *agg.* glad.
lieve *agg.* slight.
lievitare *vi.* to rise (*v. irr.*). ♦ **lievitare** *vt.* to leaven.
lievitazione *sf.* leavening.
lièvito *sm.* **1.** yeast **2.** (*fermento*) ferment.
ligio *agg.* faithful, observant (of).
lignaggio *sm.* lineage.
lìgneo *agg.* wooden.
lignite *sf.* lignite.
lillà *sm.* lilac.
lillipuziano *agg.* e *sm.* Lilliputian.
lima *sf.* file.
limaccioso *agg.* slimy.
limare *vt.* **1.** to file **2.** (*fig.*) to polish.
limatrice *sf.* (*mecc.*) shaping-machine.
limatura *sf.* filing.
limbo *sm.* limbo.
limitare *vt.* to limit. ♦ **limitarsi** *vr.* (*controllarsi*) to check oneself.
limitatezza *sf.* limitation.
limitativo *agg.* limitative.
limitato *agg.* limited.
limitazione *sf.* limitation: *— delle nascite*, birth-control.
lìmite *sm.* limit: *— di velocità*, speed-limit || *— di rottura*, breaking-point.
limìtrofo *agg.* neighbouring.
limo *sm.* slime.
limonata *sf.* lemonade.

limone *sm.* lemon.
limpidezza *sf.* clearness.
lìmpido *agg.* limpid, clear.
lince *sf.* lynx.
linciaggio *sm.* lynching
linciare *vt.* to lynch.
lindo *agg.* neat.
lìnea *sf.* line || *aereo di —*, air-liner; *mantenere la —*, to keep (*v. irr.*) one's figure.
lineamenti *sm. pl.* **1.** features **2.** (*linee essenziali*) outlines.
lineare *agg.* **1.** linear **2.** (*fig.*) unswerving.
lineetta *sf.* **1.** dash **2.** (*trattino d'unione*) hyphen.
linfa *sf.* (*biol.*) lymph.
linfàtico *agg.* lymphatic.
linfatismo *sm.* lymphatism.
lingotto *sm.* ingot.
lingua *sf.* **1.** tongue **2.** (*linguaggio*) language.
linguacciuto *agg.* talkative.
linguaggio *sm.* language.
linguetta *sf.* **1.** flap **2.** (*mecc.; di scarpe*) tongue.
linguista *s.* linguist.
linguìstica *sf.* linguistics.
linguìstico *agg.* linguistic.
linimento *sm.* liniment.
lino *sm.* flax.
linòleum *sm.* linoleum.
linone *sm.* lawn.
linotipìa *sf.* linotyping.
linotipista *s.* linotypist.
liquefare *vt.* to liquefy. ♦ **liquefarsi** *vr.* to liquefy.
liquefazione *sf.* liquefaction.
liquidare *vt.* **1.** to liquidate **2.** (*comm.*) to sell (*v. irr.*) off, to settle || *— una questione*, to settle a question.
liquidatore *sm.* liquidator.
liquidazione *sf.* liquidation, sale.
lìquido *agg.* e *sm.* liquid || *denaro —*, cash.
liquirizia *sf.* liquorice.
liquore *sm.* liqueur || *i liquori*, spirits.
liquoroso *agg.* liqueur-like.
lira *sf.* **1.** (*moneta*) lira **2.** (*mus.*) lyre.
lìrica *sf.* **1.** lyric poetry **2.** (*teatro lirico*) opera.
lìrico *agg.* lyric(al). ♦ **lìrico** *sm.* lyrist.
lirismo *sm.* lyrism.
lisciare *vt.* **1.** to smooth **2.** (*adulare*) to flatter. ♦ **lisciarsi** *vr.* to sleek oneself.
liscio *agg.* **1.** smooth **2.** (*di bevanda*) undiluted **3.** (*semplice*) plain **4.** (*di capelli*) sleek.
lisciva *sf.* lye.
liso *agg.* threadbare.
lista *sf.* **1.** (*elenco*) list, note **2.** (*striscia*) stripe.
listare *vt.* **1.** to stripe **2.** (*bordare*) to border.
listino *sm.* list.
litanìa *sf.* litany.
lite *sf.* **1.** quarrel, wrangle **2.** (*giur.*) lawsuit.
litigante *sm.* **1.** wrangler **2.** (*giur.*) litigant.
litigare *vi.* **1.** to quarrel **2.** (*giur.*) to litigate.
litigio *sm.* quarrel.
litigioso *agg.* quarrelsome.
litografìa *sf.* **1.** lithography **2.** (*pezzo singolo*) lithograph.
litogràfico *agg.* lithographic.
litorale *agg.* littoral. ♦ **litorale** *sm.* coast.
litro *sm.* litre.
liturgìa *sf.* liturgy.
litùrgico *agg.* liturgic(al).
liuto *sm.* lute.
livellamento *sm.* levelling.
livellare *vt.* to level.
livellatrice *sf.* bulldozer.
livello *sm.* level: *a — del mare*, at sea-level; *passaggio a —*, level-crossing; *essere allo stesso — di*, to be on a level with.
lìvido *agg.* livid. ♦ **lìvido** *sm.* bruise.
livore *sm.* **1.** (*invidia*) envy **2.** (*odio*) hatred.
livrea *sf.* livery.
lizza *sf.* competition, lists (*pl.*) || *essere in — (fig.)*, to be competing.
lo *art.* the. ♦ **lo** *pron.* **1.** (*per uomo*) him **2.** (*per animale, cosa*) it || *— credo*, I think so.
lobo *sm.* lobe.
locale *agg.* local. ♦ **locale** *sm.* **1.** room **2.** (*ritrovo*) place.
località *sf.* locality, spot.
localizzare *vt.* to localize.
localizzazione *sf.* localization.
locanda *sf.* inn.
locandiere *sm.* innkeeper.
locandina *sf.* play-bill.
locare *vt.* to rent.
locatario *sm.* tenant.
locativo *agg.* locative || *valore —*, rental value.

locatore *sm.* lessor.
locazione *sf.* lease.
locomotiva *sf.* locomotive.
locomotore *agg.* e *sm.* locomotive.
locomozione *sf.* locomotion.
locusta *sf.* locust.
locuzione *sf.* locution.
lodàbile *agg.* laudable.
lodare *vt.* to praise
lodatore *sm.* praiser.
lode *sf.* praise.
lodévole *agg.* praiseworthy.
logaritmo *sm.* logarithm.
loggia *sf.* **1.** (*arch.*) loggia **2.** (*massonica*) lodge.
loggione *sm.* gallery.
lògica *sf.* logic.
logicità *sf.* logicality.
lògico *agg.* logical. ♦ **lògico** *sm.* logician.
logìstica *sf.* logistics.
logìstico *agg.* logistic(al).
loglio *sm.* darnel.
logomachìa *sf.* logomachy.
logoramento *sm.* **1.** wear **2.** (*fig.*) wasting away.
logorante *agg.* wearing.
logorare *vt.* to wear (*v. irr.*) (out, down). ♦ **logorarsi** *vr.* to wear (out, down).
logorìo *sm.* wear and tear.
lògoro *agg.* worn (out, down).
lombàggine *sf.* lumbago.
lombardo *agg.* e *sm.* Lombard.
lombare *agg.* lumbar.
lombi *sm. pl.* loins.
lombrico *sm.* earth-worm.
longànime *agg.* forbearing.
longanimità *sf.* forbearance.
longevità *sf.* longevity.
longevo *agg.* longevous.
longitudinale *agg.* longitudinal.
longitùdine *sf.* longitude.
lontananza *sf.* distance: *in —*, in the distance.
lontano *agg.* **1.** far **2.** (*nel tempo*) far off, distant **3.** (*vago*) vague. ♦ **lontano** *avv.* far || *da —*, from afar.
lontra *sf.* otter.
loquace *agg.* talkative.
loquacità *sf.* talkativeness.
loquela *sf.* glibness.
lordare *vt.* to soil. ♦ **lordarsi** *vr.* to get (*v. irr.*) dirty.
lordo *agg.* **1.** (*sporco*) filthy **2.** (*di peso*) gross.
loro *agg. poss.* their. ♦ **loro** *pron. poss.* theirs. ♦ **loro** *pron. pers.* **1.** (*sogg.*) they, (*compl.*) them **2.** (*forma di cortesia*) you.
losanga *sf.* lozenge.
losco *agg.* **1.** (*bieco*) sinister **2.** (*sospetto*) suspicious.
loto *sm.* **1.** (*fango*) mud **2.** (*bot.*) lotus.
lotta *sf.* **1.** struggle **2.** (*sport*) wrestling.
lottare *vi.* **1.** to struggle **2.** (*sport*) to wrestle.
lottatore *sm.* **1.** struggler **2.** (*sport*) wrestler.
lotterìa *sf.* lottery.
lottizzare *vt.* to lot.
lottizzazione *sf.* division into lots.
lotto *sm.* **1.** lot **2.** (*gioco*) state lottery.
lozione *sf.* lotion.
lubricità *sf.* lubricity.
lùbrico *agg.* **1.** lubricous **2.** (*fig.*) lascivious.
lubrificante *agg.* lubricating. ♦ **lubrificante** *sm.* lubricant.
lubrificare *vt.* to lubricate.
lubrificazione *sf.* lubrication.
lucchetto *sm.* padlock.
luccicante *agg.* glittering.
luccicare *vi.* to glitter.
luccichìo *sm.* glitter.
lùcciola *sf.* **1.** firefly **2.** (*senz'ali*) glow-worm.
luce *sf.* light || *alla — del sole* (*fig.*), openly; *dare alla — un bambino*, to give (*v. irr.*) birth to a child; *mettere in —*, to show (*v. irr.*); *venire alla —* (*nascere*), to be born.
lucente *agg.* bright.
lucentezza *sf.* brightness.
lucerna *sf.* oil-lamp.
lucernario *sm.* skylight.
lucèrtola *sf.* lizard.
lucidare *vt.* to polish.
lucidatrice *sf.* **1.** floor-polisher **2.** (*mecc.*) polishing machine.
lucidatura *sf.* polishing.
lucidezza *sf.* **1.** brightness **2.** (*di mente*) lucidness.
lucidità *sf.* lucidity.
lùcido *agg.* **1.** lucid **2.** (*lucidato*) glossy. ♦ **lùcido** *sm.* **1.** (*per scarpe*) shoe-polish **2.** (*lucidezza*) shine.
lucìgnolo *sm.* wick.
lucrare *vt.* to profit.
lucrativo *agg.* profitable.
lucro *sm.* profit: *a scopo di —*, for the sake of gain.
ludibrio *sm.* mockery

luglio *sm.* July.
lùgubre *agg.* lugubrious.
lui *pron.* **1.** (*sogg.*) he **2.** (*compl.*) him.
lumaca *sf.* snail.
lume *sm.* light || *al — di candela,* by candle-light; *perdere il — della ragione,* to be blinded by anger.
lumeggiare *vt.* (*fig.*) to put (*v. irr.*) in evidence.
luminare *sm.* luminary.
luminescenza *sf.* luminescence.
luminosità *sf.* brightness.
luminoso *agg.* bright.
luna *sf.* moon: *— calante,* waning moon; *— crescente,* waxing moon || *chiaro di —*, moonlight; *— di miele*, honeymoon; *avere la —* (*fig.*), to be in the sulks.
lunare *agg.* lunar.
lunario *sm.* almanac || *sbarcare il —*, to make (*v. irr.*) both ends meet.
lunàtico *agg.* moody.
lunazione *sf.* lunation.
lunedì *sm.* Monday.
lunetta *sf.* lunette.
lungàggine *sf.* slowness, delay.
lunghezza *sf.* length.
lungimirante *agg.* far-sighted.
lungo *agg.* **1.** long: *a —*, long; *a — andare*, in the long run **2.** (*lento*) slow || *in — e in largo*, far and wide; *di gran lunga*, by far. ♦ **lungo** *prep.* **1.** along **2.** (*durante*) during.
lungofiume *sm.* embankment.
lungolago *sm.* lake-front.
lungomare *sm.* sea-front.
lungometraggio *sm.* feature film.
luogo *sm.* place: *— di nascita,* birthplace; *sul —*, on the spot; *aver —*, to take (*v. irr.*) place; *dar —*, to cause.
luogotenente *sm.* lieutenant.
lupa *sf.* she-wolf.
lupanare *sm.* brothel.
lupara *sf.* shotgun.
lupino *sm.* (*bot.*) lupine.
lupo *sm.* wolf || *— di mare,* sea-dog; *in bocca al —!*, good luck!
lùppolo *sm.* hop.
lùrido *agg.* dirty.
luridume *sm.* dirt.
lusinga *sf.* allurement, flattery.
lusingare *vt.* to allure, to flatter.
lusinghiero *agg.* alluring, flattering.
lussare *vt.* to dislocate.
lussazione *sf.* dislocation.
lusso *sm.* luxury.
lussuoso *agg.* luxurious, rich.
lussureggiante *agg.* luxuriant.
lussureggiare *vi.* to thrive (*v. irr.*).
lussuria *sf.* lust.
lussurioso *agg.* lustful.
lustrale *agg.* lustral.
lustrare *vt.* to polish.
lustrascarpe *sm.* shoeblack.
lustratura *sf.* polish.
lustrino *sm.* spangle.
lustro *agg.* shining, shiny. ♦ **lustro** *sm.* lustre.
luteranésimo *sm.* Lutheranism.
luterano *agg.* e *sm.* Lutheran.
lutto *sm.* mourning: *mettere il —*, to go (*v. irr.*) into mourning.
luttuoso *agg.* mournful.

M

ma *cong.* **1.** but **2.** (*tuttavia*) however, still.
màcabro *agg.* macabre.
macaco *sm.* **1.** macaque **2.** (*fig.*) runt.
macché *inter.* you don't say it!
maccheroni *sm. pl.* macaroni (*sing.*).
macchia[1] *sf.* spot, stain.
macchia[2] *sf.* (*boscaglia*) bush: *darsi alla —*, to take (*v. irr.*) to the bush.
macchiare *vt.* to stain. ♦ **macchiarsi** *vr.* **1.** to get (*v. irr.*) stained **2.** (*fig.*) to soil oneself.
macchiato *agg.* spotted.
macchietta *sf.* **1.** caricature **2.** (*di persona*) character.
màcchina *sf.* **1.** engine, machine: *— calcolatrice*, calculating machine; *— per cucire*, sewing-machine; *— da presa,* cine-camera; *— per scrivere*, typewriter; *— fotografica,* camera; *fatto a —*, machine-made; *andare in —* (*di giornali*), to go (*v. irr.*) to press **2.** (*automobile*) car.
macchinale *agg.* mechanical.
macchinare *vt.* to plot.
macchinario *sm.* machinery.
macchinazione *sf.* machination.
macchinista *sm.* **1.** (*ferr.*) engine-driver **2.** (*teat.*) scene-shifter.
macchinoso *agg.* complicated.

macedonia *sf.* (*cuc.*) fruit-salad.
macellaio *sm.* butcher.
macellare *vt.* to slaughter.
macellerìa *sf.* butcher's shop.
macello *sm.* **1.** (*luogo dove si macella*) slaughter-house **2.** (*massacro*) slaughter.
macerare *vt.* **1.** to soak **2.** (*di lino, canapa*) to ret. ♦ **macerarsi** *vr.* (*fig.*) to waste (away).
maceratoio *sm.* rettery.
macerazione *sf.* **1.** soaking **2.** (*industria tessile*) retting.
macerie *sf. pl.* rubble (*sing.*), ruins.
màcero *sm.* (*per canapa e lino*) retting-ground: *carta da* —, waste-paper.
machiavèllico *agg.* Machiavellian.
machiavellismo *sm.* Machiavellism.
macigno *sm.* boulder.
macilento *agg.* emaciated.
macilenza *sf.* emaciation.
màcina *sf.* grindstone.
macinacaffè *sm.* coffee-mill.
macinapepe *sm.* pepper-mill.
macinare *vt.* **1.** to grind (*v. irr.*), to mince.
macinino *sm.* grinder.
maciullare *vt.* to crush.
macrocèfalo *agg.* macrocephalous.
macrocosmo *sm.* macrocosm.
macromolècola *sf.* macromolecule.
macroscòpico *agg.* macroscopic.
maculato *agg.* spotted.
madia *sf.* **1.** kitchen cupboard **2.** (*per pane*) kneading trough.
màdido *agg.* wet: — *di sudore*, bathed in sweat.
madonna *sf.* **1.** (*titolo*) Lady, My Lady **2.** (*relig.*) The Virgin Mary, Our Lady **3.** (*pitt.*) Madonna.
madornale *agg.* huge.
madre *sf.* mother.
madrepatria *sf.* mother-country.
madreperla *sf.* mother-of-pearl.
madreperlàceo *agg.* pearly.
madrèpora *sf.* madrepore.
madrepòrico *agg.* madreporic.
madrevite *sf.* **1.** nut screw **2.** (*utensile*) die.
madrigale *sm.* madrigal.
madrina *sf.* godmother.
maestà *sf.* majesty.
maestosità *sf.* majesty.
maestoso *agg.* majestic.
maestra *sf.* (*scol.*) teacher.
maestrale *sm.* mistral.
maestranza *sf.* skilled workers (*pl.*).
maestrìa *sf.* skill, ability.
maestro *sm.* **1.** (*scol.*) teacher **2.** (*uomo dotto*) master **3.** (*mus.*) conductor, "maestro" || *albero* —, mainmast.
mafia *sf.* "Mafia".
maga *sf.* sorceress.
magagna *sf.* flaw, imperfection.
magari *inter.* if only! ♦ **magari** *avv.* (*forse*) perhaps, maybe. ♦ **magari** *cong.* even if.
magazzinaggio *sm.* storage.
magazziniere *sm.* store-keeper.
magazzino *sm.* warehouse || *fondi di* —, unsold stock.
maggese *sm.* fallow land.
maggio *sm.* May.
maggiolino *sm.* May-bug.
maggiorana *sf.* marjoram.
maggioranza *sf.* majority, most (of).
maggiorare *vt.* to increase.
maggiorazione *sf.* increase, charge.
maggiordomo *sm.* butler.
maggiore *agg.* **1.** (*più grande, ampio*) greater, larger **2.** (*più vecchio*) older: *il* —, the oldest **3.** (*di fratelli*) elder (*fra due*), eldest (*fra molti*). ♦ **maggiore** *sm.* **1.** (*mil.*) major **2.** (*superiore*) superior.
maggiorenne *agg.* of age: *diventare* —, to come (*v. irr.*) of age. ♦ **maggiorenne** *sm.* major.
maggiorente *sm.* notable.
maggioritario *agg.* majority (*attr.*).
maggiormente *avv.* more, much more.
magìa *sf.* magic.
màgiaro *agg.* e *sm.* Magyar.
magicamente *avv.* magically.
màgico *agg.* magical.
magistrale *agg.* **1.** magisteral || *scuola* —, teachers' institute **2.** (*eccellente*) masterly.
magistralmente *avv.* skilfully.
magistrato *sm.* Magistrate.
magistratura *sf.* magistracy.
maglia *sf.* **1.** (*di lavoro a maglia*) stitch || *lavorare a* —, to knit (*v. irr.*) **2.** (*indumento*) vest **3.** (*di catena*) link.
magliaia *sf.* knitter.
maglierìa *sf.* hosiery.
maglificio *sm.* hosiery.
maglio *sm.* **1.** mallet **2.** (*mecc.*) hammer.
maglione *sm.* sweater.
magma *sm.* magma.
magnanimità *sf.* magnanimity.

magnànimo *agg.* magnanimous.
magnate *sm.* magnate.
magnesia *sf.* magnesia.
magnesio *sm.* magnesium. *lampo al* —, flash.
magnete *sm.* magnet.
magnètico *agg.* magnetic.
magnetismo *sm.* magnetism.
magnetite *sf.* magnetite.
magnetizzare *vt.* to magnetize.
magnetizzatore *sm.* magnetizer.
magnetizzazione *sf.* magnetization.
magnetòfono *sm.* tape-recorder.
magnetòmetro *sm.* magnetometer.
magnificamente *avv.* magnificently.
magnificare *vt.* to extol, to glorify.
magnificenza *sf.* magnificence.
magnìfico *agg.* magnificent.
magniloquente *agg.* magniloquent.
magniloquenza *sf.* magniloquence.
magnolia *sf.* magnolia.
mago *sm.* wizard.
magra *sf.* (*di fiumi*) low water.
magrezza *sf.* thinness.
magro *agg.* **1.** thin **2.** (*di carni*) lean.
mah *inter.* who knows!
mai *avv.* **1.** ever **2.** (*non mai*) never: — *e poi* —, never never; — *più*, never more; *caso* —, if; *non si sa* —, you never can tell; *meglio tardi che* —, better late than never.
maiale *sm.* **1.** pig **2.** (*carne*) pork.
maièutica *sf.* maieutics.
maiòlica *sf.* majolica.
maionese *sf.* mayonnaise
mais *sm.* maize.
maiùscola *sf.* capital letter.
maiuscoletto *sm.* small capitals.
maiùscolo *agg.* capital.
malaccorto *agg.* ill-advised
malachite *sf.* malachite.
malacreanza *sf.* rudeness.
malafede *sf.* bad faith.
malaffare *sm.* **1.** *donna di* —, whore **2.** *gente di* —, crooks (*pl.*).
malagévole *agg.* difficult, hard.
malagrazia *sf.* bad grace.
malalingua *sf.* backbiter.
malamente *avv.* badly.
malandato *agg.* in bad condition.
malandrino *sm.* **1.** brigand **2.** (*fam.*) rogue.
malànimo *sm.* malevolence.
malanno *sm.* **1.** calamity **2.** (*malattia*) illness.
malapena (*nella loc. avv.*) *a* —, hardly.
malaria *sf.* malaria.
malaticcio *agg.* sickly.
malato *agg.* sick, ill. ♦ **malato** *sm.* patient.
malattìa *sf.* sickness, disease.
malauguratamente *avv.* unluckily.
malaugurato *agg.* ill-fated.
malaugurio *sm.* ill-omen.
malavita *sf.* underworld.
malavoglia *sf.* unwillingness || *di* —, reluctantly.
malcapitato *agg.* unlucky. ♦ **malcapitato** *sm.* victim.
malconcio *agg.* **1.** battered **2.** (*contuso*) bruised.
malcontento *agg.* dissatisfied (with). ♦ **malcontento** *sm.* discontent.
malcostume *sm.* immorality, corruption.
maldestro *agg.* awkward.
maldicente *agg.* disparaging. ♦ **maldicente** *sm.* slanderer.
maldicenza *sf.* backbiting.
maldisposto *agg.* ill-disposed, hostile.
male *sm.* **1.** evil **2.** (*malattia*) illness, disease **3.** (*dolore fisico*) pain || — *di testa*, headache. ♦ **male** *avv.* badly, ill.
maledettamente *avv.* awfully.
maledetto *agg.* cursed.
malèdico *agg.* slanderous.
maledire *vt.* to curse.
maledizione *sf.* curse, malediction || —*!* (*inter.*), damn!
maleducato *agg.* rude, impolite.
maleducazione *sf.* rudeness.
malefatta *sf.* mischief.
maleficio *sm.* sorcery.
malèfico *agg.* harmful.
malerba *sf.* weed.
malese *agg.* e *sm.* Malay.
malèssere *sm.* **1.** malaise **2.** (*disagio*) uneasiness.
malestro *sm.* mischief.
malevolenza *sf.* malevolence.
malèvolo *agg.* malevolent.
malfamato *agg.* ill-famed.
malfatto *agg.* **1.** ill-shaped **2.** (*di abito*) ill-fitting.
malfattore *sm.* evil-doer.
malfermo *agg.* shaky || *salute malferma*, poor health.
malfido *agg.* unreliable.
malfondato *agg.* ill-grounded.

malformato *agg.* malformed.
malformazione *sf.* malformation.
malgarbo *sm.* bad grace.
malgoverno *sm.* misgovernment, misrule.
malgrado *prep.* e *avv.* in spite of. ♦ **malgrado (che)** *cong.* though, although.
malìa *sf.* (*fascino*) fascination.
maliarda *sf.* **1.** (*donna affascinante*) fascinating woman **2.** (*maga*) witch.
malignamente *avv.* maliciously.
malignare *vi.* to speak (*v. irr.*) ill (of).
malignità *sf.* malice.
maligno *agg.* malicious: *tumore* —, malignant tumor.
malinconìa *sf.* melancholy.
malinconicamente *avv.* sadly.
malincònico *agg.* melancholy.
malincuore (*nella loc. avv.*) *a* —, unwillingly.
malintenzionato *agg.* ill-disposed.
malinteso *agg.* misplaced. ♦ **malinteso** *sm.* misunderstanding.
malizia *sf.* **1.** malice **2.** (*astuzia*) cunning.
maliziosamente *avv.* artfully.
malizioso *agg.* malicious, mischievous.
malleàbile *agg.* malleable.
malleabilità *sf.* malleability.
malleverìa *sf.* bail.
malloppo *sm.* swag.
malmenare *vt.* to manhandle.
malmesso *ag.* poorly dressed.
malnato *agg.* ill-bred.
malocchio *sm.* evil eye.
malora *sf.* ruin || *va alla* —!, go to the devil!
malore *sm.* illness.
malpensante *agg.* wrong-thinking.
malsano *agg.* unhealthy.
malsicuro *agg.* unsafe.
malta *sf.* mortar.
maltempo *sm.* bad weather.
maltenuto *agg.* untidy.
maltese *agg.* e *sm.* Maltese.
malto *sm.* malt.
maltolto *agg.* ill-gotten. ♦ **maltolto** *sm.* ill-gotten property.
maltosio *sm.* maltose.
maltrattamento *sm.* maltreatment.
maltrattare *vt.* to maltreat.
maltusianismo *sm.* Malthusianism.
maltusiano *agg.* e *sm.* Malthusian.
malumore *sm.* ill-humour.
malva *sf.* mallow.
malvagio *agg.* wicked.
malvagità *sf.* wickedness.
malversatore *sm.* embezzler.
malversazione *sf.* embezzlement.
malvisto *agg.* unpopular (with).
malvivente *sm.* gangster.
malvivenza *sf.* delinquency.
malvolentieri *avv.* unwillingly.
malvolere *sm.* ill-will.
malvolere *vi.* to dislike.
mamma *sf.* mama, mummy.
mammalucco *sm.* (*fam.*) simpleton.
mammella *sf.* **1.** mamma (*pl.* -ae) **2.** (*di animali da latte*) udder.
mammìfero *agg.* mammiferous. ♦ **mammìfero** *sm.* mammal.
màmmola *sf.* sweet-smelling violet.
mammùt *sm.* mammoth.
manata *sf.* slap.
manca *sf.* **1.** left hand **2.** (*parte sinistra*) left || *a dritta e a* —, on all sides.
mancante *agg.* incomplete.
mancanza *sf.* **1.** lack, shortage **2.** (*fallo*) fault || *sentire la — di qu.*, to miss so.
mancare *vi.* **1.** to be lacking (in) **2.** (*non esserci*) to be missing **3.** (*venir meno*) to fail **4.** (*agire scorrettamente*) to wrong (so.).
mancato *agg.* unsuccessful.
manchévole *agg.* defective.
manchevolezza *sf.* defect, fault.
mancia *sf.* tip || *dare la — a qu.*, to tip so.
manciata *sf.* handful.
mancina *sf.* left-hand.
mancino *agg.* left-handed. ♦ **mancino** *sm.* left-hander.
manco *avv.* not even.
mandamento *sm.* district.
mandante *sm.* **1.** instigator **2.** (*giur.*) principal.
mandare *vt.* **1.** to send (*v. irr.*) **2.** (*spedire*) to forward **3.** (*emettere*) to give (*v. irr.*) out.
mandarino *sm.* mandarin.
mandata *sf.* batch || — *di chiave*, turn.
mandatario *sm.* mandatary.
mandato *sm.* **1.** mandate **2.** (*comm.*) agency **3.** (*giur.*) warrant.
mandìbola *sf.* mandible.
mandola *sf.* mandola.
mandolinista *s.* mandolinist.
mandolino *sm.* mandolin.
màndorla *sf.* almond.
màndorlo *sm.* almond-tree.

mandràgora *sf.* mandrake.
mandria *sf.* herd.
mandriano *sm.* herdsman (*pl.* -men).
maneggévole *agg.* handy.
maneggiare *vt.* to handle.
maneggio *sm.* **1.** (*equitazione*) riding-ground **2.** (*uso*) use **3.** (*intrigo*) plot.
manesco *agg.* rough, aggressive.
manette *sf. pl.* handcuff (*sing.*).
manforte *sf.* help.
manganellare *vt.* to cudgel.
manganello *sm.* cudgel.
manganese *sm.* manganese.
mangereccio *agg.* eatable.
mangiàbile *agg.* eatable.
mangiare *vt.* to eat (*v. irr.*).
mangiata *sf.* square meal.
mangiatoia *sf.* manger.
mangime *sm.* fodder.
mangiucchiare *vt.* to nibble (at).
manìa *sf.* mania.
manìaco *agg.* **1.** maniac **2.** (*fig.*) crazy. ♦ **manìaco** *sm.* maniac.
mànica *sf.* sleeve || *essere di — larga, stretta,* to be indulgent, strict.
manicheismo *sm.* Manicheism.
manicheo *agg.* e *sm.* Manichean.
manichino *sm.* manikin.
mànico *sm.* handle.
manicomio *sm.* mental hospital.
manicotto *sm.* **1.** muff **2.** (*mecc.*) sleeve.
maniera *sf.* manner, way.
manierato *agg.* affected.
manierismo *sm.* mannerism.
maniero *sm.* castle.
manifattura *sf.* manufacture.
manifatturiero *agg.* manufacturing.
manifestante *s.* demonstrator.
manifestare *vt.* **1.** to manifest, to show (*v. irr.*) **2.** (*pol.*) to demonstrate.
manifestazione *sf.* **1.** manifestation **2.** (*pol.*) demonstration.
manifesto *agg.* manifest, clear, obvious. ♦ **manifesto** *sm.* **1.** (*affisso*) poster **2.** (*volantino*) leaflet **3.** (*dichiarazione*) manifesto.
maniglia *sf.* handle.
manigoldo *sm.* scoundrel.
manioca *sf.* manioc.
manipolare *vt.* to manipulate.
manipolatore *sm.* manipulator.
manipolazione *sf.* manipulation.
manìpolo *sm.* (*eccl.; stor.*) maniple.
maniscalco *sm.* blacksmith.
manna *sf.* **1.** manna **2.** (*fig.*) blessing.
mannaia *sf.* **1.** axe **2.** (*della ghigliottina*) knife.
mannaro *agg. lupo —,* werewolf.
mano *sf.* hand: *fatto a —,* hand-made; *stringere la —,* to shake (*v. irr.*) hands with || *a — armata,* by force of arms; *sotto —,* underhand.
manodòpera *sf.* labour.
manòmetro *sm.* manometer.
manométtere *vt.* to tamper with.
manomissione *sf.* tampering.
manòpola *sf.* **1.** knob **2.** (*impugnatura*) handle.
manoscritto *agg.* handwritten. ♦ **manoscritto** *sm.* manuscript.
manovale *sm.* hodman (*pl.* -men).
manovella *sf.* crank.
manovra *sf.* manoeuvre, operation.
manovràbile *agg.* manoeuvrable.
manovrare *vt.* **1.** to manoeuvre **2.** (*mecc.*) to operate.
manovratore *sm.* operator, driver.
manrovescio *sm.* back-handed slap.
mansarda *sf.* mansard.
mansione *sf.* function.
mansuefare *vt.* to tame.
mansueto *agg.* meek, mild.
mansuetùdine *sf.* meekness.
mantella *sf.* cape.
mantello *sm.* cloak.
mantenere *vt.* to keep (*v. irr.*), to maintain: *— la parola,* to keep one's word.
mantenimento *sm.* maintenance.
màntice *sm.* bellows (*pl.*).
manto *sm.* cloak.
manuale *agg.* manual. ♦ **manuale** *sm.* handbook.
manubrio *sm.* **1.** handle **2.** (*di bicicletta ecc.*) handle-bar.
manufatto *agg.* hand-made. ♦ **manufatto** *sm.* hand-manufactured article.
manutèngolo *sm.* abettor.
manutenzione *sf.* maintenance, servicing.
manzo *sm.* **1.** (*zool.*) steer **2.** (*carne*) beef.
maomettano *agg.* e *sm.* Mohammedan.
mappa *sf.* map.
mappamondo *sm.* globe.
marachella *sf.* trick.
marasma *sm.* **1.** (*med.*) marasmus **2.** (*fig.*) decadence.
maratona *sf.* marathon race.

marca *sf.* brand: — *di fabbrica,* trade mark.
marcare *vt.* **1.** to mark **2.** (*sport*) to score.
marcato *agg.* marked, branded.
marcatore *sm.* **1.** marker **2.** (*sport*) scorer.
marcatura *sf.* **1.** marking **2.** (*sport*) scoring.
marchesa *sf.* **1.** marchioness **2.** (*se non è inglese*) marquise.
marchesato *sm.* marquisate.
marchese *sm.* marquis.
marchiano *agg.* enormous, glaring.
marchiare *vt.* to brand.
marchiatura *sf.* branding.
marchio *sm.* **1.** stamp **2.** (*a fuoco*) brand **3.** (*fig.; comm.*) mark.
marcia *sf.* **1.** (*auto*) gear **2.** (*mil.; mus.*) march.
marciapiede *sm.* **1.** pavement **2.** (*ferr.*) platform.
marciare *vi.* to march.
marciatore *sm.* (*sport*) road-walker.
marcio *agg.* **1.** rotten **2.** (*fig.*) corrupted. ♦ **marcio** *sm.* (*fig.*) corruption.
marcire *vi.* **1.** (*guastarsi*) to go (*v. irr.*) bad **2.** (*decomporsi*) to rot (*v. irr.*).
marciume *sm.* rottenness.
marco *sm.* mark.
marconigrafìa *sf.* marconigraphy.
mare *sm.* sea.
marea *sf.* tide.
mareggiata *sf.* sea-storm.
maremma *sf.* maremma (*pl.* -me).
maremoto *sm.* seaquake.
mareògrafo *sm.* tide-gauge.
maresciallo *sm.* marshal.
margarina *sf.* margarine.
margherita *sf.* daisy.
marginale *agg.* marginal.
marginare *vt.* **1.** to border **2.** (*tip.*) to margin.
marginatura *sf.* **1.** edging **2.** (*tip.*) furniture.
màrgine *sm.* **1.** border, edge **2.** (*fig.*) margin.
marina *sf.* **1.** navy **2.** (*costa*) seashore **3.** (*pitt.*) sea-scape.
marinaio *sm.* sailor.
marinara *sf.* **1.** (*cappotto*) duffle coat **2.** (*cappello*) sailor hat.
marinare *vt.* (*cuc.*) to pickle || — *la scuola,* to play truant.
marinaresco *agg.* sailor-like.
marinaro *agg.* **1.** maritime **2.** sailor-like. ♦ **marinaro** *sm.* sailor.
marinerìa *sf.* **1.** seamanship **2.** (*marina*) navy.
marino *agg.* sea (*attr.*).
mariolo *sm.* rogue.
marionetta *sf.* puppet.
maritale *agg.* marital.
maritare *vt.* to marry. ♦ **maritarsi** *vr.* to get (*v. irr.*) married.
marito *sm.* husband.
marìttimo *agg.* maritime || *città marittima,* sea-town; *commercio* —, shipping business. ♦ **marìttimo** *sm.* seafarer || *i marittimi,* seafolk (*sing.*).
marmaglia *sf.* rabble.
marmellata *sf.* **1.** jam **2.** (*d'arance*) marmalade.
marmista *sm.* marble-cutter.
marmitta *sf.* **1.** (*cuc.*) stock-pot **2.** (*auto*) silencer's muffler.
marmo *sm.* marble.
marmocchio *sm.* kid.
marmòreo *agg.* marble.
marmotta *sf.* **1.** marmot **2.** (*di persona*) lazy-bones.
marna *sf.* marl.
marocchino *agg.* Moroccan. ♦ **marocchino** *sm.* **1.** (*persona*) Moroccan **2.** (*cuoio*) Morocco leather.
maroso *sm.* billow.
marra *sf.* **1.** (*agr.*) hoe **2.** (*mar.*) fluke.
marrone *agg.* brown. ♦ **marrone** *sm.* chestnut.
martedì *sm.* Tuesday.
martellamento *sm.* hammering.
martellare *vt.* **1.** to hammer **2.** (*mil.*) to pound **3.** (*pulsare*) to throb.
martellata *sf.* hammer-blow.
martello *sm.* hammer.
martinetto *sm.* jack.
martingala *sf.* half-belt.
màrtire *sm.* martyr.
martirio *sm.* martyrdom.
martirizzare *vt.* to martyrize.
martirologio *sm.* martyrology.
màrtora *sf.* marten.
martoriare *vt.* to torture.
marxismo *sm.* Marxism.
marxista *agg.* e *s.* Marxist.
marzapane *sm.* marzipan.
marziale *agg.* martial.
marziano *sm.* Martian.
marzo *sm.* March.
mascalzonata *sf.* knavery.
mascalzone *sm.* rascal.
mascella *sf.* jaw.

mascellare *agg.* jaw (*attr.*).
màschera *sf.* **1.** mask **2.** (*figura mascherata*) masker **3.** (*cosmesi*) face-pack **4.** (*inserviente di cinema, teatro*) usher.
mascheramento *sm.* masking.
mascherare *vt.* to mask.
mascherata *sf.* masquerade.
maschietto *sm.* male.
maschile *agg.* male.
maschio[1] *agg.* **1.** male **2.** (*virile*) manly. ♦ **maschio** *sm.* **1.** (*di animale*) (*uccelli*) cock, (*mammiferi*) bull (*attributivi*) **2.** (*di uomo*) male **3.** (*bambino*) boy.
maschio[2] *sm.* (*torre*) donjon.
mascolinità *sf.* masculinity.
masnada *sf.* gang.
masnadiere *sm.* highwayman (*pl.* -men).
masochismo *sm.* masochism.
masonite *sf.* masonite.
massa *sf.* mass, heap.
massacrante *agg.* exhausting.
massacrare *vt.* to massacre.
massacratore *sm.* slaughterer.
massacro *sm.* massacre.
massaggiare *vt.* to massage.
massaggiatore *sm.* masseur.
massaggiatrice *sf.* masseuse.
massaggio *sm.* massage.
massaia *sf.* housewife (*pl.* **-wives**).
massello *sm.* ingot.
masserìa *sf.* farm.
masserizie *sf. pl.* household goods.
massicciata *sf.* road-bed.
massiccio *agg.* solid. ♦ **massiccio** *sm.* massif.
màssima *sf.* maxim, rule || *in linea di* —, on the whole; *accordo di* —, general agreement.
massimalismo *sm.* Maximalism.
massimalista *s.* Maximalist.
màssimo *agg.* **1.** greatest, highest **2.** (*l'estremo*) utmost **3.** (*il più lungo*) longest. ♦ **màssimo** *sm.* **1.** most **2.** (*il meglio*) best **3.** (*mat.; fis.*) maximum.
masso *sm.* boulder.
massone *sm.* freemason.
massonerìa *sf.* freemasonry.
mastello *sm.* tub.
masticare *vt.* to chew.
masticazione *sf.* mastication.
màstice *sm.* rubber.
mastino *sm.* mastiff.
mastite *sf.* mastitis.
mastodonte *sm.* **1.** (*zool.*) mastodon **2.** (*fig.*) giant.
mastodòntico *agg.* colossal.
mastòide *sf.* mastoid.
mastoidite *sf.* mastoiditis.
mastro *sm.* **1.** (*libro*) ledger **2.** (*appellativo*) Master.
masturbazione *sf.* masturbation.
matassa *sf.* **1.** hank **2.** (*fig.*) tangle.
matemàtica *sf.* mathematics.
matemàtico *agg.* mathematical. ♦ **matemàtico** *sm.* mathematician.
materasso *sm.* mattress.
materia *sf.* matter, subject.
materiale *agg.* **1.** material **2.** (*rozzo*) rough. ♦ **materiale** *sm.* material.
materialismo *sm.* materialism.
materialista *s.* materialist.
materialìstico *agg.* materialistic.
materializzare *vt.* to materialize.
maternità *sf.* maternity.
materno *agg.* motherly, maternal || *scuola materna*, nursery-school.
matita *sf.* pencil.
matriarcato *sm.* matriarchy.
matrice *sf.* **1.** matrix (*pl.* matrices) **2.** (*comm.*) counterfoil.
matricida *s.* matricide.
matricidio *sm.* matricide.
matrìcola *sf.* **1.** matricula, register || *numero di* —, matriculation number **2.** (*scol.*) freshman (*pl.* -men).
matricolato *agg.* matriculated || *briccone* —, arrant knave.
matrigna *sf.* stepmother.
matrimoniale *agg.* matrimonial.
matrimonio *sm.* **1.** marriage **2.** (*cerimonia nuziale*) wedding.
matrona *sf.* matron.
matta *sf.* **1.** mad woman (*pl.* women) **2.** (*al gioco*) jolly joker.
mattacchione *sm.* joker.
mattatoio *sm.* slaughter-house.
matterello *sm.* rolling-pin.
mattina *sf.* morning.
mattinata *sf.* **1.** morning **2.** (*teat.*) matinée.
mattiniero *agg.* early-rising.
mattino *sm.* morning.
matto[1] *agg.* mad, crazy. ♦ **matto** *sm.* madman (*pl.* -men).
matto[2] *agg.* **1.** (*non lucido*) mat **2.** (*di gioielli*) false.
mattone *sm.* **1.** brick **2.** (*fig.*) bore.
mattonella *sf.* tile.
mattutino *agg.* morning (*attr.*). ♦ **mattutino** *sm.* (*eccl.*) matins (*pl.*).
maturare *vi.* e *vt.* to ripen, to mature (*anche fig.*).

maturazione *sf.* maturation, ripening (*anche fig.*).
maturità *sf.* ripening, maturity (*anche fig.*).
maturo *agg.* ripe, mature (*anche fig.*).
mausoleo *sm.* mausoleum.
mazurca *sf.* mazurka.
mazza *sf.* **1.** (*clava*) club **2.** (*martello di legno*) mallet.
mazzata *sf.* heavy blow (*anche fig.*).
mazziere *sm.* **1.** mace-bearer **2.** (*di carte*) dealer.
mazzo *sm.* **1.** bunch **2.** (*di carte*) pack || *fare il* —, to shuffle **3.** (*di fiori*) bouquet.
mazzolino *sm.* (*di fiori*) posy.
mazzuolo *sm.* mallet.
me *pron.* **1.** me **2.** (*me stesso*) myself.
meandro *sm.* **1.** meander **2.** (*labirinto*) maze.
meato *sm.* meatus.
meccànica *sf.* mechanics.
meccànico *agg.* mechanical. ♦ **meccànico** *sm.* mechanic.
meccanismo *sm.* **1.** gear **2.** (*movimento*) motion.
meccanizzare *vt.* to mechanize.
meccanizzazione *sf.* mechanization.
meccanografia *sf.* mechanography.
meccanogràfico *agg.* mechanographic.
mecenate *sm.* Maecenas.
mecenatismo *sm.* patronage.
medaglia *sf.* medal.
medaglione *sm.* **1.** locket **2.** (*arch.*) medallion.
medaglista *sm.* **1.** (*incisore*) medallist **2.** (*collezionista*) collector of medals.
medésimo *agg.* e *pron.* V. *stesso.*
media *sf.* **1.** average: *alla — di,* at an average of **2.** (*mat.*) mean.
mediana *sf.* median line.
mediànico *agg.* mediumistic.
mediano *agg.* **1.** medial, middle (*attr.*) **2.** (*geom.; anat; bot.*) median. ♦ **mediano** *sm.* (*sport*) half-back.
mediante *prep.* by, by means of, through.
mediato *agg.* indirect.
mediatore *sm.* **1.** mediator **2.** (*comm.*) broker.
mediazione *sf.* **1.** mediation **2.** (*comm.*) brokerage.
medicamento *sm.* medicament.
medicare *vt.* to dress.
medicastro *sm.* quack (doctor).
medicazione *sf.* **1.** medication **2.** (*di ferita*) dressing.
medicina *sf.* medicine.
medicinale *sm.* medicinal.
mèdico *agg.* medical. ♦ **mèdico** *sm.* physician, doctor.
medievale *agg.* medieval.
medio *sm.* **1.** (*dito*) middle finger **2.** (*mat.*) mean. ♦ **medio** *agg.* **1.** middle **2.** (*normale, che risulta da una media*) average.
mediocre *agg.* second-rate.
mediocrità *sf.* mediocrity.
medioevo *sm.* Middle Ages (*pl.*).
meditabondo *agg.* thoughtful.
meditare *vt.* **1.** to ponder **2.** (*avere un'intenzione*) to meditate.
meditativo *agg.* meditative.
meditazione *sf.* meditation.
mediterràneo *agg.* **1.** inland **2.** Mediterranean.
medium *sm.* medium.
medusa *sf.* medusa (*pl.* -ae).
mefistofèlico *agg.* satanic.
mefìtico *agg.* poisonous.
megaciclo *sm.* megacycle.
megàfono *sm.* megaphone.
megalòmane *sm.* megalomaniac.
megalomanìa *sf.* megalomania.
megatone *sm.* megaton.
meglio *avv.* **1.** (*comp.*) better **2.** (*superl. rel.*) best. ♦ **meglio** *agg.* **1.** (*comp.*) better: *questo vestito è — di quello,* this dress is better than that **2.** (*superl. rel.*) best. ♦ **meglio** *sm.* best, best thing || *in mancanza di* —, for lack of anything better. ♦ **meglio** *sf.* *avere la* —, to have the better || *alla* —, as well as possible.
mela *sf.* apple.
melacotogna *sf.* quince.
melagrana *sf.* pomegranate.
melanismo *sm.* melanism.
melanzana *sf.* aubergine.
melassa *sf.* molasses (*pl.*).
melato *agg.* **1.** sweetened with honey **2.** (*fig.*) honeyed.
melenso *agg.* dull, silly.
mellifluo *agg.* honeyed.
melma *sf.* slime.
melmoso *agg.* slimy.
melo *sm.* apple-tree.
melodìa *sf.* melody.
melòdico *agg.* melodic.
melodioso *agg.* melodious.
melodramma *sm.* **1.** opera **2.** (*fig.*) melodrama.

melodrammàtico *agg.* **1.** operatic **2.** (*fig.*) melodramatic.
melograno *sm.* pomegranate-tree.
melòmane *s.* melomaniac.
melomanìa *sf.* melomania.
melone *sm.* melon.
membra *sf. pl.* limbs.
membrana *sf.* membrane.
membratura *sf* structure.
membro *sm.* **1.** member **2.** (*anat.*) limb.
memoràbile *agg.* memorable.
memorandum *sm.* memorandum (*pl.* -da).
mèmore *agg.* mindful.
memoria *sf.* **1.** memory: *— di ferro,* cast-iron memory || *a —,* by heart **2.** (*ricordo*) memory, recollection.
memoriale *sm.* **1.** (*petizione*) memorial **2.** (*libro di memorie*) memoirs (*pl.*).
memorialista *s.* memorialist.
menabò *sm.* dummy.
menadito (*nella loc. avv.*) *a —,* perfectly || *sapere qc. a —,* to have sthg. at one's finger-tips.
menagramo *sm.* bearer of ill-luck.
menare *vt.* (*condurre*) to lead (*v. irr.*) || *— vanto,* to boast; *— il can per l'aia,* to beat (*v. irr.*) about the bush; *— buono, gramo,* to bring (*v. irr.*) good, bad luck.
mendace *agg.* mendacious, false.
mendacia *sf.* mendacity.
mendicante *sm.* beggar.
mendicare *vi.* to beg.
mendicità *sf.* mendicity.
mendico *agg.* e *sm.* mendicant.
menestrello *sm.* minstrel.
meninge *sf.* meninx (*pl.* meninges).
menisco *sm.* meniscus.
meno *avv.* **1.** (*comp.*) less **2.** (*superl. rel.*) least || *fare a —,* to do (*v. irr.*) without; *non poter fare a —,* cannot help: *non posso fare a — di andare,* I cannot help going **3.** (*mat.*) minus. ♦ **meno** *prep.* but for || *a — che (non),* unless. ♦ **meno** *agg.* **1.** (*comp. sing.*) less: *è — bella di sua sorella,* she is less beautiful than her sister **2.** (*comp. con s. pl.*) fewer: *ho — libri di te,* I have fewer books than you **3.** (*superl. rel. sing.*) the least: *è il — intelligente dei miei amici,* he is the least intelligent of my friends **4.** (*superl. rel. con s. pl.*) the fewest (*raro*). ♦ **meno** *sm.* **1.** (*comp.*) less **2.** (*superl. rel.*) the least.
menomare *vt.* to lessen.
menomato *agg.* **1.** lessened **2.** (*di vista, udito*) impaired.
menomazione *sf.* **1.** lessening **2.** (*di arti, sensi*) impairment **3.** (*di persona*) disablement.
menopàusa *sf.* menopause.
mensa *sf.* table.
mensile *agg.* monthly. ♦ **mensile** *sm.* **1.** (*salario*) month's salary **2.** (*pubblicazione mensile*) monthly.
mensilità *sf.* monthly instalment || *tredicesima —,* Christmas bonus.
mensilmente *avv.* monthly, once a month.
mènsola *sf.* **1.** bracket **2.** (*scaffale*) shelf (*pl.* -lves).
menta *sf.* mint.
mentale *agg.* mental.
mentalità *sf.* mentality.
mente *sf.* mind: *persona dalla — ristretta,* narrow-minded person; *aguzzare la —,* to sharpen one's wits.
mentecatto *agg.* insane. ♦ **mentecatto** *sm.* madman (*pl.* -men).
mentina *sf.* peppermint-drop.
mentire *vi.* to lie.
mentito *agg.* false: *sotto mentite spoglie,* under false pretences.
mentitore *sm.* liar.
mento *sm.* chin.
mentolo *sm.* menthol.
mèntore *sm.* mentor.
mentre *cong.* **1.** (*temporale*) while, as, when **2.** (*avversativo*) whereas, while **3.** (*finché*) as long as, while. ♦ **mentre** *sm.* moment: *in quel —,* at that moment.
menzionare *vt.* to mention.
menzione *sf.* mention.
menzogna *sf.* falsehood.
menzognero *agg.* **1.** (*di persona*) mendacious **2.** (*di cosa*) false.
meraviglia *sf.* wonder: *sopraffatto dalla —,* wonder-struck; *non fa — che, nessuna — che,* no wonder.
meravigliare *vt.* to astonish. ♦ **meravigliarsi** *vr.* to be astonished (at).
meravigliato *agg.* astonished.
meraviglioso *agg.* wonderful.
mercante *sm.* merchant.
mercanteggiare *vi.* (*tirare sul prezzo*) to bargain, to haggle.
mercantile *agg.* mercantile. ♦ **mercantile** *sm.* cargo boat.

mercantilismo *sm.* mercantilism.
mercanzìa *sf.* merchandise.
mercato *sm.* market || *a buon* —, cheap.
merce *sf.* goods (*pl.*).
mercé *sf.* mercy.
mercede *sf.* pay, reward.
mercenario *agg.* e *sm.* mercenary.
merceologìa *sf.* technology of marketable goods.
mercerìa *sf.* **1.** haberdashery **2.** (*negozio*) haberdasher's shop.
mercerizzato *agg.* mercerized.
merciaio *sm.* haberdasher.
mercoledì *sm.* Wednesday: — *delle Ceneri*, Ash Wednesday.
mercurio *sm.* mercury, quicksilver.
merenda *sf.* afternoon snack.
meretrice *sf.* prostitute.
meretricio *sm.* prostitution.
meridiana *sf.* sun-dial.
meridiano *agg.* e *sm.* meridian.
meridionale *agg.* Southern. ♦ **meridionale** *sm.* Southerner.
meridione *sm.* south.
meringa *sf.* meringue.
merino *sm.* merino.
meritare *vt.* to deserve.
meritévole *agg.* deserving.
mèrito *sm.* merit || *in* — *a*, as to.
meritorio *agg.* meritorious, deserving.
merletto *sm.* lace.
merlo *sm.* **1.** blackbird **2.** (*sciocco*) simpleton.
merluzzo *sm.* codfish.
mero *agg.* **1.** pure **2.** (*fig.*) mere.
mesata *sf.* **1.** month **2.** (*paga di un mese*) month's pay.
méscere *vt.* to pour (out).
meschinità *sf.* meanness.
meschino *agg.* mean. ♦ **meschino** *sm.* wretch.
méscita *sf.* pouring (out).
mescolanza *sf.* **1.** mixing **2.** (*miscuglio*) mixture.
mescolare *vt.* **1.** to mix **2.** (*tè, caffè, liquori, tabacco*) to blend. ♦ **mescolarsi** *vr.* to mingle.
mescolatrice *sf.* mixer.
mese *sm.* month.
messa *sf.* **1.** (*eccl.*) Mass **2.** (*azione del mettere*) putting, setting: — *a punto*, setting up || — *a fuoco*, focusing.
messaggero *sm.* messenger.
messaggio *sm.* **1.** message **2.** (*allocuzione*) address.
messale *sm.* missal.
messe *sf.* crop, harvest.
messìa *sm.* Messiah.
messiànico *agg.* Messianic.
messianismo *sm.* Messianism.
messicano *agg.* e *sm.* Mexican.
messinscena *sf.* staging.
mestare *vt.* to stir.
mestiere *sm.* **1.** trade **2.** (*perizia*) skill **3.** (*lavoro*) work.
mestizia *sf.* sadness.
méstola *sf.* ladle.
méstolo *sm.* ladle.
mestruazione *sf.* menstruation.
meta *sf.* **1.** destination **2.** (*scopo*) aim, purpose: *senza* —, aimless.
metà *sf.* **1.** half (*pl.* halves) **2.** (*parte mediana*) middle **3.** (*coniuge*) *la mia* —, my better half.
metabolismo *sm.* metabolism.
metafìsica *sf.* metaphysics.
metàfora *sf.* metaphor.
metafòrico *agg.* metaphoric(al).
metàllico *agg.* metallic.
metallo *sm.* metal.
metallurgìa *sf.* metallurgy.
metallùrgico *agg.* metallurgic(al). ♦ **metallùrgico** *sm.* metallurgist.
metalmeccànico *sm.* metallurgist and mechanic.
metamòrfico *agg.* metamorphic.
metamorfismo *sm.* metamorphism.
metamòrfosi *sf.* metamorphosis (*pl.* -ses).
metano *sm.* methane.
metapsìchica *sf.* metapsychics.
metapsìchico *agg.* metapsychic(al).
metàstasi *sf.* metastasis (*pl.* -ses).
metempsicosi *sf.* metempsychosis (*pl.* -ses).
metèora *sf.* meteor.
meteòrico *agg.* meteoric.
meteorite *sm.* meteorite.
meteorologìa *sf.* meteorology.
meteorològico *agg.* meteorological || *previsioni meteorologiche*, weather-forecast (*sing.*).
meteoròlogo *sm.* meteorologist.
meticcio *agg.* e *sm.* mestizo (*pl.* -za).
meticoloso *agg.* meticulous.
metodicità *sf.* methodicalness.
metòdico *agg.* methodical.
metodista *agg.* e *s.* Methodist.
mètodo *sm.* method.
metodologìa *sf.* methodology.
metodològico *agg.* methodological.
mètopa *sf.* metope.
metraggio *sm.* **1.** length (in metres) **2.** (*cine*) *corto, lungo* —, short, full-length film.

mètrica *sf.* prosody.
mètrico *agg.* metric.
metrite *sf.* metritis.
metro *sm.* **1.** metre **2.** (*strumento per misurare*) rule.
metrònomo *sm.* metronome.
metronotte *sm.* night-watch.
metròpoli *sf.* metropolis (*pl.* -ses).
metropolitana *sf.* underground.
metropolitano *agg.* metropolitan.
méttere *vt.* **1.** to put (*v. irr.*) || — *in chiaro qc.*, to make (*v. irr.*) sthg. clear; — *in dubbio qc.*, to doubt sthg.; — *in serbo*, to lay (*v. irr.*) aside; — *in moto*, to start; — *in luce*, to emphasize; — *in guardia qu.*, to put so. on his guard; — *le mani su qc.*, to take (*v. irr.*) possession of; — *le mani sul fuoco per qu.*, to speak (*v. irr.*) for so. **2.** (*impiegare, di tempo*) to take **3.** (*indossare*) to put on **4.** (*paragonare*) to compare. ♦ **mettersi** *vr.* **1.** to put oneself || — *in contatto con qu.*, to get (*v. irr.*) in touch with so.; — *in testa di fare qc.*, to take into one's head to do sthg.; — *sotto*, to get down to it **2.** (*incominciare*) to begin (*v. irr.*) **3.** (*indossare*) to put (*v. irr.*) on.
mettifoglio *sm.* (*tip.*) feeder.
mezzadrìa *sf.* métayage.
mezzadro *sm.* métayer.
mezzaluna *sf.* **1.** half-moon **2.** (*emblema islamico*) crescent **3.** (*cuc.*) mincing-knife.
mezzana[1] *sf.* (*mar.*) mizzen sail.
mezzana[2] *sf.* procuress.
mezzano *agg.* middle. ♦ **mezzano** *sm.* go-between.
mezzanotte *sf.* midnight.
mezzatinta *sf.* half-tone.
mezzo[1] *agg.* **1.** half **2.** (*medio*) middle. ♦ **mezzo** *avv.* half. ♦ **in mezzo a** *prep.* **1.** in the middle of **2.** (*fra molti*) among **3.** (*fra due*) between.
mezzo[2] *sm.* **1.** means **2.** (*fis.*) medium.
mezzo[3] *agg.* (*marcio*) rotten.
mezzobusto *sm.* bust.
mezzocerchio *sm.* semicircle.
mezzodì *sm.* midday, noon.
mezzofondo *sm.* middle-distance race.
mezzogiorno *sm.* **1.** midday **2.** (*Sud*) South.
mezzosoprano *sm.* mezzo-soprano.
mi[1] *pron.* **1.** me **2.** (*me stesso*) myself **3.** (*a me*) to me.
mi[2] *sm.* (*mus.*) E, mi.
miagolare *vi.* to mew
miagolìo *sm.* mewing
miasma *sm.* miasma.
mica *sf.* mica.
miccia *sf.* fuse.
michetta *sf.* roll.
micidiale *agg.* lethal, deadly.
micino *sm.* kitten, pussy.
micosi *sf.* mycosis (*pl.* -ses).
microbio *sm.* microbe.
microbiologìa *sf.* microbiology.
microcosmo *sm.* microcosm.
microfilm *sm.* microfilm.
micròfono *sm.* microphone.
microfotografìa *sf.* microphotography.
micrometrìa *sf.* micrometry.
micròmetro *sm.* micrometer.
micron *sm.* micron.
microrganismo *sm.* microorganism.
microscopìa *sf.* microscopy.
microscòpico *agg.* microscopic(al).
microscopio *sm.* microscope.
microsolco *sm.* long-playing record.
microtelèfono *sm.* microtelephone.
midolla *sf.* crumb.
midollare *agg.* medullar.
midollo *sm.* marrow: — *spinale*, spinal cord.
miele *sm.* honey.
miètere *vt.* to reap.
mietitrice *sf.* reaper.
mietitura *sf.* reaping.
migliaio *sm.* thousand.
miglio[1] *sm.* (*bot.*) millet.
miglio[2] *sm.* (*misura di lunghezza*) mile.
miglioramento *sm.* improvement.
migliorare *vt.* to better, to improve.
migliore *agg.* **1.** (*comp.*) better: *questo libro è — di quello*, this book is better than that **2.** (*superl.*) the best: *è il — alunno della classe*, he is the best pupil in his class.
miglioria *sf.* improvement.
mignatta *sf.* leech.
mìgnolo *sm.* little finger.
migrare *vi.* to migrate.
migratore *agg.* migratory. ♦ **migratore** *sm.* migrant.
migratorio *agg.* migratory.
migrazione *sf.* migration.
miliardario *sm.* multi-millionaire.

miliardo *sm.* a thousand millions.
miliare *agg.* *pietra* —, milestone.
milionario *sm.* millionaire.
milione *sm.* million.
milionèsimo *agg.* millionth.
militante *agg.* militant.
militare[1] *agg.* military. ♦ **militare** *sm.* soldier.
militare[2] *vi.* **1.** to be a soldier **2.** (*lavorare a favore di*) to support.
militaresco *agg.* soldierlike.
militarismo *sm.* militarism.
militarista *sm.* militarist.
militarizzare *vt.* to militarize.
militarizzazione *sf.* militarization.
militarmente *avv.* militarily.
mìlite *sm.* militiaman (*pl.* -men).
milizia *sf.* Army.
miliziano *sm.* militiaman (*pl.* -men).
millantare *vt.* to boast of. ♦ **millantarsi** *vr.* to boast.
millantatore *sm.* boaster.
millanterìa *sf.* boasting.
mille *agg.* one thousand.
millenario *agg.* e *sm.* millenary.
millennio *sm.* millennium.
millepiedi *sm.* millepede.
millèsimo *agg.* thousandth.
milligrammo *sm.* milligram.
millìmetro *sm.* millimetre.
milza *sf.* spleen.
mimare *vt.* e *vi.* to mime.
mimètico *agg.* mimetic.
mimetismo *sm.* **1.** (*di animali*) mimicry **2.** (*mil.*) camouflage.
mimetizzare *vt.* to camouflage.
mimetizzazione *sf.* camouflage.
mìmica *sf.* **1.** (*teat.*) mimic art **2.** (*di gesti*) gesticulation.
mìmico *agg.* miming, mimic.
mimo *sm.* mime.
mimosa *sf.* mimosa.
mina *sf.* mine.
minaccia *sf.* threat.
minacciare *vt.* to threaten.
minaccioso *agg.* threatening.
minare *vt.* **1.** to mine **2.** (*fig.*) undermine.
minareto *sm.* minaret.
minatore *sm.* miner.
minatorio *agg.* threatening.
minchione *sm.* simpleton.
minerale *agg.* mineral. ♦ *minerale* *sm.* mineral.
mineralizzare *vt.* to mineralize.
mineralogìa *sf.* mineralogy.
minerario *agg.* mining (*attr.*).
minestra *sf.* soup.
mingherlino *agg.* slim.
miniare *vt.* **1.** to paint in miniature **2.** (*di manoscritti*) to illuminate.
miniato *agg.* illuminated.
miniatura *sf.* miniature.
miniaturista *sm.* miniaturist.
miniera *sf.* mine.
minigonna *sf.* miniskirt.
minimamente *avv.* not in the least.
minimizzare *vt.* to minimize.
mìnimo *agg.* least, slightest, smallest. ♦ **mìnimo** *sm.* minimum..
minio *sm.* red lead.
ministeriale *agg.* ministerial.
ministero *sm.* ministry: — *dell'Istruzione,* ministry of Education || — *degli Esteri, dell'Interno,* Foreign, Home Office; — *del Tesoro,* Treasury.
ministro *sm.* minister.
minoranza *sf.* minority.
minorare *vt.* to diminish.
minorato *agg.* disabled.
minorazione *sf.* **1.** (*diminuzione*) reduction **2.** (*invalidità*) disablement.
minore *agg.* **1.** (*comp.*) (*più piccolo*) smaller, less; (*più basso*) lower; (*più corto*) shorter; (*più giovane*) younger **2.** (*superl.*) the smallest, least, lowest, shortest, youngest.
minorile *agg.* juvenile.
minorenne *agg.* under age. ♦ **minorenne** *s.* minor.
minorile *agg.* juvenile.
minorità *sf.* minority.
minoritario *agg.* minority (*attr.*).
minuetto *sm.* minuet.
minugia *sf.* gut.
minùscolo *agg.* small letter.
minuta *sf.* rough copy.
minutaglia *sf.* bits and pieces (*pl.*).
minuto[1] *agg.* **1.** minute **2.** (*dettagliato*) detailed.
minuto[2] *sm.* minute.
minuto[3] *sm.* (*comm.*) retail.
minuzia *sf.* trifle.
minuziosamente *avv.* minutely.
minuziosità *sf.* minuteness.
minuzioso *agg.* minute, detailed.
minùzzolo *sm.* crumb.
mio *agg.* my. ♦ **mio** *pron.* mine
miocardìa *sf.* myocardia.
miocardio *sm.* myocardium.
miocardite *sf.* myocarditis.
miocene *sm.* miocene.
mìope *agg.* short-sighted.
miopìa *sf.* myopia.

mira *sf.* **1.** aim: *prendere la* —, to take (*v. irr.*) aim **2.** (*fig.*) aim, design.
miràbile *agg.* admirable.
mirabilia *sf. pl.* wonders.
mirabolante *agg.* astonishing.
miràcolo *sm.* miracle: *fare miracoli,* to do (*v. irr.*) miracles, (*fig.*) to work wonders.
miracoloso *agg.* miraculous.
miraggio *sm.* mirage.
mirare *vt.* to look at. ♦ **mirare** *vi.* to aim (at).
miriade *sf.* myriad.
miriagrammo *sm.* myriagram.
miriàmetro *sm.* myriametre.
miriàpodi *sm. pl.* Myriapoda.
mirìfico *agg.* wondrous.
mirino *sm.* **1.** sight **2.** (*foto*) view--finder.
mirra *sf.* myrrh.
mirtillo *sm.* bilberry.
mirto *sm.* myrtle.
misantropìa *sf.* misanthropy.
misàntropo *sm.* misanthrope.
miscela *sf.* **1.** mixture **2.** (*di caffè, tè, liquori, tabacco*) blend.
miscelare *vt.* **1.** to mix **2.** (*di caffè, tabacco, liquori ecc.*) to blend.
miscellànea *sf.* miscellany.
mischia *sf.* fray.
mischiare *vt.* to mix, to mingle.
mischiatura *sf.* **1.** (*il mischiare*) mixing **2.** (*miscuglio*) mixture.
misconòscere *vt.* not to acknowledge.
miscredente *agg.* misbelieving. ♦ **miscredente** *sm.* misbeliever.
miscredenza *sf.* misbelief.
miscuglio *sm.* **1.** mixture **2.** (*amalgama*) blend.
miseràbile *agg.* **1.** miserable **2.** (*scarso*) poor **3.** (*vile*) despicable, mean. ♦ **miseràbile** *sm.* wretch.
miserando *agg.* miserable.
miserévole *agg.* miserable, pitiable.
miseria *sf.* **1.** misery, poverty **2.** (*scarsità*) lack **3.** (*inezia*) trifle.
misericordia *sf.* mercy.
misericordioso *agg.* merciful.
mìsero *agg.* **1.** poor, scanty **2.** (*meschino*) wretched.
misfatto *sm.* misdeed.
misoginìa *sf.* misogyny.
misògino *agg.* misogynous. ♦ **misògino** *sm.* misogynist.
misoneismo *sm.* misoneism.
missaggio *sm.* mixing.
mìssile *sm.* missile.
missionario *sm.* missionary.
missione *sf.* mission.
missiva *sf.* letter.
misteriosamente *avv.* mysteriously.
misterioso *agg.* mysterious.
mistero *sm.* mystery.
mìstica *sf.* mysticism.
misticismo *sm.* mysticism.
mìstico *agg.* mystic.
mistificare *vt.* to mystify.
mistificatore *sm.* mystifier.
mistificazione *sf.* mystification.
misto *agg.* mixed.
mistura *sf.* mixture.
misura *sf.* **1.** (*misurazione, precauzione*) measure **2.** (*taglia*) size **3.** (*limite*) limit.
misuràbile *agg.* measurable.
misurare *vt.* **1.** to measure **2.** (*tec.*) to gauge **3.** (*limitare*) to limit. ♦ **misurarsi** *vr.* to compete.
misurato *agg.* measured.
misuratore *sm.* **1.** (*persona che misura*) measurer **2.** (*strumento*) gauge.
misurazione *sf.* measurement.
misurino *sm.* small measure.
mite *agg.* gentle, meek.
mitezza *sf.* gentleness, meekness.
mìtico *agg.* mythical.
mitigare *vt.* **1.** to mitigate **2.** (*passioni*) to appease **3.** (*dolori*) to relieve. ♦ **mitigarsi** *vr.* to be appeased.
mitigazione *sf.* **1.** mitigation **2.** (*di passioni*) appeasement **3.** (*di dolore*) relief.
mìtilo *sm.* mussel.
mito *sm.* myth.
mitologìa *sf.* mythology.
mitològico *agg.* mythological.
mitòmane *s.* mythomaniac.
mitomanìa *sf.* mythomania.
mitra[1] *sf.* (*eccl.*) mitre.
mitra[2] *sm.* (*mil.*) tommy-gun.
mitraglia *sf.* grape-shot.
mitragliare *vt.* to machine-gun.
mitragliatore *sm.* machine-gunner.
mitragliatrice *sf.* machine-gun.
mitragliere *sm.* machine-gunner.
mitrale *agg.* mitral.
mitrato *agg.* mitred.
mitridàtico *agg.* mithridatic.
mitridatismo *sm.* mithridatism.
mittente *sm.* sender.
mnemònica *sf.* mnemonics.
mnemònico *agg.* mnemonic.
mo' (*nella loc. prep.*) *a — di,* like.

mòbile *agg.* **1.** movable || *scala —*, escalator; *beni mobili*, personal property **2.** (*mutevole*) inconstant. ♦ **mòbile** *sm.* piece of furniture.
mobilia *sf.* furniture.
mobiliare[1] *agg.* movable, personal.
mobiliare[2] *vt.* to furnish.
mobilità *sf.* **1.** mobility **2.** (*fig.*) inconstancy.
mobilitare *vt.* to mobilize.
mobilitazione *sf.* mobilization.
mocassino *sm.* moccasin.
moccioso *agg.* snivelling. ♦ **moccioso** *sm.* young scoundrel, brat.
mòccolo *sm.* **1.** candle-end **2.** (*bestemmia*) curse.
moda *sf.* **1.** fashion: *di —*, in fashion; *fuori —*, out of fashion || *alla —*, fashionable **2.** (*abitudine, modo*) manner, way: *alla — di*, after the manner of.
modale *agg.* modal.
modalità *sf.* modality.
modanatura *sf.* moulding.
mòdano *sm.* model.
modella *sf.* model.
modellare *vt.* to model, to shape.
modellatore *sm.* modeller.
modellazione *sf.* modelling.
modello *sm.* **1.** model, pattern **2.** (*stampo*) mould.
moderare *vt.* to moderate, to check.
moderato *agg.* moderate.
moderatore *agg.* moderating. ♦ **moderatore** *sm.* moderator.
moderazione *sf.* moderation.
modernismo *sm.* modernism.
modernità *sf.* modernity.
modernizzare *vt.* to modernize.
moderno *agg.* modern, up-to-date (*attr.*).
modestia *sf.* modesty: *— a parte*, modesty apart.
modesto *agg.* modest.
modicità *sf.* **1.** moderateness **2.** (*di prezzi*) cheapness.
mòdico *agg.* moderate: *a prezzo —*, cheap.
modìfica *sf.* alteration, change.
modificare *vt.* to modify.
modificazione *sf.* V. *modifica.*
modista *sf.* milliner.
modisterìa *sf.* milliner's shop.
modo *sm.* **1.** way, manner **2.** (*gramm.*) mood **3.** (*mezzo*) means: *in nessun —*, by no means || *di — che*, so (that); *in — da*, so as to; *in che —*, how; *in qualche —*, anyhow; *oltre —*, beyond measure.
modulare *vt.* to modulate.
modulato *agg.* modulated.
modulazione *sf.* modulation
mòdulo *sm.* form.
moffetta *sf.* skunk.
mògano *sm.* mahogany.
moggio *sm.* bushel.
mogio *agg.* depressed.
moglie *sf.* wife (*pl.* wives).
moina *sf.* simpering.
mola[1] *sf.* **1.** (*di mulino*) millstone **2.** (*per arrotare*) grindstone.
mola[2] *sf.* (*itt.*) sun-fish.
molare[1] *vt.* to grind (*v. irr.*).
molare[2] *agg.* molar. ♦ **molare** *sm.* (*dente*) molar (tooth).
molatura *sf.* grinding.
molazza *sf.* muller.
mole *sf.* **1.** mass, bulk **2.** (*dimensione*) size.
molècola *sf.* molecule.
molecolare *agg.* molecular.
molestare *vt.* to molest, to tease.
molestatore *agg.* molesting. ♦ **molestatore** *sm.* molester.
molestia *sf.* nuisance, trouble.
molesto *agg.* troublesome.
molibdeno *sm.* molybdenum.
molitorio *agg.* molinary.
molla *sf.* **1.** spring **2.** (*incentivo*) spur.
mollare *vt.* **1.** (*allentare*) to slacken **2.** (*mar.*) to let (*v. irr.*) go. ♦ **mollare** *vi.* to give (*v. irr.*) in.
molle *agg.* **1.** soft **2.** (*floscio*) flabby **3.** (*debole*) weak **4.** (*inzuppato*) soaking wet. ♦ **molle** *sf. pl.* tongs.
molleggiamento *sm.* **1.** (*elasticità*) springiness **2.** (*di veicoli*) springing system.
molleggiare *vi.* to be springy.
molleggiato *agg.* sprung.
molleggio *sm.* (*di veicoli*) suspension.
molletta *sf.* **1.** (*per il bucato*) clothes-peg **2.** (*per i capelli*) hair-pin.
mollettiere *sf. pl.* puttees.
mollettone *sm.* thick flannel.
mollezza *sf.* **1.** (*morbidezza*) softness **2.** (*debolezza*) weakness.
mollica *sf.* crumb.
mollo *agg.* damp: *mettere a —*, to steep.
mollusco *sm.* mollusc.
molo *sm.* pier, wharf.
moltéplice *agg.* manifold.
molteplicità *sf.* multiplicity.

moltìplica *sf.* (*mecc.*) chain gearing.
moltiplicando *sm.* multiplicand.
moltiplicare *vt.* to multiply.
moltiplicatore *sm.* multiplier.
moltiplicazione *sf.* multiplication.
moltìssimo *agg. indef.* **1.** very much (*pl.* very many) **2.** (*di tempo*) very long. ♦ **moltìssimo** *avv.* a great deal, very much.
moltitùdine *sf.* multitude.
molto *agg. indef.* **1.** (*sing.*) much, a great deal of, a lot of, plenty of **2.** (*pl.*) many, a good many, a lot of, plenty of **3.** (*di tempo*) long. ♦ **molto** *avv.* **1.** very **2.** (*con comp.*) much, far **3.** (*di tempo*) long, a long time.
momentaneamente *avv.* at the moment.
momentàneo *agg.* momentary.
momento *sm.* **1.** moment || *dal — che*, since **2.** (*tempo, circostanza*) time **3.** (*opportunità*) chance.
mònaca *sf.* nun.
monacale *agg.* monastic.
mònaco *sm.* monk.
mònade *sf.* monad.
monarca *sm.* monarch.
monarchìa *sf.* monarchy.
monàrchico *agg.* monarchic.
monastero *sm.* monastery.
monàstico *agg.* monastic.
moncherino *sm.* stump.
monco *agg.* **1.** maimed **2.** (*fig.*) incomplete.
moncone *sm.* stump.
mondanità *sf.* **1.** society life **2.** worldliness.
mondano *agg.* worldly.
mondare *vt.* **1.** to clean || *— il grano*, to winnow the corn **2.** (*fig.*) to cleanse.
mondiale *agg.* world-wide, world (*attr.*).
mondina *sf.* rice-weeder.
mondo[1] *sm.* world: *fare il giro del —*, to go (*v. irr.*) round the world; *da che — è —*, since the world began.
mondo[2] *agg.* clean.
monellerìa *sf.* prank.
monello *sm.* little rascal, urchin.
moneta *sf.* **1.** money (*solo sing.*) **2.** (*ogni singolo pezzo*) coin **3.** (*spiccioli*) change.
monetario *agg.* monetary.
monetizzare *vt.* to monetize.
mongolfiera *sf.* montgolfier.
mongolismo *sm.* mongolism.
mòngolo *agg.* Mongolian. ♦ **mòngolo** *sm.* Mongol.
mongolòide *agg.* e *sm.* mongoloid.
monile *sm.* jewel.
monismo *sm.* monism.
mònito *sm.* warning.
monoblocco *sm.* monobloc.
monòcolo *sm.* monocle.
monocromàtico *agg.* monochromatic.
monòcromo *agg.* monochrome.
monodìa *sf.* monody.
monogamìa *sf.* monogamy.
monògamo *agg.* monogamous. ♦ **monògamo** *sm.* monogamist.
monografìa *sf.* monograph.
monogràfico *agg.* monographic.
monogramma *sm.* monogram.
monolìtico *agg.* monolithic.
monòlogo *sm.* monologue, soliloquy.
monometallismo *sm.* monometallism.
monomio *sm.* monomial.
monopàttino *sm.* scooter.
monoplano *sm.* monoplane.
monopolio *sm.* monopoly.
monopolista *sm.* monopolist.
monopolizzare *vt.* to monopolize.
monoposto *agg.* e *sm.* single-seater.
monorotaia *sf.* monorail.
monosillàbico *agg.* monosyllabic.
monosìllabo *sm.* monosyllable.
monoteismo *sm.* monotheism.
monoteista *s.* monotheist.
monoteìstico *agg.* monotheistic.
monotipo *sm.* monotype.
monotonìa *sf.* monotony.
monòtono *agg.* monotonous.
monovalente *agg.* monovalent.
monsignore *sm.* monsignor (*pl.* -ri).
monsone *sm.* monsoon.
montacàrichi *sm.* goods-lift.
montaggio *sm.* **1.** assembly: *linea di —*, assembly line **2.** (*cine*) editing **3.** (*foto*) montage.
montagna *sf.* mountain.
montagnoso *agg.* mountainous.
montanaro *agg.* mountain (*attr.*). ♦ **montanaro** *sm.* mountaineer.
montante *sm.* **1.** (*boxe*) uppercut **2.** (*mecc.; edil.*) vertical rod.
montare *vt.* **1.** (*mettere insieme*) to assemble **2.** (*cavalcare*) to ride (*v. irr.*) **3.** (*di panna*) to whip. ♦ **montare** *vi.* **1.** to climb **2.** (*alzarsi, aumentare*) to rise (*v. irr.*). ♦ **montarsi** *vr.* to get (*v. irr.*) excited.

montatore *sm.* assembler.
montatura *sf.* **1.** fitting **2.** (*fig.*) hot hair.
montavivande *sm.* dumb-waiter.
monte *sm.* **1.** mount (*seguito dal nome*) **2.** mountain || *andare a —*, to come (*v. irr.*) to nothing; *mandare a —*, to cause to fail.
montone *sm.* **1.** ram **2.** (*carne*) mutton.
montuosità *sf.* hilliness.
montuoso *agg.* hilly.
monumentale *agg.* monumental.
monumento *sm.* monument.
mora[1] *sf.* (*bot.*) mulberry.
mora[2] *sf.* (*giur.*) delay.
morale *agg.* moral. ♦ **morale** *sm.* morale. ♦ **morale** *sf.* **1.** morals (*pl.*) **2.** (*fil.*) ethics **3.** (*conclusione*) moral.
moralismo *sm.* moralism.
moralista *s.* moralist.
moralìstico *agg.* moralistic.
moralità *sf.* morality.
moralizzare *vt.* to moralize.
moralizzazione *sf.* moralization.
moratorio *agg.* moratory.
morbidezza *sf.* softness.
mòrbido *agg.* soft.
morbillo *sm.* measles (*pl.*).
morbo *sm.* disease, plague.
morbosità *sf.* morbidity.
morboso *agg.* morbid.
mordace *agg.* biting, pungent.
mordacità *sf.* mordacity.
mordente *sm.* **1.** (*mus.*) mordent **2.** (*spirito aggressivo*) bite.
mòrdere *vt.* **1.** to bite (*v. irr.*) **2.** (*tormentare*) to torment || *— il freno*, to strain at the leash; *— la polvere*, to bite the dust.
morena *sf.* moraine.
morènico *agg.* morainic.
morente *agg.* dying. ♦ **morente** *sm.* dying man.
moresco *agg.* Moorish.
morfina *sf.* morphine.
morfinòmane *s.* morphinomaniac
morfologìa *sf.* morphology.
morfològico *agg.* morphologic(al).
morganàtico *agg.* morganatic.
moribondo *agg.* dying. ♦ **moribondo** *sm.* dying man.
morigeratezza *sf.* moderation.
morigerato *agg.* moderate, sober.
morire *vi.* **1.** to die **2.** (*di luci e colori*) to fade **3.** (*di suoni*) to die out **4.** (*tramontare*) to set (*v. irr.*) ♦ **morire** *sm.* death.
mormone *agg.* e *sm.* Mormon.
mormorare *vt.* to murmur. ♦ **mormorare** *vi.* (*parlar male*) to gossip.
mormorìo *sm.* **1.** murmur **2.** (*lamento*) complaining **3.** (*malignità*) evil gossip.
moro *agg.* dark. ♦ **moro** *sm.* **1.** moor **2.** (*bot.*) mulberry-tree.
morra *sf.* "morra".
morsa *sf.* vice.
morsetto *sm.* (*mecc.*) clamp.
morsicare *vt.* to bite (*v. irr.*).
morsicatura *sf.* bite.
morsicchiare *vt.* to nibble.
morso *sm.* **1.** bite **2.** (*puntura, stimolo*) sting, pang **3.** (*del cavallo*) bit **4.** (*boccone*) morsel, bit.
mortaio *sm.* mortar.
mortale *agg.* mortal, deadly.
mortalità *sf.* mortality.
mortalmente *avv.* mortally.
mortaretto *sm.* cracker.
morte *sf.* death || *pena di —*, capital punishment; *dar la — a qu.*, to kill so.; *odiare a — qu.*, to hate so. like poison.
mortella *sf.* myrtle.
mortìfero *agg.* lethal.
mortificare *vt.* **1.** to humiliate **2.** (*reprimere*) to mortify.
mortificato *agg.* humiliated.
mortificazione *sf.* mortification.
morto *agg.* **1.** dead || *natura morta* (*pitt.*), still life; *stanco —*, dead tired **2.** (*senza vivacità*) dull. ♦ **morto** *sm.* dead man.
mortorio *sm.* funeral.
mortuario *agg.* mortuary.
mosaicista *s.* mosaicist.
mosàico *sm.* mosaic.
mosca *sf.* fly.
moscatello *sm.* muscatel.
moscato *sm.* (*vino*) muscatel. ♦ **moscato** *agg.* *noce moscata*, nutmeg.
moscerino *sm.* gnat.
moschea *sf.* mosque.
moschettiere *sm.* musketeer.
moschetto *sm.* musket.
moscio *agg.* flabby.
moscone *sm.* blue-bottle.
mossa *sf.* **1.** movement **2.** (*spostamento al gioco; fig.*) move **3.** (*sport*) starting post.
mossiere *sm.* (*sport*) starter.
mosso *agg.* **1.** (*di mare*) rough **2.** (*di capelli*) wavy.
mosto *sm.* must.

mostra *sf.* **1.** (*esposizione*) show, exhibition **2.** (*vetrina*) shop-window **3.** (*ostentazione*) display.

mostrare *vt.* **1.** to show (*v. irr.*) **2.** (*ostentare*) to show (*v. irr.*) off **3.** (*dimostrare*) to prove **4.** (*fingere*) to pretend.

mostrina *sf.* collar badge.

mostro *sm.* monster.

mostruosamente *avv.* monstrously.

mostruosità *sf.* monstrosity.

mostruoso *agg.* monstrous.

for **2.** (*giur.*) to allege.

mota *sf.* mud, mire.

motivare *vt.* **1.** to state the reason

motivazione *sf.* **1.** motivation **2.** (*giur.*) opinion.

motivo *sm.* **1.** reason || *a — di*, owing to; *senza —*, groundless **2.** (*mus.*) theme.

moto *sm.* **1.** motion, movement **2.** (*esercizio fisico*) exercise **3.** (*impulso*) impulse. ♦ **moto** *sf.* motor-cycle.

motobarca *sf.* motor-boat.

motocarrozzetta *sf.* side-car.

motocicletta *sf.* motor-cycle.

motociclismo *sm.* motor-cycling.

motociclista *s.* motor-cyclist.

motofurgone *sm.* van.

motore *agg.* motor, driving. ♦ **motore** *sm.* engine, motor.

motorista *sm.* engineer.

motorizzare *vt.* to motorize. ♦ **motorizzarsi** *vr.* to buy (*v. irr.*) a car, a motor-cycle.

motorizzazione *sf.* motorization.

motoscafo *sm.* motor-boat.

motoveìcolo *sm.* motôr vehicle.

motrice *sf.* **1.** tractor **2.** (*ferr.*) engine.

motteggiare *vt.* to make (*v. irr.*) fun of. ♦ **motteggiare** *vi.* to joke.

motteggiatore *agg.* joking. ♦ **motteggiatore** *sm.* joker.

motteggio *sm.* **1.** (*il motteggiare*) raillery **2.** (*detto arguto*) joke.

mottetto *sm.* motet.

motto *sm.* **1.** word **2.** (*proverbio*) saying **3.** (*facezia*) witticism.

movente *sm.* motive, cause.

movenza *sf.* movements (*pl.*).

movìbile *agg.* movable.

movimentare *vt.* to enliven.

movimentato *agg.* **1.** lively **2.** (*pieno di movimento*) eventful.

movimento *sm.* **1.** movement **2.** (*traffico, trambusto*) traffic, bustle.

moviola *sf.* film-editing machine.

mozione *sf.* motion.

mozzare *vt.* to cut (*v. irr.*) off.

mozzicone *sm.* **1.** stump **2.** (*di sigaretta*) butt.

mozzo[1] *agg.* cut (off).

mozzo[2] *sm.* **1.** (*di ruota*) hub **2.** (*mar.*) ship-boy.

mucca *sf.* cow.

mucchio *sm.* heap, mass.

mùcido *agg.* mouldy. ♦ **mùcido** *sm.* mould.

muco *sm.* mucus.

mucosa *sf.* mucous membrane.

mucoso *agg.* mucous.

muffa *sf.* mould.

muffire *vi.* to mildew.

muflone *sm.* moufflon.

mugghiare *vi.* **1.** to bellow **2.** (*fig.*) to roar **3.** (*del vento*) to howl.

mugghio *sm.* **1.** bellow **2.** (*fig.*) roar **3.** (*del vento*) howl.

muggire *vi.* V. *mugghiare.*

muggito *sm.* V. *mugghio.*

mughetto *sm.* lily of the valley.

mugnaio *sm.* miller.

mugolare *vi.* **1.** to howl **2.** (*piagnucolare*) to whimper.

mugolìo *sm.* **1.** howling **2.** (*piagnucolio*) whimpering.

mugugnare *vi.* to mumble.

mulattiera *sf.* mule-track.

mulattiere *sm.* mule-driver.

mulatto *sm.* mulatto.

mulìebre *agg.* feminine, womanly.

mulinare *vt.* **1.** to whirl **2.** (*fig.*) to brood (over).

mulinello *sm.* **1.** (*d'acqua*) whirlpool **2.** (*d'aria*) whirlwind **3.** (*rapido movimento*) twirl.

mulino *sm.* mill.

mulo *sm.* mule.

multa *sf.* fine.

multare *vt.* to fine.

multicolore *agg.* many-coloured.

multiforme *agg.* multiform.

mùltiplo *agg.* e *sm.* multiple.

mummia *sf.* mummy.

mummificare *vt.* to mummify.

mummificazione *sf.* mummification.

mùngere *vt.* to milk.

mungitore *sm.* milker.

mungitura *sf.* milking.

municipale *agg.* municipal.

municipalità *sf.* municipality.

municipalizzare *vt.* to municipalize.

municipalizzazione *sf.* municipalization.
municipio *sm.* **1.** municipality **2.** (*palazzo*) townhall **3.** (*stor.*) municipium (*pl.* -ia).
munificenza *sf.* munificence.
munìfico *agg.* munificent.
munire *vt.* **1.** (*fortificare*) to fortify **2.** (*provvedere*) to supply (with).
munizione *sf.* munition.
muòvere *vt.* to move. ♦ **muòversi** *vr.* to move, to stir || *muoviti!* hurry up!
mura[1] *sf.* (*mar.*) tack.
mura[2] *sf. pl.* walls.
muraglia *sf.* wall.
muraglione *sm.* massive wall.
murale *agg.* mural.
murare *vt.* **1.** to wall up **2.** (*cingere di mura*) to wall.
murario *agg.* building (*attr.*).
murata *sf.* ship's side.
muratore *sm.* bricklayer.
muratura *sf.* masonry || *lavoro in* —, brickwork.
murena *sf.* moray.
muriàtico *agg.* muriatic.
muricciolo *sm.* low wall.
murice *sm.* murex.
muro *sm.* wall || *armadio a* —, built-in cupboard; — *del suono*, sound barrier.
musa *sf.* muse.
muschiato *agg.* musky.
muschio[1] *sm.* (*sostanza odorosa*) musk.
muschio[2] *sm.* (*bot.*) moss.
muscolare *agg.* muscular.
muscolatura *sf.* musculature.
mùscolo *sm.* muscle.
muscoloso *agg.* muscular.
muscoso *agg.* mossy.
museo *sm.* museum.
museruola *sf.* muzzle.
mùsica *sf.* music.
musicale *agg.* musical.
musicalità *sf.* musicality.
musicante *sm.* musician.
musicare *vt.* to set (*v. irr.*) to music.
musicista *sm.* musician.
mùsico *sm.* musician.
musicologìa *sf.* musicology.
musicòlogo *sm.* musicologist.
musivo *agg.* mosaic (*attr.*).
muso *sm.* **1.** muzzle **2.** (*broncio*) long face: *fare il* —, to pull a long face.
musone *sm.* **1.** large muzzle **2.** (*persona che tiene il broncio*) sulky person.
musonerìa *sf.* sulkiness.
mussare *vi.* to froth.
mussolina *sf.* muslin.
mustèlidi *sm. pl.* mustelidae.
musulmano *agg.* e *sm.* Muslim.
muta *sf.* **1.** (*di cani*) pack of hounds **2.** (*della guardia*) change **3.** (*biol.*) moult.
mutàbile *agg.* changeable.
mutabilità *sf.* **1.** (*di cosa*) changeability **2.** (*di persona*) fickleness.
mutamento *sm.* change.
mutande *sf. pl.* drawers.
mutandine *sf. pl.* trunks.
mutare *vt.* **1.** to change **2.** (*di animali*) to shed (*v. irr.*), to moult. ♦ **mutarsi** *vr.* to change.
mutazione *sf.* change.
mutévole *agg.* changeable.
mutilare *vt.* **1.** to maim **2.** (*fig.*) to mutilate.
mutilato *agg.* **1.** maimed **2.** (*fig.*) mutilated. ♦ **mutilato** *sm.* cripple.
mutilazione *sf.* **1.** maiming **2.** (*fig.*) mutilation.
mùtilo *agg.* mutilated.
mutismo *sm.* dumbness.
muto *agg.* **1.** dumb || *carta geografica muta,* blank map **2.** (*fonetica*) mute.
mutria *sf.* stand-offishness.
mutua *sf.* national insurance || *medico della* —, panel doctor.
mutualistico *agg.* insurance (*attr.*).
mutualità *sf.* mutual help.
mutuare *vt.* **1.** (*dare in mutuo*) to lend (*v. irr.*) **2.** (*prendere a mutuo*) to borrow.
mutuatario *sm.* borrower.
mutuato *agg.* insured.
mutuo *agg.* mutual. ♦ **mutuo** *sm.* loan.

N

nababbo *sm.* nabob.
nàcchera *sf.* castanet.
nafta *sf.* **1.** oil **2.** (*chim.*) naphtha.
naftalina *sf.* moth-balls (*pl.*).
naia[1] *sf.* (*zool.*) cobra.
naia[2] *sf.* (*mil.*) *fare la* —, to do (*v. irr.*) one's bit.

nàiade *sf.* naiad.
nàilon *sm.* nylon.
nandù *sm.* nandu.
nanismo *sm.* nanism.
nano *sm.* dwarf.
nappa *sf.* tassel.
narcisismo *sm.* narcissism.
narcisista *sm.* narcissist.
narciso *sm.* narcissus.
narcosi *sf.* narcosis (*pl.* -ses).
narcòtico *agg.* e *sm.* narcotic.
narcotizzare *vt.* to narcotize.
narice *sf.* nostril.
narrare *vt.* to tell (*v. irr.*).
narrativa *sf.* fiction.
narrativo *agg.* narrative.
narratore *sm.* **1.** story-teller **2.** (*scrittore*) writer.
narrazione *sf.* narration.
narvalo *sm.* narwhal.
nasale *agg.* nasal.
nascente *agg.* rising.
nàscere *vi.* **1.** to be born **2.** (*di piante*) to spring (*v. irr.*) up **3.** (*di fiume; sorgere*) to rise (*v. irr.*) **4.** (*avere origine*) to originate || *far* —, to give (*v. irr.*) rise to.
nàscita *sf.* **1.** birth **2.** (*origine*) origin.
nascituro *sm.* unborn child.
nascòndere *vt.* to hide (*v. irr.*). ♦ **nascòndersi** *vr.* to hide (oneself).
nascondiglio *sm.* hiding-place.
nascosto *agg.* hidden || *di* —, secretly.
nasello *sm.* (*itt.*) whiting.
naso *sm.* nose || *a lume di* —, by guesswork; *ficcare il — in qc.*, to poke one's nose into sthg.; *avere buon* —, to be shrewd.
nassa *sf.* bow-net.
nastro *sm.* **1.** ribbon **2.** (*tec.*) tape.
natale *agg.* native. ♦ **Natale** *sm.* Christmas.
natalità *sf.* birth-rate.
natalizio *agg.* Christmas (*attr.*).
natante *agg.* floating. ♦ **natante** *sm.* watercraft.
natatoia *sf.* fin.
natatorio *agg.* swimming (*attr.*).
nàtica *sf.* buttock.
natività *sf.* nativity.
nativo *agg.* **1.** native **2.** (*innato*) inborn.
nato *agg.* born.
natura *sf.* nature.
naturale *agg.* natural.
naturalezza *sf.* naturalness, simplicity.
naturalismo *sm.* naturalism.
naturalista *s.* naturalist.
naturalizzare *vt.* to naturalize.
naturalizzazione *sf.* naturalization.
naturalmente *avv.* naturally, of course.
naturismo *sm.* naturism.
naturista *s.* naturist.
naufragare *vi.* **1.** to be shipwrecked **2.** (*fig.*) to be wrecked.
naufragio *sm.* **1.** shipwreck **2.** (*fig.*) wreck.
nàufrago *sm.* shipwrecked person.
nàusea *sf.* disgust, nausea || *avere la* —, to feel (*v. irr.*) sick.
nauseabondo *agg.* nauseating.
nauseare *vt.* to make (*v. irr.*) sick.
nàutica *sf.* navigation.
nàutico *agg.* nautical.
navale *agg.* naval.
navata *sf.* **1.** (*centrale*) nave **2.** (*laterale*) aisle.
nave *sf.* ship.
navetta *sf.* shuttle.
navicella *sf.* (*aer.*) nacelle.
navigàbile *agg.* navigable.
navigabilità *sf.* navigability.
navigare *vi.* to sail.
navigato *agg.* (*fig.*) cunning.
navigatore *sm.* navigator.
navigazione *sf.* navigation.
naviglio *sm.* **1.** fleet **2.** (*nave*) craft.
nazionale *agg.* national.
nazionalismo *sm.* nationalism.
nazionalista *s.* nationalist.
nazionalità *sf.* nationality.
nazionalizzare *vt.* to nationalize.
nazionalizzazione *sf.* nationalization.
nazionalsocialismo *sm.* National Socialism.
nazione *sf.* nation.
nazismo *sm.* Nazism.
nazista *agg.* e *sm.* Nazi.
nazzareno *agg.* e *sm.* Nazarene.
ne *pron.* **1.** of him, about him; of her, about her; of it, about it; of them, about them; of this, about this; of that, about that **2.** (*partitivo*) some: — *ho*, I have some; any: *non* — *ho*, I haven't any. ♦ **ne** (*particella avv. di moto da luogo*) from there.
né *cong.* **1.** neither, nor **2.** (*né... né...*) neither... nor; (*in presenza di altra negazione*) either... or.
neanche *avv.* not even. ♦ **neanche** *cong.* neither, nor: *essi non anda-*

rono e — io, they did not go and neither did I.
nebbia *sf.* fog.
nebbioso *agg.* foggy.
nebulizzare *vt.* to nebulize.
nebulizzatore *sm.* nebulizer.
nebulosa *sf.* nebula (*pl.* -ae).
nebulosità *sf.* **1.** nebulosity **2.** (*fig.*) haziness.
nebuloso *agg.* **1.** nebulous **2.** (*fig.*) vague.
necessario *agg.* necessary. ♦ **necessario** *sm.* **1.** necessary **2.** (*l'indispensabile*) necessities (*pl.*).
necessità *sf.* **1.** necessity **2.** (*bisogno*) need.
necessitare *vi.* to need.
necrologìa *sf.* obituary-notice.
necrologio *sm.* **1.** necrology **2.** (*annuncio*) obituary.
necròpoli *sf.* necropolis.
necrosi *sf.* necrosis (*pl.* -ses).
necrotizzare *vt.* to necrotize.
nefandezza *sf.* wickedness.
nefando *agg.* wicked.
nefasto *agg.* ill-omened.
nefrite *sf.* nephritis.
nefrìtico *agg.* nephritic. ♦ **nefrìtico** *sm.* nephritic subject.
negare *vt.* **1.** to deny **2.** (*rifiutare*) to refuse.
negativa *sf.* (*anche foto*) negative.
negativo *agg.* negative.
negato *agg.* **1.** refused, denied **2.** (*inadatto*) unfit (for).
negatore *agg.* negatory. ♦ **negatore** *sm.* denier.
negazione *sf.* **1.** denial **2.** (*gramm.*) negative **3.** (*cosa diametralmente opposta all'altra*) negation.
neghittoso *agg.* slothful.
negletto *agg.* **1.** neglected **2.** (*di aspetto*) slovenly.
negligente *agg.* negligent, careless.
negligenza *sf.* negligence, carelessness.
negoziàbile *agg.* negotiable.
negoziante *sm.* **1.** merchant, trader **2.** (*chi ha negozio*) shopkeeper.
negoziare *vt.* to negotiate.
negoziato *agg.* negotiated. ♦ **negoziato** *sm.* negotiation.
negozio *sm.* **1.** shop **2.** (*commercio*) trade **3.** (*faccenda*) affair.
negriero *agg.* slave (*attr.*). ♦ **negriero** *sm.* slave-trader.
negro *agg.* e *sm.* **1.** negro **2.** (*spreg.*) nigger.
negròide *agg.* e *s.* negroid.
negromante *sm.* necromancer.
negromanzìa *sf.* necromancy.
nembo *sm.* **1.** raincloud **2.** (*fig.*) multitude.
nèmesi *sf.* nemesis (*pl.* -ses).
nemico *agg.* **1.** adverse **2.** (*del nemico*) enemy (*attr.*). ♦ **nemico** *sm.* enemy.
neo[1] *sm.* **1.** mole **2.** (*fig.*) flaw.
neo[2] *agg.* neo.
neocapitalismo *sm.* neo-capitalism.
neocapitalista *agg.* e *sm.* neo-capitalist.
neocapitalìstico *agg.* neo-capitalistic.
neoclassicismo *sm.* neo-classicism.
neoclàssico *agg.* neo-classic.
neofascismo *sm.* neofascism.
neofascista *agg.* e *s.* neofascist.
neòfita *sm.* **1.** neophyte **2.** (*fig.*) beginner.
neolìtico *agg.* Neolithic.
neologismo *sm.* neologism.
neon *sm.* neon: *insegna al —,* neon sign.
neonato *agg.* new-born. ♦ **neonato** *sm.* (new-born) baby.
neorealismo *sm.* Neorealism.
neorealista *agg.* e *sm.* neorealist.
neozelandese *agg.* New Zealand (*attr.*). ♦ **neozelandese** *s.* New Zealander.
nepotismo *sm.* nepotism.
nerastro *agg.* blackish.
nerbo *sm.* **1.** sinew **2.** (*fig.*) strength, vigour.
nerboruto *agg.* brawny.
neretto *sm.* (*tip.*) boldface.
nerezza *sf.* blackness.
nero *agg.* black.
nerofumo *sm.* lamp-black.
nerògnolo *agg.* blackish.
nerume *sm.* mass of black.
nervatura *sf.* ribbing.
nervo *sm.* nerve.
nervosamente *agg.* nervously.
nervosismo *sm.* nervousness.
nervoso *agg.* nervous, irritable.
nèspola *sf.* medlar.
nèspolo *sm.* medlar(-tree).
nesso *sm.* connection.
nessuno *agg.* **1.** no **2.** (*in presenza di altra neg.*) any. ♦ **nessuno** *pron.* **1.** (*per persone*) nobody, no one; (*per cose*) none **2.** (*in presenza di altra neg.*) anybody (*solo per persone*), anyone, any || — *di,* none of, (*in presenza di altra neg.*) any of.

nèttare *sm.* nectar.
nettare *vt.* to clean.
nettezza *sf.* cleanness: — ***urbana***, municipal street cleansing.
netto *agg.* **1.** clean, spotless (*anche fig.*) **2.** (*comm.*) net.
nettunio *sm.* neptunium.
neurite *sf.* neuritis.
neurochirurgìa *sf.* neurosurgery.
neurologìa *sf.* neurology.
neuròlogo *sm.* neurologist.
neuropàtico *agg.* neuropathic. ♦ **neuropàtico** *sm.* neuropath.
neuropatologìa *sf.* neuropathology.
nèurosi *sf.* neurosis (*pl.* -ses).
neurovegetativo *agg.* vegetative nervous.
neutrale *agg.* neutral.
neutralismo *sm.* neutralism.
neutralista *s.* neutralist.
neutralità *sf.* neutrality.
neutralizzare *vt.* to neutralize.
neutralizzazione *sf.* neutralization.
nèutro *agg.* **1.** neutral **2.** (*gramm.; bot.; zool.*) neuter.
neutrone *sm.* neutron.
neve *sf.* snow.
nevicare *vi.* to snow: ***nevica***, it is snowing.
nevicata *sf.* snowfall.
nevischio *sm.* sleet.
nevoso *agg.* snowy.
nevralgìa *sf.* neuralgia.
nevràlgico *agg.* neuralgic.
nevrastenìa *sf.* neurasthenia.
nevrastènico *agg.* neurasthenic.
nevròtico *agg.* e *sm.* neurotic.
nibbio *sm.* kite.
nicchia *sf.* niche.
nicchiare *vi.* to shilly-shally.
nichel *sm.* nickel.
nichelare *vt.* to nickel.
nichelatura *sf.* nickel-plating.
nichelino *sm.* nickel coin.
nichilismo *sm.* nihilism.
nichilista *s.* nihilist.
nicotina *sf.* nicotine.
nidiata *sf.* **1.** nest **2.** (*covata*) brood || ***una — di bambini***, a swarm of children.
nidificare *vi.* to nest.
nido *sm.* nest.
niente *pron.* **1.** nothing **2.** (*in presenza di altre negazioni*) anything.
nimbo *sm.* halo.
ninfa *sf.* nymph.
ninfea *sf.* water-lily.
ninfòmane *sf.* nymphomaniac.
ninnananna *sf.* lullaby.
nìnnolo *sm.* **1.** knick-knack **2.** (*balocco*) plaything.
nipote *sm.* **1.** (*di nonno*) grand-son **2.** (*di zio*) nephew. ♦ **nipote** *sf.* **1.** (*di nonno*) grand-daughter **2.** (*di zio*) niece.
nippònico *agg.* e *sm.* Japanese.
nirvana *sm.* nirvana.
nitidezza *sf.* neatness.
nìtido *agg.* neat, clear.
nitrato *sm.* nitrate.
nìtrico *agg.* nitric.
nitrire *vi.* to whinny.
nitrito[1] *sm.* (*di cavallo*) whinny.
nitrito[2] *sm.* (*chim.*) nitrite.
nitroglicerina *sf.* nitroglycerin.
nìveo *agg.* snowy.
no *avv.* no.
nòbile *agg.* e *sm.* noble.
nobiliare *agg.* nobiliary.
nobilitare *vt.* to ennoble.
nobilitazione *sf.* ennobling.
nobilmente *avv.* nobly.
nobiltà *sf.* nobility.
nocca *sf.* knuckle.
nocchiere *sm.* helmsman (*pl.* -men).
nocciola *sf.* hazel-nut.
nòcciolo *sm.* **1.** stone **2.** (*ciò che è essenziale*) heart.
nocciolo *sm.* (*bot.*) hazel-tree.
noce *sm.* walnut-tree. ♦ **noce** *sf.* walnut || ***guscio di*** — (***barchetta***), cockle-shell; — ***moscata***, nutmeg.
nocivo *agg.* noxious, harmful.
nodo *sm.* knot.
nodoso *agg.* knotty.
noi *pron.* **1.** (*sogg.*) we **2.** (*compl.*) us.
noia *sf.* **1.** boredom **2.** (*fastidio*) worry, nuisance.
noioso *agg.* **1.** boring **2.** (*molesto*) annoying.
noleggiante *sm.* (*mar.*) charterer.
noleggiare *vt.* **1.** to hire **2.** (*di navi*) to charter.
noleggiatore *sm.* hirer.
noleggio *sm.* **1.** hire **2.** (*mar.*) freight.
nolente *agg.* unwilling || ***volente o*** —, willy-nilly.
nolo *sm.* **1.** hire **2.** (*mar.*) freight.
nòmade *agg.* e *s.* nomad.
nomadismo *sm.* nomadism.
nome *sm.* **1.** name **2.** (*di battesimo*) Christian name || ***senza*** —, nameless; ***a — di***, on behalf of; ***per*** —, by name **3.** (*gramm.*) noun.
nomea *sf.* notoriety.

nomenclatura *sf.* nomenclature.
nomìgnolo *sm.* nickname.
nòmina *sf.* appointment.
nominale *agg.* nominal.
nominalismo *sm.* nominalism.
nominalista *s.* nominalist.
nominalmente *avv.* nominally.
nominare *vt.* **1.** to name **2.** (*eleggere*) to appoint.
nominativo *agg.* **1.** nominative **2.** (*comm.*) registered. ♦ **nominativo** *sm.* name.
non *avv.* not.
nona *sf.* **1.** (*eccl.*) Nones (*pl.*) **2.** (*mus.*) ninth.
nonagenario *agg.* ninety years old (*pred.*); ninety-year-old (*attr.*). ♦ **nonagenario** *sm.* nonagenarian.
nonconformista *s.* non-conformist.
noncurante *agg.* careless.
noncuranza *sf.* carelessness.
nondimeno *avv.* nevertheless.
nonna *sf.* grandmother.
nonno *sm.* grandfather: *i miei nonni*, my grandparents.
nonnulla *sm.* trifle.
nono *agg.* ninth.
nonostante *prep.* notwithstanding || — *che*, though, although.
nonsenso *sm.* nonsense.
non-ti-scordar-di-me *sm.* forget-me-not.
nord *sm.* north.
nordamericano *agg.* e *sm.* North American.
nòrdico *agg.* **1.** northern **2.** (*dell'Europa settentrionale*) Nordic. ♦ **nòrdico** *sm.* **1.** Northerner **2.** (*dell'Europa settentrionale*) Nordic.
nordista *sm.* (*stor. amer.*) Federal.
norma *sf.* **1.** rule, norm **2.** (*istruzioni*) instruction, direction || *a — di legge*, according to law.
normale *agg.* e *sm.* **1.** normal **2.** (*che dà una norma*) standard.
normalità *sf.* normality.
normalizzare *vt.* to normalize.
normalizzazione *sf.* normalization.
normalmente *avv.* usually.
normanno *agg.* e *sm.* Norman: *anglo-—*, (*stor.*) Anglo-Norman.
normativo *agg.* normative.
normògrafo *sm.* stencil.
norvegese *agg.* e *sm.* Norwegian.
nosocòmio *sm.* hospital.
nostalgìa *sf.* home-sickness.
nostàlgico *agg.* homesick.
nostrano *agg.* home (*attr.*), national.
nostro *agg.* our: *i nostri amici*, our friends. ♦ **nostro** *pron.* ours: *questa casa è nostra*, this house is ours. ♦ **nostro** *sm.* **1.** *viviamo del —*, we live on our own income **2.** *il Nostro* (*di autore*), the Author **3.** *i nostri*, our family.
nostromo *sm.* boatswain.
nota *sf.* **1.** note **2.** (*lista*) list.
notàbile *agg.* notable.
notaio *sm.* notary.
notare *vt.* to note.
notariato *sm.* profession of notary.
notarile *agg.* notarial.
notazione *sf.* notation.
notévole *agg.* remarkable, notable.
notevolmente *avv.* remarkably.
notìfica *sf.* **1.** notification **2.** (*giur.*) service.
notificare *vt.* **1.** to notify **2.** (*informare*) to inform **3.** (*giur.*) to serve.
notizia *sf.* **1.** news (*pl. con costruzione sing.*), piece of news (*solo sing.*) **2.** (*informazione*) information (*solo sing.*) **3.** (*dato*) note: *notizie biografiche*, biographical notes.
notiziario *sm.* news (*pl., con costruzione sing.*).
noto *agg.* well-known. ♦ **noto** *sm.* the known.
notoriamente *avv.* notoriously.
notorietà *sf.* notoriety.
notorio *agg.* **1.** (*in senso sfavorevole*) notorious **2.** well-known.
nottàmbulo *agg.* noctambulous. ♦ **nottàmbulo** *sm.* night-bird.
nottata *sf.* night.
notte *sf.* night.
nottetempo *avv.* by night.
notturno *agg.* night (*attr.*). ♦ **notturno** *sm.* (*mus.*) nocturne.
novanta *agg.* ninety.
novantenne *agg.* **1.** ninety years old (*pred.*) **2.** ninety-year-old (*attr.*).
novantèsimo *agg.* ninetieth.
novatore *sm.* innovator.
nove *agg.* nine.
novecento *agg.* nine hundred.
novella *sf.* short story, tale.
novellino *agg.* inexperienced. ♦ **novellino** *sm.* beginner.
novellista *s.* short-story writer.
novellìstica *sf.* story-telling.
novello *agg.* **1.** new, spring (*attr.*) **2.** (*nuovo*) second: *un — Raffaello*, a second Raffaello.

novembre *sm.* November.
novena *sf.* novena (*pl.* -ae).
nòvero *sm.* number **2.** (*categoria*) class.
novilunio *sm.* new moon.
novità *sf.* **1.** novelty **2.** (*notizia*) news (*pl. con costruzione sing.*), piece of news (*solo sing.*).
noviziato *sm.* novitiate.
novizio *sm.* novice.
nozione *sf.* notion.
nozze *sf. pl.* wedding (*sing.*).
nube *sf.* cloud.
nubifragio *sm.* downpour.
nùbile *agg.* unmarried, single. ♦ **nùbile** *sf.* single woman.
nuca *sf.* nape.
nucleare *agg.* nuclear.
nucleina *sf.* nuclein.
nùcleo *sm.* nucleus (*pl.* -ei).
nudismo *sm.* nudism.
nudista *s.* nudist.
nudità *sf.* nakedness.
nudo *agg.* naked, bare.
nùgolo *sm.* cloud.
nulla *pron.* V. *niente.*
nullaosta *sm.* permit.
nullatenente *agg.* without property. ♦ **nullatenente** *s.* person without property.
nullità *sf.* **1.** (*di cose*) nullity **2.** (*di persone*) nonentity.
nullo *agg.* (*giur.*) null, void.
nume *sm.* numen, deity.
numeràbile *agg.* numerable.
numerabilità *sf.* numerability.
numerale *agg.* numeral.
numerare *vt.* **1.** to count **2.** (*segnare con numero*) to number.
numerato *agg.* **1.** counted **2.** (*segnato con un numero*) numbered.
numerario *agg.* numerary. ♦ **numerario** *sm.* (*comm.*) ready cash.
numeratore *sm.* (*mat.*) numerator.
numerazione *sf.* **1.** numbering **2.** (*mat.*) numeration.
numericamente *avv.* numerically.
numèrico *agg.* numerical.
nùmero *sm.* number.
numeroso *agg.* numerous.
numismàtica *sf.* numismatics.
numismàtico *agg.* numismatic. ♦ **numismàtico** *sm.* numismatist.
nunziatura *sf.* (*eccl.*) nunciature.
nunzio *sm.* nuncio.
nuòcere *vi.* to damage, to harm.
nuora *sf.* daughter-in-law.
nuotare *vi.* to swim (*v. irr.*).
nuotata *sf.* swim.
nuotatore *sm.* swimmer.
nuoto *sm.* swimming: *gara di —,* swimming-race.
nuova *sf.* news (*pl. con costruzione sing.*), piece of news (*solo sing.*).
nuovamente *avv.* again.
nuovo *agg.* new: *— di zecca, fiammante,* brand-new.
nutazione *sf.* nutation.
nutrice *sf.* wet-nurse.
nutriente *agg.* nourishing.
nutrimento *sm.* **1.** feeding **2.** (*fig.*) nourishment.
nutrire *vt.* **1.** to feed (*v. irr.*) **2.** (*mantenere*) to maintain **3.** (*di sentimenti, passioni*) to foster. ♦ **nutrirsi** *vr.* to feed (on).
nutritivo *agg.* nourishing.
nutrito *agg.* fed, nourished.
nutrizione *sf.* **1.** feeding **2.** (*fig.*) nourishment.
nùvola *sf.* cloud.
nuvoloso *agg.* overcast, cloudy.
nuziale *agg.* wedding (*attr.*).

O

o *cong.* or || *o ... o,* either ... or: *— tu — tua madre dovete venire,* either you or your mother must come; *— l'uno — l'altro,* either: *prendi — l'uno — l'altro,* take either.
òasi *sf.* oasis (*pl.* -ses).
obbligare *vt.* to compel. ♦ **obbligarsi** *vr.* to bind (*v. irr.*) oneself.
obbligatorietà *sf.* compulsoriness.
obbligatorio *agg.* compulsory.
obbligazione *sf.* **1.** obligation **2.** (*comm.*) bond.
obbligazionista *sm.* bond-holder.
òbbligo *sm.* obligation: *assumersi l'—,* to undertake (*v. irr.*).
obbrobrio *sm.* disgrace.
obbrobrioso *agg.* disgraceful.
obelisco *sm.* obelisk.
oberare *vt.* to burden.
obesità *sf.* obesity.
obeso *agg.* obese.
òbice *sm.* howitzer.
obiettare *vt.* to object.
obiettivamente *avv.* objectively.
obiettivismo *sm.* objectivism.
obiettività *sf.* objectivity.

obiettivo *agg.* objective. ♦ **obiettivo** *sm.* **1.** (*mil.*) objective **2.** (*scopo*) aim **3.** (*foto*) lens.
obiettore *sm.* objector: — *di coscienza*, conscentious objector.
obiezione *sf.* objection.
obitorio *sm.* morgue.
oblatore *sm.* donor.
oblazione *sf.* donation.
obliare *vt.* to forget (*v. irr.*).
oblìo *sm.* oblivion.
obliquamente *avv.* obliquely.
obliquità *sf.* obliquity.
obliquo *agg.* oblique.
obliterare *vt.* to obliterate.
obliterazione *sf.* obliteration.
oblò *sm.* porthole.
oblungo *agg.* oblong.
òboe *sm.* oboe.
òbolo *sm.* offering.
obsoleto *agg.* obsolete.
oca *sf.* goose (*pl.* geese): *pelle d'*—, goose flesh; *penna d'*—, goose-quill.
occasionale *agg.* occasional.
occasionalismo *sm.* occasionalism.
occasionalmente *avv.* occasionally.
occasione *sf.* occasion.
occhiaia *sf.* eye-socket || *avere le occhiaie*, to have rings under one's eyes.
occhiali *sm. pl.* spectacles, glasses.
occhialuto *agg.* spectacled, wearing spectacles (*pred.*).
occhiata *sf.* look, glance.
occhiataccia *sf.* glare.
occhieggiare *vt.* to cast (*v. irr.*) glances (at). ♦ **occhieggiare** *vi.* to peep (at).
occhiello *sm.* **1.** button-hole **2.** (*mecc.*) eye.
occhietto *sm. fare l'— a qu.*, to wink at so.
occhio *sm.* eye || *costare un* —, to be terribly expensive; *chiudere un* — *su*, to turn a blind eye to; *dare nell'*—, to strike (*v. irr.*) the eye; *tenere d'*—, to keep (*v. irr.*) an eye on; *in un batter d'*—, in the twinkling of an eye.
occidentale *agg.* west, western. ♦ **occidentale** *s.* westerner.
occidentalizzare *vt.* to occidentalize.
occidente *sm.* west.
occipitale *agg.* occipital.
occìpite *sm.* occiput (*pl.* occipita).
occlusione *sf.* occlusion.
occlusivo *agg.* occlusive.
occorrente *agg.* necessary. ♦ **occorrente** *sm.* the necessary.
occorrenza *sf. all'*—, in case of need.
occòrrere *vi.* **1.** (*imp.*) to be necessary **2.** (*abbisognare*) to need.
occultamento *sm.* concealment.
occultare *vt.* to hide (*v. irr.*), to conceal. ♦ **occultarsi** *vr.* to hide.
occultatore *sm.* hider.
occultismo *sm.* occultism.
occulto *agg.* **1.** occult **2.** (*nascosto*) hidden.
occupante *agg.* occupying. ♦ **occupante** *s.* occupant.
occupare *vt.* **1.** to occupy **2.** (*ingaggiare*) to employ. ♦ **occuparsi** *vr.* **1.** (*impiegarsi*) to find (*v. irr.*) a job **2.** (*badare*) to attend (to).
occupato *agg.* engaged || *essere* — (*fare un lavoro*), to work.
occupazione *sf.* **1.** occupation **2.** (*lavoro*) job.
oceànico *agg.* oceanic.
ocèano *sm.* ocean.
oceanografìa *sf.* oceanography.
ocello *sm.* ocellus (*pl.* -li).
ocra *sf.* ochre.
oculare *agg.* ocular, eye (*attr.*). ♦ **oculare** *sm.* (*fis.*) eyepiece.
oculatezza *sf.* shrewdness.
oculato *agg.* prudent.
oculista *sm.* oculist.
oculìstica *sf.* ophthalmology.
odalisca *sf.* odalisque.
ode *sf.* ode.
odiare *vt.* to hate.
odierno *agg.* of today, today's.
odio *sm.* hatred.
odioso *agg.* hateful.
odontàlgico *agg.* odontalgic.
odontoiatra *s.* odontologist, dentist.
odontoiatrìa *sf.* odontology.
odontoiàtrico *agg.* odontological.
odorare *vt.* e *vi.* to smell (*v. irr.*).
odorato *sm.* smell.
odore *sm.* smell.
odorìfero *agg.* odoriferous.
odoroso *agg.* fragrant.
offèndere *vt.* to offend. ♦ **offèndersi** *vr.* to be offended (at, by); to feel (*v. irr.*) hurt (by).
offensiva *sf.* offensive.
offensivo *agg.* offensive.
offensore *sm.* offender.
offerente *s.* **1.** offerer **2.** (*a un'asta*) bidder.

offerta *sf.* offer, donation.
offesa *sf.* offence.
offeso *agg.* offended, injured.
officiare *vi.* to officiate.
officina *sf.* workshop.
officinale *agg.* officinal.
offrire *vt.* to offer. ♦ **offrirsi** *vr.* to offer (oneself).
offuscamento *sm.* **1.** dimming **2.** (*oscurità*) dimness.
offuscare *vt.* to dim. ♦ **offuscarsi** *vr.* to grow (*v. irr.*) dim.
oftalmìa *sf.* ophthalmia.
oftàlmico *agg.* ophthalmic.
oftalmologìa *sf.* ophthalmology.
oftalmoscopìa *sf.* ophthalmoscopy.
oftalmoscopio *sm.* ophthalmoscope.
oggettivamente *avv.* objectively.
oggettivare *vt.* to objectify.
oggettivazione *sf.* objectification.
oggettivismo *sm.* objectivism.
oggettività *sf.* objectivity.
oggettivo *agg.* objective.
oggetto *sm.* object.
oggi *avv.* today.
ogiva *sf.* ogive.
ogivale *agg.* ogival.
ogni *agg.* every, each || *in — modo*, anyhow; *in — luogo*, everywhere.
ogniqualvolta *cong.* whenever.
ognuno *pron.* everybody, everyone || *— di*, each of.
oleandro *sm.* oleander.
oleario *agg.* oil (*attr.*).
oleato *agg.* oiled || *carta oleata*, grease-proof paper.
oleificio *sm.* oil mill.
oleodotto *sm.* oil pipeline.
oleografìa *sf.* **1.** oleography **2.** (*pezzo singolo*) oleograph.
oleoso *agg.* oily.
olezzare *vi.* to smell (*v. irr.*) sweetly.
olezzo *sm.* fragrance.
olfattivo *agg.* olfactory.
olfatto *sm.* smell.
oliare *vt.* to oil.
oliatore *sm.* oil-can.
oliera *sf.* cruet.
oligarca *sm.* oligarch.
oligarchìa *sf.* oligarchy.
oligàrchico *agg.* oligarchic(al).
oligocene *sm.* Oligocene.
olimpìaco *agg.* V. *olimpico.*
olimpìade *sf.* Olympiad || *le Olimpiadi*, Olympic games.
olìmpico *agg.* Olympic.
olimpiònico *agg.* Olympic games (*attr.*). ♦ **olimpiònico** *sm.* Olympic champion.
olio *sm.* oil.
oliva *sf.* olive.
olivastro *agg.* olive.
oliveto *sm.* olive-grove.
olivo *sm.* olive.
olmo *sm.* elm.
olocàusto *sm.* holocaust.
ològrafo *agg.* holograph.
oltraggiare *vt.* to outrage.
oltraggio *sm.* outrage.
oltraggioso *agg.* outrageous.
oltramontano *agg.* e *sm.* ultramontane.
oltranza *sf.* (*nella loc. avv.*) *a —*, to the bitter end.
oltranzista *sm.* extremist.
oltre *avv.* **1.** (*di luogo*) further, farther **2.** (*di tempo*) longer. ♦ **oltre** *prep.* **1.** (*di luogo*) beyond **2.** (*più di*) over **3.** (*in aggiunta*) in addition to. ♦ **oltre a, che** *cong.* besides.
oltrecortina *avv.* beyond the Iron Curtain.
oltremare *avv.* overseas: *d'—*, overseas (*attr.*).
oltremodo *avv.* extremely.
oltrepassare *vt.* to go (*v. irr.*) beyond || *— i limiti* (*fig.*), to go (*v. irr.*) too far.
oltretomba *sm.* hereafter.
omaccione *sm.* burly man (*pl.* men).
omaggio *sm.* **1.** homage **2.** (*offerta*) gift.
ombelicale *agg.* umbilical.
ombelico *sm.* navel.
ombra *sf.* **1.** shade (*anche spettro*) **2.** (*immagine proiettata, parvenza*) shadow || *dar — a qu.*, to overshadow so.
ombreggiare *vt.* to shade.
ombreggiatura *sf.* shading.
ombrella *sf.* (*bot.*) umbel.
ombrellìfero *agg.* umbelliferous.
ombrellino *sm.* parasol.
ombrello *sm.* umbrella.
ombrellone *sm.* sunshade.
ombretto *sm.* eye shadow.
ombrina *sf.* umbrina.
ombrosità *sf.* **1.** shadiness **2.** (*di persona*) touchiness **3.** (*di cavallo*) skittishness.
ombroso *agg.* **1.** shady **2.** (*di persona*) touchy **3.** (*di cavallo*) skittish.
omega *sm.* omega.
omelìa *sf.* homily.
omeopatìa *sf.* homeopathy.

omeopàtico *agg.* homeopathic. ♦ **omeopàtico** *sm.* homeopath
omèrico *agg.* Homeric.
òmero *sm.* humerus (*pl.* -ri).
omertà *sf.* silence.
omesso *agg.* omitted.
ométtere *vt.* to omit, to leave out.
omicida *agg.* homicidal. ♦ **omicida** *s.* homicide.
omicidio *sm.* homicide.
omissione *sf.* omission.
òmnibus *sm.* bus.
omogeneità *sf.* homogeneity.
omogeneizzare *vt.* to homogenize.
omogèneo *agg.* homogeneous.
omologare *vt.* **1.** to homologate **2.** (*sport*) to ratify.
omologazione *sf.* **1.** homologation **2.** (*sport*) ratification.
omòlogo *agg.* homologous.
omonimìa *sf.* homonymy.
omònimo *agg.* homonymous. ♦ **omònimo** *sm.* homonym.
omosessuale *agg.* e *s.* homosexual.
omosessualità *sf.* homosexuality.
oncia *sf.* ounce.
onda *sf.* wave || *mettere in — (radio)*, to broadcast (*v. irr.*).
ondata *sf.* wave: *a ondate*, in waves.
onde *avv.* **1.** whence **2.** (*affinché*) so that **3.** (*cosicché*) therefore **4.** (*da, con cui*) from, by, with which.
ondeggiamento *sm.* **1.** waving **2.** (*di barca*) rolling **3.** (*esitazione*) wavering.
ondeggiante *agg.* **1.** waving **2.** (*di barca*) rolling **3.** (*esitante*) wavering.
ondeggiare *vi.* **1.** to wave **2.** (*di barca*) to roll **3.** (*esitare*) to waver.
ondina *sf.* undine.
ondoso *agg.* undulatory.
ondulare *vt.* to wave.
ondulato *agg.* **1.** wavy **2.** (*tec.*) corrugated.
ondulatorio *agg.* undulatory.
ondulazione *sf.* **1.** undulation **2.** (*di capelli*) wave.
onerare *vt.* to burden.
ònere *sm.* burden || *— fiscale*, tax.
oneroso *agg.* burdensome.
onestà *sf.* **1.** honesty **2.** (*castità*) chastity.
onesto *agg.* **1.** honest **2.** (*casto*) chaste.
ònice *sf.* onyx.
onìrico *agg.* oneiric.
onnipotente *agg.* omnipotent. ♦ **Onnipotente (l')** *sm.* the Almighty.
onnipotenza *sf.* omnipotence.
onnipresente *agg.* omnipresent.
onnisciente *agg.* omniscient.
onniscienza *sf.* omniscience.
onniveggente *agg.* omnipercipient.
onnìvoro *agg.* omnivorous. ♦ **onnìvoro** *sm.* omnivore.
onomàstico *agg.* onomastic. ♦ **onomàstico** *sm.* name-day.
onomatopea *sf.* onomatopoeia.
onomatopèico *agg.* onomatopoeic.
onoràbile *agg.* honourable.
onorabilità *sf.* honourableness.
onoranza *sf.* honour.
onorare *vt.* to honour. ♦ **onorarsi** *vr.* to be proud (of).
onorario *agg.* honorary. ♦ **onorario** *sm.* fee.
onorato *agg.* **1.** honoured **2.** (*onesto*) honourable.
onore *sm.* honour || *farsi —*, to excel; *a onor del vero*, to tell (*v. irr.*) the truth; *serata d'—*, gala night.
onorévole *agg.* honourable.
onorificenza *sf.* **1.** honour **2.** (*decorazione*) decoration.
onorìfico *agg.* honorific(al).
onta *sf.* **1.** shame **2.** (*offesa*) insult || *ad — di*, in spite of.
ontano *sm.* alder.
ontologìa *sf.* ontology.
ontològico *agg.* ontological.
opacità *sf.* opacity.
opaco *agg.* **1.** opaque **2.** (*di suoni, colori*) dull.
opale *sm.* opal.
opalescente *agg.* opalescent.
opalino *agg.* opaline.
òpera *sf.* **1.** work **2.** (*melodramma*) opera **3.** (*istituto*) institution.
operàbile *agg.* **1.** workable. **2.** (*chir.*) operable.
operaio *agg.* working. ♦ **operaio** *sm.* worker: *— specializzato*, skilled worker.
operante *agg.* operating.
operare *vi.* to work, to operate (*anche med.*).
operativo *agg.* operative.
operato *agg.* (*di tessuto*) diapered. ♦ **operato** *sm.* **1.** (*condotta*) behaviour **2.** (*chi ha subito un'operazione*) operated patient.
operatore *sm.* **1.** operator **2.** (*cine*) cameraman (*pl.* -men).

operatorio *agg.* operating.
operazione *sf.* operation: *fare un'— a qu.*, to perform an operation on so.; *subire un'—*, to undergo (*v. irr.*) an operation.
operetta *sf.* operetta.
operìstico *agg.* opera (*attr.*).
operosità *sf.* industry.
operoso *agg.* industrious.
opificio *sm.* factory.
opimo *agg.* fertile.
opinàbile *agg.* thinkable.
opinare *vi.* to think (*v. irr.*).
opinione *sf.* opinion: *secondo l'— di qu.*, in so.'s opinion.
opossum *sm.* opossum.
oppiare *vt.* to opiate.
oppiato *agg.* e *sm.* opiate.
oppio *sm.* opium.
oppiòmane *s.* opium-addict.
opponente *agg.* e *sm.* opponent.
opponìbile *agg.* opposable.
opporre *vt.* **1.** to oppose **2.** (*obiettare*) to object. ♦ **opporsi** *vr.* to object (to), to be opposed.
opportunismo *sm.* opportunism.
opportunista *s.* opportunist.
opportunìstico *agg.* oppòrtunistic.
opportunità *sf.* **1.** (*occasione*) opportunity **2.** (*l'essere opportuno*) timeliness.
opportuno *agg.* **1.** opportune **2.** (*giusto*) right.
oppositore *sm.* opponent.
opposizione *sf.* opposition || *fare — (a qu., qc.)*, to oppose (so., sthg.).
opposto *agg.* e *sm.* opposite.
oppressione *sf.* oppression.
oppressivo *agg.* oppressive.
oppresso *agg.* oppressed.
oppressore *sm.* oppressor.
opprimente *agg.* oppressive.
opprìmere *vt.* to oppress.
oppugnare *vt.* to assail.
oppure *cong.* **1.** or **2.** (*altrimenti*) or else.
optare *vi.* to opt.
opulento *agg.* opulent.
opulenza *sf.* opulence.
opùscolo *sm.* pamphlet.
opzione *sf.* option.
ora[1] *sf.* **1.** hour **2.** (*tempo*) time: *che — è?*, what time is it?; *— di punta*, rush hour; *all'—*, by the hour; *di — in —*, hourly; *di buon'—*, early; *— legale*, summer time; *non veder l'— di*, to look forward to.
ora[2] *avv.* now || *— come —*, at the moment; *d'— in poi*, from now on; *fino ad —*, so far; *sin d'—*, now; *prima d'—*, before; *or —*, just. ♦ **ora che** *cong.* now (that).
oràcolo *sm.* oracle.
òrafo *sm.* goldsmith.
orale *agg.* e *sm.* oral.
oralmente *avv.* orally.
oramai *avv.* V. *ormai.*
orango *sm.* orang-outang.
orario *agg.* **1.** time (*attr.*) **2.** (*all'ora*) per hour. ♦ **orario** *sm.* **1.** hours (*pl.*) **2.** (*tabella*) time--table || *in —*, on time.
orata *sf.* dory.
oratore *sm.* orator.
oratoria *sf.* oratory.
oratorio *sm.* oratory.
orazione *sf.* **1.** oration **2.** (*preghiera*) prayer.
orbare *vt.* to bereave (*v. irr.*).
orbene *avv.* well.
òrbita *sf.* orbit.
orbitale *agg.* orbital.
orbo *agg.* (*di un occhio*) one-eyed.
orchestra *sf.* orchestra.
orchestrale *agg.* orchestral. ♦ **orchestrale** *s.* member of an orchestra.
orchestrare *vt.* to orchestrate.
orchestrazione *sf.* orchestration.
orchestrina *sf.* band.
orchidea *sf.* orchid.
orcio *sm.* pitcher.
orco *sm.* ogre.
orda *sf.* horde.
ordigno *sm.* device.
ordinale *agg.* e *sm.* ordinal.
ordinamento *sm.* **1.** arrangement **2.** (*regolamento*) code, system.
ordinanza *sf.* **1.** order **2.** (*attendente mil.*) batman (*pl.* -men).
ordinare *vt.* **1.** to order **2.** (*mettere in ordine*) to put (*v. irr.*) in order **3.** (*eccl.*) to ordain **4.** (*med.*) to prescribe. ♦ **ordinarsi** *vr.* **1.** to straighten up **2.** (*mil.*) to draw (*v. irr.*) up.
ordinario *agg.* e *sm.* ordinary.
ordinata *sf.* **1.** (*mat.*) ordinate **2.** (*aer.; mar.*) frame.
ordinatamente *avv.* tidily.
ordinato *agg.* tidy, orderly.
ordinazione *sf.* **1.** order **2.** (*med.*) prescription **3.** (*eccl.*) ordination.
òrdine *sm.* order || *— d'idee*, scheme of things; *all'— del giorno*,

on the agenda; *per — di*, by order of; *parola d'—*, password; *di prim'—*, firstclass (*attr.*).
ordire *vt.* **1.** to warp **2.** (*fig.*) to plot.
ordito *sm.* warp.
orecchiàbile *agg.* catchy.
orecchino *sm.* earring.
orecchio *sm.* ear.
orecchioni *sm. pl.* mumps.
oréfice *sm.* jeweller.
oreficerìa *sf.* **1.** jeweller's art **2.** (*negozio*) jeweller's shop.
òrfano *agg.* e *sm.* orphan.
orfanotrofio *sm.* orphanage.
organetto *sm.* barrel-organ || *suonatore di —*, organ-grinder.
organicità *sf.* organic unity.
orgànico[1] *agg.* organic.
orgànico[2] *sm.* staff.
organismo *sm.* **1.** organism **2.** (*ente*) body.
organista *s.* organist.
organizzàbile *agg.* organizable.
organizzare *vt.* to organize.
organizzatore *sm.* organizer.
organizzazione *sf.* organization.
òrgano *sm.* organ.
organza *sf.* organza.
organzino *sm.* organzine.
orgasmo *sm.* orgasm.
orgia *sf.* orgy.
orgiàstico *agg.* orgiastic.
orgoglio *sm.* pride.
orgoglioso *agg.* proud.
orientale *agg.* eastern.
orientalista *s.* orientalist.
orientamento *sm.* orientation || *perdere l'—*, to lose (*v. irr.*) one's bearings.
orientare *vt.* to orient. ♦ **orientarsi** *vr.* **1.** to find (*v. irr.*) one's bearings **2.** (*tendere*) to tend.
oriente *sm.* east.
orifiamma *sf.* oriflamme.
orifizio *sm.* orifice.
orìgano *sm.* origan.
originale *agg.* **1.** original **2.** (*strano*) odd. ♦ **originale** *sm.* **1.** original **2.** (*persona eccentrica*) eccentric.
originalità *sf.* **1.** originality **2.** (*stranezza*) oddity.
originare *vt.* e *vi.* to originate.
originariamente *avv.* originally.
originario *agg.* original.
orìgine *sf.* origin || *avere —*, to originate; *dare —*, to cause.
origliare *vi.* to eavesdrop.
orina *sf.* urine.
orinale *sm.* chamber pot.
orinare *vi.* to urinate.
orinatoio *sm.* public lavatory.
orizzontale *agg.* horizontal.
orizzontalmente *avv.* horizontally.
orizzontare *vt.*, **orizzontarsi** *vr.* V. *orientare, orientarsi.*
orizzonte *sm.* horizon.
orlare *vt.* **1.** (*bordare*) to edge **2.** (*fare l'orlo*) to hem.
orlatura *sf.* hemming.
orlo *sm.* **1.** (*di abito ecc.*) hem **2.** (*bordatura*) border **3.** (*estremità*) edge **4.** (*di oggetto rotondo*) rim || *— a giorno*, hem-stitch; *sull'— della rovina*, on the verge of ruin.
orma *sf.* **1.** mark **2.** (*traccia*) trace **3.** (*di piede*) footprint || *seguire le orme di qu.*, to follow in so.'s footsteps; *tornare sulle proprie orme*, to go (*v. irr.*) back on one's tracks.
ormai *avv.* **1.** (by) now **2.** (*al passato*) (by) then.
ormeggiare *vt.* to moor. ♦ **ormeggiarsi** *vr.* to moor.
ormeggio *sm.* mooring.
ormone *sm.* hormone.
ormònico *agg.* hormonic.
ornamentale *agg.* ornamental.
ornamentazione *sf.* ornamentation.
ornamento *sm.* ornament.
ornare *vt.* to adorn.
ornato *agg.* **1.** adorned (with) **2.** (*di stile*) ornate.
ornitologìa *sf.* ornithology.
ornitològico *agg.* ornithological.
ornitòlogo *sm.* ornithologist.
oro *sm.* gold || *d'—*, golden.
orografìa *sf.* orography.
orogràfico *agg.* orographic(al).
orologerìa *sf.* **1.** (*arte*) horology **2.** (*negozio*) watchmaker's shop || *movimento d'—*, clock movement.
orologiaio *sm.* watchmaker.
orologio *sm.* **1.** watch **2.** (*a muro, da tavolo*) clock.
oròscopo *sm.* horoscope.
orpello *sm.* tinsel.
orrendamente *avv.* dreadfully.
orrendo *agg.* dreadful.
orrìbile *agg.* horrible.
orribilmente *avv.* horribly.
òrrido *agg.* frightful.
orripilante *agg.* terrifying.
orrore *sm.* horror.
orsa *sf.* she-bear: *— Maggiore,*

Great Bear; — *Minore*, Little Bear.
orsacchiotto *sm.* **1.** young bear **2.** (*giocattolo*) Teddy bear.
orso *sm.* bear.
ortaggio *sm.* vegetable.
ortensia *sf.* hydrangea.
ortica *sf.* nettle.
orticaria *sf.* nettle-rash.
orticultore *sm.* horticulturist.
orticultura *sf.* horticulture.
orto *sm.* **1.** kitchen garden **2.** (*di orticoltore*) market garden.
ortodossìa *sf.* orthodoxy.
ortodosso *agg.* orthodox.
ortofruttìcolo *agg.* horticultural.
ortogonale *agg.* orthogonal.
ortografìa *sf.* orthography, spelling.
ortogràfico *agg.* orthographic(al).
ortolano *sm.* **1.** market-gardener **2.** (*negoziante*) greengrocer.
ortopedìa *sf.* orthopedics.
ortopèdico *agg.* orthopedic. ♦ **ortopèdico** *sm.* orthopedist.
orzaiolo *sm.* sty.
orzata *sf.* (*bibita*) orgeat.
orzo *sm.* barley.
osanna *sf.* hosanna.
osare *vi.* to dare (*v. semidif.*). ♦ **osare** *vt.* (*tentare*) to attempt.
oscenità *sf.* obscenity.
osceno *agg.* obscene.
oscillare *vi.* **1.** to swing (*v. irr.*) **2.** (*di fiamma; opinioni*) to waver **3.** (*elettr.*) to oscillate **4.** (*di prezzi*) to fluctuate.
oscillatore *sm.* oscillator.
oscillatorio *agg.* oscillatory.
oscillazione *sf.* **1.** swing **2.** (*di fiamma; opinioni*) wavering **3.** (*elettr.*) oscillation **4.** (*di prezzi*) fluctuation.
oscillògrafo *sm.* oscillograph.
oscurantismo *sm.* obscurantism.
oscurantista *agg.* e *s.* obscurantist.
oscurare *vt.* **1.** to darken **2.** (*fig.*) to overshadow. ♦ **oscurarsi** *vr.* to darken.
oscurità *sf.* **1.** darkness **2.** (*fig.*) obscurity.
oscuro *agg.* **1.** dark **2.** (*sconosciuto, umile*) obscure **3.** (*difficile*) hard, difficult **4.** (*sconosciuto*) unknown.
osmosi *sf.* osmosis (*pl.* -ses).
ospedale *sm.* hospital.
ospedaliero *agg.* hospital (*attr.*).
ospitale *agg.* hospitable.
ospitalità *sf.* hospitality.
ospitare *vt.* to entertain.
òspite *s.* **1.** (*chi ospita, uomo*) host; (*id., donna*) hostess **2.** (*chi è ospitato*) guest.
ospizio *sm.* **1.** (*per poveri*) alms-house **2.** (*per trovatelli*) foundling hospital **3.** (*per vecchi ecc.*) home (for the old etc.).
ossario *sm.* charnel-house, ossuary.
ossatura *sf.* **1.** skeleton **2.** (*di edificio, discorso*) framework.
òsseo *agg.* bony.
ossequente *agg.* respectful.
ossequio *sm.* **1.** homage **2.** (*obbedienza*) obedience **3.** (*saluti*) regards (*pl.*).
ossequiosità *sf.* deference.
ossequioso *agg.* deferential.
osservàbile *agg.* observable.
osservante *agg.* observant.
osservanza *sf.* **1.** observance **2.** (*ossequio*) regards (*pl.*).
osservare *vt.* **1.** to observe **2.** (*esaminare*) to examine.
osservatore *agg.* observing. ♦ **osservatore** *sm.* observer.
osservatorio *sm.* observatory.
osservazione *sf.* **1.** observation: *in* —, under observation **2.** (*rimprovero*) reproach.
ossessionante *agg.* haunting.
ossessionare *vt.* to haunt.
ossessione *sf.* obsession.
ossessivo *agg.* haunting.
ossesso *sm.* person possessed.
ossìa *cong.* (*cioè*) that is.
ossidàbile *agg.* oxidizable.
ossidare *vt.* to oxidize. ♦ **ossidarsi** *vr.* to oxidize.
ossidazione *sf.* oxidation.
òssido *sm.* oxide.
ossìdrico *agg.* oxyhydrogen.
ossificare *vt.* to ossify. ♦ **ossificarsi** *vr.* to ossify.
ossificazione *sf.* ossification.
ossigenare *vt.* **1.** to oxygenate **2.** (*di capelli*) to peroxide.
ossigenato *agg.* **1.** oxygenated **2.** (*di capelli*) peroxided || *acqua ossigenata*, hydrogen peroxide.
ossìgeno *sm.* oxygen.
osso *sm.* bone || *in carne e ossa*, in flesh and blood; *avere le ossa rotte*, to be aching all over.
ossuto *agg.* bony.
ostacolare *vt.* to hamper.
ostàcolo *sm.* **1.** obstacle **2.** (*sport*) hurdle || *corsa ippica ad ostacoli*, steeple-chase.
ostaggio *sm.* hostage.

oste *sm.* innkeeper.
osteggiare *vt.* to oppose.
ostello *sm.* — *della gioventù,* (youth) hostel.
ostensorio *sm.* monstrance.
ostentare *vt.* **1.** to show (*v. irr.*) off **2.** (*fingere*) to feign.
ostentatamente *avv.* ostentatiously.
ostentazione *sf.* ostentation.
osteologìa *sf.* osteology.
osterìa *sf.* pub.
ostètrica *sf.* midwife (*pl.* -wives).
ostetricia *sf.* obstetrics.
ostètrico *sm.* obstetrician.
ostia *sf.* **1.** wafer **2.** (*eccl.*) host.
òstico *agg.* **1.** irksome **2.** (*di sapore*) unpalatable **3.** (*fig.*) difficult.
ostile *agg.* hostile.
ostilità *sf.* hostility.
ostinarsi *vr.* to persist (in).
ostinato *agg.* stubborn.
ostinazione *sf.* obstinacy.
ostracismo *sm.* ostracism.
òstrica *sf.* oyster.
ostricaio *sm.* oyster-seller.
ostricultura *sf.* oyster-breeding.
ostruire *vt.* to obstruct.
ostruzione *sf.* obstruction.
ostruzionismo *sm.* obstructionism.
ostruzionista *s.* obstructionist.
otaria *sf.* otary.
otite *sf.* otitis.
otorinolaringoiatra *s.* otorhinolaryngologist.
otorinolaringoiatrìa *sf.* otorhinolaryngology.
ottaedro *sm.* octahedron.
ottagonale *agg.* octagonal.
ottàgono *sm.* octagon.
ottanta *agg.* eighty.
ottantenne *agg.* eighty years old, eighty-year-old (*attr.*).
ottantèsimo *agg.* eightieth.
ottava *sf.* octave.
ottavo *agg.* e *sm.* eighth.
ottemperanza *sf.* compliance.
ottemperare *vi.* to comply (with).
ottenebrare *vt.* to cloud.
ottenere *vt.* to obtain, to get (*v. irr.*).
ottetto *sm.* octet.
òttica *sf.* optics.
òttico *agg.* optic(al). ♦ **òttico** *sm.* optician.
ottimismo *sm.* optimism.
ottimista *s.* optimist.
ottimìstico *agg.* optimistic.
òttimo *agg.* best, very good. ♦ **òttimo** *sm.* optimum (*pl.* -ma).
otto *agg.* eight.
ottobre *sm.* October.
ottocento *agg.* eight hundred. ♦ **ottocento** *sm.* *l'*—, the nineteenth century.
ottomana *sf.* ottoman.
ottomano *agg.* e *sm.* Ottoman.
ottone *sm.* brass.
ottuagenario *agg.* e *sm.* octogenarian.
otturare *vt.* to stop. ♦ **otturarsi** *vr.* to stop.
otturatore *sm.* (*foto*) shutter.
otturazione *sf.* stopping.
ottusità *sf.* obtuseness.
ottuso *agg.* obtuse.
ovaia *sf.* ovary.
ovale *agg.* e *sm.* oval.
ovatta *sf.* **1.** wadding **2.** (*cotone idrofilo*) cotton-wool.
ovattare *vt.* to stuff with wadding.
ovazione *sf.* ovation.
ove *avv.* where.
ovest *sm.* west.
ovile *sm.* fold.
ovino *agg.* ovine. ♦ **ovino** *sm.* sheep (*invariato al pl.*).
ovìparo *agg.* oviparous.
ovòide *agg.* egg-shaped.
òvolo *sm.* (*fungo*) agaric.
ovulazione *sf.* ovulation.
òvulo *sm.* ovule.
ovunque *avv.* **1.** everywhere **2.** (*in qualsiasi posto*) anywhere. ♦ **ovunque** *cong.* wherever.
ovvero *cong.* or.
ovviare *vi.* to obviate (sthg.).
ovvio *agg.* obvious.
oziare *vi.* to loaf, to idle.
ozio *sm.* idleness.
oziosamente *avv.* idly.
ozono *sm.* ozone.

P

pacare *vt.* to calm.
pacatezza *sf.* calmness.
pacato *agg.* calm.
pacca *sf.* slap.
pacchetto *sm.* packet.
pacchia *sf.* godsend.
pacchianata *sf.* coarse action.
pacchiano *agg.* coarse.
pacco *sm.* **1.** (*postale*) parcel **2.** (*collo*) package.

paccottiglia *sf.* cheap stuff.
pace *sf.* peace || *darsi* —, to set (*v. irr.*) one's mind at rest.
pachiderma *sm.* pachyderm.
pachistano *agg.* e *sm.* Pakistani.
pacificare *vt.* **1.** to pacify **2.** (*riconciliare*) to reconcile. ♦ **pacificarsi** *vr.* to become (*v. irr.*) reconciled.
pacificazione *sf.* **1.** pacification **2.** (*riconciliazione*) reconciliation.
pacìfico *agg.* **1.** pacific **2.** (*evidente*) self-evident.
pacifismo *sm.* pacifism.
pacifista *s.* pacifist.
pacioccone *sm.* easy-going person.
padella *sf.* frying-pan.
padiglione *sm.* pavilion.
padre *sm.* father.
padrino *sm.* godfather.
padronale *agg.* (*privato*) private || *casa* —, manor-house.
padronanza *sf.* mastery: — *di sé*, self-control.
padrone *sm.* **1.** master **2.** (*proprietario*) owner **3.** (*di casa, albergo*) landlord || *essere — di sé*, to have self-control; *padronissimo!*, do as you like!
paesaggio *sm.* landscape.
paesano *agg.* rural. ♦ **paesano** *sm.* peasant.
paese *sm.* **1.** (*nazione, territorio*) country **2.** (*villaggio*) village.
paesista *s.* landscape painter.
paffuto *agg.* chubby.
paga *sf.* pay, wages (*pl.*): *libro* —, wages book; *giorno di* —, pay day.
pagàbile *agg.* payable.
pagaia *sf.* paddle.
pagamento *sm.* payment.
paganésimo *sm.* paganism.
pagano *agg.* e *sm.* pagan.
pagare *vt.* to pay (*v. irr.*).
pagella *sf.* schoolreport.
paggio *sm.* page.
pagherò *sm.* promissory note.
pàgina *sf.* page.
paglia *sf.* straw.
pagliacciata *sf.* buffoonery.
pagliaccio *sm.* clown.
pagliaio *sm.* strawstack.
paglericcio *sm.* paillasse.
paglierino *agg.* straw-coloured.
paglietta *sf.* **1.** (*cappello*) straw-hat **2.** (*paglia di ferro*) steel-wool **3.** (*trucioli per imballaggio*) wood--shavings (*pl.*) **4.** (*trucioli, di carta*) paper-wool.
pagnotta *sf.* round loaf (*pl.* -aves).
pagoda *sf.* pagoda.
paio *sm.* **1.** (*di cose necessariamente unite*) pair **2.** (*due*) couple.
pala *sf.* **1.** shovel **2.** (*di remo, elica*) blade **3.** (*di ruota*) paddle || — *d'altare*, altar-piece.
paladino *sm.* **1.** paladin **2.** (*fig.*) champion.
palafitta *sf.* **1.** pile **2.** (*abitazione*) pile-dwelling.
palafreniere *sm.* groom.
palafreno *sm.* palfrey.
palanchino *sm.* palanquin.
palata *sf.* **1.** shovelful **2.** (*colpo*) blow with a shovel || *a palate* (*fig.*), in plenty.
palatale *agg.* palatal.
palatino *agg.* palatine.
palato *sm.* palate.
palazzo *sm.* palace.
palco *sm.* **1.** (*di teatro*) box **2.** (*pedana*) stand.
palcoscènico *sm.* stage.
paleocristiano *agg.* paleo-christian.
paleografìa *sf.* paleography.
paleògrafo *sm.* paleographer.
paleontologìa *sf.* paleontology.
paleontològico *agg.* paleontologic(al).
paleontòlogo *sm.* paleontologist.
palesare *vt.* to reveal.
palese *agg.* evident.
palestra *sf.* gymnasium.
paletta *sf.* (*di capostazione*) signal stick.
palinodìa *sf.* palinode.
palissandro *sm.* rosewood.
palizzata *sf.* palisade.
palla *sf.* **1.** ball **2.** (*pallottola*) bullet.
pallacanestro *sf.* basket-ball.
pallanuoto *sf.* water-polo.
pallavolo *sf.* volley-ball.
palleggiare *vi.* (*calcio*) to dribble. ♦ **palleggiare** *vt.* to toss. ♦ **palleggiarsi** *vr. rec.* to shift on one another.
palleggio *sm.* **1.** (*calcio*) dribbling **2.** (*tennis*) tossing.
palliativo *agg.* e *sm.* palliative.
pallidezza *sf.* paleness.
pàllido *agg.* pale.
pallino *sm.* **1.** (*di fucile*) shot **2.** (*mania*) craze.
palloncino *sm.* **1.** balloon **2.** (*lampioncino*) Chinese lantern.
pallone *sm.* ball || *gioco del* —, football.

pallore *sm.* pallor.
pallòttola *sf.* **1.** pellet **2.** (*mil.*) bullet.
pallottoliere *sm.* abacus (*pl.* -ci).
palma[1] *sf.* (*della mano*) palm.
palma[2] *sf.* (*albero*) palm(-tree).
palmare *agg.* **1.** (*anat.*) palmar **2.** (*evidente*) clear.
palmato *agg.* **1.** (*bot.*) palmate **2.** (*zool.*) webbed.
palmeto *sm.* palm-grove.
palmìpede *agg.* e *sm.* palmiped.
palmo *sm.* palm.
palo *sm.* **1.** pole **2.** (*per fondamenta, ormeggio*) pile || — *indicatore,* signpost; *fare il* —, to be on the lookout.
palombaro *sm.* diver.
palpàbile *agg.* tangible.
palpare *vt.* **1.** to finger **2.** (*med.*) to palpate.
pàlpebra *sf.* eyelid || *battere le palpebre,* to blink.
palpitante *agg.* **1.** throbbing **2.** (*fig.*) fascinating.
palpitare *vi.* to throb (with sthg.).
palpitazione *sf.* **1.** throbbing **2.** (*med.*) palpitation.
pàlpito *sm.* throb.
paltò *sm.* overcoat.
palude *sf.* marsh.
paludoso *agg.* marshy.
pàmpino *sm.* vine-leaf (*pl.* -leaves).
panacea *sf.* panacea.
panare *vt.* to bread
panca *sf.* bench.
pancetta *sf.* **1.** (*cu* ... *persona*) pot-belly.
panchina *sf.* bench.
pancia *sf.* belly.
panciera *sf.* body-belt.
panciotto *sm.* waistcoat.
panciuto *agg.* pot-bellied.
pancotto *sm.* panada.
pàncreas *sm.* pancreas.
pancreàtico *agg.* pancreatic
pandemonio *sm.* pandemonium.
pane *sm.* bread.
panegìrico *sm.* panegyric.
panetterìa *sf.* bakery.
panettiere *sm.* baker.
pànfilo *sm.* yacht.
pangermanismo *sm.* Pan-Germanism.
pànico *agg.* e *sm.* panic.
panico *sm.* (*bot.*) millet.
paniere *sm.* basket.
panificare *vi.* to make (*v. irr.*) bread.
panificazione *sf.* bread-making.
panificio *sm.* bakery.
panino *sm.* roll: — *imbottito,* sandwich.
panna[1] *sf.* cream: — *montata,* whipped cream.
panna[2] *sf.* *restare in* —, to have a breakdown.
pannello *sm.* **1.** (*edil.*) panel **2.** (*di stoffa*) light cloth.
panno *sm.* **1.** cloth (*pl.* cloths) **2.** *pl.* (*vestiti*) clothes.
pannocchia *sf.* cob.
pannolino *sm.* **1.** (*per bambini*) napkin **2.** (*assorbente igienico*) sanitary towel.
panorama *sm.* view.
panslavismo *sm.* Pan-slavism.
pantagruèlico *agg.* Pantagruelian.
pantaloni *sm. pl.* trousers || — *corti,* shorts.
pantano *sm.* **1.** mire **2.** (*luogo pantanoso; fig.*) quagmire.
panteismo *sm.* pantheism.
panteista *s.* pantheist.
panteìstico *agg.* pantheistic(al).
pantera *sf.* panther.
pantòfola *sf.* slipper.
pantògrafo *sm.* pantograph.
pantomima *sf.* pantomime.
panzana *sf.* fib.
paonazzo *agg.* purple.
papa *sm.* pope.
papà *sm.* daddy.
papale *agg.* papal.
papalina *sf.* skull-cap.
papato *sm.* papacy.
papàvero *sm.* poppy || *alto* —, (*fig.*) bigwig.
pàpera *sf.* **1.** (*zool.*) duckling **2.** (*errore*) slip **3.** (*teat.*) fluff.
papilla *sf.* papilla (*pl.* -ae).
papillare *agg.* papillary.
papiro *sm.* papyrus (*pl.* -ri).
papirologìa *sf.* papyrology.
papismo *sm.* popery.
papista *s.* papist.
pappa *sf.* pap.
pappagallo *sm.* parrot || *ripetere a* —, to parrot.
pappagorgia *sf.* double chin.
pappare *vt.* to gorge. ♦ **papparsi** *vr.* to eat up.
pàprica *sf.* paprika.
paràbola *sf.* **1.** parable **2.** (*geom.; mil.*) parabola.
parabòlico *agg.* parabolic.
parabrezza *sm.* windscreen.
paracadutare *vt.* to parachute. ♦

paracadutarsi *vr.* to bail out.
paracadute *sm.* parachute.
paracadutismo *sm.* parachutism.
paracadutista *sm.* **1.** parachutist **2.** (*mil.*) paratrooper.
paracarro *sm.* wayside post.
paradigma *sm.* paradigm.
paradisìaco *agg.* paradisiac(al).
paradiso *sm.* paradise.
paradossale *agg.* paradoxical.
paradosso *sm.* paradox.
parafango *sm.* mudguard.
paraffina *sf.* paraffin.
parafrasare *vt.* to paraphrase.
paràfrasi *sf.* paraphrase.
parafùlmine *sm.* lightning-rod.
paragonàbile *agg.* comparable.
paragonare *vt.* to compare.
paragone *sm.* comparison: *a — di,* in comparison with.
paràgrafo *sm.* paragraph.
paràlisi *sf.* palsy.
paralìtico *agg.* e *sm.* paralytic.
paralizzare *vt.* to paralyze.
parallela *sf.* parallel: *le parallele* (*sport*), parallel bars.
parallelepìpedo *sm.* parallelepiped (*pl.* -da).
parallelismo *sm.* parallelism.
parallelo *agg.* e *sm.* parallel.
parallelogrammo *sm.* parallelogram.
paralume *sm.* lamp-shade.
paramento *sm.* **1.** hanging **2.** (*eccl.*) vestment.
paràmetro *sm.* parameter.
paraninfo *sm.* paranymph.
paranoia *sf.* paranoia.
paranòico *agg.* e *sm.* paranoiac.
paraocchi *sm. pl.* blinkers.
parapetto *sm.* **1.** parapet **2.** (*davanzale*) sill.
parapiglia *sm.* turmoil.
parapioggia *sm.* umbrella.
parare *vt.* **1.** (*riparare*) to shield **2.** (*evitare*) to parry **3.** (*ornare*) to decorate || *andare a —,* to drive (*v. irr.*) at. ♦ **pararsi** *vr.* **1.** (*comparire*) to appear **2.** (*adornarsi*) to deck oneself.
parasole *sm.* parasol.
parassita *agg.* parasitic. ♦ **parassita** *s.* parasite.
parassitismo *sm.* parasitism.
parastatale *agg.* State controlled || *ente —,* semi-governmental body.
parata *sf.* **1.** parade **2.** (*sport*) parry || *fare una — (sport),* to parry.
paratìa *sf.* bulkhead.
paratifo *sm.* paratyphoid.
parato *sm.* hanging || *carta da parati,* wallpaper.
paratoia *sf.* cataract.
paraurti *sm.* bumper.
paravento *sm.* screen.
parcella *sf.* fee.
parcheggiare *vt.* to park.
parcheggio *sm.* **1.** parking **2.** (*luogo*) car park.
parco[1] *sm.* park: *— di divertimenti,* fun-fair.
parco[2] *agg.* sparing.
parecchio *agg.* quite a lot of. ♦ **parecchio** *avv.* quite a lot, quite (+ *agg.*). ♦ **parecchio** *pron.* a good deal of it, several (*pl.*).
pareggiare *vt.* **1.** (*livellare*) to level **2.** (*comm.*) to balance **3.** (*parificare una scuola*) to recognize officially. ♦ **pareggiare** *vi.* (*sport*) to draw (*v. irr.*).
pareggio *sm.* **1.** (*comm.*) balance **2.** (*sport*) draw, tie.
parentado *sm.* V. *parentela.*
parente *sm.* relative.
parentela *sf.* **1.** relationship **2.** (*i parenti*) relatives.
parèntesi *sf.* **1.** parenthesis (*pl.* -ses) **2.** (*segno grafico*) bracket.
parere[1] *vi.* **1.** to seem **2.** (*essere simile a*) to look like **3.** (*pensare*) to think (*v. irr.*) (of).
parere[2] *sm.* opinion.
paresi *sf.* paresis.
parete *sf.* wall: *— divisoria,* partition.
pàrgolo *sm.* little child (*pl.* children).
pari *agg.* **1.** equal, same **2.** (*simile*) like **3.** (*divisibile per due*) even. ♦ **pari** *sm.* equal, peer.
paria *sm.* pariah.
parietale *agg.* parietal.
parificazione *sf.* **1.** (*comm.*) balance **2.** (*scuola*) official recognition **3.** (*livellamento*) levelling.
parigino *agg.* e *sm.* Parisian
pariglia *sf.* pair.
parimenti *avv.* likewise.
parità *sf.* equality.
paritario *agg.* equalitarian.
parlamentare[1] *agg.* parliamentary. ♦ **parlamentare** *sm.* Member of Parliament.
parlamentare[2] *vi.* to parley.
parlamentarismo *sm.* parliamentarianism.

parlamento *sm.* parliament.
parlantina *sf.* talkativeness || *aver buona* —, to be a glib talker.
parlare *vi.* to speak (*v. irr.*), to talk.
parlare *sm.* **1.** (*discorso*) speech **2.** (*chiacchiere*) talk **3.** (*idioma*) language.
parlato *agg. cinema* —, talkies (*pl.*).
parlatore *sm.* speaker.
parlatorio *sm.* parlour.
parlottare *vi.* to mutter.
parodìa *sf.* parody.
parodiare *vt.* to parody.
parodista *s.* parodist.
parola *sf.* **1.** word **2.** (*facoltà di parlare, discorso*) speech || *parole incrociate*, crosswords; *gioco di parole*, pun; *far* —, to mention; *restare senza* —, to be left speechless; *venire a parole con*, to have words with; *rivolgere la — a qu.*, to address so.; *avere la — facile*, to be a glib talker.
parolaccia *sf.* nasty word: *dire parolacce*, to swear (*v. irr.*).
parolaio *sm.* **1.** chatterbox **2.** (*di scrittore*) word-monger.
paroliere *sm.* « lyrics » writer.
parossismo *sm.* paroxysm.
paròtide *sf.* parotid.
parricida *s.* parricide.
parricidio *sm.* parricide.
parrocchia *sf.* parish.
parrocchiale *agg.* parish (*attr.*).
parrocchiano *sm.* parishioner.
pàrroco *sm.* **1.** (*cattolico*) parish priest **2.** (*protestante*) parson.
parrucca *sf.* wig.
parrucchiere *sm.* hairdresser.
parsimonia *sf.* thriftiness.
parsimonioso *agg.* thrifty.
parte *sf.* **1.** part **2.** (*lato*) side **3.** (*porzione*) share **4.** (*pol.; comm.; giur.*) party || *da* —, aside: *da — di*, from; *da — a* —, right through; *da una — ... dall'altra*, on one hand ... on the other; *la maggior — di*, most (of); *a — ciò*, apart from that; *farsi da* —, to get (*v. irr.*) out of the way; *fare la — di*, to play.
partecipante *s.* **1.** sharer **2.** (*chi annuncia*) spokesman (*pl.* -men) **3.** (*chi presenzia*) the bystander.
partecipare *vi.* **1.** to share (in) **2.** (*esser presente*) to be present. ♦ **partecipare** *vt.* to announce.
partecipazione *sf.* **1.** sharing **2.** (*esser presente*) presence **3.** (*annuncio*) announcement **4.** (*biglietto*) card.
partécipe *agg.* **1.** sharing **2.** (*informato*) acquainted || *rendere — qu. di qc.*, to acquaint so. with sthg.
parteggiare *vi.* to take (*v. irr.*) sides (with).
partenogènesi *sf.* parthenogenesis.
partenza *sf.* **1.** departure, leaving **2.** (*sport*) start || *punto di* —, starting-point; *essere in* —, to be leaving.
particella *sf.* particle.
participiale *agg.* participial.
participio *sm.* participle.
particolare *agg.* particular. ♦ **particolare** *sm.* detail.
particolareggiato *agg.* detailed.
particolarismo *sm.* particularism.
particolarità *sf.* **1.** particularity **2.** (*dettaglio*) detail.
partigiano *agg.* e *sm.* partisan.
partire[1] *vi.* **1.** to leave (*v. irr.*) **2.** (*muoversi, iniziare, anche fig.*) to start || *a — da*, (beginning) from.
partire[2] *vt.* to separate.
partita *sf.* **1.** (*giocata*) game, match **2.** (*di merce*) lot **3.** (*in contabilità*) entry || *dar — vinta* (*fig.*), to give (*v. irr.*) in.
partitivo *agg.* e *sm.* partitive.
partito *sm.* party.
partitura *sf.* (*mus.*) score.
partizione *sf.* division.
parto *sm.* **1.** delivery **2.** (*fig.*) product.
partoriente *agg.* parturient. ♦ **partoriente** *sf.* lying-in woman.
partorire *vt.* to bring (*v. irr.*) forth, to beget (*v. irr.*) (*anche fig.*).
parvenza *sf.* **1.** appearance **2.** (*ombra*) shadow.
parziale *agg.* partial.
parzialità *sf.* partiality.
parzialmente *avv.* partially.
pàscere *vt.* e *vi.* **1.** to feed (*v. irr.*) **2.** (*al pascolo*) to graze. ♦ **pàscersi** *vr.* to feed (on).
pascià *sm.* pasha.
pasciuto *agg.* fed.
pascolare *vt.* e *vi.* to pasture.
pàscolo *sm.* pasture || *essere al* —, to be grazing.
Pasqua *sf.* Easter.
pasquale *agg.* Easter (*attr.*).
passàbile *agg.* passabl-

passabilmente *avv.* passably.
passaggio *sm.* **1.** passage **2.** (*traversata*) crossing || *dare un — in macchina*, to give (*v. irr.*) a lift; *vietato il —*, no thoroughfare; *di —*, of transition; (*incidentalmente*) incidentally.
passamanerìa *sf.* passementerie.
passamano *sm.* (*fettuccia*) braid.
passamontagna *sm.* snow-cap.
passante *sm.* **1.** (*di cinghia ecc.*) loop **2.** (*persona*) passer-by.
passaporto *sm.* passport.
passare *vi.* **1.** to pass **2.** (*andare*) to call (on so., at sthg.). ♦ **passare** *vt.* **1.** to pass **2.** (*di tempo*) to spend (*v. irr.*) **3.** (*sopportare, trafiggere*) to pass through.
passatempo *sm.* pastime.
passatista *s.* traditionalist.
passato *agg.* **1.** past **2.** (*scorso*) last. ♦ **passato** *sm.* **1.** past **2.** (*cuc.*) mash.
passaverdura *sm.* vegetable masher.
passeggero *agg.* passing. ♦ **passeggero** *sm.* passenger.
passeggiare *vi.* to walk, to take (*v. irr.*) a walk.
passeggiata *sf.* **1.** walk **2.** (*in auto*) drive **3.** (*in bicicletta, a cavallo*) ride **4.** (*lungomare*) promenade.
passeggino *sm.* perambulator.
passeggio *sm.* **1.** walk **2.** (*gente che passeggia*) promenaders (*pl.*) || *andare a —*, to go (*v. irr.*) for a walk.
passeràceo *sm.* e *agg.* passerine.
passerella *sf.* **1.** (*ponte pedonale*) footbridge **2.** (*provvisoria*) trestle-bridge **3.** (*mar.; edil.*) gangway **4.** (*teat.*) parade.
pàssero *sm.* sparrow.
passìbile *agg.* liable (to).
passiflora *sf.* passion-flower.
passino *sm.* strainer.
passionale *agg.* **1.** passional **2.** (*appassionato*) passionate.
passione *sf.* passion.
passivamente *avv.* passively.
passività *sf.* **1.** passivity **2.** (*comm.*) liabilities (*pl.*).
passivo *agg.* passive. ♦ **passivo** *sm.* **1.** passive **2.** (*comm.*) liabilities (*pl.*).
passo *sm.* **1.** step **2.** (*andatura*) pace **3.** (*di montagna*) pass **4.** (*brano, passaggio*) passage **5.** (*cine*) gauge **6.** (*tec.*) pitch || *passo passo*, very slowly; *segnare il —*, to mark time; *camminare a grandi passi*, to stride (*v. irr.*).
pasta *sf.* **1.** paste **2.** (*pasticcino*) cake **3.** (*per minestre*) "pasta".
pasteggiare *vi.* to feed (*v. irr.*) (on).
pastella *sf.* (*cuc.*) batter.
pastello *sm.* pastel: *matita, disegno a —*, pastel.
pasticca *sf.* tablet.
pasticcerìa *sf.* confectionery.
pasticciare *vt.* e *vi.* to make (*v. irr.*) a mess (of).
pasticciere *sm.* confectioner.
pasticcino *sm.* cake.
pasticcio *sm.* **1.** (*cuc.*) pie **2.** (*fig.*) mess || *essere nei pasticci*, to be in trouble.
pasticcione *sm.* bungler.
pastificio *sm.* « pasta » factory.
pastiglia *sf.* tablet.
pasto *sm.* meal.
pastoia *sf.* hobble.
pastone *sm.* mash.
pastorale *agg.* pastoral.
pastore *sm.* **1.** shepherd **2.** (*relig.*) parson.
pastorizia *sf.* stock-raising.
pastorizzare *vt.* to pasteurize.
pastorizzazione *sf.* pasteurization.
pastosità *sf.* **1.** mellowness **2.** (*morbidezza*) doughiness.
pastoso *agg.* **1.** mellow **2.** (*morbido*) doughy.
pastrano *sm.* overcoat.
pastura *sf.* pasture.
patacca *sf.* **1.** (*macchia*) spot **2.** (*cosa senza valore*) worthless object.
patata *sf.* potato: *— americana*, sweet potato || *— fritta*, chip; (*id., croccante*) crisp.
patema *sm.* worry.
patentato *agg.* licenced.
patente *agg.* patent. ♦ **patente** *sf.* licence.
patereccio *sm.* whitlow.
paternale *sf.* scolding || *fare una — a qu.*, to lecture so.
paternalismo *sm.* paternalism.
paternalìstico *agg.* paternalistic.
paternità *sf.* paternity.
paterno *agg.* paternal.
pateticamente *avv.* pathetically.
patètico *agg.* e *sm.* pathetic.
patibolare *agg.* sinister.
patìbolo *sm.* scaffold.
patimento *sm.* pain.
pàtina *sf.* **1.** patina **2.** (*di vernice*)

coat of varnish **3.** (*sulla lingua*) coat **4.** (*su carta, terracotta*) glaze.
patinare *vt.* **1.** to varnish **2.** (*carta, terracotta*) to glaze.
patire *vt.* e *vi.* to suffer: — *il freddo,* to suffer from the cold || — *la fame,* to starve.
patito *agg.* sickly. ♦ **patito** *sm.* (*fig.*) fan.
patògeno *agg.* pathogenic.
patologìa *sf.* pathology.
patològico *agg.* pathologic(al).
patòlogo *sm.* pathologist.
patria *sf.* **1.** country, fatherland **2.** (*luogo natale*) birthplace.
patriarca *sm.* patriarch.
patriarcale *agg.* patriarchal.
patriarcato *sm.* patriarchate.
patricida *s.* V. *parricida.*
patrigno *sm.* stepfather.
patrimoniale *agg.* patrimonial.
patrimonio *sm.* patrimony.
patrio *agg.* **1.** native **2.** (*paterno*) paternal.
patriota *s.* patriot.
patriottardo *sm.* e *agg.* jingoist.
patriòttico *agg.* patriotic.
patriottismo *sm.* patriotism.
patriziato *sm.* patriciate.
patrizio *sm.* e *agg.* patrician.
patrocinante *sm.* pleader.
patrocinare *vt.* **1.** (*sostenere*) to support **2.** (*giur.*) to plead.
patrocinio *sm.* **1.** support **2.** (*giur.*) pleading.
patronato *sm.* **1.** patronage **2.** (*istituto benefico*) charitable institution.
patronessa *sf.* patroness.
patrono *sm.* **1.** patron **2.** (*giur.*) counsel for the defence.
patteggiare *vi.* to come (*v. irr.*) to terms.
pattinaggio *sm.* skating.
pattinare *vi.* to skate.
pattinatore *sm.* skater.
pàttino *sm.* **1.** (*a rotelle*) roller-skate **2.** (*da ghiaccio*) ice-skate **3.** (*di slitta*) shoe **4.** (*aer.*) skid **5.** (*mecc.*) sliding-block.
patto *sm.* **1.** agreement, pact **2.** (*condizione*) term || *a — che,* provided that; *a nessun —,* by no means.
pattuglia *sf.* patrol.
pattugliare *vi.* to patrol.
pattuire *vi.* to reach an agreement (upon). ♦ **pattuire** *vt.* to agree (on).
pattume *sm.* rubbish.
pattumiera *sf.* dust-bin.
pauperismo *sm.* pauperism.
paura *sf.* **1.** fear, dread **2.** (*spavento*) fright, scare.
pauroso *agg.* fearful.
pàusa *sf.* pause.
pavesare *vt.* to dress (with flags).
pavese *sm.* (*mar.*) hoist.
pavimentare *vt.* **1.** to pave **2.** (*una stanza*) to floor.
pavimento *sm.* floor.
pavone *sm.* peacock.
pavoneggiarsi *vr.* to show (*v. irr.*) off.
pazientare *vi.* to have patience.
paziente *agg.* e *sm.* patient.
pazienza *sf.* patience || *—!,* never mind!
pazzesco *agg.* foolish.
pazzìa *sf.* **1.** madness **2.** (*azione, idea pazza*) folly || *fare pazzie,* to act like a fool.
pazzo *agg.* mad. ♦ **pazzo** *sm.* madman (*pl.* -men).
pecca *sf.* fault || *senza —,* faultless.
peccaminoso *agg.* sinful.
peccare *vi.* **1.** to sin **2.** (*errare*) to err **3.** (*esser manchevole*) to lack (sthg.).
peccato *sm.* sin || *che —!,* what a pity!; *è un — che,* it is a pity that.
peccatore *sm.* sinner.
pece *sf.* pitch.
pècora *sf.* **1.** sheep (*pl. invariato*) **2.** (*femmina*) ewe.
pecoraio *sm.* shepherd.
peculato *sm.* peculation.
peculiare *agg.* peculiar.
peculiarità *sf.* peculiarity.
peculio *sm.* money.
pecuniario *agg.* pecuniary.
pedaggio *sm.* toll.
pedagogìa *sf.* pedagogy.
pedagògico *agg.* pedagogic(al).
pedagogista *s.* pedagogist.
pedagogo *sm.* pedagogue.
pedalare *vi.* to pedal.
pedale *sm.* pedal.
pedaliera *sf.* **1.** (*aer.*) rudder-bar **2.** (*mus.*) pedal keyboard.
pedana *sf.* **1.** (*sport*) spring-board **2.** (*piedistallo*) stand.
pedante *agg.* pedantic. ♦ **pedante** *s.* pedant.
pedanterìa *sf.* pedantry.
pedantesco *agg.* pedantic.
pedata *sf.* **1.** kick **2.** (*impronta*) footprint.

pedemontano *agg.* piedmont.
pederasta *sm.* homosexual.
pederastìa *sf.* homosexuality.
pedestre *agg.* pedestrian.
pediatra *s.* pediatrist.
pediatrìa *sf.* pediatrics.
pedicure *s.* chiropodist.
pediluvio *sm.* foot-bath.
pedina *sf.* **1.** (*alla dama*) piece **2.** (*agli scacchi*) pawn || *muovere una* — (*anche fig.*), to make (*v. irr.*) a move.
pedinare *vt.* to shadow.
pedonale *agg.* pedestrian (*attr.*): *passaggio* —, pedestrian crossing.
pedone *sm.* pedestrian || *strada riservata ai pedoni*, footpath.
pedùncolo *sm.* stalk.
peggio *agg.* (*comp.*) worse. ♦ **peggio** *sm.* the worst. ♦ **peggio** *avv.* **1.** (*comp.*) worse **2.** (*superl. rel.*) the worst || — *per lui*, so much the worse for him; *alla* —, at worst; *avere la* —, to get (*v. irr.*) the worst of it.
peggioramento *sm.* aggravation.
peggiorare *vt.* to make (*v. irr.*) worse. ♦ **peggiorare** *vi.* to get (*v. irr.*) worse.
peggiorativo *agg.* e *sm.* pejorative.
peggiore *agg.* **1.** (*comp.*) worse: *questo libro è* — *di quello*, this book is worse than that **2.** (*superl. rel.*) the worst: *era il suo* — *nemico*, he was his worst enemy.
pegno *sm.* pledge || *dare qc. in* —, to pledge sthg.; *polizza di* —, pawn-ticket; *agenzia di pegni*, pawnshop.
pelàgico *agg.* pelagic.
pelame *sm.* hair.
pelapatate *sm.* potato peeler.
pelare *vt.* **1.** to unhair **2.** (*sbucciare*) to peel **3.** (*spellare*) to skin **4.** (*far pagare caro*) to fleece. ♦ **pelarsi** *vr.* to lose (*v. irr.*) one's hair.
pelato *agg.* bald.
pelatura *sf.* **1.** unhairing **2.** (*sbucciatura*) peeling.
pellaio *sm.* furrier.
pellame *sm.* hides (*pl.*).
pelle *sf.* skin; (*di animale grosso*) hide || *articoli in* —, leather articles; *amici per la* —, bosom friends.
pellegrina *sf.* (*mantella*) tippet.
pellegrinaggio *sm.* pilgrimage: *in* —, on a pilgrimage.
pellegrinare *vi.* to wander, to roam.
pellegrino *sm.* pilgrim.
pellerossa *agg.* e *sm.* redskin.
pelletterìa *sf.* **1.** leather goods **2.** (*negozio*) leather goods shop.
pellicano *sm.* pelican.
pellicceria *sf.* **1.** furriery **2.** (*negozio*) furrier's shop
pelliccia *sf.* fur.
pellicciaio *sm.* furrier.
pellìcola *sf.* film: — *a passo ridotto*, substandard film.
pelo *sm.* hair: *per un* —, by a hair's breadth; *cercare il* — *nell'uovo*, to split (*v. irr.*) hairs || *non avere peli sulla lingua*, to be outspoken.
peloso *agg.* hairy.
pelota *sf.* pelota.
peltro *sm.* pewter.
peluria *sf.* down || *coperto di* —, downy.
pelvi *sf.* pelvis.
pèlvico *agg.* pelvic.
pena *sf.* **1.** (*punizione*) punishment **2.** (*dolore*) pain **3.** (*disturbo*) trouble || *essere in* —, to worry; *aver* — *di*, to pity; *a mala* —, hardly; *non ne vale la* —, it is not worth while.
penale *agg.* **1.** criminal **2.** (*relativo alla pena*) penal.
penalista *sm.* criminal lawyer.
penalità *sf.* penalty.
penalizzare *vt.* to penalize.
penare *vi.* **1.** to suffer **2.** (*far fatica*) to be hardly able.
pendaglio *sm.* pendant.
pendente *agg.* **1.** pendent **2.** (*inclinato*) leaning. ♦ **pendente** *sm.* pendant.
pendenza *sf.* **1.** slope **2.** (*grado d'inclinazione*) gradient **3.** (*giur.*) pending suit **4.** (*comm.*) outstanding account.
pèndere *vi.* **1.** to hang (*v. irr.*) **2.** (*inclinare*) to lean (*v. irr.*) **3.** (*essere in declino*) to slope **4.** (*incombere*) to overhang (*v. irr.*) **5.** (*essere incerto*) to waver.
pendìo *sm.* slope.
pèndola *sf.* pendulum-clock.
pendolare *agg.* pendular.
pèndolo *sm.* pendulum.
pèndulo *agg.* pendulous.
pene *sm.* penis.
penetràbile *agg.* penetrable.
penetrabilità *sf.* penetrability.

penetrante *agg.* piercing.
penetrare *vi.* e *vt.* **1.** to penetrate **2.** (*con fatica; di freddo, suono*) to pierce **3.** (*furtivamente*) to steal (*v. irr.*) (into).
penetrazione *sf.* penetration.
penicillina *sf.* penicillin.
peninsulare *agg.* peninsular.
penìsola *sf.* peninsula.
penitente *agg.* e *s.* penitent.
penitenza *sf.* **1.** (*teol.*) penance **2.** (*pentimento*) repentance **3.** (*nei giochi*) forfeit.
penitenziale *agg.* penitential.
penitenziario *agg.* penitentiary. ♦ **penitenziario** *sm.* jail.
penna *sf.* **1.** pen **2.** (*di uccello*) feather.
pennacchio *sm.* **1.** plume **2.** (*mil.*) panache.
pennecchio *sm.* wool on the distaff.
pennellare *vi.* **1.** to brush **2.** (*med.*) to paint.
pennellata *sf.* touch (of the brush).
pennellessa *sf.* flat brush.
pennello *sm.* brush.
pennino *sm.* nib.
pennone *sm.* (*mar.*) yard.
pennuto *agg.* feathered. ♦ **pennuto** *sm.* bird.
penombra *sf.* half-light
penoso *agg.* painful.
pensare *vi.* e *vt.* **1.** to think (*v. irr.*) (of) **2.** (*badare*) to look after || *pensa ai fatti tuoi*, mind your own business.
pensata *sf.* thought, idea.
pensatore *sm.* thinker.
pensiero *sm.* **1.** thought **2.** (*opinione*) mind, opinion **3.** (*ansia*) worry.
pensieroso *agg.* thoughtful.
pènsile *agg.* hanging || *giardino —*, roof garden.
pensilina *sf.* **1.** penthouse **2.** (*di attesa*) shelter.
pensionàbile *agg.* pensionable.
pensionante *s.* boarder.
pensionato[1] *agg.* retired. ♦ **pensionato** *sm.* pensioner, retired person.
pensionato[2] *sm.* (*istituto*) hostel.
pensione *sf.* **1.** (*assegno vitalizio*) pension || *essere in —*, to be retired; *mettere in —*, to pension off **2.** (*albergo*) boarding-house || *essere a —*, to be boarding (at); *— completa*, full board.
pensoso *agg.* pensive.
pentaedro *sm.* pentahedron.
pentàgono *sm.* pentagon.
pentagramma *sm.* (*mus.*) pentagram.
pentàmetro *sm.* pentameter.
pentano *sm.* pentane.
Pentecoste *sf.* Pentecost, Whitsunday.
pentimento *sm.* repentance.
pentirsi *vr.* **1.** to repent **2.** (*rimpiangere*) to regret.
pèntodo *sm.* pentode.
péntola *sf.* pot.
penùltimo *agg.* e *sm.* last but one.
penuria *sf.* shortage, penury.
penzolare *vi.* to dangle.
penzoloni *agg.* **1.** (*dondolante*) dangling **2.** (*pèndente*) hanging.
peocio *sm.* mussel.
peonia *sf.* peony.
pepaiola *sf.* pepper-box.
pepare *vt.* to pepper.
pepato *agg.* peppery (*anche fig.*).
pepe *sm.* pepper.
peperone *sm.* pepper: *peperoni sott'aceto*, pickled peppers.
pepita *sf.* nugget.
peplo *sm.* peplum.
pepsina *sf.* pepsin.
peptone *sm.* peptone.
per *prep.* **1.** for: *fallo — me*, do it for me **2.** (*moto per luogo*) through: *passai per Roma*, I passed through Rome **3.** (*entro, per mezzo di*) by: *devo farlo — la fine dell'anno*, I have to do it by the end of the year; *— telegramma*, by telegram **4.** (*causa*) owing to, because of: *non potemmo andare — la nebbia*, we couldn't go owing to (because of) fog || *— l'addietro*, in the past; *— caso*, by chance; *— nulla*, not at all; *— sempre*, for ever; *— tempo*, early. ♦ **per** *cong.* **1.** (*finale*) to, in order to **2.** (*causale*) for.
pera *sf.* pear.
peràcido *sm.* peracid.
perbacco *inter.* by Jove.
perbene *agg.* respectable.
percalle *sm.* percale.
percentuale *agg.* per cent. ♦ **percentuale** *sf.* percentage.
percepìbile *agg.* **1.** perceptible **2.** (*di somme*) receivable.
percepire *vt.* **1.** to perceive **2.** (*di stipendio*) to receive.

percettìbile *agg.* perceptible.
percettivo *agg.* perceptive.
percezione *sf.* perception.
perché *cong.* **1.** (*int.*) why **2.** (*nelle risposte*) because **3.** (*affinché*) so that. ♦ **perché** *sm.* reason, why: *chiedersi il* —, to wonder why.
perciò *cong.* therefore, so.
perclorato *sm.* perchlorate.
percòrrere *vt.* **1.** to cover **2.** (*attraversare*) to run (*v. irr.*) through.
percorso *sm.* **1.** (*distanza*) distance **2.** (*tragitto*) way **3.** (*tracciato*) course.
percossa *sf.* blow.
percuòtere *vt.* to strike (*v. irr.*).
percussione *sf.* percussion.
percussore *sm.* percussion-pin.
perdente *agg.* losing. ♦ **perdente** *s.* loser.
pèrdere *vt.* **1.** to lose (*v. irr.*) **2.** (*di treno, occasione*) to miss **3.** (*far acqua*) to leak. ♦ **pèrdersi** *vr.* **1.** to get (*v. irr.*) lost **2.** (*svanire*) to fade **3.** (*rovinarsi*) to be ruined || — *d'animo*, to lose heart.
perdifiato (*nella loc. avv.*) *a* —, with all one's strength.
perdigiorno *sm.* idler.
pèrdita *sf.* **1.** loss **2.** (*falla, fuga*) leak.
perditempo *sm.* waste of time.
perdizione *sf.* perdition.
perdonàbile *agg.* pardonable.
perdonare *vt.* **1.** to forgive (*v. irr.*) **2.** (*risparmiare*) to spare. ♦ **perdonarsi** *vr.* to forgive oneself. ♦ **perdonarsi** *v. rec.* to forgive each other (one another).
perdono *sm.* forgiveness || *chiedere* —, to beg one's pardon.
perdurare *vi.* to continue.
perdutamente *avv.* desperately.
perduto *agg.* lost.
peregrinare *vi.* to wander, to roam.
peregrinazione *sf.* wandering, roaming.
peregrino *agg.* rare.
perenne *agg.* **1.** perennial **2.** (*eterno*) everlasting.
perennemente *avv.* **1.** perennially **2.** (*per sempre*) for ever.
perentorio *agg.* peremptory.
perequazione *sf.* equalization.
perfettamente *avv.* perfectly.
perfettìbile *agg.* perfectible.
perfettibilità *sf.* perfectibility.
perfetto *agg.* perfect. ♦ **perfetto** *sm.* (*gramm.*) perfect.
perfezionamento *sm.* perfecting.
perfezionare *vt.* **1.** to perfect **2.** (*migliorare*) to improve. ♦ **perfezionarsi** *vr.* to improve.
perfezione *sf.* perfection: *alla* —, to perfection.
perfidamente *avv.* wickedly.
perfidia *sf.* wickedness.
pèrfido *agg.* wicked.
perfino *avv.* even.
perforare *vt.* **1.** to pierce **2.** (*di biglietti, schede*) to punch **3** (*mecc.*) to drill, to bore.
perforatore *agg.* perforating. ♦ **perforatore** *sm.* perforator.
perforatrice *sf.* (*macchina*) drill, punch.
perforazione *sf.* **1.** perforation **2.** (*mecc.*) drilling **3.** (*di biglietti, schede*) punching.
pergamena *sf.* parchment.
pèrgola *sf.* bower.
pergolato *sm.* arbour.
pericardio *sm.* pericardium (*pl.* -ia).
pericolante *agg.* tottering.
perìcolo *sm.* danger || *mettere in* —, to endanger; *correre un* —, to be in danger.
pericolosamente *avv.* dangerously.
pericoloso *agg.* dangerous.
periferìa *sf.* **1.** periphery **2.** (*di città*) suburbs (*pl.*).
perifèrico *agg.* **1.** peripheral **2.** (*suburbano*) suburban.
perìfrasi *sf.* periphrasis (*pl.* -ses).
perifràstico *agg.* periphrastic.
perigeo *sm.* perigee.
perìmetro *sm.* perimeter.
periodicità *sf.* periodicity.
periòdico *agg.* e *sm.* periodical.
perìodo *sm.* period.
peripezìa *sf.* vicissitude.
pèriplo *sm.* circumnavigation.
perire *vi.* to perish.
periscopio *sm.* periscope.
peristilio *sm.* peristyle.
perito *sm.* **1.** expert **2.** (*comm.*) estimator.
peritonite *sf.* peritonitis.
perituro *agg.* perishable.
perizia *sf.* **1.** (*abilità*) skill **2.** (*valutazione*) survey.
perla *sf.* pearl.
perlàceo *agg.* pearly.
perlìfero *agg.* pearl (*attr.*).
perlomeno *avv.* at least.
perlustrare *vt.* **1.** to reconnoitre **2.** (*di polizia*) to patrol.

perlustratore *sm.* scout.
perlustrazione *sf.* **1.** reconnaissance **2.** (*di polizia*) patrol || *essere in* —, to be on a reconnaissance.
permalosità *sf.* touchiness.
permaloso *agg.* touchy.
permanente *agg.* permanent. ♦ **permanente** *sf.* permanent wave.
permanentemente *avv.* permanently.
permanenza *sf.* **1.** permanence **2.** (*soggiorno*) stay.
permanere *vi.* **1.** to remain **2.** (*durare*) to last.
permanganato *sm.* permanganate.
permeàbile *agg.* permeable.
permeabilità *sf.* permeability.
permeare *vt.* to permeate.
permesso *agg.* allowed. ♦ **permesso** *sm.* **1.** leave: *in* —, on leave **2.** (*autorizzazione*) licence || *documento di* —, permit.
perméttere *vt.* to allow || *permettete?*, may I? ♦ **perméttersi** *vr.* (*prendersi la libertà*) to take (*v. irr.*) the liberty (of) || — *il lusso*, to afford.
pèrmuta *sf.* exchange.
permutàbile *agg.* exchangeable.
permutare *vt.* to exchange.
permutazione *sf.* permutation.
pernice *sf.* partridge.
pernicioso *agg.* pernicious.
perno *sm.* pivot.
pernottamento *sm.* overnight stay.
pernottare *vi.* to stay overnight.
pero *sm.* pear-tree.
però *cong.* but.
peronòspora *sf.* mildew.
perorare *vt.* to plead.
perorazione *sf.* pleading.
peròssido *sm.* peroxide.
perpendicolare *agg.* e *sf.* perpendicular.
perpetrare *vt.* to perpetrate.
perpetuamente *avv.* perpetually.
perpetuare *vt.* to perpetuate. ♦ **perpetuarsi** *vr.* to last.
perpetuità *sf.* perpetuity.
perpetuo *agg.* perpetual: *in* —, perpetually.
perplessità *sf.* perplexity.
perplesso *agg.* perplexed: *rendere* —, to perplex.
perquisire *vt.* to search.
perquisizione *sf.* search.
persecutore *sm.* persecutor.
persecuzione *sf.* persecution.
perseguìbile *agg.* (*giur.*) prosecutable.
perseguire *vt.* **1.** to pursue **2.** (*giur.*) to prosecute.
perseguitare *vt.* to persecute.
perseguitato *sm.* persecuted person.
perseverante *agg.* persevering.
perseveranza *sf.* perseverance.
perseverare *vi.* to persevere.
persiana *sf.* shutter.
persiano *agg.* e *sm.* Persian.
persistente *agg.* persistent.
persistenza *sf.* persistence.
persìstere *vi.* to persist.
persona *sf.* person: *di* —, personally; — *giuridica*, artificial person.
personaggio *sm.* **1.** personage **2.** (*di romanzo ecc.*) character.
personale *agg.* personal. ♦ **personale** *sm.* **1.** staff **2.** (*corporatura*) figure.
personalità *sf.* personality: — *giuridica*, legal status.
personalmente *avv.* personally.
personificare *vt.* **1.** to personify **2.** (*teat.*) to play.
personificazione *sf.* personification.
perspicace *agg.* shrewd.
perspicacia *sf.* shrewdness
perspicuo *agg.* perspicuous.
persuadere *vt.* to persuade. ♦ **persuadersi** *vr.* to convince oneself.
persuasione *sf.* persuasion.
persuasivo *agg.* persuasive.
pertanto *cong.* therefore.
pèrtica *sf.* perch.
pertinace *agg.* pertinacious.
pertinacia *sf.* pertinacity.
pertinente *agg.* pertinent.
pertinenza *sf.* pertinence.
pertosse *sf.* whooping cough.
pertugio *sm.* hole.
perturbare *vt.* to disturb.
perturbatore *agg.* disturbing. ♦ **perturbatore** *sm.* disturber.
perturbazione *sf.* disturbance.
pervàdere *vt.* to pervade.
pervenire *vi.* to arrive (at).
perversione *sf.* perversion.
perversità *sf.* perversity.
perverso *agg.* perverse.
pervertire *vt.* to pervert. ♦ **pervertirsi** *vr.* to go (*v. irr.*) astray.
pervicace *agg.* obstinate.
pervicacia *sf.* obstinacy.
pervinca *sf.* periwinkle.
pesa *sf.* **1.** (*luogo*) weigh-house **2.** (*apparecchio*) weighing-machine.
pesante *agg.* heavy.

pesantezza *sf.* heaviness.
pesare *vt.* to weigh. ♦ **pesare** *vi.* **1.** to weigh **2.** (*fig.*) to lie (*v. irr.*) heavy.
pesata *sf.* weighing.
pesca[1] *sf.* (*bot.*) peach.
pesca[2] *sf.* **1.** (*il pescare*) fishing **2.** (*industria*) fishery **3.** (*il pescato*) catch.
pescaggio *sm.* (*mar.*) draught.
pescare *vt.* **1.** to fish **2.** (*fig.*) to fish out **3.** (*cogliere sul fatto*) to catch (*v. irr.*) red-handed **4.** (*carte*) to draw (*v. irr.*). ♦ **pescare** *vi.* to draw.
pescatore *sm.* **1.** fisher **2.** (*con lenza*) angler.
pesce *sm.* fish: — *rosso*, goldfish; — *persico*, perch.
pescecane *sm.* shark.
peschereccio *agg.* fishing. ♦ **peschereccio** *sm.* fishing-boat.
pescherìa *sf.* **1.** fish-shop **2.** (*mercato*) fish-market.
peschiera *sf.* fish-pond.
pesciaiola *sf.* (*cuc.*) fish-kettle.
pesco *sm.* peach-tree.
pescoso *agg.* fishy.
pesista *sm.* weight thrower.
peso *sm.* weight: *a* —, by weight.
pessimismo *sm.* pessimism.
pessimista *agg.* pessimistic. ♦ **pessimista** *s.* pessimist.
pessimìstico *agg.* pessimistic.
pèssimo *agg.* worst, very bad.
pesta *sf.* **1.** track **2.** (*difficoltà*) difficulty.
pestaggio *sm.* scuffle.
pestare *vt.* **1.** to pound **2.** (*picchiare*) to beat (*v. irr.*) **3.** (*calpestare*) to tread (*v. irr.*) on.
pestata *sf.* **1.** (*lo schiacciare*) pounding **2.** (*il calpestare*) treading.
peste *sf.* plague.
pestello *sm.* pestle.
pestìfero *agg.* pestiferous.
pestilenza *sf.* plague.
pestilenziale *agg.* pestilential.
pesto *agg.* pounded: *buio* —, pitch dark; *avere gli occhi pesti*, to have rings under one's eyes.
pètalo *sm.* petal.
petardo *sm.* petard.
petizione *sf.* petition.
petraia *sf.* **1.** (*cava*) quarry **2.** (*mucchio di pietre*) heap of stones.
petrografia *sf.* petrography.
petroliera *sf.* tanker.
petrolìfero *agg.* oil (*attr.*).
petrolio *sm.* oil.
pettégola *sf.* gossiper.
pettegolare *vi.* to gossip.
pettegolezzo *sm.* gossip.
pettégolo *agg.* gossipy. ♦ **pettégolo** *sm.* gossiper.
pettinare *vt.* to comb. ♦ **pettinarsi** *vr.* to comb one's hair.
pettinato *sm.* worsted.
pettinatrice *sf.* **1.** hairdresser **2.** (*industria tessile*) comber.
pettinatura *sf.* **1.** hairdo **2.** (*industria tessile*) combing.
pèttine *sm.* comb.
pettirosso *sm.* robin.
petto *sm.* **1.** breast **2.** (*torace*) chest || — *a* —, face to face; *prendere di* —, to face.
pettorale *agg.* e *sm.* pectoral.
pettorina *sf.* stomacher.
pettoruto *agg.* **1.** full-breasted **2.** (*fig.*) haughty.
petulante *agg.* pert.
petulanza *sf.* pertness.
petunia *sf.* petunia.
pezza *sf.* **1.** patch **2.** (*macchia*) spot || — *di stoffa*, roll.
pezzato *agg.* spotted.
pezzente *agg.* beggarly. ♦ **pezzente** *s.* ragamuffin.
pezzo *sm.* piece: *fare a pezzi*, to tear (*v. irr.*) to pieces; *a pezzi e bocconi*, piecemeal; — *grosso* (*fig.*), bigwig; — *di ricambio*, spare part.
pezzuola *sf.* handkerchief.
piacente *agg.* pleasant.
piacere[1] *sm.* **1.** pleasure **2.** (*favore*) favour || *per* —, please; —*!* (*nelle presentazioni*), how do you do!
piacere[2] *vi.* to like: *gli piace leggere*, he likes reading, he likes to read; *come pare e piace*, as one pleases.
piacévole *agg.* pleasant.
piacimento *sm.* pleasure, liking: *a* —, as much as one likes.
piaga *sf.* **1.** sore **2.** (*calamità*) plague **3.** (*fig.*) nuisance.
piagnisteo *sm.* moaning.
piagnucolare *vi.* to whimper.
piagnucolìo *sm.* whimper.
piagnucoloso *agg.* whimpering.
pialla *sf.* plane.
piallare *vt.* to plane.
piallatrice *sf.* planer.
piallatura *sf.* **1.** planing **2.** (*trucioli*) shavings (*pl.*).
piana *sf.* plane.
pianeggiante *agg.* level.

pianella *sf.* **1.** (*pantofola*) slipper **2.** (*mattonella*) flat tile.
pianeròttolo *sm.* landing.
pianeta *sm.* planet.
piangente *agg.* weeping, crying.
piàngere *vi.* to cry, to weep (*v. irr.*). ♦ **piàngere** *vt.* to weep **2.** (*un lutto*) to mourn || — *a calde lacrime*, to weep one's heart out.
pianificare *vt.* to plan.
pianificazione *sf.* planning.
pianista *s.* pianist.
piano[1] *agg.* **1.** flat **2.** (*chiaro*) clear **3.** (*semplice*) simple.
piano[2] *sm.* **1.** plain **2.** (*di casa*) floor, storey **3.** (*strato*) layer **4.** (*superficie piana, livello*) plane **5.** (*progetto*) plan **6.** (*cine*) *primo* —, close up || — *stradale*, roadway; *in primo* —, in the foreground.
piano[3] *avv.* **1.** (*lentamente*) slowly **2.** (*sommessamente*) softly **3.** (*con cautela*) gently.
pianoforte *sm.* piano.
pianola *sf.* barrel-organ.
pianta *sf.* **1.** plant **2.** (*carta topografica*) map **3.** (*del piede*) sole || *di sana* — (*completamente*), completely; (*di nuovo*) anew.
piantagione *sf.* plantation.
piantare *vt.* **1.** to plant **2.** (*conficcare*) to drive (*v. irr.*) **3.** (*lasciare*) to leave (*v. irr.*) || *piantarla*, to stop.
piantatore *sm.* planter.
pianterreno *sm.* ground-floor.
pianto *sm.* **1.** tears (*pl.*): *scoppiare in* —, to burst (*v. irr.*) into tears **2.** (*dolore*) grief.
piantonamento *sm.* guarding.
piantonare *vt.* to guard.
piantone[1] *sm.* soldier on guard.
piantone[2] *sm.* (*agr.*) shoot.
pianura *sf.* plain.
piastra *sf.* **1.** plate **2.** (*di marmo*) slab **3.** (*moneta*) piastre.
piastrella *sf.* tile.
piastrellare *vt.* to tile.
piastrellatura *sf.* tiling.
piastrina *sf.* plaque.
piattaforma *sf.* platform.
piattello *sm.* pan || *tiro al* —, trap-shooting.
piattino *sm.* saucer.
piatto[1] *agg.* flat.
piatto[2] *sm.* **1.** dish **2.** (*portata*) course **3.** (*di lama*) flat **4.** (*di grammofono*) turn-table.
piazza *sf.* **1.** square **2.** (*comm.*) market || *mettere qc. in* —, to make (*v. irr.*) sthg. public.
piazzaforte *sf.* stronghold.
piazzale *sm.* large square.
piazzamento *sm.* place.
piazzare *vt.* to place. ♦ **piazzarsi** *vr.* (*sport*) to be placed.
piazzista *sm.* salesman (*pl.* -men).
picaresco *agg.* picaresque.
picca *sf.* pike || *picche* (*alle carte*), spades (*pl.*).
piccante *agg.* **1.** piquant **2.** (*salace*) spicy.
piccarsi *vr.* to plume oneself (on).
piccato *agg.* resentful.
picchettare *vt.* **1.** to peg out **2.** (*mil.*) to picket.
picchetto *sm.* **1.** peg **2.** (*mil.*) picket: *essere di* —, to be on picket.
picchiare *vt.* e *vi.* **1.** (*percuòtere*) to beat (*v. irr.*) **2.** (*battere*) to strike (*v. irr.*) **3.** (*bussare*) to knock **4.** (*aer.*) to pitch || — *in testa* (*di motore*), to ping. ♦ **picchiarsi** *vr. rec.* to fight (*v. irr.*).
picchiata *sf.* **1.** beating **2.** (*aer.*) dive || *scendere in* —, to dive.
picchiatello *agg.* slightly crazy.
picchiettare *vt.* **1.** (*battere*) to tap **2.** (*chiazzare*) to spot.
picchiettato *agg.* spotted.
picchiettìo *sm.* tapping.
picchio[1] *sm.* **1.** (*colpo*) blow **2.** (*alla porta*) knock.
picchio[2] *sm.* (*zool.*) woodpecker.
picchiotto *sm.* door-knocker.
piccinerìa *sf.* meanness.
piccino *agg.* **1.** little **2.** (*fig.*) mean.
piccionaia *sf.* **1.** pigeon-house **2.** (*teat.*) gallery.
piccione *sm.* pigeon.
picco *sm.* peak || *a* —, vertically; *colare a* —, *mandare a* —, to sink (*v. irr.*).
piccolezza *sf.* **1.** smallness **2.** (*meschinità*) meanness **3.** (*inezia*) trifle.
pìccolo *agg.* **1.** small, little **2.** (*di statura, breve*) short **3.** (*giovane*) young **4.** (*meschino*) mean **5.** (*leggero*) light.
piccone *sm.* pick(axe).
piccozza *sf.* axe.
pidocchierìa *sf.* meanness.
pidocchio *sm.* **1.** louse (*pl.* lice) **2.** (*fig.*) miser.
pidocchioso *agg.* **1.** lousy **2.** (*fig.*) stingy.

piede *sm.* foot (*pl.* feet): *a piedi*, on foot || *a — libero*, on bail; *prender —*, to get (*v. irr.*) a footing.
piedistallo *sm.* pedestal.
piega *sf.* **1.** fold **2.** (*fatta ad arte*) pleat **3.** (*segno*) crease || *messa in — (di capelli)*, set.
piegàbile *agg.* folding.
piegamento *sm.* **1.** folding **2.** (*flessione*) flexing.
piegare *vt.* **1.** to fold **2.** (*flettere, anche fig.*) to bend (*v. irr.*). ♦ **piegare** *vi.* **1.** (*voltare*) to turn **2.** (*curvarsi*) to bend. ♦ **piegarsi** *vr.* to bend.
piegatrice *sf.* (*mecc.*) bending-machine.
pieghettare *vt.* to pleat.
pieghévole *agg.* **1.** pliable **2.** (*atto a essere piegato*) folding. ♦ **pieghévole** *sm.* folder.
pieghevolezza *sf.* pliability.
piena *sf.* **1.** flood, spate **2.** (*folla*) crowd.
pienamente *avv.* fully.
pienezza *sf.* **1.** fullness **2.** (*massimo grado*) height.
pieno *agg.* full: *— zeppo*, full up; *in — (completamente)*, fully, (*esattamente*) exactly, (*nel mezzo*) in the middle; *in — giorno*, in broad daylight. ♦ **pieno** *sm.* (*il colmo*) middle || *fare il — (auto)*, to fill up.
pietà *sf.* **1.** pity **2.** (*relig.*) piety || *aver — di*, to have mercy on; *far —*, to arouse pity; *per —!*, for pity's sake!
pietanza *sf.* **1.** main course **2.** (*piatto*) dish.
pietismo *sm.* pietism.
pietosamente *avv.* pitifully.
pietoso *agg.* pitiful.
pietra *sf.* stone: *posare la prima —*, to lay the foundation stone.
pietraia *sf.* V. *petraia.*
pietrificare *vt.* to petrify. ♦ **pietrificarsi** *vr.* to petrify.
pietrina *sf.* flint.
pietrisco *sm.* rubble.
pietroso *agg.* stony.
pìffero *sm.* pipe.
pigiama *sm.* pyjamas (*pl.*).
pigia pigia *sm.* awful crush.
pigiare *vt.* to press. ♦ **pigiarsi** *vr.* to crowd.
pigione *sf.* rent: *stare a — presso*, to lodge with.
pigmentato *agg.* pigmented.
pigmentazione *sf.* pigmentation.
pigmento *sm.* pigment.
pigmeo *sm.* pigmy.
pigna *sf.* pinecone.
pignatta *sf.* pot.
pignolerìa *sf.* faultfinding.
pignolo *sm.* **1.** (*bot.*) pine-seed **2.** (*fig.*) faultfinder.
pignoramento *sm.* attachment.
pignorare *vt.* to distrain.
pigolare *vi.* to peep.
pigolìo *sm.* peep.
pigramente *avv.* **1.** lazily **2.** (*lentamente*) sluggishly.
pigrizia *sf.* **1.** laziness **2.** (*lentezza*) sluggishness.
pigro *agg.* **1.** lazy **2.** (*lento*) sluggish.
pila *sf.* pile: *— a secco*, dry battery.
pilastro *sm.* pillar.
pìllola *sf.* pill: *— anticoncezionale*, contraceptive (pill), the "pill".
pilone *sm.* **1.** pylon **2.** (*di ponte*) pier || *— d'ormeggio*, mooring-mast.
piloro *sm.* pylorus (*pl.* -ri).
pilota *sm.* **1.** pilot **2.** (*di auto*) driver.
pilotaggio *sm.* pilotage: *scuola di —*, flying-school.
pilotare *vt.* **1.** to pilot **2.** (*un'auto*) to drive (*v. irr.*).
piluccare *vt.* to nibble.
piluccone *sm.* nibbler.
pinacoteca *sf.* picture-gallery.
pinastro *sm.* pinaster.
pindàrico *agg.* Pindaric.
pineta *sf.* pinewood.
pingue *agg.* **1.** fat **2.** (*ricco*) rich.
pinguèdine *sf.* fatness.
pinguino *sm.* penguin.
pinna *sf.* **1.** fin **2.** (*sport*) flipper.
pinnàcolo[1] *sm.* pinnacle.
pinnàcolo[2] *sm.* (*gioco*) pinochle.
pino *sm.* pine (-tree).
pinolo *sm.* pine-seed.
pinta *sf.* pint.
pinza *sf.* pliers (*pl.*), pincers (*pl.*).
pinzetta *sf.* tweezers (*pl.*).
pio *agg.* pious || *opera pia*, charitable organization.
pioggia *sf.* rain: *sotto la —*, in the rain.
piolo *sm.* V. *piuolo.*
piombare *vt.* **1.** to plumb **2.** (*tip.*) to lead || *— un dente*, to stop a tooth. ♦ **piombare** *vi.* **1.** (*cade-*

re) to fall (*v. irr.*) heavily **2.** (*assalire*) to assail **3.** (*precipitarsi*) to rush.
piombatura *sf.* sealing, leading.
piombino *sm.* **1.** plummet **2.** (*sigillo*) leaden seal.
piombo *sm.* **1** lead **2.** (*sigillo*) leaden seal **3.** (*pallottola*) bullet || *filo a* —, plumb line; *a* —, perpendicularly; *di* —, leaden; *andare coi piedi di* —, to proceed very cautiously.
pioniere *sm.* pioneer.
pioppeto *sm.* poplargrove.
pioppo *sm.* poplar.
piorrea *sf.* pyorrhoea.
piovano *agg.* rain (*attr.*).
piovasco *sm.* shower.
piòvere *vi.* to rain, to pour (*anche fig.*).
piovigginare *vi.* to drizzle.
piovigginoso *agg.* drizzly, rainy.
piovoso *agg.* rainy.
piovra *sf.* octopus.
pipa *sf.* pipe.
pipetta *sf.* (*chim.*) pipette.
pipistrello *sm.* bat.
pipita *sf.* agnail.
pira *sf.* pyre.
piramidale *ag.* pyramidal.
piràmide *sf.* pyramid.
pirata *sm.* pirate || — *della strada*, hit-and-run driver.
pirateria *sf.* piracy.
pìrico *agg.* *polvere pirica*, gunpowder.
pirite *sf.* pyrite(s).
piroetta *sf.* pirouette.
piroettare *vi.* to pirouette.
piroga *sf.* pirogue.
pirografia *sf.* pyrography.
piròscafo *sm.* steamer.
pirotècnica *sf.* pyrotechnics.
pirotècnico *agg.* pyrotechnic(al): *spettacolo* —, fireworks. ♦ **pirotècnico** *sm.* pyrotechnist.
piscia *sf.* piss.
pisciare *vi.* to piss.
pisciata *sf.* piss.
pisciatoio *sm.* urinal.
piscicoltura *sf.* pisciculture.
piscina *sf.* swimming-pool.
pisello *sm.* pea.
pisolino *sm.* nap.
pista *sf.* **1.** (*traccia*) track **2.** (*di animale*) trail **3.** (*aer.*) strip.
pistacchio *sm.* pistachio.
pistillo *sm.* pistil.
pistola *sf.* pistol
pistone *sm.* piston.
pitagòrico *agg.* e *sm.* Pythagorean: *tavola pitagorica*, multiplication table.
pitale *sm.* chamber pot.
pitocco *agg.* **1.** mean **2.** (*fig.*) stingy. ♦ **pitocco** *sm.* **1.** beggar **2.** (*fig.*) mean person.
pitone *sm.* python.
pitonessa *sf.* pythoness.
pittore *sm.* painter.
pittoresco *agg.* picturesque.
pittòrico *agg.* pictorial.
pittrice *sf.* paintress.
pittura *sf.* **1.** painting **2.** (*dipinto, descrizione*) picture **3.** (*vernice*) paint.
pitturare *vt.* to paint.
più *avv.* **1.** (*comp. di maggioranza con agg. polisillabi, con s., v. e avv.*) more: *questo libro è — costoso di quello*, this book is more expensive than that; *ho — libri di te*, I have more books than you; *lavoro — di te*, I work more than you **2.** (*comp. di maggioranza con agg. e avv. monosillabi e bisillabi terminanti in y, er, ow*) ...er: *è — gentile di lui*, he is kinder than he is **3.** (*superl. rel., corrispondente a "more"*) the most, the more (*fra due*): *è il libro — costoso di tutti*, it is the most expensive book of all; *la — bella delle due sorelle*, the more beautiful of the two sisters **4.** (*superl. rel., corrispondente a "...er"*) the ...est, the ...er (*fra due*): *è la persona — felice che conosca*, she is the happiest person I know; *è la — graziosa delle due sorelle*, she is the prettier of the sisters **4.** (*di tempo*) no longer, no more, not again || *mai* —, never again. ♦ **più** *agg.* **1.** more **2.** (*diversi*) several. ♦ **più** *sm.* most: *il — è fatto*, most of it is done || *i* —, most people (*al sing.*).
piuma *sf.* **1.** feather, down **2.** (*ornamento*) plume.
piumaggio *sm.* plumage.
piumino *sm.* **1.** down **2.** (*copriletto*) eiderdown **3.** (*per la cipria*) powder-puff **4.** (*per spolverare*) duster.
piuttosto *avv.* rather. ♦ **piuttosto che, di** *cong.* rather than.
piuolo *sm.* **1.** peg: *scala a piuoli*, ladder **2.** (*paletto*) post.

piva *sf.* bagpipe.
pivello *sm.* greenhorn.
piviere *sm.* plover.
pizzicàgnolo *sm.* delicatessen seller.
pizzicare *vt.* **1.** to pinch, to nip **2.** (*di insetti*) to bite (*v. irr.*) **3.** (*di sostanza acre*) to burn (*v. irr.*) **4.** (*con parole*) to tease **5.** (*sorprendere*) to catch (*v. irr.*). ♦ **pizzicare** *vi.* (*prudere*) to itch, to tingle.
pizzicherìa *sf.* **1.** delicatessen shop **2.** (*merci*) delicatessen.
pìzzico *sm.* **1.** pinch **2.** (*pizzicore*) itch **3.** (*fig.*) bit.
pizzicore *sm.* itch.
pizzicotto *sm.* pinch.
pizzo *sm.* **1.** lace (*solo sing.*) **2.** (*di montagna*) peak **3.** (*barba*) pointed beard.
placare *vt.* to appease: — *la fame di qu.*, to satisfy so.'s hunger; — *la sete di qu.*, to quench so.'s thirst. ♦ **placarsi** *vr.* to calm down.
placca *sf.* plaque.
placcare *vt.* to plate (sthg. with).
placcatura *sf.* plating.
placenta *sf.* placenta.
placidità *sf.* placidity.
plàcido *agg.* placid.
plaga *sf.* region.
plagiare *vt.* e *vi.* to plagiarize.
plagiario *agg.* plagiaristic. ♦ **plagiario** *sm.* plagiarist.
plagio *sm.* plagiarism.
planare *vi.* to glide down.
planata *sf.* glide.
plancia *sf.* (*mar.*) deck.
plancton *sm.* plankton.
planetario *agg.* planetary. ♦ **planetario** *sm.* planetarium (*pl.* -ia).
planimetrìa *sf.* planimetry, plan.
planimètrico *agg.* planimetric(al).
planisfero *sm.* planisphere.
plantìgrado *agg.* e *sm.* plantigrade.
plasma *sm.* plasma.
plasmare *vt.* to mould.
plàstica *sf.* **1.** (*operazione*) plastic operation **2.** (*materiale*) plastic.
plasticare *vt.* to plasticize.
plasticità *sf.* plasticity.
plàstico *agg.* plastic. ♦ **plàstico** *sm.* **1.** plastic model **2.** (*carta topografica*) relief map.
plastilina *sf.* plasticine.
plàtano *sm.* plane (-tree).
platea *sf.* pit: *poltrona di* —, stall.
plateale *agg.* coarse.
platinare *vt.* **1.** to platinize **2.** (*di capelli*) to bleach.
plàtino *sm.* platinum.
platònico *agg.* Platonic.
plaudente *agg.* applauding.
plausìbile *agg.* plausible.
plàuso *sm.* **1.** applause **2.** (*lode*) praise.
plebaglia *sf.* mob.
plebe *sf.* populace.
plebeo *agg.* e *sm.* plebeian.
plebiscitario *agg.* plebiscitary.
plebiscito *sm.* plebiscite.
plenario *agg.* plenary.
plenilunio *sm.* plenilune.
plenipotenziario *agg.* e *sm.* plenipotentiary.
pleonasmo *sm.* pleonasm.
pleonàstico *agg.* pleonastic.
plesso *sm.* plexus.
plètora *sf.* plethora.
pletòrico *agg.* plethoric.
plettro *sm.* plectrum (*pl.* -ra).
plèura *sf.* pleura (*pl.* -rae).
pleurite *sf.* pleurisy.
plico *sm.* **1.** packet **2.** (*busta*) cover: *in — separato*, under separate cover.
plotone *sm.* platoon.
plùmbeo *agg.* leaden.
plurale *agg.* e *sm.* plural.
pluralismo *sm.* pluralism.
pluralità *sf.* plurality.
pluricellulare *agg.* multicellular.
plusvalore *sm.* plus value.
plutòcrate *sm.* plutocrat.
plutocrazìa *sf.* plutocracy.
pneumàtico *agg.* pneumatic, inflatable. ♦ **pneumàtico** *sm.* (*di auto*) tyre.
pneumatorace *sm.* pneumothorax.
pochezza *sf.* (*scarsità, ristrettezza*) scantiness, insufficiency.
pochìssimo *agg.* e *avv.* **1.** very little **2.** (*rarissimamente*) very seldom. ♦ **pochìssimi** *sm. pl.* very few.
poco *avv.* **1.** not very (*con agg. e avv.*), little (*con comp., p. passati, verbi*): *a — a* —, little by little; — *per volta*, a little at a time **2.** (*di tempo*) a short time || *fra* —, soon. ♦ **poco** *agg.* **1.** little (*pl.* few) **2.** (*di tempo*) short. ♦ **poco** *pron.* e *sm.* little (*pl.* few): *un — di*, a little.
podere *sm.* farm.
poderoso *agg.* powerful.
podio *sm.* platform.

podismo *sm.* **1.** walking **2.** (*sport*) foot-racing.
podista *sm.* (*sport*) foot-racer.
podìstico *agg.* foot (*attr.*).
poema *sm.* poem.
poesìa *sf.* **1.** poetry **2.** (*composizione poetica*) poem.
poeta *sm.* poet.
poetare *vi.* to write (*v. irr.*) poetry.
poètico *agg.* poetic(al).
poggiapiedi *sm.* footstool.
poggiare *vi.* e *vt.* to rest. ♦ **poggiarsi** *vr.* to lean (*v. irr.*) against.
poggio *sm.* hillock.
poi *avv.* **1.** then **2.** (*più tardi*) later || *d'ora in* —, from now on.
poiché *cong.* since, as.
polacca *sf.* (*mus.*) polonaise.
polacco *agg.* Polish. ♦ **polacco** *sm.* Pole.
polare *agg.* polar || *stella* —, pole-star.
polarità *sf.* polarity.
polarizzare *vt.* to polarize.
polarizzatore *agg.* polarizing. ♦ **polarizzatore** *sm.* polarizer.
polarizzazione *sf.* polarization.
polca *sf.* polka.
polèmica *sf.* polemic.
polèmico *agg.* e *sm.* polemic.
polemista *s.* polemist.
polemizzare *vi.* to polemize.
poliandrìa *sf.* polyandry.
policlìnico *sm.* polyclinic.
policromìa *sf.* polychromy.
polìcromo *agg.* polychrome.
polièdrico *agg.* **1.** polyhedral **2.** (*fig.*) versatile.
poliedro *sm.* polyhedron.
polifonìa *sf.* polyphony.
polifònico *agg.* polyphonic.
poligamìa *sf.* polygamy.
polìgamo *agg.* polygamous. ♦ **polìgamo** *sm.* polygamist.
poliglotta *s.* polyglot.
polìgono *sm.* polygon || — *di tiro*, shooting-range.
polimerizzazione *sf.* polymerization.
polìmero *agg.* polymeric. ♦ **polìmero** *sm.* polymer.
polimorfismo *sm.* polymorphism.
poliomielite *sf.* poliomyelitis.
poliomielìtico *agg.* polio (*attr.*). ♦ **poliomielìtico** *sm.* person who has had polio.
pòlipo *sm.* polyp.
polisìllabo *agg.* polysyllabic(al). ♦ **polisìllabo** *sm.* polysyllable.
politècnico *agg.* e *sm.* polytechnic.
politeismo *sm.* polytheism.
politeista *agg.* polytheistic. ♦ **politeista** *s.* polytheist.
polìtica *sf.* **1.** politics **2.** (*linea di condotta*) policy.
politicante *sm.* petty politician.
polìtico *agg.* **1.** political **2.** (*sagace*) politic || *uomo* —, politician.
polivalente *agg.* polyvalent.
polizìa *sf.* police (*us. al pl.*).
poliziesco *agg.* **1.** police (*attr.*) **2.** (*di film ecc.*) detective (*attr.*).
poliziotto *sm.* policeman (*pl.* -men).
pòlizza *sf.* **1.** policy **2.** (*ricevuta*) bill.
polla *sf.* spring.
pollaio *sm.* hen-house.
pollame *sm.* poultry.
pollastra *sf.* pullet.
pollastro *sm.* cockerel.
pòllice *sm.* **1.** thumb **2.** (*del piede*) big toe **3.** (*misura*) inch.
pollicoltore *sm.* poultryman (*pl.* -men).
pollicoltura *sf.* poultry-farming.
pòlline *sm.* pollen.
pollivéndolo *sm.* poulterer.
pollo *sm.* **1.** chicken **2.** (*fig.*) dupe.
polmonare *agg.* pulmonary.
polmone *sm.* lung: — *d'acciaio*, iron lung.
polmonite *sf.* pneumonia.
polo[1] *sm.* pole.
polo[2] *sm.* (*sport*) polo.
polpa *sf.* **1.** (*di frutta*) pulp **2.** (*carne*) lean meat.
polpaccio *sm.* calf (*pl.* calves).
polpastrello *sm.* finger-tip.
polpetta *sf.* meat-ball, croquette.
polposo *agg.* pulpy.
polsino *sm.* cuff.
polso *sm.* **1.** wrist **2.** (*fig.*) energy **3.** (*pulsazione*) pulse **4.** (*polsino*) cuff || *tastare il — a qu.*, to feel (*v. irr.*) so.'s pulse; *uomo di* —, energetic man.
poltiglia *sf.* **1.** pulp **2.** (*fanghiglia*) mud.
poltrire *vi.* to idle.
poltrona *sf.* **1.** armchair **2.** (*teat.*) stall.
poltrone *agg.* idle. ♦ **poltrone** *sm.* idler.
poltronerìa *sf.* idleness.
pòlvere *sf.* **1.** dust **2.** (*sostanza polverizzata*) powder || *togliere la* —, to dust.
polveriera *sf.* powder-magazine.

polverizzare *vt.* to pulverize. ♦ **polverizzarsi** *vr.* to pulverize.
polverone *sm.* cloud of dust.
polveroso *agg.* dusty.
pomata *sf.* salve.
pomello *sm.* **1.** (*di porta ecc.*) knob **2.** (*di guancia*) cheek-bone.
pomeridiano *agg.* **1.** afternoon (*attr.*) **2.** (*con le ore*) p. m. (post meridiem): *alle 5 pomeridiane*, at five o'clock.
pomeriggio *sm.* afternoon.
pòmice *sf.* pumice.
pomo *sm.* **1.** (*mela*) apple **2.** (*di porta ecc.*) knob.
pomodoro *sm.* tomato.
pompa *sf.* **1.** pump **2.** (*fasto*) pomp **3.** (*ostentazione*) display || *impresa di pompe funebri*, undertaker's business; *far — di sé*, to show (*v. irr.*) off.
pompare *vt.* **1.** to pump **2.** (*fig.*) to puff up.
pompelmo *sm.* grapefruit.
pompiere *sm.* fireman (*pl.* -men).
pomposità *sf.* pomposity.
pomposo *agg.* pompous.
ponderàbile *agg.* ponderable.
ponderabilità *sf.* ponderability.
ponderare *vt.* to ponder.
ponderatamente *avv.* after reflection.
ponderatezza *sf.* circumspection.
ponderato *agg.* pondered.
ponderazione *sf.* consideration.
ponderoso *agg.* ponderous.
ponente *sm.* west.
ponte *sm.* **1.** bridge: *— girevole*, swing bridge **2.** (*mar.*) deck **3.** (*impalcatura*) scaffold || *rompere i ponti con* (*fig.*), to break (*v. irr.*) with.
pontéfice *sm.* pope.
pontificale *agg.* pontifical.
pontificare *vi.* to pontificate.
pontificato *sm.* pontificate.
pontificio *agg.* papal.
pontile *sm.* landing-stage.
pontone *sm.* pontoon.
ponzare *vi.* to rack one's brains.
popolamento *sm.* peopling.
popolano *agg.* common. ♦ **popolano** *sm.* man of the people || *i popolani*, the common people.
popolare[1] *vt.* to people. ♦ **popolarsi** *vr.* to become (*v. irr.*) populated.
popolare[2] *agg.* **1.** popular **2.** (*tradizionale*) folk (*attr.*).
popolaresco *agg.* popular-like.
popolarità *sf.* popularity.
popolarizzare *vt.* to popularize.
popolazione *sf.* population.
pòpolo *sm.* **1.** (*gente*) people (*pl.*) **2.** (*nazione*) people.
popoloso *agg.* populous.
popone *sm.* melon.
poppa[1] *sf.* **1.** (*mar.*) stern || *avere il vento in —*, to sail before the wind; *a —*, astern.
poppa[2] *sf.* breast.
poppante *s.* suckling.
poppare *vt.* to suck.
poppata *sf.* suck: *ora della —*, feeding-time.
poppatoio *sm.* feeding-bottle.
populismo *sm.* populism.
populista *agg.* populistic. ♦ **populista** *s.* populist.
porcaro *sm.* swineherd.
porcellana *sf.* china (*solo sing.*).
porcherìa *sf.* **1.** dirt **2.** (*azione disonesta*) dirty trick **3.** (*detto indecente*) obscene word **4.** (*atto indecente*) obscene act **5.** (*cibo cattivo*) revolting stuff **6.** (*cose senza valore*) rubbish.
porcile *sm.* pigsty.
porcino *agg.* pig (*attr.*). ♦ **porcino** *sm.* (*fungo*) boletus.
porco *sm.* **1.** pig **2.** (*cuc.*) pork.
porcospino *sm.* porcupine.
pòrfido *sm.* porphyry.
pòrgere *vt.* **1.** to hand **2.** (*offrire*) to offer.
pornografia *sf.* pornography.
pornogràfico *agg.* pornographic
poro *sm.* pore.
porosità *sf.* porosity.
poroso *agg.* porous.
pòrpora *sf.* purple.
porporato *sm.* Cardinal.
porre *vt.* **1.** to put (*v. irr.*) **2.** (*supporre*) to suppose || *— le fondamenta*, to lay (*v. irr.*) the foundations; *— mano*, to begin (*v. irr.*).
porro *sm.* **1.** leek **2.** (*med.*) wart.
porta *sf.* **1.** door **2.** (*di mura ecc.*) gate **3.** (*sport*) goal.
portabagagli *sm.* **1.** luggage-rack **2.** (*facchino*) porter.
portabandiera *sm.* ensign.
portacarte *sm.* portfolio.
portacénere *sm.* ash-tray.
portachiavi *sm.* key-holder.
portacipria *sm.* compact.
portaèrei *sf.* aircraft carrier.
portaferiti *sm.* stretcher-bearer.

portafiori *sm.* flower-holder.
portafoglio *sm.* **1.** wallet **2.** (*pol.*) portfolio.
portafortuna *sm.* mascot.
portagioielli *sm.* jewel-case.
portalèttere *sm.* postman (*pl.* -men).
portamento *sm.* **1.** gait **2.** (*condotta*) behaviour.
portamonete *sm.* purse.
portantina *sf.* sedan-chair.
portaombrelli *sm.* umbrella-stand.
portaòrdini *sm.* messenger.
portapacchi *sm.* carrier.
portapenne *sm.* penholder.
portare *vt.* **1.** (*verso chi parla o ascolta*) to bring (*v. irr.*) **2.** (*lontano da chi parla, accompagnare*) to take (*v. irr.*) **3.** (*trasportare*) to carry **4.** (*condurre*) to lead (*v. irr.*) **5.** (*indossare*) to wear (*v. irr.*) **6.** (*avere*) to have.
portasapone *sm.* soap-dish.
portasigarette *sm.* cigarette-case.
portaspilli *sm.* pincushion.
portata *sf.* **1.** (*di pranzo*) course **2.** (*di arma, strumento ottico*) range **3.** (*di fiume*) flow **4.** (*di ponte, auto ecc.*) capacity **5.** (*stazza*) tonnage **6.** (*fig.*) importance.
portàtile *agg.* portable.
portatore *sm.* bearer.
portauovo *sm.* egg-cup.
portavoce *sm.* spokesman (*pl.* -men).
portello *sm.* hatch.
portento *sm.* prodigy.
portentosamente *avv.* prodigiously.
portentoso *agg.* prodigious.
porticato *sm.* arcade.
pòrtico *sm.* **1.** (*loggia*) porch **2.** (*porticato*) arcade.
portiera[1] *sf.* (*porta*) door.
portiera[2] *sf.* doorkeeper.
portiere *sm.* **1.** (*sport*) goal-keeper **2.** porter.
portinaio *sm.* door keeper.
portinerìa *sf.* porter's lodge.
porto[1] *sm.* **1.** port (*anche fig.*) **2.** (*bacino*) harbour (*anche fig.*).
porto[2] *sm.* (*trasporto*) carriage: *franco di* —, carriage paid || — *d'armi*, shooting licence; *condurre in* — (*fig.*), to carry out.
portoghese *agg.* e *sm.* Portuguese.
portone *sm.* main door.
portuale *agg.* harbour (*attr.*): *città* —, port. ♦ **portuale** *sm.* docker.
porzione *sf.* portion.
posa *sf.* **1.** (*il porre*) laying **2.** (*posizione*) posture **3.** (*affettazione*) pose **4.** (*pausa*) pause **5.** (*foto*) exposure || *mettersi in* —, to pose; *senza* —, incessantly.
posare *vt.* to lay (*v. irr.*). ♦ **posare** *vi.* **1.** (*aver fondamento*) to rest **2.** (*assumere un atteggiamento non spontaneo*) to pose **3.** (*di liquido*) to stand (*v. irr.*). ♦ **posarsi** *vr.* **1.** to settle **2.** (*aer.; di uccello*) to alight.
posata *sf.* **1.** (*coltello*) knife (*pl.* knives) **2.** (*forchetta*) fork **3.** (*cucchiaio*) spoon.
posato *agg.* staid.
poscritto *sm.* postscript.
positiva *sf.* (*foto*) positive.
positivamente *avv.* positively.
positivismo *sm.* positivism.
positivista *s.* positivist.
positivo *agg.* positive.
posizione *sf.* position.
posologìa *sf.* posology.
posporre *vt.* **1.** to place after **2.** (*posticipare*) to postpone.
possedere *vt.* to possess.
possedimento *sm.* V. *possesso.*
possente *agg.* powerful.
possessivo *agg.* possessive.
possesso *sm.* **1.** possession **2.** (*proprietà*) property.
possessore *sm.* possessor, owner.
possìbile *agg.* possible: *il più presto* —, as soon as possible; *fare il* —, to do (*v. irr.*) one's best.
possibilità *sf.* **1.** possibility **2.** (*potere*) power || — *finanziarie*, means.
possidente *sm.* **1.** man (*pl.* -men) of property **2.** (*terriero*) landowner.
posta *sf.* **1.** post, mail **2.** (*ufficio postale*) post-office || *fermo* —, poste restante; *a giro di* —, by return of post; *per* —, by mail **3.** (*al gioco*) stake.
postale *agg.* postal, post (*attr.*), mail (*attr.*): *per pacco* —, by parcel post; *spese postali*, postage.
postazione *sf.* stationing.
postbèllico *agg.* post-war (*attr.*).
postdatare *vt.* to postdate.
posteggiare *vt.* to park.
posteggiatore *sm.* **1.** car-park attendant **2.** (*venditore*) stall-keeper.
posteggio *sm.* car-park || — *di taxi*, taxi rank.
postelegrafònico *agg.* postal telegraph and telephone (*attr.*). ♦

postelegrafònico *sm.* post-office clerk.
postema *sf.* aposteme.
pòsteri *sm. pl.* descendants.
posteriore *agg.* **1.** (*nel tempo*) following **2.** (*nello spazio*) back, rear.
posterità *sf.* posterity.
posticcio *agg.* false. ♦ **posticcio** *sm.* toupee.
posticipare *vt.* to postpone.
posticipazione *sf.* deferment.
postiglione *sm.* postilion.
postilla *sf.* (marginal) note.
postillare *vt.* to annotate.
postino *sm.* postman (*pl.* -men).
posto *sm.* **1.** place **2.** (*spazio*) room **3.** (*lavoro*) job **4.** (*posto a sedere*) seat **5.** (*stazione*) station || *al — di,* instead of.
postoperatorio *agg.* postoperative.
postrìbolo *sm.* brothel.
postulante *sm.* **1.** petitioner **2.** (*eccl.*) postulant.
postulare *vt.* to petition (for sthg.).
postulato *sm.* postulate.
pòstumo *agg.* posthumous.
potàbile *agg.* drinkable.
potare *vt.* to prune.
potassa *sf.* potash.
potàssico *agg.* potassic.
potassio *sm.* potassium.
potatore *sm.* pruner.
potatura *sf.* pruning.
potente *agg.* powerful.
potenza *sf.* power || *in* — (*avv.*), potentially, (*agg.*) potential.
potenziale *agg.* e *sm.* potential.
potenzialità *sf.* potentiality.
potenziamento *sm.* **1.** (*rafforzamento*) strengthening **2.** (*sviluppo*) development.
potenziare *vt.* **1.** (*rafforzare*) to strengthen **2.** (*sviluppare*) to develop.
potere[1] *vi.* **1.** can (*pres.*), could (*pass., condiz.*), to be able: *non può venire,* he cannot come **2.** (*eventualità, augurio, permesso*) may (*pres.*), might (*pass., condiz.*), to be allowed to: *può darsi,* maybe; *può darsi che venga,* he may come.
potere[2] *sm.* power.
potestà *sf.* power, authority.
poveraccio *sm.* poor devil.
pòvero *agg.* poor.
povertà *sf.* poverty.
pozione *sf.* potion.
pozza *sf.* pool.
pozzànghera *sf.* puddle.
pozzetto *sm.* **1.** (*di motore*) sump **2.** (*di fognatura*) drain well.
pozzo *sm.* well: — *nero,* cesspool; — *carbonifero,* coal-pit.
pragmatismo *sm.* pragmatism.
pragmatista *s.* pragmatist.
pragmatìstico *agg.* pragmatist.
prammàtica *sf.* custom: *di* —, customary.
prammàtico *agg.* pragmatic.
pranzare *vi.* to dine.
pranzo *sm.* **1.** dinner **2.** (*di mezzogiorno*) lunch.
prassi *sf.* praxis.
prataiolo *agg.* field (*attr.*).
praterìa *sf.* prairie.
pràtica *sf.* **1.** practice **2.** (*affare*) matter **3.** (*esperienza*) experience **4.** (*incartamento*) file **5.** (*trattativa*) dealing **6.** (*passo presso un'autorità*) step || *far* —, to practise; *aver — di,* to be familiar with.
praticàbile *agg.* practicable.
praticabilità *sf.* practicability.
praticaccia *sf.* practical knowledge.
praticante *agg.* practising.
praticare *vt.* **1.** to practise **2.** (*frequentare*) to frequent **3.** (*fare*) to make (*v. irr.*).
praticità *sf.* practicality.
pràtico *agg.* **1.** practical **2.** (*esperto*) skilled || *esser — di,* to be familiar with.
prativo *agg.* grass (*attr.*).
prato *sm.* **1.** meadow **2.** (*artificiale*) lawn.
pratolina *sf.* daisy.
pravo *agg.* perverse.
preallarme *sm.* prewarning.
preàmbolo *sm.* preface.
preannunziare *vt.* to portend.
preavvertire *vt.* to forewarn.
preavvisare *vt.* to forewarn.
preavviso *sm.* **1.** forewarning **2.** (*disdetta*) notice.
prebèllico *agg.* pre-war (*attr.*).
prebenda *sf.* **1.** (*eccl.*) prebend **2.** (*salario*) salary.
precarietà *sf.* precariousness.
precario *agg.* precarious.
precauzionale *agg.* precautionary.
precauzione *sf.* **1.** precaution **2.** (*cautela*) caution.
precedente *agg.* previous. ♦ **precedente** *sm.* precedent || *i precedenti* (*condotta*), record.
precedenza *sf.* precedence || *in* —, previously.

precèdere *vt.* to precede. ♦ **precèdere** *vi.* to come (*v. irr.*) first.
precessione *sf.* precession.
precettare *vt.* **1.** (*giur.*) to summon **2.** (*mil.*) to call to arms.
precetto *sm.* **1.** precept **2.** (*mil.*) call-up notice.
precettore *sm.* tutor.
precipitare *vt.* to precipitate. ♦ **precipitare** *vi.* **1.** to fall (*v. irr.*) **2.** (*chim.*) to precipitate. ♦ **precipitarsi** *vr.* to dash.
precipitato *agg.* e *sm.* precipitate.
precipitazione *sf.* **1.** (*atmosferica*) precipitation **2.** (*furia*) haste.
precipitoso *agg.* **1.** (*impetuoso*) headlong **2.** (*frettoloso*) hasty **3.** (*scosceso*) precipitous.
precipizio *sm.* precipice: *a —* (*precipitosamente*), headlong; (*a picco*) perpendicularly.
precipuo *agg.* principal.
precisare *vt.* to specify.
precisazione *sf.* specification.
precisione *sf.* **1.** precision **2.** (*chiarezza*) clarity.
preciso *agg.* **1.** precise **2.** (*accurato*) careful **3.** (*definito*) definite **4.** (*identico*) identical **5.** (*di ore*) sharp.
preclaro *agg.* prominent.
preclùdere *vt.* to preclude.
precoce *agg.* **1.** precocious **2.** (*di frutto, stagione*) early **3.** (*prematuro*) premature.
precocità *sf.* precociousness.
preconcetto *agg.* preconceived. ♦ **preconcetto** *sm.* prejudice.
preconizzare *vt.* to foretell (*v. irr.*).
precordi *sm. pl.* praecordia.
precòrrere *vt.* to anticipate.
precursore *agg.* precursory. ♦ **precursore** *sm.* forerunner.
preda *sf.* **1.** prey **2.** (*bottino*) booty || *cadere in — a,* to fall (*v. irr.*) a prey to; *far — di,* to plunder.
predace *agg.* predacious.
predare *vt.* to plunder.
predatore *agg.* predatory. ♦ **predatore** *sm.* plunderer.
predatorio *agg.* predatory.
predecessore *sm.* forerunner.
predella *sf.* **1.** platform **2.** (*sgabello*) stool.
predellino *sm.* **1.** (*di vettura*) footboard **2.** (*poggiapiedi*) footstool.
predestinare *vt.* to predestine.
predestinazione *sf.* **1.** predestination **2.** (*destino*) destiny.
predeterminare *vt.* to predetermine.
predeterminazione *sf.* predetermination.
predetto *agg.* **1.** (*suddetto*) above mentioned **2.** (*presagito*) foretold (*pred.*).
prediale *agg.* praedial.
prèdica *sf.* sermon: *fare la — a qu.,* to lecture so.
predicàbile *agg.* predicable.
predicare *vt.* e *vi.* to preach.
predicativo *agg.* predicate.
predicato *sm.* predicate: *essere in — per,* to be considered for.
predicatore *sm.* preacher.
predicatorio *agg.* preachifying.
predicazione *sf.* preaching.
predicozzo *sm.* lecture.
predigestione *sf.* preliminary digestion.
prediletto *agg.* favourite. ♦ **prediletto** *sm.* pet.
predilezione *sf.* predilection.
predilìgere *vt.* to prefer.
predire *vt.* to foretell (*v. irr.*).
predisporre *vi.* **1.** to predispose **2.** (*provvedere*) to arrange. ♦ **predisporsi** *vr.* to prepare oneself.
predisposizione *sf.* **1.** (*med.*) predisposition **2.** (*inclinazione*) bent.
predizione *sf.* prediction.
predominante *agg.* prevailing.
predominanza *sf.* prevalence.
predominare *vi.* to prevail.
predominio *sm.* predominance.
predone *sm.* plunderer.
preesistente *agg.* pre-existing.
preesistenza *sf.* pre-existence.
preesìstere *vi.* to pre-exist.
prefabbricare *vt.* to prefabricate.
prefazio *sm.* preface.
prefazione *sf.* preface.
preferenza *sf.* preference: *di —,* generally.
preferenziale *agg.* preferential.
preferìbile *agg.* preferable.
preferire *vt.* to prefer.
preferito *agg.* e *sm.* V. *prediletto.*
prefettizio *agg.* prefectorial.
prefetto *sm.* prefect.
prefettura *sf.* prefecture.
prefiggere *vt.* to (pre-)establish. ♦ **prefiggersi** *vr.* to be resolved: *— uno scopo,* to propose an aim to oneself.
prefigurare *vt.* to prefigure.
prefigurazione *sf.* prefiguration.

prefisso *sm.* prefix.
preformare *vt.* to preform.
pregare *vt.* **1.** to pray **2.** (*chiedere*) to beg.
pregévole *agg.* valuable.
preghiera *sf.* **1.** prayer **2.** (*domanda*) request.
pregiare *vt.* to esteem. ♦ **pregiarsi** *vr.* to beg (to).
pregiato *agg.* valuable: *vino* —, vintage wine.
pregio *sm.* **1.** (*valore*) value **2.** (*merito*) merit || *di* —, valuable.
pregiudicare *vt.* to prejudice.
pregiudicato *sm.* previous offender.
pregiudiziale *agg.* prejudicial
pregiudizio *sm.* prejudice.
pregnante *agg.* pregnant.
pregno *agg.* **1.** pregnant (with) **2.** (*pieno*) full (of).
pregustare *vt.* to foretaste.
preistoria *sf.* prehistory.
preistòrico *agg.* prehistoric.
prelatizio *agg.* prelatic.
prelato *sm.* prelate.
prelazione *sf.* pre-emption.
prelevamento *sm.* drawing: *fare un* — (*comm.*), to draw (*v. irr.*).
prelevare *vt.* to draw (*v. irr.*).
prelibare *vt.* to foretaste.
prelibato *agg.* excellent.
prelievo *sm.* V. *prelevamento.*
preliminare *agg.* preliminary.
prelùdere *vi.* to prelude (sthg.), to foreshadow (sthg.).
preludiare *vi.* to prelude.
preludio *sm.* prelude.
prematuro *agg.* premature.
premeditare *vt.* to premeditate.
premeditato *agg.* premeditated.
premeditazione *sf.* premeditation.
prèmere *vi.* **1.** to press **2.** (*importare*) to interest **3.** (*essere urgente*) to be urgent. ♦ **prèmere** *vt.* to press.
premessa *sf.* introduction.
premesso *agg.* previous.
preméttere *vt.* **1.** to premise **2.** (*mettere prima*) to put (*v. irr.*) before.
premiare *vt.* **1.** to give (*v. irr.*) a prize **2.** (*ricompensare*) to reward.
premiazione *sf.* awarding of prizes.
preminente *agg.* pre-eminent.
preminenza *sf.* pre-eminence.
premio *sm.* **1.** prize **2.** (*ricompensa*) reward **3.** (*comm.*) premium.
prèmito *sm.* tenesmus.
premolare *agg.* e *sm.* premolar.
premonitore *agg.* premonitory.
premorire *vi.* to predecease.
premunire *vt.* to forearm. ♦ **premunirsi** *vr.* to secure.
premura *sf.* **1.** (*cura*) care **2.** (*fretta*) hurry **3.** (*gentilezza*) kindness || *aver* —, to be in a hurry.
premuroso *agg.* **1.** (*servizievole*) helpful **2.** (*gentile*) obliging.
prèndere *vt.* **1.** to take (*v. irr.*) **2.** (*sorprendere, afferrare*) to catch (*v. irr.*) **3.** (*comprare, ottenere*) to get (*v. irr.*). ♦ **prèndersi** *vr.* to take || *che ti prende?*, what's the matter with you?
prendisole *sm.* sun-suit.
prenome *sm.* praenomen (*pl.* -mina).
prenotare *vt.* to book. ♦ **prenotarsi** *vr.* to engage oneself.
prenotazione *sf.* booking.
prènsile *agg.* prehensile.
prensione *sf.* prehension.
preoccupante *agg.* worrying.
preoccupare *vt.* to worry. ♦ **preoccuparsi** *vr.* to be worried (about).
preoccupazione *sf.* worry.
preordinare *vt.* to prearrange.
preparare *vt.* to prepare. ♦ **prepararsi** *vr.* to get (*v. irr.*) ready.
preparativo *sm.* preparation.
preparato *agg.* ready. ♦ **preparato** *sm.* (*med.*) preparation.
preparatore *sm.* preparer.
preparatorio *agg.* preparatory.
preparazione *sf.* preparation.
preponderante *agg.* preponderant.
preponderanza *sf.* preponderance.
preporre *vt.* **1.** to put (*v. irr.*) before **2.** (*preferire*) to prefer **3.** (*mettere a capo*) to put at the head.
prepositivo *agg.* prepositional.
preposizione *sf.* preposition.
preposto *sm.* **1.** provost **2.** (*relig., prevosto*) parish priest.
prepotente *agg.* overbearing.
prepotentemente *avv.* overbearingly.
prepotenza *sf.* **1.** arrogance **2.** (*azione*) overbearing action.
preraffaellismo *sm.* Pre-Raphaelitism.
preraffaellita *agg.* e *s.* Pre-Raphaelite.
prerogativa *sf.* **1.** prerogative **2.** (*di persona*) faculty **3.** (*di cosa*) property.
presa *sf.* **1.** taking **2.** (*stretta*) grip

3. (*cattura*) capture **4.** (*elettr.*) plug **5.** (*pizzico*) pinch || *macchina da —*, camera; *far — (di cemento)*, to set (*v. irr.*).
presagio *sm.* presage, omen.
presagire *vt.* **1.** to foresee (*v. irr.*) **2.** (*essere presagio di*) to forebode.
presago *agg. essere — di (prevedere)*, to have a presentiment of.
presbiopìa *sf.* long-sightedness.
prèsbite *agg.* long-sighted.
presbiterianismo *sm.* Presbyterianism.
presbiteriano *agg.* e *sm.* Presbyterian.
presbiterio *sm.* presbytery.
prescégliere *vt.* to choose (*v. irr.*).
prescelto *agg.* chosen.
prescienza *sf.* prescience.
prescìndere *vi.* to leave (*v. irr.*) out of consideration: *a — da*, apart from.
prescritto *sm.* prescript.
prescrìvere *vt.* to prescribe.
prescrizione *sf.* **1.** regulation **2.** (*med.; giur.*) prescription: *caduto in —*, invalidated by prescription.
presentàbile *agg.* presentable.
presentare *vt.* **1.** to present **2.** (*mostrare*) to show (*v. irr.*) **3.** (*far conoscere*) to introduce. ♦ **presentarsi** *vr.* **1.** to present oneself **2.** (*capitare*) to occur.
presentatore *sm.* **1.** announcer **2.** (*teat.*) showman (*pl.* -men).
presentazione *sf.* **1.** presentation **2.** (*di una persona*) introduction.
presente *agg.* e *s.* present || *i presenti*, the people present; *la — (lettera)*, this letter.
presentemente *avv.* now.
presentimento *sm.* presentiment.
presentire *vt.* to foresee (*v. irr.*).
presenza *sf.* **1.** presence **2.** (*frequenza*) attendance.
presenziare *vt.* e *vi.* to be present (at).
presepio *sm.* crib.
preservare *vt.* to preserve.
preservativo *agg.* e *sm.* preservative.
preservazione *sf.* preservation.
prèside *sm.* headmaster. ♦ **prèside** *sf.* headmistress.
presidente *sm.* **1.** president **2.** (*di assemblea*) chairman (*pl.* -men).
presidenza *sf.* **1.** presidency **2.** (*di assemblea*) chairmanship **3.** (*di società*) management **4.** (*insieme di direttori*) board of directors **5.** (*di scuola*) headmastership.
presidenziale *agg.* presidential.
presidiare *vt.* to garrison.
presidio *sm.* garrison.
presièdere *vt.* e *vi.* to preside (over, at).
pressa *sf.* press.
pressacarte *sm.* paper-weight.
pressante *agg.* pressing.
pressantemente *avv.* pressingly.
pressappoco *avv.* approximately.
pressare *vt.* to press.
pressi *sm. pl.* **1.** neighbourhood (*sing.*) **2.** (*sobborghi*) outskirts.
pressione *sf.* pressure: *fare — su qu.* (*fig.*), to put (*v. irr.*) pressure on so.
presso *avv.* nearly: *a un di —, press'a poco*, approximately; *da —*, closely. ♦ **presso** *prep.* **1.** near **2.** (*a casa di*) at **3.** (*nell'ufficio di*) with **4.** (*fra*) among **5.** (*negli indirizzi*) c/o (care of).
pressoché *avv.* almost.
pressurizzare *vt.* to pressurize.
pressurizzazione *sf.* pressurization.
prestabilire *vt.* to pre-arrange.
prestamente *avv.* quickly.
prestanome *sm.* man of straw.
prestante *agg.* good-looking.
prestanza *sf.* fine appearance.
prestare *vt.* V. *imprestare.* ♦ **prestarsi** *vr.* to volunteer.
prestatore *sm.* lender: *— d'opera*, workman (*pl.* -men).
prestazione *sf.* **1.** (*prestito*) loan **2.** (*servizio*) service **3.** (*sport*) performance.
prestezza *sf.* quickness.
prestidigitatore *sm.* conjurer.
prestigio *sm.* prestige || *gioco di —*, conjuring trick.
prestigioso *agg.* **1.** (*affascinante*) glamorous **2.** (*favoloso*) fabulous.
prèstito *sm.* loan: *prendere in —*, to borrow; *dare in —*, to lend (*v. irr.*).
presto[1] *agg. — di mano*, dexterous.
presto[2] *avv.* **1.** soon **2.** (*di buon'ora*) early **3.** (*in fretta*) quickly || *— o tardi*, sooner or later; *al più —*, as soon as possible. ♦ **presto!** *inter.* quick!
presùmere *vt.* to presume.
presumìbile *agg.* presumable.
presumibilmente *avv.* presumably.
presuntivo *agg.* presumptive.
presunto *agg.* supposed.

presuntuosamente *avv.* presumptuously.
presuntuosità *sf.* conceit.
presuntuoso *agg.* presumptuous.
presunzione *sf.* presumption.
presupporre *vt.* **1.** to presuppose **2.** (*supporre*) to suppose.
presupposizione *sf.* **1.** presupposition **2.** (*supposizione*) supposition.
presupposto *sm.* V. *presupposizione.*
prete *sm.* priest.
pretendente *sm.* **1.** pretender **2.** (*corteggiatore*) suitor.
pretèndere *vt.* **1.** to pretend **2.** (*esigere*) to want. ♦ **pretèndere** *vi.* to claim.
pretensione *sf.* pretension.
pretenzioso *agg.* **1.** pretentious **2.** (*presuntuoso*) conceited.
preterintenzionale *agg.* unintentional.
pretèrito *agg.* e *sm.* past.
pretesa *sf.* **1.** pretence **2.** (*richiesta* claim || *avere molte pretese,* to be hard to please; *avanzare pretese su,* to claim rights over.
pretesto *sm.* **1.** pretext **2.** (*occasione*) occasion.
pretore *sm.* magistrate.
prettamente *avv.* purely.
pretto *agg.* pure.
pretura *sf.* magistrate's court.
prevalente *agg.* prevailing.
prevalenza *sf.* prevalence.
prevalere *vi.* to prevail.
prevaricare *vi.* **1.** to prevaricate **2.** (*abusare del potere*) to abuse one's office.
prevaricatore *sm.* prevaricator.
prevaricazione *sf.* **1.** prevarication **2.** (*abuso di potere*) abuse of office.
prevedere *vt.* **1.** to foresee (*v. irr.*) **2.** (*di legge, contratto*) to provide (for).
prevedìbile *agg.* foreseeable.
preveggente *agg.* foreseeing.
preveggenza *sf.* foresight.
prevenire *vt.* **1.** (*precedere*) to forestall **2.** (*evitare*) to prevent **3.** (*avvertire*) to warn.
preventivamente *avv.* **1.** beforehand **2.** (*in modo preventivo*) preventively.
preventivare *vt.* to estimate.
preventivo *agg.* **1.** preventive **2.** (*comm.*) estimated || *bilancio —,* budget. ♦ **preventivo** *sm.* estimate
preventorio *sm.* preventive sanatorium.
prevenuto *agg. essere — contro,* to have a prejudice against.
prevenzione *sf.* **1.** prejudice **2.** (*il prevenire*) prevention.
previdente *agg.* provident.
previdenza *sf.* providence: *— sociale,* social security.
previdenziale *agg.* social security (*attr.*).
previo *agg.* **1.** previous **2.** (*soggetto a*) subject to.
previsione *sf.* **1.** forecast **2.** (*comm.*) estimate.
previsto *agg.* **1.** foreseen **2.** (*comm.*) estimated **3.** (*giur.*) provided.
prevosto *sm.* V. *preposto.*
preziosismo *sm.* preciosity.
preziosità *sf.* preciousness.
prezioso *agg.* precious. ♦ **prezioso** *sm.* jewel.
prezzémolo *sm.* parsley.
prezzo *sm.* **1.** price, cost **2.** (*valore*) value || *a — di,* at the cost of.
prezzolare *vt.* to hire.
prezzolato *agg.* (*mercenario*) mercenary.
prigione *sf.* **1.** prison **2.** (*pena*) imprisonment.
prigionìa *sf.* imprisonment.
prigioniero *agg.* imprisoned. ♦ **prigioniero** *sm.* prisoner.
prillare *vi.* to twirl.
prima[1] *avv.* **1.** before **2.** (*in anticipo*) in advance **3.** (*un tempo*) once **4.** (*più presto*) earlier, sooner **5.** (*per prima cosa*) first || *— o poi,* sooner or later; *quanto —,* soon. ♦ **prima** *prep.* before. ♦ **prima che, di** *cong.* before.
prima[2] *sf.* **1.** (*ferr.; scuola*) first class **2.** (*teat.*) première.
primario *agg.* primary. ♦ **primario** *sm.* head physician.
primate *sm.* (*eccl.*) primate.
primati *sm. pl.* (*zool.*) Primates.
primaticcio *agg.* early.
primatista *s.* record-holder.
primato *sm.* **1.** supremacy **2.** (*sport*) record.
primavera *sf.* spring.
primaverile *agg.* spring (*attributivo*), springlike.
primeggiare *vi.* to excel.
primigenio *agg.* primigenial.
primìpara *sf.* primipara (*pl.* -ae).
primitivo *agg.* e *sm.* primitive.
primizia *sf.* **1.** (*frutta*) early fruit

2. (*verdura*) early vegetable 3. (*novità*) novelty.
primo *agg.* 1. first 2. (*principale*) chief 3. (*iniziale*) early 4. (*prossimo*) next || *in un — tempo,* at first.
primogènito *agg.* e *sm.* first-born.
primogenitura *sf.* primogeniture.
primordiale *agg.* primeval.
primordi *sm. pl.* beginnings.
prìmula *sf.* primrose.
principale *agg.* principal. ♦ **principale** *sm.* master, boss.
principato *sm.* principality.
prìncipe *sm.* prince.
principesco *agg.* princely.
principessa *sf.* princess.
principiante *sm.* beginner.
principiare *vt.* e *vi.* to begin (*v. irr.*).
principio *sm.* 1. (*inizio*) beginning 2. (*norma*) principle: *per —,* on principle.
priora *sf.* prioress.
priorato *sm.* priorate.
priore *sm.* prior.
priorità *sf.* priority.
prisma *sm.* prism.
prismàtico *agg.* prismatic(al).
prìstino *agg.* former.
privare *vt.* to deprive.
privatista *s.* external student.
privativa *sf.* 1. (*esclusiva*) sole right 2. (*monopolio*) monopoly 3. (*tabaccheria*) tobacconist's shop.
privativo *agg.* privative.
privato *agg.* 1. private 2. (*privo*) deprived. ♦ **privato** *sm.* private citizen.
privazione *sf.* 1. (*disagio*) privation 2. (*perdita*) loss.
privilegiare *vt.* to privilege.
privilegiato *agg.* 1. privileged 2. (*comm.*) preferred.
privilegio *sm.* privilege.
privo *agg.* devoid: *— di padre,* fatherless; *— di madre,* motherless.
pro[1] *prep.* for.
pro[2] *sm. a che —?,* what is the use of?
proavo *sm.* great grandfather.
probàbile *agg.* probable.
probabilismo *sm.* probabilism.
probabilità *sf.* probability.
probante *agg.* probatory.
probativo *agg.* probative.
probità *sf.* uprightness.
probiviri *sm. pl.* arbiters.
problema *sm.* problem.
problematicità *sf.* problematic nature.
problemàtico *agg.* problematic(al).
probo *agg.* upright.
proboscidati *sm. pl.* Proboscidea.
probòscide *sf.* trunk.
procaccia *sm.* postman (*pl.* -men).
procacciare *vt.* to get (*v. irr.*). ♦ **procacciarsi** *vr.* to get.
procacciatore *sm.* procurer.
procace *agg.* 1. (*provocante*) provoking 2. (*inverecondo*) immodest.
procacità *sf.* 1. provocativeness 2. (*inverecondia*) immodesty.
pro capite *loc. avv.* each.
procèdere *vi.* 1. to proceed, to go (*v. irr.*) on 2. (*agire*) to act.
procedimento *sm.* 1. (*progressione*) course 2. (*condotta*) behaviour 3. (*giur.*) proceedings (*pl.*) 4. (*tec.*) process.
procedura *sf.* 1. procedure 2. (*giur.*) practice.
procedurale *agg.* procedural.
procella *sf.* storm.
procellaria *sf.* stormy-petrel.
procelloso *agg.* stormy.
processare *vt.* to try: *far —,* to prosecute.
processionaria *sf.* processioner.
processione *sf.* procession.
processo *sm.* 1. (*giur.*) trial 2. (*med.; chim.; tec.*) process || *andare sotto —,* to be tried; *intentare un —,* to bring (*v. irr.*) an action.
processuale *agg.* trial (*attr.*).
procinto (*nella loc. avv.*) *in — di,* on the point of.
proclama *sm.* proclamation.
proclamare *vt.* to proclaim.
proclamatore *sm.* proclaimer.
proclamazione *sf.* proclamation.
proclive *agg.* inclined.
proclività *sf.* inclination.
procònsole *sm.* proconsul.
procrastinare *vt.* to postpone. ♦ **procrastinare** *vi.* to procrastinate.
procrastinazione *sf.* procrastination.
procreare *vt.* to procreate.
procreatore *sm.* procreator.
procreazione *sf.* procreation.
procura *sf.* 1. proxy: *per —, by* proxy 2. (*documento*) letter of attorney.
procurare *vt.* 1. to get (*v. irr.*) 2. (*causare*) to cause 3. (*cercare*) to

try. ♦ **procurarsi** *vr.* to get (*v. irr.*).
procuratore *sm.* attorney.
prode *agg.* brave.
prodezza *sf.* **1.** bravery **2.** (*azione*) brave deed.
prodiere *sm.* bowman (*pl.* -men).
prodiero *agg.* forward.
prodigalità *sf.* lavishness.
prodigare *vt.* to lavish. ♦ **prodigarsi** *vr.* to do (*v. irr.*) all one can.
prodigio *sm.* prodigy.
prodigiosità *sf.* prodigiousness
prodigioso *agg.* prodigious.
pròdigo *agg.* lavish.
proditoriamente *avv.* treacherously.
proditorio *agg.* treacherous.
prodotto *sm.* **1.** product **2.** (*risultato*) result **3.** (*agr.*) produce.
pròdromo *sm.* **1.** warning sign **2.** (*med.*) symptom.
produrre *vt.* to produce. ♦ **prodursi** *vr.* **1.** (*causarsi*) to cause oneself **2.** (*accadere*) to happen **3.** (*esibirsi*) to perform (before).
produttività *sf.* productivity.
produttivo *agg.* productive.
produttore *agg.* productive. ♦ **produttore** *sm.* producer.
produzione *sf.* production.
proemio *sm.* proem.
profanamente *avv.* profanely.
profanare *vt.* to profane.
profanatore *agg.* profaning. ♦ **profanatore** *sm.* profaner.
profanazione *sf.* profanation.
profanità *sf.* profanity.
profano *agg.* profane. ♦ **profano** *sm.* (*persona inesperta*) layman (*pl.* -men) || *i profani*, the laity.
proferire *vt.* **1.** to pronounce **2.** (*dire*) to utter.
professare *vt.* to profess.
professionale *agg.* professional: *scuola* —, vocational school.
professione *sf.* profession.
professionismo *sm.* professionalism.
professionista *sm.* **1.** professional man **2.** (*sport*) professional.
professorale *agg.* professorial.
professore *sm.* **1.** teacher **2.** (*ordinario di università*) professor.
profeta *sm.* prophet.
profetare *vt.* to prophesy.
profètico *agg.* prophetic(al).
profetizzare *vt.* V. *profetare.*
profezìa *sf.* prophecy.
profferire *vt.* **1.** (*offrire*) to offer **2.** (*pronunciare*) to utter.
profferta *sf.* offer.
proficuo *agg.* profitable.
profilare *vt.* **1.** to profile **2.** (*orlare*) to edge. ♦ **profilarsi** *vr.* **1.** to be outlined **2.** (*apparire*) to loom.
profilassi *sf.* prophylaxis.
profilato *agg.* **1.** (*delineato*) outlined **2.** (*affilato*) sharp **3.** (*orlato*) edged. ♦ **profilato** *sm.* section.
profilàttico *agg.* e *sm.* prophylactic.
profilo *sm.* **1.** (*contorno*) outline **2.** (*di viso*) profile **3.** (*studio letterario*) monograph.
profittare *vi.* **1.** (*trar profitto*) to avail oneself (of) **2.** (*progredire*) to make (*v. irr.*) progress **3.** (*guadagnare*) to make profits.
profittatore *sm.* profiteer.
profittévole *agg.* profitable.
profitto *sm.* profit: *trar* —, to profit (by); *mettere qc. a* —, to make (*v. irr.*) good use of sthg.
profluvio *sm.* flood.
profondamente *avv.* deeply: *dormire* —, to sleep (*v. irr.*) soundly.
profòndere *vt.* to lavish. ♦ **profòndersi** *vr.* to be profuse (in, of).
profondità *sf.* depth.
profondo *agg.* deep. ♦ **profondo** *sm.* depth.
pròfugo *sm.* refugee.
profumare *vt.* to scent. ♦ **profumarsi** *vr.* to spray oneself with scent.
profumatamente *avv.* (*fig.*) dearly.
profumerìa *sf.* perfumery.
profumiere *sm.* perfumer.
profumo *sm.* perfume, scent.
profusamente *avv.* **1.** profusely **2.** (*lungamente*) at length.
profusione *sf.* profusion.
progenerare *vt.* to procreate.
progenie *sf.* progeny.
progenitore *sm.* ancestor.
progettare *vt.* to plan.
progettazione *sf.* planning.
progettista *s.* planner.
progetto *sm.* plan.
prognatismo *sm.* prognathism.
prognato *agg.* prognathous.
prògnosi *sf.* prognosis (*pl.* -ses).
programma *sm.* program(me).
programmare *vt.* to program(me).
programmatore *sm.* programmist.
programmazione *sf.* programming.

programmista *sm.* programmer.
progredire *vi.* **1.** to advance **2.** (*fig.*) to get (*v. irr.*) on **3.** (*far progressi*) to make (*v. irr.*) progress.
progressione *sf.* progression.
progressista *agg.* e *s.* progressive.
progressivamente *avv.* progressively.
progressivo *agg.* progressive.
progresso *sm.* progress.
proibire *vt.* **1.** to forbid (*v. irr.*) **2.** (*impedire*) to prevent.
proibitivo *agg.* prohibitive.
proibizione *sf.* prohibition.
proibizionismo *sm.* prohibitionism.
proibizionista *agg.* e *s.* prohibitionist.
proiettare *vt.* **1.** to project **2.** (*cine*) to show (*v. irr.*) ♦ **proiettare** *vi.* to project. ♦ **proiettarsi** *vr.* to be projected.
proièttile *sm.* shell.
proiettore *sm.* **1.** (*riflettore*) searchlight **2.** (*cine*) projector.
proiezione *sf.* **1.** projection **2.** (*cine*) movie show || *macchina da* —, projector; *sala di* —, projection room.
prole *sf.* issue.
proletariato *sm.* proletariat.
proletario *agg.* e *sm.* proletarian.
proliferare *vi.* to proliferate.
proliferazione *sf.* proliferation.
prolìfico *agg.* prolific.
prolissità *sf.* prolixity.
prolisso *agg.* prolix.
pròlogo *sm.* prologue.
prolungàbile *agg.* extendable.
prolungamento *sm.* extension.
prolungare *vt.* **1.** to extend **2.** (*differire*) to postpone. ♦ **prolungarsi** *vr.* **1.** to extend **2.** (*dilungarsi*) to dwell (*v. irr.*) (on).
prolusione *sf.* opening lecture.
promemoria *sm.* memorandum (*pl.* -da).
promessa *sf.* promise.
promettente *agg.* promising.
prométtere *vt.* to promise: — *bene*, to be full of promise.
prominente *agg.* prominent.
prominenza *sf.* prominence.
promiscuità *sf.* promiscuity.
promiscuo *agg.* mixed, promiscuous.
promontorio *sm.* promontory.
promosso *agg.* **1.** (*a scuola*) successful **2.** (*sostenuto*) promoted.
promotore *sm.* promoter.
promozione *sf.* promotion.
promulgare *vt.* to promulgate.
promulgatore *sm.* promulgator.
promulgazione *sf.* promulgation.
promuòvere *vt.* **1.** to promote **2.** (*a scuola*) to pass.
prònao *sm.* pronaos (*pl.* -aoi).
pronipote *sm.* **1.** (*di bisnonno*) great-grandson, great-grandchild (*pl.* -children) **2.** (*di prozio*) grandnephew || *i pronipoti* (*discendenti*), descendants. ♦ **pronipote** *sf.* **1.** (*di bisnonno*) great-granddaughter, great-grandchild **2.** (*di prozio*) grandniece.
prono *agg.* prone.
pronome *sm.* pronoun.
pronominale *agg.* pronominal.
pronosticare *vt.* **1.** to forecast (*v. irr.*) **2.** (*predire*) to foretell (*v. irr.*) **3.** (*far prevedere*) to portend.
pronòstico *sm.* forecast.
prontezza *sf.* readiness.
pronto *agg.* **1.** (*preparato*) ready **2.** (*veloce*) prompt **3.** (*al telefono*) hallo || — *soccorso*, first aid.
prontuario *sm.* handbook.
pronuncia *sf.* pronunciation.
pronunciamento *sm.* pronouncement.
pronunciare *vt.* **1.** to pronounce **2.** (*proferire*) to utter || — *un discorso*, to deliver a speech. ♦ **pronunciarsi** *vr.* to give (*v. irr.*) one's opinion.
pronunciato *agg.* pronounced.
propaganda *sf.* **1.** propaganda **2.** (*comm.*) advertising: *far* — (*comm.*), to advertise **3.** (*pol.*) canvass.
propagandare *vt.* **1.** to propagandize **2.** (*comm.*) to advertise.
propagandista *s.* **1.** propagandist **2.** (*comm.*) advertiser.
propagandìstico *agg.* **1.** propagandist **2.** (*comm.*) advertising.
propagare *vt.* to propagate. ♦ **propagarsi** *vr.* to propagate.
propagatore *sm.* propagator.
propagazione *sf.* propagation.
propagginare *vt.* (*agr.*) to layer.
propàggine *sf.* **1.** (*agr.*) layer **2.** (*geogr.*) ramification **3.** (*discendenza*) offspring.
propalare *vt.* to spread (*v. irr.*).
propano *sm.* propane.
propedèutica *sf.* propaedeutics.
propedèutico *agg.* propaedeutic(al).

propellente *agg.* propellent. ♦ **propellente** *sm.* propellant.
propèndere *vi.* to be inclined.
propensione *sf.* propensity.
propenso *agg.* inclined.
propilene *sm.* propylene.
propileo *sm.* propylaeum (*pl.* -laea).
propina *sf.* examiner's fee.
propinare *vt.* to give (*v. irr.*).
propiziare *vt.* to propitiate. ♦ **propiziarsi** *vr.* to gain so.'s favour.
propiziatore *sm.* propitiator.
propiziatorio *agg.* propitiatory.
propiziazione *sf.* propitiation.
propizio *agg.* favourable.
proponimento *sm.* resolution: *far* —, to resolve.
proporre *vt.* **1.** to propose **2.** (*suggerire*) to suggest. ♦ **proporsi** *vr.* to intend, to mean (*v. irr.*).
proporzionale *agg.* proportional.
proporzionalità *sf.* proportionality.
proporzionare *vt.* to proportion.
proporzionato *agg.* (*adeguato*) proportionate: *ben* —, well-proportioned.
proporzione *sf.* **1.** proportion **2.** (*rapporto*) ratio.
propòsito *sm.* **1.** purpose **2.** (*intenzione*) intention || *di* —, on purpose; *a* — *di*, with regard to; *a* — (*inter.*), by the way; *a* — (*al momento giusto*), at the right moment.
proposizione *sf.* sentence.
proposta *sf.* proposal.
proprietà *sf.* **1.** property **2.** (*l'essere proprietario*) ownership **3.** (*correttezza*) propriety || — *letteraria*, copyright.
proprietario *agg.* proprietary. ♦ **proprietario** *sm.* **1.** owner **2.** (*di locanda*) landlord **3.** (*possidente*) man of property || — *terriero*, landowner.
proprio *agg.* **1.** (*rafforzativo del poss.*) own **2.** (*adatto*) suitable **3.** (*mat.; gramm.*) proper || *vero e* —, real. ♦ **proprio** *avv.* **1.** (*esattamente*) exactly **2.** (*veramente*) really || — *ora*, just now; — *così*, just like that.
propugnare *vt.* to support.
propugnatore *sm.* supporter.
propulsione *sf.* propulsion.
propulsivo *agg.* propulsive.
propulsore *sm.* propeller.
prora *sf.* bow.
proravìa (*nella loc. avv.*) *a* —, at the bow.
pròroga *sf.* **1.** (*giur.*) adjournment **2.** (*dilazione*) extension.
prorogàbile *agg.* **1.** (*giur.*) adjournable **2.** extensible.
prorogare *vt.* **1.** to delay, to extend **2.** (*giur.*) to postpone.
prorompente *agg.* bursting (out).
proròmpere *vi.* **1.** to burst (*v. irr.*) (out) **2.** (*di liquidi*) to gush out.
prosa *sf.* prose || *teatro di* —, drama; *compagnia di* —, dramatic company.
prosaicità *sf.* prosaism.
prosàico *agg.* prosaic.
prosapia *sf.* race.
prosàstico *agg.* prose (*attr.*).
prosatore *sm.* prose-writer.
proscenio *sm.* proscenium.
proscimmie *sf. pl.* lemurs.
prosciògliere *vt.* **1.** (*da un obbligo*) to release **2.** (*giur.*) to acquit.
proscioglimento *sm.* **1.** release **2.** (*giur.*) acquittal.
prosciugamento *sm.* **1.** drying up **2.** (*artificiale*) draining.
prosciugare *vt.* **1.** to dry up **2.** (*artificialmente*) to drain. ♦ **prosciugarsi** *vr.* to dry up.
prosciutto *sm.* ham.
proscritto *sm.* exile.
proscrìvere *vt.* to banish.
proscrizione *sf.* banishment.
prosecuzione *sf.* prosecution.
proseguimento *sm.* continuation.
proseguire *vt.* to continue. ♦ **proseguire** *vi.* to go (*v. irr.*) on.
proselitismo *sm.* proselytism.
prosèlito *sm.* proselyte.
prosieguo *sm.* course.
prosodìa *sf.* prosody.
prosopopea *sf.* (*fig.*) haughtiness.
prosperare *vi.* to prosper.
prosperità *sf.* prosperity.
pròspero *agg.* prosperous.
prosperoso *agg.* **1.** prosperous **2.** (*in salute*) healthy.
prospettare *vt.* **1.** (*indicare*) to point out **2.** (*guardare*) to look on to.
prospèttico *agg.* perspective (*attr.*).
prospettiva *sf.* **1.** perspective **2.** (*possibilità*) prospect.
prospetto *sm.* **1.** view **2.** (*fronte*) front **3.** (*specchietto, programma*) prospectus.
prospezione *sf.* prospecting.
prospiciente *agg.* facing.

prossimità *sf.* closeness: *in — di,* near.
pròssimo *agg.* **1.** (*vicino*) near **2.** (*seguente*) next. ♦ **pròssimo** *sm.* fellow creatures (*pl.*), neighbour.
pròstata *sf.* prostate.
prosternare *vt.* to prostrate.
prostituire *vt.* to prostitute.
prostituta *sf.* prostitute.
prostituzione *sf.* prostitution.
prostrare *vt.* to prostrate. ♦ **prostrarsi** *vr.* to bow down.
prostrazione *sf.* prostration.
protagonista *s.* protagonist.
protèggere *vt.* to protect.
protèico *agg.* protein (*attr.*).
proteina *sf.* protein.
protèndere *vt.* to stretch (out): *— lo sguardo,* to gaze. ♦ **protèndersi** *vr.* to stretch oneself.
protervia *sf.* insolence.
protervo *agg.* insolent.
pròtesi *sf.* prosthesis.
protesta *sf.* protest.
protestante *agg.* e *s.* protestant.
protestantésimo *sm.* Protestantism.
protestare *vt.* e *vi.* to protest.
protesto *sm.* protest: *in —,* under protest; *lasciar andare una cambiale in —,* to dishonour a bill.
protettivo *agg.* protective.
protetto *agg.* protected. ♦ **protetto** *sm.* favourite.
protettorato *sm.* protectorate.
protettore *sm.* **1.** protector **2.** (*patrono*) patron.
protezione *sf.* **1.** protection **2.** (*patronato*) patronage.
protezionismo *sm.* protectionism.
protezionista *s.* protectionist.
proto *sm.* overseer.
protocollare *agg.* protocol (*attr.*).
protocollo *sm.* **1.** protocol **2.** (*registro*) record || *mettere a —,* to record; *carta —,* foolscap.
protone *sm.* proton.
protoplasma *sm.* protoplasm.
protòtipo *sm.* prototype.
protozoi *sm. pl.* Protozoa.
protrarre *vt.* **1.** to protract **2.** (*differire*) to defer. ♦ **protrarsi** *vr.* to go (*v. irr.*) on.
protrazione *sf.* **1.** protraction **2.** (*differimento*) deferment.
protuberanza *sf.* bulge.
prova *sf.* **1.** proof **2.** (*giur.*) evidence (*solo sing.*) **3.** (*esperimento, esame*) test **4.** (*tentativo*) try **5.** (*sventura*) trial **6.** (*teat.*) rehearsal **7.** (*di abito*) fitting || *in —,* on trial; *dar — di essere,* to prove to be; *superare una —,* to pass a test.
provare *vt.* **1.** to prove **2.** (*tentare, mettere alla prova*) to try **3.** (*sentire*) to feel (*v. irr.*) **4.** (*di abiti*) to try on **5.** (*teat.*) to rehearse **6.** (*collaudare*) to test. ♦ **provarsi** *vr.* **1.** (*tentare*) to try **2.** (*cimentarsi*) to engage (in).
provenienza *sf.* origin.
provenire *vi.* to come (*v. irr.*).
provento *sm.* **1.** proceeds (*pl.*) **2.** (*reddito*) income.
proverbiale *agg.* proverbial
proverbio *sm.* proverb.
provetta *sf.* test-tube.
provetto *agg.* skilled.
provincia *sf.* province.
provinciale *agg.* e *s.* provincial: *strada —,* main road.
provincialismo *sm.* provincialism.
provino *sm.* **1.** (*teat.*) tryout **2.** (*cine*) test film.
provocante *agg.* **1.** provocative **2.** (*procace*) immodest.
provocare *vt.* **1.** to provoke **2.** (*causare*) to cause.
provocatore *sm.* provoker.
provocazione *sf.* provocation.
provvedere *vi.* **1.** to provide (for) **2.** (*badare a*) to see (*v. irr.*) (to) **3.** (*aver cura di*) to take (*v. irr.*) care of. ♦ **provvedere** *vt.* **1.** to provide **2.** (*preparare*) to prepare.
provvedimento *sm.* measure.
provveduto *agg.* **1.** provided (with) **2.** (*accorto*) wary.
provvidenza *sf.* providence: *essere una —,* to be providential.
provvidenziale *agg.* providential.
pròvvido *agg.* provident.
provvigione *sf.* **1.** (*comm.*) commission **2.** (*provvista*) supply.
provvisorietà *sf.* temporariness.
provvisorio *agg.* temporary: *in via provvisoria,* temporarily.
provvista *sf.* supply, provision (*specialmente di cibo*).
provvisto *agg.* **1.** supplied (with) **2.** (*fig.*) well-off.
prua *sf.* bow.
prudente *agg.* **1.** prudent **2.** (*cauto*) careful.
prudenza *sf.* **1.** prudence **2.** (*cautela*) care **3.** (*precauzione*) precaution.

prùdere *vi.* to itch.
prugna *sf.* plum.
prugno *sm.* plum-tree.
pruno *sm.* **1.** thorn-bush **2.** (*spina*) thorn.
pruriginoso *agg.* itching
prurito *sm.* itch.
prùssico *agg.* prussic.
pseudònimo *sm.* pseudonym.
psicanàlisi *sf.* psychoanalysis.
psicanalista *s.* psychoanalyst.
psicanalìtico *agg.* psychoanalytic(al).
psicanalizzare *vt.* to psychoanalyze.
psiche *sf.* psyche.
psichiatra *s.* psychiatrist.
psichiatrìa *sf.* psychiatry.
psichiàtrico *agg.* psychiatric(al).
psìchico *agg.* psychic(al).
psicologìa *sf.* psychology.
psicològico *agg.* psychologic(al).
psicòlogo *sm.* psychologist.
psicometrìa *sf.* psychometry.
psicopatìa *sf.* psychopathy.
psicopàtico *agg.* e *sm.* psychopathic.
psicopatologìa *sf.* psychopathology.
psicosi *sf.* psychosis (*pl.* -ses).
psicoterapìa *sf.* psychotherapy.
psittacosi *sf.* psittacosis.
pubblicàbile *agg.* publishable.
pubblicano *sm.* publican.
pubblicare *vt.* **1.** to publish **2.** (*di leggi ecc.*) to issue.
pubblicazione *sf.* publication: *fare le pubblicazioni di matrimonio,* to put up the banns.
pubblicista *s.* journalist.
pubblicità *sf.* **1.** publicity **2.** (*propaganda*) advertising || *fare —,* to advertise.
pubblicitario *agg.* advertising.
pùbblico *agg.* public. ♦ **pùbblico** *sm.* **1.** public **2.** (*in teatro ecc.*) audience **3.** (*cine*) moviegoers (*pl.*).
pube *sm.* pubis (*pl.* -bes).
pubertà *sf.* puberty.
pudibondo *agg.* demure.
pudicizia *sf.* demureness.
pudico *agg.* demure.
pudore *sm.* decency.
puericoltura *sf.* puericulture.
puerile *agg.* childish.
puerilità *sf.* childishness.
puèrpera *sf.* childwife (*pl.* -wives)
pugilato *sm.* boxing: *fare del —,* to box
pùgile *sm.* boxer.
pugnalare *vt.* to stab.
pugnalata *sf.* **1.** stab **2.** (*fig.*) blow.
pugnale *sm.* dagger.
pugno *sm.* **1.** fist **2.** (*colpo*) punch **3.** (*manciata*) handful || *colpire col —,* to punch; *in —,* in one's hand; *di proprio —,* in one's own handwriting; *fare a pugni,* to fight (*v. irr.*), (*fig.*) to clash.
pula *sf.* chaff.
pulce *sf.* flea: ***— in un orecchio,*** suspicion.
pulcino *sm.* chick.
puledro *sm.* colt.
puleggia *sf.* pulley.
pulire *vt.* to clean: *pulirsi la bocca,* to wipe one's mouth.
pulito *agg.* clean.
pulitore *sm.* cleaner.
pulizìa *sf.* **1.** (*il pulire*) cleaning **2.** (*l'essere pulito*) cleanliness.
pullulare *vi.* to swarm (with).
pùlpito *sm.* pulpit.
pulsante *sm.* push button.
pulsare *vi.* to beat (*v. irr.*)
pulsazione *sf.* beat.
pulverulento *agg.* dusty.
pulvìscolo *sm.* dust: *— atmosferico,* motes (*pl.*).
puma *sm.* puma.
pungente *agg.* **1.** prickly **2.** (*fig.*) biting.
pùngere *vt.* **1.** to sting (*v. irr.*) **2.** (*di ago*) to prick **3.** (*fig.*) to tease. ♦ **pùngersi** *vr.* to prick oneself.
pungiglione *sm.* sting.
pungitopo *sm.* (*bot.*) butcher's broom.
pungolare *vt.* to goad.
pùngolo *sm.* goad.
punìbile *agg.* punishable.
punire *vt.* to punish: *— una offesa,* to revenge an insult.
punitivo *agg.* punitive.
punitore *agg.* punitory. ♦ **punitore** *sm.* punisher.
punizione *sf.* punishment.
punta *sf.* **1.** point **2.** (*estremità*) tip **3.** (*cima*) top **4.** (*un po'*) bit **5.** (*dolore, fitta*) twinge || *sulla — dei piedi,* on tiptoe; *avere qc. sulla — delle dita,* to have sthg. at one's finger-tips.
puntale *sm.* (*di bastone ecc.*) ferrule.
puntamento *sm.* aim.
puntare *vt.* **1.** to point (at) **2.** (*mirare*) to aim (at) **3.** (*spingere*) to

push **4.** (*scommettere*) to bet (*v. irr.*) || — *i piedi* (*fig.*), to put (*v. irr.*) one's foot down. ♦ **puntare** *vi.* to head.
puntata *sf.* **1.** (*al gioco*) stake **2.** (*di romanzo*) instalment.
puntatore *sm.* **1.** (*mil.*) marksman (*pl.* -men) **2.** (*al gioco*) better.
punteggiare *vt.* **1.** to punctuate **2.** (*nel disegno*) to dot.
punteggiatura *sf.* **1.** punctuation **2.** (*nel disegno*) dotting.
punteggio *sm.* (*sport*) score.
puntellare *vt.* to prop.
puntellatura *sf.* propping.
puntello *sm.* prop.
punteruolo *sm.* punch.
puntiglio *sm.* **1.** punctilio **2.** (*ostinazione*) obstinacy || *per* —, out of pique.
puntigliosamente *avv.* **1.** punctiliously **2.** (*ostinatamente*) obstinately.
puntiglioso *agg.* **1.** punctilious **2.** (*ostinato*) obstinate.
puntina *sf.* **1.** (*da fonografo*) needle **2.** (*da disegno*) drawing-pin.
puntino *sm.* dot: *puntini di sospensione*, dots || *a* —, properly.
punto[1] *sm.* **1.** point **2.** (*di cucito*) stitch **3.** (*voto*) mark **4.** (*gramm.*) full stop **5.** (*macchiolina*) dot || *due punti*, colon; — *e virgola*, semicolon; *mettere a* —, to set (*v. irr.*) up.
punto[2] *avv.* not at all.
punto[3] *agg.* e *pron.* not ... any.
puntone *sm.* (*edil.*) strut.
puntuale *agg.* punctual.
puntualità *sf.* punctuality.
puntualizzare *vt.* to stress.
puntualmente *avv.* punctually.
puntura *sf.* **1.** (*di insetto*) sting **2.** (*di ago*) prick **3.** (*iniezione*) injection **4.** (*dolore, fitta*) pain.
puntuto *agg.* pointed.
punzecchiamento *sm.* **1.** (*d'insetto*) stinging **2.** (*d'ago*) pricking **3.** (*fig.*) teasing.
punzecchiare *vt.* **1.** (*di insetti*) to sting (*v. irr.*) **2.** (*fig.*) to tease.
punzonare *vt.* to punch.
punzonatrice *sf.* (*mecc.*) punch.
punzonatura *sf.* punching.
punzone *sm.* punch.
pupàttola *sf.* doll.
pupazzetto *sm.* (*disegno*) sketch.
pupazzo *sm.* puppet.
pupilla *sf.* pupil.
pupillo *sm.* pupil.
pupo *sm.* baby.
purché *cong.* provided (that).
pure *avv.* **1.** (*anche*) also, too **2.** (*eppure*) yet **3.** (*di concessione*) as you like, of course. ♦ **pure** *cong.* **1.** (*con frasi concessive*) even though **2.** (*tuttavia*) but, yet. ♦ **pure di** *cong.* if only.
purè *sm.* purée: — *di patate*, mashed potatoes; *fare un* — *di verdura*, to mash vegetables.
purezza *sf.* purity.
purga *sf.* purgative, purge.
purgante *sm.* purgative, purge.
purgare *vt.* **1.** to purge **2.** (*di scritti*) to expurgate.
purgativo *agg.* purgative.
purgatorio *sm.* purgatory.
purificare *vt.* to purify.
purificatore *agg.* purificatory.
purificazione *sf.* purification.
purismo *sm.* purism.
purista *s.* purist.
puritanésimo *sm.* Puritanism.
puritano *agg.* e *sm.* Puritan.
puro *agg.* **1.** pure **2.** (*mero*) mere.
purosangue *sm.* thoroughbred.
purpùreo *agg.* purple.
purpurina *sf.* purpurin.
purtroppo *avv.* unfortunately.
purulento *agg.* purulent.
pus *sm.* pus.
pusillànime *agg.* pusillanimous. ♦ **pusillànime** *s.* coward.
pusillanimità *sf.* pusillanimity.
pùstola *sf.* pustule.
putacaso *loc. avv.* supposing.
putativo *agg.* putative.
putiferio *sm.* uproar: *sollevare un* —, to make (*v. irr.*) an uproar.
putrèdine *sf.* **1.** putridness **2.** (*cosa putrefatta*) rot.
putrefare *vi.* to rot. ♦ **putrefarsi** *vr.* to rot.
putrefatto *agg.* rotten.
putrefazione *sf.* putrefaction.
putrella *sf.* iron beam.
putrescenza *sf.* putrescence.
putrescìbile *agg.* putrescible.
putridità *sf.* rottenness.
pùtrido *agg.* rotten.
putridume *sm.* rot.
putto *sm.* putto (*pl.* -ti).
puzza *sf.* V. *puzzo.*
puzzare *vi.* to stink (*v. irr.*).
puzzo *sm.* stench.
pùzzola *sf.* polecat.
puzzolente *agg.* stinking.

Q

qua *avv.* here: *di — di*, on this side of; *per di —*, this way; *da quando in —?*, since when?
quàcchero *agg.* e *sm.* Quaker.
quaderno *sm.* exercise-book.
quadrangolare *agg.* quadrangular.
quadràngolo *sm.* quadrangle.
quadrante *sm.* **1.** quadrant **2.** (*di orologio*) dial.
quadrare *vt.* **1.** (*geom.*) to square **2.** (*formare*) to shape. ♦ **quadrare** *vi.* (*corrispondere*) to suit.
quadrato *agg.* **1.** square **2.** (*fig.*) strong. ♦ **quadrato** *sm.* **1.** square **2.** (*sport*) ring.
quadratura *sf.* **1.** squaring **2.** (*mat.*) quadrature.
quadrettato *agg.* **1.** squared **2.** (*di tessuto*) chequered.
quadriennale *agg.* quadrennial.
quadriennio *sm.* quadrennium (*pl.* -ia).
quadrifoglio *sm.* four-leaved clover.
quadriglia *sf.* quadrille.
quadrilàtero *sm.* quadrilateral.
quadrimotore *sm.* four-engined aircraft.
quadrivio *sm.* cross-roads.
quadro *agg.* V. *quadrato.* ♦ **quadro** *sm.* **1.** picture **2.** (*tabella*) table **3.** (*teat.*) scene **4.** (*elettr.*) board **5.** (*mil.*) cadre || *galleria di quadri*, picture-gallery; *— riassuntivo*, summary; *— degli interruttori*, switch board.
quadrùmane *agg.* quadrumanous. ♦ **quadrùmane** *sm.* quadrumane.
quadrùpede *agg.* e *sm.* quadruped.
quadruplicare *vt.* to quadruple. ♦ **quadruplicarsi** *vr.* to quadruple.
quàdruplo *agg.* e *sm.* **1.** quadruple **2.** (*quattro volte tanto*) four times as much.
quaggiù *avv.* down here.
quaglia *sf.* quail.
qualche *agg.* (*in frasi affermative e interrogative che aspettano risposta affermativa*) some; (*in frasi interrogative, dubitative, condizionali*) any || *— volta*, sometimes; *in — luogo*, somewhere; *in — modo*, somehow.
qualcosa *pron.* something, anything (*per l'uso* V. *qualche*).
qualcuno *pron.* **1.** somebody, someone **2.** (*alcuni*) some, any: *— di*, some, any of (*per l'uso* V. *qualche*).
quale *pron. rel.* **1.** (*per persone*) who (*sogg.*), whom (*altri casi*) **2.** (*per animali, cose*) which **3.** (*per tutti, solo sogg. e ogg.*) that || *del — (poss.)*, whose: *l'uomo la casa del —*, the man whose house. ♦ **quale** *agg.* e *pron. int.* **1.** (*di che tipo*) what **2.** (*scelta tra numero limitato*) which. ♦ **quale** *agg. escl.* what. ♦ **quale** *pron.* (*correlativo di "tale"*) as || *è tale e — suo fratello*, he is just like his brother.
qualìfica *sf.* **1.** qualification **2.** (*titolo*) title.
qualificare *vt.* to qualify.
qualificativo *agg.* qualifying.
qualificato *agg.* qualified: *operaio —*, skilled worker.
qualificazione *sf.* qualification.
qualità *sf.* **1.** quality **2.** (*specie*) kind **3.** (*ufficio*) capacity.
qualitativo *agg.* qualitative.
qualora *cong.* in case.
qualsìasi *agg.* V. *qualunque.*
qualunque *agg.* **1.** any **2.** (*quale che sia*) whatever; (*riferito a numero limitato*) whichever **3.** (*comune*) ordinary || *uno —*, anybody; *— cosa*, anything; *in — posto*, anywhere; *in — modo*, anyhow.
quando *avv.* e *cong.* when || *da —*, since; *da —?*, since when?; *quand'anche*, even though; *di — in —*, now and then.
quantità *sf.* quantity: *una gran — di*, a great deal of.
quantitativo *agg.* quantitative. ♦ **quantitativo** *sm.* V. *quantità.*
quanto *agg.* how much (*pl.* how many) || *tanto... —*, as much... as; *tanti... quanti*, as many... as; *— tempo?* how long? ♦ **quanto** *avv.* how, how much || *tanto —*, as much as; *tanto... —*, as... as; *tanto... — (sia... sia)*, both ...and; *— più... tanto più*, the more... the more; *— più... tanto meno*, the more... the less; *— a*, as for; *— prima*, soon; *per —*, however; *— fa?*, how much is it?
quantunque *cong.* though, although.
quaranta *agg.* forty.
quarantena *sf.* quarantine.
quarantenne *agg.* forty years old, forty-year-old (*attr.*).
quarantèsimo *agg.* fortieth.
quarantina *sf.* about forty: *aver*

passato la —, to be over forty.
quarèsima *sf.* Lent.
quartetto *sm.* quartet.
quartiere *sm.* **1.** (*di una città*) quarter **2.** (*rione amministrativo*) district || — *generale,* headquarters (*pl.*).
quartina *sf.* quatrain.
quarto *agg.* fourth. ♦ **quarto** *sm.* quarter.
quarzo *sm.* quartz.
quasi *avv.* almost: — *mai,* hardly ever.
quassù *avv.* up here.
quaterna *sf.* set of four numbers.
quaternario *agg.* quaternary. ♦ **quaternario** *sm.* (*verso di una poesia*) line of four syllables.
quatto *agg.* **1.** squatting **2.** (*silenzioso*) silent || — —, very quietly.
quattordicèsimo *agg.* fourteenth.
quattòrdici *agg.* fourteen.
quattrini *sm. pl.* money (*us. al sing.*): *star male a* —, to be hard up.
quattro *agg.* four || *in* — *e* — *otto,* in no time; *fare il diavolo a* —, to make (*v. irr.*) a hullabaloo; *farsi in* —, to do (*v. irr.*) one's utmost.
quattrocchi (*nella loc. avv.*) *a* —, privately.
quattrocento *agg.* four hundred. ♦ **quattrocento** *sm. il* —, the fifteenth century.
quattromila *agg.* four thousand.
quegli *agg.* V. *quelli.* ♦ **quegli** *pron.* V. *egli.*
quei *agg.* e *pron.* V. *quelli.*
quella *agg.* e *pron.* V. *quello.*
quelle *agg.* e *pron.* V. *quelli.*
quelli *agg.* those. ♦ **quelli** *pron.* those, the ones.
quello *agg.* that. ♦ **quello** *pron.* that, the one || — *che* (*ciò che*), what; *tutto* — *che,* all that.
quercia *sf.* oak.
querela *sf.* **1.** complaint **2.** (*giur.*) action; *sporger* —, to bring (*v. irr.*) an action.
querelante *s.* plaintiff.
querelare *vt.* to proceed (against).
querelato *sm.* defendant.
quèrulo *agg.* querulous.
quesito *sm.* question.
questa *agg.* e *pron.* V. *questo.*
queste *agg.* e *pron.* V. *questi.*
questi *agg.* these. ♦ **questi** *pron.* **1.** these **2.** (*sing.*) this (man).
questionare *vi.* to quarrel.
questionario *sm.* questionnaire.
questione *sf.* **1.** question **2.** (*lite*) quarrel.
questo *agg.* this. ♦ **questo** *pron.* this, that || — ...*quello* (*il primo... il secondo*) the former... the latter.
questore *sm.* questor.
questua *sf.* **1.** begging **2.** (*in chiesa*) collection.
questuante *agg.* begging. ♦ **questuante** *s.* beggar.
questuare *vi.* to beg.
questura *sf.* police-headquarters (*pl.*).
questurino *sm.* cop.
qui *avv.* here: *per di* —, this way; — *vicino,* close by; *da* — *innanzi,* from now on; *di* — *a un anno,* a year from now; *di* — *a otto giorni,* a week today; *fin* — (*di tempo*), so far.
quiescenza *sf.* quiescence.
quietanza *sf.* receipt.
quietare *vt.* to quiet. ♦ **quietarsi** *vr.* to quiet down.
quiete *sf.* quiet.
quietismo *sm.* quietism.
quieto *agg.* quiet || *star* — (*zitto*), to keep (*v. irr.*) quiet; *star* — (*fermo*), to keep (*v. irr.*) still; — —, very quietly.
quindi *avv.* **1.** therefore **2.** (*poi*) then.
quindicenne *agg.* fifteen years old, fifteen-year-old (*attr.*).
quindicèsimo *agg.* fifteenth.
quìndici *agg.* fifteen.
quindicina *sf.* **1.** about fifteen **2.** (*salario*) a fortnight's wages || *una* — *di giorni,* about a fortnight.
quindicinale *agg.* fortnightly.
quinquennale *agg.* quinquennial.
quinta *sf.* (*teat.*) wing || *dietro le quinte,* behind the scenes.
quintale *sm.* quintal.
quinterno *sm.* five sheets (*pl.*).
quintessenza *sf.* quintessence.
quintetto *sm.* quintet(te).
quinto *agg.* fifth.
quintuplicare *vt.* to quintuple.
quìntuplo *agg.* e *sm.* quintuple.
quisquilia *sf.* trifle.
quivi *avv.* here.
quota *sf.* **1.** share **2.** (*aer.*) altitude **3.** (*mar.*) depth || *perdere* —, to lose (*v. irr.*) height; *prender* —, to climb.

quotare *vt.* to quote. ♦ **quotarsi** *vr.* to subscribe.
quotato *agg.* **1.** quoted **2.** (*fig.*) esteemed.
quotazione *sf.* quotation.
quotidianamente *avv.* daily.
quotidiano *agg.* e *sm.* daily: *vita quotidiana,* everyday life.
quoziente *sm.* quotient.

R

rabàrbaro *sm.* rhubarb.
rabberciamento *sm.* patching (up).
rabberciare *vt.* to patch (up).
rabbia *sf.* **1.** rage **2.** (*idrofobia*) rabies || *far — a qu.,* to make (*v. irr.*) so. angry.
rabbino *sm.* rabbi.
rabbioso *agg.* **1.** (*med.*) rabid **2.** (*fig.*) angry.
rabbonire *vt.* to calm down.
rabbrividire *vi.* **1.** (*di freddo*) to shiver **2.** (*di paura ecc.*) to shudder.
rabbuffare *vt.* **1.** to ruffle **2.** (*rimproverare*) to reprimand.
rabbuffo *sm.* rebuke.
rabbuiarsi *vr.* to darken.
rabdomante *s.* dowser.
rabdomanzìa *sf.* dowsing.
rabesco *sm.* V. *arabesco.*
raccapezzare *vt.* **1.** (*raccogliere*) to gather **2.** (*capire*) to understand (*v. irr.*). ♦ **raccapezzarsi** *vr.* to see (*v. irr.*) one's way.
raccapricciante *agg.* horrifying.
raccapricciare *vt.* to horrify. ♦ **raccapricciarsi** *vr.* to be horrified.
raccapriccio *sm.* horror.
raccattare *vt.* to pick up.
racchétta *sf.* racket.
racchio *agg.* ugly.
racchiùdere *vt.* to contain.
raccògliere *vt.* **1.** to pick (up) **2.** (*radunare*) to gather **3.** (*far collezione*) to collect **4.** (*accogliere*) to shelter **5.** (*agr.*) to reap. ♦ **raccògliersi** *vr.* **1.** to gather **2.** (*concentrarsi*) to collect one's thoughts.
raccoglimento *sm.* **1.** concentration **2.** (*meditazione*) meditation.
raccogliticcio *agg.* picked up at random.
raccoglitore *sm.* **1.** picker **2.** (*collezionista*) collector **3.** (*cartella*) folder.
raccolta *sf.* **1.** (*agr.*) harvest; (*di frutta, cotone*) picking **2.** (*collezione*) collection **3.** (*adunanza*) gathering || *fare la —,* to harvest; *chiamare a —,* to collect.
raccoltamente *avv.* intently
raccolto *sm.* harvest.
raccomandàbile *agg.* recommendable.
raccomandare *vt.* **1.** to recommend **2.** (*esortare*) to urge **3.** (*di lettere, pacchi*) to register. ♦ **raccomandarsi** *vr.* to beg (so.).
raccomandata *sf.* registered letter: *fare una —,* to register a letter.
raccomandazione *sf.* **1.** recommendation **2.** (*consiglio*) advice **3.** (*di lettere, pacchi*) registration.
raccomodare *vt.* to mend.
raccontare *vt.* to tell (*v. irr.*) || *si racconta,* it is said.
racconto *sm.* **1.** tale **2.** (*resoconto*) relation.
raccorciare *vt.* to shorten. ♦ **raccorciarsi** *vr.* to grow (*v. irr.*) shorter.
raccordare *vt.* to connect.
raccordo *sm.* **1.** connection **2.** (*mecc.*) union **3.** (*ferr.*) siding.
ràchide *sf.* rachis (*pl.* -ides).
rachìtico *agg.* rickety.
rachitismo *sm.* rickets.
racimolare *vt.* to glean.
rada *sf.* roadstead.
radar *sm.* radar.
raddobbare *vt.* **1.** (*mar.*) to repair **2.** (*riparare*) to refit.
raddobbo *sm.* (*mar.*) repair.
raddolcimento *sm.* **1.** sweetening **2.** (*fig.*) softening.
raddolcire *vt.* **1.** to sweeten **2.** (*fig.*) to soften **3.** (*alleviare*) to soothe. ♦ **raddolcirsi** *vr.* **1.** to soften **2.** (*alleviarsi*) to be soothed **3.** (*mitigarsi*) to grow (*v. irr.*) milder.
raddoppiamento *sm.* doubling.
raddoppiare *vt.* to double. ♦ **raddoppiarsi** *vr.* to double.
raddoppio *sm.* doubling.
raddrizzamento *sm.* **1.** straightening **2.** (*correzione*) redressing.
raddrizzare *vt.* **1.** to straighten **2.** (*correggere*) to redress.
radente *agg.* **1.** shaving **2.** (*rasente*) grazing.

ràdere *vt.* **1.** to shave **2.** (*sfiorare*) to graze **3.** (*distruggere*) to raze.
radezza *sf.* **1.** thinness **2.** (*rarità*) infrequency.
radiale *agg.* radial.
radiante *agg.* radiant.
radiare *vt.* **1.** to radiate **2.** (*espellere*) to expel **3.** (*un nome*) to strike (*v. irr.*) off.
radiatore *sm.* radiator.
radiazione *sf.* **1.** radiation **2.** (*espulsione*) expulsion.
radicale *agg.* radical.
radicalismo *sm.* radicalism.
radicare *vi.* to root. ♦ **radicarsi** *vr.* to root.
radicato *agg.* deep-rooted.
radice *sf.* root.
radio[1] *sm.* (*anat.*) radius (*pl.* -dii).
radio[2] *sm.* (*chim.*) radium.
radio[3] *sf.* radio, wireless: *ponte* —, radiolink; *alla* —, on the radio; — *portatile ricevente e trasmittente*, walkie-talkie.
radioattività *sf.* radioactivity.
radioattivo *agg.* radioactive.
radioaudizione *sf.* **1.** broadcasting **2.** (*ascolto*) listening.
radiocomunicazione *sf.* wireless communication.
radiocrònaca *sf.* running commentary, radio account.
radiocronista *s.* radio commentator, wireless commentator.
radiodiffusione *sf.* broadcast.
radioestesìa *sf.* sensitivity to radiation.
radiofaro *sm.* radio beacon.
radiogoniòmetro *sm.* radio compass.
radiografare *vt.* to radiograph.
radiografìa *sf.* **1.** radiograph **2.** (*scienza*) radiography.
radiogramma *sm.* radiogram.
radiogrammòfono *sm.* radio-gramophone.
radiologìa *sf.* radiology.
radiòlogo *sm.* radiologist.
radioscopìa *sf.* radioscopy.
radioscòpico *agg.* radioscopic.
radiosità *sf.* radiance.
radioso *agg.* bright.
radiotècnica *sf.* radioengineering.
radiotècnico *sm.* radioengineer.
radiotelefonìa *sf.* radiotelephony.
radiotelèfono *sm.* radiotelephone.
radiotelegrafìa *sf.* radiotelegraphy.
radiotelegràfico *agg.* radiotelegraphic, wireless (*attr.*).
radiotelegrafista *s.* telegraphist.
radiotelevisione *sf.* radio and television.
radioterapìa *sf.* radiotherapy.
radiotrasméttere *vt.* to broadcast (*v. irr.*).
rado *agg.* **1.** thin **2.** (*non frequente*) infrequent || *di* —, seldom.
radunare *vt.* to gather. ♦ **radunarsi** *vr.* to gather.
raduno *sm.* gathering.
radura *sf.* glade.
raffazzonare *vt.* to patch up.
raffermo *agg.* stale.
ràffica *sf.* **1.** gust **2.** (*di arma*) burst **3.** (*fig.*) hail.
raffigurare *vt.* to represent. ♦ **raffigurarsi** *vr.* (*immaginare*) to imagine.
raffinamento *sm.* **1.** refining **2.** (*fig.*) refinement.
raffinare *vt.* to refine. ♦ **raffinarsi** *vr.* to become (*v. irr.*) refined, to refine.
raffinatamente *avv.* refinedly.
raffinatezza *sf.* refinement.
raffinato *agg.* refined (*anche fig.*).
raffinazione *sf.* refining.
raffinerìa *sf.* refinery.
raffio *sm.* grapnel.
rafforzamento *sm.* strengthening.
rafforzare *vt.* to strengthen. ♦ **rafforzarsi** *vr.* to grow (*v. irr.*) stronger.
raffreddamento *sm.* **1.** cooling **2.** (*fig.*) coolness.
raffreddare *vt.* **1.** to cool **2.** (*fig.*) to lessen. ♦ **raffreddarsi** *vr.* **1.** to cool **2.** (*fig.*) to wane **3.** (*prendere un raffreddore*) to catch (*v. irr.*) a cold.
raffreddato *agg.* *essere* —, to have a cold.
raffreddatore *sm.* cooler.
raffreddore *sm.* cold.
raffrenare *vt.* to restrain.
raffrontare *vt.* to compare.
raffronto *sm.* comparison.
rafia *sf.* raffia.
ràgadi *sf. pl.* rhagades.
raganella *sf.* **1.** tree-frog **2.** (*strumento*) rattle.
ragazza *sf.* girl.
ragazzaglia *sf.* crowd of youngsters.
ragazzata *sf.* escapade.
ragazzo *sm.* boy: *da* —, as a boy.
raggelare *vt.* to freeze (*v. irr.*). ♦ **raggelarsi** *vr.* to freeze.
raggiante *agg.* radiant (with).

raggiare *vi.* **1.** to shine (*v. irr.*) (with sthg.) **2.** (*fig.*) to beam (with sthg.). ♦ **raggiare** *vt.* to radiate.
raggiera *sf.* halo of rays: *a —*, radially.
raggio *sm.* **1.** ray **2.** (*geom.*) radius **3.** (*d'azione*) range **4.** (*di ruota*) spoke || *— di sole*, sunbeam.
raggirare *vt.* to cheat.
raggiro *sm.* cheat.
raggiùngere *vt.* to reach.
raggiungimento *sm.* reaching.
raggiustare *vt.* **1.** to repair **2.** (*riordinare*) to rearrange.
raggomitolare *vt.* to roll up. ♦ **raggomitolarsi** *vr.* to roll oneself up.
raggranellare *vt.* to scrape together.
raggrinzire *vt.* to wrinkle. ♦ **raggrinzirsi** *vr.* to wrinkle, to become (*v. irr.*) wrinkled.
raggrumare *vt.* to clot. ♦ **raggrumarsi** *vr.* to clot.
raggruppamento *sm.* **1.** grouping **2.** (*gruppo*) group.
raggruppare *vt.* to group. ♦ **raggrupparsi** *vr.* to gather.
ragguagliare *vt.* **1.** (*livellare*) to level **2.** (*informare*) to inform **3.** (*paragonare*) to compare **4.** (*comm.*) to balance.
ragguaglio *sm.* **1.** (*informazione*) information (*solo sing.*) **2.** (*paragone*) comparison **3.** (*comm.*) balance.
ragguardévole *agg.* considerable.
ragia *sf.* resin: *acqua —*, turpentine.
ragionamento *sm.* reasoning.
ragionare *vi.* **1.** to reason (about) **2.** (*discutere*) to discuss (sthg.).
ragionatore *sm.* reasoner.
ragione *sf.* **1.** reason **2.** (*diritto*) right **2.** (*rapporto*) rate || *la — per cui*, the reason why; *a — veduta*, after due consideration; *aver —*, to be right; *a maggior —*, all the more reason; *aver — di qu.*, to get (*v. irr.*) the better of so.; *— sociale* (*comm.*), style.
ragionerìa *sf.* bookkeeping.
ragionévole *agg.* **1.** reasonable **2.** (*di buon senso*) sensible.
ragionevolezza *sf.* reasonableness.
ragioniere *sm.* bookkeeper.
ragliare *vi.* to bray.
raglio *sm.* bray.
ragnatela *sf.* cobweb.
ragno *sm.* spider.
ragù *sm.* ragout.
raion *sm.* rayon.
rallegramenti *sm. pl.* congratulations.
rallegrare *vt.* to cheer (up). ♦ **rallegrarsi** *vr.* **1.** to rejoice (at) **2.** (*congratularsi*) to congratulate (so. on sthg.).
rallentamento *sm.* slowing down.
rallentare *vt.* to slacken. ♦ **rallentare** *vi.* **1.** to slacken **2.** (*di velocità*) to slow down. ♦ **rallentarsi** *vr.* to get (*v. irr.*) slack.
rallentatore *sm.* (*cine*) slow motion.
ramaiolo *sm.* ladle.
ramanzina *sf.* scolding.
ramare *vt.* to copper.
ramarro *sm.* green lizard.
ramazza *sf.* broom.
rame *sm.* copper.
ramìfero *agg.* copper-bearing (*attr.*).
ramificare *vi.* to ramify. ♦ **ramificarsi** *vr.* to ramify.
ramificazione *sf.* ramification.
ramingo *agg.* roving.
rammagliare *vt.* to mend a run.
rammaricare *vt.* to afflict. ♦ **rammaricarsi** *vr.* **1.** to be sorry **2.** (*lamentarsi*) to complain (of).
rammàrico *sm.* sorrow.
rammendare *vt.* to darn.
rammendatrice *sf.* darner.
rammendo *sm.* **1.** darning **2.** (*parte rammendata*) darn.
rammentare *vt.* to remember: *— qc. a qu.*, to remind so. of sthg. ♦ **rammentarsi** *vr.* to remember.
rammollimento *sm.* softening.
rammollire *vt.* to soften. ♦ **rammollirsi** *vr.* to soften, to go (*v. irr.*) soft.
rammollito *agg.* soft: *un vecchio —*, a dotard. ♦ **rammollito** *sm.* imbecile.
ramo *sm.* branch.
ramoscello *sm.* twig.
ramoso *agg.* branched.
rampa *sf.* **1.** ramp **2.** (*di scale*) flight.
rampante *agg.* rampant.
rampicante *agg.* climbing: *pianta —*, creeper.
rampino *sm.* hook.
rampogna *sf.* reproach.
rampollare *vi.* to spring (*v. irr.*).
rampollo *sm.* **1.** (*d'acqua*) spring **2.** (*di albero*) shoot **3.** (*discendente*) offspring.

rampone *sm.* **1.** (*mar.*) harpoon **2.** (*da montagna*) crampon.
rana *sf.* frog: *uomo* —, frogman (*pl.* -men); *nuotare a* —, to swim (*v. irr.*) the breast stroke.
ràncido *agg.* **1.** rancid **2.** (*fig.*) trite || *sapere di* —, to have a rancid taste.
rancio *sm.* (*mil.*) mess.
rancore *sm.* grudge.
randagio *agg.* stray.
randellare *vt.* to cudgel.
randellata *sf.* blow with a cudgel.
randello *sm.* cudgel.
ranetta *sf.* rennet.
rango *sm.* rank.
rannicchiarsi *vr.* to crouch.
rannuvolamento *sm.* clouding over.
rannuvolare *vi.* to become (*v. irr.*) cloudy, to cloud over. ♦ **rannuvolarsi** *vr.* to get (*v. irr.*) cloudy.
ranocchio *sm.* frog.
rantolare *vi.* **1.** to wheeze **2.** (*in punto di morte*) to have the death-rattle.
ràntolo *sm.* **1.** wheeze **2.** (*di morte*) death-rattle.
ranùncolo *sm.* buttercup.
rapa *sf.* turnip.
rapace *agg.* greedy. ♦ **rapace** *sm.* bird of prey.
rapacità *sf.* greed.
rapare *vt.* to crop (so.'s hair).
rapato *agg.* shorn.
ràpida *sf.* rapid.
rapidità *sf.* swiftness.
ràpido *agg.* swift. ♦ **ràpido** *sm.* express (train).
rapimento *sm.* **1.** kidnapping **2.** (*di donna*) abduction **3.** (*fig.*) rapture.
rapina *sf.* robbery.
rapinare *vt.* to rob.
rapinatore *sm.* robber.
rapire *vt.* **1.** to kidnap **2.** (*una donna*) to abduct **3.** (*fig.*) to ravish.
rapitore *sm.* **1.** kidnapper **2.** (*di donna*) abductor.
rappacificare *vt.* to reconcile. ♦ **rappacificarsi** *vr.* to become (*v. irr.*) reconciled.
rappacificazione *sf.* reconciliation.
rappezzare *vt.* to patch.
rappezzatura *sf.* **1.** patching **2.** (*parte rappezzata*) patch.
rapporto *sm.* **1.** relation **2.** (*relazione*) report **3.** (*mat.*) ratio || *chiamare a* —, to summon; *andare a* — *da*, to report to; *essere in buoni rapporti*, to be on good terms; *sotto tutti i rapporti*, in every respect.
rapprèndere *vi.* to coagulate. ♦ **rapprèndersi** *vr.* to coagulate.
rappresaglia *sf.* retaliation: *far* —, to retaliate.
rappresentàbile *agg.* performable.
rappresentante *s.* **1.** representative **2.** (*comm.*) agent.
rappresentanza *sf.* **1.** representation **2.** (*comm.*) agency || *in* — *di*, on behalf of.
rappresentare *vt.* **1.** to represent **2.** (*comm.*) to be agent (for) **3.** (*una parte*) to play **4.** (*un'opera teatrale*) to stage. ♦ **rappresentarsi** *vr.* to imagine.
rappresentativo *agg.* representative.
rappresentazione *sf.* **1.** representation **2.** (*teat.*) performance **3.** (*cine*) exhibition.
rapsodìa *sf.* rhapsody.
rarefare *vt.* to rarefy. ♦ **rarefarsi** *vr.* to rarefy.
rarefatto *agg.* rarefied.
rarefazione *sf.* rarefaction.
rarità *sf.* rarity.
raro *agg.* rare: *rare volte*, seldom; *una bestia rara* (*fig.*), a queer fish.
rasare *vt.* **1.** to shave **2.** (*un prato*) to mow (*v. irr.*) **3.** (*lisciare*) to smooth. ♦ **rasarsi** *vr.* to shave.
rasato *agg.* **1.** shaven **2.** (*liscio*) smooth **3.** (*simile a raso*) satin (*attributivo*).
rasatura *sf.* **1.** shave **2.** (*di prato*) mowing.
raschiamento *sm.* **1.** scraping **2.** (*med.*) curettage.
raschiare *vt.* **1.** to scrape **2.** (*med.*) to curette || *raschiarsi la gola*, to clear one's throat.
raschiata *sf.* scraping.
raschiatoio *sm.* **1.** scraper **2.** (*med.*) curette.
raschiatura *sf.* scraping.
raschietto *sm.* **1.** scraper **2.** (*per cancellare*) eraser.
rasciugare *vt.* to dry.
rasentare *vt.* **1.** to graze **2.** (*confinare*) to border (on).
rasente *prep.* close to: *passare* —, to skim.
raso *agg.* V. *rasato.* ♦ **raso** *sm.* satin.
rasoio *sm.* razor.

raspa *sf.* rasp.
raspamento *sm.* rasping.
raspare *vt.* **1.** to rasp **2.** (*con le unghie*) to scratch **3.** (*frugare*) to rummage.
rassegna *sf.* **1.** (*rivista, recensione*) review **2.** (*esame*) survey || *passare in* —, to inspect.
rassegnare *vt.* to hand in: — *le dimissioni,* to resign. ♦ **rassegnarsi** *vr.* to resign oneself.
rassegnato *agg.* resigned.
rassegnazione *sf.* resignation.
rasserenare *vt.* **1.** to clear **2.** (*fig.*) to cheer up. ♦ **rasserenarsi** *vr.* to clear up.
rassettare *vt.* **1.** to tidy **2.** (*riparare*) to mend.
rassicurante *agg.* reassuring.
rassicurare *vt.* to reassure. ♦ **rassicurarsi** *vr.* to be reassured.
rassicurazione *sf.* reassurance.
rassodamento *sm.* consolidation.
rassodare *vt.* **1.** to consolidate **2.** (*indurire*) to harden. ♦ **rassodarsi** *vr.* to harden.
rassomigliante *agg.* like, alike (*pred.*).
rassomiglianza *sf.* likeness.
rassomigliare *vi.* to be like. ♦ **rassomigliarsi** *vr. rec.* to be alike.
rassottigliare *vt.* V. *assottigliare.*
rastrellamento *sm.* **1.** raking **2.** (*mil.*) mopping up **3.** (*di polizia*) combing **4.** (*dragaggio*) dragging.
rastrellare *vt.* **1.** to rake **2.** (*mil.*) to mop up **3.** (*di polizia*) to comb **4.** (*dragare*) to drag.
rastrelliera *sf.* rack.
rastrello *sm.* rake.
rastremare *vt.* to taper. ♦ **rastremarsi** *vr.* to taper.
rata *sf.* instalment: *a rate*, by instalments.
rateale *agg.* by instalments.
rateare *vt.* to divide into instalments.
ratìfica *sf.* ratification.
ratificare *vt.* to ratify.
ratificatore *sm.* ratifier.
ratificazione *sf.* V. *ratìfica.*
ratto[1] *sm.* **1.** kidnapping **2.** (*di donna*) rape.
ratto[2] *sm.* (*topo*) rat.
rattoppare *vt.* to patch (up).
rattoppo *sm.* **1.** patching up **2.** (*toppa*) patch.
rattrappimento *sm.* **1.** (*intorpidimento*) benumbing **2.** (*contrazione*) contraction.
rattrappire *vt.* **1.** (*contrarre*) to contract **2.** (*intorpidire*) to benumb.
rattristare *vt.* to grieve. ♦ **rattristarsi** *vr.* **1.** (*divenir triste*) to become (*v. irr.*) sad **2.** (*essere triste*) to be sad.
raucèdine *sf.* hoarseness: *avere la* —, to have a hoarse voice.
ràuco *agg.* hoarse.
ravanello *sm.* radish.
ravvedersi *vr.* to mend one's way.
ravvedimento *sm.* reformation.
ravviamento *sm.* tidying (up).
ravviare *vt.* to tidy (up).
ravvicinamento *sm.* **1.** approach **2.** (*conciliazione*) reconciliation.
ravvicinare *vt.* **1.** to bring (*v. irr.*) closer **2.** (*riconciliare*) to reconcile **3.** (*confrontare*) to compare. ♦ **ravvicinarsi** *vr.* **1.** to draw (*v. irr.*) closer **2.** (*riconciliarsi*) to become (*v. irr.*) reconciled.
ravvisàbile *agg.* recognizable.
ravvisare *vt.* to recognize.
ravvivamento *sm.* revival.
ravvivare *vt.* **1.** to revive **2.** (*rallegrare*) to brighten up || — *il fuoco,* to poke the fire. ♦ **ravvivarsi** *vr.* **1.** to revive **2.** (*rallegrarsi*) to brighten up.
raziocinante *agg.* reasoning.
raziocinio *sm.* **1.** reason **2.** (*buon senso*) common sense.
razionale *agg.* rational.
razionalismo *sm.* rationalism.
razionalista *s.* rationalist.
razionalità *sf.* rationality.
razionamento *sm.* rationing.
razionare *vt.* to ration.
razione *sf.* ration.
razza[1] *sf.* **1.** race **2.** (*di animali*) breed **3.** (*genere*) kind.
razza[2] *sf.* (*itt.*) ray.
razzìa *sf.* **1.** raid **2.** (*insetticida*) insecticide || *far* —, to plunder.
razziale *agg.* racial.
razziare *vt.* to plunder.
razziatore *sm.* plunderer.
razzismo *sm.* racialism.
razzista *s.* racialist.
razzo *sm.* rocket.
razzolare *vi.* to scratch about.
re[1] *sm.* king.
re[2] *sm.* (*mus.*) D, re.
reagente *sm.* reagent.
reagire *vi.* to react.

reale[1] *agg.* real.
reale[2] *agg.* (*del re*) royal.
realismo *sm.* realism.
realista[1] *agg.* e *s.* realist.
realista[2] *agg.* e *s.* (*del re*) royalist.
realìstico *agg.* realistic.
realizzàbile *agg.* realizable.
realizzare *vt.* to realize. ♦ **realizzarsi** *vr.* **1.** to be realized **2.** (*avverarsi*) to come (*v. irr.*) true.
realizzatore *sm.* realizer.
realizzazione *sf.* **1.** realization **2.** (*teat.*) staging **3.** (*cine*) production.
realtà *sf.* reality.
reame *sm.* kingdom.
reato *sm.* **1.** offence **2.** (*crimine*) crime.
reattivo *agg.* reactive. ♦ **reattivo** *sm.* reagent.
reattore *sm.* **1.** reactor **2.** (*aereo*) jet.
reazionario *agg.* e *sm.* reactionary.
reazione *sf.* reaction: *motore a —*, jet engine; *aereo a —*, jet.
reboante *agg.* **1.** thundering **2.** (*fig.*) bombastic.
rebus *sm.* rebus.
recalcitrare *vi.* V. *ricalcitrare.*
recapitare *vt.* to deliver.
recàpito *sm.* **1.** (*consegna*) delivery **2.** (*indirizzo*) address.
recare *vt.* **1.** to bring (*v. irr.*) **2.** (*fig.*) to bear (*v. irr.*) **3.** (*causare*) to cause. ♦ **recarsi** *vr.* to go (*v. irr.*).
recèdere *vi.* to withdraw (*v. irr.*).
recensione *sf.* review.
recensire *vt.* to review.
recensore *sm.* reviewer.
recente *agg.* recent.
recentemente *avv.* recently.
recentissime *sf. pl.* latest news.
recessione *sf.* recession.
recessivo *agg.* receding.
recesso *sm.* **1.** recess **2.** (*recessione*) recession **3.** (*giur.*) withdrawal.
recettivo *agg.* V. *ricettivo.*
recezione *sf.* reception.
recìdere *vt.* to cut (*v. irr.*) off.
recidiva *sf.* relapse.
recidività *sf.* **1.** (*giur.*) recidivism **2.** (*med.*) relapse.
recidivo *agg.* **1.** (*giur.*) recidivous **2.** (*med.*) relapsing. ♦ **recidivo** *sm.* **1.** (*giur.*) recidivist **2.** (*med.*) relapser.
recintare *vt.* to fence.
recinto *sm.* enclosure.
recipiente *sm.* vessel.
reciprocamente *avv.* reciprocally.
reciprocità *sf.* reciprocity.
recìproco *agg.* reciprocal.
recisamente *avv.* resolutely.
recisione *sf.* excision.
reciso *agg.* **1.** cut **2.** (*fig.*) resolute.
rècita *sf.* performance.
recitare *vt.* **1.** to recite **2.** (*teat.*) to act || *— una parte*, to play a part.
recitativo *sm.* recitative.
recitazione *sf.* **1.** recitation **2.** (*teat.*) acting.
reclamante *sm.* claimant.
reclamare *vt.* to claim. ♦ **reclamare** *vi.* to complain.
reclamìstico *agg.* advertising.
reclamizzare *vt.* to advertise.
reclamo *sm.* complaint.
reclinare *vt.* to bow.
reclusione *sf.* **1.** seclusion **2.** (*prigionia*) imprisonment.
recluso *agg.* **1.** secluded **2.** (*imprigionato*) imprisoned. ♦ **recluso** *sm.* prisoner.
rècluta *sf.* **1.** recruit **2.** (*fig.*) novice.
reclutamento *sm.* enlistment.
reclutare *vt.* to enlist, to recruit.
recòndito *agg.* hidden.
recriminare *vi.* **1.** to recriminate **2.** (*lamentarsi*) to complain.
recriminazione *sf.* **1.** recrimination **2.** (*lamentela*) complaint.
recrudescente *agg.* recrudescent.
recrudescenza *sf.* recrudescence.
redarguire *vt.* to reproach.
redattore *sm.* **1.** drawer **2.** (*di giornale*) member of the editorial staff || *— capo*, editor.
redazionale *agg.* editorial.
redazione *sf.* **1.** drawing up **2.** (*di giornale*) editing **2.** (*i redattori*) editorial staff **3.** (*ufficio*) editorial office.
redditività *sf.* profitableness.
redditizio *agg.* profitable.
rèddito *sm.* **1.** income **2.** (*dello Stato*) revenue.
redento *agg.* redeemed.
redentore *sm.* redeemer.
redenzione *sf.* redemption.
redìgere *vt.* to draw (*v. irr.*) up.
redìmere *vt.* to redeem.
redimìbile *agg.* redeemable.
rèdini *sf. pl.* reins.
redivivo *agg.* **1.** restored to life **2.** (*nuovo*) new.
rèduce *agg.* back from. ♦ **rèduce** *sm.* veteran.

referendum *sm.* referendum.
referenza *sf.* reference.
referenziare *vt.* to give (*v. irr.*) references.
referto *sm.* report.
refettorio *sm.* refectory.
refezione *sf.* meal.
refrattario *agg.* refractory: *terra refrattaria,* fireclay.
refrigerante *agg.* e *sm.* refrigerant.
refrigerare *vt.* to refrigerate.
refrigeratore *sm.* refrigerator.
refrigerazione *sf.* refrigeration.
refrigerio *sm.* **1.** cool **2.** (*sollievo*) relief.
refurtiva *sf.* stolen goods (*pl.*).
refuso *sm.* misprint, wrong fount.
regalare *vt.* **1.** to present (so. with sthg.) **2.** (*vendere a poco prezzo*) to sell (*v. irr.*) cheap.
regalato *agg.* (*venduto a buon prezzo*) cheap.
regale *agg.* regal.
regalìa *sf.* (*mancia*) gratuity.
regalo *sm.* present: *in —,* as a present.
regata *sf.* regatta.
reggente *agg.* e *sm.* regent.
reggenza *sf.* regency.
règgere *vt.* **1.** (*sorreggere*) to hold (*v. irr.*) **2.** (*dirigere*) to run (*v. irr.*) **3.** (*gramm.*) to govern || *— una prova,* to stand (*v. irr.*) a test. ♦ **règgere** *vi.* **1.** (*resistere*) to hold (out) **2.** (*stare in piedi, anche fig.*) to stand. ♦ **règgersi** *vr.* **1.** (*sostenersi*) to stand **2.** (*appoggiarsi a*) to hold (on, to).
reggia *sf.* royal palace.
reggicalze *sm.* girdle.
reggimento *sm.* (*mil.*) regiment.
reggipetto *sm.* bra.
reggiseno *sm.* V. *reggipetto.*
reggitore *sm.* ruler.
regìa *sf.* **1.** (*teat.*) production **2.** (*cine*) direction || *— di,* produced, directed by.
regicida *sm.* regicide.
regicidio *sm.* regicide.
regime *sm.* **1.** regime **2.** (*mecc.*) speed **3.** (*dieta*) diet || *essere a —,* to be on a diet.
regina *sf.* queen.
regio *agg.* royal.
regionale *agg.* regional.
regionalismo *sm.* regionalism.
regionalista *s.* regionalist.
regione *sf.* **1.** region **2.** (*divisione amministrativa; fig.*) province.
regista *sm.* **1.** (*teat.*) producer **2.** (*cine*) director.
registràbile *agg.* registrable, recordable.
registrare *vt.* **1.** to register **2.** (*comm.*) to book **3.** (*segnare; cine*) to record **4.** (*su nastro*) to tape-record **5.** (*mecc.*) to adjust.
registratore *sm.* **1.** (*persona*) registrar **2.** (*strumento*) register: *— di cassa,* cash-register **3.** (*magnetofono*) taperecorder.
registrazione *sf.* **1.** registration **2.** (*comm.*) entry **3.** (*di suoni*) recording.
registro *sm.* **1.** register **2.** (*comm.*) book **3.** (*ufficio governativo*) registry.
regnante *agg.* reigning. ♦ **regnante** *s.* sovereign.
regnare *vi.* to reign.
regno *sm.* **1.** reign **2.** (*territorio; fig.*) kingdom.
règola *sf.* **1.** rule **2.** (*esempio*) example **3.** (*misura*) moderation || *in —,* in order; *è di —,* it is the custom.
regolamentare *agg.* prescribed: *non essere —,* to be against the rules.
regolamentarmente *avv.* according to the rules.
regolamentazione *sf.* regulations (*pl.*).
regolamento *sm.* regulation: *— dei conti,* settlement.
regolare[1] *vt.* **1.** to regulate **2.** (*sistemare*) to settle **3.** (*sintonizzare*) to tune (in). ♦ **regolarsi** *vr.* **1.** to act **2.** (*controllarsi*) to control oneself.
regolare[2] *agg.* regular.
regolarità *sf.* regularity.
regolarizzare *vt.* to regularize.
regolarizzazione *sf.* regularization.
regolatamente *avv.* **1.** regularly **2.** (*con moderazione*) moderately.
regolatezza *sf.* sobriety.
regolato *agg.* regular.
regolatore *agg.* regulating: *piano —,* townplan. ♦ **regolatore** *sm.* regulator.
regolazione *sf.* regulation.
règolo *sm.* rule: *— calcolatore,* slide rule.
regredire *vi.* to regress.
regressione *sf.* regression.
regressivo *agg.* regressive.
regresso *sm.* regress.

reietto *agg.* rejected. ♦ **reietto** *sm.* outcast.
reiezione *sf.* rejection.
reincarnare *vt.* to reincarnate. ♦ **reincarnarsi** *vr.* to be reincarnated.
reincarnazione *sf.* reincarnation.
reintegrare *vt.* **1.** to restore **2.** (*risarcire*) to indemnify.
reintegrazione *sf.* **1.** restoration **2.** (*risarcimento*) indemnification.
reità *sf.* **1.** (*colpevolezza*) guiltiness **2.** (*malvagità*) wickedness.
reiterare *vt.* to reiterate.
reiterazione *sf.* reiteration.
relativamente *avv.* comparatively: — *a*, as regards.
relativismo *sm.* relativism.
relativìstico *agg.* relativistic.
relatività *sf.* relativity.
relativo *agg.* **1.** relative **2.** (*rispettivo*) respective **3.** (*attinente*) pertinent.
relatore *sm.* **1.** relator **2.** (*di leggi*) proposer.
relazionare *vt.* to relate.
relazione *sf.* **1.** report **2.** (*legame*) relation **3.** (*contatto*) touch **4.** (*conoscenza*) acquaintance || *aver — con*, to be connected with; *essere in buone relazioni*, to be on good terms; *mettersi in — con*, to get (*v. irr.*) into touch with; — *amorosa*, love affair.
relegare *vt.* to relegate.
relegazione *sf.* relegation.
religione *sf.* **1.** religion **2.** (*culto*) worship.
religiosità *sf.* piety.
religioso *agg.* e *sm.* religious.
reliquia *sf.* relic.
reliquario *sm.* reliquary.
relitto *sm.* **1.** wreckage **2.** (*di persona*) outcast.
remare *vi.* **1.** to row **2.** (*con pagaia*) to paddle.
remata *sf.* **1.** row **2.** (*colpo di remo*) stroke.
rematore *sm.* oarsman (*pl.* -men).
remiganti *sf. pl.* remiges.
remigare *vi.* **1.** to row **2.** (*di ali*) to flap.
reminiscenza *sf.* reminiscence.
remissione *sf.* (*giur.*) remission.
remissività *sf.* submissiveness.
remissivo *agg.* submissive.
remo *sm.* oar.
rèmora *sf.* **1.** (*ostacolo*) obstacle **2.** (*indugio*) delay **3.** (*zool.*) remora.
remoto *agg.* remote: *passato* — (*gramm.*) past simple tense.
remunerare *vt.* to remunerate.
remunerativo *agg.* remunerative.
remunerazione *sf.* remuneration.
rena *sf.* sand.
renale *agg.* renal.
rèndere *vt.* **1.** to render **2.** (*fruttare*) to yield || — *conto di*, to account for; — *giustizia a qu.*, to do (*v. irr.*) so. justice. ♦ **rèndersi** *vr.* to become (*v. irr.*) || — *conto di*, to realize.
rendiconto *sm.* **1.** statement **2.** (*resoconto*) report.
rendimento *sm.* **1.** rendering **2.** (*resa*) output **3.** (*efficienza*) efficiency.
rèndita *sf.* **1.** revenue **2.** (*privata*) income.
rene *sm.* kidney.
renella *sf.* gravel.
reni *sf. pl.* back (*sing.*).
renitente *agg.* reluctant || *essere — alla leva*, to fail to appear at the draft.
renitenza *sf.* reluctance || — *alla leva*, failure to register for national service.
renna *sf.* reindeer (*pl. invariato*).
renoso *agg.* sandy.
reo *agg.* guilty. ♦ **reo** *sm.* culprit.
reòmetro *sm.* rheometer.
reòstato *sm.* rheostat.
reparto *sm.* **1.** department **2.** (*mil.*) detachment.
repellente *agg.* repulsive.
repentaglio *sm.* danger: *a* —, in danger.
repentino *agg.* sudden.
reperìbile *agg.* to be found (*pred.*).
reperire *vt.* to find (*v. irr.*).
reperto *sm.* **1.** (*giur.*) evidence **2.** (*med.*) report.
repertorio *sm.* (*teat.*) repertoire.
rèplica *sf.* **1.** reply **2.** (*obiezione*) objection **3.** (*copia*) copy **4.** (*teat.*) performance || *avere molte repliche* (*teat.*), to have a long run.
replicare *vt.* **1.** to reply **2.** (*obiettare*) to object **3.** (*ripetere*) to repeat.
reprensìbile *agg.* reprehensible.
reprensione *sf.* reprehension.
repressione *sf.* repression.
repressivo *agg.* repressive.
represso *agg.* repressed.
reprimenda *sf.* reprimand.
reprìmere *vt.* to repress.

rèprobo *agg.* e *sm.* reprobate.
repùbblica *sf.* republic.
repubblicano *agg.* e *sm.* republican.
reputare *vt.* **1.** to consider **2.** (*pensare*) to think (*v. irr.*).
reputazione *sf.* reputation.
requie *sf.* rest.
requisire *vt.* to requisition.
requisito *sm.* qualification.
requisitoria *sf.* **1.** indictment **2.** (*giur.*) summing up.
requisizione *sf.* requisition.
resa *sf.* (*rendimento*) yield **2.** (*capitolazione*) surrender || — *dei conti*, rendering of accounts.
rescìndere *vt.* to rescind.
rescindìbile *agg.* rescindable.
rescissione *sf.* rescission.
reseda *sf.* reseda.
resezione *sf.* resection.
residente *agg.* e *sm.* resident.
residenza *sf.* residence.
residenziale *agg.* residential.
residuare *vi.* to be left.
residuato *agg.* residual. ♦ **residuato** *sm.* — *di guerra*, war surplus.
residuo *agg.* remaining. ♦ **residuo** *sm.* residue: *residui radioattivi*, radioactive waste.
rèsina *sf.* resin.
resinoso *agg.* resinous.
resipiscenza *sf.* resipiscence.
resistente *agg.* **1.** resistant **2.** (*forte*) strong.
resistenza *sf.* resistance.
resìstere *vi.* **1.** to resist **2.** (*sopportare*) to endure.
resoconto *sm.* report.
respingente *sm.* buffer.
respìngere *vt.* **1.** to repel **2.** (*rimandare*) to return **3.** (*rifiutare*) to reject **4.** (*scol.*) to pluck.
respinta *sf.* V. *parata.*
respiràbile *agg.* breathable.
respirare *vt.* e *vi.* to breathe.
respiratore *sm.* respirator.
respiratorio *agg.* respiratory.
respirazione *sf.* respiration, breathing.
respiro *sm.* **1.** breath **2.** (*riposo*) respite.
responsàbile *agg.* responsible (for).
responsabilità *sf.* responsibility.
responso *sm.* **1.** response **2.** (*opinione*) opinion.
responsorio *sm.* responsory.
ressa *sf.* crowd: *far — intorno a qu.*, to crowd round so.
resta *sf.* **1.** (*di cipolla, aglio ecc.*) string **2.** (*di lancia*) rest.
restante *agg.* e *sm.* V. *rimanente.*
restare *vi.* V. *rimanere.*
restaurare *vt.* to restore.
restauratore *sm.* restorer.
restaurazione *sf.* restoration.
restàuro *sm.* restoration: ***in —***, under repair.
restìo *agg.* loath, reluctant.
restituire *vt.* **1.** to return **2.** (*reintegrare*) to restore.
restituzione *sf.* **1.** return **2.** (*reintegrazione*) restoration.
resto *sm.* **1.** rest **2.** (*mat.*) remainder **3.** (*di denaro*) change || *resti*, remains; *del —*, on the other hand.
restringente *sm.* astringent.
restrìngere *vt.* **1.** (*contrarre*) to contract **2.** (*limitare*) to limit **3.** (*un vestito*) to tighten. ♦ **restrìngersi** *vr.* **1.** to get (*v. irr.*) narrower **2.** (*contrarsi*) to contract **3.** (*affollarsi*) to close up **4.** (*di tessuti*) to shrink (*v. irr.*).
restringimento *sm.* **1.** narrowing **2.** (*contrazione*) contraction **3.** (*limitazione*) limitation **4.** (*di tessuto*) shrinking **5.** (*di vestito*) tightening.
restrittivo *agg.* restrictive.
restrizione *sf.* restriction.
retaggio *sm.* heritage.
retata *sf.* **1.** haul **2.** (*di polizia*) roundup.
rete *sf.* **1.** net **2.** (*di letto*) wire netting **3.** (*intreccio*) network.
reticella *sf.* **1.** (*per capelli*) hair-net **2.** (*per bagagli*) luggage-rack.
reticente *agg.* reticent.
reticenza *sf.* reticence.
reticolato *sm.* **1.** (*mil.*) barbed-wire entanglement **2.** (*tracciato di linee*) network.
retìcolo *sm.* **1.** (*anat.*) reticulum (*pl.* -la) **2.** (*ott.*) reticle.
rètina *sf.* retina.
retina *sf.* V. *reticella.*
rètore *sm.* rhetorician.
retòrica *sf.* rhetoric.
retòrico *agg.* rhetorical.
retrarre *vt.* to retract.
retràttile *agg.* retractile.
retrattilità *sf.* retractility.
retribuire *vt.* to pay (*v. irr.*).
retribuzione *sf.* payment.
retrivo *agg.* reactionary.
retro *sm.* back.

retroattività *sf.* retroactivity.
retroattivo *agg.* retroactive.
retrobottega *sm.* back of the shop.
retrocèdere *vi.* to withdraw (*v. irr.*). ♦ **retrocèdere** *vt.* **1.** (*mil.*) to degrade **2.** to retrocede.
retrocessione *sf.* **1.** retrocession **2.** (*mil.*) degradation.
retrodatare *vt.* to date back.
retrògrado *agg.* **1.** out-of-date **2.** (*reazionario*) reactionary.
retroguardia *sf.* rear-guard.
retromarcia *sf.* reverse-gear.
retroscena *sf.* **1.** back of the stage **2.** (*fig.*) intrigue.
retrospettivo *agg.* retrospective.
retrostante *agg.* at the back.
retroterra *sm.* hinterland.
retroversione *sf.* **1.** retroversion **2.** (*di traduzione*) back version.
retrovìe *sf. pl.* zone behind the front (*sing*).
retrovisore *sm. specchietto* —, driving mirror.
retta[1] *sf.* (*geom.*) straight line.
retta[2] *sf.* (*di pensione*) terms (*pl.*).
retta[3] *sf. dar — a qu.*, to listen to so.
rettale *agg.* rectal.
rettamente *avv.* **1.** (*giustamente*) rightly **2.** (*onestamente*) honestly.
rettangolare *agg.* rectangular.
rettàngolo *sm.* rectangle.
rettìfica *sf.* **1.** rectification **2.** (*mecc.*) grinding.
rettificare *vt.* **1.** to rectify **2.** (*mecc.*) to grind (*v. irr.*).
rettificatrice *sf.* grinder.
rettificazione *sf.* V. *rettìfica.*
rettifilo *sm.* straight, stretch.
rèttile *sm.* reptile.
rettilìneo *agg.* rectilinear. ♦ **rettilìneo** *sm.* straight, stretch.
rettitùdine *sf.* righteousness, honesty.
retto *agg.* **1.** straight **2.** (*geom.; giusto*) right. ♦ **retto** *sm.* (*anat.*) rectum (*pl.* -ta).
rettorato *sm.* rectorship.
rettore *sm.* **1.** rector **2.** (*di università*) chancellor.
rèuma *sm.* rheumàtism.
reumàtico *agg.* e *sm.* rheumatic.
reumatismo *sm.* V. *reuma.*
reverendo *agg.* reverend. ♦ **reverendo** *sm.* clergyman (*pl.* -men).
reversìbile *agg.* reversible.
reversibilità *sf.* reversibility.
reversione *sf.* reversion.
revisionare *vt.* **1.** (*mecc.*) to overhaul **2.** (*comm.*) to audit.
revisione *sf.* **1.** revision **2.** (*mecc.*) overhaul **3.** (*comm.*) audit.
revisionismo *sm.* revisionism.
revisore *sm.* **1.** reviser **2.** (*comm.*) auditor.
reviviscenza *sf.* reviviscence.
rèvoca *sf.* revocation.
revocàbile *agg.* revocable.
revocare *vt.* **1.** (*richiamare*) to recall **2.** (*giur.*) to revoke.
revocazione *sf.* revocation.
revolverata *sf.* revolver shot.
revulsione *sf.* revulsion.
revulsivo *agg.* revulsive.
riabbottonare *vt.* to button again.
riabilitare *vt.* to rehabilitate.
riabilitazione *sf.* rehabilitation.
riaccèndere *vt.* **1.** to relight **2.** (*radio, luce ecc.*) to turn on again. ♦ **riaccèndersi** *vr.* **1.** to brighten again **2.** (*riprender fuoco*) to catch (*v. irr.*) fire again.
riaccompagnare *vt.* to take (*v. irr.*) home.
riacquistare *vt.* **1.** to buy (*v. irr.*) again **2.** (*riprendere*) to recover.
riadattare *vt.* to adapt again. ♦ **riadattarsi** *vr.* (*rassegnarsi*) to resign oneself again.
riaddormentare *vt.* to send (*v. irr.*) to sleep again. ♦ **riaddormentarsi** *vr.* to fall (*v. irr.*) asleep again.
riaffacciare *vt.* to present again. ♦ **riaffacciarsi** *vr.* to reappear, to appear again.
riaffermare *vt.* to affirm again. ♦ **riaffermarsi** *vr.* to reaffirm oneself.
riafferrare *vt.* to grasp again. ♦ **riafferrarsi** *vr.* to catch (*v. irr.*) hold of (so., sthg.) again.
riallacciare *vt.* **1.** to fasten again **2.** (*riprendere*) to resume.
riallargare *vt.* to widen again. ♦ **riallargarsi** *vr.* to widen again.
rialto *sm.* rise, height.
rialzamento *sm.* **1.** raising **2.** (*rialzo*) rise, height.
rialzare *vt.* **1.** to raise **2.** (*rendere più alto*) to make (*v. irr.*) higher. ♦ **rialzarsi** *vr.* to rise (*v. irr.*) again.
rialzato *agg. piano* —, ground floor.
rialzo *sm.* **1.** rise **2.** (*di sostegno*) support.
riamare *vt.* to love again.

riamméttere *vt.* to readmit.
rianimare *vt.* to revive. ♦ **rianimarsi** *vr.* **1.** (*riprendere allegria*) to cheer up **2.** (*riprendere coraggio*) to take (*v. irr.*) courage again.
riapertura *sf.* reopening.
riapparire *vi.* to reappear.
riaprire *vt.* to open again. ♦ **riaprirsi** *vr.* to open again.
riarmare *vt.* to rearm. ♦ **riarmarsi** *vr.* to rearm.
riarmo *sm.* rearmament.
riarso *agg.* parched.
riassestare *vt.* to readjust. ♦ **riassestarsi** *vr.* to readjust.
riassettare *vt.* to put (*v. irr.*) in order again.
riassetto *sm.* rearrangement.
riassorbire *vt.* to reabsorb.
riassùmere *vt.* **1.** (*assumere di nuovo*) to take (*v. irr.*) on again **2.** (*riepilogare*) to sum up **3.** (*riprendere*) to resume.
riassuntivo *agg.* summarizing.
riassunto *sm.* summary.
riattaccare *vt.* **1.** (*con colla*) to stick (*v. irr.*) again **2.** (*ricucire*) to sew (*v. irr.*) **3.** (*riprendere*) to begin (*v. irr.*) again **4.** (*mil.*) to attack again **5.** (*tel.*) to hang (*v. irr.*) up. ♦ **riattaccarsi** *vr.* to stick again.
riattamento *sm.* repair.
riattare *vt.* to repair.
riattivare *vt.* to restore.
riavere *vt.* **1.** to have again **2.** (*ricuperare*) to get (*v. irr.*) back. ♦ **riaversi** *vr.* to recover.
riavvicinare *vt.* **1.** to approach again **2.** (*riconciliare*) to reconcile. ♦ **riavvicinarsi** *vr.* to approach again **2.** (*riconciliarsi*) to be reconciled.
ribadire *vt.* to rivet.
ribalderìa *sf.* rascality.
ribaldo *sm.* rascal.
ribalta *sf.* **1.** (*teat.*) footlights (*pl.*) **2.** (*fig.*) limelight.
ribaltàbile *agg.* overturnable.
ribaltare *vt.* to overturn. ♦ **ribaltarsi** *vr.* to capsize.
ribassare *vt.* to reduce. ♦ **ribassare** *vi.* to fall (*v. irr.*).
ribasso *sm.* **1.** fall **2.** (*sconto*) discount.
ribàttere *vt.* **1.** to beat (*v. irr.*) again **2.** (*ribadire*) to rivet **3.** (*confutare*) to confute. ♦ **ribàttere** *vi.* to insist.
ribattezzare *vt.* to rename.
ribellarsi *vr.* to rebel.
ribelle *agg.* rebellious. ♦ **ribelle** *s.* rebel.
ribellione *sf.* rebellion.
ribes *sm.* gooseberry.
riboccante *agg.* overflowing (with).
riboccare *vi.* to overflow (with).
ribollimento *sm.* ebullition.
ribollire *vi.* to boil.
ribollitura *sf.* reboiling.
ribrezzo *sm.* disgust: *fare* —, to disgust.
ributtante *agg.* disgusting.
ributtare *vt.* **1.** to throw (*v. irr.*) again **2.** (*respingere*) to repel **3.** (*disgustare*) to disgust.
ricacciare *vt.* **1.** (*respingere*) to push (out, back) **2.** (*ficcare di nuovo*) to thrust (*v. irr.*) again. ♦ **ricacciarsi** *vr.* to plunge again.
ricadere *vi.* **1.** to fall (*v. irr.*) again **2.** (*avere una ricaduta*) to relapse **3.** (*pendere*) to hang (*v. irr.*).
ricaduta *sf.* relapse.
ricalcare *vt.* **1.** to pull down **2.** (*un disegno*) to transfer || — *le orme di qu.*, to tread (*v. irr.*) in so.'s steps.
ricalcitrante *agg.* recalcitrant.
ricalcitrare *vi.* to recalcitrate.
ricamare *vt.* e *vi.* to embroider.
ricamatore *sm.* embroiderer.
ricamatrice *sf.* embroideress.
ricambiare *vt.* **1.** to change again **2.** (*contraccambiare*) to return.
ricambio *sm.* **1.** replacement **2.** (*med.*) metabolism || *di* —, spare (*agg. attr.*).
ricamo *sm.* embroidery: *un* —, a piece of embroidery.
ricapitolare *vt.* to summarize || *ricapitolando*, in short.
ricapitolazione *sf.* summary.
ricaricare *vt.* **1.** to reload **2.** (*di batteria*) to recharge **3.** (*di orologio*) to wind (*v. irr.*) up again.
ricascare *vi.* V. *ricadere*.
ricattare *vt.* to blackmail.
ricattatore *sm.* blackmailer.
ricattatorio *agg.* blackmailing.
ricatto *sm.* blackmail.
ricavare *vt.* **1.** to draw (*v. irr.*) **2.** (*ottenere*) to get (*v. irr.*).
ricavato *sm.* proceeds (*pl.*).
ricavo *sm.* V. *ricavato*.
riccamente *avv.* richly.
ricchezza *sf.* wealth (*solo sing.*).
riccio[1] *agg.* curly.

riccio[2] *sm.* **1.** curl **2.** (*bot.*) chestnut husk **3.** (*zool.*) hedgehog **4.** (*di mare*) sea-urchin.
ricciuto *agg.* curly.
ricco *agg.* rich: — *di*, rich in.
ricerca *sf.* **1.** search **2.** (*scientifica*) research **3.** (*indagine*) investigation.
ricercare *vt.* **1.** (*cercare*) to seek (*v. irr.*) for **2.** (*investigare*) to investigate **3.** (*cercare di nuovo*) to look for (so., sthg.) again.
ricercatezza *sf.* refinement.
ricercato *agg.* **1.** (*richiesto*) sought--after **2.** (*raffinato*) refined **3.** (*insolito*) far-fetched **4.** (*dalla polizia*) wanted.
ricercatore *sm.* **1.** searcher **2.** (*scientifico*) researcher.
ricetta *sf.* **1.** (*med.*) prescription **2.** (*cuc.*) recipe.
ricettàcolo *sm.* receptacle.
ricettare *vt.* (*custodire cose rubate*) to receive.
ricettario *sm.* **1.** (*med.*) book of prescriptions **2.** (*cuc.*) book of recipes.
ricettatore *sm.* receiver.
ricettazione *sf.* receiving of stolen goods.
ricettività *sf.* receptivity.
ricettivo *agg.* receptive.
ricevente *agg.* receiving. ♦ **ricevente** *s.* receiver.
ricévere *vt.* to receive.
ricevimento *sm.* **1.** receipt **2.** (*festa*) party.
ricevitore *sm.* receiver.
ricevitorìa *sf.* receiving-office.
ricevuta *sf.* receipt: *accusare* —, to acknowledge receipt.
ricezione *vt.* reception.
richiamare *vt.* **1.** to call again **2.** (*far tornare*) to recall **3.** (*attirare*) to attract **4.** (*rimproverare*) to rebuke || — *all'ordine*, to call to order. ♦ **richiamarsi** *vr.* (*riferirsi*) to refer.
richiamata *sf.* recall.
richiamato *sm.* (*mil.*) re-drafted soldier.
richiamo *sm.* **1.** recall **2.** (*allettamento*) call.
richiedente *s.* applicant.
richièdere *vt.* **1.** to ask (for sthg., so.) again **2.** (*chiedere*) to ask for **3.** (*in restituzione*) to ask (for sthg.) back **4.** (*necessitare di*) to require.
richiesta *sf.* **1.** request: *dietro* —, at request **2.** (*comm.*) demand.
richiùdere *vt.* to close again. ♦ **richiùdersi** *vr.* to close again.
rìcino *sm.* castor-oil plant: *olio di* —, castor-oil.
ricognitore *sm.* (*mil.*) scout.
ricognizione *sf.* reconnaissance.
ricollegare *vt.* to connect. ♦ **ricollegarsi** *vr.* to be connected.
ricollocamento *sm.* replacement.
ricolmare *vt.* **1.** to fill up **2.** (*fig.*) to load.
ricolmo *agg.* **1.** full **2.** (*fig.*) loaded (with).
ricominciare *vt.* to begin (*v. irr.*) again.
ricomparire *vi.* to reappear.
ricompensa *sf.* reward: *in* —, as a reward.
ricompensare *vt.* to reward.
ricomperare *vt.* to buy (*v. irr.*) again.
ricomporre *vt.* to recompose.
ricomposizione *sf.* recomposition.
riconciliare *vt.* to reconcile. ♦ **riconciliarsi** *vr.* to be reconciled.
riconciliatore *sm.* reconciler.
riconciliazione *sf.* reconciliation.
ricondurre *vt.* to take (*v. irr.*) back, to bring (*v. irr.*) back.
riconferma *sf.* reconfirmation.
riconfermare *vt.* to reconfirm.
riconfortare *vt.* to cheer up. ♦ **riconfortarsi** *vr.* to cheer up.
ricongiùngere *vt.* to join again. ♦ **ricongiùngersi** *vr.* to join again.
ricongiungimento *sm.* reunion.
riconnèttere *vt.* to connect again.
riconoscente *agg.* grateful.
riconoscenza *sf.* gratitude.
riconòscere *vt.* to recognize.
riconoscìbile *agg.* recognizable.
riconoscimento *sm.* **1.** recognition **2.** (*ammissione*) admission.
riconquista *sf.* recapture.
riconquistare *vt.* to conquer again.
riconsegna *sf.* return.
riconsegnare *vt.* to redeliver.
riconsiderare *vt.* to reconsider.
riconversione *sf.* reconversion.
riconvocare *vt.* to resummon.
riconvocazione *sf.* resummons.
ricopiare *vt.* to copy.
ricopiatura *sf.* (re)copying.
ricoprire *vt.* **1.** to cover **2.** (*coprire di nuovo*) to cover again **3.** (*fig.*) to load.

ricordare *vt.* **1.** to remember **2.** (*chiamare alla memoria altrui*) to remind (so. of sthg.) **3.** (*nominare*) to mention. ♦ **ricordarsi** *vr.* to remember.
ricordo *sm.* **1.** memory **2.** (*oggetto ricordo*) souvenir **3.** (*memorie*) (*lett.*) memoirs (*pl.*).
ricorrente *agg.* recurrent.
ricorrenza *sf.* **1.** recurrence **2.** (*anniversario*) anniversary **3.** (*occasione*) occasion.
ricòrrere *vi.* **1.** (*ripetersi*) to recur **2.** (*rivõlgersi*) to apply **3.** (*fare appello*) to appeal **4.** (*valersi*) to resort.
ricorso *sm.* **1.** (*ritorno*) return **2.** (*appello*) appeal || *su — di*, on a petition by.
ricostituente *agg.* e *sm.* tonic.
ricostituire *vt.* to form again. ♦ **ricostituirsi** *vr.* to form again.
ricostituzione *sf.* reconstitution.
ricostruire *vt.* to reconstruct.
ricostruttore *agg.* reconstructive. ♦ **ricostruttore** *sm.* reconstructor.
ricostruzione *sf.* reconstruction.
ricoverare *vt.* to shelter: *— in ospedale,* to hospitalize. ♦ **ricoverarsi** *vr.* to take (*v. irr.*) shelter.
ricòvero *sm.* **1.** sheltering **2.** (*in ospedale*) hospitalization **3.** (*ospizio*) home.
ricreare[1] *vt.* to re-create.
ricreare[2] *vt.* (*divertire*) to recreate. ♦ **ricrearsi** *vr.* to recreate.
ricreativo *agg.* recreative.
ricreazione *sf.* recreation: *ora della —*, playtime.
ricrédersi *vr.* to change one's mind.
ricréscere *vi.* to grow (*v. irr.*) again.
ricréscita *sf.* fresh growth.
ricucire *vt.* **1.** to sew (*v. irr.*) up **2.** (*cucire di nuovo*) to sew (*v. irr.*) again.
ricucitura *sf.* sewing up.
ricuòcere *vt.* e *vi.* **1.** to cook again **2.** (*al forno*) to bake again.
ricuperàbile *agg.* recoverable.
ricuperare *vt.* **1.** to recover **2.** (*di tempo*) to make (*v. irr.*) up for.
ricùpero *sm.* recovery.
ricurvare *vt.* **1.** to bend (*v. irr.*) **2.** (*curvare di nuovo*) to bend again.
ricurvo *agg.* bent.
ricusàbile *agg.* refusable.
ricusare *vt.* to refuse.
ridacchiare *vi.* to giggle.
ridanciano *agg.* jolly.
ridare *vt.* **1.** to give (*v. irr.*) again **2.** (*restituire*) to return.
ridda *sf.* turmoil.
ridente *agg.* **1.** smiling **2.** (*di luogo*) charming.
rìdere *vi.* to laugh (at): *per —*, for fun. ♦ **rìdersi** *vr.* to make (*v. irr.*) fun (of).
ridestare *vt.* **1.** to wake (*v. irr.*) (up) again **2.** (*destare*) to awaken. ♦ **ridestarsi** *vr.* **1.** to wake (up) again **2.** (*destarsi*) to awake.
ridicolàggine *sf.* nonsense (*solo sing.*).
ridìcolo *agg.* ridiculous. ♦ **ridìcolo** *sm.* ridicule.
ridimensionare *vt.* to reorganize.
ridire *vt.* **1.** to say (*v. irr.*) again, to tell (*v. irr.*) again **2.** (*riferire*) to repeat **3.** (*obiettare*) to object.
ridiscéndere *vi.* to come (*v. irr.*) down again, to go (*v. irr.*) down again.
ridiscòrrere *vi.* to talk again.
ridiventare *vi.* to become (*v. irr.*) again.
ridomandare *vt.* to ask again.
ridonare *vt.* **1.** to give (*v. irr.*) again **2.** (*restituire*) to give back.
ridondante *agg.* redundant.
ridondanza *sf.* redundancy.
ridondare *vi.* **1.** to be redundant **2.** (*risultare*) to redound.
ridosso (*nella loc. avv.*) *a — di,* close to.
ridotta *sf.* redoubt.
ridotto *agg.* **1.** reduced **2.** (*di libro*) abridged || *mal —*, in a sorry plight. ♦ **ridotto** *sm.* (*teat.*) foyer.
riducente *agg.* reducing. ♦ **riducente** *sm.* reducer.
riducìbile *agg.* reducible.
ridurre *vt.* **1.** to reduce **2.** (*adattare*) to adapt **3.** (*un libro*) to abridge. ♦ **ridursi** *vr.* **1.** to be reduced **2.** (*restringersi*) to shrink (*v. irr.*).
riduttore *agg.* e *sm.* V. *riducente.*
riduzione *sf.* **1.** reduction **2.** (*sconto*) discount **3.** (*cine; tv*) adaptation **4.** (*di libro*) abridgement.
riecheggiare *vt.* e *vi.* to re-echo.
riedificare *vt.* to rebuild (*v. irr.*).
riedificazione *sf.* rebuilding.
rieducare *vt.* to re-educate.
rieducazione *sf.* re-education.
rielaborare *vt.* to re-elaborate.

rielèggere *vt.* to re-elect.
rieleggìbile *agg.* re-elegible.
rielezione *sf.* re-election.
riemèrgere *vi.* to re-emerge.
riemersione *sf.* re-emergence.
riempire *vt.* to fill. ♦ **riempirsi** *vr.* to fill.
riempitivo *sm.* filling.
rientrante *agg.* receding.
rientranza *sf.* recess.
rientrare *vi.* **1.** to re-enter **2.** (*tornare*) to return **3.** (*far parte*) to be part (of) **4.** (*piegare in dentro*) to recede.
rientro *sm.* **1.** recess **2.** (*astronautica*) retro-firing **3.** (*ritorno*) return.
riepilogare *vt.* to recapitulate.
riepìlogo *sm.* recapitulation.
riesame *sm.* re-examination.
riesaminare *vt.* to re-examine.
rièssere *vi.* to be again.
riesumare *vt.* **1.** to exhume **2.** (*fig.*) to bring (*v. irr.*) to light.
rievocare *vt.* to recall.
rievocazione *sf.* recalling.
rifacimento *sm.* **1.** reconstruction **2.** (*adattamento*) adaptation.
rifare *vt.* **1.** to do (*v. irr.*) again, to make (*v. irr.*) again **2.** (*ripercorrere*) to retrace **3.** (*riparare*) to repair **4.** (*imitare*) to imitate **5.** (*indennizzare*) to indemnify. ♦ **rifarsi** *vr.* **1.** to make up **2.** (*vendicarsi*) to revenge oneself **3.** (*risalire*) to go (*v. irr.*) back.
rifasciare *vt.* **1.** to bandage again **2.** (*un bambino*) to swaddle again.
riferìbile *agg.* **1.** referable **2.** (*raccontabile*) fit to be told.
riferimento *sm.* reference: *linea, punto di* —, datum-line, datum-point.
riferire *vt.* **1.** to report **2.** (*attribuire*) to ascribe. ♦ **riferirsi** *vr.* to refer.
rificcare *vt.* to thrust (*v. irr.*) again.
rifilare *vt.* **1.** to spin again **2.** (*tagliare a filo*) to trim **3.** (*appioppare*) to palm off.
rifilatura *sf.* **1.** trimming **2.** (*bordo*) border.
rifinimento *sm.* finishing touch.
rifinire *vt.* to finish.
rifinitura *sf.* V. *rifinimento.*
rifiorire *vi.* **1.** to blossom again **2.** (*fig.*) to flourish again.
rifioritura *sf.* reflorescence.
rifiutàbile *agg.* refusable.
rifiutare *vt.* to refuse.
rifiuto *sm.* refusal || *rifiuti*, waste (*solo sing.*); *i rifiuti della società,* the dregs of society.
riflessione *sf.* reflection.
riflessivo *agg.* **1.** reflective **2.** (*gramm.*) reflexive.
riflesso *agg.* reflected, reflex (*anche fig.*). ♦ **riflesso** *sm.* **1.** reflection **2.** (*di colore*) tint **3.** (*med.*) reflex || *di* —, as a consequence; *per* —, indirectly.
riflèttere *vt.* e *vi.* to reflect. ♦ **riflèttersi** *vr.* to be reflected.
riflettore *sm.* **1.** reflector **2.** (*lampada*) searchlight.
rifluire *vi.* **1.** to flow again **2.** (*fluire indietro*) to flow back.
riflusso *sm.* ebb.
rifocillare *vt.* to give (*v. irr.*) refreshment. ♦ **rifocillarsi** *vr.* to take (*v. irr.*) refreshment.
rifòndere *vt.* **1.** to melt again **2.** (*rimborsare*) to refund.
riforma *sf.* reformation.
riformare *vt.* **1.** to reform **2.** (*mil.*) to declare unfit for military service.
riformatore *sm.* reformer.
riformatorio *sm.* reformatory.
riformismo *sm.* reformism.
riformista *s.* reformist.
rifornimento *sm.* **1.** supplying **2.** (*aer.; auto*) refuelling **3.** (*scorta*) supply || *stazione di* —, filling-station; *far — di benzina,* to fill up the tank.
rifornire *vt.* to supply (so. with).
rifornitore *sm.* supplier.
rifràngere *vt.* to refract. ♦ **rifràngersi** *vr.* to be refracted.
rifrangibilità *sf.* refrangibility.
rifrattore *sm.* refractor.
rifrazione *sf.* refraction.
rifritto *agg.* **1.** fried again **2.** (*fig.*) stale.
rifuggire *vi.* **1.** to escape again **2.** (*essere alieno*) to shrink (*v. irr.*).
rifugiarsi *vr.* to take (*v. irr.*) shelter.
rifugiato *agg.* e *sm.* refugee.
rifugio *sm.* **1.** shelter **2.** (*di montagna*) mountain hut.
rifùlgere *vi.* to shine (*v. irr.*) brightly (with sthg.).
rifusione *sf.* **1.** re-melting **2.** (*rimborso*) repayment.
riga *sf.* **1.** line **2.** (*fila*) row **3.** (*regolo*) rule **4.** (*striscia*) stripe **5.** (*scriminatura*) parting **6.** (*mus.*

stave || *mettersi in* —, to line up.
rigaglie *sf. pl.* giblets.
rigàgnolo *sm.* **1.** rivulet **2.** (*scolo*) gutter.
rigare *vt.* **1.** to rule **2.** (*solcare*) to furrow || — *diritto,* to behave well.
rigato *agg.* **1.** ruled **2.** (*a strisce*) striped **3.** (*solcato*) furrowed.
rigattiere *sm.* second-hand dealer.
rigatura *sf.* **1.** ruling **2.** (*di arma*) rifling.
rigenerare *vt.* **1.** to regenerate **2.** (*mecc.*) to repair.
rigeneratore *agg.* regenerative. ♦ **rigeneratore** *sm.* regenerator.
rigenerazione *sf.* regeneration.
rigettare *vt.* **1.** to throw (*v. irr.*) again **2.** (*gettare indietro*) to throw back **3.** (*vomitare*) to vomit **4.** (*respingere*) to reject.
rigetto *sm.* rejection.
righello *sm.* ruler.
rigidezza *sf.* **1.** stiffness **2.** (*di clima*) rigour.
rigidità *sf.* V. *rigidezza.*
rìgido *agg.* **1.** stiff **2.** (*di clima*) rigorous.
rigirare *vt.* **1.** to turn again **2.** (*cambiare*) to change. ♦ **rigirare** *vi.* to walk about. ♦ **rigirarsi** *vr.* to turn about.
rigiro *sm.* **1.** turning round **2.** (*di parole*) involved expression.
rigo *sm.* V. *riga.*
rigoglio *sm.* bloom.
rigogliosità *sf.* luxuriancy.
rigoglioso *agg.* flourishing.
rigonfiamento *sm.* swelling.
rigonfiare *vt.* to swell (*v. irr.*). ♦ **rigonfiarsi** *vr.* to swell.
rigonfio *agg.* swollen (with). ♦ **rigonfio** *sm.* swelling.
rigore *sm.* **1.** rigour **2.** (*esattezza*) exactness || *di* —, compulsory; *a* —, according to the rules; *a* — *di termini,* in the strict sense, *area di* — (*sport*), penalty-area.
rigorismo *sm.* rigorism.
rigorista *s.* rigorist.
rigorosità *sf.* **1.** rigour **2.** (*esattezza*) preciseness.
rigoroso *agg.* **1.** rigorous **2.** (*esatto*) exact.
rigovernare *vt.* **1.** to govern again **2.** (*di piatti*) to wash up.
rigovernatura *sf.* washing-up.
riguadagnare *vt.* **1.** to earn again **2.** (*ricuperare, raggiungere*) to regain.
riguardare *vt.* **1.** to look at (so., sthg.) again **2.** (*esaminare*) to examine **3.** (*considerare*) to regard. ♦ **riguardarsi** *vr.* to take (*v. irr.*) care of oneself.
riguardata *sf.* look.
riguardévole *agg.* **1.** considerable **2.** (*importante*) important.
riguardo *sm.* **1.** regard **2.** (*cura*) care || *persona di* —, person of consequence; — *a,* as regards; *a questo* —, in this connection.
riguardoso *agg.* respectful.
rigurgitare *vi.* **1.** to overflow **2.** (*di stomaco*) to regurgitate **3.** (*brulicare*) to swarm (with).
rigùrgito *sm.* **1.** overflow **2.** (*di stomaco*) regurgitation **3.** (*travaso*) extravasation **4.** (*gorgo*) eddy.
rilanciare *vt.* **1.** to throw (*v. irr.*) again **2.** (*lanciare indietro*) to throw back **3.** (*un'offerta*) to raise.
rilancio *sm.* **1.** new throw **2.** (*di offerta*) raising.
rilasciare *vt.* **1.** to release **2.** (*concedere*) to grant **3.** (*emettere*) to issue. ♦ **rilasciarsi** *vr.* **1.** to slacken **2.** (*med.*) to prolapse **3.** (*rilassarsi*) to relax.
rilascio *sm.* **1.** release **2.** (*concessione*) granting **3.** (*emissione*) issue.
rilassamento *sm.* **1.** slackening **2.** (*med.*) prolapse **3.** (*riposo*) relaxation.
rilassare *vt.* **1.** to slacken **2.** (*distendere*) to relax. ♦ **rilassarsi** *vr.* **1.** to slacken **2.** (*distendersi*) to relax.
rilassatezza *sf.* laxity.
rilegare *vt.* **1.** to tie again **2.** (*libri*) to bind (*v. irr.*).
rilegatura *sf.* binding.
rilèggere *vt.* to reread (*v. irr.*), to read (*v. irr.*) again.
rilento (*nella loc. avv.*) *a* —, slowly.
rilevamento *sm.* **1.** (*topografico*) survey **2.** (*mar.*) bearing **3.** (*cambio*) relieving.
rilevante *agg.* prominent.
rilevare *vt.* **1.** to take (*v. irr.*) off again **2.** (*notare*) to notice **3.** (*far notare*) to point out **4.** (*prendere*) to take **5.** (*topografia*) to survey **6.** (*sostituire*) to relieve **7.** (*comm.*) to take over.

rilevazione *sf.* V. *rilievo.*

rilievo *sm.* **1.** relief **2.** (*importanza*) importance **3.** (*osservazione*) remark **4.** (*topografico*) survey **5.** (*comm.*) taking over || *mettere in —,* to stress.

rilucente *agg.* glittering.

rilùcere *vi.* to glitter.

riluttante *agg.* reluctant.

riluttanza *sf.* reluctance.

riluttare *vi.* to reluct (at).

rima *sf.* rhyme || *rispondere per le rime,* to give (*v. irr.*) tit for tat.

rimandare *vt.* **1.** to send (*v. irr.*) again **2.** (*restituire*) to send back **3.** (*posporre*) to postpone **4.** (*far riferimento*) to refer **5.** (*agli esami*) to make (*v. irr.*) (so.) repeat (an exam).

rimando *sm.* **1.** returning **2.** (*differimento*) postponement **3.** (*segno di richiamo*) reference-mark.

rimaneggiamento *sm.* **1.** rearrangement **2.** (*di opera letteraria*) adaptation **3.** (*pol.*) shuffle.

rimaneggiare *vt.* **1.** to rearrange **2.** (*modificare*) to change **3.** (*pol.*) to shuffle.

rimanente *agg.* remaining. ♦ **rimanente** *sm.* rest.

rimanenza *sf.* remainder.

rimanere *vi.* **1.** to remain **2.** (*avanzare*) to be left **3.** (*essere sorpreso*) to be astonished.

rimangiare *vt.* to eat (*v. irr.*) again. ♦ **rimangiarsi** *vr.* to take (*v. irr.*) back.

rimarchévole *agg.* remarkable.

rimare *vt.* e *vi.* to rhyme.

rimarginare *vt.* to heal. ♦ **rimarginarsi** *vr.* to heal.

rimaritare *vt.* to marry again. ♦ **rimaritarsi** *vr.* to marry again.

rimasticare *vt.* **1.** to chew again **2.** (*fig.*) to muse.

rimasuglio *sm.* remains (*pl.*).

rimatore *sm.* rhymer.

rimbalzare *vi.* to rebound.

rimbalzello *sm.* ducks and drakes.

rimbalzo *sm.* rebound: *di —,* on the rebound.

rimbambimento *sm.* dotage.

rimbambire *vi.* to reach one's dotage.

rimbambito *agg.* in one's dotage (*pred.*): *un vecchio —,* a dotard.

rimbeccare *vt.* to retort.

rimbecco *sm.* retort.

rimbecillire *vi.* **1.** to grow (*v. irr.*) stupid **2.** (*per età*) to reach one's dotage.

rimbecillito *agg.* doting.

rimboccare *vt.* to tuck up. ♦ **rimboccarsi** *vr.* to tuck up.

rimbombante *agg.* thundering.

rimbombare *vi.* **1.** to thunder **2.** (*risuonare*) to resound.

rimbombo *sm.* roar.

rimborsàbile *agg.* repayable.

rimborsare *vt.* to reimburse.

rimborso *sm.* reimbursement.

rimboscare *vt.* V. *rimboschire.*

rimboschimento *sm.* reafforestation.
irr.) wooded again.

rimboschire *vt.* to reafforest. ♦ **rimboschirsi** *vr.* to become (*v.*

rimbrottare *vt.* to reproach.

rimbrotto *sm.* reproach.

rimediàbile *agg.* remediable.

rimediare *vi.* to find (*v. irr.*) a remedy (for).

rimedio *sm.* remedy.

rimembranza *sf.* memory.

rimembrare *vt.* to remember.

rimeritare *vt.* to reward.

rimescolamento *sm.* **1.** stir **2.** (*turbamento*) shock.

rimescolare *vt.* **1.** to stir again **2.** (*mescolare*) to stir. ♦ **rimescolarsi** *vr.* to be upset || *gli si rimescolò il sangue* (*per rabbia*), his blood boiled, (*per paura*), his blood ran cold.

rimescolìo *sm.* confusion.

rimessa *sf.* **1.** replacing **2.** (*per auto*) garage **3.** (*di denaro*) remittance **4.** (*di merci*) consignment || *— in gioco,* throw-in.

rimesso *agg.* **1.** (*falso*) false **2.** (*ristabilito*) well again **3.** (*perdonato*) forgiven.

rimestare *vt.* V. *rimescolare.*

riméttere *vt.* **1.** to put (*v. irr.*) again, to put back **2.** (*consegnare*) to hand **3.** (*mandare, perdonare*) to remit **4.** (*affidare*) to leave (*v. irr.*) **5.** (*vomitare*) to vomit || *— in gioco,* to throw (*v. irr.*) in; *rimetterci,* to lose (*v. irr.*). ♦ **riméttersi** *vr.* **1.** (*affidarsi*) to rely on **2.** (*ristabilirsi*) to recover **3.** (*rasserenarsi*) to clear up.

rimirare *vt.* to gaze (at). ♦ **rimirarsi** *vr.* to admire oneself.

rimisurare *vt.* to measure again.

rimodellare *vt.* to remodel.

rimodernamento *sm.* modernization.
rimodernare *vt.* to modernize. ♦ **rimodernarsi** *vr.* to become up-to-date.
rimondare *vt.* to clean again.
rimonta *sf.* **1.** (*mil.*) remount **2.** (*sport*) catching up.
rimontare *vt.* **1.** to go (*v. irr.*) up **2.** (*ricomporre*) to reassemble. ♦ **rimontare** *vi.* **1.** to remount **2.** (*fig.*) to go back **3.** (*sport*) to catch (*v. irr.*) up || — *in auto,* to get (*v. irr.*) into a car again.
rimorchiare *vt.* to tow.
rimorchiatore *sm.* tug.
rimorchio *sm.* **1.** tow **2.** (*veicolo*) trailer.
rimòrdere *vt.* **1.** to bite (*v. irr.*) again **2.** (*fig.*) to prick.
rimorso *sm.* remorse.
rimosso *agg.* removed.
rimostranza *sf.* remonstrance: *fare le proprie rimostranze,* to remonstrate.
rimostrare *vi.* to remonstrate.
rimovìbile *agg.* removable.
rimozione *sf.* removal.
rimpacchettare *vt.* to package again.
rimpadronirsi *vr.* to seize again.
rimpagliare *vt.* **1.** to re-cover with straw **2.** (*imbottire*) to re-stuff with straw.
rimpallo *sm.* counterblow.
rimpannucciarsi *vr.* (*fig.*) to improve one's financial position.
rimpastare *vt.* **1.** to knead again **2.** (*fig.*) to rearrange.
rimpasto *sm.* **1.** kneading again **2.** (*fig.*) rearrangement **3.** (*pol.*) reshuffle.
rimpatriare *vt.* to repatriate. ♦ **rimpatriare** *vi.* to return to one's country.
rimpatrio *sm.* repatriation.
rimpetto *avv.* opposite.
rimpiàngere *vt.* **1.** to regret **2.** (*una perdita*) to mourn.
rimpianto *sm.* regret.
rimpiattarsi *vr.* to hide (*v. irr.*) oneself.
rimpiattino *sm.* hide-and-seek.
rimpiazzare *vt.* to replace.
rimpiazzo *sm.* replacement.
rimpicciolire *vt.* to lessen. ♦ **rimpicciolirsi** *vr.* to lessen.
rimpiegare *vt.* to re-employ.
rimpiego *sm.* re-employment.
rimpinguare *vt.* **1.** to fatten **2.** (*arricchire*) to enrich. ♦ **rimpinguarsi** *vr.* **1.** to fatten **2.** (*arricchirsi*) to grow (*v. irr.*) rich.
rimpinzare *vt.* to stuff (with).
rimpolpare *vt.* V. *rimpinguare.*
rimproverare *vt.* to reproach.
rimpròvero *sm.* reproach: *muovere un* —, to reproach.
rimuginare *vt.* to brood over.
rimunerare *vt.* to remunerate.
rimuòvere *vt.* **1.** to remove **2.** (*dissuadere*) to dissuade **3.** (*da una carica*) to dismiss.
rimutare *vt.* to change again.
rinascenza *sf.* Renaissance.
rinàscere *vi.* to revive.
rinascimentale *agg.* Renaissance (*attr.*).
rinascimento *sm.* Renaissance.
rinàscita *sf.* **1.** rebirth **2.** (*fig.*) revival.
rincagnarsi *vr.* to frown.
rincagnato *agg.* pug (*attr.*).
rincalzare *vt.* **1.** (*rimboccare*) to tuck in **2.** (*sostenere*) to prop up.
rincalzo *sm.* support: *a — di,* in support of.
rincantucciare *vt.* to put (*v. irr.*) in a corner. ♦ **rincantucciarsi** *vr.* to hide (*v. irr.*) in a corner.
rincarare *vt.* **1.** to raise the price of **2.** (*esagerare*) to exaggerate. ♦ **rincarare** *vi.* to become (*v. irr.*) more expensive.
rincaro *sm.* rise in prices.
rincasare *vi.* to return home.
rinchiùdere *vt.* to shut (*v. irr.*) up.
rincitrullire *vt.* to make (*v. irr.*) silly. ♦ **rincitrullirsi** *vr.* to grow (*v. irr.*) silly.
rincivilire *vt.* to civilize. ♦ **rincivilirsi** *vr.* **1.** to become (*v. irr.*) civilized **2.** (*raffinarsi*) to become refined.
rincollare *vt.* to paste again.
rincominciare *vt.* to begin (*v. irr.*) again.
rincontrare *vt.* to meet (*v. irr.*) again. ♦ **rincontrarsi** *vr.* to meet again.
rincontro *sm.* meeting.
rincoramento *sm.* encouragement.
rincorare *vt.* to encourage. ♦ **rincorarsi** *vr.* to pluck up courage.
rincòrrere *vt.* to run (*v. irr.*) after.
rincorsa *sf.* run-up.
rincréscere *vi.* **1.** to be sorry: *mi*

rincresce, I am sorry **2.** (*dar noia*) to mind: *ti rincresce aprire la finestra?*, do you mind opening the window?
rincrescimento *sm.* regret: *con mio* —, to my regret.
rincrudimento *sm.* aggravation.
rincrudire *vi.* **1.** to aggravate **2.** (*esacerbare*) to embitter **3.** (*del tempo*) to get (*v. irr.*) worse.
rinculare *vi.* to recoil.
rinculo *sm.* recoil.
rinfacciare *vt.* to throw (*v. irr.*) (sthg.) in so.'s face.
rinfiancare *vt.* to support.
rinfilare *vt.* **1.** to thread again **2.** (*rinserire*) to insert again. ♦ **rinfilarsi** *vr.* **1.** (*introdursi*) to slip again **2.** (*rindossare*) to slip on again.
rinfiorare *vt.* to adorn with flowers again.
rinfittire *vt.* **1.** to thicken **2.** (*rendere più frequenti*) to make (*v. irr.*) more frequent. ♦ **rinfittirsi** *vr.* (*di lana*) to shrink (*v. irr.*).
rinfocolare *vt.* **1.** to poke **2.** (*fig.*) to stir up (again).
rinfoderare *vt.* to sheathe (again).
rinforzamento *sm.* strengthening.
rinforzare *vt.* **1.** to strengthen **2.** (*mecc.*) to stiffen. ♦ **rinforzarsi** *vr.* to become (*v. irr.*) stronger.
rinforzo *sm.* **1.** strengthening **2.** (*mil.*) reinforcements (*pl.*) **3.** (*fig.*) support **4.** (*mecc.*) stiffener.
rinfrancare *vt.* to encourage. ♦ **rinfrancarsi** *vr.* **1.** (*migliorare*) to improve **2.** (*riprendere coraggio*) to pluck up courage.
rinfrescamento *sm.* cooling.
rinfrescante *agg.* refreshing.
rinfrescare *vt.* **1.** to cool **2.** (*ristorare*) to refresh **3.** (*rinnovare*) to renovate. ♦ **rinfrescare** *vi.* to cool.
rinfresco *sm.* **1.** refreshments (*pl.*) **2.** (*ricevimento*) cocktail party.
rinfusa (*nella loc. avv.*) *alla* —, in confusion.
ringalluzzire *vt.* to make (*v. irr.*) cocky. ♦ **ringalluzzirsi** *vr.* to become (*v. irr.*) cocky.
ringentilire *vt.* to refine.
ringhiare *vi.* to snarl.
ringhiera *sf.* **1.** railing **2.** (*di scale*) banisters (*pl.*).
ringhio *sm.* snarl.
ringhioso *agg.* snarling
ringiovanimento *sm.* rejuvenation.
ringiovanire *vt.* **1.** to make (*v. irr.*) young again **2.** (*far sembrare più giovane*) to make (so.) look younger. ♦ **ringiovanire** *vi.* **1.** to grow (*v. irr.*) young again **2.** (*sembrare più giovane*) to look younger.
ringiovanito *agg.* young again.
ringoiare *vt.* to swallow up again.
ringranare *vt.* to re-engage.
ringraziamento *sm.* thanks (*pl.*).
ringraziare *vt.* to thank.
ringuainare *vt.* V. *rinfoderare.*
rinite *sf.* rhinitis.
rinnegàbile *agg.* deniable.
rinnegamento *sm.* disowning.
rinnegare *vt.* to disown.
rinnegato *agg.* e *sm.* renegade.
rinnegatore *sm.* disowner.
rinnestare *vt.* **1.** (*agr.*) to graft again **2.** (*mecc.*) to re-engage.
rinnesto *sm.* **1.** (*agr.*) new grafting **2.** (*mecc.*) re-engagement.
rinnovàbile *agg.* renewable.
rinnovamento *sm.* renewal.
rinnovare *vt.* to renew. ♦ **rinnovarsi** *vr.* (*riaccadere*) to happen again.
rinnovatore *sm.* renewer.
rinnovazione *sf.* renewal.
rinnovellare *vt.* to renew. ♦ **rinnovellarsi** *vr.* to be renewed.
rinnovo *sm.* renewal.
rinoceronte *sm.* rhinoceros.
rinolaringite *sf.* rhinolaryngitis.
rinologìa *sf.* rhinology.
rinomanza *sf.* renown.
rinomato *agg.* renowned.
rinominare *vt.* **1.** to name again **2.** (*designare di nuovo*) to reappoint.
rinoplàstica *sf.* rhinoplasty.
rinoscopìa *sf.* rhinoscopy.
rinoscopio *sm.* rhinoscope.
rinsaccare *vt.* to pack again. ♦ **rinsaccarsi** *vr.* to shrug one's shoulders.
rinsaldamento *sm.* consolidation.
rinsaldare *vt.* to consolidate.
rinsanguare *vt.* **1.** to supply with new blood **2.** (*fig.*) to reinvigorate. ♦ **rinsanguarsi** *vr.* **1.** to recover **2.** (*finanziariamente*) to re-establish one's financial condition.
rinsanire *vi.* **1.** to recover **2.** (*rinsavire*) to return to reason.
rinsavimento *sm.* return to reason.
rinsavire *vi.* to recover one's wits.
rinsecchire *vi.* **1.** to dry up **2.** (*di persone*) to get (*v. irr.*) thin **3.**

(*avvizzire*) to wither.
rinserrare *vt.* to shut (*v. irr.*) up (again).
rintanarsi *vr.* to shut (*v. irr.*) oneself up.
rintascare *vt.* to pocket again.
rintavolare *vt.* to start again.
rintoccare *vi.* **1.** (*di orologio*) to strike (*v. irr.*) **2.** (*di campana*) to toll.
rintocco *sm.* **1.** (*di orologio*) stroke **2.** (*di campana*) toll.
rintontire *vt.* to stun. ♦ **rintontirsi** *vr.* to be stunned.
rintracciare *vt.* **1.** to trace **2.** (*trovare*) to find (*v. irr.*) out.
rintronamento *sm.* booming.
rintronare *vt.* **1.** to deafen **2.** (*stordire*) to stun. ♦ **rintronare** *vi.* to boom.
rintuzzare *vt.* **1.** to blunt **2.** (*ribattere*) to retort.
rinuncia *sf.* renouncement.
rinunciare *vi.* to renounce (sthg.).
rinunciatario *agg.* releasee.
rinvenimento *sm.* recovery.
rinvenire *vt.* to find (*v. irr.*). ♦ **rinvenire** *vi.* **1.** to recover one's senses **2.** (*riprendere freschezza*) to revive **3.** (*riprendere morbidezza*) to soften.
rinverdire *vt.* (*ravvivare*) to reawaken. ♦ **rinverdire** *vi.* **1.** to turn green again **2.** (*ravvivarsi*) to revive.
rinvestimento *sm.* reinvestment.
rinvestire *vt.* **1.** to restore to the possession of **2.** (*comm.*) to reinvest.
rinviare *vt.* **1.** to put (*v. irr.*) off **2.** (*mandare indietro*) to return.
rinvigorimento *sm.* reinvigoration.
rinvigorire *vt.* to reinvigorate. ♦ **rinvigorirsi** *vr.* to regain strength.
rinvilire *vt.* to lower. ♦ **rinvilire** *vi.* to become (*v. irr.*) cheaper.
rinvìo *sm.* **1.** postponement **2.** (*il rimandare indietro*) returning.
rinvoltare *vt.* to wrap up again.
rinzaffare *vt.* **1.** to bung again **2.** (*arch.*) to rough in.
rinzaffatura *sf.* (*arch.*) roughing-in coat.
rio[1] *sm.* rivulet.
rio[2] *agg.* evil.
rioccupare *vt.* to reoccupy.
rioccupazione *sf.* reoccupation.
rionale *agg.* local, ward (*attr.*).
rione *sm.* ward, district.
riordinare *vt.* **1.** to tidy up **2.** (*riorganizzare*) to reorganize **3.** (*comandare di nuovo*) to order again.
riordinatore *sm.* **1.** rearranger **2.** (*riorganizzatore*) reorganizer.
riordinazione *sf.* **1.** rearrangement **2.** (*riorganizzazione*) reorganization **3.** (*nuova ordinazione*) new order.
riòrdino *sm.* V. *riordinazione.*
riorganizzare *vt.* to reorganize.
riorganizzatore *sm.* reorganizer.
riorganizzazione *sf.* reorganization.
riottosità *sf.* **1.** turbulence **2.** (*indocilità*) indocility.
riottoso *agg.* **1.** turbulent **2.** (*indocile*) indocile.
ripa *sf.* **1.** bank **2.** (*scarpata*) scarp.
ripagare *vt.* **1.** to repay (*v. irr.*) **2.** (*pagare di nuovo*) to pay (*v. irr.*) again.
riparare *vt.* **1.** (*proteggere*) to shelter **2.** (*aggiustare*) to repair **3.** (*risarcire*) to redress || — *un esame,* to repeat an exam. ♦ **riparare** *vi.* **1.** (*porre rimedio*) to remedy **2.** (*rifugiarsi*) to take (*v. irr.*) shelter. ♦ **ripararsi** *vr.* to take shelter.
riparatore *agg.* repairing. ♦ **riparatore** *sm.* repairer.
riparazione *sf.* **1.** repair: *in —,* under repair **2.** (*fig.*) reparation.
riparlare *vi.* to speak (*v. irr.*) again.
riparo *sm.* **1.** shelter **2.** (*rimedio*) remedy **3.** (*mecc.*) guard.
ripartire[1] *vi.* to start again.
ripartire[2] *vt.* to divide.
ripartizione *sf.* division.
ripassare *vi.* **1.** to pass again **2.** (*far visita*) to call again. ♦ **ripassare** *vt.* **1.** (*riattraversare*) to cross again **2.** (*dare di nuovo*) to pass again **3.** (*rileggere, rivedere*) to go (*v. irr.*) through **4.** (*mecc.*) to overhaul.
ripassata *sf.* **1.** (*revisione*) revision **2.** (*mecc.*) overhauling **3.** (*pulita*) cleaning **4.** (*mano di vernice*) new coat.
ripasso *sf.* **1.** (*ritorno*) return **2.** (*revisione*) revision **3.** (*di lezioni*) review.
ripensamento *sm.* reflection: *avere un —,* to change one's mind.
ripensare *vi.* **1.** to think (*v. irr.*) (of sthg., so.) again **2.** (*riconside-

rare) to think over **3.** (*cambiar parere*) to change one's mind: *ci ho ripensato*, I have changed my mind.
ripercòrrere *vt.* to travel over (sthg.) again.
ripercuòtere *vt.* to strike (*v. irr.*) again. ♦ **ripercuòtersi** *vr.* **1.** to reverberate **2.** (*fig.*) to influence (so., sthg.).
ripercussione *sf.* repercussion.
ripescare *vt.* **1.** to catch (*v. irr.*) again **2.** (*ritrovare*) to find (*v. irr.*) again.
ripetente *s.* repeater.
ripètere *vt.* to repeat.
ripetitore *sm.* **1.** repeater **2.** (*scol.*) private tutor.
ripetizione *sf.* **1.** (*rifacimento*) repetition **2.** (*ripasso*) revision **3.** (*lezione privata*) private lesson || *arma a* —, repeater.
ripetuto *agg.* repeated.
ripiano *sm.* **1.** (*terreno*) terrace **2.** (*pianerottolo*) landing **3.** (*scaffale*) shelf (*pl.* -lves).
ripicco *sm.* spite: *per* —, out of spite.
ripidezza *sf.* steepness.
rìpido *agg.* steep.
ripiegamento *sm.* **1.** folding **2.** (*il curvare*) bending **3.** (*mil.*) withdrawal.
ripiegare *vt.* **1.** to bend (*v. irr.*) again **2.** (*piegare*) to fold. ♦ **ripiegare** *vi.* **1.** to bend **2.** (*ritirarsi*) to withdraw (*v. irr.*). ♦ **ripiegarsi** *vr.* to bend.
ripiegatura *sf.* **1.** folding **2.** (*piega*) fold **2.** (*curva*) bend.
ripiego *sm.* **1.** expedient **2.** (*rimedio*) remedy.
ripienezza *sf.* fullness.
ripieno *agg.* **1.** full **2.** (*cuc.*) stuffed (with). ♦ **ripieno** *sm.* **1.** filling **2.** (*cuc.*) stuffing.
ripigliare *vt.* V. *riprendere.*
ripiombare *vt.* to plunge back. ♦ **ripiombare** *vi.* to fall (*v. irr.*) again.
ripopolamento *sm.* **1.** repeopling **2.** (*di animali*) restocking.
ripopolare *vt.* **1.** to repeople **2.** (*di animali*) to restock.
riporre *vt.* **1.** to replace **2.** (*metter via*) to put (*v. irr.*) away **3.** (*porre*) to place. ♦ **riporsi** *vr.* (*riprendere*) to resume.
riportare *vt.* **1.** to bring (*v. irr.*) again, to take (*v. irr.*) again **2.** (*portare indietro*) to bring back, to take back **3.** (*riferire*) to report **4.** (*citare*) to quote **5.** (*ricevere*) to get (*v. irr.*) **6.** (*mat.*) to carry. ♦ **riportarsi** *vr.* (*tornare*) to go (*v. irr.*) back.
riporto *sm.* **1.** (*mat.*) carry over **2.** (*in borsa*) contango **3.** (*ornamento*) appliqué.
riposante *agg.* restful.
riposare *vt.* **1.** to rest **2.** (*posare di nuovo*) to place back. ♦ **riposare** *vi.* to rest. ♦ **riposarsi** *vr.* to rest.
riposato *agg.* **1.** (*fresco*) fresh **2.** (*tranquillo*) quiet.
riposo *sm.* rest: *andare a* —, to retire.
ripostiglio *sm.* cupboard.
riprèndere *vt.* **1.** to take (*v. irr.*) again **2.** (*riavere*) to take back **3.** (*riassumere, ricominciare*) to resume **4.** (*ricuperare*) to recover **5.** (*rimproverare*) to reprove **6.** (*teat.*) to revive **7.** (*cine*) to shoot (*v. irr.*). ♦ **riprèndersi** *vr.* **1.** to recover **2.** (*da turbamento*) to collect oneself **3.** (*correggersi*) to correct oneself.
riprensione *sf.* reprehension.
riprensivo *agg.* reprehensive.
ripresa *sf.* **1.** renewal **2.** (*teat.; rinascita*) revival **3.** (*riconquista*) recapture **4.** (*da malattia*) recovery **5.** (*cine*) shot **6.** (*auto*) acceleration **7.** (*registrazione*) recording **8.** (*di pugilato*) round **9.** (*sport*) second half.
ripresentare *vt.* to present again.
ripristinare *vt.* **1.** to restore **2.** (*rimettere in vigore*) to re-establish.
riprìstino *sm.* **1.** restoration **2.** (*il rimettere in vigore*) re-establishment.
riproducìbile *agg.* reproducible.
riprodurre *vt.* to reproduce. ♦ **riprodursi** *vr.* to reproduce.
riproduttivo *agg.* reproductive.
riproduttore *agg.* reproducing. ♦ **riproduttore** *sm.* reproducer.
riproduzione *sf.* reproduction.
ripromèttere *vt.* to promise again. ♦ **ripromèttersi** *vr.* **1.** to intend **2.** (*aspettarsi*) to expect.
riproporre *vt.* to re-propose. ♦ **riproporsi** *vr.* to re-propose.
riprova *sf.* (new) proof.
riprovare *vt.* **1.** to try again **2.** (*sentire di nuovo*) to feel (*v. irr.*)

again **3.** (*disapprovare*) to criticize **4.** (*scol.*) to fail.
riprovazione *sf.* reprobation.
riprovévole *agg.* **1.** blamable **2.** (*spregevole*) despicable.
ripubblicare *vt.* to republish.
ripudiare *vt.* to repudiate.
ripudio *sm.* repudiation.
ripugnante *agg.* repugnant.
ripugnanza *sf.* repugnance.
ripugnare *vi.* **1.** (*disgustare*) to disgust **2.** (*essere contrario*) to be repugnant.
ripulire *vt.* **1.** to clean again **2.** (*pulire*) to clean **3.** (*fig.*) to polish **4.** (*saccheggiare*) to ransack.
ripulita *sf.* clean: *darsi una* —, to tidy oneself up.
ripulsa *sf.* repulse.
ripulsione *sf.* repulsion.
ripulsivo *agg.* repulsive.
riquadrare *vt.* **1.** to square **2.** (*una stanza*) to decorate.
riquadratura *sf.* **1.** square **2.** (*decorazione*) decoration.
riquadro *sm.* **1.** square **2.** (*su parete*) panel.
risacca *sf.* surf.
risaia *sf.* rice-field.
risalire *vt.* **1.** to go (*v. irr.*) up again **2.** (*contro corrente*) to go up: — *la corrente*, to go upstream. ♦ **risalire** *vi.* **1.** to go up again **2.** (*nel tempo*) to go back.
risaltare[1] *vi.* **1.** to show (*v. irr.*) up **2.** (*di persona*) to stand (*v. irr.*) out.
risaltare[2] *vt.* to jump again.
risalto *sm.* **1.** prominence **2.** (*rilievo*) relief.
risanàbile *agg.* **1.** curable **2.** (*bonificabile*) reclaimable.
risanamento *sm.* **1.** curing **2.** (*guarigione*) recovery **3.** (*bonifica*) reclamation **4.** (*fig.*) reformation || — *di quartiere*, slum-clearance.
risanare *vt.* **1.** to cure **2.** (*bonificare*) to reclaim **3.** (*un quartiere*) to clear (a slum). ♦ **risanare** *vi.* to recover.
risanatore *agg.* healing. ♦ **risanatore** *sm.* healer.
risapere *vt.* to come (*v. irr.*) to know.
risaputo *agg.* well-known.
risarcìbile *agg.* that can be indemnified.
risarcimento *sm.* indemnity.
risarcire *vt.* to indemnify.
risata *sf.* laugh: *scoppiare in una* —, to burst (*v. irr.*) out laughing.
riscaldamento *sm.* heating.
riscaldare *vt.* **1.** to warm (up) **2.** (*di casa*) to heat **3.** (*fig.*) to excite. ♦ **riscaldarsi** *vr.* to warm up.
riscaldo *sm.* inflammation.
riscattàbile *agg.* redeemable.
riscattare *vt.* to redeem.
riscatto *sm.* **1.** ransom **2.** (*redenzione*) redemption.
rischiaramento *sm.* brightening.
rischiarare *vt.* to light (*v. irr.*) (up). ♦ **rischiararsi** *vr.* **1.** to light up **2.** (*diventare più chiaro*) to get (*v. irr.*) clearer **3.** (*di cielo*) to clear up.
rischiare *vt.* to risk. ♦ **rischiare** *vi.* to run (*v. irr.*) the risk (of).
rischio *sm.* risk.
rischioso *agg.* risky.
risciacquare *vt.* to rinse. ♦ **risciacquarsi** *vr.* to rinse.
risciacquata *sf.* rinse.
risciacquatura *sf.* **1.** rinsing **2.** (*acqua*) dish-water.
riscontare *vt.* to rediscount.
risconto *sm.* rediscount.
riscontrare *vt.* **1.** (*controllare*) to check **2.** (*trovare*) to find (*v. irr.*) **3.** (*confrontare*) to compare.
riscontro *sm.* **1.** (*controllo*) checking **2.** (*confronto*) comparison **3.** (*risposta*) reply **4.** (*corrispondenza simmetrica*) pendant.
riscoprire *vt.* to discover again.
riscossa *sf.* **1.** (*rivolta*) revolt **2.** (*riscatto*) redemption || *andare alla* —, to counterattack.
riscossione *sf.* collection.
riscotìbile *agg.* collectable.
riscotimento *sm.* collection.
riscrìvere *vt.* **1.** to rewrite (*v. irr.*) **2.** (*in risposta*) to write (*v. irr.*) back.
riscuòtere *vt.* **1.** (*denaro*) to collect **2.** (*conseguire*) to win (*v. irr.*) **3.** (*scuotere*) to shake (*v. irr.*). ♦ **riscuòtersi** *vr.* (*trasalire*) to start.
riseccare *vt.* to dry up. ♦ **riseccarsi** *vr.* to dry up.
risedersi *vr.* to sit (*v. irr.*) down again.
risega *sf.* **1.** (*arch.*) offset **2.** (*della pelle*) fold.
riseminare *vt.* to sow (*v. irr.*) again.
risentimento *sm.* resentment: *con* —, resentfully.

risentire *vt.* **1.** (*sentire di nuovo*) to feel (*v. irr.*) again **2.** (*riudire*) to hear (*v. irr.*) again **3.** (*sentire*) to feel || — *di qc.*, to show (*v. irr.*) traces of sthg.; (*di persona*) to feel the effect of sthg. ♦ **risentirsi** *vr.* to take (*v. irr.*) offence (at).
risentito *agg.* (*sdegnato*) resentful.
riserbare *vt.* V. *riservare.*
riserbo *sm.* **1.** reserve **2.** (*discrezione*) discretion.
riserva *sf.* **1.** reserve **2.** (*di caccia, pesca*) preserve.
riservare *vt.* to reserve. ♦ **riservarsi** *vr.* (*ripromettersi*) to intend: — *la diagnosi*, to refuse to formulate a definite diagnosis.
riservatezza *sf.* reservedness.
riservato *agg.* **1.** reserved **2.** (*segreto*) private.
risìbile *agg.* laughable.
risicoltore *sm.* rice-grower.
risicoltura *sf.* rice-growing.
risièdere *vi.* to reside.
risma *sf.* **1.** ream **2.** (*fig.*) kind.
riso[1] *sm.* (*bot.*) rice.
riso[2] *sm.* laugh.
risolare *vt.* to resole.
risolatura *sf.* resoling.
risollevare *vt.* **1.** to raise again **2.** (*confortare*) to cheer up. ♦ **risollevarsi** *vr.* **1.** to rise again **2.** (*confortarsi*) to cheer up.
risolutezza *sf.* resolution.
risolutivo *agg.* resolutive.
risoluto *agg.* resolute.
risoluzione *sf.* **1.** resolution **2.** (*giur.*) cancellation.
risòlvere *vt.* **1.** to resolve **2.** (*rescindere*) to rescind. ♦ **risòlversi** *vr.* **1.** (*decidersi*) to make (*v. irr.*) up one's mind **2.** (*mutarsi*) to turn (into) **3.** (*di malattia*) to clear up.
risolvìbile *agg.* **1.** resolvable **2.** (*rescindibile*) rescindable.
risonante *agg.* resonant.
risonanza *sf.* resonance.
risonare *vt.* **1.** to play again **2.** (*un campanello*) to ring (*v. irr.*) again. ♦ **risonare** *vi.* to resound.
risòrgere *vi.* **1.** to rise (*v. irr.*) again **2.** (*rifiorire*) to revive || *far* —, to revive.
risorgimento *sm.* revival.
risorsa *sf.* resource.
risparmiare *vt.* **1.** to save **2.** (*evitare, salvare*) to spare.
risparmiatore *agg.* thrifty. ♦ **risparmiatore** *sm.* saver.
risparmio *sm.* saving: *senza* —, lavishly.
rispecchiare *vt.* to reflect. ♦ **rispecchiarsi** *vr.* to be reflected.
rispedire *vt.* **1.** to send (*v. irr.*) again **2.** (*spedire indietro*) to send back.
rispettàbile *agg.* respectable.
rispettabilità *sf.* respectability.
rispettare *vt.* **1.** to respect **2.** (*onorare*) to honour.
rispettivo *agg.* respective.
rispetto *sm.* respect: — *a*, as regards; *a* — *di*, in comparison to; *mancare di* — *a*, to be disrespectful to.
rispettoso *agg.* respectful.
risplendente *agg.* shining.
risplèndere *vi.* to shine (*v. irr.*).
rispolverare *vt.* **1.** to dust again **2.** (*fig.*) to brush up.
rispondente *agg.* answering (to).
rispondenza *sf.* correspondence.
rispòndere *vt.* e *vi.* **1.** to answer (so., sthg.) **2.** (*obbedire*) to respond || — *di qu., qc.*, to answer for so., sthg.
risposare *vt.* V. *rimaritare.*
risposta *sf.* answer, reply.
rispuntare *vi.* **1.** to reappear **2.** (*risorgere*) to rise (*v. irr.*) again **3.** (*di germogli*) to sprout again.
rissa *sf.* brawl.
rissare *vi.* to brawl.
rissoso *agg.* quarrelsome.
ristabilimento *sm.* **1.** restoration **2.** (*di salute*) recovery.
ristabilire *vt.* to restore. ♦ **ristabilirsi** *vr.* **1.** to settle again **2.** (*rimettersi*) to recover.
ristagnamento *sm.* **1.** stagnation **2.** (*di sangue*) staunching.
ristagnare *vi.* to stagnate. ♦ **ristagnare** *vt.* to staunch.
ristagno *sm.* (*econ.*) slackness.
ristampa *sf.* reprint: *essere in* —, to be reprinting.
ristampare *vt.* to reprint.
ristare *vi.* **1.** (*cessare*) to stop **2.** (*rimanere*) to remain.
ristoràbile *agg.* restorable.
ristorante *sm.* restaurant.
ristorare *vt.* to refresh, to restore (*anche fig.*).
ristoratore *agg.* refreshing. ♦ **ristoratore** *sm.* restorer.
ristoro *sm.* **1.** relief **2.** (*cibo, be-*

vanda) refreshment || *luogo di* —, refreshment-room.
ristrettezza *sf.* **1.** narrowness **2.** (*insufficienza*) lack || — *di idee*, narrow-mindedness.
ristretto *agg.* **1.** narrow **2.** (*condensato*) condensed.
ristrìngere *vt.* **1.** to tighten again **2.** (*premere di nuovo*) to press again || — *la mano a qu.*, to shake (*v. irr.*) hands with so. again.
ristuccare *vt.* **1.** (*edil.*) to replaster **2.** (*nauseare*) to surfeit.
ristuccatura *sf.* (*edil.*) replastering.
ristudiare *vt.* to study again.
risucchiare *vt.* to suck (again).
risucchio *sm.* whirlpool.
risultante *agg.* e *sf.* resultant.
risultanza *sf.* result.
risultare *vi.* **1.** to result **2.** (*venire a sapere*) to turn out || *mi risulta*, I know.
risultato *sm.* result.
risurrezione *sf.* resurrection.
risuscitamento *sm.* resuscitation.
risuscitare *vt.* e *vi.* to resuscitate.
risvegliare *vt.* to wake (*v. irr.*) (up). ♦ **risvegliarsi** *vr.* to wake up.
risveglio *sm.* **1.** awakening **2.** (*fig.*) revival.
risvoltare *vt.* to turn up.
risvolto *sm.* **1.** (*di giacca*) lapel **2.** (*di calzoni*) turn-up.
ritagliare *vt.* **1.** to cut (*v. irr.*) out **2.** (*tagliare di nuovo*) to cut again.
ritaglio *sm.* **1.** (*di stoffa*) remnant **2.** (*di giornale*) clipping || *ritagli di tempo*, odd moments.
ritardare *vt.* to delay. ♦ **ritardare** *vi.* **1.** to be late **2.** (*di orologio*) to be slow.
ritardatario *sm.* late-comer.
ritardo *sm.* delay: *in* —, late.
ritegno *sm.* **1.** reserve **2.** (*freno*) restraint **3.** (*riluttanza*) reluctance.
ritemprare *vt.* **1.** to strengthen **2.** (*metalli*) to harden again. ♦ **ritemprarsi** *vr.* to get (*v. irr.*) stronger.
ritenere *vt.* **1.** to hold (*v. irr.*) **2.** (*giudicare*) to consider **3.** (*pensare*) to think (*v. irr.*).
ritentare *vt.* **1.** to tempt again **2.** (*riprovare*) to try again.
ritenuta *sf.* deduction.
ritenzione *sf.* retention.
ritìngere *vt.* to dye again.
ritirare *vt.* **1.** to withdraw (*v. irr.*) **2.** (*farsi consegnare*) to collect. ♦ **ritirarsi** *vr.* **1.** to retire **2.** (*di stoffa*) to shrink (*v. irr.*).
ritirata *sf.* **1.** retreat **2.** (*latrina*) lavatory.
ritiro *sm.* **1.** withdrawal **2.** (*il ritirarsi*) retirement **3.** (*luogo appartato*) retreat **4.** (*il farsi consegnare*) collection.
ritmare *vt.* to mark.
rìtmica *sf.* rhythmic(s).
rìtmico *agg.* rhythmic(al).
ritmo *sm.* rhythm.
rito *sm.* rite: *essere di* —, to be customary.
ritoccare *vt.* to retouch.
ritoccatore *sm.* retoucher.
ritocco *sm.* retouch.
ritògliere *vt.* **1.** to take (*v. irr.*) off again **2.** (*riappropriarsi*) to take back. ♦ **ritògliersi** *vr.* to take off again.
ritòrcere *vt.* **1.** to twist again **2.** (*torcere*) to twist **3.** (*rivolgere*) to retort. ♦ **ritòrcersi** *vr.* **1.** to get (*v. irr.*) twisted **2.** (*fig.*) to recoil (on, upon).
ritorcitura *sf.* twisting.
ritornare *vi.* to return.
ritornello *sm.* refrain.
ritorno *sm.* return: — *di fiamma*, backfire; *essere di* —, to be back.
ritorsione *sf.* retortion.
ritorto *agg.* twisted.
ritrarre *vt.* **1.** to withdraw (*v. irr.*) **2.** (*distogliere*) to turn away **3.** (*rappresentare*) to represent **4.** (*dedurre*) to understand (*v. irr.*). ♦ **ritrarsi** *vr.* to withdraw.
ritrattare *vt.* **1.** to retract **2.** (*trattare di nuovo*) to treat again.
ritrattazione *sf.* **1.** retraction **2.** (*nuova trattazione*) new treatment.
ritrattista *s.* portraitist.
ritrattìstica *sf.* portraiture.
ritratto *sm.* portrait.
ritrazione *sf.* retraction.
ritrito *agg.* stale.
ritrosìa *sf.* **1.** (*riluttanza*) reluctance **2.** (*timidezza*) shyness.
ritroso *agg.* **1.** (*riluttante*) reluctant **2.** (*timido*) shy || *a* —, backwards.
ritrovamento *sm.* finding.
ritrovare *vt.* **1.** to find (*v. irr.*) again **2.** (*ricuperare*) to recover **3.** (*scoprire*) to discover. ♦ **ritrovarsi** *vr.* **1.** to find oneself **2.** (*rincontrarsi*) to meet (*v. irr.*) again.

ritrovato *sm.* **1.** invention **2.** (*scoperta*) discovery.
ritrovo *sm.* meeting-place, haunt.
ritto *agg.* upright.
rituale *agg.* e *sm.* ritual.
rituffare *vt.* to plunge again. ♦ **rituffarsi** *vr.* to plunge again.
riudire *vt.* to hear (*v. irr.*) again.
riunione *sf.* meeting.
riunire *vt.* **1.** to re-unite **2.** (*raccogliere*) to gather **3.** (*unire*) to join. ♦ **riunirsi** *vr.* **1.** to come (*v. irr.*) together again **2.** (*unirsi*) to unite **3.** (*incontrarsi*) to meet (*v. irr.*).
riuscire *vi.* **1.** to succeed (in), to be good (at) **2.** (*risultare*) to be **3.** (*uscire di nuovo*) to go (*v. irr.*) out again.
riuscita *sf.* **1.** issue **2.** (*successo*) success.
riutilizzare *vt.* to utilize again.
riva *sf.* **1.** (*di mare, lago*) shore **2.** (*di fiume*) bank.
rivale *agg.* e *sm.* rival.
rivaleggiare *vi.* to rival (so., sthg.).
rivalersi *vr.* **1.** to make (*v. irr.*) up for one's losses **2.** (*valersi di nuovo*) to make use again.
rivalicare *vt.* to recross.
rivalità *sf.* rivalry.
rivalsa *sf.* **1.** (*rivincita*) revenge **2.** (*risarcimento*) compensation **3.** (*comm.*) recourse.
rivalutare *vt.* **1.** to revalue **2.** (*elevare*) to raise.
rivalutazione *sf.* **1.** revaluation **2.** (*aumento*) rise.
rivangare *vt.* e *vi.* to dig (*v. irr.*) up again.
rivedere *vt.* **1.** to see (*v. irr.*) again **2.** (*revisionare*) to revise.
riveduta *sf.* look, revision.
rivelare *vt.* to reveal. ♦ **rivelarsi** *vr.* **1.** to reveal oneself **2.** (*dimostrarsi*) to prove.
rivelatore *agg.* revealing. ♦ **rivelatore** *sm.* **1.** revealer **2.** (*radio*) detector.
rivelazione *sf.* **1.** revelation **2.** (*fis.; radio*) detection.
rivéndere *vt.* **1.** to resell (*v. irr.*) **2.** (*al dettaglio*) to retail.
rivendicare *vt.* **1.** to claim **2.** (*vendicare*) to revenge.
rivendicatore *agg.* **1.** claiming **2.** (*vendicatore*) revenging. ♦ **rivendicatore** *sm.* **1.** claimant **2.** (*vendicatore*) revenger.
rivendicazione *sf.* claim.
rivéndita *sf.* **1.** resale **2.** (*spaccio*) shop.
rivenditore *sm.* retailer.
rivendùgliolo *sm.* V. *rigattiere.*
riverberare *vt.* to reverberate. ♦ **riverberarsi** *vr.* to reverberate.
rivèrbero *sm.* reverberation: *di —*, indirectly.
riverente *agg.* reverent.
riverenza *sf.* **1.** reverence **2.** (*inchino*) bow.
riverenziale *agg.* reverential.
riverire *vt.* **1.** to revere **2.** (*salutare*) to pay (*v. irr.*) one's respects (to).
riversare *vt.* **1.** to pour again **2.** (*versare*) to pour **3.** (*di fiume*) to flow. ♦ **riversarsi** *vr.* to flow.
riverso *avv.* on one's back.
rivestimento *sm.* **1.** covering **2.** (*interno*) lining.
rivestire *vt.* **1.** to dress again **2.** (*foderare*) to line (with sthg.) **3.** (*coprire*) to cover (with sthg.) **4.** (*fig.*) to hold (*v. irr.*).
riviera *sf.* coast || *la Riviera*, the Riviera.
rivierasco *agg.* coast (*attr.*).
rivìncere *vt.* **1.** to win (*v. irr.*) again **2.** (*recuperare*) to win back.
rivìncita *sf.* **1.** (*vendetta*) revenge **2.** (*sport*) return match **3.** (*al gioco*) return game.
rivista *sf.* **1.** review **2.** (*teat.*) revue **3.** (*mil.*) parade || *passare in —*, to review.
rivìvere *vi.* e *vt.* to live again.
rivo *sm.* stream.
rivolere *vt.* **1.** to want again **2.** (*volere indietro*) to want back.
rivòlgere *vt.* **1.** to turn **2.** (*indirizzare*) to address. ♦ **rivòlgersi** *vr.* **1.** to turn **2.** (*parlando*) to address (so.) **3.** (*ricorrere, riferirsi*) to apply (to).
rivolgimento *sm.* **1.** upheaval **2.** (*cambio*) change.
rìvolo *sm.* streamlet.
rivolta *sf.* revolt.
rivoltante *agg.* revolting.
rivoltare *vt.* **1.** to turn (over) again **2.** (*rovesciare*) to turn **3.** (*capovolgere*) to turn upside-down **4.** (*con l'interno all'esterno*) to turn inside out **5.** (*fig.*) to upset (*v. irr.*). ♦ **rivoltarsi** *vr.* **1.** to turn round **2.** (*rigirarsi*) to turn over **3.** (*ribellarsi*) to revolt **4.** (*fig.*) to turn.
rivoltella *sf.* revolver.

rivoltoso *agg.* e *sm.* rebel.
rivoluzionare *vt.* to revolutionize.
rivoluzionario *agg.* e *sm.* revolutionary.
rivoluzione *sf.* revolution.
rizoma *sm.* rhizome.
rizzare *vt.* to raise: — *le orecchie*, to prick one's ears. ♦ **rizzarsi** *vr.* **1.** to stand (*v. irr.*) up **2.** (*di capelli*) to stand on end.
roba *sf.* stuff, things (*pl.*).
robaccia *sf.* rubbish.
robinia *sf.* locust-tree.
robustezza *sf.* robustness.
robusto *agg.* robust.
rocambolesco *agg.* daring.
rocca[1] *sf.* **1.** stronghold **2.** (*roccia*) rock.
rocca[2] *sf.* (*conocchia*) distaff.
roccaforte *sf.* stronghold.
rocchetto *sm.* **1.** spool **2.** (*elettr.*) coil.
rocchio *sm.* **1.** (*di tronco*) log **2.** (*di colonna*) drum.
roccia *sf.* rock.
rocciatore *sm.* rock-climber.
roccioso *agg.* rocky.
roco *agg.* hoarse.
rodaggio *sm.* (*auto*) running in.
rodare *vt.* to run (*v. irr.*) in.
ròdere *vt.* **1.** to gnaw **2.** (*corrodere*) to corrode. ♦ **ròdersi** *vr.* **1.** to worry **2.** (*di rabbia ecc.*) to be consumed (with).
rodimento *sm.* **1.** gnawing **2.** (*fig.*) anxiety.
roditore *agg.* e *sm.* rodent.
rododendro *sm.* rhododendron.
rogare *vt.* to draw (*v. irr.*) up.
rogatoria *sf.* request.
rogazioni *sf. pl.* rogations.
roggia *sf.* irrigation ditch.
rògito *sm.* deed.
rogna *sf.* **1.** scabies **2.** (*fig.*) trouble.
rognone *sm.* kidney.
rognoso *agg.* scabby.
rogo *sm.* **1.** fire **2.** (*pira*) pyre **3.** (*supplizio*) stake.
rollare *vi.* to roll.
rollìo *sm.* roll.
romancio *agg.* Romansh.
romànico *agg.* **1.** (*arch.*) Romanesque **2.** Romanic.
romano *agg.* e *sm.* Roman.
romanticherìa *sf.* **1.** (*atteggiamento*) romantic attitude **2.** (*azione*) romantic deed.
romanticismo *sm.* Romanticism.
romàntico *agg.* e *sm.* romantic.
romanza *sf.* romance.
romanzare *vt.* to romanticize.
romanzesco *agg.* romantic.
romanziere *sm.* novelist.
romanzo[1] *agg.* Romance.
romanzo[2] *sm.* **1.** novel **2.** (*storia incredibile*) romance || — *a puntate*, serial; — *a fumetti*, comics.
romba *sf.* roar.
rombare *vi.* to rumble.
ròmbico *agg.* rhombic(al).
rombo[1] *sm.* (*rumore*) rumble.
rombo[2] *sm.* (*geom.*) rhomb.
rombo[3] *sm.* (*itt.*) brill.
romboèdrico *agg.* rhombohedral.
romboedro *sm.* rhombohedron (*pl.* -ra).
romboidale *agg.* rhomboid(al).
rombòide *agg.* e *sm.* rhomboid.
romeno *agg.* e *sm.* Rumanian.
romeo *sm.* pilgrim.
romitaggio *sm.* hermitage.
romito *agg.* solitary. ♦ **romito** *sm.* hermit.
romitorio *sm.* hermitage.
rómpere *vt.* to break (*v. irr.*): — *i ponti con qu.*, to break with so. ♦ **rómpersi** *vr.* to break (up).
rompicapo *sm.* puzzle.
rompicollo *sm.* madcap: *a* —, headlong.
rompighiaccio *sm.* ice-breaker.
rompiscàtole *s.* nuisance.
rompitore *sm.* breaker.
ronca *sf.* pruning-knife (*pl.* -ives).
ronciglio *sm.* hook.
róncola *sf.* pruning-hook.
ronda *sf.* **1.** rounds (*pl.*) **2.** (*pattuglia*) patrol.
rondella *sf.* washer.
róndine *sf.* swallow: *a coda di* —, swallow-tailed.
rondinotto *sm.* young swallow.
rondò *sm.* **1.** (*mus.*) rondo **2.** (*poet.*) rondel **3.** (*piazza circolare*) circus.
rondone *sm.* swift.
ronfare *vi.* to snore.
ronzare *vi.* **1.** to buzz **2.** (*fig.*) to hang (*v. irr.*) around.
ronzino *sm.* jade.
ronzìo *sm.* buzz.
ròrido *agg.* **1.** (*bagnato*) wet **2.** (*rugiadoso*) dewy.
rosa *sf.* rose || *all'acqua di rose* (*fig.*), moderate. ♦ **rosa** *agg.* e *sm.* pink.
rosàceo *agg.* rosy.
rosaio *sm.* rose-bush.
rosario *sm.* rosary.

rosato *agg.* rosy.
ròseo *agg.* rosy.
rosèola *sf.* roseola.
roseto *sm.* rose-garden.
rosetta *sf.* **1.** rosette **2.** (*diamante*) rose **3.** (*mecc.*) washer.
rosicchiare *vt.* to gnaw.
rosmarino *sm.* rosemary.
rosolare *vt.* to brown. ♦ **rosolarsi** *vr.* **1.** to get (*v. irr.*) brown **2.** (*prendere il sole*) to bask.
rosolìa *sf.* German measles (*pl.*).
rosolio *sm.* rosolio.
rosone *sm.* rose-window.
rospo *sm.* toad.
rossastro *agg.* reddish.
rosseggiare *vi.* to be reddish.
rossetto *sm.* **1.** (*per labbra*) lipstick **2.** (*per guance*) rouge.
rossiccio *agg.* ruddy.
rosso *agg.* e *sm.* red: **—** ***d'uovo,*** yolk; *diventar* —, to flush.
rossore *sm.* flush.
rosticcerìa *sf.* rotisserie.
rosticciere *sm.* owner of a rotisserie.
rostro *sm.* **1.** rostrum (*pl.* -ra) **2.** (*becco*) beak.
rotàbile *agg.* carriage (*attr.*).
rotaia *sf.* **1.** rail **2.** (*solco*) rut.
rotare *vi.* e *vt.* to rotate, to revolve.
rotativa *sf.* rotary press.
rotativo *agg.* rotary.
rotatorio *agg.* rotating.
rotazione *sf.* rotation.
roteare *vt.* **1.** to swing (*v. irr.*) **2.** (*gli occhi*) to roll. ♦ **roteare** *vi.* to wheel.
rotella *sf.* small wheel.
rotocalco *sm.* **1.** rotogravure **2.** (*rivista*) illustrated magazine.
rotolamento *sm.* rolling.
rotolare *vt.* e *vi.* to roll. ♦ **rotolarsi** *vr.* to roll.
ròtolo *sm.* roll || *andare a rotoli,* to go (*v. irr.*) to rack and ruin; *mandare a rotoli,* to ruin.
rotolone *sm.* V. *ruzzolone.*
rotonda *sf.* rotunda.
rotondità *sf.* roundness.
rotondo *agg.* **1.** round **2.** (*grassoccio*) plump.
rotore *sm.* rotor.
rotta *sf.* **1.** course **2.** (*rottura*) breach **3.** (*sconfitta*) rout || *a — di collo,* headlong; *essere in — con,* to be on bad terms with; *mettere in* —, to rout.
rottame *sm.* **1.** wreck **2.** (*di scarto*) scraps (*pl.*).
rotto *agg.* **1.** broken **2.** (*stracciato*) torn **3.** (*avvezzo*) accustomed.
rottura *sf.* break(ing).
ròtula *sf.* knee-cap.
rovente *agg.* red-hot.
ròvere *sm.* oak.
rovesciamento *sm.* **1.** overthrowing **2.** (*cambiamento*) reversal.
rovesciare *vt.* **1.** to overturn **2.** (*capovolgere*) to turn upside down **3.** (*gettare*) to throw (*v. irr.*) **4.** (*rivoltare*) to turn inside out **5.** (*versare intenzionalmente*) to pour **6.** (*versare accidentalmente*) to spill **7.** (*abbattere*) to overthrow (*v. irr.*). ♦ **rovesciarsi** *vr.* **1.** to overturn **2.** (*riversarsi*) to pour.
rovescio *sm.* **1.** reverse **2.** (*opposto*) opposite **3.** (*di pioggia*) heavy shower **4.** (*di critiche ecc.*) hail || *a* — (*capovolto*), upside down.
roveto *sm.* bramble-bush.
rovina *sf.* ruin.
rovinare *vt.* **1.** to ruin **2.** (*sciupare*) to spoil (*v. irr.*). ♦ **rovinare** *vi.* to crash.
rovinìo *sm.* **1.** downfall **2.** (*rumore*) crash.
rovinoso *agg.* ruinous.
rovistare *vt.* e *vi.* to rummage.
rovo *sm.* blackberry bush.
rozza *sf.* jade.
rozzezza *sf.* roughness.
rozzo *agg.* rough.
ruba *sf. andare a* —, to sell (*v. irr.*) like wildfire.
rubacchiare *vt.* to pilfer.
rubacuori *agg.* bewitching. ♦ **rubacuori** *sm.* lady-killer.
rubare *vt.* to steal (*v. irr.*).
ruberìa *sf.* theft.
rubicondo *agg.* ruddy.
rubinetterìa *sf.* plumbing fixtures (*pl.*).
rubinetto *sm.* tap.
rubino *sm.* ruby.
rubizzo *agg.* hale.
rublo *sm.* rouble.
rubrica *sf.* **1.** (*di giornale*) column **2.** (*per indirizzi*) addressbook.
rude *agg.* rough.
rùdere *sm.* ruin.
rudezza *sf.* roughness.
rudimentale *agg.* rudimentary.
rudimento *sm.* rudiment.
ruffiano *sm.* pander.
ruga *sf.* wrinkle.
ruggente *agg.* roaring.

rùggine *sf.* **1.** rust **2.** (*fig.*) grudge.
rugginoso *agg.* rusty.
ruggire *vi.* to roar.
ruggito *sm.* roar.
rugiada *sf.* dew: *goccia di* —, dew-drop.
rugiadoso *agg.* dewy.
rugosità *sf.* **1.** wrinkledness **2.** (*scabrosità*) ruggedness.
rugoso *agg.* **1.** wrinkled **2.** (*scabro*) rugged.
rullaggio *sm. pista di* —, taxi-track.
rullare *vi.* **1.** to roll **2.** (*di aereo*) to taxi.
rullino *sm.* roll.
rullìo *sm.* roll.
rullo *sm.* **1.** roll **2.** (*mecc.*) roller.
rum *sm.* rum.
ruminante *agg.* e *sm.* ruminant.
ruminare *vt.* to ruminate.
ruminazione *sf.* rumination.
rùmine *sm.* rumen.
rumore *sm.* **1.** noise **2.** (*diceria*) rumour || *far* — (*fig.*), to arouse great interest.
rumoreggiare *vi.* **1.** to rumble **2.** (*fig.*) to rumour.
rumorìo *sm.* noise.
rumorista *sm.* noise-maker.
rumoroso *agg.* noisy.
ruolino *sm.* (*di marcia*) time schedule.
ruolo *sm.* **1.** roll, list **2.** (*teat.*) role **3.** (*amm.*) roster.
ruota *sf.* wheel.
rupe *sf.* cliff.
rupestre *agg.* rocky.
rurale *agg.* rural || *i rurali*, country people.
ruscello *sm.* brook.
ruspa *sf.* scraper.
ruspare *vi.* (*razzolare*) to scratch about.
russare *vi.* to snore.
russo *agg.* e *sm.* Russian.
rusticità *sf.* rusticity.
rùstico *agg.* **1.** rustic **2.** (*ritroso*) unsociable.
ruta *sf.* rue.
rutilante *agg.* glowing.
ruttare *vi.* to belch.
rutto *sm.* belch.
rùvido *agg.* rough.
ruzzare *vi.* to romp.
ruzzolare *vt.* to roll. ♦ **ruzzolare** *vi.* **1.** to roll **2.** (*cadere*) to tumble down.
ruzzolone *sm.* tumble: *fare un* —, to tumble down.

S

sàbato *sm.* Saturday.
sabba *sm.* witches' Sabbath.
sabbia *sf.* sand.
sabbiare *vt.* to sand.
sabbiatura *sf.* sand-bath.
sabbioso *agg.* sandy.
sabotaggio *sm.* sabotage.
sabotare *vt.* to sabotage.
sabotatore *sm.* saboteur.
sacca *sf.* bag.
saccarina *sf.* saccharine.
saccarosio *sm.* saccharose.
saccente *agg.* pedantic. ♦ **saccente** *s.* pedant.
saccheggiare *vt.* to sack.
saccheggio *sm.* sack.
sacchetto *sm.* small bag.
sacco *sm.* **1.** sack, bag || *colazione al* —, picnic; *mettere qu. nel* —, to take (*v. irr.*) so. in **2.** (*grande quantità*) a lot of.
saccoccia *sf.* pocket.
saccone *sm.* palliasse.
sacerdotale *agg.* sacerdotal.
sacerdote *sm.* priest.
sacerdozio *sm.* priesthood.
sacrale *agg.* sacral.
sacramentale *agg.* sacramental.
sacramentare *vi.* (*fig.*) to swear (*v. irr.*).
sacramento *sm.* sacrament.
sacrario *sm.* shrine.
sacrificare *vt.* to sacrifice.
sacrificio *sm.* sacrifice.
sacrilegio *sm.* sacrilege.
sacrìlego *agg.* sacrilegious.
sacrista *sm.* sacristan.
sacro *agg.* sacred, holy.
sacrosanto *agg.* **1.** sacrosanct **2.** (*indiscutibile*) absolute.
sàdico *agg.* sadistic. ♦ **sàdico** *sm.* sadist.
sadismo *sm.* sadism.
saetta *sf.* **1.** arrow **2.** (*fulmine*) thunderbolt.
saettare *vt.* **1.** to shoot (*v. irr.*) arrows at **2.** (*fig.*) to dart. ♦ **saettare** *vi.* to dart.
sàffico *agg.* Sapphic.
sagace *agg.* sagacious.
sagacia *sf.* sagacity.
saggezza *sf.* wisdom.
saggiare *vt.* to assay, to test.
saggiatore *sm.* **1.** assayer **2.** (*bilancia*) assay balance.
saggina *sf.* sorghum.

saggio[1] *agg.* wise. ♦ **saggio** *sm.* wise man (*pl.* men).
saggio[2] *sm.* **1.** essay **2.** (*campione*) sample **3.** (*saggio ginnico*) display.
saggista *s.* essayist.
sagittario *sm.* **1.** archer **2.** (*astr.*) Sagittarius.
sàgoma *sf.* shape || *è una —!* (*fam.*), he is a character!
sagomare *vt.* to shape.
sagra *sf.* festival.
sagrato *sm.* church-square.
sagrestano *sm.* sacristan.
sagrestìa *sf.* sacristy.
saia *sf.* serge.
saio *sm.* habit.
sala *sf.* hall, room: — *da pranzo*, dining-room.
salace *agg.* salacious.
salacità *sf.* salacity.
salamandra *sf.* salamander.
salame *sm.* salami (*pl.*).
salamelecco *sm.* salaam.
salamoia *sf.* pickle.
salare *vt.* to salt.
salariale *agg.* salary (*attr.*).
salariato *agg.* wage-earning. ♦ **salariato** *sm.* wage-earner.
salario *sm.* wages (*pl.*).
salassare *vt.* to bleed (*v. irr.*).
salasso *sm.* **1.** bleeding **2.** (*fig.*) extortion.
salato *agg.* **1.** salty **2.** (*costoso*) dear **3.** (*salace*) keen.
salatura *sf.* salting.
salda *sf.* starch-water.
saldamente *avv.* firmly.
saldare *vt.* **1.** to solder, to weld **2.** (*un conto*) to settle.
saldatore *sm.* solderer, welder.
saldatrice *sf.* welding machine.
saldatura *sf.* soldering, welding.
saldezza *sf.* firmness.
saldo[1] *agg.* firm.
saldo[2] *sm.* balance: — *attivo, passivo*, credit, debit balance.
sale *sm.* salt.
salesiano *agg.* e *sm.* Salesian.
salgemma *sm.* rock-salt.
sàlice *sm.* willow.
salicilato *sm.* salicylate.
saliente *agg.* important.
saliera *sf.* salt-cellar.
salina *sf.* salt-pit.
salino *agg.* saline, salt (*attr.*).
salire *vi.* **1.** to rise (*v. irr.*), to go (*v. irr.*) up **2.** (*di prezzi*) to increase.
saliscendi *sm.* **1.** latch **2.** (*alternarsi di salite e discese*) ups and downs (*pl.*).
salita *sf.* **1.** slope, ascent **2.** (*aumento*) rise.
saliva *sf.* saliva, spittle.
salivare *agg.* salivary.
salivare *vi.* to salivate.
salivazione *sf.* salivation.
salma *sf.* corpse.
salmastro *agg.* saltish.
salmo *sm.* psalm.
salmodìa *sf.* psalmody.
salmodiare *vi.* to sing (*v. irr.*) psalms.
salmone *sm.* salmon.
salnitro *sm.* saltpetre.
salone *sm.* large hall, reception-room.
salottiero *agg.* drawing-room (*attr.*).
salotto *sm.* sitting-room.
salpare *vi.* to set (*v. irr.*) sails.
salsa *sf.* sauce.
salsèdine *sf.* saltness.
salsiccia *sf.* sausage.
salsiera *sf.* sauce-boat.
salso *agg.* salt (*attr.*).
saltare *vt.* e *vi.* to jump, to leap (*v. irr.*): — *di palo in frasca*, to jump from one subject to another; *far — una serratura*, to break (*v. irr.*) a lock.
saltatore *agg.* jumping. ♦ **saltatore** *sm.* jumper.
saltellare *vi.* to hop.
saltimbanco *sm.* tumbler.
salto *sm.* jump, leap.
saltuario *agg.* desultory.
salubre *agg.* healthy.
salubrità *sf.* healthiness.
salume *sm.* salted meat.
salumiere *sm.* delicatessen seller.
salumerìa *sf.* delicatessen.
salutare[1] *agg.* healthy.
salutare[2] *vt.* to greet, to hail.
salute *sf.* health.
saluto *sm.* greeting, salute.
salva *sf.* volley (*anche fig.*): *colpo a —*, blank shot.
salvacondotto *sm.* safe-conduct.
salvadanaio *sm.* money-box.
salvagente *sm.* **1.** life-belt **2.** (*marciapiede*) traffic island.
salvaguardare *vt.* to safeguard.
salvaguardia *sf.* safeguard.
salvare *vt.* **1.** to save (*anche fig.*) **2.** (*trarre in salvo*) to rescue. ♦ **salvarsi** *vr.* to save oneself.
salvataggio *sm.* rescue.
salvatore *sm.* saviour, saver.

salve *inter.* hail.
salvezza *sf.* salvation.
salvia *sf.* sage.
salvietta *sf.* towel.
salvo *agg.* safe. ♦ **salvo** *prep.* except, save. ♦ **salvo che** *cong.* except that, unless.
sanàbile *agg.* curable, remediable.
sanare *vt.* to heal.
sanatorio *sm.* sanatorium (*pl.* -ia).
sancire *vt.* to sanction.
sanculotto *sm.* sansculotte.
sàndalo[1] *sm.* (*calzatura*) sandal.
sàndalo[2] *sm.* (*mar.*) punt.
sandolino *sm.* small canoe.
sangue *sm.* blood: *spargimento di* —, bloodshed; *perdita di* —, bleeding; — *freddo*, coolness; *a* — *freddo*, in cold blood; *farsi cattivo* —, to worry over; *buon* — *non mente*, blood will tell.
sanguigno *agg.* sanguineous, blood (*attr.*).
sanguinaccio *sm.* blood-sausage.
sanguinante *agg.* bleeding.
sanguinare *vi.* to bleed (*v. irr.*).
sanguinario *agg.* e *sm.* sanguinary: *uomo* —, bloodthirsty man.
sanguinoso *agg.* bloody.
sanguisuga *sf.* leech.
sanità *sf.* soundness, sanity.
sanitario *agg.* sanitary.
sano *agg.* **1.** healthy **2.** (*fig.*) sound **3.** (*intero, intatto*) intact.
sansa *sf.* husk.
sànscrito *sm.* Sanskrit.
santarellina *sf.* goody-goody.
santificante *agg.* sanctifying.
santificare *vt.* to canonize: — *le feste*, to observe holy days.
santificazione *sf.* sanctification.
santino *sm.* small holy picture.
santìssimo *agg.* most holy: *il* — *Sacramento*, the Blessed Sacrament.
santità *sf.* holiness.
santo *agg.* **1.** holy **2.** (*seguito da nome proprio*) saint. ♦ **santo** *sm.* saint.
santone *sm.* santon.
santuario *sm.* sanctuary.
sanzionare *vt.* to ratify.
sanzione *sf.* sanction.
sapere[1] *vt.* **1.** to know (*v. irr.*): *non* — *che fare*, to be at a loss what to do; *chi sa!*, who knows!; *non si sa mai*, you never know; *venire a* —, to hear (*v. irr.*) **2.** (*essere capace*) can, to be able: *sai parlare inglese?*, can you speak English?; *non so farlo*, I am not able to do it. ♦ **sapere** *vi.* (*aver sapore*) to taste.
sapere[2] *sm.* **1.** knowledge **2.** (*cultura*) learning.
sàpido *agg.* sapid.
sapiente *agg.* wise. ♦ **sapiente** *sm.* sage.
sapienza *sf.* wisdom.
saponaria *sf.* soapwort.
saponata *sf.* lather (*solo sing.*).
sapone *sm.* soap: — *da barba*, shaving-soap; — *da bagno*, bath soap.
saponetta *sf.* cake of soap.
saponificare *vt.* to saponify.
saponificazione *sf.* saponification.
saponificio *sm.* soap-works (*pl. con costruzione sing.*).
sapore *sm.* taste, flavour (*anche fig.*).
saporire *vt.* to flavour.
saporitamente *avv.* savourily || *dormire* —, to sleep (*v. irr.*) soundly.
saporito *agg.* savoury, tasty.
saputello *sm.* wiseacre.
saputo *agg.* **1.** learned **2.** (*noto*) well-known.
sarabanda *sf.* saraband.
saraceno *sm.* saracen.
saracinesca *sf.* rolling-shutter.
sarcasmo *sm.* sarcasm.
sarcàstico *agg.* sarcastic.
sarchiare *vt.* to weed.
sarchiatore *agg.* weeding. ♦ **sarchiatore** *sm.* weeder.
sarchiatura *sf.* weeding.
sarchio *sm.* hoe.
sarcòfago *sm.* sarcophagus (*pl.* -gi).
sardina *sf.* sardine.
sardònico *agg.* sardonic.
sarmento *sm.* runner.
sarta *sf.* dressmaker.
sartie *sf. pl.* shrouds.
sartina *sf.* grisette.
sarto *sm.* tailor.
sartorìa *sf.* **1.** (*da uomo*) tailor's **2.** (*da donna*) dressmaker's.
sassaia *sf.* stony place.
sassaiuola *sf.* **1.** shower of stones **2.** (*battaglia di sassi*) stone-fight.
sassata *sf.* blow with a stone.
sasso *sm.* stone: *a un tiro di* — *da*, within a stone's throw of.
sassofonista *sm.* saxophonist
sassòfono *sm.* saxophone.
sassolino *sm.* pebble.
sàssone *agg.* e *sm.* Saxon.

sassoso *agg.* stony.
satànico *agg.* Satanic.
satèllite *sm.* satellite.
sàtira *sf.* satire.
satìrico *agg.* satirical.
sàtiro *sm.* satyr.
satollare *vt.* to satiate.
satollo *agg.* satiated.
sàtrapo *sm.* satrap.
saturare *vt.* to saturate.
saturazione *sf.* saturation.
saturnali *sm. pl.* saturnalia.
sàturo *agg.* saturated.
sàuro *agg.* sorrel.
savana *sf.* savannah.
savio *agg.* wise. ♦ **savio** *sm.* sage.
saziàbile *agg.* satiable.
saziare *vt.* to satisfy, to glut. ♦ **saziarsi** *vr.* to get (*v. irr.*) full.
sazietà *sf.* satiety: *mangiare, bere a* —, to eat (*v. irr.*), to drink (*v. irr.*) one's fill.
sazio *agg.* replete, full.
sbaciucchiare *vt.* to smother with kisses.
sbadatàggine *sf.* carelessness.
sbadato *agg.* careless.
sbadigliare *vi.* to yawn.
sbadiglio *sm.* yawn.
sbafare *vi.* to scrounge.
sbafatore *sm.* scrounger.
sbafo (*nella loc. avv.*) *prendere qc. a* —, to scrounge sthg.
sbagliare *vi.* to mistake (*v. irr.*). ♦ **sbagliarsi** *vr.* to make (*v. irr.*) a mistake.
sbagliato *agg.* wrong.
sbaglio *sm.* mistake.
sbalestrare *vt.* **1.** to send (*v. irr.*) **2.** (*fig.*) to flounder.
sballare *vt.* to unpack.
sballato *agg.* (*fig.*) foolhardy.
sballottamento *sm.* jolting.
sballottare *vt.* to jolt (about), to toss (about).
sbalordimento *sm.* amazement.
sbalordire *vt.* to amaze.
sbalorditivo *agg.* amazing.
sbalordito *agg.* amazed.
sbalzamento *sm.* **1.** overthrow **2.** (*fig.*) dismissal.
sbalzare[1] *vt.* to throw (*v. irr.*), to toss.
sbalzare[2] *vt.* (*arte*) to emboss.
sbalzato *agg.* (*arte*) embossed.
sbalzo *sm.* **1.** bound, jump **2.** (*cambio*) change.
sbancare *vt.* to leave (*v. irr.*) broke.
sbandamento *sm.* **1.** dispersal **2.** (*auto*) skid **3.** (*mar.*) list.
sbandare *vt.* **1.** to disperse **2.** (*auto*) to cause a skid.
sbandata *sf.* V. *sbandamento.*
sbandato *sm.* straggler.
sbandierare *vt.* (*fig.*) to display.
sbaragliare *vt.* to rout.
sbaraglio *sm.* jeopardy: *mettere allo* —, to jeopardize.
sbarazzare *vt.* to clear up. ♦ **sbarazzarsi** *vr.* to get (*v. irr.*) rid (of).
sbarazzino *agg.* free and easy. ♦ **sbarazzino** *sm.* little scamp.
sbarbare *vt.* to shave.
sbarbatello *sm.* young colt.
sbarcare *vt.* e *vi.* to land, to disembark.
sbarco *sm.* **1.** (*di passeggeri*) landing **2.** (*di merci*) unloading.
sbarra *sf.* **1.** bar **2.** (*del timone*) tiller.
sbarramento *sm.* **1.** barricade **2.** (*di acque*) dam **3.** (*mil.*) barrage.
sbarrare *vt.* **1.** to bar: — *un assegno,* to cross a cheque **2.** (*spalancare*) to open wide.
sbarrato *agg.* blocked || *occhi sbarrati,* wide open eyes.
sbatacchiamento *sm.* banging, slamming.
sbatacchiare *vt.* to bang, to slam.
sbàttere *vt.* **1.** (*urtare contro*) to knock **2.** (*scaraventare*) to throw (*v. irr.*) **3.** (*chiudere violentemente*) to slam **4.** (*di panna, uova*) to whip, to beat (*v. irr.*).
sbattezzare *vt.* to force to abjure Christianity.
sbattimento *sm.* banging.
sbattiuova *sm.* egg-whisk.
sbattuto *agg.* **1.** depressed: *viso* —, tired face **2.** (*di uova*) beaten.
sbavare *vi.* **1.** to dribble **2.** (*tip.*) to smudge.
sbavatura *sf.* **1.** dribble **2.** (*tip.*) smudge.
sbellicarsi *vr.* — *dalle risa,* to split (*v. irr.*) one's sides with laughter.
sbendare *vt.* to unbandage.
sberla *sf.* slap.
sberleffo *sm.* grimace.
sbertucciare *vt.* **1.** to mock **2.** (*sgualcire*) to crumple.
sbiadire *vi.* to fade.
sbiancare *vt.* to bleach. ♦ **sbiancare** *vi.* to turn white. ♦ **sbiancarsi** *vr.* to turn white.

sbieco *agg.* slanting: *guardare qu. di* —, to look askance at so.; *tagliare una stoffa di* —, to cut (*v. irr.*) a cloth on the bias.
sbigottimento *sm.* dismay.
sbigottire *vt.* to dismay. ♦ **sbigottirsi** *vr.* to be dismayed.
sbigottito *agg.* dismayed.
sbilanciare *vt.* to unbalance. ♦ **sbilanciarsi** *vr.* **1.** to lose (*v. irr.*) one's balance **2.** (*fig.*) to commit oneself.
sbilancio *sm.* lack of balance; disproportion.
sbilenco *agg.* crooked.
sbirciare *vt.* to cast (*v. irr.*) a sidelong glance.
sbirraglia *sf.* police (*us. al pl.*).
sbirro *sm.* policeman (*pl.* -men).
sbizzarrirsi *vr.* to satisfy one's whims.
sbloccare *vt.* to raise the blockade: — *gli affitti,* to decontrol rents.
sblocco *sm.* **1.** raising the blockade **2.** (*mecc.*) releasing the brake **3.** (*econ.*) decontrol.
sboccare *vi.* **1.** (*di corso d'acqua*) to flow **2.** (*di strada*) to lead (*v. irr.*).
sboccato *agg.* (*fig.*) coarse.
sbocciare *vi.* to open, to blossom.
sboccio *sm.* blooming.
sbocco *sm.* outlet, exit.
sbocconcellare *vt.* to nibble.
sbollire *vi.* (*fig.*) to cool down.
sbolognare *vt.* to palm off.
sbornia *sf.* drunkenness: *prendere la* —, to get (*v. irr.*) drunk.
sborsamento *sm.* paying out.
sborsare *vt.* to pay (*v. irr.*) out.
sborso *sm.* **1.** payment **2.** (*denaro sborsato*) outlay.
sbottare *vi.* to burst (*v. irr.*) out.
sbotto *sm.* outburst.
sbottonare *vt.* to unbutton. ♦ **sbottonarsi** *vr.* **1.** to undo (*v. irr.*) one's buttons **2.** (*fig.*) to disclose one's feelings.
sbozzare *vt.* to sketch out.
sbracare *vt.* to unbreech.
sbracato *agg.* (*fig.*) unseemly.
sbracciare *vi.* to gesticulate. ♦ **sbracciarsi** *vr.* **1.** to roll up one's sleeves **2.** (*agitarsi*) to strive (*v. irr.*).
sbracciato *agg.* (*di persona*) with bare arms.
sbraitare *vi.* to shout.
sbranamento *sm.* tearing to pieces.
sbranare *vt.* to tear (*v. irr.*) to pieces.
sbrancare *vt.* to separate. ♦ **sbrancarsi** *vr.* to scatter.
sbrattare *vt.* to clean.
sbriciolamento *sm.* crumbling.
sbriciolare *vt.* to crumble.
sbrigare *vt.* to finish off, to get (*v. irr.*) through. ♦ **sbrigarsi** *vr.* to hurry up.
sbrigativo *agg.* quick, hasty.
sbrigliare *vt.* to unbridle.
sbrinamento *sm.* defrosting.
sbrinare *vt.* to defrost.
sbrindellare *vt.* to tear (*v. irr.*) to ribbons.
sbrodolare *vt.* to spill (*v. irr.*).
sbrodolone *sm.* **1.** slovenly eater **2.** (*chi parla a lungo*) babbler.
sbrogliare *vt.* to disentangle. ♦ **sbrogliarsi** *vr.* to extricate oneself.
sbronza *sf.* V. *sbornia.*
sbronzarsi *vr.* to get (*v. irr.*) drunk.
sbronzo *agg.* drunk.
sbruffare *vt.* to besprinkle. ♦ **sbruffare** *vi.* (*fig.*) to brag.
sbruffo *sm.* sprinkle.
sbruffone *sm.* braggart.
sbucare *vi.* **1.** to come (*v. irr.*) out **2.** (*fig.*) to spring (*v. irr.*).
sbucciare *vt.* **1.** to peel **2.** (*sgranare*) to shell.
sbucciatura *sf.* **1.** peeling **2.** (*scalfittura*) scratch.
sbudellamento *sm.* stabbing.
sbudellare *vt.* to stab.
sbuffare *vi.* **1.** to pant, to puff **2.** (*per noia, ira*) to snort.
sbuffo *sm.* **1.** puff **2.** (*per noia, ira*) snort.
sbugiardare *vt.* to give (*v. irr.*) the lie to.
sbullonare *vt.* to unbolt.
scabbia *sf.* scabies.
scabbioso *agg.* scabby.
scabro *agg.* rough.
scabrosità *sf.* **1.** roughness **2.** (*fig.*) difficulty.
scabroso *agg.* **1.** rough **2.** (*fig.*) scabrous.
scacchiera *sf.* chess-board.
scacchiere *sm.* (*stor.*) Exchequer.
scacchista *sm.* chess-player.
scacciacani *sf.* dummy pistol.
scacciare *vt.* **1.** to drive (*v. irr.*) away **2.** (*da scuola*) to expel.
scacciata *sf.* expulsion.

scaccino *sm.* church cleaner.
scacco *sm.* **1.** (*quadratino*) square **2.** (*disegno su tessuti*) check **3.** (*giuoco*) chess || — *matto,* checkmate.
scadente *agg.* **1.** poor **2.** (*comm.*) falling due.
scadenza *sf.* (*comm.*) maturity: *a breve, lunga scadenza* (*comm.*), at short, long maturity || *a breve* —, in a short time.
scadenzario *sm.* discount bill-book.
scadere *vi.* **1.** to expire **2.** (*di pagamenti ecc.*) to become (*v. irr.*) due **3.** (*peggiorare*) to fall (*v. irr.*) off.
scadimento *sm.* decay.
scafandro *sm.* diving-suit.
scaffalare *vt.* to shelve.
scaffalatura *sf.* shelving.
scaffale *sm.* shelf (*pl.* shelves).
scafo *sm.* hull, body.
scagionare *vt.* to acquit. ♦ **scagionarsi** *vr.* to exculpate oneself.
scaglia *sf.* **1.** scale **2.** (*di legno, pietra*) chip.
scagliare *vt.* to fling (*v. irr.*), to throw (*v. irr.*).
scaglionare *vt.* to divide into groups.
scaglione *sm.* **1.** group **2.** (*mil.*) echelon.
scaglioso *agg.* scaly.
scala *sf.* **1.** stairs (*pl.*) **2.** (*trasportabile*) ladder **3.** (*scala graduata*) scale || *salire, scendere le scale,* to go (*v. irr.*) upstairs, downstairs.
scalare[1] *agg.* gradual.
scalare[2] *vt.* **1.** to climb (up) **2.** (*diminuire*) to scale down.
scalata *sf.* climbing.
scalatore *sm.* climber.
scalcagnato *agg.* down-at-heel, shabby.
scalciare *vi.* to kick.
scalcinato *agg.* **1.** unplastered **2.** (*sciatto*) shabby.
scaldabagno *sm.* water-heater.
scaldaletto *sm.* bed-warmer.
scaldapiedi *sm.* foot-warmer.
scaldare *vt.* to heat, to warm. ♦ **scaldarsi** *vr.* to warm oneself, to get (*v. irr.*) warm.
scaldavivande *sm.* dish-warmer.
scaldino *sm.* hand-warmer.
scalea *sf.* flight of stairs.
scaleno *agg.* scalene.
scalfire *vt.* to scratch.
scalfittura *sf.* scratch.
scalinata *sf.* flight of steps.
scalino *sm.* step.
scalmanarsi *vr.* (*fig.*) to get (*v. irr.*) excited.
scalmanato *agg.* out of breath, excited.
scalmo *sm.* rowlock.
scalo *sm.* **1.** (*mar.; aer.*) port of call: *volo senza* —, non-stop flight **2.** (*ferr.*) goods station || *fare* — *a,* to touch at.
scalogna *sf.* bad luck.
scalognato *agg.* unlucky.
scalone *sm.* great staircase.
scaloppina *sf.* veal cutlet.
scalpellare *vt.* to chisel.
scalpellino *sm.* stone-cutter.
scalpello *sm.* chisel.
scalpicciare *vi.* to shuffle.
scalpicciò *sm.* shuffling.
scalpitare *vi.* **1.** to paw **2.** (*di persona*) to stamp.
scalpitìo *sm.* **1.** pawing **2.** (*di persona*) stamping.
scalpore *sm.* fuss, noise.
scaltrezza *sf.* shrewdness.
scaltrire *vt.* to sharpen so.'s wits. ♦ **scaltrirsi** *vr.* to become (*v. irr.*) sharp.
scaltro *agg.* shrewd.
scalzacane *sm.* **1.** (*incompetente*) botcher **2.** (*malridotto*) down-and-out.
scalzare *vt.* **1.** to take (*v. irr.*) so.'s shoes and socks off **2.** (*fig.*) to undermine.
scalzo *agg.* barefoot.
scambiare *vt.* **1.** to exchange **2.** (*sbagliarsi*) to mistake (*v. irr.*).
scambiévole *agg.* reciprocal.
scambio *sm.* **1.** exchange **2.** (*ferr.*) points (*pl.*).
scambista *sm.* (*ferr.*) pointsman (*pl.* -men).
scamiciato *agg.* shirt-sleeved (*attr.*).
scamosciare *vt.* to chamois.
scamosciato *agg.* shammy.
scampagnata *sf.* trip into the country.
scampanare *vt.* to chime.
scampanellare *vi.* to ring (*v. irr.*) long and loudly.
scampanellata *sf.* loud long ring.
scampare *vi.* to escape || *l'hai scampata bella!*, you have had a narrow escape.
scampato *sm.* survivor.
scampo[1] *sm.* escape: *via di* —, escape.

scampo[2] *sm.* (*itt.*) shrimp.
scàmpolo *sm.* remnant.
scanalare *vt.* to channel.
scanalatura *sf.* groove.
scandagliare *vt.* to sound.
scandaglio *sm.* sounding-lead.
scandalizzare *vt.* to shock.
scandalizzato *agg.* shocked.
scàndalo *sm.* scandal: *fare uno —*, to stir up a scandal.
scandaloso *agg.* scandalous, shocking.
scandire *vt.* **1.** to scan **2.** (*parole*) to syllabize **3.** (*mus.*) to stress.
scannare *vt.* **1.** to cut (*v. irr.*) so.'s throat **2.** (*uccidere crudelmente*) to slaughter.
scannatoio *sm.* slaughter-house.
scanno *sm.* seat.
scansafatiche *sm.* lazy-bones.
scansare *vt.* to avoid, to shun. ♦ **scansarsi** *vr.* to step aside.
scansìa *sf.* shelves (*pl.*).
scantinato *sm.* basement.
scantonamento *sm.* (*l'evitare*) avoiding.
scantonare *vt.* (*evitare*) to avoid. ♦ **scantonare** *vi.* to turn the corner.
scanzonato *agg.* unconventional.
scapaccione *sm.* slap.
scapatàggine *sf.* recklessness.
scapestrato *agg.* e *sm.* madcap.
scapigliare *vt.* to dishevel.
scapigliato *agg.* **1.** dishevelled **2.** (*fig.*) unruly.
scàpito *sm.* damage, detriment: *a — di*, to the detriment of.
scàpola *sf.* shoulder-blade.
scapolare *agg.* e *sm.* scapular.
scàpolo *agg.* single. ♦ **scàpolo** *sm.* bachelor.
scappamento *sm.* **1.** escape **2.** (*di motori*) exhaust.
scappare *vi.* to escape, to run (*v. irr.*) away || *lasciarsi —*, to miss.
scappata *sf.* **1.** escape **2.** (*breve visita*) call.
scappatella *sf.* prank.
scappatoia *sf.* loop-hole.
scappellarsi *vr.* to take (*v. irr.*) off one's hat.
scappellata *sf.* raising one's hat.
scappellotto *sm.* slap.
scarabeo *sm.* scarab.
scarabocchiare *vt.* e *vi.* to scribble.
scarabocchio *sm.* scribble.
scarafaggio *sm.* black-beetle.
scaramanzìa *sf.* *per —*, for luck.
scaramuccia *sf.* skirmish.
scaraventare *vt.* to hurl.
scarcerare *vt.* to release (from prison).
scarcerazione *sf.* release (from prison).
scardinare *vt.* to unhinge.
scàrica *sf.* **1.** (*di armi da fuoco; elettr.*) discharge **2.** (*di proiettili, frecce; fig.*) shower.
scaricabarili *sm.* *fare a —*, to lay (*v. irr.*) the blame on so. else.
scaricamento *sm.* unloading.
scaricare *vt.* to discharge.
scaricatoio *sm.* **1.** wharf **2.** (*tubo*) waste-pipe.
scaricatore *sm.* unloader: *— di porto*, docker.
scàrico *sm.* **1.** (*scolo*) drain **2.** (*di merci*) discharge. ♦ **scàrico** *agg.* **1.** (*di arma*) unloaded **2.** discharged.
scarlattina *sf.* scarlet fever.
scarlatto *agg.* scarlet.
scarmigliare *vt.* to dishevel.
scarnire *vt.* to take (*v. irr.*) flesh off.
scarno *agg.* thin, lean.
scarpa *sf.* shoe: *— col tacco alto*, high-heeled shoe; *lucido per scarpe*, shoe polish.
scarpata *sf.* scarp.
scarpone *sm.* boot.
scarroccio *sm.* (*mar.*) leeway.
scarrozzare *vt.* e *vi.* to drive (*v. irr.*) about.
scarsamente *avv.* scarcely.
scarseggiare *vi.* to be lacking (in).
scarsità *vt.* shortage, lack.
scarso *agg.* scanty, lacking in.
scartabellare *vt.* to look through.
scartafaccio *sm.* note-book.
scartamento *sm.* (*ferr.*) gauge: *— ridotto*, narrow gauge.
scartare[1] *vt.* (*mettere da parte*) to reject.
scartare[2] *vi.* to unwrap.
scartare[3] *vt.* (*sport*) to swerve.
scarto[1] *sm.* **1.** (*cosa scartata*) discard **2.** (*lo scartare*) discarding.
scarto[2] *sm.* (*deviazione*) swerve.
scartocciare *vt.* to unwrap.
scartoffie *sf. pl.* heap of papers.
scassare *vt.* (*rompere*) to force open.
scassinare *vt.* to break (*v. irr.*) open.
scassinatore *sm.* **1.** house-breaker **2.** (*di notte*) burglar.

scasso *sm.* lock-picking, house--breaking: *furto con* — (*di giorno*), house-breaking; (*di notte*) burglary.
scatenamento *sm.* (*fig.*) outburst.
scatenare *vt.* **1.** (*aizzare*) to stir up **2.** (*suscitare*) to rouse. ♦ **scatenarsi** *vr.* **1.** to break (*v. irr.*) loose **2.** (*fig.*) to break out.
scàtola *sf.* **1.** box **2.** (*di latta*) tin.
scatolame *sm.* **1.** tins (*pl.*) **2.** (*cibo in scatola*) tinned food.
scattare *vi.* **1.** (*adirarsi*) to lose (*v. irr.*) one's temper **2.** to go (*v. irr.*) off; to spring (*v. irr.*). ♦ **scattare** *vt.* (*foto*) to shoot (*v. irr.*).
scatto *sm.* **1.** (*d'ira*) outburst || *di* —, suddenly; *a scatti*, in jerks **2.** (*rumore*) click **3.** (*di stipendio*) increase.
scaturire *vi.* **1.** to spring (*v. irr.*) **2.** (*derivare*) to originate.
scavalcare *vt.* **1.** (*gettare da cavallo*) to unhorse **2.** (*fig.*) to supplant **3.** (*passare sopra*) to step, to jump over.
scavare *vt.* **1.** to dig (*v. irr.*) **2.** (*archeologia*) to excavate.
scavatrice *sf.* excavator.
scavezzacollo *sm.* reckless fellow.
scavo *sm.* **1.** digging **2.** (*archeologia*) excavation.
scégliere *vt.* to choose (*v. irr.*), to pick out.
sceicco *sm.* sheik.
scelleratezza *sf.* **1.** wickedness **2.** (*atto scellerato*) misdeed.
scellerato *agg.* wicked. ♦ **scellerato** *sm.* wicked person.
scellino *sm.* shilling: *mezzo* —, sixpence.
scelta *sf.* choice.
scelto *agg.* choice, selected.
scemare *vi.* to diminish.
scemenza *sf.* stupidity.
scemo *agg.* e *sm.* stupid.
scempiare *vt.* to halve.
scempio[1] *agg.* stupid, foolish.
scempio[2] *sm.* havoc.
scena *sf.* **1.** scene **2.** (*palcoscenico*) stage: *colpo di* —, stage effect.
scenario *sm.* scenery.
scenata *sf.* row.
scéndere *vi.* **1.** to go (*v. irr.*) down, to come (*v. irr.*) down **2.** (*da un veicolo*) to get (*v. irr.*) off; (*da cavallo*), to dismount (from a horse) **3.** (*declinare*) to slope down **4.** (*di astri*) to sink (*v. irr.*) **5.** (*avere origini*) to descend.
scendiletto *sm.* bedside-carpet.
sceneggiare *vt.* to arrange into scenes.
sceneggiatore *sm.* scenarist.
sceneggiatura *sf.* screenplay.
scenicamente *avv.* scenically.
scenografìa *sf.* scenography.
scèrnere *vt.* to choose (*v. irr.*).
scervellarsi *vr.* to rack one's brains.
scervellato *agg.* brainless. ♦ **scervellato** *sm.* brainless person.
scetticismo *sm.* scepticism.
scèttico *agg.* sceptical. ♦ **scèttico** *sm.* sceptic.
scettro *sm.* sceptre.
sceverare *vt.* to discern.
scevro *agg.* exempt.
scheda *sf.* card: — *elettorale*, voting-paper.
schedario *sm.* card-index.
scheggia *sf.* splinter, chip.
scheggiare *vt.* to chip, to splinter.
schelètrico *agg.* skeletal.
schèletro *sm.* skeleton.
schema *sm.* **1.** scheme **2.** (*tec.*) diagram.
schemàtico *agg.* schematic.
schematismo *sm.* schematism.
scherma *sf.* fencing.
schermaglia *sf.* skirmish.
schermare *vt.* **1.** to screen **2.** (*elettr.*) to shield.
schermirsi *vr.* to act coy.
schermitore *sm.* fencer.
schermo *sm.* **1.** protection **2.** (*cine*) screen **3.** (*fis.*) shield **4.** (*foto*) filter.
schernire *vt.* to laugh at.
scherno *sm.* mockery, derision.
scherzare *vi.* **1.** to joke **2.** (*considerare con leggerezza*) to trifle with.
scherzo *sm.* **1.** joke: *per* —, for fun **2.** (*effetto*) effects (*pl.*).
scherzosamente *avv.* playfully.
scherzoso *agg.* playful.
schettinare *vi.* to roller-skate.
schettini *sm. pl.* roller-skates.
schiaccianoci *sm.* nut-cracker.
schiacciante *agg.* (*decisivo*) overwhelming.
schiacciare *vt.* to crush, to squash.
schiacciasassi *sm.* steam-roller.
schiaffare *vt.* to hurl.
schiaffeggiare *vt.* to slap.
schiaffo *sm.* **1.** slap **2.** (*affronto*) slap in the face.
schiamazzare *vi.* to make (*v. irr.*) a din.
schiamazzo *sm.* din, uproar.

schiantare *vt.* to break (*v. irr.*). ♦ **schiantarsi** *vr.* to break, to crash.
schiarimento *sm.* (*spiegazione*) explanation.
schiarire *vt.* to clear, to make (*v. irr.*) clear: — *i capelli,* to bleach one's hair. ♦ **schiarirsi** *vr.* (*fig.*) to brighten.
schiarita *sf.* **1.** clearing **2.** (*miglioramento*) improvement.
schiattare *vi.* to burst: — *di rabbia,* to burst with rage.
schiavista *sm.* **1.** anti-abolitionist **2.** (*mercante di schiavi*) slave-trader.
schiavitù *sf.* slavery.
schiavo *agg.* e *sm.* slave.
schidionata *sf.* spitful.
schidione *sm.* spit.
schiena *sf.* **1.** back **2.** (*di monte*) ridge.
schienale *sm.* back.
schiera *sf.* **1.** formation **2.** (*gruppo di persone*) group.
schieramento *sm.* array.
schierare *vt.* to array. ♦ **schierarsi** *vr.* **1.** to draw (*v. irr.*) up **2.** (*parteggiare*) to side with.
schiettezza *sf.* openness, purity.
schietto *agg.* pure, open.
schifare *vt.* to loathe. ♦ **schifarsi** *vr.* to feel (*v. irr.*) disgusted (at).
schifezza *sf.* disgusting thing.
schifiltoso *agg.* squeamish.
schifo[1] *sm.* disgust.
schifo[2] *sm.* (*mar.*) skiff.
schifoso *agg.* disgusting.
schioccare *vi.* **1.** to crack **2.** (*le dita*) to snap **3.** (*le labbra*) to smack.
schiocco *sm.* **1.** crack **2.** (*di labbra*) smack.
schiodare *vt.* to unnail.
schiodatura *sf.* unnailing.
schioppettata *sf.* shot.
schioppo *sm.* gun.
schiùdere *vt.* to open. ♦ **schiùdersi** *vr.* to open.
schiuma *sf.* **1.** foam **2.** (*di vino, birra*) froth **3.** (*di sapone*) lather.
schiumare *vt.* to skim. ♦ **schiumare** *vi.* **1.** to foam **2.** (*di bevande*) to froth.
schiumarola *sf.* skimmer.
schiumoso *agg.* **1.** (*di mare*) foamy **2.** (*di bevande*) frothy **3.** (*di sapone*) lathery.
schiuso *agg.* open.
schivare *vt.* to avoid.
schivata *sf.* dodge.
schivo *agg.* shy, bashful.
schizofrenìa *sf.* schizophrenia.
schizofrènico *agg.* schizophrenic. ♦ **schizofrènico** *sm.* schizophrene.
schizzare *vt.* **1.** to splash, to spatter **2.** (*abbozzare*) to sketch. ♦ **schizzare** *vi.* to spurt.
schizzata *sf.* splashing.
schizzatoio *sm.* spray.
schizzetto *sm.* spray.
schizzinoso *agg.* squeamish, fussy.
schizzo *sm.* **1.** splash, squirt **2.** (*pitt.*) sketch.
sci *sm.* ski.
scia *sf.* **1.** (*mar.*) wake **2.** (*traccia*) trail.
scià *sm.* shah.
sciàbica *sf.* trawl.
sciàbola *sf.* sabre.
sciabolata *sf.* sabre-cut.
sciabolatore *sm.* sabreur.
sciabordare *vi.* to wash.
sciabordìo *sm.* washing, lapping.
sciacallo *sm.* **1.** jackal **2.** (*fig.*) profiteer.
sciacquare *vt.* to rinse (out).
sciacquatura *sf.* **1.** rinsing **2.** (*acqua*) rinsing-water.
sciacquìo *sm.* rinsing.
sciacquone *sm.* flush.
sciagura *sf.* misfortune.
sciagurato *agg.* **1.** unlucky **2.** (*malvagio*) wicked. ♦ **sciagurato** *sm.* wretch.
scialacquare *vt.* to squander.
scialacquatore *sm.* squanderer.
scialacquìo *sm.* squandering.
scialare *vt.* to squander money.
scialbare *vt.* to plaster.
scialbo *agg.* pale, wan.
scialle *sm.* shawl.
scialo *sm.* waste.
scialuppa *sf.* boat.
sciamannato *agg.* slovenly.
sciamano *sm.* shaman.
sciamare *vi.* to swarm.
sciame *sm.* swarm.
sciancarsi *vr.* to become (*v. irr.*) lame.
sciancato *agg.* lame.
sciarada *sf.* charade.
sciare[1] *vi.* to ski.
sciare[2] *vi.* (*mar.*) to back water.
sciarpa *sf.* scarf.
sciàtica *sf.* sciatica.
sciàtico *agg.* sciatic.
sciatore *sm.* skier.

sciatterìa *sf.* slovenliness.
sciatto *agg.* **1.** slovenly, untidy **2.** (*di stile ecc.*) careless.
scìbile *sm.* knowledge.
sciccherìa *sf.* smartness.
scientìfico *agg.* scientific.
scienza *sf.* science.
scienziato *sm.* scientist.
scilinguàgnolo *sm.* glib tongue.
scimitarra *sf.* scimitar.
scimmia *sf.* monkey, ape (*anche fig.*).
scimmiesco *agg.* monkeyish.
scimmiottare *vt.* to ape.
scimmiotto *sm.* young monkey.
scimpanzé *sm.* chimpanzee.
scimunito *agg.* silly. ♦ **scimunito** *sm.* blockhead.
scìndere *vt.* to divide: — *le questioni,* to deal (*v. irr.*) with each matter separately.
scintilla *sf.* spark.
scintillamento *sf.* sparkling.
scintillante *agg.* sparkling.
scintillare *vi.* to sparkle.
scintillìo *sm.* sparkling.
scintoismo *sm.* Shintoism.
scintoista *sm.* Shintoist.
scioccamente *avv.* foolishly.
sciocchezza *sf.* **1.** foolishness **2.** foolish thing **3.** trifle.
sciocco *agg.* silly.
sciògliere *vt.* **1.** to melt **2.** (*slegare, disfare*) to untie **3.** (*liberare*) to release **4.** (*risolvere*) to solve. ♦ **sciògliersi** *vr.* to dissolve, to get (*v. irr.*) loose.
scioglilingua *sm.* tongue-twister.
scioglimento *sm.* **1.** dissolution, breaking up **2.** (*epilogo*) unravelling.
sciolina *sf.* ski wax.
scioltezza *sf.* **1.** agility **2.** (*spigliatezza*) ease **3.** (*nel parlare*) fluency.
sciolto *agg.* **1.** melted **2.** (*slegato*) untied **3.** (*agile*) agile **4.** (*disinvolto*) easy || *capelli sciolti,* loose hair; *avere la lingua sciolta,* to have a ready tongue; — *da obblighi,* free from obligations.
scioperante *sm.* striker.
scioperare *vi.* to strike (*v. irr.*).
scioperatàggine *sf.* laziness.
scioperato *agg.* lazy. ♦ **scioperato** *sm.* lazy fellow.
sciòpero *sm.* strike.
sciorinare *vt.* to air, to display (*anche fig.*).
sciovìa *sf.* ski-lift.
sciovinismo *sm.* chauvinism.
sciovinista *sm.* chauvinist.
scipitàggine *sf.* insipidity (*anche fig.*).
scipito *agg.* insipid.
scirocco *sm.* sirocco.
sciroppare *vt.* to syrup.
sciroppato *agg.* in syrup.
sciropposo *agg.* syrupy.
scisma *sm.* schism.
scismàtico *agg.* e *sm.* schismatic.
scissione *sf.* **1.** scission, split (*anche fig.*) **2.** (*fis.; biol.*) fission.
scisso *agg.* divided.
scissura *sf.* **1.** cleft, split **2.** (*fig.*) dissension.
sciupare *vt.* **1.** to spoil (*v. irr.*), to damage **2.** (*sprecare*) to waste.
sciupato *agg.* **1.** spoilt **2.** (*sprecato*) wasted.
sciupìo *sm.* waste.
sciupone *agg.* wasteful. ♦ **sciupone** *sm.* waster.
scivolamento *sm.* sliding.
scivolare *vi.* **1.** to slide (*v. irr.*) **2.** (*involontariamente*) to slip.
scivolata *sf.* **1.** slide **2.** (*involontaria*) slip.
scìvolo *sm.* **1.** (*aer.; mar.*) slipway **2.** skid.
scivolone *sm.* slip.
scivoloso *agg.* slippery.
sclerosi *sf.* sclerosis.
scleròtica *sf.* sclerotic.
scleròtico *agg.* sclerotic.
scoccare *vt.* e *vi.* **1.** to shoot (*v. irr.*) **2.** (*l'ora*) to strike (*v. irr.*).
scocciare *vt.* to bother.
scocciatore *sm.* bore.
scocciatura *sf.* bother.
scodella *sf.* bowl.
scodellare *vt.* to dish up.
scodinzolare *vi.* to wag the tail.
scodinzolìo *sm.* tail-wagging.
scogliera *sf.* cliff.
scoglio *sm.* **1.** rock **2.** (*fig.*) difficulty.
scoiare *vt.* V. *scuoiare.*
scoiàttolo *sm.* squirrel.
scolapasta *sm.* colander.
scolara *sf.* pupil, schoolgirl.
scolare *vt.* **1.** to drain **2.** (*in un colabrodo*) to strain.
scolaresca *sf.* student-body.
scolaro *sm.* pupil, schoolboy.
scolàstica *sf.* scholasticism.
scolàstico *agg.* **1.** school (*attr.*) **2.** (*dispregiativo*) bookish.
scolatoio *sm.* drain.

scolatura *sf.* draining.
scoliosi *sf.* scoliosis.
scollacciato *agg.* **1.** (*di abito*) low-necked **2.** (*fig.*) coarse.
scollare[1] *vt.* to cut (*v. irr.*) away the neck of.
scollare[2] *vt.* (*staccare*) to unglue.
scollato[1] *agg.* (*di abito*) low-necked.
scollato[2] *agg.* unglued.
scollatura *sf.* neckline.
scollo *sm.* neck-opening.
scolo *sm.* draining.
scolorare *vt.* to discolour. ♦ **scolorarsi** *vr.* to grow (*v. irr.*) pale.
scolorimento *sm.* discolouration.
scolorire *vt.* to bleach.
scolorito *agg.* faded, pale.
scolpare *vt.* to exculpate.
scolpire *vt.* to sculpture.
scombinare *vt.* to upset (*v. irr.*).
scombinato *agg.* screwy.
scombussolamento *sm.* upsetting.
scombussolare *vt.* to upset (*v. irr.*).
scommessa *sf.* bet.
scommèttere *vt.* to bet (*v. irr.*).
scommettitore *sm.* bettor.
scomodamente *avv.* uncomfortably.
scomodare *vt.* to trouble, to bother.
scomodità *sf.* lack of comfort.
scòmodo *agg.* uncomfortable.
scompaginamento *sm.* upsetting, upset.
scompaginare *vt.* to upset (*v. irr.*).
scompagnare *vt.* to break (*v. irr.*) up (a pair).
scompagnato *agg.* odd.
scomparire *vi.* **1.** to disappear **2.** (*non spiccare*) not to stand (*v. irr.*) out.
scomparsa *sf.* **1.** disappearance **2.** (*morte*) death.
scomparso *agg.* **1.** disappeared **2.** (*morto*) dead.
scompartimento *sm.* **1.** partition **2.** (*ferr.*) compartment.
scompartire *vt.* to divide, to share out.
scomparto *sm.* V. *scompartimento.*
scompenso *sm.* lack of balance: — *cardiaco,* cardiac decompensation.
scompiacenza *sf.* unkindness.
scompigliare *vt.* **1.** to upset (*v. irr.*) **2.** (*arruffare*) to ruffle.
scompigliatamente *avv.* confusedly.
scompiglio *sm.* confusion, disorder.
scomponìbile *agg.* decomposable.
scomponimento *sm.* decomposition.
scomporre *vt.* **1.** to decompose **2.** (*i lineamenti*) to distort.
scompostamente *avv.* in an unseemly manner.
scompostezza *sf.* unseemliness.
scomposto *agg.* **1.** (*sguaiato*) unseemly **2.** decomposed.
scomùnica *sf.* excommunication.
scomunicare *vt.* to excommunicate.
scomunicato *agg.* e *sm.* excommunicate.
sconcertante *agg.* disconcerting.
sconcertare *vt.* to disconcert, to baffle.
sconcertato *agg.* disconcerted.
sconcerto *sm.* perturbation.
sconcezza *sf.* indecency.
sconciamente *avv.* indecently.
sconcio *agg.* indecent.
sconclusionatamente *avv.* inconclusively.
sconclusionato *agg.* inconclusive.
scondito *agg.* **1.** unseasoned **2.** (*di insalata*) undressed.
sconfessare *vt.* to disown.
sconfessione *sf.* disowning.
sconfìggere *vt.* to defeat.
sconfinamento *sm.* **1.** (*in paese straniero*) crossing the frontier **2.** (*in proprietà privata*) trespass.
sconfinare *vi.* **1.** (*in paese straniero*) to cross the frontier **2.** (*in proprietà privata*) to trespass.
sconfinato *agg.* boundless.
sconfitta *sf.* defeat.
sconfitto *agg.* defeated.
sconfortante *agg.* discouraging.
sconfortare *vt.* to discourage.
sconfortato *agg.* discouraged.
sconforto *sm.* **1.** discouragement **2.** (*dolore*) sorrow.
scongiurare *vt.* **1.** to beseech (*v. irr.*) **2.** (*evitare*) to avoid.
scongiuro *sm.* exorcism.
sconnessione *sf.* disconnectedness.
sconnesso *agg.* **1.** disconnected **2.** (*fig.*) rambling.
sconnèttere *vt.* to disconnect. ♦ **sconnèttere** *vi.* to wander.
sconoscente *agg.* ungrateful.
sconoscenza *sf.* ingratitude.
sconòscere *vt.* to disown.
sconosciuto *agg.* unknown. ♦ **sconosciuto** *sm.* stranger.

sconquassare *vt.* to shatter.
sconquassato *agg.* ramshackle.
sconquasso *sm.* mess, disorder.
sconsacrare *vt.* to deconsecrate.
sconsideratezza *sf.* rashness.
sconsiderato *agg.* thoughtless.
sconsigliare *vt.* to advise against.
sconsigliato *agg.* rash.
sconsolante *agg.* discouraging.
sconsolare *vt.* to dishearten.
sconsolato *agg.* disconsolate.
scontàbile *agg.* discountable.
scontare *vt.* **1.** (*comm.*) to discount **2.** (*detrarre*) to deduct **3.** (*espiare*) to expiate.
scontato *agg.* (*previsto*) expected.
scontentare *vt.* to displease.
scontentezza *sf.* discontent.
scontento *agg.* displeased.
sconto *sm.* discount.
scontrarsi *vr.* to clash.
scontrino *sm.* ticket, check.
scontro *sm.* **1.** encounter **2.** (*di veicoli*) crash **3.** (*fig.*) clash.
scontrosamente *avv.* peevishly.
scontrosità *sf.* bad temper.
scontroso *agg.* bad-tempered.
sconveniente *agg.* **1.** unprofitable **2.** (*indecente*) unseemly.
sconvenientemente *avv.* unbecomingly.
sconvenienza *sf.* **1.** unprofitableness **2.** (*mancanza di correttezza*) unseemliness.
sconvolgente *agg.* upsetting.
sconvòlgere *vt.* to upset (*v. irr.*).
sconvolgimento *sm.* upsetting, confusion.
sconvolto *agg.* upset.
scopa *sf.* broom.
scopare *vt.* to sweep (*v. irr.*).
scoperchiare *vt.* to take (*v. irr.*) off the lid.
scoperta *sf.* discovery.
scopertamente *avv.* openly.
scoperto *agg.* uncovered || *automobile scoperta*, open car; *a capo —*, bare-headed; *giocare a carte scoperte*, to act openly.
scopino *sm.* street-sweeper.
scopo *sm.* aim, purpose: *senza —*, aimless.
scopolamina *sf.* scopolamine.
scoppiare *vi.* **1.** to burst (*v. irr.*) **2.** (*di guerre, epidemie ecc.*) to break (*v. irr.*) out.
scoppiettante *agg.* crackling.
scoppiettare *vi.* to crackle.
scoppiettìo *sm.* crackling.
scoppio *sm.* **1.** burst, explosion: *motore a —*, piston-engine **2.** (*di guerre, rivoluzioni ecc.*) outbreak.
scoprimento *sm.* **1.** discovering **2.** (*di monumento*) unveiling.
scoprire *vt.* **1.** to discover **2.** (*avvistare*) to sight **3.** (*togliere ciò che copre*) to uncover **4.** (*palesare*) to show (*v. irr.*). ♦ **scoprirsi** *vr.* (*rivelarsi*) to reveal oneself.
scopritore *sm.* discoverer.
scoraggiamento *sm.* discouragement.
scoraggiante *agg.* discouraging.
scoraggiare *vt.* to discourage. ♦ **scoraggiarsi** *vr.* to get (*v. irr.*) discouraged.
scoraggiato *agg.* discouraged.
scoramento *sm.* discouragement.
scorato *agg.* disheartened.
scorbùtico *agg.* **1.** (*med.*) scorbutic **2.** (*fig.*) ill-tempered.
scorbuto *sm.* scurvy.
scorciare *vt.* to shorten.
scorciatoia *sf.* short cut.
scorcio *sm.* **1.** foreshortening **2.** (*spazio di tempo*) end, close.
scordare[1] *vt.* to forget (*v. irr.*).
scordare[2] *vt.* (*mus.*) to untune.
scordato[1] *agg.* forgotten.
scordato[2] *agg.* (*mus.*) untuned.
scòrfano *sm.* **1.** sea-scorpion **2.** (*di persona*) fright: *che —!*, what a fright!
scòrgere *vt.* to perceive, to discern.
scoria *sf.* **1.** (*metal.*) dross **2.** (*fig.*) scum.
scornare *vt.* **1.** to horn **2.** (*fig.*) to humiliate.
scornato *agg.* humiliated.
scorno *sm.* shame.
scorpacciata *sf.* blow out: *fare una — di*, to stuff oneself with.
scorpione *sm.* scorpion.
scorporare *vt.* to disembody.
scòrporo *sm.* breaking up.
scorrazzare *vi.* to run (*v. irr.*) about.
scòrrere *vi.* **1.** to run (*v. irr.*) **2.** (*scivolare*) to glide **3.** (*fluire*) to flow **4.** (*di tempo*) to fly (*v. irr.*).
scorrerìa *sf.* raid.
scorrettezza *sf.* incorrectness.
scorretto *agg.* **1.** incorrect **2.** (*di costumi*) dissolute **3.** (*maleducato*) rude.
scorrévole *agg.* **1.** sliding **2.** (*fig.*) fluent.

scorrevolezza *sf.* fluency.
scorribanda *sf.* incursion, raid.
scorrimento *sm.* sliding.
scorsa *sf.* glance.
scorso *agg.* last, past.
scorsoio *agg.* running.
scorta *sf.* **1.** escort **2.** (*provvista*) supply || *ruota di* —, spare wheel.
scortare *vt.* to escort.
scortecciare *vt.* **1.** to peel **2.** (*un albero*) to bark.
scortese *agg.* rude, impolite.
scortesìa *sf.* rudeness.
scorticare *vt.* to skin.
scorticatura *sf.* scratch.
scortichino *sm.* flaying-knife.
scorza *sf.* **1.** (*corteccia*) bark **2.** (*buccia*) skin, rind.
scoscéndere *vt.* to split (*v. irr.*).
scoscendimento *sm.* **1.** collapse **2.** (*di terreno*) break.
scosceso *agg.* steep, sloping.
scossa *sf.* shock, shake.
scosso *agg.* **1.** shaken **2.** (*fig.*) upset.
scossone *sm.* **1.** shake **2.** (*strattone*) jerk.
scostare *vt.* to shift, to move away. ♦ **scostarsi** *vr.* **1.** to move away **2.** (*staccarsi*) to turn off.
scostumatezza *sf.* dissoluteness.
scostumato *agg.* dissolute. ♦ **scostumato** *sm.* dissolute person.
scotennare *vt.* to scalp.
scottante *agg.* burning.
scottare *vt.* **1.** to burn (*v. irr.*) **2.** (*cuc.*) to half-cook **3.** (*fig.*) to hurt (*v. irr.*).
scottatura *sf.* burn.
scotto[1] *sm.* score: *pagare lo* —, to pay (*v. irr.*) one's piper.
scotto[2] *agg.* overdone.
scovare *vt.* **1.** to put (*v. irr.*) up **2.** (*scoprire*) to discover.
scozzare *vt.* to shuffle.
scozzese *agg.* Scotch, Scottish. ♦ **scozzese** *sm.* Scotchman (*pl.* -men).
scozzonare *vt.* **1.** to break (*v. irr.*) in **2.** (*fig.*) to teach (*v. irr.*) the first elements.
screanzatamente *avv.* rudely.
screanzato *agg.* rude, impolite. ♦ **screanzato** *sm.* rude person.
screditare *vt.* to discredit.
screditato *agg.* discredited.
scrédito *sm.* discredit.
scremare *vt.* to skim.
scremato *agg.* skimmed: *latte* —, skim-milk.
scrematura *sf.* skimming.
screpolare *vi.* **1.** to crack **2.** (*della pelle*) to get (*v. irr.*) chapped.
screpolatura *sf.* **1.** crack **2.** (*della pelle*) chap.
screziare *vt.* to variegate.
screziato *agg.* variegated.
screziatura *sf.* variegation.
screzio *sm.* disagreement.
scribacchiare *vt.* e *vi.* to scribble.
scribacchino *sm.* scribbler.
scricchiolare *vi.* **1.** to creak **2.** (*di denti*) to grind (*v. irr.*).
scricchiolìo *sm.* **1.** creaking **2.** (*di denti*) grinding.
scrigno *sm.* casket: — *di gioielli*, jewel-case.
scriminatura *sf.* (hair-)parting.
scriteriato *agg.* senseless.
scritta *sf.* **1.** inscription **2.** (*cartello*) notice **3.** (*dicitura*) caption.
scritto *sm.* writing.
scrittoio *sm.* writing-desk.
scrittore *sm.* writer.
scrittrice *sf.* woman writer.
scrittura *sf.* **1.** writing: — *a macchina*, typewriting; — *a mano*, handwriting **2.** (*teat.*) engagement **3.** (*giur.*) deed.
scritturare *vt.* to engage.
scrivanìa *sf.* writing-desk.
scrivano *sm.* clerk, copyist.
scrìvere *vt.* to write (*v. irr.*): — *a mano*, to write by hand; — *a penna, a matita*, to write in pen, in pencil; — *sotto dettatura*, to write from dictation; — *a macchina*, to typewrite (*v. irr.*) **2.** (*registrare*) to enter, to record.
scroccare *vt.* to scrounge.
scrocco *sm.* *vivere a* —, to sponge one's living.
scroccone *sm.* sponger.
scrofa *sf.* sow.
scrofoloso *agg.* scrofulous.
scrollamento *sm.* **1.** shaking **2.** (*di spalle*) shrugging.
scrollare *vt.* **1.** to shake (*v. irr.*) **2.** (*le spalle*) to shrug.
scrollata *sf.* **1.** (*di testa*) shake **2.** (*di spalle*) shrug.
scrosciante *agg.* (*di risa ecc.*) roaring: *pioggia* —, pelting rain.
scrosciare *vi.* **1.** (*di pioggia*) to pelt down **2.** (*fig.*) to roar.
scroscio *sm.* **1.** (*di cascata, torrente ecc.*) roar **2.** (*fig.*) roar, burst || — *di pioggia*, shower.
scrostamento *sm.* peeling.

scrostare *vt.* **1.** to take (*v. irr.*) the crust off, to peel off **2.** (*dei muri*) to remove the plaster from a wall. ♦ **scrostarsi** *vr.* to fall (*v. irr.*) off, to peel off.
scrùpolo *sm.* scruple.
scrupolosamente *avv.* scrupulously.
scrupolosità *sf.* scrupulosity.
scrupoloso *agg.* scrupulous.
scrutare *vt.* to search, to scan.
scrutatore *agg.* searching, inquisitive. ♦ **scrutatore** *sm.* **1.** searcher **2.** (*di elezioni*) scrutineer.
scrutinare *vt.* to scrutinize.
scrutinio *sm.* **1.** (*di elezioni*) poll **2.** (*scolastico*) assignment of a term's marks **3.** (*attento esame*) scrutiny.
scucire *vt.* to unsew (*v. irr.*), to unstitch. ♦ **scucirsi** *vr.* to rip.
scucito *agg.* **1.** unsewn **2.** (*fig.*) incoherent.
scucitura *sf.* unsewing.
scuderìa *sf.* stable.
scudetto *sm.* **1.** small shield **2.** (*sport*) (championship) shield.
scudiero *sm.* squire.
scudisciare *vt.* to lash.
scudisciata *sf.* lash.
scudiscio *sm.* switch, lash.
scudo *sm.* shield.
scuffia *sf.* (*sbornia*) drunkenness.
sculacciare *vt.* to spank.
sculacciata *sf.* spank.
sculettare *vi.* to waddle.
scultore *sm.* sculptor.
scultòreo *agg.* sculptural.
scultura *sf.* sculpture.
scuoiare *vt.* to skin.
scuola *sf.* school: — *diurna*, day-classes; — *elementare*, primary school; — *media inferiore, superiore*, secondary school; — *pubblica*, State school; *maestro di* —, schoolmaster.
scuòtere *vt.* **1.** to shake (*v. irr.*) (*anche fig.*) **2.** (*agitare*) to stir.
scuotimento *sm.* shaking.
scure *sf.* axe.
scurire *vt.* **1.** to darken **2.** (*pitt.*) to tone down. ♦ **scurirsi** *vr.* to grow (*v. irr.*) dark.
scuro *agg.* dark || *faccia scura*, grim face.
scurrile *agg.* scurrilous.
scurrilità *sf.* scurrility.
scusa *sf.* **1.** excuse, apology **2.** (*pretesto*) pretext.
scusàbile *agg.* excusable.
scusare *vt.* to excuse, to forgive (*v. irr.*) || *scusi!, scusate!*, sorry!, excuse me! ♦ **scusarsi** *vr.* to apologize.
sdebitarsi *vr.* **1.** to pay (*v. irr.*) off one's debts **2.** (*disobbligarsi*) to return a kindness.
sdegnare *vt.* **1.** to disdain **2.** (*provocare lo sdegno*) to enrage.
sdegnato *agg.* indignant.
sdegno *sm.* disdain, indignation.
sdegnosamente *avv.* disdainfully.
sdegnoso *agg.* **1.** (*di atti e parole*) disdainful **2.** (*di persona*) haughty.
sdentare *vt.* to break (*v. irr.*) the teeth.
sdentato *agg.* toothless.
sdilinquimènto *sm.* mawkishness.
sdilinquirsi *vr.* to melt away.
sdoganamento *sm.* clearing (through the customs).
sdolcinato *agg.* sugary, affected.
sdolcinatura *sf.* mawkishness.
sdoppiamento *sm.* splitting.
sdoppiare *vt.* to split.
sdraia *sf.* deck-chair.
sdraiarsi *vr.* to lie (*v. irr.*) down.
sdrucciolare *vi.* to slip, to slide.
sdrucciolévole *agg.* slippery.
sdrucciolone *sm.* slip.
sdrucire *vt.* to tear (*v. irr.*).
sdrucito *agg.* torn.
se *cong.* **1.** if **2.** (*dubitativo*) whether || — *mai*, in case; — *non altro*, at least; — *non che*, except that; *anche* —, even if.
sé *pron. pers.* **1.** one, him, her, it, them **2.** (*riflessivi*) oneself, himself, herself, itself, themselves || *una donna piena di* —, a conceited woman; *essere fuori di* —, to be beside oneself; *tornare in* —, to recover consciousness; *amore di* —, selfishness; *padronanza di* —, self-control; *un uomo sicuro di* —, a self-confident man; *un uomo che si è fatto da* —, a self-made man; *rispetto di* —, self-respect.
sebàceo *agg.* sebaceous.
sebbene *cong.* though, although.
sebo *sm.* sebum.
secante *sf.* secant.
secca *sf.* **1.** shoal **2.** (*siccità*) drought.
seccamente *avv.* coldly.
seccante *agg.* (*fig.*) annoying, irritating || *una cosa, persona* —, a nuisance.

seccare *vt.* **1.** to dry up **2.** (*annoiare*) to annoy, to irritate. ♦ **seccarsi** *vr.* (*infastidirsi*) to be annoyed (with).
seccatore *sm.* bother.
seccatura *sf.* **1.** (*essicamento*) drying **2.** (*noia*) bother, nuisance.
secchia *sf.* pail, bucket.
secchiello *sm.* bucket.
secchio *sm.* V. *secchia.*
secco *agg.* **1.** dry **2.** (*appassito*) withered **3.** (*magro*) thin **4.** (*brusco*) sharp **5.** (*freddo*) cold.
secentesco *agg.* of the seventeenth century.
secèrnere *vt.* to secrete.
secessione *sf.* secession.
secessionista *agg.* e *sm.* secessionist.
seco *pron.* with him, with her, with them.
secolare *agg.* **1.** secular **2.** (*in opposizione a ecclesiastico*) lay.
secolarizzare *vt.* to secularize.
secolarizzazione *sf.* secularization.
sècolo *sm.* **1.** century **2.** (*epoca*) epoch, age || *Padre Carlo, al — John Smith*, Father Charles, in the world John Smith.
seconda *sf.* (*auto*) second gear || *a — di* (*loc. prep.*), according to.
secondare *vt.* to favour.
secondario *agg.* secondary.
secondino *sm.* warder.
secondo[1] *agg.* **1.** second **2.** (*favorevole*) favourable. ♦ **secondo** *sm.* **1.** (*minuto*) second **2.** (*ufficiale in seconda*) executive officer.
secondo[2] *prep.* according to. ♦ **secondo** *avv.* second.
secrezione *sf.* secretion.
sèdano *sm.* celery.
sedare *vt.* to soothe.
sedativo *agg.* e *sm.* sedative.
sede *sf.* **1.** seat, centre **2.** (*residenza*) residence **3.** (*eccl.*) see **4.** (*edificio per pubblici uffici*) office.
sedentario *agg.* sedentary.
sedere[1] *vi.* **1.** (*stare seduto*) to sit (*v. irr.*), to be sitting **2.** (*mettersi a sedere*) to sit (down).
sedere[2] *sm.* bottom.
sedia *sf.* chair: *— a dondolo*, rocking-chair.
sedicenne *agg.* **1.** (*attr.*) sixteen-year-old **2.** (*pred.*) sixteen years old.
sedicente *agg.* would-be.
sedicèsimo *agg.* sixteenth.
sédici *agg.* sixteen.
sedile *sm.* seat, chair.
sedimentario *agg.* sedimentary.
sedimentazione *sf.* sedimentation.
sedimento *sm.* sediment.
sedizione *sf.* sedition.
sedizioso *agg.* seditious.
seducente *agg.* **1.** alluring **2.** (*affascinante*) charming.
sedurre *vt.* to seduce, to tempt.
seduta *sf.* sitting, session.
seduttore *agg.* seducing. ♦ **seduttore** *sm.* seducer.
seduzione *sf.* **1.** seduction **2.** (*attrazione*) attraction.
sega *sf.* saw.
ségala *sf.* rye.
segaligno *agg.* **1.** rye (*attr.*) **2.** (*di persona*) wiry.
segare *vt.* to saw (*v. irr.*).
segatura *sf.* sawdust.
seggio *sm.* chair, seat: *— elettorale*, poll.
sèggiola *sf.* chair.
seggiovìa *sf.* chair-lift.
segherìa *sf.* saw-mill.
seghettare *vt.* to jag.
segmentazione *sf.* segmentation.
segmento *sm.* segment.
segnalare *vt.* **1.** to signal **2.** (*far notare*) to point out. ♦ **segnalarsi** *vr.* to distinguish oneself.
segnalatore *sm.* **1.** signaller **2.** (*segnalatore di direzione*) direction indicator.
segnalazione *sf.* signal: *— stradale*, traffic signal.
segnale *sm.* signal: *— di pericolo, allarme*, danger, alarm signal; *— di linea libera, occupata* (*tel.*), ringing, engaged tone; *— di passaggio a livello*, level-crossing signal.
segnalètica *sf.* signals (*pl.*).
segnalètico *agg.* descriptive.
segnalibro *sm.* book-mark.
segnare *vt.* **1.** to mark **2.** (*indicare*) to show (*v. irr.*) **3.** (*sport*) to score. ♦ **segnarsi** *vr.* to cross oneself.
segnatura *sf.* **1.** marking **2.** (*sport*) scoring.
segno *sm.* **1.** sign, mark: *passare il —*, to overstep the mark **2.** (*limite*) limit **3.** (*simbolo*) symbol.
sego *sm.* tallow.
segregare *vt.* to segregate.
segregazione *sf.* segregation.
segreta *sf.* dungeon.

segretamente *avv.* in secret.
segretariato *sm.* secretariate.
segretario *sm.* secretary.
segreteria *sf.* **1.** secretariat **2.** (*di ministero*) secretariat of State.
segretezza *sf.* secrecy.
segreto *agg.* secret. ♦ **segreto** *sm.* **1.** secret: *nel — del cuore*, in the depths of one's heart **2.** (*parte interna, intimità*) secrecy.
seguace *sm.* follower, supporter.
seguente *agg.* following, next.
segugio *sm.* bloodhound.
seguire *vt.* e *vi.* **1.** to follow **2.** (*sorvegliare*) to supervise **3.** (*frequentare regolarmente*) to attend.
séguito *sm.* **1.** (*corteo*) retinue **2.** (*successione, sequela*) series **3.** (*continuazione*) continuation || *il — alla prossima puntata*, to be continued **4.** (*comm.*): *a — di*, following up.
sei *agg.* six.
seicento *agg.* six hundred. ♦ **seicento** *sm.* the seventeenth century.
selce *sf.* flint.
selciare *vt.* to pave.
selciato *sm.* pavement.
selenio *sm.* selenium.
selenite *agg.* lunar. ♦ **selenite** *sf.* selenite.
selettività *sf.* selectivity.
selettivo *agg.* selective.
selettore *sm.* selector.
selezionare *vt.* to select.
selezione *sf.* selection.
sella *sf.* saddle.
sellaio *sm.* saddler.
sellare *vt.* to saddle.
sellino *sm.* saddle.
selva *sf.* **1.** wood **2.** (*fig.*) mass.
selvaggina *sf.* game.
selvaggio *agg.* wild, primitive. ♦ **selvaggio** *sm.* savage.
selvàtico *agg.* **1.** wild **2.** (*non socievole*) unsociable.
selvoso *agg.* woody.
semàforo *sm.* traffic-lights (*pl.*).
semàntica *sf.* semantics.
semàntico *agg.* semantic.
sembianza *sf.* features (*pl.*).
sembrare *vi.* **1.** to seem **2.** (*somigliare*) to look like.
seme *sm.* **1.** seed **2.** (*carte da giuoco*) suit.
sementa *sf.* **1.** seeds (*pl.*) **2.** (*epoca della semina*) seed-time.
semente *sf.* seeds (*pl.*).
semenza *sf.* seeds (*pl.*).
semenzaio *sm.* seed-bed.
semestrale *agg.* six-monthly (*attr.*).
semestralmente *avv.* twice a year.
semestre *sm.* half-year.
semiaperto *agg.* half-open.
semicerchio *sm.* semicircle.
semichiuso *agg.* half-closed.
semicircolare *agg.* semicircular.
semiconduttore *sm.* semiconductor.
semidiàmetro *sm.* semi-diameter.
semidìo *sm.* demigod.
semifinale *sf.* semifinal.
semilavorato *agg.* e *sm.* semi-manufactured.
sémina *sf.* sowing.
seminàbile *agg.* fit to be sown.
seminagione *sf.* sowing.
seminare *vt.* to sow (*v. irr.*).
seminario *sm.* seminary.
seminarista *sm.* seminarist.
seminato *agg.* **1.** sown **2.** (*fig.* strewn.
seminatore *sm.* sower.
seminfermità *sf.* partial infirmity: *— mentale*, partial insanity.
seminudo *agg.* half-naked.
semiserio *agg.* half-serious.
semisfera *sf.* hemisphere.
semita *s.* Semite.
semìtico *agg.* Semitic.
semitono *sm.* semitone.
semivivo *agg.* half-alive.
sémola *sf.* bran.
semolino *sm.* semolina.
semovente *agg.* self-moving.
sempiterno *agg.* everlasting.
sémplice *agg.* simple.
sempliciolne *sm.* simpleton.
semplicismo *sm.* superficiality.
semplicìstico *agg.* superficial.
semplicità *sf.* simplicity.
semplificare *vt.* to simplify.
semplificazione *sf.* simplification
sempre *avv.* **1.** always: *— avanti!* always onward!; *— meglio, peggio*, better and better, worse and worse; *per —*, for ever; *una volta per —*, once for all **2.** (*tuttora*) still: *vivi — qui?*, do you still live here?
sempreverde *sm.* evergreen.
sènape *sf.* mustard.
senato *sm.* senate.
senatore *sm.* senator.
senatoriale *agg.* senatorial.
senescenza *sf.* senescence.
senile *agg.* senile.
senilità *sf.* senility.
senno *sm.* sense, wisdom.

seno *sm.* **1.** breast, bosom **2.** (*grembo*) womb.
sensale *sm.* broker.
sensatezza *sf.* good sense.
sensato *agg.* sensible.
sensazionale *agg.* sensational.
sensazione *sf.* sensation, feeling.
sensìbile *agg.* sensitive.
sensibilità *sf.* sensitiveness.
sensibilizzare *vt.* to sensitize.
sensibilmente *avv.* **1.** sensitively **2.** (*notevolmente*) sensibly.
sensitività *sf.* sensitivity.
sensitivo *agg.* **1.** sensory **2.** (*sensibile*) sensitive.
senso *sm.* **1.** sense **2.** (*sensazione*) sensation **3.** (*direzione*) direction, way **4.** (*modo*) way, manner.
sensorio *agg.* sensorial.
sensuale *agg.* sensual.
sensualità *sf.* sensuality.
sensualmente *avv.* sensually.
sentenza *sf.* **1.** sentence **2.** (*massima*) saying.
sentenziare *vi.* to judge, to hold (*v. irr.*).
sentenziosamente *avv.* sententiously.
sentenzioso *agg.* sententious.
sentiero *sm.* path.
sentimentale *agg.* sentimental.
sentimentalismo *sm.* sentimentalism.
sentimentalità *sf.* sentimentality.
sentimento *sm.* **1.** sentiment **2.** (*disposizione spirituale*) feeling.
sentinella *sf.* sentry.
sentire *vt.* **1.** to feel (*v. irr.*) **2.** (*udire*) to hear (*v. irr.*) **3.** (*gustare*) to taste **4.** (*odorare*) to smell (*v. irr.*) **5.** (*ascoltare*) to listen to. ♦ **sentirsi** *vr.* to feel.
sentitamente *avv.* heartily.
sentito *agg.* **1.** heart-felt **2.** (*udito*) heard || *per — dire*, by hearsay.
sentore *sm.* inkling: *aver — di*, to suspect.
senza *prep.* without: *— scarpe*, barefoot; *— fine*, endless; *— confronto*, unrivalled; *— numero*, countless; *— testa*, thoughtless.
senzatetto *s.* homeless person.
separare *vt.* to separate. ♦ **separarsi** *vr.* to separate.
separatamente *avv.* separately.
separatismo *sm.* separatism.
separatista *s.* separatist.
separativo *agg.* separative.
separato *agg.* separated.
separazione *sf.* separation.
sepolcrale *agg.* sepulchral.
sepolcro *sm.* sepulchre, tomb.
sepolto *agg.* buried.
sepoltura *sf.* burial.
seppellimento *sm.* burial.
seppellire *vt.* to bury.
seppia *sf.* cuttle-fish.
seppure *cong.* even if.
sequela *sf.* series (*invariato al pl.*).
sequenza *sf.* **1.** series **2.** (*cine*) sequence.
sequestràbile *agg.* seizable.
sequestrare *vt.* to seize.
sequestro *sm.* **1.** seizure **2.** (*per debiti*) distress.
sequoia *sf.* sequoia.
sera *sf.* evening.
seràfico *agg.* seraphic.
serafino *sm.* seraph.
serale *agg.* evening (*attr.*).
serata *sf.* **1.** evening **2.** (*ricevimento serale*) party.
serbare *vt.* **1.** (*mettere in serbo*) to put (*v. irr.*) aside **2.** (*conservare*) to keep (*v. irr.*) || *— odio, rancore*, to nourish hatred, rancour. ♦ **serbarsi** *vr.* to keep, to remain.
serbatoio *sm.* reservoir, tank.
serbo (*nella loc.*) *tenere in —*, to keep (*v. irr.*) aside.
serenamente *avv.* serenely.
serenata *sf.* serenade.
serenìssimo *agg.* Serene Highness.
serenità *sf.* serenity.
sereno *agg.* serene, clear || *giudizio —*, objective judgement.
sergente *sm.* sergeant.
sèrico *agg.* silk (*attr.*), silky.
sericoltore *sm.* silkgrower.
sericoltura *sf.* sericulture.
serie *sf.* **1.** series (*invariato al pl.*): *in —*, mass-produced **2.** (*assieme*) set **3.** (*fila*) row.
serietà *sf.* seriousness.
serio *agg.* serious, earnest.
sermone *sm.* **1.** sermon **2.** (*rimprovero*) lecture.
seròtino *agg.* evening (*attr.*).
serpe *sf.* snake.
serpeggiante *agg.* winding.
serpeggiare *vi.* to wind (*v. irr.*).
serpente *sm.* snake, serpent.
serpentina *sf.* **1.** coil **2.** (*di strada*) winding road.
serpentino *agg.* snakelike. ♦ **serpentino** *sm.* serpentine.
serra *sf.* greenhouse.

serraglio *sm.* **1.** menagerie **2.** (*del sultano*) seraglio.
serramànico (*nella loc. avv.*) *coltello a* —, flick-knife.
serramento *sm.* lock.
serrare *vt.* **1.** to shut (*v. irr.*), to close **2.** (*a chiave*) to lock **3.** (*stringere*) to tighten **4.** (*concludere*) to conclude.
serrata *sf.* (*econ.*) lockout.
serratura *sf.* lock: *buco della* —, keyhole.
serva *sf.* maid-servant.
servìbile *agg.* usable.
servigio *sm.* service, favour.
servile *agg.* servile.
servilismo *sm.* servility.
servire *vt.* **1.** to serve **2.** (*di persona di servizio*) to wait on **3.** (*le carte*) to deal (*v. irr.*). ♦ **servire** *vi.* (*occorrere*) to need: *vi serve qualcosa?*, can I help you? ♦ **servirsi** *vr.* **1.** to use **2.** (*a tavola*) to help oneself (to).
servitore *sm.* servant.
servitù *sf.* **1.** servitude, slavery **2.** (*personale di servizio*) servants (*pl.*).
serviziévole *agg.* obliging.
servizio *sm.* **1.** service **2.** (*lavoro*) work: *fuori* —, off duty **3.** (*favore*) favour.
servo *sm.* **1.** servant **2.** (*schiavo*) slave.
servofreno *sm.* brake booster.
sèsamo *sm.* sesame.
sessanta *agg.* sixty.
sessantenne *agg.* **1.** (*attr.*) sixty-year-old **2.** (*pred.*) sixty years old. ♦ **sessantenne** *s.* sixty-year-old person.
sessantèsimo *agg.* sixtieth.
sessantina *sf.* about sixty: *un uomo sulla* —, a man in his sixties.
sessione *sf.* session.
sesso *sm.* sex.
sessuale *agg.* sexual.
sessualità *sf.* sexuality.
sestante *sm.* sextant.
sesterzio *sm.* sesterce.
sestetto *sm.* sextet.
sesto[1] *agg.* sixth.
sesto[2] *sm.* **1.** order **2.** (*arch.*) curve.
sèstuplo *agg.* e *sm.* sextuple.
seta *sf.* silk.
setacciare *vt.* to sieve.
setaccio *sm.* sieve.
sete *sf.* thirst: *avere* —, to be thirsty.
seterìa *sf.* **1.** silk factory **2.** (*negozio di seta*) silk shop.
setificio *sm.* silk factory.
sétola *sf.* **1.** bristle **2.** (*crine*) hair.
setta *sf.* sect.
settanta *agg.* seventy.
settantenne *agg.* **1.** (*attr.*) seventy-year-old **2.** (*pred.*) seventy years old. ♦ **settantenne** *s.* seventy-year-old person.
settantèsimo *agg.* seventieth.
settario *agg.* sectarian.
settarismo *sm.* sectarianism.
sette *agg.* seven.
settecentesco *agg.* of eighteenth century.
settecento *agg.* seven hundred. ♦ **settecento** *sm.* the eighteenth century.
settembre *sm.* September.
settentrionale *agg.* northern.
settentrione *sm.* north.
setticemìa *sf.* septicaemia.
sèttico *agg.* septic.
settimana *sf.* week.
settimanale *agg.* weekly. ♦ **settimanale** *sm.* weekly magazine.
settimino *sm.* seven months' child.
setto *sm.* septum (*pl.* -ta).
settore *sm.* **1.** (*geom.*) sector **2.** (*campo*) field.
settoriale *agg.* sectorial.
severità *sf.* severity.
severo *agg.* severe, strict.
sevizia *sf.* torture.
seviziare *vt.* to torture.
sezionamento *sm.* dissection.
sezionare *vt.* (*anat.*) to dissect.
sezione *sf.* **1.** section **2.** (*reparto*) department **3.** (*di scuola*) side.
sfaccendato *agg.* idle. ♦ **sfaccendato** *sm.* idler.
sfaccettare *vt.* to facet.
sfacchinare *vi.* to drudge.
sfacciatàggine *sf.* impudence.
sfacciato *agg.* **1.** impudent, cheeky **2.** (*di colori*) gaudy.
sfacelo *sm.* break-up.
sfaldamento *sm.* flaking.
sfaldarsi *vr.* to flake away.
sfamare *vt.* to appease so.'s hunger.
sfarfallare *vi.* to flutter about.
sfarzo *sm.* pomp.
sfarzoso *agg.* sumptuous.
sfasamento *sm.* **1.** (*mecc.; elettr.*) phase-displacement, phase-difference **2.** (*fig.*) inconsequence.
sfasato *agg.* **1.** out of phase **2.** (*fig.*) inconsequent.

sfasciare[1] *vt.* (*togliere le fasce*) to unbandage.
sfasciare[2] *vt.* to smash. ♦ **sfasciarsi** *vr.* to collapse.
sfasciato *agg.* (*rotto*) in pieces.
sfatare *vt.* to discredit.
sfaticato *agg.* lazy. ♦ **sfaticato** *sm.* lazy-bones.
sfatto *agg.* undone.
sfavillante *agg.* shining.
sfavillare *vi.* to shine (*v. irr.*), to sparkle.
sfavore *sm.* disfavour, discredit.
sfavorévole *agg.* unfavourable.
sfebbrato *agg.* without a temperature.
sfegatarsi *vr.* to wear (*v. irr.*) oneself out.
sfegatato *agg.* fanatic.
sfenòide *sm.* sphenoid.
sfera *sf.* **1.** sphere **2.** (*lancetta*) hand **3.** (*mecc.*) ball.
sfericità *sf.* sphericity.
sfèrico *agg.* spherical.
sferragliare *vi.* to clang.
sferrare *vt.* **1.** (*un attacco*) to launch **2.** (*un colpo*) to land a blow. ♦ **sferrarsi** *vr.* to hurl oneself (at).
sferruzzare *vi.* to knit (*v. irr.*).
sferza *sf.* whip, lash (*anche fig.*).
sferzare *vt.* **1.** to whip, to lash **2.** (*fig.*) to reprimand.
sferzata *sf.* **1.** lash **2.** (*fig.*) sharp rebuke.
sfiancare *vt.* to wear (*v. irr.*) out.
sfiatare *vi.* to leak. ♦ **sfiatarsi** *vr.* to talk oneself hoarse.
sfiatato *agg.* out of breath.
sfiatatoio *sm.* vent.
sfibbiare *vt.* to unbuckle.
sfibramento *sm.* enfeeblement.
sfibrante *agg.* exhausting.
sfibrare *vt.* to weaken, to wear (*v. irr.*) out.
sfibratura *sf.* breaking.
sfida *sf.* challenge: *in tono di —*, defiantly.
sfidante *sm.* challenger.
sfidare *vt.* **1.** to challenge **2.** (*affrontare*) to face, to dare: *— la morte*, to face death.
sfiducia *sf.* mistrust: *avere —*, to mistrust.
sfiduciare *vt.* to discourage. ♦ **sfiduciarsi** *vr.* to become (*v. irr.*) discouraged.
sfiduciato *agg.* discouraged.
sfigurare *vt.* to spoil (*v. irr.*). ♦ **sfigurare** *vi.* to cut (*v. irr.*) a poor figure.
sfigurato *agg.* disfigured.
sfilacciare *vt.* to fray.
sfilacciato *agg.* frayed.
sfilare[1] *vt.* to unthread, to unstring (*v. irr.*).
sfilare[2] *vi.* to parade.
sfilata *sf.* **1.** march, parade **2.** (*fila*) line, string.
sfinge *sf.* sphinx.
sfinimento *sm.* exhaustion.
sfinire *vt.* to exhaust.
sfinitezza *sf.* extreme weakness.
sfinito *agg.* worn out.
sfintere *sm.* sphincter.
sfiorare *vt.* to graze, to touch on.
sfiorire *vi.* to wither, to fade.
sfiorito *agg.* faded, withered (*anche fig.*).
sfittare *vt.* to vacate.
sfitto *agg.* vacant.
sfocato *agg.* out of focus.
sfociare *vi.* to flow.
sfoderare *vt.* **1.** to unline **2.** (*sguainare*) to unsheathe **3.** (*ostentare*) to display.
sfoderato *agg.* **1.** unlined **2.** (*sguainato*) unsheathed.
sfogare *vt.* to give (*v. irr.*) vent to. ♦ **sfogarsi** *vr.* to relieve one's feelings.
sfoggiare *vi.* to show (*v. irr.*) off.
sfoggio *sm.* show, ostentation.
sfoglia *sf.* **1.** (*lamina*) foil **2.** (*cuc.*) pastry.
sfogliare[1] *vt.* to pluck the petals off.
sfogliare[2] *vt.* **1.** (*voltare le pagine*) to turn over the pages **2.** (*dare un'occhiata*) to glance through.
sfogliata *sf.* **1.** (*cuc.*) puff-pastry **2.** (*di libro*) thumbing.
sfogo *sm.* vent, outlet.
sfolgoramento *sm.* blazing.
sfolgorante *agg.* flaming.
sfolgorare *vi.* to blaze.
sfolgorìo *sm.* blaze.
sfollagente *sm.* truncheon.
sfollamento *sm.* **1.** dispersal **2.** (*mil.*) evacuation.
sfollare *vt.* e *vi.* to disperse **2.** (*mil.*) to evacuate.
sfollato *agg.* **1.** evacuated. ♦ **sfollato** *sm.* evacuee.
sfoltire *vt.* to thin.
sfondamento *sm.* breaking.
sfondare *vt.* **1.** (*rompere il fondo*) to break (*v. irr.*) the bottom **2.**

(*mil.*) to break through. ♦ **sfondare** *vi.* to have success.
sfondato *agg.* **1.** without a bottom || *scarpe sfondate*, worn-out shoes **2.** (*insaziabile*) voracious.
sfondo *sm.* background.
sforbiciare *vt.* to cut (*v. irr.*) with scissors.
sformare *vt.* **1.** to pull out of shape **2.** (*togliere dalla forma*) to remove from the mould. ♦ **sformarsi** *vr.* to get (*v. irr.*) out of shape.
sformato *agg.* shapeless.
sfornare *vt.* **1.** to take (*v. irr.*) out of the oven **2.** (*produrre*) to bring (*v. irr.*) out.
sfornito *agg.* destitute, lacking (in).
sfortuna *sf.* bad luck.
sfortunato *agg.* unlucky.
sforzare *vt.* to strain, to force. ♦ **sforzarsi** *vr.* to try hard.
sforzatamente *avv.* **1.** with much effort **2.** (*in modo forzato*) forcedly.
sforzato *agg.* **1.** forced **2.** (*fig.*) false.
sforzatura *sf.* (*cosa sforzata*) far--fetched thing.
sforzo *sm.* **1.** effort **2.** (*mecc.*) stress.
sfòttere *vt.* to pull so.'s legs.
sfracellare *vt.* to smash. ♦ **sfracellarsi** *vr.* to smash.
sfrangiare *vt.* to undo (*v. irr.*), to form a fringe. ♦ **sfrangiarsi** *vr.* to fray.
sfrangiatura *sf.* fraying.
sfrattare *vt.* to evict.
sfratto *sm.* eviction.
sfrecciare *vi.* to dart.
sfregamento *sm.* rubbing.
sfregare *vt.* to rub.
sfregiare *vt.* to disfigure.
sfregiato *agg.* disfigured.
sfregio *sm.* slash, scar.
sfrenare *vt.* to unbridle.
sfrenatezza *sf.* unrestraint.
sfrenato *agg.* wild, unbridled.
sfrigolare *vi.* to sizzle.
sfrigolìo *sm.* sizzle.
sfringuellare *vi.* to twitter.
sfrondare *vt.* **1.** to strip off leaves **2.** (*fig.*) to curtail.
sfrontatezza *sf.* effrontery.
sfrontato *agg.* brazen, impudent. ♦ **sfrontato** *sm.* impudent fellow.
sfrusciare *vi.* to rustle.
sfruscìo *sm.* rustling.
sfruttamento *sm.* exploitation.
sfruttare *vt.* to exploit.
sfruttatore *sm.* profiteer.
sfuggente *agg.* receding: *sguardo* —, elusive look.
sfuggévole *agg.* transitory.
sfuggire *vi.* to escape, to slip. ♦ **sfuggire** *vt.* to avoid.
sfuggita *sf. di* —, quickly: *vedere qu. di* —, to have a glimpse of so.
sfumare *vt.* to shade. ♦ **sfumare** *vi.* **1.** to evaporate **2.** (*fig.*) to come (*v. irr.*) to nothing.
sfumatamente *avv.* softly.
sfumato *agg.* **1.** vanished **2.** (*di colori*) soft.
sfumatura *sf.* **1.** (*lo sfumare*) shading **2.** (*gradazione*) shade.
sfuriata *sf.* outburst.
sgabello *sm.* stool.
sgabuzzino *sm.* closet.
sgambettare *vi.* to kick (one's legs) about.
sgambetto *sm.* trip: *fare lo* —, to trip (so.); (*fig.*) to supplant.
sganasciamento *sm.* dislocation (of so.'s jaw).
sganasciarsi *vr.* — *dalle risa*, to laugh oneself silly.
sganascione *sm.* slap.
sganciare *vt.* **1.** to unhook **2.** (*ferr.*) to uncouple **3.** (*di bombe*) to release. ♦ **sganciarsi** *vr.* (*liberarsi di qu.*) to get (*v. irr.*) away (so.).
sgangherare *vt.* to unhinge.
sgangherato *agg.* **1.** unhinged **2.** (*sguaiato*) wild.
sgarbatamente *avv.* impolitely.
sgarbato *agg.* rude, impolite.
sgarberìa *sf.* rudeness.
sgarbo *sm.* offence.
sgargiante *agg.* gaudy.
sgarrare *vi.* **1.** to be wrong **2.** (*di orologio*) (*se è avanti*) to gain; (*se è indietro*) to lose (*v. irr.*).
sgattaiolare *vi.* to slip away.
sgelare *vi.* to thaw. ♦ **sgelarsi** *vr.* to thaw.
sgelo *sm.* thawing.
sghembo *agg.* oblique: *di* —, obliquely.
sgherro *sm.* hired assassin.
sghignazzare *vi.* to guffaw.
sghignazzata *sf.* guffaw.
sghimbescio (*nella loc. avv.*) *di* —, awry.
sghiribizzo *sm.* whim.
sgobbare *vi.* to work hard.
sgobbone *sm.* **1.** hard worker **2.** (*studentesco*) swot.

sgocciolare *vi.* to drip.
sgocciolìo *sm.* dripping.
sgolarsi *vr.* to shout oneself hoarse.
sgombrare *vt.* to clear.
sgombro *agg.* **1.** clear (of) **2.** (*fig.*) free (from).
sgomentare *vt.* to dismay.
sgomento *agg.* dismayed. ♦ **sgomento** *sm.* dismay.
sgominare *vt.* to rout.
sgonfiamento *sm.* deflation.
sgonfiare *vt.* to deflate.
sgonfio *agg.* deflated.
sgorbia *sf.* gouge.
sgorbiare *vt.* to scrawl.
sgorbio *sm.* **1.** scrawl **2.** (*pittura mal fatta*) daub **3.** (*fig.*) deformed man (*pl.* men).
sgorgare *vi.* to gush, to flow.
sgozzare *vt.* to cut (*v. irr.*) so.'s throat.
sgradévole *agg.* unpleasant.
sgradito *agg.* **1.** disagreeable **2.** (*mal accetto*) unwelcome.
sgrammaticato *agg.* ungrammatical.
sgranare *vt.* **1.** to shell: — *gli occhi,* to open one's eyes wide **2.** (*mangiare*) to devour.
sgranatrice *sf.* husker.
sgranchire *vt.* to stretch.
sgranocchiare *vt.* to munch.
sgrassare *vt.* to take (*v. irr.*) the grease off: — *il brodo,* to skim the grease from the broth.
sgravare *vt.* **1.** to lighten **2.** (*fig.*) to relieve.
sgravio *sm.* **1.** lightening **2.** (*fig.*) relief.
sgraziato *agg.* awkward.
sgretolamento *sm.* pounding.
sgretolare *vt.* to pound. ♦ **sgretolarsi** *vr.* to crumble.
sgridare *vt.* to scold.
sgroppare[1] *vt.* (*sciogliere*) to untie.
sgroppare[2] *vi.* (*di cavallo*) to buck.
sgroppata *sf.* bucking.
sgrossamento *sm.* rough-shaping.
sgrossare *vt.* **1.** to rough **2.** (*dirozzare*) to refine.
sgrovigliare *vt.* to unravel.
sguaiato *agg.* **1.** unbecoming **2.** (*volgare*) coarse.
sguainare *vt.* to unsheathe.
sgualcire *vt.* to crease.
sgualdrina *sf.* harlot, whore.
sguardo *sm.* look, glance: *dare uno* —, to have a look.
sguarnire *vt.* **1.** to untrim **2.** (*mil.*) to dismantle.
sguàttero *sm.* scullery-boy.
sguazzare *vi.* to wallow.
sguinzagliare *vt.* to unleash.
sgusciare *vt.* to shell. ♦ **sgusciare** *vi.* to slip away.
si[1] *pron.* **1.** (*riflessivo*) oneself, himself, herself, itself, themselves **2.** (*rec.*) (*fra due*) each other; (*fra molti*) one another **3.** (*pron. indef.*) one, people, we, they: — *dice,* people say.
si[2] *sm.* (*mus.*) si, B.
sì *avv.* yes: *penso di* —, I think so; — *certo,* certainly; *e* — *che,* yet; *uno* —, *uno no,* every other one; *forse che* —, *forse che no,* maybe yes, maybe no.
sia *cong.* **1.** (*o l'uno o l'altro*) whether... or, either... or **2.** (*entrambi*) both... and.
siamese *agg.* e *s.* Siamese.
sibarita *s.* sybarite.
siberiano *agg.* Siberian.
sibilante *agg.* **1.** hissing **2.** (*fonetica*) sibilant.
sibilare *vi.* to whistle, to hiss.
sibilla *sf.* sibyl.
sibillino *agg.* sibylline.
sìbilo *sm.* hiss, whistle.
sicario *sm.* cut-throat.
sicché *cong.* **1.** so... that **2.** (*dunque*) therefore.
siccità *sf.* drought.
siccome *cong.* as, since.
siciliano *agg.* e *sm.* Sicilian.
sicomoro *sm.* sycamore.
sicumera *sf.* presumption.
sicura *sf.* safety belt.
sicurezza *sf.* **1.** (*certezza*) certainty **2.** (*immunità da pericoli*) safety || *dispositivo di* —, safety device; *misura di* —, precautionary measure; *uscita di* —, emergency door; *rasoio, spilla di* —, safety-razor, pin.
sicuro *agg.* **1.** (*certo*) sure: — *di sé,* self-confident **2.** (*immune da pericoli*) safe **3.** (*che non sbaglia*) unfailing **4.** (*calmo, saldo*) calm, steady **5.** (*esperto*) skilful.
siderale *agg.* sidereal.
siderurgìa *sf.* metallurgy of iron.
siderùrgico *agg.* iron (*attr.*): *stabilimento* —, iron-works (*pl.*). ♦ **siderùrgico** *sm.* iron worker.
sidro *sm.* cider.
siepe *sf.* hedge.

siero *sm.* serum.
sieroso *agg.* serous.
sieroterapìa *sf.* serotherapy.
siesta *sf.* nap.
siffatto *agg.* such.
sifìlide *sf.* syphilis.
sifone *sm.* siphon.
sigaraia *sf.* cigar-seller.
sigaretta *sf.* cigarette.
sìgaro *sm.* cigar.
sigillare *vt.* to seal.
sigillatura *sf.* sealing.
sigillo *sm.* seal.
sigla *sf.* monogram.
siglare *vt.* to initial.
significare *vt.* **1.** to mean (*v. irr.*) **2.** (*comunicare*) to signify **3.** (*simboleggiare*) to represent.
significativo *agg.* meaningful.
significato *sm.* **1.** meaning **2.** (*valore*) import.
signora *sf.* **1.** lady, woman (*pl.* women) **2.** (*seguito da cognome*) Mrs: *la — Smith,* Mrs. Smith **3.** (*vocativo*) Madam: *buon giorno —,* good morning Madam **4.** (*padrona*) mistress **5.** (*donna ricca*) rich lady **6.** (*moglie*) wife (*pl.* wives).
signore *sm.* **1.** gentleman, man (*pl.* -men) **2.** (*seguito da cognome*) Mr.: *il — Smith,* Mr. Smith **3.** (*padrone*) master **4.** (*vocativo*) Sir: *sì —!* yes, Sir! **5.** (*uomo ricco*) lord **6.** (*Dio*) God, Lord.
signoreggiare *vt.* to rule.
signorìa *sf.* **1.** (*di uomo*) Lordship; (*di donna*) Ladyship **2.** (*dominio*) dominion.
signorile *agg.* **1.** (*riferito a uomo*) gentlemanlike; (*riferito a donna*) ladylike **2.** (*elegante*) luxury.
signorilità *sf.* distinction, high class.
signorina *sf.* **1.** young lady **2.** (*seguito da cognome*) Miss: *la — Smith,* Miss Smith **3.** (*vocativo*) Madam: *Buon giorno —,* good morning Madam **4.** (*padroncina*) young mistress **5.** (*donna non sposata*) unmarried woman.
signorotto *sm.* squire.
silenziatore *sm.* silencer.
silenzio *sm.* silence.
silenzioso *agg.* silent || *una strada silenziosa,* a noiseless street.
sìlfide *sf.* sylph.
silfo *sm.* sylph.
sìlice *sf.* silica.
silicio *sm.* silicon.
silicone *sm.* silicone.
silicosi *sf.* silicosis.
sìllaba *sf.* syllable.
sillabare *vt.* to syllabize.
sìllabo *sm.* summary.
sillogismo *sm.* syllogism.
sillogìstico *agg.* syllogistic.
silo *sm.* silo (*pl.* silos).
siluramento *sm.* **1.** torpedoing **2.** (*fig.*) firing.
silurante *sf.* torpedo-boat.
silurare *vt.* **1.** to torpedo **2.** (*fig.*) to dismiss.
siluriano *agg.* e *sm.* Silurian.
siluro *sm.* (*mil.; zool.*) torpedo.
silvestre *agg.* sylvan.
silvicoltore *sm.* forester.
silvicoltura *sf.* forestry.
simbiosi *sf.* symbiosis.
simboleggiare *vt.* to symbolize.
simbòlico *agg.* **1.** symbolic **2.** (*nominale*) nominal.
simbolismo *sm.* symbolism.
simbolista *agg.* e *sm.* symbolist.
sìmbolo *sm.* symbol.
similare *agg.* similar.
sìmile *agg.* **1.** like, similar **2.** (*pred.*) alike **3.** (*tale*) such. ♦ **sìmile** *sm.* fellow-creature.
similitùdine *sf.* **1.** likeness **2.** (*lett.*) simile.
simmetrìa *sf.* symmetry.
simmètrico *agg.* symmetric(al).
simonìa *sf.* simony.
simonìaco *agg.* e *sm.* simoniac.
simpatìa *sf.* liking.
simpàtico *agg.* nice, pleasant.
simpatizzante *agg.* sympathizing. ♦ **simpatizzante** *s.* sympathizer.
simpatizzare *vi.* **1.** to sympathize **2.** (*rec.*) to take (*v. irr.*) a liking to each other.
simposio *sm.* symposium (*pl.* -ia).
simulacro *sm.* **1.** simulacre **2.** (*finzione*) sham.
simulare *vt.* to feign.
simulato *agg.* simulated.
simulatore *sm.* simulator.
simulazione *sf.* simulation.
simultaneità *sf.* simultaneity.
simultàneo *agg.* simultaneous (with).
sinagoga *sf.* synagogue.
sincerarsi *vr.* to make (*v. irr.*) sure.
sincerità *sf.* sincerity.
sincero *agg.* sincere, true.
sincopare *vt.* to syncopate.

sincopato *agg.* syncopated.
sìncope *sf.* **1.** (*med.*) syncope **2.** (*mus.; gramm.*) syncopation.
sincronismo *sm.* synchronism.
sincronizzare *vt.* to synchronize.
sincronizzazione *sf.* synchronization.
sindacale *agg.* trade-union (*attr.*).
sindacalismo *sm.* trade-unionism.
sindacalista *s.* trade-unionist.
sindacare *vt.* **1.** to control **2.** (*criticare*) to criticize.
sindacato *sm.* trade-union.
sìndaco *sm.* **1.** mayor **2.** (*di società*) auditor.
sìndrome *sf.* syndrome.
sinecura *sf.* sinecure.
sinfonìa *sf.* symphony.
sinfònico *agg.* symphonic.
singhiozzare *vi.* to sob.
singhiozzo *sm.* **1.** hiccup **2.** (*di pianto*) sob.
singolare *agg.* **1.** singular **2.** (*singolo*) single.
singolarità *sf.* singularity.
singolarmente *avv.* **1.** (*ad uno ad uno*) singly **2.** (*segnatamente*) particularly.
sìngolo *agg.* single, individual.
singulto *sm.* **1.** hiccup **2.** (*di pianto*) sob.
sinistra *sf.* **1.** left: *alla mia* —, on my left **2.** (*mano*) left hand **3.** (*parte*) left-hand side || *uomo di* — (*pol.*), left-winger.
sinistramente *avv.* sinisterly.
sinistrato *agg.* **1.** (*di edificio*) bomb-damaged **2.** (*di persona*) injured. ♦ **sinistrato** *sm.* (damage) sufferer.
sinistro *agg.* **1.** left **2.** (*truce*) sinister, grim. ♦ **sinistro** *sm.* **1.** accident, mishap **2.** (*boxe*) left.
sinòlogo *sm.* Sinologist.
sinonimìa *sf.* synonymy.
sinònimo *agg.* synonymous. ♦ **sinònimo** *sm.* synonym.
sinora *avv.* till now, so far.
sinovite *sf.* synovitis.
sintassi *sf.* syntax.
sintàttico *agg.* syntactic(al).
sìntesi *sf.* synthesis (*pl.* -ses).
sintètico *agg.* synthetic.
sintetizzare *vt.* to synthetize.
sintomàtico *agg.* symptomatic.
sìntomo *sm.* symptom.
sintonìa *sf.* syntony.
sintonizzare *vt.* to tune in.
sinuosità *sf.* winding.
sinuoso *agg.* winding.
sinusite *sf.* sinusitis.
sionismo *sm.* Zionism.
sionista *s.* Zionist.
sipario *sm.* curtain.
sirena *sf.* **1.** (*mit.*) siren, mermaid **2.** (*acustica*) hooter.
siringa *sf.* syringe.
siringare *vt.* to syringe.
sìsmico *agg.* seismic.
sismògrafo *sm.* seismograph.
sismologìa *sf.* seismology.
sismòlogo *sm.* seismologist.
sistema *sm.* system: — *di vita,* way of life.
sistemare *vt.* **1.** (*mettere in ordine*) to arrange **2.** (*definire*) to settle.
sistemàtico *agg.* systematic(al).
sistemazione *sf.* **1.** (*ordine*) arrangement **2.** (*collocazione di macchinari*) layout **3.** (*il sistemarsi*) settling **4.** (*lavoro*) job.
sito *sm.* place.
situare *vt.* to place.
situazione *sf.* situation.
slabbrare *vt.* to chip the rim of.
slabbratura *sf.* chipping.
slacciare *vt.* **1.** to untie **2.** (*sbottonare*) to unbutton.
slanciarsi *vr.* to rush.
slanciato *agg.* slim.
slancio *sm.* **1.** rush **2.** (*energia*) energy.
slargare *vt.* to widen.
slattamento *sm.* weaning.
slattare *vt.* to wean.
slavato *agg.* pale.
slavina *sf.* landslide; (*di neve*) snowslide.
slavo *agg.* e *sm.* Slav.
sleale *agg.* unfair.
slealtà *sf.* disloyalty.
slegare *vt.* to untie.
slegato *agg.* **1.** untied **2.** (*di discorso ecc.*) disconnected.
slitta *sf.* sleigh.
slittamento *sm.* skidding.
slittare *vi.* **1.** to slide (*v. irr.*) **2.** (*di ruote*) to skid.
slogamento *sm.* dislocation.
slogare *vt.* to dislocate.
slogatura *sf.* dislocation.
sloggiare *vi.* to clear out. ♦ **sloggiare** *vt.* to drive (*v. irr.*) out.
smaccato *agg.* sickly-sweet.
smacchiare *vt.* to clean.
smacchiatore *sm.* stain-remover.
smacchiatura *sf.* cleaning.
smacco *sm.* mortification.

smagliante *agg.* dazzling.
smagliare *vt.* to unravel. ♦ **smagliarsi** *vr.* (*di calze*) to ladder.
smagliato *agg.* unravelled.
smagliatura *sf.* **1.** (*di calze*) ladder.
smagnetizzare *vt.* to demagnetize.
smagnetizzazione *sf.* demagnetization.
smagrire *vt.* e *vi.* to thin.
smagrito *agg.* thin, grown thin.
smaliziare *vt.* to smarten up. ♦ **smaliziarsi** *vr.* to wisen.
smaliziato *agg.* cunning.
smaltare *vt.* to enamel: — *le unghie*, to paint one's nails.
smaltato *agg.* **1.** enamelled **2.** (*di unghie*) painted.
smaltire *vt.* to digest: — *la sbornia*, to get (*v. irr.*) over one's drunkenness.
smalto *sm.* enamel: — *per unghie*, nail-polish.
smancerìa *sf.* mawkishness.
smangiare *vt.* to corrode.
smania *sf.* **1.** great desire **2.** (*agitazione*) frenzy.
smaniare *vi.* **1.** to yearn (for) **2.** (*essere agitati*) to be restless.
smanioso *agg.* **1.** eager **2.** (*agitato*) restless.
smantellamento *sm.* dismantling.
smantellare *vt.* to dismantle.
smarcare *vt.* to unmark.
smargiassata *sf.* swagger.
smargiasserìa *sf.* bragging.
smargiasso *sm.* braggart.
smarginare *vt.* to trim the edge.
smarrimento *sm.* **1.** loss **2.** (*turbamento*) bewilderment.
smarrire *vt.* to lose (*v. irr.*). ♦ **smarrirsi** *vr.* **1.** to lose one's way **2.** (*di lettera, pacco*) to miscarry **3.** (*turbarsi*) to be bewildered.
smascellarsi *vr.* to dislocate one's jaws.
smascherare *vt.* to unmask.
smembramento *sm.* dismemberment.
smembrare *vt.* to dismember.
smemorataggine *sf.* **1.** lack of memory **2.** (*dimenticanza*) lapse of memory.
smemorato *agg.* absent-minded.
smentire *vt.* to deny. ♦ **smentirsi** *vr.* **1.** to contradict oneself **2.** (*venir meno*) to be untrue to oneself.
smentita *sf.* denial.
smeraldo *sm.* emerald.
smerciare *vt.* to sell (*v. irr.*) off.
smercio *sm.* sale.
smerigliare *vt.* **1.** to polish with emery **2.** (*di vetri*) to frost glass.
smerigliato *agg.* emery: *carta smerigliata*, emery paper; *vetro* —, frosted glass.
smeriglio *sm.* emery.
smerlo *sm.* scallop.
smesso *agg.* cast off.
sméttere *vt.* to stop, to leave (*v. irr.*) off: — *un vestito*, to cast (*v. irr.*) off a dress.
smezzare *vt.* to halve.
smidollato *agg.* (*di persona*) spineless.
smilitarizzare *vt.* to demilitarize.
smilitarizzazione *sf.* demilitarization.
smilzo *agg.* thin.
sminuire *vt.* to diminish. ♦ **sminuirsi** *vr.* to belittle oneself.
sminuzzare *vt.* **1.** (*tritare*) to mince **2.** (*tagliuzzare*) to chop up **3.** (*sbriciolare*) to crumble.
smistamento *sm.* **1.** clearing **2.** (*ferr.*) shunting **3.** (*di corrispondenza*) sorting.
smistare *vt.* **1.** (*di corrispondenza*) to sort out **2.** (*ferr.*) to shunt.
smisuratamente *avv.* beyond measure.
smisurato *agg.* enormous, huge.
smobilitare *vt.* to demobilize.
smobilitazione *sf.* demobilization.
smoccolare *vt.* to snuff.
smoccolatoio *sm.* snuffers (*pl.*).
smoccolatura *sf.* snuffing.
smodato *agg.* immoderate.
smoderatezza *sf.* immoderateness.
smoderato *agg.* immoderate.
smontàbile *agg.* demountable.
smontaggio *sm.* disassembling.
smontare *vt.* **1.** (*far scendere*) (*da cavallo*) to unhorse; (*da un'automobile*) to drop **2.** (*scomporre in parti*) to take (*v. irr.*) to pieces **3.** (*mecc.*) to disassemble **4.** (*fig.*) to dishearten, to cool. ♦ **smontare** *vi.* **1.** (*da un treno, tram ecc.*) to get (*v. irr.*) off **2.** (*da un'automobile*) to get (*v. irr.*) out **3.** (*da cavallo*) to dismount **4.** (*dal lavoro*) to go (*v. irr.*) off duty **5.** (*sbiadire*) to fade.
smorfia *sf.* grimace.
smorfioso *agg.* affected.
smorto *agg.* pale.
smorzamento *sm.* **1.** (*di luci*) shad-

ing **2.** (*di colori*) toning down **3.** (*di suoni*) lowering **4.** (*di sete; fig.*) quenching.
smorzare *vt.* **1.** (*di luci*) to shade **2.** (*di colori*) to tone down **3.** (*di suoni*) to lower **4.** (*di sete; fig.*) to quench **5.** (*spegnere*) to put (*v. irr.*) down.
smottamento *sm.* landslip.
smottare *vi.* to slip.
smozzicare *vt.* **1.** to hack to pieces **2.** (*di parole*) to clip.
smunto *agg.* pale.
smuòvere *vt.* **1.** to shift **2.** (*fig.*) to move.
smussare *vt.* **1.** to round off **2.** (*fig.*) to soften.
smussato *agg.* **1.** blunted **2.** (*fig.*) softened.
snaturare *vt.* to pervert.
snaturato *agg.* unnatural.
snazionalizzare *vt.* to denationalize.
snebbiare *vt.* **1.** to dispel the fog **2.** (*fig.*) to clear.
snellezza *sf.* slenderness.
snellire *vt.* **1.** to make (*v. irr.*) slender **2.** (*fig.*) to simplify. ♦ **snellirsi** *vr.* to grow (*v. irr.*) slender.
snello *agg.* slender.
snervante *agg.* enervating.
snervare *vt.* to enervate.
snidare *vt.* **1.** to flush **2.** (*fig.*) to dislodge.
snobbare *vt.* to snob.
snobismo *sm.* snobbery.
snocciolare *vt.* **1.** to stone **2.** (*fig.*) to tell (*v. irr.*).
snodare *vt.* **1.** to untie **2.** (*rendere agile*) to make (*v. irr.*) supple. ♦ **snodarsi** *vr.* (*di strade*) to wind (*v. irr.*).
snodato *agg.* **1.** supple **2.** (*di cosa*) jointed.
snodo *sm.* joint.
soave *agg.* sweet.
soavità *sf.* sweetness.
sobbalzare *vi.* **1.** to jerk **2.** (*trasalire*) to start.
sobbalzo *sm.* **1.** jerk **2.** (*sussulto*) start.
sobbarcarsi *vr.* to take (*v. irr.*) upon oneself.
sobborgo *sm.* suburb.
sobillare *vt.* to stir up.
sobillatore *sm.* instigator.
sobrietà *sf.* sobriety.
sobrio *agg.* sober.
socchiùdere *vt.* **1.** to half-close **2.** (*aprire un po'*) to half-open.
socchiuso *agg.* half-closed, half-open.
sòccida *sf.* agistment.
soccòmbere *vi.* to succumb.
soccòrrere *vt.* to help, to assist.
soccorritore *agg.* helpful. ♦ **soccorritore** *sm.* helper.
soccorso *sm.* help || *pronto* —, first aid.
socialdemocràtico *agg.* socialdemocratic.
socialdemocrazìa *sf.* socialdemocracy.
sociale *agg.* social.
socialismo *sm.* Socialism.
socialista *agg.* e *sm.* Socialist.
socialità *sf.* sociality.
socializzare *vt.* to socialize.
socializzazione *sf.* socialization.
società *sf.* **1.** society **2.** (*comm.*) company: — *anonima*, joint-stock company; — *a responsabilità limitata*, limited company || *entrare in* —, to enter into partnership.
sociévole *agg.* sociable.
socievolezza *sf.* sociability.
socio *sm.* **1.** member **2.** (*comm.*) partner.
sociologìa *sf.* sociology.
sociològico *agg.* sociological.
sociòlogo *sm.* sociologist.
socràtico *agg.* Socratic.
soda *sf.* soda.
sodalizio *sm.* **1.** society **2.** (*confraternita*) brotherhood.
sodare *vt.* to consolidate.
sodatura *sf.* (*tessile*) fulling.
soddisfacente *agg.* satisfactory.
soddisfare *vt.* **1.** to satisfy **2.** (*adempiere*) to fulfil **3.** (*far fronte a*) to discharge **4.** (*riparare*) to make (*v. irr.*) amends.
soddisfazione *sf.* satisfaction.
sodio *sm.* sodium.
sodo *agg.* solid, firm: *uovo* —, hard-boiled egg; *darle sode a qu.*, to strike (*v. irr.*) so. hard.
sofferente *agg.* **1.** suffering **2.** (*malaticcio*) poorly.
sofferenza *sf.* pain.
soffermare *vt.* to stop. ♦ **soffermarsi** *vr.* to stop.
soffiare *vt.* e *vi.* to blow (*v. irr.*): *soffiarsi il naso*, to blow one's nose.
soffiata *sf.* puff.
soffiato *agg.* puffed.

soffiatore *sm.* blower.
soffiatura *sf.* blowing.
sòffice *agg.* soft.
soffietto *sm.* **1.** bellows (*pl.*) **2.** (*edit.*) blurb.
soffio *sm.* puff, whiff.
soffione *sm.* **1.** blow-pipe **2.** (*geol.*) fumarole.
soffitta *sf.* garret.
soffitto *sm.* ceiling.
soffocamento *sm.* choking.
soffocante *agg.* choking: *caldo* —, sultry heat.
soffocare *vt.* **1.** to choke **2.** (*reprimere*) to repress.
soffocato *agg.* choked.
sòffoco *sm.* sultriness.
soffòndere *vt.* to suffuse.
soffrìggere *vt.* to fry slightly.
soffrire *vt.* **1.** to suffer **2.** (*sopportare*) to stand (*v. irr.*).
soffuso *agg.* suffused.
sofisma *sm.* sophism.
sofista *sm.* sophist.
sofistica *sf.* sophistry.
sofisticare *vi.* to quibble. ♦ **sofisticare** *vt.* to adulterate.
sofisticato *agg.* **1.** sophisticated **2.** (*adulterato*) adulterated.
sofisticazione *sf.* adulteration.
sofisticherìa *sf.* quibbling.
sofìstico *agg.* sophistical.
soggettista *sm.* scenario writer.
soggettivismo *sm.* subjectivism.
soggettività *sf.* subjectivity.
soggettivo *agg.* subjective.
soggetto *agg.* e *sm.* subject.
soggezione *sf.* **1.** subjection **2.** (*timidezza*) shyness.
sogghignare *vi.* to sneer.
sogghigno *sm.* sneer.
soggiacere *vi.* to be subjected
soggiogare *vt.* to subdue.
soggiornare *vi.* to stay.
soggiorno *sm.* stay: *stanza di* —, living-room.
soggiùngere *vt.* to add.
soglia *sf.* threshold.
sògliola *sf.* sole.
sognante *agg.* dreaming: *occhi sognanti*, dreamy eyes.
sognare *vt.* to dream (*v. irr.*): — *ad occhi aperti,* to have day-dreams.
sognatore *agg.* dreaming. ♦ **sognatore** *sm.* dreamer.
sogno *sm.* dream.
soia *sf.* soya.
solaio *sm.* attic.
solamente *avv.* only.
solare *agg.* **1.** solar **2.** (*radioso*) radiant.
solatìo *agg.* sunny.
solcare *vt.* **1.** to plough **2.** (*fig.*) to furrow.
solcato *agg.* **1.** ploughed **2.** (*fig.*) furrowed.
solcatura *sf.* ploughing, furrowing.
solco *sm.* **1.** (*agr.*) furrow **2.** (*ruga*) wrinkle **3.** (*mar.*) wake **4.** (*di ruota sul terreno*) track.
solcòmetro *sm.* log.
soldataglia *sf.* soldiery.
soldatesco *agg.* soldierly.
soldato *sm.* soldier.
soldo *sm.* **1.** penny **2.** (*denaro*) money **3.** (*salario*) pay: *essere al — di qu.*, to be in so.'s pay.
sole *sm.* sun: *bagno di* —, sun-bathing; *colpo di* —, sunstroke; *un giorno di* —, *senza* —, a sunny day, a sunless day; *tramonto del* —, sunset.
soleggiare *vt.* to sun-dry.
soleggiato *agg.* sunny.
solenne *agg.* solemn.
solennità *sf.* **1.** solemnity **2.** (*cerimonia*) ceremony.
solennizzare *vt.* to solemnize.
solenòide *sm.* solenoid.
solere *vi.* to use (*usato solo al passato*).
solerte *agg.* diligent.
solerzia *sf.* diligence.
soletta *sf.* sole.
solfa *sf.* **1.** scale **2.** (*fig.*) old story.
solfara *sf.* sulphur mine.
solfare *vt.* to sulphur.
solfatara *sf.* solfatara.
solfato *sm.* sulphate.
solfeggiare *vt.* to sol-fa.
solfeggio *sm.* solfeggio.
solfito *sm.* sulphite.
solfuro *sm.* sulphide.
solidale *agg.* solid (for).
solidamente *avv.* solidly.
solidarietà *sf.* solidarity.
solidarizzare *vi.* to be solid (for).
solidificare *vt.* to solidify.
solidificazione *sf.* solidification.
solidità *sf.* **1.** solidity **2.** (*di colori*) fastness.
sòlido *agg.* **1.** solid **2.** (*di colori*) fast **3.** (*fig.*) sound. ♦ **sòlido** *sm.* solid.
soliloquio *sm.* soliloquy.
solipsismo *sm.* solipsism.
solista *s.* soloist.

solitamente *avv.* usually.
solitario[1] *agg.* solitary. ♦ **solitario** *sm.* **1.** hermit **2.** (*brillante*) solitaire.
solitario[2] *sm.* (*a carte*) solitaire.
sòlito *agg.* usual, customary: *essere* —, to be used to (doing); *di* —, usually.
solitùdine *sf.* loneliness.
sollazzare *vt.* to amuse.
sollazzo *sm.* amusement.
sollecitante *agg.* urging.
sollecitare *vt.* **1.** (*far premura*) to urge **2.** (*brigare*) to solicit **3.** (*affrettare*) to hurry up.
sollecitazione *sf.* **1.** solicitation **2.** (*preghiera*) entreaty.
sollécito *agg.* **1.** (*rapido*) prompt **2.** (*preoccupato*) solicitous **3.** (*premuroso*) obliging.
sollecitùdine *sf.* **1.** (*rapidità*) promptness **2.** (*interessamento*) concern **3.** (*gentilezza*) kindness.
solleone *sm.* dog-days (*pl.*).
solleticante *agg.* alluring.
solleticare *vt.* to tickle.
sollético *sm.* **1.** tickle: *soffrire il* —, to be ticklish **2.** (*fig.*) itch.
sollevamento *sm.* lifting.
sollevare *vt.* **1.** to lift **2.** (*issare*) to hoist **3.** (*fig.*) to raise **4.** (*dar sollievo*) to relieve. ♦ **sollevarsi** *vr.* **1.** to rise (*v. irr.*) **2.** (*riaversi*) to recover **3.** (*insorgere*) to rebel.
sollevato *agg.* (*rasserenato*) cheered up.
sollevazione *sf.* (*rivolta*) rising.
sollievo *sm.* relief.
sollùchero *sm. andare in* —, to go (*v. irr.*) into raptures.
solo *agg.* **1.** alone (*pred.*): *da* —, by oneself. **2.** (*unico*) only. ♦ **solo** *avv.* only.
solstizio *sm.* solstice.
soltanto *avv.* only.
solùbile *agg.* soluble.
solubilità *sf.* solubility.
soluzione *sf.* solution.
solvente *agg.* e *sm.* solvent.
solvenza *sf.* (*comm.*) solvency.
solvìbile *agg.* solvent.
solvibilità *sf.* solvency.
soma *sf.* load, burden.
somaràggine *sf.* stupidity.
somaro *sm.* ass.
somàtico *agg.* somatic.
somigliante *agg.* alike, similar.
somiglianza *sf.* likeness.
somigliare *vi.* to look like.
somma *sf.* **1.** (*mat.*) addition **2.** (*di denaro*) sum.
sommamente *avv.* extremely.
sommare *vt.* to add.
sommariamente *avv.* summarily.
sommario *agg.* e *sm.* summary.
sommèrgere *vt.* to submerge.
sommergìbile *agg.* submersible. ♦ **sommergìbile** *sm.* submarine.
sommergibilista *sm.* submariner.
sommersione *sf.* submersion.
sommerso *agg.* submerged.
sommessamente *avv.* **1.** submissively **2.** (*a bassa voce*) in a low voice.
sommesso *agg.* **1.** submissive **2.** (*di voce*) low.
somministrare *vt.* to administer.
somministratore *sm.* giver.
somministrazione *sf.* giving.
sommissione *sf.* V. *sottomissione.*
sommità *sf.* summit, top.
sommo[1] *agg.* **1.** highest **2.** (*fig.*) supreme.
sommo[2] *sm.* summit, top.
sommossa *sf.* rising.
sommovimento *sm.* movement, agitation.
sommozzatore *sm.* frogman (*pl.* -men).
sommuòvere *vt.* to stir up.
sonagliera *sf.* collar with bells.
sonaglio *sm.* **1.** harness-bell **2.** (*giocattolo*) rattle || *serpente a sonagli,* rattlesnake.
sonante *agg.* resounding || *denaro* —, ready money.
sonare *vt.* **1.** to sound **2.** (*musica*) to play **3.** (*di orologio*) to strike (*v. irr.*). ♦ **sonare** *vi.* (*di campanello*) to ring (*v. irr.*).
sonata *sf.* (*mus.*) sonata.
sonatore *sm.* player.
sonda *sf.* **1.** (*mar.*) sounding line **2.** (*med.*) probe **3.** (*min.*) drill.
sondaggio *sm.* **1.** sounding **2.** (*med.*) probing **3.** (*min.*) drilling.
sondare *vt.* **1.** to sound **2.** (*fig.*) to throw (*v. irr.*) out.
sonerìa *sf.* **1.** (*di orologio*) striking-mechanism **2.** alarm.
sonetto *sm.* sonnet.
sonnacchiosamente *avv.* drowsily.
sonnacchioso *agg.* **1.** sleepy **2.** (*fig.*) torpid.
sonnambulismo *sm.* sleep-walking.
sonnàmbulo *sm.* sleep-walker.
sonnecchiare *vi.* to doze.
sonnellino *sm.* nap.

sonnìfero *sm.* sleeping pills (*pl.*).
sonno *sm.* sleep: — *profondo,* sound sleep.
sonnolento *agg.* drowsy.
sonnolenza *sf.* drowsiness.
sonoramente *avv.* sonorously.
sonorità *sf.* sonority.
sonorizzare *vt.* to post-score.
sonorizzazione *sf.* post-scoring.
sonoro *agg.* **1.** sonorous **2.** (*rumoroso*) loud **3.** (*cine*) sound.
sontuosamente *avv.* sumptuously.
sontuosità *sf.* sumptuousness.
sontuoso *agg.* sumptuous.
soperchierìa *sf.* V. *soverchierìa.*
sopire *vt.* **1.** to make (*v. irr.*) drowsy **2.** (*calmare*) to soothe.
sopore *sm.* doze.
soporìfero *agg.* soporific.
sopperire *vi.* **1.** to provide (for) **2.** (*supplire*) to make (*v. irr.*) up (for).
soppesare *vt.* **1.** to weigh in one's hand **2.** (*considerare*) to weigh.
soppiantare *vt.* to supplant.
soppiatto (*nella loc. avv.*) *di* —, stealthily.
sopportàbile *agg.* bearable.
sopportabilità *sf.* bearableness.
sopportabilmente *avv.* bearably.
sopportare *vt.* to bear (*v. irr.*).
sopportazione *sf.* endurance.
soppressare *vt.* to press.
soppressione *sf.* **1.** suppression **2.** (*abolizione*) abolition.
soppresso *agg.* **1.** suppressed **2.** (*abolito*) abolished.
sopprìmere *vt.* **1.** to suppress **2.** (*abolire*) to abolish.
sopra *prep.* **1.** (*con contatto*) on, upon **2.** (*senza contatto*) over **3.** (*al di sopra*) above. ♦ **sopra** *avv.* **1.** above **2.** (*al piano superiore*) upstairs.
soprabbondanza *sf.* V. *sovrabbondanza.*
soprabbondare *vi.* V. *sovrabbondare.*
sopràbito *sm.* overcoat.
sopraccaricare *vt.* V. *sovraccaricare.*
sopraccàrico *sm.* V. *sovraccàrico.*
sopraccennato *agg.* above-mentioned.
sopracciglio *sm.* eyebrow.
sopraccitato *agg.* V. *sopraddetto.*
sopraccoperta *sf.* **1.** (*di libro*) jacket **2.** (*di letto*) counterpane. ♦ **sopraccoperta** *avv.* (*mar.*) on deck.
sopraddetto *agg.* above-mentioned.
sopraelevare *vt.* **1.** (*edil.*) to increase the height of **2.** (*di strade, rotaie ecc.*) to bank.
sopraelevazione *sf.* **1.** (*edil.*) heightening **2.** (*di strade, rotaie ecc*). superelevation.
sopraffare *vt.* to overwhelm.
sopraffazione *sf.* **1.** overwhelming **2.** (*abuso*) abuse.
sopraffino *agg.* first-rate.
sopraggiùngere *vi.* **1.** to arrive **2.** (*accadere*) to happen.
sopraggiunta *sf.* addition.
sopraindicato *agg.* V. *sopraddetto.*
sopralluogo *sm.* investigation on the spot.
soprammercato (*nella loc. avv.*) *per* —, moreover.
soprammèttere *vt.* to place on.
soprammòbile *sm.* knick-knack.
soprannaturale *agg.* supernatural.
soprannome *sm.* nickname.
soprannominare *vt.* to nickname.
soprannùmero *sm.* excess.
soprano *sm.* soprano.
soprappassaggio *sm.* overbridge.
soprappensiero *avv.* lost in thought.
soprappiù *sm.* extra, addition.
soprapprezzo *sm.* extra charge.
soprascarpa *sf.* galosh.
soprascritta *sf.* inscription.
soprascritto *agg.* above-written.
soprasensìbile *agg.* supersensible.
soprassalto *sm.* jerk: *di* —, all of a sudden.
soprassedere *vi.* **1.** to wait **2.** (*rimandare*) to postpone.
soprassoldo *sm.* extra pay.
soprastruttura *sf.* superstructure.
soprattassa *sf.* extra tax.
soprattutto *avv.* above all.
sopravanzare *vt.* **1.** (*superare*) to surpass **2.** (*avanzare*) to be left over.
sopravanzo *sm.* surplus.
sopravvalutare *vt.* to overrate.
sopravvenire *vi.* **1.** (*di persone*) to turn up **2.** (*di cose*) to come (*v. irr.*) about.
sopravvento *sm.* **1.** (*mar.*) windward **2.** (*fig.*) upper hand: *prendere il* —, to get (*v. irr.*) the upper hand.
sopravvissuto *agg.* e *sm.* surviving. ♦ **sopravvissuto** *sm.* survivor.
sopravvivenza *sf.* survival.

sopravvìvere *vi.* to survive.
sopruso *sm.* abuse of power.
soqquadro *sm.* confusion: *a* —, topsy-turvy.
sorbettare *vt.* to freeze (*v. irr.*).
sorbetto *sm.* sherbet.
sorbire *vt.* to sip. ♦ **sorbirsi** *vr.* to put (*v. irr.*) up with.
sorcio *sm.* mouse (*pl.* mice).
sordamente *avv.* dully.
sordidamente *avv.* filthily.
sordidezza *sf.* filthiness.
sòrdido *agg.* filthy.
sordina *sf.* (*mus.*) mute: *in* — (*fig.*), on the sly.
sordità *sf.* deafness.
sordo *agg.* deaf.
sordomuto *sm.* deaf-mute.
sorella *sf.* sister.
sorellastra *sf.* half-sister.
sorgente *sf.* spring, source.
sòrgere *vi.* to rise (*v. irr.*).
sorgiva *sf.* spring-water.
sorgivo *agg.* spring (*attr.*).
soriano *agg.* syrian: *gatto* —, tabby cat.
sormontare *vt.* **1.** to surmount **2.** (*superare*) to overcome (*v. irr.*).
sornione *agg.* sly. ♦ **sornione** *sm.* sly person.
sorpassare *vt.* **1.** to overtake (*v. irr.*) **2.** (*sport*) to outrun (*v. irr.*).
sorpassato *agg.* old-fashioned.
sorpasso *sm.* overtaking.
sorprendente *agg.* surprising.
sorprèndere *vt.* **1.** (*cogliere inaspettatamente*) to catch (*v. irr.*) **2.** (*meravigliare*) to surprise.
sorpresa *sf.* surprise: *di* —, by surprise.
sorrèggere *vt.* to support.
sorridente *agg.* smiling.
sorrìdere *vi.* **1.** to smile **2.** (*attrarre*) to appeal.
sorriso *sm.* smile.
sorsata *sf.* sip.
sorseggiare *vt.* to sip.
sorso *sm.* gulp, sip.
sorta *sf.* kind, sort.
sorte *sf.* **1.** destiny, lot **2.** (*avvenire*) future.
sorteggiare *vt.* to draw (*v. irr.*) lots (for).
sorteggio *sm.* draw.
sortilegio *sm.* witchcraft.
sortire[1] *vt.* to get (*v. irr.*).
sortire[2] *vi.* to come (*v. irr.*) out.
sortita *sf.* sally.
sorvegliante *sm.* overseer.
sorveglianza *sf.* overseeing.
sorvegliare *vt.* to oversee (*v. irr.*).
sorvolare *vt.* **1.** to fly (*v. irr.*) over **2.** (*passar sopra*) to pass over.
sorvolo *sm.* flying over.
sosia *sm.* double.
sospèndere *vt.* **1.** (*attaccare*) to suspend **2.** (*interrompere*) to defer.
sospensione *sf.* **1.** (*incertezza; chim.*) suspension **2.** (*interruzione*) interruption.
sospensiva *sf.* suspension.
sospensivo *agg.* suspensive.
sospeso *agg.* **1.** hanging **2.** (*interrotto*) suspended.
sospettàbile *agg.* liable to suspicion.
sospettare *vt.* to suspect.
sospetto *sm.* suspicion.
sospettosamente *avv.* suspiciously.
sospettoso *agg.* suspicious.
sospìngere *vt.* to drive (*v. irr.*) || *ad ogni piè sospinto*, at every moment.
sospirare *vi.* **1.** to sigh **2.** (*fig.*) to pine. ♦ **sospirare** *vt.* to long (for).
sospirato *agg.* (*desiderato*) longed for.
sospiro *sm.* sigh.
sosta *sf.* **1.** (*fermata*) stop **2.** (*pausa*) pause.
sostantivamente *avv.* substantively.
sostantivare *vt.* to substantivize.
sostantivo *sm.* substantive, noun.
sostanza *sf.* substance || *in* — (*in breve*), in short.
sostanziale *agg.* substantial.
sostanzialmente *avv.* substantially.
sostanzioso *agg.* substantial.
sostare *vi.* to stop.
sostegno *sm.* support.
sostenere *vt.* **1.** to support **2.** (*affermare*) to maintain **3.** (*tener alto*) to keep (*v. irr.*) up.
sostenìbile *agg.* **1.** supportable **2.** (*di opinioni*) maintainable.
sostenimento *sm.* **1.** support **2.** (*sostentamento*) sustenance.
sostenitore *sm.* supporter.
sostentamento *sm.* sustenance.
sostenuto *agg.* **1.** stiff, distant **2.** (*comm.*) steady.
sostituìbile *agg.* replaceable.
sostituire *vt.* to replace.
sostituto *sm.* substitute.
sostituzione *sf.* replacement.
sostrato *sm.* substratum (*pl.* -ta).

sottacere *vt.* to keep (*v. irr.*) (sthg.) from.
sottaceti *sm. pl.* pickles.
sottana *sf.* **1.** skirt **2.** (*di prete*) cassock.
sottecchi (*nella loc. avv.*) *di —*, stealthily.
sotterfugio *sm.* subterfuge.
sotterramento *sm.* burial.
sotterrànea *sf.* underground.
sotterràneo *agg.* underground. ♦ **sotterràneo** *sm.* **1.** (*di basilica*) vault **2.** (*di castello*) dungeon.
sotterrare *vt.* to bury.
sottigliezza *sf.* **1.** thinness **2.** (*acutezza*) subtlety.
sottile *agg.* **1.** thin **2.** (*fig.*) subtle.
sottilizzare *vi.* to split (*v. irr.*) hairs.
sottilmente *avv.* **1.** finely **2.** (*con acutezza*) subtly.
sottintèndere *vt.* to imply.
sottinteso *agg.* implied. ♦ **sottinteso** *sm.* allusion.
sotto *prep.* **1.** under **2.** (*al di sotto, più in basso*) below, beneath **3.** (*in espressioni di tempo*) — *Natale*, at Christmas; *essere — gli esami*, to be close to the exams. ♦ **sotto** *avv.* **1.** underneath, below **2.** (*al piano di sotto*) downstairs.
sottobanco *loc. avv.* underthe-counter.
sottobosco *sm.* underbrush.
sottocchio *avv.* in front of: *tenere qc. —*, to keep (*v. irr.*) an eye on sthg.
sottochiave *avv.* under lock and key.
sottocoperta *sf.* (*mar.*) below deck.
sottocoppa *sf.* saucer.
sottocutàneo *agg.* subcutaneous.
sottofondo *sm.* **1.** (*edil.*) foundation **2.** (*sfondo*) background.
sottogamba (*nella loc. avv.*) *prendere qc. —*, to make (*v. irr.*) light of sthg.
sottolineare *vt.* **1.** to underline **2.** (*fig.*) to lay (*v. irr.*) stress (on).
sottolineatura *sf.* underlining.
sottomano *avv.* **1.** (*di nascosto*) underhand **2.** (*a portata di mano*) at hand.
sottomarino *agg.* e *sm.* submarine.
sottomesso *agg.* **1.** subdued **2.** (*obbediente*) submissive.
sottométtere *vt.* to subject. ♦ **sottométtersi** *vr.* to submit (oneself).
sottomissione *sf.* **1.** subdual **2.** (*obbedienza*) submission.
sottopassaggio *sm.* subway.
sottoporre *vt.* **1.** (*al giudizio di qu.*) to submit **2.** (*subire, far subire*) to subject **3.** (*esporre*) to expose.
sottoposto *sm.* subordinate.
sottoprodotto *sm.* by-product.
sottoscritto *agg.* subscribed. ♦ **sottoscritto** *sm.* undersigned.
sottoscrìvere *vt.* **1.** to sign **2.** (*comm.*) to underwrite. ♦ **sottoscrìvere** *vi.* to subscribe.
sottoscrizione *sf.* subscription.
sottosegretario *sm.* under-secretary.
sottosopra *avv.* **1.** upside down **2.** (*in disordine*) topsy-turvy.
sottospecie *sf.* subspecies (*invariato al pl.*).
sottostante *agg.* below.
sottostare *vi.* **1.** (*essere sotto*) to be below **2.** (*essere soggetto*) to be subjected **3.** (*sottomettersi*) to submit.
sottosuolo *sm.* subsoil.
sottotenente *sm.* second lieutenant.
sottotìtolo *sm.* subtitle.
sottovalutare *vt.* to undervalue.
sottovento *avv.* (*mar.*) leeward.
sottoveste *sf.* petticoat.
sottovoce *avv.* in a low voice.
sottrarre *vt.* **1.** (*mat.*) to subtract **2.** (*portar via*) to take (*v. irr.*) away **3.** (*rubare*) to steal (*v. irr.*) **4.** (*salvare da*) to deliver. ♦ **sottrarsi** *vr.* to avoid (sthg.).
sottrazione *sf.* subtraction.
sottufficiale *sm.* non-commissioned officer.
sovente *avv.* often, frequently.
soverchiare *vi.* to overcome (*v. irr.*).
soverchierìa *sf.* oppression.
soviètico *agg.* e *sm.* Soviet.
sovrabbondante *agg.* superabundant.
sovrabbondanza *sf.* superabundance.
sovrabbondare *vi.* to superabound.
sovraccaricare *vt.* to overload.
sovraccàrico *sm.* overload.
sovraccoperta *sf.* e *avv.* V. *sopraccoperta.*
sovranità *sf.* **1.** sovereignty **2.** (*supremazia*) supremacy.
sovrannaturale *agg.* V. *soprannaturale.*

sovrano *agg.* sovereign.
sovrappopolare *vt.* to overpopulate.
sovrappopolato *agg.* overpopulated.
sovrappopolazione *sf.* overpopulation.
sovrapporre *vt.* to superimpose.
sovrapposizione *sf.* superimposition.
sovrastampa *sf.* overprint.
sovrastante *agg.* impending, overhanging.
sovrastare *vi.* **1.** to overhang (*v. irr.*) over **2.** (*fig.*) to impend **3.** (*essere superiore*) to be superior.
sovreccedente *agg.* superabundant.
sovreccedenza *sf.* surplus.
sovreccitàbile *agg.* overexcitable.
sovreccitabilità *sf.* overexcitability.
sovreccitare *vt.* to overexcite.
sovreccitazione *sf.* overexcitement.
sovrimposta *sf.* additional tax.
sovrimpressione *sf.* (*foto; cine*) superimposure.
sovrintendente *sm.* superintendent.
sovrintendenza *sf.* superintendence.
sovrumano *agg.* superhuman.
sovvenzionare *vt.* to subsidize.
sovvenzione *sf.* subsidy.
sovversione *sf.* overthrow.
sovversivo *agg.* subversive. ♦ **sovversivo** *sm.* subverter.
sovvertimento *sm.* subversion.
sovvertire *vt.* to overthrow (*v. irr.*).
sozzo *agg.* filthy.
sozzume *sm.* filth.
spaccalegna *sm.* wood-cutter.
spaccamontagne *sm.* braggart.
spaccapietre *sm.* stone-breaker.
spaccare *vt.* **1.** to split (*v. irr.*) **2.** (*rompere*) to break (*v. irr.*) || *il mio orologio spacca il minuto*, my watch is dead right; *il sole spacca le pietre*, the sun is blazing down.
spaccatura *sf.* split, cleft.
spacchettare *vt.* to unpack.
spacciare *vt.* **1.** (*vendere*) to sell (*v. irr.*) **2.** (*mettere in circolazione*) to circulate **3.** (*far credere*) to make (*v. irr.*) (so.) believe **4.** (*uccidere*) to kill. ♦ **spacciarsi** *vr.* to pretend to be || *lo danno per spacciato* (*di malato*), they give him up.
spacciato *agg.* done for.
spacciatore *sm.* **1.** seller **2.** (*di monete false*) forger.
spaccio *sm.* **1.** shop **2.** (*vendita*) sale.
spacco *sm.* **1.** split **2.** (*di abiti*) vent.
spacconata *sf.* bluff.
spaccone *sm.* boaster.
spada *sf.* sword.
spadaccino *sm.* fencer.
spadino *sm.* court-sword.
spadroneggiare *vi.* to lord it.
spaesato *agg.* (*fig.*) lost.
spaghetto *sm.* **1.** (*piccolo spago*) string **2.** (*fam.*) (*paura*) fright.
spagliare *vt.* to take (*v. irr.*) the straw off.
spagnoletta *sf.* **1.** (*di filo*) spool **2.** (*arachide*) peanut.
spagnolismo *sm.* Hispanicism.
spagnolo *agg.* Spanish. ♦ **spagnolo** *sm.* Spaniard.
spago *sm.* string.
spaiare *vt.* to uncouple.
spaiato *agg.* odd.
spalancare *vt.* to open wide.
spalancato *agg.* wide open.
spalare *vt.* to shovel away.
spalatore *sm.* shoveller.
spalatura *sf.* shovelling.
spalla *sf.* **1.** shoulder **2.** (*pl.*) back (*sing.*) **3.** (*teat.*) stooge man || *alle spalle*, behind; *vivere alle spalle di qu.*, to live on so.
spallata *sf.* **1.** push with the shoulders **2.** (*alzata di spalle*) shrug.
spalleggiare *vt.* to back.
spalletta *sf.* parapet.
spalliera *sf.* **1.** back **2.** (*di piante*) espalier.
spallina *sf.* **1.** shoulder-strap **2.** (*mil.*) epaulette.
spalluccia *sf.* *far spallucce*, to shrug one's shoulders.
spalmare *vt.* to smear.
spalto *sm.* glacis.
spampanare *vt.* to strip a vine of its leaves.
spàndere *vt.* **1.** to spread (*v. irr.*) **2.** (*versare*) to shed (*v. irr.*) **3.** (*scialacquare*) to squander.
spanna *sf.* span.
spannare *vt.* to skim.
spannocchiare *vt.* to husk.
spappolare *vt.* to pulp. ♦ **spappolarsi** *vr.* to become (*v. irr.*) mushy.
sparare[1] *vt.* to shoot (*v. irr.*), to fire.

sparare[2] *vt.* (*squartare*) to split (*v. irr.*).
sparata *sf.* **1.** discharge **2.** (*spacconata*) brag.
sparato *sm.* (*di camicia*) shirt-front.
sparatore *sm.* shooter.
sparatoria *sf.* shooting.
sparecchiare *vt.* to clear.
spareggio *sm.* **1.** disparity **2.** (*sport*) deciding game.
spàrgere *vt.* **1.** to scatter **2.** (*divulgare*) to spread (*v. irr.*) **3.** (*versare; di luce*) to shed (*v. irr.*).
spargimento *sm.* **1.** spreading **2.** (*versamento*) shedding || — *di sangue*, bloodshed.
sparigliare *vt.* to unmatch.
sparire *vi.* to disappear.
sparizione *sf.* disappearance.
sparlare *vi.* to speak (*v. irr.*) badly.
sparo *sm.* shot.
sparpagliare *vt.* to scatter. ♦ **sparpagliarsi** *vr.* to scatter.
sparso *agg.* **1.** (*versato*) shed **2.** (*sciolto*) loose.
spartano *agg.* Spartan.
spartiacque *sm.* watershed.
spartineve *sm.* snow-plough.
spartire *vt.* to share out.
spartito *sm.* score.
spartizione *sf.* sharing.
sparuto *agg.* lean, spare.
sparviero *sm.* sparrow-hawk.
spasimante *sm.* wooer.
spasimare *vi.* **1.** to suffer agonies **2.** (*fig.*) to yearn.
spàsimo *sm.* pang.
spasmo *sm.* spasm.
spasmodicamente *avv.* spasmodically.
spasmòdico *agg.* spasmodic.
spassare *vt.* to amuse || *spassarsela*, to have a very good time.
spassionato *agg.* impartial.
spasso *sm.* **1.** amusement: *che —!*, what fun! **2.** (*passeggiata*) *andare a —*, to go (*v. irr.*) for a walk; *essere a —*, to be out of work.
spassoso *agg.* funny, amusing.
spàstico *agg.* spastic.
spato *sm.* spar.
spàtola *sf.* broad knife.
spatriare *vt.* V. *espatriare.*
spauracchio *sm.* **1.** scarecrow **2.** (*fig.*) bugbear.
spaurire *vt.* to frighten. ♦ **spaurirsi** *vr.* to get (*v. irr.*) frightened.
spaurito *agg.* frightened.
spavalderìa *sf.* boldness.
spavaldo *agg.* bold, arrogant.
spaventapàsseri *sm.* scarecrow.
spaventare *vt.* to frighten, to scare. ♦ **spaventarsi** *vr.* to be frightened.
spaventato *agg.* frightened, scared.
spavento *sm.* fright.
spaventoso *agg.* dreadful, frightful.
spaziale *agg.* space (*attr.*).
spaziare *vt.* to space. ♦ **spaziare** *vi.* to range.
spaziatura *sf.* spacing.
spazieggiare *vt.* to space.
spazientirsi *vr.* to lose (*v. irr.*) one's patience.
spazio *sm.* **1.** space **2.** (*posto*) room.
spazioso *agg.* wide.
spazzacamino *sm.* chimney-sweep.
spazzamine *sm.* mine-sweeper.
spazzaneve *sm.* snow-plough.
spazzare *vt.* to sweep (*v. irr.*).
spazzata *sf.* sweep.
spazzatura *sf.* (*rifiuti*) sweepings (*pl.*): *bidone della —*, dust-bin; *carro della —*, dust-cart.
spazzino *sm.* **1.** road-sweeper **2.** (*spazzaturaio*) dustman (*pl.* -men).
spàzzola *sf.* brush || *capelli a —*, crew-cut.
spazzolare *vt.* to brush.
spazzolata *sf.* brush.
spazzolino *sm.* (small) brush: *— da denti*, tooth-brush.
spazzolone *sm.* scrubbing-brush.
specchiarsi *vr.* **1.** to look at oneself in a mirror **2.** (*riflettersi*) to be mirrored.
specchiera *sf.* looking-glass.
specchietto *sm.* **1.** hand-mirror **2.** (*tabella*) table || *— retrovisore*, driving-mirror.
specchio *sm.* **1.** mirror **2.** (*prospetto*) register **3.** (*modello*) model || *— d'acqua*, sheet of water.
speciale *agg.* special.
specialista *s.* specialist.
specialità *sf.* speciality.
specializzare *vt.* to specialize. ♦ **specializzarsi** *vr.* to specialize.
specializzazione *sf.* specialization.
specie *sf.* **1.** kind **2.** (*scientifico; teol.*) species (*pl. invariato*) || *far —*, to surprise.
specificamente *avv.* specifically.
specificare *vt.* to specify.
specificazione *sf.* specification.
specìfico *agg.* e *sm.* specific.
specioso *agg.* specious.

speculare[1] *vi.* to speculate (on): — *al rialzo, al ribasso,* to speculate for the advance, for the fall.
speculare[2] *agg.* mirror-like.
speculativo *agg.* speculative.
speculatore *agg.* speculative. ♦ **speculatore** *sm.* speculator.
speculazione *sf.* speculation.
spedire *vt.* **1.** to send (*v. irr.*) **2.** (*via mare*) to ship **3.** (*via terra*) to forward.
speditamente *avv.* **1.** quickly **2.** (*correntemente*) fluently.
speditezza *sf.* **1.** quickness **2.** (*nel parlare*) fluency.
spedito *agg.* **1.** (*svelto*) quick **2.** (*nel parlare*) fluent.
speditore *sm.* sender.
spedizione *sf.* **1.** forwarding **2.** (*per mare*) shipment **3.** (*di lettere, pacchi*) dispatch **4.** (*scientifico; mil.*) expedition || — *per via aerea,* air--freight.
spedizioniere *sm.* forwarding agent.
spègnere *vt.* **1.** (*un fuoco*) to put (*v. irr.*) out **2.** (*gas, luce ecc.*) to turn off **3.** (*fig.*) to stifle || — *la sete,* to quench one's thirst. ♦ **spègnersi** *vr.* **1.** to go (*v. irr.*) out **2.** (*fig.*) to fade **3.** (*morire*) to pass away.
spegnimento *sm.* extinction.
spegnitoio *sm.* snuffer.
spelacchiare *vt.* to tear (*v. irr.*) out the hair of. ♦ **spelacchiarsi** *vr.* to lose (*v. irr.*) one's hair.
spelacchiato *agg.* **1.** scanty-haired **2.** (*di stoffe, pellicce*) worn-out.
spelare *vt.* to balden. ♦ **spelarsi** *vr.* V. *spelacchiarsi.*
spelato *agg.* **1.** hairless **2.** (*di indumento*) worn.
spelatura *sf.* **1.** hairless patch **2.** (*di indumento*) worn patch.
speleologìa *sf.* speleology.
speleològico *agg.* speleological.
speleòlogo *sm.* speleologist.
spellare *vt.* to skin. ♦ **spellarsi** *vr.* to peel.
spellatura *sf.* **1.** skinning **2.** (*parte spellata*) graze.
spelonca *sf.* den.
spendaccione *sm.* spendthrift.
spèndere *vt.* to spend (*v. irr.*) (*anche fig.*).
spennacchiare *vt.* to pluck. ♦ **spennacchiarsi** *vr.* to lose (*v. irr.*) one's feathers.
spennare *vt.* to pluck.
spennellare *vt.* **1.** to brush **2.** (*med.*) to paint.
spennellata *sf.* touch of the brush.
spennellatura *sf.* (*med.*) painting.
spensieratamente *avv.* thoughtlessly.
spensieratezza *sf.* thoughtlessness.
spensierato *agg.* thoughtless.
spento *agg.* **1.** extinguished, out (*pred.*) **2.** (*estinto*) extinct **3.** (*smorto*) dull.
speràbile *agg.* to be hoped (for).
speranza *sf.* hope.
speranzoso *agg.* hopeful.
sperare *vt.* e *vi.* to hope (for sthg., in so.).
spèrdersi *vr.* **1.** to get (*v. irr.*) lost **2.** (*dileguare*) to vanish.
sperduto *agg.* **1.** scattered **2.** (*isolato*) secluded **3.** (*smarrito*) lost.
sperequazione *sf.* inequality.
spergiurare *vi.* to swear (*v. irr.*) falsely: *giurare e —,* to swear again and again.
spergiuro *sm.* **1.** perjury **2.** (*di persona*) perjurer.
spericolato *agg.* reckless. ♦ **spericolato** *sm.* daredevil.
sperimentale *agg.* experimental.
sperimentalismo *sm.* experimentalism.
sperimentalmente *avv.* experimentally.
sperimentare *vt.* **1.** to experiment (with) **2.** (*mettere alla prova*) to test.
sperimentato *agg.* **1.** (*provato*) tried **2.** (*esperto*) experienced.
sperimentatore *sm.* experimenter.
sperimentazione *sf.* experimentation.
sperma *sm.* sperm.
spermatozoo *sm.* spermatozoon (*pl.* -zoa).
speronare *vt.* **1.** (*mar.*) to ram **2.** (*un cavallo*) to spur.
speronata *sf.* **1.** (*mar.*) ramming **2.** (*colpo di sperone*) spur.
sperone *sm.* V. *sprone.*
sperperamento *sm.* squandering.
sperperare *vt.* to squander.
sperperatore *sm.* squanderer.
spèrpero *sm.* dissipation.
sperticato *agg.* excessive.
spesa *sf.* **1.** expense: *far fronte a una —,* to meet (*v. irr.*) an expense **2.** (*compera*) shopping: *andare a far spese,* to go (*v. irr.*) shopping.

spesare *vt.* to maintain.
spesato *agg.* *essere* —, to have all expenses paid.
spessire *vt.* to thicken. ♦ **spessirsi** *vr.* to thicken.
spesso[1] *agg.* **1.** thick **2.** (*frequente*) frequent.
spesso[2] *avv.* often.
spessore *sm.* thickness.
spettàbile *agg.* respectable.
spettàcolo *sm.* **1.** spectacle **2.** (*teat.*) performance.
spettacoloso *agg.* spectacular.
spettante *agg.* due.
spettanze *sf. pl.* dues.
spettare *vi.* **1.** to be (for so.) **2.** (*essere dovuto*) to be due.
spettatore *sm.* **1.** spectator **2.** (*testimone*) witness || *gli spettatori,* the audience.
spettegolare *vi.* to gossip.
spettinare *vt.* to ruffle so.'s hair. ♦ **spettinarsi** *vr.* to ruffle one's hair.
spettinato *agg.* uncombed.
spettrale *agg.* spectral.
spettro *sm.* **1.** ghost **2.** (*fis.*) spectrum (*pl.* -ra).
spettroscopìa *sf.* spectroscopy.
spettroscòpico *agg.* spectroscopic(al).
spettroscopio *sm.* spectroscope.
speziale *sm.* (*farmacista*) chemist.
spezie *sf. pl.* spices.
spezzàbile *agg.* breakable.
spezzare *vt.* to break (*v. irr.*). ♦ **spezzarsi** *vr.* to break.
spezzatino *sm.* stew.
spezzato *agg.* broken.
spezzettamento *sm.* chopping.
spezzettare *vt.* to chop.
spezzone *sm.* **1.** (*mil.*) incendiary bomb **2.** (*metal.*) cut-down size.
spia *sf.* **1.** spy **2.** (*indizio*) evidence **3.** (*di porta*) peep-hole || — *luminosa,* warning light; *fare la* —, to play the spy.
spiaccicare *vt.* to squash. ♦ **spiaccicarsi** *vr.* to get (*v. irr.*) squashed.
spiacente *agg.* sorry.
spiacere *vi.* V. *dispiacere.*
spiacévole *agg.* unpleasant.
spiacevolmente *avv.* unpleasantly.
spiaggia *sf.* **1.** beach **2.** (*riva*) (sea)shore.
spianamento *sm.* **1.** levelling **2.** (*il radere al suolo*) razing.
spianare *vt.* **1.** to level **2.** (*radere al suolo*) to raze **3.** (*appianare, lisciare*) to smooth. ♦ **spianarsi** *vr.* to become (*v. irr.*) smooth.
spianata *sf.* **1.** levelling **2.** (*luogo spianato*) open space **3.** (*arch.*) esplanade **4.** (*in un bosco*) clearing.
spianato *agg.* **1.** levelled **2.** (*liscio*) smooth.
spiano (*nella loc. avv.*) *a tutto* —, profusely; (*sodo*) hard.
spiantare *vt.* **1.** to pull out **2.** (*rovinare*) to ruin. ♦ **spiantarsi** *vr.* (*rovinarsi*) to go (*v. irr.*) to ruin.
spiantato *agg.* (*fig.*) penniless. ♦ **spiantato** *sm.* (*fig.*) pauper.
spiare *vt.* **1.** to spy (upon) **2.** (*aspettare*) to watch (for).
spiattellare *vt.* to blab (out).
spiazzo *sm.* **1.** open space **2.** (*nel bosco*) clearing.
spiccare *vt.* **1.** to pick **2.** (*tagliare*) to cut (*v. irr.*) off **3.** (*pronunciare*) to enunciate distinctly **4.** (*emettere*) to issue || — *un salto,* to take (*v. irr.*) a leap; — *il volo,* to fly (*v. irr.*) up; — *una tratta,* to draw (*v. irr.*) a bill. ♦ **spiccare** *vi.* to stand (*v. irr.*) out.
spiccatamente *avv.* distinctly.
spiccato *agg.* **1.** (*marcato*) marked **2.** (*nitido*) clear.
spicchio *sm.* **1.** slice **2.** (*di agrumi*) segment **3.** (*di aglio*) clove **4.** (*geom.*) sector || *a spicchi,* sliced.
spicciare *vt.* to dispatch. ♦ **spicciarsi** *vr.* to hurry up.
spicciativo *agg.* V. *spiccio.*
spiccicare *vt.* **1.** to detach **2.** (*pronunciare*) to utter.
spiccio *agg.* **1.** quick **2.** (*franco*) straightforward || *andar per le spicce,* to go (*v. irr.*) straight to the point; *moneta spiccia,* small change.
spicciolata (*nella loc. avv.*) *alla* —, few at a time.
spìccioli *sm. pl.* change (*solo sing.*).
spicco *sm.* *far* —, to stand (*v. irr.*) out.
spidocchiare *vt.* to delouse.
spiedo *sm.* spit.
spiegàbile *agg.* explainable.
spiegamento *sm.* **1.** spreading out **2.** (*mil.*) deployment.
spiegare *vt.* **1.** to explain **2.** (*stendere*) to spread (*v. irr.*) out **3.** (*di vele*) to unfurl **4.** (*mil.*) to deploy. ♦ **spiegarsi** *vr.* **1.** (*farsi*

capire) to make (*v. irr.*) oneself understood **2.** (*stendersi*) to spread out.
spiegazione *sf.* explanation.
spiegazzare *vt.* to crumple.
spietatamente *avv.* ruthlessly.
spietatezza *sf.* ruthlessness.
spietato *agg.* ruthless.
spifferare *vt.* to blurt out.
spìffero *sm.* draught.
spiga *sf.* **1.** spike **2.** (*di cereali*) ear.
spigare *vi.* to ear.
spighetta *sf.* braid.
spigliatamente *avv.* easily.
spigliatezza *sf.* ease.
spigliato *agg.* easy.
spigo *sm.* lavender.
spigolare *vt.* to glean (*anche fig.*).
spigolatore *sm.* gleaner.
spigolatrice *sf.* gleaner.
spigolatura *sf.* gleaning.
spìgolo *sm.* edge.
spigoloso *agg.* edgy.
spilla *sf.* **1.** pin **2.** (*gioiello*) brooch.
spillare *vt.* **1.** to draw (*v. irr.*) **2.** (*fig.*) to worm.
spillo *sm.* pin: — *da balia,* safety-pin.
spillone *sm.* (*per cappello*) hat-pin.
spilorcerìa *sf.* stinginess.
spilorcio *agg.* stingy. ♦ **spilorcio** *sm.* miser.
spilungona *sf.* lanky woman.
spilungone *sm.* lanky man.
spina *sf.* **1.** thorn **2.** (*lisca*) fishbone **3.** (*elettr.*) plug **4.** (*mecc.*) pin **5.** (*di botte*) bung **6.** (*fig.*) sorrow, grief || — *dorsale,* backbone; *a — di pesce,* herring-bone.
spinacio *sm.* spinach (*solo sing.*).
spinale *agg.* spinal.
spinare *vt.* (*pesce*) to bone.
spinato *agg.* (*a spina di pesce*) herring-bone || *filo —,* barbed wire.
spinetta *sf.* spinet.
spìngere *vt.* **1.** to push **2.** (*condurre*) to drive (*v. irr.*) **3.** (*stimolare*) to urge **4.** (*portare*) to carry. ♦ **spìngersi** *vr.* to push.
spino *sm.* thorn.
spinone *sm.* (*cane*) griffon.
spinosità *sf.* thorniness.
spinoso *agg.* thorny.
spinta *sf.* **1.** push **2.** (*stimolo*) incentive **3.** (*mecc.; edil.*) thrust.
spinterògeno *sm.* (battery) coil ignition.
spinto *agg.* **1.** (*eccessivo*) excessive **2.** (*audace*) risky.
spintone *sm.* shove || *farsi avanti a spintoni,* to elbow one's way forward.
spiombare *vt.* to unseal.
spionaggio *sm.* espionage.
spioncino *sm.* peep-hole.
spione *sm.* spy.
spiovente *agg.* **1.** drooping **2.** (*inclinato*) sloping. ♦ **spiovente** *sm.* **1.** slope **2.** (*sport*) high kick.
spiòvere *vi.* **1.** to stop raining **2.** (*ricadere*) to come (*v. irr.*) down.
spira *sf.* coil.
spiraglio *sm.* **1.** small hole **2.** (*barlume*) gleam.
spirale *sf.* **1.** spiral **2.** (*molla*) spring.
spirante *agg.* **1.** (*soffiante*) blowing **2.** (*morente*) passing away **3.** (*esalante*) exhaling.
spirare *vi.* **1.** (*soffiare*) to blow (*v. irr.*) **2.** (*morire*) to pass away **3.** (*scadere*) to expire **4.** (*emanare*) to emanate. ♦ **spirare** *vt.* to exhale.
spiritato *agg.* **1.** possessed **2.** (*spaventato*) frightened.
spirìtico *agg.* spiritualistic.
spiritismo *sm.* spiritualism.
spiritista *s.* spiritualist.
spiritìstico *agg.* V. *spiritico.*
spìrito *sm.* **1.** spirit **2.** (*fantasma*) ghost **3.** (*arguzia*) wit **4.** (*alcool*) alcohol || *far dello —,* to be witty.
spiritosàggine *sf.* witticism.
spiritosamente *avv.* wittily.
spiritoso *agg.* **1.** witty **2.** (*alcoolico*) alcoholic.
spirituale *agg.* spiritual.
spiritualismo *sm.* spiritualism.
spiritualista *agg.* spiritualistic. ♦ **spiritualista** *s.* spiritualist.
spiritualità *sf.* spirituality.
spiritualizzare *vt.* to spiritualize.
spiritualmente *avv.* spiritually.
spizzicare *vt.* to nibble.
spìzzico (*nella loc. avv.*) *a —,* little by little.
splendente *agg.* bright.
splèndere *vi.* to shine (*v. irr.*).
splèndido *agg.* splendid.
splendore *sm.* splendour.
spocchia *sf.* haughtiness.
spocchioso *agg.* haughty.
spodestamento *sm.* **1.** dispossession **2.** (*da posizione autorevole*) dethronement.
spodestare *vt.* **1.** to dispossess **2.** (*detronizzare*) to dethrone.
spoetizzare *vt.* to disenchant.

spoglia *sf.* **1.** (*di animale*) skin **2.** (*veste*) dress **3.** (*bottino*) spoils (*pl.*) || *spoglie mortali,* mortal remains.
spogliare *vt.* **1.** to strip **2.** (*derubare*) to rob **3.** (*saccheggiare*) to plunder. ♦ **spogliarsi** *vr.* **1.** to strip **2.** (*di alberi*) to shed (*v. irr.*) **3.** (*privarsi*) to strip oneself (of).
spogliarello *sm.* strip-tease.
spogliatoio *sm.* **1.** dressing-room **2.** (*teat. ecc.*) cloak-room.
spoglio *agg.* bare. ♦ **spoglio** *sm.* **1.** (*computo*) counting **2.** (*esame*) examination **3.** (*vestito smesso*) cast-off || *fare lo —,* to go (*v. irr.*) through.
spola *sf.* shuttle.
spoletta *sf.* **1.** spool **2.** (*di arma*) fuse.
spoliazione *sf.* spoliation.
spolmonarsi *vr.* to talk oneself hoarse.
spolpare *vt.* **1.** to take (*v. irr.*) the flesh off **2.** (*fig.*) to skin.
spolpato *agg.* **1.** stripped of the flesh **2.** (*fig.*) skinned.
spolverare *vt.* to dust.
spolveratura *sf.* **1.** dusting **2.** (*fig.*) smattering.
spolverino *sm.* dust-coat.
spolverizzare *vt.* to dust.
spòlvero *sm.* **1.** dusting **2.** (*disegno*) perforated pattern.
sponda *sf.* **1.** edge **2.** (*di fiume*) bank **3.** (*di mare*) shore **4.** (*parapetto*) parapet.
sponsali *sm. pl.* nuptials.
spontaneamente *avv.* spontaneously.
spontaneità *sf.* spontaneity.
spontàneo *agg.* spontaneous.
spopolamento *sm.* depopulation.
spopolare *vt.* to depopulate. ♦ **spopolarsi** *vr.* to become (*v. irr.*) depopulated.
spopolato *agg.* (*deserto*) deserted.
spora *sf.* spore.
sporàdico *agg.* sporadic.
sporcaccione *sm.* dirty man
sporcare *vt.* to dirty.
sporcizia *sf.* dirt.
sporco *agg.* dirty.
sporgente *agg.* protruding.
sporgenza *sf.* protrusion.
spòrgere *vi.* to put (*v. irr.*) out. ♦ **spòrgere** *vt.* to put (*v. irr.*) out. ♦ **spòrgersi** *vr.* to lean (*v. irr.*) out.
sport *sm.* sport.
sporta *sf.* basket.
sportello *sm.* **1.** door **2.** (*di biglietteria*) ticket-window **3.** (*di ufficio postale ecc.*) counter.
sportivamente *avv.* sportingly.
sportivo *agg.* sporting. ♦ **sportivo** *sm.* sportsman (*pl.* -men).
sporto *agg.* **1.** leaning out **2.** (*proteso*) outstretched.
sposa *sf.* bride.
sposalizio *sm.* wedding.
sposare *vt.* to marry. ♦ **sposarsi** *vr.* to get (*v. irr.*) married.
sposo *sm.* bridegroom.
spossamento *sm.* exhaustion.
spossante *agg.* exhausting.
spossare *vt.* to exhaust.
spossatezza *sf.* V. *spossamento.*
spossato *agg.* weary.
spossessare *vt.* to dispossess.
spostàbile *agg.* shiftable.
spostamento *sm.* **1.** shifting **2.** (*cambiamento*) change.
spostare *vt.* **1.** to shift, to move **2.** (*cambiare*) to change. ♦ **spostarsi** *vr.* to shift.
spostato *agg.* out of one's place (*pred.*). ♦ **spostato** *sm.* misfit.
spranga *sf.* bar.
sprangare *vt.* to bar.
sprazzo *sm.* flash: — *d'ingegno,* brain-wave.
sprecare *vt.* to waste.
spreco *sm.* waste.
sprecone *sm.* waster.
spregévole *agg.* despicable.
spregiare *vt.* to scorn.
spregiativo *agg.* **1.** scornful **2.** (*gramm.*) pejorative. ♦ **spregiativo** *sm.* (*gramm.*) pejorative.
spregio *sm.* contempt.
spregiudicatamente *avv.* open-mindedly.
spregiudicatezza *sf.* open-mindedness.
spregiudicato *agg.* open-minded.
sprèmere *vt.* **1.** to squeeze **2.** (*torcere*) to wring (*v. irr.*) out. ♦ **spremersi** *vr.* to rack oneself.
spremilimoni *sm.* lemon-squeezer.
spremitura *sf.* **1.** squeezing **2.** (*di panni bagnati*) wringing.
spremuta *sf.* squash.
spremuto *agg.* **1.** squeezed **2.** (*di panni*) wrung.
spretare *vt.* to unfrock. ♦ **spretarsi** *vr.* to renounce one's priesthood.

spretato *agg.* unfrocked. ♦ **spretato** *sm.* unfrocked priest.
sprezzante *agg.* scornful.
sprezzare *vt.* V. *disprezzare.*
sprezzo *sm.* scorn.
sprigionamento *sm.* **1.** exhalation **2.** (*violento*) bursting out.
sprigionare *vt.* to emit. ♦ **sprigionarsi** *vr.* **1.** to be emitted **2.** (*con violenza*) to burst (*v. irr.*) out.
sprimacciare *vt.* to shake (*v. irr.*) up.
sprizzare *vt.* e *vi.* to spurt: — *scintille,* to spit (*v. irr.*) sparks; — *gioia,* to burst (*v. irr.*) with joy.
sprizzo *sm.* spurt.
sprofondamento *sm.* **1.** sinking **2.** (*crollo*) collapse.
sprofondare *vt.* (*far cadere*) to cause to collapse. ♦ **sprofondare** *vi.* **1.** to sink (*v. irr.*) **2.** (*crollare*) to collapse **3.** (*fig.*) to be absorbed. ♦ **sprofondarsi** *vr.* **1.** to sink **2.** (*crollare*) to collapse **3.** (*fig.*) to be absorbed.
sproloquio *sm.* long rigmarole.
spronare *vt.* to spur.
spronata *sf.* spurring.
sprone *sm.* **1.** spur **2.** (*mar.*) ram || *a spron battuto,* at full speed.
sproporzionato *agg.* disproportionate, out of proportion (*pred.*).
sproporzione *sf.* disproportion.
spropositato *agg.* **1.** full of blunders **2.** (*fig.*) enormous.
spropòsito *sm.* **1.** blunder **2.** (*eccesso*) excess || *a* —, off the point.
sprovveduto *agg.* **1.** (*incauto*) unwary **2.** (*sprovvisto*) devoid **3.** (*impreparato*) unprepared.
sprovvisto *agg.* devoid || *alla sprovvista,* unawares.
spruzzare *vt.* **1.** to spray **2.** (*inzaccherare*) to splash.
spruzzata *sf.* spray.
spruzzatore *sm.* sprayer.
spruzzatura *sf.* spraying.
spruzzo *sm.* **1.** spray **2.** (*di liquido sporco*) splash.
spudoratezza *sf.* shamelessness.
spudorato *agg.* shameless.
spugna *sf.* **1.** sponge **2.** (*tessuto*) sponge-cloth || *cancellare con la* —, to sponge; *bere come una* —, to drink (*v. irr.*) like a fish.
spugnatura *sf.* sponge down.
spugnosità *sf.* sponginess.
spugnoso *agg.* spongy.
spulciare *vt.* **1.** to look for fleas (on) **2.** (*esaminare; fig.*) to peruse **3.** (*raccogliere; fig.*) to gather here and there.
spuma *sf.* foam.
spumante *agg.* foaming. ♦ **spumante** *sm.* sparkling wine.
spumare *vi.* to foam.
spumeggiante *agg.* foaming.
spumeggiare *vi.* to foam.
spumoso *agg.* foamy.
spuntare[1] *vt.* **1.** (*smussare*) to blunt **2.** (*tagliare*) to trim **3.** (*staccare*) to unpin || *spuntarla,* to succeed. ♦ **spuntarsi** *vr.* **1.** (*smussarsi*) to get (*v. irr.*) blunt **2.** (*staccarsi*) to become (*v. irr.*) unpinned.
spuntare[2] *vi.* **1.** (*sorgere*) to rise (*v. irr.*) **2.** (*germogliare*) to sprout **3.** (*di capelli*) to begin (*v. irr.*) to grow **4.** (*apparire*) to appear.
spuntato *agg.* pointless.
spuntatura *sf.* **1.** (*lo smussare*) blunting **2.** (*il tagliare*) trimming.
spuntino *sm.* snack.
spunto *sm.* **1.** cue **2.** (*punto di partenza*) starting point.
spuntone *sm.* spike.
spurgare *vt.* **1.** to clean **2.** (*med.*) to discharge. ♦ **spurgarsi** *vr.* (*espettorare*) to expectorate.
spurgo *sm.* **1.** (*lo spurgare*) discharging **2.** (*l'espettorare*) expectorating **3.** (*ciò che viene espulso*) discharge.
spurio *agg.* spurious.
sputacchiare *vi.* V. *sputare.*
sputacchiera *sf.* spittoon.
sputacchio *sm.* spittle.
sputare *vt.* to spit (*v. irr.*).
sputasentenze *sm.* wiseacre.
sputo *sm.* spit.
squadra *sf.* **1.** (*da disegno*) square **2.** (*gruppo; sport*) team **3.** (*di operai*) gang **4.** (*mil.*) squad **5.** (*mar.*) squadron || — *mobile,* flying squad.
squadrare *vt.* **1.** to square **2.** (*guardare*) to look (so.) up and down.
squadratura *sf.* squaring.
squadriglia *sf.* squadron.
squadro *sm.* squaring.
squadrone *sm.* squadron.
squagliamento *sm.* melting.
squagliare *vt.* to melt. ♦ **squagliarsi** *vr.* **1.** to melt **2.** (*andar via*) to steal (*v. irr.*) away.
squalìfica *sf.* disqualification.

squalificare *vt.* to disqualify.
squàllido *agg.* dreary.
squallore *sm.* dreariness.
squalo *sm.* shark.
squama *sf.* scale.
squamare *vt.* to scale. ♦ **squamarsi** *vr.* to scale.
squamoso *agg.* scaly.
squarciagola (*nella loc. avv.*) *a* —, at the top of one's voice.
squarciamento *sm.* tearing.
squarciare *vt.* **1.** to tear (*v. irr.*) **2.** (*fig.*) to dispel. ♦ **squarciarsi** *vr.* to be torn.
squarcio *sm.* gash.
squartare *vt.* to mangle.
squartatore *sm.* mangler.
squassare *vt.* to jolt.
squasso *sm.* jolt.
squattrinato *agg.* penniless.
squilibrare *vt.* to unbalance. ♦ **squilibrarsi** *vr.* to lose (*v. irr.*) one's balance.
squilibrato *agg.* unbalanced. ♦ **squilibrato** *sm.* lunatic.
squilibrio *sm.* **1.** lack of balance **2.** (*mentale*) derangement.
squillante *agg.* **1.** shrill **2.** (*di trombe*) blaring **3.** (*di campane*) pealing.
squillare *vi.* **1.** to ring (*v. irr.*) **2.** (*di trombe*) to blare.
squillo *sm.* **1.** ring **2.** (*di tromba*) blare.
squinternare *vt.* **1.** to ruin **2.** (*fig.*) to upset (*v. irr.*).
squisitezza *sf.* exquisiteness.
squisito *agg.* exquisite.
squittìo *sm.* squeak.
squittire *vi.* to squeak.
sradicare *vt.* to uproot.
sragionare *vi.* to talk nonsense.
sregolatezza *sf.* disorderliness.
sregolato *agg.* disorderly.
stabbio *sm.* **1.** sty **2.** (*letame*) manure.
stàbile *sm.* building. ♦ **stàbile** *agg.* **1.** stable **2.** (*permanente*) permanent: *in pianta* —, on the permanent staff.
stabilimento *sm.* **1.** (*fabbrica*) factory **2.** (*edificio, lo stabilire*) establishment.
stabilire *vt.* **1.** to establish **2.** (*decidere*) to decide. ♦ **stabilirsi** *vr.* to settle.
stabilità *sf.* stability.
stabilizzare *vt.* to stabilize.
stabilizzatore *sm.* stabilizer.
stabilizzazione *sf.* stabilization.
stabilmente *avv.* firmly.
stacanovismo *sm.* Stakhanovism.
staccàbile *agg.* detachable.
staccare *vt.* **1.** to take (*v. irr.*) off **2.** (*tagliare*) to cut (*v. irr.*) off **3.** (*separare*) to separate **4.** (*slegare*) to unfasten || — *un assegno,* to issue a cheque. ♦ **staccarsi** *vr.* **1.** to come (*v. irr.*) off **2.** (*sciogliersi*) to break (*v. irr.*) loose **3.** (*scostarsi*) to move away **4.** (*separarsi*) to part **5.** (*distaccarsi*) to pull ahead (of) **6.** (*esser diverso*) to differ.
stacciare *vt.* to sieve.
staccio *sm.* sieve.
staccionata *sf.* fence.
stacco *sm.* detachment.
stadera *sf.* steelyard.
stadio *sm.* **1.** stadium (*pl.* **-ia**), sports ground **2.** (*fase*) stage.
staffa *sf.* stirrup || *perder le staffe* (*fig.*), to lose (*v. irr.*) one's self--control.
staffetta *sf.* **1.** courier **2.** (*sport*) relay race.
staffilare *vt.* to lash.
staffilata *sf.* lash.
staffile *sm.* whip.
stafilococco *sm.* staphylococcus (*pl.* -ci).
staggio *sm.* **1.** (*di scala*) shaft **2.** (*di sedia*) back leg.
stagionale *agg.* seasonal.
stagionare *vt.* to season.
stagionato *agg.* **1.** seasoned **2.** (*fig.*) oldish.
stagionatura *sf.* seasoning.
stagione *sf.* season.
stagnaio *sm.* tinsmith.
stagnante *agg.* stagnant.
stagnare[1] *vi.* to stagnate.
stagnare[2] *vt.* **1.** to tin **2.** (*saldare*) to solder **3.** (*impermeabilizzare*) to waterproof **4.** (*fermare*) to staunch.
stagnatura *sf.* tinning.
stagnino *sm.* tinker.
stagno[1] *sm.* tin.
stagno[2] *sm.* (*bacino d'acqua*) pond.
stagno[3] *agg.* water-tight.
stagnola *sf.* tin-foil.
staio *sm.* bushel.
stalagmite *sf.* stalagmite.
stalattite *sf.* stalactite.
stalla *sf.* stable.
stalliere *sm.* stable-boy.
stallo *sm.* stall.
stallone *sm.* stallion.

stamattina *avv.* this morning.
stambecco *sm.* ibex.
stamberga *sf.* hovel.
stambugio *sm.* hole.
stame *sm.* (*bot.*) stamen.
stamigna *sf.* bunting.
stampa *sf.* **1.** print **2.** (*atto di stampare*) printing **3.** (*periodici, giornali*) press **4.** (*genere*) stamp || *agenzia di* —, news-agency; *errore di* —, misprint.
stampare *vt.* **1.** to print **2.** (*mecc.*) to press **3.** (*coniare*) to coin. ♦ **stamparsi** *vr.* — *in mente,* to impress (sthg.) firmly on one's mind.
stampatello *sm.* block letters (*pl.*).
stampato *sm.* **1.** printed matter **2.** (*modulo*) form.
stampatore *sm.* printer.
stampatrice *sf.* printing-press.
stampella *sf.* crutch.
stamperìa *sf.* printing-office.
stampigliare *vt.* to stamp.
stampo *sm.* **1.** die, mould **2.** (*genere*) stamp.
stanare *vt.* to drive (*v. irr.*) out.
stancare *vt.* **1.** to tire **2.** (*infastidire*) to annoy. ♦ **stancarsi** *vr.* **1.** to get (*v. irr.*) tired **2.** (*annoiarsi*) to get bored.
stanchezza *sf.* tiredness.
stanco *agg.* tired.
standardizzare *vt.* to standardize.
stanga *sf.* **1.** bar **2.** (*di carro*) shaft **3.** (*di passaggio a livello*) barrier.
stangare *vt.* **1.** to bar **2.** (*percuotere*) to thrash.
stanghetta *sf.* **1.** (*degli occhiali*) bar **2.** (*di serratura*) bolt.
stanotte *avv.* tonight.
stantìo *agg.* stale.
stantuffo *sm.* **1.** piston **2.** (*di pompa ecc.*) plunger.
stanza *sf.* **1.** room **2.** (*strofa*) stanza || *prendere, avere* —, to settle.
stanziamento *sm.* appropriation.
stanziare *vt.* to appropriate. ♦ **stanziarsi** *vr.* to settle.
stappare *vt.* to uncork.
stare *vi.* **1.** to stay **2.** (*abitare*) to live **3.** (*di salute, essere*) to be **4.** (*in piedi*) to stand (*v. irr.*) **5.** (*dipendere*) to depend (on) **6.** (*spettare*) to be up **7.** (*andare*) to go (*v. irr.*) **8.** (*di abito*) to suit || — *per,* to be going (to); *lasciar* —, to leave (*v. irr.*) alone; *sta' a sentire!,* listen!; *ben ti sta!,* it serves you right!
starnazzare *vi.* to flutter.
starnutire *vi.* to sneeze.
starnuto *sm.* sneeze.
stasare *vt.* to unclog.
stasera *avv.* this evening.
stasi *sf.* **1.** standstill **2.** (*med.*) stasis (*pl.* -ses).
statale *agg.* State (*attr.*), of the State. ♦ **statale** *s.* State employee.
stàtica *sf.* statics.
stàtico *agg.* static.
statista *sm.* statesman (*pl.* -men).
statìstica *sf.* statistics.
statizzare *vt.* to nationalize.
statizzazione *sf.* nationalization.
stato *sm.* **1.** state, condition (*anche posizione sociale*) **2.** (*giur.*) status **3.** (*pol.*) State || *ufficio di — civile,* registry office; *ufficiale di — civile,* registrar.
statua *sf.* statue.
statuaria *sf.* statuary.
statuario *agg.* statuesque.
statuire *vt.* to decree.
statunitense *agg.* United States (*attr.*). ♦ **statunitense** *sm.* United States citizen.
statura *sf.* stature.
statuto *sm.* statute.
stazionamento *sm.* standing.
stazionare *vi.* **1.** to stay **2.** (*di vetture*) to be parked.
stazionario *agg.* stationary.
stazione *sf.* station.
stazza *sf.* tonnage.
stazzare *vt.* to have the tonnage of.
stecca *sf.* **1.** (*di ombrello, ventaglio*) rib **2.** (*da biliardo*) cue **3.** (*di persiana*) slat **4.** (*di busto*) whalebone **5.** (*stonatura*) false note.
steccare *vt.* **1.** (*chiudere con steccato*) to fence in **2.** (*mus.*) to fluff. ♦ **steccare** *vi.* **1.** (*cantando*) to sing (*v. irr.*) a false note **2.** (*suonando*) to play a false note.
steccato *sm.* fence.
stecchito *agg.* **1.** (*secco*) dried up **2.** (*magro*) skinny **3.** (*morto*) stone dead.
stecco *sm.* **1.** stick **2.** (*persona magra*) bag of bones.
stecconata *sf.* paling.
stele *sf.* stele (*pl.* -lae).
stella *sf.* star: — *marina,* starfish; *a forma di* —, starlike.
stellare *agg.* **1.** stellar **2.** (*a forma di stella*) star-shaped.
stellato *agg.* starry.

stelletta *sf.* **1.** (*tip.*) asterisk **2.** (*mil.*) star.
stelloncino *sm.* short paragraph.
stelo *sm.* stem.
stemma *sm.* coat-of-arms.
stemperare *vt.* **1.** to mix **2.** (*diluire*) to spin out. ♦ **stemperarsi** *vr.* to dissolve.
stempiarsi *vr.* to go (*v. irr.*) bald.
stendardo *sm.* standard.
stèndere *vt.* **1.** to spread (*v. irr.*) **2.** (*allungare*) to stretch **3.** (*scrivere*) to draw (*v. irr.*) up **4.** (*rilassare*) to relax || — *il bucato,* to hang (*v. irr.*) out the washing. ♦ **stèndersi** *vr.* **1.** to stretch **2.** (*adagiarsi*) to lie (*v. irr.*) down.
stenodattilografìa *sf.* shorthand and typewriting.
stenografare *vt.* to write (*v. irr.*) down in shorthand.
stenografìa *sf.* shorthand.
stenògrafo *sm.* shorthand-writer.
stentare *vi.* **1.** to have difficulty (in) **2.** (*mancare del necessario*) to be in need.
stentato *agg.* **1.** hard **2.** (*cresciuto a stento*) stunted.
stento *sm.* privation: *a* —, hardly, with difficulty.
stentòreo *agg.* stentorian.
steppa *sf.* steppe.
sterco *sm.* dung.
stereofonìa *sf.* stereophony.
stereofònico *agg.* stereophonic.
stereografìa *sf.* stereography.
stereogràfico *agg.* stereographic(al).
stereoscopìa *sf.* stereoscopy.
stereoscopio *sm.* stereoscope.
stereotipato *agg.* stereotyped.
stereotipìa *sf.* stereotyping.
stèrile *agg.* barren.
sterilità *sf.* barrenness.
sterilizzare *vt.* to sterilize.
sterilizzatore *agg.* sterilizing. ♦ **sterilizzatore** *sm.* sterilizer.
sterilizzazione *sf.* sterilization.
sterlina *sf.* pound.
sterminare *vt.* to exterminate.
sterminatezza *sf.* immensity.
sterminato *agg.* (*smisurato*) immense.
sterminatore *sm.* exterminator.
sterminio *sm.* extermination.
sterno *sm.* breast-bone.
sterpaglia *sf.* brushwood.
sterpo *sm.* dry twig.
sterrare *vt.* to dig (*v. irr.*) up.
sterratore *sm.* navvy.
sterzare *vt.* to steer.
sterzata *sf.* sudden turn.
sterzo *sm.* (*auto*) steering-gear.
stesso *agg.* **1.** (*medesimo*) same **2.** (*intensivo*) *se* —, oneself; *io, me* —, myself; *tu, te* —, yourself; *egli, lui* —, himself; *ella, lei stessa,* herself; *esso* —, itself; *noi stessi,* ourselves; *voi stessi,* yourselves; *loro stessi,* themselves **3.** (*proprio*) very. ♦ **stesso** *sm.* same. ♦ **stesso** *avv.* all the same
stesura *sf.* **1.** (*redazione*) draft **2.** (*di contratto*) drawing up.
stetoscopio *sm.* stethoscope.
stìgmate *sf. pl.* **1.** stigmata (*pl.*) **2.** (*marchio*) brand (*sing.*).
stigmatizzare *vt.* to stigmatize.
stilare *vt.* to draw (*v. irr.*) up.
stile *sm.* style: *aver* —, to be stylish; *con* —, stylishly.
stilettata *sf.* stab.
stilista *s.* stylist.
stilìstica *sf.* stylistics.
stilizzare *vt.* to stylize.
stilizzazione *sf.* stylization.
stilla *sf.* drop.
stillare *vi.* e *vt.* to ooze. ♦ **stillarsi** *vr.* — *il cervello,* to rack one's brain.
stillicidio *sm.* dripping.
stilo *sm.* stylus.
stilogràfica *sf.* fountainpen.
stilogràfico *agg.* stylographic(al).
stima *sf.* **1.** (*valutazione*) estimate **2.** (*buona opinione*) esteem.
stimàbile *agg.* estimable.
stimare *vt.* **1.** (*valutare*) to estimate **2.** (*tenere in considerazione*) to esteem **3.** (*ritenere*) to consider.
stimatore *sm.* estimator.
stimolante *agg.* stimulating. ♦ **stimolante** *sm.* stimulant.
stimolare *vt.* to stimulate.
stìmolo *sm.* **1.** stimulus (*pl.* -li) **2.** (*pungolo*) goad.
stinco *sm.* shin.
stìngere *vt.* to fade. ♦ **stìngersi** *vr.* to fade.
stinto *agg.* faded.
stipare *vt.* to cram.
stipato *agg.* crammed (with).
stipendiare *vt.* to pay (*v. irr.*) a salary (to so.).
stipendio *sm.* salary.
stìpite *sm.* jamb.
stipulante *agg.* stipulating. ♦ **stipulante** *s.* stipulator.
stipulare *vt.* to stipulate.

stipulazione *sf.* stipulation.
stiracchiare *vt.* **1.** to stretch **2.** (*distorcere*) to twist.
stiracchiato *agg.* (*fig.*) forced.
stiramento *sm.* **1.** stretching **2.** (*muscolare*) strain.
stirare *vt.* **1.** to stretch **2.** (*col ferro da stiro*) to iron.
stiratura *sf.* ironing.
stirerìa *sf.* (*e tintoria*) laundry shop.
stirpe *sf.* **1.** stock **2.** (*progenie*) issue.
stitichezza *sf.* constipation.
stìtico *agg.* constipated.
stiva *sf.* hold.
stivale *sm.* boot.
stivaletto *sm.* ankle-boot.
stizza *sf.* anger.
stizzire *vt.* to vex. ♦ **stizzirsi** *vr.* to get (*v. irr.*) cross.
stizzito *agg.* cross.
stizzoso *agg.* peevish.
stoccata *sf.* thrust: *lanciare una* — (*fig.*), to gibe (at).
stoffa *sf.* **1.** cloth **2.** (*fig.*) stuff.
stoicismo *sm.* stoicism.
stòico *agg.* e *sm.* stoic.
stoino *sm.* door-mat.
stola *sf.* stole.
stolidità *sf.* stolidity.
stòlido *agg.* stolid.
stoltezza *sf.* foolishness.
stolto *agg.* foolish. ♦ **stolto** *sm.* fool.
stomacare *vt.* to sicken. ♦ **stomacarsi** *vr.* to sicken.
stomachévole *agg.* sickening.
stòmaco *sm.* stomach: *dare di* —, to vomit; *restare sullo* —, to lie (*v. irr.*) on one's stomach.
stomatite *sf.* stomatitis.
stomatologìa *sf.* stomatology.
stonare *vi.* **1.** to be out of tune **2.** (*fig.*) to be out of place **3.** (*di colori*) to clash. ♦ **stonare** *vt.* to upset (*v. irr.*).
stonato *agg.* **1.** out of tune **2.** (*fig.*) out of place **3.** (*turbato*) upset **4.** (*di nota*) false.
stonatura *sf.* false note.
stoppa *sf.* tow.
stoppaccio *sm.* wad.
stoppare *vt.* **1.** to plug **2.** (*sport*) to stop.
stoppia *sf.* stubble.
stoppino *sm.* wick.
stopposo *agg.* **1.** towy **2.** (*di carne*) stringy.
stòrcere *vt.* **1.** to twist **2.** (*un'articolazione*) to sprain || — *gli occhi*, to roll one's eyes. ♦ **stòrcersi** *vr.* **1.** to twist **2.** (*lussarsi, slogarsi*) to wrench.
stordimento *sm.* **1.** dizziness **2.** (*meraviglia*) bewilderment.
stordire *vt.* **1.** to stun **2.** (*di alcoolici*) to dull **3.** (*assordare*) to deafen **4.** (*innervosire*) to drive (*v. irr.*) crazy. ♦ **stordirsi** *vr.* to dull one's senses.
stordito *agg.* **1.** (*sbalordito*) bewildered **2.** (*sbadato*) heedless **3.** (*sciocco*) foolish.
storia *sf.* **1.** history **2.** (*racconto*) story.
storicismo *sm.* historical method.
storicità *sf.* historicity.
stòrico *agg.* historical. ♦ **stòrico** *sm.* historian.
storiografìa *sf.* historiography.
storiògrafo *sm.* historiographer.
stormire *vi.* to rustle.
stormo *sm.* **1.** flight **2.** (*folla*) crowd || *suonare a* —, to ring (*v. irr.*) the tocsin.
stornare *vt.* to divert.
stornello[1] *sm.* ditty.
stornello[2] *sm.* (*zool.*) starling.
storno[1] *agg.* dapple-grey.
storno[2] *sm.* (*zool.*) starling.
storno[3] *sm.* (*comm.*) transfer.
storpiare *vt.* **1.** to cripple **2.** (*rovinare*) to mangle.
storpiatura *sf.* **1.** crippling **2.** (*fig.*) mangling **3.** (*cosa malfatta*) botch.
storpio *sm.* cripple.
storta *sf.* **1.** twist **2.** (*in una articolazione*) sprain **3.** (*chim.*) retort.
storto *agg.* **1.** twisted **2.** (*piegato*) crooked **3.** (*di occhi*) squinting **4.** (*sbagliato*) wrong.
stortura *sf.* **1.** deformity **2.** (*errore*) mistake.
stoviglie *sf. pl.* kitchenware (*sing.*).
stràbico *agg.* squinting. ♦ **stràbico** *sm.* squinter.
strabiliante *agg.* amazing.
strabiliare *vt.* to amaze (*anche far strabiliare*). ♦ **strabiliare** *vi.* to be amazed. ♦ **strabiliarsi** *vr.* to be amazed.
strabismo *sm.* squint.
straboccare *vi.* **1.** to overflow **2.** (*fig.*) to abound (in).
strabocchévole *agg.* overflowing.
strabuzzare *vt.* — *gli occhi*, to roll one's eyes.

stracàrico *agg.* overloaded (with).
stracciare *vt.* to tear (*v. irr.*). ♦ **stracciarsi** *vr.* to tear.
stracciato *agg.* **1.** torn **2.** (*di persona*) in rags.
straccio *agg.* torn, in rags || *carta straccia*, waste paper. ♦ **straccio** *sm.* rag: — *per la polvere*, duster.
straccione *sm.* ragamuffin.
stracciivéndolo *sm.* rag-and-bone-man (*pl.* -men).
stracotto *agg.* overdone. ♦ **stracotto** *sm.* stew.
strada *sf.* **1.** road **2.** (*di città*) street **3.** (*percorso; fig.*) way || — *a senso unico*, one-way street; — *ferrata*, railway; — *maestra*, main road.
stradale *agg.* road (*attr.*), of the road: *fondo* —, road-bed.
stradino *sm.* roadman (*pl.* -men).
strafalcione *sm.* blunder.
strafare *vi.* to overdo (*v. irr.*).
strafottente *agg.* **1.** (*noncurante*) unconcerned **2.** (*arrogante*) arrogant.
strage *sf.* **1.** slaughter **2.** (*distruzione*) destruction || *fare una* —, to slaughter.
stragrande *agg.* enormous.
stralciare *vt.* **1.** (*comm.*) to remove **2.** (*fig.*) to take (*v. irr.*) off.
stralcio *sm.* **1.** removal **2.** (*estratto*) extract.
strale *sm.* dart.
stralunare *vt.* — *gli occhi*, to roll one's eyes, to open one's eyes wide.
stralunato *agg.* **1.** (*di occhi*) rolling, wild-eyed **2.** (*di persona*) upset.
stramazzare *vi.* to fall (*v. irr.*) heavily.
stramberìa *sf.* oddity.
strambo *agg.* odd.
strame *sm.* litter.
strampalato *agg.* queer.
stranezza *sf.* oddity.
strangolamento *sm.* strangling.
strangolare *vt.* to strangle.
strangolatore *sm.* strangler.
straniero *agg.* foreign. ♦ **straniero** *sm.* foreigner.
strano *agg.* strange.
straordinario *agg.* extraordinary.
strapazzare *vt.* **1.** to ill-use **2.** (*sgridare*) to scold **3.** (*far lavorare troppo*) to overwork **4.** (*di uova*) to scramble. ♦ **strapazzarsi** *vr.* to overwork oneself.
strapazzata *sf.* **1.** scolding **2.** (*fatica*) overwork.
strapazzo *sm.* overwork: *abiti da* —, working-clothes; *scrittore da* —, hack.
strapieno *agg.* full up.
strapiombare *vi.* **1.** to lean (*v. irr.*) **2.** (*scendere a precipizio*) to fall (*v. irr.*) perpendicularly.
strapiombo *sm.* precipice: *a* —, sheer.
strapotente *agg.* very powerful.
strappare *vt.* **1.** (*lacerare*) to tear (*v. irr.*) **2.** (*togliere*) to snatch **3.** (*estirpare*) to pull up **4.** (*un dente*) to pull out **5.** (*estorcere*) to wring (*v. irr.*). ♦ **strapparsi** *vr.* (*lacerarsi*) to tear.
strappo *sm.* **1.** tear **2.** (*strappata*) pull **3.** (*infrazione*) breach || — *muscolare*, sprain.
strapuntino *sm.* folding seat.
straricco *agg.* immensely rich.
straripamento *sm.* overflowing.
straripare *vi.* to overflow.
strascicare *vt.* **1.** to drag **2.** (*i piedi*) to shuffle **3.** (*le parole*) to drawl.
stràscico *sm.* **1.** train **2.** (*residuo*) after-effect **3.** (*rete*) trawl.
strascinare *vt.* V. *trascinare.*
stratagemma *sm.* stratagem.
stratega *sm.* strategist.
strategìa *sf.* strategy.
stratègico *agg.* strategic(al).
stratificare *vt.* to stratify.
stratificazione *sf.* stratification.
strato *sm.* **1.** layer **2.** (*di rivestimento*) coat **3.** (*della società*) class.
stratosfera *sf.* stratosphere.
stratosfèrico *agg.* stratospheric(al).
strattone *sm.* **1.** pull **2.** (*sobbalzo*) jerk || *a strattoni*, jerkily; (*a intervalli*) by fits and starts.
stravagante *agg.* odd, queer.
stravaganza *sf.* oddity.
stravecchio *agg.* very old.
stravedere *vi.* to see (*v. irr.*) badly: — *per qu.*, to be crazy about so.
stravìncere *vt.* to crush. ♦ **stravìncere** *vi.* to win (*v. irr.*) all along the line.
stravizio *sm.* excess.
stravòlgere *vt.* **1.** to twist **2.** (*gli occhi*) to roll.
stravolto *agg.* **1.** (*turbato*) upset **2.** (*di occhi*) rolling.
straziante *agg.* tormenting, heart-rending (*solo fig.*).

straziare *vt.* to tear (*v. irr.*).
strazio *sm.* torment: *far — di*, to play havoc with.
strega *sf.* witch.
stregare *vt.* to bewitch.
stregone *sm.* wizard.
stregonerìa *sf.* witchcraft.
stremare *vt.* to exhaust.
stremo *sm.* extreme.
strenna *sf.* gift.
strenuo *agg.* brave.
strepitare *vi.* to shout.
strèpito *sm.* din, uproar.
strepitoso *agg.* uproarious: *successo —*, striking success.
streptococco *sm.* streptococcus (*pl.* -ci).
streptomicina *sf.* streptomycin.
stretta *sf.* **1.** grasp **2.** (*calca*) press **3.** (*gola*) gorge || *— di mano*, handshake; *essere alle strette*, to be in dire straits; *mettere alle strette qu.*, to put (*v. irr.*) so. with his back against the wall.
strettezza *sf.* **1.** narrowness **2.** (*povertà*) financial difficulty.
stretto *agg.* **1.** narrow **2.** (*serrato, piccolo*) tight **3.** (*rigoroso*) strict **4.** (*pigiato*) packed. ♦ **stretto** *sm.* strait.
strettoia *sf.* narrow passage.
stria *sf.* streak.
striare *vt.* to streak.
stricnina *sf.* strychnine.
stridente *agg.* **1.** shrill **2.** (*discordante*) jarring.
strìdere *vi.* **1.** to creak **2.** (*di insetti*) to chirp **3.** (*contrastare*) to jar.
stridìo *sm.* **1.** creaking **2.** (*di insetti*) chirping.
strido *sm.* **1.** scream **2.** (*di animale*) screech.
strìdulo *agg.* shrill.
striglia *sf.* curry-comb.
strigliare *vt.* **1.** to curry **2.** (*fig.*) to rebuke.
strillare *vi.* to scream.
strillo *sm.* scream.
strillone *sm.* newsboy.
striminzito *agg.* **1.** stunted **2.** (*di persona*) thin.
strimpellare *vt.* **1.** (*di violino*) to scrape **2.** (*di pianoforte*) to strum.
strinare *vt.* to singe.
stringa *sf.* lace.
stringare *vt.* **1.** to lace tightly **2.** (*fig.*) to condense.
stringato *agg.* **1.** laced **2.** (*fig.*) concise.
stringente *agg.* **1.** (*urgente*) urgent **2.** (*convincente*) persuasive.
strìngere *vt.* **1.** to press **2.** (*restringere, avvitare*) to tighten **3.** (*abbracciare*) to clasp **4.** (*impugnare*) to grasp **5.** (*fare*) to make (*v. irr.*) || *— la mano a*, to shake (*v. irr.*) hands with; *— i pugni*, to clench one's fists; *stringi stringi*, in conclusion. ♦ **strìngere** *vi.* to be tight. ♦ **strìngersi** *vr.* **1.** to press (against) **2.** (*far spazio*) to squeeze up || *— nelle spalle*, to shrug one's shoulders.
stringimento *sm.* **1.** pressing **2.** (*restringimento, legamento, avvitamento*) tightening **3.** (*l'impugnare*) clasp **4.** (*fitta*) pang.
striscia *sf.* **1.** strip **2.** (*riga*) stripe **3.** (*scia*) trail || *a strisce*, striped.
strisciante *agg.* **1.** creeping **2.** (*servile*) fawning.
strisciare *vi.* **1.** to creep (*v. irr.*) **2.** (*fig.*) to grovel. ♦ **strisciare** *vt.* **1.** to drag **2.** (*i piedi*) to shuffle **3.** (*radere*) to graze **4.** (*fig.*) to fawn (on).
stritolamento *sm.* crushing.
stritolare *vt.* to crush.
strizzare *vt.* **1.** to squeeze **2.** (*torcere*) to wring (*v. irr.*) || *— l'occhio*, to wink (at so.).
strizzata *sf.* **1.** squeeze **2.** (*il torcere*) wring.
strofa *sf.* stanza.
strofinaccio *sm.* **1.** duster **2.** (*per asciugare*) towel.
strofinamento *sm.* rubbing.
strofinare *vt.* to rub.
strombatura *sf.* splay.
strombazzare *vt.* e *vi.* to trumpet.
strombettare *vi.* **1.** to blow (*v. irr.*) a trumpet **2.** (*auto*) to honk.
stroncare *vt.* **1.** to break (*v. irr.*) off **2.** (*fig.*) to demolish.
stroncatura *sf.* harsh criticism.
stronzio *sm.* strontium.
stropicciare *vt.* **1.** to rub **2.** (*i piedi*) to shuffle **3.** (*sgualcire*) to crease. ♦ **stropicciarsi** *vr.* **1.** (*gli occhi*) to rub oneself **2.** (*sgualcirsi*) to crease.
stropiccìo *sm.* *— di piedi*, shuffling.
strozzare *vt.* **1.** to strangle **2.** (*ostruire*) to obstruct **3.** (*fig.*) to choke.
strozzato *agg.* **1.** strangled **2.** (*soffocato*) choked **3.** (*con strozzature*) with narrow passages **4.** (*med.*)

strangulated **5.** (*ostruito*) obstructed.
strozzatura *sf.* **1.** strangling **2.** (*il soffocare*) choking **3.** (*ostruzione*) obstruction **4.** (*restringimento*) narrow passage **5.** (*med.*) strangulation.
strozzinaggio *sm.* usury.
strozzino *sm.* usurer.
struggente *agg.* pining.
strùggere *vt.* **1.** to melt **2.** (*fig.*) to wear (*v. irr.*) out. ♦ **strùggersi** *vr.* **1.** to melt **2.** (*affliggersi*) to be distressed **3.** (*languire*) to be consumed (with), to pine (for).
struggimento *sm.* longing.
strumentale *agg.* instrumental.
strumentalismo *sm.* instrumentalism.
strumentare *vt.* to instrument.
strumentazione *sf.* instrumentation.
strumento *sm.* instrument.
strusciare *vt.* **1.** to rub **2.** (*adulare*) to fawn (on). ♦ **strusciarsi** *vr.* to rub (oneself).
strutto *sm.* lard.
struttura *sf.* structure.
strutturale *agg.* structural.
strutturare *vt.* to structure.
strutturazione *sf.* structure.
struzzo *sm.* ostrich.
stuccare[1] *vt.* **1.** to stucco **2.** (*turare*) to fill.
stuccare[2] *vt.* **1.** (*nauseare*) to sicken **2.** (*annoiare*) to bore. ♦ **stuccarsi** *vr.* **1.** to get (*v. irr.*) sick **2.** (*annoiarsi*) to get bored.
stuccatura *sf.* **1.** plastering **2.** (*di dente*) filling.
stucchévole *agg.* **1.** filling **2.** (*nauseante*) sickening **3.** (*noioso*) boring.
stucco *sm.* **1.** stucco **2.** (*per vetri*) putty || *restare di* —, to be nonplussed.
studente *sm.* student.
studentesco *agg.* student (*attr.*).
studiacchiare *vt.* to study fitfully.
studiare *vt.* to study. ♦ **studiarsi** *vr.* to try.
studiato *agg.* (*affettato*) affected.
studio *sm.* **1.** study **2.** (*progetto*) plan **3.** (*cine*) studio || *programma di studi*, curriculum; *essere allo* —, to be under consideration.
studioso *agg.* studious. ♦ **studioso** *sm.* scholar.
stufa *sf.* stove.
stufare *vt.* **1.** to stew **2.** (*fig.*) to bore. ♦ **stufarsi** *vr.* to get (*v. irr.*) bored.
stufato *sm.* stew.
stufo *agg.* fed up (with).
stuoia *sf.* mat.
stuolo *sm.* crowd.
stupefacente *agg.* stupefying. ♦ **stupefacente** *sm.* drug.
stupefare *vt.* to stupefy. ♦ **stupefarsi** *vr.* to be stupefied.
stupefazione *sf.* stupefaction.
stupendamente *avv.* wonderfully.
stupendo *agg.* wonderful.
stupidàggine *sf.* stupidity.
stupidità *sf.* stupidity.
stùpido *agg.* e *sm.* stupid.
stupire *vt.* to astonish. ♦ **stupirsi** *vr.* to be astonished.
stupito *agg.* astonished.
stupore *sm.* astonishment.
stupro *sm.* rape.
sturare *vt.* **1.** to uncork **2.** (*botti*) to unbung.
stuzzicadenti *sm.* tooth-pick.
stuzzicare *vt.* **1.** to prod **2.** (*frugare*) to pick **3.** (*molestare*) to tease **4.** (*stimolare*) to whet.
su *prep.* **1.** on **2.** (*senza contatto; rivestimento*) over **3.** (*al di sopra di*) above **4.** (*circa*) about || *nove volte — dieci*, nine times out of ten. ♦ **su** *avv.* **1.** up **2.** (*al piano superiore*) upstairs **3.** (*indosso*) on || *— per giù*, more or less; *in —* (*in avanti*), onwards; *più —*, further up; *—, andiamo!*, come on!
sua *agg.* e *pron.* V. *suo.*
suadente *agg.* persuasive.
subàcqueo *agg.* underwater (*attr.*). ♦ **subàcqueo** *sm.* frogman (*pl.* -men).
subaffittare *vt.* to sublease.
subaffitto *sm.* sublease.
subalpino *agg.* subalpine.
subalterno *agg.* e *sm.* subaltern.
subbuglio *sm.* **1.** turmoil **2.** (*disordine*) mess.
subconscio *sm.* subconscious.
subcosciente *agg.* e *sm.* subconscious.
subdolamente *avv.* underhand.
sùbdolo *agg.* sly.
subentrare *vi.* to take (*v. irr.*) the place (of).
subire *vt.* to undergo (*v. irr.*).
subissare *vt.* **1.** (*sprofondare*) to sink (*v. irr.*) **2.** (*fig.*) to overwhelm.

subisso *sm.* (*gran quantità*) shower.
subitaneità *sf.* suddenness.
subitàneo *agg.* sudden.
sùbito *avv.* **1.** at once **2.** (*presto*) soon || — *prima*, just before; — *dopo*, just after.
sublimare *vt.* to sublimate.
sublimato *sm.* sublimate.
sublimazione *sf.* sublimation.
sublime *agg.* e *sm.* sublime.
sublimità *sf.* sublimity.
sublocazione *sf.* subletting.
sublunare *agg.* sublunar.
subodorare *vt.* to suspect.
subordinare *vt.* to subordinate.
subordinata *sf.* subordinate clause.
subordinato *agg.* e *sm.* subordinate.
subordinazione *sf.* subordination.
subornare *vt.* to suborn.
subornazione *sf.* subornation.
substrato *sm.* substratum (*pl.* -ta).
suburbano *agg.* suburban.
suburbio *sm.* suburb.
succèdere *vi.* **1.** to succeed **2.** (*capitare*) to happen. ♦ **succèdersi** *vr.* to follow one another.
successione *sf.* succession.
successivamente *avv.* afterwards.
successo *sm.* **1.** success **2.** (*esito*) outcome || *aver* —, to be successful.
successore *sm.* successor.
succhiare *vt.* to suck.
succhiata *sf.* suck.
succhiello *sm.* gimlet.
succinto *agg.* **1.** (*di abiti*) scanty **2.** (*conciso*) concise.
succo *sm.* **1.** juice **2.** (*fig.*) pith.
succosità *sf.* **1.** juiciness **2.** (*fig.*) pithiness.
succoso *agg.* **1.** juicy **2.** (*fig.*) pithy.
sùccubo *agg.* entirely dominated (by).
succulento *agg.* **1.** juicy **2.** (*gustoso*) rich.
succursale *sf.* branch.
sud *sm.* south: *del* —, southern, south (*attr.*); *verso* —, southwards.
sudare *vi.* to sweat: — *sette camicie*, to toil hard; — *freddo*, to be in a cold sweat.
sudario *sm.* shroud.
sudata *sf.* sweat.
sudaticcio *agg.* clammy.
sudato *agg.* **1.** sweaty **2.** (*fig.*) hard-earned.
suddetto *agg.* above-mentioned.
suddiàcono *sm.* subdeacon.
sudditanza *sf.* subjection.
sùddito *sm.* subject.
suddivìdere *vt.* to subdivide.
suddivisione *sf.* subdivision.
sùdicio *agg.* dirty.
sudicione *sm.* dirty fellow.
sudiciume *sm.* dirt.
sudore *sm.* **1.** sweat **2.** (*fig.*) toil.
sudorìfero *agg.* **1.** (*che secerne sudore*) sudoriferous **2.** (*che produce sudore*) sudorific.
sue *agg.* e *pron.* V. *suo.*
sufficiente *agg.* **1.** sufficient **2.** (*altezzoso*) conceited **2.** (*voto sufficiente*) pass mark.
sufficienza *sf.* **1.** sufficiency **2.** (*alterigia*) conceit **3.** (*voto sufficiente*) pass mark || *aria di* —, superior air; *a* —, enough.
suffisso *sm.* suffix.
suffragare *vt.* **1.** to support **2.** (*eccl.*) to pray for.
suffragio *sm.* **1.** suffrage **2.** (*approvazione*) approval.
suggellare *vt.* to seal.
suggello *sm.* seal.
suggerimento *sm.* **1.** suggestion **2.** (*teat.*) prompting.
suggerire *vt.* **1.** to suggest **2.** (*dar l'imbeccata; teat.*) to prompt.
suggeritore *sm.* prompter.
suggestionàbile *agg.* impressionable.
suggestionabilità *sf.* impressionability.
suggestionare *vt.* to influence. ♦ **suggestionarsi** *vr.* to will oneself (to do sthg.), to be influenced.
suggestione *sf.* suggestion.
suggestività *sf.* suggestiveness.
suggestivamente *avv.* evocatively.
suggestivo *agg.* evocative.
sùghero *sm.* **1.** cork **2.** (*albero*) cork-tree.
sugna *sf.* pork fat.
sugo *sm.* **1.** juice **2.** (*di carne*) gravy **3.** (*di pomodoro*) sauce **4.** (*fig.*) gist.
sugosità *sf.* V. *succosità.*
sugoso *agg.* V. *succoso.*
suicida *agg.* suicidal. ♦ **suicida** *s.* suicide.
suicidarsi *vr.* to commit suicide.
suicidio *sm.* suicide.
suino *agg.* swine (*attr.*) || *carne suina*, pork. ♦ **suino** *sm.* swine (*pl. invariato*).
sulfamìdico *sm.* sulphonamide.

sulfùreo *agg.* sulphureous.
sultanato *sm.* sultanate.
sultanina *sf.* sultana.
sultano *sm.* sultan.
summenzionato *agg.* aforesaid.
sunto *sm.* summary.
suo *agg.* **1.** (*di lui*) his **2.** (*di lei*) her **3.** (*di esso*) its **4.** (*formula di cortesia*) your. ♦ **suo** *pron.* **1.** (*di lui*) his **2.** (*di lei*) hers **3.** (*di esso*) its **4.** (*formula di cortesia*) yours || *i suoi* (*famigliari*), his, her family.
suòcera *sf.* mother-in-law.
suòcero *sm.* father-in-law.
suoi *agg.* e *pron.* V. *suo.*
suola *sf.* sole.
suolo *sm.* soil, ground.
suonare *vt.* V. *sonare.*
suono *sm.* sound.
suora *sf.* nun, sister.
superàbile *agg.* surmountable.
superaffollato *agg.* overcrowded.
superalimentare *vt.* **1.** to overrish **2.** (*mecc.*) to overcharge.
superalimentazione *sf.* **1.** overfeeding **2.** (*mecc.*) overcharging.
superamento *sm.* **1.** overcoming **2.** (*auto*) overtaking.
superare *vt.* **1.** (*oltrepassare*) to exceed **2.** (*auto*) to overtake (*v. irr.*) **3.** (*attraversare*) to cross **4.** (*vincere*) to overcome (*v. irr.*) **5.** (*una persona*) to surpass **6.** (*un esame, una prova*) to pass.
superbia *sf.* pride.
superbo *agg.* **1.** proud **2.** (*magnifico*) superb.
superdotato *agg.* highly gifted.
superficiale *agg.* superficial.
superficialità *sf.* superficiality.
superficie *sf.* **1.** surface **2.** (*area*) area.
superfluo *agg.* superfluous. ♦ **superfluo** *sm.* surplus.
superiora *sf.* Mother Superior.
superiore *agg.* **1.** superior **2.** (*sovrastante*) upper **3.** (*più avanzato*) advanced. ♦ **superiore** *sm.* superior.
superiorità *sf.* superiority.
superlativo *agg.* e *sm.* superlative.
supermercato *sm.* supermarket.
supernutrizione *sf.* overfeeding.
supersònico *agg.* supersonic.
supèrstite *agg.* surviving. ♦ **supèrstite** *s.* survivor.
superstizione *sf.* superstition.
superstizioso *agg.* superstitious.
superuomo *sm.* superman (*pl.* -men).
supervisione *sf.* supervision.
supervisore *sm.* supervisor.
supinamente *avv.* supinely.
supino *agg.* supine.
suppellèttile *sf.* furnishings (*pl.*).
supplementare *agg.* supplementary.
supplemento *sm.* **1.** supplement **2.** (*spesa supplementare*) additional charge **3.** (*di biglietto ferroviario*) excess fare.
supplente *agg.* temporary. ♦ **supplente** *s.* temporary teacher.
supplenza *sf.* temporary post.
suppletivo *agg.* supplementary.
sùpplica *sf.* **1.** entreaty **2.** (*petizione*) petition.
supplicante *agg.* e *s.* suppliant.
supplicare *vt.* to entreat.
supplichévole *agg.* entreating.
supplire *vi.* **1.** (*compensare*) to make (*v. irr.*) up (for) **2.** (*sostituire*) to substitute (for). ♦ **supplire** *vt.* to take (*v. irr.*) the place of.
supplizio *sm.* torment: *andare al* —, to go (*v. irr.*) to the scaffold.
supporre *vt.* to suppose.
supporto *sm.* support.
supposizione *sf.* supposition.
supposta *sf.* suppository.
supposto che *cong.* suppose (that).
suppurare *vi.* to suppurate.
suppurazione *sf.* suppuration.
supremazìa *sf.* supremacy.
supremo *agg.* supreme: *Comando* — (*mil.*), headquarters (*pl.*).
surclassare *vt.* to outclass.
surgelare *vt.* to deep-freeze (*v. irr.*).
surrealismo *sm.* surrealism.
surrealista *agg.* e *s.* surrealist.
surrealìstico *agg.* surrealistic.
surrenale *agg.* suprarenal.
surrettizio *agg.* surreptitious.
surriscaldamento *sm.* overheating.
surriscaldare *vt.* to overheat. ♦ **surriscaldarsi** *vr.* to get (*v. irr.*) overheated.
surrogàbile *agg.* replaceable.
surrogare *vt.* to replace.
surrogato *sm.* substitute.
surrogazione *sf.* (*giur.*) surrogation.
suscettìbile *agg.* **1.** susceptible **2.** (*permaloso*) touchy.
suscettibilità *sf.* **1.** susceptibility **2.** (*permalosità*) touchiness || *urtare la — di qu.*, to hurt (*v. irr.*) so.'s feelings.

suscitare *vt.* **1.** to provoke **2.** (*eccitare*) to stir up.
suscitatore *sm.* provoker.
susina *sf.* plum.
susino *sm.* plum-tree.
susseguente *agg.* following.
susseguire *vi.* to follow.
sussidiare *vt.* **1.** to support **2.** (*di governo*) to subsidize.
sussidiario *agg.* subsidiary.
sussidio *sm.* subsidy.
sussiego *sm.* haughtiness.
sussistenza *sf.* **1.** existence **2.** (*sostentamento*) subsistence **3.** (*mil.*) Catering Corps.
sussìstere *vi.* **1.** to subsist **2.** (*reggere*) to hold (*v. irr.*) water.
sussultare *vi.* **1.** to start **2.** (*di cose*) to shake (*v. irr.*).
sussulto *sm.* start.
sussurrare *vt.* e *vi.* **1.** to whisper **2.** (*criticare*) to murmur.
sussurro *sm.* whisper.
sutura *sf.* suture.
suturare *vt.* to suture.
svagare *vt.* **1.** to divert **2.** (*divertire*) to amuse. ♦ **svagarsi** *vr.* **1.** to divert one's mind **2.** (*divertirsi*) to amuse oneself.
svagatezza *sf.* absent-mindedness.
svagato *agg.* absent-minded.
svago *sm.* amusement.
svaligiamento *sm.* **1.** robbery **2.** (*di una casa*) burglary.
svaligiare *vt.* **1.** to rob **2.** (*una casa*) to burgle.
svaligiatore *sm.* **1.** robber **2.** (*di case*) burglar.
svalutare *vt.* **1.** to devaluate **2.** (*sottovalutare*) to undervalue.
svalutazione *sf.* devaluation.
svanire *vi.* **1.** to disappear **2.** (*dileguarsi, di luce ecc.*) to fade.
svanito *agg.* **1.** (*dileguato*) vanished **2.** (*di mente*) feeble-minded.
svantaggio *sm.* disadvantage.
svantaggioso *agg.* disadvantageous.
svaporamento *sm.* evaporation.
svaporare *vi.* to evaporate.
svariare *vt.* to vary.
svariato *agg.* various.
svarione *sm.* blunder.
svasare *vt.* (*mecc.*) to flare.
svasato *agg.* (*di abito*) bell-shaped.
svasatura *sf.* **1.** (*di abito*) bell-shaping **2.** (*mecc.; lo svasare*) flaring **3.** (*apertura*) countersink.
svàstica *sf.* swastika.
svecchiamento *sm.* renewal.
svecchiare *vt.* to renew.
svedese *agg.* Swedish. ♦ **svedese** *sm.* Swede.
sveglia *sf.* **1.** early call **2.** (*orologio*) alarm clock **3.** (*mil.*) reveille.
svegliare *vt.* to wake (*v. irr.*) (up). ♦ **svegliarsi** *vr.* to wake (up).
sveglio *agg.* **1.** awake (*pred.*) **2.** (*fig.*) quick-witted.
svelare *vt.* **1.** to reveal, to disclose **2.** (*togliere il velo*) to unveil.
svelenire *vt.* (*fig.*) to remove the sting from.
svèllere *vt.* to extirpate.
sveltezza *sf.* quickness.
sveltire *vt.* **1.** to quicken **2.** (*scaltrire*) to wake (*v. irr.*) up || — *la figura*, to slim. ♦ **sveltirsi** *vr.* **1.** to become (*v. irr.*) quick(er) **2.** (*scaltrirsi*) to wake up.
svelto *agg.* **1.** quick **2.** (*slanciato*) slender **3.** (*intelligente*) smart. ♦ **svelto** *avv.* fast || —*!*, hurry up!
svenare *vt.* to open so.'s veins. ♦ **svenarsi** *vr.* to cut (*v. irr.*) one's veins.
svéndere *vt.* to undersell (*v. irr.*).
svéndita *sf.* (clearance) sale.
svenévole *agg.* maudlin.
svenimento *sm.* faint.
svenire *vi.* to faint.
sventagliare *vt.* to fan.
sventare *vt.* to baffle.
sventatezza *sf.* **1.** thoughtlessness **2.** (*atto sventato*) thoughtless action.
sventato *agg.* (*sbadato*) thoughtless. ♦ **sventato** *sm.* scatter-brain.
svèntola *sf.* (*schiaffo*) slap.
sventolare *vt.* e *vi.* to wave. ♦ **sventolarsi** *vr.* to fan oneself.
sventolìo *sm.* waving.
sventramento *sm.* **1.** disembowelment **2.** (*demolizione*) demolition.
sventrare *vt.* **1.** to disembowel **2.** (*demolire*) to demolish.
sventura *sf.* misfortune: *per* —, unluckily; *per colmo di* —, to crown it all.
sventuratamente *avv.* unfortunately.
sventurato *agg.* unfortunate.
svenuto *agg.* unconscious.
svergognare *vt.* to shame.
svergognatamente *avv.* shamelessly.
svergognato *agg.* shameless.
svernamento *sm.* wintering.
svernare *vi.* to winter.

svestire *vt.* to undress. ♦ **svestirsi** *vr.* to undress.
svettare *vt.* to lop. ♦ **svettare** *vi.* to stand (*v. irr.*) out.
svezzamento *sm.* weaning.
svezzare *vt.* to wean.
sviamento *sm.* **1.** diversion **2.** (*il traviare*) leading astray **3.** (*il traviarsi*) going astray.
sviare *vt.* **1.** to divert **2.** (*traviare*) to lead (*v. irr.*) astray. ♦ **sviarsi** *vr.* **1.** to be diverted **2.** (*traviarsi*) to go (*v. irr.*) astray.
sviato *agg.* led astray (*pred.*).
svignàrsela *vr.* to slink (*v. irr.*) away.
svigorire *vt.* to weaken. ♦ **svigorirsi** *vr.* to grow (*v. irr.*) weak.
svilimento *sm.* depreciation.
svilire *vt.* to depreciate.
sviluppare *vt.* **1.** to develop **2.** (*sciogliere*) to loosen **3.** (*sprigionare*) to generate. ♦ **svilupparsi** *vr.* to develop.
sviluppatore *sm.* (*foto*) developer.
sviluppo *sm.* **1.** development **2.** (*sprigionamento*) generation.
svincolamento *sm.* **1.** release **2.** (*doganale*) clearance **3.** (*riscatto*) redemption.
svincolare *vt.* **1.** to release **2.** (*sdoganare*) to clear **3.** (*riscattare*) to redeem. ♦ **svincolarsi** *vr.* to get (*v. irr.*) free.
svisare *vt.* (*travisare*) to twist.
sviscerare *vt.* **1.** to disembowel **2.** (*fig.*) to dissect.
sviscerato *agg.* passionate.
svista *sf.* oversight.
svitare *vt.* to unscrew.
svìzzero *agg.* e *sm.* Swiss.
svogliatezza *sf.* **1.** unwillingness **2.** (*pigrizia*) laziness.
svogliato *agg.* **1.** unwilling **2.** (*pigro*) lazy. ♦ **svogliato** *sm.* lazy-bones.
svolazzare *vi.* to flutter.
svolazzo *sm.* **1.** fluttering **2.** (*tratto di penna*) flourish.
svòlgere *vt.* **1.** to unwind (*v. irr.*) **2.** (*trattare*) to develop **3.** (*mettere in opera*) to carry out. ♦ **svòlgersi** *vr.* **1.** to unwind **2.** (*svilupparsi*) to develop **3.** (*accadere*) to take (*v. irr.*) place.
svolgimento *sm.* **1.** unwinding **2.** (*trattazione*) treatment **3.** (*corso*) course **4.** (*sviluppo*) development.
svolta *sf.* **1.** turn **2.** (*fig.*) turning point || *fare una* —, to turn.
svoltare *vi.* to turn.
svuotamento *sm.* emptying.
svuotare *vt.* **1.** to empty **2.** (*fig.*) to deprive.

T

tabaccaio *sm.* tobacconist.
tabaccare *vt.* to snuff.
tabaccherìa *sf.* tobacconist's.
tabacchiera *sf.* snuff-box.
tabacco *sm.* tobacco.
tabella *sf.* **1.** (*lista*) list **2.** (*quadro*) board.
tabellone *sm.* notice board.
tabernàcolo *sm.* tabernacle.
tabù *sm.* taboo.
tabulatore *sm.* tabulator.
tacca *sf.* **1.** notch **2.** (*fig.*) condition.
taccagnerìa *sf.* stinginess.
taccagno *agg.* stingy. ♦ **taccagno** *sm.* miser.
tacchino *sm.* turkey.
taccia *sf.* **1.** reputation **2.** (*accusa*) charge.
tacciare *vt.* to charge (with).
tacco *sm.* heel.
taccuino *sm.* note-book.
tacere *vi.* to be silent: *far* —, to silence.
tachicardìa *sf.* tachycardia.
tachìmetro *sm.* tachometer.
tacitare *vt.* **1.** to hush up **2.** (*un creditore*) to pay (*v. irr.*) off.
tàcito *agg.* **1.** silent **2.** (*non espresso*) tacit.
taciturno *agg.* silent.
tafano *sm.* gad-fly.
tafferuglio *sm.* brawl.
taglia *sf.* **1.** (*riscatto*) ransom **2.** (*ricompensa*) reward **3.** (*misura*) size.
tagliacarte *sm.* paper-knife (*pl.* -knives).
taglialegna *sm.* wood-cutter.
tagliando *sm.* coupon.
tagliapietre *sm.* stone-cutter.
tagliare *vt.* **1.** to cut (*v. irr.*) **2.** (*attraversare*) to cut across: — *via*, to cut off || — *a pezzi*, to cut into pieces; — *la corda* (*fig.*), to run (*v. irr.*) away; — *la strada a qu.*, to bar so.'s way. ♦ **tagliarsi** *vr.* to cut.

tagliatelle *sf. pl.* noodles.
tagliato *agg.* **1.** cut **2.** (*inclinato, disposto*) cut out, fit: *essere — fuori*, to be cut off.
tagliatore *sm.* cutter.
taglieggiare *vt.* to ransom.
tagliente *agg.* sharp.
tagliere *sm.* trencher.
taglio *sm.* **1.** cut **2.** (*il tagliare*) cutting **3.** (*parte tagliente, orlo*) edge **4.** (*dimensione*) size **5.** (*raccolto*) harvest.
tagliola *sf.* snare.
taglione *sm.* retaliation.
tagliuzzare *vt.* to mince.
talare *agg.* talaric: *veste —*, cassock.
talco *sm.* talc: *— borato*, talcum powder.
tale *agg.* **1.** such **2.** (*per tralasciare i dati determinati*) such and such: *il — giorno*, on such and such day **3.** (*suddetto*) above-mentioned || *— e quale*, exactly like, exactly as. ♦ **tale** *pron. indef.* someone.
talea *sf.* scion.
talento *sm.* talent.
talismano *sm.* talisman.
tallonare *vi.* to follow.
talloncino *sm.* slip.
tallone *sm.* heel.
talora *avv.* sometimes.
talpa *sf.* mole.
taluno *agg.* some. ♦ **taluno** *pron.* someone (*pl.* some people).
talvolta *avv.* V. *talora.*
tamarindo *sm.* tamarind.
tambureggiare *vi.* to drum.
tamburellare *vi.* to drum one's fingers on.
tamburino *sm.* drummer.
tamburo *sm.* **1.** drum **2.** (*mecc.*) cylinder.
tamponamento *sm.* **1.** plugging **2.** (*med.*) tamponage **3.** (*auto*) bumping.
tamponare *vt.* **1.** to plug **2.** (*med.*) to tampon **3.** (*auto*) to bump (against).
tampone *sm.* **1.** plug **2.** (*med.*) tampon **3.** (*di carta asciugante*) blotter.
tana *sf.* den.
tanfo *sm.* stench.
tangente *agg.* e *sf.* tangent.
tangenza *sf.* tangency: *punto di —*, tangential point.
tangenziale *agg.* tangential.
tànghero *sm.* boor.
tangìbile *agg.* tangible.
tangibilità *sf.* tangibility.
tànnico *agg.* (*chim.*) tannic.
tannino *sm.* tannin.
tanto *avv.* **1.** so **2.** (*coi verbi*) so much **3.** (*di tempo*) so long **4.** (*ad ogni modo*) anyhow || *— quanto*, as much as; *— ... quanto*, as... as (*sia... sia*) both ... and; *— meglio*, so much the better; *— per cambiare*, just for a change. ♦ **tanto** *agg.* so much (*pl.* so many): *— ... quanto*, as much... as (*pl.* as many... as). ♦ **tanto che** *cong.* so (that).
tapiro *sm.* tapir.
tappa *sf.* **1.** (*luogo*) halting-place **2.** (*parte di viaggio*) stage **3.** (*sport*) lap.
tappare *vt.* **1.** to stop **2.** (*con tappo*) to cork.
tapparella *sf.* rolling shutter.
tappeto *sm.* carpet.
tappezzare *vt.* **1.** (*con carta*) to paper **2.** (*coprire*) to cover **3.** (*foderare*) to upholster.
tappezzerìa *sf.* **1.** (*di carta*) paper **2.** (*di stoffa*) tapestry.
tappezziere *sm.* **1.** (*per pareti*) paper hanger **2.** (*per divani ecc.*) upholsterer.
tappo *sm.* **1.** plug **2.** (*per bottiglia*) cap.
tara *sf.* **1.** tare **2.** (*med.; difetto*) taint.
taràntola *sf.* tarantula.
tarare *vt.* **1.** (*mecc.*) to set (*v. irr.*) **2.** (*calibrare*) to calibrate **3.** (*comm.*) to tare.
tarato *agg.* **1.** (*comm.*) tared **2.** (*mecc.*) set **3.** (*med.*) with a taint **4.** (*fig.*) corrupted.
tarchiato *agg.* sturdy.
tardare *vi.* to be late. ♦ **tardare** *vt.* to delay.
tardi *avv.* late: *far —*, to be late.
tardivo *agg.* **1.** (*arretrato*) backward **2.** (*che viene tardi*) tardy.
tardo *agg.* **1.** tardy **2.** (*ottuso*) dull **3.** (*di tempo*) late || *a tarda notte*, late in the night; *tarda età*, old age.
targa *sf.* **1.** (*di metallo*) plate **2.** (*di* (*marmo*) slab **3.** (*auto*) number-plate.
targare *vt.* (*auto*) to give (*v. irr.*) a number-plate (to a car).
tariffa *sf.* tariff.
tarlarsi *vr.* to get (*v. irr.*) worm-eaten.
tarlatura *sf.* worm-hole.

tarlo *sm.* **1.** woodworm **2.** (*fig.*) gnawings (*pl.*).
tarma *sf.* moth.
tarmarsi *vr.* to get (*v. irr.*) moth--eaten.
tarpare *vt.* to clip.
tartagliare *vi.* to stammer.
tartàrico *agg.* tartaric.
tàrtaro *sm.* tartar.
tartaruga *sf.* tortoise.
tartassare *vt.* to harass.
tartina *sf.* canapé.
tartufo *sm.* truffle.
tasca *sf.* pocket.
tascàbile *agg.* pocket (*attributivo*).
tassa *sf.* **1.** tax **2.** (*d'iscrizione*) fee.
tassàbile *agg.* taxable.
tassàmetro *sm.* taximeter: — *di parcheggio*, parking meter.
tassare *vt.* to tax.
tassativo *agg.* peremptory.
tassazione *sf.* taxation.
tassello *sm.* dowel.
tassì *sm.* taxi.
tassista *sm.* taxi-driver.
tasso[1] *sm.* (*comm.*) rate.
tasso[2] *sm.* (*bot.*) yew.
tasso[3] *sm.* (*zool.*) badger.
tastare *vt.* to feel (*v. irr.*): — *il terreno* (*fig.*), to feel one's way.
tastiera *sf.* keyboard.
tasto *sm.* **1.** key **2.** (*tatto*) feel **3.** (*argomento*) subject.
tastoni *avv. a* —, gropingly; *andare a* —, to grope.
tàttica *sf.* tactics.
tàttico *agg.* tactical. ♦ **tàttico** *sm.* tactician.
tàttile *agg.* tactile.
tatto *sm.* **1.** touch **2.** (*fig.*) tact || *con* —, tactfully.
tatuaggio *sm.* tattoo.
tatuare *vt.* to tattoo.
taumatùrgico *agg.* thaumaturgic(al).
taumaturgo *sm.* thaumaturge.
taurino *agg.* bull-like (*attr.*): *dal collo* —, bull-necked.
tauromachìa *sf.* bullfight.
tautologìa *sf.* tautology.
taverna *sf.* tavern.
taverniere *sm.* tavern-keeper.
tàvola *sf.* **1.** table **2.** (*asse*) board **3.** (*di marmo*) slab **4.** (*illustrazione*) plate.
tavolaccio *sm.* plank-bed.
tavolata *sf.* table.
tavolato *sm.* **1.** (*di pavimento*) plank floor **2.** (*mar.*) planking **3.** (*geogr.*) plateau.
tavolozza *sf.* palette.
tazza *sf.* cup: — *da tè*, tea-cup.
te *pron.* you.
tè *sm.* tea.
teatrale *agg.* theatrical.
teatro *sm.* theatre: — *di posa*, studio.
tècnica *sf.* technique.
tecnicismo *sm.* technicality.
tècnico *agg.* technical. ♦ **tècnico** *sm.* technician.
tecnologìa *sf.* technology.
tecnològico *agg.* technological.
tedesco *agg.* e *sm.* German.
tediare *vt.* to bore.
tedio *sm.* boredom.
tedioso *agg.* boring.
tegame *sm.* saucepan.
teglia *sf.* bakepan.
tégola *sf.* tile: *coprire di tegole*, to tile.
teiera *sf.* tea-pot.
teismo *sm.* theism.
tela *sf.* **1.** cloth **2.** (*teat.*) curtain **3.** (*dipinto*) painting **4.** (*per dipingere*) canvas || — *cerata*, oilcloth; — *di sacco*, sackcloth; — *di lino*, linen; — *di ragno*, cobweb.
telaio *sm.* **1.** loom **2.** (*ossatura, cornice*) frame.
telecàmera *sf.* camera.
telecomandare *vt.* to radiocontrol.
telecomunicazione *sf.* telecommunication.
telefèrica *sf.* cableway.
telefonare *vt.* to (tele)phone.
telefonata *sf.* (telephone) call.
telefonìa *sf.* telephony.
telefònico *agg.* telephone (*attr.*): *cabina telefonica*, telephone booth.
telefonista *sm.* (telephone) operator. ♦ **telefonista** *sf.* switchboard girl.
telèfono *sm.* (tele)phone: *dare un colpo di* —, to ring (*v. irr.*) up.
telefoto *sf.* telephotograph.
telegiornale *sm.* (television) news (-reel).
telegrafare *vt.* to telegraph.
telegrafìa *sf.* telegraphy.
telegràfico *agg.* telegraphic(al).
telegrafista *sm.* telegraphist.
telègrafo *sm.* **1.** telegraph **2.** (*ufficio*) telegraph-office.
telegramma *sm.* telegram, wire: *fare un* — *a qu.*, to wire so.
telèmetro *sm.* **1.** telemeter **2.** (*in arma da fuoco; foto*) rangefinder.

teleobbiettivo *sm.* telephoto lens.
teleologìa *sf.* teleology.
telepatìa *sf.* telepathy.
telerìe *sf. pl.* linen (*sing.*): *commerciante in* —, linen-draper.
teleschermo *sm.* television screen.
telescopio *sm.* telescope.
telescrivente *sf.* teletypewriter.
teleselezione *sf.* long distance dialing.
telespettatore *sm.* televiewer.
teletipìa *sf.* teletype.
teletrasméttere *vt.* to telecast (*v. irr.*).
televisione *sf.* television: *guardare la* —, to watch television; *alla* —, on television; *trasmettere per* —, to telecast.
televisivo *agg.* televisional, television (*attr.*): *trasmissione televisiva,* telecast.
televisore *sm.* television set.
tellùrico *agg.* telluric.
telo *sm.* sheet.
telone *sm.* **1.** (*teat.*) curtain **2.** (*cine*) screen.
tema[1] *sf.* (*paura*) fear: *per — che,* lest.
tema[2] *sm.* **1.** theme **2.** (*scolastico*) composition.
temàtica *sf.* themes (*pl.*).
temàtico *agg.* thematic(al).
temerarietà *sf.* rashness.
temerario *agg.* rash.
temere *vt.* e *vi.* **1.** to fear **2.** (*patire*) not to stand (*v. irr.*) || *temo di sì,* I fear so; *temo di no,* I fear not.
temìbile *agg.* dreadful.
tèmpera *sf.* **1.** (*metal.*) hardening **2.** (*pitt.*) distemper || *dipingere a* —, to distemper.
temperamatite *sm.* pencil-sharpener.
temperamento *sm.* **1.** temperament **2.** (*alleviamento*) mitigation.
temperante *agg.* temperate.
temperanza *sf.* temperance.
temperare *vt.* **1.** to temper **2.** (*matite*) to sharpen.
temperato *agg.* **1.** temperate **2.** (*di matita*) sharpened.
temperatura *sf.* temperature.
temperino *sm.* penknife (*pl.* -knives).
tempesta *sf.* tempest, storm.
tempestare *vt.* **1.** (*assalire*) to assail **2.** (*importunare*) to harass **3.** (*cospargere*) to strew (*v. irr.*) (sthg. with). ♦ **tempestare** *vi.* **1.** to storm **2.** (*grandinare*) to hail.
tempestività *sf.* timeliness.
tempestivo *agg.* timely.
tempestoso *agg.* stormy.
tempia *sf.* temple.
tempio *sm.* temple.
tempo *sm.* **1.** time **2.** (*atmosferico*) weather **3.** (*gramm.*) tense **4.** (*fase*) stage **5.** (*cine*) part || *un* —, once; *col passare del* —, in the long run; *molto — prima, dopo,* long before, after; *a — perso,* in one's spare time; *per* —, early.
temporale[1] *agg.* temporal.
temporale[2] *agg.* (*anat.*) temporal.
temporale[3] *sm.* storm.
temporalesco *agg.* stormy.
temporaneità *sf.* temporariness.
temporàneo *agg.* temporary.
temporeggiare *vi.* to temporize.
tempra *sf.* **1.** temper **2.** (*metal.*) hardening **3.** (*fig.*) character.
temprare *vt.* **1.** to temper **2.** (*fig.*) to strengthen **3.** (*plasmare*) to form.
temprato *agg.* (*abituato*) inured.
tenace *agg.* tenacious.
tenacia *sf.* tenacity.
tenaglia *sf.* pincers (*pl.*).
tenda *sf.* **1.** curtain **2.** (*da campo*) tent.
tendaggio *sm.* curtain.
tendente *agg.* tending.
tendenza *sf.* **1.** tendency **2.** inclination.
tendenziale *agg.* tendential.
tendenziosità *sf.* tendentiousness.
tendenzioso *agg.* tendentious.
tèndere *vt.* **1.** (*protendere*) to stretch (out) **2.** (*mettere in tensione*) to tighten. ♦ **tèndere** *vi.* **1.** to tend **2.** (*mirare*) to aim (at).
tendina *sf.* curtain.
tèndine *sm.* tendon.
tenditore *sm.* turnbuckle.
tènebra *sf.* darkness.
tenebroso *agg.* **1.** dark **2.** (*sinistro*) sinister.
tenente *sm.* lieutenant.
tenere *vt.* **1.** to keep (*v. irr.*) **2.** (*sostenere, considerare, contenere*) to hold (*v. irr.*) || *— una lezione,* to give (*v. irr.*) a lesson. ♦ **tenersi** *vr.* (*seguire*) to follow: *— al corrente,* to keep tabs on.
tenerezza *sf.* tenderness.
tènero *agg.* tender. ♦ **tènero** *sm.* **1.** (*parte tenera*) tender part **2.** (*affetto*) sympathy.

tenia *sf.* tapeworm.
tennis *sm.* tennis.
tennista *s.* tennis-player.
tenore *sm.* tenor.
tenorile *agg.* tenor (*attr.*).
tensione *sf.* tension.
tentacolare *agg.* tentacular.
tentàcolo *sm.* tentacle.
tentare *vt.* **1.** to tempt **2.** (*provare*) to try.
tentativo *sm.* attempt.
tentatore *agg.* tempting. ♦ **tentatore** *sm.* tempter.
tentazione *sf.* temptation.
tentennamento *sm.* **1.** shaking **2.** (*traballamento*) tottering **3.** (*esitazione*) hesitation.
tentennare *vt.* to shake (*v. irr.*). ♦ **tentennare** *vi.* **1.** to totter **2.** (*esitare*) to waver.
tentoni *agg.* gropingly.
tenue *agg.* **1.** small **2.** (*leggero*) soft.
tenuità *sf.* **1.** smallness **2.** (*levità*) slightness.
tenuta *sf.* **1.** (*proprietà*) estate **2.** (*capacità*) capacity **3.** (*abiti*) clothes (*pl.*) **4.** (*tec.*) seal || — *di strada,* roadability; *a — d'acqua,* watertight.
teocràtico *agg.* theocratic(al).
teocrazìa *sf.* theocracy.
teologale *agg.* theological.
teologìa *sf.* theology.
teològico *agg.* theologic(al).
teòlogo *sm.* theologian.
teorema *sm.* theorem.
teorìa *sf.* **1.** theory **2.** (*fila*) string.
teòrico *agg.* theoretic(al).
teorizzare *vi.* to theorize.
tepore *sm.* lukewarmness.
teppa *sf.* rabble.
teppista *sm.* teddy-boy.
terapèutico *agg.* therapeutic(al).
terapìa *sf.* therapy.
terebinto *sm.* terebinth.
tèrgere *vt.* to wipe (off).
tergicristallo *sm.* windscreen wiper.
tergiversare *vi.* to hesitate.
tergiversazione *sf.* hesitation.
tergo *sm.* back: *segue a —,* please turn over.
termale *agg.* thermal: *stazione —,* spa.
terme *sf. pl.* thermal springs.
tèrmico *agg.* thermic.
terminale *agg.* terminal.
terminare *vt.* e *vi.* to end.
tèrmine *sm.* **1.** term **2.** (*limite*) limit **3.** (*fine*) end || *contratto a —,* time-contract; *portare a —,* to carry out.
terminologìa *sf.* terminology.
tèrmite *sf.* termite.
termocoperta *sf.* thermal blanket.
termodinàmica *sf.* thermodynamics.
termoelèttrico *agg.* thermoelectric(al).
termòforo *sm.* warming pad.
termògeno *agg.* thermogenetic.
termoiònico *agg.* thermionic.
termòmetro *sm.* thermometer: *il — segna...,* the thermometer stands at...
termonucleare *agg.* thermonuclear.
termos *sm.* vacuum bottle.
termosifone *sm.* (*radiatore*) radiator.
termòstato *sm.* thermostat.
ternario *agg.* ternary.
terno *sm.* tern. ♦ **terno** *agg.* triple.
terra *sf.* **1.** (*globo terracqueo*) earth **2.** (*paese; l'opposto del mare*) land **3.** (*terreno*) ground || — —, earth bound; *raso —,* to the ground.
terracotta *sf.* terracotta: *vasellame di —,* earthenware.
terraferma *sf.* dry land.
terraglia *sf.* pottery.
terranova *sm.* (*cane*) Newfoundland dog.
terrapieno *sm.* **1.** bank **2.** (*di fiume*) embankment.
terràqueo *agg.* terraqueous.
terrazza *sf.* **1.** terrace **2.** (*balcone*) balcony.
terrazziere *sm.* digger.
terrazzo *sm.* V. *terrazza.*
terremoto *sm.* earthquake.
terreno[1] *agg.* earthly.
terreno[2] *sm.* ground.
tèrreo *agg.* **1.** earthy **2.** (*di colorito*) wan, sallow.
terrestre *agg.* terrestrial, earthly.
terrìbile *agg.* terrible.
terriccio *sm.* mould.
terriero *agg.* land (*attr.*).
terrificante *agg.* terrifying.
terrificare *vt.* to terrify.
terrina *sf.* tureen.
territoriale *agg.* territorial.
territorio *sm.* territory.
terrore *sm.* terror: *incutere — a qu.,* to strike (*v. irr.*) so. with terror.
terrorismo *sm.* terrorism.

terrorista *s.* terrorist.
terroristico *agg.* terroristic.
terrorizzare *vt.* to terrorize.
terroso *agg.* earthy.
terso *agg.* clear.
terza *sf.* **1.** (*di scuola, treno*) third class **2.** (*di auto*) third gear.
terzetto *sm.* trio.
terziario *agg.* e *sm.* tertiary.
terzina *sf.* tercet.
terzino *sm.* (*sport*) full back.
terzo *agg.* third. ♦ **terzo** *sm.* **1.** third **2.** (*terza persona*) third person || *terzi,* third party.
terzùltimo *agg.* e *sm.* last but two.
tesa *sf.* brim.
tesaurizzare *vt.* to treasure.
teschio *sm.* skull.
tesi *sf.* thesis (*pl.* -ses).
teso *agg.* taut.
tesorerìa *sf.* treasury.
tesoriere *sm.* treasurer.
tesoro *sm.* **1.** treasure **2.** (*pol.*) treasury.
tèssera *sf.* **1.** card **2.** (*di mosaico*) tessera (*pl.* -rae).
tesseramento *sm.* **1.** rationing **2.** (*reclutamento*) enrolment.
tesserare *vt.* **1.** to ration **2.** (*arruolare*) to enrol.
tèssere *vt.* to weave (*v. irr.*).
tèssile *agg.* textile. ♦ **tèssile** *sm.* weaver.
tessitore *sm.* weaver.
tessitura *sf.* **1.** weaving **2.** (*disposizione dei fili*) texture.
tessuto *sm.* **1.** fabric **2.** (*med.; fig.*) tissue || *negozio di tessuti,* draper's shop.
testa *sf.* head: *colpo di —,* rash act; *essere in — a tutti,* to be ahead of everybody.
testamentario *agg.* testamentary.
testamento *sm.* will.
testardàggine *sf.* stubbornness.
testardo *agg.* stubborn.
testata *sf.* **1.** head **2.** (*colpo*) butt **3.** (*di giornale*) heading.
teste *s.* witness: *— d'accusa, di difesa,* witness for the prosecution, the defence.
testìcolo *sm.* testicle.
testimonianza *sf.* **1.** witness **2.** (*prova*) evidence || *far —,* to bear (*v. irr.*) witness.
testimoniare *vt.* e *vi.* **1.** to witness **2.** (*attestare*) to testify.
testimonio *sm.* witness.
testo *sm.* text.
testuale *agg.* **1.** textual **2.** (*esatto*) exact.
tetànico *agg.* tetanic.
tètano *sm.* tetanus.
tetraedro *sm.* tetrahedron.
tetràggine *sf.* gloom.
tetràgono *agg.* (*fig.*) steadfast.
tetralogìa *sf.* tetralogy.
tetro *agg.* gloomy.
tettarella *sf.* dummy.
tetto *sm.* roof: *— a capanna,* saddle roof.
tettoia *sf.* shed.
tettònica *sf.* tectonics.
teutònico *agg.* Teutonic. ♦ **teutònico** *sm.* Teuton.
ti *pron.* **1.** you, to you **2.** (*r.*) yourself.
tiara *sf.* tiara.
tibia *sf.* tibia.
tic *sm.* tic.
ticchettare *vi.* to tick.
ticchettìo *sm.* ticking.
ticchio *sm.* fancy.
tièpido *agg.* tepid.
tifo *sm.* **1.** typhus **2.** (*fig.*) fanaticism.
tifone *sm.* typhoon.
tifoso *sm.* **1.** typhus patient **2.** (*fig.*) fan.
tiglio *sm.* lime.
tigna *sf.* ringworm.
tignola *sf.* moth.
tigrato *agg.* striped.
tigre *sf.* tiger.
timbrare *vt.* **1.** to stamp **2.** (*lettere*) to postmark || *— a secco,* to emboss.
timbratura *sf.* **1.** stamping **2.** (*postale*) postmarking.
timbro *sm.* **1.** stamp **2.** (*di suono*) timbre **3.** (*postale*) postmark || *— a secco,* embossed stamp.
timidezza *sf.* shyness.
tìmido *agg.* shy.
timo *sm.* thyme.
timone *sm.* helm.
timoniere *sm.* helmsman (*pl.* -men).
timorato *agg.* **1.** respectful **2.** (*scrupoloso*) scrupulous.
timore *sm.* fear: *aver —,* to fear, to be afraid.
timoroso *agg.* fearful.
tìmpano *sm.* **1.** eardrum **2.** (*mus.*) kettle-drum **3.** (*arch.*) gable.
tinca *sf.* tench.
tinello *sm.* living-room.
tìngere *vt.* to dye (*v. irr.*). ♦ **tìngersi** *vr.* to dye oneself.

tino *sm.* vat.
tinozza *sf.* tub.
tinta *sf.* **1.** (*colore*) hue **2.** (*materia colorante*) dye **3.** (*tingitura*) dyeing.
tinteggiare *vt.* to paint.
tintinnare *vi.* to tinkle.
tintinnìo *sm.* tinkling.
tintore *sm.* **1.** dyer **2.** (*anche per lavature a secco*) cleaner.
tintorìa *sf.* **1.** dyeworks (*pl.*) **2.** (*negozio anche per lavature a secco*) dry cleaners' shop.
tintura *sf.* V. *tinta.*
tìpico *agg.* typical.
tipo *sm.* **1.** type **2.** (*modello*) pattern **3.** (*individuo*) fellow.
tipografìa *sf.* **1.** typography **2.** (*mecc.*) letterpress printing.
tipogràfico *agg.* typographic(al).
tipògrafo *sm.* typographer.
tiraggio *sm.* draught.
tiralìnee *sm.* drawing-pen.
tiranneggiare *vt.* to tyrannize.
tirannìa *sf.* tyranny.
tirànnico *agg.* tyrannical.
tirànnide *sf.* tyranny.
tiranno *sm.* tyrant.
tirante *sm.* **1.** (*mecc.*) connecting rod **2.** (*arch.*) tie-beam.
tirapiedi *sm.* drudge.
tirare *vt.* **1.** to draw (*v. irr.*), to pull **2.** (*scagliare*) to throw (*v. irr.*). ♦ **tirare** *vi.* **1.** (*sparare*) to shoot (*v. irr.*) **2.** (*di tiraggio*) to draw **3.** (*di vestito*) to be tight. ♦ **tirarsi** *vr.* to draw.
tirata *sf.* **1.** pull **2.** (*invettiva*) tirade.
tiratore *sm.* shooter.
tiratura *sf.* **1.** (*tip.*) printing **2.** (*numero di copie stampate*) circulation.
tirchierìa *sf.* niggardliness.
tirchio *agg.* niggardly.
tiritera *sf.* rigmarole.
tiro *sm.* **1.** (*trazione*) draught **2.** (*lancio*) throw **3.** (*sparo*) shot **4.** (*scherzo*) trick.
tirocinio *sm.* apprenticeship.
tiròide *sf.* thyroid.
tisana *sf.* ptisan.
tisi *sf.* consumption.
tìsico *agg.* e *sm.* consumptive.
tisiologìa *sf.* phthisiology.
tisiòlogo *sm.* phthisiologist.
titànico *agg.* titanic.
titillare *vt.* to tickle.
titolare *agg.* **1.** regular **2.** (*nominale*) titular. ♦ **titolare** *s.* **1.** regular holder **2.** (*proprietario*) owner **3.** (*capo*) principal.
titolato *agg.* titled.
tìtolo *sm.* **1.** title **2.** (*qualifica*) qualification **3.** (*documento*) document **4.** (*comm.*) security.
titubante *agg.* hesitating.
titubanza *sf.* hesitation.
titubare *vi.* to hesitate.
tizianesco *agg.* **1.** Titianesque **2.** (*di capelli*) titian.
tizio *sm.* fellow.
tizzone *sm.* brand.
toccare *vt.* to touch || *— un porto,* to call at. ♦ **toccare** *vi.* **1.** (*capitare*) to happen **2.** (*spettare*) to fall (*v. irr.*).
toccasana *sm.* cure-all.
tocco[1] *agg.* (*pazzoide*) touched.
tocco[2] *sm.* **1.** touch **2.** (*battito*) knock **3.** (*rintocco*) toll || *al —,* at one o'clock.
tocco[3] *sm.* (*berretto*) toque.
toga *sf.* gown.
togato *agg.* gowned.
tògliere *vt.* **1.** to take (*v. irr.*) **2.** (*liberare*) to relieve. ♦ **tògliersi** *vr.* **1.** to get (*v. irr.*) off **2.** (*un indumento*) to take off || *— la vita,* to commit suicide.
toletta *sf.* toilet.
tolleràbile *agg.* tolerable.
tollerante *agg.* tolerant.
tolleranza *sf.* tolerance.
tollerare *vt.* **1.** to tolerate **2.** (*sopportare*) to bear (*v. irr.*).
tomaia *sf.* vamp.
tomba *sf.* grave.
tombale *agg.* grave (*attr.*).
tombino *sm.* manhole.
tòmbola *sf.* **1.** (*gioco*) "tombola" **2.** (*caduta*) tumble.
tombolare *vi.* to tumble down.
tomismo *sm.* Thomism.
tomista *agg.* e *sm.* Thomist.
tomo *sm.* **1.** tome **2.** (*persona*) chap.
tònaca *sf.* frock: *gettare la —,* to give (*v. irr.*) up the frock.
tonalità *sf.* tonality.
tonante *agg.* thundering.
tondeggiante *agg.* roundish.
tondeggiare *vi.* to be roundish.
tondello *sm.* round.
tondo *agg.* e *sm.* round || *chiaro e —,* clearly.
tonfo *sm.* splash.
tònico *agg.* e *sm.* tonic.
tonificare *vt.* to brace.
tonnellaggio *sm.* tonnage.
tonnellata *sf.* ton.
tonno *sm.* tunny.

tono *sm.* **1.** tone **2.** (*accordo*) tune **3.** (*mus.*) strain.
tonsilla *sf.* tonsil.
tonsillectomìa *sf.* tonsillectomy.
tonsillite *sf.* tonsillitis.
tonsura *sf.* tonsure.
tonsurare *vt.* to tonsure.
tonto *agg.* dull. ♦ **tonto** *sm.* dunce.
topaia *sf.* (*fig.*) hovel.
topazio *sm.* topaz.
tòpica *sf.* **1.** topic **2.** (*errore*) blunder.
tòpico *agg.* topical.
topo *sm.* mouse (*pl.* mice), rat || — *di biblioteca* (*fig.*), bookworm; — *di albergo* (*fig.*), hotel thief.
topografìa *sf.* topography.
topogràfico *agg.* topographic(al).
topologìa *sf.* topology.
toponomàstica *sf.* toponymy.
toppa *sf.* **1.** (*pezza*) patch **2.** (*di serratura*) keyhole || *mettere una* —, to patch up.
torace *sm.* thorax, chest.
torba *sf.* peat.
torbidezza *sf.* **1.** turbidity **2.** (*esser fosco*) gloominess.
tòrbido *agg.* **1.** turbid **2.** (*fosco*) gloomy **3.** (*inquieto*) troubled. ♦ **tòrbido** *sm.* (*disordine*) disorder: *pescare nel* —, to fish in troubled water.
torbiera *sf.* peat-bog.
tòrcere *vt.* **1.** to wring (*v. irr.*) **2.** (*attorcigliare*) to twist || *dare del filo da* —, to give (*v. irr.*) a lot of trouble; — *il naso* (*fig.*), to turn up one's nose (at). ♦ **tòrcersi** *vr.* to twist.
torchiare *vt.* to press.
torchiatura *sf.* pressing.
torchio *sm.* press.
torcia *sf.* torch.
torcicollo *sm.* stiff neck.
torcitore *sm.* twister.
torcitura *sf.* twist.
tordo *sm.* thrush.
torero *sm.* bullfighter.
torma *sf.* swarm.
tormalina *sf.* tourmaline.
tormenta *sf.* blizzard.
tormentare *vt.* to torment. ♦ **tormentarsi** *vr.* to worry.
tormentato *agg.* (*inquieto*) restless.
tormento *sm.* torment.
tormentoso *agg.* tormenting.
tornaconto *sm.* profit.
tornado *sm.* tornado.
tornante *sm.* bend.
tornare *vi.* **1.** to return **2.** (*di conti*) to be correct.
tornasole *sm.* litmus.
torneo *sm.* tournament.
tornio *sm.* lathe.
tornire *vt.* **1.** (*mecc.*) to turn **2.** (*fig.*) to polish.
tornito *agg.* **1.** (*rotondo*) round **2.** (*ben fatto*) well-shaped.
tornitore *sm.* turner.
toro *sm.* bull.
torpediniera *sf.* torpedo-boat.
torpedo *sf.* torpedo.
torpedone *sm.* (motor-)coach.
tòrpido *agg.* torpid.
torpore *sm.* torpor.
torre *sf.* tower.
torrefare *vt.* **1.** to torrefy **2.** (*caffè*) to roast.
torrefazione *sf.* **1.** torrefaction **2.** (*di caffè*) roasting **3.** (*negozio*) coffee store.
torreggiare *vi.* to tower.
torrente *sm.* torrent.
torrentizio *agg.* torrent-like.
torrenziale *agg.* torrential.
torretta *sf.* (*mil.; mar.*) turret.
tòrrido *agg.* torrid.
torrione *sm.* donjon.
torrone *sm.* nougat.
torsione *sf.* torsion.
torso *sm.* **1.** trunk **2.** (*di statua*) torso.
tòrsolo *sm.* **1.** (*di verdura*) stump **2.** (*di frutta*) core.
torta *sf.* cake.
tortiera *sf.* bakepan.
torto *agg.* **1.** (*piegato*) bent **2.** (*contorto*) twisted.
torto *sm.* **1.** wrong **2.** (*colpa*) fault || *aver* —, to be wrong; *far* — *a qu.*, to wrong so.; *a* —, wrongly.
tòrtora *sf.* turtle-dove.
tortuosità *sf.* tortuosity.
tortuoso *agg.* tortuous.
tortura *sf.* torture.
torturare *vt.* to torture. ♦ **torturarsi** *vr.* to worry.
torvo *agg.* grim.
tosare *vt.* to shear (*v. irr.*).
tosatrice *sf.* clippers (*pl.*).
tosatura *sf.* shearing.
toscano *agg.* e *sm.* Tuscan.
tosse *sf.* cough.
tossicchiare *vi.* to keep (*v. irr.*) on coughing.
tossicità *sf.* toxicity.
tòssico *agg.* toxic. ♦ **tòssico** *sm.* toxicant.

tossicologìa *sf.* toxicology.
tossicòlogo *sm.* toxicologist.
tossicomanìa *sf.* toxicomania.
tossina *sf.* toxin.
tossire *vi.* to cough.
tostapane *sm.* toaster.
tostare *vt.* **1.** to toast **2.** (*caffè*) to roast.
tosto[1] *avv.* at once.
tosto[2] *agg.* hard || *faccia tosta,* cheek.
tosto[3] *sm.* toast.
totale *agg.* e *sm.* total: *in —,* in all.
totalità *sf.* **1.** totality **2.** (*numero complessivo*) mass.
totalitario *agg.* totalitarian.
totalitarismo *sm.* totalitarianism.
totalizzare *vt.* **1.** to totalize **2.** (*sport*) to score.
totalizzatore *sm.* totalizer.
tovaglia *sf.* (table-)cloth.
tovagliolo *sm.* napkin.
tozzo[1] *agg.* squat, stocky.
tozzo[2] *sm.* piece: *un — di pane,* a crust of bread.
tra *prep.* **1.** (*fra due persone, cose, gruppi*) between **2.** (*fra più di due*) among **3.** (*nel mezzo di*) amid **4.** (*di tempo*) (with)in.
traballare *vi.* **1.** to stagger **2.** (*di vettura*) to jolt || *entrare, uscire traballando,* to stagger in, out.
trabeazione *sf.* trabeation.
trabìccolo *sm.* ramshackle vehicle.
traboccare *vi.* to overflow.
trabocchetto *sm.* trap.
tracagnotto *agg.* squat.
tracannare *vt.* to gulp down.
traccia *sf.* **1.** trace **2.** (*segno*) mark **3.** (*orme*) footsteps (*pl.*) **4.** (*schema*) outline.
tracciare *vt.* to trace (out): *— a grandi linee,* to outline.
tracciato *sm.* layout.
tracciatore *sm.* tracer.
trachea *sf.* windpipe.
tracheale *agg.* tracheal.
tracheite *sf.* tracheitis.
tracolla *sf.* baldric: *portare qc. a —,* to carry sthg. across one's back.
tracollare *vi.* **1.** to lose (*v. irr.*) one's balance **2.** (*cadere*) to collapse.
tracollo *sm.* collapse: *portare al —,* to bring (*v. irr.*) to ruin.
tracoma *sm.* trachoma.
tracotante *agg.* haughty.
tracotanza *sf.* haughtiness.
tradimento *sm.* **1.** treason **2.** (*infedeltà*) betrayal || *a —* (*agg.*), treacherous, (*avv.*) treacherously.
tradire *vt.* **1.** to betray **2.** (*di coniuge*) to be unfaithful (to).
traditore *agg.* treacherous. ♦ **traditore** *sm.* traitor.
tradizionale *agg.* traditional.
tradizionalismo *sm.* traditionalism.
tradizionalista *s.* traditionalist.
tradizione *sf.* tradition: *per —,* traditionally.
tradotta *sf.* troop-train.
tradùcibile *agg.* translatable.
tradurre *vt.* to translate: *— in atto,* to carry out; *— in carcere,* to take (*v. irr.*) to prison.
traduttore *sm.* translator.
traduzione *sf.* translation.
traente *s.* (*comm.*) drawer.
trafelato *agg.* breathless.
trafficante *sm.* dealer.
trafficare *vi.* **1.** to deal (*v. irr.*) **2.** (*affaccendarsi*) to bustle about.
tràffico *sm.* **1.** traffic **2.** (*comm.*) trade.
trafìggere *vt.* to pierce (through).
trafila *sf.* **1.** procedure **2.** (*mecc.*) draw-plate.
trafilare *vt.* to draw (*v. irr.*).
trafiletto *sm.* paragraph.
traforare *vt.* **1.** to perforate **2.** (*ricamare*) to embroider with open-work.
traforato *agg.* **1.** perforated **2.** (*ricamato a traforo*) open-work (*attr.*).
traforatrice *sf.* fret-sawing machine.
traforo *sm.* **1.** perforation **2.** (*galleria*) tunnel **3.** (*falegnameria*) fret-work **4.** (*ricamo*) open-work.
trafugamento *sm.* stealing.
trafugare *vt.* to steal (*v. irr.*).
tragedia *sf.* tragedy.
tragediògrafo *sm.* tragedian.
traghettare *vt.* to ferry.
traghetto *sm.* ferry-boat.
tragicità *sf.* tragicalness.
tràgico *agg.* tragical. ♦ **tràgico** *sm.* tragedian.
tragicòmico *agg.* tragicomic(al).
tragicommedia *sf.* tragicomedy.
tragitto *sm.* **1.** way **2.** (*viaggio*) journey.
traguardo *sm.* goal.
traiettoria *sf.* trajectory.
trainare *vt.* to haul.
tràino *sm.* **1.** haulage **2.** (*carro*) truck.

tralasciare *vt.* to leave (*v. irr.*) out, to omit.
tralcio *sm.* shoot.
traliccio *sm.* **1.** (*tela*) ticking **2.** (*per costruzioni*) trellis || — *di ferro*, iron framework.
tralice (*nella loc. avv.*) *in* —, askance.
tralignamento *sm.* degeneration.
tralignare *vi.* to degenerate.
tralùcere *vi.* to shine (*v. irr.*) (through).
tram *sm.* tramcar.
trama *sf.* **1.** weft **2.** (*fig.*) plot.
tramaglio *sm.* trammel.
tramandare *vt.* to hand down.
tramare *vt.* **1.** to weave (*v. irr.*) **2.** (*fig.*) to plot.
trambusto *sm.* bustle.
tramenare *vt.* e *vi.* to move about.
tramenìo *sm.* bustle.
tramestare *vt.* to rummage.
tramestìo *sm.* **1.** rummaging **2.** (*trepestio*) stamping.
tramezzare *vt.* to partition.
tramezzino *sm.* sandwich.
tramezzo *sm.* partition.
tràmite *sm.* path: — *qu.*, through so.
tramoggia *sf.* hopper.
tramontana *sf.* **1.** north **2.** (*vento*) north wind || *perder la* —, to lose (*v. irr.*) one's head.
tramontare *vi.* **1.** to set (*v. irr.*) **2.** (*svanire*) to fade.
tramonto *sm.* **1.** setting **2.** (*del sole*) sunset **3.** (*declino*) decline.
tramortimento *sm.* swoon.
tramortire *vt.* to stun.
trampoliere *sm.* wader.
trampolino *sm.* spring-board.
tràmpolo *sm.* stilt.
tramutare *vt.* to change. ♦ **tramutarsi** *vr.* to change.
trancia *sf.* **1.** shears (*pl.*) **2.** (*fetta*) slice.
tranciare *vt.* to shear.
tranello *sm.* snare.
trangugiare *vt.* to swallow.
tranne *prep.* but.
tranquillante *agg.* tranquillizing. ♦ **tranquillante** *sm.* tranquillizer.
tranquillità *sf.* calmness.
tranquillizzare *vt.* **1.** to calm **2.** (*rassicurare*) to reassure.
tranquillo *agg.* calm: *star* —, to keep (*v. irr.*) quiet; *sta'* —*!*, do not worry!
transalpino *agg.* transalpine.
transatlàntico *agg.* transatlantic. ♦ **transatlàntico** *sm.* liner.
transazione *sf.* **1.** transaction **2.** (*accomodamento*) arrangement **3.** (*compromesso*) compromise.
transcontinentale *agg.* transcontinental.
transetto *sm.* transept.
trànsfuga *s.* runaway.
transìgere *vt.* e *vi.* to compromise.
transistore *sm.* transistor.
transitàbile *agg.* practicable.
transitabilità *sf.* practicability.
transitare *vi.* to pass through.
transitivo *agg.* e *sm.* transitive.
trànsito *sm.* transit.
transitorio *agg.* transitory.
transizione *sf.* transition.
transoceànico *agg.* transoceanic.
transustanziazione *sf.* transubstantiation.
tranvìa *sf.* tramway.
tranviario *agg.* tramcar (*attr.*).
tranviere *sm.* **1.** tram-driver **2.** (*bigliettario*) tram-conductor.
trapanare *vt.* **1.** to drill **2.** (*med.*) to trepan.
trapanazione *sf.* **1.** drilling **2.** (*med.*) trepanation.
tràpano *sm.* **1.** drill **2.** (*med.*) trepan.
trapassare *vt.* to pierce through. ♦ **trapassare** *vi.* (*morire*) to die.
trapasso *sm.* **1.** (*morte*) death **2.** (*giur.; comm.*) transfer.
trapelare *vi.* to leak out.
trapezio *sm.* **1.** trapezium **2.** (*da ginnastica*) trapeze.
trapiantare *vt.* to transplant. ♦ **trapiantarsi** *vr.* (*stabilirsi*) to settle.
trapianto *sm.* **1.** transplantation **2.** (*tessuto trapiantato*) graft.
trappista *sm.* Trappist.
tràppola *sf.* trap: *prendere in* —, to trap.
trapunta *sf.* quilt.
trapuntare *vt.* **1.** to quilt **2.** (*ricamare*) to embroider.
trapunto *agg.* **1.** quilted **2.** (*ricamato*) embroidered || — *di stelle*, starry.
trarre *vt.* **1.** to draw (*v. irr.*) **2.** (*ottenere*) to get (*v. irr.*). ♦ **trarsi** *vr.* to draw.
trasalire *vi.* to startle: *far* —, to startle.
trasandato *agg.* shabby.

trasbordare *vt.* **1.** to transfer **2.** (*traghettare*) to ferry.
trasbordo *sm.* **1.** transfer **2.** (*traghetto*) ferrying across.
trascendentale *agg.* transcendental.
trascendentalismo *sm.* transcendentalism.
trascendente *agg.* transcendent.
trascendenza *sf.* transcendence.
trascéndere *vt.* to transcend. ♦ **trascéndere** *vi.* to let (*v. irr.*) oneself go.
trascinare *vt.* **1.** to drag **2.** (*affascinare*) to fascinate.
trascòrrere *vt.* (*il tempo*) to spend (*v. irr.*). ♦ **trascòrrere** *vi.* **1.** (*di tempo*) to pass **2.** (*lasciar correre*) to pass over.
trascorso *agg.* past. ♦ **trascorso** *sm.* (*errore*) slip.
trascrittore *sm.* transcriber.
trascrìvere *vt.* **1.** to transcribe **2.** (*giur.*) to register.
trascrizione *sf.* **1.** transcription **2.** (*giur.*) registration **3.** (*trapasso*) transfer.
trascuràbile *agg.* negligible.
trascurare *vt.* to neglect. ♦ **trascurarsi** *vr.* not to care of oneself.
trascuratezza *sf.* **1.** negligence **2.** (*sciatteria*) slovenliness.
trascurato *agg.* **1.** (*negligente*) careless **2.** (*sciatto*) sloven.
trasecolare *vi.* to be amazed.
trasecolato *agg.* amazed.
trasferìbile *agg.* transferable.
trasferimento *sm.* transfer.
trasferire *vt.* to transfer. ♦ **trasferirsi** *vr.* to (re)move.
trasferta *sf.* **1.** transfer **2.** (*indennità*) travelling allowance || *in —*, on transfer; *partita in —* (*sport*), out match.
trasfigurare *vt.* to transfigure. ♦ **trasfigurarsi** *vr.* to become (*v. irr.*) transfigured.
trasfigurazione *sf.* transfiguration.
trasfòndere *vt.* **1.** to transfuse **2.** (*fig.*) to instil.
trasformàbile *agg.* convertible.
trasformare *vt.* to change, to turn. ♦ **trasformarsi** *vr.* to change.
trasformatore *sm.* transformer.
trasformazione *sf.* transformation.
trasformismo *sm.* transformism.
trasfusione *sf.* transfusion.
trasgredire *vt.* e *vi.* to infringe.
trasgressione *sf.* infringement.
trasgressore *sm.* infringer.
traslazione *sf.* **1.** transfer **2.** (*fis.; eccl.*) translation.
traslocare *vt.* e *vi.* to move.
trasloco *sm.* removal.
traslùcido *agg.* translucent.
trasméttere *vt.* to transmit.
trasmettitore *sm.* transmitter.
trasmigrare *vi.* to transmigrate.
trasmigrazione *sf.* transmigration.
trasmissìbile *agg.* transmissible.
trasmissione *sf.* **1.** transmission **2.** (*giur.*) transfer **3.** (*mecc.*) drive || *— radio*, broadcast; *— televisiva*, telecast.
trasmittente *agg.* transmitting.
trasognato *agg.* dreamy.
trasparente *agg.* transparent.
trasparenza *sf.* transparence.
trasparire *vi.* **1.** to shine (*v. irr.*) through **2.** (*esser trasparente*) to be transparent || *lasciar —*, to betray.
traspirare *vi.* to transpire.
traspirazione *sf.* transpiration.
trasporre *vt.* to transpose.
trasportàbile *agg.* transportable.
trasportare *vt.* **1.** to carry **2.** (*fig.*) to carry away. ♦ **trasportarsi** *vr.* to go (*v. irr.*).
trasportatore *sm.* conveyer: *— a nastro*, belt-conveyer.
trasporto *sm.* transport: *nave da —*, cargo; *spese di —*, carriage.
trasposizione *sf.* transposition.
trastullare *vt.* to amuse. ♦ **trastullarsi** *vr.* **1.** (*giocare*) to play **2.** (*scherzare*) to trifle.
trastullo *sm.* **1.** plaything **2.** (*divertimento*) amusement.
trasudamento *sm.* sweating.
trasudare *vt.* e *vi.* to sweat.
trasversale *agg.* transversal, cross (*attr.*). ♦ **trasversale** *sf.* **1.** transversal **2.** (*strada*) cross-road.
trasvolare *vt.* to fly (*v. irr.*) across.
trasvolata *sf.* flight (across).
tratta *sf.* **1.** (*traffico*) trade **2.** (*comm.*) draft || *— a vista*, sight draft; *spiccare una — su qu.*, to draw (*v. irr.*) upon so.
trattàbile *agg.* **1.** tractable **2.** (*di argomento*) that can be dealt with.
trattabilità *sf.* tractability.
trattamento *sm.* **1.** treatment **2.** (*paga*) salary.
trattare *vt.* **1.** to treat **2.** (*maneggiare*) to handle **3.** (*commerciare*) to deal (*v. irr.*) (in) **4.** (*negoziare*) to negotiate **5.** (*un argomento*) to deal (with). ♦ **trattarsi** *v. imp.* to be

a question of, to be involved.
trattativa *sf.* negotiation.
trattato *sm.* **1.** (*patto*) treaty **2.** (*libro*) treatise.
trattazione *sf.* treatment.
tratteggiare *vt.* **1.** to outline **2.** (*ombreggiare*) to hatch.
trattèggio *sm.* **1.** (*abbozzo*) outline **2.** (*ombreggiatura*) hatching.
trattenere *vt.* **1.** to keep (*v. irr.*) **2.** (*dedurre*) to deduct **3.** (*frenare*) to refrain || — *il respiro,* to hold (*v. irr.*) one's breath. ♦ **trattenersi** *vr.* (*fermarsi*) to stay || *non posso trattenermi dal fare,* I cannot help doing.
trattenimento *sm.* (*festa*) party.
trattenuta *sf.* deduction.
trattino *sm.* **1.** dash **2.** (*di unione*) hyphen.
tratto *sm.* **1.** (*tirata*) pull **2.** (*colpo*) stroke **3.** (*linea*) line **4.** (*brano*) passage **5.** (*estensione di spazio*) way **6.** (*lineamento*) feature **7.** (*comportamento*) manners (*pl.*) || *d'un* —, suddenly; *di* — *in* —, now and then.
trattore[1] *sm.* (*mecc.*) tractor.
trattore[2] *sm.* (*oste*) inn-keeper.
trattorìa *sf.* inn.
tratturo *sm.* cattle-track.
tràuma *sm.* trauma.
traumàtico *agg.* traumatic.
traumatologìa *sf.* traumatology.
travagliare *vt.* V. *tormentare.*
travaglio *sm.* **1.** (*fatica*) labour **2.** (*cruccio*) trouble.
travasare *vt.* to pour off.
travaso *sm.* **1.** pouring off **2.** (*med.*) effusion.
travatura *sf.* truss.
trave *sf.* beam.
travéggole *sf. pl. avere le* —, to mistake (*v. irr.*) one thing for another.
traversa *sf.* **1.** (*sbarra*) cross-bar **2.** (*via*) side-road.
traversata *sf.* crossing.
traversìa *sf.* misfortune.
traversina *sf.* sleeper.
traverso *agg.* **1.** transverse, cross (*attr.*) **2.** (*obliquo*) slanting || *di* —, askance; *andare per* — (*fig.*), to go (*v. irr.*) wrong with.
travestimento *sm.* disguise.
travestire *vt.* to disguise (as).
traviamento *sm.* corruption.
traviare *vt.* to mislead (*v. irr.*). ♦ **traviarsi** *vr.* to go (*v. irr.*) astray.
travisamento *sm.* alteration.
travisare *vt.* to alter.
travolgente *agg.* sweeping.
travòlgere *vt.* **1.** to sweep (*v. irr.*) away **2.** (*investire*) to run (*v. irr.*) over.
trazione *sf.* traction.
tre *agg.* three.
trebbiare *vt.* to thrash.
trebbiatrice *sf.* thrasher.
trebbiatura *sf.* thrashing.
treccia *sf.* plait: *farsi le trecce,* to plait one's hair.
trecento *agg.* three hundred || *il* — (*secolo*), the fourteenth century.
tredicenne *agg.* thirteen years old, thirteen-year-old (*attr.*).
tredicèsimo *agg.* thirteenth.
trédici *agg.* thirteen.
tregua *sf.* **1.** truce **2.** (*riposo*) rest.
tremante *agg.* **1.** trembling **2.** (*di freddo*) shivering.
tremare *vi.* **1.** to tremble **2.** (*di freddo*) to shiver.
tremendo *agg.* awful.
trementina *sf.* turpentine.
tremila *agg.* three thousand.
trèmito *sm.* **1.** tremble **2.** (*di freddo*) shiver.
tremolante *agg.* **1.** trembling **2.** (*di luce*) flickering **3.** (*di stelle*) twinkling.
tremolare *vi.* **1.** to tremble **2.** (*di luce*) to flicker **3.** (*di stelle*) to twinkle.
tremolìo *sm.* **1.** tremble **2.** (*di luce*) flickering **3.** (*di stelle*) twinkle.
tremore *sm.* V. *trèmito.*
treno *sm.* **1.** train: — *accelerato,* slow train; — *direttissimo,* fast train; — *rapido,* express train **2.** (*tenore*) way of living, routine.
trenta *agg.* thirty.
trentenne *agg.* thirty years old, thirty-year-old (*attr.*).
trentennio *sm.* period of thirty years.
trentèsimo *agg.* thirtieth.
trentina *sf.* about thirty.
trepestìo *sm.* stamping.
trepidante *agg.* anxious.
trepidare *vi.* to be anxious.
trepidazione *sf.* anxiety.
treppiede *sm.* tripod.
tresca *sf.* intrigue.
tréspolo *sm.* trestle.
trìade *sf.* triad.
triangolare *agg.* triangular.
triangolazione *sf.* triangulation.

triàngolo *sm.* triangle.
tribale *agg.* tribal.
tribolare *vi.* **1.** to toil **2.** (*soffrire*) to suffer. ♦ **tribolare** *vt.* to vex.
tribolazione *sf.* suffering.
tribordo *sm.* starboard.
tribù *sf.* tribe.
tribuna *sf.* **1.** (*per oratori*) platform **2.** (*sport*) stand.
tribunale *sm.* court.
tribuno *sm.* tribune.
tributare *vt.* to bestow.
tributario *agg.* **1.** tributary **2.** (*fiscale*) fiscal. ♦ **tributario** *sm.* tributary.
tributo *sm.* tribute.
tricheco *sm.* walrus.
triciclo *sm.* tricycle.
triclinio *sm.* triclinium (*pl.* -nia).
tricolore *agg.* e *sm.* tricolour.
tricorno *sm.* tricorn.
tricromìa *sf.* **1.** trichromatism **2.** (*pezzo singolo*) trichromatic print.
tridente *sm.* **1.** trident **2.** (*per fieno*) hayfork.
tridimensionale *agg.* tridimensional.
triedro *sm.* trihedron.
triennale *agg.* e *sm.* triennial.
triennio *sm.* period of three years.
trifase *agg.* three-phase (*attr.*).
trifoglio *sm.* clover.
trigèmino *agg.* e *sm.* trigeminal: *parto* —, birth of triplets.
trigèsimo *agg.* thirtieth: *nel — della sua morte,* on the thirtieth day after his death.
trigonometrìa *sf.* trigonometry.
trilione *sm.* **1.** (*in sistema italiano, francese e americano* = 1000^4) billion; (*amer.*) trillion **2.** (*in sistema inglese e tedesco* = 1000^6) trillion; (*amer.*) quintillion.
trillare *vi.* **1.** to trill **2.** (*squillare*) to ring (*v. irr.*).
trillo *sm.* **1.** trill **2.** (*di sveglia, telefono*) ring.
trilogìa *sf.* trilogy.
trimestrale *agg.* quarterly.
trimestre *sm.* **1.** quarter **2.** (*scol.*) term **3.** (*paga trimestrale*) quarterage.
trimotore *agg.* three-engined aeroplane.
trina *sf.*. lace.
trincare *vt.* to gulp. ♦ **trincare** *vi.* to drink (*v. irr.*).
trincea *sf.* trench.
trincerare *vt.* to entrench.
trincetto *sm.* shoemaker's knife (*pl.* knives).
trinchetto *sm.* *albero di* —, foremast; *vela di* —, foresail.
trinciante *agg.* sharp. ♦ **trinciante** *sm.* carver.
trinciare *vt.* **1.** to cut (*v. irr.*) (up) **2.** (*carne*) to carve || — *giudizi,* to judge rashly.
trinciato *sm.* cut-tobacco.
trinità *sf.* trinity.
trinomio *sm.* trinomial.
trionfante *agg.* triumphant.
trionfare *vt.* to triumph.
trionfatore *sm.* triumpher.
trionfo *sm.* triumph.
tripartito *agg.* tripartite.
tripartizione *sf.* tripartition.
triplicare *vt.* to treble.
triplo *agg.* triple. ♦ **triplo** *sm.* **1.** triple **2.** (*tre volte tanto*) three times as much.
trippa *sf.* (*cuc.*) tripe.
tripudiare *vi.* to exult.
tripudio *sm.* exultation.
trisàvolo *sm.* great-great-grand-father.
trisìllabo *agg.* trisyllabic. ♦ **trisìllabo** *sm.* trisyllable.
triste *agg.* sad.
tristezza *sf.* **1.** sadness **2.** (*dolore*) grief.
tristo *agg.* wicked.
tritacarne *sm.* mincer.
tritare *vt.* to mince.
tritatutto *sm.* mincer.
trito *agg.* (*fig.*) trite.
tritolo *sm.* trinitrotoluene.
trìttico *sm.* triptych.
trittongo *sm.* triphthong.
tritume *sm.* crumbs (*pl.*).
triturare *vt.* to triturate.
triumvirato *sm.* triumvirate.
triùmviro *sm.* triumvir.
trivalente *agg.* trivalent.
trivella *sf.* **1.** (*min.*) drill **2.** (*falegnameria*) auger.
trivellare *vt.* to drill.
trivellazione *sf.* drilling: *torre di* —, derrick.
triviale *agg.* coarse.
trivialità *sf.* **1.** coarseness **2.** (*detto triviale*) coarse expression.
trofeo *sm.* trophy.
troglodita *sm.* troglodyte.
troglodìtico *agg.* troglodytic(al).
trògolo *sm.* trough.
troia *sf.* (*zool.*) sow.
tromba *sf.* **1.** trumpet **2.** (*di scale*)

well || — *d'aria,* tornado; — *d'acqua,* water-spout.
trombettiere *sm.* trumpeter.
trombone *sm.* **1.** (*mus.*) trombone **2.** (*schioppo*) blunderbuss || *suonatore di* —, trombonist.
trombosi *sf.* thrombosis.
troncare *vt.* **1.** to cut (*v. irr.*) off **2.** (*fig.*) to break (*v. irr.*) off.
tronco[1] *agg.* **1.** cut off **2.** (*fig.*) broken.
tronco[2] *sm.* **1.** trunk **2.** (*d'albero abbattuto*) log **3.** (*geom.*) frustum || — *ferroviario,* railway section; *licenziare in* —, to sack on the spot.
troncone *sm.* stump.
troneggiare *vi.* to dominate (sthg.).
tronfio *agg.* **1.** conceited **2.** (*di stile*) bombastic.
trono *sm.* throne.
tropicale *agg.* tropical.
tròpico *sm.* tropic.
tropismo *sm.* tropism.
troposfera *sf.* troposphere.
troppo *avv.* **1.** (*con agg. e avv.*) too **2.** (*con v.*) too much **3.** (*di tempo*) too long. ♦ **troppo** *agg.* e *pron.* too much (*pl.* too many): *anche* —, only too; *essere di* —, to be unwelcome.
trota *sf.* trout (*pl. invariato*).
trottare *vi.* to trot: *far* — *qu.* (*fig.*) to make (*v. irr.*) so. run.
trottata *sf.* trot.
trottatore *sm.* trotter.
trotterellare *vi.* **1.** to trot along **2.** (*di bambini*) to toddle.
trotto *sm.* trot: *mettere un cavallo al* —, to trot a horse.
tròttola *sf.* top.
trovare *vt.* **1.** to find (*v. irr.*) **2.** (*far visita*) to see (*v. irr.*) **3.** (*pensare*) to think (*v. irr.*). ♦ **trovarsi** *vr.* **1.** (*essere*) to be **2.** (*sentirsi*) to feel (*v. irr.*).
trovata *sf.* trick.
trovatello *sm.* foundling.
trovatore *sm.* troubadour.
truccare *vi.* **1.** to make (*v. irr.*) up **2.** (*sport*) to fix.
truccatore *sm.* maker-up.
truccatura *sf.* make-up.
trucco *sm.* **1.** trick **2.** (*cosmetici*) make-up **3.** (*inganno*) deceit.
truce *agg.* grim.
trucidare *vt.* to slay (*v. irr.*).
trùciolo *sm.* shaving.
truculento *agg.* truculent.
truffa *sf.* cheat.
truffaldino *agg.* cheating.
truffare *vt.* to cheat.
truffatore *sm.* cheat.
truismo *sm.* truism.
truppa *sf.* troop.
tu *pron.* you.
tua *agg.* e *pron.* V. *tuo.*
tuba *sf.* **1.** tuba **2.** (*cappello*) top-hat.
tubare *vi.* to coo.
tubatura *sf.* piping.
tubercolare *agg.* tubercular.
tubercolina *sf.* tuberculin.
tubercolosario *sm.* sanatorium.
tubercolosi *sf.* tuberculosis: — *polmonare,* consumption.
tubercoloso *agg.* tuberculous. ♦ **tubercoloso** *sm.* consumptive.
tùbero *sm.* tuber.
tuberosa *sf.* tuberose.
tubino *sm.* bowler-hat.
tubo *sm.* **1.** tube **2.** (*di conduttura*) pipe **3.** (*anat.*) canal.
tubolare *agg.* tubular.
tue *agg.* e *pron.* V. *tuo.*
tuffare *vt.* to plunge, to dip. ♦ **tuffarsi** *vr.* to plunge, to dive.
tuffatore *sm.* diver.
tuffo *sm.* plunge, dive.
tufo *sm.* tuff.
tugurio *sm.* hovel.
tulipano *sm.* tulip.
tumefare *vt.* to swell (*v. irr.*). ♦ **tumefarsi** *vr.* to swell.
tumefatto *agg.* swollen.
tumefazione *sf.* swelling.
tùmido *agg.* tumid: *labbra tumide,* thick lips.
tumore *sm.* tumour.
tumulare *vt.* to bury.
tumulazione *sf.* burial.
tùmulo *sm.* **1.** tumulus (*pl.* -li) **2.** (*tomba*) grave.
tumulto *sm.* tumult.
tumultuante *agg.* riotous.
tumultuare *vi.* to riot.
tumultuoso *agg.* tumultuous.
tundra *sf.* tundra.
tungsteno *sm.* tungsten.
tùnica *sf.* tunic.
tunnel *sm.* tunnel.
tuo *agg.* your. ♦ **tuo** *pron.* yours.
tuoi *agg.* e *pron.* V. *tuo* || *i* —, your family.
tuonare *vi.* to thunder.
tuono *sm.* thunder.
tuorlo *sm.* yolk.
turàcciolo *sm.* **1.** stopper **2.** (*di su-*

ghero) cork || *mettere il — a una bottiglia,* to cork a bottle.
turare *vt.* to stop, to fill up. ♦ **turarsi** *vr.* **1.** to stop **2.** (*chiudersi*) to shut oneself up.
turba[1] *sf.* crowd.
turba[2] *sf.* (*med.*) trouble.
turbamento *sm.* **1.** perturbation **2.** (*eccitazione*) excitement **3.** (*sconvolgimento*) upsetting.
turbante *sm.* turban.
turbare *vt.* **1.** to upset (*v. irr.*) **2.** (*agitare intorbidando*) to muddy. ♦ **turbarsi** *vr.* to get (*v. irr.*) upset.
turbina *sf.* turbine.
turbinare *vi.* to whirl.
tùrbine *sm.* **1.** whirl **2.** (*uragano*) hurricane.
turbinìo *sm.* whirling.
turbinoso *agg.* **1.** whirling **2.** (*tumultuoso*) tumultuous.
turbolento *agg.* boisterous.
turbolenza *sf.* boisterousness.
turbomotore *sm.* turbojet engine.
turbonave *sf.* turboship.
turboreattore *sm.* (*aer.*) turbojet.
turcasso *sm.* quiver.
turchese *sm.* turquoise.
turchino *agg.* deep blue.
turco *agg.* Turkish. ♦ **turco** *sm.* Turk.
turgidezza *sf.* turgidity.
tùrgido *agg.* turgid.
turìbolo *sm.* censer.
turismo *sm.* tourism.
turista *s.* tourist.
turìstico *agg.* tourist (*attr.*).
turlupinare *vt.* to swindle.
turlupinatura *sf.* swindle.
turno *sm.* **1.** turn **2.** (*servizio*) duty || *di —,* on duty; *a —,* on turn.
turpe *agg.* filthy.
turpiloquio *sm.* coarse language.
turpitùdine *sf.* baseness.
turrito *agg.* turreted.
tuta *sf.* overalls (*pl.*): *— spaziale,* spacesuit.
tutela *sf.* **1.** guardianship **2.** (*protezione*) protection.
tutelare *vt.* to guard.
tutelare *agg.* tutelary.
tutore *sm.* guardian.
tuttavìa *cong.* yet.
tutto *agg.* all, whole (*pl.* all); (*ogni*) every || *tutt'e due,* both; *tutt'al più,* at the most; *tutt'altro che,* anything but; *tutt'altro!,* on the contrary! ♦ **tutto** *pron.* all, everything (*pl.* all); (*ognuno*) everybody. ♦ **tutto** *sm.* whole: *del —,* quite.
tuttofare *agg. cameriera —,* maid-of-all-work.
tuttora *avv.* still.

U

ubbìa *sf.* whim.
ubbidiente *agg.* obedient.
ubbidienza *sf.* obedience.
ubbidire *vi.* to obey (so., sthg.).
ubicare *vt.* to locate.
ubicato *agg.* situated.
ubicazione *sf.* location.
ubiquità *sf.* ubiquity.
ubriacare *vt.* to make (*v. irr.*) drunk. ♦ **ubriacarsi** *vr.* to get (*v. irr.*) drunk.
ubriacatura *sf.* intoxication.
ubriachezza *sf.* drunkenness.
ubriaco *agg.* drunk. ♦ **ubriaco** *sm.* drunken man (*pl.* men).
ubriacone *sm.* drunkard.
uccellagione *sf.* feathered game.
uccellare *vi.* to fowl.
uccelliera *sf.* aviary.
uccello *sm.* bird.
uccìdere *vt.* **1.** to kill **2.** (*assassinare*) to murder **3.** (*con pugnale*) to stab to death **4.** (*con arma da fuoco*) to shoot (*v. irr.*). ♦ **uccìdersi** *vr.* **1.** to get (*v. irr.*) killed **2.** (*suicidarsi*) to commit suicide, to kill oneself.
uccisione *sf.* killing.
uccisore *sm.* killer.
udìbile *agg.* audible.
udienza *sf.* hearing.
udire *vt.* to hear (*v. irr.*).
uditivo *agg.* auditory.
udito *sm.* hearing.
uditore *sm.* **1.** listener **2.** (*nella scuola*) auditor.
uditorio *sm.* audience.
ufficiale *agg.* official. ♦ **ufficiale** *sm.* **1.** officer **2.** (*governativo, postale*) official.
ufficialità *sf.* official character.
ufficialmente *avv.* officially.
ufficiare *vi.* to officiate.
ufficio *sm.* office: *capo —,* head clerk; *d'—,* officially; *— informazioni,* information bureau.

ufficiosamente *avv.* unofficially.
ufficioso *agg.* unofficial.
ufo (*nella loc. avv.*) *a* —, without paying.
ugello *sm.* nozzle.
uggia *sf.* boredom: *questo libro mi è venuto in* —, I have grown tired of this book.
uggiolare *vi.* to whine.
uggioso *agg.* dull.
ùgola *sf.* **1.** uvula **2.** (*voce*) voice.
uguaglianza *sf.* equality.
uguagliare *vt.* **1.** to be equal (to) **2.** (*rendere uguale*) to make (*v. irr.*) equal.
uguale *agg.* **1.** equal **2.** (*simile*) like, alike (*pred.*) **3.** (*stesso*) same.
ugualitario *agg.* equalitarian.
ugualmente *avv.* **1.** equally **2.** (*lo stesso*) all the same.
ùlcera *sf.* ulcer.
ulcerare *vt.* to ulcerate. ♦ **ulcerarsi** *vr.* to ulcerate.
ulcerato *agg.* ulcerated.
ulcerazione *sf.* ulceration.
ulceroso *agg.* ulcerous.
ulteriore *agg.* further.
ulteriormente *avv.* further on.
ultimamente *avv.* **1.** recently **2.** (*da ultimo*) finally.
ultimare *vt.* to finish.
ultimazione *sf.* conclusion.
ùltimo *agg.* **1.** last **2.** (*il più recente*) latest **3.** (*estremo*) utmost.
ultramicroscòpico *agg.* ultramicroscopic(al).
ultramoderno *agg.* ultramodern.
ultrasensìbile *agg.* ultrasensitive.
ultrasònico *agg.* ultrasonic.
ultrasuono *sm.* ultrasound.
ultraterreno *agg.* supernatural.
ultravioletto *agg.* ultraviolet.
ululare *vi.* **1.** to howl **2.** (*di sirena*) to hoot.
ululato *sm.* **1.** howl **2.** (*di sirena*) hoot.
umanésimo *sm.* Humanism.
umanista *sm.* humanist.
umanìstico *agg.* humanistic.
umanità *sf.* humanity.
umanitario *agg.* humanitarian.
umanitarismo *sm.* humanitarianism.
umanizzare *vt.* to humanize.
umano *agg.* **1.** human **2.** (*comprensivo*) humane.
umerale *agg.* humeral.
umettare *vt.* to moisten.
umidità *sf.* humidity, dampness.
ùmido *agg.* damp.
ùmile *agg.* humble.
umiliante *agg.* humiliating.
umiliare *vt.* to humble.
umiliazione *sf.* humiliation.
umiltà *sf.* **1.** humbleness **2.** (*virtù dell'umile*) humility.
umore *sm.* humour: *essere di buon* —, to be in a good humour.
umorismo *sm.* humour.
umorista *s.* humorist.
umorìstico *agg.* humorous.
una *art.* e *agg.* V. *uno.*
unànime *agg.* unanimous.
unanimità *sf.* unanimity: *all'*—, unanimously.
uncinare *vt.* to hook.
uncinato *agg.* hooked || *croce uncinata,* swastika.
uncinetto *sm.* crochet-hook: *lavorare all'*—, to crochet.
uncino *sm.* hook.
undicèsimo *agg.* eleventh.
ùndici *agg.* eleven.
ùngere *vt.* to grease.
unghia *sf.* **1.** nail **2.** (*di equino*) hoof **3.** (*fig.*) clutch.
unghiata *sf.* scratch: *dare un'*—, to scratch.
unguento *sm.* ointment.
ungulato *agg.* hoofed.
unicamente *avv.* only.
unicellulare *agg.* unicellular.
unicità *sf.* uniqueness.
ùnico *agg.* **1.** only **2.** (*senza uguale*) unique.
unificare *vt.* **1.** to unify **2.** (*uniformare*) to standardize.
unificatore *agg.* unifying. ♦ **unificatore** *sm.* unifier.
unificazione *sf.* **1.** unification **2.** (*uniformazione*) standardization.
uniformare *vt.* **1.** to conform **2.** (*rendere conforme*) to standardize. ♦ **uniformarsi** *vr.* to conform (to).
uniforme[1] *agg.* uniform.
uniforme[2] *sf.* uniform.
uniformemente *avv.* uniformly.
uniformità *sf.* uniformity.
unigènito *sm.* only child.
unilaterale *agg.* unilateral.
unilateralmente *avv.* unilaterally.
uninominale *agg.* uninominal.
unione *sf.* union.
unionista *sm.* unionist.
unipolare *agg.* unipolar.
unire *vt.* to unite, to join. ♦ **unirsi** *vr.* to unite, to join.

unìsono *sm.* unison.
unità *sf.* **1.** unity **2.** (*fis.; mat.; mil.*) unit.
unitamente *avv.* unitedly: **— a,** together with.
unitario *agg.* unitary.
unito *agg.* **1.** united **2.** (*accluso*) enclosed.
universale *agg.* universal.
universalità *sf.* universality.
universalizzare *vt.* to universalize.
università *sf.* university.
universitario *agg.* university (*attr.*). ♦ **universitario** *sm.* university student.
universo *agg.* whole. ♦ **universo** *sm.* universe.
unìvoco *agg.* univocal.
uno, un, una *art.* a, an (*davanti a vocale e h muta*). ♦ **uno, un, una** *agg.* one. ♦ **uno, una** *pron.* **1.** one **2.** (*un tale*) a man; (*una tale*) a woman || *— a —*, one by one; *l' — e l'altro,* both; *l' — o l'altro,* either; *né l'— né l'altro,* neither; *l' — l'altro,* each other; *un po' per —,* a part each; *costano 5 sterline l'—,* they cost 5 pounds each.
unto *agg.* greasy.
untume *sm.* grease.
untuosamente *avv.* (*fig.*) unctuously.
untuosità *sf.* **1.** greasiness **2.** (*fig.*) unctuousness.
untuoso *agg.* **1.** greasy **2.** (*fig.*) unctuous.
unzione *sf.* unction.
uomo *sm.* man (*pl.* men): *un — da nulla,* a nobody.
uopo *sm.* *esser d'—,* to be necessary; *all'—,* if necessary.
uovo *sm.* egg: *rosso d'—,* yolk; *cercare il pelo nell'—,* to split (*v. irr.*) hairs.
uragano *sm.* hurricane.
uranìfero *agg.* uranic.
uranio *sm.* uranium.
uranite *sf.* uranite.
uranografìa *sf.* uranography.
urbanésimo *sm.* urbanization.
urbanista *s.* town planner.
urbanìstica *sf.* town-planning.
urbanìstico *agg.* town-planning.
urbanità *sf.* urbanity.
urbanizzare *vt.* to urbanize.
urbanizzazione *sf.* urbanization.
urbano *agg.* **1.** urban **2.** (*cortese*) urbane.
ùrea *sf.* urea.
uremìa *sf.* uraemia.
urèmico *agg.* uraemic.
uretra *sf.* urethra.
urgente *agg.* urgent.
urgentemente *avv.* urgently.
urgenza *sf.* urgency.
ùrgere *vt.* to urge. ♦ **ùrgere** *vi.* to be urgent.
uricemìa *sf.* uricaemia.
ùrico *agg.* uric.
urina *sf.* V. *orina.*
urinare *vi.* V. *orinare.*
urlare *vt.* e *vi.* **1.** to shout, to scream **2.** (*di vento, animale; per il dolore*) to howl.
urlatore *agg.* shouting. ♦ **urlatore** *sm.* shouter.
urlo *sm.* **1.** shout **2.** (*di vento, animale; per il dolore*) howl.
urna *sf.* **1.** urn **2.** (*per i voti*) ballot-box || *andare alle urne,* to go (*v. irr.*) to the polls.
urogallo *sm.* grouse.
urologìa *sf.* urology.
uròlogo *sm.* urologist.
urtante *agg.* irritating.
urtare *vt.* **1.** to knock **2.** (*infastidire*) to irritate **3.** (*offendere*) to hurt (*v. irr.*). ♦ **urtarsi** *vr.* to get (*v. irr.*) cross. ♦ **urtarsi** *vr. rec.* to collide.
urticante *agg.* urticating.
urticaria *sf.* nettle rash.
urto *sm.* **1.** push **2.** (*scontro, contrasto*) collision || *essere in —,* to be at variance.
urtone *sm.* shove.
usanza *sf.* **1.** custom **2.** (*abitudine personale*) habit.
usare *vt.* to use: *— una cortesia,* to do (*v. irr.*) a favour. ♦ **usare** *vi.* **1.** to be accustomed; (*solo al passato*) to use **2.** (*essere di moda*) to be fashionable.
usato *agg.* **1.** used **2.** (*in uso*) in use **3.** (*abituale*) usual **4.** (*non nuovo*) second-hand.
uscente *agg.* **1.** retiring **2.** (*con espressioni di tempo*) closing.
usciere *sm.* **1.** usher **2.** (*ufficiale giudiziario*) bailiff.
uscio *sm.* door: *abitare — a — (con),* to live next door (to).
uscire *vi.* **1.** to go (*v. irr.*) out, to come (*v. irr.*) out **2.** (*sboccare*) to lead (*v. irr.*) **3.** (*uscire di strada*) to go off || *uscirne bene, male,* to come off well, badly.

uscita *sf.* **1.** way out **2.** (*atto di uscire*) going out, coming out **3.** (*spese*) expense || *strada senza* —, blind-alley.
usignolo *sm.* nightingale.
uso[1] *agg.* accustomed.
uso[2] *sm.* use: *d'*—, usual; *all'— di,* after the fashion of.
ùssaro *sm.* hussar.
ustionare *vt.* to scald.
ustionato *agg.* scalded.
ustione *sf.* scald.
usuale *agg.* usual.
usufruire *vi.* to benefit (by).
usufrutto *sm.* usufruct.
usufruttuario *agg.* e *sm.* usufructuary.
usura *sf.* **1.** usury **2.** (*logorio*) wear and tear.
usuraio *sm.* usurer.
usurpare *vt.* to usurp.
usurpatore *agg.* usurping. ♦ **usurpatore** *sm.* usurper.
usurpazione *sf.* usurpation.
utènsile *sm.* utensil.
utente *s.* user.
uterino *agg.* uterine.
ùtero *sm.* uterus (*pl.* -ri).
ùtile *agg.* useful. ♦ **ùtile** *sm.* profit.
utilità *sf.* **1.** usefulness **2.** (*vantaggio*) profit || *non ne vedo l'*—, I do not see the use of it.
utilitaria *sf.* (*auto*) utility car.
utilitario *agg.* e *sm.* utilitarian.
utilitarismo *sm.* utilitarianism.
utilitarìstico *agg.* V. *utilitario.*
utilizzàbile *agg.* utilizable.
utilizzare *vt.* to utilize.
utilizzatore *agg.* utilizing. ♦ **utilizzatore** *sm.* utilizer.
utilizzazione *sf.* utilization.
utopìa *sf.* utopia.
utopista *s.* utopian.
utopìstico *agg.* utopian.
uva *sf.* grapes (*pl.*): — *passa,* raisin.
uxoricida *sm.* uxoricide.
uxoricidio *sm.* uxoricide.

V

vacante *agg.* vacant.
vacanza *sf.* **1.** holiday **2.** (*posto vacante*) vacancy.
vacca *sf.* cow.
vaccaro *sm.* cowherd.
vaccherìa *sf.* cowhouse.
vacchetta *sf.* cowhide.
vaccinàbile *agg.* that can be vaccinated.
vaccinare *vt.* to vaccinate.
vaccinazione *sf.* vaccination.
vaccino *sm.* vaccine.
vaccinògeno *agg.* vaccinogenous.
vaccinoterapìa *sf.* vaccinotherapy.
vacillamento *sm.* **1.** unsteadiness **2.** (*di luce*) flickering **3.** (*fig.*) wavering.
vacillante *agg.* **1.** unsteady **2.** (*di luce*) flickering **3.** (*fig.*) uncertain.
vacillare *vi.* **1.** to be unsteady **2.** (*di luce*) to flicker **3.** (*fig.*) to waver.
vacuità *sf.* vacuity.
vacuo *agg.* vacuous.
vademecum *sm.* vade-mecum.
vagabondaggio *sm.* vagrancy.
vagabondare *vi.* to wander.
vagabondo *agg.* vagabond. ♦ **vagabondo** *sm.* vagrant.
vagamente *avv.* vaguely.
vagante *agg.* wandering.
vagare *vi.* to wander.
vagheggiamento *sm.* longing (for).
vagheggiare *vt.* to long (for).
vagheggino *sm.* gallant.
vaghezza *sf.* **1.** charm **2.** (*indeterminatezza*) vagueness.
vagina *sf.* vagina (*pl.* -nae).
vagire *vi.* to wail.
vagito *sm.* wail.
vaglia[1] *sf.* (*valore*) worth.
vaglia[2] *sm.* money order: — *postale*, postal order.
vagliare *vt.* to sieve **2.** (*fig.*) to weigh.
vagliatura *sf.* screening.
vaglio *sm.* **1.** sieve **2.** (*fig.*) sifting.
vago *agg.* **1.** vague **2.** (*leggiadro*) pretty.
vagoncino *sm.* wag(g)on.
vagolare *vi.* to rove.
vagone *sm.* carriage, coach.
vaio[1] *agg.* dark grey.
vaio[2] *sm.* vair.
vaiolo *sm.* smallpox.
valanga *sf.* avalanche.
valchiria *sf.* Walkyrie.
valente *agg.* **1.** skilful **2.** (*valoroso*) brave.
valentemente *avv.* **1.** skilfully **2.** (*valorosamente*) bravely.
valentìa *sf.* **1.** skill **2.** (*valore*) worth.

valentuomo *sm.* worthy man.
valenza *sf.* valence.
valere *vi.* **1.** to be worth: — *la pena,* to be worth while; *far — i propri diritti,* to assert one's rights; *farsi —,* to make (*v. irr.*) oneself appreciated **2.** (*contare*) to count **3.** (*servire*) to be of use **4.** (*essere valido*) to be valid. ♦ **valersi** *vr.* to avail oneself (of).
valeriana *sf.* valerian.
valévole *agg.* valid.
valicàbile *agg.* that can be crossed.
valicare *vt.* to cross.
vàlico *sm.* pass.
validamente *avv.* validly.
validità *sf.* validity.
vàlido *agg.* **1.** valid **2.** (*fondato*) well-grounded **3.** (*forte*) strong.
valigerìa *sf.* leatherware shop.
valigia *sf.* suit-case; *fare le valigie,* to pack up.
vallata *sf.* valley.
valle *sf.* valley.
valletto *sm.* valet.
vallo *sm.* rampart.
vallone *agg.* e *sm.* Walloon.
valore *sm.* **1.** value **2.** (*coraggio*) bravery.
valorizzare *vt.* **1.** to turn to account **2.** (*accentuare*) to emphasize.
valorizzazione *sf.* **1.** turning to account **2.** (*comm.*) valorization.
valorosamente *avv.* bravely.
valoroso *agg.* brave.
valsente *sm.* commercial value.
valuta *sf.* **1.** value **2.** (*moneta*) currency: — *estera,* foreign currency.
valutàbile *agg.* valuable.
valutare *vt.* **1.** to value **2.** (*considerare*) to consider.
valutazione *sf.* **1.** evaluation **2.** (*considerazione*) careful consideration.
valva *sf.* valve.
vàlvola *sf.* **1.** valve **2.** (*elettr.*) fuse **3.** (*radio*) valve, tube.
valvolare *agg.* valvular.
valzer *sm.* waltz: *ballare il —,* to waltz.
vampa *sf.* **1.** blaze **2.** (*al viso*) flush.
vampata *sf.* **1.** blaze **2.** (*folata*) blast **3.** (*al viso*) flush.
vampeggiante *agg.* blazing.
vampeggiare *vi.* to blaze.
vampiro *sm.* vampire.
vanagloria *sf.* vainglory.
vanagloriarsi *vr.* to boast.
vanaglorioso *agg.* boastful.
vanamente *avv.* vainly.
vandàlico *agg.* vandalic.
vandalismo *sm.* vandalism.
vàndalo *agg.* e *sm.* vandal.
vaneggiamento *sm.* raving.
vaneggiare *vi.* to rave.
vanesio *agg.* foppish. ♦ **vanesio** *sm.* fop.
vanga *sf.* spade.
vangare *vt.* to spade.
vangata *sf.* blow with a spade.
vangatore *sm.* spademan.
vangatura *sf.* spading.
vangelo *sm.* Gospel.
vaniglia *sf.* vanilla.
vanigliato *agg.* vanilla-flavoured.
vaniloquio *sm.* empty talk.
vanità *sf.* vanity.
vanitoso *agg.* conceited.
vano[1] *agg.* vain.
vano[2] *sm.* space, room.
vantaggio *sm.* **1.** advantage **2.** (*sport*) lead.
vantaggiosamente *avv.* advantageously.
vantaggioso *agg.* advantageous.
vantare *vt.* **1.** to boast (of) **2.** (*lodare*) to praise **3.** (*millantare*) to brag. ♦ **vantarsi** *vr.* to boast (of).
vanterìa *sf.* boast.
vanto *sm.* boast.
vànvera (*nella loc. avv.*) *a —,* at random.
vapore *sm.* **1.** steam **2.** (*mar.*) steamer.
vaporetto *sm.* steamboat.
vaporiera *sf.* steam-engine.
vaporizzare *vt.* to vaporize.
vaporizzatore *sm.* vaporizer.
vaporizzazione *sf.* vaporization.
vaporosità *sf.* **1.** haziness **2.** (*di abito*) gauziness.
vaporoso *agg.* **1.** hazy **2.** (*di abito*) gauzy.
varare *vt.* to launch (*anche fig.*).
varcare *vt.* to cross, to pass.
varco *sm.* passage, opening: *aprirsi un — fra la folla,* to force one's way through the crowd.
variàbile *agg.* variable, unsteady.
variabilità *sf.* variability, unsteadiness.
variante *sf.* variant.
variare *vt.* **1.** to vary **2.** (*di mercato*) to fluctuate.
variato *agg.* V. *vario.*
variazione *sf.* variation, change.

varice *sf.* varix (*pl.* varices).
varicella *sf.* chicken-pox.
varicoso *agg.* varicose.
variegato *agg.* variegated.
varietà *sf.* variety.
vario *agg.* **1.** varied **2.** (*differente*) various **3.** (*parecchi*) several.
variopinto *agg.* many-coloured.
varo *sm.* launch.
vasaio *sm.* potter.
vasca *sf.* basin: — *da bagno*, bath (tub).
vascello *sm.* vessel.
vascolare *agg.* vascular.
vaselina *sf.* vaseline.
vasellame *sm.* **1.** (*di terracotta*) earthenware **2.** (*di porcellana*) china **3.** (*d'argento, d'oro*) silver, gold plate.
vaso *sm.* **1.** vase **2.** (*rotondo*) pot **3.** (*recipiente; anat.*) vessel.
vasocostrittore *agg.* e *sm.* vasoconstrictor.
vasodilatatore *agg.* e *sm.* vasodilator.
vasomotore *agg.* vasomotor.
vasomotorio *agg.* vasomotor.
vassallaggio *sm.* **1.** (*stor.*) vassalage **2.** subjection.
vassallo *agg.* e *sm.* **1.** (*stor.*) vassal **2.** subject.
vassoio *sm.* tray.
vastità *sf.* **1.** vastness **2.** (*estensione*) expanse.
vasto *agg.* wide, large.
vate *sm.* **1.** prophet **2.** (*poeta*) poet.
Vaticano *agg.* Vatican.
vaticinare *vt.* to prophesy.
vaticinio *sm.* prophecy.
vattelappesca *inter.* who knows!
ve *pron*: you: — *lo scrissi*, I wrote it to you. ♦ **ve** *avv.* there: — *ne sono due*, there are two.
ve' *inter.* look, see.
vecchiaia *sf.* old age.
vecchiezza *sf.* great age.
vecchio *agg.* **1.** old **2.** (*antico*) ancient **3.** (*stantio*) stale. ♦ **vecchio** *sm.* old man.
veccia *sf.* vetch.
vece *sf.* stead, place.
vedere *vt.* to see (*v. irr.*): — *la luce* (*nascere*), to be born; *far* —, to show (*v. irr.*); *farsi* —, to show oneself; *non* — *l'ora di*, to look forward to (*con gerundio*). ♦ **vedersi** *vr.* **1.** to see oneself **2.** (*vedersela*) to deal (*v. irr.*) with.
vedetta *sf.* **1.** (*sentinella*) watchman (*pl.* -men) **2.** (*posto di osservazione*) look-out.
védova *sf.* widow.
vedovanza *sf.* widowhood.
vedovile *agg.* **1.** (*di vedova*) of a widow **2.** (*di vedovo*) of a widower.
védovo *sm.* widower.
vedretta *sf.* small steep glacier.
veduta *sf.* **1.** sight, view **2.** (*opinione*) view, idea.
veemente *agg.* vehement.
veemenza *sf.* vehemence.
vegetale *agg.* e *sm.* vegetable.
vegetare *vi.* to vegetate.
vegetariano *agg.* e *sm.* vegetarian.
vegetativo *agg.* vegetative.
vegetazione *sf.* vegetation.
vègeto *agg.* **1.** (*di pianta*) thriving **2.** (*di persona*) vigorous, strong ‖ *vivo e* —, hale and hearty
veggente *sm.* seer.
veglia *sf.* **1.** waking **2.** (*il vegliare*) watch.
vegliardo *sm.* old man.
vegliare *vi.* **1.** to be awake **2.** (*far la veglia*) to watch.
veglione *sm.* masked ball.
veìcolo *sm.* vehicle.
vela *sf.* sail.
velame *sm.* **1.** veil **2.** (*mar.*) sails (*pl.*).
velare *vt.* to veil.
velario *sm.* curtain.
velatura *sf.* sails (*pl.*).
veleggiare *vi.* to sail.
veleno *sm.* poison.
velenoso *agg.* poisonous, venomous.
veletta *sf.* **1.** (*mar.*) topsail **2.** (*di cappello*) veil.
veliero *sm.* sailing-ship.
velina *sf.* tissue-paper.
velismo *sm.* sailing.
velìvolo *sm.* aeroplane.
velleità *sf.* foolish ambition, fancy.
vellicare *vt.* to tickle.
vello *sm.* fleece.
vellutato *agg.* velvety: *pelle vellutata*, downy skin.
velluto *sm.* velvet.
velo *sm.* veil.
veloce *agg.* fast, quick, swift.
velocìpede *sm.* velocipede.
velocità *sf.* speed, velocity: *a tutta* —, at full speed; *limite di* —, speed limit; *cambio di* — (*auto*), gearbox; *indicatore di* —, speedometer.
velòdromo *sm.* cycle-racing track.

veltro *sm.* greyhound.
vena *sf.* vein.
venale *agg.* venal.
venalità *sf.* venality.
venare *vt.* **1.** to vein **2.** (*di legno*) to grain.
venato *agg.* **1.** veined **2.** (*di legno*) grained.
venatorio *agg.* venatorial.
venatura *sf.* **1.** vein **2.** (*di legno*) grain.
vendemmia *sf.* vintage.
vendemmiare *vi.* to gather grapes.
vendemmiatore *sm.* vintager.
véndere *vt.* to sell (*v. irr.*): — *a buon mercato*, to sell cheaply; — *a credito*, to sell on credit; — *all'ingrosso*, *al minuto*, to sell wholesale, by retail; — *a rate*, to sell by instalments.
vendetta *sf.* revenge.
vendìbile *agg.* salable.
vendicare *vt.* to revenge.
vendicativo *agg.* revengeful.
vendicatore *sm.* revenger.
véndita *sf.* sale: — *all'asta*, auction.
venditore *sm.* seller.
venduto *agg.* **1.** sold **2.** (*fig.*) corrupted.
veneficio *sm.* poisoning.
venèfico *agg.* poisonous.
veneràbile *agg.* venerable.
venerando *agg.* venerable.
venerare *vt.* to worship.
venerazione *sf.* worship.
venerdì *sm.* Friday: — *Santo*, Good Friday.
vènere *sf.* **1.** Venus **2.** (*fig.*) beauty.
venèreo *agg.* venereal.
veneziana *sf.* Venetian-blind.
veniale *agg.* venial.
venire *vi.* **1.** to come (*v. irr.*): — *al sodo*, to come to the point; — *in mente*, to come into one's head; — *meno*, to faint; — *alla luce*, to come to light **2.** (*riuscire*) to turn out **3.** (*derivare*) to derive.
venoso *agg.* venous.
ventaglio *sm.* fan.
ventata *sf.* gust of wind.
ventèsimo *agg.* twentieth.
venti *agg.* twenty.
ventilare *vt.* to ventilate.
ventilato *agg.* airy, windy.
ventilatore *sm.* fan.
ventilazione *sf.* ventilation.
ventina *sf.* score: *essere sulla* — (*di anni*), to be about twenty.
vento *sm.* wind.
ventosa *sf.* sucker.
ventosità *sf.* flatulence.
ventoso *agg.* windy.
ventrale *agg.* ventral.
ventre *sm.* **1.** abdomen **2.** (*fam.*) tummy.
ventrìcolo *sm.* ventricle.
ventriera *sf.* body-belt.
ventriglio *sm.* gizzard.
ventriloquio *sm.* ventriloquism.
ventrìloquo *sm.* ventriloquist.
ventura *sf.* chance, fortune.
venturo *agg.* next, coming.
venustà *sf.* beauty.
venusto *agg.* beautiful.
venuta *sf.* coming, arrival.
vera *sf.* wedding-ring.
verace *agg.* true.
veracità *sf.* veracity, truth.
veramente *avv.* really, truly, indeed.
veranda *sf.* verandah.
verbale *agg.* verbal. ♦ **verbale** *sm.* minutes (*pl.*).
verbalizzare *vt.* to record.
verbo *sm.* **1.** verb **2.** (*parola*) word.
verbosità *sf.* verbosity.
verboso *agg.* verbose.
verdastro *agg.* greenish.
verde *agg.* green.
verdeggiante *agg.* verdant.
verdeggiare *vi.* to be verdant.
verdemare *sm.* sea-green.
verderame *sm.* verdigris.
verdetto *sm.* verdict.
verdògnolo *agg.* greenish.
verdura *sf.* vegetables (*pl.*).
verecondia *sf.* modesty.
verecondo *agg.* modest.
verga *sf.* **1.** twig **2.** (*bacchetta*) rod.
vergare *vt.* (*scrivere*) to write (*v. irr.*).
vergata *sf.* blow with a rod.
vergato *agg.* **1.** striped **2.** (*scritto*) written || *carta vergata*, laid paper.
verginale *agg.* virginal.
vérgine *agg.* e *sf.* virgin
vergìneo *agg.* virginal.
verginità *sf.* virginity.
vergogna *sf.* shame: *aver* —, to be ashamed.
vergognarsi *vr.* to be, to feel (*v. irr.*) shamed.
vergognosamente *avv.* shamefully.
vergognoso *agg.* **1.** shameful **2.** (*timido*) shy.
veridicamente *avv.* veraciously.
veridicità *sf.* veracity.

verìdico *agg.* veracious.
verìfica *sf.* verification.
verificàbile *agg.* verifiable.
verificare *vt.* to verify, to check.
verificatore *sm.* verifier.
verificazione *sf.* V. *verifica.*
verismo *sm.* realism.
verista *sm.* realist.
verìstico *agg.* realistic.
verità *sf.* truth: *dire la —,* to tell (*v. irr.*) the truth.
veritiero *agg.* truthful.
verme *sm.* worm.
vermìfugo *agg.* e *sm.* vermifuge.
vermiglio *agg.* bright red.
verminoso *agg.* verminous.
vernàcolo *agg.* vernacular.
vernice *sf.* **1.** paint **2.** (*apparenza*) varnish.
verniciare *vt.* to paint, to varnish.
verniciatura *sf.* painting, varnishing.
vero *agg.* true, real.
verosimigliante *agg.* likely.
verosimiglianza *sf.* likelihood.
verosìmile *agg.* likely, probable.
verricello *sm.* windlass.
verro *sm.* boar.
verruca *sf.* wart.
versamento *sm.* **1.** pouring **2.** (*comm.*) payment, deposit.
versante *sm.* side, slope.
versare *vt.* **1.** to pour **2.** (*rovesciare*) to spill (*v. irr.*) **3.** (*comm.*) to pay (*v. irr.*).
versàtile *agg.* versatile.
versatilità *sf.* versatility.
versato *agg.* **1.** poured out **2.** (*esperto*) versed.
verseggiare *vt.* to versify.
verseggiatore *sm.* versifier.
versetto *sm.* **1.** short line **2.** (*della Bibbia*) verse.
versificare *vt.* to versify.
versificatore *sm.* versifier.
versificazione *sf.* versification.
versione *sf.* version, translation.
verso[1] *sm.* **1.** verse, line **2.** (*suono*) sound **3.** (*direzione*) way.
verso[2] *prep.* **1.** towards, to **2.** (*contro*) against **3.** (*circa*) about.
vèrtebra *sf.* vertebra (*pl.* -rae).
vertebrale *agg.* vertebral.
vertebrato *agg.* e *sm.* vertebrate.
vertenza *sf.* **1.** dispute **2.** (*giur.*) litigation.
vèrtere *vi.* to be about, to concern.
verticale *agg.* vertical.
verticalità *sf.* verticality.
vèrtice *sm.* **1.** vertex (*pl.* vertices) **2.** (*fig.*) height, top.
vertìgine *sf.* dizziness (*solo sing.*).
vertiginoso *agg.* dizzy.
verza *sf.* cabbage.
vescica *sf.* bladder.
vescovado *sm.* bishop's residence.
vescovile *agg.* episcopal.
véscovo *sm.* bishop.
vespa *sf.* wasp.
vespaio *sm.* **1.** wasps' nest **2.** (*fig.*) hornets' nest.
vespro *sm.* **1.** evening **2.** (*relig.*) evensong.
vessare *vt.* to vex.
vessatorio *agg.* vexatious.
vessazione *sf.* vexation.
vessillo *sm.* flag.
vestaglia *sf.* dressing-gown.
vestale *sf.* vestal.
veste *sf.* **1.** dress **2.** (*eccl.*) vestment **3.** (*qualità*) capacity.
vestiario *sm.* clothes (*pl.*).
vestìbolo *sm.* hall.
vestigio *sm.* vestige.
vestimento *sm.* V. *veste.*
vestire *vt.* **1.** to dress **2.** (*fig.*) to clothe **3.** (*indossare*) to wear (*v. irr.*). ♦ **vestirsi** *vr.* to dress oneself.
vestito *sm.* **1.** (*da uomo*) suit **2.** (*da donna*) frock, dress.
vestizione *sf.* **1.** (*eccl.*) ceremony of taking the habit **2.** (*di monaca*) ceremony of taking the veil.
veterano *sm.* veteran.
veterinaria *sf.* veterinary science.
veterinario *sm.* veterinary.
veto *sm.* veto.
vetraio *sm.* glazier.
vetrame *sm.* glassware.
vetrata *sf.* glass partition: *— a colori,* stained glass window.
vetrato *agg.* glazed: *carta vetrata,* glass-paper.
vetrerìa *sf.* glass-work.
vetrificàbile *agg.* vitrifiable.
vetrificare *vt.* to vitrify.
vetrificazione *sf.* vitrification.
vetrina *sf.* shop-window.
vetrioleggiare *vt.* to vitriolize.
vetriolo *sm.* vitriol.
vetro *sm.* **1.** glass **2.** (*di finestra*) window-pane.
vetrocromìa *sf.* glass-painting.
vetroso *agg.* glassy.
vetta *sf.* top, summit.
vettore *sm.* vector.
vettoriale *agg.* vectorial.

vettovagliamento *sm.* provisioning.
vettovagliare *vt.* to provision.
vettura *sf.* **1.** coach **2.** (*automobile*) car || — *di piazza*, taxi-cab.
vetturino *sm.* cabman (*pl.* -men).
vetustà *sf.* antiquity.
vetusto *agg.* ancient.
vezzeggiare *vt.* to fondle.
vezzeggiativo *sm.* petname.
vezzo *sm.* **1.** habit **2.** (*collana*) necklace.
vezzosamente *avv.* charmingly.
vezzoso *agg.* charming.
vi[1] *pron.* you, to you.
vi[2] *avv.* **1.** (*qui*) here **2.** (*là*) there.
via[1] *sf.* **1.** street **2.** (*strada di comunicazione*) road **3.** (*cammino*) way (*anche fig.*) **4.** (*linea di condotta*) course. ♦ **via** *sm. dare il* —, to give (*v. irr.*) the starting.
via[2] *avv.* away: *andar* —, to go (*v. irr.*) away.
viabilità *sf.* state of a road.
viadotto *sm.* viaduct.
viaggiante *agg.* travelling.
viaggiare *vi.* to travel: — *in treno, automobile, aereo*, to travel by train, by car, by air.
viaggiatore *sm.* traveller: — *di commercio*, commercial traveller.
viaggio *sm.* **1.** journey, trip **2.** (*per mare*) voyage **3.** (*in aereo*) flight.
viale *sm.* avenue; (*di giardino*) alley.
viandante *sm.* wayfarer.
viàtico *sm.* viaticum (*pl.* -ca).
viavai *sm.* coming-and-going.
vibrante *agg.* vibrating (with).
vibrare *vi.* **1.** to vibrate **2.** (*colpi*) to strike (*v. irr.*).
vibràtile *agg.* vibratile.
vibrato *agg.* energetic.
vibratore *sm.* vibrator.
vibrazione *sf.* vibration.
vicariato *sm.* vicariate.
vicario *sm.* vicar.
vicecònsole *sm.* vice-consul.
vicedirettore *sm.* assistant-director.
vicegovernatore *sm.* vice-governor.
vicenda *sf.* vicissitude **2.** (*evento*) event **3.** (*successione*) succession.
vicendévole *agg.* mutual.
vicendevolmente *avv.* mutually.
vicepresidente *sm.* vice-president.
viceré *sm.* viceroy.
vicesegretario *sm.* vice-secretary.
viceversa *avv.* vice versa. ♦ **viceversa** *cong.* whereas.
vicinale *sf.* local road.
vicinanza *sf.* **1.** vicinity: *in — di*, close to **2.** (*adiacenze*) neighbourhood: *nelle vicinanze*, in the neighbourhood.
vicinato *sm.* **1.** neighbourhood **2.** (*i vicini*) neighbours (*pl.*).
vicino[1] *agg.* near, close. ♦ **vicino** *sm.* neighbour.
vicino[2] *avv.* near, near by. ♦ **vicino** *prep.* near, close to.
vicissitùdine *sf.* vicissitude.
vìcolo *sm.* lane, alley.
vìdeo *sm.* video.
vidimare *vt.* **1.** (*firmare*) to sign **2.** (*autenticare*) to authenticate.
vidimazione *sf.* **1.** (*firma*) signature **2.** (*autenticazione*) authentication.
vietare *vt.* to forbid (*v. irr.*).
vietato *agg.* forbidden: — *fumare*, no smoking; — *entrare*, no admittance.
vieto *agg.* antiquated.
vigente *agg.* in force.
vìgere *vi.* to be in force.
vigilante *agg.* watchful.
vigilanza *sf.* watch.
vigilare *vt.* to watch over.
vigilato *agg.* watched.
vìgile *agg.* watchful. ♦ **vìgile** *sm.* policeman (*pl.* -men).
vigilia *sf.* **1.** eve **2.** (*relig.*) fast.
vigliaccamente *avv.* in a cowardly way.
vigliaccherìa *sf.* **1.** cowardice **2.** (*azione vigliacca*) cowardly action.
vigliacco *agg.* cowardly.
vigna *sf.* vineyard.
vigneto *sm.* vineyard.
vignetta *sf.* cartoon.
vigore *sm.* vigour: *in* —, in force.
vigoroso *agg.* vigorous.
vile *agg.* **1.** cowardly **2.** (*meschino*) mean **3.** (*basso*) low.
vilipèndere *vt.* to despise.
vilipendio *sm.* contempt.
villa *sf.* villa.
villaggio *sm.* village.
villanìa *sf.* **1.** rudeness **2.** (*azione villana*) rude action.
villano *agg.* rude. ♦ **villano** *sm.* peasant, countryman (*pl.* -men).
villeggiante *s.* holiday-maker.
villeggiatura *sf.* holiday: *luogo di* —, (holiday) resort.
villino *sm.* cottage.
villoso *agg.* hairy.
viltà *sf.* **1.** cowardice **2.** (*azione vile*) cowardly action.

vilucchio *sm.* bearbind.
viluppo *sm.* tangle.
vìmine *sm.* withe: *paniere di vimini*, wicker basket.
vinaccia *sf.* dregs of pressed grapes (*pl.*).
vinaio *sm.* wine-merchant.
vinario *agg.* wine (*attr.*).
vincente *agg.* winning. ♦ **vincente** *sm.* winner.
vìncere *vt.* **1.** to win (*v. irr.*) **2.** (*battere*) to beat (*v. irr.*) **3.** (*sopraffare*) to overcome (*v. irr.*) **4.** (*superare*) to outdo (*v. irr.*).
vincìbile *agg.* conquerable.
vìncita *sf.* **1.** win **2.** (*denaro vinto*) winnings (*pl.*).
vincitore *agg.* winning. ♦ **vincitore** *sm.* winner.
vinco *sm.* withe.
vincolare *vt.* **1.** to bind (*v. irr.*) **2.** (*comm.*) to lock up.
vincolato *agg.* **1.** bound **2.** (*comm.*) locked up.
vìncolo *sm.* tie, bond.
vinello *sm.* light wine.
vinìcolo *agg.* wine (*attr.*).
vinificazione *sf.* wine-making.
vino *sm.* wine.
vinto *agg.* **1.** that has been won **2.** (*sconfitto*) beaten **3.** (*sopraffatto*) overcome || *darsi* —, to give (*v. irr.*) in. ♦ **vinto** *sm.* **1.** (*al giuoco o in qualsiasi contesa*) loser **2.** (*in battaglia*) vanquished man.
viola[1] *sf.* **1.** violet: — *del pensiero*, pansy. ♦ **viola** *agg.* e *sm.* violet.
viola[2] *sf.* (*mus.*) viola.
violàcee *sf. pl.* violaceae.
violàceo *agg.* violet.
violare *vt.* to violate.
violatore *sm.* violator.
violazione *sf.* violation: — *di domicilio*, house-breaking.
violentare *vt.* **1.** to violate, to rape **2.** (*fig.*) to do (*v. irr.*) violence to.
violento *agg.* violent.
violenza *sf.* violence, rape.
violetto *agg.* violet.
violinista *s.* violin-player.
violino *sm.* violin.
violoncellista *s.* violoncellist.
violoncello *sm.* violoncello.
viòttola *sf.* path, lane.
viòttolo *sm.* path, lane.
vìpera *sf.* **1.** adder **2.** (*fig.*) viper.
viperino *agg.* viperous.
viraggio *sm.* (*foto*) toning.
virago *sf.* virago.
virare *vt.* e *vi.* **1.** to veer: — *di bordo*, to veer round **2.** (*fig.*) to turn about.
virata *sf.* veer.
virginale *agg.* virginal.
virginia *sm.* Virginia.
vìrgola *sf.* **1.** (*gramm.*) comma **2.** (*mat.*) point.
virgolette *sf. pl.* inverted commas: *tra* —, in inverted commas.
virgulto *sm.* shoot.
virile *agg.* manly.
virilità *sf.* **1.** manliness **2.** (*età virile*) manhood.
virilmente *avv.* manfully.
virologìa *sf.* virology.
virosi *sf.* virosis (*pl.* -ses).
virtù *sf.* virtue.
virtuale *agg.* virtual.
virtualità *sf.* virtuality.
virtuosismo *sm.* virtuosity.
virtuoso *agg.* virtuous.
virulento *agg.* virulent.
virulenza *sf.* virulence.
virus *sm.* virus.
viscerale *agg.* visceral.
vìscere *sm.* **1.** vital organ **2.** (*f. pl.*) *le viscere*, viscera.
vischio *sm.* **1.** mistletoe **2.** (*pania*) bird-lime.
vischiosità *sf.* stickiness.
vischioso *agg.* sticky.
viscidità *sf.* viscidity.
vìscido *agg.* **1.** sticky **2.** (*scivoloso*) slippery.
vìsciola *sf.* wild cherry.
visconte *sm.* viscount.
viscontessa *sf.* viscountess.
viscosità *sf.* viscosity.
viscoso *agg.* viscous.
visìbile *agg.* visible, clear.
visibilio *sm.* great number: *andare in* —, to go (*v. irr.*) into raptures.
visibilità *sf.* visibility.
visiera *sf.* **1.** (*di elmo*) visor **2.** (*di berretto*) peak.
visionario *agg.* e *sm.* visionary.
visione *sf.* vision: *prendere* — *di*, to look over; *prima* — (*cine*), first screening.
vìsita *sf.* **1.** visit, call: *fare una* —, to pay (*v. irr.*) a visit **2.** (*persona che visita*) visitor **3.** (*med.*) examination.
visitare *vt.* to visit.
visitatore *sm.* visitor.
visivo *agg.* visual.
viso *sm.* face: — *a* —, face to face.
visone *sm.* mink.

vispo *agg.* lively, brisk.
vista *sf.* **1.** sight **2.** (*occhi*) eyes (*pl.*).
vistare *vt.* to visa.
visto[1] *sm.* visa.
visto[2] *agg.* seen || — *che*, since as.
vistoso *agg.* **1.** showy **2.** (*fig.*) considerable.
visuale *agg.* visual. ♦ **visuale** *sf.* sight.
vita[1] *sf.* **1.** life (*pl.* lives): *a* —, for life; *in* —, during one's life **2.** (*necessario per vivere*) living: *costo della* —, cost of living.
vita[2] *sf.* (*anat.*) waist.
vitaiolo *sm.* bon viveur.
vitalba *sf.* clematis.
vitale *agg.* vital.
vitalità *sf.* vitality.
vitalizio *agg.* for life. ♦ **vitalizio** *sm.* annuity.
vitamina *sf.* vitamin.
vitamìnico *agg.* vitaminic.
vite[1] *sf.* vine.
vite[2] *sf.* (*mecc.*) screw.
vitello *sm.* calf (*pl.* calves).
viticcio *sm.* vine-tendril.
vitìcolo *agg.* viticultural.
viticoltore *sm.* viticulturist.
viticoltura *sf.* grape-growing.
vìtreo *agg.* vitreous.
vìttima *sf.* victim.
vittimismo *sm.* victimization.
vitto *sm.* **1.** food **2.** (*pasti in pensione o albergo*) board: — *e alloggio*, board and lodging.
vittoria *sf.* victory.
vittorioso *agg.* victorious.
vituperare *vt.* to vituperate.
vituperio *sm.* insult.
viuzza *sf.* lane.
viva *inter.* hurrah!
vivacchiare *vi.* to live poorly.
vivace *agg.* **1.** lively, sprightly **2.** (*pronto, sveglio*) quick **3.** (*di colori*) bright.
vivacemente *avv.* **1.** lively **2.** (*prontamente*) quickly **3.** (*vivamente*) brightly.
vivacità *sf.* **1.** liveliness **2.** (*di colori*) brightness.
vivaio *sm.* **1.** (*di pesci*) fish-pond **2.** (*di piante*) nursery.
vivamente *avv.* deeply, keenly.
vivanda *sf.* food.
vivandiere *sm.* sutler.
vivente *agg.* alive (*pred.*), living. ♦ **vivente** *sm.* living being.
vìvere *vt.* e *vi.* to live: *cessare di* —, to die; *insegnare a — a qu.*, to teach (*v. irr.*) so. good manners; — *alle spalle di qu.*, to sponge on so.
vìveri *sm. pl.* victuals.
vìvido *agg.* vivid.
vivificare *vt.* to enliven.
vivificatore *agg.* vivifying. ♦ **vivificatore** *sm.* vivifier.
vivìparo *agg.* e *sm.* viviparous.
vivisezione *sf.* vivisection.
vivo *agg.* **1.** living, alive (*pred.*) || *a viva forza*, by main force; *argento* —, quicksilver; *calce viva*, quicklime; *farsi* —, to turn up **2.** (*vivace*) lively **3.** (*profondo, acuto*) deep, sharp **4.** (*vivido*) vivid **5.** (*di colori*) bright.
viziare *vt.* **1.** to spoil (*v. irr.*) **2.** (*guastare*) to vitiate.
viziato *agg.* **1.** spoilt **2.** (*guasto*) vitiated.
vizio *sm.* **1.** vice **2.** (*cattiva abitudine*) bad habit.
vizioso *agg.* vicious. ♦ **vizioso** *sm.* vicious man.
vocabolario *sm.* **1.** vocabulary **2.** (*dizionario*) dictionary.
vocàbolo *sm.* word.
vocale[1] *agg.* vocal.
vocale[2] *sf.* vowel.
vocalizzare *vt.* e *vi.* to vocalize.
vocalizzo *sm.* vocalization.
vocativo *agg.* e *sm.* vocative.
vocazione *sf.* vocation, bent.
voce *sf.* **1.** voice: *a — alta, bassa*, in a loud, low voice; *parlare sotto* —, to whisper **2.** (*diceria*) rumour **3.** (*articolo di elenco*) item.
vociare *vi.* to shout.
vociferare *vi.* **1.** to shout **2.** (*spargere una voce*) to rumour.
vociò *sm.* shouting.
voga[1] *sf.* (*mar.*) rowing.
voga[2] *sf.* **1.** (*moda*) fashion **2.** (*energia*) energy.
vogare *vi.* (*mar.*) to row.
vogata *sf.* row.
vogatore *sm.* rower.
voglia *sf.* **1.** wish: *aver* —, to feel (*v. irr.*) like **2.** (*volontà*) will.
voglioso *agg.* desirous, willing.
voi *pron.* you: — *stessi*, you yourselves.
volano *sm.* battledore and shuttlecock.
volante[1] *agg.* flying: *cervo* —, kite; *foglio* —, loose sheet. ♦ **volante** *sf.* (*di polizia*) flying squad.

volante[2] *sm.* steering-wheel.
volantino *sm.* leaflet.
volare *vi.* to fly (*v. irr.*): *far* —, to blow (*v. irr.*).
volata *sf.* **1.** flight **2.** (*corsa*) rush **3.** (*sport*) final sprint.
volàtile[1] *agg.* (*chim.*) volatile.
volàtile[2] *sm.* bird.
volatilizzare *vt.* to volatilize. ♦ **volatilizzarsi** *vr.* to volatilize.
volente *agg.* — *o nolente*, willy-nilly.
volenterosamente *avv.* willingly.
volenteroso *agg.* V. *volonteroso.*
volentieri *avv.* willingly.
volere[1] *vt.* **1.** (*forte volontà*) (*pres. indicativo e congiuntivo*) will; (*passato indicativo e congiuntivo, condizionale*) would **2.** (*desiderio*) to want, to wish: *voglio che egli venga*, I want him to come **3.** (*gradire*) to like (*costr. pers.*): *vorrei, avrei voluto*, I should like, I should have liked **4.** (*desiderio intenso*) to wish: *vorrei essere ricco!*, I wish I were rich! **5.** (*aver bisogno di*) to need, to require **6.** (*con espressioni di tempo*) to take (*v. irr.*): *ci vogliono due ore per andare alla stazione*, it takes two hours to go to the station **7.** (*cercare*) to ask for: *c'è qualcuno che ti cerca*, there is somebody asking for you **8.** (*essere disposti*) to be willing || *che tu voglia o no*, whether you like it or not; *vuoi ... vuoi* (*sia ... sia*), both ... and; *Dio lo voglia, Dio non voglia!*, God grant it, God forbid!
volere[2] *sm.* will, wish.
volgare *agg.* vulgar, common.
volgarità *sf.* vulgarity.
volgarizzare *vt.* to divulge.
volgarizzatore *sm.* popularizer.
volgarizzazione *sf.* popularization.
volgarmente *avv.* vulgarly, commonly.
vòlgere *vt.* to turn.
vòlgere *sm.* course.
volgo *sm.* common people.
voliera *sf.* aviary.
volitivo *agg.* **1.** strong-willed **2.** (*gramm.*) volitive.
volo *sm.* flight: *prendere il* —, to run (*v. irr.*) away; *capire qc. al* —, to grasp sthg. immediately.
volontà *sf.* will: *di sua spontanea* —, of his own free-will.
volontariamente *avv.* voluntarily.
volontario *agg.* voluntary. ♦ **volontario** *sm.* volunteer.
volontarismo *sm.* voluntarism.
volonteroso *agg.* willing.
volontieri *avv.* V. *volentieri.*
volpe *sf.* fox.
volpino *agg.* foxy: *cane* —, Pomeranian.
volpone *sm.* old fox.
volta[1] *sf.* **1.** time: *una* —, once; *due, tre volte*, twice, three times; *ancora una* —, once again; *una* — *e mezzo*, half as much; *una* — *o l'altra*, sooner or later; *rare volte*, seldom; *una* — *tanto*, once in a while; *c'era una* —, once upon a time there was **2.** (*turno*) turn: *a mia* —, in my turn.
volta[2] *sf.* **1.** (*curva*) bend **2.** (*arch.*) vault.
voltafaccia *sm.* volte-face.
voltaggio *sm.* voltage.
voltàmetro *sm.* voltameter.
voltare *vt.* to turn.
voltastòmaco *sm.* sickness.
voltata *sf.* bend, turning, curve.
volteggiare *vi.* **1.** to whirl **2.** (*svolazzare*) to fly (*v. irr.*) about.
volteggio *sm.* vaulting.
volto[1] *sm.* **1.** face **2.** (*aspetto*) aspect.
volto[2] *agg.* **1.** turned **2.** (*rivolto*) directed.
volùbile *agg.* changeable.
volubilità *sf.* inconstancy.
volume *sm.* volume.
volumètrico *agg.* volumetric.
voluminoso *agg.* voluminous, bulky.
voluta *sf.* volute.
volutamente *avv.* intentionally.
voluttà *sf.* **1.** delight **2.** (*dei sensi*) voluptuousness.
voluttuario *agg.* voluptuary.
voluttuosamente *avv.* voluptuously.
voluttuoso *agg.* voluptuous.
vòmere *sm.* **1.** ploughshare **2.** (*anat.*) vomer.
vomitare *vt.* to vomit, to be sick.
vòmito *sm.* vomiting: *conato di* —, retch.
vòngola *sf.* mussel.
vorace *agg.* voracious, greedy.
voracità *sf.* voracity, greed.
voràgine *sf.* chasm.
vorticare *vi.* to whirl.
vòrtice *sm.* whirl: — *di vento*, whirlwind.

vorticosamente *avv.* in whirls.
vorticoso *agg.* whirling.
vostro *agg. poss.* your || *in vece vostra,* instead of you. ♦ **vostro** *pron. poss.* yours || *rispondiamo alla vostra del 3 giugno (comm.),* in reply to your letter of June 3rd; *sono dalla vostra,* I am on your side.
votante *agg.* voting. ♦ **votante** *sm.* voter.
votare *vt.* to vote. ♦ **votarsi** *vr.* to devote oneself.
votato *agg.* **1.** passed **2.** (*dedicato*) devoted.
votazione *sf.* voting.
votivo *agg.* votive.
voto *sm.* **1.** (*promessa solenne*) vow **2.** (*augurio*) wish **3.** (*per elezioni*) vote **4.** (*scolastico*) mark: *prendere un bel, brutto* —, to get (*v. irr.*) a good, bad mark.
vulcànico *agg.* volcanic.
vulcanismo *sm.* vulcanism.
vulcanizzare *vt.* to vulcanize.
vulcanizzato *agg.* vulcanized.
vulcanizzazione *sf.* vulcanization.
vulcano *sm.* volcano.
vulneràbile *agg.* vulnerable.
vulnerabilità *sf.* vulnerability.
vuotare *vt.* to empty: — *il sacco,* to speak (*v. irr.*) out one's mind.
vuoto *agg.* **1.** empty **2.** (*sprovvisto*) devoid. ♦ **vuoto** *sm.* **1.** empty space **2.** (*recipiente vuoto*) empty **3.** (*vacuità*) emptiness.

X

xenofobìa *sf.* xenophobia.
xenòfobo *sm.* xenophobe.
xilòfono *sm.* xylophone.
xilografìa *sf.* **1.** (*incisione*) xylograph **2.** (*arte*) xylography.

Z

zaffata *sf.* whiff.
zafferano *sm.* saffron.
zaffiro *sm.* sapphire.
zàino *sm.* knapsack.
zampa *sf.* **1.** paw **2.** (*con zoccolo*) hoof **3.** (*di uccello*) claw **4.** (*di insetto*) leg || *zampe di gallina* (*scrittura*), scrawl; (*rughe*) crow's feet.
zampata *sf.* blow with a paw.
zampettare *vt.* to toddle.
zampillante *agg.* gushing.
zampillare *vi.* to gush.
zampillo *sm.* gush.
zampino *sm.* little paw || *mettere lo — in una faccenda,* to have a hand in the matter.
zampogna *sf.* **1.** reed-pipe **2.** (*cornamusa*) bag-pipe.
zampognaro *sm.* piper.
zanna *sf.* **1.** fang **2.** (*di elefante*) tusk.
zanzara *sf.* mosquito.
zanzariera *sf.* mosquito-net.
zappa *sf.* hoe.
zappare *vt.* to hoe.
zappata *sf.* blow with a hoe.
zappatore *sm.* **1.** hoer **2.** (*mil.*) pioneer.
zappatura *sf.* hoeing.
zar *sm.* czar.
zarina *sf.* czarina.
zarista *s.* czarist.
zàttera *sf.* raft.
zavorra *sf.* **1.** ballast **2.** (*fig.*) rubbish.
zavorrare *vt.* to ballast.
zàzzera *sf.* mane.
zazzeruto *agg.* shockheaded.
zebra *sf.* zebra.
zebrato *agg.* striped.
zebratura *sf.* stripes (*pl.*).
zebù *sm.* zebu.
zecca[1] *sf.* mint: *nuovo di* —, brand-new.
zecca[2] *sf.* (*zool.*) tick.
zecchino *sm.* sequin: *oro* —, first-quality-gold.
zèfiro *sm.* zephyr.
zelante *agg.* zealous.
zelantemente *avv.* zealously.
zelo *sm.* zeal.
zenit *sm.* zenith.
zénzero *sm.* ginger.
zeppo *agg.* crammed (with).
zerbino *sm.* door-mat.
zerbinotto *sm.* dandy.
zero *sm.* **1.** nought **2.** (*in gradazioni*) zero **3.** (*tel.*) 0 || *ridursi a* —, to come (*v. irr.*) to nought.
zìa *sf.* aunt.
zibaldone *sm.* miscellany.
zibellino *sm.* sable.
zigano *agg.* e *sm.* tzigane.
zìgomo *sm.* cheek-bone.

zigrinare *vt.* to knurl.
zigrinato *agg.* knurled.
zig-zag (*nella loc. avv.*) *a* —, zigzag.
zigzagare *vi.* to zigzag.
zimbello *sm.* **1.** decoy **2.** (*fig.*) laughing-stock.
zincare *vt.* to zinc.
zincatura *sf.* zinc-plating.
zinco *sm.* zinc.
zincografia *sf.* zincography.
zingaresco *agg.* gipsy (*attr.*).
zìngaro *sm.* gipsy.
zio *sm.* uncle.
zircone *sm.* zircon.
zirconio *sm.* zirconium.
zitella *sf.* spinster.
zittire *vt.* to hiss.
zitto *agg.* silent: *star* —, to be silent.
zizzania *sf.* **1.** darnel **2.** (*fig.*) discord.
zoccolaio *sm.* clog-maker.
zoccolare *vi.* to clatter about with one's clogs.
zòccolo *sm.* **1.** clog **2.** (*di animale*) hoof **3.** (*piedistallo*) base.
zodiacale *agg.* zodiacal.
zodìaco *sm.* zodiac.
zolfanello *sm.* match.
zolfatara *sf.* V. *solfatara.*
zolfatura *sf.* sulfurization.
zolfo *sm.* sulphur
zolla *sf.* clod.
zolletta *sf.* lump.
zona *sf.* zone, area.
zonzo (*nella loc. avv.*) *andare a* —, to loaf.
zoo *sm.* zoo.
zoofilìa *sf.* zoophilia.
zoòfilo *agg.* zoophilous. ♦ **zoòfilo** *sm.* animal-lover.
zoofobìa *sf.* zoophobia.
zoologìa *sf.* zoology.
zoològico *agg.* zoological.
zoòlogo *sm.* zoologist.
zootecnìa *sf.* zootechny.
zootècnico *agg.* zootechnic: *patrimonio* —, live-stock. ♦ **zootècnico** *sm.* animal expert.
zoppicamento *sm.* limping.
zoppicante *agg.* lame.
zoppicare *vi.* **1.** to limp **2.** (*di mobile*) to be shaky.
zoppo *agg.* **1.** lame **2.** (*di mobile*) shaky. ♦ **zoppo** *sm.* lame person.
zoticàggine *sf.* boorishness.
zòtico *agg.* boorish. ♦ **zòtico** *sm.* boor.
zuavo *sm.* zouave || *calzoni alla zuava,* knickerbockers.
zucca *sf.* **1.** pumpkin **2.** (*testa*) pate.
zuccherare *vt.* to sugar.
zuccherato *agg.* sugared.
zuccheriera *sf.* sugar-basin.
zuccherificio *sm.* sugar-refinery.
zuccherino *sm.* **1.** sweet **2.** (*fig.*) sugar-plum.
zùcchero *sm.* sugar.
zucchina *sf.* vegetable marrow.
zucconàggine *sf.* **1.** (*ottusità*) dullness **2.** (*ostinatezza*) stubbornness.
zuccone *sm.* **1.** (*ottuso*) blockhead **2.** (*testardo*) donkey.
zuffa *sf.* brawl.
zufolare *vt.* e *vi.* to whistle.
zufolìo *sm.* whistle.
zùfolo *sm.* **1.** whistle **2.** (*mus.*) pipe.
zuppa *sf.* soup.
zuppiera *sf.* tureen.
zuppo *agg.* soaked.
zuzzurellone *sm.* skittish boy.

NOMI PROPRI, STORICI E GEOGRAFICI

Abele Abel.
Abissinia Abyssinia.
Abramo Abraham.
Achille Achilles.
Ada Ada.
Adamo Adam.
Adolfo Adolph.
Adone Adonis.
Adriano Hadrian.
Adriatico (Mar) Adriatic Sea.
Afganistan Afghanistan.
Africa Africa.
Afrodite Aphrodite.
Agamennone Agamemnon
Agata Agatha.
Agnese Agnes.
Agostino Augustin.
Aia (L') The Hague.
Aiace Ajax.
Albania Albania.
Alberto Albert.
Aldo Aldous.
Alessandra Alexandra.
Alessandro Alexander.
Alessio Alexis.
Alfredo Alfred.
Algeri Algiers.
Algeria Algeria.
Alice Alice.
Alpi Alps *pl.*
Alsazia Alsace.
Amazzoni (Rio delle) Amazon.
Ambrogio Ambrose.
Amburgo Hamburg.
Amelia Amelia.
America America.
Amleto Hamlet.
Andalusia Andalusia.
Ande Andes *pl.*
Andrea Andrew.
Angelo Angel.
Anna Ann(e).
Annibale Hannibal.
Antartide Antarctica.
Antonino Antoninus.
Antonio Ant(h)ony.
Apollo Apollo.
Appennini Apennines *pl.*
Arabia Arabia.
Aragona Aragon.
Arcadia Arcadia.
Archimede Archimedes.
Argentina Argentina.
Arianna Ariadne.
Aristofane Aristophanes.
Aristotele Aristotle.
Armando Armand.
Arnaldo Arnold.
Aroldo Harold.
Arrigo Henry.
Arturo Arthur.
Asia Asia.
Atene Athens.
Atlantico Atlantic.
Augusta Augusta.
Augusto Augustus.
Australia Australia.
Austria Austria.
Azzorre Azores *pl.*

Babele Babel.
Babilonia Babylon.
Bacco Bacchus.
Balcani Balkans *pl.*
Baldassarre Balthazar.
Baleari Balearic Islands *pl.*
Baltico (Mar) Baltic Sea.
Baltimora Baltimore.
Barbara Barbara.
Barcellona Barcelona.
Barnaba Barnaby, Barnabas.
Bartolomeo Bartholomew.
Basilea Basel.
Basilio Basil.
Battista Baptist.
Beatrice Beatrix.
Belgio Belgium.
Belgrado Belgrade.
Benedetto Benedict.
Bengala Bengal.
Beniamino Benjamin.
Berenice Berenice.
Berlino Berlin.
Bermude Bermudas *pl.*
Bernardo Bernard.
Berta Bertha.
Betlemme Bethlehem.
Bianca Blanche.
Birmania Burma.
Boemia Bohemia.
Bolivia Bolivia.
Bonifacio Boniface.
Bosforo Bosporus.

Brandeburgo Brandenburg.
Brasile Brazil.
Bretagna Brittany.
Bruto Brutus.
Bulgaria Bulgaria.

Cadice Cadiz.
Caino Cain.
Caio Caius.
Cairo Cairo.
California California.
Calvino Calvin.
Cambogia Cambodia.
Campidoglio Capitol.
Canadà Canada.
Caraibi (Mar dei) Caribbean Sea.
Carlo Charles.
Carlomagno Charlemagne.
Carlotta Charlotte.
Carolina Caroline.
Carpazi Carpathian Mountains *pl.*
Cartagine Carthage.
Cascemir Cashmere, Kashmir.
Caspio (Mar) Caspian Sea.
Cassio Cassius.
Cassiopea Cassiopeia.
Castiglia Castile.
Caterina Catherine.
Catone Cato.
Caucaso Caucasus.
Cecilia Cecily.
Cecilio Cecil.
Cecoslovacchia Czechoslovakia.
Cenerentola Cinderella.
Cesare Caesar.
Chiara Clara.
Cicerone Cicero.
Cile Chile.
Cina China.
Cinzia Cynthia.
Cipro Cyprus.
Cirillo Cyril.
Ciro Cyrus.
Clara Clara.
Claudio Claudius, Claude.
Clemente Clement.
Clementina Clementine.
Cleopatra Cleopatra.
Clitennestra Clytemnestra.
Colombia Colombia.
Colonia Cologne.
Congo Congo.
Corea Korea.
Corfù Corfu.
Corinto Corinth.
Cornelio Cornelius.
Cornovaglia Cornwall.
Corrado Conrad.
Corsica Corsica.
Costantino Constantine.
Costantinopoli Constantinople.
Costanza Constance.
Creta Crete.
Crimea Crimea.
Cristina Christine.
Cristo Christ.
Cristoforo Christopher.
Cuba Cuba.

Dafne Daphne.
Damasco Damascus.
Damocle Damocles.
Daniele Daniel.
Danimarca Denmark.
Danubio Danube.
Danzica Danzig.
Dardanelli Dardanelles *pl.*
Dario Darius.
Davide David.
Debora Deborah.
Delfo Delphi.
Democrito Democritus.
Demostene Demosthenes.
Desdemona Desdemona.
Diana Diana.
Didone Dido.
Diocleziano Diocletian.
Diogene Diogenes.
Dionigi, Dionisio Dionysius.
Domenico Dominic.
Domiziano Domitian.
Dorotea Dorothy.
Dublino Dublin.

Ebridi Hebrides *pl.*
Edgardo Edgar.
Edimburgo Edinburgh.
Edipo Oedipus.
Edmondo Edmund.
Edoardo Edward.
Egeo (Mar) Aegean Sea.
Egitto Egypt.
Elena Helen.
Eleonora Eleanor.
Elettra Electra.
Elia Elias, Elijah.
Elisa Eliza.
Elisabetta Elizabeth.
Ellade Hellas.
Emanuele Emanuel.
Emilia Emily.
Enea Aeneas.
Enrichetta Henrietta, Harriet.
Enrico Henry, Harry.
Epaminonda Epaminondas.

Epicuro Epicurus.
Eraclito Heraclitus.
Erasmo Erasmus.
Erberto Herbert.
Ercole Hercules.
Eritrea Eritrea.
Ermete Hermes.
Ernesto Ernest.
Erode Herod.
Erodoto Herodotus.
Esaù Esau.
Eschilo Aeschylus.
Esiodo Hesiod.
Esopo Aesop.
Ester Esther.
Etiopia Ethiopia.
Ettore Hector.
Euclide Euclid.
Eufrate Euphrates.
Eugenio Eugene.
Euripide Euripides.
Europa Europe.
Eva Eve.
Evelina Evelyn.
Ezechiele Ezekiel.

Farsalo Pharsalus.
Fausto Faust(us).
Federico Frederic.
Fedra Phaedra.
Felice Felix.
Ferdinando Ferdinand.
Filadelfia Philadelphia.
Filippi Philippi.
Filippine Philippines *pl.*
Filippo Philip.
Finlandia Finland.
Firenze Florence.
Formosa Formosa.
Francesca Frances.
Francesco Francis.
Francia France.
Franco Frank.
Francoforte Frankfurt.

Gabriele Gabriel.
Galilea Galilee.
Galles Wales.
Gallia Gaule.
Genova Genoa.
Geova Jehovah.
Gerardo Gerard.
Geremia Jeremiah.
Gerico Jericho.
Germania Germany.
Gerolamo Jerome.
Gerusalemme Jerusalem.
Gesù Jesus.
Giacobbe Jacob.
Giacomo James.
Giamaica Jamaica.
Giappone Japan.
Giasone Jason.
Giava Java.
Gibilterra Gibraltar.
Gilberto Gilbert.
Ginevra Geneva.
Giobbe Job.
Giona Jonah, Jonas.
Gionata Jonathan.
Giordano Jordan.
Giorgio George.
Giosuè Joshua.
Giovanna Jane, Jean, Joan.
Giovanni John.
Giove Jove, Jupiter.
Giovenale Juvenal.
Giuda Judas, Jude.
Giudea Judea.
Giuditta Judith.
Giulia Julia, Julie.
Giuliana Juliana.
Giuliano Julian.
Giulietta Juliet.
Giulio Julius.
Giunone Juno.
Giuseppe Joseph.
Giuseppina Josephine.
Goffredo Geoffrey, Jeffrey.
Golgota Golgotha.
Golia Goliath.
Gran Bretagna Great Britain.
Grazia Grace.
Grecia Greece.
Gregorio Gregory.
Groenlandia Greenland.
Guaiana Guiana.
Gualtiero Walter.
Guascogna Gascony.
Guglielmo William.
Guido Guy.
Guinea Guinea.
Gustavo Gustavus.

Iacopo James.
Iberia Iberia.
Icaro Icarus.
Ignazio Ignatius.
Ilario Hilary.
Imalaia Himalaya.
India India.
Indostan Hindustan.
Inghilterra England.
Innocenzo Innocent.
Ionio (Mar) Ionian Sea.

Ippolito Hippolytus.
Irene Irene.
Iride Iris.
Irlanda Ireland.
Irlanda (Stato Libero di) Eire.
Isabella Isabel.
Isacco Isaac.
Isaia Isaiah.
Iside Isis.
Islanda Iceland.
Ismaele Ishmael.
Israele Israel.
Italia Italy.
Iugoslavia Yugoslavia.

Lamberto Lambert.
Lancillotto Launcelot.
Laocoonte Laocoon.
Lapponia Lapland.
Laura Laura.
Lazio Latium.
Lazzaro Lazarus.
Leandro Leander.
Leonardo Leonard.
Leone Leo(n).
Leonida Leonidas.
Leopoldo Leopold.
Lete Lethe.
Letizia Letitia.
Libano Lebanon.
Libia Libya.
Licurgo Lycurgus
Lidia Lydia.
Liegi Liege.
Lione Lyons.
Lisbona Lisbon.
Livio Livy.
Livorno Leghorn.
Lodovico Ludwig.
Lombardia Lombardy.
Londra London.
Lorena Lorraine.
Lorenzo Lawrence.
Losanna Lausanne.
Lotario Lothar.
Lovanio Louvain.
Luca Luke.
Lucerna Lucerne.
Lucia Lucy.
Luciano Lucian.
Lucifero Lucifer.
Lucio Lucius.
Lucrezio Lucretius.
Luigi Louis, Lewis.
Luigia, Luisa Louise.
Lussemburgo Luxemburg.
Lutero Luther.

Maddalena Magdalene.
Maiorca Majorca.
Malesia Malaya.
Malta Malta.
Manciuria Manchuria.
Manfredi Manfred.
Manica (La) The Channel.
Mantova Mantua.
Maometto Mohammed.
Maratona Marathon.
Marcello Marcellus.
Marco Mark.
Margherita Margaret.
Maria Mary.
Marianna Marianne.
Mario Marius.
Marocco Morocco.
Marta Martha.
Marte Mars.
Martino Martin.
Marziale Martial.
Massimiliano Maximilian.
Matilde Matilda.
Matteo Matthew.
Matusalemme Methuselah.
Maurizio Maurice.
Mecca, La Mecca.
Mecenate Maecenas.
Mediterraneo Mediterranean.
Medusa Medusa.
Mefistofele Mephistopheles.
Melanesia Melanesia.
Menelao Menelaus.
Mercurio Mercury.
Merlino Merlin.
Mesopotamia Mesopotamia.
Messalina Messalina.
Messico Mexico.
Micene Mycenae.
Michele Michael.
Mida Midas.
Milano Milan.
Minerva Minerva.
Minosse Minos.
Minotauro Minotaur.
Mitridate Mithridates.
Molucche Moluccas *pl.*
Monaco (Principato di) Monaco.
Monaco di Baviera Munich.
Mongolia Mongolia.
Mosa Meuse.
Mosca Moscow.
Mosè Moses.
Mozambico Mozambique.

Napoleone Napoleon.
Napoli Naples.
Narciso Narcissus.

Nerone Nero.
Nettuno Neptune.
Nicola, Niccolò Nicholas.
Nilo Nile.
Nizza Nice.
Noè Noah.
Normandia Normandy.
Norvegia Norway.
Nuova Zelanda New Zealand.

Oceania Oceania.
Ofelia Ophelia.
Olanda Holland.
Olimpo Olympus.
Oliviero Oliver.
Omero Homer.
Orazio Horace, Horatio.
Orcadi Orkneys *pl.*
Oreste Orestes.
Orfeo Orpheus.
Orione Orion.
Orlando Roland.
Orsola Ursula.
Osiride Osiris.
Osvaldo Oswald.
Otello Othello.
Ovidio Ovid.

Pacifico Pacific.
Padova Padua.
Paesi Bassi Netherlands *pl.*
Palestina Palestine.
Pancrazio Pancras.
Paola Paula.
Paolina Pauline.
Paolo Paul.
Papuasia Papua.
Paride Paris.
Parigi Paris.
Parnaso Parnassus.
Partenone Parthenon.
Patagonia Patagonia.
Patrizia Patricia.
Patrizio Patrick.
Pechino Peking.
Peloponneso Peloponnesus.
Penelope Penelope.
Pensilvania Pennsylvania.
Pericle Pericles.
Perseo Perseus.
Persia Persia.
Perù Peru.
Piemonte Piedmont.
Pietro, Piero Peter.
Pigmalione Pigmalion.
Pindaro Pindar.
Pio Pius.
Pirenei Pyrenees *pl.*
Pireo Piraeus.
Pitagora Pythagoras.
Platone Plato.
Plinio Pliny.
Plutarco Plutarch.
Polinesia Polynesia.
Polonia Poland.
Pompeo Pompey.
Portogallo Portugal.
Praga Prague.
Prometeo Prometheus.
Prussia Prussia.
Puglia Apulia.

Quintino Quentin.

Rachele Rachel.
Raffaele, Raffaello Raphael.
Raimondo Raymond.
Ramsete Ramses.
Rebecca Rebecca.
Remo Remus.
Reno Rhine.
Riccardo Richard.
Roberto Robert.
Rodano Rhone.
Rodi Rhodes.
Rodolfo Rudolph.
Rodrigo Roderick.
Rolando Roland.
Roma Rome.
Romania Ro(u)mania.
Romeo Romeo.
Romolo Romulus.
Rosa Rose.
Rosalia Rosalie.
Rosalinda Rosalind.
Rossana Roxana.
Rubicone Rubicon.
Ruggero Roger.
Russia Russia.

Saffo Sappho.
Salomone Solomon.
Samuele Samuel.
Sansone Samson.
Sara Sarah.
Sardegna Sardinia.
Sassonia Saxony.
Satana Satan.
Saturno Saturn.
Saul Saul.
Savoia Savoy.
Scandinavia Scandinavia.
Scipione Scipion.

Scozia Scotland.
Sebastiano Sebastian.
Sempione Simplon.
Serse Xerxes.
Siam Siam.
Siberia Siberia.
Sibilla Sibyl.
Sicilia Sicily.
Silla Sulla.
Silvestro Silvester.
Silvia Sylvia.
Simeone Simeon.
Simone Simon.
Siracusa Syracuse.
Siria Syria.
Smirne Smyrna.
Socrate Socrates.
Sodoma Sodom.
Sofia Sophia.
Sofocle Sophocles.
Somalia Somaliland.
Spagna Spain.
Sparta Sparta.
Stati Uniti United States (of America - U.S.A.).
Stefano Stephen.
Stoccolma Stockholm.
Strasburgo Strasbourg.
Sudan S(o)udan.
Susanna Susan(nah).
Svezia Sweden.
Svizzera Switzerland.

Tacito Tacitus.
Tailandia Thailand.
Tamigi Thames.
Tangeri Tangier(s).
Tasmania Tasmania.
Tebe Thebes.
Telemaco Telemachus.
Temistocle Themistocles.
Teodorico Theodoric.
Terenzio Terence.
Teresa Theresa.
Termopili Thermopylae *pl.*
Terranova Newfoundland.
Teseo Theseus.
Tevere Tiber.
Tiberio Tiberius.
Tirolo Tirol, Tyrol.
Tirreno (Mar) Tyrrhenian Sea.
Tito Titus.
Tiziano Titian.
Tobia Tobias.
Tolomeo Ptolemy.
Tommaso Thomas.
Tonchino Tonkin, Tongking.
Torino Turin.
Toscana Tuscany.
Traiano Trajan.
Tristano Tristan, Tristram.
Troia Troy.
Tullio Tully.
Tunisi Tunis.
Tunisia Tunisia.
Turchia Turkey.

Uberto Hubert.
Ucraina Ukraine.
Ugo Hugh.
Ulisse Ulysses.
Umberto Humbert.
Ungheria Hungary.
Urbano Urban.
URSS USSR (Union of Socialist Soviet Republics).

Valentino Valentine.
Valeria Valeria.
Valerio Valerius.
Varsavia Warsaw.
Vaticano Vatican.
Venere Venus.
Veneto Venetia.
Venezia Venice.
Vesuvio Vesuvius.
Vienna Vienna.
Vincenzo Vincent.
Virgilio Virgil.
Virginia Virginia.
Vittoria Victoria.
Vittorio Victor.
Viviana, Viviano Vivian.
Vulcano Vulcan.

Zaccaria Zachary.
Zurigo Zurich.

SIGLE E ABBREVIAZIONI USATE IN ITALIA

A., *alto*: H., high.
A.C., *Automobile Club*: A.A., Automobile Association.
a.C., *avanti Cristo*: B.C. Before Christ.
A.D., *Anno Domini, nell'anno del Signore*: A.D., Anno Domini, (After Christ).
ago., *Agosto*: Aug., August.
A.M., *Aeronautica Militare*: A.F., Air Force.
am., **amer.**, *americano*: Am., American.
anon., *anonimo*: anon., anonymous.
app., *appendice*: app., appendix.
appross., *approssimativo*: approx., approximate.
apr., *aprile*: Apr., April.
A.R., *altezza reale*: R.H., Royal Highness.
ar., *arrivo*: arr., arrival.
ass., *associazione*: ass., association.

b.f., *bassa frequenza*: L.F., low frequency.
boll., *bollettino*: bull., bulletin.
brev., *brevetto*: pat., patent.

C., *centigradi*: cent., centigrade.
c., **1.** *conto*: acc., account **2.** *cubico*: cu., cubic.
ca., **1.** *circa*: a., about **2.** *corrente alternata*: a.c., alternating current.
cad., *cadauno*: ea., each.
Cap., *capitano*: Capt., captain.
cap., *capitolo*: c., chapter.
capit., *capitolo*: c., chapter.
Capp., *capitoli*: cc., chapters.
Card., *Cardinale*: Card., cardinal.
C/c, *conto corrente*: c/a, current account.
cc., *corrente continua*: dc., direct current.
C.D., *Corpo Diplomatico*: C.D., Corps Diplomatique.
C.E.E.A., *Comunità europea per l'energia atomica*: A.E.C., Atomic Energy Commission.
cent., **centg.**, *centigrado*: cent., centigrade.
Cf., *confronta*: cp., compare.
cm., *centimetro*: cent., centimetre.
c.m., *corrente mese*: inst., instant.
cm.c., *centimetro cubo*: c.c., cubic centimetre.
Col., *colonnello*: col., colonel.
coll., *collegio*: coll., college.
coop., *cooperativa*: coop., co-operative.
C.P., *Casella Postale*: P.O.B., Post Office Box.
C.S., *Corte Suprema*: Sup. Ct., Supreme Court.

D., *dottore*: dr., doctor.
d.C., *dopo Cristo*: A.D., Anno Domini.
dic., *dicembre*: Dec., December.
Dirett., *direttore*: dir., director.
dom., *domenica*: Sun., Sunday.
dott., *dottore*: dr., doctor.
dozz., *dozzina*: doz., dozen.

E, *est*: E, East.
ecc., *eccetera*: etc., and so on.
ed., **1.** *edito*: ed., edited **2.** *edizione*: ed., edition.
Egr., *egregio*: Esq., Esquire.
es., *esempio*: ex., example.

feb., *febbraio*: Feb., February.
fed., *federazione*: fed., federation.
F.lli, *fratelli*: br., bros., brothers.

g., *grammo*: g., gram.
Gen., *generale*: Gen., General.
gen., **1.** *generale*: gen., general **2.** *gennaio*: Jan., January.
giov., *giovedì*: Thur., Thursday.

h., *ora*: h., hour.
H.P., *cavallo vapore*: H.P., horse power.

ibid., *ibidem, nello stesso luogo*: ibid., in the same place.
id., *idem, come sopra*: id., the same.
iun., *iunior, giovane*: jr., junior.

kg., *chilogrammo*: kg., kilogram.
km., *chilometro*: km., kilometre.
kw., *chilowatt*: kw., kilowatt.

l., **1.** *latino*: Lat., Latin **2.** *litro*: l., litre.
lat., *latitudine*: lat., latitude.
lib., *libro*: b., book.
long., *longitudine*: long., longitude.
L.st., *Lira sterlina*: L., pound.
lun., *lunedì*: Mon., Monday.

M., *monte*: Mt., mount.
m., **1.** *morto*: d., dead **2.** *mese*: m., month **3.** *metro*: m., metre **4.** *minuto*: m., minute.
M.AA.EE., *Ministero degli Affari Esteri*: F.O., Foreign Office.
Magg., *Maggiore*: Maj., Major.
mar., *marzo*: Mar., March.
mart., *martedì*: Tues., Tuesday.
mass., *massimo*: max., maximum.
m.c.d., *minimo comun denominatore*: L.C.D., Lowest Common Denominator.
m.c.m., *minimo comune multiplo*: L.C.M., Least Common Multiple.
M.E.C., *Mercato Comune Europeo*: E.C.M., European Common Market.
mer(c)., *mercoledì*: Wed., Wednesday.
mg., *milligrammo*: mg., milligram.
mm., *millimetro*: mm., millimetre.
M/n., *motonave*: Ms., motorship.
ms., *manoscritto*: ms., manuscript.
mss., *manoscritti*: mss., manuscripts.
Mus., *museo*: mus., museum.

N., **1.** *nato*: b., born **2.** *Nord*: N., North **3.** *numero*: N., Number.
nov., *novembre*: Nov., November.
N.U., *Nazioni Unite*: U.N., United Nations.

O., *ovest*: W., West.
on., *onorevole*: hon., honourable.
O.N.U., *Organizzazione Nazioni Unite*: U.N.O., United Nations Organization.
ott., *ottobre*: Oct., October.

P., *padre*: fr., father.
p., *pagina*: p., page.
P.A., *Patto Atlantico*: N.A.T.O., North Atlantic Treaty Organization.
paragr., *paragrafo*: par., paragraph.
p.at., *peso atomico*: a.w., atomic weight.
P.C., *Partito Comunista*: C.P., Communist Party.
p.e., *per esempio*: e.g., for example (exempli gratia).
pres., *presidente*: pres., president.
proc., *procuratore*: att., attorney.
prof., *professore*: prof., professor.
P.S., *poscritto*: P.S., postscript.
p.za, *piazza*: sq., square.

Q.G., *Quartier Generale*: G.H., General Headquarters.

ref., *referenze*: ref., reference.
reg., *registro*: reg., register.
Rev., *Reverendo*: rev., Reverend.
R.M., *ricchezza mobile*: PAYE, Pay As You Earn.
R.U., *Regno Unito*: U.K., United Kingdom.

S., **1.** *Santo*: St., Saint **2.** *secolo*: cen., century **3.** *società*: co., Company **4.** *Sud*: S., South.
sab., *sabato*: Sat., Saturday.
S.A.R., *Sua Altezza Reale*: H.R.H., His (Her) Royal Highness.
Sc., *scuola*: sch., school.
S.E., *Sua Eccellenza*: H.E., His Excellency.
segg., *seguenti*: fol., following.
segr., *segretario*: sec., secretary.
serg., *sergente*: sergt., sergeant.
sett., *settembre*: Sept., September.
sig., *signore*: Mr., Mister.
sig.na, *signorina*: Miss.
sig.ra, *signora*: Mrs., Mistress.
S.M.B., *Sua Maestà Britannica*: H.B.M., His (Her) Britannic Majesty.
S.O., *Sud Ovest*: S.W., South West.
s.p.a., *società per azioni*: inc., incorporated.
spec., **1.** *speciale*: spec., special **2.** *specialmente*: spec., specially.
s.r.l., *società a responsabilità limitata*: ltd., limited (in inglese); corp., corporation (in americano).
S.S., *Sua Santità*: H.H., His Holiness.
S.U., *Stati Uniti*: U.S., United States.

S.U.A., *Stati Uniti d'America*: U.S.A., United States of America.

T., *tonnellata*: t., ton.
T.B.C., *tubercolosi*: T.B., Tuberculosis.
tel., *telefono*: tel. telephone.

U., *unione*: U., Union.
U.P., *Unione postale*: P.U., Postal Union.
U.R.S.S., *Unione Repubbliche Socialiste Sovietiche*: U.S.S.R., Union of Socialist Soviet Republics.

V., **1.** *vaglia*: P.O., Postal Order **2.** *volume*: vol., volume.
v., *verso*: v., verse.
Ven., *Venerabile*: Ven., Venerable.
ven., *venerdì*: Fr., Friday.
vesc., *vescovo*: Bp., Bishop.
v.le, *viale*: Ave., Avenue.
vol., *volume*: vol., volume.
voll., *volumi*: voll., volumes.
vv., *versi*: vv., verses.